D1694273

Hans-Christoph Dittscheid

Kassel – Wilhelmshöhe

Hans-Christoph Dittscheid

Kassel – Wilhelmshöhe

und die Krise des Schloßbaues am Ende des Ancien Régime

Charles De Wailly, Simon Louis Du Ry und Heinrich Christoph Jussow
als Architekten von Schloß und Löwenburg
in Wilhelmshöhe (1785–1800)

WERNERSCHE
VERLAGSGESELLSCHAFT

*Gedruckt mit Unterstützung der Deutschen Forschungsgemeinschaft,
des Hessischen Ministers für Wissenschaft und Kunst
und der Stadtsparkasse Kassel*

© 1987 Werner'sche Verlagsgesellschaft mbH Worms
Alle Rechte vorbehalten

Satz: Roddert Fotosatz, Mainz
Reproarbeiten: Litho-Studio Lenhard, Stuttgart
Druck: Brausdruck, Heidelberg

Printed in Germany
ISBN 3−88462−029−0

INHALT

Vorwort IX

I. Schloßbau in der Krise? 1

II. Vom Maler-Architekten zum »Fürstlichen Baumeister«
Drei Architekten in den Diensten der Landgrafen von Hessen-Kassel 3
   1. Charles De Wailly (1730—1798) 3
      Zum Stand der Forschung 3
      Leben und Werk im Überblick 4
      De Wailly und sein Auftraggeber, Landgraf Friedrich II. 6
   2. Simon Louis Du Ry (1726—1799) 8
      Geschichte und Stand der Forschung 8
      Leben und Werk im Überblick 9
   3. Heinrich Christoph Jussow (1754—1825) 17
      Geschichte und Stand der Forschung 17
      Leben und Werk im Überblick 19
   4. Zusammenfassung zu den Architekten 27
   5. Zur Rolle des Landgrafen Wilhelm IX. (Kurfürsten Wilhelm I.) als Bauherr 28

III. Zwischen »Château« und »Temple«
Drei Idealprojekte von Charles De Wailly für Schloß Weißenstein 31
   1. Voraussetzungen 31
      Material und Methode 31
      Zur topographischen Situation 32
   2. Der erste Entwurf 33
      Typologie und Stil 37
      Architektonische Ikonographie 41
   3. Der zweite Entwurf 42
      Typologie und Stil 45
      Architektonische Ikonographie 49
   4. Der dritte Entwurf 51
      Typologie. Zur Ikonographie des Typus Montmusard 54
      Zum Typus der Theater 58
      Architektonische Ikonographie 59
      Stil 61
   5. Gemeinsame Merkmale 62
      Der Bautypus und seine Voraussetzungen 62
      Die Rampenanlage 63

IV. »Verlust der Mitte«
Ein Idealentwurf Heinrich Christoph Jussows 65
   Schriftliche Quellen 65
   Endgültige Fassung 66
   Vorstudien 69
   Zur typologischen und stilgeschichtlichen Einordnung 70
   Architektonische Ikonographie 76
   Bedeutung 78

V. Von der Ruine zur Residenz
Schloß Wilhelmshöhe (ehem. Weißenstein) . . . 80
1. Vorbemerkungen . . . 80
   Zum Forschungsstand . . . 80
   Aufgabe, Material und Methode . . . 83
2. Die ersten Projekte unter Landgraf Wilhelm IX. für ein Weißensteiner Schloß . . . 83
   Planungsgeschichte . . . 83
   Zur typologischen und stilgeschichtlichen Einordnung . . . 86
   Zur architektonischen Ikonographie . . . 87
3. Simon Louis Du Rys »Neues Weißensteiner Schloß« . . . 89
   Planungsgeschichte . . . 89
   Baugeschichte . . . 94
   Baubeschreibung . . . 95
   Typologie und Stil . . . 98
   Architektonische Ikonographie . . . 104
4. Ein mögliches Gegenprojekt Jussows . . . 106
5. Die Erweiterungspläne des Landgrafen und Simon Louis Du Rys . . . 107
   Die Planungsgeschichte 1787 . . . 107
   Typologie und Stil der Planung von 1787 . . . 111
   Die Planung im Jahr 1788 . . . 112
   Zum Stil der Projekte aus dem Jahr 1788 . . . 115
   Der Zweite Flügel (Kirchenflügel) . . . 116
6. Elf Alternativprojekte Heinrich Christoph Jussows für das Corps de logis . . . 117
7. Eine Zwischenbildanz: Jussows Methode und Stil. Ein Vergleich zu Du Ry . . . 128
8. Zum Stand der Planung im Mai 1791 . . . 130
9. Das ausgeführte Corps de logis . . . 131
   Planungsgeschichte . . . 131
   Baugeschichte . . . 139
   Der ausgeführte Mittelbau . . . 148
   Aspekte zur Einordnung . . . 151
   Stilgeschichte . . . 151
   Ikonographie . . . 154
   Kunsttheorie . . . 155

VI. Das Schloß als Fluchtburg
Die Löwenburg . . . 159
1. Vorbemerkungen . . . 159
   Geschichte und Stand der Forschung . . . 159
   Aufgaben, Material und Methode . . . 164
2. Planungs- und Baugeschichte . . . 164
   Erste Planungen . . . 164
   Der Stand des Projekts bei Baubeginn . . . 167
   Die erste Baustufe der »Felsenburg« . . . 168
   Die grundlegende Erweiterung 1794/1795 . . . 170
   Die Aufstockung 1796 . . . 176
   Die Planungs- und Baugeschichte 1797/1798 . . . 181
   Die Vollendung der Löwenburg . . . 186
3. Der ausgeführte Bau . . . 190
4. Zur formengeschichtlichen Einordnung . . . 196
   Anregungen aus England, Frankreich und Italien . . . 196
   Zu den Voraussetzungen der pittoresken Löwenburg-Gotik . . . 207
   Zum Einfluß der »Revolutionsarchitektur« . . . 213
5. Zum ideengeschichtlichen Standort der Löwenburg . . . 214
   a) Ideengeschichtliche Voraussetzungen beim Bauherrn und in Kassel . . . 214
      Wilhelms »Burg« in Wilhelmsbad . . . 214

Voraussetzungen zur Gotik-Rezeption unter Landgraf Friedrich II.	216
Das Verhältnis Wilhelms IX. zu Deutschtum und Mittelalter	218
b) Die Löwenburg im Licht der zeitgenössischen Kunsttheorie	219
Johann Georg Sulzer und das Negativbild der Gotik	219
William Chambers' »terrible scene« und »autumnal scene«	219
Lord Kames und die Stilfrage von Ruinen	221
Das Problem der historischen Wahrscheinlichkeit von Ruinen	222
Die Entdeckung des Schauerlichen, Erhabenen und der Vanitas-Symbolik	223
Löwenburg und Landschaftsgarten. Theorien über die Wesensverwandtschaft von Gotik und Natur	226
C. C. L. Hirschfeld als geistiger Urheber der Löwenburg	227
Die Löwenburg als »romantische« Architektur im Sinne der Kunsttheorie	232
c) Die Romantik der Löwenburg als Ergebnis literarischer Einflüsse	234
d) Die Löwenburg — ein politisches Denkmal?	236
e) Die Löwenburg als patriotisches und familiengeschichtliches Denkmal	239
f) Religiöse Aspekte der Löwenburg	240
g) Die Löwenburg im Alltag. Zum Verhältnis zwischen Fiktion und realer Funktion	243
h) Das Gotikbild der Löwenburg	245

VII. Das Schloß zwischen Idealtypus und malerischer Auflösung 248

Anmerkungen 253
Verzeichnis der abgekürzt zitierten Literatur 295
Verzeichnis der Abkürzungen 302

Anhang I: Quellen 303
   Verzeichnis der ungedruckten Quellen 303
     Manuskripte 303
     Archivalien des Staatsarchivs Marburg 303
     Archivalien der hessischen Schlösserverwaltung 304
   Quellentexte 304
     1. Manuskript der Vorlesung Casparsons über die Löwenburg aus dem Jahr 1799 304
     2. Brief des Kasseler Hofgärtners Daniel August Schwarzkopf an den Kieler Gartentheoretiker C.C.L. Hirschfeld aus dem Jahr 1791: Die Neuanlage des Weißensteiner Parks unter Wilhelm IX. 307
     3. Brief Hirschfelds an den Kasseler Hofbibliothekar Friedrich Wilhelm Strieder vom 8.3.1791 310
     4. Auszüge aus dem Katalog der Wilhelmshöher Schloßbibliothek zur Architektur, Topographie und Gartenkunst, nach Ländern geordnet 311
Anhang II: Katalog der Architekturzeichnungen 317

Register 359
Abbildungsnachweis 367

VORWORT

Die vorliegende Untersuchung hat zum Ziel, einen Beitrag zur Entstehungsgeschichte von Schloß Wilhelmshöhe in Kassel zu leisten. Im Zeitraum von 1785 bis 1800 lösen sich an diesem Ort in Theorie und Praxis Blüte, Niedergang und »Renaissance« des Schloßbaues in einem geradezu dramatischen Prozeß ab. Unter der Ägide zweier Bauherren ist das stilistische Spektrum offen für das architektonische Planen und Geschehen des späten Dixhuitième im Sinne der damals führenden »Schulen« in Rom, Paris und London: Zuletzt fungieren als »Schloß« in Wilhelmshöhe zwei in den Landschaftspark eingebundene Bauten, deren äußeres Erscheinungsbild und »Concetto« kaum unterschiedlicher hätten ausfallen können.

Meine Arbeit ging aus einer Dissertation an der Johannes-Gutenberg-Universität Mainz hervor und wurde in einer ersten Fassung 1983 abgeschlossen. Prof. Fritz V. Arens begleitete Wahl und Bearbeitung des Themas mit einem Höchstmaß an Freizügigkeit und Geduld. In Erfüllung seiner Auffassung vom Amt eines Doktorvaters ließ er es sich nicht nehmen, Bauwerke und Entwürfe mit mir vor Ort eingehend zu studieren. Er verstarb kurz vor Erscheinen dieses Buches.

Die Einführung in die Kasseler Kunstgeschichte verdanke ich vor allem zwei Freunden. Jutta Schuchard machte mir die Architekturzeichnungen im Besitz der Staatlichen Kunstsammlungen Kassel, die sie bearbeitete, in selbstloser Weise zugänglich und lenkte mich auf die zugehörigen, zum größten Teil unpublizierten Dokumente sowie auf die Plansammlung im Besitz des hessischen Landeskonservators. Ohne den sachkundigen Rat von Karl-Hermann Wegner kann wohl kaum ein Buch über Kasseler Kunstgeschichte geschrieben werden; oft genug mußte ich sein Wissen bemühen.

Dankbar bin ich für die Möglichkeit, Teilergebnisse im Mainzer Doktorandenkolloquium referiert haben zu können, wo ich vor allem von der engagierten Kritik Jörg Gamers profitierte. Eine beständige Hilfe war mir der Austausch mit meinem Freund Reinhard Schneider, dem ich konkrete Hinweise und methodische Anregungen verdanke.

Die Entdeckung zahlreicher Zeichnungen in Potsdam (DDR), wohin sie kriegsbedingt ausgelagert wurden, kostete den Preis jahrelangen Wartens auf die Einreisegenehmigung und die Fotos. Das dann endlich doch noch möglich gewordene Studium des Planmaterials war unter dem unvermuteten politischen Druck zeitlich enger gedrängt, als angesichts der Materialfülle wünschenswert gewesen wäre. Um so dankbarer bin ich der Staatlichen Schlösser- und Gärtenverwaltung in Potsdam für ihr Entgegenkommen. Künftig dürfte ein deutsch-deutscher Kulturvertrag für derartige Forschungen ungleich günstigere Voraussetzungen schaffen. In meiner Situation war ich auf die unbürokratische, spontane Hilfe der beiden Direktoren der Schlösserverwaltung in West-Berlin, Prof. Margarete Kühn und Prof. Martin Sperlich, angewiesen, ohne die ich nicht zum Ziel gelangt wäre.

SKH Landgraf Philipp von Hessen (†) gewährte mir den Zugang zum Archiv der Kurhessischen Hausstiftung. Damit konnte dieser wichtige Fundus erstmals für eine kunstgeschichtliche Arbeit über Wilhelmshöhe nutzbar gemacht werden.

Die zahlreichen Reisen und hohen Aufwendungen für die Beschaffung von Fotos waren nur durch die großzügige Gewährung von Stipendien möglich, für die ich der Universität Mainz und der Fritz-Thyssen-Stiftung in Köln verbunden bin.

Um Mittel und Wege, das Manuskript publizieren zu können, kümmerte sich zuerst Prof. Hartmut Biermann, dem mein Dank für seine unverdrossenen Bemühungen gilt. Die Hauptlast der Finanzierung trug die

Deutsche Forschungsgemeinschaft, der ich mich für diese Großzügigkeit zu Dank verpflichtet weiß. Die während der Drucklegung angelaufenen Maßnahmen zum Wiederaufbau der im Zweiten Weltkrieg teilzerstörten Löwenburg ließen eine umfangreichere Dokumentation an Plänen und Fotos als zunächst vorgesehen wünschenswert erscheinen. Die für die Mehrausstattung des Buchs notwendige Unterstützung verdanke ich dem Direktor der Staatlichen Kunstsammlungen Kassel, Dr. Ulrich Schmidt, dem hessischen Ministerium für Wissenschaft und Kunst sowie der Stadtsparkasse Kassel.

Rat und tatkräftige Hilfe verdanke ich Yves Beauvalot (Dijon), Dieter Biehl und seiner Familie (Berlin, jetzt Königstein/Ts.), Dr. Wolfgang Einsingbach (†, Bad Homburg), Prof. Erich Herzog (Kassel), Hans Hilsenbeck (Kassel), Charlotte Hoenen (Potsdam), Prof. Johannes Langner (Karlsruhe), Erika und Siegfried Lohr (Kassel), N. Luthmer (Fulda/Schloß Fasanerie), Monique Mosser (Paris), Dr. Lisa Oehler (Kassel), Karl-Heinz Rohde und der Schlösserverwaltung in Wilhelmshöhe, Dr. Monika Steinhauser-Zweite (München), Dr. Willi Stubenvoll (Bad Homburg), Sir John Summerson (London) und Anna N. Voronikhina (Leningrad). Für ihre Mitarbeit bei der Redaktion danke ich meiner Tante Gerlind Hermann, die das Manuskript mit großer Sorgfalt schrieb, und meiner Frau, die mehrere Zeichnungen beisteuerte.

In Claus Reisinger und Ferdinand Werner fand ich von der Themenstellung bis hin zur sorgfältigen verlegerischen Herausgabe besorgte Partner, die auch Sonderwünsche berücksichtigten.

Meine Eltern begleiteten meine Dissertation selbst in ihren unproduktiven Phasen mit ermunternder Unterstützung. Ihnen und dem Gedenken an Fritz V. Arens sei dieses Buch in Dankbarkeit gewidmet.

Rom, im Dezember 1986   H.-C. D.

*»Si c'est le parc,
il lui faut un château,
mais quelle sera sa forme?«*

(Jean-Marie Morel, Théorie des Jardins, 1776)

*»Wer den damaligen Zustand der Künste in Hessen
nur nach den Zöpfen beurtheilte,
würde sehr erstaunt gewesen sein,
wenn er bei der Behandlung dieser Gegenstände,
wo man nicht nur mit der Zeit fortschritt,
sondern derselben zuvoreilte,
zugegen gewesen wäre.«*

(Johann Daniel Engelhard, Versuch einer artistischen Beschreibung des
kurfürstlich-hessischen Lustschlosses Wilhelmshöhe bei Cassel, 1842)

I.

Schloßbau in der Krise?

»Der Palast ist für den Baumeister, was das Heldengedicht für den Poeten ist: das Höchste der Kunst [...]«, urteilte noch Johann George Sulzer in seiner 1774 erstmals erschienenen »Theorie der Schönen Künste«.[1] Welches zentrale Ereignis diese Vorrangstellung des Schloßbaus weniger als zwei Jahrzehnte später zunichte gemacht hat, umschreibt rückblickend Viollet-le-Duc um die Mitte des 19. Jahrhunderts folgendermaßen:

»La révolution de 1792 anéantit à tout jamais le château [...]. Un pays qui a supprimé l'aristocratie et tout ce qu'elle entraîne de privilèges avec elle, ne peut sérieusement bâtir des châteaux«.[2] Ausgelöst durch die Französische Revolution, hätte demnach die höchste Bauaufgabe des Absolutismus, ausgerechnet in ihrem Ursprungsland, ihren Untergang erlebt, nachdem ihr Träger, die feudale Aristokratie, seine traditionelle führende Stellung verloren hatte.

Angenommen, Viollet-le-Ducs Feststellung träfe zu — wie war es dann um den Schloßbau außerhalb Frankreichs damals bestellt? War unter dem Eindruck der Revolution generell eine große Tradition abgerissen, wie Viollet-le-Duc es für Frankreich vermutet? Tatsächlich scheint in den meisten Ländern des europäischen Kontinents die Aristokratie zu stark mit der Sicherung der eigenen Existenz beansprucht gewesen zu sein, um vor der Jahrhundertwende an den Bau von Schlössern auch nur denken zu können.[3]

Die Ausnahme für Deutschland bildete das Haus Hessen-Kassel mit der Wilhelmshöhe vor den Toren der Residenzstadt Kassel, wo sich — ungeachtet der bedrohlichen politischen Ereignisse[4] — in den Jahren 1785—1800 eine ungebrochene Beschäftigung mit dem Schloßbau in Planung und Ausführung verfolgen läßt — unter zwei kulturell gegensätzlich orientierten fürstlichen Auftraggebern, die drei Architekten mit internationaler Bildung hinzugezogen haben. Unter diesen Vorbedingungen kam es zur Formulierung von nicht weniger als rund zwei Dutzend verschiedenen Vorstellungen zum Thema Schloß, von denen in die letztlich realisierten Bauten, das Schloß Wilhelmshöhe und die Löwenburg, mehrere zugleich eingegangen sind.

Die Fülle und inhaltliche Spannweite der Projekte legen es nahe, dem Schloßbaugeschehen auf der Wilhelmshöhe einen für die Epochengrenze um 1800 repräsentativen Charakter zuzugestehen.

Eine monographische Bearbeitung des Wilhelmshöher Schlosses und seiner Dependance, der Löwenburg, fehlt bislang. Beide Bauwerke sind vorwiegend im Gesamtkomplex der Wilhelmshöhe mitbehandelt worden, über den seit 1910 keine grundlegende historisch-monographische Arbeit mehr erschienen ist.[5] Es ist Ziel meiner Untersuchungen, alle im genannten Zeitraum entstandenen Schloßprojekte für Wilhelmshöhe zu rekonstruieren und damit ein Bild zu gewinnen, das über die Chronologie, Typen-, Formen- und Stilgeschichte sowie über die architektonische Ikonographie und ihre Bedeutung informiert. Es wird zu klären sein, welcher Rang den unausgeführten Projekten zuzuweisen ist und wie die letztlich realisierten Bauten aus dem Entwurfsstadium hervorgehen konnten. Im Vordergrund steht dabei die Frage, in welchem gegenseitigen Verhältnis die beiden definitiven Schloßbau-Alternativen, das Schloß Wilhelmshöhe und die Löwenburg, entstanden sind.[6]

Dabei bezweifle ich, daß von den historischen Ereignissen zwangsläufig auf die Architektur der Wilhelmshöhe zu schließen ist, nachdem ein solcher Versuch für die Löwenburg[7] bereits vorliegt, der meiner Ansicht nach jedoch nicht zu überzeugen vermag. Der überstrapazierte Begriff der Krise bedarf deshalb der Erläuterung. Er gelangte erst bei der Schlußredaktion in die Formulierung des Themas. Er soll keineswegs die aufzuzeigende Vielfalt der Entwurfsstadien überschatten, sondern nur eine den Bauprojekten gemeinsame Schwierigkeit der Gestaltfindung umschreiben, wobei ich die Kenntnis des historischen Hintergrundes als bekannt voraussetze.

Für meine Forschungen stellen die in großer Zahl erhaltenen Entwurfszeichnungen das Quellenmaterial erster Ordnung dar. Dabei ist es erstmals möglich, das Planmaterial der ehemaligen Wilhelmshöher Schloßbibliothek — es galt in der Forschung bislang als im Zweiten Weltkrieg verbrannt[8] — sowie die Entwürfe aus Jussows Nachlaß zur Erhellung der komplexen Planungsgeschichte gleichermaßen nutzbar zu machen. Bisher konnte die Forschung stets nur auf eine dieser beiden Plansammlungen zurückgreifen.[9] Jussows Nachlaß wurde erst 1957 öffentlich zugänglich.[10] Gestützt auf verschiedene mündliche Hinweise,[11] gelang es mir, den Planbestand der ehemaligen Schloßbibliothek in Potsdam[12] fast vollständig wiederzufinden. Von den 186 Zeichnungen, die ich für die Darstellung ausgewählt und in einem kritischen Katalog zusammengestellt habe, waren bei Inangriffnahme meiner Arbeit rund zwei Drittel unpubliziert. Abgesehen von den Zeichnungen De Waillys, sind nur 23 Zeichnungen datiert und nur 21 Blatt signiert.

Die erstaunlich vollständige Überlieferung der Pläne wird dem Umstand verdankt, daß Landgraf Wilhelm IX., der spätere Kurfürst Wilhelm I., ein fürstlicher Architekturdilettant par excellence war und in seiner Schloßbibliothek die Projekte für das Schloß in große Sammelbände einkleben und dem reichen Bestand an Zeichnungen und Stichen einverleiben ließ. Dagegen verblieben merkwürdigerweise fast alle Löwenburg-Entwürfe in Jussows privatem Nachlaß.[13]

Eine Architekturgeschichte, die sich auf die Interpretation von Zeichnungen stützt, wäre ohne das ergänzende Studium der ungedruckten Archivalien und Quellen nicht möglich. Gerade für Wilhelmshöhe bestand hier ein besonders dringliches Desiderat. Meine Ausführungen basieren auf einem intensiven Studium der Archivbestände im Staatsarchiv Marburg, im Archiv der Kurhessischen Hausstiftung, im Landesamt für Denkmalpflege in Hessen, in der Verwaltung der Staatlichen Schlösser und Gärten in Hessen sowie in der Handschriftenabteilung der Gesamthochschulbibliothek in Kassel.

Die Intentionen meiner Arbeit sehen sich durch zwei vom Aspekt her divergierende Feststellungen der neuesten Forschung herausgefordert und bestätigt. In einer grundlegenden Übersicht über die Typologie des barocken Schloßbaus stellte Renate Wagner-Rieger fest, daß es um 1800 zu einer »Inflation des Begriffes ›Schloß‹«[14] gekommen sei. Soweit ich sehe, steht der Beweis dafür am konkreten gebauten Beispiel noch aus. Auf Werner Oechslin[15] geht die Kritik am augenblicklichen Forschungsstand zurück, die moniert, daß es noch grundlegender Monographien bedürfe, um die stilgeschichtlichen Phänomene in der Baukunst des deutschen Klassizismus genauer bestimmen zu können.

Der Komplex des Schlosses Wilhelmshöhe, dessen Grundsteinlegung sich 1986 zum zweihundertsten Male jährt, stellt wohl zu beiden aufgeworfenen Problemen einen wesentlichen Beitrag dar. Sein kunstgeschichtlicher Rang wird in Zukunft nicht allein von der gebauten Substanz, sondern auch von dem lückenlosen Bestand an Entwürfen bestimmt werden.

II.

Vom Maler-Architekten zum »Fürstlichen Baumeister«

Drei Architekten in den Diensten der Landgrafen von Hessen-Kassel

1. Charles De Wailly (1730—1798)

Zum Stand der Forschung

Charles De Wailly ist der Name eines Künstlers, der in keiner der neueren Abhandlungen über die Geschichte der französischen Architektur im 18. Jahrhundert fehlt. Einen Abriß seines Lebens und Schaffens bieten Standardwerke wie Louis Hautecoeurs »Histoire de l'Architecture Classique en France«[16] im vierten Band ebenso wie Emil Kaufmanns 1955 erschienenes »Architecture in the Age of Reason«.[17] Kaufmann erkannte in De Wailly einen Hauptvertreter der um 1730 geborenen Generation, die den französischen Klassizismus sowie seine als »Revolutionsarchitektur«[18] manifest gewordene Sonderform begründete. Nach Kaufmann zählen zu dieser Generation neben De Wailly auch Marie-Joseph Peyre, Jacques-Denis Antoine, Victor Louis, Etienne-Louis Boullée und Claude-Nicolas Ledoux, um nur die bekanntesten zu nennen. Vor diesem Hintergrund versuchte Kaufmann als erster, De Waillys stilistische Eigenart zu definieren. Die Pariser Stadtpalais des Architekten wurden dann im Jahr 1964 in einer Spezialuntersuchung von Michel Gallet[19] erfaßt.

Von diesen drei Darstellungen abgesehen, muß De Wally als eine kunstgeschichtliche »Entdeckung« der siebziger Jahre gelten. Ekhart Berckenhagen publizierte 1970 die in der Berliner Kunstbibliothek verwahrten Blätter;[20] die in der Leningrader Ermitage befindlichen Zeichnungen De Waillys wurden 1971 durch einen Aufsatz[21] bekannt, und 1972 konnte Allan Braham den damaligen Forschungsstand resümieren und um die Kenntnis einiger erstmals veröffentlichter Pläne bereichern.[22] Gleichzeitig untersuchte Daniel Rabreau[23] die besondere Begabung De Waillys als Zeichner. Ein 1973 von Monika Steinhauser und D. Rabreau vorgelegter Aufsatz[24] befaßte sich detailliert mit De Waillys wichtigster Realisation, der Comédie Française in Paris, die heute als Odéon dem Theaterkundigen ein Begriff ist. 1974 lenkte Svend Eriksen den Blick auf De Waillys kunsthandwerkliche Arbeiten.[25] Eine 1976 von der französischen Akademie in Rom unternommene Ausstellung, »Piranèse et les Français«, zeigte die Bedeutung De Waillys[26] im Kreis der französischen Architekten, die Mitte des 18. Jahrhunderts in Rom von der Kunst Giovanni Battista Piranesis (1720—1779) nachhaltig beeinflußt wurden. 1979 schließlich folgte eine De Wailly-Ausstellung[27] in Paris, für die die »Caisse Nationale des Monuments Historiques« verantwortlich zeichnete. Das dafür aus Frankreich, Belgien, Deutschland, Österreich, England, Rußland und Amerika zusammengetragene Material, vorwiegend Bauzeichnungen De Waillys, sollte die Grundlage für eine erste Monographie bilden, die bis heute allerdings noch aussteht. In einer 1980 erschienenen Gesamtdarstellung der französischen Architektur im Zeitalter der Aufklärung hat Braham De Wailly im Zusammenhang mit seinen beiden Kollegen Peyre und Moreau-Desproux behandelt, wobei er besonders auf die römische Schulung als Ausgangspunkt und die stilistische Vielfalt hinweist.[27a] Der neueste Artikel zu De Wailly in einem amerikanischen Architekten-Lexikon[28] hat es versäumt, eine aktuelle Bibliographie zusammenzustellen — im Unterschied zum sonst eingehaltenen Standard dieses Werks.

Leben und Werk im Überblick

Charles De Wailly wurde als Sohn eines Tuchhändlers 1730[29] in Paris geboren. Weil er früh die Neigung zur Architektur erkennen ließ, schickten ihn seine Eltern in die Privatakademie des Jacques François Blondel (1705—1774),[30] des einflußreichsten Architekturlehrers Frankreichs zu dieser Zeit, bei dem er sich zumindest bis 1748 aufgehalten[31] haben muß. Da er bei Blondel große Fortschritte machte und der Lehrer dem Schüler angeblich nicht mehr genügte,[32] wechselte De Wailly zu Jean-Laurent Legeay (ca. 1710 — nach 1786), der mit den von ihm verfochtenen malerischen Intentionen eine Architekturauffassung vertrat, als deren Begründer er gilt.[33]

Die zeitliche Ansetzung von De Waillys Lehrzeit bei Legeay ist allerdings problematisch. Legeay wird nämlich von allen Biographen übereinstimmend als zweiter Lehrer De Waillys nach Blondel angegeben.[34] Doch hat er schon Ende des Jahres 1748 Paris verlassen,[35] um in die Dienste des preußischen Königs zu treten — also zu eben der Zeit, als De Wailly seine Studien bei Blondel beendet hatte. Dieses Problem der Überlieferung löst sich vielleicht dadurch, daß eine Lehrtätigkeit Legeays an Blondels Privatschule anzunehmen[36] ist. In diesem Fall könnte De Wailly Schüler der beiden Architekten gleichzeitig gewesen sein. Als weiterer Lehrer De Waillys wird noch Jean-Jérôme-Nicolas Servandoni (1695—1766) genannt,[37] der in erster Linie Dekorationsmaler war, aber als Architekt durch die Fassade von St. Sulpice in Paris Bedeutung erlangt hat.

De Wailly beteiligte sich 1750 erstmals an einem Grand-Prix-Wettbewerb der Académie Royale d'Architecture in Paris. Mit dem Entwurf einer Orangerie[38] errang er den dritten Platz. 1752 erhielt er mit einer Palastfassade[39] den ersten Preis und ein damit verbundenes dreijähriges Romstipendium. Er teilte es sich großmütig mit seinem Freund Pierre-Louis Moreau-Desproux (1727—1793), der ihm bei dem Wettbewerb unterlegen war.[40] In den Jahren 1754—1756 hielten sich die beiden in Rom auf.[41]

Über die erste Schaffenszeit De Waillys nach dem Italienaufenthalt gibt es nur wenig Zeugnisse. 1764 erhielt er mit dem Schloß Montmusard bei Dijon[42] seinen ersten bedeutenden Auftrag zu einem Neubau, der uns noch beschäftigen wird. Wichtige Ereignisse fielen in das Jahr 1767. De Wailly wurde unter Ange-Jacques Gabriel (1698—1782) »Contrôleur adjoint des Bâtiments« in Versailles, wo er sich am Innenausbau der Schloßoper beteiligte.[43] Außerdem ernannte ihn der Marquis de Marigny, ein Bruder der Madame Pompadour und Leiter des königlichen Bauwesens, zum Mitglied der ersten Klasse an der Pariser Académie Royale d'Architecture. Diese direkte Ernennung verstieß gegen die Statuten der Akademie, in denen zunächst eine Zugehörigkeit zur unteren zweiten Klasse gefordert war, und zog den Protest der übrigen Akademie-Mitglieder nach sich. Marigny, unterstützt von König Ludwig XV., blieb in dieser »Affaire De Wailly« jedoch Sieger — und sein Schützling, von diesen Ereignissen selbst überrascht, Mitglied der ersten Klasse.[44]

Im selben Jahr erging durch Marigny an De Wailly und seinen Freund, Marie-Joseph Peyre (1730—1785), der Auftrag zur Planung ihres gemeinsam entworfenen Werks, der Comédie Française (Odéon).[45] 1771 wurde De Wailly zum Mitglied der Académie Royale de Peinture et Sculpture gewählt; seine Aufnahmearbeit[46] zeigt einen perspektivischen Blick in das Treppenhaus der projektierten Comédie. Die in diesem Jahr im Salon ausgestellten Arbeiten stammten zum Teil von seinem Studienaufenthalt in Italien und bezeugen in der breit gefächerten Themenwahl die Extreme, die sich in ihm vereinigten: Da waren die »archäologisch« exakt aufgemessenen Diokletiansthermen neben Berninis Cathedra Petri, gefolgt von den damals aktuellen Architekturprojekten der Comédie und des gerade vollendeten Schlosses Montmusard.[47] Die in den folgenden Jahren regelmäßig veranstalteten Ausstellungen im »Salon« des Louvre machten De Wailly bekannt, ebenso und noch weiter reichend die Publikation zweier seiner Werke in der von Diderot und D'Alembert herausgegebenen Encyclopédie.[48] Dort wurden 1777 die — zu diesem Zeitpunkt noch nicht realisierte — Comédie und der Salon des Palazzo Spinola in Genua abgebildet. Dieser Palast wurde seit 1772 nach De Waillys Entwürfen neu ausgestattet; den Salon schmückte an den Seitenwänden ein mit Spiegeln hinterlegtes Palladiomotiv, das, durch doppelseitige Spiegelung sich scheinbar ins Unendliche wiederholend, auf ein ähnliches Motiv bei Piranesi[49] zurückgeht, dieses jedoch in leichtere barocke Formen verwandelt.

60

70—73

4

Die Ausführung der Comédie, seit 1797 Odéon genannt, erfolgte erst 1779—1782. Auf De Wailly, dem von Zeitgenossen der Hauptanteil an der Planung zuerkannt wurde, gingen vor allem Raumaufteilung und Innendekoration zurück, während das mit seinen herben, kubischen Formen zukunftsweisende Äußere auf den sich eindeutiger an der römischen Antike orientierenden Peyre verweist.[50]

Es war die Bauaufgabe des Theaters, die De Wailly auch fernerhin fesselte. 1780 baute er ein noch heute erhaltenes Theater im Schloßpark von Seneffe (Belgien);[51] unausgeführt gebliebene Theater entwarf er 1783 für Brüssel, 1785 für St. Petersburg und 1798 für Paris.[52] Um Theaterbauten studieren zu können, unternahm er auch Reisen nach Italien, England und Deutschland.[53] Wie weit seine Anerkennung reichte, beweist die ehrenvolle Berufung durch die Zarin Katharina II., die ihm die Stelle des Direktors an der St. Petersburger Bauakademie anbot; er lehnte jedoch ab.[54]

In seinen letzten Jahren wurde De Wailly Anhänger der Französischen Revolution. Wohl unter ihrem Einfluß paßte sich sein Stil der — von der politischen Revolution zunächst unabhängig und früher entstandenen — sog. Revolutionsarchitektur an, der er auch im Programm seiner Stadterweiterungsprojekte für Paris gerecht zu werden suchte. Ein im Jahr seines Todes 1798 entstandenes Projekt für eine Oper in Paris[55] kann die Entwicklung verdeutlichen: Der Vorplatz sollte im Zeichen des neu erwachten Patriotismus den militärischen Ereignissen gewidmet sein, die zur Gründung der Republik geführt hatten.

De Waillys Bedeutung ist daraus zu ersehen, daß er der einzige in größerem Rahmen auch ausführende Architekt war, der zugleich der Bauakademie und der Akademie für Malerei und Bildhauerei angehörte. Seine von Zeitgenossen bewunderte »manière large et pittoresque«[56] betont in starken Licht-Schatten-Kontrasten die Plastizität seiner Bauten — nach Andrieux, seinem Biographen, das Vermächtnis der Schule von Legeay.[57] Dabei reichte De Waillys Vorstellungskraft bis zur phantastischen Entrückung des Dargestellten. In seiner Aufnahmearbeit für die Akademie von 1771 erscheint das Treppenhaus der Comédie maßstäblich überzeichnet, von antikisierenden Figuren szenisch belebt — eine visionäre Vergegenwärtigung der Antike! Bauten wie das Pantheon oder das Kapitol in Rom[58] läßt er in die Flammen und Rauchschwaden eines Opferfeuers dramatisch-effektvoll getaucht erscheinen. Die Anwendung solcher Mittel verleiht De Wailly den Charakter eines »peintre-architecte«, eines Architekten, der Bauwerke mit den Augen des Malers zu sehen wußte. In dieser Eigenschaft trug er wesentlich dazu bei, daß sich zu seiner Zeit die Architekturzeichnung, unabhängig von der baulichen Realisation,

60

zu einer eigenen Kunstgattung verselbständigte. Zu dieser über Legeay auf den Kreis um Piranesi verweisenden Strömung[59] bemerkte Jacques François Blondel einmal spöttisch: »Aujourd'hui il semble qu'on ne veuille plaire qu'aux peintres de ruines«.[60] Gerade in den beiden zuletzt genannten Blättern läßt sich ein starker Einfluß Hubert Roberts feststellen.

Aus De Waillys reichen Innendekorationen spricht der Eindruck, den das Studium des italienischen und französischen Barock hinterlassen hat. Sie bedeuten in jedem Fall eine Absage an das Rokoko, wofür die Lehren Blondels vorausgesetzt werden müssen. Die Freude am Dekorativen machte bei De Wailly auch am Außenbau nicht halt; sie führte aber zur Kritik der Zeitgenossen, die behaupteten, De Wailly wäre bei einer »größeren Reinheit« seiner Bauten der »Palladio seines Jahrhunderts«[61] geworden. Hier scheint als Qualitätsmaßstab der Purismus eines Boullée und Ledoux angelegt worden zu sein, dem sich De Wailly auch tatsächlich so gut wie nie unterworfen hat.

Nicht zuletzt als Lehrer hat sich De Wailly eine Namen gemacht. Unter seinen Schülern ragen die drei Russen Bajenow, Starov und Volkhov hervor, die später das Bild St. Petersburgs wesentlich geprägt haben.

De Wailly und sein Auftraggeber Landgraf Friedrich II.

Charles De Wailly ist nach Claude-Nicolas Ledoux (1736—1806)[62] der zweite führende Architekt aus Paris gewesen, den Landgraf Friedrich II. für Kassel engagierte. Mit der Verpflichtung der beiden Franzosen huldigte Friedrich der für seinen heimischen Hofarchitekten Simon Louis Du Ry allerdings schmerzlichen Erkenntnis, daß der erlauchte Kreis der 32 Mitglieder der Pariser Académie Royale d'Architecture die absolute Autorität als Geschmacksbildner Europas auf baukünstlerischem Gebiet darstellte. Nicht ohne Grund bemühte sich Du Ry um Aufnahme als (korrespondierendes) Mitglied eben dieser Akademie.[63]

Wie der Landgraf, der als »fürstlicher Baumeister« für Kassel sogar eigene baukünstlerische Ideen entwickelte,[64] De Wailly kennengelernt hat, ist nicht eindeutig überliefert. Friedrich wird das Œuvre des Franzosen sicher durch die in der Encyclopédie veröffentlichten Stiche gekannt haben. Die von Friedrich benutzten Bände existieren noch heute als Restbestand der Wilhelmshöher Schloßbibliothek.[65] Zu Friedrichs Freundeskreis zählte die Marquise Spinola in Genua,[66] für deren Familie De Wailly den oben erwähnten Genueser Palast umgestaltet hatte. In erster Linie dürfte Friedrich, selbst ein begeisterter Anhänger des französischen Theaters, De Wailly als Theaterarchitekten kennengelernt haben. Sein Botschafter in Paris, Baron von Boden, schrieb ihm von den aktuellen Neuigkeiten der französischen Metropole, in der Regel alle drei Tage, nicht nur über Klatsch und Mode, sondern auch über die neuesten Werke der Baukunst. In mehreren Briefen schilderte er die Comédie Française von ihrem Baubeginn an, indem er subtil die Vor- und Nachteile, sowie die Hintergründe bei der Ausführung dieses bedeutendsten Theaterneubaus seiner Zeit offenlegte.[67]

Anläßlich eines Paris-Aufenthaltes von 1781 muß der Landgraf die Comédie besichtigt und De Wailly persönlich aufgesucht haben,[68] wie ein im folgenden zitiertes Schreiben De Waillys aus dem Jahr 1783 vermuten läßt. Wahrscheinlich wurde bei dieser Gelegenheit De Wailly für Kassel gewonnen. Gegen Ende des Jahres 1781 war Charles Norry, ein Schüler und Mitarbeiter De Waillys,[69] in Kassel beschäftigt. Während seines Aufenthaltes wurde er zum Ehrenmitglied der Kasseler Kunstakademie ernannt,[70] am 24. November 1781 erhielt er 100 Neue Louisdors (umgerechnet 616 Reichstaler) »zum Present« und für die Rückreise nach Paris nochmals

600 Livres (umgerechnet 154 Reichstaler).[71] De Wailly selbst kam 1782 nach Kassel, wo er im Oktober unter den Besuchern des Museum Fridericianum nachweisbar ist.[72] Damals überreichte er wohl die Projekte zum Umbau des Landgrafenschlosses in der Kasseler Altstadt. Die unausgeführt gebliebenen Pläne wurden in einem Band gesammelt, der dann im Zweiten Weltkrieg verbrannte.[73] Norry hatte wahrscheinlich im Jahr vor der Überreichung die dazu notwendigen Aufmessungen durchgeführt. Als Zeichen der Anerkennung ernannte der Landgraf persönlich De Wailly zum Ehrenmitglied der Akademie in Kassel.[74]

Ab 1783 widmete De Wailly sich verstärkt den Kasseler Planungen. Jedenfalls schrieb er am 30. Juli dieses Jahres an den Landgrafen: »Monseigneur, Débarassé tant du nouveau Théâtre Français, dont votre Altesse Sérénissime a vu l'exécution que des changements qu'on y a cru nécessaires, je vais m'occuper des détails de la Gallerie d'Hercule du Palais de votre Altesse Sérénissime.

Aussitôt que j'en aurai fini les desseins j'aurai l'honneur de les lui faire parvenir et je metterai tout mon zèle pour remplir les intentions que votre Altesse Sérénissime m'a donnée.

Je lui demande la permission de joindre à la lettre ci-inclus du Sr Wolff mes instances afin que votre Altesse Sérénissime daigne lui accorder la prolongation de la pension qu'il demande, témoin de son application et de ses progrès. Ce feroit l'arrêter dans le cours de ses études. Si votre Altesse Sérénissime (par une suite de son amour éclairé pour les arts et de sa protection pour ses sujets) ne lui accordoit la grâce qu'il demande et à laquelle je prends la liberté de joindre mes plus vives prières. Je suis avec le plus profond respect Monseigneur de votre Altesse Sérénissime le très humble et très obéissant serviteur
De Wailly, Paris, le 30 Juillet 1783«.[75]

Mit der genannten Herkules-Galerie sprach De Wailly wohl vom Herkulessaal des Landgrafenschlosses,[76] das demnach in der Detailplanung noch nicht abgeschlossen war. Der junge Steinmetz Henrich Abraham Wolff war der erste Stipendiat aus Kassel, um dessen Ausbildung De Wailly sich kümmerte. Er sorgte für dessen Weiterbildung bei einem der Pariser Meister der Steinschnittkunst.[77] Möglicherweise sah De Wailly in Wolff den Mann, der eines Tages seine Pläne in Kassel realisieren sollte.

Mit Heinrich-Christoph Jussow kam Ende des Jahres 1783 aus Kassel ein Student der Architektur nach Paris, der als De Waillys Schüler anzusprechen ist und fast zwei Jahre hindurch in seinem Atelier arbeitete. Für seine ersten Entwurfsarbeiten für den Kasseler Hof, sicher auch für seine Tätigkeit als Lehrer Jussows, erhielt De Wailly 1783 monatlich 50 Louisdors (entspricht 250 Reichstaler), die aber ausdrücklich als Geschenk bezeichnet wurden.[78] Das macht deutlich, daß De Waillys Arbeit für den Landgrafen von beiden Seiten als ehrenvolle Berufung verstanden wurde, die der fürstliche Auftraggeber nach eigenem Ermessen honorieren konnte.

Über den Auftrag zur Planung für ein neues Weißensteiner Schloß konnten bisher keine Korrespondenzen gefunden werden.[79] Dies hängt wohl damit zusammen, daß die Verhandlungen weitgehend mündlich geführt wurden. Gelegenheit dazu bot eine weitere Reise des Landgrafen nach Paris, die für den Sommer 1784 nachzuweisen ist.[80] Die drei Weißensteiner Projekte sind zwar in ihrer endgültigen Form alle 1785 datiert, doch wies der Aufriß des zweiten Projekts zunächst eindeutig das Datum 1784 neben der Signatur auf. Diese Beobachtung kann als Argument dafür gelten, daß schon damals an den Projekten gezeichnet wurde.

37 K 14
Farbt. I unten

Während ihrer Entstehung wurden die Kasseler Entwürfe in De Waillys Atelier von anderen Künstlern bewundert, wie aus der ausführlichen Notiz bei dem Biographen Lavallée hervorgeht. Das ihnen gezollte Lob galt sicher in erster Linie den Weißensteiner Projekten, die zweifellos die größere Attraktivität besaßen:

»Dewailly fit deux fois le voyage de Cassel sur l'invention du feu Prince de Hesse-Cassel. Si ce Landgrave, celui de tous les Souverains d'Allemagne qui porta le plus loin l'amour pour les arts, eût vécu, il aurait fait exécuter les plans de Dewailly. Ces plans, qu'il termina à Paris dans l'intervalle d'un voyage à l'autre, sont magnifiques, et ont été vus par plusieurs artistes distingués encore vivants. Ils ont été recueillis en deux volumes infolio, et sont aujourd'hui dans la bibliothèque du Landgrave régnant de Hesse-Cassel.«[81]

Daß De Wailly tatsächlich ein zweites Mal nach Kassel gekommen ist, um möglicherweise die Weißenstein-Projekte selbst zu überreichen, ist jedoch aus mehreren Gründen wenig wahrscheinlich. Die Befunde schließen sogar einen durch den Tod des Auftraggebers ausgelösten übereilten Abbruch der Entwurfsarbeiten nicht aus (Friedrich starb am 31. Oktober 1785). Beim dritten Projekt fehlt die malerische Gesamtansicht mit Umgebung, bei den beiden ersten wie überhaupt in De Waillys Œuvre ein quasi obligatorischer Bestandteil der Planung; auch ist ein eigener Situationsplan nicht vorhanden. Vor allem aber gibt die Tatsache zu denken, daß sich in den Rechnungsbüchern für das Jahr 1785 nur ein Betrag von 75 Louisdors findet für eine De Wailly geschenkte goldene Tabaksdose, dazu 100 Dukaten (Wert zusammen: 685 Reichstaler).[82] Diese Summe kann keinesfalls als angemessene Gegenleistung für diese umfangreichen Planungen gewertet werden, nachdem 1784 überhaupt keine Zahlungen an De Wailly ergangen sind[83] und 1783, als die Projekte des Landgrafenschlosses in Arbeit waren, ein weit höherer Betrag gezahlt worden war. So bietet sich die Vermutung an, daß die Entwürfe erst unter Wilhelm IX. in Kassel eingetroffen sind. Dafür spricht auch, daß der die Zeichnungen enthaltende, auffallend schlichte Klebeband schon den Prägestempel Wilhelms (»W.L.Z.H.«) und nicht mehr Friedrichs trägt. Wilhelm zeigte aber kein Verständnis für diese Vorschläge. Seine anglophile Einstellung hatte in ihm damals den Wunsch nach einem in jeder Hinsicht andersartigen Schloß heranreifen lassen, wie noch zu zeigen sein wird.

2. Simon Louis Du Ry (1726—1799)

Geschichte und Stand der Forschung

Die Forschungen über Simon Louis Du Ry setzten mit zwei reichhaltigen Quellenpublikationen im 19. Jahrhundert ein. Die erste ist ein Nekrolog,[84] den ein persönlicher Freund, der Rat und Hofpoet J. W. C. G. Casparson,[85] ein Jahr nach Du Rys Tod verfaßt hat.

Die zweite Quellenpublikation stammt vom Ende des vorigen Jahrhunderts und war der gesamten Künstlerdynastie Du Ry, soweit sie in Kassel tätig war, gewidmet. Otto Gerlands Buch[86] wurde aus familiengeschichtlichem Interesse geschrieben; rein kunstgeschichtliche Fragestellungen wurden infolgedessen kaum berührt. Die bald danach in der »Zeitschrift für Bauwesen« veröffentlichte Studie von H. Phleps[87] war in wesentlichen Aussagen schon eine Generation später überholt, da sie noch von der traditionellen Meinung ausging, Simon Louis Du Ry habe das Wilhelmsthaler Schloß in der unter ihm ausgeführten Gestalt auch entworfen. Selbst F. Bleibaum[88] hat in seinem opulenten Wilhelmsthaler Inventarwerk diese irrige Auffassung im Jahre 1926 noch vertreten. Erst 1930 hat der in Kassel tätige Archäologe Rudolf Hallo[89] die Weichen zur Erkenntnis des objektiven Tatbestandes gestellt, indem er François De Cuvilliés d. Ä. (1695—1768) als entwerfenden Meister dieses bedeutendsten hessischen Rokokoschlosses ermitteln konnte. Da ihm in seinem Aufsatz aber auch weniger gravierende Zuschreibungsfehler unterlaufen waren, mußte er sich von dem gestandenen Bauforscher Bleibaum Schmähungen gefallen lassen, die über das rein Sachliche weit hinausgingen.[90] Hallos Erkenntnisse sind 1936 in den Du Ry-Artikel des »Thieme-Becker«[91] eingegangen, der bis heute die beste Übersicht zum Thema auf engem Raum liefert.

Mit einer an der TH Hannover abgeschlossenen Dissertation von F. Bätjer[92] wurden 1939 die Kenntnisse über Du Rys Landschloßbau um das ihm zugeschriebene westfälische Schloß Hüffe bereichert.

H.-K. Boehlke untersuchte in einer Göttinger Dissertation[93] 1953 Du Rys Stadtbaukunst. Die von ihm geäußerte Hoffnung, damit Impulse zur Erhaltung bzw. zur Wiedergewinnung des historischen Kasseler Stadtbildes geben zu können, scheiterte jedoch an den geschichtsfeindlichen Planern, denen die Idee einer »verkehrsgerechten« Stadt über die Berücksichtigung denkmalpflegerischer Aspekte ging.

Die 1979 durchgeführte Kasseler Klassizismus-Ausstellung[94] vermittelte neue Erkenntnisse über Du Rys Stadtbaukunst. 1980 erschien Boehlkes Dissertation in einer gekürzten, populären Ansprüchen genügenden Neuauflage,[95] die in manchen Punkten der Ergänzung bedarf[96]. Zur Beurteilung des aufklärerischen Umfeldes, in dem Du Ry in Kassel zu arbeiten hatte, trägt die von E. Wörner[97] besorgte Neuauflage des Regierungsprogramms von Landgraf Friedrich II. bei. Dort ist auch die Sekundärliteratur zu Du Ry verzeichnet.[98]

In der überregionalen kunsthistorischen Literatur wurde Du Ry u.a. von Pierre du Colombier,[99] Harald Keller[100] und zuletzt in Macmillans Architekten-Lexikon[101] berücksichtigt. Dennoch muß der heutige Forschungsstand als unzureichend angesehen werden. Für die Forschung stellt sich die Aufgabe, die Verflechtungen des Du Ry-Œuvres mit der internationalen Architektur des Frühklassizismus aufzuspüren. Ausgehend von einem von Du Rys Hauptwerken, will die vorliegende Arbeit auch dazu einen Beitrag leisten.

Leben und Werk im Überblick

Mit dem Namen Du Ry verbindet sich die Geschichte einer Architektendynastie, die in verschiedenen Ländern Nordeuropas ihre Spuren hinterlassen hat. Schottischen Ursprungs, wanderte die Familie zunächst in die Normandie aus, um sich im 16. Jahrhundert im Pariser Raum niederzulassen. Charles Du Ry, der Ururgroßvater des Simon Louis, wurde ca. 1570 in Verneuil geboren. Er war ein Neffe, Schüler und Hauptmitarbeiter des führenden Architekten Frankreichs im frühen 17. Jahrhundert, Salomon de Brosse (ca. 1571—1626), für den er u.a. Schloß Coulommiers-en-Brie auszuführen hatte. Ebenso gehen Teile des Louvre, von Jacques Lemercier entworfen, auf seine Mitarbeit zurück. Damit gehören enge Verflechtungen mit dem absolutistischen Schloßbau — hier in seinen Anfängen[102] — zur Eigenart der Du Ry, die als Hugenotten streng auf die Wahrung ihrer Familientradition bedacht waren, wie zahlreiche erhaltene Dokumente beweisen. Charles' Sohn Mathurin Du Ry war als Architekt des Pariser Hofes Mitarbeiter von Jean Androuet Du Cerceau. Simon Louis' Großvater Paul Du Ry, um 1640 in Paris geboren, war durch François Blondel (1617—1686) ausgebildet worden. Durch die Glaubensverfolgungen der Calvinisten dazu gezwungen, wanderte Paul Du Ry in die Niederlande nach Maastricht aus, wo er Festungsbaumeister wurde. Dort wurde der hessische Landgraf Karl auf ihn aufmerksam und ließ ihn nach Kassel kommen. Die dort seit 1688 unternommene planmäßige Anlage der hugenottischen Oberneustadt ist sein Werk, das von seinem Sohn Charles Du Ry (1692—1757), zuletzt landgräflicher Oberbaumeister,[103] zu Ende geführt wurde.

Simon Louis (Ludwig) Du Ry wurde am 13. Januar[104] 1726 in Kassel geboren. Er erhielt durch seinen Vater Charles, der ihm auch später, während seiner im Ausland betriebenen Studien, mit Ratschlägen zur Seite stand, seine erste künstlerische Ausbildung. Sein Talent wurde durch den Statthalter Kassels, den nachmaligen Landgrafen Wilhelm VIII. (1682—1760), frühzeitig erkannt. Dieser setzte sich bei seinem Bruder, Landgraf Friedrich I., zugleich König von Schweden, für eine Förderung des jungen Du Ry ein. In einem Brief vom 24. April 1746 fragte er seinen königlichen Bruder, »[...] ob Höchst-Ihrer nicht gnädigst gefällig seyn möchte, einen Sohn des hiesigen Baumeisters Du Ry, welcher ein sehr gutes Genie von sich schließen lässet, auch bereits sehr artig zeichnet, vor den Anfang auf eine Zeitlang nacher Stockholm kommen zu lassen, um sich unter dem Oberbaudirektor Hårleman besonders bey dermahligem Schlossbau weiter zu perfectionieren und sich mit der Zeit zu Ew. Mjt. allerunterthänigsten Diensten geschickt zu machen«.[105] Friedrich gewährte daraufhin am 9. Mai ein Stipendium von 300 Talern jährlich.[106]

Ende Mai 1746 brach Du Ry von Kassel nach Stockholm auf. Sein für ihn bestimmter Lehrer Carl Hårleman (1700—1753) war damals der führende Architekt Schwedens. Ihm oblag die Weiterführung des von Nicodemus Tessin d. J. 1697 begonnenen Stockholmer Stadtschlosses. Bisher noch unbekannt ist der Tatbestand, daß Hårleman schon früher Beziehungen zum Kasseler Hof besessen hatte. Wie aus einem Nachlaßinventar[107] des Landgrafen Wilhelm VIII. hervorgeht, fertigte er bereits 1732 einen Entwurf für Schloß Wilhelmsthal, damals noch Amelienthal genannt! Anläßlich seines Todes wurde Hårleman zu Ehren sogar ein Gedenkblatt in Kassel als Kupferstich veröffentlicht.[108]

In Stockholm arbeitete Du Ry unter Hårlemans Aufsicht an seinem ersten Projekt für Schloß Wilhelmsthal weiter, das er schon in Kassel begonnen hatte. Die heute noch erhaltenen Entwurfszeichnungen[109] erlauben mühelos die Unterscheidung zwischen den unsicheren, in Kassel angefertigten, und den in Stockholm schon recht routiniert gezeichneten Blättern. Bald mußte Du Ry erkennen, daß Hårleman zwar ein guter Architekt, doch kein begabter Pädagoge war. Er legte das Wesen eines launischen, eitlen »grand seigneur«[110] an den Tag, dem es zu lästig war, sich mit einem Schüler abzugeben. Deshalb hielt sich Du Ry an den französischen Maler Guillaume Thomas Taraval (1701—1750), der an der Ausmalung des Stockholmer Schlosses mitarbeitete. Er korrigierte Du Rys Zeichnungen und gab dem angehenden Architekten den Rat, nach Paris zu gehen, wo er in drei Monaten mehr als während eines langjährigen Schweden-Aufenthalts lernen könne.[111] In einem Brief vom 14. Juli 1747 an seinen Vater bekannte sich Simon Louis zu seinem eigentlichen Lehrer, zumindest, was das Zeichnen angeht: »Ich habe versucht, von den Ratschlägen Taravals Nutzen zu ziehen, die er die Güte hatte, mir zu geben, und, die Wahrheit zu sagen, so verdanke ich, wenn meine Zeichnungen irgend etwas Gutes haben, dies mehr ihm als Herrn Hårleman.«[112]

Die Schulung bei Taraval hat entschieden dazu beigetragen, daß Du Ry auch als talentierter Zeichner und Maler gelten konnte. In seinem Du Ry-Nekrolog, im Jahre 1800 vor der Kasseler Altertümergesellschaft vorgetragen, überliefert Casparson: »[...] selbst der unvergeßliche Tischbein [d. Ä.] urtheilte [...], daß Du Ry Zeichner genug wäre, um alhier richtiger und schöner Zeichner Mahler zu seyn«.[113]

Nach dem Wunsch seines Vaters sollte sich Du Ry am Stockholmer Schloß mit der Praxis des Bauhandwerks vertraut machen, was jedoch wegen der nur schleppend vorangehenden Arbeiten fast unmöglich war.

Er durfte deshalb im Juni 1748 Stockholm wieder verlassen. Während eines kurzen Aufenthalts in der Heimat erhielt er am 30. Juli durch Wilhelm VIII. die Erlaubnis, nach Frankreich weiter zu reisen.[114] Ende August war er am Ziel seiner Wünsche, Paris, wo er in die private Bauakademie Jacques François Blondels eintrat. Dort fand er den für ihn idealen, systematisch organisierten Unterricht, den sich sechs Professoren in die Fächer Baukunst, Mathematik, Steinschnitt, Zeichnen, Perspektive und Modellieren teilten. Zur Ausbildung gehörten ferner Exkursionen zu den in der Umgebung von Paris gelegenen Schlössern, die Blondel selbst leitete.[115] Du Rys Briefe aus dieser Zeit gehören zu den wichtigsten Quellen zur Kenntnis der Blondel-Schule, deren Niveau damals in Europa unerreicht war.

Nach über einjähriger Lehrzeit wurde dem Schüler aus Kassel ein denkbar gutes Zeugnis ausgestellt. Blondel schrieb seinem Vater am 19. Dezember 1749:

»Ich bin sehr zufrieden mit den Fortschritten, der Ausdauer, der Führung und den Sitten Ihres lieben Herrn Sohnes, den ich in Wahrheit hoch schätze und den zum Schüler gehabt zu haben, ich mir eine Ehre anrechne. Bis jetzt hat er sich lebhaft der Mathematik, dem Zeichnen von Figuren (à la figure) und dem Ornament gewidmet, worin er, und das namentlich in den beiden letzten Richtungen, genügend schnelle Fortschritte gemacht hat. Gegenwärtig beschäftigt er sich ernstlich mit der Architektur, namentlich mit einem Plane, den er für ein seinem Fürsten zustehendes Gebäude ausarbeitet [...] Es ist ein durchaus geschickter Mensch, den ich sehr in mein Herz geschlossen habe, weil ich alle erforderlichen Eigenschaften bei ihm finde«.[116]

Als der Erbprinz Friedrich, der spätere Landgraf Friedrich II., sich 1749 in Paris aufhielt, begutachtete er Du Rys Studien und war mit den ihm vorgelegten Zeichnungen zufrieden. Zum Ornamentzeichnen übte sich Du Ry in ganz verschiedenen Pariser Bauwerken, sowohl im Hôtel Soubise, dessen Dekorationen zu den besten Leistungen französischer Raumkunst des Rokoko zählen,[117] als auch, besonders bemerkenswert, in der — gotischen — Kathedrale Notre Dame. Daneben war er mit einem 1750 vollendeten Entwurf für Schloß Wilhelmsthal, seinem zweiten,[118] beschäftigt, der sich stilistisch als von Blondels »Maisons de plaisance«[119] abhängig erweist. Außerdem fertigte er das Idealprojekt eines großen Schlosses mit Park und Nebengebäuden.[120] Von dem bisher nur literarisch überlieferten Projekt ließ sich der Situationsplan[121] auffinden.

Blondels Meisterschaft in der Distribution gab Du Ry die Möglichkeit zur intensiven Beschäftigung mit diesem Gebiet, wie er wissen läßt:

»Die Einteilung des Plans, welche so interessant und doch so sehr vernachlässigt bei uns zu Lande ist, beschäftigt mich noch; ich habe das Glück, unter die Hände des Herrn Blondel gelangt zu sein, der einer der besten Einteiler von Paris ist. Sie können nach seiner Architektur der Lusthäuser[122] beurteilen, ob man ihm Gerechtigkeit widerfahren läßt [...]. Ich werde mich noch einige Zeit mit der Einteilung [...] beschäftigen.«[123]

Welcher Ansatz dem Architekturstudium bei Blondel zugrunde lag, verrät Simon Louis seinem Vater mit folgenden Worten: »Der Hauptfehler der deutschen Architekten ist, wenn ich nicht irre, der, daß sie zu wenig wissenschaftlich ausgebildet sind; man möchte fast sagen, das wenige, was sie überhaupt haben, halten sie für unnütz. Mir aber scheint es unmöglich, irgend etwas Erträgliches ohne die Hilfe der Wissenschaft zu schaffen, und daß ein Architekt, der nicht durch sie geleitet wird, nur im Finstern tappt und daß es ein reiner Zufall ist, wenn er etwas Erträgliches schafft. Ich denke keineswegs gering vom Nutzen der Praxis, ich bin vielmehr sogar überzeugt, daß es eine unendliche Menge Kenntnisse gibt, die man nicht durch das Wort des Lehrers, sondern nur durch die Praxis lernt (auch Herr Blondel schickt uns sehr oft dazu aus), aber ich meine, es ist nicht so schwer, sie kennen zu lernen, wenn man genaue und klare wissenschaftliche Erkenntnisse hat.«[124] Du Ry verdankte Blondel also eine wissenschaftliche Fundierung, wie sie dem Geist der Aufklärung entsprach.

Du Ry hatte vor, im Juni 1751 Blondels Schule zu verlassen, um sich noch ein halbes Jahr in Paris der Baupraxis widmen zu können. Es fehlte ihm nur noch ein Kurs über Perspektive, den Blondel noch nicht abgehalten hatte, angeblich weil »Du Ry der einzige Schüler [war], der ihm dabei folgen« konnte.[125] Blondel holte diese Lehrveranstaltung kurzfristig nach, nachdem er von Du Rys Plänen erfahren hatte.

Als Du Ry sich rund dreißig Jahre später an die königliche Bauakademie in Paris wandte, um als korrespondierendes Mitglied aufgenommen zu werden, benannte er in seinem Schreiben als Referenz die vier bekanntesten seiner ehemaligen Pariser Studiengenossen: Charles De Wailly, Marie-Joseph Peyre, Pierre-Louis Moreau-Desproux (1727—1793) sowie Louis-François Trouard (1729—1794).[126] Außerdem muß Du Ry damals auch mit William Chambers zusammen studiert haben, der 1749/1750 in Blondels Akademie nachweisbar ist,[127] als Engländer in diesem Brief aber natürlich nicht genannt werden konnte. Du Ry hatte in Paris zeitweise sogar einen inzwischen in Kassel ansässig gewordenen Studienkollegen bei Blondel, Johann George Fünck (172?—1753), den ehemaligen Mitarbeiter Knobelsdorffs in Berlin, der am Wilhelmsthaler Schloßbau beteiligt war.[128]

Von Paris aus bat Du Ry wiederholt um die Erlaubnis, nach Italien reisen zu dürfen. Der seit 1751 regierende Landgraf Wilhelm VIII., der Bauherr von Schloß Wilhelmsthal, hielt eine solche Reise jedoch für überflüssig, da seiner Meinung nach in Hessen keine großen Bauprojekte anstünden, und »für größere Gebäude nur das französische, für kleinere nur das englische Vorbild«[129] in Frage kämen — ein Ausspruch, der die ausländische Orientierung der Baukunst in Niederhessen prägnant umreißt![130] Wilhelm wünschte vielmehr, daß Du Ry die Besonderheiten der Wasserbaukunst Hollands studieren sollte. Dieser Aufforderung entsprach Simon Louis, der am 25. Juli 1752 von Paris aufbrach und über Den Haag, Amsterdam und Utrecht im Oktober desselben Jahres in Kassel eintraf.

Den Wunsch, auch nach Italien zu reisen, wiederholte er dennoch dem Landgrafen gegenüber in persönlich geführten Gesprächen, die schließlich zum Erfolg führten. Am 14. Mai 1753 ernannte ihn Wilhelm nicht nur zu seinem Baumeister,[131] sondern gewährte ihm zugleich eine Studienreise auf zwei Jahre.[132] Als Gegenleistung mußte Du Ry versprechen, in kein fremdes Dienstverhältnis einzutreten, so verlockend ein mögliches Angebot auch sei.[133]

Die Italienreise unterschied sich von der nach Frankreich grundsätzlich. Diente die in Frankreich verbrachte Zeit der Schulung durch die Autorität eines Lehrers, so handelte es sich in Italien um eine ergänzende Bildungsreise, die einem in Urteil und Anschauung bereits Gefestigten zugestanden werden konnte. Von dem auf der Hinreise Erlebten verdienen zwei Ereignisse Erwähnung. Vicenza bezeichnete Du Ry als »une très jolie ville et remplie de plusieurs beaux bâtiments de l'architecture de Palladio«,[134] was ihn dazu veranlaßte, vier Tage dort zu bleiben. Damit schloß Du Ry unmittelbar an die epochemachende Italienreise des Marquis de Marigny und Soufflots von 1749/1751 an, die u. a. eine »Wiederentdeckung« Palladios für die französische Architektur zur Folge gehabt hatte. In Padua traf Du Ry den Grafen Francesco Algarotti (1712—1764),[135] der als Architekturdilettant und Freund König Friedrichs II. großen Einfluß auf den palladianisch gefärbten Frühklassizismus in Berlin und Potsdam genommen hatte.[136]

Im Zentrum von Du Rys Aufenthalt in Italien, der vom Landgrafen bis zum Frühjahr 1756 verlängert worden war,[137] stand die Begegnung mit der Antike. Im Auftrag des Kasseler Hofes besuchte Du Ry zunächst im Oktober 1753 die Ausgrabungen in Herkulaneum. In zwei Briefen an Wilhelm VIII. schilderte er die römischen Wandmalereien, deren Ornamentik er stilkritisch zu definieren suchte.[138] Sein Interesse für antike Architektur dokumentiert sich darin, daß er den damals neu entdeckten Serapis-Tempel in Pozzuoli beschrieb und in einer heute noch erhaltenen Zeichnung teilweise rekonstruierte.[139] Mitte November 1753 begab er sich ins Zentrum seiner Studien, nach Rom, wo er, sich die römische Geschichte vergegenwärtigend, antike Bauten und mit Vorliebe Ruinen aufsuchte.[140] Mit dem Ziel, sie für eigene künftige Bauprojekte verwenden zu können, vermaß und zeichnete er Architekturdetails[141] und ließ Kapitelle und weitere Bauornamente in Gips abformen.[142] In dieser Tätigkeit ist Simon Louis Du Ry als der erste Kasseler Archäologe zu bezeichnen.

Doch auch die neuere Baukunst wurde in die Studien einbezogen.[143] Er zeichnete z. B. die Kirche Sant' Ignazio,[144] einen Bau des 17. Jahrhunderts, und die damals noch im Bau befindliche Fontana di Trevi.[145] Im direkten Vergleich gab er der antiken Baukunst vor der zeitgenössischen den Vorzug.[146] In welchen Kreisen verkehrte

Du Ry, woher empfing er künstlerische Anregungen? Gleichzeitig mit ihm waren seine bereits erwähnten Pariser Studienkollegen in Rom: Chambers (von 1750—1755) und, als Stipendiaten der Akademie für Architektur in Paris, De Wailly, Moreau-Desproux (beide 1752—1754), Peyre (1753—1756) und Trouard (ab 1754). Rom vereinte also aufs neue die Blondel-Schüler, die sich hier der Gründergeneration des Klassizismus anschließen sollten.[147]

Welche Rolle spielte Du Ry innerhalb dieser Gruppe? Sein in den Jahren 1753—1756 entstandenes römisches Skizzenbuch[148] gibt Aufschluß darüber, daß ihm die antike Architektur nicht nur als Objekt akademisch-nüchterner Studien galt, sondern daß er daneben auch ihren malerischen Reiz erkannte. Zwei seiner Ruinenansichten sind »d'après Clérisseau« bezeichnet,[149] womit als Quelle das Werk des französischen Ruinenmalers Charles-Louis Clérisseau (1721—1820) zitiert wird, der sich bis 1754 in Rom aufhielt. Über Clérisseau aber ist Du Ry dem weiteren Umkreis Giovanni Battista Piranesis[150] (1720—1778) zuzurechnen, und diesem verdankt der Klassizismus entscheidende Impulse.[151]

Ob Du Ry persönlichen Kontakt mit Clérisseau hatte, wissen wir nicht. Bekanntlich sind es mehrere namhafte Architekten, deren Italienaufenthalt mit dem Namen des Ruinenmalers verbunden ist. Unter anderem sind dies die beiden führenden Architekten Englands der zweiten Hälfte des 18. Jahrhunderts, William Chambers[152] und Robert Adam,[153] dazu der aus Dessau stammende Friedrich Wilhelm von Erdmannsdorff (1736—1800).[154] Sie alle begegneten Clérisseau in Italien und wurden durch ihn im Studium der Antike angeleitet.

Ein noch erhaltenes Studienblatt[155] von Du Ry ist, wie Boehlke[156] dargelegt hat, zurückzuführen auf den Akademie-Entwurf Marie-Joseph Peyres.[157] Da Peyre dieses Blatt schon 1753, zur Zeit seines Romstipendiums, gezeichnet hat,[158] ist die Vermutung naheliegend, daß auch Du Rys Variante dieser Akademie in Rom entstanden ist, und zwar angeregt durch die Originalzeichnung.[159] Dafür sprechen die folgenden Überlegungen: Du Ry und Peyre kannten sich seit ihrer gemeinsamen Studienzeit bei Blondel; die aus dem Blatt sprechende Freude am utopischen Experiment ist bei Du Ry nur während seiner Studienzeit vorauszusetzen.[160]

Peyres Akademie, eine weit ausgreifende, in ihren Raumgestaltungen vielfältig wandelbare, streng axialsymmetrische Anlage, hat als eine der ersten großen Utopien des römisch-französischen Klassizismus zu gelten. Ihre Raumdisposition läßt auf eine unmittelbare Inspiration durch antike Architektur schließen,[161] die von Peyre an Thermenanlagen intensiv studiert worden war.[162] In der Version von Du Ry ist eine Tendenz zu stärkerer Vereinheitlichung erkennbar: Die Säulen an den beiden konkav einschwingenden Halbkreisen der Fronten sind ohne Unterbrechung aneinandergereiht, und im Innern wird die kleinliche Raumaufsplitterung Peyres durch größere Zusammenhänge ersetzt. Im Gesamtwerk Du Rys stellt die Akademie-Studie zweifellos die kühnste Annäherung an die französischen Utopisten dar.

In Rom war Du Ry 1755 auch mit Entwürfen zum Bau eines Pavillons beschäftigt, der für eine Insel, wahrscheinlich im Teich der Kasseler Karlsaue, bestimmt war. Dieses Projekt wird von Du Ry in zwei Briefen erwähnt,[163] und mit ihm können erstmals verschiedene, heute sowohl in Kassel als auch in Marburg aufbewahrte Studien zu einem runden Zentralbau in Zusammenhang gebracht werden.

Ein Grundriß[164] rechnet mit einer sich in drei Türen öffnenden Cella, deren Wand von halbrunden Nischen durchsetzt ist; besonders die Kuppel in Form einer Halbkugel verweist in der Art ihrer Kassettierung auf römische Vorbilder (Pantheon). Die die Cella umgebende Wand, die zum Teil in Säulen aufgelöst ist, spricht für eine freie Variation nach antiken Vorbildern, wie sie zu derselben Zeit bei Rundbauten von Peyre oder Chambers[165] vergleichbar anzutreffen ist.

Ein Situationsplan,[166] der einen tempelähnlichen Rundbau mit genischten Wänden auf einem konzentrisch angelegten terrassierten Unterbau zeigt, könnte die endgültige Fassung des Inselpavillons festhalten, zumal die

Hinzufügung eines Maßstabes auf ein konkretes Projekt schließen läßt. Der Wechsel zwischen zwei die Eingänge flankierenden eingestellten Säulen und je einem nach außen vorspringenden gekoppelten Säulenpaar rückt diesen Grundriß in die Nähe eines Tempels, den der bis 1750 in Rom tätige Maler und Architekt Louis-Joseph Le Lorrain (1715—1759) im Jahre 1748 als Dekoration für die jährlich in Rom stattfindende »Festa della Chinea« entworfen hatte.[167] Im Zusammenhang damit ist schließlich ein Aufriß Du Rys[168] zu sehen, der einen säulengeschmückten, von zwei Obelisken flankierten Rundbau wiedergibt. Dieses Blatt verweist wiederum auf denselben Einflußbereich; es wandelt einen weiteren als Kupferstich publizierten Entwurf Le Lorrains zur »Festa della Chinea« 1747[169] nur geringfügig ab. Von der Kenntnis und Verarbeitung dieser im Stich verbreiteten französischen Entwürfe der Jahrhundertmitte, in denen denkmalartig aufgefaßte Architekturen in antikisierendem Habitus vorgestellt wurden, zeugt außerdem die Skizze einer Pyramide,[170] deren Eingang von Säulen flankiert ist; diese Pyramide geht zurück auf ein im Stich veröffentlichtes Mausoleum von Nicolas-Henri Jardin (1720—1799).[171]

Diese wenigen noch erhaltenen Entwurfsblätter, die mit großer Wahrscheinlichkeit dem Romaufenthalt zuzuschreiben sind, sprechen jedenfalls dafür, daß Du Ry das Werk seiner französischen und englischen Kollegen in Rom aufgeschlossen verfolgt hat. Unter den Blondel-Schülern, die zur Entstehung des neuen Stils beitrugen, der unter Berufung auf die Antike und die französische Klassik des 17. Jahrhunderts als Reaktion gegen das Rokoko verstanden wurde, ist Du Ry in Rom sicher eher ein Nehmender als ein Gebender gewesen. Dazu mag beigetragen haben, daß er im Auftrag des Landgrafen mehreren Pflichten nachzukommen hatte, die einem ausschließlich betriebenen Architekturstudium im Wege standen. So umfaßte sein Aufgabenbereich die schriftliche Berichterstattung über Ausgrabungen, das Zeichnen von Vasen, Versand der Zeichnungen nach Kassel,[172] und schließlich den Ankauf antiker Skulpturen.[173] Ein Einfluß der italienischen Architekten Ferdinando Fuga (1699—1782) oder Luigi Vanvitelli (1700—1773), die er immerhin persönlich kannte,[174] ist nicht namhaft zu machen; von dem Beispiel Chambers' her wissen wir, daß die beiden im Kreise der Blondel-Schüler ebenso wenig Ansehen genossen wie z. B. Borromini.[175]

Neben den schon erörterten gibt es weitere kunsttheoretische Äußerungen von Du Ry, die aus seiner späteren Tätigkeit als Architekt überliefert sind, ihre Grundlegung jedoch während seiner Studienzeit im Ausland erfahren haben. So protokollierte er seine zweite, im Gefolge des Landgrafen Friedrich II. von Hessen-Kassel unternommene Italienreise (1776/77) in allen Details;[176] der Weg nach Süden führte ihn zuerst zu Barockbauten in Franken, die eingehend besichtigt wurden und ihn zu mancher kritischen Äußerung veranlaßten. Am Dom zu Fulda bemängelte er etwa: »Les fenêtres de l'église sont de mauvaise forme et décorés en rocaille […]«.[177]

Läßt dieses Urteil in der Ablehnung der Rocaille-Ornamentik schon den Blondel-Schüler erkennen, so bot die Betrachtung der Würzburger Residenz Anlaß, die Überlegenheit der französischen Architektur über die deutsche zu konstatieren. Dabei waren Germain Boffrand und Balthasar Neumann die jeweiligen Exponenten. Neumann wurde von Du Ry vorgeworfen, sich zu sehr von den Plänen Boffrands entfernt zu haben — ein Mangel, der vor allem am Außenbau durch die »mauvaises formes« der Fenster und die »Überhäufung mit Ornament« zutage trete.[178] Am Gitter des Ehrenhofes kritisierte er die Pfeiler als »de mauvaise forme et chargé de sculpture en rocaille«.[179]

Positive Bewertung auf dieser Reise erfuhr erst die Architektur Italiens; in Vicenza schenkte Du Ry, wie zuvor schon 1753, den Bauten Palladios besondere Beachtung.[180] In Bologna besichtigte man die Universität, die in einem Saal die Portraits der berühmtesten Maler, Bildhauer und Architekten versammelte. Bei ihrem Anblick forderte Du Ry die traditionelle Einheit der Kunstgattungen: »Ces trois arts qui se prêtent mutuellement la main dans la décoration des édifices sacrés et profanes ne doivent point être séparés.«[181]

Unter den antiken Bauten Roms hob Du Ry besonders zwei hervor. Vom Pantheon sprach er als »édifice admirable encore pour la beauté de ses proportions quoique dépouillé des ornements qui le décoroient anciennement«, im Tempel der Fortuna Virilis sah er ein »modèle de l'ordre ionique«.[182] Angesichts der inzwischen allgemein vorherrschenden Antikenbegeisterung bewahrte er sich allerdings ein souveränes, in seiner Abgeklärtheit auch Lebenserfahrung beweisendes Urteil: »L'on est en général trop prévenu pour ce que l'on apele antique. Si l'on voulait faire réflexion que les hommes ont été hommes de tout temps et que dans les beaux siècles d'Athène et de Rome il y avait d'excellents artistes, mais beaucoup plus de mauvais [qui] n'ont pas produit des chefs-d'œuvres, il n'arriverait pas d'assigner des préférences générales [...]«.[183] Mit anderen Worten: Nicht alles Antike sei zwangsläufig auch gut und vorbildlich.

Weitere theoretische Äußerungen zur Architektur verdanken wir den Briefen, die Simon Louis seinem Sohn Karl Du Ry gegen Ende seines Lebens nach Italien schrieb. Römische und griechische Architektur unterschied er folgendermaßen:

»Rom ist und wird meiner Meinung nach, so lange die dort befindlichen Werke der Kunst subsistieren werden, doch die erste Schule für Baumeister bleiben; denn ob ich gleich allen Respekt für die Ueberbleibsel der Tempel Siziliens und Grossgriechenlands habe, so halte dafür, dass ihre Architektur zwar sich in einem Gemälde oder theatralischen Dekoration unvergleichlich ausnehmen, hingegen auf unsere jetzigen Gebräuche und für unser Klima selten passen und angewendet werden kann. Dieses sei jedoch unter uns gesagt.«[184] Und zu den Säulenordnungen: »Uebrigens bleibe bei denen Regeln, die Vignola nach dem antiken Gebrauch vorgeschrieben hat.«[185]

England und Frankreich miteinander vergleichend, empfahl er dem angehenden Baumeister:
»Außerdem mußt Du Dich mindestens 6–7 Monate in Paris aufhalten, um daselbst die neuere Einrichtung der Gebäude, welche sich viel besser für unser Klima als die Einrichtung der italienischen Gebäude schickt, kennen zu lernen. In England wäre dagegen ein Aufenthalt von 6–8 Wochen für Dich meines Erachtens hinlänglich.«[186]

Zusammenfassend sind die letztgenannten Äußerungen dahingehend zu interpetieren, daß Du Ry in der antiken römischen Architektur, mit den nach Vignola definierten Säulenordnungen, die idealen Vorbilder für das Architekturstudium erblickte. Die gleichwohl für die Anforderungen der Gegenwart notwendige Umsetzung, kodifiziert in der Architekturtheorie, leistete seiner Meinung nach allein die französische Schule,[187] der er sich zeitlebens verpflichtet gefühlt hat. Daneben konnte England höchstens zur Bereicherung des Anschauungsmaterials, nicht aber als konkurrierende Schule dienlich sein. Du Ry versuchte von Kassel aus, die künstlerische Verbindung zu Frankreich durch Kenntnis der neuesten Bauten aufrecht zu erhalten. Seine Schwester schrieb ihm zum Beispiel von der fertiggestellten Place Louis XV,[188] deren Planung er selbst in Paris miterlebt hatte, und schickte ihm, seinen Wünschen gemäß, die im Kupferstich publizierten Pläne von Soufflots Sainte-Geneviève, Antoines Monnaie und Le Camus' Colisée.[189]

Du Rys Tätigkeit vor den Arbeiten für Schloß Wilhelmshöhe kann hier nur gestreift werden. Nach seiner Rückkehr aus Italien 1756 wurde er Bauleiter von Schloß Wilhelmsthal.[190] Er war dabei an die Ausführung der Pläne François De Cuvilliés d. Ä. gebunden, obwohl er, wie bewiesen, deren dem Rokoko verhaftete Stilhaltung im Lauf seiner Studienzeit längst überwunden hatte. Für sich selbst spricht ein späteres Urteil seines Lehrers Blondel: »Les Cuvilliés [...] achevèrent d'introduire le mauvais goût dans les ornements, conséquemment dans l'architecture«.[191] 1757 rückte Du Ry als Baumeister an die Stelle seines in diesem Jahr verstorbenen Vaters,[192] doch war erst nach dem Siebenjährigen Krieg an die Ausführung eigener größerer Projekte zu denken. Seine Haupttätigkeit lag zunächst auf dem Gebiet der Stadtbaukunst: Durch die Neuanlage der drei Plätze Rennbahn/Paradeplatz, Königsplatz (nach dem Vorbild der Pariser Place des Victoires) und Friedrichsplatz verband er die Kasseler Alt- und Oberneustadt miteinander, nachdem die kriegstechnisch sinnlos gewordenen Festungswerke gefallen waren.[193] Bei den vor allem an der Königstraße neu aufgeführten Bauten knüpfte Du Ry in der Fassadenstruktur an die Tradition des Rokoko an, reduzierte aber die Ornamentik auf ein Minimum. In diesem Sinne verändert, diente das Corps de logis von Schloß Wilhelmsthal als Vorbild für das Palais Waitz von Eschen (begonnen 1768). Wo sich unter Du Rys Häusern dennoch solche mit aufwendigem Baudekor finden, dürfte dies ein Zeichen dafür sein, daß von den Bauherren eigene Vorstellungen durchgesetzt wurden. Beispiele dafür sind die Künstlerhäuser Brühl (vollendet 1770) und Nahl (vollendet 1771).

Erst mit dem Museum Fridericianum am Friedrichsplatz (begonnen 1769) schuf Du Ry einen klassizistischen Bau, der diesem Prädikat stilistisch wie programmatisch gerecht wird. Als erstem selbständigen Museum verlieh er dem Gebäude durch die umlaufende Pilastergliederung und den vorgesetzten Portikus mit Dreiecksgiebel das decorum eines Tempels; durch die im Treppenhaus aufgestellten Skulpturen Apolls und der neun Musen wurde schon den Zeitgenossen nahegelegt, das Bauwerk als einen den Musen geweihten »Tempel« zu begreifen. Stilgeschichtlich besteht eine schlagende Abhängigkeit von einem damals aktuellen französischen Vorlagenbuch: der betreffende Band des von Jean-François De Neufforge herausgegebenen «Recueil élémentaire d'architecture« war 1767, nur zwei Jahre vor Baubeginn, erschienen.[194]

Obwohl Du Ry in Kassel eine Vielzahl von Bauten realisieren konnte, blieben ihm Demütigungen und Enttäuschungen nicht erspart. Solange Friedrich II. regierte, war Du Ry wenigstens nach außen hin abhängig vom Leiter des fürstlichen Oberbauamtes (des sog. Baudepartements), dem Obristen Johann Wilhelm von Gohr, der über die Militärlaufbahn zur Baukunst gestoßen war. Er war zeit seines Lebens Ingenieur, nicht Architekt. Zur Lösung repräsentativer, künstlerischer Bauaufgaben wurden vom Landgrafen auch zwei französische Architekten hinzugezogen: Claude-Nicolas Ledoux wurde Ende des Jahres 1775 aus Paris berufen; er wollte sogar Du Rys im Entstehen begriffenes Museum Fridericianum abändern.[195] Und seit 1782 arbeitete Charles De Wailly an städtebaulichen Plänen für Kassel. Die Tatsache, daß von den großzügigen französischen Projekten letztlich keines realisiert wurde, bedeutete für Du Ry wiederum persönliche Genugtuung.

Im Hinblick auf Schloß Wilhelmshöhe stellt sich die Frage nach dem Anteil der Schloßbaukunst an Du Rys Œuvre vor dem Jahr 1786.

Wie wir sahen, war er schon während seiner Studienzeit mit dem Problem dieser Bauaufgabe intensiv beschäftigt; Anlaß bot das Schloß Wilhelmsthal, und Anregungen hatte er durch seine Lehrer Hårleman und Blondel empfangen. Als Bauleiter in Wilhelmsthal konnte sich Du Ry die notwendigen Fertigkeiten bei der Ausführung aneignen. In den auf die Übernahme der Wilhelmsthaler Bauleitung folgenden 30 Jahren hatte Du Ry lediglich Gelegenheit zur Verwirklichung zweier kleinerer Landschlösser, des Schlosses Hüffe (im Fürstentum Minden),[196] und des Schlosses Fürstenberg (bei Paderborn)[197], die im Jahr 1774 geplant wurden. Sie gehen beide vom Schema der separierten Dreiflügelanlage aus, wobei die Flügel von Schloß Fürstenberg zu schmalen Pavillons reduziert sind. Viertelkreisförmig einschwingende Zwischentrakte verbinden jeweils Mittelbau und Flügel. Eine Rückführung dieses Phänomens auf Du Rys ersten Entwurf für Schloß Wilhelmsthal[198] bietet sich in beiden Fällen an.

Die Planung eines Neubaus für Weißenstein/Wilhelmshöhe nahm Du Ry schon bald nach dem Siebenjährigen Krieg erstmals in Angriff. In die Zeit um 1766[199] gehört ein im Aufriß überliefertes Projekt,[200] das einen Mittelbau vorsieht, an dem drei Risalite der Auflockerung von 21 Achsen dienen. In gleicher Flucht stehen zwei Pavillons mit Mansarddächern. Ihr Erdgeschoß ist durch Arkaturen mit dem des Corps de logis zu einem durchlaufenden rustizierten Sockelgeschoß verklammert. Die sparsame Ornamentierung des Mittelrisalits mit Pilastergliederung und Segmentgiebel sowie die Mansarddächer geben dem Projekt den Charakter eines schlichten Schlosses im Stil des Louis XV.[201] Es blieb unausgeführt: Man begnügte sich mit einem Umbau des alten Weißensteiner Schlosses, sicher unter Du Rys künstlerischer Leitung.

Seit 1766 war Du Ry als Pädagoge um die Weitergabe seiner reichen Kenntnisse bemüht. In diesem Jahr wurde er zum »professor architecturae civilis« am Kollegium Carolinum in Kassel ernannt.[202] Vorbild für seine Kurse dürften die Vorlesungen Blondels gewesen sein, dessen »Cours d'Architecture« er selbst besaß.[203] Als Friedrich II. im Jahr 1777 eine Kunstakademie für Malerei und Bildhauerei gründete, wurde Du Ry ihr »beständiger Sekretär.«[204] Im Jahr 1781 wurde auch die Architektur in die Akademie aufgenommen und Du Ry zum Professor und Direktor der neuen Bauakademie bestellt.[205]

Erst mit dem Regierungsantritt Wilhelms IX. erhielt Du Ry die seinen Fähigkeiten angemessene Stellung: Am 2. Dezember 1785 ernannte ihn der Landgraf zum Direktor des Zivilbauwesens. In der Bestallungsurkunde[206] wurde bereits auf das fortan im Mittelpunkt stehende »nötige Bauwesen« am »mit anvertrauten Schloß Weißenstein« eigens hingewiesen. Dem seit 1776 den Titel eines Rats führenden Du Ry verlieh Wilhelm 1790 »zu Bezeugung Unserer gnädigsten Zufriedenheit über seine bisherige Dienstleistungen nunmehre den Charakter als Ober Cammer Rath [...]«.[207] Mit der 1794 erfolgten Ernennung zum Oberbaudirektor[208] hatte Du Ry die höchste Stufe der Beamtenlaufbahn erreicht. Er starb am 23. August 1799.[209]

3. Heinrich Christoph Jussow (1754—1825)

Geschichte und Stand der Forschung

»Von einem der ersten deutschen Architekten unserer Zeit dürfen diese vaterländischen Blätter nicht schweigen, wenn es gleich bis jetzt noch an hinreichendem Stoffe fehlt, um dem Verewigten, auf welchen Hessen stolz zu seyn Ursache hat, ein seiner würdiges, biographisches Denkmal zu errichten.«[210] Mit diesen Worten wird einer von vier Lexikon-Artikeln eröffnet, die nacheinander im 19. Jahrhundert die Erinnerung an Jussow wachgehalten haben. Gleich der erste, zwei Jahre nach seinem Tod 1827 im »Neuen Nekrolog der Deutschen«[211] erschienene, hat als der grundlegende zu gelten, enthält er doch ein autobiographisches Fragment von Jussow selbst sowie Nachrichten von seinem Neffen und Schüler Georg Friedrich Laves (1788—1864), der als königlicher Hofbaurat in Hannover zu den bedeutendsten norddeutschen Baumeistern seiner Zeit rechnet. 1831 wurden diese Angaben von dem Marburger Historiker und Theologen K. W. Justi in einem Artikel[212] verwertet und angereichert mit Wissenswertem aus der Sicht eines persönlichen Freundes. Doch weder hier noch im »Nekrolog« findet eine exakte Erfassung der Daten von Jussows Studienreisen statt. Mit Naglers »Künsterlexikon«[213] erfuhr Jussow Aufnahme in ein überregionales Standardwerk der frühen Kunstgeschichte in Deutschland.

Erste kunsthistorische Erörterungen von Jussows Œuvre begannen mit den weit verbreiteten Publikationen des Kasseler Architekten und Kunstkritikers Johann Daniel Engelhard (1788—1856),[214] der noch Mitarbeiter von Jussow gewesen war, in seinem Urteil aber bereits vom fortgeschrittenen Historismus geprägt erscheint. In seinen Kritiken konnte er Jussows Frühklassizismus und die tastenden Neugotik-Versuche an der Löwenburg[215] nur mit Einschränkung gelten lassen.

Die reservierte Haltung des Kasseler Baumeisters Johann Heinrich Wolff (1792—1869)[216] erklärt sich daraus, daß Wolff bei der Chattenburg-Konkurrenz Jussow gegenüber den kürzeren gezogen hatte. Im übrigen dürfte Wolff das typische Beispiel eines Akademikers sein, dessen praktische Fähigkeiten als Künstler seinen profunden Kenntnissen als Kunsttheoretiker nicht ebenbürtig waren. Hoffmeister/Priors »Lexikon der hessischen Künstler und Kunsthandwerker«[217] aus dem Jahre 1885 ist insofern wertvoll, als darin das positive Urteil von Karl Friedrich Schinkel (1781—1841) festgehalten ist.

In der im Jahr 1908 von Hermann Knackfuß verfaßten »Geschichte der Kasseler Kunstakademie«[218] findet Jussows tatkräftiges Wirken an dieser Institution wiederholt Erwähnung. 1925 erinnerte Paul Heidelbach mit einem kurzen Aufsatz[219] an den hundertsten Todestag des Künstlers, und 1926 faßte Friedrich Bleibaum in seinem »Thieme-Becker«-Artikel[220] die bis dahin greifbaren Fakten zusammen. Ein Versuch, Jussow »in den gebührenden größeren deutschen Zusammenhang zu stellen«,[221] wurde erstmals 1940 von Helmut Kramm unternommen, der gleichzeitig darauf hinwies, daß eine Werkmonographie »eine höchst dringliche Arbeit« wäre.

Einen ersten repräsentativen Überblick über das Gesamtwerk des Baumeisters vermittelte die 1958/59 in Kassel gezeigte Jussow-Ausstellung, nachdem der zeichnerische Nachlaß im Jahr 1957 von den Staatlichen Kunstsammlungen erworben worden war. Der zur Ausstellung geschriebene Katalog von Hans Vogel kommentiert die Exponate in knapper Form ohne detaillierte Erörterung ihrer kunstgeschichtlichen Bedeutung. Im Zusammenhang mit der Charakterisierung des Œuvres stellt Vogel[222] die Frage nach fremden Einflüssen auf Jussows Stil. In der Ausstellungsbesprechung wird sie auch von Hans Reuther[223] aufgegriffen. Beide Autoren antworten darauf übereinstimmend, daß der zweijährige Studienaufenthalt Jussows in Paris und die anschließende Italienreise zunächst ohne sichtbare Wirkung geblieben seien; lediglich die Englandreise habe — in Gestalt der Löwenburg — einen Niederschlag gefunden. Nach Reuther läßt »sein Riß für ein Exerzierhaus bei der Garde-du-Corps-Kaserne aus dem Jahre 1800 [...] wohl als einziges im Œuvre des Meisters einen gewissen Einfluß seiner französischen Studien erkennen«.[223] Georg Hoeltje in seiner Laves-Monographie von 1964 beschreibt zwar die Lösung Jussows für ein Corps de logis in Wilhelmshöhe im Vergleich zu den Flügeln von Du Ry treffend als »Mut zum eher verletzenden Kontrast eines »ehrlichen« Nebeneinander im Sinne eines Ledoux oder Boullée«,[224] kommt unverständlicherweise aber zu dem Schluß, Jussow habe sich erst nach Du Rys Tod, »im ersten Jahrfünft« des 19. Jahrhunderts, für den Kubus oder den — so Hoeltje undifferenziert — »Stil des romantischen Klassizismus und das Empire«[225] entschieden. Einen wichtigen Beitrag über das Spätwerk Jussows hat Hoeltje baumonographisch geliefert mit seinen Untersuchungen über die auf Jussow und Laves zurückgehenden »Pläne zum Umbau des Hannoverschen Leineschlosses aus dem Jahre 1816«.[226]

In der seit 1969 erscheinenden, auf drei Bände angelegten Monographie über Peter Joseph Krahe (1758—1837)[227] von Reinhard Dorn wird Jussow des öfteren zum Vergleich herangezogen. Mit seiner Münchener Dissertation »Architektur von H. Chr. Jussow in Kassel um 1800« hat sich A. Bangert anspruchsvolle Ziele gesetzt. Anhand des Jussow'schen Œuvres versucht er nachzuweisen, daß sich eine »bis dahin sehr vielfältige Architektur« um 1800 auf wenige »Bildungs-Aspekte«[228] reduziere. Bangert interpretiert die von ihm herausgegriffenen Projekte Jussows — mit dem Schwergewicht auf Wilhelmshöhe — als ideologiebefrachtete, zeichenhaft zu verstehende Teile eines Kommunikationssystems, das sich im Frühwerk Jussows als »unabhängige Sonderform [...] der ansich [sic!] in viel kleinerem Maßstab gedachten englischen Gartenarchitektur«[229] zu erkennen gebe. Es würden »die antiken Vorbilder [...] nicht mehr umgesetzt, sondern in ihrer bloßen Erscheinung als

Imitation akzeptiert«.[230] Welche diese Vorbilder sind, bleibt freilich ungeklärt. Des weiteren konstatiert Bangert in Jussows Architektur ein Auseinanderfallen von »Informationsschicht« und »geometrischer Grundstruktur«[231] und wertet dies einseitig als negative Erscheinung, die auf die Architekturentwicklung des 19. Jahrhunderts vorausweise.[232]

Auf der Suche nach den historischen Voraussetzungen für Wilhelms IX. Baupolitik verstrickt Bangert sich in Widersprüche: Einerseits führt er die neu erlangte Kurwürde des Bauherrn und das damit verbundene Repräsentationsbedürfnis ins Feld,[233] gibt andererseits aber zu bedenken: »Wie weit sich Politik, Kurwürde und patriotisches Bewußtsein auswirken, läßt sich bei den fließenden Übergängen schwer abgrenzen, da das ideologische Wirkungsmoment vielschichtig in ästhetischen und politischen Bereichen auftreten kann.«[234] Dazu ist anzumerken, daß die Kurwürde erst 1803 im Besitz des Landgrafen war — also nach Vollendung aller wichtigen Wilhelmshöher Bauwerke! Die propagandistische Absicht, die Jussows Architektur von Bangert unterstellt wird, ist an keiner einzigen Stelle konkretisiert. Dem selbstgewählten Anspruch: »die folgenden Kapitel müssen ins Detail gehen und in einer chronologischen Abhandlung dem ausgedehnten Planangebot gerecht werden«[235] trägt Bangert nirgends auch nur ansatzweise Rechnung — seine Dissertation bleibt vielmehr im Hinblick auf eine historisch-monographische Methode alles schuldig. Das oben angesprochene, voreilig gefällte Negativ-Urteil und der völlige Verzicht auf Vergleiche können dem informationsästhetischen Ansatz der Arbeit nur abträglich sein, wenngleich einige von Bangerts Beobachtungen durchaus zutreffend sind. In jüngster Zeit fanden der Kasseler Baumeister und sein Werk Aufnahme in ein internationales Architekten-Lexikon.[236] Einige Aspekte zu Jussows Stadtbaukunst wurden in einem Aufsatz[237] zusammengefaßt. Die Erfassung von Jussows Nachlaß in Form eines kritischen Katalogs steht kurz vor dem Abschluß.[238]

Leben und Werk im Überblick

Mit Heinrich (Henrich) Christoph Jussow nennen wir den jüngsten der drei Architekten, der den zweifellos umfangreichsten Anteil an der Wilhelmshöher Planungs- und Baugeschichte bestritt. Da noch wenig konkrete Forschungsergebnisse über ihn vorliegen — und diese zum Teil widersprüchlich sind — sollen seine den Wilhelmshöher Arbeiten unmittelbar vorausgehenden Studienjahre ausführlicher dargestellt werden.

Jussow wurde am 9. Dezember 1754 in Kassel als Sohn des dort ansässigen, in landgräflichen Diensten stehenden Oberbaumeisters Johann Friedrich Jussow (1701—1779) geboren.[239] Mit sieben Jahren kam er auf die Lateinschule. Der dort verbrachten Schulzeit erinnerte sich Jussow in seiner Fragment gebliebenen Autobiographie[240] nur mit »Abscheu«: Die »despotische Strenge der Schulmonarchen« zwang ihn zum »gedankenlosen Auswendiglernen von Wörtern und Regeln«. Jussow selbst dagegen sah sein Talent im Malen und Zeichnen: Im Alter von elf Jahre habe er den »Preisler«[241] »einmal ganz durch, und zwar ohne Anleitung« für sich allein gezeichnet. »Eine lebhafte Imagination und der Sinn, gesehene Sachen aufzufassen, lenkte meine Neigung mehr zur Beschäftigung mit Gegenständen der wirklichen Welt«, berichtet er. Obwohl der Vater Baumeister war, erkannten weder die Eltern noch die Lehrer die zeichnerische Begabung des Jungen.

Von 1771 an besuchte Jussow das Kasseler Collegium Carolinum. Der dortige Mathematikprofessor Matsko übte größten Einfluß auf den Schüler aus: »Ihm habe ich alles zu danken, was ich im wissenschaftlichen Fache gelernt habe«. Trotz seiner mathematischen Neigungen mußte sich Jussow nach dem Willen seiner Eltern ab

1773 zwei Jahre lang in Marburg dem Studium der Rechte widmen. 1775 war er wieder ein Jahr in Kassel, wo er wie früher bei Matsko Mathematik studierte. Zwei Jahre in Göttingen folgten; neben dem ohne Begeisterung betriebenen Studium der Rechte widmete sich Jussow weiterhin der Mathematik. Überraschend mußte er im Frühjahr 1778 nach Kassel zurückkehren; die Krankheit der Eltern zwang ihn, »ein Brodstudium zu ergreifen. [...] Ich wählte demnach die Architektur als diejenige Wissenschaft, wobei vorzugsweise die Mathematik in Ausübung gebracht wird«. Nachrichten über die erste Zeit seiner Beschäftigung mit dem neuen Fach zeigen ihn zu Hause bei der Arbeit mit einigen der wichtigsten Architektur-Traktate: Goldmann, Sturm, Penther und Vignola. »Durch eisernen Fleiß« suchte er »eine Fertigkeit im Zeichnen zu erwerben.«[240]

Die erste Anstellung verdankte Jussow seinem Vater. Dieser wandte sich in einem Brief vom 8. September 1778, den der Sohn in Reinschrift vorlegte, an den Landgrafen. Unter Hinweis auf sein hohes Alter — er zählte damals 77 Jahre — bat Vater Jussow um einen Gehilfen für die ihm obliegenden »Bau Geschäfte«; er dachte dabei an seinen Sohn, von dem er berichtete:

»Ich habe ihn nicht nur selbst in der Theorie der Architektur unterrichtet, sondern ihn auch in Göttingen andere Theile der reinen und angewandten Mathematik und vorzüglich Mechanik erlernen laßen, damit es ihm an keinem Hülffsmittel gebreche, die in der Baukunst erworbenen theoretischen Kentniße auch glücklich anzuwenden, und seinem Vaterlande dadurch nützliche Dienste dereinstens leisten zu können, wozu ihn anzuführen ich nach allem meinem Vermögen mich ferner bemühen werde. Die Zeuchniße, die seine Lehrer ihm von seinem angewendeten Fleiße ertheilet haben, schließe ich unterthänigst bey, nebst einer von ihm verfertigten Zeichnung [...].«[242]

Das fürstliche Bauamt, die Kriegs- und Domänenkammer, bestätigte dem Landgrafen am 3.10.1778, daß der junge Jussow »die erforderl. Geschicklichkeit« für eine Anstellung als Akzessist (Gehilfe) beim »Bau-Departement« besitze.[243] Landgraf Friedrich II. verfügte am 9. Oktober 1778, daß »der Candidatus Matheseos Heinrich Christoph Jussow mit dem gewöhnlichen Accessisten Gehalt von zehen Rthlr. monatlich bey das Bau = Departement angestellt werden solle«.[244]

Die Tätigkeit als Akzessist, »Geschäfte, die blos in Abschreiben und Expediren bestanden«,[245] blieb für Jussow unbefriedigend. Da er keine Möglichkeit sah, bald eine bessere Stelle antreten zu können, plante er zu kündigen und »auf gut Glück nach Rom [...] [zu] gehen, um dort die Architectur und Kunst zu studiren«.[246] Nach dem Tod der Eltern 1779 blieb Jussow jedoch noch in Kassel, wo er am 7. Januar 1780 durch Landgraf Friedrich II. eine, mit 200 Talern jährlich, besser bezahlte Stellung als Bauskribent beim Bauamt erhielt. Es ist anzunehmen, daß Jussow neben dieser Tätigkeit sich künstlerisch weiter fortbildete: Das von ihm schon zuvor besuchte Collegium Carolinum, an dem Simon Louis Du Ry als Professor der Zivilbaukunst lehrte, bot dazu Gelegenheit. Justi, ein Freund und Biograph Jussows, bestätigt, daß Du Ry »nicht ohne Einfluß auf des jüngeren Meisters erste Bildung gewesen sei«.[247]

Als für die von Friedrich II. am 21. September 1781 gestiftete Akademie der Baukunst ein »Unterlehrer« gesucht wurde, der »die jungen Eleven in denen ersten Principiis der Architektur unterweisen« sollte, schlug Du Ry, der Direktor, Jussow vor,[248] und dieser wurde vom Landgrafen in dieser Nebentätigkeit bestätigt.[249]

Aus dem Jahr 1781 stammen die frühesten datierten Bauzeichnungen, die von Jussow erhalten sind. Sie dokumentieren eine sicher maßgeblich durch Du Ry beeinflußte stilistische Orientierung am Klassizismus brandenburgisch-preußischer Prägung, wie er unter König Friedrich II., dem Vorbild des hessischen Landgrafen, gepflegt wurde. Jussow kopierte Grund- und Aufriß der 1743 begonnenen Berliner Oper Georg Wenzeslaus von Knobelsdorffs[250] und legte einen von ihr inspirierten Entwurf zu einem Klubgebäude in Göttingen[251] vor. Für Kassel bestimmt war das Projekt einer Synagoge,[252] das typologisch als Pantheon-Version anzusprechen ist, deren vereinfachte Umsetzung auf die Französische Kirche in Potsdam zurückgeht.

Im Frühjahr 1783 griff Jussow den lange gehegten Wunsch einer Studienreise wieder auf: Er bewarb sich um ein mit 200 Reichstalern jährlich dotiertes Stipendium für eine Reise nach Frankreich und Italien.[253]

In einem Gutachten, wie es nur ein Lehrer seinem Schüler ausstellen kann, unterstützte Du Ry dieses Gesuch und empfahl Jussow dem Landgrafen mit folgenden Worten: »Votre Altesse Sérénissime ayant ordonné à l'académie de faire son rapport sur la très humble requête de l'académicien Jussow. Elle ne peut rendre que le témoignage le plus avantageux de ce jeune artiste, ayant reconnu en lui un sujet d'une très bonne conduite, rempli de connoissances relatives à son art, et d'autant plus en état de se perfectionner dans les pays qu'il désireroit de visiter, qu'il parle françois et a quelques connoissances de l'italien; l'académie croit donc devoir le recommander dans le plus profond respect à la bienveillance de son Auguste Protecteur, et le supplier de lui accorder la permission demandée avec les avantages qui y sont attachés.«[254]

Der Präsident der Bauakademie, Johann Wilhelm von Gohr, setzte sich gleichfalls für Jussow ein. Unter Hinweis darauf, daß Du Ry in Kassel zur Zeit der einzige Architekt sei, der sich im Ausland habe bilden können, hielt er es für wünschenswert, in Jussow »ein gutes Subjektum zu einem Baumeister, so die Gebäude Italiens und Frankreich[s] gesehen und sich dadurch desto mehr perfectioniere, zu erhalten«.[255] In der Ausschuß-Sitzung der Akademie wurde Jussow gelobt als einer, »der alles hoffen läßt, was der Akademie Ehre und demnächst dem Dienst des Vaterlandes Nutzen bringen kann«.[256]

Der Landgraf genehmigte am 25. Juli 1783 das Frankreich- und Italienstipendium für drei Jahre,[257] in denen Jussow sein gewöhnliches Gehalt zusätzlich weiter bezog. Da er warten mußte, bis ein Stipendium »vacant« war, konnte er erst im Herbst 1783[258] von Kassel aufbrechen.

Erstes Ziel seiner Studienreise war Paris. »Er wurde einem der Architecten des Königs, De Wailly, empfohlen, und nachdem er sich daselbst fast zwei Jahre lang mit ausgezeichnetem Eifer allen Theilen der Architectur gewidmet hatte, ging er durch die Schweiz nach Italien [...]«.[259] Die auf Mitteilungen seines Schülers Georg Ludwig Friedrich Laves zurückgehende Nachricht, daß Jussow Schüler De Waillys gewesen sei, wird durch Justi gestützt.[260]

Nur einige Blätter von Jussow lassen sich mit Sicherheit dem Paris-Aufenthalt zuordnen; das uns in seinem Nachlaß Überlieferte stellt eine eher zufällige Auswahl des damals Entstandenen dar. Mit Pariser Hôtel-Bauten scheint er sich intensiv befaßt zu haben: erhalten haben sich von ihm Grundrißkopien des 1728—1731 von Jacques Gabriel erbauten Hôtel Biron[261] sowie eine von ihm selbst französisch beschriftete Grundrißzeichnung des Hôtel Richelieu (rue Neuve St. Augustin Nr. 30), das auf Victor Louis zurückgehende Veränderungen, farblich abgesetzt, festhält.[262] Ein von Jussow in Paris konzipierter selbständiger Entwurf für Schloß Weißenstein ist Gegenstand der folgenden Untersuchung.

97 K 34
98 K 35

Schriftliche Quellen über De Wailly und sein Atelier in den Jahren 1783—1785 haben sich in Paris bislang nicht gefunden.[263] Der Nekrolog von Lavallée nennt nur die namhaften französischen und russischen Schüler, die der auch als Pädagoge geschätzte De Wailly aufzuweisen hatte.[264] Weitere, wenn auch spärliche Informationen über Jussows Reisen erhalten wir durch den aus Kassel stammenden Steinmetzen Henrich Abraham Wolff (1762—1812), der seit 1781 ein Auslandsstipendium bezog.[265] In Paris konnte er 1784 dem Landgrafen einige von ihm verfertigte Kapitelle vorzeigen,[266] nachdem ihm schon 1783 eine Verlängerung des Stipendiums um zwei Jahre gewährt worden war.[267] Wolff und Jussow müssen in Paris miteinander Kontakt gehabt haben, was schon dadurch begünstigt wurde, daß sich De Wailly auch um die Fortbildung von Wolff kümmerte.[268] Diese beiden sind also dem Umkreis De Waillys zuzurechnen; in einer Art Arbeitsteilung beschäftigte sich Jussow mit der theoretischen Seite des Bauens, dem Entwurf, während Wolff als gelernter Steinmetz sich der Praxis zuwandte. Am 24. Februar 1785 schrieb Wolff aus Paris an Friedrich II. und bat um eine erneute Verlängerung seines Stipendiums »pour pouvoir faire le voyage d'Italie avec Jussow pensionnaire de son Altesse Sérénissime. Cette occasion favorable lui serois d'un très grand avantage, non seulement pour y voir les choses les plus remarquables, mais aussi pour y perfectioner son talent mieux qu'il ne pourroit faire s'il étoit obligé de faire ce voyage seul et par eau [...]«.[269] Friedrich II. bewilligte Wolff am 1.4.1785 einen Zuschuß aus dem Fond der Akademie für eine Reise nach Rom.[270]

Im Sommer 1785 brachen Jussow und Wolff von Paris nach Italien auf. Über die Reise und den Aufenthalt in Italien erfahren wir von Laves: Jussow »ging [...] durch die Schweiz nach Italien, besuchte hier die merkwürdigsten Städte und hielt sich besonders lange Zeit in Rom auf, um die dortigen Denkmäler der classischen Vorzeit sowohl, wie auch die vortrefflichen Ueberbleibsel von Vasen, Candelabren etc. zu studiren, von welchen letztern Gegenständen er die auserlesensten genau abzeichnete. Dann machte er eine Reise nach Neapel, untersuchte die vielen Ueberreste alter Gebäude in dessen Umgebungen, begab sich nach Pästum und unternahm specielle Ausmessungen der dortigen, damals noch weniger als jetzt bekannten Griechischen Tempel, von welchen er auch sehr gelungene perspectivische Zeichnungen aufstellte. Von da trat er die zu jener Zeit nur mit Gefahr auszuführende Reise nach Sicilien an, umwanderte und durchkreuzte diese Insel, sah die Ueberreste von Segesta, Selinunt, Agrigent, Sirakus etc., bestieg mit großen Beschwerden den Aetna und sammelte sich einen Schatz von Kenntnissen mannichfacher Art«.[271]

Urkundlich sind Jussow und Wolff erst Ende des Jahres 1785 in Rom nachweisbar.[272] Der zeichnerische Nachlaß Jussows erlaubt es, wenigstens einige Stationen seiner Italienreise zu belegen. Überliefert sind die erwähnten exakten Aufnahmen sowie perspectivischen Ansichten der Tempel von Paestum.[273] Mit diesen Zeichnungen gehört Jussow zu den ersten Architekten Deutschlands, die sich mit griechischer Architektur, speziell der dorischen, archäologisch-wissenschaftlich auseinandergesetzt haben.[274] Die Reise nach Sizilien und die Besichtigung der Städte Segesta, Syrakus, Selinunt und Agrigent — sie alle besitzen dorische Tempel aus großgriechischer Zeit — müssen Jussows Erlebnis des dorischen Stils noch vertieft haben. Etwa eineinhalb Jahre später, im März 1787, besuchte Goethe die Tempel in Paestum und Sizilien, ließ die erstgenannten zeichnen und faßte den neugewonnenen Eindruck zusammen mit den Worten: »Diese hohen Kunstwerke sind zugleich als die höchsten Naturwerke von Menschen von wahren und natürlichen Gesetzen hervorgebracht worden. Alles Willkürliche, Eingebildete fällt zusammen: da ist die Nothwendigkeit, da ist Gott«.[275]

Vom Rom-Aufenthalt zeugt eine Serie von Zeichnungen, die die von Laves genannten Vasen und Kandelaber, aber auch Altäre und Sarkophage festhalten.[276] Diese Zeichnungen belegen ein vor allem in den Sammlungen des Vatikan betriebenes Studium skulpturaler und kunstgewerblicher Arbeiten, die den Künstler mit der Dekorationskunst der römischen Antike vertraut machten. Mehrere Ansichten aus Tivoli[277] entstanden unter dem Eindruck des malerischen Reizes klassischer Ruinen, wobei Jussow wiederholt den Blick durch einen Bogen als Motiv wählte. Die Tivoli-Zeichnungen einerseits, die Aufmessungen aus Paestum andererseits dokumentieren, wie sich subjektive und objektive Sicht der Antike in einem Künstler der zweiten Hälfte des 18. Jahrhunderts vereinigen konnten — eine Beobachtung, die schon dreißig Jahre zuvor auf Du Ry zutraf!

Daß Jussow in Rom mit den damals dort lebenden jungen Künstlern aus Deutschland zusammenkam, darf vorausgesetzt werden. In Weimar befindet sich ein bis heute unpubliziertes »Verzeichnis der bekanntesten jetzt lebenden Künstler in Rom«,[278] verfaßt im Jahre 1787 von dem Kunsthistoriker Alois Ludwig Hirt (1759–1837). Unter den Künstlern, die sich in diesen Jahren dort trafen, nennt es neben Jussow und seinem Kasseler Reisegefährten Wolff als Architekten den Düsseldorfer Peter Joseph Krahe (1758–1840) und den Hamburger Johann August Arens (1757–1806). Mit Krahe war Jussow schon damals befreundet;[279] die in Italien entstandenen Studienarbeiten Krahes können mit denen Jussows verglichen werden, in motivischer wie in stilistischer

Hinsicht. Krahe, seit 1782 in Rom,[280] zeichnete dort Skulpturen im Vatikan und in Privatsammlungen[281] und könnte Jussow mit diesen Arbeiten beeinflußt haben. Umgekehrt scheint Jussow, geprägt von den Eindrücken der Architektur in Paris, mit dieser Schulung auf Krahe gewirkt zu haben, der selbst nie in Frankreich gewesen ist. Jussow wie Krahe werden sich an der französischen Akademie in Rom orientiert haben,[282] was für Jussow nach seinem Paris-Aufenthalt erst recht naheliegend war.[283] Es ist sogar nicht auszuschließen, daß Jussow seine erwähnte Reise nach Süditalien mit Krahe zusammen unternommen hat, für den eine Bildungsreise nach Neapel und Paestum im Herbst 1785 überliefert ist;[284] die Weiterreise nach Sizilien blieb Krahe allerdings versagt.

Im Herbst 1786 liefen die Stipendien von Jussow und Wolff aus; beide wurden folglich zu diesem Zeitpunkt in Kassel zurückerwartet.[285] Jedoch hatte Jussow sich eine Ausdehnung seiner Studien vorgenommen. Dies bezeugt der einzige von ihm erhaltene Brief aus der Zeit in Rom, gerichtet an den inzwischen an die Regierung gelangten Landgrafen Wilhelm IX.:

»Durchlauchtigster Landgraf,
Gnädigster Fürst und Herr!
Sr. Hochfürstl.: Durchlaucht, der Höchstseelige Herr Landgraf Friedrich der 2te, haben die höchste Gnade gehabt, vermöge gndgster Resolutionen d.d. Geismar den 25ten Julii 1783 eine Reise Pension auf 3 Jahr mir zu verwilligen, damit ich im Stande seye, in Frankreich und Italien das zu Hauße angefangene Studium der Architektur zu vollenden und mich zum Dienste meines Vaterlandes tüchtig zu machen. Ich habe, so viel mir möglich gewesen ist, mit dem grösten Eifer bisher meine Kräfte angewendet, diesen Zweck zu erfüllen, und ich hoffe, daß der Erfolg meinen Bemühungen entsprechen wird. Da ich aber, weil die mir verwilligte Zeit nunmehr in wenig Monathen verloschen seyn wird, genöthigt bin, bald zurückzukehren, ohngeachtet ein etwas längerer Auffenthalt alhier in Rom für mich noch vom grösten Nutzen seyn könnte, ich auch sehr wünsche, bey der Rückkehr aus Italien eine *Reise nach England* zu thun, um durch Betrachtung der dasigen Gebäude und Gärten meine Kentniße in der Architektur und Garten Kunst zu vergrößern; so wage ich es, Ew. HochFürstle Durchlt unterthänigst zu bitten, die mir zum Studieren ausgesetzte Zeit noch um ein Jahr gnädigst zu verlängern, um durch die fernere Verwilligung meines bisherigen Reise Gehalts die nöthige Unterstützung dazu gnädigst angedeyhen zu laßen.

Ich werde alle meine Kräfte aufbieten, damit ich durch die pflicht- und zweckmäsigste Anwendung dieser Zeit mich zum Dienste meines Vaterlandes geschickt und der Gnade meines Durchlauchtigsten Landes Fürsten würdig mache. Ich beharre in tiefster Ehrfurcht
Ew. HochFürstln Durchlaucht
Rom am 24t Merz. unterthänigster
     1786   Jussow«[286]

Über die Rückreise Jussows aus Italien teilt Laves folgendes mit: »Nachdem er wieder in Rom angelangt, besuchte er auf der Rückreise nach Deutschland die früher noch nicht gesehenen Städte Oberitaliens, reiste über Triest nach Wien und würde von da über Dresden das Ziel seiner Rückreise in Cassel erreicht haben, wenn nicht der Landgraf Wilhelm IX. [...] den Wunsch gehegt, daß er [Jussow] auch England besuchen möchte.«[287] Diese letzte Information, von der die bisherige Meinung der Forschung bestimmt war, läßt sich durch Jussows Brief aus Rom widerlegen: Den Anstoß zur Englandreise hatte nicht der Landgraf, sondern Jussow selbst gegeben! Folgt man Laves, so wäre Jussow von Wien aus weiter in Richtung England gereist, ohne seine Heimatstadt Kassel aufgesucht zu haben. Aber auch dieser Behauptung stehen anderslautende Quellen entgegen, die nicht übersehen werden dürfen.

Der Kasseler Hofhistoriograph Friedrich Wilhelm Strieder (1739—1815) vermerkt in seiner gewissenhaft geführten Wilhelmshöher Chronik, die »Cascade am großen Baßin« im Weißensteiner Park sei »i.J. 1786 vom Bau-Inspector Jußow angefangen« worden, doch dann habe der Bau »beruhet« und sei erst »in dem Jahre 1789 wieder vorgenommen«[288] worden. Wäre diese Nachricht falsch, so hätte sie von Jussow leicht korrigiert werden können — er selbst führte nämlich ab 1795 Strieders Chronik weiter![289] Die erwähnte Unterbrechung des Kaskadenbaus ist tatsächlich in den Bauakten nachweisbar;[290] in Jussows Englandreise erfährt sie ihre plausible Erklärung.

Man darf also davon ausgehen, daß Jussow 1786 — wahrscheinlich mit Wolff zusammen[291] — nach Kassel zurückgekehrt ist, wohl nicht zuletzt in der Absicht, bei dem nunmehr regierenden Wilhelm IX. eingeführt und von ihm für die Reise nach England eigens instruiert zu werden.

Schon in Rom hatte Jussow Bescheid über die Bewilligung seines Antrags auf ein England-Stipendium erhalten. Am 2. Mai 1786 ordnete Wilhelm IX. an: »Ist der Kriegs- und Domainen Cammer dieser gnädigste Befehl sofort bekannt zu machen mit dem besonderen Auftrag, um durch den Rath Du Ry dem supplicirenden Jussow davon Nachricht zu ertheilen, und durch diesen selbigen aufzugeben, die Reise nach Engelland anzutretten, und sich da in der Anlegung der Gärten und der englischen Bau Arten überhaupt wohl zu informiren, mithin auch hierinnen seine Känntniße in der Architektur und Garthen Kunst, nach dem englischen Geschmakk, zu verbreitern.«[292] Aus dieser Notiz ist zu folgern, daß Wilhelm IX. zunächst vorhatte, Jussow von Italien aus direkt nach England zu schicken. Nimmt man eine rund vierwöchige Laufzeit[293] des Briefes an, so müssen sich Jussow und Wolff noch mindestens bis Juni 1786 in Rom aufgehalten haben.

Das Stipendium für England war auf ein Jahr befristet; für diese Zeit bezog Jussow weiterhin 200 Reichstaler neben seinem Akzessistengehalt.[294] Am häufigsten scheint er sich in London befunden zu haben; jedenfalls gingen die Geldüberweisungen dorthin.[295] Vom Termin seiner Rückkehr aus ist zu schließen, daß Jussow gegen Ende des Jahres 1786 auf dem Weg nach England war.

Da uns über Jussows Englandaufenthalt ebensowenig detaillierte eigene Aufzeichnungen des jungen Architekten vorliegen wie über die vorausgegangenen Reisen,[296] muß wieder eine Notiz von Laves genügen: Jussow trat »über Hamburg die Reise nach London an [...]. Wegen ungünstiger Jahreszeit zu Seereisen dem Schiffbruche nahe gebracht, langte er in London an und benutzte den Aufenthalt in England besonders durch den Besuch der merkwürdigsten Landsitze, dem Wunsche seines Landesherrn gemäß«.[297]

In dem am 2. Mai 1786 von Wilhelm IX. an Jussow ergangenen, oben zitierten Auftrag, den Du Ry zu übermitteln hatte, erhalten zwei Begriffe zentrale Bedeutung: das Studium des englischen Gartens sowie die Auseinandersetzung mit den »englischen Bau Arten«, womit offensichtlich der aus dem Kontext des englischen Gartens hervorgegangene architektonische Stilpluralismus[298] umschrieben ist. Die Frage, welche Gärten und Bauten Jussow in England gesehen haben mag, wird sich im folgenden mehrfach stellen. Ihre Beantwortung ist insofern erschwert, als keine Zeichnung aus Jussows Nachlaß zweifelsfrei dem England-Aufenthalt zugehört. Offensichtlich sind die Reiseskizzen und -notizen Jussows verloren.

Am 17. Dezember 1787 meldete die Kriegs- und Domänenkammer dem Landgrafen, daß Jussow wieder in Kassel eingetroffen sei.[299] Bereits zu der Zeit, als Jussow noch auf Reisen war, hatte sich das Bauamt bei Wilhelm IX. für eine feste Anstellung Jussows eingesetzt: Nach dem Tode Landgraf Friedrichs II. bat der bisherige Direktor des Zivilbauamtes, Obrist Johann Wilhelm von Gohr, um seine Dienstentlassung aus Alters- und Gesundheitsgründen; Simon Louis Du Ry solle sein Nachfolger, Jussow aber dann der Du Rys werden.[300] Wilhelm IX. entschloß sich dazu, Jussow ausschließlich einen einzigen, freilich umfangreichen Aufgabenkreis zu übertragen, zu dessen Vorbereitung die Englandreise aus der Sicht des Landgrafen in erster Linie gedacht war:

»Nachdem Wir den von seinen mit höchster Bewilligung gethanen Reisen hinwieder zurückgekommenen Bau Scribenten Jussow unter dem Caractère als Bau-Inspector dergestalt zu Unseren Diensten anzunehmen gdigst gutgefunden: daß derselbe jedoch, bis auf Unsere anderweite gdigste Befehle, zu keinem andern Geschäffte gebraucht werden solle, als unter der Direction und Anweisung des Raths Du Ry *an dem vorseyenden Bauwesen zu Weisenstein* mitzuarbeiten; so hat jeder sich mannichlich darnach zu achten und ihn in obbemelter Qualitaet zu erkennen; er Bau Inspector aber, in Ausrichtung der ihm solchergestalt aufliegenden Geschäfte, sich jederzeit willig und bereit finden zu lassen.
Cassel den 2. Jan: 1788«.[301]

Zwei Tage später dankte Jussow für die Anstellung und Beförderung mit einem Schreiben, in dem er Vergangenheit und Zukunft seines Werdeganges folgendermaßen umreißt:
»Durchlauchtigster Landgraf,
Gnädigster Fürst und Herr!
Ew. HochFürstl^e Durchl^t haben gnädigst mich zum Bau-Inspector, mit einem jährl.: Gehalt von 300 rl: zu bestellen, und zugleich zu Führung des Weißensteiner Baues mich zu bestimmen, geruhet.
Ich erkenne diese höchste Gnade in ihrem ganzen Umfange und achte es für das vollkommenste Glück meines Lebens, daß Ew. Hochfürstl: Durchl^t mich gnädigst gewählt haben, an einem Wercke mit zu arbeiten, das der Ausländer schon als das einzige in seiner Art anstaunet, und das durch die neuen Verschönerungen zu einem Meisterstücke sich erheben wird, das die Nachwelt bewundern muß. Welch weites Feld sehe ich nicht vor mir, meine erlangten Kentniße in Ausübung zu bringen und Ew. HochFürstl. Durchl^t durch meine Arbeit zu überzeugen, daß ich die mir zum Reisen gnädigst verstattete Zeit zweckmäßig angewendet habe!
Alles dieses erfüllet mein Herz mit Gefühlen des innigsten Dankes und ich wage es, Ew. HochFürstl Durchl^t solchen in tiefster Unterthänigkeit hierdurch abzustatten; ich erdreiste mich aber zugleich, höchst denenselben wegen meiner itzigen Lage noch eine unterthänigste Vorstellung zu thun. Im Jahr 1778 hatte ich die Gnade, bei HochFürstl^m Bau Departement, nachdem ich einige Jahre vorher auf das Studium der Mathematik verwendet hatte, als Accessist und einige Jahre hernach als Bau Scribent mit einem Gehalt von 200 rl angestellt zu werden. Da ich sowohl das Zutrauen meiner hohen Vorgesetzten mir zu erwerben, mich beständig beeifert, als auch durch einige Arbeiten Sr: Hochfürstl^n Durchl^t, dem höchstseel: Herrn Landgrafen, das Glück bekant zu werden gehabt hatte, so wurde mir 1781 bei der neu errichteten Academie der Baukunst nicht nur der Unterricht derer Eleven mit einer Zulage von 50 rl gnädigst anvertrauet, sondern ich auch hernach für tüchtig gehalten, durch eine Reise im Studio der Architektur mich zu vervollkommnen. Während dieser Zeit ist mein beständiges Bestreben gewesen, jede Gelegenheit zu benutzen, mich zum Dienste Ew. HochFürstl. Durchl^t geschickt zu machen und ich habe auch in dieser Absicht, da die mir gnädigst verwilligten Reise Gelder nicht immer hinreichend waren, des von meinen Eltern geerbten kleinen Vermögens nicht geschonet, sondern es gerne angewendet, um mir Kentniße zu erwerben [...]«.[302] Wegen der hohen Reisekosten bat Jussow deshalb um eine Gehaltszulage von 100 Reichstalern, worauf Wilhelm allerdings lapidar antwortete: »Beruhet vor der Hand und bis Supplicant von seiner Wißenschaft und deren practischen Anwendung Proben abgelegt haben wird.«[303]

Jussow, zeitlebens unverheiratet, lebte fortan inmitten seines neuen Wirkungskreises. Zunächst bewohnte er »Bagatelle«, ein Häuschen des chinesischen Dorfes Mulang. Als dieses 1791 der Landgraf für sich selbst herrichten ließ, bezog Jussow das neue Obergeschoß des Marstalles,[304] ebenfalls auf Wilhelmshöhe.

Jussows weitere Karriere zeugt von der Zufriedenheit des Landgrafen mit seinem Architekten und dem auf Weißenstein/Wilhelmshöhe Geleisteten. Wilhelm ernannte ihn am 21. Mai 1794 zum »Bau Director mit dem Rang in der Siebenten Classe der Rangordnung« und einer Zulage von 100 Talern jährlich.[305] Eine Erhöhung der Besoldung verfügte Wilhelm am 26. Mai 1796: Jussow erhielt künftig 200 Reichstaler mehr.[306] Nach dem Tode Du Rys wurde er zu dessen Nachfolger als Oberbaudirektor und Oberkammerrat mit einem Jahresgehalt von insgesamt 800 Talern durch den Landgrafen bestimmt.[307] Auch an der Akademie folgte Jussow seinem Amtsvorgänger als Professor und Direktor der Bauakademie.[308]

Kurz skizziert werden soll Jussows Werdegang nach 1800, also nach der Vollendung von Wilhelmshöhe. Zur Zeit der französischen Okkupation Hessens (1806—1813) konnte er nur anfangs die Ehre des »Premier Architecte du Roy«[309] für sich in Anspruch nehmen. Jérôme, der Bruder Napoleons und König des neu gegründeten Königreichs Westphalen, zog ihm dann die jüngeren Architekten Leo Klenze (1784—1864) und Auguste-Henri-Victor Grandjean de Montigny (1776—1850) als Vertreter des von Charles Percier (1764-1838) und Pierre François Léonard Fontaine (1762—1853) geschaffenen Empirestils vor. Jussow, der diesem flächig-dekorativen Stil eher ablehnend gegenüberstand, trat als »Generalinspektor der Brücken, Chausseen und öffentlichen Gebäude«[310] dagegen in den Hintergrund.

Nach der Rückkehr aus dem Exil setzte Wilhelm IX., seit 1803 Kurfürst Wilhelm I., Jussow wieder in sein Amt als Oberbaudirektor ein.[311] Bei der Grundsteinlegung der Chattenburg, des von ihm entworfenen neuen Kasseler Residenzschlosses, im Jahre 1820, erhielt Jussow vom Kurfürsten als Zeichen der Anerkennung die Würde eines »Ritters des Goldenen Löwenordens«.[312]

Am 26. Juli 1825 starb Jussow im Alter von 71 Jahren. Die Inschrift auf dem Grabstein[313] erinnert in aller Bescheidenheit an ihn: »Sein Denkmal sind seine Werke; —
Drum anspruchslos, wie er im Leben,
Deckt dieser Stein
Was sterblich an ihm war«.

Mit der hier vorgelegten Vita kann die Studienzeit Jussows in der Abfolge und Dauer der Auslandsaufenthalte[314] erstmals zweifelsfrei geklärt und der bisher so strittige England-Aufenthalt nachgewiesen werden. Zwei Forschungsarbeiten über Jussow setzen die Italienreise an den Anfang seiner Auslandsaufenthalte[315] und belegen dies mit vier Zeichnungen, die Jussow nach römischen Antiken gefertigt hat und die signiert sind: »Jussow del. Romae 1784.«[316] Eine genaue Untersuchung der fraglichen vier Blätter aus Jussows Nachlaß führt allerdings zu einem überraschenden Ergebnis: Die Ortsangabe »Romae« resultiert bei jeder dieser Zeichnungen aus einer späteren Korrektur in andersfarbiger Feder über stark radiertem Untergrund, während Name und Entstehungsdatum belassen wurden. Als Erklärung für diese nachträgliche »Fälschung«, die auf Jussow selbst zurückgeht, läßt sich folgende Hypothese aufstellen: Jussow wird die Blätter in Paris gezeichnet haben, denn wir wissen, daß er sich dort im fraglichen Jahr aufgehalten hat; es handelt sich bei den Zeichnungen wahrscheinlich um Kopien aus Vorlagenbüchern. Um diese Zeichnungen aber bei der Demonstration vor dem Landgrafen oder vor der Akademie im Sinne eines »Leistungsnachweises« als Zeugnisse eines authentischen Antikenstudiums vor Ort ausgeben zu können, hat Jussow seine Signatur in der beschriebenen Weise geändert.

4. Zusammenfassung zu den Architekten

Bedingt durch die unterschiedliche Forschungs- und Quellenlage, ergaben sich in den Übersichten zu Leben und Werk der hier vorgestellten Architekten drei verschiedenartige Einzelcharakteristiken. Es erscheint deshalb angebracht, noch einmal die wichtigsten Gemeinsamkeiten und Unterschiede herauszustellen.

Die drei verbindet die grundsätzliche Tatsache, vorwiegend über die Theorie den Weg zur Architektur gefunden zu haben. Damit ist bereits ein Wesensmerkmal genannt, mit dem sich der Klassizismus gegen den Barock absetzt, für den das Hervorgehen des Architekten aus der Praxis (z. B. Festungsbau) die Regel war. Du Rys Briefe aus Paris belegen beispielhaft die Suche nach einer wissenschaftlichen Fundierung der Architektur im Sinne der Aufklärung. Die Schulung durch Blondel ist für De Wailly und Du Ry das Fundament der Ausbildung gewesen und hat als solches auch für Jussow noch Gültigkeit besessen. De Wailly und Du Ry gehören zur »generation of 1730«,[317] in der Emil Kaufmann zu Recht die Gründergeneration des Klassizismus erkannt hat. Für Du Ry wird die künstlerische Zugehörigkeit zu dieser Generation mit der vorliegenden Studie erstmals nachgewiesen. Die bislang geäußerte Meinung der Forschung, Du Ry gehöre einer »Zwischengeneration« (Boehlke) an, ist zu revidieren.

Für De Wailly wie Du Ry bildete der Rom-Aufenthalt[318] die erwünschte Weiterführung der Studien bei Blondel. De Wailly war als offizieller Rom-Stipendat der Akademie deren strengen, konservativen Regeln unterworfen. Er dürfte deshalb wie seine Kollegen von der unakademischen, freiheitlichen Kunstauffassung Piranesis um so mehr fasziniert gewesen sein. So gehörte er zu den ersten Rom-Stipendiaten aus Paris, die römische Antiken systematisch studiert und vermessen haben, in der Nachfolge eines frühen Einzelgängers im 17. Jahrhundert, Antoine Desgodetz.[319]

Du Ry genoß dagegen mehr Selbständigkeit, was die Wahl seiner künstlerischen Vorbilder anging. Bezeichnend sind zwei Namen, die im Zusammenhang mit seinem italienischen Aufenthalt auftauchen: Er war damit beauftragt, Piranesis Stichwerke als Geschenke des Papstes an den Kasseler Hof zu übersenden, hat damit also Piranesis Kunst wenigstens indirekt für seine Heimatstadt erschlossen. Daß er dessen malerische Ruinen-Visionen auch aktiv verarbeitet hat, geht aus seinen Skizzen nach Clérisseau, einem französischen »Piranésien«, eindeutig hervor. Neben diesen Studien betätigte sich Du Ry auch als Antiquar, der für die Kasseler Sammlungen Skulpturen und Vasen erwarb. Sein archäologischer Sinn spricht aus den Beschreibungen der aktuellen Ausgrabungen in Pozzuoli und Herculaneum.

Für Du Ry und De Wailly kann gelten, daß das Studium der antiken und zeitgenössischen Architektur von dem der Schwesterkünste Malerei und Skulptur begleitet wurde. Blondel dürfte es gewesen sein, der dieser Generation noch eine Vorstellung von der Einheit der Kunstgattungen vermittelt hat.

Zurückgekehrt nach Kassel, erlebte Du Ry zunächst eine erzwungene künstlerische Rückentwicklung: Lokaler Tradition folgend, hatte er sich mit dem Rokoko zu befassen, das er seiner Überzeugung nach längst überwunden hatte.

Im Vergleich zu seinen Lehrern deutet sich bei Jussow eine deutliche Spezialisierung auf die »reine« Architektur an, womit ein Kriterium für den eine Generation Jüngeren gewonnen ist. Zugleich eröffnete sich für ihn mit der Reise nach England die Möglichkeit, diejenige Kunstgattung zu studieren, die den Rahmen für die wirkungsästhetische Modifikation des Architektonischen bildete: die Kunst des englischen Gartens.

5. Zur Rolle des Landgrafen Wilhelm IX. (Kurfürsten Wilhelm I.) von Hessen-Kassel als Bauherr

140 Wilhelm IX. wurde 1743 als Sohn des Landgrafen Friedrich II. von Hessen-Kassel und der Landgräfin Maria (Mary), der Tochter des Königs Georg II. von England, geboren. Die Erziehung des Prinzen wurde ganz durch die Mutter geprägt, da der Vater 1749 zum Katholizismus übergetreten war und ihm deshalb durch die sog. Assekurationsakte die Erziehung seiner Kinder, der Prinzen des protestantisch-reformierten Hessen-Kassel, untersagt war.[320] Die Landgräfin Maria regierte seit 1763 die Grafschaft Hanau-Münzenberg. 1764, nach seiner Vermählung mit Caroline, der Tochter des Königs von Dänemark, übernahm Wilhelm selbst als Erbprinz die Hanauer Regierung.

Da Wilhelm in jüngster Zeit, gerade im Zusammenhang mit seiner Rolle als Bauherr, ins Kreuzfeuer der Kritik geraten ist,[321] soll seine Persönlichkeit mit den Worten seines Biographen Philipp Losch charakterisiert werden, der nach Auswertung der wesentlichen Quellen zu folgendem wohl abgewogenen Urteil gekommen ist:

»Eine merkwürdige Mischung von Gegensätzen war in seinem Charakter vereinigt. Er war ein guter Haushalter, dessen Sparsamkeit in späteren Jahren krasse Formen annahm, und dabei konnte er für seine Bauten enorme Summen ausgeben. Er war ein aufrichtig frommer Mann, vielleicht der frömmste Fürst seiner Zeit, dabei brachte ihn seine Schwäche für das weibliche Geschlecht in fortgesetzten Konflikt mit dem siebten Gebote. Sein nüchterner Sinn kontrastierte seltsam mit mancherlei romantischen Zügen. Abgehärtet durch ein äußerst regelmäßiges, gesundheitsmäßiges Leben, studierte er doch auch die geringste Krankheitserscheinung an seinem Leibe wie ein melancholischer Hypochonder. Deutschgesinnt bis ins Mark und voll unversöhnlicher Abneigung gegen alles Französische, schrieb er doch die Geschichte seines Lebens in der Sprache seiner schlimmsten Feinde. Er war stolz auf seine fermeté, aber in den entscheidenden Augenblicken seines Lebens geriet er doch ins Schwanken. Seine sehr genau geführten Tagebücher, in denen er sich selbst täglich genaue Rechenschaft ablegte für sein gesamtes Tagewerk, zeigen ihn als einen ungemein fleißigen Fürsten, der sein Regentenamt wahrlich nicht leicht nahm und unausgesetzt für das Wohl seines Landes tätig war [...]«.[322]

Nur wenn man diese Gegensätzlichkeit des Charakters zur Kenntnis nimmt, kann man sich der historischen Wahrheit über diese — weder als Potentat noch als Persönlichkeit herausragende — Erscheinung nähern. Allgemein bekannt ist Wilhelm als der »letzte Absolutist« des alten Reichs. Seine konservative Haltung fand im zähen Festhalten an der Mode des Zopfs ihren sichtbaren Ausdruck; daran änderte sich bis zu seinem Tode 1821 nichts. Vielleicht ist man aufgrund der zusammentreffenden Gegensätze heute noch mehr als zu Loschs Zeiten überfordert, wenn man Wilhelm IX. einerseits als Militaristen gelten lassen soll, der durch den berüchtigten »Verkauf« seiner Soldaten nach Amerika zu einem der reichsten Fürsten Europas avancierte, andererseits als einen typischen Vertreter des Zeitalters der Empfindsamkeit, der seiner sentimentalen Grundhaltung z. B. durch Verwendung des Motivs der künstlichen Ruine Ausdruck verleihen wollte.

Wilhelm verfügte für einen Fürsten über außergewöhnliche Kenntnisse und Fähigkeiten auf dem Gebiet der Architektur. Schon in seiner Jugend hatte er Unterricht im Zeichnen und Radieren erhalten. Sein frühestes eigenhändig gezeichnetes Projekt[323] stammt von 1772; es zeigt eine Arkade für den Hanauer Paradeplatz, in deren Mitte eine kirchenähnliche Fassade aufragt. Ein dort eingefügtes Medaillon mit dem Profil eines Frauenkopfes zeigt wohl seine Mutter, die englische Prinzessin. Eine von der Arkade abgerückte »Hauptwacht« mit Trophäen, Vasen und Obelisk beweist, daß dem damals 29-jährigen Erbprinzen die Anfangsgründe der Architektur einschließlich der auf dem Modulussystem aufbauenden vitruvianischen Proportionslehre vertraut waren. Ein aus demselben Jahr stammendes Kasernenprojekt[324] mit einem von sechs toskanischen Kolossalsäulen gegliederten Mittelrisalit dürfte sein eigenes Porträt aufweisen. *141, 142*

Mit Erstaunen entdeckte Wilhelm seine Leidenschaft zu bauen im Zusammenhang mit der Entstehung seines Hanauer Lieblingsaufenthaltes, des nach ihm benannten Wilhelmsbades. Nachdem er 1777 für die Errichtung eines ersten Gebäudes 8 000 Florin festgesetzt hatte, schrieb er in seinen Memoiren: »L'on verra par la suite qu'il n'en resta pas là et [...] que le plaisir de bâtir va plus loin que l'on ne pense.«[325]

Der erste von seinem Architekten Franz Ludwig Cancrin verfertigte Entwurf umfaßte eine Badeanlage mit drei doppelgeschossigen Pavillons mit Mansarddächern, zwischen denen zwei eingeschossige Bauten vermittelten. Nach seiner Rückkehr aus dem böhmisch-österreichischen Krieg 1778 verfügte der Erbprinz eine zuerst nicht vorgesehene Vergrößerung. Diese stellte den ersten Plan auf den Kopf, indem sie den bisher im Hintergrund gelegenen niedrigen Arkaden-Verbindungsbau unvermutet zum neuen, um ein Geschoß zu erhöhenden Zentrum der um zwei Gebäude erweiterten Anlage machte. Aus Wilhelms Notiz in den Memoiren spricht sein unbeugsamer Wille bei der Durchsetzung solch eigenwilliger Planänderungen: »L'arcade primant par sa hauteur au dessus de tous les autres bâtimens devoit absolument être le centre [...]; tout ceci je fis contre l'avis de Cancrin, mais il n'en fut ni plus ni moins.«[326]

Wilhelm machte es sich zur Gewohnheit, jährlich derartige Neuigkeiten zu ersinnen: »Je continuois d'y faire chaque année quelque nouvel etablissement qui plaisoit.«[327] Was das Bauen für ihn persönlich bedeutete, und in welcher Weise er sich die Talente seines Architekten zunutze zu machen verstand, umschrieb er mit den Worten »[...] Mon activité naturelle et le plaisir d'être Créateur pour la première fois s'étoit trop emparée de moi; le Conseiller de la C[h]ambre Cancrin fut mon Architecte. Cet homme trop épris de lui n'écoutoit personne, il vouloit agir en chef mais je tachai de profiter de ses talens sans cependant le laisser aller trop loin [...]«.[328] Man kann nur ahnen, was es für einen Architekten bedeutete, für Wilhelm arbeiten zu müssen, der selbst als fürstlicher Baumeister par excellence gelten kann.

Neben diesem unmittelbar persönlichen Verhältnis Wilhelms zur Baukunst gab es noch ein ganz und gar nüchternes. Bei Antritt seiner Regierung in Kassel Anfang November 1785 ließ er über Nacht die französische Oper und das französische Ballet beseitigen — nicht ersatzlos. Vielmehr sah Wilhelms Regierungsprogramm vor, die damit eingesparten Gelder in neue Bauprojekte zu investieren. Nicht einzelne wenige, dazu noch überwiegend ausländische Künstler, sondern möglichst viele Untertanen aus dem eigenen Land sollten von der fürstlichen Förderung der Künste ihren Nutzen ziehen[329] — Ausdruck eines volkswirtschaftlichen, patriotischen und nicht zuletzt calvinistischen Denkens. Tatsächlich sollte diese nützlichkeitsorientierte Einschätzung der Baukunst beim Bau des Wilhelmshöher Corps de logis eine Rolle spielen.

Im Unterschied zu seinem Vater hatte Wilhelm weder die Grand Tour unternommen, noch kannte er aus eigener Anschauung das Heimatland seiner kulturellen Erziehung, England. So groß sein Engagement für die Baukunst war, so wenig zeigte er Verständnis für die Malerei: Unter seiner Regierung wurden die Bestände der Kasseler Galerie nur noch unwesentlich vermehrt. Dennoch fehlte es ihm nicht am »malerischen Geschmack«, den er allerdings räumlich-dreidimensional auf Garten- und Baukunst angewandt wissen wollte. Innerhalb seiner Wilhelmshöher Schloßbibliothek legte er eine umfassende Abteilung mit Kunstliteratur an, wobei er auf die Bestände seines Vaters als Grundstock zurückgreifen konnte. Die Titel umfassen Hauptwerke italienischer, französischer, englischer und deutscher Autoren. Die auszugsweise Veröffentlichung des Bibliothekskatalogs im Quellenanhang soll es ermöglichen, den kunsttheoretischen Bildungshorizont Wilhelms zu beurteilen. Man geht kaum fehl in der Annahme, daß er bestrebt war, durch das Studium von Theorie- und Stichwerken den

Mangel an Bildungsreisen auszugleichen. Sein »malerischer Geschmack« etwa dürfte sich an den Prachtausgaben Piranesis über die römische Kunst oder Saint-Nons über die süditalienische »Voyage pittoresque« geschult haben. Der unmittelbare Einfluß der Kunsttheorie auf die Gestaltung der Wilhelmshöhe kann unter diesen Umständen kaum hoch genug eingeschätzt werden.

Wie und durch wen wurden die künstlerischen Vorstellungen für Schloß und Park in die Tat umgesetzt? Die Frage nach den Urhebern der in Kassel entstandenen Schloßentwürfe (Kat. Nr. 43—131) setzt die Kenntnis der Organisation des Wilhelmshöher Schloßbauwesens voraus. Diesem stand seit dem Regierungsantritt Wilhelms IX. Simon Louis Du Ry als Oberbaudirektor vor. Solange Jussow sich noch auf Reisen befand (bis Ende 1787), assistierte Du Ry wenigstens ein Akzessist, der mit Johann Georg Lange namhaft zu machen ist. Du Ry zeichnete nicht nur für die Entwürfe, auch Langes Kopien, verantwortlich, sondern hatte auch die Bauaufsicht zu führen. Die gesamte Organisation war in allem so einfach und übersichtlich gehalten, daß der Landgraf jederzeit jeden Vorgang, von der Planung bis zur Abrechnung, peinlich genau überwachen und nach eigenem Ermessen beeinflussen konnte. Die Neuanlage der Wilhelmshöhe wurde im Geheimen Rat (StAM, 5) abgehandelt. Die Minister des Landgrafen waren also über dessen Baupläne in der Regel genau unterrichtet. Die Subsidienverträge mit England bedeuteten die finanzielle Garantie für das Bauprogramm, mit dem, Wilhelms eigener Einschätzung zufolge, programmatisch von der Fronarbeit in Niederhessen Abstand genommen wurde.[329]

III.

Zwischen »Château« und »Temple«

Drei Idealprojekte von Charles De Wailly für Schloß Weißenstein

»Projekte lassen erkennen, welches Ziel eine Epoche erreichen wollte« (Kramm 1939)

1. Voraussetzungen

Material und Methode

Die Kapitel III und IV befassen sich mit unausgeführt gebliebenen Projekten für Schloß Weißenstein / Wilhelmshöhe, zunächst mit den drei Idealplanungen von Charles De Wailly. Während dessen 33 Zeichnungen, als sog. Präsentationsrisse in einem Klebeband zusammengefaßt, in Vollständigkeit wiederaufgefunden werden konnten, sind bislang keine Quellen nachzuweisen, die Aufschlüsse über die Begleitumstände ihrer Entstehung, wie z.B. die besonderen Wünsche des Bauherrn geben. Deshalb konzentrieren sich die methodischen Möglichkeiten einer Bearbeitung auf die Fragen nach Typus, Stil und Bedeutung.

Die Erforschung nicht realisierter Architekturentwürfe bedarf spätestens seit Josef Pontens 1925 erschienenem Werk »Architektur, die nicht gebaut wurde«[330] keiner Rechtfertigung mehr: Längst hat sich die Erkenntnis durchgesetzt, daß solche Idealvorstellungen als künstlerische Inventionen ähnlich aussagekräftig sind wie in die Tat umgesetzte Kunstwerke. Dagegen ist ihr historischer Stellenwert etwas anders zu beurteilen: Zum Bauen gehört nicht nur der Künstler als entwerfender Architekt, sondern auch der Bauherr als Träger sowie das Publikum, für das gebaut wird, sieht man einmal vom Heer der ausführenden Kräfte ab. Zu einem umfassenden Verständnis der Architekturgeschichte führt erst die Synopse von Geplantem und Gebautem. Das gilt ganz besonders für das ausgehende 18. Jahrhundert, dessen architektonisches Schaffen dadurch charakterisiert wird, daß einer extremen Fülle von Projekten eine vergleichsweise verschwindend geringe Zahl realisierter Bauten gegenübersteht.

Die Rolle De Waillys in Kassel, sein einziges planerisches Tätigkeitsfeld in Deutschland, war von der Forschung bisher kaum gewürdigt worden. Von den 33 Entwürfen für den Weißenstein kannte man nur vier, und diese hatte der Inventarisator Kassels, Alois Holtmeyer, als anonyme Zeichnungen »der Empirezeit« (sic!)[331] seinerzeit bekannt gemacht. Da sie zwei verschiedenen Projekten zugehörten, war aus ihnen kein zusammenhängendes Bild zu gewinnen.

Die nach dem Kriege ausgesprochene Befürchtung, daß sämtliche Kasseler Entwürfe De Waillys verbrannt seien,[332] muß für den Bestand der Kasseler Landesbibliothek — De Waillys Entwürfe für die Stadt und die

Stadtresidenz — tatsächlich gelten. Den dagegen von mir wiederentdeckten Band mit den Wilhelmshöhe-Zeichnungen machte ich für die Pariser De Wailly-Ausstellung nutzbar.[333]

Zur topographischen Situation

Wilhelmshöhe, bis 1798 Weißenstein genannt, war in seiner beherrschenden Lage über der 5 km entfernten Residenzstadt Kassel für die Erbauung eines Barockschlosses geradezu prädestiniert. Das alte Schloß Weißenstein war eine Dreiflügelanlage vom Beginn des 17. Jahrhunderts.[334] Bereits im ersten Jahrzehnt des 18. Jahrhunderts plante Landgraf Karl eine völlig neue Anlage. Seit 1701 entstand nach dem Entwurf des römischen Architekten Giovanni Francesco Guerniero das berühmte Oktogon auf dem Karlsberg und seine Kaskade.[335] Für ein Schloß hatten Guerniero, Filippo Juvarra, Louis Rémy De la Fosse, Johann Friedrich Karcher, Allesandro Rossini, Jan van Nickelen, George Duper und Simon Louis Du Ry die verschiedensten Pläne vorgelegt.[336] Es blieben Luftschlösser, ebenso wie die auf sie folgenden Projekte De Waillys. So kam es, daß für den Weißenstein das ganze 18. Jahrhundert hindurch Schlösser geplant wurden, deren Entwürfe einen faszinierenden, repräsentativen Überblick über die spätbarocke und klassizistische Schloßbaukunst unter dem unmittelbaren Einfluß verschiedener Länder, nämlich Italiens, Frankreichs und zuletzt Englands, geben.

Die von De Wailly angetroffene Situation umfaßte neben dem alten Schloß den Park, der unterhalb der Karlsberg-Kaskaden durch Friedrich II. in vager Anlehnung an englische Landschaftsgärten umgestaltet worden war. Diese Neuordnung ergab eine Auflösung in zahlreiche isolierte Einzelszenerien.[337] Ein Ausschnitt aus einem vor 1780 von dem Hofgärtner Fuchs gezeichneten Situationsplan[338] gibt den Teil des Parks wieder, den De Wailly in seiner Planung berücksichtigt und teilweise umgestaltet hat. Bestimmend ist die barocke Ost-West-Achse mit dem Oktogon (im Westen) als Zielpunkt. Die aus der Stadt heranführende Lindenallee endet in einem Rondell. Den anschließenden terrassierten Abhang erläutert die dem Plan beigegebene Legende als »Lustgarten vor dem Schloß«. Die Dreiflügelanlage des Schlosses öffnet sich nach Westen zum Karlsberg. Ein langgestrecktes Bowlinggreen, in zwei Halbkreisexedren erweitert, vermittelt zwischen Schloß und »Bassin zur großen Fontaine«. Südlich des Schlosses, am Fuß des Blumengartens, liegen fünf Teiche, in Bogenform hintereinander gereiht. An sie schließen sich westlich der Rosengarten und das »Apollo Bath« an. Die »Elisäischen Felder« durchzieht in Serpentinen ein Wasserlauf, der als »Styx« überliefert ist. Im Südwesten des Fontänenbassins sind in Kreisform angelegt ein »Irrgarten«, das »Jugement de Paris« und der »Callipso Tempel«. Nördlich des Schlosses liegen »Gemüse Garten u. Plantage«. Sie werden begrenzt durch die Seitenallee, an der die Wirtschaftsgebäude liegen. Eine Boskettzone mit Schlängelwegen bedeckt den Abhang des Schneckenberges. Als »Hermithen Garten« (Eremitengarten) ist die aus anderen Beschreibungen als »Tal des Peneus« (Hirschfeld) bekannte Szene bezeichnet. Auf dem Plan fehlen noch das chinesische Dorf und die türkische Moschee im Süden der Schloßteiche. Die Moschee als ältestes dieser exotischen Bauwerke kann auf einem 1780 datierten Parkplan des Weißensteins[339] erstmals nachgewiesen werden.

2. Der erste Entwurf

De Wailly konzipiert seinen ersten Weißensteiner Schloßentwurf als Dreiflügelanlage, die sich nach der Stadt hin öffnet. Das Schloß ist zweigeschossig und gegliedert durch vier im Grundriß quadratische Pavillons, die mit ihren pyramidalen Dächern die Eckpunkte einer triklinen Anlage markieren. Eine runde Kuppel mit Laterne verleiht dem größeren Pavillon in der Mitte seinen beherrschenden Akzent. Den Ehrenhof erweitern nach vorn zwei doppelreihige Kolonnaden über Halbkreisen; sie enden in überkuppelten gleichhohen Pavillons, die in einer Achse mit den Seitenflügeln des Schlosses liegen. Aus den Maßstäben geht hervor, daß das Schloß mit Kolonnaden 72 toises (ca. 140 m), und ohne die Kolonnaden 46 toises (ca. 89 m) breit geplant ist.

9 K 8
Farbt. II oben
13 K 5

Zwei Säulenordnungen sorgen für eine straffe Organisation im Aufbau der stadtseitigen Hauptfassade. Als Grundordnung dient die Toscana, an deren Schäften Säulentrommeln mit gerundeten Bossen regelmäßig alternieren. Diese rustizierte Ordnung, an den Kolonnaden über Sockeln dicht gereiht dem Schloß vorangestellt, wird dort auf die Fassade übertragen, wo sie dem Erdgeschoß der beim Aufriß fünfachsigen[340] Fassadenrücklagen des Corps de logis und der Flügel gleichermaßen vorgelegt ist. Die ungegliederte niedrigere erste Etage erhält dadurch einen über dem Gebälk der Säulen angelegten Außenlaufgang mit Balustrade. Die Anwendung der rustizierten Toscana sowohl an den Kolonnaden als auch am Corps de logis sorgt für eine enge Verklammerung des Schlosses mit seiner Außenanlage, den Säulenhallen. Die Stirnseiten der vorderen Schloßpavillons, die in der Mitte von vier toskanischen Pilastern gegliedert werden, übernehmen dieses Schema von den als Zentralbauten gestalteten Kolonnadenpavillons.

Als zweite Säulenordnung der Stadtseite dient die Ionica, deren höherer Rang sich in der Auslegung als Kolossalordnung ausdrückt. Der Architekt setzt sie an die markanten Punkte des Gebäudes. Wir finden sie als Pilaster an den Kanten der Flügelpavillons, am stärksten massiert aber am Mittelpavillon. Hier gliedert sie, ebenfalls in Form des Pilasters und in zwei Schichten nach vorn gestaffelt, die Wand, um in vier Vollsäulen mit der Tiefe eines Interkolumniums frei vor das Corps de logis zu springen. Der damit entstandene giebellose Portikus überdeckt die drei Haupteingänge des Schlosses, die von gekoppelten toskanischen Säulen getrennt werden.

Den Säulenordnungen entsprechend, sind es zwei Gebälkzonen, die die Wand horizontal teilen. Über dem rundum laufenden, am Portikus verkröpften Hauptgebälk der Kolossalordnung verläuft ein den Bau abschließender Attikastreifen, der die Dachzone über den Fassadenrücklagen verdeckt. Die urnenförmigen Vasen unterstreichen wie die Pilaster, denen sie axial zugeordnet sind, die Absetzung der Pavillons. Die Eigenständigkeit des Mittelpavillons betont neben den Kolossalsäulen die Dachregion. Wie die Aufsicht auf die Dächer näher erläutert, sind es zwei schmale Querriegel mit Satteldächern, die die Kuppel seitlich begleiten und durch die gesamte Tiefe der Gebäudemitte stoßen. Die Attikazone des Mittelpavillons schließt nach der Front durch eine gefugte gerade Wand ab, die über dem Portikus zurückspringt und ein zentrales Lünettenfenster aufnimmt. Auf das Grundriß-Rechteck dieser Attikazone ist der Fußring der runden Kuppel übergangslos gesetzt. Vier Statuen über dem Gebälk der Portikussäulen mildern optisch die Härte dieses unmittelbaren Übergangs.

16 K 7

Die nach außen weisenden Fassaden der Flügel behalten den rustizierten Sockel der Kolonnaden bei, ebenso den von den Stirnseiten her bekannten Aufriß der Pavillons. Die glatte Wand der achtachsigen Fassadenrücklage übernimmt von der Toscana das Gebälk, unter dem ein breiter Putzspiegel verläuft. Durch den Verzicht auf Säulen läßt sich an dieser Stelle das Verhältnis der beiden Geschosse zueinander deutlich bestimmen. Gegenüber dem ebenerdigen Hauptgeschoß ist das Obergeschoß als Mezzanin zurückgenommen.

12 K 10

10 K 9   Reicheren Fassadenschmuck zeigt die Gartenseite des Corps de logis. Entschiedener als auf der Hofseite ist bei ihr der Mittelpavillon gegen die übrige Fassade abgesetzt. Die fünf Interkolumnien seiner Kolossalordnung treten in Vollsäulen vor die Wand; wie beim Haupteingang sind auch hier die mittleren vier Säulen am weitesten vorgezogen. Der gartenseitige Portikus ist nach vorn und seitlich durch Treppen mit dem Garten verbunden. Die drei giebelbekrönten Portale des Mittelpavillons begleiten Figurennischen, die auch auf der Hofseite zu finden sind. An den je sechsachsigen Fassadenrücklagen zieren Friese mit Figuren in antikisierenden Gewändern die Zone zwischen den Erdgeschoßfenstern und dem toskanischen Gebälk.

9 K 8
Farbt. II oben   Entscheidend für das Gesamtbild der Fassade ist die Verwendung gegensätzlicher Ausdrucksmittel. Innerhalb einer starken Beschränkung des Formenapparates begegnet man Detailformen, die in ihrer manierierten Auffassung für eine starke Belebung sorgen. Deutlich zeigt dies das Motiv der toskanischen Rustikasäule, die auf der Hofseite allein 134 mal Verwendung findet. Ihr Manierismus kontrastiert gegen die völlig schmucklos glatte Wand der Fassadenrücklagen; sie ersetzt eine Reliefierung der Wand. Von einem solchen Spannungsverhältnis lebt die gesamte Ehrenhofseite. Dem Vertikalismus der dicht gestaffelten Säule stehen die Horizontalen der Gebälke und der Attikazone entgegen; der kleinteilig »bandagierten« toskanischen antwortet die glatte monumentale ionische Ordnung — ihre Säulen sollten 12 m hoch werden! —, und von der gleichmäßigen Reihung der in das Säulenkorsett gezwängten Fassadenrücklagen hebt sich, mehrschichtig hinterlegt und in der Silhouette pyramidal aufgipfelnd, der Mittelpavillon ab. Dieser durch Portikus und Kuppel ausgezeichneten Schloßmitte ordnen sich die übrigen Bauglieder in logischer Dreierstaffelung unter, zunächst die Eckpavillons mit Kolossalpilastern, gefolgt von den Fassadenrücklagen, die zwar gleich hoch, doch nur mit der Toscana dekoriert sind, und zuletzt die Kolonnaden, die sich auf die Höhe der toskanischen Ordnung beschränken. Wir finden also das von einer barocken Schloßanlage her gewohnte hierarchische Gliederungsprinzip abstrahiert und transportiert in ein streng rationales System, dessen Träger Säule und Pilaster geworden sind.

13 K 5   Der unverschlossene Haupteingang führt in eine loggienartige Vorhalle. De Wailly nennt sie »vestibule«, dessen Schmalseiten von je einem der beiden rechtwinklig geführten Läufe der Haupttreppe eingenommen werden. Vestibül und Antrittsläufe liegen in dem Abschnitt des Mittelpavillons, der leicht vor die übrige Außenflucht des Schlosses springt. Im Zentrum des Mittelpavillons liegt die »salle des gardes«, in die die beiden Enfiladen des nach dem Prinzip der distribution double aufgeteilten Grundrisses münden. Aus dem sich kreuzförmig gering erweiternden Rechteck dieses Saals wird ein Quadrat ausgegrenzt, an dessen Seiten je vier toskanische Säulen, dem Rhythmus des Palladiomotivs folgend, verteilt sind; an den sonst schmucklosen Wänden antworten ihnen Pilaster. Für den vom Haupteingang Kommenden liegt rechter Hand der fünf Achsen lange Speisesaal, vor dessen Längswand mit ionischer Pilastergliederung eine überlebensgroße Statue thront.

    Als Gegenstück zum Speisesaal hat De Wailly auf gleich großer Fläche ein Theater untergebracht, das damit erstaunlich weit in den Vordergrund der Raumfolge gerückt ist. Der Zuschauerraum mit bestuhltem Parkett ist elliptisch geformt; ionische Säulen mit spiralig gedrehten Schäften umstehen den Balkon, in dessen Mitte eine kreisrunde Herrschaftsloge ausgegrenzt ist. Sie kann vom Saal der Wachen aus direkt erreicht werden. Im Zeichen bester Raumausnutzung hat De Wailly noch eine Galerie knapp unterhalb der gewölbten Decke eingezogen.

    Die gartenseitigen Räume entsprechen sich, vom Saal der Wachen aus gesehen, in Form und Funktion spiegelbildlich; es bereiten je eine erste und zweite antichambre einen Nebensalon (»pièce des nobles«) vor, der als oktogonaler Zentralraum mit diagonal angefügten Nischen einen Eckpavillon einnimmt. Da die gartenseitige Enfilade auf die Mittelachse der Gesellschaftsräume und ihr Mittelfenster ausgerichtet ist, ist sie ungewöhnlich weit nach innen verlegt.

Es kennzeichnet die Distribution dieses Schlosses, daß das Corps de logis den appartements de société vorbehalten bleibt, während für die Funktion privaten Wohnens die Seitenflügel reserviert sind. Die zwei appartements privés schließen als appartements simples an zwei Kabinette an, die auf die Nebensalons folgen und noch den Gesellschaftsräumen zuzuordnen sind. Obwohl die beiden Appartements fast identisch sind — sie bestehen aus einem Schlafzimmer mit Alkoven, einer Toilette, einem als Arbeitszimmer dienenden Kabinett und einem großen Zimmer im vorderen Eckpavillon — sind sie doch im Rang voneinander geschieden: Das im rechten Flügel untergebrachte weist, wie der Längsschnitt zeigt, reichere Dekoration auf. Da zudem sein Schlafzimmer nach dem Ehrenhof orientiert ist (das gegenüberliegende blickt nach der Außenseite des Seitenflügels, also gleichfalls nach Süden) und ihm eine Bibliothek im vorderen Pavillon zugehört, ist im Erdgeschoß des rechten Seitenflügels die Privatwohnung des Schloßherrn zu erkennen. *20 K 12*

Im Sockelgeschoß liegen die Wirtschaftsräume mit Küche und Wohnungen für die Bediensteten, außerdem in den gartenseitigen Eckpavillons kühle Gartensäle, die im Sommer aufgesucht werden können. *14 K 4*

Hat das Erdgeschoß als Hauptgeschoß zu gelten, so fehlt ihm doch ein ganz wesentlicher Bestandteil: der zentrale große Salon! Wir finden ihn im Obergeschoß, wo er das angrenzende Mezzaningeschoß um fast das Doppelte überragt. Der Salon geht vom gleichen Grundriß aus wie der Saal der Wachen darunter. An das mittlere Raumquadrat sind in der Längsachse des Corps de logis zwei Anräume angefügt, deren kassettierte Tonnengewölbe korinthische Säulen tragen. Die Stirnwand der Anräume ornamentiert ein Palladiomotiv, dessen durchfensterte Lünette von einem kassettierten Bogen übergriffen wird. Diese Anräume kommen in die am Außenbau festgestellten Querriegel zu liegen. Ihre Wandgliederung wiederholt sich an den Außenwänden des Salons. Den dadurch hervorgerufenen Eindruck eines kreuzförmigen Zentralraums unterstreicht die Kuppel, deren innere Schale über Pendentifs aufsteigt und durch kleine Gauben indirekt beleuchtet wird. Die Pendentifs zieren posaunenblasende Genien, wie sie von Triumphbögen her bekannt sind. Da gartenseitig die drei Fenster des Salons hinter dem weit vorgezogenen Portikus liegen und ihn hofseitig ein Billardsaal abschirmt, erhält dieser Hauptraum des Schlosses das meiste direkte Licht von oben durch die Lünettenfenster. *15 K 6*

Man erreicht den Salon von einer der Winkeltreppen aus über einen runden Vorraum mit gläserner Kuppel. Dieser Vorraum gibt auch nach den übrigen Richtungen Zugang. Zu seiten eines mittleren Korridors liegen im Mezzanin des Corps de logis neun gleichmäßig verteilte Besucherappartements (»appartements de maîtres«); die Fläche eines zehnten ist dem Bühnenraum des Theaters zugeschlagen. Die Obergeschosse der gartenseitigen Eckpavillons sind naturwissenschaftlichen, besonders naturgeschichtlichen Studien vorbehalten. Je zwei weitere Appartements befinden sich in den Seitenflügeln; sie sind gegen die übrigen Appartements deutlich abgeschirmt, von denen aus sie nur über den Außenlaufgang zu erreichen sind. Ein enger Konnex besteht hingegen zwischen den Seitenflügelappartements und den fürstlichen Hauptappartements im Erdgeschoß in Form eines escalier de dégagement.

Der Situationsplan beweist, daß für die Gesamtanlage einige bereits vorhandene Elemente des Parks übernommen werden, so das Lindenrondell am Fuß des Berges, die seitliche Auffahrt von der Stadt mit den daran gelegenen Nebengebäuden, die alte Schloßkapelle, das Fontänenbassin am Ende der Kaskadenallee; nördlich des Schlosses, nach den Nebengebäuden hin, ein Nutzgarten und ein Lustgarten mit einem Salon der vier Jahreszeiten, sowie im Süden der Rosengarten (»Jardin d'Anacréon« genannt), und daran anschließend die zahlenmäßig reduzierten, neu gefaßten Teiche. Den Anstieg zum Schloß überwinden zwei in sich geschlossene Abschnitte einer Rampe; der erste an das Lindenrondell anschließende besteht aus zwei gewinkelten gegenläufigen Armen. Er erreicht ein Zwischenpodest, von dem der zweite Rampenabschnitt in Kreisform bis zum Niveau des ehemaligen Schlosses emporführt. Die Böschungen auf der Innenseite dieses Kreises tragen die Stufen eines von *21 K 2*

De Wailly sogenannten Amphitheaters, das dem »Schauspiel« der nach unten verschobenen, ebenfalls kreisförmigen Fontäne gewidmet ist. Die Auffahrt begleiten seitlich zwei Sternschneisen in Boskettzonen, nördlich mit einer Menagerie, südlich mit einer Laiterie im Zentrum. Der Standort des Schloß-Vorgängerbaues ist planiert; seine von Rasenparterres und fünf Springbrunnen eingenommene Fläche versteht De Wailly als »avant-cour«. Von diesem Vorhof aus überbrücken äußere Rampen und eine Treppe in der Mittelachse die letzte Stufe zum Ehrenhof des Schlosses. Auf der Gartenseite vermittelt ein Rasenparterre zwischen dem Corps de logis und dem Fontänenbecken.

Auffallend ist, daß die vorgefundene Vielzahl der Parkszenen rigoros eingeschränkt wird. So weicht das Tal der Philosophen einer weiteren Boskettzone, aus der allein die Boskette Apolls und Dianas, sowie der Apollo-Tempel hervorragen. Ein Netz von rechtwinklig geführten Wegen erschließt den Waldpark. Die reduzierte künstlerische Gestaltung dieses Parkabschnitts dient einer umso stärkeren Hervorhebung der barocken Mittelachse und des an ihrem Ziel stehenden Oktogons.

22 K 3
Farbt. III oben

Auf einer zweiten Lageplan-Variante rückt De Wailly das projektierte Schloß so weit bergauf nach Westen, daß seine Gartenfront mitten in das Fontänenbassin vorstößt. Bei dieser Position können die halbrunden Kolonnaden des Schlosses auf den zwei bereits angelegten exedrenförmigen Erweiterungen des Bowlinggreens gleicher Größe aufbauen. Dem Landgrafen mag diese Version mehr zugesagt haben, da sie die Felsen des namengebenden Weißensteins in ihrer natürlichen Formation behält. Während der durch die Verschiebung des Schlosses neu hinzugekommene zweite Vorhof schmucklos bleibt, stehen am Rand des ersten vier Obelisken, die in diesem Fall die Springbrunnen der ersten Variante ersetzen.

17 K 1
Farbt. I oben

De Wailly hat nicht nur die Grund- und Aufrisse seines ersten Entwurfs detailliert vorgelegt, sondern ergänzt diese maßstäblich exakten Zeichnungen um eine malerische Gesamtansicht. Schon der leicht nach rechts verlegte Standpunkt des Betrachters nimmt dem Blatt die Strenge eines Entwurfs und unterstreicht seinen Charakter als Architekturvedute. Die genrehaften Bereicherungen durch zum Schloßhof sprengende Reiter, eine heranfahrende Kutsche, Spaziergänger und springende Fontänen stehen im Zeichen einer letztlich dem Barock verpflichteten Sehweise, mit der De Wailly seine Architekturphantasien zu verlebendigen und anschaulich zu machen pflegte.[341] Andererseits ist festzustellen, daß De Wailly mit einem solchen malerisch bereicherten Entwurf entsprechende Tendenzen des 19. Jahrhunderts vorwegnimmt.

22 K 3
13 K 5

Innerhalb der Entwurfszeichnungen lassen sich verschiedene Abweichungen ausmachen. Insgesamt können drei Planungsstadien unterschieden werden. Der Erdgeschoßgrundriß, wie ihn die zweite Lageplanvariante festhält, unterscheidet sich vom besprochenen detaillierten Erdgeschoßgrundriß dadurch, daß De Wailly in diesem Stadium noch kein Theater vorgesehen hatte. Im Erdgeschoßgrundriß herrscht einschränkungslos, auch in den appartements privés, Achsensymmetrie. Ein dem Blatt unten beigegebener Querschnitt durch die Gesamtanlage zeigt außerdem eine turmartige Erhöhung der Pavillons durch ein aufgesetztes Attikageschoß mit steilem Mansarddach. Dasselbe Konzeptionsstadium zeigt der erste Situationsplan, der in der Dachausmittlung eine einfachere Kuppelkonstruktion ohne begleitende Querriegel aufweist. Damit ist wohl der früheste Planungszustand des Schlosses zu fassen. Dafür spricht vor allem die Tatsache, daß das in den Detailplänen neu hinzugekommene Theater auch für die weiteren Weißenstein-Projekte ein unumstößlicher Bestandteil bleibt.

21 K 2

17 K 1
18 K 5
15 K 6

Wir unterscheiden eine zweite Planungseinheit, zu der die malerische Gesamtansicht sowie die Detailgrundrisse von Erd- und Obergeschoß zu rechnen sind. Sie zeichnet sich dadurch aus, daß die hofseitigen Fassadenrücklagen des Corps de logis im Obergeschoß je sieben Achsen zählen. Die Fenster der hofseitigen oberen Etage werden von Spiegeln überfangen, die nur an dem profilierten höheren Gewände der Pavillonmitte fehlen. Einheitlich schließt den Bau eine Balustrade ab. An der nach der Stadt weisenden Seite des Mittelpavillons flankiert

I

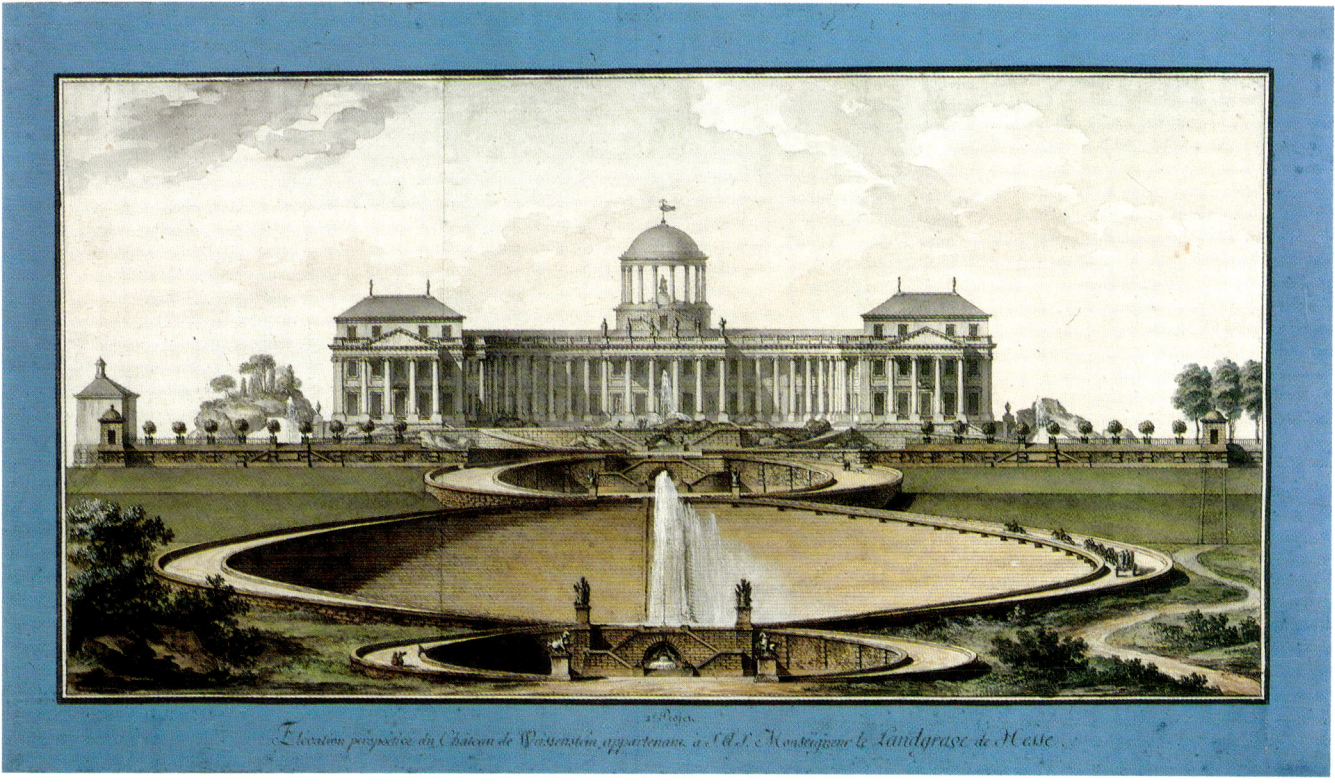

Charles De Wailly.
Erstes Projekt für Schloß Weißenstein,
1785. Idealvedute   K 1

Charles De Wailly.
Zweites Projekt für Schloß Weißenstein,
1784/1785. Aufriß-Vedute   K 14

ein je ein Joch breiter Wandstreifen mit Figurennische den Portikus, der seinerseits von einem nur halb so breiten weiteren Wandstück hinterfangen wird.

Hiervon ist eine dritte Einheit von Plänen zu trennen, der der Detailaufriß der Hofseite zuzuweisen ist. In diesem Stadium reduzieren sich die hofseitigen Rücklagen des Corps de logis auf fünf Achsen; statt der Balustrade — sie findet sich nur über dem Portikus — verläuft ein niedriger Attikastreifen, und am Mittelpavillon sind die oben beschriebenen hofseitigen Wandabschnitte in genau umgekehrter Reihenfolge angebracht, die Figurennischen liegen also außen. Der Verzicht auf Spiegel über den Obergeschoßfenstern und die Reduzierung der Balustrade können dafür sprechen, in diesen Vereinfachungen die zuletzt ausgearbeitete Variante zu sehen. Der beobachtete Verzicht auf die Erhöhung der Pavillons spricht für eine stilistisch zunehmend strengere Haltung während der Ausarbeitung dieses Entwurfs.

9 K 8
Farbt. II oben

Typologie und Stil

De Waillys erster Entwurf fußt typologisch auf der Tradition dreiflügeliger französischer Schloßanlagen des 18. Jahrhunderts. Auf Grund einiger Besonderheiten kann er mit einem 1762 im Tafelband der Encyclopédie publizierten Entwurf Jacques François Blondels zu einem großen Hôtel verglichen werden.[342] Der Vergleich wird neben wesentlichen Gemeinsamkeiten auch Unterschiede aufzeigen, die auf Eigenarten von De Waillys Entwurf hinweisen. In beiden Fällen bleibt das nach dem Prinzip des appartement double aufgeteilte Corps de logis, mit dem Erdgeschoß als Hauptgeschoß, den Gesellschaftsräumen vorbehalten. Die bei Blondel noch vollzogene Differenzierung nach appartement de société und appartement de parade entfällt bei De Wailly: Sein Schloß ist von der höheren repräsentativen Funktion befreit und enthält zwei spiegelbildlich gleiche appartements de société. Aus dem Vergleich geht hervor, wie ungewöhnlich es ist, daß bei De Wailly der Salon nicht im Hauptgeschoß, sondern eine Etage höher zu finden ist. Mit Blondel wiederum gemeinsam ist die separate Unterbringung der appartements privés als appartements simples in den weit vorgezogenen Seitenflügeln. An diese Flügel schließen sich bei Blondel die für den Organismus eines Hôtels notwendigen Dépendancen mit den Wirtschaftshöfen an, auf die De Wailly verzichten kann, da er die abgelegenen, älteren Wirtschaftsgebäude des Weißensteiner Schlosses weiter benutzt. In seiner streng symmetrischen Aufteilung kann der erste Weißensteiner Entwurf mit einer weiteren Dreiflügelanlage[343] verglichen werden, die Blondel im »Cours d'Architecture« abgebildet hat.

23

13 K 5

25

Von welchen typologischen Quellen De Wailly beim Entwurf der Kommunikationsachse des Schlosses ausging, macht die salle des gardes deutlich. Funktional entspricht sie einem zweiten großen Vestibül und erinnert als solches an die Great Hall englischer Schlösser wie Castle Howard[344] oder Blenheim.[345] Ohne den auf gleicher Ebene dahinter folgenden großen Salon ist De Waillys Projekt allerdings weder mit der französischen noch mit der englischen Tradition vereinbar. Mit der säulengetragenen Flachdecke versehen, ist die salle des gardes vielmehr im Sinne des atrio di quattro colonne gestaltet, das Palladio z. B. in den Villen Pisani (in Montagnana) und Cornaro (in Piombino Dese)[346] gleichsam als Sockel des Hauptsaals verwandt hat. Palladios Vierer-Ordnung der Säulen greift De Wailly in bereicherter Form auf, indem er zwischen vier Wandpfeiler viermal vier Freisäulen setzt. Wie der Vergleich mit der Villa Cornaro lehrt, bleibt die Vorbildlichkeit Palladios nicht nur auf das Atrium beschränkt: Auch das quergelagerte vordere Vestibül mit links und rechts an den Schmalseiten angelegten Treppen hat De Wailly in den Quattro Libri studiert. Sogar die Säulenstellung, mit der das Vestibül nach außen abgegrenzt wird, geht auf die Villa Cornaro zurück. Diese loggienartige Öffnung des Vestibüls weist auf die Funktion als Landschloß hin, das vornehmlich im Sommer bewohnt wird.

11 K 11 Der große Salon im Obergeschoß findet mit seiner Überhöhung und seiner zentralbauartigen, quasi sakralen Raumgestalt kein unmittelbares Vorbild in Frankreich. Seine auch am Außenbau als dominierendes Element *26, 27* wirksame runde Kuppel legt dagegen Palladios Villen Rotonda³⁴⁷ und Trissino in Meledo³⁴⁸ als Voraussetzung nahe. Während aber Palladio dort runde Mittelsäle verwandt hat, deutet De Waillys Salon, merkwürdig genug, *24* auf die Vorbildlichkeit von Filippo Brunelleschis um 1429 entworfener Pazzikapelle in Florenz.³⁴⁹ Dieser Renaissancebau nimmt nicht nur typologisch die querorientierte Kreuzform mit zwei tonnenüberwölbten Armen, die Wandgliederung durch je zwei konzentrische Arkaturen, die Pendentifkuppel und die damit verbundene Steilheit der Proportionen vorweg, sondern er macht die Sakralbauassoziation plausibel. — Aus der europäischen Profanbaukunst sind nur wenige Zeugnisse für eine vergleichbare pseudosakrale Übersteigerung eines zentralen Innenraumes zu nennen, so das 1645 von Pieter Post in Den Haag begonnene Huis ten Bosch mit dem unter Jacob van Campen eingebauten Oraniersaal.³⁵⁰ Das 1680 von Jules Hardouin-Mansart begonnene Schloß Marly³⁵¹ geht mit seinem Mittelsaal bezeichnenderweise direkt auf die Villa Rotonda zurück. Der barocke Schloßbau Englands hat um 1700 für die Great Hall wiederholt sakrale Baumotive verwandt. John Vanbrughs Castle Howard³⁵² mit seiner kreuzförmigen Halle, die bis in die runde Kuppel reicht, sei stellvertretend herausgegriffen. Nicht auszuschließen ist auch die Beeinflussung durch ein spätbarockes Landschloß in Oberitalien: Im Mittelsaal von Filippo Juvarras Schloß Stupinigi³⁵³ (1729–1731) erinnert die durch alle Geschosse reichende Vierkonchenanlage an einen sakralen Zentralbau.

Zu erklären bleibt der Typus der Dreiflügelanlage, die sich nach vorn in zwei Exedren erweitert. Diese einander gegenüberliegenden Halbkreise ergänzen sich in Querrichtung vor dem Schloß zum Motiv eines römischen Circus.³⁵⁴ Dieses Circus-Motiv hat Jean Marot um 1670 in einem als Kupferstich verbreiteten Projekt³⁵⁵ für die Residenz in Mannheim so verwandt, daß der Circus mit der Dreiflügelanlage zur Hälfte verschränkt erscheint. In Kassel läßt sich im ersten Jahrzehnt des 18. Jahrhunderts in Entwürfen für das Orangerieschloß in der Karlsaue³⁵⁶ die Verbindung von Dreiflügelanlage und zwei vorgelagerten Halbkreisexedren beobachten. Das *31* Residenzschloß in Koblenz in der (später verändert ausgeführten) Planung Pierre Michel d'Ixnards³⁵⁷ fußt gleichfalls auf dem Typus der Dreiflügelanlage mit Exedren, die allerdings durch Verlängerungsbauten der Schloßflügel daran gehindert werden, räumlich unmittelbar miteinander zu kommunizieren. Diesen um 1777 entstandenen Entwurf,³⁵⁸ ein frühes Zeugnis der Ausbreitung des französischen Klassizismus in Deutschland, muß De Wailly gekannt haben. Aufgrund von Archivalien³⁵⁹ läßt sich nachweisen, daß er zu den Mitgliedern der Pariser Bauakademie gehörte, die 1780 Antoine François Peyres Verbesserungsvorschläge für das Schloß prüften und sie mit den ersten Planungen d'Ixnards verglichen. In De Waillys eigenem Œuvre finden wir Kolon- *2* naden in Kreisbogenform schon 1752 im Grand-Prix-Wettbewerb für ein Schloß. Sie sind dort wie im ersten Weißensteiner Entwurf nach beiden Seiten geöffnet und mit einer toskanischen Ordnung instrumentiert. Diese beiden Merkmale sprechen für den Einfluß von Berninis Petersplatzkolonnaden. In seinem 1782 vorgelegten *48* Renovierungsprojekt für das Kasseler Landgrafenschloß³⁶⁰ erweitert De Wailly die Front durch zwei viertelkreisförmige Kolonnaden, die in dieser Form die Verwandtschaft mit einigen Villen Palladios³⁶¹ nahelegen.

Zur Herleitung des Aufrisses ist es vor allem eine Palladio-Villa, die für De Waillys ersten Entwurf richtung- *27* weisend gewesen ist. Die Lage der um 1552 entworfenen Villa Trissino in Meledo wird allerdings von Palladio idealisiert, wenn er schreibt: »Il sito è bellissimo, perciochè è sopra un colle.«³⁶² Dieser als Wunschbild entworfenen topographischen Situation entspricht eine Staffelung der Baukörper, die von außen zur Mitte hin in drei

Stufen erfolgt. Die in den Raum viertelkreisförmig, dann rechtwinklig ausgreifenden Loggien der Villa hat De Wailly in dieser Abfolge genau umgekehrt und bei den Exedren zu Kolonnaden erweitert. Dabei fällt auf, daß wie bei Palladio das Motiv der niederen Säulenordnung bis an die zentralbauartige Schloßmitte heranreicht. Die Kolossalordnung des isoliert vorspringenden Portikus und die Kuppel nehmen in De Waillys Schloßzentrum direkten Bezug auf Palladios quasi sakrale Instrumentierung.

Für die Übertragung dieser Palladio-Zitate auf den Schloßbau ist wiederum John Vanbrughs ab 1705 errichtetes Schloß Blenheim[363] zu nennen. Dort sind die Dependancen durch die niedrige toskanische Ordnung ornamentiert, deren Gebälk bis in die Mitte durchläuft, während die Schloßmitte ein pathetisches decorum in Gestalt eines kolossalen Portikus aufweist. *28, 29*

Mit seinen palladianischen Pathosformeln setzt sich De Wailly in Widerspruch zur traditionellen Theorie des französischen Schloßbaus. Das wird deutlich, wenn man Jacques François Blondels Erläuterungen zur Gestaltung eines Schloß-avant-corps (Mittelpavillons) heranzieht. Im dritten Band des Cours d'Architecture von 1772 diskutiert er die Mittelpavillons der beiden für ihn bedeutendsten französischen Schlösser, des Orléans-Flügels in Blois (erb. 1635—1638) und des Schlosses Maisons-Lafitte (erb. 1642—1650),[364] der Meisterwerke François Mansarts. Die dort zu findenden kleineren Säulenordnungen bevorzugt Blondel gegenüber Kolossalordnungen, die — so seine Meinung — die jungen Architekten in Rom an St. Peter kennengelernt hätten und nun auf nur mäßig große Schlösser übertragen wollten. Dabei bedächten sie nicht, daß damit zwei unterschiedliche Gattungen (genres) miteinander vermischt würden und ein zu mächtiger Maßstab in Wohngebäuden herrsche, die doch den menschlichen Maßstab respektieren müßten. Zugleich kritisiert er aber auch an den beiden Schlössern Mansarts die Superposition zu vieler Ordnungen und empfiehlt statt dessen ein Erdgeschoß ohne Ordnung, die erste Etage mit einer nur auf sie selbst beschränkten Ordnung und das zweite Obergeschoß entweder mit eigener Ordnung oder als Attika ausgebildet.[365] De Waillys Bruch mit der von seinem Lehrer standhaft verteidigten convenance setzt die allgemeine Monumentalisierungstendenz des um die Mitte des 18. Jahrhunderts entstandenen franco-römischen Klassizismus voraus,[366] zu dessen Begründern De Wailly ja selbst gezählt hat. *35*

Bezeichnend für den Einfluß des Zeitstils auf De Waillys Entwurf ist der den Aufriß bestimmende Säulenreichtum, für den Palladios Villa Trissino nur einen der denkbaren Ausgangspunkte darstellt. Der Eindruck der antiken Bauten Roms schuf eine wesentliche Voraussetzung dafür, daß die erste Generation der französischen Klassizisten die Säule zum konstituierenden Architekturelement schlechthin erklärte. Marie-Joseph Peyre, der zusammen mit De Wailly römische Thermen und die Villa Hadriana in Tivoli vermessen hatte,[367] entwarf in Rom z.B. ein nur im Grundriß überliefertes »Palais pour un Souverain«,[368] dessen Bau hofseitig von einer Kolonnade dicht umschlossen ist. An Peyres 1763 entstandenem Vorschlag zum Umbau des Hôtel de Condé[369] in Paris wird der Ehrenhof von einer doppelreihigen Kolonnade abgeschirmt, die sich vor der Front des Corps de logis in einfacher Reihung wiederholt. Sie kaschiert dort, wie bei De Wailly, nur das Erdgeschoß, während dem Mittelpavillon (mit Kuppel) ein sechssäuliger kolossaler Portikus vorangestellt ist. *27* *111* *118*

Ein solch massierter Einsatz von Säulen, in der kleineren Größe dem Erdgeschoß, als Kolossalordnung dem Portikus im Zentrum zugeordnet, kennzeichnet die gleichzeitige Pariser Architektur: Jacques Gondoins École de Chirurgie (beg. 1769)[370] etwa oder Pierre Rousseaus Hôtel de Salm (1782—1785).[371] Der auf der üppigen Säulen-Verwendung basierende Stil geht, wie u.a. eine Kopie durch William Chambers[372] beweist, auf Jean-Laurent Legeay zurück. Von dessen Rückkehr nach Paris im Jahr 1770 — nach mehr als zwanzigjähriger Abwesenheit — berichtet ein Traktat von 1787: »M.Le Jai[sic], Architecte du Roi de Prusse fut étonné lorsqu'il revint à Paris de voir que ses élèves avaient unis de colonnes partout. C'était bon, disait-il, dans les desseins de *117* décoration ou de feu d'artifices que je leur donnais à copier[...].«³⁷³ Legeay distanzierte sich damit von den ungewöhnlich effektvollen Entwürfen seiner Schüler, unter denen Peyre und vor allem Étienne-Louis Boullée einer Megalomanie verfallen waren, die den Architekturentwurf zwangsläufig in den Bereich des nicht mehr Realisierbaren verdrängte. De Wailly ist diesem für die Zeit typischen Phänomen jedoch nicht mit solcher Konsequenz gefolgt.

Von den vorerwähnten Beispielen unterscheidet sich De Waillys erster Entwurf durch die Wahl der rustizierten toskanischen Ordnung. Vergleichbare manieristische Motive kennzeichnen schon seinen Orangerie-Entwurf von 1750, dessen Fassade mit Giulio Romanos Palazzo del Té in Mantua (erb. 1525—1535) in Zusammenhang gebracht werden kann. Für die Kolonnadenpavillons des Schlosses diente dagegen ein Entwurf aus Jean François De Neufforges Recueil³⁷⁴ als Vorlage. Das gilt nicht nur für die an Gartenpavillons zu dieser Zeit beliebte rustizierte Ordnung und die Kuppel, sondern sogar für die Funktion als Bad.

Neben den bislang besprochenen typologischen und stilistischen Eigenschaften, die De Waillys Entwurf mit dem französischen Klassizismus und dem klassizistisch modifizierten Palladianismus verbinden, verbleiben etliche Stilelemente, die keiner dieser Richtungen zugeschrieben werden können. Die erste Fassung des Entwurfs mit Attiken und steilen Mansarddächern über den Pavillons, aber auch wesentliche Elemente des Wandaufbaus verweisen vielmehr auf die klassische französische Baukunst des 17. Jahrhunderts. An Louis Le Vaus Schloß Vaux-le-Vicomte (erb. 1657—1661)³⁷⁵ finden wir den rustizierten Sockel, die toskanischen Rustikasäulen mit zugehörigem Gebälk über dem Erdgeschoß, die Spiegel über den Rechteckfenstern sowie die ionischen Kolossalpilaster vorgebildet. Den — in Richtung auf unseren Entwurf noch weiterführenden — Schritt zur Verwendung einer Kolossalordnung, deren Pilaster an Mittel- und Seitenpavillons, deren Vollsäulen jedoch nur im Zentrum verteilt sind, hat Le Vau selbst am unmittelbar auf Vaux-le-Vicomte folgenden Pariser Collège des Quatre Nations (Planung um 1661)³⁷⁶ vollzogen. De Waillys Mittelpavillon ist darüber hinaus im Relief der Fassade mit der von François Mansart 1645 begonnenen Kirche Val-de-Grâce in Paris³⁷⁷ zu vergleichen.

Diese Orientierung des Klassizismus am Stil der französischen Klassik wird in der bereits angesprochenen Theorie Jacques François Blondels umrissen.³⁷⁸ Dieser wird an Bauten des 17. Jahrhunderts gedacht haben, als er sagte, daß es gerade die hohen Dächer seien, die ein Schloß charakterisierten.³⁷⁹ Wie eine Illustration dieser Auffassung wirkt Louis-Jean Desprez' Grand-Prix-Entwurf aus dem Jahr 1776, ein »Château pour un grand seigneur«,³⁸⁰ der eine klassizistische Neuformulierung von Mansarts Schloß Maisons darstellt. Die wesentliche Änderung Desprez' besteht bezeichnenderweise in der Hinzufügung des kolossalen Portikus. Die Gartenfassade von De Waillys erstem Entwurf, rekonstruiert mit den ursprünglichen steilen Dächern über den Eckpavillons, ist mit diesem Grand Prix stilistisch verwandt. Tatsächlich hat eine enge Verbindung zwischen beiden Architekten bestanden: Desprez war Mitarbeiter De Waillys!³⁸¹ Folgt man Andrieux' De Wailly-Nekrolog, so war Legeay der Begründer einer an der französischen Klassik anknüpfenden Schule: »L'architecture étoit beaucoup déchue en France depuis la fin du règne de Louis XIV. Les Perrault et les Mansard n'avoient plus de successeurs dignes d'eux. On peut fixer à Legeay la renaissance du bon goût dans cet art; il a commencé à donner à la composition des plans une disposition grande que l'architecture n'avoit plus depuis long-temps; d'ailleurs il dessinoit avec autant de goût que de précision. Ce Maître forma une nouvelle école, d'où sont sortis plusieurs des architectes les plus célèbres de notre temps: Boullée, Moreau, Peyre l'aîné et De Wailly [...].«³⁸²

Bestimmte stilistische Merkmale kennzeichnen die individuelle Handschrift De Waillys. Dazu gehört die beobachtete Gegensätzlichkeit der Ausdrucksmittel. Auffällig ist auch die verschachtelte Zusammenfügung der Bauglieder des Mittelpavillons. Sie führt dazu, daß die dominierenden Bauteile vom Portikus bis zur Kuppel keine einheitliche Vertikale bilden, was durch die übergiebelten Stirnseiten der beiden vorstoßenden

Querriegel[383] deutlich betont wird. Wir finden also gerade im Schloßzentrum eine Aufsplitterung in Einzelakzente, die nur bedingt aufeinander bezogen sind. Daß ausgerechnet die Attika rustiziert ist, stellt eine Eigentümlichkeit dar, die von Peyres und De Waillys Comédie Française und von De Waillys 1781/1782 entstandenem Entwurf für das belgische Schloß Enghien[384] herzuleiten ist.

Die Innenräume zeigen mit ihren Säulen, Pilastern, Kassettierungen, Festons, Figurenfriesen und Medaillons reiche Louis-Seize-Dekorationen. Am auffälligsten ist das Palladiomotiv mit kassettiertem Schildbogen an den Wänden des Salons, das auf das bereits erwähnte »Vestibolo d'antico tempio« Piranesis zurückgeht.

Architektonische Ikonographie

Für den Versuch, ein ikonographisches Programm für den ersten Entwurf zu rekonstruieren, gewinnen die festgestellten Beziehungen zur Villegiatura des Cinquecento, konkretisiert vor allem in Palladios Villa Trissino, richtungweisende Bedeutung. Das geradezu penetrant vorgetragene Motiv der rustizierten toskanischen Säule, das als Spiegelbild für das Ringen zwischen Natur und Kultur begriffen werden kann, verleiht dem ersten Entwurf ikonographisch den Charakter einer villa rustica, die bei Palladio der villa suburbana eng verwandt ist.[385] Diese Deutung der Säulenordnung ist, wie Erik Forssman[386] gezeigt hat, Vorstellungen des Cinquecento verpflichtet, die für die Folgezeit Gültigkeit behalten sollten. Auf der Grundlage der Rustica erhebt sich das Schloßzentrum, nobilitiert durch die Würdeformen eines Sanktuariums, das mittels des Kolossalportikus und der Kuppel hervorsticht.

Die rusticitas[387] erfuhr im Cinquecento eine enorme Aufwertung: Man erkannte die Qualitäten des Landlebens und der Landarbeit; agricultura bedeutete einen neu entdeckten Weg, um den Menschen zu bessern — das Ziel, die rusticitas, meint auch und vor allem: sittliche Qualität des Menschen. Unter dem Einfluß von Plinius d. J. wurde die Villa als der Ort gesehen, an dem sich rusticitas und sapientia vereinen: Palladio spricht von der Villa als dem Ort, an dem man Ruhe zum Studium der litterae finde. Der Humanist Marsilio Ficino[388] meint schon im Quattrocento, die Heimat der Musen liege auf den Äckern der Ceres und den Hügeln des Bacchus.

Auf dieses Ideal der Zusammenführung von agricultura und Humanismus scheint De Wailly anzuspielen, wenn er der frei aufwachsenden Natur des Waldes hinter dem Schloß die vom Menschen kultivierte gegenüberstellt — daher der bis an das Schloß heranreichende Nutzgarten und das im Situationsplan wiedergegebene Ackerland,[389] daher das Überwiegen der regelmäßig angelegten Bereiche des Parks und die in geometrischen Figuren gebändigte Landschaft. Die Natur wird verstandesmäßig erfaßt — daher die naturwissenschaftlichen Kabinette im Schloß, daher die Ablehnung des zu dieser Zeit — auch bei De Wailly[390]— viel eher zu erwartenden sentimentalen englischen Gartenstils!

Neben der rusticitas halten ebenso die humanistischen Ideale ihren Einzug im Schloß, für die Allgemeinheit der höfischen Gesellschaft in Form des Theaters, für den Schloßherrn außerdem in Gestalt seines abgelegenen Privatappartements, dem eine Bibliothek, die zum Genuß des Landschaftsprospekts einladende Kolonnade und ein gesondert aufgeführter Badepavillon zugehören. De Waillys Schloß soll nicht allein der Beschäftigung mit ernsten Dingen dienen: Von Spiel und geistvoller Zerstreuung zeugen der Billardsaal und der Anakreon gewidmete Teil des Gartens. Für die Deutung als Neubelebung des humanistischen Villenideals sprechen nicht zuletzt die zahlreichen Gästeappartements. Sie bieten die Gewähr dafür, daß ein elitärer Kreis von Aristokraten an diesem Ort der Muße und der Musen[391] in ungestörter Exklusivität zusammenfinden kann.[392]

3. Der zweite Entwurf

37 K 14
Farbt. I unten

Beim zweiten Weißensteiner Entwurf geht De Wailly wiederum von einer doppelgeschossigen Dreiflügelanlage aus. Diese wird aber an der Hauptfront kaschiert, da das trikline Grundgerüst mit einem eingeschobenen halbrunden, im Mittelteil gestreckten Baukörper verschmolzen wird. Mit diesem Halbrund, das eine Kolonnade von 28 freistehenden Kolossalsäulen ionischer Ordnung umzieht, schließt der Bau den stadtseitigen Ehrenhof ein. Aus der Zone der durch eine Balustrade fast ganz verdeckten flachen Satteldächer ragen fünf bauliche

45 K 19

Akzente heraus: Im Zentrum, absolut dominierend, ein offener Monopteros, an den vorderen Flügelenden zwei querrechteckige Seitenpavillons, denen gartenseitig zwei quadratische Eckpavillons antworten.

Der Vertikalismus der dicht gereihten Säulen bestimmt das Fassadenbild der Ehrenhofseite. Im Zentrum überdeckt ein gerader Abschnitt von sechs leicht vorgezogenen Säulen als Portikus den Haupteingang. Ihr Gebälk trägt eine Balustrade, die mit sechs in den Säulenachsen stehenden Statuen die Mitte betont. Als selbständige Architektur mit eigenem Sockel und Zugang behauptet sich der bekrönende Monopteros, dessen Kuppel von 16 korinthischen Säulen getragen wird. Darin thront eine Statue über einem Stufensockel. Aus dem Kontinuum der Kolonnade setzen sich die Seitenpavillons ab. Ihre fünfachsige, von Pilastern eingefaßte Stirnseite ornamentiert ein viersäuliger Portikus mit Dreiecksgiebel. Die Selbständigkeit der Pavillons unterstreicht ein schmuckloses Attikageschoß mit Walmdach. Von der Größe der geohrten Fenstergewände her ist, wie beim ersten Projekt, das Hauptgeschoß ebenerdig anzunehmen.

38 K 20

Beim Aufriß der Seitenflügel-Außenseiten heben je vier ionische Pilaster die drei Achsen der Pavillons von der siebenachsigen Fassadenrücklage ab. Die Geschosse teilt ein Gurtgesims; zusammen mit dem rustizierten Sockel und dem abschließenden Gebälk samt Balustrade stellt es ein horizontales Gegengewicht zu den durch Putzspiegel verbundenen Senkrechten der dicht gedrängten Fensterachsen dar.

Dieselbe formal zurückhaltende Disposition behält die Gartenfront für die Eckpavillons und die Rücklagen bei — um so kraftvoller stößt der Mittelpavillon nach vorn und in die Höhe: Seinen halbrunden Vorsprung umschließt eine statuengeschmückte Kolonnade, deren ionische Vollsäulen das Leitmotiv der Ehrenhofseite wieder anklingen lassen. Hinter den Säulen öffnet sich das Schloßzentrum in drei hohen Rundbogenportalen auf eine konzentrische Freitreppe zum Garten, darüber ersetzt ein Figurenfries die Zone der Fenster. Der Monopteros erscheint auch auf dieser Seite durch den starken Rücksprung und seinen gefugten Sockel über einer umlaufenden Schräge in seiner Eigenwertigkeit betont.

Die im ersten Projekt angestrebte formale Disziplinierung des Fassadenbildes wird im zweiten wesentlich

37 K 14

gesteigert. Die stadtseitig zum konstituierenden Motiv erhobene Säule herrscht nunmehr absolut; die beiden Säulenordnungen werden jetzt zwei räumlich streng voneinander geschiedenen Schichten zugeordnet. Die Ionica verleiht dem Schloß ehrenhofseitig in Form der kontinuierlichen Kolonnade eine uniforme Monumentalität. Bedeutet dies einen Abbau des im ersten Entwurf noch herrschenden hierarchischen Prinzips einer barocken Schloßanlage, so dient das stilistische Kalkül zugleich der Freisetzung des Rundtempels.

Im Erdgeschoß des 54 toises (ca. 105 m) lang geplanten Corps de logis leiten Halbrundnischen an den Schmalseiten des Vestibüls zu den beidseitig angelegten Treppen über. Es handelt sich um zwei voneinander unabhängige Rundtreppen, deren offener Schacht durch verglaste Kuppeln direktes Licht erhält. Als Hauptraum des Schlosses überdeckt den runden Salon eine von acht freistehenden korinthischen Säulen getragene Kuppel mit illusionistischem Gemälde. Die Vollsäulen mit der Kuppel wirken wie ein eingestellter Rundtempel — eine Assoziation, die Längs- und Querschnitt bestätigen. Sie zeigen die enge Verbindung zwischen dem »Tempel« des Salons und dem Monopteros darüber: Beider Stützenkränze weisen denselben Durchmesser auf, wobei der obere die doppelte Säulenzahl des unteren besitzt. Als Salon à l'italienne überragt der Hauptsaal mit der Kalotte seiner Kuppel sogar den Dachfirst und reicht bis in den Stufensockel des Monopteros hinein. *43 K17* *46 K21*

Der Salon ist eingebunden in eine Enfilade, die nach beiden Seiten symmetrisch die ihrer Gestalt und Funktion nach gleichen Räume folgen läßt, ein zweites Vorzimmer und einen Gesellschaftssaal (»pièce des nobles«). Die in den Eckpavillons anschließenden quadratischen Salons reichen durch zwei Geschosse, sind also wie der Hauptsalon à l'italienne angelegt. Die frei vor der Wand stehenden Säulen tragen ein Gebälk, das aus dem Quadrat ein Oktogon ausgrenzt. Die Gebälkzone dieser Zentralräume überspannen Archivolten, die eine flache Pendentifkuppel tragen. Die quadratischen Nebensalons kehren in den Seitenpavillons wieder. Die aufwendige Anlage von insgesamt nicht weniger als fünf Salons entspricht also der Verteilung der Vertikalakzente am Außenbau. Wie beim ersten Projekt sondern sich die zwei fürstlichen appartements privés von den Gesellschaftsräumen ab; sie liegen in den Seitenflügeln, von den Salons der Pavillons begrenzt, und sind beide mit zwei Kabinetten und dem Schlafzimmer auf den Park hin orientiert. *47 K22*

Im Gegensatz zum ersten Projekt hat sich das zweite von der distribution double in ihrer gewohnten Auslegung gelöst. Die nach dem Ehrenhof weisenden Räume befreien sich von der Enfilade und folgen mit ihren Längswänden in etwa der Krümmung der Hauptfassade. Im rechten Kreissegment erreicht man hinter Vestibül und Haupttreppe ein erstes Vorzimmer, danach den Speisesaal. Auch die inneren Längswände dieser Räume haben einen gekrümmten Verlauf, der bei den ersten Vorzimmern durch das Aufeinandertreffen mit der Raumflucht der Enfilade bedingt ist. Die Wände der Vorzimmer folgen jedoch keiner gleichmäßigen Kurve, sondern stellen im Grundriß mehrfach geknickte Geraden dar. Durch das spitzwinklige Aufeinandertreffen der beiden Raumketten ergeben sich zwangsläufig Zwickel, die zu kleinen Nebenräumen und dégagements genutzt werden. Man kann daraus erkennen, daß De Wailly die Mauermasse nach Möglichkeit auflöst. *43 K17*

Wie beim ersten Projekt stellt ein Theater das Pendant zum Speisesaal dar. Mit seiner Anordnung beweist De Wailly eine unkonventionelle Ausnutzung der gegebenen Fläche: Die Längsachse des Theaters nutzt den toten Winkel zwischen Corps de logis und Seitenflügel; in ihn kommt die Bühne des von zwei kleinen Lichthöfen flankierten Theaters zu liegen. Damit ist allerdings die Wandelbarkeit des Bühnenraums rigoros eingeschränkt. Mit dem eingetieften Parterre, dem erhöhten Balkon und der von gedrehten Säulen getragenen Galerie wird der Theatertypus des ersten Entwurfs wiederholt. Die eigens ausgegrenzte Herrschaftsloge kann von einem Vorzimmer oder direkt von der Ringhalle des Ehrenhofs aus betreten werden. Mit der Besonderheit seiner Position stellt das Theater die einzige Abweichung von der ansonsten strikt eingehaltenen Grundrißsymmetrie dar. Die übrigen drei kleinen Räume des Kreissegments, Vorzimmer, Kabinett und rundes Boudoir, ergänzen auf jeder Seite die Appartements. *41 K23*

De Wailly läßt mit einem der Blätter die Möglichkeit offen, auf das rechte Hauptappartement zu verzichten zugunsten einer Galerie, welche die gesamte, drei Achsen breite Außenseite des rechten Seitenflügels in der *47 K22*

Höhe beider Geschosse einnehmen könnte. Für diese Galerie werden an beiden Enden die Salons im Aufbau beibehalten, sie öffnen sich aber zum gleich hohen, sieben Achsen langen Mittelteil durch je zwei gekoppelte Säulenpaare. Den Nischen nach zu schließen, hat man sich Spiegel an den Innenwänden vorzustellen, die den durchfensterten Außenwänden antworten. Wir zählen in dieser nach Norden weisenden Galerie 35 Fenster bzw. Fenstertüren. Der Mittelteil der Galerie zeigt eine sich von den Salons herleitende, jedoch vereinfachte Wanddekoration mit toskanischen Pilastern im Erdgeschoß. Ihr Gebälk führt den durch eine Balustrade gesicherten Laufgang der Salons fort. Das Mezzanin ist als Attikageschoß gebildet, dessen Zentrum Malereien mit Kampfesszenen zeigt, während in den Decken die Kunst barock-illusionistischer Malerei mit Ausblicken in Wolkenhimmel weiter- oder neu auflebt.

44 K 18   Das Obergeschoß vereinigt zwanzig Gästeappartements, die eine Unterteilung in Vorzimmer — Garderobe — Schlafzimmer — Kabinett aufweisen. Sie sind über Korridore erreichbar, die von Rundtreppen ausgehen und auch die hinter den Archivolten angelegten emporenartigen Umgänge der Nebensalons zugänglich machen. Dem Vestibül im Erdgeschoß entspricht, wie beim ersten Projekt, ein Billardsaal. Außer den zwei Haupttreppen sorgen zwei escaliers de dégagement für eine Verbindung mit den ebenerdigen Hauptappartements.

49 K 15
Farbt. III
unten   Der Situationsplan zeigt mit dem des ersten Projekts enge Verwandtschaft. In den zwei Rampen der Auffahrt herrscht jetzt ausschließlich die Kreisform, die auch hier in der Mitte eine große Fontäne mit umgebendem Amphitheater umschließt. Vom ersten Entwurf wird der nördliche Wegestern inmitten einer Boskettzone übernommen.

De Wailly orientiert das projektierte Schloß mit der Ehrenhofseite und Hauptfassade traditionsgemäß in Richtung auf die Stadt. Sein Grundriß vermeidet eine Überschneidung mit dem des Vorgängerbaus, so daß dieser bis zur Vollendung des neuen Schlosses hätte bestehen bleiben können. In der direkten Umgebung des Schlosses herrschen geometrische Elemente des französischen Gartens vor. Ausgenommen hiervon sind allerdings wild zerklüftete Felsformationen, die links und rechts neben dem Schloß als offene Bogen gestaltet sind und einen merkwürdigen Kontrast zu der strengen Architektur bilden. Der große zusammenhängende Felsblock vor dem südlichen Seitenflügel fußt offensichtlich auf dem in situ befindlichen, namengebenden »Weißenstein«.

Auch beim zweiten Projekt sind verschiedene Stadien der Planung zu beobachten. Ein genaues Studium des
38 K 20   Blattes mit dem Aufriß des Seitenflügels und der Gartenfassade macht deutlich, daß die Attikageschosse der vier Seitenpavillons eine nachträgliche Hinzufügung darstellen. Wie die erste Fassung des Entwurfs aussah, führt
40 K 15   der dem Situationsplan beigefügte Querschnitt vor Augen. Bei ihm fehlt das Attikageschoß, der große Salon weist eine zweischalige Konstruktion der Kuppel auf, und der Monopteros ist noch nicht begehbar gedacht.

Das ikonographische Programm der Gemälde und Skulpturen ist auf Grund des kleinen Maßstabs, der z. T. nur skizzenartigen Andeutungen und des Fehlens schriftlicher Erläuterungen nur teilweise zu entschlüsseln. Bei der im Monopteros thronenden männlichen Gottheit handelt es sich um Apoll. Als Attribut hält er, nach der Gartenseite blickend, in der Rechten die Lyra, die als Wetterfahne über der Tempelkuppel weithin sichtbar wiederholt wird. Als sitzenden, bekleideten Musengott hatte De Wailly Apoll schon 1780 für einen Gartenmonopteros in Enghien[393] vorgesehen. Die als »Apolltempel« aufgefaßte Comédie Française hatten er und Peyre,
3   getreu einer auf die Antike zurückgehenden Überlieferung[394], mit der (römisch-)dorischen Ordnung versehen.[395] Im vorliegenden Fall folgt die korinthische Ordnung des Monopteros als die der ionischen übergeordnete der vitruvianischen Regel, die offensichtlich gegenüber der Apoll-Ikonographie dominiert. Im Kreis der Figuren, die auf der Balustrade des Mittelpavillons den Monopteros umringen, sind die Musen zu vermuten, deren Neunzahl allerdings überschritten wird. Naheliegend ist es, auch für die Deckenmalerei des Hauptsalons ein

Thema aus der Apoll-Ikonographie anzunehmen. Die alternativ vorgesehene Galerie im rechten Seitenflügel ist dagegen der Mythologie des Herkules gewidmet. Während die Taten des Herkules in den Kampfesszenen der Attikazone zu finden sind, zeigt das Deckenbild des linken Pavillons die Herkules-Apotheose. Nach dem Vorbild von Le Bruns Gemälde im Herkules-Salon des Schlosses Vaux-le-Vicomte[396] sitzt Herkules mit der Keule in einem Wagen, den vier wilde, von Minerva gelenkte Rosse ziehen. Darauf bezieht sich das mittlere Deckenbild, auf dem der Olymp dargestellt ist: Zeus breitet die Arme aus, um Herkules zu empfangen.

47 K 22

Typologie und Stil

Um De Waillys zweites Projekt typologisch einordnen zu können, muß zunächst die topographische Situation mitberücksichtigt werden. Die über Terrassen und Rampen halbkreisförmig angelegte Architektur, bekrönt von einem Rundtempel, geht auf das um 80 v. Chr. entstandene römische Bergheiligtum der Fortuna Primigenia in Palestrina Praeneste[397] zurück, das bereits im Cinquecento Bramante, Palladio,[398] Pirro Ligorio und im Seicento Pietro da Cortona[399] zu phantasievollen Rekonstruktionen angeregt hatte, die im Œuvre der genannten Architekten ihren Niederschlag fanden. Als mögliche Anregung für den zweiten Weißensteiner Entwurf ist eine um 1560 entstandene Rekonstruktion des Pirro Ligorio zu verstehen, die das Heiligtum mit einem kolonnadenumstandenen, halbkreisförmigen Belvedere und einer Tholos darüber ausklingen läßt. Diese Rekonstruktion war seit 1745 als Kupferstichillustration eines Buches über Palestrina[400] allgemein verbreitet. Daß De Wailly von diesem Bergheiligtum inspiriert wurde, zeigt u. a. die Tatsache, daß er den Rundtempel als absoluten Kulminationspunkt auffaßt — und wohl deshalb auf eine perspektivische Einbeziehung des Karlsberg-Oktogons verzichtet.

50

37 K 14
Farbt. I unten

Das Motiv der konkav einschwingenden, von Kolossalsäulen gleichmäßig gefaßten Fassade hat Pietro da Cortona, wohl von Palestrina ausgehend, mit einem im Auftrag Papst Alexanders VII. Chigi (1655—1667) ausgearbeiteten Projekt[401] für die Piazza Colonna in Rom erstmals für die barocke Palastbaukunst vorgeschlagen — ein Motiv, das in den beiden ersten Projekten Berninis für den Louvre,[402] Johann Bernhard Fischers von Erlach ersten Entwurf für Schönbrunn und seinem Schloßentwurf für König Friedrich I. von Preußen,[403] sowie Germain Boffrands Herzogspalast in Nancy[404] eine durch weitere Beispiele leicht zu erweiternde reiche Nachfolge gefunden hat. In De Waillys eigenem Œuvre folgt der Grand-Prix-Entwurf von 1752, sein »Palais«, dem gleichen Typus: Das Erdgeschoß ist als rustizierter Sockel behandelt, der die zwei Geschosse umfassende Kolossalordnung zu tragen hat. Aufmerksamkeit verdient der zylindrische Mittelakzent, offensichtlich ein Tambour mit äußerlich kaschierter Kuppel. Dieser Aufbau weist auf den Monopteros des zweiten Entwurfs voraus. Stilgeschichtlich zehrt der Grand-Prix-Entwurf vom Einfluß der Louvre-Ost-Kolonnade, daneben aber auch von einer subtilen Kenntnis von Berninis Architektur (Fensterfronten, Konsolengebälk), was vor der Italien-Reise des Franzosen umso mehr erstaunt.

51, 52

2

Die wesentliche Voraussetzung für den weitaus strengeren Stil unseres 33 Jahre jüngeren Projektes stellt der Entwurf für eine Akademie dar, den Marie-Joseph Peyre ein Jahr später, 1753, in Rom konzipierte.[405] An der »Akademie« finden wir den Verzicht auf ein Sockelgeschoß, die ionische Kolossalordnung, den giebellosen Portikus in der Mitte und übergiebelte Portiken an den Seitenpavillons, die — wie beim Weißensteiner Entwurf — aus der Kolonnade ausgegrenzt werden. Unter Verzicht auf De Waillys barocke Reminiszenzen erreicht Peyre

53

eine monumentale Wirkung, die für den französischen Klassizismus vorbildlich wurde. Nach der Publikation des Akademie-Entwurfs 1765 entstanden etliche Entwürfe, denen die halbkreisförmige, durch Kolossalsäulen gegliederte Fassade, überwiegend auch der zylindrische Dachaufsatz, eigen ist. Nach diesem Muster entstanden u. a. folgende Projekte: 1777 von Henry ein »temple des arts réunissant les Académies«,[406] 1779 von dem Boullée-Schüler Jean-Nicolas-Louis Durand der Entwurf für ein Museum,[407] vor 1788 der Entwurf des Franzosen W. Taboeuf für das Schloß in Weimar,[408] sowie, 1801—1811 wirklich ausgeführt, die Kolonnade an der Kasan-Kathetrale in St. Petersburg,[409] deren Architekt, Andrej Nikiforovitsch Woronichin, nachweislich Kontakte zu De Wailly während eines Paris-Aufenthaltes geknüpft hat.[410] Man kann also festhalten, daß die konkav geschwungene Säulenfassade, ein Motiv römisch-antiken Ursprungs, in barocken Schloß-Projekten wieder aufgegriffen und im Klassizismus für die Bauaufgaben Schloß — Museum — Akademie — Sakralbau in monumentalisierter Form bevorzugt wurde. Gerade den klassizistischen Projekten eignet eine sakralisierende Tendenz. In ihrer Reihe zeichnet sich De Waillys zweiter Weißensteiner Entwurf dadurch aus, daß er die Säulenfassade in eine durchaus realisierbare Größenordnung transponiert, ohne daß dem Bau die monumentale Wirkung verloren ginge.

Die Fassaden der stadtseitigen Schloßpavillons gehen auf die Pavillons in Peyres Hôtel de Condé zurück. Die Vorbildlichkeit dieses Projekts wird noch schlagender, wenn man das zunächst nicht geplante Attikageschoß bei De Wailly abzieht.

Die Gartenfassade kombiniert traditionelle und zukunftweisende Motive. Die Gliederung der Eckpavillons durch Kolossalpilaster über niedrigem Sockel und aufgesetztem Attikageschoß entspricht derjenigen an Pariser Hôtels, die Louis Le Vau um die Mitte des 17. Jahrhunderts erbaut hat. Als Beispiele sind die Hôtels Lambert, Hesselin und De Lionne[411] zu nennen. Durch Jean-François De Neufforge wurde dieses Aufrißprinzip für die französische Architektur der zweiten Hälfte des 18. Jahrhunderts aktualisiert.[412] Die gleiche Pavillongliederung hat William Chambers in seinem zweiten, nicht ausgeführten Entwurf für Richmond Palace[413] aus dem Jahr 1762 übernommen, der hinsichtlich seiner Proportionierung eine auffällige Parallele zu De Waillys Vorschlag darstellt. Die Kenntnis dieses englischen Schloßprojektes kann bei De Wailly vorausgesetzt werden: Chambers und er waren seit der Zeit ihrer gemeinsamen Studien bei Blondel befreundet.[414] Am weitesten von diesem hypothetischen Vorbild entfernt sich De Wailly freilich durch seine exzentrische Formulierung des Tempelmotivs, das Chambers mit dem Giebel-Portikus noch traditionell englisch-palladianischen Mustern folgen ließ.

Am ehesten dem »revolutionären« Zeitstil entsprechend ist an De Waillys Gartenfassade die isolierte Behandlung der Schloßmitte. Der Fries über den Türen des Salons unterbricht auffällig das Kontinuum der Gliederung des Obergeschosses. Den eigenwilligsten Akzent setzt allerdings der Monopteros auf dem Dach. Da für die typologiegeschichtlichen Voraussetzungen dieser Monopteros-Sonderform noch keine zusammenfassende Studie vorliegt,[415] soll der folgende Exkurs einige charakteristische Beispiele herausgreifen. Der vorliegende Zusammenhang erfordert es, auf verwandte Formen wie Tholoi oder rechteckige offene Tempel zu verweisen. Ihnen allen gemeinsam ist die Aufsockelung. Es liegt in der Natur des Gegenstandes, daß neben rein formalen auch inhaltliche Kriterien berücksichtigt werden müssen; meist sind beide Aspekte untrennbar ineinander verwoben.

Als Beispiel für die Herkunft des überhöhten Rundtempels aus der römischen Antike wurden bereits Palestrina und seine Rekonstruktionsversuche genannt. Ein aufgesockelter römischer Monopteros aus dem letzten Drittel des ersten Jahrhunderts v. Chr. ist erhalten in Saint-Rémy (Glanum) in der Provence:[416] das Juliermonument, dessen Inneres die Statuen von Mitgliedern der Gens Julia birgt. Für das Interesse des 18. Jahrhunderts an diesem Grabbau spricht, daß ihn der mit De Wailly befreundete Hubert Robert auf einem großformatigen Architekturcapriccio in Öl festgehalten hat.[417]

In der Neuzeit begegnet uns der aufgesockelte Monopteros zunächst in der Theorie Leon Battista Albertis, der um die Mitte des 15. Jahrhunderts als Abschluß eines Turms einen Monopteros vorschlug.[418]

In Frankreich tauchen bekrönende Tempel in der zweiten Hälfte des 17. Jahrhunderts in Projekten für den Louvre auf. Um 1662/1666 wurde von François Mansart die Ostfront entworfen. Als Bekrönung erscheint dabei ein säulengetragener quadratischer Tempel mit Kuppel, dem ein Reiterstandbild des Königs zugeordnet ist.[419] Eine ähnliche Idee hatte Fischer von Erlach für das zweite Projekt von Schloß Schönbrunn[420] ins Auge gefaßt. Den aufgesockelten Monopteros übernahm Fischer für eine Triumphpforte,[421] die 1699 in Wien als Festdekoration anläßlich der Hochzeit Josephs I. aufgebaut wurde; der Tempel überwölbt das Reiterstandbild des Kaisers.

Im Zusammenhang mit einem Schloß taucht der Monopteros auch in einem Entwurf für Berlin auf: Um 1706 regte Johann Friedrich Eosander an, das Stadtschloß durch den mehrgeschossigen Münzturm[422] überragen zu lassen: Vielleicht beeinflußt durch Alberti, sollte er in einem Monopteros mit Kuppel und Laterne ausklingen. Den stark denkmalartigen Charakter unterstreicht der Triumphbogen im Erdgeschoß, der als einziger von diesen Gedanken ausgeführt worden ist.

1739 erschien im Kupferstich der Entwurf Filippo Juvarras für ein königliches Mausoleum,[423] der möglicherweise schon 1715 aus Anlaß des Todes von Ludwig XIV. gezeichnet wurde.[424] Juvarra verwendete nicht nur den bekrönenden Monopteros, sondern setzte ihn — wie De Wailly — über einen Rundraum mit einem eingestellten zweiten Monopteros. Aus Italien ist noch ein weiteres Beispiel zu nennen: 1738 wurde eine phantasievolle Rekonstruktion der Kaiserpaläste auf dem Palatin[425] publiziert, die über dem flachen Dach zahlreiche Monpteroi und verwandte Tempelformen über figuralen Standbildern vorsieht.

In England hat William Chambers in einem nach 1776 entstandenen Entwurf zu einem königlichen Stadtpalast[426] je einen freistehenden Monopteros über die beiden Seitenpavillons gesetzt. Es dominiert dabei offensichtlich ein rein ästhetischer Aspekt, da eine tiefere Bedeutung nicht erkennbar ist.

Seit Mitte des 18. Jahrhunderts diente der überhöhte Monopteros den französischen Klassizisten dazu, den Denkmalcharakter von Architekturentwürfen zu steigern. Beispiele dafür sind Louis Le Lorrains Dekoration der Festa della Chinea[427] aus dem Jahr 1745, ein um 1750 entstandener Vorschlag der Brüder Slodtz zu einem Rathaus am Quai Malaquais in Paris,[428] sowie das auf ca. 1764 zu datierende Projekt von Charles Michel-Ange Challe für einen »pont triomphale«.[429] Eine undatierte aquarellierte Federzeichnung von Hubert Robert mit dem Titel »Ruines imaginaires d'un casino avec des colonnades«[430] zeigt zwei im Grundriß kreuzförmige Bauten, von denen jeder einen Monopteros korinthischer Ordnung mit Kuppel trägt.

Als Vorbild für De Waillys Monopteros kann ein Entwurf[431] aus dem 1772/1780 erschienenen Supplementband zu De Neufforges Recueil gelten. Der Mittelpavillon der dort vorgesehenen Palastfassade springt halbrund vor und ist von Kolossalsäulen umstellt; der schmälere Monopteros, dessen Flachkuppel 16 ionische Säulen tragen, sitzt über einem Stufensockel. — Seit den achtziger Jahren des 18. Jahrhunderts fand der überhöhte Monopteros in Entwürfen Claude-Nicolas Ledoux' bevorzugt Verwendung. Ledoux vertrat die Auffassung, daß Bauten von Bedeutung aufgipfeln — »pyramider« — müßten.[432] Beispiele dafür sind sein für Aix entworfener Justizpalast[433] oder sein für Sisteron bestimmter Bischofspalast.[434]

Aus der deutschen Architektur der zweiten Hälfte des 18. Jahrhunderts ist ein ausgeführter Bau zu nennen, das von Carl von Gontard etwa 1777 errichtete Militärwaisenhaus in Potsdam[435], über dessen Dach-Monopteros eine Statue der Caritas schwebt.

Eine gesondert abzuhandelnde Gruppe von Bauten hat dadurch zur Entwicklung des überhöhten Monopteros geführt, daß sich rundtempelartig instrumentierte Tambourkuppeln zunehmend vom Innenraum abgeschnürt und verselbständigt haben.⁴³⁶ Als ein frühes Beispiel dafür ist Paul Deckers 1716 veröffentlichter dritter Entwurf für ein königliches Lusthaus⁴³⁷ anzusehen. An Jacques-Germain Soufflots Kirche Sainte-Geneviève in Paris läßt sich diese Verselbständigungstendenz in der Theorie der Planung anschaulich nachvollziehen. Zwanzig Jahre nach Beginn der Entwurfsarbeiten schlug Soufflot 1777 die Tambourkuppel vor, die dann auch ausgeführt wurde. Ihre Besonderheit besteht in der frei stehenden Ringkolonnade, für die Bramantes, von Serlio publiziertes Kuppelprojekt für St. Peter in Rom⁴³⁸ als Vorbild ausgemacht werden konnte.⁴³⁹ Nachdem statische Schäden an den Vierungspfeilern von Sainte-Geneviève aufgetreten waren, war es ausgerechnet De Wailly, der 1797 vorschlug, die Kuppel ganz abzutragen und nur die Ringkolonnade mit Gebälk als hypäthralen, kuppellosen Monopteros stehen zu lassen. Seine Ideen erläuterte er wie folgt: »Le genre antique que l'architecte a employé dans son portail est une raison de plus pour ne pas lui donner un couronnement moderne [...]. La colonnade circulaire extérieure [...] paraîtrait beaucoup plus grande, et laisserait apercevoir toutes les colonnes du même coup-d'oeil. Les nuages qu'on apercevrait à travers les colonnes, et qui se marieraient à l'architecture, présenteraient des effets pittoresques. La corniche qui lie ces colonnes serait surmontée d'une balustrade avec piédestaux à-plomb de chaque colonne, et chacun de ces piédestaux porterait des statues en bronze qui représenteraient des grands hommes ou des figures allégoriques«.⁴⁴⁰ Ein weiteres Ziel hieß: »[...] donner le caractère et la solidité que doit avoir ce Monument«.⁴⁴¹ De Wailly verstand also den aufgesockelten Monopteros als ein dem antikisierenden Habitus entsprechendes Ausdrucksmittel, das geeignet sei, den Charakter des Gebäudes, seiner durch die Revolution geänderten Bestimmung als Pantheon gemäß, neu zu definieren!

Ein zusätzlicher Bereich, der den aufgesockelten Monopteros als Hoheitsmotiv erschließt, ist die illusionistische Deckenmalerei seit dem Manierismus. Exemplarisch genannt sei nur das wohl einprägsamste Zeugnis, die 1532—1534 nach Giulio Romanos Entwürfen ausgeführte »Sala dei Giganti« im Palazzo del Tè in Mantua, deren Decke⁴⁴² den Olymp zeigt. Im Zentrum ist Jupiter dargestellt, dessen Thron von einem über Wolken schwebenden, zwölfsäuligen ionischen Monopteros mit Kuppel baldachinartig überspannt wird. Der Monopteros markiert damit den höchsten Punkt des Götterhimmels.

Als Gartenarchitektur hat der Monopteros bekanntlich die größte Verbreitung im 18. Jahrhundert gefunden.⁴⁴³ In dieser Gestalt spielt er auch in De Waillys Œuvre eine wichtige Rolle.⁴⁴⁴

Vergegenwärtigen wir uns die genannten Beispiele, so scheint der Monopteros in De Waillys zweitem Entwurf aus verschiedenen Wurzeln hergeleitet werden zu können, nämlich aus der im Klassizismus allgemein herrschenden Bevorzugung des Monopteros im Parkzusammenhang; aus einem im 18. Jahrhundert zu beobachtenden Isolierungsprozeß, der Tambourkuppeln in selbständige Dacharchitekturen übergehen läßt; aus einer im späten 17. Jahrhundert entstandenen Tradition, Schloßbauten mit Tempelarchitekturen, zuweilen mit Statuen im Inneren, zu überhöhen, wobei diese Statuen den im Schloß Regierenden gewidmet sein können; aus einer auf die Antike zurückgehenden Tendenz, vor allem Kult- und Memorialbauten in Rundtempelform aufgipfeln zu lassen; aus der Umsetzung des Monopteros-Motivs der Deckenmalerei ins Plastisch-Architektonische, ein Bezug, der durch die enge Verknüpfung von Salon und Monopteros bei De Wailly gegeben ist, und schließlich aus der Funktion als betretbares, also auch praktisch benutzbares Belvedere.

Die Distribution des zweiten Weißensteiner Entwurfs und ihre Abhängigkeit von der gekrümmten Fassade findet im folgenden dritten Entwurf ihre Voraussetzung. Für einige charakteristische Merkmale, nämlich die Verteilung der fünf Salons, den Verzicht auf das appartement double, die Anlage von zwei gewendelten Haupttreppen zu Seiten des Vestibüls wie den allgemein herrschenden strengen Schematismus ergibt sich die Vergleichsmöglichkeit mit einem weiteren Palaisentwurf⁴⁴⁵ von De Neufforge.

Die Nebensalons sind typologisch im Obergeschoß-Foyer von De Waillys und Peyres Comédie Française[446]   *60*
vorgebildet. Die Eigenart dieser Raumform, die auf Archivolten über einem Säulenarchitrav ruhende flache
Pendentifkuppel, geht möglicherweise auf einen englischen Sakralbau des 17. Jahrhunderts, St. Stephen Walbrook (1672—1687), eine der von Christopher Wren erbauten Londoner Stadtkirchen,[447] zurück. Während die
Nebensalons auf weitere Ornamentik verzichten, erinnert der dekorative Reichtum des Hauptsalons an frühere
Arbeiten De Waillys wie den Salon des Palazzo Spinola in Genua.[448]   *4*

Architektonische Ikonographie

Unter dem Gesichtspunkt der architektonischen Ikonographie steht der zweite Entwurf mit seiner konkaven
Fassade aus Kolossalsäulen, den Giebelportiken vor den Pavillons und dem Monopteros im Zeichen einer
sakralisierenden Tendenz, deren Anspruch durch die Monumentalisierung im Vergleich zum ersten Entwurf
sichtlich gesteigert ist. Den dort anzutreffenden palladianischen Pathosformeln wird hier die denkmalhafte Aufgipfelung gegenübergestellt. Dem Monopteros als Verkörperung eines klassischen Architekturideals kommt   *37 K 14*
dabei zeichenhafte Bedeutung im Sinne eines pars pro toto zu.   Farbt. I unten

De Wailly beschränkt sich nicht, wie im ersten Entwurf, auf rein architektonische Mittel als Bedeutungsträger, sondern versieht sein Schloß mit einem der antiken Mythologie entlehnten allegorischen Programm, dessen
Leitmotiv sicher zu deuten ist: Mit dem Apoll, dem Musengott, geweihten Monopteros als Kulminationspunkt
stellt das Schloß den Parnaß dar. Die sitzende Gottheit bedeutet: An diesem Ort hat sich Apoll niedergelassen.
Durch diese Deutung erhalten sogar die rund um den Bau verstreuten Felsbrocken ihren Sinn — als am Fuß des   *43 K 17*
Parnaß liegende rohe Massen, über denen — in einer ersten Ebene — die kräftigen Kolossalsäulen stehen, die
ihrerseits den lichten, fast schwerelosen Tempel und Baldachin Apolls zu tragen haben. Es erstaunt, daß Apoll
dem Ehrenhof den Rücken kehrt. Er tut dies, um sich dem auf dem Oktogon stehenden Herkules zuzuwenden.
Die Verbindung beider scheint aufschlußreich: Als Söhne des Zeus Halbbrüder, verkörpern sie die Tugenden
des barocken Herrschers.[449] Als Inbegriff von Macht und Stärke bedeutet gerade der Kasseler Herkules ein
unvergleichliches Zeugnis fürstlich-barocker Selbstdarstellung. In der Apoll als dem Beschützer der Künste und
Wissenschaften dedizierten Schloßanlage hat De Wailly die ikonographisch sinnvolle Ergänzung zum vorgegebenen Herkules-Oktogon gefunden. Die als Variante vorgeschlagene Herkules-Galerie im rechten Seitenflügel
beweist das Programmatische, wenn De Wailly beide Gottheiten auf dem Weißenstein zusammenführt.

Verschiedene Umstände haben die damit gewählte Ikonographie des Schlosses entscheidend begünstigt.
Schon sein erstes ausgeführtes Schloß, Montmusard bei Dijon, hat De Wailly mit einem Apoll-Tempel verbunden. Auf diesen Bau wird im Zusammenhang mit dem dritten Projekt näher einzugehen sein. Archivalisch aus   *70*
dem Jahr 1771 überliefert ist der Wunsch des Bauherrn Friedrich II., eine Kolossalstatue Apolls in der Kasseler
Karlsaue aufstellen zu lassen.[450] Aufschlußreich sind außerdem die Bemerkungen des bekanntesten deutschen
Gartenkunst-Theoretikers dieser Zeit, Christian Cay Lorenz Hirschfeld, zum Kasseler Karlsberg und den Weißensteiner Anlagen. Im 1785 erschienenen dritten Band seiner »Theorie der Gartenkunst« ist zu lesen: »Wenn
indessen für die Nachahmung der mythologischen Fabel in Gärten *ein* Ort schicklich ist, so behauptet der
Carlsberg allerdings seinen Vorzug. Das ungeheure Werk und der Anblick des colossalischen Hercules, der,
oben aus den Wolken auf das Werk, das mit seiner Stärke vollendet ist, herabschauend sich nun einer stolzen   *380*

Ruhe zu überlassen scheint, versetzt die Einbildungskraft auf einmal in die heroischen Zeiten des Altertums. Diese erhabene Szene, der Berg, der fast den Namen eines Gebirges verdient, die auf seiner Höhe wallenden Wälder, die vielen angepflanzten Hayne von dunklen Nadelhölzern, verbreiten eine ehrwürdige Feyerlichkeit über die ganze Gegend. Und dieser Eindruck könnte allerdings noch durch eine wohlgewählte und zusammenhängende Reihe mythologischer Scenen, die jetzt nur zerstreut oder vermischt erscheinen, ungemein verstärkt werden.

Es ist sichtbar, daß die riesenmäßige Burg des Hercules den Hauptcharakter der Anlage bestimmt, und über alles immer im Gesichtspunkt emporragt. Die Scenen müßten demnach mit diesem herrschenden Gegenstande verbunden seyn, und die, welche ihm am nächsten verwandt sind, sich ihm auch am meisten nähern. In den obern Tempeln könnten die Thaten des Hercules in Basreliefs, in Statuen und Gemälden vorgestellt werden. Diese Idee hat nicht allein Übereinstimmung mit dem ganzen Werke, sondern selbst eine entfernte Beziehung auf die Stärke und Würde des hessen-casselschen Fürstenstamms und seiner tapfern Krieger.

Demnächst erhielten die Gottheiten, die mit dem Hercules verwandt sind, oder deren Geschichte mit der seinigen Verbindung hat, hier oben ihre Tempel, Wohnungen, Altäre, Statuen und andere Denkmäler. Diese heroischen Scenen senkten sich mit den Abhängen des Berges allmählich herab in die Täler, zu den sanftern Gottheiten des Friedens und der Glückseligkeit. *Hier wohnten im Thale die Musen mit dem Vater der Künste* […], indessen man oben am Olymp die Gegenwart der höhern Mächte erblickte.

Nichts neues aus unserer Zeit, nichts Chinesisches, nichts Türkisches dürfte in dieses große Gemälde sich mischen, in dieses Gemälde, das uns eine Reihe der schönsten Bilder des Alterthums rein, unverfälscht, und harmonisch vereint, zur Täuschung des Auges und der Einbildungskraft, darstellen, uns aus unserm Zeitalter, und gleichsam aus dem Gefühl unsrer gewöhnlichen Existenz wegzaubern sollte, in die heitern Stunden zurück, worinn unsre Jugend so oft von den Beschreibungen der alten Dichter begeistert ward«.[451]

Daß mit dem »Vater der Künste« Friedrich II. gemeint war, beweist der folgende Satz: »Alle, die den Carlsberg mit so vielem Vergnügen besteigen, finden hier mannichfaltige Veranlassungen, den erfinderischen und thätigen Geist des Fürsten zu verehren, der so viele neue, zum Theil noch unbekannte Anlagen schuf, der seine Residenz nicht bloß verschönerte, sondern sie auch zu einer Wohnung der edlern Künste weihete, der, selbst ein großer Kenner, selbst ein guter Zeichner, mit dem glücklichsten Gedächtniß viel nützliche Wissenschaften vereinigt.«[452]

Mit seinem antikisierenden Apolltempel, der das Schloß als Musentempel auszeichnet, und der damit erreichten Verknüpfung mit dem Herkules-Oktogon, aber auch mit der Eliminierung des damals schon existierenden Chinesischen Dorfs folgt De Waillys Planung in entscheidenden Punkten Hirschfelds theoretischer Konzeption. Zu diesem Befund dürfte es kaum zufällig gekommen sein. Leider können wir nur vermuten, daß der Landgraf es gewesen ist, der zwischen Hirschfeld und De Wailly vermittelt hat. Hirschfeld ist im Juli 1783 in Kassel nachweisbar[453] und könnte schon damals seine Vorstellungen mündlich entwickelt haben. Das positive Bild, das er von Friedrich zeichnet und das über die zeitüblichen Schmeicheleien hinausgeht, könnte für eine persönliche Bekanntschaft mit dem Landgrafen sprechen. Friedrich wiederum könnte während seines Paris-Aufenthalts 1784 De Wailly gegenüber ein Schloßprojekt in Anlehnung an Hirschfeld theoretisch entworfen haben.

Im Anschluß an Hirschfeld ist zu fragen, welche Bedeutung dem Apoll im Monopteros zukommt. Die Nähe zum Herkules auf dem Oktogon, die projektierte Herkules-Galerie und die Programme der Deckenmalerei legen es nahe, auch die Apoll-Statue in der Tradition der barocken allegorischen Herrscher-Ikonographie zu sehen. Noch 1765 hatte Marc Antoine Laugier empfohlen, als Denkmal für den französischen König eine

Apoll-Statue zu errichten.⁴⁵⁴ Für De Waillys Festhalten am überkommenen Allegorismus spricht, daß er 1771 Ludwig XV. als von Musen umringten Apoll darstellte.⁴⁵⁵ Hirschfeld, der generell den mythologischen Allegorismus als nicht mehr zeitgemäß empfand,⁴⁵⁶ bezeugt mit dem zitierten Passus die Ausnahmesituation, die er ausschließlich dem Kasseler Karlsberg zugestehen will. So gesehen, scheint der Monopteros des zweiten Projekts zwei Gegensätze in sich zu vereinen: Wie die Vergleiche mit De Neufforge und Ledoux gezeigt haben, entspricht er den aktuellen Architekturvorstellungen der achtziger Jahre; als Baldachin einer Statue, die als Allegorie auf den Fürsten zu deuten ist, steht er noch ganz im Dienst einer barocken Auffassung. Die unmittelbare, aber auch unpersönliche Aussage einer reinen architecture parlante hat De Wailly offenkundig abgelehnt: Sein Planen gilt — noch — dem überkommenen Gesamtkunstwerk!

Die Voraussetzungen der ikonographischen Leitidee des zweiten Projekts sind in unterschiedlichen Kunstgattungen zu suchen. Mit der Villa Albani war De Wailly ein »Musensitz« vorgegeben, in dem der Parnaß als Deckenfresko, von der Hand des Anton Raphael Mengs, an zentraler Stelle kulminiert.⁴⁵⁷ Die Umsetzung dieser Idee ins Plastisch-Architektonische ist in zwei weiteren Gattungen nachzuweisen: in den ephemeren Dekorationen der römischen Festa della Chinea⁴⁵⁸ wie in der Gartenarchitektur.⁴⁵⁹ Im Rahmen der Bauaufgabe des Schlosses dürfte De Waillys Projekt dagegen eine Innovation dargestellt haben, die singulär geblieben ist.

Die vom felsigen Fundament zum lichtdurchfluteten Apoll-Monopteros veranschaulichte Sublimierung von Materie und Gehalt hat ihr Vorbild in der Götterburg des Karlsberg-Oktogons, das, auf zyklopischer Rustika gegründet, in der schlanken Herkules-Pyramide ausklingt — ein erneuter Beweis für De Waillys Streben, mit dem zweiten Projekt dem von Hirschfeld beschworenen genius loci nachzueifern.

In De Waillys Vorstellung gewinnt der Weißenstein die Züge vom idealen Palast des aufgeklärten Absolutisten: Allgegenwärtig und brüderlich mit dem Herkules-Oktogon verbunden, thront vorbildlich über dem Land ein Monument des Parnaß. Göttersitz und Fürstensitz, bei Guerniero noch getrennt, sind unter der Fahne Apolls eins geworden.

4. Der dritte Entwurf

Das dritte Weißensteiner Projekt De Waillys gleicht typologisch einer kleineren Version des zweiten. Wiederum ist einem Triklinium ein Halbkreis inkorporiert; das dritte Projekt ist aber nur etwa halb so groß. Die Länge seines Corps de logis beträgt 30 toises (ca. 58 m) gegenüber 54 toises beim zweiten Projekt, was einem Größenverhältnis von 5:9 entspricht.   *61 K 29*
Farbt. II unten

Die Stadtseite des zweigeschossigen Schlosses schirmt sich vor dem Erdgeschoß mit einer halbrund vorspringenden römisch-dorischen Kolonnade nach außen ab, die von den Halbsäulen des konkav eingezogenen Hofs zum Kreis ergänzt wird. So entsteht der Eindruck eines halb selbständigen, halb in das Schloß eingebundenen hypäthralen Monopteros, der insgesamt 24 Säulen zählt. Als Tempel faßt De Wailly den Säulenhof auch auf: Er nennt ihn »Temple de Diane«. Die Göttin steht, mit dem Hund als Attribut, über einer Brunnenschale im Mittelpunkt des Tempels.   *66 K 26*

Die Wandgliederung des Hofes besteht im Erdgeschoß aus hohen Rechteckfenstern mit Balustraden, die mit den ihnen zugeordneten lünettenförmigen Oberlichtern von Blendarkaden übergriffen werden. Jede dieser Blendarkaden füllt ein Interkolumnium der dem Schloß inkorporierten Tempelhälfte. Wie die Frontansicht und

64 K 33 der Querschnitt zeigen, sind die drei im Achsenkreuz des Rundhofes gelegenen Arkaturen ganz geöffnet, so daß die Göttin von den Hauptachsen des Schlosses aus stets gegenwärtig bleibt. Über dem auf die Wand übertragenen, von Kugeln in den Säulenachsen besetzten dorischen Gebälk alternieren die Fenster des mezzaninartigen Obergeschosses mit etwa quadratischen Putzspiegeln. Mit einem hohen, balustradenbekrönten Gebälk schließt die Wand ab. Ihren Aufbau übernehmen, nur geringfügig modifiziert, die einachsigen Fassadenrücklagen, die den Tempel in der Front einschließen. Sie ersetzen Blendarkade und Oberlicht durch rechteckige Putzfelder im Erdgeschoß. In den ebenfalls einachsigen Seitenrisaliten, die sich durch ionische Kolossalpilaster abgrenzen, besitzt die Stadtseite des Schlosses eine fest gefügte Rahmung. Die Risalite nehmen in Arkaden die seitlichen Eingänge des Schlosses auf, die durch das von zwei toskanischen Säulen getragene vorgezogene Gebälk überdeckt werden. Wie an den Fassadenrücklagen wird die Wand durch rechteckige Felder und die beiden Gebälke gegliedert. Die Zone des flachen Pultdaches (über dem Triklinium) überragt im Zentrum eine halbrunde Kuppel mit massivem Tambour und verglastem Opaion. Vor den Tambour ist hofseitig ein rechteckiger Vorbau gesetzt, dessen Inschrift — der Text ist nicht festgelegt — ein heraldisch gezierter Dreiecksgiebel überragt.

63 K 31 Der Aufriß der Flügelfront verdeutlicht, daß die Brunnenfigur der Diana sogar von den Außenseiten her als Zentrum zu begreifen ist. Sie erscheint im Blickpunkt des offenen Rundbogens, der das Erdgeschoß des schmalen linken Seitenflügels füllt. Durch die Absenkung des Terrain-Niveaus entsteht im Vergleich zur Vorderfront ein hoher Sockel mit rustiziertem Mauerwerk. Die fünf Achsen der Rücklagen besitzen rechteckige Erdgeschoßfenster mit Balustraden und konsolengetragene Verdachungen. Putzspiegel vermitteln zu den Fenstern des Mezzanins, deren profilierte Rahmen vor der glatten Wand sitzen.

62 K 30 Von der Hofseite übernimmt die Gartenfront die gleich gegliederten Seitenrisalite. Von den Fassadenrücklagen, deren drei Fensterachsen mit Putzspiegeln abwechseln, hebt sich der Mittelpavillon energisch ab: Ionische Kolossalsäulen mit einem balustradentragenden Gebälk umstehen sein vortretendes Halbrund. Die Achsen der acht Säulen enden in ebenso vielen Skulpturen — schmucklos bleibt hingegen die Tambourkuppel, deren unverhüllte Stereometrie eine klare Silhouette zeichnet. Diese Kuppel erweist sich zwar als auf den Mittelpavillon bezogen, isoliert sich aber auf Grund des Rücksprungs.

66 K 26 Im Grundriß hat De Wailly nicht für die Mittelachse, sondern für die Flügel die Hauptzugänge vorgesehen: Nach einem Vestibül, an das seitlich eine der beiden gewendelten Haupttreppen anschließt, gelangt man in jeweils zwei Vorzimmer. Der linke Flügel bereitet ein Paradeappartement vor, das eine Flanke des Corps de logis einnimmt und dessen Schlafzimmer durch einen Alkoven mit Palladio-Motiv hervorgehoben ist. Der rechte Seitenflügel führt zu einem Spielsaal im Eckrisalit, der seinerseits überleitet zur gartenseitigen Enfilade mit dem vier Achsen langen Speisesaal und dem Salon. Dessen acht unmittelbar vor der Wand stehende archivoltentragende Säulen greifen das Motiv des eingestellten, zu einem Oktogon überleitenden Tempels, wie er von den Nebensalons des zweiten Projekts bekannt ist, modifiziert wieder auf. Der Salon ist aber hier flach gedeckt. Er öffnet sich zum Garten in drei Rundbogenportalen, denen eine bis zu den Säulen reichende Terrasse vorgelegt ist. Den halbrunden Mittelpavillon umgibt ein konzentrischer Graben. Ihn überspannt eine in der Mittelachse angelegte Brücke mit Treppe, die zum Niveau des Gartens überleitet.

Vom Tempel-Hof aus ist der Salon mittelbar zu erreichen. Der commodité entsprechend, besitzt er ein Vorzimmer in Form des Billardsaals, der die Funktion eines Vestibüls erfüllt. Seine seitlichen Halbrundnischen schaffen Zugang zu zwei gewendelten Nebentreppen, die symmetrisch in die Mauerzwickel eingelassen sind. Es

II
Charles De Wailly.
Erstes Projekt für Schloß Weißenstein,
1785. Aufriß von Osten   K 8

Charles De Wailly.
Drittes Projekt für Schloß Weißenstein,
1785. Aufriß von Osten   K 29

ist leicht erkennbar, daß die Anlage von Vestibül (Billardsaal) — Treppen — rundem Hauptsalon eine Parallele zur Disposition des zweiten Projekts darstellt. Die an den Billardsaal beidseitig angrenzenden Halbkreissegmente enthalten zwei spiegelbildlich angeordnete Appartements, die in der Raumabfolge Vorzimmer — Schlafzimmer — Bad und Toilette von der Schloßmitte ausgehen. Mit der Erschließung von innen nach außen ergibt sich also die Umkehrung der an den Gesellschaftsräumen angetroffenen Richtung. Die beiden Appartements sind mit ihren Fenstern auf den in Rautenform[460] gepflasterten Dianatempel ausgerichtet.

Für die Disposition des Erdgeschosses sind die bereits beim zweiten Projekt beobachtete Lösung vom Prinzip des appartement double sowie das fast absolute Vorherrschen einer Grundrißsymmetrie charakteristisch, die nur an einer Stelle — Schlafzimmer und Kabinett an Stelle des einen Speisesaals — unterbrochen wird. Durch die Sonderung der Räume in den Flügeln, im Corps de logis und in den Kreissegmenten und die gegenseitige Abschnürung dieser Raumketten entsteht eine Grundriß-Figuration, deren Abstraktionsgrad über den der beiden anderen Weißensteiner Projekte eindeutig hinausgeht.

Der Längsschnitt zeigt reiche Dekoration in allen Erdgeschoßräumen, deren Wandaufrisse von der Aufteilung des Grundrisses stellenweise leicht differieren. Säulen, Pilaster und Statuen tragen zu einer Monumentalisierung der Innenräume bei. Im Speisesaal und Paradeschlafzimmer suggerieren trompe-l'oeil-Malereien und Spiegel eine Weitung und Öffnung des Raumes. *65 K 32*

Im Sockelgeschoß verdient der oktogonale Grottensaal unter dem Salon Beachtung. Diese Grotte hat über den halbrunden Graben direkte Verbindung zum Garten, sie kann also im Sommer als kühler Aufenthalt dienen. Die Speisen aus der angrenzenden Küche können über die in die Mauerzwickel eingelassenen Wendeltreppen in den darüber gelegenen Speisesaal gebracht werden. *67 K 25*

Wie bei den beiden ersten Entwürfen bleibt das Obergeschoß für Gäste des Fürsten reserviert. De Wailly hat zwölf Appartements geplant, in denen in der Regel auch je ein Bett für den Kammerdiener vorgesehen ist. Auf gleicher Höhe ist der emporenartige Umgang des Salons zu erreichen, der zwischen den Archivolten verläuft. *69 K 27*

Eine vom Äußeren her nicht zu erwartende überraschende Steigerung behält sich De Wailly für die Kuppel vor: Sie nimmt das Schloßtheater auf! In der durch das Opaion zentral belichteten Kuppel liegt der Zuschauerraum mit Parterre und einem amphitheatralischen Balkon mit vier schräg ansteigenden gradines, deren Halbrund auf die Ausgrenzung einer Fürstenloge verzichtet. Der rechteckige Anbau wird durch die Bühne eingenommen, die durch konvergierende Wände, Boden und Decke eine starke Tiefenräumlichkeit suggeriert. Die nicht beweglichen Kulissenwände werden durch ionische Säulen gegliedert, die sich in dichter Staffelung von vorn nach hinten verjüngen. Dieses Theater hatte De Wailly nicht von Anfang an geplant. Vielmehr sah das erste Stadium der gartenseitigen Aufrißzeichnung eine Kuppel ohne Tambour vor; für ein Theater war demnach noch kein Platz vorhanden. Das zweite Planungsstadium geht aus dem Querschnitt hervor. Eine genaue Untersuchung dieses Blattes beweist, daß der rechteckige Anbau des Theaters erst nachträglich hinzukam, das Theater nach seiner Aufnahme ins Raumprogramm also zunächst in einem reinen Rundbau untergebracht war. Offensichtlich störten aber dann die zu beengten räumlichen Verhältnisse: Das Proszenium saß zu dicht vor den gradines des Balkons. Einer nachträglichen Erweiterung entstammt auch der Gedanke, das Schloß durch zwei separierte Seitenflügel zu erweitern, die Kolonnaden an den Kernbau zu binden. Da für sie kein Aufriß vorliegt, ist zu vermuten, daß sie den Seitenflügeln des Schloß-Trikliniums angeglichen werden sollten, mit denen sie im Umriß des Grundrisses nahezu identisch sind. *64 K 33* *68 K 28* *Fig. S. 34* *64 K 33* *66 K 26*

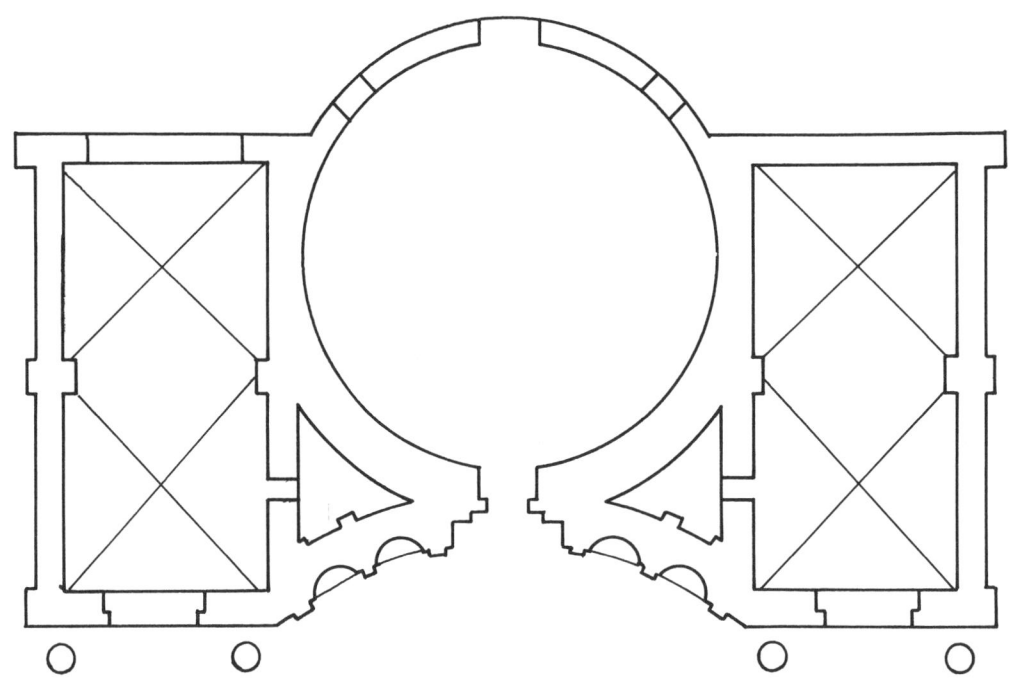

Figur 1   Romulus-Tempel an der Via Sacra in Rom (4. Jh. n. Chr.), Umzeichnung nach Pirro Ligorio

Typologie. Zur Ikonographie des Typus Montmusard

Als hervorstechendes Charakteristikum des dritten Entwurfs ist die Integration eines hypäthralen Monopteros in den Ehrenhof einer Lustschloßanlage anzusehen. De Wailly greift damit auf sein Erstlingswerk zurück, das 1764 geplant und 1769 vollendet wurde: Schloß Montmusard bei Dijon.[461] Das dort erstmals angewandte Prinzip des Tempel-Rundhofs wiederholte er mit einem 1772 in Rom gezeichneten, nicht ausgeführten Entwurf für die Zarin Katharina II. Diese drei Entwürfe, von denen also nur der früheste gebaut wurde, sind als Typus zu begreifen und werden im folgenden nach ihrem frühesten Vertreter als »Typus Montmusard« zusammenfassend behandelt. Wie ist dieser Typus genetisch zu erklären?

70—73
75—78

Der runde Hof bedeutet geradezu das Leitmotiv der zahlreichen Rekonstruktionsversuche zu dem meistzitierten Landhaus, das uns die antike Literatur überliefert hat: die Villa Laurentinum Plinius' des Jüngeren, wie sie dieser in seinen Epistolae (II, 17) beschrieben hat. In der Kunsttheorie wurden seit dem frühen 17. Jahrhundert Versuche unternommen, Plinius' Text zu veranschaulichen, die für De Wailly wichtig wurden.

88   Auf Vincenzo Scamozzi, der 1615 die erste Rekonstruktion[462] veröffentlicht hat, dürfte die Gestalt des Rundhofs in seinem in den Gebäudekomplex integrierten Abschnitt zurückgehen: Die Gliederung der Wand mit den dorischen Halbsäulen und ihrem Gebälk sowie die Teilung in eineinhalb Geschosse sind bereits bei Scamozzi vorgesehen. Félibien,[463] der sich im übrigen noch sehr eng an Scamozzi anschloß, brachte im Jahre 1706 mit der freistehenden Ringkolonnade des Rundhofs eine De Wailly wohl beeinflussende Neuerung. Damit war zugleich eine größere Annäherung an den Ausgangstext gewonnen, denn Plinius spricht ausdrücklich von einer »porticus« — in der Grundrißgestalt eines Buchstabens, dessen Überlieferung nicht eindeutig ist und der, je nach Interpret, als »D« oder »O« gelesen wurde. Der Rundhof setzt demnach die Deutung als »O« voraus.

Robert Castell[464] ließ 1728 als erster den gerundeten, in diesem Falle in Anlehnung an das »O« hochovalen Hof in Segmentform vor die Außenflucht der Villa springen. 1760 verschmolz Friedrich August Krubsacius[465]

Atrium und Rundhof mit freistehender Kolonnade zu einer Einheit und lagerte diese vor das Vestibül und den als Triclinium aufgefaßten Festsaal.

Daß diese theoretischen Rekonstruktionsvorschläge allgemein bekannt waren und miteinander verglichen wurden, belegt etwa C. C. L. Hirschfeld, der in seinen 1773 erschienenen »Anmerkungen über die Landhäuser und die Gartenkunst« dem Vorschlag seines Landsmannes Krubsacius den Vorzug vor den drei übrigen gab.[466] Man darf unterstellen, daß De Wailly aus dem Laurentinum-Studium folgende Eigenschaften für sein Leitmotiv gewonnen hat: die Verschmelzung von Ehrenhof und Atrium, dessen axiale Position vor Vestibül und Festsaal, die Gliederung der Hofwand durch eineinhalb Geschosse hohe Halbsäulen sowie das konvexe Vorspringen vor den übrigen Bau in Gestalt eines freistehenden Portikus.

Durch Raffael wurde der Rundhof der Villa Laurentinum erstmals in einer neuzeitlichen Villen-Planung wiederbelebt — mit der Villa Madama in Rom.[467] Deren Bau ist zwar ein Torso geblieben, doch mußte gerade das Fragment des halbrunden Hofs zur Auseinandersetzung mit dem Problem der originalen Konzeption reizen. Von der Villa Madama ausgehend, ist dann der Rundhof ein Bestandteil des Villenbaus im Cinquecento geworden.[468]

Bei De Wailly erfährt das Laurentinum-Zitat insofern noch eine Bedeutungssteigerung, als der Rundhof als Tempel aufgefaßt ist. Dieser Aspekt verlangt eine gesonderte typengenetische Betrachtung. Es ist zu klären, in welcher Form kubische Bauten und Monopteroi miteinander verbunden werden konnten. Einen denkbaren Ausgangspunkt der Problemstellung bildet der den Haupteingang schützende, dem Baublock vorgesetzte Semi-Monopteros, wie er sich als Hoheits-Motiv an römischen Barockkirchen findet — eingeführt von Pietro da Cortona an S. Maria della Pace[469] und zwei Jahre später von Bernini an S. Andrea al Quirinale[470] variiert.

In einer um 1581 entstandenen, archäologisch allerdings nicht haltbaren Rekonstruktion der Diokletiansthermen durch Étienne Dupérac sieht Hans Ost ein Vorbild für Cortona und bezeichnet den dort für das Caldarium vorgesehenen Semi-Monopteros deshalb als typenbildendes »fruchtbares Mißverständnis.«[471] Wie wichtig dieses »Mißverständnis« gerade für den uns vorliegenden Zusammenhang gewesen sein kann, beweist der von Peyre publizierte Grundriß der Diokletiansthermen, dem gemeinsame Bauuntersuchungen mit De Wailly vorausgegangen waren:[472] Dupéracs zur Hälfte vorspringender Monopteros wird beibehalten! Er kehrt wieder an der 1769 von De Wailly in Versailles erbauten »Chapelle du Reposoir.«[473] *83*

Der vollständig kreisrund gebildete, zum Teil integrierte Monopteros kann im Profanbau an Antoine Le Pautres Hôtel de Beauvais in Paris[474] nachgewiesen werden. Bei diesem 1654—1657 entstandenen Bau nimmt der Monopteros das Vestibül hofseitig auf. Als dominierendes Element eingesetzt ist der zur Hälfte eingebundene Rundtempel in einem von William Chambers gezeichneten Gartenpavillon,[475] der 1759 in seinen Architekturtraktat Aufnahme gefunden hat. An dieser Stelle läßt sich ein gegenseitiger Austausch zwischen den Freunden Chambers und De Wailly feststellen: De Wailly wandelte Chambers' Entwurf 1769 in einem Vorschlag für den Pavillon der Madame Du Barry in Louveciennes[476] ab, unterlag aber seinem Konkurrenten Ledoux, nach dessen Plänen[477] gebaut wurde. Chambers wiederum zeichnete die nicht realisierte Idee De Waillys,[476] als er sich 1774 in Paris aufhielt. In Abhängigkeit von Chambers' Gartentempel ist wohl auch der Entwurf zu einer Maison de plaisance entstanden, der sich 1760 bei Jean François De Neufforge publiziert findet.[478] Mit der Ausbildung eines Monopteros im Zentrum des Portikus kommt De Neufforges Kupferstich als Anregung für De Waillys Typus Montmusard in Frage. Zugleich wird deutlich, daß dieser Entwurf den Weg zu den Ursprüngen dieses Typus weist: die cinquecenteske Portikusvilla mit Eckrisaliten, wie sie bereits bei Bramante gültig ist und vor allem in Palladios Werk den Standard-Typus der Villa vertritt.[479] *86* *85*

Nicht nur der Hof, sondern auch der Salon ist beim Typus Montmusard als runder, hier freilich überkuppelter Tempel aufgefaßt. Wie bei der typologischen Reihe des Hofs sind dafür Vorbilder aus Antike und Renaissance namhaft zu machen. Als denkbare antike Anregung nenne ich stellvertretend den Romulus-Tempel an der Via Sacra in Rom (4. Jh. n. Chr.), der heute einen Annexbau der Kirche SS. Cosma e Damiano[480] bildet. Hier ist eine Tholos zwischen zwei Querflügel gespannt und wird von einer vorgelagerten Konkavfassade teilweise verdeckt. Am genauesten wurde diese Situation von Pirro Ligorio[481] zeichnerisch erfaßt, der im 16. Jahrhundert den Romulustempel wohl noch intakt angetroffen hat.[482] De Wailly könnte nicht nur durch die Gruppierung der Teilbauten mit dem zentralen Kuppelbau, sondern auch durch die kolossale Säulenordnung vor der Stirnseite der »Flügel« inspiriert worden sein, die am Weißensteiner Entwurf vergleichbar wiederkehrt. Vielleicht gab die römische Konkavfassade eine Anregung dazu, den Hof als Gegenstück zum Salon zu erweitern.

Der Salon des Typus Montmusard tritt gartenseitig in der Instrumentierung eines Peripteros mit Tambourkuppel in Erscheinung. Tatsächlich kann dafür der früheste, kunstgeschichtlich bedeutendste Peripteros der Renaissance als Vorbild herangezogen werden — Bramantes Tempietto bei S. Pietro in Montorio in Rom,[483] der auch mit seiner römisch-dorischen Ordnung für Montmusard und seine russische Variante Pate gestanden hat.

82

Die Idee, einen vorspringenden Salon als quasi selbständige, peripterale Tholos zu instrumentieren, ist zuerst im englischen Klassizismus mit dem Entwurf von James Paine für Schloß Keddleston Hall[484] aus dem Jahre 1761 zu belegen.

84

Die aus Antike und Renaissance, Theorie und Praxis gewonnenen Elemente sind auf unverwechselbar französische Weise zu einer Maison de plaisance verschmolzen worden, die den Vorstellungen von distribution und commodité entspricht. Vorbildlich war wohl Jacques François Blondels »Pavillon à l'italienne,«[485] an dem die Differenzierung nach appartement privé und appartement de société in den Flügeln sowie die Steigerung im Salon à l'italienne vorgegeben ist. Selbst die Besonderheit eines gerundeten Vorhofs ist dem Dixhuitième nicht fremd. Er ist als Oval an Germain Boffrands Hôtel Amelot in Paris,[486] als Kreis an einem theoretischen Gegenprojekt De Neufforges[487] zu finden.

79, 80

87
89

Die typologischen und ikonographischen Besonderheiten, die den Typus Montmusard als unverkennbare Schöpfung De Waillys ausweisen, beruhen in der Struktur der sagittalen Achse. In Montmusard treten Rundhof und Salon gewissermaßen in Konkurrenz zueinander: Ihre Ringportiken verwenden dieselbe Säulenordnung, denselben Radius[488] und treten gleich weit vor die Außenfluchten. Diese spannungsreiche Beziehung von Hof und Salon ist Ausdruck des zugrundeliegenden ikonographischen Programms. Ausgehend von der Deutung des Namens Montmusard als mons musarum,[489] faßt De Wailly den Bau als »Pavillon dédié à Apollon« auf. Der Monopteros des Hofs heißt »Odeum ou Temple d'Apollon«, der Peripteros »Sallon des Muses.«[490] Sein Kuppelgemälde zeigt den Parnaß. Indem für die Wölbung der Typus der dôme percée verwandt wird, wird in der architektonischen Ikonographie darauf angespielt, daß die Tholos des Salons den Hypäthraltempel des Hofs modifiziert wiederholt: Dem freien Himmel des Hypäthros entspricht die Kuppel mit dem illusionistischen Deckenbild, wo Apoll über Wolken thront.[491] Die beiden Pole Hof und Salon meinen also ikonographisch dasselbe und sind im Idealfall identisch miteinander.

Dieser intendierte Idealfall existiert planungsgeschichtlich tatsächlich! In einem Vorprojekt für Montmusard[492] hatte De Wailly zwei Pavillons vorgesehen, die ein Trakt mit einem überkuppelten Rundtempel im Zentrum verbinden sollte. Der als »Salon d'été« bezeichnete Tempel vertritt also den großen Salon. Es war wohl die ikonographische Festsetzung Vitruvs (I, 2, 6), wonach Tempel des Sonnengottes hypäthral zu gestalten seien, die dafür verantwortlich zu machen ist, daß dieses Vorprojekt verworfen wurde, und daß gleichsam

81
Fig. S. 60

in einer Art Zellteilung aus dem einen Tempel/Salon zwei nur noch ikonographisch, nicht aber räumlich   Fig. S. 60
zusammenhängende Einheiten entstanden sind.

Andererseits entspricht aber auch die bipolare Struktur durchaus dem Zeitstil. Als heute noch wohl erhaltenes Zeugnis sei der Bischofspalast in Royaumont (1785—1789)[493] von Louis Le Masson erwähnt, in dem Salon und Speisesaal als gleichwertige Rundräume einander gegenüberstehen.

Der Typus Montmusard und die von ihm abhängigen Varianten zehren von der Expressivität der Kreisform. In De Waillys Œuvre finden sich zahlreiche Rund- und Aufriß-Konstruktionen, die von einem einzigen oder zwei gegeneinander gesetzten oder teilweise ineinander verschränkten Kreisen ausgehen. Die Stiche in der Encyclopédie, die der Comédie Française gewidmet sind,[494] betonen den Aufbau auf solchen Hilfslinien nachdrücklich. In der Theorie hat sich De Wailly mehrfach zur Schönheit und Nützlichkeit von Kreis und Kugel als Ausgangspunkte für architektonische Konzeptionen bekannt.[495]

Für die Architekturtheorie der Renaissance seit Alberti stellte der Kreis eine Idealfiguration von stark emotioneller Wirkung dar.[496] Unter diesem Eindruck stand auch Palladio, der in seinem vierten Buch für Tempel die Rundform als die zugleich einfachste und vollkommenste preist[497] und zur Illustration dieser Auffassung Bramantes Tempietto abbildet.[498]

Das in der Planung acht Jahre nach Montmusard von De Wailly in Rom gezeichnete Projekt für Katharina II.[499]
entspricht dem Vorgänger in seiner Disposition weitgehend. Mit dem den Tempel überragenden Obergeschoß   75—78
weist es zugleich auf den dritten Weißenstein-Entwurf voraus. Wie aus dem Titel der perspektivischen Ansicht hervorgeht, hat De Wailly das Schloß dem weiblichen Gegenstück zu Apoll gewidmet, das wie dieser Künste und Wissenschaften beschützt: »Pavillon des Sciences et des Arts sous l'Emblème de Minerve, susceptible d'être exécuté dans un Jardin à l'Angloise, composé et dessiné par De Wailly architecte du Roi de France [...].«

In der Anlage von monopteralem Hof und peripteralem Salon ist der dritte Weißensteiner Entwurf seinen beiden Vorgängern grundsätzlich verpflichtet. Die Eigenarten, die bei einer Analyse seiner Struktur zutage treten, gehen zum Teil auf seine größeren Maße zurück. Während das russische Projekt eine Front von 20 toises Länge und einen Tempel-Hof mit 16 Säulen besitzt, verhält sich dazu der Weißensteiner Entwurf mit 30 toises Länge   Fig. S. 60
und 24 Tempel-Säulen wie 3:2. Diese Vergrößerung im Sinne harmonischer Proportionen hat aus dem Pavillon-Typus Montmusard den Typus einer dreiflügeligen Maison de plaisance hervorgehen lassen — mit einschneidenden Konsequenzen. Im Weißensteiner Projekt ist der Hypäthral-Tempel so stark geweitet worden, daß er nicht mehr, wie in Montmusard, ein ikonographisches Pendant zum Salon bilden kann. Die dem Salon nunmehr zugeordnete Kolossalordnung unterstreicht deutlich die Sonderung beider Bereiche.

Die Besonderheit des dritten Weißensteiner Projekts, die im Vergleich zu Montmusard und seiner russischen Variante festzustellen ist, äußert sich in weiterer Konsequenz darin, daß der Mittelpunkt des Tempel-Hofs von den Außenfluchten des Tricliniums gleich weit entfernt liegt. Das bedeutet: Spiegelt man das Triclinium an der durch den Mittelpunkt des Tempels verlaufenden Querachse, erhält man ein Quadrat, in dessen Zentrum der Monopteros liegt. Daß der Baukörper unseres Entwurfs tatsächlich als »Relikt« gedeutet werden kann, veranschaulicht die Wandgliederung des Mezzanins an der Kante zwischen Hof und Fassadenrücklage: Diese Kante ist hofseitig nicht eigens architektonisch artikuliert, sondern bricht im Gegenteil mit einem halbierten Feld der Wandgliederung ab. Eine weitere Beobachtung kann hier geltend gemacht werden: Die Verlagerung des Haupteingangs nach den Seiten betont zugleich die Abgeschlossenheit des Zirkels wie das »Aufbrechen« des Quadrats. In einem Projekt zur Restaurierung des Louvre[500] hat De Wailly tatsächlich einmal den Typus des Vierflügelschlosses mit einbeschriebenem Rundhof zur Anwendung gebracht. Dieses auf Ideen der Renaissance fußende Schloß-Schema griff z.B. Robert de Cotte 1715 für Schloß Poppelsdorf bei Bonn auf.[501] Zwischen 1772 und

90 1780 variierte es De Neufforge in einem Entwurf,[502] der sich in wesentlichen Zügen als Vorwegnahme unseres Projekts erweist: Quadrat und Kreis bestimmen den Grundriß so ausschließlich, daß beiden Figurationen je eine der zwei Reihen von Räumen zugeordnet wird; mit dem appartement double wird folglich gebrochen. Die Zwickel dienen als Lichthöfe. Es entspricht diesem für das ausgehende 18. Jahrhundert charakteristischen, auf Kosten der commodité durchgesetzten, abstrakten Formalismus, daß die binnenseitigen Trennwände der gerundeten Räume konzentrisch ausgerichtet sind. Der von dem freistehenden Ringportikus umstellte Rundhof dürfte begünstigt haben, daß De Wailly seinen dritten Entwurf quasi als Reduktionsform aus diesem Idealschema ableiten konnte, indem er den Kreis vollständig, das Quadrat aber nur zur Hälfte übernahm.

Als Ergebnis der Analyse kann vorerst festgehalten werden, daß der Typus Montmusard in seiner typologisch wie ikonographisch wesentlichen Eigenschaft, mit Monopteros-Hof und Peripteros-Salon zwei von der Ausgangsidee her gleichwertige Pendants aufzuweisen, eine Invention De Waillys bedeutet. Mit dem dritten Weißensteiner Entwurf, der darauf fußt, jedoch zur triklinen Anlage erweitert ist, modifiziert De Wailly diese ursprüngliche Konzeption. Es wird im folgenden zu zeigen sein, daß er als Variante eine nicht minder geistreiche ikonographische Konzeption vorgesehen hat.

Im endgültigen Planungszustand wird das Schloß zu einer separierten Anlage erweitert, die dadurch gekennzeichnet ist, daß die beiden Außenflügel auf gleicher Höhe wie die Flügel des Trikliniums angeordnet sind. De Wailly zeigt sich damit von Palladio und dem englischen Palladianismus abhängig: In Palladios Villa Pisani in
91 Montagnana[503] sowie in zwei Entwürfen Colen Campbells im Vitruvius Britannicus[504] finden sich Villen- bzw. Schloßbaupläne, in denen die Seitenflügel eine vergleichbare Position zum Hauptbau einnehmen.

Zum Typus der Theater

64 K 33 Die ungewöhnliche Position des Theaters im dritten Entwurf läßt generell nach Gestalt und Bedeutung der
65 K 32 Theater in den verschiedenen Projekten fragen. An dieser Stelle sei daran erinnert, daß Landgraf Friedrich II. als ein Verehrer des französischen Theaters De Wailly als Spezialisten im Theaterbau kennengelernt hat. In der zweiten Hälfte des 18. Jahrhunderts kam in Kreisen der französischen Aristokratie das »théâtre de société« in Mode, eine Form von exklusivem Privattheater, das in Stadtpalais und Landsitzen eingerichtet wurde. Mehrere dieser Schloßtheater, in denen Adelige selbst als Dilettanten auftreten konnten, hat Voltaire gegründet;[505] eines der berühmtesten in Paris hat Friedrich aus eigener Anschauung gekannt: Es gehörte zu dem 1770/1772 von Ledoux erbauten Haus der Mademoiselle Guimard in der Chaussée d'Antin,[506] das der Landgraf im Sommer 1775 besichtigte. Er war davon so begeistert, daß er Ledoux nach Kassel einlud.
13 K 5 Das Theater im ersten Weißensteiner Entwurf zeigt sich unmittelbar von dem der Maison Guimard in der Chaussée d'Antin inspiriert. De Wailly übernimmt von Ledoux die das Proscenium mit einbeziehende elliptische Form des Zuschauerraums, den von Säulen umstandenen Balkon und die Galerie darüber. Selbst in den Proportionen und absoluten Maßen zeigt sich große Ähnlichkeit mit dem Pariser Vorbild. Mit der im Gegensatz zu Ledoux traditionell ausgegrenzten Herrschaftsloge erinnerte sich De Wailly offensichtlich der Versailler Schloßoper, an deren Ausstattung er beteiligt war. Bei einem im übrigen vergleichbaren Schema ist das Theater des
92 K 24 zweiten Weißensteiner Entwurfs mit einem kreissegmentförmigen Zuschauerraum versehen.

Im dritten Entwurf stellt das Theater in mehrfacher Hinsicht einen Sonderfall dar. In seiner Erstkonzeption als reiner Rundbau mit Kuppel folgt es einem symbolbefrachteten architektonischen Ideal des ausgehenden 18. Jahrhunderts. Der erste von De Wailly und Peyre ausgearbeitete Entwurf zur Comédie Française (1. Variante[507]) zeigt das Theater als riesige Tholos mit Flachkuppel, flankiert von zwei Flügeln. Mit seinem 1781 gezeichneten Entwurf für ein Theater an der Place du Carrousel in Paris[508] griff Étienne-Louis Boullée dieses Thema in gigantischem Maßstab wieder auf. Durch die ausschließliche Beschränkung auf die Tholos wurde der Sinn dieser Gestaltung noch expressiver veranschaulicht: das Theater als Tempel! Die über dem Zuschauerraum sich wölbende Halbkugel galt damals in der Theorie des Theaterbaus als die schönste und akustisch günstigste Form.[509] Offensichtlich verkörpert das Theater des dritten Weißensteiner Projekts solche Vorstellungen als Miniaturversion. Der als Amphitheater gestaltete Balkon mit den gradines stellt eine Anlehnung an die Antike dar, vermittelt u.a. durch Palladios Teatro Olimpico in Vicenza, das seit Mitte des 18. Jahrhunderts in Frankreich als vorbildlich erachtet wurde.[510] Die für die endgültige Fassung vorgesehene rechteckige Erweiterung der Bühne mit den säulenbesetzten Kulissenwänden setzt das Theater im Park des belgischen Schlosses Seneffe[511] voraus, das De Wailly 1780 erbaut hat. Das Proscenium, die konvergierenden Kulissenwände und das Bühnenbild verweisen auf die Kenntnis von Berninis Scala Regia im Vatikan.[512]

Daß ein Theater die Schloßmitte beansprucht, ist ein merkwürdiger, wenngleich nicht singulärer Gedanke. Als unmittelbare Vorstufe für unseren Entwurf hat ein Schloßprojekt zu gelten, mit dem 1776 der damals 26-jährige Charles-Joachim Bénard den zweiten Preis beim Grand Prix der Académie Royale d'Architecture gewann.[513] Bénard setzt sein elliptisches Theater über den im Grundriß gleichen Salon. De Wailly, der als Akademie-Mitglied zu den Gutachtern gehörte, übernahm diese Idee und variierte sie — der Lehrer lernte demnach vom Schüler.

93

Architektonische Ikonographie

Wenn De Wailly gerade an diese Disposition Bénards anknüpfte, so konnte er damit eine ganz bestimmte eigene Vorstellung verwirklichen. Wie oben ausgeführt, entspricht es dem ikonographischen Programm des Typus Montmusard, die Tempel von Hof und Salon gleichsam miteinander zu konfrontieren. Dieses horizontale Gegensatzpaar wird mit dem dritten Weißensteiner Projekt in die Vertikale transponiert: Wieder stehen zwei Rundtempel, Peripteros und Tholos, quasi konkurrierend gegeneinander.

Fig. S. 60

Außerdem kann der dritte Entwurf ikonographisch aus dem zweiten hergeleitet werden. Ist dort mit dem Apolltempel eine Anspielung auf den Musen-Kult in Gestalt eines Denkmals vorhanden, so konkretisiert sie sich hier in Form eines Miniatur-Pantheons, dessen Inneres der praktischen Verwirklichung des Apoll-Kultes, dem Theater, Raum gibt. Mit der von zwei Genien gehaltenen Lyra im Scheitelpunkt des Bühnenbildes ist im dritten Entwurf die Präsenz Apolls wenigstens symbolisch gewahrt. Da die römische Diana, der das Schloß dediziert ist, der griechischen Artemis gleichgesetzt werden kann, handelt es sich um die Zwillingsschwester Apolls. Wenn De Wailly für den Dianatempel die dorische und nicht die ionische Säulenordnung gewählt hat, so ist damit ein Abrücken von der auf Vitruv zurückgehenden Ikonographie festzustellen. Ein solcher Widerspruch ist für das späte 18. Jahrhundert nichts Ungewöhnliches;[514] trotzdem ist zu fragen, ob damit nicht eine Austauschbarkeit der Gottheiten, denen das Schloß geweiht ist, signalisiert wird: In der architektonischen Iko-

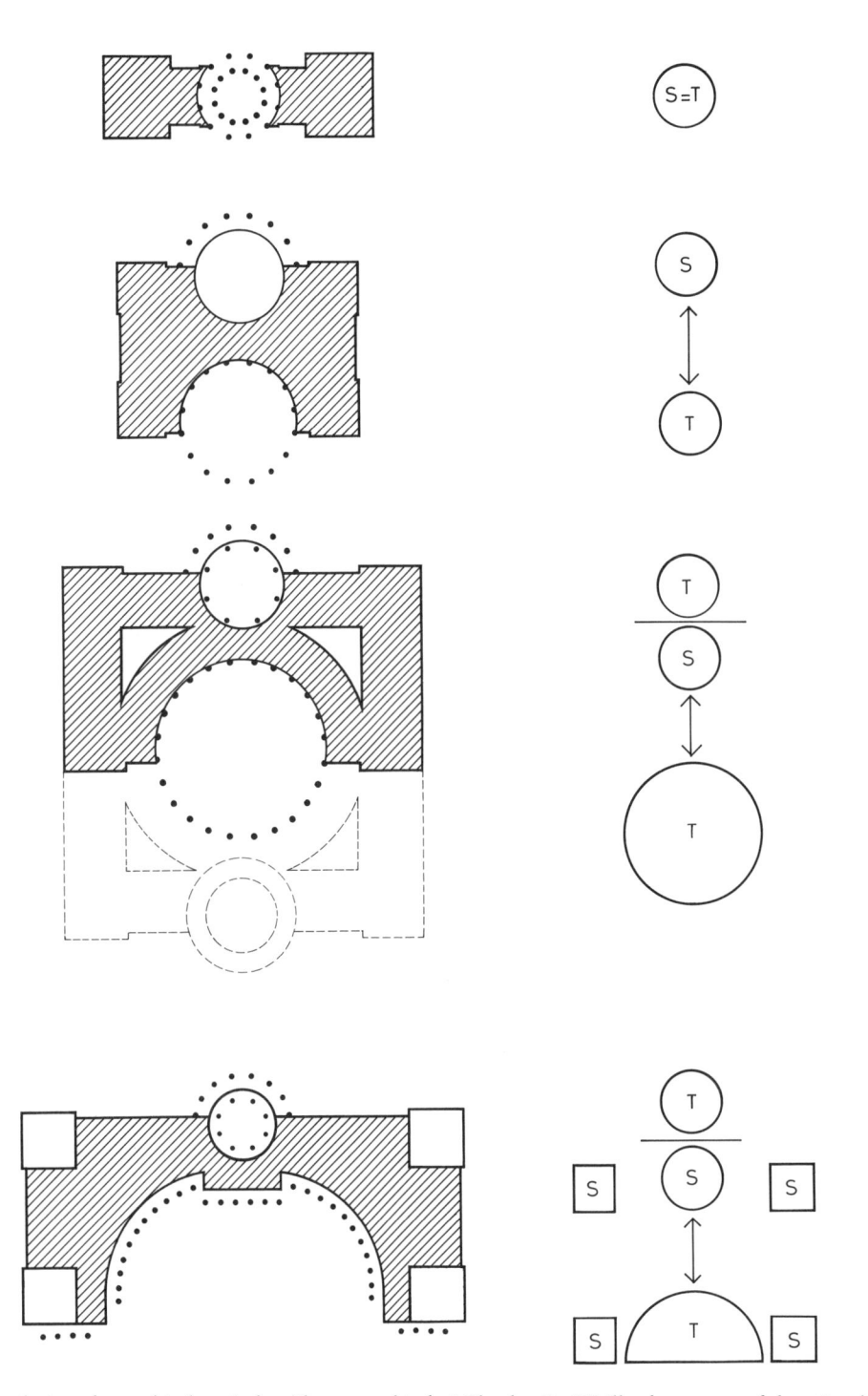

Figur 2   Schema zur Evolution der architektonischen Ikonographie bei Charles De Wailly; bezogen auf das räumliche Verhältnis von Salon (S) und Tholos (T)
a) Vorentwurf zu Schloß Montmusard (Identität von S und T)
b) Schloß Montmusard (Horizontale Polarität von S und T)
c) 3. Entwurf zu Schloß Weißenstein (Horizontale und vertikale Polarität von S, Hof-T und Theater-T)
d) 2. Entwurf zu Schloß Weißenstein (Horizontale und vertikale Polarität von S, halbierter Hof-T und Apoll-T)

nographie weist alles auf musische Götter, nichts auf die Göttin der Jagd.[515] Treffen diese Beobachtungen zu, so sind damit die Grenzen von De Waillys ikonographischem Konzept aufgedeckt.

Stil

Die stilistische Ausrichtung der Fassadengestaltung orientiert sich an traditionellen Vorbildern. Die stadtseitige Hauptfassade mit ihrer Gliederung durch zwei ineinander verschränkte Säulenordnungen — von denen eine die römisch-dorische ist —, sowie die Aufteilung in Arkaden und rechteckig gerahmte Putzfelder spiegelt den unmittelbaren Einfluß der römischen Hochrenaissance eines Bramante oder Raffael, wobei man konkret an den Cortile del Belvedere im Vatikan oder an die Villa Madama denken könnte. Zeitlich und geographisch davon abweichend sind die Leitbilder für die Stilsprache der Rückseite:

Der Aufbau der Gartenfront ist offensichtlich der französischen klassischen Baukunst des 17. Jahrhunderts verpflichtet. Der rustizierte Sockel, besonders aber die Fensterachsen, sowohl in den Proportionen als auch im Aufbau mit den querrechteckigen Spiegeln zwischen Erdgeschoßfenstern und dorischem Gebälk, weisen unverkennbar auf Louis Le Vaus Schloß Vaux-le-Vicomte. Mit der Ehrenhofseite dieses Schlosses stimmt wiederum die stadtseitige Front des dritten Entwurfs insofern überein, als hier wie dort die niedrige dorische Ordnung dem Zentrum, die ionische Kolossalordnung hingegen den Seitenrisaliten zugewiesen wird. Vom aktuellen französischen Klassizismus geprägt sind andererseits die abstrakte Stereometrie der Kuppel und der Kranz der Kolossalsäulen auf der Gartenseite. Hier ist also gerade das Zentrum am stärksten vom Zeitstil gezeichnet.

62 K 30

32, 33

61 K 29
Farbt. II unten

Die stilistische Retrospektive erstaunt umso mehr, wenn man den Weißensteiner Entwurf neben das von De Wailly zwei Jahrzehnte früher erbaute Schloß Montmusard stellt. Dieses Erstlingswerk bedeutete für seine Zeit durch die weitgehende Schmucklosigkeit und die betont schlichte Rustizierung der glatten Wand den radikalsten Bruch mit der Schloßbaukunst des französischen Rokoko, was Robin Middleton und David J. Watkin, die noch irrtümlich davon ausgingen, daß Montmusard nicht vollendet worden sei, dazu veranlaßte, dieses Schloß als »das herausforderndste und trotzdem edelste Gebäude in Frankreich«[516] zu bezeichnen.

72

Wie ist der Eklektizismus des dritten Weißensteiner Entwurfs zu erklären? Es wäre denkbar, daß er im Dienst historischer Tendenzen steht:[517] De Wailly rekurriert auf Formengut zweier Jahrhunderte, die einerseits den Villenbau in Italien, andererseits den Schloßbau in Frankreich zu Reife und Vollendung geführt haben. Eine solche Rückbesinnung erschiene insofern plausibel, als die Bauaufgabe »Schloß« am Ende des Ancien Régime alles andere als aktuell oder selbstverständlich lösbar zu nennen ist. Historisch wären auch die Rückgriffe auf die französische Baukunst des damals als »grand siècle« verstandenen 17. Jahrhunderts zu deuten, die im Zusammenhang mit dem ersten Projekt bereits angesprochen wurden, gerade auch deshalb, weil, wie erwähnt, die baukünstlerischen Leistungen der Gegenwart für ungenügend erachtet wurden. Als Vertreter des für das Zeitalter der Aufklärung typischen Eklektizismus kann der Leiter des königlichen Bauwesens, der Marquis De Marigny, gelten. Als er sich von Soufflot, mit dem er 1749—1751 die Italienreise unternommen hatte, sein Wohnhaus in Paris 1768 umgestalten ließ, lautete seine Forderung: »Je ne veux point de chicorée moderne; je ne veux point de l'austère ancien; mezzo l'uno, mezzo l'altro.«[518]

Zu untersuchen bleibt, in welchem Kontext De Wailly sein heterogenes Formenvokabular einsetzt. Für die Durchsetzung eines höchst eigenwilligen Stilprinzips spricht vor allem die Stadtseite des dritten Projekts. Sie ist dadurch charakterisiert, daß sich einzelne Abschnitte der Fassade voneinander absondern, die in ihrer Autonomie aber zugleich dadurch eingeschränkt sind, daß in der Hierarchie jedes Kompartiment über sich selbst hinaus auf ein höheres verweist. Das heißt in diesem Fall konkret: In der Mitte ist die niedrige dorische Ordnung in einem räumlich abgeschlossenen Bezirk zu finden. Die Verwendung der ionischen Kolossalordnung bleibt auf die Peripherie, die Seitenrisalite, beschränkt. Die dritte und letzte Stufe des hierarchischen Aufbaus führt wiederum diagonal zurück zur Kuppel in der Mitte. Eine ordnungslose Zwischenzone, die an der Fassadenrücklage und dem gleichmäßigen Fenster-Wandfeld-Wechsel des Mezzanin-Geschosses im Hofrund zu fassen ist, steht neutral zwischen diesen drei hierarchischen Etappen und sondert sie gegeneinander ab. De Waillys Stil vermeidet also bewußt das eindeutige, konsequente »Crescendo« zur Schloßmitte hin, wie es für den Barock üblich wäre und wie es als Relikt am ersten Entwurf noch faßbar war.

Weiterhin ist kennzeichnend, daß der Verselbständigung der Teile im Aufriß eine ähnliche im Grundriß entspricht, wie die den Flügeln zugeordneten Seitenrisalite beweisen. Dieses Prinzip der relativen Autonomie einzelner Fasadenabschnitte dürfte schon Emil Kaufmann erkannt haben, der den Stil von De Waillys eigenem Wohnhaus in der Pariser rue de la pépinière[519] als »pattern of multiple response«[520] umschrieb. Kaufmann interpretierte diesen Befund als durchaus zukunftsweisend: Er erkannte in De Wailly einen der Neuerer des französischen Klassizismus, der sich die Auflösung des — von Kaufmann häufig zitierten — »barocken Verbandes« zum Ziel gesetzt habe. Es ist jedoch darauf hinzuweisen, daß De Wailly sich zur Erreichung dieses Ziels eines eher traditionell orientierten Manierismus bediente. An der Hauptfassade ist eine typisch manieristische, das Prinzip von Tragen und Lasten bewußt negierende Dekomposition[521] zu erkennen, die den cinquecentesken Manierismus (Beispiel: die Villa Giulia in Rom) sowie manieristische Tendenzen in der englischen Baukunst des 17. Jahrhunderts[522] zur Voraussetzung hat. Eine manierierte Stilhaltung kennzeichnet nicht nur die beiden anderen Weißensteiner Projekte, sondern ist schon, wie erwähnt, im Frühwerk De Waillys mit seinem Orangerie-Entwurf greifbar.

5. Gemeinsame Merkmale

Der Bautypus und seine Voraussetzungen

Zu den besonderen typologischen Merkmalen, die die drei Entwürfe gemeinsam haben, gehören die Anzahl der Geschosse, die Auslegung des Erdgeschosses als Hauptgeschoß, die Anlage von zwei Hauptappartements auf derselben Ebene, die Reservierung des Obergeschosses für vornehme Gäste und die Einbeziehung eines Theaters. Als in mehreren Punkten richtungsweisend muß der Grand Prix der Académie Royale d'Architecture des Jahres 1776 gelten, dessen zwei erste preisgekrönte Arbeiten von Desprez und Bénard bereits erwähnt wurden. Die Ausschreibung umfaßte folgendes Programm:

»L'Académie propose à ses élèves pour le sujet du grand prix de l'année présente le principal corps de logis d'un château pour un grand seigneur; ce corps de logis sera double et de trente deux toises de face avec pavillon ou sans pavillon.

L'élévation présentera un rez de chaussée et au moins un étage au dessus, avec des combles apparens d'une forme et décoration noble et convenable à ce genre d'édifice.

Le rez de chaussée sera distribué en vestibule, appartements de compagnie, salle à manger qui ne soit point antichambre, une chapelle, deux appartements de maître bien complets, des escaliers et dégagements nécessaires.

Le premier étage contiendra des appartements de maître, composés chacun d'une chambre, cabinet et double garde robe de plain pied ou en entresol; quelques-uns auront une antichambre.
[...]

Ce château sera élevé sur des perrons, rampes ou terrasses«.[523] Diese am 3. Juni 1776 gestellte Aufgabe war u. a. von De Wailly, Peyre, Ledoux, Gabriel und Soufflot unterzeichnet worden. In einer ersten, am 13. Mai desselben Jahres vorgelegten Fassung des Wettbewerbs sollte das Corps de logis 40 toises lang sein.[524] Diesem Maß nähern sich die beiden ersten Weißensteiner Projekte.

Von seiten des Kasseler Auftraggebers scheinen De Wailly wenig konkrete Wünsche vorgelegen zu haben. Immerhin erfassen wir mit dem Theater einen gemeinsamen Bestandteil des Raumprogramms,[525] der aber erst zu einem relativ späten Zeitpunkt in die planerische Konzeption aufgenommen wurde, wie dies aus dem ersten und dritten Projekt ersichtlich ist. Die Freiheit bei der Planung konnte De Wailly dazu nutzen, drei unabhängige Idealprojekte zu entwerfen, die sich in Größe und Anspruch deutlich voneinander absetzen.

Die Rampenanlage

Die in der Grand-Prix-Ausschreibung 1776 erwähnten Terrassen und Rampen bilden eines der wesentlichsten Charakteristika der De Wailly-Entwürfe. Seit der Renaissance war von den Architekturtheoretikern ein erhöhter, über die »Niederungen der gemeinen Existenz«[526] erhabener Standort für die ideale Villa immer wieder gefordert worden.[527] Bauten wie Vignolas 1559 begonnener Palazzo Farnese in Caprarola[528] oder Giacomo della Portas um 1600 erbaute Villa Aldobrandini in Frascati[529] machen sich eine solche Lage durch Terrassen und über Rampen geführte Wege und Treppen zunutze. Geschwungene, allerdings ovale Rampen hatte schon Bernini für sein 1660/1661 entstandenes Projekt für die Spanische Treppe in Rom[530] vorgesehen.

De Wailly sieht eine Anfahrt zum Schloß vor, die dank der aneinandergesetzten Kreisrampen bruchlos in Form von ineinandergeschlungenen S-Kurven erfolgen kann. Das Herannahen an das Schloß wird durch die außergewöhnlich breit ausladenden Kurven bewußt verzögert. Dies hat zur Folge, daß der Betrachter die Architektur von ständig wechselnden Punkten aus sehen kann. Ein so gezielt eingesetztes retardierendes Moment erzeugt Neugierde und Spannung, dient also der psychologischen Einstimmung: Das Schloß wird zum Hauptakteur eines Architektur-Spektakels. Ein Effekt, den diese Art von Architektur-Präsentation bewirkt, wurde von Peyre einmal so umschrieben: »[...] le grand art de l'Architecture doit être de chercher à faire paroître les monuments qu'il élève plus considérables qu'ils ne sont réellement.«[531] Die Vorstellung, daß Architektur, ähnlich der Malerei, als darstellende Kunst zu begreifen sei, entstand um die Mitte des 18. Jahrhunderts: Germain Boffrand vertrat die Überzeugung, mit Hilfe von Bauwerken unterschiedliche »caractères« oder Genres verkörpern zu können.[532]

Daß es nicht zuletzt die Rampen und Terrassen sind, die zum quasi sakralen Genre der drei Entwürfe beitragen, beweist noch ein Vergleich mit der phantasievollen Rekonstruktion des Salomonischen Tempels,[533] die im Jahr 1766 nach De Waillys Zeichnung gestochen wurde. Bei diesem Blatt liegt der pantheon-ähnliche Tempel am Ende einer Abfolge von Treppen und Terrassen, deren Sinn es offensichtlich ist, schon dem Aufstieg zum Heiligtum eine gleichsam kultische Bedeutung zu verleihen.

IV.

»Verlust der Mitte«

Ein Idealentwurf Heinrich Christoph Jussows

Schriftliche Quellen

Das zeitlich an De Waillys Entwürfe anschließende Weißensteiner Schloßprojekt stammt von Heinrich Christoph Jussow. Im Gegensatz zu den Vorschlägen des Franzosen kann es mit Hilfe einer schriftlichen Quelle näher bestimmt werden.

Der Obrist Johann Wilhelm von Gohr, unter Friedrich II. Präsident der Kasseler Bauakademie und stellvertretender Leiter des Baudepartements,[534] wandte sich im April 1786 an Wilhelm IX. mit folgendem Schreiben:
»DurchLauchtigster LandGraf
Gnädigster Landes Fürst und Herr!
Beiliegende unterthänigste Bitschrift von dem bei dem Baudepartement stehenden und dermahlen in Rom sich befindenden Scribent Jussow, ist mir von demselben zugeschickt, um solche nebst denen 5 beigehenden Rißen, worin er mittels eines Desseins zu einem neuen Schloß vor Weißenstein, und, um die Außsicht dem obern Gebäude nicht zu benehmen, *kein Corps de logis angebracht ist,* etwas von seiner Arbeit aufgestellet hat, Ew: Hfürstl. Durchl. unterthänigst zu Füßen zu legen.
Ich überreiche demnach solche unterthänigst hierbei und beharre lebenslang in profondester Devotion
Ew: Hochfürstl: Durchl:
Caßel d 28 April
1786
unterthänigst treu gehorsamst
W. Gohr«.[535]

Bei der von Gohr angesprochenen Bittschrift handelt es sich um nichts anderes als um den im biographischen Teil bereits zitierten Brief, den Jussow am 24.3.1786 in Rom geschrieben hat.[536] Der darin geäußerte Wunsch, auch England noch bereisen zu dürfen, sollte wohl dem Landgrafen durch das beigefügte Schloßprojekt, das über Jussows Fortschritte Aufschluß geben konnte, schmackhaft gemacht werden. Die Entwürfe blieben unausgeführt wie die des Lehrers De Wailly. Sie wanderten in einen großformatigen Sammelband der Wilhelmshöher Schloßbibliothek mit dem Titel: »Architectur und andere Projecte von Wilhelmshöhe.«[537] Im Inhaltsverzeichnis dieses Bandes figurieren sie in der Rubrik VII als »Prospekte und Grundrisse zu einem neuen Schloß zu Weissenstein, 5 Blätter, 1786 von Jussow, noch in Italien verfertigt.«[538]

Endgültige Fassung

Zu Jussows Entwurf, der bisher von der Forschung nur unzureichend zur Kenntnis genommen wurde, können im folgenden die genannten fünf Zeichnungen erstmals in Vollständigkeit vorgestellt werden. In dem genannten, heute in Potsdam aufbewahrten Klebeband sind nur noch zwei Blätter zu finden; zwei weitere entdeckte ich im Weißensteinflügel des Wilhelmshöher Schlosses, das fünfte ist seit dem Zweiten Weltkrieg verschollen und nur als Fotografie überliefert.

97 K 34 Es ist ausgerechnet das wichtigste, die nach der Stadt gerichtete Front zeigende Blatt, das verloren ist. Die topographische Situation verrät sich unverwechselbar durch die Andeutung des Oktogons mit dem Herkules auf dem Karlsberg. In die perspektivisch wiedergegebene Landschaft gesetzt erscheint der Schloßkomplex, seinerseits im reinen Aufriß festgehalten.[539] Man erreicht, wie bei De Wailly, das auf halber Höhe liegende Schloß über gebogene Rampen und Terrassen. Was uns als »Schloß« gegenübersteht, ist eine Abfolge von in sich geschlossenen Gebäudeeinheiten, die durch Kolonnaden locker miteinander verbunden sind. An die Stelle, wo nach gewohntem Schema das Schloßzentrum in Form eines Corps de logis zu erwarten wäre, setzt Jussow einen Triumphbogen; gemeinsam mit dem davor stehenden Obelisken folgt er der durch das Oktogon vorgegebenen barocken Achse, die das Ensemble spiegelbildlich ordnet. Innerhalb jeder Bildhälfte dominiert ein portikusgeschmückter Bau mit Kuppel, an Größe dem Triumphbogen überlegen. In den Außenbezirk gerückt ist je ein

101 eingeschossiger Pavillon, ebenfalls mit Portikus.

98 K 35 In welchem räumlichen Verhältnis die Bauten zueinander stehen, zeigt erst der Grundriß. Vergleicht man ihn mit dem Aufriß, so verblüfft am meisten die Tatsache, daß die Kuppelbauten nicht frei stehen, sondern Pavillons zweier sich in die Tiefe erstreckender Flügel sind, an deren jenseitigen Enden sie sich wiederholen. Die den Triumphbogen aufnehmende Kolonnade ist so zwischen die Flügelmitten eingespannt, daß der Bogen den Mittelpunkt einer H-förmigen Anlage darstellt. Auf der Stadtseite greift das Schloß weiter aus mit den flachen Pavillons, deren Säulenhallen als Viertelkreise an die Seitenrisalite anschließen. Die Distanz, die die zweieinhalb Kreise der schräg ansteigenden Rampe beinhalten, beträgt etwa die doppelte Länge der Schloßfront, die mit 960 pieds (= 160 toises, ca. 312 m) angegeben ist.

Den Aufgang flankieren zwei Torhäuser, die aus einem rechteckigen, sparsam gegliederten Baukörper bestehen. Die vier dorischen Säulen ohne Basen springen mit der Gebälkzone risalitartig vor und betonen das wehrhaft-trutzige Äußere.

Die innerhalb des Schloßareals am weitesten vortretenden Seitenpavillons liegen dicht vor einer Terrasse. Diese ist mit ihrer Treppenanlage auf die Abmessungen jedes Baues abgestimmt. Sie wirkt somit wie ein vorgezogener Gebäudesockel. Die Pavillons besitzen auf drei Seiten ionische Portiken, deren umlaufende Gebälkzone diejenige der Viertelkreiskolonnaden fortführt. Die in zwei Geschossen angeordneten Fenster sind ohne Rahmung gleichsam in die Wand eingeschnitten. Ein flaches pyramidales Dach gibt den oberen Abschluß.

103 Die karge Formensprache, die aus den Seitenpavillons spricht, kommt in den kuppelbekrönten Eckpavillons gesteigert zum Ausdruck. Sie setzen sich zusammen aus einem quergelagerten Rechteckblock von drei Geschossen, über dessen Mitte eine Kuppel mit niedrigem Tambour ruht.

Die beiden unteren Geschosse überzieht ein regelmäßiges Fugenmuster, das bis zur Gebälkzone des hexastylen, korinthischen Portikus reicht. Die rahmenlosen Fenster sitzen über Sohlbänken, die nur in der ersten Etage mit einer Balustrade versehen sind. Das Halbgeschoß über den Säulen ist als Attika glatt belassen. Die Kuppel als Halbkugel stellt einen lebhaften Kontrast dar zu dem kastenartigen Unterbau: Zwei stereometrische, in der

Zeichnung geometrische Grundformen stoßen unmittelbar aufeinander. Dieser Gegensatz ist bewußt gewählt, als Stilmittel eingesetzt: Der Portikus reicht nur über zwei Geschosse, über denen das dritte gewissermaßen als Leerzone fungiert. Die Achse Portikus-Kuppel spricht somit nicht als durchgehende Vertikale. Kubus des Unterbaus und Halbkugel bleiben geschieden.

Dem Zug zur Verwendung abstrakter Formen folgen auch die Lünettenfenster des wiederum gefugten Tambours. Die der Kalotte aufgesetzten Dachgauben und die Laterne erscheinen in ihrer Zierlichkeit als Ausnahmen von dieser Regel.

Stellen die Zwillingsbauten der Eckpavillons — insgesamt handelt es sich sogar um Vierlinge — den Hauptakzent der Schloßfront dar, so ist demgegenüber die Mitte merkwürdig zurückgenommen: Der Funktion als Wohnraum entledigt, bringt sie ihren repräsentativen Charakter allein in Gestalt eines römischen Triumphbogens zum Ausdruck. Dieser besitzt drei in der Art des Konstantinbogens gestaffelte Durchgänge. Die vier vorspringenden korinthischen Säulen tragen ein Gebälk mit niedrigem Attikastreifen. Es fällt auf, daß das Gebälk nicht, wie in der römischen Antike an vergleichbarer Stelle üblich, verkröpft ist, sondern als glatter Streifen durchläuft. Über den seitlichen Durchgängen bilden Reliefs den einzigen skulpturalen Schmuck.

Der Grundriß der Anlage ist dadurch gekennzeichnet, daß jeder der beiden in Längsrichtung verlaufenden Flügel in sich völlig abgeschlossen ist. Auch innerhalb der Flügel herrscht eine auffallende Tendenz zu selbständigen Raumeinheiten vor. Die Eckpavillons sind als Zentralbauten ausgelegt, deren Eigenständigkeit durch ihre Querstellung zur Achse des Flügels unterstrichen wird. Auch die Mittelpavillons der Flügel sind als Zentralbauten gestaltet, wobei die Kreuzform des Hauptraums durch die gelenkartige Vermittlung zwischen Flügelachse und rechtwinklig darauf treffender Kolonnade besonders motiviert erscheint. Einem abstrakten Ornament gleich, wiederholt sich der Grundriß eines Flügels in seinem Gegenüber. Damit stellt die Triumphbogen-Kolonnade eine funktionsmäßig nicht notwendige, also rein ästhetische Verbindung zweier autonomer Schloßbauten dar. Einzig die Seitenpavillons auf der der Stadt zugewandten Hauptfront sind ihrem Verwendungszweck nach unterschieden; der linke, südliche dient als Theater, der rechte als Küche. Die Logen des Theaters sind um einen Kreis herum angelegt, von dem ein Segment in das Proscenium hineinragt. Eigens abgesetzt ist die runde Herrschaftsloge. Das Parkett ist nicht bestuhlt. *98*

Wie Jussow sich die nach Norden bzw. nach Süden weisenden Fassaden der Flügellängsseiten dachte, geht aus einem der Kasseler Blätter hervor, das den geplanten Nordflügel sowohl im Längsschnitt als auch im Aufriß festhält. *105*

Im Aufriß des Traktes dominieren die Eckpavillons. Sie sind als kurze Flügel vorgezogen und überragen nicht allein die nur zweigeschossigen Fassadenrücklagen bei weitem, sondern auch die Flachkuppel des Mittelpavillons, dem ein achtsäuliger korinthischer Portikus vorangestellt ist. Über der Gebälkzone des Portikus stehen, den Säulenachsen entsprechend, Statuen, die ebenso für die Portiken der Eckpavillons an den Seiten vorgesehen sind. (Der oben besprochene Gesamtaufriß zeigt eine Variante ohne Figuren). *106*

97

Aufgrund des Übergewichtes der hohen seitlichen Kuppelbauten weisen die Flügelfassaden eine ähnlich unausgewogene Massenkomposition auf wie die Hauptansicht; immerhin zeigen sie, daß das Schloß ein allseits geschlossenes Bild ergeben soll. Dabei hat man sich die nach dem Karlsberg gelegene Rückseite identisch mit der Stadtfront zu denken, lediglich ohne die Viertelkreiskolonnaden und die anschließenden flachen Seitenpavillons.

Der Längsschnitt erfaßt die repräsentativen Räume eines Flügels, die alle ebenerdig hinter der auf ein quadratisches Rasenparterre ausgerichteten Fassade liegen. In ihnen hat man die appartements de parade zu erkennen. Die appartements privés dagegen liegen in der schmaleren Reihe des appartement double; ihre Fenster weisen *105* nach der Hofseite. Insgesamt zählen wir nicht weniger als vier große appartements de parade sowie acht appartements privés.

Wie der Längsschnitt durch einen Flügel erkennen läßt, liegen im Kern der Eckpavillons steil proportionierte Rundräume. Pilasterstellungen im Erdgeschoß tragen einen Umgang, von dem aus der in halber Raumhöhe angebrachte Figurenfries näher betrachtet werden kann. Als Themen dieser Friese sind für beide Rundräume Opferszenen vorgesehen, die zusammen mit dem Ornament die Räume römisch-antik einstimmen. Die kassettierte Innenkuppel setzt um die Höhe des Tambours niedriger an als die Außenkuppel. Für direktes Licht sorgen allein die in die Kuppel einschneidenden Lünettenfenster.

108 K 37 Noch aufwendiger ist die Wandgestaltung für den Zentralraum des Mittelpavillons vorgesehen, für die ein detaillierter Entwurf vorliegt. Je vier korinthische Säulen teilen die tonnengewölbten Arme des griechischen Kreuzes ab, so daß das Mittelquadrat räumlich vorherrschend bleibt. Eine mächtige, konzentrische Doppelarkade überspannt die obere Wandhälfte. Mit Grotesken-Ornamentik geschmückte Pendentifs leiten in dieser Zone das Raumquadrat über zur Kreisform eines Gesimses, über dem sich eine kassettierte, in diesem Falle einschalig konstruierte Flachkuppel mit Opaion erhebt. Die um eine Opferszene in dem Zentrum der Doppelarkade bereicherte Dekoration erscheint im Gesamtlängsschnitt im Sinne einer Purifizierung vereinfacht. Verbindend zwischen die überkuppelten Säle tritt eine Abfolge von je drei Räumen, deren mittlerer als Nebensalon hervorgehoben ist. Die einfachen, schmucklosen Zimmer des Obergeschosses sind wohl für die Dienerschaft bestimmt.

114 K 38
Farbtafel IV Eine neu entdeckte Zeichnung gibt uns eine Vorstellung von der Gesamtanlage des Schlosses und seiner Umgebung. Der Garten erstreckt sich, abgesehen von den englischen Rasenparterres vor den Flügeln, ausschließlich hangabwärts — er bereitet für den von der Stadt Kommenden die Schloßanlage vor. Die große Allee teilt sich hinter den Torhäusern in Kreisformen auf, mit deren Hilfe der schräge Anstieg erleichtert wird. Die kreisförmigen Wege liegen inmitten eines Rasenparterres, das in seiner Breite der Ausdehnung der Schloßfront entspricht. In den flankierenden Bosketzonen werden regelmäßige Kabinette und Salons ausgegrenzt: Jussow greift also auf Formengut des französischen Barockgartens zurück. Der Park, von dem der Plan lediglich einen Ausschnitt wiedergibt, grenzt sich mit einer messerscharf gezogenen Linie gegen die freie Natur ab. Dies wird deutlich auf der zum Karlsberg gelegenen Seite, wo die zu den Kaskaden des Oktogons führende Hauptachse das einzige künstlich gestaltete Element bleibt.

Aus den bisherigen Beobachtungen ergibt sich folgende Charakteristik: Jussow konzipiert ein Schloß aus zwei parallelen Flügeln, die sich innen wie außen genau entsprechen. Die gewohnte Verbindung, das Zentrum in Form eines Corps de logis, fehlt, folglich fehlt auch eine cour d'honneur, von der nur im Zusammenhang mit einer »belebten« Mitte gesprochen werden könnte. Mittelpunkt ist stattdessen mit dem Triumphbogen ein Monument, um das sich die vier kuppelbekrönten Eckpavillons der Flügel gruppieren. In ihnen, den baulichen Hauptakzenten der Anlage, manifestiert sich ein dezentralisierendes Verteilungsprinzip. Da alle ein Corps de logis auszeichnenden Elemente gleichmäßig auf die Flügel übertragen werden, muß in letzter Konsequenz von *zwei autonomen Schlössern* gesprochen werden. Grund- und Aufriß bekunden eine Vorherrschaft der Symmetrie, die als Formprinzip verabsolutiert in Erscheinung tritt.

107 Von den Innenräumen sind nur für die repräsentativen appartements de parade Gestaltungsvorschläge erarbeitet; der Bereich privaten Wohnens wird — bezeichnenderweise — völlig vernachlässigt.

Die Gesamtanlage ist beherrscht von der einen großen, bereits im frühen 18. Jahrhundert festgelegten Achse. Schon vor dem Schloß in stufenförmiger Abfolge betont durch Treppen, Skulpturen, Fontäne und Obelisk, ist sie erst recht die Determinante für die Schloßdisposition: Als mitten hindurch geführte Prachtstraße teilt sie das

III
Charles De Wailly mit Atelier.
Erstes Projekt für Schloß Weißenstein,
1785. Situationsplan   K 3

Charles De Wailly.
Zweites Projekt für Schloß Weißenstein,
1784/1785. Situationsplan mit Vorgängerbau (hellgelb) und drittem Projekt (dunkelrosa)   K 15

Schloß in die beiden gleichwertigen Flügel, und als Triumphstraße bestimmt sie auch die Schloßmitte, ein Tor. Schließlich macht die starke Betonung der Mittelachse deutlich, daß deren Zielpunkt, Oktogon und Herkules, in die Schloßanlage gleichsam als Fernzentrum einbezogen ist — ein Beleg dafür, wie sehr diese Architektur auf das Denkmalhafte fixiert ist.

Die Schloßanlage fußt entwurfstechnisch auf dem Quadratraster. Das streng regularisierte Schema ist vom Bau auf den Garten übertragen. Unkonventionell ist die Lage des Parks *vor* dem Schloß. *100*

Vorstudien

Manchen Hinweis auf den Entstehungsprozeß und die künstlerischen Intentionen des Schloßentwurfs geben die im Zusammenhang damit entstandenen skizzenartigen Vorzeichnungen, die sich in Jussows Nachlaß erhalten haben.

Unter diesen befindet sich ein Situationsplan, der in wesentlichen Punkten von der letzten Fassung abweicht. *113* K 39
Die beiden Flügel des Schlosses besitzen dort einen halbrunden, säulenumstellten Mittelpavillon, der in Richtung auf das Rasenparterre vorspringt. Die Eckpavillons sind gegenüber der Flucht der Flügelrücklagen nur geringfügig vorgezogen. Für die stadtseitige Front ist eine Ausdehnung von lediglich etwa 800 Einheiten, wohl pieds, angenommen.

Der Park zeigt eine eigentümliche Gestaltung. Rechts (nördlich) der Rampenanlage finden wir ein Boskett, das von einem Stern von Wegen durchzogen ist. Ihm gegenüber flankiert die südliche Seite der Rampe ein anglochinesischer Garten, den kleinteilig geschlängelte Wege und ein vielfältig gewundener Wasserlauf durchziehen. Auf einer Insel erhebt sich die kleine Dreiflügelanlage eines Lusthauses. Es kennzeichnet die besondere Stilform dieses Gartens, daß die scheinbar willkürlich eingefügten landschaftlichen Elemente unvermittelt übergehen in einen wiederum regelmäßigen Abschnitt mit einem Achsenkreuz von Wegen.

Aus einer Grundriß-Studie mit mehreren korrigierten Stellen geht die ursprüngliche Disposition hervor. Im *110* K 46
Mittelpavillon liegt ein großer runder Salon, an den beidseitig je ein Appartement angeschlossen ist. In den kleinen Eckpavillons liegen die Schlafzimmer. Es fehlen noch die repräsentativen Gesellschaftsräume der endgültigen Fassung, die sich in den Korrekturen am rechten Flügel schon ankündigt.

Die stadtseitige Hauptansicht ist ebenfalls in ihrem frühen Planungsstadium überliefert. Ihrer geringeren *99* K 41
Größe entsprechend, besitzen dort die Stirnseiten der Eckpavillons einen nur viersäuligen Portikus, während die gleichen Kuppeln, wie wir sie aus der letzten Fassung kennen, den Baukörper bekrönen. Die winzigen Torhäuschen am Eingang stehen wie stellvertretend für den noch relativ bescheidenen Anspruch, der für die Gesamtanlage im Ausgangsstadium der Planung charakteristisch ist.

Eine Vorstellung von der Vielfalt der Ideen, mit denen Jussow experimentierte, ist aus einem weiteren Studienblatt zu gewinnen. Eine Variante, gezeichnet für die der Stadt zugekehrte Front der Eckpavillons, nimmt *115* K 42
den sechssäuligen Portikus der endgültigen Fassung vorweg. Durch Radieren fast völlig unkenntlich gemacht *116*
sind eine Kuppellösung ohne Tambour und eine Quadriga über dem Triumphbogen.

Der zusammenhängend gezeichnete Aufriß der Flügellangseite bietet mit seiner säulenumstellten, halbrunden *115*
Mitte und der höheren Zahl von Fensterachsen ein geschlosseneres Bild als im endgültigen Stadium der Planung.

Für die Dachform ist eine eigenartige Wandlung zu beobachten: Es liegt ein wieder verworfener Vorschlag mit Mansarddächern über den Eckpavillons zugrunde, die in der Folge den Kuppeln gewichen sind. Die Verwendung des Mansarddaches mutet in diesen Jahren schon anachronistisch an, findet jedoch, wie noch zu zeigen ist, mögliche zeitgenössische Vorbilder.

130, 132

Zur typologischen und stilgeschichtlichen Einordnung

Auf den ersten Blick scheint Jussows großer Idealentwurf in auffälliger Weise der Schloßbautradition des Absolutismus zu widersprechen. Der Versuch einer kunsthistorischen Einordnung soll diesem Problem nachgehen sowie der — quellenmäßig nicht befriedigend zu klärenden — Frage, welche Einflüsse Jussow im Ausland geprägt haben.

In mehrfacher Hinsicht nähert sich das Projekt dem französischen Schloßbau in seiner vorabsolutistischen Frühphase. Zu dieser Einschätzung tragen folgende Phänomene bei: die Parallelstellung der Trakte bei gleichzeitigem Verzicht auf ein dominierendes Corps de logis, die turmartige Überhöhung der Eckpavillons, die Verlagerung der Wohntrakte an die Peripherie sowie die allseitige Fassadenausbildung. Man wird damit erinnert an den Typus von Serlios Schloß Ancy-le-Franc aus der Mitte des 16. Jahrhunderts, für den Einflüsse des italienischen Schloß- und Villenbaus kennzeichnend sind.[540] Die Sonderform des H-Grundrisses reicht entstehungsgeschichtlich ebenfalls in diese Zeit zurück. Er leitet sich von den »Trois Livres d'Architecture« her, die Du Cerceau 1559 publiziert hat. Du Cerceau begründet die Form als »désaigné sur la première lettre du nom du Roy nostre Sire«,[541] und das war damals Heinrich II. Im Louis-quatorze findet sich die H-Form für ein Schloß bei Antoine Lepautre,[542] der zwischen den Appartements der Seitenflügel im Querflügel ein rundes Vestibül untergebracht hat. Noch 1773 empfahl Johann David Steingruber in seinem »Architectonischen Alphabet« das »H« für den Grundriß eines »Land-Palais vor einen großen Herrn«.[543] Von solchen Vorschlägen inspiriert, könnte Jussow mit der H-Form eine Anspielung auf den Anfangsbuchstaben des Landes Hessen im Auge gehabt haben.

121

123

Die mit dem H-Grundriß verbundene Verlagerung des Schwergewichts auf die Flügel ist ein besonderes Merkmal der Umbau- und Erweiterungsphasen, mittels derer Versailles vom unbedeutenden Landschloß zur ersten Residenz Europas aufstieg.[544] Die für den Barock so untypische Aufwertung der Flügel auf Kosten des Mittelbaus wiederholt sich im Park von Versailles an Hardouin-Mansarts Schloß Grand Trianon[545] aus dem Jahre 1687, wo der Ersatz eines regulären Corps de logis durch eine luftige Kolonnade sogar planungsgeschichtlich vorexerziert worden ist.

Schloßentwürfe des ausgehenden 18. Jahrhunderts beweisen, daß am Motiv der zentralen Kolonnade bevorzugt festgehalten wurde. Dazu rechnen ein Projekt von Moreau-Desproux, mit dem dieser an der Pariser Akademie 1752 den dritten Preis errang,[546] ein Musterentwurf aus De Neufforges »Recueil«,[547] sowie ein nicht ausgeführtes Schloß des Pierre Michel d'Ixnard.[548] Nicht vollendet wurde das gleichartig 1786 von Victor Louis begonnene Château de Bouilh bei Saint-André de Cubzac,[549] das vielleicht von De Waillys erstem Entwurf für Schloß Montmusard abhängt.

119

Die von Jussow als Zentrum eingesetzte Triumphbogenarkade ist ein klassisches Zitat, das architekturgeschichtlich ursprünglich dazu diente, den Ehrenhof eines triklinen Schlosses nach außen zu begrenzen. Als solches hat es um 1665 sogar für den Louvre, als Alternative zu Perraults Ostflügel, zur Diskussion gestanden.[550]

Daß auch bei Jussow die Kolonnade zunächst noch zwischen die beiden vorderen Eckpavillons gespannt werden sollte, scheint ein Detail auf einem der Studienblätter anzudeuten, das den Aufriß des linken Eckpavillons, der Kolonnade und des Triumphbogens festhält. In dieser Form läßt sich der Entwurf zurückführen auf Peyres Projekt für das Hôtel de Condé in Paris. Für Jussows eigenwillige Umdeutung, die darin besteht, daß auf ein Corps de logis völlig verzichtet und an seine Stelle die somit wesentlich aufgewertete Kolonnade gerückt wird, bietet sich aus Peyres »Œuvres« das »Palais pour un souverain«[551] als Vorstufe an. Peyre geht dabei von einer Dreiflügelanlage aus, die sich in zwei Viertelkreisen vor dem Ehrenhof erweitert. Die Triumphbogenkolonnade separiert die »cour royale« des Innenhofes von der »avant-cour«. Dieser Entwurf bietet nicht nur mit der Kolonnade, sondern auch mit dem Verhältnis der Flügel zueinander Anregungen, die offenbar von Jussow weiterentwickelt worden sind. So gibt Peyre jedem der drei Flügel die gleiche Fassadengliederung: »Les deux corps de bâtimens qui donneroient sur la grande cour, seroient disposés de même que celui du milieu [...]«.[552] Folglich »konkurrieren« die Seitenflügel mit dem Corps de logis, das sich nach außen hin nicht mehr mit Hilfe eines höherwertigen decorum, sondern nur noch aufgrund seiner geometrischen Lage als Zentrum zu erkennen gibt. Es bedeutet wohl nur eine logische Weiterführung dieser Idee, wenn Jussow in einem ersten gedanklichen Schritt der äußeren Gleichheit der Flügel eine Gleichheit der Distributionen folgen läßt — ein Schritt, der sich bei Peyre bereits anbahnt. (Man vergleiche die an den Ecken liegenden Rundräume des »Palais« sowie die an den Außenseiten gelegenen Appartements!). Aus der völligen Gleichheit der Flügel folgt zwangsläufig ihre konstatierte Unabhängigkeit; die funktional noch aufeinander bezogenen Flügel des Peyre'schen Palais werden in einem weiteren Schritt austauschbar — eine Lösung vom gewohnten triklinen Schema scheint möglich, ja konsequent. Diese hypothetische Rekonstruktion verdeutlicht, daß Jussow mit dem Verzicht auf ein Corps de logis nicht einfach einen Teil ersatzlos eliminiert, sondern gleichzeitig die Flügel wesentlich aufwertet.

Nachzutragen wäre, daß Peyre, der mit der Publikation seiner »Œuvres« zu den wichtigsten Wegbereitern des archäologisch fundierten Klassizismus gehört, sein Palais-Projekt als Verschmelzung der »belles dispositions« antiker Monumente mit den »distributions commodes«[552] seiner Zeit verstand.

Schlagend sind die Zusammenhänge zwischen Jussows Entwurf und De Waillys Projekten. In erster Linie gehen auf den französischen Lehrer die kreisförmigen Rampenanlagen in ihren gewaltigen Dimensionen zurück, das Amphitheater, das Kolonnadenmotiv des römischen »Circus«, sowie die Bevorzugung geometrischer Abschnitte innerhalb des Parks. Diese Abhängigkeit gewinnt noch schärfere Konturen, wenn wir nach der stilistischen Einordnung des Aufrisses fragen. Auf einem der Studienblätter hat Jussow am Rand De Waillys zweites Projekt im Aufriß skizziert. Das legt nahe, daß er die Skizzen seines Entwurfs im Atelier De Waillys angefertigt hat, und ein Gleiches ist auch für die Reinzeichnungen anzunehmen. Jedenfalls bedeutet die weiter zu verfolgende Vorbildlichkeit mehrerer französischer Architekten, daß Jussows Entwurf, zumindest in seiner grundsätzlichen Konzeption, nicht in Rom entstanden ist — wie man aufgrund der schriftlichen Überlieferung annehmen sollte — sondern in Paris!

Die Erstkonzeption der Hauptfassade bietet die Eckpavillons als streng auf die Form eines Würfels hin vereinfachte Version der Eckpavillons aus De Waillys zweitem Projekt, dessen Skizze sich auf demselben Blatt befindet. Auf den gleichzeitigen, engen Zusammenhang mit Peyres Hôtel de Condé wurde bereits hingewiesen. Jussow verzichtet im Gegensatz zu Peyre und De Wailly auf den Dreiecksgiebel sowie auf jegliche ornamentale Fassung der Wand, in deren Lagerfugenrustika die Fenster schlicht eingetieft erscheinen. Vorherrschend sind allein Horizontale, Vertikale und die Halbkugel der Kuppel, die Jussow von De Waillys erstem Projekt übernommen hat, wie man anhand der Dachgaube und der Laterne unschwer erkennen kann.

103 K 34   In diesem abstrahierenden eklektischen Verfahren liegt die stilistische Prägung der Eckpavillons begründet, wie sie Jussow zuletzt ausgearbeitet hat. Sie sind allerdings nicht bloß als »Vergrößerungen« ihrer Vorgänger anzusehen; vielmehr stellen wir fest, daß Jussow nunmehr einen weiteren vorgeprägten Typus adaptiert, den er formal ähnlich
26   behandelt: Er greift auf Palladios Villa Rotonda zurück! Von dieser übernimmt er den Kubus, den sechssäuligen Portikus und die bekrönende Kuppel. Für eine Auseinandersetzung mit Palladios Villa spricht ferner der vor Jussows Eckpavillons axial liegende Abschnitt der Terrassenmauer, die mit der eingeschnittenen Auffahrtsrampe den hohen Sockel Palladios, weit vorgezogen, variiert. Genauso verweist das Innere der Eckpavillons mit seinem überkuppelten zylindrischen Mittelraum auf die Rotonda, aber auch die eng verwandte Villa Trissino in Meledo, die sich wegen des zum Querrechteck hin modifizierten Grundrisses als weiteres Vorbild anbietet.

101   Die niedrigen Seitenpavillons sind ebenfalls palladianischen Ursprungs. Ihre Fassade leitet sich her vom
102   Obergeschoß des Palazzo Antonini in Udine, den Palladio im zweiten Band der Quattro Libri abgebildet hat.[553] Wie bei seinen Rotonda-Repliken verzichtet Jussow auf den frontseitigen Dreiecksgiebel, der nur auf den Schmalseiten ausgebildet ist.

In Jussows zeichnerischem Nachlaß lassen sich mehrere Studien zu Villen finden, die aus der Auseinander-
127   setzung mit der Rotonda hervorgegangen sind. Jussow »zerlegt« dabei den Bau in einzelne Kompartimente, die er, verfremdet durch Weglassen und Hinzufügen diverser Teile, in unkonventioneller Weise neu zusammensetzt. So fügt er in einem Fall[554] den Portikus zwischen zwei Seitenrisalite, und läßt die sechs ionischen Säulen statt des
124   Giebels einen Altan tragen. Diese Blätter sind zwar alle undatiert, gehören aber zweifellos zu den Voraussetzungen des Schloßidealprojekts.

104   In seiner Formensprache, die von der Vorliebe für die reine Stereometrie geprägt ist und demzufolge die Ornamentik auf ein Minimum einschränkt, ist Jussows Schloßprojekt der »Revolutionsarchitektur« verpflichtet. Die Nutung der Wand über das Erdgeschoß hinaus und das schmucklose Einschneiden der Fenster konnte Jussow am Äußeren der Comédie Française studieren, für das in erster Linie Marie-Joseph Peyre verantwortlich zeichnete. Die Neuschöpfung von Entwürfen auf der Grundlage einer purifizierenden Überarbeitung von Villen Palladios bildet geradezu ein Charakteristikum der »Revolutionsarchitektur«. Jussows Eckpavillons lassen sich
125   vergleichen mit dem Entwurf zu einem »Château de plaisance pour un grand seigneur«,[555] mit dem Louis-Alexandre Trouard 1779 den prix d'émulation an der Académie Royale d'Architecture gewann.[556] Trouard geht von einer Rotonda-Replik aus, die den kubischen Umriß, den korinthischen Portikus, die generelle Isolierung der einzelnen Bauabschnitte gegeneinander und die Einbettung dieses Villen-Zitats in ein Netz aus ionischen Kolonnaden bei Jussow vorwegnimmt.

Vor allem aber scheint das Werk Claude-Nicolas Ledoux' für Jussow wegweisend gewesen zu sein. Gerade Ledoux ist es gewesen, der die zweifellos von England angeregte Palladio-Rezeption in Frankreich aufgegriffen hat. So fußen viele seiner 55 »Propylées« genannten, seit 1785 erbauten Pariser Zollhäuser[557] auf dem Schema der Rotonda, ferner z. B. seine im Kupferstich vorliegenden Entwürfe für den Bischofspalast in Sisteron (zwi-
128   schen 1780 und 1785)[558] sowie für das Schloß Eguière[559]. Ebenfalls aus der Umformung palladianischer Motive hervorgegangen ist die Häusergruppe des Marquis de Saiseval, erbaut 1786 in Paris,[560] an der sich die Variationsmöglichkeiten beispielhaft dokumentieren: Das äußere Erscheinungsbild ist konsequenter, als es je bei Palladio vorkommt, auf reine Kuben reduziert.

Zum Vergleich mit Jussows Eckpavillons bietet sich aus dem Œuvre des Franzosen die gestochene Fassung
129   von Schloß Bénouville an, das ab 1767 in der Nähe von Caen im Stil des Louis Seize errichtet wurde.[561] Die Wiedergabe im Stich erfolgte jedoch in purifizierter Form; Ledoux änderte die Kupferplatte in einem Stil, den er so ausgeprägt erst seit den achtziger Jahren gepflegt hat.[562] In seinem späteren Zustand, der in dieser Form also

nur im Stich existiert, zeigt das Schloß eine Fassadengestaltung, die mit ihrem Fugenmuster, den schmalen Fenstern mit unprofilierten, auf zwei Konsolen ruhenden Sohlbänken sowie der glatten Attika für Jussow Vorbild gewesen sein könnte. Die Forschungen J. Langners[563] über die Redaktion des Ledoux-Œuvres ergaben als Datum für die Überarbeitung der Stiche die Jahre 1780/1790.

Ein weiteres Detail verweist unverwechselbar auf den Pariser Architekten: Den Eckpavillons hatte Jussow in der Vorzeichnung zunächst Mansarddächer, danach, wie erwähnt, Kuppeln aufgesetzt. Denselben Austausch hat Ledoux im Rahmen seiner Idealstadt Chaux vollzogen, wo er in der ersten Fassung des Stichs die Häuser der Arbeiter und Handwerker, wie im Bau ausgeführt, mit Mansarddach abbilden ließ, während die nach 1780 korrigierte Kupferplatte über dem quadratischen Unterbau eine Kuppel vorsieht.[564] Diese Parallele zwischen Ledoux und Jussow ist zu eigentümlich, um zufällig zu sein.

132
133

Die grundsätzlichen Probleme, die sich bei der Frage nach der Ausstrahlung und direkten Nachfolge Ledoux' ergeben, sollten trotzdem nicht übergangen werden. Der Künstler betrieb nämlich mit seinen Kupferplatten eine bewußte Täuschung dadurch, daß er sie in dieser überarbeiteten Form vordatierte. Dies sollte den Eindruck erwecken, als hätte er bereits in den siebziger Jahren jenen neuen, radikalen Stil konsequent gepflegt. Erst durch Langner[563] und W. Herrmann[565] wurde diese »Fälschung« aufgedeckt. Immerhin ein festes Datum für Ledoux' radikale Stilphase besitzen wir mit dem Baubeginn der Pariser Zollhäuser: 1785. Dies ist zugleich ein konkreter Anhaltspunkt für die Umsetzung seiner Ideen in die Tat. Es ist keine Frage, daß die Entstehung der »Propylées« von Jussow gespannt verfolgt worden ist.

Problematisch erscheint vor allem die Frage, wie und wann die Stiche Ledoux', die sich zum Stilvergleich mit Jussows Entwurf anbieten, in der Öffentlichkeit verbreitet wurden. Bekanntlich hat Ledoux den ersten und einzigen Band seines »L'Architecture considérée sous le rapport de l'art, des moeurs et de la législation« betitelten Lebenswerks erst 1804 herausgeben können. Einzelexemplare gestochener Ansichten seiner Bauten erschienen jedoch schon im 18. Jahrhundert, wofür allerdings bislang keine genauere zeitliche Fixierung als »vor 1791«[566] gegeben werden kann. Welche Verbreitung diese Probe- und Gelegenheitsabzüge fanden, ist schwer zu entscheiden; daß sie aber am Ort ihres Entstehens, an der Académie Royale d'Architecture — Ledoux war seit 1773 ihr Mitglied[567] — und in den Ateliers der ersten Architekten, mithin auch De Waillys, bekannt waren, darf bei dem Ruhm und Ruf Ledoux' vorausgesetzt werden. Angesichts der verbleibenden Unsicherheiten kommt meiner Hypothese, daß Jussow durch Ledoux beeinflußt worden sei, eine Tatsache entscheidend zustatten: Ledoux besaß ja engste Beziehungen zu Kassel! Ende des Jahres 1775 war er durch Landgraf Friedrich II. für über zwei Monate nach Kassel berufen worden. Seine während jener Zeit entstandenen Entwürfe, ein Triumphbogen und ein Änderungsprojekt zum Museum Fridericianum[568] blieben allerdings unausgeführt, weil Ledoux schon damals zur Maßlosigkeit neigte: »Er ist ein Architekt von großem Wesen, der von einer Ausgabe von drei oder vier Millionen spricht, als wenn wir von drei- oder viertausend reden«,[569] bemängelt Du Ry. Doch ungeachtet der Frage der Ausführbarkeit wird Jussow an Hand der damals gefertigten Projekte einen ersten Eindruck von der Ledoux'schen Baukunst gewonnen haben.[570]

Es ist erstaunlich zu beobachten, welche Rolle der Franzose bis zum Tode Friedrichs II. in Kassel — wenn auch nur theoretisch — gespielt hat: Bis 1785 führte er im »Hochfürstl. Hessen-Casselischen Staats- u. Adreß-Calender« den Titel eines »Controlleur Général et Ordonnateur des Bâtimens«,[571] den ihm am 10. Dezember 1775 der Landgraf verliehen hatte.[572] Mithin war Ledoux, wenigstens auf dem Papier, der offizielle Leiter des gesamten hessen-kasselischen Bauwesens — damit der erste Vorgesetzte Jussows!

Wie aus einem Brief hervorgeht, machte der hessische Botschafter in Paris, Baron von Boden, dem Landgrafen schon am 29. September 1775 folgenden Vorschlag: »Le Sr. Le Doux qui est également employé dans la direction des Ponts et Chaussées pourra donner aux architectes et ingénieurs de Votre Altesse Sérénissime les éclaircissements ultérieurs dont la pratique fournit sans doute les meilleurs et ne leur laissera rien à désirer. Ils auront la loi et les prophètes. Cet habile artiste qui voit journellement accroître sa réputation est impatient de la porter jusqu'aux pieds de Votre Altesse Sérénissime [...]«.[573] Damit wurde noch vor Ledoux' Aufenthalt in Kassel dessen mögliche Rolle als Lehrer hessischer Architekten diskutiert! Wir können also nicht nur aufgrund von stilkritischen Analysen, sondern auch von historischen Quellen davon ausgehen, daß Ledoux' Einfluß gerade dort zu konstatieren ist, wo Jussows Entwurf über De Waillys Projekte hinausgeht. Allerdings war dieser Einfluß, wie geschildert, ein ausschließlich indirekter: Kein hessischer Architekt ist ein unmittelbarer Schüler Ledoux' geworden, der 1775 im Unfrieden von Kassel geschieden war.

Der Systematik, in welcher Jussow das Ensemble seines Schlosses zusammenstellt, liegt — wie bei De Wailly — das Prinzip des Capriccio zugrunde. Bauten, die ursprünglich — exemplarisch dafür Palladios Villa Rotonda — als Einzelmonument konzipiert waren, erscheinen mehrfach wiederholt und in neuen Zusammenhängen, daher auch mit relativiertem Aussagewert. In dieser Auffassung geht Jussow offensichtlich über De Wailly noch entschieden hinaus. Dieses Phänomen muß durch parallele Entwicklungen in der zeitgenössischen französischen Malerei angeregt worden sein.

138 Hubert Roberts »Port de Rome«, seine 1767 im Salon ausgestellte Aufnahmearbeit für die Académie de Peinture et Sculpture, stellt das Pantheon bekanntlich an die römische Porta di Ripetta, umgeben von Berninis Kolonnaden und Michelangelos Flügel des Kapitolspalastes. Dieses Vorgehen hat Hubert Burda wie folgt kommentiert: »Indem Bauwerke aus verschiedenen Epochen, losgelöst aus ihrem topographischen und historischen Zusammenhang, auf einem Idealplan zusammentreten, wird die antike Architektur zum kompositionellen Versatzstück, das beliebig neue Verbindungen eingehen kann«.[574] Daß Jussow gerade dieses, in mehreren Varian-

137 ten gemalte Bild kannte, wissen wir von zwei Zeichnungen aus seinem Nachlaß, von denen eine das Motiv in seiner Erstfassung als Tondo[575] wiedergibt. In seinem Schloßentwurf baut Jussow in ähnlicher Weise auf Versatzstücken auf, unterscheidet sich aber von Robert grundsätzlich dadurch, daß er die architekturgeschichtlichen Zitate seinem »revolutionären«, geometrisch fixierten Stil anverwandelt, in ihnen also nur ein Hilfsmittel sieht, um eigene Vorstellungen auszudrücken, während der Maler um vedutengetreue Darstellung der Einzelmonumente ringt.[576]

Beim Komponieren seines Entwurfs bedient Jussow sich einer rationalistischen Verfahrensweise in Form des
100 Rastersystems, das — wie der Vergleich mit den Vorzeichnungen lehrt — den Austausch ganzer Gebäudeeinhei-
139 ten gestattet. Unter Jussows Zeichnungen existiert ein Studienblatt,[577] betitelt »Allerley Ideen«, auf dem die Hilfslinien eines engmaschigen Quadratrasters noch erhalten sind. Das Blatt zeigt den Grundriß eines von der Villa Rotonda hergeleiteten Hauptbaus, um den herum weitläufige, aus der römischen Thermenarchitektur übernommene Raumketten angelegt sind.

Das System des Quadratrasters, das seit der griechischen und römischen Antike (Vitruv) zu fast allen Zeiten bekannt war,[578] entwickelte sich zu einem Charakteristikum der französischen Architektur um 1800. Es determinierte damals die gesamte Entwurfslehre, nicht nur des Grundrisses, sondern auch des Aufrisses, wie Durands theoretisches Werk »Précis des leçons«[579] erhellt. Nirgendwo anders als in Paris, wo Durand zunächst in Boullées Atelier arbeitete, dürfte Jussow zu dieser fortschrittlichen Entwurfsmethode Zugang gefunden haben.

Von den Entwürfen De Waillys hebt sich der Jussow'sche vor allem in zweierlei Hinsicht ab: durch die formale Abstraktion sowie durch den deutlicheren Antikenbezug in Gestalt der Monumente. Der offenkundige stilistische Bruch zwischen De Wailly und Jussow ist ein zeittypisches Phänomen, das in der Architekturtheorie, einmal mehr von Jacques François Blondel, diskutiert wurde. Er kritisiert die französische Architekturszene im »Cours d'Architecture« wie folgt:

»Nous savons bien que nos jeunes architectes [...] ne metteroient point de pilastres sur le nu du mur, en face des colonnes; qu'ils placeroient dans les soixante-deus pieds que contient la largeur de ce frontispice, cinq entrecolonnements au-lieu de trois, & que moyennant ces arrangements, ces mêmes entrecolonnements devenus très serrés, laisseroient à peine voir les chambranles de la porte & des niches; nous savons tout cela; mais nous avons gardé d'être de leur avis. Ces imitations romaines ne sont plus de notre temps. Nous leur conseillerons bien plutôt de faire revivre les procédés qu'ont suivis les Mansard & les Perrault, qui connoissoient tout aussi bien l'Italie qu'eux; mais qui, avec la prudence & les lumières dont ils étoient pénétrés, en suivant les routes des anciens, n'en ont pas moins créé un genre d'Architecture qui nous appartient, qui est à nous, & que nous n'avons négligé pendant un laps de temps assez considérable, que faute de grandes occasions, & quelquefois par l'indifférence de plusieurs pour nos découvertes ou l'incertitude de quelques-autres, qui, las d'imiter leurs prédécesseurs, croient innover en érigeant au milieu de Paris la charge des productions de la nouvelle Rome [...].

La plupart de nos jeunes architectes abusent de l'autorité des anciens; ils prennent bien leur manière, mais sans s'animer de leur génie, & par là ils produisent de mauvaises copies d'après d'excellents originaux: [...] ce n'est pas assez pour eux d'être remplis des chefs-d'oeuvre antiques; il faut en savoir faire choix; il faut les savoir appliquer à nos usages, à la température de notre climat, aux différentes qualités des matières qui nous sont offertes, enfin au vrai goût de l'art, que nos célèbres architectes françois ont créé, pour ainsi dire, sous le règne de Louis le Grand. Mais, nous osons le dire, il arrive tout le contraire. La plupart s'imaginent suivre les anciens, & produire des choses neuves, tandis qu'ils ne nous présentent que des compositions singulières [...]«.[580]

Blondel sieht damit also zwei historische Epochen, die für die Architektur seiner Zeit als Vorbilder in Frage kommen: die römische Antike einerseits, die Kunst der Mansart und Perrault unter »Louis le Grand« andererseits. Was hier kunsttheoretisch aufgegriffen wird, ist die »querelle des anciens et des modernes«,[581] die seit dem ausgehenden 17. Jahrhundert, vor allem von Charles Perrault, verfochten wurde. Perrault, ein Bruder des Erbauers der Louvre-Kolonnade Claude Perrault, verteidigte die »modernes« gegenüber den »anciens« im Sinne einer Glorifizierung des Zeitalters Louis XIV., dem er selbst zugehörte.

Blondels Ausführungen lassen sich mühelos auf die uns vorliegenden Schloßprojekte anwenden. De Wailly orientierte sich, wie erwähnt, vornehmlich an der Villen- und Schloßarchitektur des 16. und 17. Jahrhunderts, also an den »modernes«. Jussow hingegen entspricht mit den ungegliederten Wänden, Kolonnaden-Motiven und pyknostylen Portiken genau dem Bild, das Blondel von den sich an der Antike orientierenden Architekten entworfen hat. Blondel läßt keinen Zweifel daran, daß die Jünger der »modernes« die von ihm eindeutig bevorzugte konservative Richtung vertreten, während die Verfechter der »anciens« die Pfade der guten französischen Tradition verlassen haben zugunsten gewagter Experimente: Mit »suivre les anciens« und »produire des choses neuves« sind die nur begrifflich vorhandenen Widersprüche in der Entwurfstätigkeit der jungen Generation umschrieben. Die Nacktheit der Wände und die Gedrängtheit der pyknostylen Säulenstellungen sind, so Blondel, zugleich Wesensmerkmale der »imitations romaines« wie der schockierenden »choses neuves« — die Neuheit geht aus dem Prinzip der Imitation unmittelbar hervor. Ohne sich Blondels Vorurteile zueigen machen zu müssen, wird man erkennen, daß mit dieser Umschreibung ein Schlüssel zum Verständnis der beiden gegeneinander arbeitenden Stilrichtungen bereit liegt.

Im Vergleich wiederum zu Jussows Projekt gibt sich Ledoux' Stil der achtziger Jahre als noch wesentlich radikaler zu erkennen. Bei ihm ist die formale Abstraktion Ausdruck für die generelle Autonomie der Baukunst, die von allen Bindungen, besonders den historischen, befreit sein soll. Immerhin läßt sich im weiteren Verlauf der Untersuchung noch zeigen, daß auch Jussow tendenziell eine solche Autonomie anstrebt. Zunächst mag es genügen, die von ihm gewählte Koexistenz von »Revolutionärem« und »Antikischem«[582] nach Blondels Auffassung plausibel erscheinen zu lassen.

Von der Vorbildlichkeit römischer Architektur sind die Torhäuser in Jussows Entwurf auszuklammern. Mit ihren stämmigen, nicht kannellierten dorischen Säulen ohne Basen hat der griechische Dorismus Spuren in Jussows Konzeption hinterlassen, wenngleich in bezeichnender Form: Der Verzicht auf Kanneluren und Triglyphen entspricht der ornamentfeindlichen, »revolutionären« Haltung des gesamten Entwurfs. Jussow dürfte damit zu den ersten deutschen Architekten gehören, die die seit Mitte des 18. Jahrhunderts »entdeckte« griechisch-dorische Säule[583] verwendet haben; seine wohl 1785 gezeichneten Torhäuser stehen in unmittelbarer zeitlicher Nähe zu Hans Christian Genellis Mausoleums-Entwurf für Friedrich den Großen,[584] entstanden 1786 in Rom in Zusammenarbeit mit Gottfried Schadow. Dieser Plan gilt neben den ca. 1780 und 1786 gebauten Gartenarchitekturen in Gotha und Machern bei Leipzig[585] als früheste deutsche Vorstellung eines dorischen Tempels.

99 K 41 An den Rand neben der Aufriß-Vorzeichnung des Schloß-Entwurfs hat Jussow eine monumentale Tempelanlage skizziert. Der Tempel nimmt die Hofmitte ein zwischen zwei ihn links und rechts flankierenden, langgestreckten Gebäuden, die allerdings nicht näher definiert sind. Der Tempel besitzt über zwei Kolonnaden Verbindung zu den Flankierungsbauten; er bildet also den Querbalken eines »H«, ähnlich der Triumphbogenkolonnade beim Schloß. Diese Situation erlaubt es, einen direkten Zusammenhang zwischen der Tempelskizze und dem Schloßprojekt herzustellen. Der Tempel steht auf einem hohen, gestuften Sockel, in den auf der Frontseite eine rundbogige Unterführung eingelassen ist. Für die seitlichen Kolonnaden, die mit dem Niveau des Sockels abschließen, läßt sich die dorische Ordnung erkennen. Hierin und in der Wahl eines Peripteraltempels sind Einflüsse griechischer Architektur bei Jussow spürbar, die, vollends wenn man den untertunnelten Sockel berücksichtigt, diese leicht hingeworfene Skizze wie die Vorwegnahme von Ideen aus Friedrich Gillys 1797 entstandenem Entwurf zu einem Denkmal für Friedrich den Großen[586] erscheinen lassen.

Daß Jussow im Sinne der »anciens« entwirft, wird auch durch die Gestaltung der Innenräume bestätigt. Der *108 K 36* Salon in der Flügelmitte zeigt sich typologisch vom großen Salon in De Waillys erstem Projekt abhängig. Sti-*11 K 11* listisch verrät Jussows Lösung jedoch eine ungleich stärkere Beeinflussung durch römische Thermenarchitektur, *109* die über Peyres Akademie-Projekt und den dortigen zentralen Salon vermittelt worden sein könnte. Die steiler *134 K 36* proportionierten Salons der Eckpavillons kombinieren den Wandaufriß der mittleren Raumgruppe desselben *135* Akademie-Entwurfs. Der sakrale, denkmalhafte Raumcharakter befremdet in Jussows Schloßentwurf ebenso wie in Peyres Akademie oder De Waillys Projekten.

Architektonische Ikonographie

Im Vergleich zu De Wailly fällt auf, daß bei Jussow in noch weitaus stärkerem Maße architektonische Denkmäler hervortreten, um Anspruch und Sinngehalt des Schlosses augenfällig werden zu lassen.

97 K 34 Mit Hilfe der Säulenordnungen sind die Elemente der stadtseitigen Gebäudegruppe aufeinander bezogen. Als martialische Ordnung erscheint die Dorica der Torhäuser, die, mit der umgebenden, ungegliederten Mauermasse zum Bollwerk und Fundament der Gesamtanlage verdichtet, eine Propyläenarchitektur darstellen. Ähnlich, im Sinne der »architecture qui parle«, hat schon Ledoux seine Pariser »Propylées« aufgefaßt. Die den Wachhäusern am nächsten stehenden Seitenpavillons, den Hauptgebäuden untergeordnet, folgen durch die Anwendung der Ionica, die auch die Kolonnaden auszeichnet. Die Portiken der Pavillons und der Triumphbogen sind durch die korinthische Ordnung als ranghöchste Elemente hervorgehoben. Damit liegt bei Jussow noch eine schulmäßige Anwendung der Säulenordnungen im Sinne des Vitruvianismus vor, die für das ausgehende 18. Jahrhundert durchaus nicht mehr selbstverständlich ist.[587]

Die unverhüllte Stereometrie der Bauten läßt umso deutlicher die Symbole hervortreten, in denen sich imperiale Ansprüche allgemeinster Art artikulieren: Treppen, Portiken, Kuppeln, Obelisk, Triumphbogen — Metaphern, die nur zum Teil die Bauaufgabe des Lustschlosses respektieren und in dieser Summe eher die Idee des Schlosses schlechthin versinnbildlichen sollen. Obelisk und Triumphbogen bilden gleichsam einen Gegenpol zum Oktogon auf dem Karlsberg, das unter Wilhelm IX. als »das Monument« bezeichnet wurde.[588] Das Programm der Triumphbogen-Reliefs könnte Kriegstaten gewidmet sein; schon in den vor den Rampen aufgestellten Trophäen und Skulpturen von Kämpfern wird auf Kriegerisches angespielt. Der Herkules auf dem Oktogon, die barocke Allegorie auf Triumph und Tugend des Fürsten, wäre damit nicht nur formal, sondern auch ikonologisch in die Schloßanlage einbezogen.

Die Kolonnaden bilden das Leitmotiv, mit dessen Hilfe Jussow ikonographisch auf den Lustschloß-Charakter Bezug nimmt. Dies wird bei Hirschfeld in seinem Kapitel »Von Lustschlössern und Landhäusern« (1780) bestätigt: »[...] Man findet diese schönen Säulenlauben bey einigen italiänischen Landhäusern, besonders des Palladio. Doch ist ihr Gebrauch jetzt selbst in Italien nur selten, und in andern Ländern noch weniger eingeführt. Es ist wahr, daß sie vornehmlich dem wärmern Klima, unter welchem sie entstanden, angemessen sind. Da sie indessen doch so viel zur Pracht eines Gebäudes beytragen, und in den Sommermonaten überall einen bequemen und angenehmen Gebrauch anbieten, so wäre zu wünschen, daß sie besonders bey Lustschlössern und edlen Landhäusern, für welche sie sich so sehr schicken, mehr angetroffen würden.«[589]

Die Agglomeration von Denkmälern führt zwangsläufig zu einer Bedeutungsminderung, wenn nicht Sinnentleerung des Monuments. Sie könnte ihre Wurzeln im Œuvre De Waillys haben. Dieser hatte einen Obelisken noch als Einzeldenkmal in der Mitte der Place Louis XVI. in der ab 1779 von ihm entworfenen Stadt Port-Vendres (Roussillon)[590] ausgeführt. Der Obelisk ist dort eindeutig den Taten des französischen Königs gewidmet, und hat formal wohl als Vorlage für Jussows Obelisken gedient. Dagegen findet sich eine Ballung von Obelisken in De Waillys zweiter Variante zum Situationsplan des ersten Weißensteiner Entwurfs, wo deren vier an den Ecken der avant-cour rein dekorativ aufgefaßt erscheinen.

22 K 3
Farbt. III oben

Warum Jussow den Schloßentwurf mit Monumenten überfrachtet hat, ist nicht historisch zu erklären. Sollte die Hoffnung des Hauses Hessen-Kassel, in absehbarer Zukunft die Kurfürstenwürde zu erlangen, damit in Zusammenhang stehen? Es gibt keine Wappen oder ähnliche Anhaltspunkte, die uns darüber Aufschluß geben könnten: Die Architektur bleibt anonym und autonom.

Hinsichtlich der Bedeutung wird der Bezug zur »Revolutionsarchitektur« um so klarer, deren Problematik[591] mit Jussows Entwurf schlaglichtartig beleuchtet wird. Im Detail der Fassadengestaltung bemüht sich Jussow um Sachlichkeit und Nüchternheit, woraus reines Nützlichkeitsdenken spricht. Die Wand, allen »überflüssigen« Ornaments entledigt, verrät nichts über die hohe Bestimmung des Bauwerks. Erst im Gesamtentwurf erschließt sich die Sinnseite der Architektur. In ihm meldet sich jene anspruchsvolle Auffassung, die im Zeichen der Aufklärung glaubt, die Baukunst als Mittel zur moralisch-sittlichen Erziehung des Menschen einsetzen zu können. Jussow geht es um die Realisierung der Idee des Schlosses schlechthin. Und die Ideen, die er mit einem

»Schloß« verbindet, sind offensichtlich so erhaben und zugleich so abstrakt, daß sie nur vom »reinen« Monument versinnbildlicht werden können. Der dafür bezahlte Preis ist hoch: Die Freisetzung des Monuments verlangt die Absonderung des Wohnbereichs. Was De Wailly an gleicher Stelle noch versucht hatte, ein Miteinander von monumentaler Fürstenverherrlichung und »Logis«, ist bei Jussow in konsequenter Weiterentwicklung auseinandergerissen und zur absurden Formel degradiert.

Die hochgespannte Erwartung der Revolutionsarchitektur hat H. Sedlmayr, bezogen auf Ledoux, mit folgenden Worten umrissen: »Der Architekt [...] muß [...] das Leben reformieren und Bauten für eine kommende bessere Welt und Gesellschaft entwerfen, die noch nicht da ist. Da es für solche »futuristische« Aufgaben keine Tradition gibt, hat er sie, gleichsam aus dem Nichts, selbst zu schaffen«.[592] Jussow macht deutlich, daß bei dieser Einstellung der Schloßbau keine Zukunft mehr hat: »Revolutionsarchitektur« und absolutistisches Fürstenschloß schließen sich offensichtlich gegenseitig aus.

Bedeutung

Mit der Vielzahl von ihm verarbeiteter künstlerischer Anregungen legt Jussow von seiner Schulung in Paris Zeugnis ab. Ausgangspunkt für ihn sind dabei die eine Generation älteren De Wailly und Peyre, deren Entwürfe von ihm typologisch und stilistisch weitergeführt werden. Seine Eingriffe zeigen, daß Jussow aufmerksam die »Revolution« verfolgte, die sich in den Jahren seines Aufenthaltes in Paris auf dem Gebiet der Architektur vollzog: Ledoux, der »Revolutionsarchitekt« mit den meisten öffentlichen Aufträgen, wurde maßgebendes Vorbild für ihn.

Jussow muß deshalb als ein in dieser Rolle bisher von der Forschung kaum gewürdigter Kronzeuge der »Revolutionsarchitektur« unter den deutschen Baumeistern bezeichnet werden, zumal er sich wesentliche Merkmale dieser Stilrichtung zu eigen gemacht hat. Daß diese Beeinflussung nicht nur an der Oberfläche hängen geblieben ist, also nicht nur ein »So oder So« der Fassadengestaltung bedeutet, dafür steht gerade Jussows Schloßprojekt. Es führt ganz offenkundig den Bruch mit der Tradition vor Augen — einen Bruch, der beweist, daß die Bauaufgabe Schloß noch vor dem politischen Niedergang des Ancien Régime in eine Krise geraten war: Der lebendige Organismus des Barockschlosses wird anti-barock umgedeutet, ist zum Denkmal erstarrt.

Die Frage, warum dieser Entwurf nicht ausgeführt wurde, haben wir teilweise schon beantwortet: Wir haben keinen Plan vor uns, mit dem ein Bauherr sich identifizieren könnte. Eben weil das Projekt in so unerhörter Weise alle denkbaren persönlichen Wünsche eines Auftraggebers mißachtet, muß es als utopisch verstanden werden. Es teilt mit der Unausführbarkeit das Schicksal der meisten in gleichem Geist erdachten Projekte, so z.B. des unter Ludwig XVI. geplanten Ausbaues von Versailles:[593] Es bleibt auf dem Papier. Auf die konkrete Situation in Kassel bezogen, findet die obige Frage ihre Antwort in der Person des neu an die Regierung gelangten Landgrafen Wilhelm IX. Bereits die ersten Schloßprojekte, die er selbst mit Du Ry entwarf, legen die Vermutung nahe, daß er nicht das geringste Verständnis für Jussows Projekt aufbringen konnte.

Man darf wohl davon ausgehen, daß Jussow mit dem vollendeten Schloßentwurf im Reisegepäck aus Paris kommend im Jahr 1785 in Rom eingetroffen ist. Dort hat er möglicherweise den deutschen Archäologen Alois Ludwig Hirt kennengelernt, von dem 1787 das erwähnte »Verzeichnis der bekanntesten jetzt lebenden Künstler in Rom«,[594] zum Teil rückblickend, angelegt worden ist. Unter den deutschen Architekten steht darin an erster Stelle Jussow, und er ist am ausführlichsten erläutert:

»Jussow aus Cassel, ungefähr dreißig. Pensionirt vom Landgrafen. 2 J.[ahre] in Rom. Ein Mann von einem gründlichen Geschmack, und reicher Erfindung. Seine verschiedenen Plane von Palästen, Landhäusern, Grabmälern zeigen, daß auch der beßere Geschmack in diesem Theil wird in Deutschland verbreitet werden, wenn andere Gebäude von Wichtigkeit er zu bauen haben wird. Er macht nun durch ganz Deutschland eine Reise nach England, um dort die Gartenkunst näher kennen zu lernen, nachdem er schon vorher Frankreich, Sizilien und Italien gesehen hat.«[595]

Unter den erwähnten Palastentwürfen ist das Weißensteiner Idealprojekt das einzige, von dem wir heute wissen, daß Jussow es in Rom vorweisen konnte, und es ist zweifellos das Umfangreichste und Anspruchsvollste gewesen, was der Demonstration seiner damaligen Fähigkeiten dienen konnte. Hirts vielversprechendes Urteil, Jussow werde dazu beitragen können, daß der »beßre Geschmack« in der Architektur in Deutschland Verbreitung finde, wird demnach sehr wahrscheinlich durch die Kenntnis gerade unseres Weißensteiner Projekts gestützt worden sein, zumal es mit einem konkreten Bauvorhaben verbunden war.

Hirt erfaßte noch fünf weitere deutsche bzw. in Deutschland tätige Architekten, darunter Jussows Gefährten Henrich Abraham Wolff,[596] Johann August Arens,[597] Christian Frederik Hansen und Peter Joseph Krahe: »Krahe aus Düßeldorf in dreißig[ern]. Pensionair von Churpfalz. Übers Jahr von Rom entfernt. Mehr reich als überdacht in seinen Erfindungen. Profilirt übrigens rein, und ist im palladioschen Geschmack [...]«[598]. In diesen Kreis der für Norddeutschland wegweisenden Frühklassizisten, der noch um den Berliner Hans Christian Genelli zu erweitern wäre,[599] ist Jussow mit seinem Entwurf als stilistischer Vorreiter einzuordnen.

V.

Von der Ruine zur Residenz

Schloß Wilhelmshöhe (ehem. Weißenstein)

»Bereits im Monate November 1785 gedieh der Plan für die heroische Umschaffung des Ganzen zur Ausführung«.
(Friedrich Wilhelm Strieder, »Historische Nachrichten von der Umschaffung des Weissensteins unter Anordnung des Durchlauchtigsten Landgrafen Wilhelms IX. seit Höchstdessen Regierungsantritt d. 31. Octobr. 1785.«)

1. Vorbemerkungen

Zum Forschungsstand

Kunstgeschichtlich wurde Schloß Wilhelmshöhe durch keinen Geringeren als Cornelius Gurlitt entdeckt. In seiner »Geschichte des Barockstiles und des Rococo und des Klassicismus in Deutschland« urteilte er 1889: »Die bedeutendste und weitaus berühmteste Leistung Du Rys [...] ist das Schloß Wilhelmshöhe (1787—1794), welches nach dem Tode des Meisters von Heinrich Christoph Jussow [...] vollendet wurde. Der Ruhm dieses Schlosses gilt allerdings mehr seinen Gartenanlagen, Wasserkünsten und seiner herrlichen Lage — mithin den Verdiensten Guernieris, der den ursprünglichen Plan der Gesamtanlagen fertigte. Der Schloßbau Du Rys reiht sich nur unwillig der geistvollen Idee des älteren Meisters ein. Seine strenge Geschlossenheit [...] und die Härte des Umrisses stimmen mit dem reichen Schwung der landschaftlichen Linien und dem Formenreichtum der älteren Baulichkeiten wenig überein. Doch kann man dem Schlosse eine gewisse Größe, eine prächtige Wirkung nicht absprechen, obgleich seine Verhältnisse gar nicht so mächtige sind, man kann das treffliche [...] Material, rothen Sandstein, zwar loben, muß aber die Trockenheit des Entwurfs beklagen. Es ist wieder der Einfluß Englands, der hier zum Siege gelangte.«[600]

1908 hat sich H. Phleps dieser Kritik angeschlossen, wollte sie aber vorwiegend auf Jussows Mittelbau angewandt wissen, während er die Flügel Du Rys »zu den bedeutendsten Schöpfungen [...], welche dieser Stil hervorgebracht hat«, rechnete. »In den schönsten Verhältnissen und in größter Einfachheit geben sie ein architektonisches Musterbild.«[601] Phleps ging es vor allem um Bauaufnahmen des Weißensteinflügels und die typologische Einordnung seiner Säulenordnung.

Viel historisches und baugeschichtliches Material wurde von zwei Werken verarbeitet, die bis heute die Standardliteratur über die Wilhelmshöhe darstellen, P. Heidelbachs »Geschichte der Wilhelmshöhe«[602] und A. Holtmeyers Kunstdenkmäler-Inventarbände Kassel-Land.[603]

Beider baugeschichtliche Erörterungen stützen sich hauptsächlich auf die unter Wilhelm IX. verfaßte Wilhelmshöher Bauchronik F. W. Strieders, die Holtmeyer[604] als Quellenschrift zugänglich gemacht hat. Da Strieders Chronik aber nicht tagebuchartig angelegt ist, sondern das Baugeschehen nur in geraffter Form wiedergibt, wenigstens in den ersten Jahren nach Wilhelms Regierungsantritt (1785), wird in ihr und allen darauf gründenden Studien die Komplexität der Wilhelmshöher Planungsgeschichte verkannt. Holtmeyers Inventarband und seine Strieder-Edition sind mit einigen der Alternativpläne für den Schloßbau illustriert, ohne daß im Text darauf eingegangen wird.

S. Giedion rechnete 1922 Du Rys Weißensteinflügel zu den frühesten antikisierenden Bauten mit versenkter Dachgestaltung. Er ordnete denselben Flügel ferner unter die Bauten mit »in der eigentlichen Mauerflucht« stehenden Säulen (sic!) ein, Jussows Mittelbau dagegen unter die klassizistischen Bauten mit freistehenden Portiken.[605]

Resignierend mutet J. Pontens Urteil über das in Wilhelmshöhe zur Verfügung stehende Quellenmaterial des Schlosses an: »Eine ungeheuere, fast unübersehbare Zahl von Plänen und Entwürfen sind vorhanden; es ist nicht leicht, das Wichtigste herauszugreifen und in sinngemäßer Folge darzustellen.«[606]

K. Paetows »Klassizismus und Romantik auf Wilhelmshöhe«, aus einer Leipziger Dissertation hervorgegangen, hatte sich zum Ziel gesetzt, die stilgeschichtlichen Zusammenhänge der Wilhelmshöher Bauten zu erhellen. Es wurden die wichtigsten der ehemals in der Wilhelmshöher Schloßbibliothek vorhanden gewesenen Pläne abgebildet und kurz vorgestellt; die kunstgeschichtlichen Einordnungen konnten dabei nur skizziert werden.[607]

Widersprüchlich ist F. Landsbergers Beurteilung des Wilhelmshöher Schlosses. Zunächst heißt es: »Der schwerere Mittelbau, von Jussow errichtet, gehört bereits einer jüngeren Generation.« Doch dann bemerkt der Verfasser: »In Kassel wird der Frühklassizismus des Simon Louis Du Ry von Heinrich Christoph Jussow (1754—1825) weitergeführt, ohne Wesentliches an neuen Baugedanken zu gewinnen. Der Mittelbau von Schloß Wilhelmshöhe (1791 bis 1799), dessen Seitenflügel noch Du Ry errichtet hatte, enthält ähnliche Formelemente wie jene, nur ist die Ornamentik im Außenbau sparsamer verwandt, wenn auch noch das alte Motiv der Baluster-Attika Verwendung findet.«[608] W. Herrmanns historische Abhandlung über die Baukunst des Klassizismus gibt das Wilhelmshöher Schloß als alleiniges Werk Du Rys aus.[609]

W. Kramm sieht in den Spannungen zwischen Du Ry und Jussow, wie sie bei der Frage der Wilhelmshöher Schloßmitten-Gestaltung auftraten, die Spannung zwischen Spätbarock und Klassizismus: »Der Du Ry'sche volle Klang ist vernichtet, die klassizistische Akzentuierung hat gesiegt«. Das Wilhelmshöher Schloß, so Kramm weiter, sei in »zwei großen Baustilen« vollendet, »was zu einem Vergleich führen mußte, nicht zum Besten des Baues«. »Jussow hat sein erstes Bekenntnis abgelegt, und Du Ry ist in die Verteidigung gedrängt.«[610]

Der hessische »Dehio« in der Bearbeitung von E. Gall bezeichnet jeden der drei Schloßflügel »im Sinne des Klassizismus als Individuum«. Die »gefällig rhythmisierte Gebäudegruppe« sei jedoch durch die »klotzige Masse« der späteren Zwischenbauten empfindlich gestört worden.[611]

H. Beenken faßt in seiner Untersuchung über »Schöpferische Bauideen der deutschen Romantik« seine Meinung wie folgt zusammen: »Die letzten ganz großen Schloßbauten des bereits klassizistischen Spätbarocks in Deutschland, Koblenz und Wilhelmshöhe, [...] hatten noch die große, ihrer selbst sichere Haltung des 18. Jahrhunderts gezeigt, obgleich Simon Louis Du Ry bereits gegen eigentümliche Ideen seines Fürsten, den Bau in gotischen Formen [sic!] oder als Ruinenschloß zu errichten, zu kämpfen gehabt hatte. Erst in den Jahren der französischen Revolution tritt die Bauaufgabe des fürstlichen Schlosses in eine deutliche Krise«; ein Beispiel dafür sei erst die Löwenburg.[612]

P. du Colombier nimmt an, man habe mit dem Bau des Südflügels begonnen, ohne zu wissen, wohin es führen sollte (!). Die stilgeschichtliche Haltung wird mit »à l'Anglaise« umschrieben.[613] Ergiebiger sind dagegen H. Vogels Studien über den englischen Einfluß in Kassel. Die Gesamtanlage von Schloß Wilhelmshöhe wird mit Schloß Prior Park bei Bath, die Seitenflügel mit Colen Campbells Entwurf »in the Palatial Style« verglichen. Jussows Mittelbau dagegen ist, so Vogels Einschätzung weiter, vom englischen Einfluß unberührt geblieben.[614] Die vom selben Autor 1958—1959 durchgeführte Jussow-Ausstellung machte erstmals die Planvarianten für den Mittelbau aus Jussows Nachlaß bekannt.[615]

199—201
170

Zu Beginn der sechziger Jahre wurde Schloß Wilhelmshöhe dadurch bekannt, daß die Probleme des Nachkriegs-Wiederaufbaus überregional diskutiert wurden. Man plante, parallel zum Ausbau des ausgebrannten Corps de logis, die Beseitigung der Zwischenflügel aus der Biedermeierzeit. Im Zusammenhang damit wurde immer wieder die Frage nach der Planungs- und Baugeschichte gestellt, zu der sich namhafte Fachgelehrte zu Wort meldeten. In dem Gutachten von Prof. M. Kühn wird das Schloß charakterisiert als »eine Lösung, die Wesenszüge des revolutionären Klassizismus trägt, dem eigentlich die Bauaufgabe nicht mehr gemäß ist [...]. Was aber schließlich nach langem Hin und Her entstand, war ein wenig erfreulicher Kompromiß Du Ry'scher und Jussow'scher Ideen [...]. Gerade der Hauptbau ist eine »weiche« Stelle in dem Ganzen, im Gegensatz zu den Seitenbauten mehr das Ergebnis hemmender Unschlüssigkeit als primärer architektonischer Konzeption. Man müßte schon mit Maßnahmen herostratischen Ausmaßes den ganzen Bau beseitigen und etwa den Entwurf Du Rys von 1788 nachträglich verwirklichen, wenn man eine einigermaßen klare, eindeutige Ursprungssituation gewinnen will. Die Sinnlosigkeit solchen Unternehmens braucht nicht betont zu werden. Es erscheint uns sogar zweifelhaft, ob die Flügelbauten überhaupt als solche, d.h. als Teile einer Dreiergruppe, gedacht waren. Es ist gut möglich, daß der sicherlich auf den Kurfürsten zurückgehende Gedanke der freibleibenden Mitte zunächst ausschlaggebend war. Er hält sich jedenfalls sehr hartnäckig. Was diese Vermutung noch stützt, ist, daß der Weißensteinflügel mit dem großen Vestibül, dem dahinter liegenden großen Saal wie auch der repräsentativen Treppe durchaus *ein Schlößchen für sich ist*. Doch sei diese Vermutung nur beiläufig geäußert [...]. Die Wilhelmshöhe ist eine komplexe und vielschichtige Anlage, wie es sie in diesem Umfang wohl kaum ein zweites Mal gibt [...].«[616] Bei gleicher Gelegenheit glaubte F. Bleibaum, »die Wahrheit über Schloß Wilhelmshöhe« (sic!) erkennen zu können. In seiner Stellungnahme heißt es: »[...] Ob ein Mittelflügel (Corps de logis) von vornherein geplant war, ist fraglich [...]. Erst von 1792 ab liegen ernsthafte Planungen vor für den Mittelbau [...]. Simon Louis Du Ry [...] hat mit der Gesamtanlage des Schlosses nichts zu tun«.[617] Die Ergebnisse von A. Bangerts Dissertation[618] wurden bereits im Zusammenhang mit dem Forschungsstand über Jussow angesprochen.[619]

Nachdem schon in G. Paulis entsprechendem Band der älteren Propyläen-Kunstgeschichte Schloß Wilhelmshöhe nur knapp und dazu noch mit einer falschen Information Erwähnung gefunden hatte,[620] wird der Bau auch in der neuen, von H. Keller verfaßten, nur beiläufig mit der Erwähnung eines Ruinenprojekts gestreift, wobei der Autor (Jussow) ungenannt bleibt.[621] Die 1966 erschienene Neuauflage des hessischen »Dehio« verweist für die Herleitung der separierten Grundrißanlage in Wilhelmshöhe sowohl auf die bodenständige Tradition — Schloß Wilhelmsthal — als auch auf englisch-palladianische Beispiele, unter denen neben Prior Park in Bath unverständlicherweise auch Schloß Blenheim genannt wird. Als Anregungen für die Schmalseiten-Apsiden wird nicht nur pauschal auf Vorbilder aus Campbells »Vitruvius Britannicus«, sondern auch auf Schloß Sanssouci in Potsdam verwiesen.[622] Reclams Kunstführer »Hessen« wertet die »Verräumlichung der Wand« der Seitenflügel als »barocke[n] Nachklang im Schaffen Du Rys«. Zusammenfassend wird geurteilt: »Die Anlage des Schlosses ist auf dem Kontinent einmalig.«[623] Auf einer 1980 in Vicenza gezeigten Ausstellung über das Phänomen des Palladianismus fand Schloß Wilhelmshöhe als ein deutsches Beispiel Berücksichtigung. Der Katalog bringt die Flügel mit französischen, das Corps de logis mit englisch-palladianischen Bauten in Verbindung.[624]

Aufgabe, Material und Methode

Aus dem Überblick über den Forschungsstand wird deutlich, daß eine monographische Behandlung des Schlosses Wilhelmshöhe bis heute fehlt. Noch keineswegs hinreichend sind die Anteile der beiden Architekten an der Planung erforscht, gegeneinander abgegrenzt und auf ihr Verhältnis zum Auftraggeber hin überprüft worden. Die folgenden Ausführungen konzentrieren sich auf die Darlegung der Planungsgeschichte unter historisch-monographischen, typologischen, stilgeschichtlichen und ikonographischen Gesichtspunkten.

2. Die ersten Projekte unter Landgraf Wilhelm IX. für ein Weißensteiner Schloß

Planungsgeschichte

Überlegungen zur Neugestaltung der gesamten Weißensteiner Anlage beschäftigten Wilhelm IX. schon zu seiner Erbprinzenzeit. Nach achtjähriger Pause[625] hatte er im Jahre 1783 wieder Gelegenheit, den Weißenstein zu besuchen, und ließ sich von seinem Vater, Friedrich II., mit dem er sich wieder ausgesöhnt hatte, durch den Park führen: »[...] Weissenstein que mon père eut la grâce de me montrer lui même extrêmement embelli; je faisois tous les matins des promenades à pied pour moi tout seul où je savourais à chaque pas le plaisir de me retrouver dans ma chère patrie [...].«[626]

Klingt diese Notiz noch schwärmerisch-zustimmend, so erfahren wir aus einer drei Jahre später erfolgten Eintragung in den Memoiren, daß der Erbprinz schon damals den Zustand des Parks kritisierte:

»Je [...] passai tout seul à Weissenstein; où je formai des plans: peu édifié à la vérité de celui de feu mon père qui m'avoit laissé ce beau local dans un désordre affligeant. Depuis 25 ans l'on travailloit partout sans faire de   5—8 plan fixe à peine, un ouvrage étoit commencé qu'un autre idée à l'autre bout du parc offroit une nouvelle occasion pour entreprendre quelque chose de nouveau dont si je dois dire la vérité, personne ne se méloit de l'issue. L'on coupoit à droite et à gauche les plus beaux chênes et hêtres, ces simboles des siècles passées dont ils avoient compté souvent cinq — sans savoir pourquoi. J'avois vu tout cela depuis 1783 ainsi que le magazin de treillages et mauvaises statues, et me décidai déjà alors de fixer un plan convenable. Je travaillai en conséquence et la suite prouvera si j'y ai réussi [...]«.[627]

Das vernichtende Urteil »désordre affligeant« könnte zunächst auf gänzliche Verwahrlosung schließen lassen; die weiteren Ausführungen machen jedoch deutlich, daß es dem planlosen Vorgehen galt, das Wilhelm in den unter seinem Vater geschaffenen Anlagen des Parks erkannte. Mit der Häufung der Treillagen und Statuen und mit der sinnlosen Beseitigung jahrhundertealter Bäume verrät sich die Kritik am französischen Garten, die schon in England zum geistigen Fundament des Landschaftsgartens gehört hatte.[628]

Dabei ist nicht zu verkennen, daß Friedrich II. dem englischen Element in der Gartenkunst Bahn gebrochen hatte. Dies ist nicht nur auf Hessen und nicht nur auf Deutschland zu beziehen. Der von ihm um die Mitte des 18. Jahrhunderts am Kasseler Bellevuepalais angelegte Garten[629] darf für sich sogar in Anspruch nehmen, der erste anglo-chinesische Garten des europäischen Kontinents zu sein![630] Da die neue Stilrichtung unter Friedrich jedoch noch geradezu ängstlich auf kleine Flächen beschränkt blieb, in ihrer anglo-chinesischen Sonderform unmittelbar aus dem Rokoko herzuleiten war und nicht selten Relikte des geometrischen Gartens aufzuweisen hatte, fiel sie Wilhelms Kritik anheim, der sich im übrigen auf eine Autorität stützen konnte. C. C. L. Hirschfeld, der Protagonist des Landschaftsgartens in Deutschland,[631] bemängelte in einer 1785 erschienenen Beschreibung des Karlsbergs und des Weissensteins: »So einladend nun schon solche sanfte Naturscenen an sich sind, so sehr stechen dagegen einige Auftritte in der *alten steifen Manier* ab, die zuweilen damit abwechseln, als geschorne Hecken, Labyrinthe, Theater.«[632]

So konnte Wilhelm nicht unberechtigt sich rühmen und rühmen lassen, die »Gartenrevolution« als Zeichen seiner Kulturpolitik, die unter allen Umständen von der seines Vaters abstechen sollte, erwählt zu haben: »Auch die schönen Künste erheben ihr Haupt unter diesem Fürsten. Was Hirschfeld in seinem Gartenkalender von 1786[633] prophezeit hatte, fing bald an, in Erfüllung zu gehen. Die Fürstliche Gärten erlitten eine große Veränderung. Der Französische und Niederländische Geschmack, der aus Gärten Laubpaläste, aus Hecken Laubcollonaden und aus Bäumen Pyramiden und andere Schnörkeleien gemacht hatte — der eingeschlichene tändelnde Geist der Kleinlichkeiten und Spielwerke, jenes ermüdende Einerlei und dieses spitzfündige Vielerlei, kurz alles eckelhafte Gezierte, das nur kleinen Geistern Vergnügen machen kann, nahm auf einmal ein Ende. *Der falsche Gözze Le Notre wurde entlarvt und vom Throne gestürzt. Dagegen trat die schöne Natur,* von reifer Beurtheilung, geläutertem Geschmack und reicher Fantasie begleitet, *wieder in ihre alte Rechte.* Die Kunst, die ihr itzt weder vorging noch auf die Schleppe trat, gewann doppelt, indem sie der Natur bescheiden nach oder doch befreundet zur Seiten schwebte, und wie die Grazien der Venus ihre zerstreuten einzelnen Schönheiten durch vorsichtige verborgene Anordnung zu einem edlen schönen Ganzen bildete«.[634] Das so umrissene Kulturprogramm Wilhelms ist aus der aufklärerischen Kritik am französischen Rokoko geboren. Kennzeichnend dafür ist, daß die ästhetische mit einer moralischen Beurteilung einher geht. Welche Auswirkungen dieses Programm auf die Bauaufgabe Schloß zeitigte, ist im folgenden noch zu untersuchen.

Die Planungsgeschichte für einen Weißensteiner Schloßneubau unter Wilhelm IX. setzt schon zu Beginn mit einer Überraschung ein. Du Rys Tochter Amalie Rothe (geb. Du Ry, 1773—1845) überliefert uns, der Landgraf habe seiner ersten Intention nach statt des späteren — klassizistischen — Schlosses eine *Burg* erbauen lassen wollen:

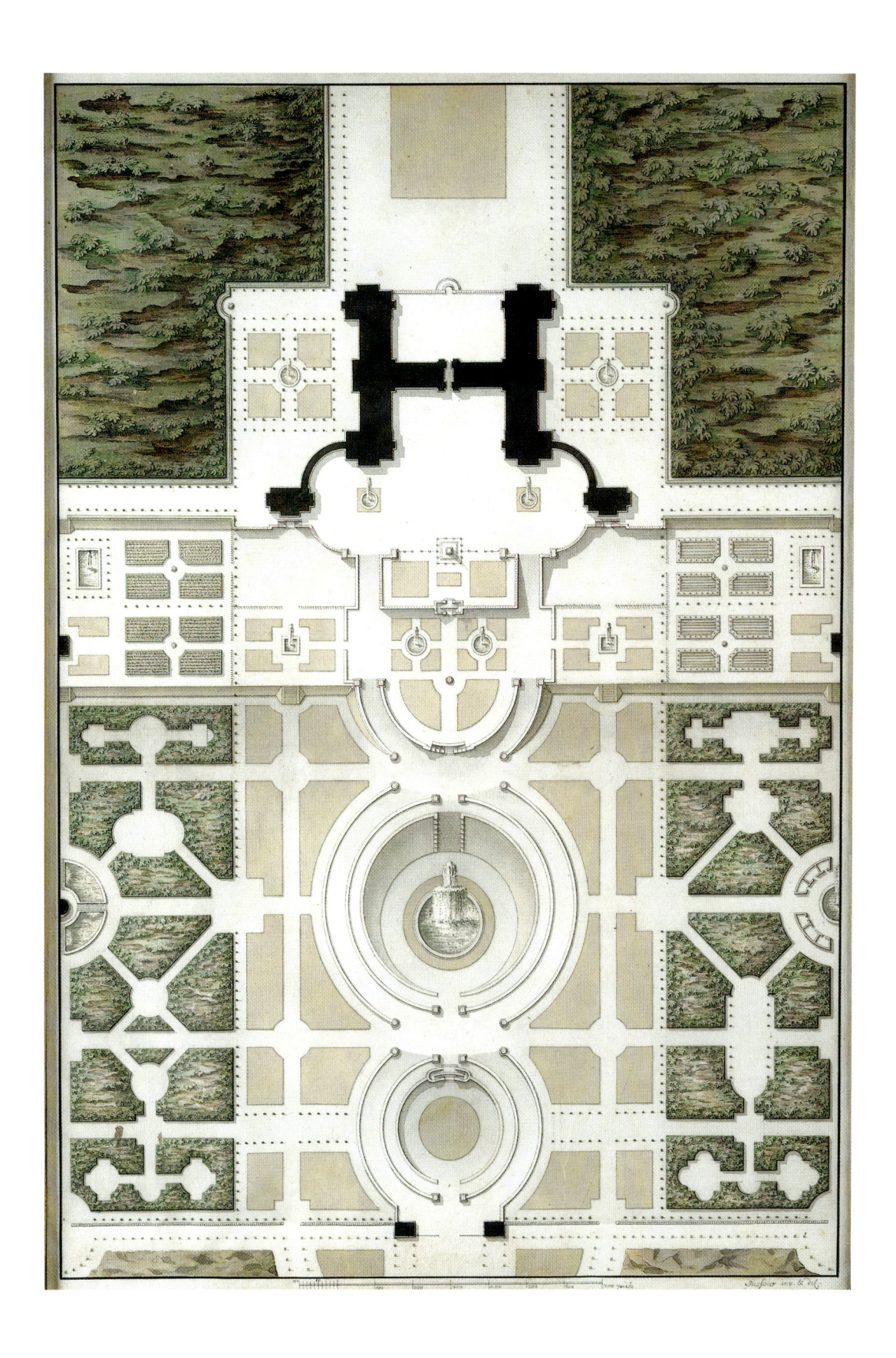

IV
Heinrich Christoph Jussow.
Idealprojekt für Schloß Weißenstein,
um 1785. Situationsplan   K 38

»Mit dem Schloßbau aber hatte es folgende Bewandnis. Nachdem der jetzige linke Flügel als selbständiges Schloß erbaut war oder auch ehe dieses stand, wollte der Landgraf eine [...] Burg an Stelle des jetzigen Schlosses zu seinem Begräbniß erbaut haben. Du Ry wollte sich aber nicht dazu verstehen, weil das geschmacklos sei, und weigerte sich hartnäckig, bis der Landgraf nachgab. Später hat dieser dem Du Ry'schen Schwiegersohn, D[o]ct[o]r und Leibarzt Granddidier selbst einmahl gesagt: »Der alte Du Ry hatte doch Recht«.[635]

An anderer Stelle ihrer Memoiren räumt die Du Ry-Tochter die in dieser Nachricht noch enthaltenen Unsicherheiten aus und präzisiert, der Landgraf habe sich erst grundsätzlich zum Bau eines (klassizistischen) Schlosses entschliessen müssen; daraufhin sei der heutige Weißensteinflügel entstanden.[636]

Die Kunde von der anfangs geplanten Burg muß zunächst dubios erscheinen, zumal sie keinen weiteren schriftlichen Niederschlag gefunden hat. Sie wird jedoch durch zweierlei gestützt. Erstens durch den Tatbestand, daß Wilhelm schon in Wilhelmsbad eine Burg zur Residenz erwählt hatte,[637] zweitens durch das gartenkunsttheoretische Werk Hirschfelds, der bereits 1782 eine »gotische« Burgruine als Alternative zum Karlsberg-Oktogon entworfen hatte![638]

Entwürfe für eine Burg auf dem Weißenstein aus dieser frühen Zeit um 1785/1786 existieren nicht, doch lassen sich in den Umkreis solcher Planungen Vorschläge zur Verkleidung des alten, auf Landgraf Moritz zurückgehenden Schlosses einordnen, deren bisherige Datierung in die Zeit Friedrichs II.[639] nicht überzeugt. Der Autor dieser Pläne, Du Ry, sieht einen waagerechten Abschluß mit Dachbalustrade vor, der das Corps de logis zu einem blockhaft verfestigten Kastell umdeuten sollte. Alternativ zu dieser Lösung sollten an den Seitenflügeln die Satteldächer des Renaissancebaus beibehalten werden. Für diesen Fall sieht Du Ry über jeder dritten Fensterachse ein giebelbekröntes Zwerchhaus vor, das vom alten Bestand übernommen zu sein scheint. Während aus der Zeit Friedrichs II. ein heller Neuanstrich des alten Schlosses überliefert ist,[640] hat Du Ry das Mauerwerk auf Steinsichtigkeit hin angelegt. Der Versuch, damit im Sinne einer altertümelnd-romantischen Auffassung zu arbeiten, ist freilich als mißlungen zu bezeichnen. Von dem Projekt fehlt jede urkundliche Resonanz.

143 K 43
144 K 45
K 44

Mit der statt eines klassizistischen Schlosses in Erwägung gezogenen Burg folgte Wilhelm, bewußt oder nicht, dem Beispiel des mit ihm befreundeten Fürsten Leopold Friedrich Franz von Anhalt-Dessau, der statt des 1769 begonnenen Wörlitzer Schlosses einen Bau in gotischen Formen errichten wollte. Erst dem Einfluß des in Italien an der Antike geschulten Architekten Friedrich Wilhelm von Erdmannsdorff ist die Entscheidung für ein klassizistisches Schloß zu verdanken.[641] Mit dem Bau des Gotischen Hauses setzte sich die Lieblingsidee des anglophilen Dessauer Fürsten doch noch durch — in Analogie zur Löwenburg.[642]

Das erste einem Neubau geltende Weißensteiner Projekt, entstanden unter Wilhelm IX., ist uns nur noch in einer Fotografie des Aufrisses überliefert. Die originale Zeichnung war als »Premier projet pour le château [... Rest nicht lesbar]« ausgewiesen und gehörte zu einem im Zweiten Weltkrieg wohl verbrannten, zehn Blatt Zeichnungen umfassenden Band, der den Titel trug: »Plans, Elévations et Coupe d'un Château en ruine à bâtir à Weissenstein sur les idées de Son Altesse Sérénissime Monseigneur le Landgrave Guillaume IX du dessein de S. L. Dury en 1786.«[643]

145 K 46

Der Aufriß zeigt ein zweigeschossiges Landhaus zu sieben Achsen, dem ein freistehender Giebelportikus auf vier ionischen, unkannelierten Säulen vorgelegt ist. An die Schmalseiten des Baublocks ist je ein Halbzylinder herangeschoben, der mit deutlichem Rücksprung ansetzt. Im Halbkreis stehende Säulen, den Portikussäulen entsprechend, umschließen die Apsiden. Eine hohe, massive Attika läßt den Kubus gegenüber den Apsiden dominieren. An eben diesen Apsiden, ihren Säulen und ihrem verkröpften Gebälk manifestiert sich der eigentümliche Charakter des Erscheinungsbildes als teilzerstörte, doch bewohnbare Ruine, während sich an der Hauptfassade die Spuren des Verfalls in der Zone des Dreiecksgiebels und der Attika nur andeuten. Das unverputzte

Quadermauerwerk erinnert an das zeitlich wohl unmittelbar vorausgehende Verkleidungsprojekt des Moritzschlosses.

Zur typologischen und stilgeschichtlichen Einordnung

Das von Wilhelm und seinem Hofarchitekten gemeinsam entworfene erste Projekt greift auf den Typus der villa suburbana Palladios zurück, jedoch in der modifizierten Form des englischen country house. Dieser Typus des englischen Landhauses ist vor allem durch Colen Campbells seit 1715 erschienenen »Vitruvius Britannicus« weithin bekannt geworden. Die Rezeption der Gattung des country house, das aufgrund der nicht primär auf Repräsentation bedachten Gestalt nur eingeschränkt als »Schloß« anzusprechen ist, ging auf dem europäischen Kontinent mit der Verbreitung des englischen Gartens einher und hat mit Wörlitz die früheste, kunst- und kulturgeschichtlich bedeutendste Ausprägung in Deutschland gefunden.

146 In Band III des Vitruvius Britannicus bildet Campbell Atherton Hall[644] ab, ein 1723 entworfenes Landschloß, das als Vorbild des 1. Weißensteiner Entwurfs anzusprechen ist. Den Aufrissen ist nicht nur der über eine breite Freitreppe erreichbare Portikus mit vier ionischen Säulen gemeinsam, sondern auch die nahezu gleiche Höhe von Erd- und Obergeschoß, die ungewöhnlich ist.[645] Da Du Ry ebensowenig wie der Landgraf in England gewesen ist, spielt die literarische Vermittlung eine umso größere Rolle. Wilhelm besaß den »Vitruvius Britannicus«;[646] außerdem kann er Atherton Hall aus Hirschfelds »Theorie« gekannt haben, wo der Aufriß als Vignette aufscheint.[647]

Das Leitmotiv des Weißensteiner Projekts, der Giebelportikus, findet sich in Du Rys Œuvre mehrfach vor-
147 formuliert, so am Palais Jungken[648] (Kassel, Friedrichsplatz, erb. 1768—1771), an der Elisabethkirche[649] (ebd., erb. 1770—1776) sowie am Oberneustädter Rathaus[650] (Kassel, Obere Karlstrasse, erb. 1771—1775). Den genannten Bauten ist gemeinsam, daß das einer antiken Tempelfront entlehnte decorum erst in Höhe der Beletage, über dem als Sockel aufgefaßten rustizierten Erdgeschoß ansetzt, und außerdem nicht mit Vollsäulen, sondern mit Pilastern instrumentiert ist, die das Motiv flächig in die Wand einbinden. Darin äußert sich eine
vgl. 57 noch barock empfundene Gestaltungsweise. Das 1769 begonnene Museum Fridericianum[651] ist Du Rys erster Bau, der einen freistehenden Giebelportikus mit (sechs) Kolossalsäulen vor dem Haupteingang aufzuweisen hat. Damit kommt das Tempel-Zitat in verselbständigter Form zur Geltung, entsprechend der typisch klassizistischen Ikonographie, die das Museum als Musen-Tempel zu erkennen gibt.

Schmalseiten-Apsiden ohne Säulen lassen sich in englischen und französischen Architurentwürfen des 18. Jahrhunderts nachweisen; der Weißensteiner Entwurf ist vor allem in Abhängigkeit eines 1757 publizierten
148 Entwurfs von Abraham Swan[562] zu sehen. Aus Frankreich sind ein 1781 als Prix d'émulation gekrönter Ent-
149 wurf des Antoine-Louis-Thomas Vaudoyer,[653] ein im selben Jahr von verschiedenen Architekten erbautes Land-
150 haus in Paris,[654] dazu aus Schweden ein 1783 entstandener Casino-Entwurf des Architekten F. M. Piper für Haga Park[655] mit vergleichbaren, zylindrisch glatten Apsiden anzuführen. Pilasterbesetzte Schmalseiten-Apsiden verweisen wiederum auf England, auf John Vanbrughs Entwurf zu Castle Howard[656] oder Colen Campbells Cholmondeley Hall (Cheshire).[657] Von Vollsäulen umschlossene Apsiden dürften in der Hochrenaissance von Baldassare Peruzzi für Zentralbauprojekte des Petersdoms in Rom »erfunden« worden sein, um über zwei Jahrhunderte später in Piranesis Antikenrekonstruktionen Verbreitung im Kupferstich zu finden. Zu denken ist dabei an Piranesis Vorstellungen vom »Campidoglio antico« oder von einem »Mausoleo antico« in den

1743 und 1750 erschienenen Editionen der »Prima parte di architetture e prospettive«.[658] An Piranesi dürfte die französische Schule angeschlossen haben, etwa De Neufforge mit den drei säulenumstellten Konchen eines Kirchenentwurfs von 1765 oder Boullée mit dem 1780 vorgelegten Projekt für die Kirche Sainte-Madeleine zu Paris.[659] Das bis dahin vor allem den Sakralbau auszeichnende Motiv der säulenumstellten Apsis wird bei dem De Wailly-Schüler Iwan Jegorowitsch Starov im profanen Bereich der Zivilbaukunst faßbar — an seinem 1778/1779 entstandenen Italienischen Pavillon im Garten des Antitschkow-Palastes in St. Petersburg,[660] wo es, wie beim Weißensteiner Projekt, je eine Schmalseite des Gebäudes akzentuiert.

Zur architektonischen Ikonographie

Durch die Verwandlung des palladianischen Entwurfs in eine künstliche Ruine wird ein merkwürdiges Zwitterwesen erzeugt, das zwei Gegensätze in sich birgt. Palladios Baukunst wurde vom Palladianismus als Inbegriff einer auf Vernunft gründenden, wohlgeordneten und harmonischen Architektur wiederentdeckt, die sich der idealisierten Natur des Landschaftsgartens als Spiegel der von Gott rational geplanten Welt gleichsam kongenial einfügen ließ. Der dem Verfall preisgegebene Zustand als Ruine zeugt dagegen von einem irrationalen Gehalt des Bauwerks, das den Betrachter zu melancholischen Betrachtungen verleiten kann.[661]

Für das Zustandekommen unseres außergewöhnlichen Entwurfs sei die folgende Hypothese gewagt. Du Ry, der Architekt, scheint von dem Projekt selbst nicht überzeugt gewesen zu sein. Wenn er, wie zitiert, den Bauherrn als Erfinder des Projekts ausgibt, so bedeutet dies weniger eine Verneigung vor Wilhelm, als vielmehr eine persönliche Distanzierung von dessen Idee. Auf Meinungsverschiedenheiten weist die Tochter bereits im Zusammenhang mit dem Burgen-Projekt hin. Nach der Wunschvorstellung Wilhelms kann eine solche Burg nur eine Ruine gewesen sein — dies lehren die Wilhelmsbader Burg, Hirschfelds theoretischer Entwurf und nicht zuletzt die schließlich ausgeführte Löwenburg! Dem Burgenprojekt dürft Du Ry eine — zweifellos intakte — Villa im Sinne des Palladianismus entgegengesetzt haben. Möglich also, daß sich in dem uns vorliegenden Entwurf die Vorstellungen von Bauherr und Baumeister gerade auf halbem Wege trafen: Du Ry brachte den englisch-palladianisch ausgerichteten Typus, Wilhelm das Ruinengenre ein. Das Ergebnis zeugt von einem Kompromiß, dessen dilettantischer Charakter mehr dem Landgrafen als Du Ry anzulasten ist.

Zum Beweis für Du Rys Propagierung einer unversehrten palladianischen Villa kann das von ihm 1787—1790 erbaute Schlößchen Mont Cheri oder Schönburg in Hofgeismar[662] angeführt werden, wo das erste Weißensteiner Vorprojekt für denselben Bauherrn leicht modifiziert wiederaufgegriffen worden ist. *151*

Trotz der unterstellten ablehnenden Haltung Du Rys gegenüber einem ruinösen Landhaus muß darauf hingewiesen werden, daß er sich keineswegs generell dem Ruinengenre verschlossen hat. Das beweisen die römischen Ruinenzeichnungen in seinem Skizzenbuch und die nostalgischen Empfindungen angesichts römischer Ruinen, die er in Briefen mitgeteilt hat. Nur ist es vom Capriccio einer Ruinenzeichnung bis zum Entwurf einer künstlichen Ruine als Wohnschlößchen doch ein längerer Weg, der den Malerarchitekten des Klassizismus freilich nicht unbekannt war. Das Ruinengenre war im 18. Jahrhundert zunächst in der Malerei vertreten, vor allem verbreitet in Rom durch die Ruinenmaler Giovanni Paolo Pannini, Giovanni Battista Piranesi, Charles Louis Clérisseau und Hubert Robert. Clérisseau, der für Du Ry vorbildlich geworden ist, gestaltete einen Raum des Klosters Trinità dei Monti in Rom als klassische Ruine.[663] Damit wurden Malerei und Architektur in Ruinengestalt ineinander verwoben. Derselbe Maler war es auch, der für Katharina die Große eine »maison à l'antique« als weitläufige, teilzerstörte Tempelanlage vorgesehen hatte.[664]

Die Ruinenschwärmerei des 18. Jahrhunderts unterscheidet sich von der früherer Epochen grundsätzlich durch die Entdeckung des Sublimen oder Erhabenen.[665] Es galt, den Betrachter angesichts einer Ruine aus dem seelischen Gleichgewicht zu bringen, ihn durch das Erlebnis des Elementar-Bedrohlichen und Nachtseitigen in seinem Innersten zu erschüttern. Damit war der psychologische Effekt Gegenstand künstlerischen Kalküls geworden. Nur so ist zu erklären, daß Diderot in einer Salonkritik über Bilder Hubert Roberts, die übrigens positiv ausfiel, die Forderung aufstellte: »Il faut ruiner un palais pour en faire un objet d'intérêt!«[666].

Als frühester Architekturentwurf, der ein Gebäude im geläufigen klassizistischen Zeitstil, jedoch als Ruine vorstellt, gilt das Projekt eines Mausoleums für Frederick Prince of Wales, das als Alternative halb zerstört vorgestellt ist. Es stammt von William Chambers aus dem Jahre 1751.[667] Von Chambers ist bekannt, daß er wie seine französischen Kollegen unter dem Einfluß Piranesis stand, und es ist wohl bezeichnend, daß Chambers sein Ruinenprojekt in Rom gezeichnet hat. Chambers' späterer Hauptkonkurrent als führender englischer Architekt, Robert Adam, dessen Mentor in Rom Clérisseau war, hat die ersten noch benutzbaren Ruinenbauten für Parks um 1757 projektiert.[668]

Man muß sich vor Augen halten, welch enge Beziehungen der Kasseler Hof zu dieser Avantgarde unterhielt. Die Beziehungen künstlerischer Art waren durch Du Ry, selbst ein Vertreter der französisch-römischen Schule, gegeben. Hinzu traten verwandtschaftliche Verbindungen: Der englische Kronprinz Frederick war ein Bruder der hessischen Landgräfin Maria, ein Onkel Wilhelms. Daher ist nicht auszuschließen, daß der hessische Landgraf von Chambers' Ruinenprojekt Kenntnis hatte, und dadurch seine Begeisterung für die architektonische Ruine geweckt wurde.

Daß die künstliche Ruine im Zusammenhang mit dem englischen Garten eine bis dahin unbekannte Bedeutung erlangt hat, geht darauf zurück, daß Landschaftsgarten wie Ruine zum Genre des Pittoresken zählen. Schon 1728 veröffentlichte Batty Langley ein Stichwerk,[669] in dem römische Ruinen als Points de vue regelmäßig angelegter Gärten vorgesehen sind; wir fassen damit einen Vorläufer der Propagierung des Malerischen. Erst gegen Ende des 18. Jahrhunderts erfuhr das Pittoreske seine konsequente theoretische Grundlegung. Es wurde die Forderung erhoben, alle Bauten im Park, auch das Schloß, sollten nach malerischen Gesichtspunkten gestaltet sein. Als eigenwilligste, aus der Begeisterung für klassische Ruinen hervorgegangene Ruinenschöpfung ist das Säulenhaus in dem anglo-chinesischen Park le Désert de Retz bei Marly[670] anzusehen, der Stumpf einer überdimensionalen kannelierten Säule, der als Wohnung des Eigentümers diente. Als eine von mehreren scheinbar zufällig im Park verstreuten Staffagearchitekturen ersetzt das Säulenhaus konsequent das traditionelle Schloß.

383, 385

Systematische theoretische Untersuchungen wurden dem Thema im letzten Viertel des 18. Jahrhunderts gewidmet. Eine schon 1776 niedergeschriebene, aber erst 1792 veröffentlichte Studie William Gilpins liefert im Nachhinein die theoretische Rechtfertigung für Wilhelms und Du Rys erstes Weißensteiner Porjekt:

»A piece of Palladian Architecture may be elegant in the last degree, but if we introduce it in a picture it immediately becomes a formal object and ceases to please. Should we wish to give it picturesque beauty, we must use the mallet [...]. We must beat down the half of it, deface the other and throw the mutilated members round in heaps. In short, *from a smooth building we must turn it into a ruin*«.[671]

Die damit unterstellte Anwendbarkeit von Regeln der Malerei auf die Gartenkunst wird durch die von Hirschfeld erläuterte malerische Wirkung von Ruinen unterstützt: »Außerdem können Ruinen oft durch ihre Lage und Verbindung mit Gebüsch und Bäumen eine weit mehr malerische Scene bilden als ganz neue oder doch vollkommen erhaltene Gebäude. Sie verstatten eine weit größere Mannigfaltigkeit von Gestalten; ihre Untermischung mit grünen Gesträuchen vervielfältigt ihr Ansehen; ihre Farbe ist sanfter, und vereinigt sich leichter mit den umliegenden Gegenständen; ihr Mangel an Symmetrie erleichtert diese Verbindung, und selbst ihre Zufälligkeiten sind abwechselnder. Ohne Zweifel war es auch das Gefühl dieser Vorzüge, das viele große Landschaftsmaler bewegte, lieber Ruinen als ganze Gebäude in ihre Landschaften überzutragen«.[672] Diese Bemerkungen Hirschfelds bildeten sicher einen kunsttheoretischen Ausgangspunkt unseres Projekts.

Welche spezifische Vorstellung seitens des Bauherrn mag sich außerdem mit diesem Projekt verbunden haben? Wie im folgenden noch darzulegen ist, hatte er seine erste Residenz in einem Landschaftsgarten, die »Burg« in Wilhelmsbad, nicht zuletzt deshalb als Ruine erbauen lassen, um damit dem Schloßbau des Absolutismus gezielt eine Absage zu erteilen. Öffentlichkeitsscheu, wie er war, mied er, wo es ging, die Pflichten der Repräsentation und zog sich, den Idealen des empfindsamen Zeitalters folgend, in die Einsamkeit zurück. Diese Überzeugung zur Schau zu stellen, war nichts besser geeignet als die künstliche, doch bewohnbare Ruine.

3. Simon Louis Du Rys »Neues Weißensteiner Schloß«

Planungsgeschichte

Im Frühjahr 1786 zeichnete Du Ry noch ein zweites Weißensteiner Schloßprojekt, dessen Entwürfe mit denen des ersten im Krieg zugrunde gegangen sind. Es haben sich davon keine Aufnahmen erhalten. Holtmeyer, der das Planungsmaterial noch hat studieren können, informiert nur knapp.[673] Ihm zufolge baute das 2. Projekt auf dem ersten und dessen Ruinen-Habitus auf, besaß jedoch eine auf neun Achsen verlängerte, zweigeschossige Fassade, deren Säulen keinen Giebel, sondern über dem Gebälk eine Attika trugen. Der Entwurf muß demnach den zuletzt ausgeführten Weißensteinflügel vorweggenommen haben, jedoch abzüglich des als Sockel verstandenen Erdgeschosses. Die Säulen müssen also wie beim ersten Vorprojekt in Höhe des Erdgeschosses angesetzt haben. Diese Angaben werden durch ein unpubliziertes Gemälde[674] Johann Heinrich Tischbeins d. Ä. aus der Serie seiner Wilhelmshöher Ansichten bestätigt. Es zeigt die westliche Schmalseite des Schlosses auf der Höhe, im Tal den »Lac«. An der westlichen Apsis des nur zweigeschossigen Schlosses und an seiner südlichen Längsseite fehlt das Sockelgeschoß in der Funktion als Soubassement. Als dieses 1786 unter Zuhilfenahme der unausgeführten Du Ry-Pläne gemalte Bild zwei Jahre später als Kupferstich[675] Verbreitung fand, wurde der Bau durch Hinzufügung des Sockelgeschosses dreigeschossig, wie inzwischen ausgeführt, wiedergegeben.

Die den endgültig realisierten Schloßbau betreffenden frühesten Pläne sind uns im Aufriß nicht erhalten geblieben. Ein Kupferstich von 1787, der wiederum auf ein Gemälde[676] Johann Heinrich Tischbeins zurückgeht, ist erneut unsere einzige Quelle. Zu erkennen ist das alte Moritzschloß, dessen Seitenflügel bereits abgebrochen sind. Isoliert und im spitzen Winkel liegt westlich davor der neue Bau. Die Bezeichnung des Stichs »Vue du nouveau Chateau de Weisenstein du coté du Nord« läßt keinen Zweifel daran, daß der Bau als »Schloß« schlechthin

154, 153

zu gelten hat. Wie seine beiden planungsgeschichtlichen Vorgänger ist er als künstliche Ruine vorgesehen. Das rustizierte Erdgeschoß ist mit Rundbogenfenstern versehen. Der Fassade ist ein sieben Achsen breiter Risalit vorgelegt, dessen Erdgeschoß als Sockel von acht ionischen, freistehenden Kolossalsäulen dient. Durch die Säulen werden Beletage und zweites Obergeschoß miteinander verklammert. Ihr Gebälk ist verkröpft. Die Attika ist von den Spuren des Verfalls, in die pflanzlicher Bewuchs sich mischt, gezeichnet. Einachsige Fassadenrücklagen flankieren den Risalit, dessen Fensterformen sie fortführen: Rundbogenfenster im Erdgeschoß, Rechteckfenster mit Dreiecksgiebeln in der Beletage und niedrigere, einfach gerahmte Rechteckfenster im zweiten Obergeschoß. Wie bei den Vorprojekten laufen die Schmalseiten in Apsiden aus. Während die östliche Apsis in voller Höhe als Halbzylinder erhalten ist, bricht die westliche über dem Erdgeschoß fast gänzlich ab, so daß in Höhe des zweiten Stocks der Kubus des Kernbaus, an dieser Schmalseite mit drei Fenstern versehen, freigelegt erscheint.

155 K 47   Dieser Erstkonzeption läßt sich ein Grundriß Du Rys aus dem Bestand der ehemaligen Schloßbibliothek zuweisen. Er wird hier der Besprechung der weiteren Grundrisse deshalb vorgezogen, weil er allein die Grundriß-Besonderheiten des Ruinenstadiums aufweist. Erfaßt ist das Schloß auf dem Niveau der zweiten Etage, die ein Mittelkorridor erschließt. Appartements fehlen, dagegen sind mehrere Schlafzimmer auf beiden Seiten des Korridors hintereinandergereiht, die wohl für das Dienstpersonal bestimmt sind. Da ruinös, sind die Apsiden nur im Umriß angedeutet. Abweichend vom Kupferstich der Ansicht, hat man sich also ein noch weitergehendes Verfallsstadium vorzustellen.

Die Ruine ist das Charakteristikum des Planungsstadiums, das sogar noch nach Baubeginn Gültigkeit besessen hat — die Grundsteinlegung erfolgte im Juni 1786. Das erfahren wir aus dem Kommentar Du Rys zu dem 1787 vom Landgrafen in Auftrag gegebenen Stich, den der Hofkupferstecher G. W. Weise angefertigt hat:

»Was übrigens die 168 alte Prospecte von der Nordseite betrifft, so stellen selbige den ersten Flügel zu Weisenstein an beiden Giebeln [Schmalseiten] *wie ruinirt* vor, weilen nach der ersten Idée Serenissimi dieser Flügel einem verfallenen Gebäude gleichen sollte; da aber nachher gnädigst gut gefunden wurde, diesen Flügel auszubauen, so mußte die Platte abgeändert werden. Die 168 Abdrücke können daher als ein erster Gedanke, wie der Weisensteiner Flügel aufgeführt werden sollte, angesehn, und so an Liebhaber verkauft werden [...].«[677]

Johann Heinrich Müntz (1727—1798), bekannt als Landschaftsmaler, Architekt und hervorragender Kenner Englands und der englischen Gartenkunst,[678] bestätigt mit Wort und Bild das frühe Planungsstadium des Weißensteiner Schlosses. In einem Band mit Federzeichnungen des Wilhelmshöher Parks findet sich eine im *152* April 1786 entstandene Skizze mit einem kleinen Deckblatt, die den Weißensteinflügel als Ruine von Süden festgehalten hat. In den Aussagen zur Planungsgeschichte des Schlosses stimmt sie im wesentlichen mit Weises Kupferstich überein. Müntz' Erläuterung hält die Konzeption als unabhängiges, freistehendes Schloß im Gedächtnis: »L'intention primitive du Landgrave n'etoit que de faire ériger, d'une manière isolée, le bâtiment d'ordre ionique, qui ne fait maintenant [que] l'aîle méridionale du total. - Mais peu à peu le tout est parvenu à former un total tel qu'il est ici très fidèlement représenté [...]«.[679] Von der ursprünglich intendierten Selbständigkeit des Neubaus wissen ansonsten lediglich die Du Ry-Tochter Amalie Rothe[680] sowie, als einzige gedruckte Quelle, G. Lobes Führer[681] aus dem Jahre 1837.

Lobes Publikation vermochte allerdings nichts daran zu ändern, daß die originale Konzeption des auf einen einzigen Bau beschränkten Weißensteiner Schlosses in Vergessenheit geriet, ja sogar in dem bis heute gültigen Inventarwerk Holtmeyers[682] als absurd zurückgewiesen worden ist.

Die von Du Ry oben angesprochene Entscheidung, das neue Weißensteiner Schloß vollständig auszubauen, muß im Laufe des Jahres 1787 gefallen sein. Sie kann den damals erstmals vorgelegten Plänen zur grundlegen-

den Änderung des Schlosses als separierte Dreiflügelanlage entnommen werden, die im Zusammenhang mit der *178* K 62
Planungsgeschichte des Corps de logis besprochen werden. Man darf den Schluß ziehen, daß das neue Weißen- *179* K 63
steiner Schloß in dem Augenblick aus dem Ruinenstadium herausgeführt und damit planungsgeschichtlich
»rekonstruiert« wurde, als es seine isolierte Position aufgeben und stattdessen nur noch Teil eines Ganzen, als
Seitenflügel, darstellen sollte.

Die einzige detaillierte Zeichnung, die dem Aufriß des nunmehr konsolidierten neuen Weißensteiner Schlosses
gilt, hat Jussow nach den Angaben und im Auftrage Du Rys gezeichnet. Es handelt sich um eine Kopie nach verlore- *164* K 48
nen Originalen Du Rys. Dieser hat das Blatt beschriftet und ausdrücklich als Inventor signiert. Die Zeichnung
gehört zu einem 1788 in seiner Gesamtheit entstandenen Band, der uns im folgenden noch beschäftigen wird.

Das bislang noch unpublizierte Blatt zeigt den dreigeschossigen Bau, dessen neun Achsen zählender Kubus in
zwei Apsiden ausläuft. Der drei Quaderlagen hohe Sockel ist leicht geböscht; er schließt mit einem wulstartig
profilierten Gesims ab. Über einer glatten Quaderschicht ruht die in Lagerfugen rustizierte Wand des Erdgeschosses, in die die gleich großen Rundbogen von Türen und Fenstern unprofiliert einschneiden. Dem Kubus
vorgelegt ist, wie bereits auf dem Stich zu erkennen, der Mittelrisalit, der in den drei mittleren von sieben Achsen die über eine breite Freitreppe zugänglichen Portale aufnimmt. Von der gleichmäßigen Reihung dieser sieben Achsen setzen sich die einachsigen Fassadenrücklagen ab. Die Verbreiterung der beiderseits dieser Achsen
stehengebliebenen Wand verdeutlicht, daß hier die Ebene des den Gebäudekern bildenden Kubus erreicht ist. In
gleicher Höhe wechseln an den Apsiden Rundbogenfenster und Halbrundnischen, die zur Aufnahme von Figuren vorgesehen sind. Die Erdgeschoßfenster der Rücklagen und Apsiden weisen gegenüber den Öffnungen des
Risalits unprofilierte Rahmen auf, welche die lichte Öffnung des Rundbogens geringfügig reduzieren. Alle Erdgeschoßfenster sind als Fenstertüren ausgelegt, die durch Brüstungen, von je drei Kreisformen durchbrochen,
gesichert sind. Ein Gurtgesims schließt das Erdgeschoß ab.

In Höhe der Beletage umschließen, das zweite Obergeschoß mit einbeziehend, freistehende Kolossalsäulen
den Bau, deren rhythmische Verteilung vom Erdgeschoß vorbereitet ist. Sie ruhen auf Postamenten, in deren
Höhe eine zweilagige Quaderschicht die Beletage umzieht. Über die Breite des Mittelrisalits sind acht Säulen
verteilt. In ihren Interkolumnien sind Altane angelegt. Die Apsiden sind von Vollsäulen umringt, von denen
beidseitig je eine in den Kubus des zentralen Gebäudeblocks einbindet. Die Säulen sind aus attischen Basen,
unkannelierten Schäften und antikisierenden ionischen Kapitellen mit frontparallelen Voluten zusammengesetzt.
Die Rechteckfenster der Beletage sind zu Fenstertüren erweitert, deren Balustraden an den Rand der Altane zwischen die Säulenpodeste vorgeschoben sind. Ausgenommen hiervon sind die Fenster der Fassadenrücklagen,
wo die Balustraden in das Gewände selbst eingelassen sind. Durch Dreiecksgiebel sind in der Beletage die drei
mittleren Fenster und die der Rücklagen ausgezeichnet, die übrigen tragen Gesimse mit Geison-Profil. Die
Wand der Obergeschosse ist glatt und hell verputzt vorgesehen, im Gegensatz zur dunkel abgesetzten
Erdgeschoß-Rustika. Die Fenster des zweiten Obergeschosses weisen eine reduzierte Höhe und einfach profilierte Rahmung auf.

Die Wand läuft in einem vollständigen ionischen Gebälk — mit Zahnschnitt — aus, das verkröpft ist. Den
Kubus krönt eine Attika, die über dem Risalit vorspringt. Sie ist in den Säulenachsen postamentartig verkröpft.
Diese Verkröpfungen tragen urnenförmige Vasen. Der säulenachsenbezogene Vasenschmuck wiederholt sich an
den Apsiden, doch ordnen sich diese durch einen niedrigeren Attikastreifen unter.

Den zugehörigen Grundrissen ist zu entnehmen, daß die Längsseiten wie auch die Schmalseiten, abgesehen
lediglich von den Treppenanlagen, einander entsprechen. Der Verzicht auf eine Differenzierung des decorum
zwischen »vorn« und »hinten« trägt konsequent der ganz auf Isolierung bedachten Architektur Rechnung.

Damit ist der um 1787/1788 gültige Stand der Aufriß-Planung erfaßt. Auf Änderungen, die sich im Laufe der Planungsgeschichte ergeben haben, wird bei der Untersuchung der Grundrisse einzugehen sein, die zum Teil noch auf die Planung des Gründungsjahrs zurückgehen. Vom Keller-Grundriß hat sich ein nicht datierter Entwurf[683] Du Rys erhalten, auf dem der Flügel ausdrücklich als »Neues Weisensteiner Schloß« angesprochen wird. Da auf dem Blatt die Maße des Gebäudes sowie die Fundamentgräben angegeben sind, scheint es sich um den der Ausführung zugrundegelegten Originalentwurf aus dem Jahre 1786 zu handeln. Er müßte demnach noch dem Ruinenstadium zugehören.

Die Einteilung der Kellerräume bereitet die Distribution der Appartements in den Wohngeschossen vor. Die Räume sind mit Grat- und Tonnengewölben versehen. Ausgeführt wurde der Keller mit einigen Ergänzungen, wie man einem zweiten, weiter entwickelten Plan entnehmen kann. Als im damaligen Schloßbau keineswegs selbstverständliche Besonderheit wurde im östlichen Scheitel ein Bad angelegt, dessen Wanne in eine Nische der Apsis hineinragt. Zwei Treppen führen zu der Wanne hinab. In der Achse des beheizbaren Bades ist ein Kamin angelegt, der erkennen läßt, daß ein Raum vor dem Bad als Küche gedient hat. Der Vergleich mit einem datierten Grundriß der Gesamtanlage aus dem Jahre 1788 ergibt, daß damals diese Veränderungen bereits existiert haben.

156 K 49

188 K 71

Die Konzipierung der Erdgeschoß-Aufteilung läßt sich in mehreren Stufen rekonstruieren. Als originaler Entwurf, der bei Baubeginn im Juli 1786 vorgelegen haben dürfte, muß ein heute in Potsdam befindlicher Grundriß gelten. Für seinen frühen Ansatz sprechen mehrere Eigenschaften, in denen der Plan von der Ausführung abweicht. Die Wände der Apsiden waren zunächst innen wie außen als massive Zylinder gezeichnet. Die als Korrektur vorgesehenen Rechtecknischen sind auf Deckblättern aufgeklebt. Im Scheitel der Apsiden ist je eine direkt ins Freie führende Tür mit vorgelegter zweiarmiger Treppe vorgesehen. Die Anregung dazu gaben wohl die in situ anstehenden Weißensteinfelsen, deren Existenz Du Ry mit der Eintragung »Der Felsen« westlich der Westapsis eigens vermerkt. Um die unmittelbare Verbindung mit der umgebenden Natur zu unterstützen, sieht Du Ry sogar weitere Felsbrocken vor, die als Pendant vor der östlichen Apsis, über Treppen zugänglich, künstlich hätten aufgetürmt werden müssen. Dies ist jedoch wie auch der Bau einer östlichen Apsistreppe unterblieben. Ein weiterer Unterschied zur Ausführung besteht in der Anlage des Mittelrisalits: Dieser springt nur gering vor den Kubus des Gebäudekerns; an der Innenwand sind einzelne pilasterartige Verstärkungen in den Säulenachsen vorgesehen. Eine Freitreppe auf der nördlichen Längsseite fehlt merkwürdigerweise.

157 K 50

Der Erdgeschoß-Grundriß ist nach dem Prinzip des appartement double organisiert. Vom Vestibül, das drei Achsen breit ist, liegt rechter Hand die zweiläufige Haupttreppe mit Wendepodest. Den Treppenaufgang flankieren zwei Säulen. Axial hinter dem Vestibül, diesem in der Breite entsprechend, folgt der Salon, von Du Ry als Speisesaal ausgewiesen. An diesen schließt nach Osten das appartement privé des Landgrafen an. Über ein Vorzimmer und ein Schreibkabinett ist ein halbrundes Kabinett in der östlichen Apsis zu erreichen. Dieses leitet über zum Schlafzimmer des Landgrafen, dessen Alkoven von zwei Säulen ausgegrenzt ist. Die Garderobe mit einem Bett für den Kammerdiener führt zurück zum Vestibül. Als appartement de société ist der westliche Teil des Erdgeschosses ausgelegt. Vom Speisesaal aus vermittelt das Rats- und Audienzzimmer (»ch: du conseil«) zur Galerie, die in Nord-Süd-Richtung die gesamte Tiefe des Gebäudes durchmißt und die durch zwei Pfeiler abgetrennte, als Kabinett bezeichnete Westapsis mit einbezieht.

Aus einer Überarbeitung dieses Entwurfs ist ein im gleichen Maßstab gehaltener Plan hervorgegangen, der nunmehr die Halbrundnischen der Apsiden von Anfang an berücksichtigt anstelle von Rechtecknischen. Korrigiert sind ferner die Außenwände des Risalits, die innen bündig mit der übrigen Flucht zu liegen kommen und außen, wie am Bau ausgeführt, weiter vorspringen. Die Decke des Vestibüls wird von vier Säulen getragen. In

158 K 51

der »salle en galerie« ersetzen Säulen die Pfeiler zwischen Hauptraum und Apsis-Kabinett. In Bleistift einskizziert ist eine bisher unbekannte Form der Treppen. Vor der nach Süden gelegenen Längsfront ist dem Salon eine breite Freitreppe vorgelagert, während auf der nördlichen Längsseite eine bescheidene zweiarmige Treppe angelegt ist. Die geplante südliche, nach dem »Lac« hin ausgerichtete Freitreppe bestätigt die genannte Skizze von J. H. Müntz, die den Bau noch als Ruine zeigt. 152

Auf einer Werkzeichnung zum Erdgeschoß[684] wiederholt sich die schlichte Außentreppe der Nordseite. Der Plan ist noch in anderer Hinsicht aufschlußreich. Die Trennwand zwischen Salon und Ratszimmer ist gefallen; damit ist der Salon aus der Symmetrieachse ausgeschert und umfaßt nun fünf Achsen. Die Funktion der Galerie erhellt aus der Angabe »bibliothec galleri«. Als terminus ante quem für die Vergrößerung des Salons ist der April 1787[685] zu nennen. Damals legte Du Ry eine Aufstellung über die »Gröse der Wohnzimer im rez de Chaussée des Neuen Weisensteiner Schlosses« vor, in der die Länge des Saals mit über 52 Fuß, der Werkzeichnung entsprechend, angegeben ist. Ebendort wird das Raumprogramm des Erdgeschosses wie folgt definiert: »Vestibül — Saal — Treppen Raum — Bibliotheq — Cabinet (zwischen d. Säulen halbrund) — Garderobe beym Vestibule — Vorzimmer — 2. Vorzimmer oder Cabinet — Schlafzimmer — Cabinet.«[686] Demnach stimmt die Funktion der Galerie als Bibliothek mit der anonymen Werkzeichnung überein, in die der aktuelle Stand von verschiedenen Schreinerarbeiten eingetragen ist.

Für die Planungsphase mit dem fünf Achsen langen Salon liegt ein originaler Grundriß Du Rys vor, der alle Details am präzisesten wiedergibt, da er im größten Maßstab gehalten ist. Zahlreiche Korrekturen lassen darauf schließen, daß das Blatt schon 1786 vorgelegen hat und, wie üblich, während der Bauausführung auf den jeweils neuesten Stand gebracht wurde. Du Rys Bezeichnung »grund riß der untersten Etage des Neuen Weißensteiner Schloßes« verrät, daß die Zeichnung noch von dem allein stehenden Gebäude (als Ruine?) ausgeht. In die Galerie sind Wandschränke eingezeichnet, die Bücherregale der Bibliothek. Mit der endgültig ausgeführten Lösung stimmen u. a. die beiden gekoppelten Säulenpaare zwischen Galerie und westlicher Apsis, die Nischen im Innern beider Apsiden sowie die Freitreppe — jetzt auf der nördlichen Längsseite — überein. 159 K 52

Als in Reinzeichnung vorgelegte Plankopie ist ein Erdgeschoßgrundriß von der Hand des Johann Henrich Wolff zu deuten, der nochmals in einigen Punkten differiert. Die westliche Apsis besitzt in Anlehnung an die ersten Entwürfe einen eigenen Ausgang nach den Weißensteinfelsen. Untersuchungen am Bau legen nahe, daß dieser tatsächlich einmal ausgeführt und später beseitigt worden ist. Die Galerie wird erstmals in der Funktion angesprochen, in der sie seit 1790 de facto auch gedient hat — als Speisesaal. Die Garderobe ist unterteilt, bedingt durch den nachträglichen Einbau eines escalier de dégagement im Sommer 1789.[687] Die Treppe selbst, eine hölzerne Wendeltreppe am Ende des schmalen Kabinetts, hat Wolff allerdings weggelassen. Für die Datierung des Wolff-Grundrisses um 1790 oder wenig später sprechen auch die Angaben zu seiner Karriere; er war 1791—1793 Kasseler Stadtbaumeister und übte sich im Architekturzeichnen durch Kopieren nach Du Ry, Peyre und Hirschfeld.[688] 160 K 53

Von der Beletage haben sich drei Entwürfe Du Rys erhalten. Das älteste Stadium zeigt eine weitgehend symmetrische Aufteilung in zwei Appartements, deren Aufteilung die Erdgeschoß-Distribution voraussetzt. Dem Vestibül im Erdgeschoß entspricht eine antichambre. Der Salon wiederholt mit seiner Breite von drei Achsen den des Erdgeschosses in seiner Erstkonzeption. Das nach Osten gelegene Appartement weicht nur in der Funktion zweier Räume von dem des Landgrafen ab. Über dem Schreibkabinett des Landgrafen befindet sich ein cabinet de toilette; das halbrunde Kabinett in der östlichen Apsis wird als »belvedere« funktional herausgehoben. Wegen der asymmetrischen Lage der Treppe um einen Raum verkleinert erscheint das westliche Appartement, dessen Schlafzimmer an den Salon stößt, wie dieser also nach Süden orientiert ist. Es kennzeichnet das Stadium der Planung, daß sich die Apsiden in dieser Etage in nur drei Fenstern öffnen, die wie im Erdgeschoß 161 K 54 mit halbrunden Außennischen alternieren. Da die 1787 im Rohbau abgeschlossene Ausführung aber fünf Fenster, also keine Nischen aufweist, andererseits aber an den Apsiden keinerlei Ruinenspuren mehr zu entdecken sind, muß der Entwurf im Laufe des Jahres 1787 entstanden sein, als der vollständige Ausbau schon feststand.

162 K 55   Von diesem Plan hat sich eine Kopie erhalten, die zunächst von demselben Stadium ausging. Mehrere Korrekturen sind dann von Jussow in Bleistift eingetragen worden. Sie betreffen die Anlage des escalier de dégagement und den Wegfall der Trennwand zwischen Treppe und antichambre. Im Salon ersetzt Jussow die zwei seitlichen Türen in der Nordwand durch zwei Ofennischen. Diese Veränderungen sind mit Hilfe der Baunachrichten auf 1789 zu datieren.

163 K 56   Weitere, für die Ausführung maßgebliche Planwechsel werden mit dem dritten Grundriß dokumentiert, der selbst als Ergebnis mehrfacher Veränderungen anzusehen ist. Er gibt die Apsiden, wie ausgeführt, mit fünf Fenstern wieder. An Stelle des cabinet de toilette und der Garderobe finden wir, in Analogie zur Galerie des Erdgeschosses, einen die Tiefe des Schlosses durchmessenden Saal, der von zwei exedrenförmigen, in der Mitte gegeneinandergesetzten, den Raum teilenden Einbauten, den Bücherregalen der Bibliothek, unterteilt wird. Tatsächlich ist den Bauakten zu entnehmen, daß die Bibliothek im Jahre 1789 in die Beletage verlegt wurde. Deshalb wurde auf eine konsequente Unterteilung in zwei Appartements verzichtet.

K 57   Das zweite Obergeschoß sollte der Beletage in seiner Distribution gleichen. Doch erforderte das stetige Anwachsen der Bücherbestände, daß der Bibliothek hier ein ganzes Geschoß zugewiesen wurde.

Mehrere Blätter des Jussow-Nachlasses belegen, daß Jussow sämtliche Stuckdecken des Neuen Weißensteiner
266, 268   Schlosses (Weißensteinflügel) entworfen hat, soweit sie zeichnerisch überliefert sind.[689]

Baugeschichte

Das neue Weißensteiner Schloß wurde als freistehender Bau mit ost-westlich orientierter Längsachse konzipiert. Es liegt südlich des ehemaligen Moritzschloß-Südflügels und in spitzem Winkel zu diesem.

Der Grundstein wurde am 3. Juni 1786, dem 43. Geburtstag des Bauherrn, gelegt. J. H. Müntz, der offensichtlich zugegen war, berichtet davon: »[...] la première pierre de ce nouveau palais [fut] posée par le Landgrave, presentement regnant, samedi 3me juin 1786 l'avant midi — jour anniversaire de la naissance de ce prince; le tout se passa facilement sans le moindre cérémoniel.«[690] Bis zu Ende des Jahres 1786 wurde nach Jussow »das Souterrain und ein Theil des rez de chaussée [...] in die Höhe geführt«.[691]

Am 8. Dezember 1787 schrieb der geheime Sekretär Kunckell in Wilhelms Journal: »Anhero bemerke auch, daß der Bau des Schlosses alhier durch die ununterbrochenen Bemühungen des Raths und Baudirectoris Du Ry soweit gediehen, daß die Dach Sparren liegen, und vor diesen Winter sind solche mit Tannen Dielen überlegt worden, um das Gebäude vor Schnee und Regen zu decken. — Inwendig stehen schon die meisten ScheideWände, und wird eine herrliche Anlage und Abtheilung geben«.[692]

Am 14. Juni 1788 meldete Du Ry dem Landgrafen, daß die von Wilhelm am 6. April 1786 für den Schloßbau genehmigte Summe von 50.000 Rtlr. fast aufgebraucht sei, weil auch noch weitere Bauten aus diesem Etat bestritten werden müßten.[693] Der Brief ist deshalb planungsgeschichtlich von Interesse, weil er das bisher sogenannte »Neue Weißensteiner Schloß« nur noch als ersten Flügel, sein inzwischen in Angriff genommenes Pendant als zweiten Flügel bezeichnet.

Strieders Bauchronik, die sich auf Angaben Jussows stützt, meldet ein Jahr später die nahende Vollendung: »[...] im Sommer 1789 das rez de chaußée meublirt und wohnbar, die bel Etage aber mit Ende desselben Jahres ebenfalls völlig in Stand gesetzt war; zu welcher Zeit auch eine kleine aus der Garderobe des rez de chaussée in die oberen Etagen führende Windeltreppe [...] angelegt worden [...]«.[694] Am 4. November heißt es in Wilhelms Journal: »Serenissimus blieben am heutigen Tage zu Weißenstein und geruheten, die Einrichtungen im neuen Schloßflügel zu verordnen und zu verbeßern. Die Bibliothek verschönert sich täglich und die unten mit Gemählden von der Hand des verstorbenen Raths Tischbein, ersten Hof Mahlers und Professors der Academie der Mahlerkunst, ausgezierte Zimmer sind einnehmend schön«.[695]

Dieselbe Quelle berichtet am 3. Mai 1790: »Obgleich die Zimmer im neuen Schloß unten alle fertig tapeziret und meubliret, auch im Schlafgemach das Bett aufgeschlagen ist, so haben Serenissimus doch, da alles noch zu frisch, Anstand genommen, da zu schlafen. Sie sind aber übrigens ganz eingezogen, schlafen aber noch im alten Schloßgebäude«.[696] Am 47. Geburtstag des Bauherrn tafelten 34 Personen im Speisesaal des Erdgeschoßes.[697]

Die damals ebenfalls vollendete Fassung des Äußeren berührt das Journal, als es am 18. August 1790 vom Besuch des Fürsten von Nassau-Weilburg überliefert: »Der Herr Fürst bezeugten außerordentlich vieles Vergnügen und Freude, über die trefflichen Anlagen, und besonders über die königliche Einrichtung in dem Innern des Schloß-Flügels, der von außen einen solchen *herrlichen Anstrich* erhalten, daß nun *Schönheit von allen Seiten* ist«.[698]

Die in den Jahren 1786—1792 entstandenen Gesamtkosten des neuen Schlosses und späteren Schloßflügels wurden auf 154.632 Rtlr.[699] beziffert.

Baubeschreibung

Nachfolgend wird das »Neue Weißensteiner Schloß«, der heutige Weißensteinflügel, in knapper Form beschrieben, wobei die Entwurfszeichnungen als bekannt vorausgesetzt werden. Es ist das Ziel, den originalen Bestand von späteren Veränderungen zu unterscheiden. Für die Räume verwende ich die bis zu den Zerstörungen des Zweiten Weltkriegs gültige Zählung der preußischen Schlösserverwaltung.

Der Außenbau ruht auf einem 3—4 Quaderlagen hohen geböschten Sockel. Der Sockel und sein wulstförmiges Gesims sind aus grobem, leicht verwitterndem Basalttuff gearbeitet. Dieser Tuff steht in nächster Nähe von Wilhelmshöhe (am Hüttenberg) an. Die in den Fensterachsen sitzenden Kellerfenster wirken aufgrund einer später zu weit außen angebrachten Verglasung größer und aufdringlicher als ursprünglich beabsichtigt. Vor die nördliche Längsfront springt das Podest der Freitreppe, das über einer Quertonne aufruht.[700] Die Treppe setzt sich aus 12 unprofilierten Stufen zusammen, deren Wangen kreisförmig durchbrochene Brüstungen tragen, die in den Sockeln zweier Löwen-Skulpturen aus Sandstein auslaufen.

Zwei Quaderlagen aus Sandstein — dieser stammt aus dem Balhorner Wald — bilden das Auflager für das Erdgeschoß, dessen Wand aus weiteren 10 Quaderlagen aus Basalttuff[701] besteht. Der Saumschlag der Quader, heute stark verwittert und nur in den Eingängen noch gut erhalten, gehört zur Lagerfugenrustika, die der Fassadenentwurf vorgesehen hatte. Der Kubus des Gebäudes weist insofern eine Besonderheit auf, als er an allen vier Kanten einspringt. Somit entsteht der Eindruck einer »negativen« Lisene, die bereits im Sockel angelegt ist und bis über das verkröpfte Gebälk hinaus ihre Fortsetzung findet. Die Verteilung des decorum zieht nach sich, daß die Risalite so weit vorspringen, daß die 3 Fuß (= 86,3 cm) dicken Säulen den Kubus als luftiger Vollsäulen-

262

263

Schleier umhüllen können. Dies führt im Bereich der Risalite und Apsiden zu der gewaltigen Mauerstärke von 9½ Fuß (= 273 cm). Die rundbogigen Fenstertüren haben sich diese Tiefe auf besondere Weise zunutze gemacht, die heute unkenntlich geworden ist. Die unprofilierten Gewände der Fenstertüren, an denen die Fensterrahmen und Läden ursprünglich angeschlagen waren, sitzen so weit innen, daß jede der Laibungen einen Altan für sich bildete. Von diesem zeugt noch die durchbrochene Sandsteinbrüstung, die über dem Boden horizontale Schlitze zum Ablauf des Regenwassers aufweist. Erst die Anbringung zweiter Fensterrahmen und Klappläden in der Ebene der Fassadenfront hat die Altane zerstört und deren bis dahin zwischen Innen und Außen vermittelnden Raum eindeutig dem Innenraum hinzugeschlagen. Die Öffnungen der Brüstungen wurden dabei zugesetzt. Die Rundbogen greifen in die Rustika in Form von Keilsteinen ein und bilden im Scheitel einen diamantierten Schlußstein.

Während die östliche Apsis durch den 1829/1830 eingebauten Zwischenflügel zu drei Fünftel verbaut ist, zeigt ihr westliches Gegenstück noch weitgehend die ursprüngliche Substanz. Die beiden Nischen sind zur Aufnahme zweier Allegorien der Tageszeiten bestimmt; in der nordwestlichen steht Hesperus, in der südwestlichen Luna (Diana). Das zwischen den Nischen liegende Fenster im Scheitel der Apsis läßt eine ursprüngliche Funktion als Eingang erkennen: Das Sockelgesims ist nachträglich in Sandstein ergänzt, und die Brüstung eingefügt worden. Man hat sich an dieser Stelle eine Treppe vorzustellen, wie sie von Wolff gezeichnet wurde.

In der Beletage entspricht der Sandstein-Sockelstreifen in seiner Höhe den freistehenden Piedestalen der Säulen. Je acht Säulen instrumentieren die Risalite, je sechs die Apsiden, wobei je zwei als Dreiviertelsäulen in den Kubus einbinden. Die unkannelierten ionischen Säulen weisen attische Basen und antikisierende Kapitelle mit frontparallelen Voluten auf. Mit 27 Fuß (= 7,768 m) entspricht die Säulenhöhe, dem vitruvianischen Kanon gemäß, dem Neunfachen des unteren Durchmessers. Die Schäfte sind aus 13 bzw. 14 Sandstein-Trommeln zusammengesetzt. Die jeweils äußeren Säulen der Risalite sind von Pilastern hinterfangen, deren Kapitelle von denen der Säulen differieren. Ihre Voluten sind in Spiralform gewickelt, so daß das Auge der Volute am weitesten vortritt. Der Rang der Beletage dokumentiert sich nicht nur im Säulenschmuck, sondern auch in den hochrechteckigen Fenstertüren, die in einem eigenen Rhythmus von Dreiecksgiebeln bekrönt werden: in den drei Eingangsachsen, an den einachsigen Rücklagen sowie im Scheitel der Apsis. Demgegenüber deutet die geringere Höhe der schlicht rechteckigen Fenster im zweiten Stock auf dessen untergeordnete Rolle.

Das verkröpfte Gebälk ist an seinen plastisch vor die Wand tretenden Abschnitten in Keilsteintechnik zusammengefügt, um das Gewicht in den Säulenachsen zu konzentrieren. Abweichend vom Entwurf variiert der Attika-Schmuck. Die Säulenachsen der Risalite klingen in urnenförmigen Vasen aus, von denen pro Reihe vier verschiedene Grundtypen verdoppelt und in der Folge a — b — c — d — d — c — b — a symmetrisch verteilt sind. Der Vasenkörper sitzt auf einem gekehlten Fuß und ist in seinem zylindrischen Mittelteil an den Griffen mit Eichenlaub-Festons behängt. Der Deckel ist ähnlich einem Säulenfuß mit gedrehten Kanneluren versehen. Dagegen weisen die Apsiden einen vereinfachten, uniformen Vasentyp auf. Das ursprüngliche Satteldach, das hinter der Attika versenkt angeordnet und mit Kupfer gedeckt war, mußte beim Wiederaufbau einem Flachdach weichen.

Mit den Löwen, Statuen und Attika-Vasen besitzt die Bauskulptur einen beträchtlichen Anteil am »Neuen Weißensteiner Schloß«. Die den Haupteingang bewachenden Löwen, Arbeiten der Gebrüder Heyd,[702] zeigen mit den tief durchfurchten Köpfen, die von sahnigen Locken umspielt werden, eine noch ganz barock empfundene Formensprache. Sie besitzen in einem Löwenpaar vor dem Rathaus in Göttingen ihre ebenfalls von den Brüdern Heyd geschaffenen Gegenstücke. Die beiden Skulpturen Hesperus und Luna gehören zu einem Programm, das einst vollständig rund um den Bau verteilt werden sollte. Dies war mit der Aufführung des Zwischenflügels jedoch vereitelt worden, da seither die östliche Apsis verbaut ist. Die lebensgroße Figur des Hesperus trägt einen mit Sternen besetzten Mantel. Während er sich mit dem rechten Arm verhüllt, hält seine Linke eine verlöschende Fackel. Dagegen ist Luna als antikisierende Gewandfigur im Kontrapost dargestellt. Beide Figuren wurden von Samuel Nahl (1748—1806),[703] einem Sohn des Johann August Nahl, geschaffen. Als Allegorien auf Abend und Nacht erhalten sie freilich nur dann ihren vollen Sinn, wenn ihre Aufstellung mit den entsprechenden Himmelsrichtungen korrespondiert; beide Figuren müssen demnach ihren jetzigen Standort einmal vertauscht haben. Die beiden das Programm ergänzenden Skulpturen haben am Kirchflügel ihre Aufstellung gefunden.

284

265

Das heutige äußere Erscheinungsbild des Weißensteinflügels unterscheidet sich vom ursprünglich intendierten beträchtlich. Der Bau hat nicht nur durch Regenbogens Zwischenbau seine — auch in der Dreiflügelanlage zunächst gewahrte — Unabhängigkeit verloren. Ohne die helle (weiße?) Fassung wirkt er heute etwa in dem Sinne, wie er als unverputzte Ruine zunächst vom Landgrafen vorgesehen war — düster, rauh und plump. Die Verwendung von Tuff als Baumaterial dürfte unmittelbar auf das Ruinenprojekt zurückgehen, das am heutigen Baubestand keine erkennbaren Spuren hinterlassen hat. Du Rys Konsolidierung erfolgte mit der Präzision, die der Hofarchitekt, den Ausgang des Ruinenexperiments offenbar weise vorausschauend, wohl von Anfang an hatte walten lassen. Eben diese Konsolidierung, die den architektonischen Akzent auf das Wechselspiel zwischen Kubus, Halbzylindern und Säulenschmuck verlagerte, erfordert eine farbige Fassung des Gebäudes, dessen Wand als einheitliche Folie für das noble Säulendecorum erscheinen muß. Die zeitgenössischen Ansichten des Schlosses von Strack, Hummel und Böttner lassen daran keinen Zweifel.[704] Die mit der Rustika im Erdgeschoß zum Ausdruck gekommene antithetische Wandgestaltung ist heute nur noch »archäologisch« in Spuren zu sichern.

Farbt. VII
unten

Von den Innenräumen des »Neuen Weißensteiner Schlosses« hat das Vestibül im Erdgeschoß (R. 185) seine alte Gestalt nur teilweise bewahrt. Der Marmorstuck zwischen den dorischen Pilastern war einst poliert. Während die vier freistehenden dorischen Säulen im 19. Jh. entfernt wurden, scheinen die Deckenunterzüge, mit Flechtband und guttae besetzt, überdauert zu haben. Die Säulen besaßen wohl keine statische, sondern rein dekorative Funktion. Die zweiläufige Treppe ist im Vergleich zum Ursprungsbau an die Außenwand verlegt worden, hat aber das von den Schlossern G. & J. C. Schwarz verfertigte Schmiedeeisengeländer behalten.[705]

Im Salon des Erdgeschosses (R. 189), dem »Audienzsaal«, der einst rundum mit Gemälden mythologischen Inhalts von der Hand Johann Heinrich Tischbeins ausgestattet war, entsprechen der mittlere Deckenstuck aus zwei konzentrischen Kreismustern sowie die Öfen in den diagonalen Nischen dem Zustand um 1790. Dagegen wurden die Boiserien erst im 2. Jahrzehnt des 19. Jh. eingebracht. Von der Louis-Seize-Möblierung gehen die Sitzmöbel z. T. auf Entwürfe zurück, die sich heute in Jussows Nachlaß befinden.

Dem ursprünglichen Entwurf angenähert ist die Rekonstruktion des Speisesaals (R. 188/188a), der sich der westlichen Apsis als Anraum bedient. Beide Raumabschnitte werden durch zwei gekoppelte Säulenpaare dorischer Ordnung voneinander getrennt. Der ehemalige Wandbewurf bestand aus Marmorstuck mit grauer Äderung. Von den Deckenstuckaturen entsprechen die beiden Kreise aus Mäandermuster sowie der kassettierte Flechtbandunterzug der Säulen Jussows Entwurf;[706] dagegen stellt der Gebälkstreifen am Deckenrand eine moderne freie Erfindung dar. — Von den Zimmern des privaten Appartements des Landgrafen hat allein das halbrunde Kabinett in der östlichen Apsis (R. 180) seinen originalen Charakter bewahrt. Beim Anbau des Zwischenflügels änderte man die seitlichen Fenster zu Wandschränken. Im ehemaligen Schlafzimmer (R. 181) markieren lediglich die beiden dorischen Stucksäulen den ursprünglichen Alkoven. Aus diesem Raum stammt ein Teil der heute in Schloß Wilhelmsthal[707] befindlichen Louis-Seize-Schlafzimmer-Ausstattungen.

267, 270

In der Beletage, deren Appartements für hochrangige fürstliche Besuche bestimmt waren, solange die Konzeption auf das »Neue Weißensteiner Schloß« beschränkt blieb, entsprechen Fußboden, Boiserien, Supraporten, Ofennischen und der Deckenstuck des etwa quadratischen Salon (R. 202) dem originalen, von Jussow beeinflußten Zustand.[708] Die seidenen Damastbespannungen der Wände stammten in der Beletage aus Lyon, während die Wandbespannungen des Erdgeschosses aus Hanau kamen. Nach dem Willen des Schloßherrn sollte damit der Nachweis für die Güte der einheimischen Produktion unter Beweis gestellt werden. Die Tapeten wurden schon unter Wilhelm IX. wieder entfernt, um fortan den Mittelbau zu zieren. Das Schlafzimmer des ersten Appartements, das in seiner Distribution dem des Landgrafen darunter gleicht, weist am Alkoven die höherrangige ionische Säulenordnung auf. Auch von diesem Raum ist die Ausstattung heute in Wilhemsthal[707] zu besichtigen. — Wie im Erdgeschoß vermag das Kabinett der östlichen Apsis (R. 192) mit dem Marmorkamin, den geschnitzten Boiserien und dem von Jussow entworfenen Deckenstuck[709] am besten einen Eindruck von der originalen Innenarchitektur zu vermitteln. Es handelt sich um einen der wenigen Räume in diesem Flügel, dessen Farbigkeit — pastellgrün, weiß und gold — nach wie vor auf den Stil der Entstehungszeit abgestimmt ist.

269

Typologie und Stil

Für die typologische und stilistische Beurteilung des »Neuen Weißensteiner Schlosses« gilt es, bei den Vorprojekten anzuknüpfen, ging doch der ausgeführte Bau aus einer anspruchsvolleren Fassung der ersten Entwürfe hervor. Als Vorbild für den in zwei Apsiden sich seitlich erweiternden, mit einem aufgesockelten Portikus in der Mitte ausgezeichneten und mit einer vasenbesetzten Attika abschließenden Bau ist der bereits genannte, 1757 von Abraham Swan publizierte, auch bei Hirschfeld[710] abgebildete Entwurf eines englischen Landhauses anzusehen. Beim Vergleich fallen aber nicht weniger die Unterschiede ins Auge. Die durch Swan vorgegebene Geschoßteilung und damit verbundene Aufriß-Disposition des Risalits hat Du Ry einer gründlichen Überarbeitung unterzogen, die nur aus der Auseinandersetzung mit einem eigenständigen, traditionsreichen Typus zu erklären ist. Du Ry entscheidet sich für ein voll ausgebautes, rustiziertes Erdgeschoß, das, von Rundbogenöffnungen durchbrochen, als Sockel einer darüber aufgehenden Säulenordnung dient. Er schließt damit an den Typus des italienischen Stadtpalastes der Hochrenaissance an, den man als »Sockelhaus mit einer dominierenden Ordnung«[711] definiert. Als dessen Urbild gilt Bramantes Palazzo Caprini im Borgo in Rom, besser bekannt als »Haus des Raffael«, dessen Projektierung um 1501 und Ausführung vor 1510 angesetzt wird.[712] Über das kräftig rustizierte, in Rundbogen geöffnete Erdgeschoß hat Bramante den von gekoppelten Halbsäulen einer römisch-dorischen Ordnung und ihrem Gebälk übergriffenen piano nobile gesetzt. In den fünf Interkolumnien liegen ädikulenartig gerahmte Fenstertüren, deren Balustraden zwischen den Zwillingspostamenten der Säulen sitzen. — Diese Anordnung wiederholte sich in Rom wenig später an dem von Raffael entworfenen Palazzo Caffarelli-Vidoni.[713]

148

165

In modifizierter Gestalt mit Kolossalordnung hat das Sockelhaus in Oberitalien Verbreitung gefunden. Michele Sanmichelis Palazzo Canossa in Verona[714] besitzt gekoppelte korinthische Kolossalpilaster, die piano nobile und ein Mezzaningeschoß darüber verklammern. — Die Einführung einer vergleichbar herausgehobenen Kolossalordnung in Rom geht auf Michelangelo zurück, dessen Senatorenpalast um 1537 entworfen wurde. Ein 1569 erschienener Stich Dupéracs[715] hält diese Disposition fest.

Dem Typus des Sockelhauses gehört aus dem Œuvre Palladios der um 1550 entworfene Palazzo Iseppo di Porto in Vicenza[716] an. Die (ionischen) Halbsäulen sind in der Ausführung, wie bei Bramante, allein dem piano nobile zugeordnet. In einer Entwurfsvariante[717] hatte Palladio jedoch schon die Kolossalordnung anvisiert. *166*

Im 17. Jahrhundert spielt der Typus des Sockelhauses mit Kolossalordnung bei Pietro da Cortona und Bernini eine wesentliche Rolle. Mit regelmäßig abwechselnden Fenster- und Pilasterachsen versehen ist Berninis Palazzo Chigi-Odescalchi[718] sowie die Tuilerien-Seite seines dritten Louvre-Projekts.[719] Vorausgegangen war Cortonas Projekt für einen Palazzo an der Piazza Colonna,[720] der für Wilhelmshöhe typengenetisch schon deshalb wichtig ist, weil bei ihm erstmals Vollsäulen über dem Sockel vorgesehen sind. *167*

In der klassischen Baukunst Frankreichs blieb das Sockelhaus-Schema mit Kolossalordnung die repräsentative Ausnahme; dazu rechnen Perraults Flußfront sowie die Ostfassade des Louvre. Das Schema diente als decorum der Wände königlicher Plätze Jules Hardouin-Mansarts, an der Place des Victoires ebenso wie an der Place Louis-le-Grand (heute Place Vendôme). Auch im 18. Jahrhundert griffen die Architekten für königliche Platzanlagen wieder darauf zurück, Jacques Gabriel mit der Place de la Bourse in Bordeaux,[721] Ange-Jacques Gabriel mit der Place Louis XV (Place de la Concorde)[722] in Paris, Emmanuel Héré in Nancy[723] und Le Carpentier in Rouen.[724] Als Gliederung eines Mittelrisalits, nunmehr unter Verwendung von Vollsäulen, fand das Schema an Jacques-Denis Antoines 1767 entworfener »Monnaie« in Paris[725] Verwendung. *168*

Die Vollsäule im Zusammenhang mit dem Sockelhaus-Schema ist sowohl in der klassischen Baukunst Frankreichs des 17. Jahrhunderts als auch im deutschen Barock vorbereitet, nämlich an den gartenseitigen Risaliten der Versailler Residenz durch Louis Le Vau sowie an den Portalrisaliten des Berliner Stadtschlosses durch Andreas Schlüter.[726] War in Versailles die Vollsäule noch auf die Beletage beschränkt, so hat Schlüter in Berlin Kolossalsäulen verwendet. — Im deutschen Barock bildet das Sockelhaus-Schema die Grundlage für Schloßbauten des sog. Schönbrunner Systems,[727] das auf Fischer von Erlach zurückgeht.

Weite Verbreitung hat das Sockelhaus mit Kolossalordnung durch den englischen Palladianismus, einsetzend mit Inigo Jones, gefunden. Mit dem um 1640 erbauten Londoner Lindsay House[728] hatte er das typisch englisch-palladianische Stadthaus mit Sockelgeschoß und Kolossalordnung geschaffen. Architekturgeschichtlich nicht weniger einflußreich ist die flußseitige Fassade der »Great Gallery« des Londoner Somerset House[729] *169* gewesen, die, 1661—1662 von Jones errichtet, Aufnahme in Campbells »Vitruvius Britannicus«[730] gefunden hat. Jones folgt damit in auffälliger Weise Palladios Alternativprojekt für den Palazzo Iseppo di Porto mit *166* Kolossalordnung, variiert es jedoch, indem er die Sockelhaus-Disposition als fünf Achsen breiten Mittelrisalit einsetzt, der mit Mezzanin, Gebälk und Attika die Rücklagen überragt. Als weiteres — ausgeführtes — Vorbild ist Palladios Palazzo Civena in Vicenza (um 1540) anzuführen. Auf diese Palladio-Jones Tradition lassen sich alle englischen Beispiele des gleichen Typus aus dem 18. Jahrhundert zurückführen, die zur Herleitung des Weißensteiner Schemas von Bedeutung sind: Ein »Design in the Palatial Style« von Campbell, 1717 im Vitruvius Bri- *170* tannicus veröffentlicht,[731] das Londoner »Queensberry House« des Giacomo Leoni[732] aus dem Jahre 1721, der Mittelrisalit des 1778 im Äußeren von Robert Taylor entworfenen, 1784 vollendeten Landschlosses Heveningham Hall (Suffolk)[733] sowie William Chambers' die Royal Academy aufnehmender »Strand block« von Somer- *171* set House,[734] der seit 1776 den oben angeführten Vorgängerbau des Inigo Jones typologisch imitierend ersetzte. Stilistisch sind dagegen, wie J. Harris nachgewiesen hat,[735] pariserische Einflüsse an Chambers' »Strand block« zum Tragen gekommen. Chambers hatte die Jones-Tradition noch dadurch wiederbelebt, daß er dessen »Great Gallery« auf einer als Kupferstich in der »Dissertation on Oriental Gardening«[736] publizierten Medaille als Akademiegebäude bekanntmachte. Die andere Seite dieser Medaille zeigt den englischen König als Protektor der Künste, Wilhelms Cousin Georg III. Damit war die Voraussetzung dazu gegeben, gerade die »Great Gallery« im anglophilen Hessen als Inbegriff einer mustergültigen englisch-palladianischen Architektur anzusehen. Gleiches mochte auch für ihren Nachfolgebau gelten, zumal Du Ry Chambers ja persönlich gekannt haben muß. Daß der »Strand block« des Somerset House in Chambers' Fassung tatsächlich in Kassel Schule gemacht hat, wissen wir von einer Aufrißkopie Johann Henrich Wolffs.[737]

Resümierend ist im Hinblick auf die Aufriß-Gestaltung des Weißensteinflügels festzustellen, daß die Risalitbildung mittels des in Rom beheimateten Sockelhaus-decorum, zunächst noch wandgebunden, eine Invention des 16. Jahrhunderts bedeutet, die im 17. Jahrhundert in England durch Inigo Jones, in Italien durch Cortona und Bernini Verbreitung fand. Die gleiche Risalitgestaltung, jetzt aber mit Hilfe von Vollsäulen, ist wohl zuerst bei Le Vau in Versailles ausgeführt anzutreffen, dort noch mit nur ein Geschoß hohen Säulen. Die Risalitbildung mit kolossalen Vollsäulen, in Deutschland mit dem Berliner Schloß eingeführt, wurde ein Merkmal der Baukunst des Klassizismus, wofür Antoines »Monnaie« in Paris den für Du Ry wichtigsten Vertreter darstellt.

168

Das Verhältnis von Säule und Wand ist als erstrangiges Stilkriterium anzusprechen. Aufschluß darüber gibt ein Kapitel aus der zeitgenössischen Kunstkritik. 1786, im Jahr der Planung und des Baubeginns des »Neuen Weißensteiner Schlosses«, sinnierte Goethe in Vicenza angesichts der Stadtpaläste Andrea Palladios:

»[…] Und so sag' ich vom Palladio: er ist ein recht innerlich und von innen heraus großer Mensch gewesen. Die höchste Schwierigkeit, mit der dieser Mann wie alle neuern Architekten zu kämpfen hatte, ist die schickliche Anwendung der Säulenordnungen in der bürgerlichen Baukunst; denn Säulen und Mauern zu verbinden, bleibt doch immer ein Widerspruch. Aber wie er das untereinander gearbeitet hat, wie er durch die Gegenwart seiner Werke imponiert und vergessen macht, daß er nur überredet! Es ist wirklich etwas Göttliches in seinen Anlagen, völlig wie die Force des großen Dichters, der aus Wahrheit und Lüge ein Drittes bildet, dessen erborgtes Dasein uns bezaubert.«[738]

E. Forssman geht davon aus, daß Goethe zu diesen Gedanken angesichts des Palazzo Iseppo di Porto inspiriert wurde, wo Halbsäulen die »Vokabeln« von Palladios künstlerischer Poesie bilden. Er erläutert diesen Passus dahingehend, daß mit »Wahrheit« die »Tatsache der Wandarchitektur«, mit »Lüge« das »System von Tragen und Lasten« gemeint sei.[739] Wendet man diese Begriffe auf Du Rys Architektur an, so ist festzustellen, daß der Klassizist die Suggestion einer selbständigen Säulenarchitektur noch forciert, indem er Säule und Wand so weit wie überhaupt möglich auseinanderdividiert, wenn die Wandarchitektur in »Wahrheit« allein tragende Struktur bleiben soll. Im Vergleich zu Renaissance, Manierismus und englischem Palladianismus, die, in der Tradition der römischen Antike stehend, mit der wandgebundenen Halbsäule operierten, offenbart die Zweischaligkeit des »Neuen Weißensteiner Schlosses« einen neugewonnenen Einfluß der griechischen Antike in Gestalt des Säulen-Architrav-Systems, das in Frankreich schon im 17. Jahrhundert der Klassik (Versailles, Louvre), im 18. Jahrhundert dem »style grec« als vorbildlich gegolten hatte. Es verdankt seine kunsttheoretische Verbreitung seit Mitte des 18. Jahrhunderts vor allem Marc-Antoine Laugier.[740] Die Einführung dieses gräzisierenden Elements in die Fassadenstruktur hatte allerdings für die stilistische Ausrichtung der Einzelformen noch keine Konsequenzen.

Es kennzeichnet die Stillage des »Neuen Weißensteiner Schlosses«, daß die Elemente des italienischen, französischen, englischen und deutschen Sockelhauses zu einer neuen Einheit verschmolzen werden. Von der Gesamtproportion her wäre etwa Berninis Palazzo Chigi-Odescalchi als Ausgangspunkt der Konzipierung denkbar. Wie ein Architekt der Aufklärung diesen Stadtpalast gesehen hat, demonstriert Du Rys Lehrer Blondel, der mit der Einschränkung, die Anwendung einer solchen Kolossalordnung sei nur an Palais mit besonderem Anspruch zulässig, dessen Massenkomposition gutheißt. Bezeichnenderweise fällt das barocke Formenvokabular Blondels Kritik anheim, so die Säulchen der Ädikulen in der Beletage, die geohrten Rahmen der Fenster

167

im zweiten Obergeschoß sowie die Pilasterkapitelle, die keiner der klassischen Ordnungen eindeutig zuzuweisen sind. Mit Befremden registriert er die in den Fries eingelassenen Konsolen, ein typisches Merkmal von Berninis Architektur, und die Figurenpostamente der Attika. Für unseren Zusammenhang ist aufschlußreich, daß Blondel die Ädikulen der Beletage, von den Säulchen abgesehen, mit dem Hinweis auf ihren antikisierenden Habitus akzeptiert.[741] Sein Kommentar läßt sich, in Parallelität zu ähnlichen seiner Kritiken, weiterführen zu der Vorstellung von einer purifizierenden Überarbeitung dieses römischen Palastes, die zum Ziel hat, das barocke extravagante durch antikisierendes, im Sinne des Klassizismus normativ gültiges Ornament zu ersetzen. Solche Methode kennzeichnet das Kunstverständnis der Aufklärung im allgemeinen und des von Blondel vertretenen Systems im besonderen: Man untersucht klassische Bauwerke der Architekturgeschichte und kommt zu einer ästhetischen Beurteilung, indem Vor- und Nachteile gegeneinander abgewogen werden.[742] Die Schöpfung von Neuem auf dieser Grundlage bedeutet nur den nächsten konsequenten Schritt.

Um zu einer in Blondels Sinne klassischen Stillösung zu gelangen, greift Du Ry auf die cinquecenteske Architektur Palladios zurück, nicht unmittelbar, sondern über den englischen Palladianismus. Die Erdgeschoß-Rustizierung, die balustradenbewehrten Ädikulenfenster und die unkannelierten ionischen Kolossalsäulen gehen wohl auf Campbells »Design in the Palatial Style« zurück. Es war für den englischen Palladianismus von *170* entscheidender Bedeutung, daß Palladios Alternativentwurf für den Palazzo Iseppo di Porto durch Inigo Jones nach England gelangt ist und somit gerade in diesem Land Nachfolge[742a] finden konnte. — Mit der französisch-rationalistischen Architektur verbindet das Weißensteiner Schloß die Ausgewogenheit und Wohlproportionierung, die klare Geschoßtrennung sowie die Verwendung von Vollsäulen. Das Erdgeschoß und die beiden Obergeschosse verhalten sich zueinander nach den Maßverhältnissen des Goldenen Schnitts.[743] Von der zeitgenössischen französischen Architektur wird Du Ry unter diesem Aspekt besonders Gabriels Bebauung der Place Louis XV. *168* und Antoines »Monnaie« als vorbildlich erachtet haben; er hatte sich, wie erwähnt, von diesen Bauwerken aus Paris Kupferstichillustrationen besorgen lassen.

In der Grundriß-Distribution, die in beiden Hauptgeschossen zunächst gleichartig vorgesehen war, nähert *157, 161* sich Du Ry dem Ideal der achsensymmetrischen Aufteilung, ohne darin allerdings so weit wie De Wailly in seinen Weißenstein-Projekten zu gehen. Die nachträglichen Vergrößerungen von Salon und Speisesaal im Erd- *159* geschoß zeitigte eine zunehmend ungleichgewichtige Aufteilung, die den Bedürfnissen des Bauherrn zuliebe in Kauf genommen wurde. Wie bei Lustschlössern dieser geringen Größe üblich, fiel die Haupttreppe von Anfang an aus dem symmetrischen Aufteilungsschema heraus.

Im Vergleich zur klassischen französischen Maison de plaisance fallen etliche Abweichungen auf, vor allem die Ausbildung dreier Wohngeschosse, von denen zwei als Hauptgeschosse angelegt sind. Wir stehen damit vor einem ungewöhnlichen Relikt aus der Tradition des barocken Palast- und Residenzbaus, das es verbietet, das »Neue Weißensteiner Schloß« als einfaches Landhaus abzutun. De Waillys Entwürfe mit dem ebenerdigen Hauptgeschoß, dem lediglich ein Mezzaningeschoß aufgesetzt ist, zeigen den für ein Land- und Sommerschloß entschieden moderneren Typus. Andererseits registriert man aber mit dem Verzicht auf den Salon à l'italienne eine herrschaftlich-repräsentative Funktionen ausklammernde »bürgerliche« Tendenz. Ausgehend von der Tradition des Palastbaus, ist das Logis des Schloßherrn im Sockelgeschoß regelwidrig und könnte als Indiz für die allgemeine Auflösungserscheinung gewertet werden, doch besitzt der Weißenstein für dieses Phänomen in Schloß Charlottenburg[744] sogar schon im späten 17. Jahrhundert einen Vorläufer.

Die nachbarocken Züge des Stils, bisher von der Forschung[745] wohl insgesamt zu hoch veranschlagt, äußern sich nicht nur in der Vertikalisierung durch die Säulenachsen, sondern auch in der Integration der Bauskulptur. Die Vasen der Attika über den Risaliten transponieren den Typus der barocken Flammenvase in die Formensprache des Louis-Seize. Hierzu diente ein für den Nymphenburger Schloßgarten bestimmter Entwurf des französischen Ornamentisten Jean Charles Delafosse als Vorbild, den François De Cuvilliés in sein Stichwerk übernommen hatte.[746]

Zur typologischen Eigenart der architektonischen Leitmotive, der Säulen und ihres Gebälks, hat sich bisher nur H. Phleps[747] geäußert. Er kam zu dem Ergebnis, daß Du Ry weitgehend Vignola gefolgt sei. Für die Säulenproportion von 9:1 trifft dies ebenso zu wie für die Gebälkhöhe, die ein Viertel der Säulenhöhe beträgt. Daneben sind aber auch Abweichungen von Vignola festzustellen, die Phleps übergangen hat. Die von Du Ry verwendeten Säulensockel weisen nur $\frac{2}{3}$ der von Vignola vorgesehenen Sockelhöhe von 6 Moduli oder 3 unteren Säulendurchmessern auf. Du Ry verwendete attische statt ionischer Basen und unkannelierte Schäfte — beides Merkmale, die sich in der Antike am Beispiel des Marcellus-Theaters in Rom,[748] in der Neuzeit bei Palladio[749] und seinen Nachfolgern, darunter in Frankreich Charles Errard,[750] nachweisen lassen. Die antikisierende Kapitellbildung mit flächigen, frontparallelen Voluten leitet sich, wie von Phleps angegeben, von Vignola her, jedoch mit der Eigenart, daß sich die Zweige in den Eierstabzwickeln aus dichten Büscheln von Akanthusblättern entwickeln. Das »Neue Weißensteiner Schloß« ist der erste Bau Du Rys mit antikisierender Kapitellbildung; am Museum Fridericianum hatte er noch »barocke« ionische Kapitelle mit schräggestellten Voluten[751] verwendet.

Zur Besonderheit der Pilasterkapitelle mit den in Spiralform gewickelten Voluten heißt es in Sturms Daviler-Übersetzung: »Man findet selten die Voluta an dem Theatro Marcelli im Abriß, an welcher die Circumvolutiones alle in einer Höhe, oder mit den Geometris zu reden, in einem Plano sind, eben wie die des Vitruvii seine von seinen Auslegern und von Vignola gerissen wird. Diese Art ist vielen Baumeistern so platt vorkommen, und hat sie bewogen, die Umwickelungen auseinander hervor tretten zu lassen, daß das Auge am weitesten heraus zu stehen komme, wie die Corinthische Schnecken gemeiniglich gemachet werden«. Als Beispiele für die Anwendung dieser Kapitelle nennt Daviler Bauten der französischen Renaissance, so die Tuilerien und St. Gervais in Paris.[752]

In der Gebälkbildung differiert Du Ry insofern von Vignola und seinen Nachfolgern, darunter Jacques François Blondel,[753] als er, wie schon am Museum Fridericianum, in Anlehnung an die antike Überlieferung (Vitruv) den Zahnschnitt wiedereingeführt hat.

Von Phleps noch ungeklärt blieben die Proportionsverhältnisse der Säulenstellung der Risalite. Dem unteren Säulendurchmesser (uD) von 3 Kasseler Fuß steht ein Interkolumnium (I) von 8 F. gegenüber. I = $2\frac{2}{3}$ uD ist ein Maß, das nicht mit dem von Vitruv überlieferten, von Palladio untrennbar mit der Ionica verknüpften Eustylos zusammengeht, dessen Interkolumnium bekanntlich I = $2\frac{1}{4}$ uD beträgt. Verglichen mit Vitruvs Eustylos ist Du Rys Interkolumnium um $\frac{5}{12}$ uD zu weit; verglichen mit Vitruvs Diastylos ist es um $\frac{4}{12}$ uD zu eng. Somit hält Du Rys Säulenstellung proportional etwa die Mitte zwischen Eustylos und Diastylos.

Welche Tendenzen verfolgen die stilistischen Eigenarten von Du Rys »Neuem Weißensteiner Schloß«? Unvergleichlich an Du Rys Konzeption, und deshalb Kriterium für ihr hohes Maß an Originalität, ist das Verhältnis zwischen Kubus und den vorgesetzten Risaliten und Apsiden. Es wird charakterisiert durch den dynamischen, rhythmischen Wechsel zwischen glatter Wand und deren Ummantelung durch den Relief schaffenden Säulenschleier. Die ionische Kolossalsäule beherrscht das decorum absolut, das damit als unverwechselbar klassizistisch ausgewiesen ist — klassizistisch im Sinne der französischen Schule in Rom, die sich durch einen wahren Kult der Säule auszeichnete. Die Konzentration des decorum auf das eine Motiv der Säule und dessen rhythmische 28-fache Repetition bedeuten für den Stil die Vereinigung zweier unterschiedlicher Extreme: motivischer Beschränkung einerseits und architektonischen Aufwands andererseits. Nicht zufällig verzichtet der Aufbau des Ganzen auf jegliche dominierende Steigerung in der Fassadenmitte, etwa in Form eines aufragenden

Dreiecksgiebels. Stattdessen ist dem Risalit in ganzer Länge die Attika mit Vasen aufgesetzt. Dafür treten mit den beiden Apsiden architektonische Akzente in Erscheinung, die mit dem zentralen Sockelhaus-decorum in Konkurrenz treten, bedienen sie sich doch des gleichen Säulenmotivs. Damit wird in die Struktur eine spannungsvolle Polarität hineingetragen. Die als ummantelte Halbzylinder in den Raum ausgreifenden Apsiden lassen das Schloß als isoliertes, auf Allansichtigkeit berechnetes Gebilde erscheinen, das, einer aufgesockelten Skulptur vergleichbar, dazu auffordert, umschritten zu werden. Die gleichwertige Instrumentierung der entsprechenden Seiten steht im Dienst einer körperhaften Architekturauffassung. Im Rahmen dieses Vergleichs übernehmen die Apsiden die Rolle des »Kopfes«. Es ist deutlich, daß die Wirkung ihres Erscheinungsbildes, ähnlich wie bei De Waillys Typus Montmusard, auf die volle Rundung einer aufgesockelten peripteralen Tholos abzielt. *260—265*

Die größte räumliche Dynamik entfaltet sich bei Betrachtung aus der Schrägachse, wenn im Vordergrund eine Apsis liegt und der Blick die Flanke mit einem Risalit streift. Gerade im Verzicht auf die Mittenbetonung der Fassade ist der Appell zu erkennen, den Bau aus der Schrägachse zu erleben. Bedenkt man, daß sich das »Neue Weißensteiner Schloß« im spitzen Winkel der barocken Achse des Parks entgegenstellt, gewinnt man ein weiteres gewichtiges Kriterium für die Schrägansicht als »Hauptansicht«. Du Ry hat damit die barocken Kompositions- und Sehgewohnheiten kühn herausgefordert. Aus der Konkurrenz des Apsiden-decorum mit dem des Risalits und der damit verbundenen Akzentverlagerung nach der Peripherie hin resultiert eine nachhaltige Absage an die Prinzipien barocker Gebäudestrukturierung. Auch der Wandaufbau mit seinen übergangslos hintereinander gestaffelten Schichten ist als durchaus unbarock zu deuten. *260, 261, 263 Farbt. VII unten*

Bei Umschreiten der Architektur ergibt die Reihung der Säulen ständig variierende Parallaxen und in die Tiefe fluchtende Perspektiven. In Wirklichkeit sich selbst bewegend, wird dem Betrachter suggeriert, nicht er, sondern der Bau sei in Bewegung geraten: Die »objektive« Uniformität geht dank dieses Kunstgriffs in eine »subjektive« Varietät über. Die auf den ersten Blick so leicht faßliche Architektur gewinnt durch die adäquate nicht-statische Sehweise Vielheit in der Einheit und Unendlichkeit in der Beschränkung[754].

Die Wirkung des Lichts unterstreicht noch die Varietät des Erscheinungsbildes. Es ist gerade der Wechsel zwischen der Glätte des Kubus und dem Relief der Risalite und Apsiden, der Du Rys kalkulierte Wirkung des Licht-Schatten-Kontrastes zum Tragen kommen läßt. An dem nach Süden gelegenen, stark exponierten Mittelrisalit treten die Säulen vor- und nachmittags im Licht der jeweils schräg stehenden Sonne hell als Würdeform in Erscheinung, während die Interkolumnien als tief verschattete, indifferente Zone zurückliegen. Der originale helle Anstrich hatte diese Effekte noch nachhaltig unterstützt. Aus dem Traktat des Étienne-Louis Boullée[755] wissen wir, wie gezielt die Effekte von Licht und Schatten eingesetzt wurden, um den jeweils intendierten »caractère« eines Bauwerks zu unterstreichen: Boullée gilt als Begründer einer »architecture des ombres«. *263*

Mit dem »Neuen Weißensteiner Schloß« ist Du Ry ein Spätwerk von außerordentlicher Bedeutung geglückt. Die palladianischen und barocken Reminiszenzen in der Typologie werden durch die klassizistischen Stiltendenzen überlagert. Der dominierende Säulendekor läßt an Du Rys römische Jahre und den dort erlebten Einfluß der um Piranesi gescharten Schule denken. Daneben gewinnen Wesensmerkmale des »pittoresken« Klassizismus entscheidenden Einfluß, eine Stilrichtung, die in der Vor-Schinkel-Ära der Forschung als mehr oder weniger typisch englische Sonderform geläufig ist und in zwei Generationsgenossen Jussows, John Soane (1753—1837) und John Nash (1752—1835), ihre bekanntesten Repräsentanten besitzt. Trotz der namhaft zu machenden englischen Vorlagen ist festzustellen, daß Du Ry eine eigenständige zukunftsweisende Verschmelzung zu einem zweiapsidialen »Solitärbau« gelungen ist. Diese Bewertung geht davon aus, daß Du Ry von Anfang an eine intakte Architektur geplant hat. Eine ausführliche Begründung dafür soll eine Untersuchung der Ikonographie liefern.

Architektonische Ikonographie

Die Entscheidung, typologisch nicht, wie beim ersten Vorprojekt, von der palladianischen Villa, sondern vom Stadtpalast[755a] auszugehen, ist wohl in Abhängigkeit von der intendierten Ikonographie gefallen. Für diese ist die ursprünglich sowohl im Entwurf als auch in der Ausführung ausgeprägte Erdgeschoß-Rustizierung von zentraler Bedeutung. Von Sebastiano Serlio stammt die Interpretation der Rustica als »opera di natura«.[756] Davon ausgehend deutet E. Forssman in Bezug auf das cinquecenteske Sockelhaus: »Der rustizierte Sockel ist gleichsam das naturgewachsene Fundament, der Fels, auf dem das Haus errichtet wird.«[757] Eine gleichgeartete Vorstellung muß Du Ry vor Augen gehabt haben — ostentativ richtet er das Schloß mit einer Apsis auf die Felsen des »Weißenstein« aus, den er bekanntlich auf einem der Grundrisse als »der Felsen« bezeichnete, dem zunächst ein künstlich aufgeschichtetes Felsengebirge vor der gegenüberliegenden Schmalseite antworten sollte. Das rustizierte Sockelgeschoß wächst also aus felsiger Natur empor, der es selbst dem Wesen nach angehört.

157 K 50

Im Gegensatz zur Rustica unterscheidet Serlio eine Säulenordnung als »opera di artefice«.[756] Der cinquecenteske Palazzo versinnbildlicht demnach das auf dem Natürlichen aufbauende, darüber jedoch erhabene Künstliche. Den ikonographischen Aspekt der Kolossalordnung erhellt eine Anweisung des barocken Architekturtheoretikers Leonhard Christoph Sturm: »Wenn man Säulen [...] zu gebrauchen gesonnen ist, da können die durchgehende Säulen, welche nemlich durch das gantze Gebäude hinauf reichen, oder auf dem untersten Geschoß, welches glatt oder mit Bäurischer Arbeit gemacht werden kan, aufstehen, und durch das übrige Gebäude hinaufreichen, und also wenigstens zwey Reihen Fenster übereinander verfassen, sehr viel die Stärcke und Majestät eines Gebäues vermehren«.[758]

Das englisch-palladianische Sockelhaus des 18. Jahrhunderts geht offensichtlich davon aus, solche »Stärcke und Majestät« der Kolossalsäulen durch lange Reihen von Halbsäulen noch zu betonen. Dies deutet sich in Campbells »Design« an und wurde etwa von John Wood Vater und Sohn in Bath[759] zum Leitmotiv ganzer Straßenzüge, ohne jegliche Zäsur, erwählt. Erst recht bedeutet für Du Ry die Multiplizierung der nunmehr zur Vollsäule emanzipierten Kolossalsäule den Ausdruck von architektonischer Nobilitierung. Eine solche Vervielfältigung gerade der Ionica widerspricht deren Deutung durch Palladio als maßvoll. Schon das Museum Fridericianum wird durch das massierte Aufgebot der ionischen Ordnung charakterisiert. Für Du Rys Abrücken von Palladios ikonographischer Regel ist zuerst der auf pathetische Gebärde zielende Zeitstil verantwortlich zu machen. Sodann bietet sich eine schon auf Vincenzo Scamozzi (1552—1616) zurückreichende Tradition als Erklärung an. In Scamozzis 1615 erschienener »Idea dell'Architettura Universale« sind wiederholt Bauten angeführt, an denen Scamozzi, ein Schüler Palladios, die Ionica reichlich verwendet.[760] 1713 erschien eine französische Übersetzung dieses für Nordeuropa einflußreichen Architekturtraktats[761] — angefertigt von Daviler und einem gewissen Samuel Du Ry, wahrscheinlich einem Großonkel des Simon Louis. In diesem Buch wurden sogar die originalen Holzschnitte der ein Jahrhundert älteren italienischen Ausgabe übernommen. Es liegt also nahe, daß Du Ry durch Scamozzis Stil beeinflußt worden ist.

170

vgl. 57

Wie Du Rys »Neues Weißensteiner Schloß« sich zu den Vorstellungen der zeitgenössischen Kunsttheorie verhält, soll durch einen Vergleich mit Hirschfelds Kommentaren zu einem Lustschloß und »edlen Landhaus« näher untersucht werden. In der »Theorie der Gartenkunst« gilt als Anhaltspunkt für die Ikonographie des Lustschlosses: »Die Außenseite muß am meisten dem Charakter des Gebäudes gemäß seyn, weil sie zuerst in die Augen fällt, und seine Bestimmung ankündigen soll. Sie muß eine *edle Einfalt* haben, womit die Pracht noch immer vereinbar ist [...]. Der schickliche Charakter der Lustschlösser [sei] gemilderte Hoheit und Größe

[...]«.⁷⁶² Aus diesen Formulierungen spricht eine allgemeine Orientierung am Winckelmannschen Ideal der »edlen Einfalt« und »stillen Größe«, entdeckt an der griechischen Antike, dem auch Du Ry in einem stilbestimmenden Charakteristikum, dem Säulen-Architrav-System, nahezukommen sucht.

Weiter heißt es bei Hirschfeld zu unserem Thema: »Obgleich Lustschlösser Wohnungen der Könige und Fürsten sind, so erfordern sie doch nicht den Umfang, die Hoheit und die Pracht der Paläste in Residenzstädten [...]. Der Landesfürst legt hier gleichsam seinen öffentlichen Charakter, den er mitten unter seinem Volke behauptet, nieder; er tritt in die Ruhe des Privatlebens ein [...]. Er will sich in der Einsamkeit erholen, durch die sanften Freuden der Natur sich erquicken. Er will, um sich als Mensch glücklich zu fühlen, vergessen, daß er König ist. Wohnungen, zu diesen Absichten bestimmt, dürfen nicht den großen und prächtigen Charakter der Residenzschlösser tragen. Sie müssen indessen immer einen gewissen Theil von Hoheit und Größe tragen«.⁷⁶³ Die weitere Ausführung bestätigt, daß diese vage Formulierung keineswegs den Verzicht auf Säulenordnungen beinhaltet: »Edle Landhäuser [...] scheinen sich die ionische [Ordnung], die zwischen dem Ernst der dorischen und der hohen Schönheit der korinthischen in der Mitte steht, mit Recht zuzueignen, denn sie verbindet mit Einfalt eine bescheidene Zierlichkeit und eine feine Annehmlichkeit; ihre Gestalt gefällt, ohne zu blenden, und nimmt das Auge mit ihrem sanften Reiz ein. Sie kann selbst an Lustschlössern, die aus mehrern Etagen bestehen, vortheilhaft angebracht werden, indem sie alsdann über die dorische, die wegen ihrer Stärke und großen Einfachheit dem untersten Stockwerk zukommt, sich an dem zweyten Geschoß erhebt [...].«⁷⁶⁴

Du Rys Konzeption stimmt mit Hirschfeld hinsichtlich der Wahl der Ordnung überein: Unterschiede sind darin zu erkennen, daß Hirschfeld die Superposition von wenigstens zwei kleinen Ordnungen gegenüber der Kolossalordnung vorzieht, womit er offensichtlich dem relativierten Begriff von »Größe« Rechnung trägt. Trotzdem hat ihn nichts davon abgehalten, Du Rys Entwürfe, die ein späteres Stadium zeigten, überschwenglich zu loben.⁷⁶⁵

Mit der anfangs in Aussicht genommenen, etwa ein Jahr gültigen künstlichen Ruinierung des Schlosses erfahren die durch das palladianische Sockelhaus zum Ausdruck gebrachten Werte eine radikale Umkehrung. Das der Natur überlegene Künstliche wird von den Hand in Hand wirkenden Kräften Natur und Zeit doch überwunden. Diese Umkehrung stellt einen so widersprüchlichen Eingriff in die zugrundeliegende künstlerisch-ikonographische Konzeption dar, daß sie nur durch das Aufeinanderprallen zweier diametral entgegengesetzter Welten erklärt werden kann: Das Tektonische wird vom Atektonisch-Malerischen des Landschaftsgartens gewissermaßen überrollt. Am Planungs- und Baubeginn des Schlosses stand also die Negation seiner existenziellen Bedingungen.

154

Demnach hat man sich den Gestaltungsprozeß des Weißensteiner Schlosses kompliziert vorzustellen. Du Ry wird von Beginn an ein intakter Palazzo vorgeschwebt haben, dem er aber auf Wunsch des Bauherrn im Stadium der zeichnerischen Fixierung ein ruinöses Gewand überstülpen mußte, um die Architektur den Gestaltungsgesetzen des englischen Gartens gefügig zu machen. Erst im Laufe des Jahres 1787, als der Bau bereits in Ausführung begriffen war, entschloß sich der Landgraf, sicher auf Betreiben Du Rys, zum vollständigen Ausbau. Das bedeutet: Der scheinbar von den Spuren der Vergangenheit gezeichnete ruinöse Torso wurde unversehens zum »non finito« umgedeutet. Was zunächst als von der Zeit Gezeichnetes erscheinen sollte, wurde nun als ein in absehbarer Zukunft zu Vollendendes neu interpretiert. Für den aufkeimenden Historismus wohl kennzeichnend, fassen wir damit eine totale Verfügbarkeit des Zeitlichen. Man muß erkannt haben, daß dem vom Zahn der Zeit geprägten Torso und dem »non finito« ein Wesentliches gemeinsam ist: das Fragmentarische als anschaulicher Charakter.⁷⁶⁶

105

Nur der Tatsache, daß Du Ry der wahre spiritus rector dieses gewagten Unternehmens von Anfang an gewesen ist, ist es zu verdanken, daß das Ruinenstadium aus dem endgültigen Baubestand restlos eliminiert werden konnte. Ausgenommen hiervon ist allein die Wahl des Baustoffs, des porösen Basalttuffs, dessen Eignung zum Ruinenbau heute noch an der Löwenburg nachzuprüfen ist. Die urkundlich wiederholt nachzuweisende farbige Fassung gehört selbstverständlich erst zum Stadium des voll ausgebauten Schlosses, dessen Würde dadurch wesentlich herausgestellt wurde. Wie ein Spuk war damit der ruinöse Habitus verschwunden. Das heutige Fehlen einer Fassung ist unangemessen, da es die architektonische Erscheinung in ihrem definitiven Zustand verunklärt.

Das Stadium als Ruine erlaubt wesentliche Aufschlüsse über den Stilbegriff, der dem Schloß zugrunde liegt. Befragt man die zeitgenössische Guidenliteratur, so wird der Stil einstimmig als »altrömisch«[767] angesprochen. Für Wilhelm dürfte das ursprüngliche Bauprogramm etwa »Palais en ruine à la Romaine« gelautet haben. Der stets gegenwärtige Bezug zur Architektur des Cinquecento hat wohl seine Ursache darin, daß in dieser die ideale »Renaissance« der antiken römischen Architektur erkannt wurde. Diese Auffassung würde ganz derjenigen entsprechen, die schon Lord Burlingtons Palladio-Rezeption zugrundelag. Damit würde sich also dank des am Anfang stehenden Ruinenstadiums eine historische Tendenz als Zugang zum Palladianismus eröffnen. Erst diese Überlegung macht meines Erachtens die enorme stilistische Spannweite zwischen den (barock-)klassizistischen Pavillons, die Wilhelm in Wilhelmsbad erbauen ließ, und dem (palladianisch-)klassizistischen Schloß auf dem Weißenstein einleuchtend.

4. Ein mögliches Gegenprojekt Jussows

173, 174 *K 58* Im Anschluß an die Untersuchung von Du Rys »Neuem Weißensteiner Schloß« ist eine in ihrer Problematik besonders reizvolle Zeichnung aus Jussows Nachlaß zur Diskussion zu stellen. Sie zeigt einen Bau, an dessen zweieinhalbgeschossigen Block sich auf der Schmalseite eine halbrunde, säulenumschlossene Apsis fügt, wodurch bereits ein erster Hinweis auf die Zugehörigkeit zu den Weißensteiner Projekten gegeben wird. Wie Du Rys zweites Vorprojekt zum Neuen Schloß weist Jussows Entwurf neun Achsen auf. Er verzichtet auf ein Sockelgeschoß. Die Aufrißdisposition ist über den Kolossalsäulen um ein Attika-Halbgeschoss vermehrt.

97 K 34 Für eine Datierung in das Jahr 1786 spricht die Stilhaltung des Entwurfs — die unmittelbare Verwandtschaft mit Jussows großem Idealprojekt, das 1786 aus Rom in Kassel eingetroffen ist, ist offensichtlich. Zu finden ist ein vergleichbar strenges Stilrepertoire mit rein stereometrischen Baukörpern, in die die schmucklosen Türen und Fenster wie eingeschnitten wirken. Die Wand, Du Rys Prinzipien darin mißachtend, ist sowohl im Erdgeschoß als auch in der ersten Etage rustiziert, die Attika jedoch glatt belassen. Von einer künstlich-ruinösen Gestaltung ist nichts zu erkennen. Geht man, Strieders Angaben folgend, davon aus, daß Jussow sich 1786 tatsächlich vorübergehend in Kassel aufgehalten hat, so bildet dies ein weiteres Argument für die Datierung. Denn es war nur vor dem England-Aufenthalt, im Jahr des Baubeginns, sinnvoll, eine Alternative zum »Neuen Schloß« vorzulegen, sollte sie nicht im voraus zum Scheitern verurteilt sein. Aufgrund des gänzlichen Fehlens von schriftlichen Quellen muß diese Zuweisung freilich hypothetisch bleiben.

Folgt man bis hierher der Argumentation für diese Hypothese, so hat dies weitere, folgenschwere Konsequenzen. Es ist unschwer erkennbar, daß die an den Bau nach links anschliessende, die zweite Apsis verdeckende oder ersetzende Kolonnade aus ionischen Kolossalsäulen im dritten Interkolumnium unvermittelt abbricht; es muß also an dieser Stelle eine Fortsetzung geplant gewesen sein. Unter den rund 700 Zeichnungen des Jussow-Nachlasses gibt es nur eine einzige, die dieses Motiv aufgreift — sogar im gleichen absoluten Maßstab! Sie zeigt einen mächtigen, zweieinhalbgeschossigen Bau mit einem freistehenden Giebelportikus, getragen von acht Kolossalsäulen korinthischer Ordnung, die über die gesamte Gebäudehöhe reichen. Da die Kolonnaden beidseitig an den Bau angefügt sind, bleibt zwangsläufig nur der Schluß, daß es sich um ein Corps de logis handelt mit zwei Seitenflügeln, die separiert sind. Als Vorbild für das Corps de logis und die gekurvt vorzustellenden Kolonnaden bietet sich Palladios Entwurf für die Villa Mocenigo[768] aus dem Jahre 1564/1565 an, der mit der kolossalen, freistehenden Tempelfront ohne Podium eine Ausnahme in Palladios Œuvre darstellt. Stilistisch zeichnet sich Jussows Corps de logis durch die Tendenz zur Verblockung und zum Monumentalen aus, die wie weitere Phänomene — die Weiterführung des Kolonnadengebälks in Gestalt eines Figurenfrieses am Corps de logis im Kontrast zu dessen sonstiger Ornamentfeindlichkeit — auf den Einfluß der sog. Revolutionsarchitektur schließen läßt. Zum Vergleich läßt sich etwa Boullées Versailler Erweiterungsprojekt[768] heranziehen, das an einer der Flügel-Stirnseiten das Motiv eines isoliert auf die kahle Wand fixierten Figurenfrieses vorwegnimmt.

173, 175
K 59

172

Die Zuweisung dieses Projekts zum Komplex der Weißensteiner Entwürfe wird vor allem durch den Typus der separierten Anlage untermauert, der »offiziell«, d.h. auf Betreiben des Bauherrn, allerdings erst seit 1787 gefordert war. Er taucht in Jussows sonstigem Œuvre außerhalb von Wilhelmshöhe nicht wieder auf. Akzeptiert man die Identifizierung und Datierung 1786, so muß Jussow der erste Anstoß zur Konzeption der dreiflügeligen Anlage zugeschrieben werden. Zwar läßt sich dies, wie gesagt, nicht durch Quellen belegen, doch hatte Jussow bereits mit seinem ersten großen Idealprojekt bewiesen, daß er durchaus den Mut hatte, sich über Auftrag und Realisierbarkeit hinwegzusetzen und gerade damit »revolutionäre« Perspektiven zu eröffnen.

5. Die Erweiterungspläne des Landgrafen und Simon Louis Du Ry

Die Planungsgeschichte 1787

Rund zehn Monate nach Baubeginn des Weißensteiner Schlosses kamen dem Bauherrn offensichtlich Bedenken, ob der Neubau groß genug sei. Das ist daraus zu erschließen, daß Du Ry im April 1787 einen Größenvergleich[770] der Schlösser Wilhelmsthal und Weißenstein vorlegen mußte, der ergab, daß die Fläche der Wohnzimmer des Neuen Weißensteiner Schlosses sogar um ein geringes größer ist als die im Wilhelmsthaler Corps de logis. Dieser Vergleich ist deshalb auch aufschlußreich, weil das alte Moritzschloß in dieser Rechnung nicht mit einbezogen wurde — es sollte demnach nur so lange stehenbleiben, bis der Neubau vollendet war.

Über Wilhelms engagierte Teilnahme an der weiteren Schloßplanung informiert das »Journal« im November 1787: »Heute kamen Ihre Hochfst. Dhlt. [...], und nun haben sie vor Taffel und nach Taffell theils mit Landes Geschäften, und theils in der hier in Weißenstein eingerichteten trefflichen Bibliothek hingebracht, besonders beschäftigten sie sich nachmittags lang darinnen, und beschieden auch ihren Bau Director Rath Du Ry über eins und das andere, *vom hiesigen Schloßbau,* außerdem ware dann wie gewöhnlich der Bibliothecarius Rath Strieder, ein geschickt und ungemein fleißiger Mann, da zur hand, um das befohlen werdende vorzulegen [...]. Überhaupt machet es das größte Vergnügen, wann man siehet, wie Serenissimus bey der drückenden Regierungslast doch immer noch ihre *große Kentnisse in dem gelährten Fache* verbreitern.«[771]

Was mit »eins und das andere, vom hiesigen Schloßbau« wohl gemeint war, lehrt das »Journal« am 8. Dezember 1787: »Überhaupt stiften auch an diesem nach seiner natürlichen Lage den grösten Vorzug verdienenden Orth Serenissimus hier sich ein immerwährendes Andenken. — Der große und immer unermüdet arbeitende Geist unseres durchlauchtigsten Regentens hat gegenwärtig eine solche Anlage ausgesonnen, welche *die einzige in ihrer Arth* bleibt, und wobey ein jeder Wanderer, jeder Fremder, alles was uns folget, bis in die späteste Zeiten, über hunderte von Jahre weg, staunend bey stehen wird, um das *Erhabene,* das *Vorzügliche* zu bewundern, das dem Schöpfer der großen Anlagen eigen ist.

Es wird nemlich, von Cassel her rechts genommen, *noch ein solches Schloß,* dem vorbemelten gegenüber angelegt, dann aber soll das alte jezo noch stehende Schloß hiernächst niedergerissen, und an dessen Plaz *ein modernes Gebäude mit Säulen* aufgeführt, dann aber das Waßer, welches von oben herunter einen geraden Fall haben sollte, nun seitwärths geführt und neben dem Schneckenberg durch einen *ruinirten Thurm* herunter stürzen, und so bis nach dem untern Bassin schlängelnd, zwischen Boulingrins herunter ziehen, in der Gegend vom jezo schon stehenden Schloß, durch einen anzubringenden Schlund unterirdisch abziehen, und so in den angelegten See sich ergießen werde.«[772]

184 K 67

Nichts kann die Tatsache, daß die Erweiterung zur dreiflügeligen Anlage nicht von Anfang an geplant war, besser als diese Notiz belegen: Der Zweite oder Kirchflügel wird als »noch ein solches Schloß« neben dem »Neuen Weißensteiner Schloß« angesprochen. Zieht man einmal des Verfassers pro domo vorgetragenes Schwelgen in Superlativen ab — wobei das Streben nach absoluter Einmaligkeit unbedingt ernst zu nehmen ist —, so bleibt unüberhörbar das Staunen über eine völlig neue, sensationell anmutende Konzeption von Schloß und Park, deren Urheber niemand anderes als der Landgraf selbst gewesen ist. Bezeichnend ist, daß die Planung des Schlosses untrennbar mit der des Parks verknüpft ist. Wie die weiteren Ausführungen nahelegen werden, ging die Park-Konzeption mit der Verlagerung der Wasser-Achse auf Hirschfeld und seine »Theorie der Gartenkunst« zurück.

Es bietet sich an, den plötzlichen Wunsch Wilhelms nach Vergrößerung des Weißensteiner Schlosses nicht als bloße Laune abzutun, sondern nach konkreten historischen Ereignissen als Anlaß zu fragen. Als ein solches ist der Abschluß eines neuen Subsidienvertrags mit England im selben Jahr 1787 anzusehen: der sog. Allianzvertrag, der am 28. September mit England abgeschlossen wurde. Er beinhaltete, daß »12.000 Mann hessischer Truppen für einen Zeitraum von vier Jahren in Marschbereitschaft gehalten wurden. Die jährliche Subsidie betrug 150.000 bzw. nach Requisition der Truppen 450.000 Kronen. Ein völliges Novum in diesem Vertrage bedeutete es, daß Wilhelm sich den Oberbefehl über die Truppen selber vorbehielt, sich also nach dem später beliebten Sprachgebrauche mit »verkaufte«. Inzwischen waren aber schon die Preußen in Holland eingerückt, und infolge der Einnahme von Amsterdam durch den Herzog von Braunschweig unterblieb der geplante Ausmarsch der Hessen.«[773] Mit diesen Konditionen stellte der Vertrag den für Hessen günstigsten seiner Art dar. Die in Aussicht gestellten Einkünfte werden Wilhelms Bauleidenschaft entscheidend gefördert haben.

Nachdem 1787 noch mehrere Pläne unter Du Ry für eine Dreiflügelanlage entstanden, die im folgenden zu untersuchen sind, bedeutete es zunächst eine Reduktion des Bauvolumens, wenn Wilhelm in seinen Memoiren 1788 schreibt: »Les premiers jours d'avril je résolus de placer à Weissenstein une seconde aîle vis à vis de la première.«[774] Man hat also zum Zeitpunkt des Baubeginns des Kirchflügels von einer Anlage mit zwei schrägstehenden Zwillingsbauten bei noch nicht geklärter Frage der Schloßmitten-Gestaltung auszugehen. Daß die Planung zum Zweck besserer Anschaulichkeit u. a. mit Hilfe von Architekturmodellen durchgeführt wurde, beweisen Eintragungen in den Rechnungsbüchern;[775] in ihnen sind Zahlungen an die Bildhauer Gebrüder Heyd als deren Verfertiger ausgewiesen. *228—230 K 97*

Versuchen wir, die Planungen zur dreiflügeligen Anlage chronologisch zu ordnen, so ist an den Anfang eine Grundrißskizze zu setzen, auf der Du Ry den begonnenen Weißensteinflügel dunkel, den geplanten zweiten Flügel hell, beide aber nur summarisch im Umriß wiedergegeben hat. An Stelle des Moritzschlosses ist ein nur fünf Achsen langer Bau vorgesehen, dem vor- und rückseitig ein viersäuliger Portikus vorgelegt ist, wobei auffällt, daß dessen Säulen, im Unterschied zur Disposition der Flügel, bereits in Erdgeschoßhöhe ansetzen. Die Substruktionen des Vorgängerbaus hätten weiterverwandt werden können — eine dem bei allem Aufwand extrem sparsamen Bauherrn sicher sympathische Idee. *176 K 60*

Das ausgesprochen unorganisch wirkende Ensemble verlangte unbedingt nach Vergrößerung des mittleren Bauwerks. Als frühester Corps de logis-Plan im eigentlichen Sinne ist ein Grundrißentwurf Du Rys anzusprechen, der auf dem Corps de logis des Moritzschlosses, jetzt aber seiner ganzen Länge nach, aufbauen sollte. Dem 19 Achsen zählenden Bau sind an den Schmalseiten Apsiden in Entsprechung zu den Seitenflügeln angefügt. Angesichts eben dieser Flügel ist dagegen die geradezu ängstliche Reduktion auf ein nur je viersäuliges decorum stadt- und gartenseitig, wie es aus den entsprechenden Mauerverstärkungen erschlossen werden kann, unverständlich. An das Vestibül in der Mitte schließt ein Salon an, der auf der Stadtseite um eine Fensterachse vorgezogen erscheint. Zunächst war ein ovaler Salon in Querrichtung mit Außentreppe vorgesehen. Weitere Treppen sind vor den seitlichen Apsiden noch erhalten geblieben und erinnern an die ersten Entwürfe des »Neuen Weißensteiner Schlosses«. An die Achse Vestibül-Salon schließt beidseitig je ein Appartement an mit zwei Vorzimmern, Schlafzimmer mit Alkoven und rechteckigem und rundem Kabinett. Die symmetrische Distribution wird lediglich im Bereich der Haupttreppe, die in Analogie zum Weißensteiner Schloß rechts des Eingangs liegt — ihr Pendant bildet der Speisesaal — unterbrochen. Nebentreppen, hinter den einachsigen Seitenrisaliten zu erreichen, erleichtern die Kommunikation innerhalb des Hauses. *177 K 61*
157 K 50

Für das Jahr 1787 sind wenigstens zwei weitere Zeichnungen durch Beschriftung gesichert, mit denen die Planung der Anlage zu einem entscheidenden Zwischenergebnis gelangt war, auf dem alle weitere Planung basieren sollte.

Ein nach der Invention Du Rys von dem Bauakzessisten Lange gezeichneter Aufriß zeigt die Gesamtanlage von Westen, die sich im Projekt nun zu einer zum Karlsberg hin weit geöffneten separierten Anlage gewandelt hat. Spätestens jetzt, im Zuge der in Aussicht genommenen enormen Erweiterung, wandelt sich der anfänlich ruinöse Zustand des »Neuen Schlosses« in den eines intakten Gebäudes. Für die beiden identischen Flügel sind zusätzliche Ausgänge im Scheitel der Apsiden vorgesehen, wie damals am Weißensteinflügel wohl auch ausgeführt. Den Flügeln fehlt die Vasenzier auf der Attika. Die hofseitigen Freitreppen vor den Fassaden schließen ohne Zwischenpodeste an. Mit seinen 19 Achsen übertrifft das Corps de logis die Flügel an Länge bei weitem. Für den Aufriß übernimmt es von diesen wesentliche Elemente: Anzahl und Höhe der Geschosse, die seitlichen Apsiden, das decorum der ionischen Vollsäulen, die Fensterformen, und den Abschluß der Fassade durch ein allseits umlaufendes Gebälk mit aufgesetzter Attika. Und dennoch entsteht ein völlig anderes Fassadenbild. *178 K 62*

109

Nur den mittleren fünf Achsen ist ein Mittelrisalit, gebildet aus Sockel, sechs Säulen und Dreiecksgiebel, vorgelegt, so daß für den Gesamteindruck die kahle Wandfläche der je siebenachsigen Fassadenrücklagen entscheidenden Anteil hat. Nichts mehr vom dynamischen Wechsel zwischen verhüllter und unverhüllter Wand, wie er am »Neuen Weißensteiner Schloß« zu beobachten war! — Verbindungsgalerien mit fünf Rundbogenöffnungen, davon die mittlere als »porte cochère« zur Durchfahrt mit der Kutsche, erlauben die unmittelbare Kommunikation zwischen den drei Flügeln in Erdgeschoßhöhe.

179 K 63   Diesem von Lange 1787 gezeichneten, von Du Ry beschrifteten und signierten Blatt läßt sich ein Aufriß der Gesamtanlage von Osten zuordnen. Die nicht datierte Zeichnung stellt ein Original Du Rys dar, dessen Corps de logis bis auf wenige Details mit der Lange-Zeichnung konzeptionell identisch ist: An den Beletage-Fenstern alternieren dreieckige und segmentbogige Giebelbekrönungen, die Attika ist ringförmig durchbrochen, und an Stelle des Dreiecksgiebels akzentuieren sechs Skulpturen die Mitte. Ein zwischenzeitlich abgelöstes und in falsche Zusammenhänge geratenes Deckblatt konnte wiedergefunden und montiert werden. Es zeigt eben den

180 K 63   Dreiecksgiebel, den Langes Aufriß überhöht, von Du Ry gezeichnet und beschriftet: »das fronton gild«. Die in Bleistift einskizzierte Kuppel stammt hingegen von der Hand des Bauherrn und kann als nachträglicher Zusatz vorerst außer Betracht bleiben. Der Planungsablauf des Corps de logis muß also für 1787 dergestalt rekonstruiert werden, daß die giebellose Form des Mittelbaus die Ausgangssituation darstellt, der Dreiecksgiebel dagegen die korrigierte Lösung.

181 K 64   Ein wiederum von Lange gezeichneter, von Du Ry beschrifteter und gleichfalls 1787 datierter Grundriß erläutert die Distribution der Beletage der Gesamtanlage. Mit der Besonderheit des gartenseitig vorspringenden Vestibüls verweist er auf den unmittelbaren Zusammenhang mit einem erst in Zweitverwendung von Strieder

182 K 65   auf 1791 datierten Erdgeschoßgrundriß, dessen Erläuterung hier vorweggenommen werden soll. Der Weißensteinflügel entspricht weitgehend dem auch ausgeführten Zustand. Es fehlt, wie beim Aufriß bereits erläutert, lediglich der Zwischenpodest der Freitreppen. Die Erweiterung des großen Salons auf fünf Achsen Breite ist erst nachträglich durch Wegradieren der Trennwand erfolgt. Das Corps de logis ist durch fünf Portale im weit vorspringenden Mittelrisalit auf der Westseite zu betreten. Das durch acht Säulen in fünf Schiffe geteilte Vestibül hat dieselbe Breite wie der dahinterliegende große Saal. Diesem folgen wie beim vermutlich frühesten Corps de logis-Projekt beidseitig zwei fast spiegelgleiche Appartements, bestehend aus Vorzimmer, Schlafzimmer und Kabinett. Das Halbrund der Apsiden wird im Inneren zum Kreis ergänzt; die Funktion der damit entstandenen beiden Rundräume bleibt vorerst unklar. Links des Vestibüls liegen kleine, durch einen Korridor zugängliche Räume, die den Domestiken zugedacht sind; ihnen gegenüber folgt auf die dreiseitige Podesttreppe eine beheizbare Garderobe. — Welche Rolle dem nördlichen Rundraum zugedacht ist, erhellt aus der Distribution des zweiten Seitenflügels. Er enthält im Erdgeschoß — die Beschriftung »Keller Etage« ist apokryph — die verschiedenen Abteilungen der aufwendig angelegten Schloßküche sowie weitere Wirtschaftsräume, die aus Gründen der Feuersicherheit kreuzgratgewölbt sind. Von dort aus sind die Speisen über die nördliche Verbindungsgalerie auf dem kürzesten Weg an ihren Bestimmungsort zu transportieren, in das nördliche Rundzimmer — den Speisesaal.

181 K 64   In der Beletage des Corps de logis wiederholt sich die Erdgeschoß-Distribution weitgehend. Der höhere Rang in der Bestimmung wird insofern berücksichtigt, als zwei weitere Vorzimmer anstelle des Vestibüls dem Grand Salon vorgeschaltet sind. Die Rundräume erweitern als Kabinette die beiden gleichwertigen fürstlichen Paradeappartements. Sie gewähren Austritt auf die Terrassen, die über den Verbindungsgalerien angelegt sind. Damit ist unter freiem Himmel eine Kommunikation zwischen den drei Flügeln geschaffen. Ein weiterer Austritt ist von den beiden Vorzimmern aus zu erreichen. Am Mittelrisalit der Westfassade springen die Portikussäulen um

die Tiefe eines Interkolumniums vor. Die so gewonnene Loggia ist auf den Ausblick nach dem Karlsberg hin orientiert, als Gegengewicht zum Prospekt, der sich vom großen Salon aus über die Stadt hin bietet. Der zweite Flügel wird im Obergeschoß durch einen Mittelkorridor erschlossen. Seine kleinen Zimmer sind wohl als Wohnungen der fürstlichen Suite bestimmt.

Dem Projekt des Jahres 1787, dem bislang vier Zeichnungen zuzuweisen waren, kann ein fünftes Blatt als unmittelbar daraus entwickelter Alternativplan zugeordnet werden. Es handelt sich um einen Erdgeschoßgrundriß der Dreiflügelanlage, der den Weißensteinflügel als bereits begonnen nur im Umriß wiedergibt. Sein Pendant, der zweite Flügel, entspricht in der Distribution der zuletzt beschriebenen Fassung, was für die Datierung entscheidend ist. Gleiches gilt für das Corps de logis, jedoch mit zwei herausstechenden Ausnahmen:
1. ist die Zahl der Achsen auf 17 reduziert, was zu einer Verschmälerung der ersten Vorzimmer und des Treppenhauses führt;
2. hat Du Ry als Fassadendecorum Kolossalsäulen gewählt, die an der Ost- und Westseite bereits auf Erdgeschoßniveau ansetzen und dort als Vollsäulen frei vor die Wand, ohne Pilasterrücklage, springen. Ihr Durchmesser läßt keinen Zweifel daran, daß die Portiken sämtliche drei Geschosse in der Höhe umfassen, während die Apsiden des Corps de logis die Aufrißdisposition der Flügel kopieren. Somit verwendet Du Ry am Corps de logis zwei verschieden »kolossale« Ordnungen! Damit deutet sich bereits unter seiner Ägide das für die Folgezeit bestimmende Gestaltungsproblem an: das Problem des decorum am Corps de logis!

183 K 66

Typologie und Stil der Planung von 1787

Die Memoiren seiner Familie lassen erahnen, daß Simon Louis Du Ry sich schwer getan hat, das zunächst auf sich allein beschränkte »Neue Weißensteiner Schloß« plötzlich zur Dreiflügelanlage erweitern zu müssen.[776] Dessen ungeachtet ist festzustellen:
1. Die stumpfwinklige Position der Flügel zum Mittelbau und ihr separierter Charakter hat sich zwangsläufig daraus ergeben, daß der Weißensteinflügel, ursprünglich das »Neue Weißensteiner Schloß« schlechthin, durch Spiegelung an der barocken Guerniero-Achse, von der er sich so ostentativ gen Süden abwendet, einen Zwillingsbau gegenüber mit gleicher Schräglage erhalten hat. Dieselbe Achse, von der Du Ry sich zunächst distanziert hatte, sollte also zur Determinante des Entwurfs werden — beeinflußt durch die zeitlich vorausgehenden Projekte De Waillys und Jussows.
2. Der Standort des Corps de logis war durch die zunächst noch vorhandenen Reste des Moritzschlosses, die anfangs sogar noch mitbenutzt werden sollten, grob vorgezeichnet. Möglicherweise hatte das alte Corps de logis im Bauherrn die Idee einer Dreiflügelanlage sogar erst heranreifen lassen!

Demnach haben sich Du Ry im Grundsätzlichen keine Alternativen für die Anordnung der zwei neu geplanten Bauten geboten. Immerhin konnt er sich auf die Autorität zweier Beispiele von ähnlich extrem formulierten separierten Anlagen berufen. Das schwedische Schloß Svartsjö,[777] von seinem Lehrer Carl Hårleman 1735—1739 erbaut, nimmt eine stumpfwinklige Lage der Flügel zum Corps de logis und deren gänzliche Separierung vorweg. Im übrigen darf die Separierung als ein Charakteristikum des palladianischen Landschloßbaues gelten.[778] An dem englischen Schloß Prior Park bei Bath,[779] von John Wood sen. um 1735 begonnen, ist der stumpfe Winkel zwischen Corps de logis und den weit auseinanderliegenden Flügeln gar auf 150° erweitert, so daß die

202

199—201

111

an einen talartig gemuldeten Abhang gerückte Anlage als lockere Addition aus drei voneinander weitgehend unabhängigen Einzelgebäuden in Erscheinung tritt. Du Ry, der für seinen Grundriß einen Winkel von 112° gewählt hat, geht zwar hinsichtlich des Anordnungsschemas in der Trennung nicht so weit wie Wood, schafft aber, was den anschaulichen Charakter angeht, mit dem für alle drei Flügel gültigen Apsiden-decorum das Extrembeispiel einer separierten Anlage schlechthin. Wie dargelegt, ist dies die Konsequenz aus der singulären planungsgeschichtlichen Situation.

184 K 67 Weitere Besonderheiten, die dem Wilhelmshöher Schloß seit Du Rys Planung 1787 eignen, bestehen darin, daß die Hofseite nach dem Karlsberg, also nach dem Park hin, statt wie gewohnt und wie von De Wailly praktiziert, nach der Stadt hin ausgerichtet ist. Die Wohnappartements blicken demnach auf die Anfahrtsseite, nicht auf den Garten. Der Garten selbst ist mit dem Bowlinggreen so weit in die Dreiflügelanlage hineingezogen, daß eine Ehrenhofausbildung unterbleibt. Damit manifestieren sich Auflösungserscheinungen absolutistischen Schloßbaus.

178 K 62 Die mit Dreiecksgiebel versehene Aufrißversion schließt sich am engsten an das aus England stammende Vorbild an, das für das von Du Ry 1787 vorgeschlagene Corps de logis und seinen Aufriß namhaft zu machen ist:
198 der erste Entwurf für Schloß Wanstead (Essex). Von Colen Campbell vor 1715 gefertigt, übte er, obgleich nie-
200 mals ausgeführt, großen Einfluß auf zahlreiche Landschlösser Englands, darunter auch Prior Park, aus, nachdem er im ersten Band des Vitruvius Britannicus[780] Aufnahme gefunden hatte. Wir wissen von der Existenz dieses Stichwerks in der Wilhelmshöher Schloßbibliothek;[781] Holtmeyer[782] berichtet, daß Pläne von Wanstead gleichfalls dort vorhanden gewesen sind. Sowohl für die Gesamtproportionierung mit den breiten, unbetonten Rücklagen, als auch für das decorum, die hexastyle, zwei Geschosse umfassende Tempelfront, ist Wanstead I Leitbild des ersten ausgereiften Du Ry-Entwurfs geworden. Wenn Du Ry Campbells rustizierten Sockel zu einem normal hohen Erdgeschoß vergrößerte und auch das zweite Geschoß an Höhe gewinnen ließ — eine merkwürdige Mischung von Palazzo und Villa im palladianischen Stil —, so geschah dies mit Rücksicht auf die vorgegebene Flügelarchitektur, von der auch die Apsiden übernommen wurden. Mit den gekurvten Verbindungsgalerien zwischen den Flügeln bediente sich Du Ry eines Motivs, das auf Palladio selbst zurückgeht und vor allem im englischen und niederländischen Palladianismus[783] Verwendung fand. Du Ry selbst hat es bereits in seinem ersten Entwurf für Schloß Wilhelmsthal[784] in der Jahrhundertmitte angewandt.

Die von Du Ry vorgesehene achsensymmetrische Distribution geht im Corps de logis sehr viel weiter als im Weißensteinflügel. Die Anordnung von je einem Rundsaal in den Apsiden verweist möglicherweise auf Knobelsdorffs Schloß Sanssouci in Potsdam zurück.[785]

Die Planung im Jahre 1788

Seit Beginn des Jahres 1788 standen die Weißensteiner Planungs- und Bauarbeiten im Zeichen der Mitarbeit Heinrich Christoph Jussows, der im Januar dieses Jahres als Bauinspektor »zu keinem andern Geschäfte gebraucht [werden sollte], als unter der Direction und Anweisung des Raths Dury an dem vorseyenden Bauwesen zu Weisenstein mitzuarbeiten«. Erinnern wir uns, daß Jussow damals vor Ehrgeiz brannte: »Welch weites Feld sehe ich nicht vor mir, meine erlangte Kentniße in Ausübung zu bringen und Ew. HochFürstl. Durchl^t durch meine Arbeit zu überzeugen, daß ich die mir zum Reisen gnädigst verstattete Zeit zweckmäsig angewendet habe,«[786] — so umriß er Wilhelm gegenüber seinen Schaffensdrang.

1788 gelangten die 1787 vorgelegten Pläne zu einer erstmals systematisch ausgearbeiteten, ausgereiften Form. In einem neun großformatige Entwürfe umfassenden Klebeband wurden sie dem Landgrafen vorgelegt, der es sich nicht nehmen ließ, selbst das Inhaltsverzeichnis anzulegen und einige Blätter mit Titeln zu versehen. Daß die Zeichnungen mit gestochener Präzision zu begutachten sind, ist ausnahmslos Jussow zu verdanken, der nur einen der Aufrisse neben Du Ry, dem Inventor, signiert hat.

Das Corps de logis hat sich in seinem äußeren Erscheinungsbild gegenüber den Projekten des Vorjahres gewandelt. Die Aufrisse der West- und Ostseite weisen dieselbe Achsenzahl 19 auf, doch ist das zentrale decorum auf zehn Säulen ausgedehnt worden. Den Tempelgiebel ersetzt eine den Säulen zugeordnete Skulpturenreihe über der Attika. Mit den stark verbreiterten Mittelrisaliten hat Du Ry einen möglichst engen Anschluß an die Formensprache der Flügel gesucht. Eine »archäologische« Untersuchung beider Aufrißzeichnungen fördert Überraschendes zutage. Es erweist sich, daß die beiden jeweils äußeren Risalitachsen sowie die Attika auf festgeklebte Deckblätter gezeichnet sind — der darunter erhaltene ursprüngliche Zustand sah sechssäulige übergiebelte Mittelrisalite auf beiden Fronten vor, also genau die aus dem Vorjahr bekannte Gestaltung. Der Planwechsel von den hexastylen zu den dekastylen Risaliten muß sich 1788, spätestens aber 1789 vollzogen haben, denn aus diesem Jahr besitzen wir einen Weise'schen Kupferstich,[787] der das Corps de logis mit zehnsäuligem Risalit wiedergibt. Es war sicher jenes Planungsstadium, dem C. C. L. Hirschfeld das Prädikat »Meisterstück der neuern Architektur«[788] verliehen hat.

185 K 68, *186* K 69

178, 180

195

Zu dem stadtseitigen Aufriß der Gesamtanlage gehört ein lose montiertes Deckblatt. Es gilt einer Version, bei der auf die Verbindungsgalerie in Erdgeschoßhöhe zwischen Weißensteinflügel und Corps de logis verzichtet wird und statt ihrer eine bis zum Abschlußprofil des Kellers erhöhte Terrasse vorgesehen ist. Diese Terrasse, von einer vasenbesetzten Brüstung eingefaßt, gesteht den Flügeln ästhetisch weitestgehende Autonomie zu — auf Kosten enormer praktischer Nachteile. So sind die Flügel nur auf Kellerniveau unmittelbar miteinander verbunden; man kann also in der Ebene des Erdgeschosses nur über die luftige Terrasse zwischen den Flügeln verkehren. Wollte man mit der Kutsche den Schloßhof erreichen, so müßte das Schloß ganz umfahren werden. Daß sich die Terrassen-Variante dergestalt nicht hat durchsetzen können, auch nicht vorläufig, geht aus Weises Stich von 1789 hervor, der an den Erdgeschoß-Galerien festhält.

187 K 69

195

Der Grundriß der Gesamtanlage auf Kellerniveau stellt beim Weißensteinflügel eine Bestandsaufnahme dar, ansonsten einen Entwurf. Du Ry verfolgt die Absicht, die einander zugekehrten Apsiden der drei Flügel im Scheitel zu durchbrechen und durch die gekurvten Galerien miteinander zu verbinden. Es gab nur eine Stelle, wo sich dies nicht durchsetzen ließ, eben am Weißensteinflügel. Das in dessen östliche Apsis eingefügte Bad — es wurde erst später verlegt — ist einer der archäologischen Beweise für die ursprünglich geplante Eigenständigkeit dieses Flügels. Für den Zweiten Flügel ist insofern eine neue Lösung gefunden worden, als die eine Wölbung erfordernde Küche nunmehr in den Keller verlegt worden ist. In diesem Punkt entspricht das Projekt der im selben Jahr begonnenen Ausführung. Der gleichfalls gewölbte Keller des Corps de logis bereitet in seiner Aufteilung die Erdgeschoß-Distribution vor.

188 K 70

Dieselbe stellt sich auf Blatt Nr. 3 des Klebebandes im wesentlichen so dar, wie von 1787 her bekannt. Die Längsseitengliederung war anfangs wie damals gebildet, also mit fünfachsigen Risaliten, von denen der östliche so gering wie bei den Flügeln, der westliche etwa um die Tiefe einer Fensterachse vorgezogen war. Das Erdgeschoß besaß zunächst die Unterteilung durch acht Säulen in fünf Schiffe. Zwei aufgeklebte Deckblätter ändern diesen Befund dahingehend, daß beide Risalite auf neun Interkolumnien verbreitert werden und nunmehr beide mit der an den Flügeln anzutreffenden Tiefe gleich weit vorspringen. Am Weißensteinflügel, der noch den kleinen dreiachsigen Salon aufweist, ist die östliche Apsis mit einem Durchgang zur Verbindungsgalerie versehen.

189 K 71

Die Außentreppe an der zum Hof gekehrten Längsseite ist in der lediglich projektierten, nie am Bau ausgeführten Form ohne Zwischenpodest gestaltet. Seiner untergeordneten Funktion gemäß, verzichtet demgegenüber der zweite Flügel auf das appartement double. Die symmetrisch angeordneten Zimmer werden durch einen Mittelkorridor erschlossen. Es bleibt festzuhalten, daß in diesem Stadium noch keine Schloßkapelle vorgesehen ist.

190 K 72   Der Beletagegrundriß der Gesamtanlage gleicht in seiner originalen Version Raum für Raum der Fassung von 1787. Die mit Hilfe der festmontierten Deckblätter durchgeführte Korrektur gilt lediglich dem geänderten decorum des Corps de logis.

191 K 73   Blatt 5 des Klebebandes reproduziert den Grundriß des zweiten Obergeschosses. Bereits geläufig ist die Einteilung des Weißensteinflügels, die sich bei Einrichtung der Schloßbibliothek durch Beseitigung einiger nichttragender Zwischenwände noch geringfügig geändert hat. Der zweite Flügel wiederholt auf diesem Niveau die Distribution seiner ersten Etage. Im Corps de logis verbindet ein Korridor die Räume, wie beim zweiten Flügel Indiz bedeutungsmäßiger Unterordnung. Die nach der Stadt orientierten größeren Zimmer enthalten zwei vollständige Appartements. Nicht zugänglich sind dagegen die beiden Rundräume, worüber die folgende Zeichnung näheren Aufschluß gibt.

192 K 74   Das 9. und letzte Blatt des Bandes gilt dem Längsschnitt durch das Corps de logis. Die Schnittebene verläuft in Höhe der westlichen Enfilade und springt dann in Höhe der Rundräume genau in die Mittelachse vor. Auf den ersten Blick assoziiert man weniger ein Schloß als vielmehr ein bürgerliches Mietshaus, so verwirrend ist die Vielzahl kleiner Räume. Man vermißt die dominierende Stellung eines durch alle Geschosse reichenden Treppenhauses oder eines Salon à l'italienne. Innerhalb der auf dreieinhalb Geschosse verteilten Vielzelligkeit setzen allein die beiden Rundräume an der Peripherie der Beletage Akzente. Mit einer Flachkuppel überwölbt und in Louis-Seize-Formen stuckiert, umfassen sie die Höhe der beiden Obergeschosse. Das Erdgeschoß-Vestibül zeigt die alte Unterteilung durch kannelierte dorische Säulen; die Längswand ist mit vasenbekrönten Kaminen, Säulen und Figurenfriesen im Stil des Louis-Seize sparsam verziert. Das abgewalmte Dach ist so flach geneigt, daß es durch die Attiken bei Unteransicht verborgen bleibt.

Außer diesem Band mit Zeichnungen gibt es drei weitere Blätter, hinter denen Du Ry im selben Jahr als Entwerfender gestanden haben muß. Der 1788/1789 gültige Aufriß des Corps de logis mit dem zehnsäuligen Risa-
193 K 75   lit liegt in einer nochmals überarbeiteten detaillierten Fassung vor, die wiederum von Jussow reingezeichnet worden ist. Während in der Version des Klebebandes alle Fensterachsen in gleichem Abstand gereiht sind, sieht dieser Detailaufriß deutliche Achsenzäsuren zwischen Risalit und Fassadenrücklagen vor. Neu ist außerdem, daß die Anzahl der Portale auf drei reduziert ist und der Name des Bauherrn im Zentrum des Gebälks in Antiqualettern prangt: »WILHELMUS. IX. H. L. EREXIT«. Ohne Apsiden mißt der rechteckige Gebäudeblock 220 $\frac{1}{6}$ F., was für die weitere Planung einen Richtwert darstellen sollte.

196 K 76   Weiterhin dem Jahre 1788 zuzuweisen ist ein skizzenhafter Entwurf Du Rys zum Erdgeschoß-Grundriß des
197 K 77   Corps de logis, für den außerdem Jussows Reinzeichnung vorliegt. Beide Blätter spiegeln wie der besprochene Klebeband das Ringen um ein angemessenes Fassadendecorum am Corps de logis wider. Du Ry hat auf der Skizze den 19-achsigen Bau zunächst mit dem aufgesockelten Hexastylos dekoriert und in dieser seit 1787 geläufigen Gestalt durch Jussow umzeichnen lassen. Nachträglich hat er die Kolonnadenstücke von je sechs auf sogar je zwölf Säulen erweitert, was auf der Jussow-Zeichnung noch nicht berücksichtigt wurde. Die eigentlich neue Idee beider Grundrisse besteht in der großzügigeren Distribution, die offensichtlich aus einer Kritik an der oben konstatierten Kleinteiligkeit hervorgegangen ist. Ob solche Kritik vom Bauherrn oder von den Architekten (Jussow?) ausgegangen ist, muß freilich offen bleiben. Vestibül und die nach links verlegte, nunmehr drei-

läufige Treppe bilden eine Einheit. An die Stelle des Salons und der beiden ersten Vorzimmer ist eine »Gallerie ou Salle à manger« getreten, die in Entsprechung zu der zweiten Fassung des Risalits elf Achsen lang ist. Je zwei Einzelsäulen, von Jussow durch gekoppelte Säulen ersetzt, sondern aus dieser Galerie die jeweils drei äußeren Achsen zu einem »Salon« ab, was den Eindruck der langen Galerie nicht beeinträchtigt, sondern eher steigert. Du Ry greift damit auf die Obergeschoß-Gestaltung des Museum Fridericianum (Bibliothekssaal) in Kassel zurück, zitiert sich also selbst. Aus seiner Funktionszuweisung an die übrigen Räume — je zwei Vorzimmer, »salle de jeu« bzw. »billard«, Kabinett und Salons in den Apsiden — geht hervor, daß das Erdgeschoß ausschließlich für Zwecke der Repräsentation bestimmt sein soll.

Zum Stil der Projekte aus dem Jahr 1788

Im Jahre 1788 konzentrierte sich die Planung der Schloßerweiterung allein auf die Fassadengestaltung des Mittelbaues. Was hatte es zu bedeuten, daß Du Ry verschiedene Lösungen für das decorum des Corps de logis vorlegen mußte? Offensichtlich hatte man erkannt, daß sich die 1787 erdachte und 1788 zunächst noch beibehaltene aufgesockelte hexastyle Tempelfront gegenüber dem decorum der Flügel ästhetisch nicht durchzusetzen vermochte. »Man« ist in diesem Falle wohl der Bauherr, vielleicht auch Jussow; letzterer jedenfalls eher als Du Ry selbst, wie uns das weitere Planen lehren wird. Möglich wäre aber auch, daß Du Ry einen ikonographischen Widerspruch zwischen dem Palazzo-decorum der Flügel und dem Villen-decorum des Corps de logis wahrgenommen hat. Wie dem auch sei, die zehn-, einmal sogar zwölf-säulige giebellose Risalitfassung muß jedenfalls als Du Rys endgültiger Beitrag zur Entwurfslösung verstanden werden. Es ist zu klären, was es bedeutet, wenn Du Ry sein Corps de logis im decorum derart eng an die Flügel anschließen läßt. Der Mittelbau verdankt seine Dominanz ausschließlich seiner Streckung und der zuletzt höheren Säulenzahl — er dominiert also ausschließlich quantitativ, nicht qualitativ: Der Mittelbau steht gewissermaßen als primus inter pares.

Damit begegnen wir exakt demselben Problem, das bereits im Zusammenhang mit Jussows erstem Idealprojekt für den Weißenstein auftauchte. Die gleichrangige Verteilung des Säulendecorum auf Corps de logis und Flügel ist für die Barockbaukunst ganz und gar untypisch. Jacques François Blondel beweist, daß im idealen Schloßbau des Absolutismus stets ein »Crescendo« von den Flügeln zur Mitte hin zu erwarten ist:

»Les aîles qui accompagnent ce principal corps de bâtiment servent à lui donner un air de superiorité & à le faire dominer sur tous les morceaux d'architecture qui l'environnent.«[790] Natürlich muß es paradox erscheinen, wenn ausgerechnet das Residenzschloß des Absolutismus schlechthin, Versailles, die Ausnahme zur Regel darstellt: Auf der Gartenseite findet sich sowohl an den Flügeln wie am Corps de logis ein gleichwertiges Säulendecorum. Doch wie Schloß Weißenstein hat schon Versailles einem dafür verantwortlich zu machenden grundlegenden Planwechsel unterlegen, der mit den Namen Louis Le Vau und Jules Hardouin-Mansart verknüpft ist. Merkwürdigerweise haben die Umbau- und Erweiterungspläne für Versailles aus dem fortgeschrittenen 18. Jahrhundert an dieser Eigenart festgehalten und sie, in Form von Kolossalsäulen, auf die Ehrenhofseite übertragen. Das gilt für die Entwürfe sowohl Ange-Jacques Gabriels[791] als auch Etienne-Louis Boullées.[792] In klassizistischen Schloß- und Palais-Projekten ist das Phänomen eines gleichwertigen decorum an Mittelbau und Flügeln noch mehrfach greifbar, so an Peyres Hôtel de Condé und »Palais pour un Souverain«, an Ledoux' »Grand Louveciennes«[793] oder an De Waillys zweitem Weißensteiner Projekt. Im Vergleich zu diesen Beispielen ist Du Rys Projekt als separierter Anlage freilich eine Ausnahmestellung zuzuweisen.

203

111, 118
37 K 14

Der Zweite Flügel (Kirchflügel)

Am Beginn der Errichtung des Pendants zum »Neuen Weißensteiner Schloß« steht ein Schreiben, das Du Ry am 28. März 1788 an den Landgrafen richtete. Darin bittet er, »zu Erbauung des 2ten Flügels des Neuen Weisensteiner Schloßes« den Bauverlag festzusetzen und schlägt dafür 2000 Rtlr. monatlich vor. Du Ry teilt mit, daß die Baugrube schon im vorangegangenen Winter ausgehoben worden sei.[794] Am 1. April 1788 genehmigte Wilhelm die angegebene Summe.[795] Am selben Tag heißt es dazu in Wilhelms »Journal«:

»Auf dem Weißenstein wird nun ein neuer Flügel, dem bis zur Dach-Anlage fertigen gerade gegenüber angelegt; das Fundament ist schon ganz ausgegraben, und da hiernächst auch das jezo stehende Schloß weg kommt, so wird der von S^{mo} unternommene große Anstalt nun immer noch größer, noch erhabener«.[796] Im ersten Jahr seiner Entstehung wurden vom Zweiten Flügel das »Souterrain und ein Theil des rez de chaussée [...] aufgeführt«.[797] Im Jahre 1789 folgten das erste und zweite Obergeschoß.[798] Im Dezember 1789 genehmigte der Landgraf für die Baumaßnahmen des folgenden Jahres 40.000 Rtlr. aus der Oberrentkammerkasse, die die Beträge an Du Ry gegen Bescheinigung zu zahlen hatte.[799] 1790 wurden »die Säulen mit ihrem Gebälcke, dem attique und das Dach aufgeführt, und [...] im Souterrain [... die] Küchen und Officen [...] völlig eingerichtet«.[800] Der Innenausbau erfolgte während des Jahres 1791.[801] Aus einem Bericht Jussows vom August dieses Jahres geht hervor, daß ein Teil des Erdgeschosses und die Beletage als fürstliche Appartements eingerichtet wurden.[802] Dennoch läßt der Begriff »Nebenflügel«[803] an der Rollenverteilung beider »Schlösser« keinen Zweifel.

Die erst nachträglich durch die Planungen Jussows ins Raumprogramm aufgenommene Schloßkapelle war im Oktober 1791 noch mitten im Entstehen begriffen. Man arbeitete damals an der »Auszierung der Decke, sowie an Überziehung der Wände mit Gips Marmor, so aber nicht polirt wird«.[804] Umfangreiche Änderungen waren hier auch noch 1792 erforderlich. Im Mai desselben Jahres wurde die Tür, die aus dem Zimmer »neben dem Saal in den Fürstlichen Stand führen soll, durchgebrochen, die Vorderwand des Fürstl. Standes sowie der Altartisch und die Bänke« gearbeitet, sowie »die Zierathen der Cantzel und der Orgel [...] fertig vergoldet«.[805] Aus dieser Angabe kann man folgern, daß der Fürstenstuhl erst gegen Ende der Bauarbeiten angelegt wurde.

Von der aktiven Beteiligung des Bauherrn am Prozeß der Ausführung weiß Du Rys Baurapport vom 2. Oktober 1792 zu berichten: »In der vorigen Woche hat der Bildhauer Ruhl die von ihme verfertigte zwey liegende Löwen auf die Postementer der Treppe vor den 2te Flügel aufgestellt. Er hat selbige nach denen von Euw. Hoch-Fürstlichen Durchlaucht gemachten Bemerkungen abgeändert und fertig gemacht; sie sind nunmehr nach richtigen Verhältnißen gearbeitet und nehmen sich gut aus«.[806]

Aus den Baukosten erhellt der geringere innenarchitektonische Aufwand des Zweiten Flügels, dessen Betrag von 109.774 Rtlr.[807] nur rund zwei Drittel der für das »Neue Weißensteiner Schloß« erforderlichen Summe ausmachte.

Bewohnt wurde dieser Flügel u. a. von Wilhelms Mätresse, der Gräfin Schlotheim, deren »Rondellzimmer« in der östlichen Apsis der Beletage im Juni 1798 mit den Wilhelmshöher Ansichten Ludwig Philipp Stracks (1761—1836) geschmückt wurde.[808]

Farbt. VII.

Jussow, der die Bauleitung dieses Flügels innehatte, ließ bei der Ausführung des Mauerwerks im Äußeren wesentlich nachlässiger als am »Neuen Weißensteiner Schloß« arbeiten. Statt durchgängiger Quader von einheitlicher Höhe wechseln die Formate des Hausteins, weshalb auch die regelmäßige Rustizierung im ebenerdigen Sockelgeschoß fehlt. Der die Freitreppe flankierende Skulpturenschmuck der Löwen ist monumentaler,

V
Heinrich Christoph Jussow.
»Plan des HochFürstlich Hessischen Schlosses und Garten zu Weißenstein«,
um 1788.   K 132

strenger, eindeutiger klassizistisch als sein Gegenüber ausgefallen. Es wäre aufschlußreich zu erfahren, in welchen Punkten der Landgraf die Ausführung korrigiert hat. Die beiden Skulpturen der westlichen Apsis, Aurora und Apoll, stammen von den Brüdern Heyd und waren ursprünglich für die östliche Rundung des Weißenstein- *265* flügels bestimmt.

Das Innere wurde, obwohl es den Krieg unversehrt überstanden hatte, im Zuge des Schloß-Wiederaufbaus bedauerlicherweise ausgekernt und modern ausgebaut. Ausgenommen hiervon ist lediglich der Hauptraum, Jussows Schloßkapelle. Diese füllt den ganzen westlichen Teil des Flügels und bezieht die Apsis zur Aufstellung des protestantischen Kanzelaltars mit ein. Je zwei Säulen sondern die Seitenschiffe ab und tragen über dem Gebälk die kassettierte Tonne des Mittelschiffs. Diese läuft in der Apsis in einer Kalotte aus, in welche die Fenster der Beletage als Stichkappen einschneiden. Über dem ehemaligen Fürstenstuhl an der westlichen Schmalwand des Mittelschiffs liegt eine Orgelempore, die ursprünglich vom Mittelkorridor der Beletage aus unmittelbar zu begehen war.[809] Stilistisch orientiert sich Jussows Kapelle an den Leistungen des klassizistischen Kirchenbaus in Frankreich wie St-Symphorien in Montreuil oder St-Philippe-du-Roule in Paris.[810]

6. Elf Alternativprojekte Heinrich Christoph Jussows für das Corps de logis

Angesichts der Erwartungshaltung seitens des Landgrafen und der ehrgeizigen Absichten Jussows verwundert es nicht, wenn der junge Bauinspektor schon früh eigene Pläne für ein Corps de logis entwickelte, dessen Gestaltung offensichtlich zum zentralen ästhetischen Problem im Bereich des Weißensteiner Parks geworden war. Für die Fülle des von Jussow erhaltenen Planmaterials schlage ich eine relative Chronologie vor, in der sinnvollerweise diejenigen Projekte am frühesten datiert werden, die den Du Ry-Vorstellungen am nächsten stehen.

Diesem Kriterium unterwirft sich deutlich ein Projekt, dessen Aufriß Jussow als Deckblatt gezeichnet hat. Es *204* K78 findet sich montiert auf Du Rys 1788/1789 gültigem Aufriß mit 19 Achsen und zehnsäuligem Risalit, den Jussow selbst reinzuzeichnen hatte. Alternativ entwirft er einen halbrund vorspringenden, skulpturenbekrönten Mittelteil, der mit seinem aufgesockelten Säulenkranz als im Radius vergrößerte Version der Schmalseiten-Apsiden aufgefaßt werden kann. Dieser apsidiale Mittelteil des Corps de logis wird von je sieben Fensterachsen der Fassadenrücklagen flankiert, deren für den Palladianismus englischer Prägung typische dichte Abfolge Jussow von Du Ry übernommen hat.

Daß dieses Projekt — ich nenne es das »Erste« Jussows für den Mittelbau — tatsächlich auf eine Invention Jussows zurückgeht, verdeutlicht ein in engstem Zusammenhang damit stehender Grundriß, der sich in Jussows *205* K79 Nachlaß als eigenhändige Zeichnung befindet. Er gibt, sogar im gleichen Maßstab, die Beletage des Projekts mit dem charakteristischen apsidialen Vorsprung in der Mitte (nur) einer Längsseite wieder. Geringe Abweichungen vom Aufriß-Konzept ergeben sich daraus, daß der Bau an der Fassade 21 statt 19 Achsen zählt und die mittlere Apsis von je zwei weiteren, der Fassade vorgesetzten Säulen über dem Sockelgeschoß eingefaßt wird. Der gegenüberliegenden Fassade ist ein zwölfsäuliger Risalit vorgelegt, dessen sechs mittlere Säulen am weitesten vorspringen.

Die Distribution des »Ersten« Projekts lebt von einer energischen Neuorganisation, die im Gegensatz zu Du Rys Lösungen auf eine Schwerpunktverlagerung nach dem Zentrum zielt. Sich den nach außen halbrund vortretenden Mittelteil zunutze machend, hat Jussow diesen zum kreisrunden, mit Sicherheit zwei Geschosse hohen Salon vervollständigt, dem ein gleich breites, von Säulen in drei Schiffe unterteiltes Vestibül zugeordnet ist. Daneben liegt rechter Hand die dreiläufige Treppe, die also dieselbe Position wie in Du Rys 1787/1788 gültiger Planung einnimmt. An den Salon, den man sich als nach der Stadtseite orientiert vorzustellen hat, schließen zwei Paradeappartements an, von denen das vollständigere linke als das des Landgrafen zu erkennen ist. Es besteht nach Jussows Bezeichnung aus antichambre, salle d'assemblée, cabinet d'audience, chambre à coucher, cabinet du conseil, drei weiteren Kabinetten und drei Garderoben. Letztere sind rund um die Nebentreppen angelegt, deren Gestalt als gewendelte Treppen aus ihrer Position herzuleiten ist: Sie liegen im Zentrum der seitlichen Apsiden.

Entwurfstechnisch bedient sich Jussow des Quadratrasters, einer damals wiederentdeckten Methode des Planens, die den Grundriß in viel stärkerem Maße als beim ersten großen Idealprojekt bis ins Detail determiniert. Das Rechteck des Gebäudegrundrisses setzt sich aus vier in der Vorzeichnung deutlich erkennbaren größeren Quadraten zusammen. Die Seitenlänge eines Quadrats entspricht der Tiefe des Gebäudeblocks; an den Fassaden fällt sie mit der Breite des hexastylen Risalitzentrums bzw. mit dem mittleren Durchmesser des Salons zusammen. Die vier Quadrate sind wiederum in je 5 mal 5 kleine Quadrate unterteilt; dabei entspricht die Seitenlänge eines kleinen Quadrats dem Achsenabstand der Fenster und Säulen. Daß sich daraus auch für den Aufriß strenge, Du Ry noch unbekannte Gesetzmäßigkeiten ergeben, verdeutlicht die ununterbrochene Reihe von 21 Fensterachsen an der Westfassade.

Mit dem »Ersten« Projekt hat Jussow es auf geschickte Weise verstanden, das Corps de logis im Vergleich zu Du Ry entscheidend zu akzentuieren, ohne das durch die Flügel vorgegebene Aufrißschema zu sprengen. Als Anregungen müssen das zweite und dritte Weißensteiner Projekt De Waillys sowie das damit bereits in Zusammenhang gebrachte Palais-Projekt De Neufforges gelten, denen allerdings das als Sockel gebildete Erdgeschoß

58

fehlt. Seine hinlänglich bekannte Realisierung im Profanbau hat das zentralapsidiale Schema mit aufgesockeltem Säulenkranz erst nach Jussows Entwurf erfahren — mit dem von James Hoban 1792 projektierten Weißen Haus in Washington. — Allein auf die zentrale Figuration des Grundrisses und die Achse Vestibül-Salon beschränkt bleibt die Vorbildlichkeit des römischen Pantheons. Es artikuliert sich damit der für die internationale klassizistische Architektur um 1800 kennzeichnende Versuch, Longitudinalbau und Zentralbau miteinander zu verquicken. Der in diesem Sinne modifizierten Pantheon-Version im Schloßbau, wie Jussow sie vorgesehen hat, kommt François Ignace Mangins (1742 — nach 1809) Projekt für Schloß Wallerstein[811] aus dem Jahre 1783 besonders nahe.

Zwei weitere Corps de logis-Entwürfe Jussows erlauben es, auf einen direkten zeitlichen Zusammenhang mit

206 K 80

Du Rys Vorschlägen von 1788/1789 zu schließen. Am »Zweiten« Corps de logis-Projekt wird der Mittelrisalit im Vergleich zu Du Ry von zehn auf acht Säulenachsen, und die gesamte Fassade von 19 auf 17 Fensterachsen reduziert. Damit gleicht der Risalit exakt den Flügelrisaliten. Herrscht demnach bis in Attika-Höhe eine Konsonanz des decorum mit den Flügeln, was Du Rys Intentionen durchaus zu entsprechen scheint, so behauptet sich das Corps de logis durch den Aufsatz einer flachen Tambourkuppel letztlich doch entscheidend. Der Tambour steigt als undurchbrochener Zylinder abrupt über dem unverzierten Attikastreifen auf, in der Breitenausdehnung den mittleren sechs Säulen zugeordnet. Zum Kuppelansatz vermitteln ein abschließendes, von Konsolen getragenes Gesims sowie vier getreppte Fußringe. Ein grob mit Bleistift in der Breite der Kuppel eingezeichneter Dreiecksgiebel stammt wohl von der Hand Wilhelms IX. und weist auf die endgültige Lösung voraus.

Einen radikalen Eingriff bedeutet das wie das »Zweite« nur im Aufriß überlieferte »Dritte« Projekt. In dieser Skizze rekurriert Jussow auf das aufgesockelte zehnsäulige decorum Du Rys, kehrt es aber um: der mittlere Abschnitt ist nicht mehr Risalit, sondern Fassadenrücklage, von zwei wuchtigen Eckrisaliten zu je drei Achsen eingefaßt. Die seitlichen Apsiden entfallen. Über der von Skulpturen z. T. verdeckten Attika erhebt sich eine flache Tambourkuppel, wie sie aus dem »Zweiten« Vorprojekt bekannt ist.   *207 K 81*

Jussows entscheidend neuer Beitrag in dieser Phase besteht im Hinzufügen der Kuppel. Dieses Motiv ist uns aus De Waillys Projekten und Jussows erstem Idealentwurf bereits geläufig, während Du Ry ihm — auf die möglichen Gründe wird noch zurückzukommen sein — ablehnend gegenüberstand. Offensichtlich hat Jussow mit dem Kuppelmotiv ausschließlich die ästhetische Wirkung eines beherrschenden optischen Akzents vor Augen, während die Frage, wie die Kuppel mit dem »Innenleben« des Mittelbaues zusammenhängt, überhaupt keine Rolle zu spielen scheint. Man ist versucht, diese einseitig ästhetische Rolle der Kuppel als typisch klassizistisch anzusehen und, wie A. Bangert,[812] in dieser Einseitigkeit abzuwerten, doch sollte man sich darüber im klaren sein, daß schon aus dem Spätbarock Bauten und Projekte[813] bekannt sind, die sich einer solchen »funktionalistischen« Beurteilung durchaus entziehen.

Die von Jussow gesuchte vertikale Akzentuierung verdankt ihre kunsttheoretische Grundlegung Marc-Antoine Laugier, der im Jahre 1765 wissen ließ: »Toute façade qui a une grande étendue, doit être coupée & interrompue par des hauteurs inégales. Il ne suffit pas d'y dessiner quelques avant-corps. Il faut que vûe du point d'éloignement où toutes les parties se confondent, & où il ne reste plus que la masse, elle présente aux yeux du contraste & de la diversité. La façade du Château de Versailles sur les jardins, vûe de ce point d'éloignement, ne paroît qu'une longe muraille, au lieu que celle des Tuileries, de quelque endroit qu'on l'envisage, présente toujours l'idée d'un grand Palais.«[814] Mit einem Wort: Ein großes Schloß befriedigt ästhetisch nur dann, wenn es in der Vertikalen hinreichend akzentuiert ist. Qualitätsmaßstab ist die Behauptung in der Fernwirkung, für die die Silhouette verantwortlich ist.

Der direkte Vergleich zwischen »Zweitem« und »Drittem« Projekt liefert Aufschlüsse über Jussows Entwurfspraxis. Das »Dritte« Projekt geht aus dem »Zweiten« durch ein Positiv-Negativ-Umkehrverfahren hervor. Dies ist nur möglich, wenn die einzelnen Abschnitte der Fassade als isolierte, autonome Elemente verstanden werden, die im Sinne eines Baukastensystems gegeneinander vertauschbar sind. So kann die »colonne dégagée« unmittelbar in die Rolle einer »colonne engagée« schlüpfen. Mit dem »autonomen« Charakter offenbart sich die wohl wesentlichste Eigenschaft der sog. Revolutionsarchitektur. Die Verselbständigung und Neukombination der architektonischen Elemente schließt aber nicht die Vorbildlichkeit traditioneller Baukunst aus: Für die Struktur des »Dritten« Projekts hat, abgesehen von der Kuppel, Ange-Jacques Gabriels Bebauung der Place Louis XV (Place de la Concorde) als Denkanstoß zu gelten.

Das »Vierte« Projekt hat Jussow in einem Aufriß der Gesamtanlage von Westen vorgelegt. Als solcher steht es chronologisch in der Nähe der Pläne des von Jussow für Du Ry gezeichneten Klebebandes von 1788; der »Vierte«-Entwurf ist sogar im gleichen, von Jussow sonst nicht benutzten Maßstab gehalten. Wie in der entsprechenden Zeichnung (Blatt 7) des Klebebandes besitzen beide Seitenflügel an den Apsidenscheiteln Türen, zu denen halbrunde Treppen emporführen. Dieser am Zweiten Flügel nie ausgeführte Zustand — der Kirchflügel wurde 1788 begonnen! — spricht für die Frühdatierung in dasselbe oder das folgende Jahr. Abweichend vom Klebeband sind die Treppen der Flügelfassaden wiedergegeben, nunmehr mit Zwischenpodesten und löwenbewachten Wangenmauern. Daß der Weißensteinflügel zum Zeitpunkt der Entwurfszeichnung noch keineswegs vollendet gewesen sein kann, beweist die unverkröpfte Attika, für die Jussow anstelle von Vasen Figuren setzen wollte. Der zeitliche Ansatz um 1788/1789 wird damit bestätigt. Das im Mittelpunkt stehende Corps de logis hat   *208, 209 K 82* im Vergleich zu Du Ry seine bislang tiefstgreifende Veränderung erfahren: Vom Mittelrisalit sind gerade noch sieben Achsen des mit Lagerfugen rustizierten Erdgeschosses sowie sieben Interkolumnien mit Säulen, Gebälk und Attika übriggeblieben, hier jedoch eingespannt zwischen zwei fünfachsige Pavillons. Anstelle des Du Ry'schen Schloßkerns herrscht die luftige Leere einer aufgesockelten Loggia. Die Pavillon-Fassaden gliedert je ein Risalit, dessen vier ionische Kolossalsäulen von einem Dreiecksgiebel übergriffen werden. Die Risalitachse klingt in einer flachen Tambourkuppel aus. Ausgerechnet in der Übernahme der Schmalseitenapsiden, die einhüftig an die Pavillons angehängt sind, dokumentiert sich die — scheinbare — Loyalität Jussows gegenüber Du Rys Ausgangsentwurf. — Konstruktive Kritik übt Jussow dagegen an Du Rys Verbindungsgalerien. Ihre Wände offensichtlich als zu massiv und deshalb störend empfindend, ersetzt er sie durch überdeckte Kolonnaden, deren Stützen aus unkannelierten, basenlosen dorischen Säulen mit gräzisierenden Kapitellen bestehen. Die Triglyphen des Gebälks sind — bezeichnend für den Stil — eliminiert.

Wie berechnend Jussow mit dem »Vierten« Entwurf das Mittel der Verfremdung einsetzt, erhellt die Verwendung der Du Ry'schen Apsiden: Als seitliche Verfestigungen sollten sie, baulicher Logik folgend, auf ein um so massiveres Zentrum schließen lassen, doch ist dort das Gegenteil, gähnende Leere, anzutreffen. Jussows Täuschung ist als kapriziöser, manierierter Effekt zu deuten, der die Aufmerksamkeit magisch auf sich lenkt. Er geht so weit, daß die Vorstellung des Entwerfenden, ihn je realisiert zu sehen, bezweifelt werden muß. Spätestens jetzt hat das Ringen um die Gestaltung des Mittelbaus die Dimension der architektonischen Utopie gewonnen. Das Frappierende dieses Verfremdungseffekts mutet im 20. Jahrhundert erstaunlich »modern« an. Gerne wüßte man, wie Wilhelm und Du Ry darüber urteilten. Objektiv läßt sich nur antworten: Der Entwurf wurde ad acta gelegt.

Jussows Vorschlag ist gemessen an Du Rys Planung absurd, doch weist er, in die Projektreihe gestellt, durchaus eine eigene Logistik auf. Die Vorprojekte »Eins« bis »Vier« spiegeln den schrittweisen Übergang von der Akzentuierung des Schloßzentrums mit Hilfe zusätzlicher architektonischer Motive bis zu dessen Aushöhlung — Zeichen der tiefgreifenden Erschütterung einer traditionsschweren Bauaufgabe, deren »moderner« Lösungsversuch zur Zerstörung ihrer Struktur, zur Flucht zum Formelhaften und zur Negation ihrer selbst gerät. Das Auseinanderdriften des Komplexes führt dazu, die zentripetale Dreiheit Flügel — Corps de logis — Flügel in eine zentrifugale Viererkette autonomer Pavillons und Flügelbauten umzudeuten. Insofern zeigt es eine überraschend enge Verwandtschaft mit Jussows erstem Idealprojekt. Die überkuppelten Pavillons variieren erneut das Rotonda-Schema, hier vermittelt durch James Paines Kapelle in Gibside,[815] die das Leitmotiv des viersäuligen Giebelportikus, bekrönt durch eine Flachkuppel mit Tambour, vorwegnimmt. Die zentrale Loggia variiert den Typus des italienischen Casino, wie ein Vergleich mit dem Casino der Villa Caprarola[816] nahelegt. Dem künstlerischen »Programm« des »Vierten« Projekts, mit Ungewöhnlichem zu überraschen, hält selbst die Detailprobe stand: Die Verbindungsgalerien sollten von griechisch-dorischen Säulen, in dieser Massierung damals in Deutschland noch gänzlich unbekannt, getragen werden. Der ionischen Kolossalsäule untergeordnet, kann die Wahl der Dorica auf den vitruvianischen Kanon zurückgeführt werden.

Als Jussows »Fünftes« Vorprojekt, schon im Original mit der Ziffer »V« versehen, sei ein Aufriß vorgestellt, der im Unterschied zum »Vierten« Entwurf wieder leichter mit konventionellen Vorstellungen von »Residenz« und »Schloß« in Einklang zu bringen ist. Es handelt sich um einen Bau, an dessen Fassade Du Rys Aufrißschema der aufgesockelten Kolossalsäulen sich über nicht weniger als 17 von insgesamt 19 Achsen erstreckt. Der Mittelpavillon ist von monumentaler Wirkung. Schon der Sockel mit dem mächtigen, auf jedes Ornament verzichtenden Rundbogenportal, begleitet von überdimensionalen Trophäen und Prellsteinen, setzt den Maßstab eines Stadttors. Zwei gegenläufige Treppen, zur Rechten und Linken des Sockels angeordnet, führen auf den Altan, auf dem die sechs vorgezogenen ionischen Kolossalsäulen aufruhen. Der Pavillonaufriß ist als Pantheon-Variante zu begreifen. Die ionischen Säulen und ihr Gebälk tragen einen skulptierten Dreiecksgiebel. In gleicher Breite erhebt sich darüber ein niedriger Tambour mit Flachkuppel, damit über die angrenzende bauliche Umgebung entschieden hinausgehoben. Ohne Zäsur des Achsabstandes der Säulen und Fenster schließen die tiefer zurückliegenden Abschnitte der Fassade mit je sechs Interkolumnien an. Sie setzen über dem rustizierten, mit Rundbogenfenstern versehenen Erdgeschoß den Altan nach den Seiten hin fort. Einachsige Seitenrisalite, die ihrerseits von Apsiden in Du Rys Manier hinterfangen werden, begrenzen die Fassadenrücklagen. An den Apsiden sind die nicht weiter ausgeführten Ansatzspuren massiver Verbindungsgalerien zu erkennen. Aufgrund der im gesamten decorum zu beobachtenden recht engen Anlehnung an Du Ry ist eine Datierung um 1788/1789 vorzuschlagen.

Da ein Grundriß fehlt und, wie ich vermuten möchte, auch nicht existiert hat, bleiben einige räumliche Bezüge unklar. So bleibt offen, ob die Außenwand der Obergeschosse die Zäsur zwischen Pavillon und Rücklagen nachvollzieht; ferner, wie tief der Tambour hinter den Giebel zurückspringt, und vor allem, wie vom Rechteck des Tambours zum Kreis der Kuppel übergeleitet werden soll. Wäre der Tambour zylindrisch gedacht, hätte Jussow die Schattierung vergessen — bei seiner peniblen Arbeitsweise unvorstellbar. Die damit aufgeworfenen Fragen weisen darauf hin, daß das Gestaltungsproblem, wenigstens für Jussow, ein primär ästhetisches war, bei dem die dritte Dimension vernachlässigt werden konnte.

Daß der »Fünfte« Entwurf Jussows wieder eindeutiger mit dem gängigen Bild eines Schlosses übereinstimmt, ist durch Vergleiche konkret zu belegen. Es ist die Louvre-Ostkolonnade Claude Perraults, die das Vorbild für *214* die aufgesockelte, zwischen Risalite gespannte und ein Tempelmotiv im Zentrum umschließende Kolonnade abgegeben hat. Seit ihrer Entstehung (1667—1678) galt die Louvre-Front als Inbegriff bester französischer Architektur. Als solche hat sie Eingang sowohl in Blondels »Architecture Françoise«[817] als auch in die Encyclopédie gefunden. Die Abbildung der »Colonnade du Louvre« im 1. Tafelband der Encyclopédie wird dort wie folgt gepriesen: »Claude Perrault donna le dessin de cette façade, qui est devenue par l'exécution un des plus augustes monuments qui soient au monde.« Bezogen auf die damals — 1765 — dringend notwendige Freilegung und Restaurierung, ja in Teilen immer noch ausstehende Vollendung, heißt es weiter: »Le côté de Saint Germain l'Auxerrois libre & dégagé, offriroit à tous les regards cette colonnade si belle, ouvrage unique, que les citoyens admireroient, & que les étrangers viendroient voir.«[818] Blondel stand Perraults Schöpfung trotz aller Bewunderung nicht kritiklos gegenüber — wie könnte es auch bei diesem aufklärerischen Kritiker anders sein! Im 1773 erschienenen 3. Tafelband des »Cours d'Architecture« bildet er neben Perraults Original eine in seinem Sinne »verbesserte« Fassung der Ostfront ab.[819] Abweichend von Perrault versieht er das Erdgeschoß mit einer *215* Lagerfugenrustika mit Rundbogenfenstern und einer um das Hauptportal gruppierten mehrläufigen Treppe. Die mit Standbildern besetzten Nischen der ersten Etage und skulptierten Ovalmedaillons im Halbgeschoß darüber ersetzt er durch Rechteckfenster. Sein Vorgehen illustriert einmal mehr sein System, das auf dem Wege konstruktiver Kritik Anhaltspunkte für eigene schöpferische Unternehmungen gewinnt. Blondels Änderungsvorschläge dürften Jussows »Fünftes« Vorprojekt unmittelbar beeinflußt haben.

Doch bleibt Jussow seinerseits auch nicht bei Blondel stehen. Dessen »Projet« des Louvre gleichfalls einer streng aufklärerischen Zensur unterwerfend, läßt er jede barocke Reminiszenz, allen voran das Motiv der gekoppelten Säule, unter den Tisch fallen. Für diese klassizistische Neuorientierung kann Jussow wiederum auf den Vorleistungen eines berühmten Architekten fußen — auf William Kents (1684—1748) Entwürfen für die Houses of Parliament in London-Westminster, von denen Jussow vor allem den für die Cottonian Library vorgesehenen Mittelteil der Themse-Front, wie er seit 1735 vorlag,[820] sowie die gegenüberliegende Längsfassade in *213* ihrer zweiten, um 1735—1739 entstandene Fassung[821] gekannt haben muß. Kent, einem Hauptvertreter des englischen Palladianismus aus dem Burlington-Kreis, verdankt Jussows Entwurf die selbst am Übergang zwischen Mittelpavillon und Fassadenrücklagen gleichmäßige Reihung der unkannelierten Säulen, das Rundbogenportal, die typisch kentianisch zu nennenden schmal-hohen Seitenrisalite, die Flachkuppel über dem giebelhohen Tambour wie das gesamte Pantheon-Zitat. Der schlagende stilistische Zusammenhang mit den Kent-Entwürfen ist um so ergiebiger, als daraus wichtige Rückschlüsse auf Jussows englische Bildungsreise gezogen werden können. Kents Pläne sind nämlich bis ins 20. Jahrhundert unpubliziert geblieben, was fast zwangsläufig zu dem Schluß führt, daß Jussow die Pläne im Original in London studiert und kopiert hat. Ohne im Bau ausgeführt worden zu sein, wurden sie während des 18. Jahrhunderts im »Office of Works«, der Verwaltung des englischen Bauwesens, aufbewahrt. 1787, als Jussow sich in England aufhielt, war William Chambers »Surveyor General and Comptroller« des Office of Works.[822] Wahrscheinlich hat Jussow durch ihn Zugang zu den Plänen erhalten. Der Kontakt zu Chambers kann entweder über das britische Königshaus — Chambers war seit 1760 Hofarchitekt und besonders von König Georg III., Wilhelms Cousin, wohlgelitten[823] — oder über Du Ry oder De Wailly, seine ehemaligen Studienkollegen, hergestellt worden sein. Sir John Summerson macht mich darauf aufmerksam, daß das Studium der Kent-Pläne im ausgehenden 18. Jahrhundert, noch dazu durch einen deutschen Architekten, höchst ungewöhnlich sei.[824] Ob Jussow damit einem gezielten Auftrag seines neuen Bauherrn entsprochen hat?

Worin liegt, so ist nach dem Nachweis des Einflusses solch namhafter Vorbilder zu fragen, Jussows Eigenbeitrag? Von Kents Projekten setzt sich sein »Fünfter« Vorentwurf wiederum eigenwillig ab, nicht nur dadurch, daß er Du Rys Disposition mitzuberücksichtigen hat, sondern vor allem durch die pathetisch verstandene Aufmachung des Mittelpavillons, dessen Portalanlage alle Maßstäbe sprengt. Dieses dem englischen Palladianismus fremde Pathos rückt den Entwurf in engsten Zusammenhang mit der französischen »Revolutionsarchitektur«. Bei der Eingang-Gestaltung hat Jussow nach der absoluten Lösung des Portals im Sinne einer »architecture parlante«, in den Proportionen einer »architecture ensevelie«, gesucht — ohne Rücksicht darauf, ob dies der vorgegebenen Situation angemessen oder zuträglich sein konnte.

211, 217 Aus einer Variante des »Fünften« Vorprojekts ist das »Sechste« hervorgegangen. Auch hier entspricht meine Numerierung der in der Wilhelmshöher Schloßbibliothek im 18. Jahrhundert erstmals vorgenommenen. Projekt »VI« erscheint auf 17 Achsen an der Front gekürzt. In der regelmäßigen Gliederung des in Rustika abgesetzten Erdgeschosses lehnt es sich an Du Rys Vorschläge an, mit denen es zudem die Ansätze zu den massiven Verbindungsgalerien in Erdgeschoßhöhe gemeinsam hat. Damit kann eine Datierung um 1788/1789 erschlossen werden. Gegenüber Projekt »V« ist eine geänderte Struktur des Säulenapparats zu erkennen. Der hexastyle, übergiebelte Mittelpavillon springt am weitesten vor. Eine Stufe zurück liegen die gleich breiten, ohne Achsenzäsur beidseitig anschließenden Rücklagen. Der die Fassade rahmende, glattwandige Abschnitt mit einer Fensterachse ist nicht als Risalit, sondern als weitere Rücklage, wie an den Seitenflügeln, gestaltet. Bis zu den vertieft ansetzenden Apsiden ergibt sich also vom Mittelpavillon aus ein kontinuierliches Zurückfluchten der Fassade in drei Stufen. Soweit auf dem Aufriß erkennbar — Grundrisse fehlen auch hier — bleibt im Gegensatz dazu die Wand der Obergeschosse bis auf die Apsiden in einer Ebene. — Was den »Sechsten« Entwurf jedoch

211 vor allem unverwechselbar auszeichnet, ist eine zentral über einem Stufensockel aufgesetzte periptere Tholos. Ihre Cella besitzt eigene, wenngleich fiktive Eingänge in den vier Himmelsrichtungen. Zwölf korinthische Säulen und ihr Gebälk tragen eine Kuppel, deren Kalotte eine leicht beschnittene Halbkugel darstellt. Sie gipfelt in einer Victoria-Figur mit langem Gewand auf. Ihr antwortet weiterer Skulpturenschmuck: die Trophäen an den fünf Eingängen, das Giebelrelief sowie Freifiguren, die auf der Attika in den Säulenachsen aufgestellt sind. Das

Giebelrelief zeigt eine bekleidete sitzende Gottheit, um die zwei Dreiergruppen von Figuren stehen; für die Zwickel sind Liegefiguren vorgesehen.

Einen Hinweis für die Einordnung des »Sechsten« Vorprojekts gibt die Idee der architektonischen Kulmination. Sie erinnert an De Waillys zweites Weißensteiner Projekt, schlagender ist aber noch die Übereinstimmung mit Ledoux' Alternativprojekt zum Museum Fridericianum. Im Unterschied zu diesem hat Jussow, in Anlehnung an die Seitenflügel, das Erdgeschoß als Sockelgeschoß gestaltet, während das Fehlen eines solchen Sockelgeschosses am Museum Fridericianum von zeitgenössischen Kritikern als Mangel empfunden und Du Ry zum Vorwurf gemacht wurde.[825] Ledoux hat sein 1775/1776 entstandenes Alternativprojekt nur als Kupferstich hinterlassen. Die Detailuntersuchung des Aufrisses führt zu dem Ergebnis, daß die in der Front sichtbare Säulenanzahl des Tempietto — acht — erst durch nachträgliches Hinzufügen der jeweils äußeren Säulen erreicht wurde. Im ursprünglichen Zustand zeigte der Stich also nur sechs Säulen korinthischer Ordnung, mithin einen insgesamt zwölfsäuligen Tempietto. Und dieser Erstfassung schließt sich Jussows »Sechstes« Vorprojekt an.

37 K 14
Farbt. I unten
57

Dennoch artikulieren sich, gerade am Tempietto, auch die Unterschiede zwischen Ledoux und Jussow. Während bei Ledoux der Tempietto als reine architektonische Form für sich allein steht und als solche ein Symbol für Antikenideal und Antikenstudium schlechthin verkörpert,[826] meidet Jussow eine so weitgehende Abstraktion und gibt stattdessen den Aufsatz mithilfe des figürlichen Allegorismus als Siegestempel aus. Ergänzt man die Tempietto-Kuppel zu der stereometrisch zugrundeliegenden Form, erhält man eine Kugel, in die der ganze Tempel exakt einbeschrieben werden kann. Dies wiederum eröffnet die zugrundeliegende Symbolik: Wie man aus römischen Darstellungen mit politischen Anspielungen weiß, versinnbildlicht die eine Victoria tragende Kugel den Erdglobus. Es handelt sich also um ein ursprüngliches Herrschaftszeichen,[827] das Jussow hier wieder aufgegriffen und in den großen Maßstab übertragen hat. Die Rolle, die bei ihm der figürliche Allegorismus spielt, ist ähnlich wie bei Charles De Waillys zweitem Projekt für Schloß Weißenstein einzuschätzen. Unübersehbar bleibt jedoch, daß die ästhetische Wirkung, die der Tempietto in Jussows Konzeption ausübt, dominiert, kommt er doch Laugiers Forderung nach vertikaler Akzentuierung an weitläufigen Schloßbauten sicherlich am nächsten.

211

Projekt »VII« bringt mit einem integrierten Triumphbogen anstelle des Mittelpavillons eine neue Lösung. Dem Corps de logis ist ein im Umriß quadratischer Risalit mit einer einzigen Rundbogenöffnung, an Höhe drei Geschosse umfassend, eingefügt. Die Wandfelder zuseiten der riesigen Öffnung sind durch Nischen, Figurenfriese unterhalb des Kämpfers und je einen Tondo in den Zwickeln gegliedert. Über der Attika steht auf gestuftem Sockel ein vierspänniger Triumphwagen, von Victoria gelenkt. Abgesehen von dem Triumphbogen, entspricht die Struktur der Fassade der aus Projekt »V« bekannten; die Rücklagen sind allerdings siebenachsig. Die einachsigen Seitenrisalite sind noch schmäler als im »Fünften« Projekt. Sie werden von je einer bekleideten Sitzfigur (mit Zepter?) in Attika-Höhe bekrönt. Die gerade Flucht der Fassade würde 275 Kasseler Fuß (= 79,12 m) messen, damit Du Rys Projekt um mehr als ein Fünftel an Länge übertreffen. Die an den Apsiden ansetzenden, massiv gedachten Galerien des in Lagerfugen abgesetzten Erdgeschosses lassen die zeitliche Nähe zu den bisher vorgestellten Jussow-Projekten vermuten.

218 K 85

Die Einfügung hoher Triumphbogen in eine von Kolossalsäulen gegliederte Architektur ist nicht ungewöhnlich. Es scheint, als habe Jussow sich mit einer Kette von Vorbildern auseinandergesetzt, die wir bereits für die Einordnung des »Neuen Weißensteiner Schlosses« herangezogen haben — mit Projekten französischer Platzanlagen des Louis Quatorze, die verschiedene Künstler, darunter Pierre Puget,[828] zu Papier gebracht haben. Freilich ist der Einfluß des aktuellen Zeitstils unverkennbar. Umgeben von den Rücklagen, die trotz der Kolossalordnung den menschlichen Maßstab noch respektieren, setzt der Bogen einen megalomanen Akzent, der in seiner Wucht und Bezugslosigkeit die Schloßstruktur gleichsam sprengt. Der Bogen könnte auch für sich selbst stehen; er fällt aus seiner Umgebung gleichsam heraus. Jussows Triumphbogen-Lösung wirkt wie ein Vorgriff auf die St. Petersburger Baukunst zu Beginn des 19. Jahrhunderts; zu denken wäre etwa an Adrian Dmitrijewitsch Sacharows 1806 begonnene Admiralität oder an Carlo Rossis Generalstabsgebäude.[829]

219 K 86   Das »Achte« Vorprojekt ergibt sich aus einer radikalen Reduktion des »Siebenten«. Erhalten hat sich dessen Zentralmotiv, der von einem Viergespann mit Victoria bekrönte, »WILHELMUS IX.« dedizierte Triumphbogen, gefallen sind dagegen die Fassadenrücklagen und mit ihnen die Idee eines bewohnbaren Corps de logis. Die Säulenreihen erscheinen nun eigenwertig betont als den Triumphbogen rahmende Kolonnaden. Über einem Stufensockel angelegt, laufen sie in je einem durch rechteckige Anbauten erweiterten runden Tempietto mit Flachkuppel aus. An diese stoßen von der anderen Seite die gekurvten Verbindungskolonnaden der Seitenflügel, deren dorische Säulen wie im »Vierten« Projekt unkanneliert und basenlos gebildet sind. Wir haben es demnach

97 K 34   mit einem reinen Denkmal zu tun, wie es uns an gleicher Stelle bereits in Jussows Pariser Idealprojekt begegnet ist. Die Deutung als Reduktion des »Siebten« Projekts kann ganz wörtlich genommen werden. Es zeigt sich, daß die ionischen Kolonnaden zuseiten des Bogens dieselben absoluten Säulenmaße und Achsabstände wie die Fassadenrücklagen des »Siebten« Projekts verwenden, nur stehen sie nicht auf einem hohen Sockelgeschoß, sondern auf einem um wenige Stufen erhöhten Podest.

Das »Achte« Projekt, wohl um 1790/1791 entstanden, wie die weiteren Triumphbogenprojekte nahelegen, setzt die Verarbeitung des Entwurfs voraus, den Ledoux 1775 für das Friedrichstor in Kassel am Ende des Friedrichsplatzes geschaffen hat.[830] Ledoux hat damit die architektonische Gliederung von Jussows Projekt gewissermaßen vorgezeichnet, doch spricht er stilistisch eine weit anspruchsvollere, monumentalere Sprache, die im dekorativen Reichtum (Trajanssäulen, Reliefs, Palladiomotiv) ihren Ausdruck findet und weitgehend noch der Idee fürstlich-barocker Repräsentation verpflichtet ist. Die herbe Nüchternheit, die im Vergleich dazu den Stil von Jussows »Achtem« Vorprojekt kennzeichnet, ist dem Erscheinungsbild der Flügel angemessener.

Mit dem »Achten« Projekt war der das Corp de Logis bis zum reinen Denkmal abstrahierende Reduktionsprozeß noch keineswegs abgeschlossen. Das in sechs Blatt Zeichnungen überlieferte »Neunte« Vorprojekt

221—224 behält den Triumphbogen bei, verzichtet aber auf begehbare Kolonnaden. Statt ihrer suchen einfache gekurvte
K 87—89, Terrassen in Sockelhöhe die Anbindung an die Seitenflügel. Grund- und Seitenaufriß des Bogens zeigen einen
91, 92 Kubus, der sich auch nach den Seiten in je einem Rundbogen öffnet. Typologisch handelt es sich demnach um ein Tetrapylon in der Art des Janus Quadrifrons am Forum Boarium in Rom.[831] Im Unterschied zu dem römischen Monument sind die Seitenöffnungen allerdings verstellt durch einen viersäuligen Giebelportikus, der seinerseits von einer ein Joch breiteren Säulenstellung hinterfangen wird. Die Portiken werden von römisch-dorischen Säulen mit verkröpftem Gebälk getragen. Der Triglyphen-Metopen-Fries beweist, daß die Ordnung als dorische verstanden werden soll, was dem martialischen Charakter des Tors entspricht: Vor ihm stehen zwei Personifikationen des Kriegs, über ihm erhebt sich die Quadriga einer Victoria, die beim Seitenaufriß durch einen Streitwagen mit Kämpfer ersetzt ist.

Die Einbindung dieses Monuments in die Anlage von Schloß und Landschaft kann anhand einer Gesamt-
220 K 93 ansicht aus dem Jahre 1826 nachvollzogen werden, die auf den Wilhelmshöher Schloßbaukondukteur Leonhard
Farbt. VI oben Müller zurückgeht. Sich über den später an dieser Stelle tatsächlich realisierten Bau hinwegsetzend, hat Müller ein qualitätvolles Idealprojekt im Nachhinein geschaffen, das Jussows Intentionen getreu reproduziert. Wie von Jussow bereits angedeutet, steht der Triumphbogen inmitten von malerisch gruppierten Felsen, zwischen denen ein schräg angelegter, scheinbar zufällig verlaufender Weg zum Monument führt. Erst beim Betreten des Bogens eröffnet sich dem Besucher die Perspektive der barocken Achse, die der Architekt im Sinne einer typisch

pittoresken Sehweise nutzt: Herkules-Oktogon und Große Fontaine erscheinen in der Öffnung des Bogens, von diesem bildhaft gerahmt und somit aus dem Landschaftszusammenhang ausgegrenzt: Die Barockachse wird Bestandteil einer romantischen Neugestaltung.

Ein weiterer Triumphbogenentwurf zeigt die einfachste Variante; Vor- und Rückfront gleichen dem »Neunten« Projekt, während die Seitenfronten mit den Portiken gefallen sind. Der Bogen erscheint auf zwei Dimensionen reduziert. In den Wilhelmshöher Bauakten hat sich Jussows nicht exakt datierter »Überschlag zur Erbauung einer Colonnade und eines Triumphbogens zwischen beiden Schloßflügeln« erhalten, der für Steinmetzen- und Mauerarbeit Kosten über 63.453 Rtlr. und Gesamtkosten von 84.753 Rtlr. vorsieht.[832] In einem Arbeitsbericht Jussows von Ende August 1791 werden als Kosten für die Herstellung eines »Modells« zu einem »Portal« zwischen beiden Schloßflügeln, sowie für den Abbruch des alten Moritzschlosses Kosten von 6.209 Rtlr. genannt.[833] Damit ist erstmals für eines der Vorprojekte die Ausführung konkret in Erwägung gezogen worden. Der Kostenüberschlag für einen Triumphbogen mit Kolonnade läßt an einen Zusammenhang mit Jussows »Achtem« Vorprojekt denken; dem im Maßstab 1:1 in situ ausgeführten Holzmodell dürfte dagegen die einfachste Fassung des »Neunten« Entwurfs zugrunde gelegen haben. Schon Ledoux' Entwurf zum Friedrichstor war seinerzeit durch Du Ry als hölzernes Provisorium im Umriß aufgerichtet worden.[834]

K 90

Die Müller'sche Idealvedute veranschaulicht die Bedeutung des »Neunten« Vorprojekts: Der Schloßkomplex erscheint im Vergleich zu den übrigen Vorschlägen als am nachhaltigsten zerrissen. Felsen und Bäume unterstreichen die Isolierung des zentralen Monuments, das kühn und selbstherrlich die architektonische Disposition der Flügel ignoriert. Jussows Behandlung der Schloßmitte als »autonome« Architektur gesteht den Flügeln die gleiche Eigenständigkeit zu. Zugleich bedeutet Jussows Verwendung des Triumphbogens auch eine Abwertung des Architektonischen, erfüllt er doch lediglich die Funktion als »fabrique« innerhalb eines Landschaftsgartens;[835] sein Stellenwert bleibt damit ein relativer, untergeordnet der künstlich inszenierten Natur. Er definiert seinen Standort und die Umgebung sinngemäß als hoheits- und würdevolle, erhabene Gartenszene. Der Bogen verdankt seine Existenz nicht etwa militärischen Großtaten Wilhelms, nach denen man zum Zeitpunkt der Projektierung vergeblich suchen würde. Seine Rolle ist vielmehr in der beschriebenen Weise rein ästhetisch begründet. Der durch eine Bogenarchitektur gerahmte Blick, ein Lieblingsmotiv Piranesis, inspirierte die Klassizisten, Maler wie Architekten.[836]

220 K 93
Farbt. VI oben

Der Aufbau des Bogens als Provisorium und seine Beseitigung zeugen von der Unsicherheit des Bauherrn bei der Entscheidung um die Gestaltung des Schloßzentrums. Die zuletzt ablehnende Haltung gegenüber diesem Architekturmotiv könnte durch Hirschfelds Kommentar zu »Thoren« in der »Theorie der Gartenkunst«[837] gestützt worden sein. Zwar blieb der Triumphbogen im Schloßbezirk unausgeführt, doch wurde er in direktem axialen Bezug wiederaufgegriffen — mit dem Wilhelmshöher Tor, das kurz nach 1800 begonnen wurde und den monumentalen Auftakt zur Wilhelmshöher Allee von Kassel aus darstellen sollte. Die französische Okkupation hat seine Vollendung vereitelt. Unter den Entwurfsvarianten, die Jussow dafür angefertigt hat, gibt es eine in direkter Anlehnung an sein »Neuntes« Vorprojekt,[838] das in seiner zuletzt ganz auf Säulen verzichtenden Form als typologische Vorwegnahme von Chalgrins Arc de Triomphe de l'Étoile in Paris[839] gelten kann.

Die Methode der sich steigernden formalen Reduktion wird an Jussows »Zehntem« Vorprojekt in unerhört drastischer Weise vor Augen geführt. Der in drei Zeichnungen überlieferte Vorschlag sieht die Erstellung einer künstlichen Ruine zwischen den Flügeln vor. Dabei handelt es sich, trotz weitestgehender Zerstörung, nicht um wahllos aufgetürmte Überbleibsel: Bei genauerem Hinsehen sind die Spuren eines dreigeschossigen Bauwerks mit säulenumstandenen Apsiden, rundbogigen Erdgeschoßfenstern und sechssäuligem, übergiebeltem Mittelrisalit zu erkennen. Jussow hat gerade noch so viel Substanz übrig gelassen, daß ein dem »Fünften« oder »Sech-

225—227
K 94—96

212, 217

125

sten« Vorprojekt verpflichtetes Aufrißschema theoretisch rekonstruiert werden kann. Die Reste der Verbindungsgalerien bestehen aus kannelierten dorischen Säulen, die aus den Trümmern emporwachsen. Jussow vermittelt dem Betrachter die Suggestion eines südlichen Landschaftscharakters: Es fehlt die Karlsberg-Silhouette, und als Bäume sind Zedern und Zypressen (hier wohl Pappeln) gewählt worden. — Erst die Federzeichnung des

226 K 96 Kasseler Hofmalers Wilhelm Böttner, die die Datierung 1791 sichert, rekurriert auf den vorgesehenen Standort des Projekts. Daß Böttner als Maler das Ruinenmotiv und seine Einbindung in die Landschaft zu überprüfen hatte, zeugt von der Ernsthaftigkeit, mit der das »Zehnte« Vorprojekt in Erwägung gezogen wurde.

Das Projekt einer klassizistischen Ruine als Schloßbau ist nicht neu. Dennoch besteht zwischen Du Rys ersten
145 K 46 Entwürfen für das »Neue Weißensteiner Schloß« und Jussows Corps de logis-Projekt ein wesentlicher Unter-
154 schied: Jussow vollzieht eine strenge Differenzierung zwischen intaktem Wohnbereich in den Flügeln und unbewohnbarer Ruine. Der Ruinenbau dient jetzt als reine Staffage, die ausschließlich dem Anschauen vorbehalten ist — die ringsum gleichmäßig verteilten Trümmer verwehren jeden Zugang. Eine solch unmittelbare Konfrontation klassizistischer Architekturen, einerseits wohl erhalten, andererseits in Schutt und Asche gesunken, dürfte als Bauprojekt zu dieser Zeit wohl singulär gewesen sein. Wie die Triumphbogen-Varianten sollte dieses Motiv den Hauptcharakter des ganzen Parks veranschaulichen. Die Ruine als Vanitassymbol konnte, dem Zeitverständnis entsprechend, sowohl melancholische als auch erhabene Gefühle evozieren. Vorstellbar wäre etwa das Motto: »Selbst im Untergang noch groß«!

Die peinlich exakte Verteilung der Trümmer, die eine gedankliche Rekonstruktion ermöglicht, ja zu dieser anregen soll, entspricht durchaus der zeitgenössischen Gartenkunsttheorie, wie sie der mit Jussow fast gleichaltrige Friedrich Ludwig von Sckell (1750—1823) niedergeschrieben hat:

»Auch Ruinen werden von guter Wirkung seyn, wenn man sie an Stellen erbaut, wo sie die Natur der Lage erwarten läßt. Allein es ist sehr schwer, sie so erscheinen zu machen, daß sie täuschen und glauben lassen, der Zahn der Zeit und nicht die Kunst oder andere gewaltsame Ursachen hätten diese Zerstörung hervorgebracht [...]

Beim Erbauen der Ruinen sollten daher schon Steine gewählt werden, die, durch die Zeit benagt, Ruinen gleichen, wie z.B. der Tuffstein. [...] Man sollte auch aus den Resten solcher Gebäude bald ihre vormalige Bestimmung, und wie sie früher im Wesentlichen construirt gewesen seyn mochten, ziemlich bestimmt errathen können. Daher müssen auch die herabgestürzten Reste an jenen Plätzen liegen, wo sie außer allem Zweifel herabgefallen seyn müßten, und die leeren Stellen müssen anzeigen, wo diese früher hingehört haben.

Solche Bruchstücke dürfen daher nicht willkührlich umhergestreut werden, auch hüte man sich, diese von anderen Ruinen zu entlehnen, (wie Gesimse, Säulen, Capitäler, u.d.gl.) weil man nur zu bald entdecken würde, daß solche heterogene Theile der erbauten Ruine nie angehört haben konnten. Um aber diese Wahrheit soviel möglich hervorgehend zu machen, so sollte die Anlage einer künstlichen Ruine nach einem bestimmten Plane ausgeführt werden, und die ruinirten Theile durch eine zweifache Verfahrensart hervortreten, nämlich: es brauchen jene großen, durch die Zeit eingestürzten Theile, als eingefallene Mauerstücke, Gewölbe, Kuppeln etc. nicht ergänzt gebaut zu werden, um sie nachher wieder einschlagen zu müssen, sondern diese Theile sind gleich im Bauen schon auszulassen, weil im andern Falle, und wenn man diese Zerstörungen durch Instrumente bewirken wollte, der Bau zu sehr erschüttert, und eine gefährliche Ruine entstehen könnte [...]«[840] Für die Anwendung seiner Ruinentheorie konnte Sckell auf seinen Merkur-Tempel in Schwetzingen verweisen.[841]

Dem geforderten Wahrheitsbegriff kam man in Kassel mit seltener Folgerichtigkeit nach. Die Zeichnung des
217 K 84 »Sechsten« Vorprojekts ist mit zahlreichen, sekundär aufgebrachten Bleistiftlinien überzogen, die man zunächst für apokryph halten möchte. Damit sollte wohl festgehalten werden, wieviel bei einer künstlichen Ruinierung

stehen bleiben bzw. fallen würde. Und wer anderes als der Bauherr, selbst begeisterter Architekturdilettant, sollte dieses Spiel gewagt haben? Immerhin war es die Ostentation des Schlosses, die auf dem Spiel stand!

Sckells Theorie kann auch herangezogen werden, um die Ungewöhnlichkeit der Position einer Ruine zwischen bewohnbaren Flügeln unter Beweis zu stellen: »Die Lagen der Ruinen sollten gewöhnlich *in fernen Gegenden des Parks, vorzüglich auf Anhöhen* und da gewählt werden, wo sich die Natur in ihrem ernstlichen, feierlichen Charakter zeigt, *wo Einsamkeit und schauerliche Stille wohnt,* wo die ungesehene Aeolsharfe ertönt, wo dunkle Gebüsche in ungetrennten Massen fast alle Zugänge unmöglich machen, wo der alte Ahorn, die bejahrte Eiche zwischen den bemoosten Mauern stolz emporsteigen, und ihr Alterthum beurkunden; da können sich solche traurige Reste aus längst verschwundenen Jahrhunderten schicklich erheben, und der Täuschung näher treten.

Breite, gangbare, schön gezeichnete Wege dürfen nicht zu Ruinen führen, denn sie würden mit diesen unbewohnten und schon längst ausgestorbenen Wohnungen im Widerspruche stehen. Spuren von einer vormals bestandenen Fahrstraße mit schmalen Fußwegen, die sich auf Umwege durch Gebüsche winden, und mit einiger Beschwerlichkeit den Wanderer endlich zu diesen Resten der grauen Vorzeit bringen, sind ihnen eher angemessen.«[842]

Man kann wohl davon ausgehen, daß gleichgeartete Überlegungen letztlich zur Aufgabe des ruinösen Corps de logis-Projekts geführt und damit den Weg zu den Löwenburg-Planungen geebnet haben.

Mit welch unterschiedlichen Projekten Jussow gleichzeitig, hier also ebenfalls um 1791, experimentierte, lehrt das »Elfte« Vorprojekt: Es findet sich auf demselben Blatt wie einer der Aufrisse des Ruinenprojekts, im gleichen Maßstab angelegt. Als Mittelbau findet eine peripterale, flach überkuppelte Tholos Verwendung, deren Gestalt als Rotationskörper zu deuten ist, dem der im Durchmesser vergrößerte Aufriß der Flügelapsiden zugrundeliegt. Insgesamt soll die nur in perspektivischer Ansicht vorliegende Tholos wenigstens 20 ionische Kolossalsäulen zählen. Der flache, undurchfensterte Tambour setzt über einer zweigeschossigen Cella an, so daß die Ringkolonnade mit Gebälk frei vor der zylindrischen Wand zu stehen kommt. Die Verbindung zu den Flügeln wird auf dem Niveau des Sockelgeschosses durch Kolonnaden gesucht, die mit kannelierten dorischen Säulen ohne Basen versehen sind. In die Mitte der Kolonnaden sind kleine Triumphbogen eingefügt. 227 K 95

Mit dem »Elften« Vorprojekt ist es Jussow um eine formal verdichtete, monumenthafte Erscheinung zu tun, die sich der klassischen Architekturzitate Tholos, Peristasis und Kuppel bedient. Hinter die an einen Memorialbau gemahnende Erscheinung tritt die Frage nach »realer« Funktion einmal mehr entschieden zurück; das Fehlen eines Grundrisses ist auch in diesem Falle bezeichnend. — In erster Linie muß Nicholas Hawksmoors 1729 begonnenes Mausoleum in Castle Howard[843] als Anregung und Vorbild verstanden werden. Die freistehende Ringkolonnade greift eine Idee von Du Rys Flügeln auf und führt sie weiter, wohl beeinflußt durch Soufflots Tambourkuppel an Ste-Geneviève in Paris. Die ausgefallene Idee, die Mitte zwischen zwei Schloßflügeln durch eine Rotunde einnehmen zu lassen, fand mit dem Schloß in Biebrich[844] unter Maximilian von Welsch (1671—1745) schon im frühen 18. Jahrhundert eine Lösung, die dem Klassizismus formengeschichtlich und programmatisch in mehrfacher Hinsicht vorgreift. Aus der Zeit um 1800 ist der englische Landsitz Ickworth (Suffolk),[845] von dem Architekten Francis Sandys 1795 begonnen, mit einem zentralen Rundbau als klassizistisches Gegenstück anzuführen.

In der Kunsttheorie hat die Kombination von Rundbau und Kuppel in Hirschfeld einen Verteidiger gefunden, dessen Ausstrahlung in Kassel kaum zu überschätzen ist.[846] Dieser führt im Abschnitt »Von Lustschlössern und Landhäusern« in seiner Theorie aus: »Die schönsten Dächer sind die Kupeln, die runden Gebäuden zukommen. Sie geben schon in der Ferne einen prächtigen Anblick, und fast möchte man sie schon aus diesem Grunde empfehlen, wenn runde Gebäude nicht schon überhaupt in Ansehung dieser Figur so viel Schönheit enthielten [...] Kupeln scheinen vorzüglich zierlichen Landhäusern angemessen, die aus einer runden einfachen Hauptwohnung ohne Flügel oder Nebengebäude bestehen, und sich durch Feinheit und Anmuthigkeit auszeichnen sollen. Sie verstatten das von oben einfallende schönere Licht, und nehmen sich inwendig, bey Verzierung mit Bildhauerwerken und Deckengemälden, vortrefflich aus.«[847]

7. Eine Zwischenbilanz: Jussows Methode und Stil. Ein Vergleich zu Du Ry

Wie im folgenden Kapitel geschildert, wurde keines der bisher besprochenen Projekte ausgeführt. Es bietet sich deshalb an, eine Zwischenbilanz zu ziehen. Jussows Vorprojekte setzen in jedem Fall Du Rys Vorschläge für ein Corps de logis als bekannt voraus. Die von Jussow erzielten Effekte wurden wiederholt als Verfremdung Du Ry'scher Ideen bezeichnet; dieser Begriff bedarf noch der näheren Erläuterung. Du Ry erscheint in seiner Auffassung, wie die Schloßmitte zu gestalten sei, weitgehend determiniert. Seine nur geringfügig voneinander abweichenden Varianten sind dem durch die Flügel vorgegebenen Aufrißsystem geradezu sklavisch verpflichtet.

178—183, 185—197

Seine Entwurfspraxis spiegelt den ungewöhnlichen, für ein Schloß geradezu absurden Entstehungsprozeß: Das Corps de logis folgt stilistisch-typologisch den Flügeln, nicht umgekehrt. Die ihm vorschwebende Parität des Säulendecorum besitzt in Projekten Gabriels, Peyres und Ledoux', die jedoch allesamt nicht zur Ausführung gelangten, ihre Voraussetzung. Sie hätte in Verbindung mit dem Typus der extrem voneinander separierten Flügel ein Novum für die abendländische Schloßbaukunst bedeutet.

203, 111, 118

Jussows »Programm« zielt vor allem darauf, die Eigenständigkeit für die Schloßmitte zurückzugewinnen. Der eine Generation Jüngere unterwirft das Corps de logis einem analytischen Prozeß, der durch Sektionen und Selektionen jeden Abschnitt der Fassade auf seine ästhetische Wirkung hin prüft. Beispielhaft ist die Behandlung des Schloßzentrums — bei Du Ry, trotz der Angleichung an die Flügel, noch traditionell der Ort kompositorischer Konzentration und Dichte, in Jussows »Viertem« Vorprojekt dagegen eine klaffende Lücke, die im Vergleich zu Du Rys Vorschlag im Betrachter eine stark suggestive Wirkung hinterläßt: Unwillkürlich ist man versucht, die Lücke in Du Rys Sinn zu schließen. In seinen weiteren Vorprojekten experimentiert Jussow mit der monumenthaften Hervorhebung der Schloßmitte, wozu die Motive Kuppel, Triumphbogen und Tholos als Architekturzitate eingesetzt werden: Die Architektur gewinnt bei Jussow eine einseitig abbildende Funktion. Die verschiedenen Projekte erproben verschiedene Charaktere und damit verbundene Empfindungsmodi. Sie sind damit den Staffagearchitekturen des englischen Gartens wesensverwandt, was am anschaulichsten das Ruinenprojekt versinnbildlicht. Die abbildende Funktion der Architektur, durch den Trümmerberg der künstlichen Ruine als Distanzraum nachhaltig unterstrichen, degradiert Du Rys Flügelbauten zu einem Passepartout. Die Frage der Schloßmitten-Gestaltung läßt Jussow also eine rein ästhetische Dimension erreichen. Diese Verabsolutierung des Ästhetischen setzt die Negation der an der Gesellschaft orientierten convenance voraus. Daß dies ausgerechnet zum Zeitpunkt des Zusammenbruchs eines jahrhundertealten gesellschaftlichen Systems geschehen konnte, gibt Aufschlüsse über den kulturgeschichtlichen Ort des Schlosses.

208, 208
K 82

In mehreren Jussow-Projekten, namentlich im »Vierten«, schlägt der Rationalismus der »Revolutionsarchitektur« ins Absurde um, was Strömungen der »Phantastischen Kunst« wie den Surrealismus oder den Dadaismus vorwegzunehmen scheint. Vor allem mit dem »Vierten« Projekt greift Jussow die von De Wailly bereits verfolgte Idee des Capriccio auf. Seine kapriziösen Einfälle kritisieren Du Rys Projekte als spannungslos und langweilig. In der Tat wird auch eine moderne, um Objektivität bemühte Kritik nicht umhin können, Du Rys Corps de logis-Projekte als ausgewalzte Wiederholungen der Flügel zu deuten, denen die Dynamik der Flankierungsbauten abhanden gekommen ist. Welchen Wert Jussow dem Anfertigen von Plänen und Rissen zugemessen hat, erfahren wir aus einer 1801 von ihm in anderem Zusammenhang getanen Äußerung:

»[...] Risse sind das Mittel, wodurch der Baukünstler seine Ideen vor ihrer Ausführung versinnlicht, ordnet, zur Reife bringt und für sich feßelt oder andern mittheilt. [...] Sowohl um einen Riß zu verfertigen als ihn zu verstehen, muß besonders die *Imaginazion* wirksam seyn.«[848] Ausgehend von diesem architektonischen Grundsatz wäre es falsch, in jedem der Jussow'schen Vorprojekte einen unbedingt ausgereiften, endgültigen Vorschlag zu sehen. Mancher Entwurf kann wohl nur als Ideenskizze angesehen werden.

Nicht zuletzt war es der Bauherr, der als Architekturdilettant die Anfertigung mehrerer Pläne zu fordern pflegte, um eine Auswahl treffen zu können. Dies ist zwar nicht für das Schloß, jedoch für parallele Bauunternehmungen durch Quellen zu belegen. Als z.B. im Dezember 1794 der Plan zum Bau der Unterneustädter Kirche heranreifte, notierte man in Wilhelms Journal:

»[...] dem Bau-Director Jussow aufgetragen, schikliche Projekte zu einer Kirche der Unterneustadt Cassel anzufertigen.«[849] Gelegentlich der Planung der Teufelsbrücke im Wilhelmshöher Park 1792 hat Du Ry in einem Brief des Landgrafen, wie er selbst schreibt, »beykommende vom Inspector Jussow entworfene Zeichnungen überreichen und zugleich unterthänigst anheim stellen sollen, welches von diesen 4 Projecten ausgeführt werden soll? Meiner unterthänigst ohnmasgebigen Meinung nach mögte wohl die hölzerne Brücke Nr. 4 denen Brücken in Tirol und in Schweizer Gebürgen am besten gleich kommen: Selbige wird auch viel weniger kosten als eine steinerne erfordern«. Wilhelm IX. schloß sich der Meinung seines Baudirektors an, nicht ohne den genannten vier Jussow-Entwürfen eigene Versuche an die Seite gestellt zu haben.[850] Jene eklektische Haltung des dilettierenden Bauherrn ist von Du Ry, im Gegensatz zu Jussow, nicht gefördert worden. Die künstlerische Einstellung des erstgenannten wird in seinen Familiennachrichten wie folgt resümiert: »Du Ry war demnach ein Mann, der, was er für Recht hielt, nicht der Fürstengunst opferte.« Demgegenüber wirft Amalie Rothe, die Tochter Du Rys, Jussow im gleichen Zusammenhang eine opportunistische Haltung vor.[851]

Jussows Experimentierfreudigkeit resultiert nicht nur aus den Gestaltungsgrundsätzen der englischen Gartenkunst, sondern entspricht auch der neuesten französischen Architekturtheorie. Die Möglichkeit, aus verschiedenen Architekturcharakteren eine Auswahl treffen zu können, umschreibt Marc-Antoine Laugier in seinem »Essai sur l'Architecture« wie folgt:

»Ce qui constitue le caractère d'un bâtiment, c'est le genre que l'on choisit, & la destination que l'on se propose. [...] Les différentes destinations produisent des idées plus ou moins relevées, demandent du simple, de l'élégant, du noble, de l'auguste, du majestueux, de l'extraordinaire, du prodigieux. Quand l'architecte a bien saisi le vrai de la destination, sur le sentiment qui en résulte dans son âme, il doit choisir le genre. Ce préliminaire demande de sa part un génie vif, un goût décidé, des réflexions & des raisonnements très-justes. Dès que la destination est connue & le goût choisi, le caractère du bâtiment est fixé.«[852]

Es gilt also, zu Beginn der Bauplanung das Gefühl zu befragen; dieses entscheidet sich für ein bestimmtes Genre, von dem wiederum ein bestimmter Charakter abhängig ist. Die Wahl der Architekturgattung und des Charakters soll also der individuellen Neigung überlassen bleiben. Jussows Suche nach dem Einmaligen, Ausgefallenen, ja Sensationellen findet ebenfalls bei Laugier, und zwar in zahlreichen Formulierungen, ihre Rechtfertigung: »Les formes sont déterminées par les plans. Le seul moyen de les rendre agréables, c'est d'éviter le commun & le trivial, & de faire ensorte qu'il y ait toujours quelque chose de neuf, d'historié, de singulier même.«[853] »Nous aimons naturellement la nouveauté & la variété.«[854] Für die Bebauung einer Straße empfiehlt Laugier: »De temps en temps abandonnons la symmétrie, pour nous jetter dans le bisarre & le singulier: mêlangeons agréablement le moëlleux avec le dur, le délicat avec le heurté, le noble avec le rustique [...]«[855] Als Wirkung verspricht sich Laugier ein »spectacle séduisant«,[856] und setzt damit den Betrachter mit dem Zuschauer im Theater gleich.

Der aus Laugiers Ausführungen herzuleitende Begriff des Kontrastes hat als ästhetisches Ideal Eingang in Henry Homes »Elements of Criticism« gefunden. In der deutschen Übersetzung heißt es: »Sollen in einem Werk gleichartige oder ungleichartige Bewegungen aufeinander folgen? Die Bewegungen, welche durch die schönen Künste bewirkt werden, sind insgesamt zu nah miteinander verwandt, als daß sie durch die Aehnlichkeit einige Stärke bekommen könnten; und aus dieser Ursache muß ihr Fortgang so viel als möglich nach dem Contraste geordnet werden.«[857] Wegen des Mangels an Kontrast müssen sich z.B. die Gartenfronten der Residenz Versailles[858] oder Jules Hardouin Mansarts Bebauung der Place Louis le Grand[859] (Place Vendôme) Laugiers Kritik gefallen lassen. Gerade das zweite Beispiel ist in unserem Zusammenhang von Interesse, weil das Aufrißsystem der Platzwände — ein »soubassement« mit Kolossalordnung — mit dem der Du Ry'schen Risalite identisch ist.

Diese Zitate aus der französischen Architekturlehre haben Verweischarakter: Sie nehmen Jussows planerischem Vorgehen den Anschein des rein Willkürlichen, Eigenmächtigen: Jussows Entwürfe sind als Produkte einer relativistischen, subjektiven Ästhetik, die dem Zeitalter der Empfindsamkeit angehört, von Du Rys Projekten abzugrenzen, die ihrerseits einer normativen Ästhetik verpflichtet sind. Du Ry sucht die traditionelle Einheit des Kunstwerks — Jussow gerade das Gegenteil, den Kontrast. Dieser fundamentale Unterschied zwischen den beiden Architekten wird aus kunsttheoretischer Sicht noch weiter zu verfolgen sein.

8. Zum Stand der Planung im Mai 1791

Trotz der zahlreichen Vorschläge für ein neues Corps de logis wurde im Mai 1791 in Wilhelms Journal eingetragen: »Übrigens scheinet es nach der dermaligen Lage nicht, daß ein Haupt Corps de Logis an den Plaz des niedergerißenen alten Schloßes hinkommen wird, sondern vor der hand wird nur darauf gedacht, die beyden Schloß-Flügel bequem zu machen und auszubauen.«[860] Es gibt einige Pläne, die dieses Stadium konkretisieren. So existiert ein Gartengrundriß, gezeichnet von Friedrich Schwarzkopf, dem Sohn des Gartendirektors, im April 1791. Zwischen beiden Flügeln ist deutlich erkennbar eine Senke angelegt, durch die der Eigenwert eines jeden Flügels noch betont wird. Zwei Ansichten der Schloßanlage von Wilhelm Böttner[861] halten die Isolierung der Flügel auch im Aufriß als etwas Endgültiges fest.

Etwa zur gleichen Zeit muß der Wunsch aufgekommen sein, in der Schloßmitte ein Denkmal aufzurichten. Du Ry kann eine skizzenartige Ansichts- und Aufrißzeichnung zugeschrieben werden, die einen über Felsen aufgestellten Obelisken vorsieht. Für Du Ry als Autor spricht sowohl die skizzenhafte Zeichenweise als auch die stilistische Parallelität zu einem Obeliskenprojekt,[862] das er 1778 für die Stadt Kassel vorgesehen hatte. — Von Jussow stammt dann der Vorschlag, weiter nach Westen versetzt inmitten des Bowlinggreen ein Standbild des Landgrafen Karl aufzustellen. Der überlebensgroßen Statue in Rüstung dient ein hoher Felsen als Postament. 233 K 99 Die oben zitierte Quelle und die besprochenen Projekte legen es nahe, die nur aus den Seitenflügeln bestehende Anlage als vollständig anzusehen. Bedingt durch die Unentschlossenheit des Landgrafen muß der Zweiflügelanlage sogar künstlerischer Eigenwert zugesprochen werden; dies um so mehr, als Du Ry schon einmal, gelegentlich der Planung des Friedrichstors am Kasseler Friedrichsplatz, ein lediglich aus zwei schräggestellten Zwillingsbauten bestehendes Projekt[863] entwickelt hatte. Dort wie hier wäre der Landschaftsprospekt zwischen den Zwillingsbauten als selbständige, eigenwertige Größe in die Konzeption der Anlage hineingenommen worden. In diesem Stadium hätte die Natur ihren überlegensten Sieg gegen die Baukunst erlangt.

9. Das ausgeführte Corps de logis

Planungsgeschichte

Der bisher ergebnislos verlaufene Wettbewerb zwischen Du Ry, Jussow und dem Landgrafen fand seinen Höhepunkt, seine Krise und Entscheidung Ende 1791. Jussow berichtet:
»Nachdem von alle den Projecten und Vorschlägen, wie ein zwischen den zwey Schloß Flügeln anzulegendes Haupt Gebäude anzuordnen oder der Platz einstweilen auszufüllen und zu decoriren seyn mögte, bisher keines die höchste Approbation Sr. Hochfürstl. Durchl^t des Herrn Landgrafen erhalten hatte, so geruheten höchst dieselben nunmehr gnädigst zu resolviren, daß dieses Gebäude zwar auch nach ionischer Ordnung, aber *nach einer veränderten und grössern Architectur, als jene der Flügel* ist, und wodurch die im rez de chaussée der Flügel nothwendig gewordene dicken Mauern vermieden werden könnten, erbauet werden sollte.

Diesem höchsten Entschluß gemäs ertheilten höchst dieselben demnach am 20^t Nov. 1791 den gnädigsten Befehl zu Verfertigung jene Vorschriften befolgender Risse, und als die höchst denenselben am folgenden Tage vorgelegten Skizzen in Ansehung des ganzen die höchste Approbation erhielten, so wurde am 22^t Nov. bereits angefangen, den Bauplatz mit einer Dielenwand einzuschliessen, am 5^t Dec. aber zum Ausgraben des Fundaments geschritten [...]«[864]

Aus der Sicht des Hofes wurde diese Planungsmaßnahme folgendermaßen kommentiert. Ich zitiere aus dem Journal des Landgrafen mit den Worten des Kriegsrats Kunkell vom Nov. 1791: »*Unerwartet* haben Ihro Hochfürstliche Durchlaucht mit einmahl den gefaßeten Schluß bekant gemacht, wasmaßen zu Weissenstein ein Corps de logis, an dem Plaz, wo das vorige standen, aufgeführet werden solle, und sogleich ist solches auch realisiret und zwar in solchermaßen, daß der Bau Director OberCammer Rath Du Ry und der Bauinspector Jussow das ganze Terrain an dem Plaz, wo das vorige Haupt-Gebäude gestanden, abstecken, und den Anfang zu Ausgrabung des Fundaments machen lassen müßen.

K 90 Serenissimo waren vorhin Vorschläge gegeben, einen Triumph-Bogen an den Plaz zu sezen, und truge man an, solchen einsweilen mit Dielen aufzuschlagen. Alles dieses hörten Ihro Hochfürstliche Durchlaucht an, und ließen auch zu, den Triumph-Bogen aufzuschlagen vorab, solches dem Handwerker und Tagelöhner Zahlung gäbe. Nachhero befahlen sie aus Gründen, die sie den Baumeistern darlegten, daß der Gedanke zu dem Ganzen nicht paße, die Abbrechnung, ließen den Plaz mit dem obern Boulingrin zwischen den beyden Flügeln belegen, übereinstimmend machen, gaben dem Berge mit durch Verändrung der Chaussée ein sanfteres Ansehen, und ließen alles so bis jezo, wo höchst dieselben, um

1. das Ganze zu Weissenstein vollkommen zu machen, mithin *ein Gebäude da anzubringen, das mit den unsterblichen Verwendungen übereinstimme,* und dann um

2. *dem Bürger und Bauer, dem Handwerker und Tagelöhner zu dessen Aufkommen Nahrung zu verschaffen,* den erhabnen Schluß fasseten, diese Anlage also zu vollenden. Ich bin verbunden, daß ich mit der Empfindung, wie mich solches gerührt, bemerke, wasmaßen ich in der Entfernung vernahme, daß Serenissimus ausdrücklich sagten: Die Gilden der Schneider und Schumacher gewinnen durch diese Verwendung zugleich, denn die andre Handwerker consumiren an solchen Bedürfnissen mehr. Schon lange sannen Ihro Hochfürstl. Durchlaucht darauf, um den Schumachern allhier Löhnung und Brot zu schaffen, zumahlen diese Profession zu sehr übersezet ist.

Dieses hatte [ich] oft selbsten gehört und nun warfen sie den Gedanken auf jene Anlage, die allerdings so starck ist, um solchen Handwerkern oblique Nahrung und Löhnung zuzuwenden. Folglich die höchst landesherrliche, die so vätterliche Absicht auf allen Seiten gesegnet hervorraget.

Der Riß zu dem großen Hauptgebäude ist auch fertig, alle Etagen abgetheilt, und damit Ihro Hochfürstliche Durchlauchten in nichts ihro große Rücksichten verfehlen, so haben sie höchstselbsten die Arbeiten unter die geschickten Meystern vertheilt, damit nicht darinnen Ungleichheiten vorgehn.«[865]

Der Landgraf muß zu diesem Zeitpunkt von einem wahren furor architectonicus gepackt gewesen sein — man stelle sich vor: Ein sich über vier Jahre hinziehender Prozeß des Entwerfens und Verwerfens eines Corps de logis erhielt am einen Tag die definitiven Wettbewerbsbedingungen seitens des Bauherrn, wurde 24 Stunden später bereits grundsätzlich entschieden, und wieder einen Tag danach begann man mit der Einrichtung der Baustelle! Die für den Wettbewerb gültige Hauptbedingung nennt Jussow: Die Wahl einer größeren Säulenordnung, die schon in Erdgeschoßhöhe ansetzen soll, damit die massiven soubassements an den Risaliten und Apsiden wegfallen könnten. Dies scheint ein primär praktisches Argument zu sein, und als solches ist es auch zu verstehen. Die säulentragenden, dicken Erdgeschoßmauern brachten schon kurz nach Erbauung der Flügel viel Ärger mit Feuchtigkeit, ein Mangel, dem durch das Baumaterial Basalttuff bis heute Vorschub geleistet wird. Daneben nennt Strieder in seiner Wilhelmshöher Bauchronik den Schlüsselbegriff für die Planänderung des Hauptgebäudes. Dem ihm von Jussow zugeleiteten, soeben zitierten Text fügte er in der Endfassung hinzu, daß jene größere eine »*der Gegend angemessenere*« Architektur darstelle. Strieder überliefert Jussow als den Architekten, der als Sieger aus dem endgültigen Wettbewerb hervorgegangen ist.[866]

234 K 100 Fragen wir zunächst, welche Projekte dieser eintägige Wettstreit entstehen ließ. Unter Du Rys Aufriß-Entwürfen gibt es nur einen einzigen, der die genannten Bedingungen weitgehend erfüllt. Vorgeschlagen wird ein 19 Achsen langer Bau, dessen Zentrum ein kolossales Tempelmotiv ziert; seine sechs schlanken korinthischen Säulen, die über drei Geschosse reichen, tragen einen Dreiecksgiebel. Im Unterschied zu den Flügeln sitzen in dem mit Lagerfugenrustika versehenen Erdgeschoß rechteckige Fenster. Über den Beletagefenstern alternieren Segment- und Dreiecksgiebel. Daß Du Ry an den Schmalseitenapsiden nicht mehr festhalten will, kann nur mit der Forderung nach Wegfall der soubassements in Zusammenhang gebracht werden. Die Kuppel über

VI
Leonhard Müller nach Heinrich Christoph Jussow.
Rekonstruktion des »Neunten« Vorprojekts für das Corps de logis von Schloß Weißenstein,
1821. Aufriß-Vedute von Osten   K 93

Heinrich Christoph Jussow.
Wettbewerbsprojekt zum Corps de logis des Schlosses Wilhelmshöhe,
Ende 1791. Aufriß der Gesamtanlage von Osten   K 103

dem Giebel und Skulpturen auf der Attika gehören nicht zur originalen Fassung, sondern sind in Bleistift nachträglich und, wie man unterstellen darf, erst auf Wunsch Wilhelms IX. eingezeichnet worden. Diesem Aufriß erweist sich ein Erdgeschoßgrundriß als zugehörig, der das Rätsel, wieso Strieder einen Gesamtgrundriß von 1787 auf 1791 datieren konnte, löst: Der in der Distribution fast identische, jedoch auf die Apsiden verzichtende Grundriß wurde von Du Ry einfach in den vorhandenen älteren als Deckblatt eingeklebt; erst bei dieser Zweitverwendung wurde das Blatt von Strieder datiert! Du Rys Zuhilfenahme eines älteren Entwurfs, der mit Hilfe eines Provisoriums aktualisiert werden mußte, findet in dem Zeitdruck, unter dem der Wettbewerb stand, seine plausible Erklärung.

235 K 101

182 K 65

Jenes Corps de logis-Projekt ist das späteste, das uns von Du Ry überliefert ist. Seine Genese ist ohne engsten englischen Einfluß undenkbar. Es kommt dem Aufriß des Schlosses Prior Park bei Bath am nächsten, besonders hinsichtlich des zentralen korinthischen Tempelmotivs und der Gestaltung der Fenster im Hauptgeschoß. Die Wahl der Korinthia verstößt zwar gegen die von Jussow überlieferte Forderung der Ionica, erlaubt aber gemäß der vitruvianischen Regel die schlankere Proportionierung mit engeren Interkolumnien und kann darüber hinaus den Bruch mit dem Aufrißsystem der Flügel rechtfertigen: Die größeren Säulen werden der nächsthöheren Ordnung zugewiesen.

234 K 100
200

Diesem Projekt setzte Jussow einen Entwurf der Gartenseite entgegen, der die Grundlage für den zuletzt ausgeführten Bau bilden sollte. Der die Gesamtanlage zeigende Aufriß ist aus drei Teilen montiert worden. Die auf bläuliches Papier gezeichneten Seitenflügel wurden von einem Entwurf des Schlosses von Osten abgeschnitten und überkreuz vertauscht neu angeklebt. Nur so erklärt es sich, daß der Kirchflügel einen hohen Sockel aufwies, den Jussow mit einem Deckblatt überkleben mußte, um ihn der Ansicht von Westen einfügen zu können. Die Übernahme der Flügel aus einem älteren, nicht mehr benötigten Entwurf bestätigt den Passepartout-Charakter, den Jussow ihnen zugemessen hat. In diesem Verfahren manifestiert sich aber auch die Eile des nur eintägigen Wettstreits. Im Unterschied zu Du Ry reduziert Jussow das dreigeschossige Corps de logis auf 15 Achsen. Vor das Zentrum springt ein hexastyles, pyknostyles Prostylon ionischer Ordnung mit Dreiecksgiebel, das mit der über einem niedrigen, undurchfensterten Tambour ansetzenden Flachkuppel einen einheitlichen Vertikalakzent bildet. Abgesehen von diesem zentralen decorum behält Jussow, im Unterschied zu Du Rys Gegenvorschlag, einige wesentliche Elemente der Flügel bei, so die rundbogigen Fenster des rustizierten Erdgeschosses und die seitlichen Apsiden. Letztere sind jedoch nicht mit Vollsäulen, sondern mit Kolossalpilastern, in der Ordnung dem Prostylon entsprechend, instrumentiert. Mit dieser Apsidenlösung hat Jussow verschiedene Probleme gemeistert: Er wahrt, anders als Du Ry, eine recht weitgehende Angleichung an die Disposition der Flügel, meidet die unerwünschten soubassements, gewinnt bei einem den Flügelapsiden gleichen Außendurchmesser bedeutend an Fläche und unterwirft, ästhetische und praktische Vorteile miteinander vereinend, die Apsiden der eindeutigen Dominanz des zentralen decorum.

236 K 102

Als Verbindung zu den Flügeln dienen balustradenbewehrte Terrassen in Sockelhöhe, für die zuerst keine Durchfahrten vorgesehen waren.

Nach der grundsätzlichen Zustimmung Wilhelms zu diesem Projekt erfolgte kurze Zeit später Jussows Ausarbeitung der Stadtseite. Daß dem Architekten zur Anfertigung dieser Planung mehr Zeit zur Verfügung stand, geht schon daraus hervor, daß die Dreiflügelanlage jetzt einheitlich auf einem Blatt in Reinzeichnung vorgelegt wurde. Diese Präsentationszeichnung erhielt am 1. Januar 1792 den landgräflichen Approbationsvermerk. Im großen Ganzen stimmt die Stadtseite mit der Gartenseite überein. Bei genauerer Untersuchung fallen im Vergleich zur Westseite aber einige Unterschiede auf, die teils durch die geänderte topographische Situation, teils durch das Procedere der Planung bedingt sind. Unter Berücksichtigung des Bergabfalls nach Osten hat das Kel-

237 K 103
Farbt. VI
unten

133

lergeschoß die Höhe eines Vollgeschosses gewonnen. Jussow versieht es mit Rechtecköffnungen. Den Niveau-Unterschied überbrückt eine breite, zweiläufige Treppe. Dient schon diese Aufsockelung dem monumenthaften Anspruch des tempelartig instrumentierten Mittelpavillons, so unterstreichen weitere gestalterische Maßnahmen diesen Anspruch: Die Friesinschrift verewigt den Namen des Bauherrn in Antiqua-Lettern »WILHELM IX«; das Giebelfeld darüber zeigt ein antikisierendes Figurenrelief. Die Attikabalustrade ist um überlebensgroße Standbilder bereichert worden. Es ist im Sinne eines Vorrückens der Planung zu deuten, wenn in die nördliche Verbindungsterrasse nun eine korbbogig geschlossene Durchfahrt eingelassen ist.

Jussows Entwurf wurde von Du Ry am 3. Dezember 1791 mit einem heftigen Protest beantwortet, der an den Bauherrn addressiert war:

»P[ro] M[emoria]

Aus folgenden Ursachen wäre ich der unterthänigsten Meinung, daß bey Erbauung des Corps de logis zu Weißenstein *die Architektur der Flügel beyzubehalten seyn mögte*:

1. Weilen durch Vorsezung der über 5 Fus dicken Säulen vor dem Corps de logis dieses Gebäude aussehen wird, als wenn es zu denen Flügeln nicht gehörte, mithin mit leztern *kein Ganzes mehr ausmachen wird*.
2. Weilen die grösern Säulen des Corps de logis die geringern Säulen der Flügel völlig *ecrasiren* werden.
3. Weilen durch das vorgesezte Portal die Aussicht aus dem mittleren Theil des Schloßes fast gantz verlohren gehet, dieser Theil auch dadurch sehr verdunkelt wird.
4. Weilen die rechts neben dem Portal kommende Zimmer durch die vorstehende Säulen ihre Aussicht nach Norden, so wie die links liegende ihre Aussicht nach Morgen zum grösesten Theil verlieren werden.
5. Weilen durch die abgeänderte Proportion der Säulen am Corps de logis *die Vereinigung mit denen Flügeln auf keine schickliche Art mehr zu bewürken stehet*.
6. Weilen das Portal am Weisensteiner Schloße eine Nachahmung des Portal des Musei scheinen wird.
7. Letztlich mus ich noch unterthänigst bemerken, daß weilen zum Gebälke und Fronton über beyde Portale, so wie zum Gebälke um das gantze Schloß sehr grose Steine nötig seyn werden, die Brech- und Anfahrung wie auch Bearbeitung derselben viele Zeit erfordern wird.«[867]

234, 235 Mit diesem Sieben-Punkte-Programm wollte Du Ry offensichtlich seine 1788/1789 ausgearbeiteten Ent-
K 100, 101 würfe noch ein letztes Mal propagieren, gleichzeitig distanzierte er sich von seinem eigenen letzten Projekt, das er selbst nur als aus der Not geborenen Kompromiß verstanden haben dürfte. Seine Argumentation enthält eine Reihe architekturtheoretisch fundierter Punkte.

Am stärksten kritisiert Du Ry an Jussows Entwurf dessen Verstoß gegen das Prinzip der *convenance:* Jussows Corps de logis sei im Verhältnis zu den vorgegebenen Seitenflügeln eine im Wortsinne nicht »angemessene« Architektur — eine Kritik aus ästhetischer Sicht, die in nicht weniger als drei Punkten (1,2,5) zum Ausdruck kommt. Mit Punkt 6 beweist Du Ry, daß für seine Kunstanschauung auch die Forderung nach Originalität Qualitätsmaßstab ist: Der Portikus des Schlosses dürfe nicht dem des Museum Fridericianum entlehnt erschei-
vgl. *57* nen: Wie das Fridericianum weist Jussows Projekt einen hexastylen, ionischen Giebelportikus auf. Von den praktischen Gegenargumenten (3,4,7), welche die *commodité* verteidigen, gehen die Punkte 3 und 4, die die Gefahr zu dunkler Räume mit schlechter Aussicht zu bedenken geben, von der speziellen Gattung des Tempels aus, den Jussow als decorum gewählt hat. Dieser gleicht dem Pyknostylos, jenem Tempel, dessen Interkolumnien die Weite von nur eineinhalb unteren Säulendurchmessern aufweisen. Vitruv lehnt den Pyknostylos (wie den Systylos) ab und führt dazu praktische Argumente ins Feld: »Diese beiden Arten weisen bei der praktischen Verwendung Mängel auf: Denn wenn die Frauen zum Gebet auf den Stufen emporsteigen, so können sie nicht durch den Säulenzwischenraum Arm in Arm (zu zweien) sich dem Götterbilde nähern, sondern sie müssen vor-

her Einzelreihen gebildet haben. Ferner wird durch die dichte Säulenstellung der Anblick der Flügeltüren verdeckt, und die Götterbilder selbst werden in Dunkel gehüllt. Ferner wird durch die räumliche Enge das Herumwandeln um den Tempel behindert.«[868] Du Ry macht sich das Argument der zu dunklen Räume zueigen, kehrt aber die Blickrichtung des zweiten um: Für Vitruv sind die Flügeltüren von außen schlecht sichtbar, für Du Ry ist von den in den Interkolumnien gelegenen Fensterachsen aus der Blickwinkel verengt.

Vergleicht man die von Du Ry diskutierten Kolossalordnungen der Seitenflügel und von Jussows Mittelbau mit dem Kompendium der Blondel'schen Lehre, dem »Cours d'Architecture« — ein Werk, das sich in Du Rys Privatbibliothek nachweisen läßt — so stellt man fest, daß Du Rys Seitenflügel typologisch erfaßt sind (»des bâtiments composées d'un soubassement, audessus duquel s'élève un ordre colossal embrassant deux étages«[869]) und dem Autor z.B. für öffentliche Bauten angemessen erscheinen, während man nach Jussows Disposition vergeblich sucht. »Des bâtiments à deux étages, embrassés par un seul ordre d'Architecutre« lehnt Blondel bereits mit den die Kolossalordnung betreffenden Worten ab: »Lorsqu' il paroît prendre naissance sur le sol du rez-de-chaussée, il donne au bâtiment *une fausse idée de grandeur*, qui se trouve, pour ainsi dire, anéantie par le défaut de relation qu'on remarque dans tous les membres d'architecture [...]«[870] Erst recht müssen diese Bemerkungen für eine über drei Geschosse reichende, von Blondel bezeichnenderweise nicht mehr berücksichtigte Kolossalordnung gelten.

Du Ry hat sich wohl dem »Cours d'Architecture« verpflichtet gefühlt. Wenn er dennoch gelegentlich Kolossalordnungen ohne soubassement verwendet hat, dann kann dies, so am Museum Fridericianum, auf die besonderen topographischen Gegebenheiten, an den ersten Weißensteiner Schloßentwürfen und Schloß Hofgeismar wohl auf die besonderen Wünsche des Bauherrn zurückgeführt werden. Wilhelms Bevorzugung einer sockellosen Kolossalordnung dokumentiert schon sein eigenhändiger Entwurf zur Hanauer Kaserne[871], den er als Erbprinz gefertigt hat. Das oben zitierte Promemoria gibt uns in jedem Falle das Recht, in Du Ry den ästhetisch Konservativen zu erkennen, der an der auf Vitruv fußenden humanistischen Architekturlehre und ihrer harmonischen, anthropomorphen Proportion festhielt. Er vermochte sich jedoch mit seinen Einwänden dem Landgrafen und Jussow gegenüber nicht durchzusetzen.

145, 151

141

Du Rys Promemoria erhielt 50 Jahre danach eine späte Bestätigung in Form der in ihrem Urteil maßvollen Wilhelmshöher Architekturkritik, verfaßt von dem Kasseler Architekten Johann Daniel Engelhard (1788–1856), die im folgenden wiederholt zu zitieren sein wird. Engelhard führt aus, auf Jussows Corps de logis in seiner realisierten Form Bezug nehmend:

»Es ist nicht zu läugnen, daß nicht leicht etwas einen großartigern Eindruck macht, als jene colossalen Tempelfronten mit Säulen und Giebeln, wie sie durch die beschriebenen Säulenstellungen am Hauptgebäude des Schlosses nachgeahmt worden sind. Dazu kam hier, daß der Gesichtspunct der über eine Stunde langen, schnurgeraden Allee von Cassel nach Wilhelmshöhe, in deren Gesichtspuncte das Hauptgebäude des Schlosses liegt, *nothwendig etwas recht Bedeutendes darstellen* mußte. Die Architektur der Flügelgebäude aber hatte den Nachtheil, daß die Mauern des untern Stockwerks, da, wo sie die Säulen der oberen Stockwerke zu tragen haben, außerordentlich stark werden mußten, so daß die Fenster fast schießscharten-ähnlich wurden.

Dieses alles mag Jussow wohl erwogen haben, und er mag dadurch veranlaßt worden sein, die drei Stockwerke hohen Säulen zu bauen. Aber welche Nachtheile sind nicht auch auf der andern Seite hieraus entstanden! Unmöglich konnte eine solche Säulenstellung zu den Stockwerkshöhen und den danach sich richtenden Gliederungen der Thüren und Fenster und zu allen den Theilen des Gebäudes, welche sich auf die menschliche Größe nothwendig beziehen müssen, im Verhältniß stehen. Zunächst erlangte man ein Stockwerk hohes Hauptgesims und dadurch die Nothwendigkeit, entweder hinter demselben einen großen Raum zu verlieren, oder daselbst

Zimmerreihen hinzulegen: das letztere ist geschehen und es sind, um die Zimmer zu erleuchten, in dem Friese Fenster angebracht: Etwas, das aller architektonischen Bedeutung von Friesen und Gesimsen gänzlich widerspricht. Ferner sind nun alle Gliederungen, die zu den Säulen und ihren Gesimsen gehören, so ganz außerordentlich viel größer als diejenigen, welche die Thüren und Fenster verzieren, daß die letzteren (die Thüren und Fenster) sehr kleinlich aussehen. So ist denn auch die Ballustrade über dem Hauptgesimse, um sie einigermaßen in Verhältniß zu dem letzteren zu bringen, viel höher und größer als sie nach der menschlichen Größe sein dürfte. Stellt man sich nach dieser Ballustrade menschliche Gestalten vor, so erhält man Riesen, die durch die Thüren und Fenster des Schlosses nicht gehen und sehen können. Kurz, es ist durch diese drei Stockwerke hohe Säulenstellung *eine Störung aller Verhältnisse am Hauptgebäude* entstanden.

Dazu kommt noch der große Uebelstand, daß die dicken Säulen, die wegen der übrigen nothwendigen Verhältnisse des Schlosses nicht weit voneinander stehen konnten, den Fenstern der Hauptsäle des Schlosses nicht nur die Aussicht benehmen, sondern auch die Säle sehr verdunkeln. In der ganzen alten Baukunst der Griechen und Römer weiß ich kein Beispiel, daß eine Säulenhalle drei Stockwerke hoch gewesen sei; vielmehr gehen die Säulen, wenige Ausnahmen abgerechnet, immer nur durch *ein* Stockwerk, und es richten sich hiernach alle Verhältnisse. Indessen wäre es ohne Mißverhältnisse möglich gewesen, am Hauptgebäude Säulen anzubringen, die so hoch waren, als zwei Stockwerke des Schlosses, da der gerade in der Mitte des Hauptgebäudes liegende Festsaal zwei Stockwerke hoch ist. [...] Dergleichen Fälle führen zu einer besonderen Betrachtung über die innere Einrichtung und Anordnung solcher Gebäude überhaupt, indem sich unsere nordischen Sitten und baulichen Liebhabereien nicht mit der antiken Architektur südlicher Länder ganz ausgesöhnt haben. [...]

Eine harmonische Vereinigung der Architektur des Hauptgebäudes mit derjenigen der Schloßflügel wäre zwar nicht unmöglich, aber doch äußerst schwierig gewesen. Die Critik wird an der Art und Weise, wie sie geschehen ist, viel auszusetzen finden, und der Architekt, der sie erdacht hat, wird ihr, glaube ich, auch nicht Unrecht geben können.«[872]

Jussows Entscheidung zu einem kontrastierenden Mittelbau war zum Prüfstein geworden, an dem sich, wie die Forschungsgeschichte zeigt, bis heute die Geister scheiden. Engelhards Beanstandung der mangelnden Relation zwischen Innen und Außen ist der Ausdruck »funktionalistischer« Tendenzen, die sich in der Architekturtheorie des 19. Jahrhunderts herausbildeten. Zugleich trifft sie den Kern des Problems.

239 K 104
237 K 103
Farbt. VI
unten

Für die Gestaltung des Mittelpavillons wurde ein Aufriß maßgebend, der die zentralen neun Achsen des Corps de logis in voller Gebäudehöhe erfaßt. Das Blatt weicht in mehreren Punkten von der Fassung ab, die der Landgraf am 1. 1. 1792 approbiert hatte. Vor dem sich in scheitrechten Bogenfenstern öffnenden Sockelgeschoß ist die Treppe auf der Stadtseite nunmehr als Freitreppe konzipiert, die dem Prostylon in ganzer Breite vorgelagert ist. Die Gliederung der Wand behält noch die Disposition bei, die vom »Neuen Weißensteiner Schloß« vorgegeben war: Das Erdgeschoß weist eine Lagerfugenrustika auf, die sich von der glatten Wand der Obergeschosse abhebt. Wie in dem approbierten Gesamtaufriß enthält das verkröpfte Gebälk noch keine Fensterdurchbrechungen. Als Zier der Attikabalustrade sind die anfänglich vorgesehenen Skulpturen durch Vasen ersetzt worden. Die Kuppel, zunächst offensichtlich aus rein ästhetischen Erwägungen aufgesetzt, soll nun auch praktischen Funktionen dienstbar gemacht werden, wie die Durchfensterung des lagerfugenrustizierten Tambours erkennen läßt. Eine alternative steilere Version der Kuppel, die der Ausführung entspricht, sieht als zentrale Öffnung ein Opaion vor. Wie dieser Bauteil im Querschnitt aussehen sollte, zeigt ein die Ausführung unmittelbar vorbereitender Entwurf, der zu Jussows qualitätvollsten Zeichnungen gehört. Das Blatt zeigt den Schnitt durch die sagittale Mittelachse des Corps de logis. Erfaßt sind im Erdgeschoß Vestibül, Treppenhaus und Galeriesaal, in der Beletage antichambre und großer Salon, im zweiten Obergeschoß der Bibliothekssaal

240 K 109

und die Wölbung des Salons, im Friesgeschoß die Möbelkammer sowie zuoberst der Kuppelsaal. Die Zeichnung gibt nicht nur die gemalte, reliefierte oder skulpturale Ornamentierung der Räume, darunter den »Herkules Farnese« im Treppenhaus, wieder, sondern auch konstruktive Details wie die Verdübelung der Säulentrommeln, Eisenklammern der Portiken und die Verdübelung der hölzernen Kuppelschalen. Sie stellt damit die Behauptung des mißgünstigen Johann Heinrich Wolff in Frage, Jussow sei »höchstens im Stande [gewesen], die Zeichnung zu einem Prachtbau *nach Vignola'schen und Palladio'schen Rezepten* zusammenzusetzen, *nicht aber das Technische* bei der Ausführung solcher Bauten zu leiten.«[873]

Der Querschnitt erhellt die Problematik der Mittelbau-Struktur. Angesichts des enormen architektonischen Volumens mit den amphiprostylen Fronten und der aufgesetzten Kuppel wirkt die räumliche Nutzung ungünstig und uneffektiv. Wegen der gedrückten Höhe der Stockwerke, deren Niveaus von den Flügeln abgeleitet sind, wird jede räumliche Entfaltung der Haupttreppe gehemmt, auch wenn diese als verdoppelte zweiarmig gegenläufige Treppe[874] einen barocken Typus (Würzburg) imitiert. Selbst der nach der Stadtseite orientierte große Salon der Beletage (R. 56), der einzige Salon à l'italienne innerhalb des Schlosses, bleibt mit seinem horizontal schließenden Muldengewölbe räumlich beengt, u. a. deshalb, weil die oberen Fenster zum größeren Teil als Blenden gebildet sind. Geradezu entlarvend ist die Isolierung des Kuppelsaals, der von den Wohngeschossen durch zwei Dachböden übereinander (!) getrennt ist. Damit bleibt die schon bei Du Ry an dieser Stelle zu beobachtende räumliche Zerstückelung ein vorherrschendes Charakteristikum, das bei Jussow insofern noch stärker ins Gewicht fällt, als der Außenbau so unerhört an Pathos zugenommen hat.

Für die Distributionen der verschiedenen Geschosse existiert ein reiches Planmaterial, für dessen Ausführung in erster Linie Jussow verantwortlich zeichnete. Der Vergleich mit den Aufrißentwürfen macht deutlich, daß sämtliche definitiven Grundrisse erst im Anschluß an diese entstanden sind, woraus die absolute Priorität der ästhetischen Erscheinung des Bauwerks vor seiner praktischen Benutzbarkeit einmal mehr erhellt.

Die Aufteilung des Kellers geht von einer exakten Längsteilung des an der Fassade 220 Fuß ($\triangleq$ 63,30 m) langen Baublocks aus, dessen Apsiden zu zwei Rundräumen vervollständigt sind. Eine Präsentationszeichnung Jussows muß als ältester Entwurf angesehen werden. Die beiden Schmalseitenapsiden weisen je fünf Achsen auf, deren mittlere als Tür, die übrigen als Fenster gestaltet sind. Was alle zeitlich daran wohl anschließenden Grundrisse und die Ausführung auszeichnet, ist in Bleistift nachträglich in die linke Apsis einskizziert: Das jeweils zweite und vierte Fenster der Apsiden wird zur nach innen gewendeten Nische umgewandelt. Offensichtlich entschied sich erst in einem fortgeschrittenen Etat der Projektierung, daß die Verbindungsgalerien massiv auszuführen und bis an die Apsiden heranzuführen waren, wo sie genau in der zweiten und vierten Achse auftreffen. Die prostylen Säulenstellungen machen massive Fundamentblöcke in der Breite des Mittelpavillons erforderlich, die nur auf der Innenseite mit je fünf Nischen in den Fensterachsen gegliedert sind. Die Rechteckräume weisen flache Tonnengewölbe auf und sind in ihrer symmetrischen Verteilung auf das Erdgeschoß abgestimmt.

241 K 106
K 107, 108

Für letzteres sind fünf Entwürfe namhaft zu machen. Die wohl früheste Fassung könnte auf Simon Louis Du Ry zurückgehen, der offensichtlich von dem Planungsgeschehen keineswegs ausgeschlossen war. Für die Frühphase der Planung dieses Geschosses ist charakteristisch, daß der Grundriß bis auf die Haupttreppe der Querachsensymmetrie konsequent folgt. Anstelle eines Saals ist im Zentrum stadtseitig eine neunachsige Galerie angelegt, deren Länge durch die Aufstellung von vier gekoppelten Säulenpaaren vor den Längswänden gegliedert wird. Mit dieser Galerie hat Du Ry sich seines Bibliothekssaals im Obergeschoß des Museum Fridericianum erinnert. Wie früher sieht er für die Apsiden Rundzimmer vor. Die stadtseitige Treppe zeigt eine Teilung durch ein Zwischenpodest, das über zwei gegenläufigen Treppen ansetzt. Ein fest montiertes Deckblatt gibt die endgül-

K 109

tige, ausgeführte Form wieder: Die Treppe springt frei vor das Corps de logis und rundet sich an den Seiten
242 K 110 halbkreisförmig. — Ein zeichnerisch stark verbesserter Entwurf Jussows zeigt das gleiche Stadium, berücksichtigt aber von Anfang an die endgültige Form der Freitreppe, deren Gegenstück sich zum Bowlinggreen als Halbkreis öffnet. —
K 111–113 Drei weitere Blätter von der Hand Jussows haben dieses Stadium zur Grundlage, weisen aber
243 einschneidende nachträgliche Eingriffe auf, die zur baulichen Realisierung überleiten. Den südlichen Teil des Erdgeschosses nimmt ein Wohnappartement ein, dessen Raumfolge im halbrunden Schlafzimmer der südlichen Apsis — mit dem Alkoven als Brennpunkt — kulminiert. Es ist das Appartement des Schloßherrn, das die Funktion des Weißensteinflügel-Erdgeschosses in seinem östlichen Abschnitt übernommen hat. Für den Verkehr der Domestiken dienen zwei schlichte Nebentreppen, zu deren separaten Zugängen gartenseitig je eine eigene Außentreppe mit Rampe angelegt ist. (Die von Jussow als Korrektur eingetragene Vergrößerung der nördlichen Treppe ist erst unter Jérôme erfolgt.)

K 114—119 Die sechs verschiedenen Entwürfe zur Distribution der Beletage sind untereinander weitgehend gleich. Die im Erdgeschoß intendierte spiegelgleiche Aufteilung der Gebäudehälften konnte hier auch in der Ausführung konsequent eingehalten werden. Vom Treppenhaus aus sind in gleicher Flucht zwei Vorzimmer angelegt. Den fünfachsigen Salon auf der Stadtseite flankieren, wie von Du Ry von Anfang an geplant, zwei Paradeappartements für hohe fürstliche Besuche. Sie stimmen mit dem Appartement des Schloßherrn im Erdgeschoß auch in der apsidialen Anlage des Schlafzimmers überein, wobei das Paradebett in einen quadratischen, überkuppelten Alkoven zu stehen kommt. Die Abfolge des Appartements besteht aus Audienzsaal bzw. salle de compagnie, zwei
244 K 115 Kabinetten, Schlafzimmer und zwei Garderoben. Über die Ausstattung der Beletage informiert eine Plankopie des Grundrisses, in dessen Räume die Angaben zur Farbgebung der Wände und Vorhänge sowie zur Herkunft der Möbel eingetragen sind. Die Möblierung kam aus den Appartements des — ehemaligen — »Neuen Weißensteiner Schlosses«, das seinen Rang endgültig an den neuen Mittelbau verloren hatte.

Für das zweite Obergeschoß sind zwei untergeordnete, jedoch vollständige Appartements vorgesehen, die
K 120—123 nur noch über die Nebentreppen zugänglich sind. In einem späteren Planungsstadium entfiel auf der Gartenseite eine Reihe von nur durch Fachwerkwände getrennten Kammern zugunsten des Bibliothekssaals, der zuletzt mit 126 Fuß Länge neun der Fensterachsen umfaßte.

245 K 125 Im Kniestock, dessen Fenster den Fries des Gebälks an den Fassadenrücklagen durchstoßen, ist ein in den
K 124 Aufrissen noch nicht vorgesehenes weiteres Geschoß eingerichtet. Detaillierte Eintragungen von der Hand des Landgrafen nennen als Bewohner Bedienstete des Hofstaats — die beiden Flügeladjutanten, den Küchenmeister, den Sekretär, den Kanzleiskribenten, den Hauptmann Vollmar, den Kammerdiener Horst, den Inspektor Steitz sowie den Konditor. Der zentrale Teil des Stockwerks diente als Möbelkammer.

Da der runden Kuppel, wiewohl seit 1791 vorgesehen, ein adäquater Unterbau fehlte, mußte der Tambour in Fachwerk konstruiert werden. Für den Kuppelsaal hatte Jussow zunächst nur acht Säulen vorgesehen, deren
246 K 125, Anzahl von ihm in »12 Seulen [...] römischer Ordnung« geändert wurde, wie es von den Reinzeichnungen
127, 128 berücksichtigt wird. Die Dachausmittlung verrät, daß im Zenit der Kuppel ein Opaion zur Ausführung kam, dessen Öffnung verglast wurde.

247, 248 Der Salon der Beletage (R. 56) ist der einzige Raum des Corps de logis, für dessen Wand- und Deckenausgestaltung Entwürfe Jussows vorliegen. In Höhe der Beletage werden die Wände von gekoppelten korinthischen Pilastern gegliedert, die untereinander durch ein schmales Wandfeld mit Ornamentgroteske verbunden sind. Die Pilasterpaare rahmen breite Wandflächen, die von je einem großen barocken Gemälde mit weiblichen Figuren eingenommen werden. Merkwürdigerweise setzt die Pilasterarchitektur ausgerechnet an den Saalecken aus, was einen labilen, manieristischen Effekt hervorruft. Über dem Gebälk der Korinthia ist die Wand als Attikazone gestaltet, in der Karyatidenpaare die Pilasterachsen fortsetzen. — Die Voute des Muldengewölbes ist mit schräggestellten Kassetten überzogen, die mit Groteskenbändern abwechseln. Für den Deckenspiegel war als besonderer Akzent die Einlassung dreier barocker Deckengemälde vorgesehen, die von Adrian van der Werff (1659—1722) stammen und von Landgraf Wilhelm VIII. 1753 für die Kasseler Galerie erworben worden waren: »Flora mit Kinder-Genien«, »Vier schwebende Putten« und »Drei Putten mit Blumen«.

Baugeschichte

Nach Approbation der Baupläne durch den Landgrafen am 21. November 1791 wurde, so berichten uns Jussow und ihm folgend Strieder: »am 22ᵗ Nov. bereits angefangen, den Bauplatz mit einer Dielenwand einzuschliessen, am 5ᵗ Dec. aber zum Ausgraben des Fundaments geschritten. Diese Arbeit wurde den Winter durch in dem sehr verschiedenen Boden, der bald aus mürben Felsen, bald aus Sand, bald aus aufgefüllter Erde und Schutt bestand, und weshalb an verschiedenen Orten sehr tief gegraben werden mußte, fortgesetzt, und mit dem komenden Frühjahr am 20ᵗ März 1792 der erste Stein gelegt.«[876]

Nach Jussows Angaben waren 323 Rtlr. »zum neuen Haupt Gebäude, der Einschließung des Platzes, Ausgrabung der Fundamente, Anfahrung der Steine, Erbauung der Steinmetz-Hütten und Verfertigung des Canals« in den beiden letzten Monaten des Jahres 1791 erforderlich.[877]

Die Verträge mit den Handwerkern wurden im Januar 1792 geschlossen und von Du Ry gegengezeichnet. Erhalten haben sich die Akkorde mit den Steinbrechern, Fuhrleuten, Steinmetzmeistern (Wolff, Barthold, Müller), Maurermeistern (Feist, Strippelmann), Zimmermeistern, Schreinermeistern (Ruhl, Rohrbach, Mord), Schlossermeistern (J. C. Schwarz, Christoph Schwarz, Hummel, Hochapfel, Queißer), Weißbinder- und Glasermeistern. Von den in den Verträgen aufgeführten Posten seien nur wenige herausgegriffen. Als kostspieligste Arbeiten der Steinmetzmeister sind genannt 80 Rtlr. »für ein antiques ionisches Capitael« und 40 Rtlr. »für die Abarbeitung und Abschleiffung jeder Säule, wenn solche versetzt ist«. In den Verträgen mit den Maurermeistern konnte die Gestaltung der Attika noch nicht näher definiert werden: »Vom Attique wird der lauffende Fus nach Verhältnis bestimmt werden, wenn gnädigst festgesetzt worden, ob es aus einer Balustrade bestehen soll, oder nicht.« In den Arbeiten der Weißbinder findet sich ein untrüglicher Hinweis auf den Außenanstrich des Corps de logis: »Für den Quadr. Fuß weißer Oehlfarbe aufs feinste anzustreichen und zu firnissen [...]«[878] Die mit den Meistern vereinbarten Verträge fanden nicht die Billigung aller Gesellen. Eine nicht datierte Eingabe der Steinmetzmeister Barthold, Henrich Abraham Wolff und Heinrich Mueller, die aus dem Jahre 1792 stammen muß, spricht sogar von einem Streik der Steinmetzgesellen.[879] Ob deren Forderungen erfüllt wurden, wissen wir nicht.

Über die ersten Entstehungsjahre des Corps de logis sind wir durch Du Rys für den Landgrafen bestimmten Baurapporte sehr gut unterrichtet. Derselbe berichtete am 24. März 1792: »Den 20ten dieses [Monats] haben auch die Maurer den Grund Stein zum Corps de logis, und zwahr an den Vorsprung nach dem Boulingrin zu gelegt, und die folgenden Tage an Ausmaurung dieses Fundaments fortgefahren; der eingeschränkte und durch die Graben zu denen Mittel Mauren durchschnittene Bau Platz erlaubt vorerst nur wenige Maurer bey diesen Bau anzustellen, indem die Zufuhr der Materialien blos längß der Diehlen Wand, so das Boulingrin vom Bau Platz schneidet, geschehen kann.«[880]

Zur Finanzierung hatte Wilhelm am 26. April 1792 1500 Rtlr. wöchentlich »zum Behuf des Bauwesens an dem hiesigen Corps de logis [...] aus Unserm Schloß Gewölbe zu Cassell« bis auf weiteres bestimmt.[881] Einen Monat später meldete Du Ry, »nachdem nunmehr aller Orten der feste Grund gefunden worden«, könne der Bau der Fundamentmauern durchgeführt werden.[882] Ende Juni konnte auf der Seite zum Kirchflügel die Wölbung des Kellers schon vorbereitet werden. Die Grundmauern gegenüber in Richtung zum Ersten Flügel waren noch nicht so weit, weil hier nach Du Rys Worten der feste Boden viel tiefer gesucht werden mußte. Ein zweiter Grund für die in Rückstand geratenen Arbeiten lag aber vor allem darin, daß es seit Abmarsch der Kasselischen Garnison und anderer Regimenter im Zusammenhang mit den Revolutionskriegen an Maurern fehlte. Du Ry schlug deshalb vor, die beim Schloßbau tätigen Maurer vom Militär zu beurlauben. Um dem geschilderten Mißstand abzuhelfen, wurden neue Maurer u. a. in Frankfurt und Hannover gesucht.[883] Verzögernd wirkte auch, daß zu wenig Baupferde zur Verfügung standen.[884] Ende Juli waren die Fenstergewände des »soubassement« gesetzt, zugleich wurde an der »Aufführung der Mittelmauren fleisig gearbeitet«.[885] Am 21. August berichtet Du Ry, die Wölbung der Decken, die nicht mit Bohlen gedeckt würden, mache gute Fortschritte.[886] Am 1. September heißt es im Baurapport: »Der runde Giebel nach dem zweyten Flügel, so wie einige Fenster längs von der daran stoßenden Hinter- und Vorderwand sind bis unter den Wulst, wo das rez de chaussée anfangen wird, aufgeführt.«[887] Da weitere Maurergesellen gewonnen werden konnten, arbeitete man zu dieser Zeit mit 60 Mann am Bau.[888] Die am 29. Oktober dieses Jahres vorgelegten Maurerrechnungen[889] nennen noch das Aufmauern des Unterbaues der Säulen. 1792 betrugen die Ausgaben 32.518 Rtlr.[890]

Seit Januar 1793 standen für die Bauunternehmungen wöchentlich nur noch 300 Rtlr. zur Verfügung, wie aus einem Befehl des Landgrafen an die Oberrentkammer[891] hervorgeht. Die Bautätigkeit dieses Jahres umschreibt Jussow knapp wie folgt: »Im Jahr 1792 sind die Souterrains dieses Gebäudes nicht völlig zu stande kommen und demnach das noch daran fehlende nebst dem rez de chaussée im Sommer 1793 aufgeführt worden.«[892] Am 15. Oktober meldete Du Ry im Baurapport folgenden Stand:

»Das Bandgesimse auf der Rundung nach dem Ersten Flügel zu [ist] völlig gelegt, und soll noch in dieser Woche etwas vom Socle der zweyten Etage auf selbige Rundung gesezt werden; mit Schliesung der Bogen Fenster sind die Maurer auch bis auf zwey Stück, welche aber diese Woche zu stande kommen werden, fertig, inzwischen ist an Legung des Band Gesimses auf denen geraden Mauren [...] gearbeitet worden.«[893]

Anläßlich der Fertigstellung des Erdgeschosses baten die Maurergesellen den Landgrafen am 13. November um das versprochene Baudouceur (»Düsür«!). Du Ry, der sich für sie einsetzte, schlug Wilhelm vor, ihnen gleich viel wie bei der Grundsteinlegung zu geben, nämlich 20 Rtlr. Genehmigt wurden allerdings nur 15 Rtlr.[894] Aus den Handwerkerrechnungen gehen die exakten Erdgeschoßmaße hervor. Die vordere und hintere Fassade »ist mit den Lesenen 220 $\frac{1}{2}$ Fus lang, 16 $\frac{2}{3}$ Fus hoch, 4 $\frac{1}{4}$ Fus dick [...] Eine Rundung hat mit den Lesenen 70 Fus Ummeßung, 16 $\frac{2}{3}$ Fus hoch, 4 $\frac{1}{4}$ Fus dick.« Mit der Bemerkung »in der Rundung nach dem 2ten Flügel sind zwey Zwickels« ist das Innere der Apsiden angesprochen, mit »vier Nieschen versetzt« der Außenbau. Die vier ebenfalls angesprochenen »Kropfecken« von je 3 $\frac{3}{4}$ Fus Dicke[895] meinen den geraden, zu den Apsiden überleitenden Teil der Schmalseitenwände. Mit 20.813 Rtlr.[896] war 1793 mehr ausgegeben worden, als Wilhelm IX. zunächst vorgesehen hatte.

Die Zahl der wenigen erhaltenen Quellen vom darauffolgenden Jahr widerspricht dem Umfang des Geleisteten, der schon aus dem Etat von 41.994 Rtlr.[896] hervorgeht. Sich wiederum auf Jussow stützend, berichtet Strieder, es sei »im J. 1794 aber die Bel-Etage gänzlich und von der obersten Etage der größte Theil zu Stande gebracht«[897] worden. Die Maurerrechnungen von Strippelmann und Feist nennen 220 Fuß Länge und 4 Fuß Stärke der Längsfassaden; die »Kropfecken« werden mit 3 $\frac{1}{2}$ Fus und die Apsiden (»Rundungen«) mit 4 Fuß Mauerstärke angegeben.[898]

Begünstigt durch die rasche Ausführung konnte die Innenausstattung, in Sonderheit die Möblierung des Corps de logis,[899] vom Landgrafen im Juni 1794 ins Auge gefaßt werden.

In der Weiterführung von Strieders Chronik der Wilhelmshöhe beschreibt Jussow den Fortgang im Jahre 1795 wie folgt:

»Nach wieder angefangener Arbeit wurde in denen folgenden Monathen dieses Jahres das noch fehlende Stück der obern Etage des neuen Haupt-Gebäudes aufgeführt, Architrav, Fries, Cornische und der größte Theil der Balustrade versetzt und das Dach-Gespärre aufgeschlagen.

Der frühzeitig eingetretene Winter aber machte im Monath November diesen Arbeiten ein Ende und verhinderte die beabsichtigte gänzliche Vollendung des äußern Mauerwerks am Gebäude, der übrigens auch schon durch die wegen Theuerung der Fourage sehr gehemmte Stein Zufuhr manches Hindernis in Weg gelegt wurde.«[900]

Die Maurerrechnungen von Strippelmann und Feist sprechen davon, daß »18 Capitäle versetzt«[901] wurden. Aus einem Schreiben Feists geht hervor, daß neun Maurergesellen vom hessischen Militär, die nun nach beendeter Arbeit »erlaßen« werden könnten, am Bau beschäftigt waren; Du Rys Vorschlag vom Juni 1792 war demnach angenommen worden.[902] Die Ausgaben beliefern sich auf 34.796 Rtlr.[903]

Ausführlich erläutert uns Jussow die Unternehmungen des Jahres 1796:

»Nachdem bis zum 10ten März wegen des anhaltenden Frostes mit denen Arbeiten am neuen Hauptgebäude ein Stillstand gemacht worden war, so bestand alsdann die erste wieder vorgenommene Arbeit in Vollendung des Haupt Gesimses und der Balustrade.

Am 14ten May wurde das erste Seulen Schaft-Gesimse auf der Hofseite des Schlosses gesetzt; zu gleicher Zeit das soubasement der Seulen und das Treppen Fundament auf der anderen Seite des Schloßes aufgeführt und am 20ten Juni ebenfalls mit diesen Seulen der Anfang gemacht.

Die folgenden Monathe des Sommers und des Herbstes, bis zum Ende des Novembers, wurden angewendet, die Seulen zu vollenden, die großen freiliegenden Architrav Stücke auf der Hofseite hinaufzubringen und zu versetzen; das Dach größtentheils mit Kupfer zu belegen; die inneren Scheidewände, die Kamine und Schornsteine aufzuführen; die Gebälke mit Klötzen auszuschlagen oder zu stahlen und zu wickeln; die Fenster des rez de chaussée und der Bel Etage mit Jalousie Laden zu versehen und die Arbeit beider Vereinigungs Terraßen fortzusezzen.«[904]

Unterbrochen wurden diese Arbeiten durch den Besuch des Königs Friedrich Wilhelm II. von Preußen im Sommer. Die sich aus diesem Anlaß für das Schloß ergebenden besonderen Konsequenzen hat Jussow ebenfalls festgehalten:

»Bei Gelegenheit der Ankunft des Königs von Preußen Majestät wurde vom 30ten Jul. bis zum 8ten August mit allen Arbeiten dieses Gebäudes zwar ein Stillstand gemacht, das große Gerüste abgebrochen, der Bauplatz aufgeräumt und die Oeffnung im Haupt-Gesimse und der Balustrade, welche das Fronton künftig einnehmen wird, an beiden Facaden mit Leinwand verschlossen, auf welche die Gesimse und das Fronton gemahlt wurden; nach dieser Zeit setzte man aber die Gerüste sogleich wieder in Stand und führte den Bau bis Ende November fort, wo es alsdann die strenge Witterung nicht länger erlauben wolte.«[905]

Jener Ersatz der geplanten, aber noch nicht realisierten Giebelarchitektur durch Malerei im Maßstab 1:1 erinnert an die Grundsteinlegung von Sainte-Geneviève in Paris 1757, bei der der spätere Giebelportikus in voller Größe, auf Leinwand gemalt, präsentiert wurde.[906]

In den am 10. November 1796 geschriebenen Maurerrechnungen finden sich u. a. folgende Posten: »Zwölff Seulen benebst Schaftgesimse und Capitäls versetzt«, die Aufrichtung von 156 Balustern (»Palunsters«) für die Dachbalustrade sowie »Brust-Gesimse auf die Palunsters versetzt.«[907] Für den weiteren Fortgang vorsorgend, wandte sich Jussow am 24. Oktober an die Oberrentkammer wegen der Beschaffung von Eisenankern aus dem Hammerwerk in Lippoldsberg, die für die »Säulen Hallen« des Corps de logis gebraucht würden, »da aus Mangel hinlänglich grosser Steinmassen der über den Säulen liegende Architrav aus mehreren Steinen zusammen gesezt werden muß, und diese Anker den Abgang an Festigkeit, der durch jene nothwendig gewordene Construction entsteht, wieder ersezzen müßen.«

Er bat um schnelle Lieferung, da Wilhelm »den Bau baldmöglichst vollendet [...] sehn« wolle. Die Oberrentkammer antwortete, das Eisen im Lippoldsberger Hammer sei wegen der »Kriegsbedürfniße« und des umfangreichen Bauwesens knapp geworden; man solle die Bestellung bis zum nächsten Frühjahr aufschieben.[908] In diesem Jahr wurden für das Corps de logis 23.145 Rtlr.[909] ausgegeben.

Über die Probleme der Baufinanzierung informiert ein außerplanmäßig erstellter, umfangreicher Bericht, den Jussow dem Landgrafen am 31. Dezember 1796 erstattete. Er ging von der 1796 zwar verfertigten, aber nicht bezahlten Arbeit am Corps de logis aus, deren Wert sich auf 12.858 Rtlr.[910] belief. Aufschlußreich sind Jussows Auflistungen der zur Fertigstellung des Schlosses notwendigen Arbeiten, wobei diese zu dem damaligen Zeitpunkt teilweise bereits in Angriff genommen, aber noch unbezahlt waren. In einem »Überschlag des zu völliger Vollendung des neuen mittlern Schloß Gebäudes annoch erforderlichen Bau-Kosten-Betrags, soweit es das Aeussre des Gebäudes betrift«, nennt er:

»I. Die Säulen Hallen nebst denen Frontons und denen grossen Freitreppen an beiden
   Façaden des Schlosses aufzuführen [...]   48.300 Rtlr.[911]

II. Das Dach und die Kuppel auf dem Gebäude zu verfertigen und überhaupt das Gebäude
    in Dach und Fach zu sezzen [...]   40.742 Rtlr.[912]

III. Die beiden Communications Terrassen zwischen dem mittlern und Flügel-Gebäuden
     aufzuführen [...]   30.095 Rtlr.[913]
     Summa totalis des Kosten Betrags von der äussern Erbauung des Schloss Gebäudes   119.137 Rtlr.«[914]

Den sich daran anschließenden »Kosten Überschlag von der innern Ausbauung des neuen
Schloss Gebäudes zu Weissenstein, wenn solche im Geschmak und nach Art des 1ten
Schlossflügels bewürkt wird, jedoch exclusive der Spiegel, Gläser, Tapeten und Meubles«
beziffert Jussow auf insgesamt   132.440 Rtlr.[915]

Aus diesen Posten ergeben sich für das Corps de logis als »Summa des noch erforderlichen
Kosten Betrags«   264.435 Rtlr.

sowie als »Summa totalis des ganzen Kosten-Betrags, der zu Erbauung des Schloss Haupt
Gebäudes von der Grundlegung an bis zu völliger Beendigung des Baues erforderlich ist«   418.026 Rtlr.[916]

In diese Kostenberechnungen hat Jussow auch die übrigen Bauunternehmungen Wilhelms wie die Löwenburg[917] mit aufgenommen. Der mit dem Bericht von Jussow verfolgte Zweck geht aus dem begleitenden Text hervor. Es heißt dort:

»Durchlauchtigster Landgraf,
Gnädigster Fürst und Herr!
Die auf Ew. HochFürstl. Durchlaucht Höchsten Befehl in diesem 1796ten Jahre zu Weissenstein bewürkte Bau-Arbeiten, [...] waren von einem Umfange, daß der diesjährige wöchentlich auf 1500 rl. gnädigst bestimmte Bau-Verlag zu deren Bezahlung nicht anreichend gewesen ist. [...]

Wenn der für 1797 gnädigst verwilligt werdende Bau Verlag dem diesjährigen gleich ist, so mögte die Bezahlung obiger Rechnungen daraus nicht wohl zu bewürken seyn. [...]

Bei so bewandten Umständen werde ich demnach veranlaßt, Ew. HochFürstln. Durchlaucht unterthänigst ohnzielsezlich anheim zu stellen, ob es nicht gnädigst gefällig seyn möge, den bisher gewöhnlichen wöchentlichen Bauverlag in anno 1797 zu vermehren und die nach den Überschlägen zu sämtlichen Bauwesen noch erforderliche Summa nach Masgabe, wie Ew. HochFürstl. Durchlt. Höchste Intention seyn möge, solches befördern zu lassen, auf 3 oder mehrere Jahre einzutheilen.

Da diese Summa exclusive des zur jährlichen Unterhaltung der Gebäude und anderer Anlagen nöthigen Verlags überhaupt 337.057 rl. und folglich der 3te Theil davon 125.685 ⅔ rl. beträgt, so würde hiernach der jährliche Bauverlag, inclusive der obenbemerkten Unterhaltungs Kosten, *in denen 3 folgenden Jahren* auf 128.000 rl. zu bestimmen seyn.

Mit diesem Verlage würde man, mit Inbegriff der Bezahlung der jezt vorhandenen ohnbezahlten Rechnungen, im Stande seyn, *das ganze jezt in Arbeit begriffene Bauwesen* und namentlich: die Säulen Hallen, Frontons, Freitreppen, Communications Terrassen, die Kuppel, das Dach und die innre Ausbauung des Haupt Gebäudes, desgleichen die sämtlichen Gebäude und das Innre der Löwenburg nebst dem Flusse mit seinen Cascaden und Brücken, dem Reservoir auf dem Asch, dem Wege nach Wilhelmsthal, dem Reithausse und der Mauer am Thier Garten und an der Carlsberger Chaussée *in drey Jahren gewiß gänzlich zu vollenden, und so [...] mit dem Schlusse des 3ten Jahrs alle diese Werke der Baukunst in ihre Vollkommenheit geszet zu sehen, die ein ewiges Denkmal des grossen Geschmacks und der erhabenen Ideen des unsterblichen Fürsten, der sie anordnete, bey der Nachwelt bleiben werden.*

In tiefster Verehrung und Unterwerffung beharre ich
Ew. HochFürstln. Durchlaucht
unterthänigster Jussow
Weissenstein am 31t Dec. 1796«[918]

Wieso die restliche Bauzeit ausgerechnet auf drei Jahre beschränkt bleiben und deshalb nach Jussows Vorschlag der Bauetat erheblich vermehrt werden sollte, liegt auf der Hand: Das Jahr 1800 und damit das neu anbrechende 19. Jahrhundert sollte durch ein »ewiges Denkmal des grossen Geschmacks und der erhabenen Ideen des unsterblichen Fürsten« gebührend empfangen werden. Schon der historische Ort der Neugestaltung der Weißensteiner Anlagen durch Wilhelm IX. war also Anlaß genug, die Bauten und allen voran das Schloß als Programmbauten mit monumenthaftem Anspruch aufzufassen und zu gestalten, und diese besondere historische Perspektive, dem Landgrafen sicherlich schon länger vor Augen, hatte Bauherrn wie Baumeister in Zugzwang gebracht.

Um das Gelingen der künftigen Bauarbeiten zu sichern, ließ Jussow folgende Maßnahmen treffen:

»Da im vorigen Jahre aus Mangel der Zufuhr kein Vorrath von denen zu diesen Arbeiten nöthigen Quader Steinen angeschafft und folglich die Steinmetzen Arbeit nicht im voraus, wie es, um einen Bau zu befördern, geschehen muß, verfertigt werden konnte, so mußte auf diesen Gegenstand eine besondere Aufmerksamkeit in diesen Jahren verwendet werden.

Durch Schließung bündiger Accorde mit Casselschen Fuhrleuten wurde eine stärkere Zufuhr gesichert und durch eine hinlängliche Anzahl angestellter Arbeiter zum Aufräumen in den Steinbrüchen, die Steinbrecher, die für sich einen solchen Abraum nicht bestreiten konnten, in den Stand gesetzt, die zu dem noch fehlenden Haupt Gesimse, der Balustrade, den Seulen, den freiliegenden Architrav und den Vereinigungs Terraßen für dieses Jahr erforderliche beträchtliche Anzahl übergewöhnlicher großer Quader Steine zu brechen.«[919]

Das Bauprogramm für das Jahr 1797 umriß Jussow in einem an den Landgrafen gerichteten Schreiben, datiert den 14. März 1797:

»Aus denen über sämtliche jezt im Werk begriffene Bau-Anlagen zu Weissenstein aufgestellten Bau Kosten Anschlägen ergiebt sich [...], daß am Haupt Gebäude zu Vollendung der Seulen, der Frontons, des Daches inclusive des dazu nöthigen Kupfers, der Errichtung der Kuppel, ebenfals mit Inbegriff ihrer kupfern Bedeckung, zu Verfertigung der Jalousie Fensterladen, die zu Abhaltung der Nässe vom Innern des Gebäudes nöthig sind, und zu Bezahlung des in Alten Gronau in der Herrschftl^n Manufactur verfertigten Fenster Spiegel Glases mit 3100 rl. der Betrag von 65.000 rl.«[920] erforderlich sein würde.

Da Jussow selbst einsah, daß dieser Betrag angesichts der für die übrigen Anlagen erforderlichen Auslagen zu hoch war, schlug er im selben Brief vor, die Deckung des Schloßdachs und der Kuppel solle in Teilen bis auf nächstes Jahr verschoben werden, was die 1797 für das Schloß erforderliche Summe auf 46.000 Rtlr. senke.[920]

Die tatsächlich unternommenen Bauarbeiten am Corps de logis hat Jussow nachträglich wie folgt umschrieben:

»1797. In den ersten Monathen dieses Jahres konte am Bau des Corps de logis wegen der mit Frost und Schnee abwechselnden Witterung nichts weiter vorgenommen werden, als das große Gerüste zum Behuf des Frontons Baues auf der Seite nach Caßel hin, aufzuschlagen. Nachdem aber die Maurer am 6ten März wieder angestellt worden, so wurde am 7ten d. Mts. der letzte frei liegende große Architrav Stein über die Säulen auf der Hofseite gelegt; die Säulen auf der Kasselschen Seite in kurzem vollendet, die Architrave ebenfalls und als dann an beiden Frontons die Arbeit mit möglichster Betriebsamkeit fortgesetzt, so daß sie nebst der Attique mit Ende Novembers völlig aufgeführt waren.

Im Anfange deßelben Monaths wurde aber bereits mit dem Aufschlagen der Kuppel der Anfang gemacht und solche am 8ten Decbr. beendigt, worauf sogleich die Schalung derselben vorgenommen und noch vor Ende des Jahres, bis auf die Haube, zu Stande gebracht wurde. Neben diesen ist auch mit der Arbeit an denen Verbindungs Terraßen fortgefahren und eine derselben bis beinahe unter den Wulst aufgeführt worden.

Im Inneren des Gebäudes konnte noch nicht mit Fortgang gearbeitet werden, weil der größte Theil des Daches noch offen war; indessen wurden doch die Weißbinder Arbeiten in allen Etagen angefangen und in einigen Zimmern die Decken gedüncht.«[921]

Die Ausgaben beliefen sich 1797 auf 37.255 Rtlr. für die Unternehmungen am Corps de logis; weitere 12.858 Rtlr. waren zur Konstruktion der Verbindungsterrassen erforderlich.[922] In den Rechnungen der Maurer Strippelmann und Feist, die am 8. Januar 1798 vorgelegt wurden, sind u. a. spezifiziert die »Entrelas« (richtig »entrelacs«, Flechtbandverzierung, hier gebraucht für die Brüstungen mit Durchbrechungen in Okulus-Form) in den 22 Fensteröffnungen des Erdgeschosses, die 40 Fensterbalustraden der Beletage, das Versetzen des Architravs und des Frieses über den Säulen, des Gesimses über dem Fries und der beiden »Frontons«. Die Schwierigkeiten bei der Konstruktion des Frieses kommentieren die Maurermeister mit den Worten: »[...] bestehet der größte Theil auß Bogensteinen, welche sehr mühsam und aufhaldent im Versetzen sind [...]«.[923]

Die für das Folgejahr ins Auge gefaßten Unternehmungen am »Schloßhauptgebäude« unterbreitete Jussow seinem Auftraggeber am 27. Dezember 1797. Es sollten die Freitreppen auf beiden Seiten des Schlosses sowie die beiden »Vereinigungsterrassen« aufgeführt, das Dach und die Kuppel mit Kupfer belegt und somit das Corps de logis im Außenbau vollendet werden; alle Etagen sollten Fenster erhalten, das Erdgeschoß völlig ausgebaut werden. Die voraussichtlichen Kosten bezifferte Jussow auf 80.000 Rtlr., einen Betrag, der noch nicht das »Ameublement« des Erdgeschosses beinhaltete.[924] Eben diese Möblierung wurde durch Wilhelm am 14. März 1798 »fest bestimmt«.[925] Weitere Aktivitäten dieses Jahres erhellen detaillierte Baurapporte Jussows, von denen sich einige erhalten haben. So heißt es am 14. April, die Maurerarbeit an den Treppenfundamenten und an den Verbindungsterrassen zwischen den Flügeln sei merklich fortgeschritten und die Schalung der Kuppel sei an diesem Tag vollendet worden. Bei guter Witterung könnten die Weißbinderarbeiten im Inneren in der nächsten Woche beginnen. Am 23. April arbeitete man an der Anbringung des Kuppelgesimses, mit der man schon seit einer Woche beschäftigt war. — Weiteren Einblick verschafft Jussows Rapport vom 30. Juli. An den »Communications Terrassen« mache das Versetzen der Steine sichtbare Fortschritte; die zwischen Corps de logis und Weißensteinflügel gelegene sei bald fertig. Die Stufen an der westlichen Haupttreppe seien so gut wie alle gelegt; an ihrem Pendant vor der stadtseitigen »Säulen Halle« habe man mit den Arbeiten gerade begonnen, ebenso wie an den beiden Nebentreppen auf der Gartenseite.[926] Zusammenfassend referiert Jussow die Beteiligung des Bauherrn und die Bauarbeiten selbst für das Jahr 1798 wie folgt: »Sie bestanden am Hauptgebäude darin, daß die Gebälke und die innere Befestigung der Kuppel vollendet und die Dächer auf denen Frontons ferfertigt und mit Brettern geschalt wurden.

Des Herrn Landgrafen hochfürstl. Durchlt. geruheten gnädigst am 20ten Januar auf der zum Transport der Materialien aus dem unteren Stockwerke des Hauptgebäudes bis an die Kuppel angelegten Britsche hinauf zu steigen und die Kuppel mit ihrer Verbindung in der Nähe in höchsten Augenschein zu nehmen.

Im Monath April war die Haube der Kuppel mit Bretter fertig geschalt und die Verfertigung des Gesimses um dieselbe, die Bekleidung derselben mit Blech und ihre Bedeckung sowohl als des Schloßdaches mit Kupfer diejenige Arbeit, die alsdann sogleich vorgenommen wurde.

Im Inneren des Gebäudes beschäftigten sich die Zimmerleute und Maurer mit der Zurichtung verschiedener noch fehlender Scheidewände und mit der Vollendung der Gebälke und ihrer Verspannung. Die Weißbinder sezten an allen Orten, die unter Dach waren, ihre Arbeit fort und zu mehreren Schutz gegen die von außen wirkende Witterung wurden die Fenster mit Jalousie Läden versehen.

Neben dieser inneren Ausbauung des Gebäudes war die Vollführung der beiden Terraßen, welche das Haupt Gebäude mit denen Flügeln verbinden sollen, ein Gegenstand, der nicht minder thätig betrieben wurde. Im Monath März geschahe der Anfang mit dieser Arbeit und bis zum 6^{t} Jul. war die Terraße beim 1ten Schloß Flügel soweit in die Höhe gebracht, daß an diesem Tage der erste Stein am großen Kreuz Gewölbe versetzt werden konte. Nachdem dieses Gewölbe am 5^{t} Sept. geschloßen, die Lehrbogen herausgenommen und bei dem 2ten Schloß Flügel wieder aufgesezt waren, so wurde das Gewölbe der 2ten Terraße vom 15ten Sept. bis zum 17ten November verfertigt.

Von denen ebenwohl in Arbeit begriffenen Freitreppen auf beiden langen Seiten des Gebäudes war die große und eine kleine, im Hofe, in diesem Herbst vollendet.

Da nunmehr die von des Regierenden Herren Landgrafen Hochfürstl. Durchlaucht gefaßten großen und erhabenen Ideen zur Verschönerung von Weißenstein mit der Vollendung des Schloßbaues in Ausführung gebracht waren; so geruheten Höchstdieselben, diesen neugeschaffenen einzigen Ort in seiner Art mit den Namen Wilhelmshoehe zu belegen.

Zu folge des höchsten Befehls wurde dieser Namen in den Fries der Säulen Halle auf der Stadt Seite des Haupt Gebäudes mit vergoldeten metallenen Buchstaben angeheftet — der Fries unter dem Giebelfelde im Hofe aber mit der Inschrift »Wilhelmus IX condidit« versehen.

Nach Bewürkung dieser Arbeit waren die vor denen Säulenhallen bisher gestandenen großen Gerüste entbehrlich. Ihr Abbruch ist daher sogleich bewirkt worden.«[927]

1798 betrugen die Ausgaben für das Corps de logis und die Verbindungsterrassen 47. 196 Rtlr.;[928] mithin errechnete sich seit Baubeginn 1791 für diesen Posten ein Gesamtbetrag von 250.900 Rtlr.[929]

Am 9. Januar 1799 teilte der Landgraf mit:

»Unserm Bau Director Jussow befehlen Wir hierdurch, die unterste Etage des Corps de logis des Schloßes Wilhelmshöhe nebst den dafür liegenden, auf beyden Seiten deßelben lauffenden Chausseen, auch Abhang des

Weges nach Cassel hin, bis ultimo May dieses Jahrs mit sämtlich dazu gehörigen Raßen-Plätzen und neuer Cascade am Ausgang des Lacs fix und fertig zu schaffen, und hierbey die verschiedenen Handwerksleute mit allem Ernst anzuhalten.

Wilhelmshoehe d 9ᵗ January 1799.   W: L:«[930]

Welches Ereignis sich hinter dieser für notwendig erachteten Eile der Ausführung verbirgt, verrät Jussow in der auch für dieses Jahr ausführlichen Wilhelmshöher Bauchronik:

»1799. Die im Sommer zu erwartende Allerhöchste Ankunft Sr: Königlichen Majestät von Preußen bestimte schon vom Anfange des Jahres an die im Frühjahr zu bewürkende Arbeiten. Unter diese gehörten vorzüglich:

Die gänzliche Vollendung aller äußeren Theile des Hauptgebäudes und der Verbindungs Terrassen; die Ausbauung des rez de chaußée und der souterain's; die Beendigung des Chaußéebaues um das Boulingrin, in dem Schloßhofe und am Schloßberge; die Ausbildung des Schloßberges und die Vollführung des neuen Ausflußes aus dem Lac.

Alle diese Arbeiten mit den dazu gehörigen Garten Anlagen wurden vor dem 8ᵗᵉⁿ Juni zu Stande gebracht [...]

Nach der allerhöchsten Abreise Ihro Königlⁿ Majestäten von Preußen geruheten Se. Hoch-Fürstliche Durchlaucht der Regierende Herr Landgraf das rez de chaußée des neuen Haupt Gebäudes zu beziehen. [...]

Bei weiter fortgesetzter Arbeit wurde im Haupt Gebäude die innere große Treppe verfertigt und der Vestibule geplattet, die 2ᵗᵉ und 3ᵗᵉ Etage ausgebauet und in der ersten die Fürstlᵉ Bibliothec im dazu bestimmten Sale aufgestellt.«[931]

Zu den im Erdgeschoß unternommenen Arbeiten zählte, daß im Vestibül die Fundamente für zwölf Säulen bzw. Lisenen gelegt wurden. Ihr nachträglicher Einbau macht anschaulich, daß sie keinerlei statische Funktion besaßen. Der Boden des Vestibüls wurde mit »Schaumburger u. Holtzmünder Platten« belegt.[932] Zur vom Landgrafen gewünschten Ausstattung der Räume mit Spiegeln erstattete Jussow am 12. März Bericht. Die vor einigen Jahren aus Hanau geschickten Spiegelgläser reichten für die Zimmer des Erdgeschosses und für einige der Beletage. Für folgende Räume sei die Beschaffung neuer Spiegel jedoch notwendig: Großer Saal, Speisesaal, Audienzsaal, Boudoir und Schlafzimmer des ersten Appartements, Boudoir des zweiten Appartements in der Beletage. Jussow schlug Gläser aus Paris vor, wozu Wilhelm allerdings verfügte: »Beruhet der Ankauf der französischen Spiegel Gläßer.«[933] Von September bis November war man damit beschäftigt, die Schloßbibliothek aus dem Weißensteinflügel in das zweite Obergeschoß des Corps de logis zu schaffen.[934] Alle in diesem Jahr ausgeführten Arbeiten verschlangen mit 55.254 Rtlr.[935] den höchsten Jahresetat des Corps de logis.

Über die erstmalige Benutzung des Mittelbaues anläßlich des Besuchs von König Friedrich Wilhelm III. von Preußen und Königin Luise informieren verschiedene Quellen. In dem von Strieder geführten Journal Wilhelms ist vom 8. Juni 1799 notiert: »Abends großes Souper im Corps de logis, welches zuerst fertig war.«[936] Ähnlich lapidar vermerkt der Landgraf in seinen eigenhändig geschriebenen Memoiren: »L'on soupa dans le nouveau Corps de logis, qui a l'exception du Bel Etage ainsi que tout Wilhelmshoehe avoit acquis son entiere fin.«[937] Wesentlich erzählfreudiger gibt sich ein Bericht im »Journal des Luxus und der Moden« vom Juli 1799, in dem es heißt:

»Ohnerachtet der späten Ankunft der hohen Fremden am gestrigen Abende fuhr alles gegen 9 Uhr [...] zu den neuen Anlagen der Wilhelmshöhe, wo bis 2 Uhr des Nachmittags vom Herkules an bis zur großen Fontaine alle Wasser in Bewegung waren. Dieses bekannte große Schauspiel wurde durch Tausende von Zuschauern belegt, deren jeder sich freute, etwas Neues und Merkwürdiges vom königlichen Paare erzählen zu können. Um 4 Uhr wurde zur Tafel geblasen. Das Volk bedeckte den freyen Platz vor dem Schlosse und blieb geduldig ein paar Stunden stehn, um das königliche Paar wieder über die Communikationsbrücke gehen zu sehen, welche das Hauptgebäude mit dem linken Flügel verbindet, den die hohen Gäste bewohnen [...]

Nach aufgehobener Tafel ging die Königin von ihrer Schwester, der Erbprinzessin von Thurn und Taxis und ihrer Schwägerin, der Erbprinzessin von Hessen begleitet, im langsamen Schritt über die obengenannte Brücke aus dem Corps de logis in ihren Flügel.«[938]

Aus diesen Worten erhellt deutlich die Transparenz der separierten Anlage; die Kommunikation zwischen den Flügeln konnte einem feierlichen Zur-Schau-Stellen gleichkommen.

Der Bauherr selbst logierte im August dieses Jahres zum ersten Male im Mittelbau. Strieders Journal notiert für den 26. 8. 1799: »Die vorige Nacht zuerst im Corps de logis geschlafen. Mittags hier gespeißt.«[939]

Das Jahr 1800 ist das letzte, über das in der Wilhelmshöher Bauchronik Rechenschaft abgelegt wurde. Bezüglich des Corps de logis referiert Jussow: »1800. Die bisher in der Arbeit begriffen gewesenen Bauten wurden in diesem Jahre fortgesetzt und vollendet. Im Hauptgebäude gehört hierzu die Ausbauung der Bel Etage. Zu diesem Ende waren Maler, Bildhauer, Weißbinder, Schreiner und Schlosser beschäftigt und beendigten ihre Arbeiten noch vor Herbst, so daß die völlige Meublirung bewürkt werden konnte. [...] Im Haupt Gebäude beendigte der Mahler das Decken Gemählde in der Kuppel, worauf die gänzliche Beendigung des Saals in derselben erfolgte.«[940]

Die Handwerkerrechnungen verzeichnen für die 10.–17. Woche des Jahres Schreinerarbeiten an Wänden, Türen und Fenstern. In der 18.–20. Woche wurden im Vestibül Platten, wahrscheinlich die des Bodens, abgeschliffen. Außerdem erwähnt der Maurermeister Feist in seiner Rechnung vom 24. Juni 1800: »vor das Hauptgebäude auf die 2 Postementer zwey Sockel und 2 Globus als terrestris und coelestris versetzt [...]«.[941] Es handelt sich hierbei um den Himmels- und den Erdglobus, die von dem Bildhauer Christian Ruhl gearbeitet wurden und zuseiten der westlichen Freitreppe Aufstellung fanden. Statt ihrer hatte der Landgraf im Jahre 1795 die Statuen von Mars und Minerva vorgesehen. Gemäß seinem Auftrag hatte sich der engere Ausschuß der Kasseler Altertümergesellschaft mit der Ikonographie der beiden kriegerischen Gottheiten zu befassen, und die Kunstakademie veranstaltete einen Wettbewerb mit dem Thema der beiden Figuren, bei dem der Professor für Malerei, Wilhelm Böttner, Baudirektor Jussow und der Maler Johann August Nahl d. J. (1752—1825) gutachterlich tätig waren. Am 1. Mai 1795 berichtete die Akademie dem Landgrafen, daß man das Modell des Mars von Christian Ruhl und das Modell der Minerva von dem Bildhauer Samuel Nahl (1748—1813) ausgewählt habe. Zur Skulptur des Mars wurde angemerkt, daß er, entgegen Ruhls Entwurf, in gewöhnlicher Kriegsrüstung erscheinen müsse. Wilhelm erteilte daraufhin der Altertümergesellschaft und der Akademie am 16. Mai 1795 den Befehl, die Bildhauer Nahl, Ruhl und Brüder Heyd sollten auf eigene Kosten große Gipsmodelle von Mars und Minerva unter der Aufsicht von Professor Böttner anfertigen.[942] Offensichtlich hat dieser Wettbewerb jedoch zu keinem positiven Ergebnis geführt, wie aus der Änderung des ikonographischen Programms — Wahl je eines Himmels- und Erdglobus — hervorgeht.

281—283

Die im Jahr 1800 ausgegebene Summe betrug 34.490 Rtlr.[943] Zur Einrichtung hatte der Landgraf 20.000 Rtlr. bewilligt; weitere 3.845 Rtlr. wurden in einem Bericht der Oberrentkammer vom 10. Februar 1800 gefordert.[944] Diese Kosten hielten sich deshalb in Grenzen, weil die meisten Ausstattungsstücke dem Weißensteinflügel, dem Landgrafenschloß sowie dem Museum Fridericianum entnommen wurden.[945]

Die von Jussow dem Landgrafen am 9. September 1801 überreichte Auflistung der noch offenstehenden Rechnungen enthält teils bereits genannte, teils unbekannte Arbeiten, die überwiegend die Ausstattung tangieren. Es fehlten »zur Abbezahlung der Mahlerey in der Kuppel des Haupt Gebäudes, für die beiden Erd- und Himmels Kugeln vor dem Gebäude, für die Verfertigung verschiedener Tische und Postementer unter Marmornen Statüen, für gnädigst verordnete Bildhauer Arbeiten neben die Superporten der Bel Etage, für 36 Stück Fenster Brüstungs Stücke von Boiserie in der Bel Etage, für Verfertigung einer Bett Nische in der Garderobe, fürs

Anstreichen derer neuen Bücherschränke in der Bibliothec und für verschiedene Veränderungen in dem Souterrain 1.241 rl., für die 2 grosen neuen Rahmen im Hauptsaal des Schlosses, in welche Gemählde gesezt werden sollen 264 rl«.[946] Es wurden 27.558 Rtlr. in diesem Jahr ausgegeben,[947] nicht eingerechnet die Kosten für die Möblierung, die 1799—1801 mit insgesamt 19.066 Rtlr. angegeben wurden.[948]

Als letzte Arbeit wurde das Treppengeländer im Mai 1802 abgeschlossen.[949] Da die Schlosser, die Brüder Christoph und Caspar Schwarz, in einem Überschlag das Gewicht und entsprechend den Preis zu niedrig kalkuliert hatten — statt der erwarteten 3744 Pfund wog das Eisengeländer 5541 ½ Pfund! — und der Ablieferungstermin nicht eingehalten werden konnte, kam es zu Auseinandersetzungen wegen der Finanzierung. Jussow attestierte der Arbeit, daß sie »mit dem größten Fleiß und aller erforderlichen Schönheit« ausgeführt sei, doch mußten die Handwerker damit zufrieden sein, jedes ihren Kostenanschlag übersteigende Pfund mit nur einem Drittel des Normalpreises vergütet zu bekommen.[950]

Der ausgeführte Mittelbau

Die Beschreibung des nach Jussows Plänen ausgeführten Corps de logis beginnt aus der Sicht des wichtigsten Betrachterstandpunktes. Dieser ist am oberen Ende der Wilhelmshöher (bis 1798: Weißensteiner) Allee, unmittelbar vor deren Gabelung, zu suchen. Reichte der Blick des Betrachters von diesem Punkt aus vor der Errichtung des Mittelbaus bis hinan zum Herkules-Oktogon, so trifft er jetzt auf die Fassade, die sich breit und flächig auf den ersten in Wilhelmshöhe zu vergebenden Bauplatz geschoben hat. Im ursprünglichen, um 1800 vollendeten Zustand konnten von hier aus der Mittelbau mit dem östlichen Portikus und der Flachkuppel sowie die Schmalseiten-Apsiden der schräggestellten Flügel überblickt werden; verdeckt ist aus dieser Sicht hingegen das hohe Sockelgeschoß des Corps de logis. Gerade aus dieser mittleren Distanz läßt sich der (bei aller Präzision im Detail) auf Fernwirkung berechnete Einsatz der architektonischen Akzente erkennen. Vergoldete
280 Antiqualettern im Fries des Mittelpavillons lassen den Namen der Anlage fernhin erstrahlen: »WILHELMSHOEHE«.

Die östliche Hauptfassade ruht auf einem geböschten Sockel, der infolge des Geländeabfalls fast volle
284 Geschoßhöhe erreicht. Die zehn Fenster des Sockels liegen in rechteckigen, vom Boden aufsteigenden Nischen, deren horizontale Stürze in Keilsteintechnik gefügt sind. Die monumentale Freitreppe teilt sich in zwei Abschnitte. Die ersten 17 der unprofilierten Stufen springen als langgezogenes Queroval frei vor die mittleren neun Achsen und enden in einem Podest. Die 12 weiteren Stufen werden von Wangen begleitet, die in der 1. und 6. Säulenachse des Portikus in den Stylobat übergehen. Das Erdgeschoß ruht auf einem Sockelstreifen aus zwei Quaderlagen. Die Lagerfugenrustika überzieht den Bau auch an den architektonisch nicht artikulierten Kanten. Die Gewände der Rundbogenfenster sind zweifach gestuft, wobei die äußere Stufe aus den Rustikaquadern besteht, die innere aus einem eingesetzten Keilsteinbogen mit leicht vorspringendem Schlußstein. Die Brüstungen sind ringförmig durchbrochen.

Wie im Erdgeschoß sind in Beletage und zweitem Obergeschoß Größe und Profile der Fenster den Flügeln exakt angeglichen. Dort noch nicht vorgebildet ist jedoch die Rustizierung der Wand auch in dieser Höhe, die die Fassadenrücklagen als gleichmäßiges Liniennetz überzieht. Eine Hervorhebung durch einen Dreiecksgiebel bleibt in der Beletage nur der mittleren der 15 Achsen vorbehalten.

VII
Ludwig Philipp Strack.
Schloß Wilhelmshöhe von Westen,
um 1798, Öl auf Lw. (Staatl. Schlösser und Gärten, Schloß Wilhelmshöhe)

Ludwig Philipp Strack.
Schloß Wilhelmshöhe von Südwesten: Der Weißensteinflügel,
um 1798, Öl auf Lw. (Staatl. Schlösser und Gärten, Schloß Wilhelmshöhe)

Mit 46 $\frac{2}{3}$ Fuß (≙ 13,42 m) Höhe sind die sechs ionischen Säulen annähernd doppelt so hoch wie die der Flügel, denen sie typologisch angeglichen sind. Ihre pyknostyle Verteilung führt dazu, daß die Plinthen entschieden breiter sind als die Zwischenräume. Das Mittelinterkolumnium ist nicht erweitert. Die glatten Schäfte sind aus je 25 bis 27 Trommeln zusammengesetzt. Über ein Interkolumnium weit springt der Portikus vor den Kern des Mittelpavillons, der auf die 1., 2., 5. und 6. Säule durch die Instrumentierung mit Lisenen antwortet. Im Unterschied zu den Säulen weisen die Lisenen keine Entasis auf. Wie schon an den Flügeln zu beobachten war, sind die Voluten der Lisenenkapitelle räumlich angelegt, so daß das Auge im Zentrum am weitesten hervortritt. Drei Entlastungsbögen verteilen das Gewicht des schmucklosen Giebelfeldes auf die mittleren Säulenachsen. Der vergrößerte Maßstab des ionischen Gebälks ist den Säulen angepaßt; dabei gilt wie an den Flügeln, daß die Gebälkhöhe einem Viertel der Säulenhöhe entspricht. Die daraus resultierende Höhe von ca. 3,30 m wird als Kniestock genutzt, dessen Fenster den Fries der Fassadenrücklagen durchstoßen. Die in der Planung so lange umstrittene Attika wurde als Balustrade mit »korinthischen« Balustern, jedoch ohne allen weiteren skulpturalen Schmuck gestaltet.

Der Bau ist in rötlichem, weiß geädertem Buntsandstein gequadert, der eine ungleich präzisere Ausführung als an den Flügeln zuließ. Der heutige Zustand des Corps de logis unterscheidet sich vom ursprünglichen einschneidend durch das Fehlen der flachen Tambourkuppel über dem Mittelpavillon, die im Zweiten Weltkrieg zerstört und trotz der theoretisch gegebenen Möglichkeiten bislang noch nicht rekonstruiert wurde. Die Leichtbauweise von Tambour und Kuppel in Fachwerk und Holz, die statisch bedingt war, verbarg sich hinter einer Verschalung in Kupfer, mit dem ursprünglich das ganze Dach gedeckt war. Das Fehlen der weißen Fassung der *276—278* Fassaden und der Verlust der Sprossenfenster und Fensterläden sind weitere Merkmale, in denen der heutige Bestand des Äußeren vom originalen differiert.

Die westliche Längsfront wiederholt das Schema der stadtseitigen Fassade. Der Portikus öffnet sich hier auf *281—285* eine weit vorgezogene Terrasse, die von beiden Seiten über Rampen auch befahren werden kann. Außerdem waren bis zum Zweiten Weltkrieg vor der Fassade Treppen angelegt, die Nebeneingängen in der 3. und 13. Achse des Erdgeschosses zugeordnet waren (anstelle der Türen sitzen heute Fenster). Der Fries des Mittelpavillons hält in Antiquabuchstaben den Namen des Erbauers fest: »WILHELMUS. I. EL. CONDIDIT.«. Der Titel »I. EL.[ector]« wurde nach Erlangung der Kurwürde statt der Zählung »IX.« eingesetzt. Zum Bowlinggreen führt eine zehnstufige, an den Seiten viertelkreisförmig einschwingende Freitreppe. Diese wird von zwei Sockeln überragt, die den Erdglobus und den von den Tierkreiszeichen umzogenen Himmelsglobus tragen.

An den Schmalseiten-Fassaden kommen die Apsiden kompakten Halbzylindern gleich, die mit 4 + $\frac{2}{2}$ ionischen Kolossalpilastern besetzt sind. Die der Länge nach halbierten Pilaster binden in den Block des Mittelbaues ein. Die Fenster sind denen der Rücklagen angeglichen. Im heutigen Zustand ist die Situation insofern verunklärt, als von den je fünf Achsen der Apsiden die mittleren drei durch die späteren Zwischenflügel verbaut sind. Im Sockel der biedermeierlichen Zwischenflügel haben sich, was der Forschung bisher entgangen ist, Jussows Verbindungsterrassen substantiell erhalten. Die in der Mitte liegenden Durchfahrten sind mit einer korbbogig gedrückten Längstonne überwölbt, in die die seitlichen Öffnungen zu den Flügeln als Stichkappen einschneiden. Die Sandsteinquader der Wölbung sind in exaktem Steinschnitt mustergültig versetzt — ein sichtbarer Erfolg von Henrich Abraham Wolffs Pariser Schulung. Nach außen wird das Gewölbe durch einen einfach gestuften, abgesetzten Bogen über extrem niedrigem, profiliertem Kämpfer ausgegrenzt. Die zwei Durchfahrten sind in beiden Blickrichtungen auf malerische Landschafts- und Parkausschnitte hin orientiert. Der südliche am Weißensteinflügel rahmt den Blick zum »Lac« nach Südosten, zum »Apolloberg« nach Nordwesten (heute zugewachsen); der nördliche hat nach Südwesten die Löwenburg, nach Nordosten das Dorf Kirchditmold mit der von Du Ry neu erbauten Kirche im Visier. Zur Zeit des Biedermeier sind diese Motive von dem Maler Johann Heinrich Bleuler im Sinne ihrer pittoresken Komposition als Lithographien verbreitet worden. Als man 1829 daran ging, die Terrassen zu Flügeln auszubauen, wurde dem geböschten Sockel eine über 1 m starke Wand vorgelegt; die Baunähte sind in den Bögen der Verbindungsbauten und deren Kellerfenstern unschwer auszumachen.

271, 274, 275
Farbt. VII
oben
Der zweite Hauptstandpunkt des Betrachters bietet sich axial vom Fontänenteich. Die Bauakten geben einen Hinweis darauf, daß von dort aus der Mittelbau und die Flügel gleichermaßen überschaubar sein sollten, was heute, bedingt durch Baumgruppen auf der südlichen Längsseite des Bowlinggreen und Buschwerk gegenüber, für die Flügel nicht mehr gelten kann. Ein weiterer wichtiger Standpunkt, der dem Betrachter angewiesen wird, liegt an der Nordflanke des Bowlinggreen in Gestalt der von Jussow errichteten halbrunden »Halle des Platon«. Sie gestattet den Schrägeinblick in den »Hof«; vor Anlage der Zwischenbauten konnte von hier der Blick sogar zwischen Corps de logis und Weißensteinflügel in die unverbaute Landschaft gleiten — eine im Residenzbau bis dahin nie gekannte Kühnheit!

Der Ausbau der Innenräume des Corps de logis wurde von Wilhelm nur zögernd betrieben; die Ausstattung ging — bezeichnenderweise — zu Lasten des Weißensteinflügels. Schon unter König Jérôme setzten Veränderungen an Raumgefüge und Dekoration ein, die unter Kurfürst Wilhelm II. fortgesetzt wurden. Nachdem der Mittelbau im Zweiten Weltkrieg ausgebrannt war, wurden die noch erhaltenen Reste (Treppenhaus) abgeräumt, um dem modernen Ausbau als Museum[951] zu weichen. Die originale Raumaufteilung, für die außer zum Vestibül und zum großen Festsaal keine Detailentwürfe überliefert sind, kann im folgenden nur gestreift werden.[952]

Die Raumfolge im Erdgeschoß leitete das Vestibül (R. 46) im Zentrum der gartenseitigen Enfilade ein. Seine linke Schmalseite öffnete sich auf die Treppe, deren Anlauf nach dem Wendepodest in zwei Gegenläufe überging. Zwar hat der Anlage typologisch »*die* deutsche barocke Prunktreppe schlechthin«[953] zugrunde gelegen, doch fehlte es in Wilhelmshöhe, bedingt durch die geringen Geschoßhöhen, an der räumlichen Entfaltungsmöglichkeit. Den einzigen Schmuck des Vestibüls bildeten die vier dorischen Säulen sowie zwei ägyptische Marmorstatuen an der den drei Türen gegenüberliegenden Längswand. Mit dem »Vorsaal« (R. 32), dessen Wände in Marmorstuck überzogen waren, erreichte man den Mittelpunkt der stadtseitigen Enfilade. An dessen linke Seite schloß sich der »Versammlungs- oder Coursaal« (R. 31/31a) an, der auch als Gemäldegalerie diente. Ihm folgte in der nördlichen Apsis der runde Speisesaal (R. 29), zu dessen Ausstattung zeitgenössische Skulpturen, darunter Ruhls sterbender Achill, gehörten. Die rechte Hälfte des Corps de logis blieb im Erdgeschoß Wilhelms Appartement vorbehalten, das, wenigstens in kurfürstlicher Zeit, nur bei Abwesenheit des Schloßherrn oder ausnahmsweise Besuchern offenstand: Drei Vorzimmer (R. 33—35), das halbrunde Schlafzimmer (R. 36), Bad (R. 37) und zwei Garderoben (R. 38, 41).

Die Beletage enthielt zwei vollständige Paradeappartements für hochrangige Besucher sowie den als »Cour- oder Audienzsaal« dienenden, über zwei Geschosse reichenden Festsaal (R. 56). Als antichambre fungierte der Speisesaal (R. 67), nach dem Urheber seiner Groteskenausmalungen, Andreas Range, auch »Range'scher Saal« genannt. Das zweite Dachgeschoß nahm die aus dem Weißensteinflügel hierher verlegte Bibliothek (R. 92—98) und Appartements für fürstliche Besucher und deren Gefolge auf. Schon von seiner Position her der ungewöhnlichste aller Räume war der Rundsaal (R. 138), dessen von zwölf Säulen kompositer Ordnung getragene Kuppel als blauer Himmel mit den zwölf Sternzeichen »in colossaler Grösse« (Engelhard) bemalt war. Über die Funktion ausgerechnet dieses Kulminationspunktes besteht die geringste Klarheit. Erst in späterer Kurfürstenzeit, unter Wilhelm II., richtete man hier die Ahnengalerie des Hauses Hessen-Kassel ein, die unter Wilhelm I.

nach 1813 in der zunächst eingeschossigen Verbindungsgalerie südlich des Corps de logis begründet worden war.[954]

Die Ausstattung charakterisiert Engelhard folgendermaßen: »Die innere Verzierung der Säle und Gemächer war ursprünglich sehr einfach. Man fand weiße, gleichförmige Decken, mit Stuccaturgesims ringsum, und Rosetten in der Mitte; mit Eichenholz einfach parquettirte Fußboden; seidne Tapeten an den Wänden, mit goldnen Leisten eingefaßt; unter den Tapeten mehrere, die im Lande, nämlich in Hanau, verfertigt waren und die besser Farbe hielten als die Lyoner; mit weißer Oelfarbe angestrichene Thüren, Fensterrahmen und Boisserieen mit einigen Bildhauer-Ornamenten; endlich marmorne Camine mit bronzenen Gitterthüren und Spiegel mit vergoldeten Rahmen; was den ganzen Schmuck der meisten Zimmer ausmachte. Nur der große Festsaal [...] hatte eine eigentlich architektonische, der corinthischen Säulen-Ordnung entlehnte Verzierung; eben so das Vorzimmer vor diesem Saale. In dem daran befindlichen Speisesaale sind Decke und Wände gemalt, dem Style von Raphaels Logen einigermaaßen ähnlich: mit Blumen, Früchten, Vögeln und dergleichen. [...] Alle diese Verzierungen kommen aber bloß in den fürstlichen Zimmern und Sälen vor; die Zimmer für den Hofstaat sind einfach, auf gewöhnliche Weise, mit Papiertapeten u. s. w. ausgestattet. Uebrigens fehlt es in den fürstlichen Zimmern nicht an kleinen Bildhauerwerken und besonders auch nicht an Gemälden aller Art.«[955] Stilistisch gehörten die Dekorationen, wie der große Salon mit seiner architektonischen Gliederung beweist, noch eindeutig dem Louis-Seize an; das Empire hielt erst mit Jérôme seinen Einzug.[956]

Aspekte zur Einordnung

Stilgeschichte

Mit Wilhelms Entscheidung, ein Corps de logis zu erbauen, verbindet sich für Schloß Wilhelmshöhe eine durchgreifende Funktions- und Bedeutungserweiterung vom Sommerlustschloß zum Sommerresidenzschloß, das nunmehr den gesamten Hofstaat aufnehmen konnte.[957] Da Wilhelm das Kasseler Landgrafenschloß als Residenz nicht benutzte, kam Wilhelmshöhe damit die Bedeutung der Residenz schlechthin zu. Für ein städtisches Residenzschloß des Ancien Régime muß das Erbe des Sommerlustschlosses, die Freiheit der separierten Anlage inmitten eines nach allen Seiten offenen Landschaftsparks vor den Toren der Stadt, als singulär bezeichnet werden. Es sollte bis zur Restauration dauern, bis Wilhelm mit der — unvollendet gebliebenen — »Chattenburg« eine traditionelle Stadtresidenz plante.

Nicht nur mit seiner Lage, sondern auch typologisch sollte in Wilhelmshöhe am Lustschloß-Charakter festgehalten werden. Statt wie Du Ry an den Flügeln vom Palazzo auszugehen, entschieden Wilhelm und Jussow (in dieser Reihenfolge!) sich am Mittelbau zuletzt für den Typus der Villa, nachdem Jussow in seinen Vorprojekten noch mit einem Mischtypus (Projekte »V« und »VI«) experimentiert hatte. Jussow wählte mit den Freitreppen, Giebelportiken und der Kuppel das palladianische Villendecorum, wobei er vom englischen »great house of parade«[958] ausgehen konnte, mit dessen Vertretern Wanstead I und Prior Park sich schon Du Ry auseinanderzusetzen hatte.

Die monumentalen Portiken des Mittelbaues geben Aufschluß darüber, wie die Einflüsse der zeitgenössischen Architektur bei Jussow zu gewichten sind. Nachdem Colen Campbell den Portikus seines Schlosses

271—275
Farbt. VII
oben

198—201

Wanstead (II) als »a just Hexastyle, the first yet practised in this manner in the Kingdom«[959] propagiert hatte, fühlte sich John Wood dazu herausgefordert, in Prior Park Campbells Portikus in den realen Maßen noch zu übertreffen.[960] Damit war die Instrumentierung eines Landsitzes mit einem möglichst monumentalen Hexastylos geradezu als Wettbewerb formuliert worden. Es ist anzunehmen, daß dieser Rahmen auch für Schloß Wilhelmshöhe zunehmend an Bedeutung gewann. Für einen auf Einzigartigkeit und Nachruhm erpichten Bauherrn erwuchs damit die Möglichkeit, das anspruchsvolle englische Vorbild nicht nur zu erreichen, sondern sogar zu übertreffen.

Schon im Barock hatte der freistehende Giebelportikus in England Verbreitung gefunden, so an Christopher Wrens Hospital in Chelsea (1682) oder an John Vanbrughs Schloß Blenheim (1705). In Giacomo Leonis Schloß Moor Park (Hertfordshire, um 1720) ist, nun bereits deutlich palladianisch beeinflußt, das Motiv zwar auf vier Säulen beschränkt, die jedoch, wie in Wilhelmshöhe, drei Geschosse umfassen, mithin also wesentlich »kolossaler« als bei Palladio selbst ausfallen. Auch der englische Sakralbau wurde durch den Giebelportikus ausgezeichnet, so in London Nicholas Hawksmoors St. George (1716) und James Gibbs' St. Martin-in-the-Fields (1721). Für diese Kirchen dürfte der sakrale Ursprung dieses Motivs in Italien entscheidend gewesen sein: Michelangelos Projekt für St. Peter.[961]

In der klassischen französischen Baukunst des 17. Jahrhunderts bleibt der freistehende Giebelportikus auf Kirchen beschränkt, während das Motiv im Schloßbau des Louvre bezeichnenderweise des hohen Sockels des Erdgeschosses als Auflager bedurfte. Für das 18. Jahrhundert bedeutet der Oktastylos an Soufflots Sainte-Geneviève in Paris (1757)[962] eine Innovation, die paradigmatisch die klassizistische Tendenz der Kirche nach außen vertritt. Der Verbreitung des monumentalen Giebelportikus im französischen Profanbau kam die Theorie mit Musterbuchentwürfen zuvor. Die Entwicklung läßt sich allein anhand von De Neufforges »Recueil« darstellen. Im ersten Band (1757) ähnelt die Fassade eines giebellosen Palastes[963] Du Rys Flügeln, jedoch mit dem wesentlichen Unterschied, daß die Säulen, hier noch wandgebunden, schon in Höhe des Erdgeschosses ansetzen. Damit ist gleichsam ein vermittelndes typologisches Zwischenstück zwischen Du Ry und Jussows Aufrißdispositionen vorgegeben. Das hexastyle Giebelmotiv, noch gebunden an Pilaster, findet sich dann als Risalitgliederung eines 1760 im dritten Band publizierten Stadthauses,[964] dessen dreigeschossige, elf Achsen lange Fassade mit Freitreppe der Stadtseite des Wilhelmshöher Mittelbaues an die Seite zu stellen ist. Die Einordnung des De Neufforge-Entwurfs unter die »bâtiments bourgeois« deutet auf die nivellierende, »profanisierte« Verwendung dieses architektonischen Hoheitsmotivs im Klassizismus. Im 7. Band (1767) illustriert De Neufforge einen dreigeschossigen königlichen Palast,[965] dessen Mittelrisalit in Gestalt eines hexastylen Giebelportikus hervortritt. Das gleiche, auf acht Säulen erweiterte Motiv ziert im 1772—1780 erschienenen Supplementband den Risalit einer Bibliothek und Galerie.[966]

Für die Praxis des Profanbaues bedeutete Ledoux' 1767 begonnenes Hôtel d'Uzès wegen der Verwendung eines freistehenden Portikus eine revolutionierende Neuerung.[967] Ein Giebel fehlt jedoch. Den frühesten freistehenden sechssäuligen Giebelportikus weist im französischen Profanbau Jacques Gondoins École de Chirurgie in Paris (1769)[968] auf. Mit den Entwürfen zu Schloß Maupertuis[969], über deren Verwirklichung jedoch wegen der frühen Zerstörung in der Revolution Unklarheit herrscht, hat Ledoux ein Landschloß konzipiert, das im Verhältnis von Baukörper und Portiken Stileigentümlichkeiten des Wilhelmshöher Schlosses in überzeichneter Form vorwegnimmt. Die zweigeschossige Hoffront zeigt den Wilhelmshöher Rhythmus von 5—V—5 Achsen, von denen die Rücklagen schmucklos bleiben. Sechs dorische Säulen tragen einen Dreiecksgiebel, der in gleicher Breite auf der Gartenseite wiederkehrt, hier jedoch von nicht weniger als acht eng gedrängten Säulen gleicher Ordnung getragen wird. Die Portiken springen weit vor den turmartig schmalen, steilen Kernbau, der

152

angesichts seiner geringen räumlichen Substanz zur Kulisse degradiert wirkt. Im Hintergrund von Jussows
Planungen hat wohl auch Ledoux' Palais-Entwurf für Kassel eine nicht zu unterschätzende Rolle gespielt. Die *259*
Fassade mit dem zwölfsäuligen, vier Geschosse hohen Portikus hätte zum Gigantischsten gezählt, was die französische Profanarchitektur vor der Revolution hervorgebracht hat. Hier dürfte ein enger Zusammenhang mit
den etwa gleichzeitigen Entwürfen Boullées für die königliche Bibliothek in Paris (um 1785)[970] bestehen.

In Gestalt des Museum Fridericianum hatte Kassel selbst die früheste Formulierung eines freistehenden sechs- *vgl. 57*
säuligen Giebelportikus in Deutschland aufzuweisen, an dem das Wilhelmshöher Projekt sich messen konnte.
Du Rys Furcht vor Jussows Plagiat war also nicht grundlos. Selbst hier hat Ledoux durch planerische Vorstellungen eine Eigentümlichkeit des Wilhelmshöher Corps de logis vorweggenommen, indem er für sein Alternativprojekt des Museums den platzseitigen Giebelportikus kopiengleich an der Hoffassade wiederholen wollte.

Wenn es in Wilhelmshöhe dennoch nicht, wie von Du Ry vorhergesehen, zu einer schlichten »Kopie« des
Fridericianum-Portikus gekommen ist, so ist dies in erster Linie dem Einfluß der »Revolutionsarchitektur«
zuzuschreiben. Die pyknostyle Stellung der Säulen führt zu einer pathetischen Wirkung des Portikus, wie sie am
extremsten von Ledoux am Torhaus der Saline von Chaux (1775) erzielt wurde. Gegenüber dem Pavillon tritt
in Wilhemshöhe die Wand der Rücklagen, in schlichter Flächigkeit gleichsam neutralisiert, zurück.

Der Einfluß der »Revolutionsarchitektur« kann abschließend durch das Verhältnis zur Bauskulptur noch
erhärtet werden. Im Verzicht auf die Mars- und Minerva-Skulpturen vor dem gartenseitigen Portikus und in
deren Ersatz durch einen Himmels- und Erdglobus wird eine Bevorzugung der reinen stereometrischen Form
auf Kosten des architektonischen Anthropomorphismus manifest.

Zugleich wird Jussows Bestreben deutlich, die »Radikalität« des Revolutionsstils in eine praktikablere,
antikisierende Formensprache zu lenken, die einem dilettierenden Bauherrn plausibel erscheinen mußte. Die
klassischen Leitmotive des Mittelpavillons erscheinen zentralbauartig verdichtet, herauslösbar und auf ihre
antikisierenden Wurzeln, den Amphiprostylos mit Kuppel, unmittelbar bezogen. Kann die Tendenz, den Mittelteil tempelartig zu isolieren, von De Wailly (drittes Projekt, Gartenfassade) hergeleitet werden, so ist dem *62 K 30*
Mittelpavillon selbst ein Entwurf Krahes zu einem römischen Baptisterium[971] an die Seite zu stellen, der wäh- *249*
rend der gemeinsamen Zeit mit Jussow in Rom entstanden ist. Der Konnex zwischen Krahes Baptisterium und
Jussows Schloß-Mittelbau ist dabei so eng, daß zwischen dem Gebenden und Nehmenden in diesem Falle kaum
zu unterscheiden ist. Jussows Portiken entsprechen hinsichtlich der Anzahl, Stellung und Ordnung der Säulen
dem Bild eines ionischen Hexastylos, wie es Perrault als Illustration zu Vitruvs Pyknostylos[972] publiziert hat. *256*
Möglicherweise hat Wilhelm, der Perraults Werk besaß[973], auf dieser Grundlage das Mittelmotiv selbst
bestimmt. So paradox es klingt: Die »Revolutionsarchitektur« bedarf Vitruvs als Alibi!

Die stilistischen Differenzen zwischen Du Rys und Jussows architektonischen Konzeptionen sind weniger als
Qualitätsverlust, vielmehr als Wandel ästhetischer Normen zu begreifen. Du Ry gestaltet nach absoluten ästhetischen Kriterien die aus der Nähe zu erfassende »Daseinsform« — Jussow hingegen die auf Fernsicht berech- *275—278*
nete »Wirkungsform«.[974] Verglichen mit den Anfängen eines ruinösen »Neuen Weißensteiner Schlosses«, hat
sich mit dem Mittelbau ein radikaler Wechsel des Anspruchsniveaus[975] ereignet: Introvertierte Sentimentalität
ist pathetischer Ostentation gewichen. Der Traum vom Individuum, das sich selbstversunken in die Gartenwelt
zurückzieht, um als gleiches unter gleichen den ewigen Naturgesetzen unterworfen zu sein, ist von scheinbar
traditionsgebundenen Ansprüchen eingeholt worden: daß das Architektonische überhaupt dominiere und der
Anspruch der »Mitte« entsprechend eingelöst werde. Das »Wie« der Lösung relativiert freilich diesen Anspruch.
Ungleich stärker als die Flügel ist das Corps de logis Assoziationsträger geworden. Der Zug zum Abstrakten,
Bildhaften ist Zeichen der verselbständigten symbolischen Funktion. Plakativ wie der Name des Bauherrn teilt

277—280 sich die Sprache der aufgeblähten Hülle mit, gerade im Zentrum. Der Erwartung, stadtseitig über der Freitreppe den Haupteingang zu finden, entspricht kein Zeremoniell: Der »etatmäßige« Eingang ist auf der rückwärtigen Gartenseite zu suchen. Die pathetische Ordnung zelebriert sich selbst. Über die Unterordnung an den Zweck erhaben, stellt Architektur sich selbst dar. Dem Mittelbau eignet primär nicht die praktische Funktion als Schloß. Er verkörpert vielmehr im Kontext eines den Park umfassenden Bildganzen die *Idee* eines Schlosses. Die weitgehende Annäherung an das reine, autonome Monument wendet sich zuerst an den Betrachter, nicht an den Benutzer. Überspitzt formuliert, sind Funktions- und Bildträger des Schlosses in Flügel und Mittelbau voneinander geschieden. Das Corps de logis stellt der barocken Verpflichtung, integrale »Mitte« zu sein, die »höhere« Symbolfunktion entgegen.[976] Vorbereitet durch die utopischen Idealprojekte, nähert sich Jussows Mittelbau der Vorstellung von Architektur als »zweckfreier« Kunst.

Ikonographie

Trotz unterschiedlicher Stilhaltungen dominiert an Flügeln wie Mittelbau ein Leitmotiv: die Säule. In der Neuzeit hat sich keine andere Bauaufgabe wie die des Schlosses so konsequent der Auszeichnung durch die Säulenordnung bedient. Es artikuliert sich darin der Anspruch des Hofes auf geistige und soziale Vorrangstellung.[977] Geschmückt mit dem Apparat der Ordnungen, hinter dem jedes Ornament zurücktritt, nimmt der Schloßbau in Wilhelmshöhe den ersten Rang innerhalb der Zivilbaukunst ein, der im zentralen Tempelmotiv kulminiert.

Gemessen am eigenen Entstehungsprozeß wie an der allgemeinen historischen Situation, bedeutet dieser Anspruch nicht weniger als das Wiedererstehen des Schloßbaues — mit einer über die Grenzen Hessens hinaus gültigen Signalwirkung. Den zeitgenössischen Kommentaren nach zu urteilen, ist das Anspruchsniveau kaum zu überschätzen.

281, 283, 285 Mit den zentralen Giebeln, deren Friesinschriften den Namen des Bauherrn verewigen, kommt der Mittelbau auf Vorschläge Palladios[978] zurück. Die Steigerung der realen Größe, für den Palastbau bereits von Alberti[979] nahegelegt, entspricht dem Topos von der Begründung des Nachruhms durch monumentale Bauten, dem auch Wilhelms Vater, Landgraf Friedrich II., in seinem Regierungsprogramm Ausdruck verliehen hatte.[980] Darüber hinaus bedeutet die Größe des Corps de logis und seiner Ordnung eine Anpassung an den »heroischen«, in der Kolossalstatue des Herkules gipfelnden Charakter des Wilhelmshöher Parks.

Im Wortsinne »universal«, doch nicht als Anspielung auf den Griff nach Weltherrschaft mißzuverstehen, ist der Anspruch von Skulpturen und Kuppelsaal. Himmels- und Erdglobus[981] sowie die im Zenith pantheon-artig geöffnete Himmelskuppel des Rundsaals[982] ermöglichen eine Deutung des Schlosses als allbezogener »Weltort«, an dem sich Geschichte — potentiell — ereignet. Dieser globale Anspruch weist, ähnlich wie die Formensprache, auf die allgemeingültige Setzung eines »autonomen« Denkmals, unabhängig davon, ob er sich an diesem konkreten Ort auch erfüllt.

Eine moralisierende Sinnseite der Architektur liegt im Säulenschmuck begründet, der das Schloß der Gattung der Zivilbaukunst zuweist. Diese kann sich, gemäß ihrer Bestimmung, nur zu Zeiten des Friedens entfalten.[983] Für eine den Frieden beschwörende Architektur war Wilhelmshöhe wie geschaffen: Herkules zeigt sich auf dem Oktogon *nach* Vollbringung seiner Taten, zur Ruhe gekommen. Die »elysäischen« Felder im Südwesten des Schlosses lassen auf friedliche Idylle schließen. Den Beweis für die in Wilhelmshöhe lokalisierte Friedenssehnsucht hat Wilhelm selbst mit dem Projekt eines nie zu Ende geführten Friedenstempels[984] geliefert.

Aus dieser Sicht drückt die Streichung des am Corps de logis zunächst vorgesehenen Figurenprogramms eine Revolution gegen die Grundfesten des Barockschlosses aus. Mars und Minerva hätten den Mittelpavillon als »Tempel« der Kriegskunst und der Wissenschaft vereinnahmt. Diesen traditionellen Sinnbildern barocker Herrschertugend mußte sich das neu entdeckte Ethos der »Revolutionsarchitektur« widersetzen, für dessen Anspruch immerhin — noch — der Landesfürst mit seinem Namen einsteht. Angesichts der Revolution und ihrer Folgen erhält das Ideal eines befriedeten Elysiums Aktualität. Der Mittelbau läßt Schloß Wilhelmshöhe in seiner definitiven Gestalt als moralisch-sittlich motiviertes Paradigma über und vor der Residenz[985] hervortreten, in dem aufklärerische Verpflichtung und fürstlich-absolutistische Trägerschaft zusammentreffen. Die Persönlichkeit des Bauherrn bleibt in diesem Bauwerk, trotz der Namensnennung im Fries, ungreifbar, da die Möglichkeiten zur standesspezifischen Repräsentation von der Denkmalsidee vollkommen überlagert sind.

285

Kunsttheorie

Für Jussows spektakulären Bruch mit Du Rys Aufrißsystem lassen sich verschiedene kunsttheoretische Aspekte anführen, von denen besonders zwei verfolgt werden sollen.

Wenn den beiden untereinander gleichartigen Flügeln der in der Ordnung abweichende Mittelbau übergeordnet ist, so hat Jussow mit dieser Disposition eine Annäherung an den Eurythmiebegriff gesucht, wie er in der Architekturtheorie des 17. und 18. Jahrhunderts definiert wurde. Der Philosoph und Mathematiker Christian Wolff (1679—1754), ein Vertreter des Cartesianismus, sieht in »Eurythmia die Wohlgereimtheit, heisset in der Bau-Kunst die Aehnlichkeit der Seiten eines unähnlichen Mittels«,[986] eine »durch Subordination unter Ungleiches komplizierte Koordination von Gleichem«.[987] Im Gegensatz zum antiken Symmetriebegriff sollte die Symmetrieachse also durch einen kontrastierenden Gegenstand ausgezeichnet werden. Daß der als »Fürst der Aufklärung« bekannt gewordene Wolff tatsächlich auf Jussow einen Einfluß ausgeübt haben könnte, wird durch seine Biographie nahegelegt: Aus Halle vertrieben, lehrte er seit 1723 in Marburg, wo Jussow als Student zumindest mit seinen Schriften in Berührung gekommen sein dürfte. Wolffs Definition mag Jussows Auffassung von Architektur als angewandter Mathematik entgegengekommen sein.

Als Ausgangspunkt der weiteren theoretischen Überlegungen soll Strieders Satz dienen, wonach Jussows Konzeption des Corps de logis die »der Gegend angemessenere« Architektur darstelle. Die damit geforderte Kongruenz der Charaktere von Architektur und umgebender Landschaft ist ein vieldiskutiertes Thema der damals aktuellen Kunsttheorie.

In Henry Homes »Elements of Criticism« wird lapidar die Forderung erhoben: »Ein großes Haus muß auf einem hohen Orte stehn, denn das Verhältnis zwischen einem Gebäude und dem Platz, worauf es steht, ist von der stärksten Gattung«.[988] »*Dieses führt mich auf die Untersuchung, ob die Lage eines großen Hauses,* wenn der Künstler sie nicht selbst wählen kann, *seine Form in gewissem Maße bestimmen muß?* Die Verbindung zwischen einem großen Hause und den nächstliegenden Gründen ist zwar nicht sehr genau, erfordert aber doch eine gewisse Schicklichkeit. So würde es, zum Beyspiel, unangenehm seyn, ein zierliches Gebäude in einen wilden unangebauten Strich Landes verwiesen zu sehn; die Schicklichkeit erfordert eine schöne Gegend für ein solches Gebäude; und außer dem Vergnügen, das die Schicklichkeit giebt, empfindet der Zuschauer auch das Vergnügen der Uebereinstimmung wegen der Gleichartigkeit der Bewegungen, welche die Gegend und das Gebäude wirken.«[989]

Ähnlichen Inhalts, nur allgemeiner formuliert, ist Thomas Whatelys Aussage über Gebäude in seinen »Observations on Modern Gardening« (1770) — ich zitiere nach der französischen Übersetzung: »*Si un caractère leur convient, c'est celui de la scene où ils figurent, & non celui de leur destination primitive.*«[990] »[...] Quoique l'intérieur des bâtimens ne doive pas être négligé, c'est par leur extérieur qu'ils figurent comme objets dans une perspective [...].«[991] Mit beiden Zitaten liefert Whately die Erklärung dafür, wieso die Forderung nach convenance und commodité zugunsten des abbildenden Charakters zurücktreten kann.

Hirschfeld zeigt sich mit seinen 1773 publizierten »Anmerkungen über die Landhäuser und die Gartenkunst« über den Stand der Diskussion des Themas informiert, wenn er schreibt: »Da die Gebäude gemeiniglich den ersten Eindruck machen, der sich über das Ganze der Gegend ausbreitet, so sollte man darauf bedacht seyn, daß dieser Eindruck weder widersprechend noch zu matt sey. Nur durch die *Übereinstimmung des Charakters des Landhauses mit dem Character der Gegend* kann eine gleichartige angenehme Empfindung erhalten werden.«[992]

Besonders prägnant hat Jean-Marie Morel 1776 das Problem für die französische Kunsttheorie umrissen: »Ce n'est point assez d'avoir mis de la proportion entre la masse du bâtiment & l'étendue du site, ce n'est point assez d'avoir choisi une place convenable, *il faut encore que le caractere, le style, la teinte du bâtiment soient analogues à la scène & à l'espece de Jardin* auquel on le destine.«[993] Konsequent diesen Standpunkt vertretend, gelangt Morel zu einer Neudefinition des convenance-Begriffes, der auf Jussows endgültigen Entwurf anzuwenden wäre: »C'est particulièrement cette relation du caractère au site que j'appelle convenance dans l'art des Jardins.«[994]

Die Frage, die sich nach diesen grundsätzlichen theoretischen Erörterungen aufdrängt, lautet: Wie haben die Zeitgenossen den Naturcharakter des Weißensteiner Parks, nach welchem sich der architektonische Charakter des Corps de logis zu orientieren hatte, definiert? In den reichlich vorhandenen zeitgleichen Schilderungen der Wilhelmshöhe stechen als zentrale Begriffe das Heroische, das Erhabene und das Würdevolle hervor. Wenige authentische Belege mögen genügen.

In der Wilhelmshöher Chronik stellt Strieder lapidar fest: »Bereits im Monate November 1785 gedieh der Plan für die *heroische* Umschaffung des Ganzen zur Ausführung.«[995] 1793 resümiert der für den Weißenstein verantwortliche Hofgärtner Daniel August Schwarzkopf: »bis dahin ist die Arbeit glücklich gediehen und beendigt, und die alte Anlage, woran vorhero zwei und zwanzig Jahr gearbeitet, in Zeit von acht Jahren umgeändert. Durch die vorhin gemachte Anlage wahr der Ort seinem natürlichen Charackter gemäß, und welchen der Gottseel. Landgraaf Carl sehr guth gekannt hat, mehr verdorben als verschönert. Durch die neue Anlage ist aber der Gegend ihr wahrer Charackter wiedergegeben, und die vorhero vertriebene Schönheit und natürliche Anmuth wiederum hergestellt. Alles was gebauet worden, harmoniret mit der Gegend, und ist *im heroischen und großen Styl* gemacht. Das neue Schloß mit seinen zwei Flügell, der Lac, zwei natürliche Waßer Fälle, [...] das große Basin, der Aqueduc und der Waßer Sturz [...] haben die vorhero vertriebene Würde der Gegend selbige ihr wieder gegeben.«[996]

Der Professor und ständige Sekretär der Kasseler Kunstakademie J. Schaub empfahl in einer Rede am 28. Mai 1800 seinen Schülern, den Wilhelmshöher Park als Quelle eifrigen Studiums zu wählen: »Dieser Ort, der noch jeden selbst aus den entferntesten Ländern zu uns gekommenen Reisenden in hohes Entzücken und Verwunderung versetzte, der selbst des stolzesten Ausländers Erwartung noch übertraf, worüber oft schon von competenten Kennern geurtheilt wurde, daß er in seiner Pracht, Natur- und Kunstschönheit und Erhabenheit einzig in der Welt seyn dürfte. [...] Sollten Sie nicht hier wahrhaft grose Originale zu Landschaftsgemählden, ganz im Geschmack und Geist eines Claude Laurrein [sic!] finden — die wohl nirgends so schön existieren?«[997]

Der Vergleich mit der heroischen Landschaft Claudes in dieser emphatischen Rede kam nicht von ungefähr. Johann Daniel Engelhard bestätigt, daß der in Wilhelms Bibliothek einst vorhandene Liber Veritatis[998] als Vorlage für die Parkgestaltung gedient habe.

Man kann unterstellen, daß Wilhelm während des langwierigen Entstehungsprozesses des Schlosses die Aufrißdispositionen Du Rys als dem somit skizzierten Charakter des Parks »nicht gewachsen« erkannt hat. Dabei bezog sich der Parkcharakter nicht ausschließlich auf die Natur, sondern, wie Schwarzkopf bestätigt, auf das architektonische Erbe des Landgrafen Karl, das Oktogon. Man darf weiter unterstellen, daß bei diesem Geschmackswandel des Landgrafen Jussow als der mit der neuesten Theorie und Praxis der Architektur und Gartenkunst besser Vertraute die Schlüsselfunktion eingenommen hat.

Das Ringen um die Schloßgestaltung war selbst von der Öffentlichkeit registriert und mitgetragen worden. Im »Journal von und für Deutschland« des Jahres 1789 wurde die Forderung erhoben, das Weißensteiner Schloß müsse an äußerer Größe wie innerer Schönheit mit dem Ganzen des Parks übereinstimmen[999], eine Bemerkung, die damals nur dem umstrittenen Mittelbau gelten konnte. Eine solche Einmischung des interessierten Laienpublikums in Fragen des Geschmacks ist als typisches Phänomen für die Zeit der Aufklärung zu werten.

In den um 1800 entstandenen Charakterisierungen der Schloßanlage wurde der Eindruck unverkennbar von dem zuletzt hinzugefügten Corps de logis beherrscht. So heißt es 1799 bei Johann Christian Martin: »*Groß, erhaben und würdig* ist der Eindruck, welchen das Anschauen dieser in dem Styl des Alterthums erschaffnen Gebäude auf die Sinnen und Empfindungen macht.«[1000] »Das an Gründlichkeit, Feste, Dauer, architektonischer Kunst und Schönheit unvergleichbare Hauptgebäude ist in einem *sehr erhabnen altrömischen Styl* in die Höhe geführt, und nach dem Äusseren vollendet; wahrscheinlich wird man bald sagen können, daß auch hier seines Durchlauchtigen Erbauers *erhabne Entwürfe* erreicht sind.«[1001] In der bereits zitierten Rede Schaubs heißt es zum Schloß: »Welch einen grossen, erhabenen und wahrhaft schönen Eindruck muß [...] nicht bei Ihnen, wie bey Jedem, jener Schönheit und Stärke im vollkommensten Sinn vereinigende, im ächt altrömischen Styl aufgeführte Pallast, das Schloß Wilhelmshöhe machen, das Jahrtausende seinen Durchlauchtigsten Erbauer verewigen wird?«[1002]

Für den Palladianismus des frühen 18. Jahrhunderts in England war, wie J. Dobai[1003] ausführt, die Erkenntnis des Literaten Joseph Addison (1672—1719) wegweisend, daß die »scheinbare« Größe der klassischen Architektur die Wirkung ihrer tatsächlichen »physischen« Größe noch übertreffe. Damit konnten sich die Vertreter der Assoziationsästhetik wie Edmund Burke, Marc-Antoine Laugier oder Henry Home nicht mehr zufriedengeben: Sie forderten nun auch »reale« Größe, deren emotionelle Wirkung Home folgendermaßen umschreibt: »Of all the emotions that can be raised by architecture, grandeur is that which has the greatest influence on the mind. It ought therefore to be the chief study of the artist, to raise this emotion in great buildings.«[1004]

Laugier erhofft sich eine theatralische Wirkung architektonischer Größe auf den als Zuschauer verstandenen Betrachter.[1005] Er plädiert dafür, die Säulen bereits in Erdgeschoßhöhe über einigen Stufen, ohne Sockel, ansetzen zu lassen[1006], statt der »colonnes engagées« nur freistehende Säulen zu verwenden[1007] und die Interkolumnien möglichst eng zu halten[1008]. Große Gebäude sollten so konzipiert sein, daß ihre Proportionen auf die Weite des Betrachterstandpunkts bezogen erschienen — auf einen großen Portikus müsse eine lange Straße gerade zulaufen, damit seine Größe auch zur Geltung komme[1009]. Von vornherein festgelegte Proportionen müßten, so Laugier, dem subjektiven Eindruck weichen.

Wenn Jussow sich in so vielen wesentlichen Punkten von Du Ry entfernt hat, so ist dies also den Errungenschaften der relativistischen Architekturästhetik[1010] zuzuschreiben. Das hat Engelhard wie folgt bestätigt: »Jussow fand aber diese Säulen [Du Rys] noch nicht kolossal genug: ihm schwebten *die grandiosen Säulen der altrömischen Tempel* vor [...]. Diese Anordnung war wohlberechnet auf den *Effekt der äußeren Anschauung* des Schlosses.«[1011] Der Mittelbau erweist sich als monumentalisierte Architekturstaffage (»fabrique«), deren »caractère« in Abhängigkeit vom Parkcharakter definiert ist. Der neue »convenance«-Begriff zielt ab auf die Einheit des »natürlichen« Landschaftsgartens, dem die Einheit der Bestandteile des Schlosses (im Sinne der herkömmlichen »convenance«) geopfert wird. Auf empirischem Wege wird der Wilhelmshöher genius loci als »heroisch«, »würdevoll« und »erhaben« definiert. Diese Eigenschaften prägen den »Geschmack« des Corps de logis, dem die Rolle zufällt, den wirkungsästhetischen Kulminationspunkt darzustellen: Der »abbildende« Charakter hat sich verselbständigt. In Wilhelmshöhe bestätigt sich einmal mehr, daß die »Revolutionsarchitektur« unmittelbar aus den Entstehungsbedingungen des englischen Gartens hervorgegangen ist.[1012]

VI.

Das Schloß als Fluchtburg

Die Löwenburg

»Das ist ja das Schöne (und die Gefahr) an der Ironie:
Immer gibt es jemanden, der das ironisch Gesagte ernst nimmt.«
(Umberto Eco, Nachschrift zum »Namen der Rose«, 1984)

1. Vorbemerkungen

Geschichte und Stand der Forschung

Seit Entstehen der Löwenburg glaubte jede Epoche, sich zu diesem Bauwerk lobend oder tadelnd äußern zu müssen. Wenn ich im folgenden versuche, einen Überblick über die umfangreiche kunsthistorische Sekundärliteratur zu geben, so gehe ich davon aus, daß die »Entdeckungsgeschichte« der Löwenburg aufgrund der Subjektivität und Zeitgebundenheit der Urteile eine exemplarische Entwicklung ablesen läßt, die Rückschlüsse auf die Rezeptionsgeschichte der Architektur der frühen Neugotik ermöglicht. Die Vielfalt der Meinungen ist nicht nur ein Spiegel der unterschiedlichen, von Epochen und Autoren abhängigen Bewertungskriterien, sondern auch — und dies nicht zuletzt — ein Spiegel der zahlreichen Facetten, die dieses Bauwerk aufweist.

Bereits 1842 wartete Johann Daniel Engelhard (1788—1856) mit einer erstaunlich sachverständigen, einfühlsamen Kunstkritik der Löwenburg[1013] auf. Sein Urteil soll im Zusammenhang mit der Stilkritik zitiert werden.

Als typisch für die Zeit kann dann das lakonische Urteil im 1870 erschienenen Kasseler Kunstdenkmälerband gelten: »Diese um den Anfang des laufenden Jahrhunderts erbaute Nachbildung einer Ritterburg hat, abgesehen von ihrer *malerischen Schönheit,* nur Kunstwerth durch einige zu ihrer Ausschmückung verwendete alte Kunstwerke und Fragmente.«[1014] Und dies, obwohl einer der beiden Autoren, Heinrich von Dehn-Rotfelser, als praktischer Denkmalpfleger der wohl beste Kenner der Löwenburg im 19. Jahrhundert nach Jussow war: Er leitete in den Jahren 1854—1860 den Wiederaufbau des einsturzgefährdeten Hauptturms und legte von seiner Tätigkeit minutiös Zeugnis ab.[1015]

Für die allgemeine Kunstgeschichte »entdeckt« wurde die Löwenburg wie schon das Schloß durch Cornelius Gurlitt, der sie 1889 als »*eine der frühesten Schöpfungen sentimentaler Gotik*«[1016] klassifizierte — ein Urteil, das Georg Dehio[1017] wörtlich übernahm.

Neue wesentliche Erkenntnisse gingen auf den verdienten Kasseler Lokalforscher Paul Heidelbach[1018] zurück, so die mögliche Anregung durch Hirschfelds »Theorie der Gartenkunst« oder die Funktion der Burgkapelle als Mausoleum. Als habe er Holtmeyers Einschätzung vorausgeahnt, mahnte Heidelbach: »[...] schon die der Wirklichkeit nicht entsprechenden Größenverhältnisse zeigen, daß die Löwenburg *nur eine Dichtung* sein will [...].«

Trotz seiner Tätigkeit als Inventarisator brachte Alois Holtmeyer der Löwenburg kein Verständnis entgegen. Dies sei ausführlich belegt: »[...] Die Frage, ob man in Wirklichkeit beim Bau die Grundsätze beobachtete, die wir aus der Anlage befestigter mittelalterlicher Herrensitze ableiten können, darf getrost verneint werden [...]. Ihre unrichtige Ausbildung oder falsche Anbringung zeigt, daß sich der Erbauer über das Wesen dieser Defensiveinrichtungen entweder nicht hinreichend unterrichtete oder hinwegsetzen zu dürfen glaubte. Türme, wo es nichts zu schützen gibt, und gefährdete Mauern ohne jeden Schutz, Gräben, die durch Bauteile versperrt sind und der Wasserzuführung entbehren, Umfassungsmauern ohne Laufgang, geschlossene Schießscharten und Gußerker ohne Öffnungen, blinde Ecktürme, unzugängliche Zinnen und Wehrgänge sind nebst vielen anderen Unmöglichkeiten *die aus irregeleiteter Phantasie oder ungenauer Nachahmung mißverstandener Vorlagen entsprungenen Sünden, die jeder Regel der Kriegsbaukunst spotten* [...].

Abgesehen von der Lage einer einzigen Front an abschüssigem Gelände war, vom militärtechnischen Standpunkte aus betrachtet, die Wahl des Platzes die denkbar ungünstigste [...]. Der Berchfrit selbst sollte die Angriffsseite beherrschen. Auf der Löwenburg liegt er dem einzig sturmfreien Flügel vor. Dafür nimmt der stark aufgelöste Chor der Kapelle die Mitte der am meisten gefährdeten langen Südwestfront ein [...].

Nach der fast übertriebenen Würdigung mittelalterlicher Formen in unseren Tagen erscheint es unverständlich, wie diese halb nachgeahmten, halb erfundenen, in keinem Fall getroffenen Details jemals für gotisch haben gelten können. [...] An den unmöglichsten Stellen Dienste, Maßwerk, Friese, Zinnen und Nischen. *Alles Maske, nichts ehrlich entwickelte Arbeit. Überall Künstelei, nirgends Kunst«* — kurz, eine allgemeine »*stilistische Verwirrung*«! [1019]

Das Phänomen der Neugotik wurde anhand der in Deutschland gebauten Beispiele erstmals von Alfred Neumeyer[1020] durchgängig untersucht. Seine Studie erschien 1928, also im selben Jahr, in dem Kenneth Clark sein bis heute grundlegendes, jedoch auf England beschränktes Buch »The Gothic Revival« publizierte. Neumeyer behandelte die Löwenburg allerdings stiefmütterlich; seiner Ansicht nach stelle sie »eine Filmstadt« zur Erweckung gotischer Vorstellungen« dar; deshalb, so folgert er, könne eine detaillierte Analyse des Gebäudes und seiner Genese entfallen. Neumeyer vermutete so viel Vordergründiges, daß er nicht bereit war, einen romantischen Gehalt — nach diesem forschte er vor allem — anzuerkennen.

In seiner 1929 erschienenen Leipziger Dissertation deckte Karl Paetow[1021] in der Entstehung der Burg einen »merkwürdigen Kristallisationsprozeß« auf, innerhalb dessen der »Bergfried« die »Urzelle« gebildet habe, und diese »Urzelle« sei der Wilhelmsbader »Burg« als Vorbild verpflichtet. Die Kapellenfassade, so Paetow weiter, sei »das reifste Werk Jussows auf der Löwenburg« und abhängig von der englischen Neugotik, z. B. von der Londoner Guild Hall (erbaut von George Dance), zugleich könne sie aber auch mit der Fassade des deutschen Klosters Chorin verglichen werden. Typologisch als »Zwitterbildung aus Bergfeste und Wasserburg« gedeutet, könne die Löwenburg insgesamt als »*großartiger Protest gegen alle Vernunft*« gewertet werden. »Streng genommen vereinigen sich drei Strömungen im Bau der Löwenburg: die Ruinenfreude, das Wiedererwachen der Gotik — neugotische Bergschlösser in Schottland — und die religiöse Neugotik — Kapellen, Neigung zu Mystik und Katholizismus.« Dem Mystischen an der Löwenburg huldigt Paetow, wenn er schließt: »Sie ist auf uns gekommen *wie die Kulissen eines verschollenen Schauspiels,* dessen Buntheiten und Eigentümlichkeiten mit den Schauspielern begraben wurden.«

In Franz Landsbergers Buch über die Kunst der Goethezeit[1022] gilt die Löwenburg als »Nachklang des Gotischen Hauses in Wörlitz, umfangreicher, aber auch spielzeughafter in ihrer künstlichen Ruinenstimmung.«

Wolfgang Herrmann[1023] behandelte die Löwenburg summarisch im Zusammenhang der neugotischen Parkbauten, deren weitere Exemplare er in Wörlitz, Potsdam, Weimar und Wien vertreten sah: »Sie dienen lediglich zur Erhöhung der romantischen Stimmung, irgendein architektonischer Eigenwert kommt ihnen nicht zu [...]. Bei all diesen Bauten ist *kein schöpferischer Wille fortschrittlichen Geistes* am Werke. Sie sind Äußerungen eines alten, sterbenden Geschlechtes, das nicht mehr die Kraft zu neuer Gestaltung aufbringt und seinen müden Überdruß durch diese sentimentale Nachahmung ihm wesensfremder Lebens- und Kunstformen zu überwinden hofft. Es ist bezeichnend, daß der Anstoß zu diesen gotisierenden Versuchen stets von den fürstlichen Bauherren selbst ausgeht und daß die ernsthaft um eine neue baukünstlerische Gestaltung ringenden Künstler sich nur selten zu aktiver Mitarbeit bereit finden. So kommt in dieser gotischen Parkarchitektur stets der Geist des aus Langeweile schaffenden Dilettantismus zum Ausdruck [...]« Für Herrmann spricht daraus eine typische *»Fin-de-siècle-Stimmung«*.

»Ein konfuses Ungetüm des frühromantischen Enthusiasmus« und »verzwicktes Spiel mit altdeutscher Kunst« nannte Gustav Pauli den Bau, der seiner Ansicht nach, im Unterschied zu den mitbehandelten Artgenossen, einen »verworren dilettantische[n]« Grundzug in sich trage.[1024]

In dem Jussow-Artikel Helmut Kramms[1025], 1940 erschienen, bleibt der Blick wieder auf die Löwenburg allein fixiert. »Der Drang nach besonderen Formen, die sich selbständig zu rechtfertigen haben, grenzt fast an das Chaotische, wenn man die ganze Anlage in ihrer kaum erkenntlichen Ordnung überschaut [...]. Diese Burg ist das stärkste deutsche Zeugnis für die werdende Verpflichtung eines eigenen volkhaften Stils und einer eigenen Bildung [...]. Sie bedeutet ein deutsches Bekenntnis zur Gotik, das England als Anregerin einer sog. gotischen Mode nur in einem oberflächlichen Zusammenhange gelten lassen kann.«

Dagegen stellte Curt Gravenkamp[1026] in seinem bald nach dem Krieg veröffentlichten Aufsatz fest, die »romantisierende Gotik« sei durch die Fürstenhöfe in Dessau und Hessen-Kassel von England nach Deutschland eingeführt worden. Er erkennt in der Neugotik, konkret in der Behandlung des Ornaments, eine »klassizistische Gesinnung« — hinter dem »strengen Lineament« verbirgt sich seiner Meinung nach »antike Struktur«.

Hermann Beenken[1027] beleuchtete 1952 einen anderen Aspekt mit der straff formulierten These: »Erst in den Jahren der französischen Revolution tritt die Bauaufgabe des fürstlichen Schlosses in eine deutliche Krise«, wofür u. a. die Löwenburg als »symptomatisch« zu werten sei.

Alfred Kamphausen[1028] legte seiner Interpretation das schon Heidelbach, Holtmeyer und Paetow bekannte Vorlesungsmanuskript des Kasseler Professors Casparson, der 1799 die Löwenburg behandelte[1029], zugrunde. Kamphausen deutete die gotische Ruine als Eremitage, als Flucht des Fürsten in die Welt der Phantasie.

Auf die Frage des stilistischen Einflusses kam 1956 Hans Vogel[1030] zurück; er entschied sich für die schottische Neugotik, vertreten durch Inverary Castle und Culzean Castle. In der Löwenburg sah Vogel die »Manifestation einer tiefwurzelnden, persönlichen Neigung« Wilhelms IX. zum Mittelalter. — Gelegentlich der Jussow-Ausstellung erkannte dann derselbe Autor[1031] die Kasseler Burg als »Aussichtsturm, als Ort der Zurückgezogenheit und nicht zuletzt als Stimmungselement in der Landschaft«, das Anregungen durch hessisch-mittelalterliche Burgruinen, Jesberg und Löwenstein, empfangen habe. Offensichtlich hatte das Studium des Jussow-Nachlasses H. Vogel zu dieser veränderten Einschätzung veranlaßt.

Der Stil der Entwurfszeichnungen Jussows wurde in Hans Reuthers Besprechung der Kasseler Jussow-Ausstellung[1032] eines ersten — und bisher einzigen — Blicks gewürdigt.

Im ersten amtlichen Führer erläuterte Heinz Biehn[1033] die Löwenburg als »eines der frühesten und interessantesten deutschen Baudenkmäler der Romantik«. Ausgehend von der Funktion, erkannte er sie, ebenso wie das Gotische Haus in Wörlitz, als »Ahnherr[n] der historischen Museen«. Da sie auch als Mausoleum vorgesehen war, sei sie, so Biehn, »mehr als eine [...] Spielerei« des Bauherrn gewesen. — In entgegengesetzte Richtung zielend, tat Klaus Lankheit[1034] den Bau als bloße »Mode der Neugotik« ab.

Als »Übertragung klassischer Ruinenbilder auf eine ›deutsche‹ Stilart«, inspiriert von der englischen Gartenarchitektur, wollte Albrecht Bangert[1035] den Bau in seiner Münchener Dissertation verstanden wissen, während W. D. Robson-Scott eine Vorbildlichkeit englischer Burgen des 14. Jahrhunderts als gegeben ansah.[1035a]

1970 ordnete Heinz Biehn[1036], der erstmals eine systematische Sichtung dieser architektonischen Gattung unter dem Titel »Residenzen der Romantik« versuchte, die Löwenburg unter die »Parkburgen der sentimentalischen Romantik« ein. Anspielend auf ihre Funktion, sah er eine Voraussetzung für die Löwenburg in dem von Rudolf Erich Raspe bereits 1768 artikulierten Vorschlag, in Kassel ein »Museum gothischer Alterthümer von Karl dem Großen bis Albrecht Dürer« einzurichten.

Der Lexikonartikel Hans Reuthers in der »Neuen Deutschen Biographie«[1037] über Jussow kam mit seiner Löwenburg-Deutung auf eine Meinung Kramms zurück: »Der seit 1793 als neogotische Ruine ausgeführte Bau läßt den Eigenwert der einzelnen Bauteile stark hervortreten, so daß dadurch das Gesamtgefüge gegenüber einer damals bevorzugten malerisch-romantischen Baugesinnung fast chaotisch wirkt« — was wohl heißen soll, daß eine solche malerisch-romantische Wirkung der Löwenburg damit abgesprochen werden sollte.

Aus der Sicht der Anglistik näherte sich Jürgen Klein[1038] der Löwenburg. Sein Aufsatz versuchte, der Frage nach den Beziehungen Jussows zur »englischen Neogotik« nachzuspüren. Horace Walpoles Neugotik in Strawberry-Hill und Jussows Löwenburg-Gotik wurden von Klein als identisch behandelt — eine Novität in der Forschungsgeschichte. Die Löwenburger Kapellenfassade soll nach Kleins Vorstellung vom Frontispiz aus Walpoles Strawberry-Hill-Beschreibung abhängen. Zwei weitere seiner Feststellungen lauten: Die Löwenburg sei ein »*Produkt der romantischen Ironie,* schwebend zwischen Bedingtem und Unbedingtem«, und es artikuliere sich in ihr das »›unglückliche Bewußtsein‹ (Hegel) des *Aristokraten im Zeitalter der Revolution*«.

Damit ist ein für die folgende Forschung bedeutungsschweres Stichwort gefallen. Denn es war die Französische Revolution, die den Ausgangspunkt zur Erforschung von »*Sinn und Zweck der Löwenburg*« im 1976 erschienenen letzten amtlichen Führer[1039] darstellte. Die Autoren Wolfgang Einsingbach und Adolf Fink behaupteten: »Der geschichtlich und geistesgeschichtlich Bewanderte durchschaut, daß die Löwenburg eine der extremsten Reaktionen ist, zu denen ein künstlerisches Ausdrucksmittel fähig war, um auf das epochale Ereignis von 1789 zu antworten: die Französische Revolution, die erstmals konsequent eine herrschende Klasse zu beseitigen suchte.« Mithin sei die »Verständnisebene für die Löwenburg eine *ideologische;* [...] die Kunst, hier das Gesamtkunstwerk Löwenburg, kann zu einem sehr wirksamen Ausdrucksträger für gesellschaftspolitische Programme gemacht werden, deren Inhalte von denen bestimmt werden, die über die Machtmittel ihrer Zeit verfügen — und im spätabsolutistischen Staat waren das der Herrscher und seine Dynastie, deren Interessen gegen die Ansprüche des Bürgertums verteidigt werden sollten«.

Adrian von Buttlar[1040] rechnete hingegen die Löwenburg traditionell, ähnlich Biehn, zum »neuen, romantischen Typus der Parkburg«. Er meinte, im Vergleich zu den frühen Voraussetzungen für eine Gotik-Rezeption in Kassel in Gestalt von Raspes Museums-Vorschlag handele es sich bei Casparsons oben erwähnter Vorlesung um »eher eine nachträgliche Rechtfertigung«.

Christian Baur[1041] äußerte sich 1981 zur Einordnung der Burg wie folgt: »Der Idee nach bringt sie nur wenige über die Konzeption von Wilhelmsbad hinausgehende Gedanken.« Die Burgkirche gehöre, wie schon

Klein vermutet hatte, »zu den frühesten Beispielen gotisierender Kirchen auf dem Kontinent« und sei »von englischer Gotik inspiriert [...]«.

In Günter Hartmanns Bochumer Dissertation »Die Ruine im Landschaftsgarten«[1042] spielte die Löwenburg naturgemäß eine vorrangige Rolle. Sie wurde zunächst unter die »Ruinen als Rekonstruktion historischer Schauplätze« gerechnet, wobei freilich ungeklärt bleibt, was sich an ihrem Standort an historischen Ereignissen zugetragen haben soll. Hartmann sah sie sodann, vielleicht in Weiterführung einer Idee A. Neumeyers, als »gotische Stadt en miniature«, die das Bild »idealisierter Kultur mittelalterlicher Lebensgemeinschaft, propagiert von der durch die Umwälzungen der Französischen Revolution in die Defensive gedrängten Herrschaftsschicht«, verkörpere. Hauptsächlich wurde die Löwenburg in die Kategorie »*Ritterburg und Restauration*« eingereiht. »Als Leitgedanke der auf die Gegenwart politischer Verhältnisse bezogenen propagandistischen Absicht ist die Berufung der landesherrlichen Machtstellung auf die idealisierte Funktion des Potentaten als Vorkämpfer einer ebenfalls ideal vorgestellten Gesellschaft des Mittelalters anzusehen. Seit 1789 wird das Programm mittelalterlicher Ruinenlandschaften zunehmend von solchen Intentionen bestimmt. Dies äußert sich in einer veränderten Konzeption der vordem nur sentimentalen Ruinenszenen. [...] In der Regel wirkt sich die von etlichen Landesherren angestrebte Vergegenwärtigung des Mittelalters als erklärtes Leitbild ihrer restaurativen Politik in den Ruinenlandschaften ihrer Gärten dahingehend aus, daß die Veranschaulichung idealisierter Vergangenheit nicht nur einen zeitlich begrenzten Höhepunkt innerhalb der Besichtigung darstellt, sondern als jederzeit erfahrbare Gegenwart vermittelt wird. Die ehemals je nach Rezeptionsphase der Ruinenbesichtigung unterschiedliche Distanz des Betrachters zum dargestellten Wunschzeitalter wird immer mehr aufgehoben. Die romantische Sehnsucht in ihrer letztlichen Unerfüllbarkeit ist auf Grund dessen nicht mehr beherrschender Faktor der Darstellung. Vielmehr wird zunehmend die sich in der Ruinierung der Gebäude manifestierende, zeitliche Distanz der Wunschwelt zugunsten einer komplettierenden Bauweise aufgegeben. Die ehemalige Ruinenlandschaft entwickelt sich zur Mittelalterlandschaft. Demzufolge nehmen die Architekturruinen in Landschaftsgärten zu Ende des 18. Jahrhunderts zahlenmäßig ab. An ihre Stelle tritt die Architektur des Historismus.«

Zum Beweis für das Ineinandergehen von mittelalterlicher Vergangenheit und Gegenwart führte Hartmann als Argumente ins Feld: Wilhelm IX. habe auf der Löwenburg »*nahezu ständig* [sic!] [...] *residiert*«, und die Grabfigur in der Kapelle trage »die Gesichtszüge des regierenden Fürsten«, gebe also »eine eindeutig faßbare Selbstdarstellung des Potentaten« (sic!) wieder. Casparsons Vorlesung wurde nunmehr in diesem Licht interpretiert: Sie liefere »den theoretischen Hintergrund für die neuartige Veranschaulichung des landesherrlichen Herrschaftsanspruchs«. Tatsächlich glaubte Hartmann, in der Löwenburg ein »*komplettes gotisches Residenzschloß*« vor sich zu haben! Als Wegbereiter der Löwenburg sah er die Wilhelmsbader »Burg« an, deren Entstehungsbedingungen er folgendermaßen umriß: »Die Zugehörigkeit des Prinzen zu einem Geheimbund war jedoch nicht nur der Anlaß zum Bau dieser Ruine, sondern wirkte sich auch auf den Grundriß und die Aufteilung des Gebäudes aus.« Und weiter: »Der Rückzug vom Hofe hat, wie der Fürst schreibt [sic!], mit seiner *Identität als Freimaurer zu tun.*«[1043]

Angesichts dieses Überblicks stehen wir vor dem Phänomen, daß sich jede Epoche in der Löwenburg bestätigt fand, sei es in positiver oder negativer Weise. Dies gilt vor allem für diejenigen, die dieses Bauwerk ablehnten — für Holtmeyer als akademisch geschulten Vertreter des Historismus, der sich nicht genugtun konnte, das Fehlerhafte der Architektur beckmesserisch zu kommentieren. Weitere zeittypisch gefärbte Urteile sind das von Paetow, der als Reaktion auf den Expressionismus das seit der Spätromantik (J. D. Engelhard) verschüttete Mystische der Löwenburg wiederaufzudecken wagte, oder das von Kramm, dessen »völkische« Interpretation der nationalsozialistischen Ideologie entgegenkam. Die Deutungen von Einsingbach und Fink bewegten sich in einer freilich mißverstandenen Nachfolge von Bentmann/Müllers Studie über die »Villa als Herrschaftsarchitektur«. Hierbei kam es zu einer Überbewertung des politisch-ideologischen Aspekts. Der Essay-Charakter des Buchs von Bentmann und Müller wurde verkannt und die dort für das 16. Jahrhundert geschilderte Situation unreflektiert auf die Verhältnisse des späten 18. Jahrhunderts übertragen.[1044]

Aufgaben, Material und Methode

Bis heute fehlt es an einer monographischen Bearbeitung, die das reichlich vorhandene Quellenmaterial zur Löwenburg verarbeitet. Der dazu im folgenden vorgelegte Versuch geht vom wertvollsten Quellenmaterial aus, rund 100 Entwurfs- und Aufnahmezeichnungen, die uns aus Jussows Nachlaß und dem Bestand der ehemaligen Wilhelmshöher Schloßbibliothek[1045] überliefert sind. Alle für die Genese der Burg wesentlichen Zeichnungen werden mit den Bauakten[1046], der von Friedrich Wilhelm Strieder und Heinrich Christoph Jussow verfaßten Wilhelmshöher Bauchronik[1047], den Archivalien des hessen-kasselischen Hofes[1048] sowie den zeitgenössischen Guiden in Verbindung gebracht, um die Genese des Bauwerks zu rekonstruieren. Die stilgeschichtliche Untersuchung gründet auf einer Baubeschreibung und sucht den Stellenwert der Löwenburg innerhalb der neugotischen Architektur und ihr Verhältnis zum Klassizismus zu umschreiben. Das Kapitel über die architektonische Ikonographie fragt nach geistesgeschichtlichen Zusammenhängen, für die die Kunsttheorie eine vorherrschende Rolle spielt. Das Kapitel über das »Gotikbild« stellt eine Synthese aus formalen und inhaltlichen Kriterien dar.

2. Planungs- und Baugeschichte

Erste Planungen

Planen und Bauen lassen sich bei der Löwenburg kaum voneinander trennen; beides ging Hand in Hand und war so dicht ineinander verwoben, daß die Prozesse in Parallelität dargestellt werden müssen. Ausgenommen hiervon sind nur die Vorprojekte. Sie stellen eine Gruppe für sich dar: Nicht ausgeführt, können sie über die ersten Intentionen von Bauherr und Architekt Aufschlüsse geben.

Farbt. V
K 132
Aus dem Jahr 1788 stammt der Situationsplan, den Jussow zusammen mit von Du Ry entworfenen, von ihm selbst gezeichneten Schloßprojekten in einem Band gebunden vorgelegt hat. Während Jussow am Schloßbau zunächst noch von Du Ry abhängig war, kann es als sicher gelten, daß er bei der Anlage des Parks freie Hand hatte, galt doch sein England-Aufenthalt vor allem dem Studium der Gartenkunst. Der Standort des in der

Legende als »projectirte Ruine« bezeichneten Gebäudes ist mit dem der späteren Löwenburg fast identisch; er ist jedoch leicht nach Norden verschoben an die Stelle, die heute der Burggarten einnimmt. Dieses nur aus dem Situationsplan bekannte Projekt setzt sich aus mehr oder weniger wahllos verteilten Bestandteilen zusammen, einem mittleren kräftigen Rundturm in der Mitte, flankiert von zwei kleineren Türmen. Eine abgeknickte Mauer grenzt diesen Bereich nach Westen, also nach der Talseite, ab.

Auf einem mit diesem eng verwandten weiteren Situationsplan Jussows in Frankfurter Privatbesitz finden sich an gleicher Stelle ebenfalls die Reste einer Burg eingetragen; Jussows Legende nennt sie mit einem neuen, aufschlußreichen Begriff: »*Projectirte gothische Ruine*«! *184 K 67*

Ein Bauvorhaben an dieser Stelle wird in Gestalt eines Quellentextes erstmals im Jahr 1790 bestätigt und erläutert. In Strieders Bauchronik der Wilhelmshöhe heißt es, nachdem die westlich an das Chinesische Dorf anschließende Fasanerie erwähnt worden ist: »Bey dieser Phasanerie dreht sich der Weg gegen Norden und steigt ein wenig steil den Berg hinan, welches die Gegend so mit sich brachte. Beßer hin rechter Hand von Westen gegen Osten öfnet sich nun eine ganz neue Gegend in das Thal hinab, wo man einen Ueberblick des größten und schönsten Theils der unten gemachten Anlagen beköomt, und deshalben auch diesem Platze die Benennung von Bellevue gegeben ist, der durch ein Gebäude in der Zukunft noch mehr verschönert werden wird.«[1049]

Auf die Gattung dieses projektierten Bauwerks geht der Wilhelmshöher Hofgärtner Daniel August Schwarzkopf in einem Brief ein, den er 1791 dem Gartenkunsttheoretiker C.C.L. Hirschfeld schrieb. Nach der Beschreibung der Gegend um den Tiergarten bemerkt er: »Ingleichen soll oben auf dem Berge [...] noch eine Ruine gebauet werden [...]«[1050]

Von der 1788 erst geplanten Dreiflügelanlage des Schlosses aus liegt die »Ruine« weithin sichtbar auf einem Vorsprung des Habichtswalds, auf dem Hunrodberg. Sie stellt mit ihrer Schrägachse, gleich dem 1788 begonnenen Aquädukt gegenüber, ein scheinbar zufällig entstandenes Zwischenglied der barocken Schloß-Oktogon-Achse dar. Wilhelm IX. selbst war es, der die Vorzüge des exponierten Bauplatzes als erster erkannt hat.[1051]

Als Alternative dazu wurden um 1790 zwei weitere Standorte für einen gotischen Ruinenturm in Erwägung gezogen. Ein nicht datiertes Projekt sieht vor, einen solchen Turm in die Nähe des »Moulang« genannten chinesischen Dorfs oberhalb des »Lac« zu stellen. Von der zweigeschossigen Architektur ist nur das Erdgeschoß mit seinen verglasten Maßwerkfenstern bewohnbar, während das Obergeschoß als Ruine teilweise überwachsen ist. *287 K 133*

Der Turm liegt hinter mächtigen Felsblöcken versteckt, so daß er unzugänglich erscheint. Mit seinem zerborstenen Abschluß fügt er sich der Reihe der Baumwipfel so harmonisch ein, daß er gleichsam als naturhaftes Wesen erscheint. Die Felsen schaffen einen Distanzraum zwischen Betrachter und Bauwerk — es dominiert also der Charakter als Staffagenarchitektur. Wilhelm IX., der das Blatt »approbirt« hat, beweist an dem von Jussow gezeichneten Entwurf seine Beteiligung — die Bildunterschrift stammt von ihm!

Als neuen Bauplatz sieht ein weiteres Blatt aus dem Jahr 1790 das Ufer der Kaskade oberhalb des großen Fontänenbassins vor, also die Stelle, wo 1816/1817 der heute noch stehende Rundtempel Jussows errichtet wurde. Jussow als Zeichner wird durch die wiederum vom Landgrafen vorgenommene Beschriftung festgehalten. Statt der Felsen ist es die Kaskade, die das Bauwerk in einen nicht unmittelbar erreichbaren Abstand rückt. Dieser Zwischenraum ermöglicht es, den Bau als Hauptelement eines bildartig komponierten Parkausschnitts zu erleben, wobei der Betrachterstandpunkt am jenseitigen Ufer eindeutig ausgegrenzt ist. *288 K 134* *289 K 135*

Von der Rückkehr der Planung zum letztlich auch gewählten Standort der Bellevue zeugt Jussows in der Beischrift als Erstes Projekt bezeichneter Vorschlag, der in Grund- und Aufriß überliefert ist. Der Komplex liegt am Rand einer Terrassierung, die S-förmig geschwungen ist. Offensichtlich befand sich an dieser Stelle der in *290, 291 K 136, 137* der Beschriftung genannte Steinbruch.[1052] Die Bauteile der Burg sitzen mit ihrer Front vor einem steil abfallenden Hangabschnitt, in den die rückwärtigen Gebäudeabschnitte einschneiden.

Das Erste Projekt umfaßt hauptsächlich drei Bauten: den runden Hauptturm, einen Rechteckbau und ein Tor. Der rechteckige Bau öffnet sich nach der im Aufriß gezeigten Vorderseite durch drei Fenster. Vor der Längswand verläuft eine fünfjochige, gewölbte Vorhalle, deren gespitzte Arkaden auf Säulen mit Halsringen und Basen ruhen. Diese Säulen finden ihre Entsprechung in halbrunden Säulen, die der Wand vorgelegt sind. Es fehlt eine Zäsur zwischen den Jochen. Die Schmalseiten des Baues werden von je einer Tür und einem Fenster durchbrochen. Über die Funktion des Gebäudes gibt der hangseitige Teil des Innenraums Aufschluß, in dessen Mitte zwei Pfeiler eingezeichnet sind. Es handelt sich um den Kamin einer Küche, dessen Schornstein der Gebäuderückwand zentral angefügt ist. Die 15 kleinen Kreise markieren die Feuerstellen des Herds.

Der sich nach Südwesten anschließende Hauptturm überragt die Gesamtanlage bei weitem. Durch eine zusätzliche Ummantelung verstärkt, springt sein Sockel vor die übrige Außenflucht. Vier Okuli sind als Sockelfenster eingelassen. Die oberen Stockwerke macht ein Treppenturm zugänglich, dessen Wendeltreppe rechteckig verkleidet ist. Das erste Geschoß besitzt spitzbogige Maßwerkfenster, die von Blenden überfangen werden. Der untere Teil der als Fenstertüren gestalteten Öffnungen wird durch eine Balustrade verdeckt. Diese bewehrt den um den Turm geführten Laufgang und setzt sich als bekrönender Abschluß der Küche fort. Große Rundbogenfenster mit zweibahnigem Maßwerk zeigen den Hauptraum der Burg im zweiten Turmgeschoß an. Die Fensterbogen füllt eine achtteilige Rosette. Bescheiden nimmt sich dagegen das dritte Geschoß aus, wo ein niedriges Drillingsarkadenfenster seitlich von je einer kleinen Öffnung begleitet wird. Die Turmbedeckung ist als betretbare, zinnenumgrenzte Fläche gedacht. Der Treppenturm überragt diese Plattform mit seinem spitzen Kegeldach. Zwei Wichhäuschen (échauguettes) auf Konsolen sind dem Zinnenkranz angefügt. Hauptturm und Küche sind durch einen mit zwei Fenstern belichteten Gang verbunden, dessen Rückwand aus dem abgeschroteten Felsen besteht. Weit abgerückt erscheint das auf einem Hochplateau stehende Burgtor, das die hinter der Burg verlaufende Chaussee unterbricht. Der Torbogen springt zungenartig nach innen und wird von zwei Rechtecktürmen flankiert.

293 K 138   Aus der Überarbeitung des Ersten Projekts ist eine Planvariante hervorgegangen, die lediglich im Grundriß überliefert ist. Während im Ersten Projekt die Küche an der Spitze eines rechten Winkels und damit im Zentrum des Grundrisses stand, tritt nun der Hauptturm an ihre Stelle, was seiner Größe und Bedeutung entspricht. Die Verschiebung innerhalb des Komplexes ist ablesbar anhand einer senkrecht gestrichelten Linie, die eine fest eingemessene Strecke am Bauplatz wiedergibt und in mehreren Grundrißzeichnungen wiederkehrt. Äußerlich vereinfacht und in der Größe reduziert, geht die Küche eine Verbindung mit dem Burgtor ein. Jussow verläßt die starr-rechtwinklige Anordnung zugunsten einer Auflockerung, die in der unregelmäßigen Brechung der Verbindungsmauern ihren Ausdruck findet. Als Gegengewicht zur Baugruppe Burgküche/Tor tritt ein zerborstener Rundturm, den weitere Ruinenteile umgeben. Dieser Ruinenturm, der nur noch ein sichelförmiges Relikt darstellt, sitzt an der Stelle, wo im Ersten Projekt der Hauptturm postiert war. Die Verbindungsmauer beider Türme liegt wie der Ruinenturm oberhalb der Terrassierung. Daraus erhellt, daß Jussow nunmehr die vorgefundene topographische Situation in sein architektonisches Konzept einbezogen hat.

292 K 139   Ein grundlegend neuer Gedanke taucht mit dem sog. Zweiten Projekt auf, das uns in einer malerischen Ansicht, als Präsentationszeichnung gedacht, überliefert ist. Es sucht eine Belebung der Burg in Gestalt eines mitten hindurch geleiteten Wildbachs. Die Burg umfaßt im wesentlichen dieselben Teile wie in der überarbeiteten Fassung des Ersten Projekts. Am zentralen Hauptturm springt der Sockel nur gering vor. Auf der linken Seite liegt der Ruinenturm, ihm gegenüber ein rechteckiger, ebenfalls ruinöser Bau, der die Küche enthält. Den

Graben des ehemaligen Steinbruchs nimmt das reißende Gewässer ein. Über dieses spannt sich vom Hauptturm aus eine stichbogige steinerne Brücke, die jenseitig auf einem polygonalen Brückenkopf aufruht.

Daß das Wildwasser und ein dicht bei der Brücke angelegter Wasserfall das Projekt beherrschen, heißt, daß die Architektur eine möglichst weitgehende Verschmelzung mit der Natur anstrebt. Sie tut dies im Stadium der Selbstauflösung — als Ruine. Selbst der im Ersten Projekt vollständig erhaltene Hauptturm geht zum Verfallsstadium über. Generell ist die Zahl der bewohnbaren Räume merklich geschrumpft. Trotz der vermehrten Ruinenteile behält Jussow ein übersichtliches Kompositionsschema bei, das sich in der Orientierung an der Horizontalen von Brückenoberkante und Plateau äußert.

Der Stand des Projekts bei Baubeginn

Die Entwurfsarbeiten an den bisher besprochenen Projekten werden, wie die zum Schloß, einen längeren Zeitraum in Anspruch genommen haben. In Frage kommt die Zeit zwischen 1790 und 1793, wobei jedoch für eine exaktere Datierung das Quellenmaterial fehlt.

Als Voraussetzung für den Beginn der Bauarbeiten im November 1793 können zwei Präsentationsrisse Jussows gelten, eine Ansicht von Osten und eine weitere von Norden. Beide tragen den Genehmigungsvermerk des Landgrafen, die Hauptansicht mit dem Datum des 18. November und der Aufforderung »ist in Arbeit zu nehmen«. Im Unterschied zum Zweiten Vorprojekt fällt auf, daß man vom Wasserfall-Projekt wieder Abstand genommen hat. Der Hauptturm ruht über einem leicht geböschten Sockel und hat einen hexagonalen Treppenturm erhalten. Das Rechteck des ruinösen Küchenbaues ist übereck gestellt, so daß eine der Gebäudekanten nach Norden weist. Aufgrund dieser Besonderheit können wir den Aufrissen den zugehörigen Grundriß zuweisen. Seine Beschriftung weist wiederum auf die in Aussicht genommene Realisierung. Im Hauptturm, hier in Höhe des Erdgeschosses erfaßt, wird die Anzahl der Fensterachsen auf acht festgelegt. Damit ist erreicht, daß im Turmrund jedes Fenster ein axiales Gegenüber besitzt. In dieser Planungsstufe stellt der Hauptturm eine unmittelbare Vorstufe für die endgültig ausgeführte Form dar. Im Erdgeschoß sitzen spitzbogige Fenster, die auf der Ansicht zweigeteilt sind. Das nächsthöhere Geschoß gibt sich mit seinen Okuli als Mezzanin zu erkennen. Mit den Triforien ist für das Hauptgeschoß eine dem Zweiten Projekt verwandte Fensterform gewählt. Ihre mit mittelalterlichen Bergfrieden, aber auch mit Donjons[1052a] unvereinbare Größe zeigt den repräsentativen Hauptsaal an. Wieder aufgegriffen vom Ersten Vorprojekt wird die Idee der begehbaren Plattform, die der scheinbar zerstörte Turmabschluß bizarr umschließt.

Für die linke, im Süden gelegene Baugruppe hält der Lageplan eine Erweiterung fest, wie sie in den Vorprojekten noch nicht vorgesehen war. Den ruinösen Eckturm tangiert ein im rechten Winkel gebrochener Abschnitt der Umfassungsmauer, der zugleich eine Längswand eines rechteckigen Gebäudes bildet. Eine nachträgliche Korrektur sieht eine Verlängerung dieses Rechteckbaues mit Gewinnung eines weiteren Raumes vor. Die eher ungelenken Züge dieser Einskizzierung stellen eigenhändige Änderungsvorschläge des Landgrafen dar. Die Umfassungsmauer läuft von dem Gebäude aus in westlicher Richtung weiter, um an dem die Burg tangierenden Weg abzubrechen. Auch hier sind skizzenhafte Hinzufügungen zu erkennen, die darauf schließen lassen, daß Wilhelm IX. an dieser Stelle ein zweites Tor, gleichfalls als Ruine, gewünscht hat.

In Entsprechung zu der Tatsache, daß die beiden Aufrisse und der Grundriß die Zustimmung des Landgrafen gefunden haben, finden wir auf zwei Entwürfen Jussows detaillierte Vorschläge der Raumaufteilung im Turm.

299 K 144 Ihr Zusammenhang mit dem zuletzt besprochenen Planungsstadium erhellt aus der Verwendung eines sechseckigen Treppenturms, während der ausgeführte Bau eine oktogonale Ummantelung aufweist.

Der Hauptturm ist über den Treppenturm zu betreten, der eine Wendeltreppe aufnimmt. Für das Erdgeschoß hatte Jussow zunächst eine Unterteilung in eine kleinere antichambre und ein größeres, von fünf Fenstern belichtetes Kabinett vorgesehen. Der Wegfall der Zwischenwand und die damit verbundene Schaffung eines die gesamte Fläche einnehmenden Speisesaals geht auf eine Korrektur zurück, die sicher der Landgraf gewünscht hatte. Aus den Maßangaben geht hervor, daß der Turm im Erdgeschoß einen lichten Durchmesser von 26 Kasseler Fuß (rund 7,50 m) hat; durch die Mauerstärke von viereinhalb F. kommt der Turm auf einen Außendurchmesser von 35 F. (rund 10 m).

Das durch die Okuli äußerlich markierte folgende Obergeschoß nennt der Grundriß »Entresol« — Zwischengeschoß. Die Aufteilung des Grundrisses erfolgt in Segmentform. Der Besucher gelangt von der Treppe aus in eine Garderobe, im Grundriß ebenso wie ein angrenzendes Kabinett als Viertelkreis angelegt. Den verbleibenden Halbkreis nimmt das Schlafzimmer ein, dessen in die Garderobe und das Kabinett vorstoßende Halbrundnische zur Aufnahme des Betts die Vorstellung eines Paradeschlafzimmers mit Alkoven eigenwillig variiert.

In der »Bel Etage« nimmt der »Sallon« die Gesamtfläche des Turmrunds ein. In diesem Planungsstadium taucht erstmals der auch ausgeführte Außenlaufgang auf, der vom Salon aus durch die sieben Fenstertüren zu betreten ist. Die zweite Etage ist in drei einfache Dienerkammern unterteilt.

Die erste Baustufe der »Felsenburg«

Über die Motivationen, die zum Bau geführt haben, und die ersten Anfänge informiert nochmals Strieder, der Hofhistoriograph: »*Die vorzüglich schikliche Lage des Platzes* über dem Thiergarten, wo ehemals ein Steinbruch gewesen, *und die schöne Aussicht, die man dort findet, veranlaßten Serenissimum, diesen Ort zu wählen, um daselbst ein Gebäude nach der Form der alten gothischen Schlößer erbauen zu laßen,* und es, da es auf Felsen gegründet ward, *Felsenburg* zu benennen. Noch im Nov. dieses 1793ten Jahrs ist mit Ausgraben der Fundamente angefangen und am 2ten Dec. der erste Stein vermauert.«[1053]

Die Baumaßnahmen am Jahresende waren nur geringen Umfangs, wie die niedrigen Ausgaben von 409 Rtlr.[1054] beweisen. Der Ausführung lag das besprochene, vom Landgrafen approbierte Projekt zugrunde, das in mehreren Punkten allerdings überarbeitet wurde. Von dieser Überarbeitung rühren zwei weitere Detailgrundrisse des Hauptturms her, die die achteckige Form des Treppenturms berücksichtigen. Die gesuchte Übereckstellung der Küche wurde aufgegeben und ihr rechteckiger Grundriß der Hauptfront eingepaßt.

Nach Strieder stand das Jahr 1794 im Zeichen umfangreicher Bautätigkeiten: »Von der Felsenburg war im Jahr 1794 der große Thurm, zwey daran stoßende Zimmer mit einem abgebrochenen Thurm, die Küche, die Thurmers-Wohnung und das daran liegende Thor zum Theil, in Ansehung der Mauerarbeit zu Stande gekommen; nicht weniger an der Bergseite der Felsen von der darauf liegenden Erde mehr entblößet und bis ins Thal hinunter mit der Treppe versehen worden [...]«[1055] Das bedeutet, daß die Planung 1793/1794 nicht nur eine Korrektur, sondern auch eine Erweiterung erfahren hat, nämlich durch die Türmerswohnung. Der Umfang der

298 K 145 Vergrößerung wird aus einer Zeichnung Jussows ersichtlich, die im Grundriß einen gewinkelten, an die Küche stoßenden Bautrakt wiedergibt, dessen Außenkante sich basteiartig zu einem vorspringenden Flankierungsturm

erweitert. Die zahlreichen Maßangaben legen eine Bestimmung dieses Blatts als Werkzeichnung nahe. Die winzigen Räume der Türmerswohnung waren von Anfang an wenigstens zweigeschossig geplant, wie aus der im Grundriß quadratischen Spindeltreppe hervorgeht.

Der für die Bautätigkeit 1794 gültige Aufriß muß aus einer Präsentationszeichnung destilliert werden, die zu Jussows schönsten Architekturzeichnungen gehört. Gezeigt ist der Aufriß von Osten, der von links nach rechts, wie von Strieder aufgezählt, den ruinösen Flankierungsturm, die »zwey daran stoßende[n] Zimmer«, den Hauptturm, die Küche und die Türmerswohnung erkennen läßt. Die Einordnung dieses Blattes bereitet deshalb Schwierigkeiten, weil an den Außenseiten mit Süd- und Nordtor zwei erst später geplante Trakte der Burg nachträglich eingezeichnet worden sind. Wir werden bei der Löwenburg noch mehrfach dem Phänomen begegnen, daß Jussow verschiedene, zeitlich aufeinanderfolgende Stadien auf ein und derselben Zeichnung miteinander kombinierte, die zum Verständnis der Planungsgeschichte wieder auseinanderdividiert werden müssen.

300 K 146
Farbt. IX oben

In diesem Stadium wird der anschauliche Charakter durch den stark ruinösen Zustand festgelegt. Der südöstliche Turm und die unmittelbare Umgebung des Hauptturms sind nicht bewohnbar. Am vollständigsten erhalten ist der Donjon selbst, der mit dem konsolengetragenen Laufgang und den hohen, zweigeteilten Fenstertüren schon die endgültige Form besitzt. Die Nebengebäude weisen rundbogige oder leicht gespitzte Biforienfenster auf. Die Durchfensterung der Verbindungsmauer zwischen Donjon und südöstlicher Bautengruppe in Form eines Triforiums, wie sie der Präsentationsriß festhält, entstand ebenso wie der Zinnenabschluß erst nachträglich. Als einziges Nebengebäude ist der nordöstliche Flankierungsturm zweigeschossig angelegt.

301

Daß die somit umrissene Planungsstufe wirklich ausgeführt war, dokumentieren Veduten. Ein ehemals in der Kasseler Landesbibliothek verwahrtes Blatt[1056] gibt eine Ansicht von Südosten wieder. Mit dem zerborstenen Flankierungsturm im Vordergrund und einem angrenzenden Mauerstück endet die Burg auf dieser Seite. Eine weit sorgfältigere Zeichnung des Malers Nahl d. J. liegt einem Kupferstich Friedrich Schroeders zugrunde, der 1795 erstmals veröffentlicht wurde.[1057] Man sieht darauf die Felsenburg von Nordosten. Bei den ruinösen Nebengebäuden, die den Donjon umgeben, fehlt neben der Küche noch der runde Eckturm, was als Indiz dafür gelten kann, daß die Türmerswohnung erst im Laufe des Jahres 1794 hinzugefügt worden ist. In diesem Jahr wurden für die Felsenburg 10.978 Rtlr. aufgewandt.[1054]

349

346

Aus dem Jahr 1795 stammt eine Äußerung des leitenden Oberbaudirektors Simon Louis Du Ry über die Fortschritte, die an der Felsenburg erzielt werden konnten. Am 8. April schrieb er dem Landgrafen in seinem Baurapport: »Der Thurm an der gothischen Ruine über dem alten Steinbruch hat sehr in der Höhe zugenommen, und bey Abräumung der Erde unter diesem Gebäude kommen die schönsten Felsen zum Vorschein, wodurch selbiges *ein sehr mahlerisches Ansehen* erhalten wird. Es haben daher Eure Hoch Fürstliche Durchlaucht bey Aussuchung dieses Plazes zu Erbauung gedachter Burg eine ungemein glückliche Wahl getroffen.«[1058] Daraus wird deutlich, daß Du Ry diesem Bauwerk durchaus nicht ablehnend, wie die ältere Literatur hat wissen wollen[1059], gegenübergestanden hat — im Gegenteil: Seine Worte sind Zeugnis reger Beteiligung und Zustimmung. Die Aufnahme der Felsenburg in Du Rys Baurapporte belegt seine Verantwortung auch für diese Bauunternehmung, unabhängig davon, daß die Entwürfe von seinem Mitarbeiter Jussow stammten.

Die grundlegende Erweiterung 1794/1795

Unsere als Quelle zur Baugeschichte der Felsenburg herangezogene Strieder'sche Chronik wurde seit dem Jahr 1795 sogar von dem ausführenden Architekten, Heinrich Christoph Jussow, weitergeführt. Das geht aus dem Schriftenvergleich des erhaltenen originalen Manuskripts eindeutig hervor, und erhöht noch dessen Quellenwert.[1060]

Seit 1795 richtete man sich nach einem Planwechsel, der die Anlage der Felsenburg einschneidend verändern sollte. Jussow berichtet ausführlich: »Die Arbeiten an der Felsenburg konnten [...] mit weit glücklicherem Fortgang geführt werden, da die hierzu dienlichen Materialien mehr in der Nähe zu haben sind, auch bei diesem Gebäude *keine so pünktliche und ängstliche Auswahl, Bearbeitung und Zusammenfügung derselben erfordert wurde.* Es ist demnach auch beim strengsten Frost mit der Arbeit nie gänzlich aufgehört worden.

Dieses Gebäude, das, der ersten Idee nach, nur durch die Vorstellung einer alten Warte und weniger Reste zerfallener Mauern *die Erinnerung der verflossenen Zeiten zurückrufen sollte,* ist seit dem Anfange seines Baues bis zu einer beträchtlichen Größe erweitert worden, indem des Herrn Landgrafen Hoch Fürstl^e Durchlaucht jene erste von Höchstdemselben, mit so glücklicher Auswahl des Plazes, gefaßte Idee in die eines *ganzen gothischen Bergschlosses* umzuschaffen gnädigst geruhet haben. Diese Burg mit zwey Thoren, Zugbrücken und Graben versehen, begrenzt in ihrem Umfange nicht nur alle Nothwendigkeiten, sondern auch selbst Bequemlichkeiten, die ein ehemaliger Bewohner, nach jener Zeiten Sitte, für sich nur verlangt haben könnte. Ein großer, 100 Fus hoher und 35 Fus im Durchmeßer haltender Thurm begreift in vier Stockwerken, zu denen eine Windeltreppe von unten hinaufführt, einen Speisesaal, eine Bibliothek mit einem Vorzimmer, einen Rittersaal und eine Ritterwohnung. Ein dießen Thurm halb umgebendes Gebäude enthält in 2 und 3 Stockwerken: drey große vollständige Apartements und vier Ritter-Wohnungen.

Auf diesem Gebäude gewährt eine Plattenform den Genuß einer unbeschreiblich schönen Aussicht, die aber von der Höhe des großen Thurms weit unbeschränkter und überraschender, für die Mühe, so hoch gestiegen zu sein, in vollem Maße belohnt.

Nach Norden schließt die Burgvogts Wohnung und ein Thor den Burghof ein, der nach Westen von dem Marstall Bau, in welchem auch die Rüstkammer ist, von der Kapelle und vom Küchenbau, nach Süden aber von der Thorwarte und einem Thor, über welchem das Burg Verlies ist, begrenzt wird.

Von diesen verschiedenen Theilen der Burg ist die Burgvogts Wohnung in diesem Jahr wohnbar worden, die Zimmer des großen Thurmes und des untersten Stockwerkes des daraufstehenden Herrnbaues soweit zu Stande gebracht, daß nur noch eine beßere Austrocknung erwartet werden muß, um sie zu meubliren, und das Mauerwerk deren an der westlichen Hofseite liegenden Gebäude zum Theil aufgeführt worden.«[1061]

Dieser Text zerfällt bei Beschreibung der Burg in zwei Teile — in die detaillierte Schilderung eines *Idealplans,* der 1795 nur in Teilen ausgeführt werden konnte, und in die Aufzählung des bereits Realisierten. Um den Quellenwert dieser Bauchronik richtig einschätzen zu können, muß man wissen, daß deren Niederschrift, wie der Text schon anzeigt, nicht tagebuchartig erfolgte, sondern daß größere Abschnitte von mehreren Seiten, zuweilen mehr als ein ganzes Jahr umfassend, eingetragen wurde, wie aus dem Schriftbild erhellt.[1062] Für die Planungsgeschichte bedeutet diese Überlegung: Es ist denkbar, daß Jussow einen größeren Abschnitt der Chronik nachträglich zu Papier gebracht hat und daß deshalb der für 1795 skizzierte Idealplan zu diesem Zeitpunkt (1795) noch nicht — wenigstens nicht in diesem Umfang — bestanden haben muß. Anlaß zu dieser Vermutung geben die im folgenden zu behandelnden Entwurfszeichnungen, die eine ungleich stärker differenzierte Planungsgeschichte des Erweiterungsprojekts nahelegen.[1063] Unbedingt festzuhalten ist jedoch an den von Jussow für 1795 überlieferten *Fakten* — sowohl was den generellen Wunsch nach Erweiterung der Anlage als auch die in diesem Jahr ausgeführten Bauteile angeht!

Als frühester Beleg für ein Erweiterungsprojekt hat ein Blatt aus der Wilhelmshöher Schloßbibliothek zu gelten. Es zeigt die Außenseite der südlichen Flanke, für die, als Gegenstück zum Nordtor, ein zweites Tor geplant wird. Seinen im Fugenschnitt eingefaßten Rundbogen flankieren zwei doppelgeschossige, wuchtige Rundtürme, neben die links noch ein weiteres Flankierungstürmchen in gleicher Höhe tritt. Mauerschlitze über dem Tor lassen auf die Anlage einer Zugbrücke schließen. Über dem für ein Wappen freigehaltenen Feld im Obergeschoß ragt ein niedriger Aufsatz auf, den wie die übrige Torarchitektur ein Zinnenkranz abschließt. An ein Mauerzwischenstück schließt sich nach links ein ruinöser Turm an, in dessen Wand Schießscharten eingelassen sind. Dieser Turm ist offensichtlich zur Bewehrung der Südwestecke gedacht. Das anschließende Mauerwerk gehört zur westlichen Längsseite, ist auf dem Entwurf also in die Fläche projiziert. Mit diesem Aufriß wird erstmals in der Planung der Wunsch faßbar, die Burg als geschlossene Anlage um einen Hof zu gruppieren. Des weiteren ist das in einem ungewöhnlich großen Maßstab gezeichnete Blatt als Beweis für die Zusammenarbeit von Bauherr und Architekt anzusehen: Während die Vorzeichnung in Bleistift, einschließlich der Beschriftung, von Jussow stammt, hat Wilhelm IX. die Linien in Feder nachgezogen, wobei er die Ruinenspuren mit zahlreichen dunklen Rissen und Spalten expressiv herausstellte. Mit diesem Erscheinungsbild der scheinbar starken Zerstörung fügt sich der Entwurf nahtlos dem 1794 im Bau befindlichen Stadium ein. Die Ausführung unterblieb.

302 K 147

Ein neu aufgefundener Grundriß der Burg gibt uns die Möglichkeit, die Baugeschichte von 1795 differenziert nachzuvollziehen. Unter den erhaltenen Bauzeichnungen stellt gerade diese die zur Erhellung der Löwenburger Entstehungsgeschichte wichtigste überhaupt dar. Der Grundriß ist von Jussow gezeichnet und unten links beschriftet. Daneben ist eine die Raumfunktionen festlegende Handschrift zu erkennen, die in Bleistift oben rechts den Marstallhof um die Umbauung erweitert hat; sie ist durch das »approbirt WL« unschwer als die des Bauherrn zu identifizieren.

305 K 148
Farbt. VIII

Zum Verständnis des Plans sei vorausgeschickt, daß er durch Ergänzungen über einen längeren — mehrjährigen — Zeitraum hinweg nachträglich verändert wurde, wie u.a. aus den farblich unterschiedlich angelegten Mauerzügen zu erkennen ist. Zu diesen Additionen gehören alle rot angelegten Mauern, also der Kern des Südostturms (R. 8), Korrekturen an der östlichen Außenwand des »Wohn Zimmers« (R. 3), die brückenartige Verbindung zwischen Donjon und Küche (R. 46) sowie der Anbau an die Küche (R. 45). Weiterhin von der Urfassung zu unterscheiden ist die in den Hof vorspringende Erweiterung der »Retraite« (R. 4), deren westliche Außenwand ursprünglich mit der des Wohnzimmers fluchtete, wie aus dem Verlauf des Hofpflasters hervorgeht. Die dunkelgrau angelegten Vorbauten zwischen Südtor und Südostturm gehören ebenso zu den späteren Erweiterungen wie die genannten in Bleistift flüchtig hingeworfen, auf den Landgrafen zurückgehenden Bauten an der Nordwest- und Nordostecke.

Beschränken wir uns auf die Untersuchung des hellgrau angelegten originalen Planungsbestandes, so erkennen wir zunächst die Bestandteile der Felsenburg wieder, die 1794 im Entstehen begriffen waren: den (noch!) ruinösen Südostturm (R. 8), nach Norden hin anschließend das schmalrechteckige Gebäude mit »Cabinet« (R. 6) und »Retraite« (R. 4), die abgeknickte Verbindungsmauer, den Donjon (R. 54) mit Treppenturm (R. 55), die Küche (R. 46), die Türmerswohnung (R. 41—44) sowie das Nordtor. Die wesentliche Neuerung besteht nun darin, aus diesen zusammenhanglosen, mehr oder weniger willkürlich verstreuten Teilen ein um einen Hof gebautes, wie Jussow es nennt, »ganzes gothisches Bergschloß« entstehen zu lassen. Um dieses Ziel zu erreichen, fügt Jussow folgende Bauteile hinzu: den Zwischentrakt mit den drei Räumen Vestibül (R. 2) —

Vorzimmer (R. 2a) — Wohnzimmer (R. 3), der die Distanz zwischen »Retraite« (R. 4) und Donjon füllt. Der nach Norden gelegene Trakt an der Schmalseite des Hofs erhält als Gegenstück zum nordöstlichen (R. 44) einen nordwestlichen Turm (R. 37), der das Tor flankiert. Völlig neu geplant ist die Bautengruppe auf der Westseite des Hofs, beginnend im Norden mit dem Marstall (R. 32), der rechtwinklig an den Nordtrakt stößt. Die ihm angegliederte Knechtestube (R. 27) leitet über zu einem abgeknickten, symmetrisch gebildeten dreiteiligen Baukomplex, bei dem die zentrale Kapelle (R. 25) rechts und links von je einer zum Hof geöffneten Remise (R. 24, 26) begleitet wird. Ein nicht näher definiertes Gebäude (R. 17), hofseitig mit zwei Fensterachsen versehen, vermittelt zum nach Süden weisenden Trakt, der, außen flankiert von Südost- und Südwestturm (R. 8, 18) und mit dem Südtor in der Mitte, ebenfalls von einer symmetrischen Konzeption ausgeht.

303 K 149
304 K 150
Daß die Felsenburg in ihrem bis Ende des Jahres 1794 gültigen Stadium nicht im geringsten auf diese Erweiterung hin angelegt war, offenbart sich deutlich am ergänzten, südlich an den Donjon anschließenden Wohntrakt. Von ihm besitzen wir einen Detailgrundriß, der die bis 1794 ausgeführten Bauten im Umriß festhält: auf der einen Seite den Donjon, auf der anderen die Einheit Kabinett/Retraite (R. 4, 6) in ihrer ursprünglich schmalen Ausdehnung, dazwischen einen freien Binnenhof. Die Zeichnung hält mehrere Meßlinien fest, welche die Voraussetzung zur Festlegung des neuen Verbindungstrakts bildeten. Ergebnis der sekundären Füllung sind die drei erwähnten Räume, von denen offensichtlich jeder eine regelmäßige Form erhalten sollte. Dieses Ziel erforderte inmitten des unregelmäßigen Polygons bald divergierende, bald konvergierende Zwischenwände. Die individuell geformten Grundrisse — das Rechteck mit Halbrundnische des Vestibüls (R. 2), das Fünfeck des Vorzimmers (R. 2a) und das Sechseck des Wohnzimmers (R. 3) — rufen in ihrer divergierenden Disposition eine Isolierung der Raumeinheiten hervor. Diese hinzugewonnenen drei Räume ergänzen Kabinett und Retraite, die nunmehr als Schlafzimmer dient, zu einem vollständigen Appartement! Die Einpassungen und damit verbundenen planerischen Komplikationen bilden eines der Hauptargumente dafür, im Jahr 1794 den terminus post quem für die Konzeption des Kastell-Typus zu erkennen.

306 K 151
Von Jussows Gesamtgrundriß hat sich noch eine jüngst aufgetauchte Plankopie gleichen Maßstabs erhalten, die in wenigen Punkten abweicht, sich aber gerade damit der Ausführung merklich nähert, so daß sie als im Detail überarbeitete Kopie anzusprechen ist. Die einschiffige Kapelle (R. 25), die zunächst nur mit der halbrunden Apsis aus dem Kapellen-Remisen-Block nach Westen vorragte, springt nun zusätzlich mit dem schmalen Querhaus in den Burggraben vor. Entsprechend ist die hofseitige Fassade in derselben Richtung verschoben. Am Nordtor wird, wie im Süden, der das Fallgatter aufnehmende Schlitz an der Hofseite des Tors angebracht. Wie bei der von Jussow gezeichneten Vorlage können die farblich abgesetzten späteren Ergänzungen, wie z. B. der nordöstliche große Anbau, vorerst außer acht gelassen werden. Als Autor kommen Henrich Abraham Wolff oder Caspar Christoph Schaeffer in Frage.

Als Datierung für das Paar von Jussows Grundriß und seiner Kopie, ebenso wie für den Potsdamer Aufriß der Südseite bietet sich der Winter 1794/1795 an. Dieser Datierungsvorschlag berücksichtigt einerseits die 1794 vollendeten, andererseits die 1795 neu in Angriff genommenen Abschnitte der Burg, gemäß den Überlieferungen durch Strieder und Jussow. Er bietet sich außerdem aufgrund der naheliegenden Überlegung an, daß die jahreszeitbedingte, längere Bauunterbrechung[1064] ohnehin den geeigneten Anlaß zum Überdenken des Bauprogramms bot. In der relativen Chronologie steht der Potsdamer Aufriß der Südflanke am Beginn der Erweiterungsabsichten, gefolgt von Jussows Grundriß, der bald darauf in seinem Atelier kopiert wurde.

Wie sollte damals die Burg im Aufriß aussehen? Zur Beantwortung dieser Frage hat sich eine ganze Reihe von Zeichnungen Jussows erhalten, die den beiden Grundrissen zugeordnet werden können. Die Beschreibung beginnt mit den Außenfronten der Burg.

Fast unverändert präsentiert sich die Hauptschauseite von Osten, die lediglich um das Gruppenfenster des Wohnzimmers und den Zinnenkranz darüber bereichert wurde. Dies läßt sich an Jussows Präsentationsriß ablesen, der bereits für die Planungsgeschichte des vorangegangenen Jahres herangezogen wurde; er bedurfte im Vergleich zum Vorjahr einer nur geringen Korrektur. Denselben Zustand der Burg-Ostseite dokumentiert ein Kupferstich von Wilhelm Unger, der »1795« datiert ist.[1065] *300 K 146*

Die Regelmäßigkeit der Anlage des südlichen Tortrakts, die bereits am Grundriß abzulesen war, gilt auch für dessen Aufriß. Die beiden stark ruinösen Flankierungstürme stehen etwa gleich weit vom Torturm entfernt, für den oberhalb des Durchgangs ein Fratzenkopf und ein Wappen vorgesehen sind. Die Seitenansicht der links in der Tiefe gelegenen Kapelle ermöglicht es aufgrund der einschließlich des Querhauses vorspringenden Apsis, das Blatt der Kopie des Jussow'schen Grundrisses zuzuordnen. *307 K 154*
Farbt. X oben
306 K 151

Vom Aufriß der Burg von Westen existiert eine Zeichnung, die durch ein späteres Planungsstadium durch Jussow überlagert und in ihrer ursprünglichen Aussage verunklärt erscheint. Die Erstfassung ist dadurch gekennzeichnet, daß inmitten der kaum gegliederten Rückwände von Marstall und Remisen, die in Rundbogenfriesen und stark ruinierten Zinnen enden, die Chorseite der Kapelle durch kleinteiligere Struktur und Dekoration sowie den besseren Erhaltungsgrad abgehoben ist. Die Wände von Querhaus und Apsis sind durch Strebepfeiler gegliedert, die in krabbenbesetzten Fialen ausklingen. In die Apsis sind drei Rundbogenfenster mit zweibahnigem, »frühgotischem« Maßwerk eingesetzt. Über die Wände ziehen sich zwei Reihen von spitzbogigen Blendarkaden, in deren untere die Fenster mit einbezogen sind. Den Ansatz des polygonal gebrochenen Dachs verbirgt eine durchbrochene Balustrade. *309 K 153*
312, 313

Aus derselben Serie von Aufrißentwürfen stammt Jussows Ansicht des Nordtrakts. Von den im Vordergrund liegenden Bauteilen umschließen der Nordostturm und das nach Westen anschließende Wandstück die Burgvogtswohnung. Das von einem Pechnasenkranz übergriffene rundbogige Nordtor besitzt einen höheren Aufbau, den links ein konsolengetragenes Wichhäuschen mit Kegeldach begrenzt. Er bildet ein asymmetrisches, ungleichgewichtiges Pendant zum gänzlich ruinösen Nordwestturm (R. 37). Bereits in diesem Stadium ist für das Nordtor eine separate Zugbrücke vorgesehen. *316 K 154*

Jussows Aufrißzeichnungen verbindet kompositionell, trotz des Zugs zum Ruinösen und Asymmetrischen, eine durchgehende konzeptionelle Konsequenz. Auffällig ist vor allem der rings umlaufende, leicht geböschte Sockel, der das Oberkanten-Niveau des Donjon-Sockels als einheitliche Waagerechte fortsetzt. Auch die Bogenfriese verlaufen fast einheitlich auf demselben Niveau. Die Umrisse der Bauten ordnen sich der Donjon-Beletage eindeutig unter. Ausgenommen hiervon sind, höher aufragend, nur die beiden Tore und die Kapelle.

In welcher Gestalt die zum Hof gekehrten Fassaden damals geplant waren, lehren weitere Entwürfe, die ebenfalls mit Jussows Grundriß bzw. mit seiner Kopie in Übereinstimmung zu bringen sind.

Vom östlichen Haupttrakt existiert ein Entwurf, der wiederum durch nachträgliche Modifizierungen in seiner ursprünglichen Gestalt verändert worden ist. Zieht man die späteren Ergänzungen, die in brauner Feder gezeichnet sind, ab, so ergibt die in schwarzer Feder gehaltene Erstfassung folgendes Bild: Von der eingeschossigen, oben ruinös auslaufenden Küche im Nordosten verläuft eine gezinnte Mauer zum Treppenturm des Donjon. (Diese Mauer ist bis auf geringe Spuren wegradiert!) An diesen 1794 von Zubauten noch völlig freien Mittelpunkt der Anlage ist die Erweiterung des schmalrechteckigen Wohngebäudes herangeschoben. Die genaue Untersuchung der Aufrißzeichnung ergibt einen eingeschossigen Trakt mit zwei unterschiedlich gegliederten Fassadenabschnitten nebeneinander. Den rechten, 1794 im Rohbau erstellten und höher aufragenden Teil zierten wechselweise große und kleine spitzbogige Blendarkaden.[1066] Von den Öffnungen ist lediglich die Lage und Form der Tür sicher zu ermitteln. Der linke, 1794/1795 hinzugeplante Teil setzt den Bogenfries des älteren *314 K 155*

Wohntrakts fort. Das rundbogige Hauptportal wird von einem gotischen, von Fialen flankierten Tympanon mit Maßwerk bekrönt, in das die Halbfigur eines geharnischten Ritters gestellt ist. Die beiden gleichartigen lanzettförmigen Biforienfenster übergreift ein Entlastungsbogen, dessen Rund aus Keilsteinen und Bossen in Korb

322 K 156 bogenform zusammengefügt ist. Vom Portal und den Biforienfenstern haben sich detaillierte Werkzeichnungen erhalten.

318 K 157 Über die geplante Gestaltung der westlichen Hofseite informiert ein Entwurf Jussows, der von Ergänzungen, wahrscheinlich von der Hand des Landgrafen, durchsetzt ist. Im Mittelpunkt dieser Längsseite steht die Kapelle, deren Fassade sich von der übrigen Flucht durch einen Rücksprung absetzt. Die beiden flankierenden Remisengebäude öffnen sich in je zwei Rundbogenarkaden zum Hof. Die Arkaden ruhen auf Pfeilern, die über der Kämpferzone in lanzenartigen Spitzen auslaufen. Die Mauerzwickel, die zu einem Rundbogenfries und der abschließenden Zinnenreihe überleiten, sind mit kleinen Blendtondi ornamentiert. Der Bau im Südwesten (R. 17) behält die Gliederung durch zwei Rundbogen in Form von Blendarkaden bei, ebenso in seiner Erstfassung den Rundbogenfries, über dem das Gebäude als ruinöser Torso abbricht.

Auch das nordwestliche Gegenstück, der Marstall, paßt sich diesem Fassadenschema mit Rundbogenfries und Zinnen an. Eigenwillig abgesetzt erscheint dagegen die übrige Wandgliederung. Zwei Biforienfenster schließen ein von diamantierten Pilastern gerahmtes Portal ein, das ein Pferdekopf über einem gesprengten Volutengiebel überragt, womit auf die Gebäudefunktion angespielt wird. Die Bauornamente sind im Detail auf

321 K 158 einer Werkzeichnung wiedergegeben. Man erkennt eine toskanische Ordnung der diamantierten Pilaster; als Skulptur ist nunmehr ein Paar von Pferdeköpfen eingesetzt.

Die Kapellenfassade ist der einzige Bauteil, der aus dem vorherrschenden Horizontalismus der westlichen Bautengruppe — für sie waren zunächst nicht einmal Steildächer vorgesehen! — heraussticht. Die Fassade läßt auf ein basilikales Schema schließen. Das Mittelschiff setzt sich durch zwei fialenbekrönte Strebepfeilerpaare und einen vielfach gestuften Treppengiebel ab. Ein säulengetragener Wimperg überfängt das Hauptportal mit rundbogigem Tympanon. Ein zu vier Arkaden aufgelöstes Maßwerk gliedert die Mittelöffnung. Zu den Seitenschiffen führt je ein rundbogiges Portal. Die Wände über den Seitenportalen sind mit gespitzten Bogenfriesen, wie sie auch an der Chorseite der Kapelle zu finden sind, und einer Reihe von Ovalen überzogen. Jussows

305, 335 Grundriß klärt allerdings darüber auf, daß es keine Seitenschiffe gibt: An ihrer Stelle liegen Lichthöfe, die dem
Farbt. VIII praktischen Gebrauch entzogen sind; die Kapelle ist nur einschiffig! Ihre Vorderfront ist demnach als Schirm
K 148 fassade zu bezeichnen.

323 K 159 Die Hofansicht der Bauten an der nördlichen Schmalseite der Burg zeigt, daß das Nordtor die beiden Geschosse der Türmerswohnung um die Höhe eines dritten Geschosses überragt. Wie auf der Außenseite ist über dem Rundbogen des Tors ein Pechnasenkranz angebracht. Die Türmers- oder Burgvogtswohnung (wie sie seit 1795 heißt) und das Nordtor gehören zu den bereits 1794 in Angriff genommenen Bauten.

324 K 160 Anhand eines Ost-West-Schnittes durch die Gesamtanlage ist es möglich, einen Blick in das Innere von Donjon und Kapelle zu werfen. Über dem Speisesaal im Erdgeschoß des Hauptturms (R. 54) ist im Zwischengeschoß das Schlafzimmer (R. 57) durch das Bett in der Nische als solches auszumachen. Der Rang des Salons (R. 90) spiegelt sich in seiner Größe und Instrumentierung. Die Wand zeigt eine Aufteilung in rechteckige und ovale Felder, die ein über den Fenstertüren verlaufendes Gesims abschließt. Über dem Rund des Saals wölbt sich eine Kuppel als Halbkugel, der ein Netzgewölbe mit »springenden« Schlußsteinen unterlegt ist.

Auch für die Kapelle ist ein Rippengewölbe vorgesehen. Breite Gurtbogen trennen die schmalen Joche des Kreuzgewölbes. Besondere Beachtung verdient ein Wandgrab im nördlichen Querhausarm, zu dem noch eine

K 158 erste Skizze gefunden werden konnte. In diesem Grabmal manifestiert sich wohl erstmals im Entwurf der später mit der Gruft tatsächlich verwirklichte Gedanke, die Burgkapelle als Grabstätte einzurichten. Eine Gruft ist in diesem Stadium allerdings noch nicht vorgesehen.

Die schriftlich überlieferte, seit 1795 gültige Burgerweiterung kann dank der besprochenen Bauzeichnungen so gut wie lückenlos in der Planung nachvollzogen werden. Die wesentliche Bereicherung, die die Anlage erhalten hat, besteht in der Geschlossenheit der Burg, sowohl im Formalen wie Funktionalen. Mit dem Appartement im südlichen Teil des Osttrakts ist ein zweiter Wohnbereich neben dem Donjon entstanden, der, wie die »Retraite« beweist, wohl als appartement privé gedacht ist, während der Donjon die Zimmer eines appartement de société aufnimmt. Die westliche Seite des Hofs bildet, abgesehen von der Kapelle, ein dem Wohnbereich funktional untergeordnetes Gegenüber. Zusammen mit diesen Wirtschaftsgebäuden und der Kapelle sind damit die Voraussetzungen für eine kleine, vom Schloß unabhängige Hofhaltung auf der Felsenburg geschaffen worden.

Diese durchgreifende Ausdehnung ist bislang als Projekt vorgestellt worden. Was wurde davon 1795 ausgeführt? Nach Jussows oben zitiertem Bericht wurden in diesem Jahr die Burgvogtswohnung, der Innenausbau des großen Turms und des Erdgeschosses des anstoßenden sog. Herrenbaus vollendet, außerdem die westlichen Hofgebäude in Angriff genommen. Was die Vollendung der Innenräume des Donjon angeht, so muß diese Nachricht durch den Baubericht von 1796 nochmals eingeschränkt werden. Man kann aber davon ausgehen, daß 1795 die Dekoration der Wände in der Planung festlag und z. T. schon ausgeführt war. Es haben sich zwei Entwürfe Jussows erhalten, die über die Innenraumgestaltung des Rittersaals (R. 90) Auskunft geben. Der Aufriß der senkrechten Wand stimmt weitgehend mit dem überein, den der summarische Querschnitt bereits angedeutet hat. Zwischen den Fenstertüren ist die Wand in vier Rechteckfelder geteilt; die über einem Sockel liegende Hauptzone wird von stehenden Ovalen mit Trophäenschmuck eingenommen, den der Bildhauer Johann Christian Ruhl gefertigt hat.[1067] Es handelt sich um Waffenschmuck und Rüstungen, denen axial darüber Lanzenspitzen und hessische Wappen zugeordnet sind. *326 K 161*

Geändert gegenüber dem Querschnitt wurde das Ornament der Kuppel. Sie steigt über Stichkappen auf, deren Wandfelder von gotisierenden Kreuzblumen eingenommen werden. Ein dichtes Netz linearer Rippen überzieht die Kuppel und bildet im oberen Drittel ein Muster aus diagonal verlaufenden Kassetten. Der Vergleich mit einer Bauaufnahme des 19. Jahrhunderts von Heinrich von Dehn-Rotfelser[1068] ist ein Beweisstück dafür, daß diese Dekorationen des Rittersaals tatsächlich zur Ausführung gelangt sind.[1069] Mit Hilfe des Gemäldeinventars aus dem Jahr 1798[1070] läßt sich ermitteln, daß die Dekorationen nicht in Stuck, sondern in Trompe-l'œil-Malerei ausgeführt waren. *327 K 162*

1795 muß auch das Südtor begonnen worden sein, da es schon ein Jahr später vollendet wurde. Man modifizierte den Entwurf, indem die vier Flankierungstürmchen nicht massiv, wie auf Jussows Grundriß vorgesehen, sondern innen hohl, mit einer Wendeltreppe im nordwestlichen (R. 11), ausgeführt wurden. *305 K 148*

Die Überlieferung, daß 1795 die Burgvogtswohnung benutzt werden konnte, verrät den Fortgang der Arbeiten auch im nördlichen Bereich der Burg. Vor Inangriffnahme der Nordwestecke wurde die Position des dort vorgesehenen großen Flankierungsturms geändert; in der Ausführung sitzt er näher am Burghof als auf Jussows Grundriß vorgesehen. Der Turm, nach außen hin scheinbar eine völlige Ruine, nimmt im Innern eine gewendelte offene Treppe auf, die das Obergeschoß des Nordtors zugänglich macht. In der hohlen Spindel ist ebenerdig ein Abtritt untergebracht. *K 163*

Wieweit die Erstkonzeption der westlichen Hofgebäude für den Baubeginn 1795 maßgeblich war, kann durch Jussows Grundriß und seine Kopie einerseits und den endgültigen Gesamtgrundriß andererseits entschieden werden. Abgesehen von mehreren Ergänzungen und Änderungen, auf die noch einzugehen sein wird, übernahm man vom ersten Entwurf den Plan für den Marstall, die Remisen und den Bau in der Südwestecke. Die *305, 306, 342, 343*

175

zwei Flankierungstürmchen der Remisen wurden wie beim Südtor innen hohl ausgeführt. Eine wesentliche Abweichung bildete die Kapelle, die nicht ein-, sondern dreischiffig ausgeführt wurde.

318 K 157   Gerade die Kapelle gab Anlaß zur Verfertigung mehrerer Projekte. Das erste Fassadenprojekt Jussows, im Gesamtaufriß enthalten, trug als phantastisches Konglomerat aus mittelalterlichen und frei erfundenen Architekturornamenten alle Kennzeichen einer rein emotional verstandenen »Sturm-und-Drang-Gotik«, die dem Bauherrn
319 K 164 offenbar nicht zugesagt hat. Ein zweites Aufriß-Projekt für die Kapelle kann in das Jahr 1795 datiert werden, da die skizzenhaft angedeuteten Nebengebäude — noch — eingeschossig wiedergegeben sind. Wie an diesen abzulesen, hat die Fassade entschieden an Höhe gewonnen. Sie gliedert sich in drei senkrechte Abschnitte. Das rundbogige, von Figurennischen begleitete Portal mit Tympanon überragt ein steiler Wimperg, dessen Kreuzblume ins Zentrum des Radfensters hinaufreicht, in das ein Achtpaß eingesetzt ist. Zwischen ihm und dem Giebel, der die Form eines gleichseitigen Dreiecks besitzt, vermittelt eine Zwerggalerie. Ein schlanker, im unteren Bereich übereck gestellter Strebepfeiler trennt die Fassadenabschnitte von Mittelschiff und Seitenschiffen, die ihrerseits außen von einem kräftigen, niedrigeren Strebepfeiler mit getreppten Fialen begrenzt werden. Die ebenfalls giebelbekrönte Stirnwand der Seitenschiffe ist in ein dreibahniges gotisches Maßwerkfenster aufgelöst, dessen Spitze in einem Achtpaß ausklingt. Filigranes Stabwerk überzieht in schmalen, von Wimpergen unterbrochenen Bahnen die Oberflächen der Strebepfeiler und des Mittelschiffs, was im Verein mit dem Strebewerk eine neuartige Vertikalisierung der Architektur bewirkt.

331 K 165   Diesem Fassadenprojekt kann eine Grundrißzeichnung zugeordnet werden, die den Planwechsel zur dreischiffigen Burgkirche festhält. Zugrunde liegt dem Blatt die hellgrau angelegte einschiffige Fassung. Der schwarze Grundriß darüber nimmt im Bereich der Apsis und des Querhauses so ostentativ Rücksicht auf die frühere Planung, als sei nach dieser der Bau in der Chorpartie bereits begonnen worden.[1067] Am Stützensystem fällt auf, daß es sich um Bündelpfeiler handelt, die sich aus je acht miteinander abwechselnden alten und jungen Diensten zusammensetzen. Die Wandvorlagen sind entsprechend angepaßt; nur die Apsis weist keine Dienste auf. Von den Stützen aus kann auf eine gotische Rippenwölbung mit gleichwertig ausgebildeten Gurt-, Scheid- und Diagonalrippen mit begleitenden Zierrippen geschlossen werden. Tatsächlich sind skizzenartige Eintragungen eines »spätgotischen« Sterngewölbes auszumachen. Die rund um den Bau verteilten Strebepfeiler lassen ebenfalls auf einen geplanten Wölbebau schließen. Doch auch in dieser Form wurde die Burgkirche nicht ausgeführt.

Die Aufstockung 1796

Zur Baugeschichte der Burg liegt für das Jahr 1796 umfangreiches schriftliches Quellenmaterial vor. Jussow notierte in der Wilhelmshöher Bauchronik: »Die im vorigen Jahr zwar schon sehr ansehnlich erweiterte Felsenburg, die nunmehr den Namen *Löwenburg* erhielt, wurde durch neue beträchtliche Zusätze ihrer Vollkommenheit immer näher gebracht. Die zu diesem Ende bewürkten Arbeiten bestanden in folgenden:
1. ist die innere Ausbauung des großen Thurmes vollendet.
2. die Erhöhung und Erweiterung des Herren-Hauses zu beiden Seiten des großen Thurms in Arbeit genommen, und
3. das nördlichste Thor mit der Zugbrücke und dem daran stoßenden zerfallenen Thurm, ingleichen das südliche Thor mit der steinernen Brücke beendigt und die Burggraben mit einer Mauer eingefaßt, die sich mit einer Ruine endigt.

4. sind die obersten Stockwerke auf die Gebäude der westlichen Hofseite aufgeführt und der Burghof abgetragen und verglichen worden.
5. der Thiergarten wurde vergrößert und mittelst einer Mauer, die mit Thürmen versehen ist, an die Burg angeschlossen [...]«[1072]

Dieser Übersicht kann eine detaillierte Auflistung der am Jahresende 1796 in Ausführung begriffenen Bauarbeiten an die Seite gestellt werden. Jussow hat sie am 31. Dezember 1796 zusammengestellt unter dem Titel »Überschlag des Kosten Betrags, der zu gänzlicher Vollendung und innern Ausbauung der Löwenburg annoch erforderlich seyn wird.« Er zählt darin als »in Arbeit« befindlich auf: »Ausbauung und Erhöhung der Wohnung neben dem grossen Thurm von der Küche bis zu dem Thor nach Süden hin [...]« (Kostenanschlag: 16.367 Rtlr.); »der auf der Seite des grossen Thurms befindliche Zwinger mit dem kleinen Thürmgen [...]« (Kostenanschlag: 687 Rtlr.); »der Marstall, nebst dem daneben liegenden Wachthause und denen darüber anzulegenden Wohnungen [...]« (Kostenanschlag: 4.049 Rtlr.); »die Cavaliers Wohnung nebst dem daran stossenden Thurm und Verbindung mit dem Thore [...]« (Kostenanschlag: 4.383 Rtlr.).

Dagegen wird mit »angefangen und der Sockel nebst dem Souterrain fertig« erwähnt die »Kirche« der Burg, deren Ausführung Jussow mit Kosten über 14.387 Rtlr. veranschlagt. »In Arbeit und beinahe fertig« war »die Brücke vor dem Thor nach Süden nebst denen Seiten Mauern am Fluss und das Flussbett im Graben, und die Zugbrücke über diesen Graben«. Für die noch fehlenden Gebäude errechnete Jussow den Gesamtbetrag von 41.713 Rtlr., der von den damals geplanten Außenanlagen noch übertroffen werden sollte. »Die Mauer am Thier Garten mit den Blockhäusern, Thoren und der Futtermauer zur Befestigung des gerutschten Berges«, damals bereits »gröstentheils fertig«, erforderte Kosten in Höhe von 6.780 Rtlr. Die umfangreichste der projektierten Anlagen um die Burg bestand jedoch darin, »den ganzen Fluss nebst denen Wasserfällen und Brücken zu bearbeiten.« Dieser »unterhalb der Löwenburg bereits in Arbeit genommen[e]« Plan sah umfangreiche Erdarbeiten, eine Ausmauerung des Flußbetts und die Auskleidung der — größtenteils gemauerten — Felswände mit Quadersteinen vor; allein seine Ausführung sollte 50.000 Rtlr. verschlingen.[1072]

Als Voraussetzung für diese Auflistung, deren Ziel die Fertigstellung der Löwenburg war, ergibt sich notwendigerweise, daß für den Landgrafen — und damit auch für Jussow — das 1796 gültige Bauprogramm in der Planung als abgeschlossen galt. Somit war es Jussow erstmals möglich, die Gesamtkosten der Löwenburg »von ihrer ersten Grundlegung an bis zu ihrer Vollendung« auf 171.509 Rtlr. zu beziffern.[1073]

Den damit in Aussicht gestellten Unternehmungen ging ein planungsgeschichtlicher Prozeß voraus, der die Burg nicht weniger gründlich verändern sollte als die voraufgegangenen, 1795 gültige Planungsphase: Ziel war die Aufstockung der Burg. Die dafür gültige Planung kann nicht 1795, sondern erst 1796 erfolgt sein, denn im Jahr 1797 schreibt Jussow in der Chronik, die »vergröserten Anlagen der Gebäude auf der Löwenburg« seien »im vorigen Jahr gnädigst resolvirt [...]«[1074] worden.

Von der Hauptschauseite der Burg, der Ostseite des Osttrakts, blieb allein der Donjon von Veränderungen frei. Eine Entwurfszeichnung basiert auf dem bis 1795 erhaltenen Zustand, den bis dahin eine betont ruinöse Silhouette charakterisiert hatte. Der geforderte Ausbau in die Höhe brachte es mit sich, daß einige zuvor ruinöse, rein dekorative Teile erstmals einer praktischen Funktion zugeführt wurden, beispielhaft der südöstliche Flankierungsturm: Er wurde in dem Augenblick vollständig ausgebaut und mit einer Wendeltreppe versehen, als man für die neue Beletage des Herrenbaus ein »escalier de dégagement« benötigte! Im Äußeren erhielt der Turm einen auf Konsolen ruhenden Wehrgang, darüber einen auf Pfeilerarkaden sitzenden Aufsatz, der gleichsam das von De Wailly her bekannte Motiv des bekrönenden »Dach«-Monopteros ins Gotische übersetzt. Nach Norden schließt sich der doppelgeschossige Herrenbau an. Die gewissermaßen rekonstruierte Ruine wird von

328 K 166

300, 301
K 146

einer Reihe von Zinnen abgeschlossen, die in gleicher Höhe wie beim Südostturm verläuft. Aus dieser Horizontalen ragt ein gezinneltes Türmchen mit Okulus auf. Der im Grundriß winklig gebrochene Teil, dessen Erdgeschoß 1795 ausgeführt wurde, verfügt im Obergeschoß über eine neu aufgesetzte Reihe von Biforienfenstern, die von je einem runden Blendbogen zusammengefaßt werden. Zwischen die Biforien sind Wandverstrebungen gesetzt, die in Fialen ausklingen. Das Band dieser großen Fensteröffnungen ruht auf einer durchlaufenden Sohlbank, die über dem Klötzchenfries des ehemals eingeschossigen Wandabschnitts verläuft. Die in der Detailzeichnung eingetragenen Maße stimmen mit denen überein, die Jussows Beischrift nennt: »Sämtliche Fenster auf dieser Seite der Burg in der bel Etage werden 6 fus hoch und 2 $\frac{2}{3}$ fus breit [...].« Diese Beletage des Herrenhauses ist im Niveau nicht mit der des Donjon identisch, sondern entspricht dort in etwa der Höhe des »Entresol«. — Auch die nach Norden leicht verbreiterte Küche hat einen Aufbau erhalten. An die Stelle der zerstörten Mauerkronen ist ein Obergeschoß getreten, dessen fünf schmale Fenster über dem vorgegebenen Bogenfries ansetzen. Das am Osttrakt nur hier vorgesehene gewalmte Dach besitzt ein aufgesetztes Türmchen mit Spitzdach.

305 *Farbt. VIII* *K 148,* Der Osttrakt wurde im selben Jahr um den erwähnten »Zwinger mit dem kleinen Thürmgen« bereichert. Da er auf dem Präsentationsriß noch fehlt, kann er erst nachträglich geplant worden sein. Jussows Gesamtgrundriß weist den Zwinger als spätere Ergänzung auf. Wie eine Werkzeichnung näher erläutert, handelt es sich um eine im Winkel geführte Mauer zwischen Donjon und Küchenbau, die mit Zinnen versehen und an der Kante durch *K 167* ein Wichhäuschen verstärkt ist.

Die Aufstockungsmaßnahmen werden im folgenden an den weiteren Außenfronten, sodann an den Hofseiten verfolgt.

308 K 168 *Farbt. IX* *307 K 154* Für den Südtrakt kann das 1796 gültige Planungsstadium einem weiteren Präsentationsriß entnommen werden, in dem sich wiederum unausgeführte Planung und Realisation begegnen. Das kommt daher, weil das Blatt kopiengetreu von der im Winter 1794/1795 projektierten eingeschossigen Anlage ausgeht, die sich zum Beispiel noch in der niedrigen, dergestalt niemals realisierten Kapelle unverfälscht erhalten hat. Der ein Jahr später vorgesehenen Erweiterung gehört der Südostturm an, der sich von der — in Spuren deutlich noch erkennbaren — Ruine zum voll ausgebauten, mit dem Herrenbau verschmolzenen Treppenturm gewandelt hat. Die westlich anschließende Schmalseite des Palas hat bis zur Höhe des Zinnenkranzes einen gleich hohen Anbau erhalten. Ähnlich hat auch das Süd- oder Haupttor seinen ruinösen Habitus verloren zugunsten eines Aufsatzes mit vier Wichhäuschen an den Kanten und eines Pyramidendaches. Daß dieser Aufbau separat geplant wurde, erhellen *K 169* zwei ihm geltende Aufrißzeichnungen. Die erste gibt sich mit ihrer ungelenken, breiten Strichführung als eigen- *K 170* händige Zeichnung Wilhelms IX. zu erkennen, die zweite, auf Jussow zurückgehende, lag der Bauausführung fast unverändert zugrunde. Um den Torturm von zwei Seiten aus begehbar zu machen, binden ihn rundbogige Brücken links und rechts an die Langseitentrakte in Höhe des Wehrgangs an. Ein das Südtor links flankierender Vorbau gehört einer späteren Entstehungsphase an.

309 K 153 Die Aufstockung des Westtrakts geht aus den Ergänzungen hervor, die Jussow in den bereits besprochenen Aufriß von Westen eingetragen hat. Beibehalten wird das horizontale Gliederungselement des Bogenfrieses. Über ihm wird die Mauerkrone erhöht. Sie endet in einem Zinnenkranz, der auf einen Wehrgang schließen lassen könnte. Von den erst jetzt mit Satteldächern gedeckten Bauten ist der südlich an die Kapelle anschließende *312* zweigeschossig projektiert. Zugleich ändert sich auch der Umriß der Burgkirche, die um etwa ein Drittel erhöht wird. Der Ausbau der Marstall-Rückseite ist in diesem Stadium außer acht zu lassen.

Vom Nordtrakt hat sich keine Entwurfzeichnung des Jahres 1796 erhalten. Daß auch er damals aufgestockt wurde, läßt sich der oben zitierten Nachricht entnehmen, daß eine Kavalierswohnung »nebst dem daran stossenden Thurm und Verbindung mit dem Thore« eingerichtet wurde. Damit können nur der nordöstliche Flankierungsturm und das Nordtor gemeint sein; die Kavalierswohnung wurde demnach im zweiten Obergeschoß über der Burgvogtswohnung angelegt.

Ein konsequent durchgearbeiteter Entwurf für die Hofseiten der aufgestockten Burg existiert nur vom Osttrakt. Es handelt sich dabei um den Längsschnitt in Nord-Süd-Richtung, der bereits zur Erläuterung des eingeschossigen Stadiums von 1795 herangezogen wurde. Zum Verständnis der nunmehr neu vorgesehenen Änderungsmaßnahmen ist Jussows Grundrißentwurf mit heranzuziehen.

314 K 155

305 Farbt. VIII K 148

In der Südostecke wird der Palas nicht nur erhöht, sondern auch durch den in den Hof vorspringenden Risalit verbreitert. Seine Front gliedern vier spitzbogige Blendarkaden auf konsolengetragenen Wandsäulen, die über der Erdgeschoßzone ansetzen. In die Arkadenzwickel sind je drei Fischblasen als flächiges Ornament eingesetzt. Das Dach wird hinter einer Attika versteckt, die kreisförmig durchbrochen und mit Zinnen abgeschlossen ist. Der Verteilung der Blendbogen entsprechen in Erd- und Obergeschoß je vier kleine Spitzbogen, von denen die äußerste südliche Achse als Fenster, die übrigen drei als Nischen gebildet sind. Wie der Grundriß zeigt, ist der Risalit der »Retraite« und dem Kabinett (R. 4, 6) vorgelegt. Damit wurde die »Retraite« zu einem etwa quadratischen Zimmer erweitert. Dem Ausbau des Südostturms als »dégagement« gelten Jussows zeichnerische und schriftliche Erläuterungen am linken Rand seines Grundrißentwurfs. An die Westseite des Turms schließt der Anbau an, von dem aus nicht nur die Turmtreppe, sondern auch, mit Hilfe eines neu geschaffenen Türdurchbruchs, das Erdgeschoß-Kabinett (R. 6) zu erreichen ist. Da der Vorbau über ein an das Südtor stoßendes Höfchen auch Verbindung zum großen Burghof hat (R. 7), kommt ihm die Funktion eines Vestibüls zu.

Die 1795 ausgeführte Palas-Erweiterung, die das Portal des geharnischten Ritters auszeichnet, erhält in diesem Stadium ein Obergeschoß, das hofseitig von 13 rundbogigen Arkaden, überwiegend Blendarkaden, gegliedert wird. Die wenigen Fenster sind in unregelmäßigem Abstand eingelassen und zeichnen sich dadurch aus, daß sie den Bogenfries als ehemaligen Wandabschluß des eingeschossigen Projekts von oben durchstoßen. Durch diese von Jussow willentlich herbeigeführte »Störung« erhält die Anlage disharmonische architektonische Akzente, in denen sich etwas Wesentliches von der Willkür eines drastisch gerafften historischen Entstehungsprozesses mitteilt.

Die Baugeschichte des Jahres 1795 hatte die Distanz zwischen Donjon und Küche als Lücke zurückgelassen, die nur von einer Ringmauer geschlossen wurde.[1075] An dieser Stelle plante Jussow 1796 eine brückenartige Verbindung. Auf zwei gespitzten Bögen mit kräftigem Mittelpfeiler ruht eine Galerie, die die Kommunikation innerhalb der in der Chronik so bezeichneten »Wohnung neben dem grossen Thurm von der Küche bis zum Thor nach Süden hin« in der Beletage gewährleistet. Die Längswand der Galerie ist in durchfensterte Arkaden aufgelöst, die über einem Bogenfries aufsteigen und damit die Gliederungsmotive des Palas fortsetzen. Ein Gitter über der Galerie läßt darauf schließen, daß die — flachgedeckte — Dachzone vom Salon des Donjon aus betreten werden kann. Die Arkaturen der Beletage setzen sich am Küchenbau fort, wo Blenden und zwei Fenster dem Bogenfries der im übrigen ungegliederten Westwand aufgesetzt sind. Über das erste Obergeschoß hinaus reicht ein Aufsatz, der die in den Hof vorspringende Nordostkante als Unterbau eines Turms umdeutet: Die Drillingsarkaden seiner durchfensterten Wände übergreift je ein Dreiecksgiebel, über dem ein geschweiftes Spitzdach steil aufragt.

Von den 1796 begonnenen Außenanlagen, die in den Quellentexten stets zu den unabdingbaren Bestandteilen der Burg gerechnet werden, verdient der »Fluss nebst denen Wasserfällen und Brücken« besondere Aufmerksamkeit. Schon die dafür veranschlagten 50.000 Taler zeugen vom gewaltigen Umfang und Aufwand des Geplanten. Für diese Anlage war, immer noch Jussows Überlieferung folgend, »ein großes Reservoir auf dem

›Asch‹ hinter der Burg [...], in welchem das Wasser der Drusel gesammelt [...] werden« sollte, bestimmt. Auf dem genauesten Situationsplan, der vom Weissensteiner Park überhaupt existiert — er wurde vom Baukondukteur Caspar Christoph Schaeffer gezeichnet und 1796 vollendet — finden wir dieses Projekt getreu wiedergegeben. Die Planlegende weist das Reservoir als »grosser Wasser Behälter zu dem Wassersturz bey der Felsenburg« aus. Daraus erhellt, daß der Situationsplan noch vor der Umbenennung zur Löwenburg gezeichnet worden sein muß. Vom Reservoir aus wird das Wasser unterirdisch (?) geleitet; es tritt erst im Burggraben[1076] aus der Erde. Von der Burg aus fällt der Wassersturz steil nach Osten durch die »Wolfsschlucht«, um sich weiter hangabwärts mit dem Abfluß des Fontänenbassins zu vereinigen. Dieselbe Situation zeigt eine Zeichnung Jussows, die wohl dazu bestimmt war, Schaeffer als Vorlage zu dienen.

Die Löwenburg mit einem reißenden Gewässer zu umgeben, war nicht zuletzt eine eigene Idee des Bauherrn. Das geht aus einer neu entdeckten Zeichnung[1077] hervor, die Wilhelm selbst angefertigt und beschriftet hat. Darauf ist der Wasserfall zu sehen, an dem eine Brücke dicht vorbeiführt. Die Grundlage dieser Brücke bildet ein römischer Aquädukt, von dessen zwei Bogenreihen jedoch nur wenige Pfeiler und Bogenreste stehengeblieben sind inmitten des Wildwassers, das diese Ruinen sogar zum Teil überspült. Der Erläuterungstext Wilhelms zeugt von der Absicht, mit dieser Anlage die Allgewalt der Natur, die den Menschen hilflos erscheinen läßt, in Szene zu setzen. Ein Notsteg aus Holz mit Astwerk-Geländer ersetzt in zwei Abschnitten die Fehlstellen der Brücke. Da Wilhelm das Blatt mit »Waßer Sturz von der Felsenburg« bezeichnet hat, kann das Jahr 1796 als terminus ante quem gelten.

Die Auskleidung der Wolfsschlucht wurde mit architektonischer Präzision projektiert. Daraus wird deutlich, daß dem wild-romantischen Charakter der Natur mit denselben Mitteln nachgeholfen wurde, die gewöhnlich dem Bauwerk vorbehalten sind — Architektur und ihr naturhaftes Umfeld wurden als Einheit im Sinne des romantischen Gesamtkunstwerks begriffen und gestaltet. Die vorgesehene Verbindung von ruinöser Burg, Aquädukt-Relikten, Felsen und Wasserfall sollte ein Gegenstück zum 1788 begonnenen »römischen« Aquädukt auf der anderen Seite der barocken Parkachse darstellen.

Selbst die Tiergartenmauer wurde von Jussow zu den architektonischen Außenanlagen der Löwenburg gerechnet. Es hat sich ein Blatt erhalten, auf dem die Entwürfe zu drei Flankierungstürmchen und für das Tor vereinigt sind. Mauer, Türme und Tore gelangten 1796—1798 zur Ausführung. Es fällt auf, daß die Türme in ihrer Gestaltung alles andere als »gotisch« wirken, von Einzelformen abgesehen; vielmehr ging es Jussow darum, an ihnen die Wirkung geometrischer und stereometrischer Grundformen zu erproben.

Die 1796 für die Bauarbeiten ausgegebene Geldsumme überstieg mit 27.316 Rtlr.[1078] die des Vorjahres (20.170 Rtlr.) als auch den im selben Jahr für das Corps de logis des Weißensteiner Schlosses aufgewendeten Betrag von 23.145 Rtlr.[1079] Außerdem wurden an der Burg noch Arbeiten im Wert von 11.641 Rtlr. ausgeführt, die, mit Jussow zu sprechen, »aus dem für dieses Jahr (1796) gnädigst verwilligt gewesenen Bauverlage nicht haben bezahlt werden können«.[1080]

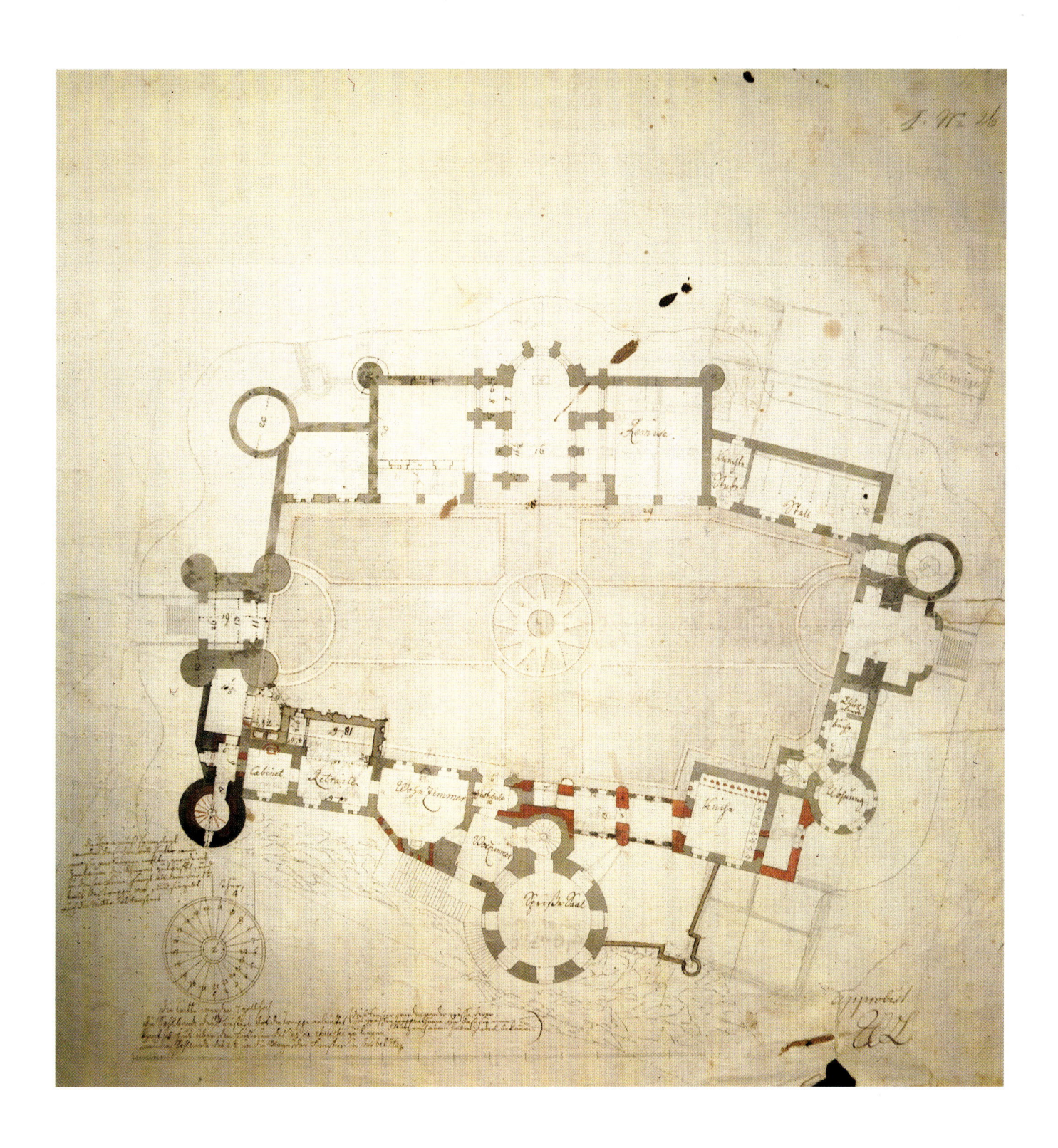

VIII
Heinrich Christoph Jussow.
Entwurf zum Ausbau der Felsenburg zur Löwenburg,
um 1784/1795. Grundriß mit späteren Ergänzungen   K 148

Die Planungs- und Baugeschichte 1797/1798

Bot jedes der Jahre 1793—1796 für die Planungsgeschichte, bedingt durch Eingriffe und Ergänzungen, stets neue Überraschungen, so beschränkte man sich 1797 darauf, die Pläne zur Aufstockung zu realisieren. Für dieses und die darauffolgenden Jahre stehen mit den Akten des Geheimen Rats[1081], der sich am Kasseler Hof auch mit dem fürstlichen Bauwesen zu beschäftigen hatte, zusätzliche schriftliche Quellen zur Löwenburg zur Verfügung. Durch Jussow erfahren wir in der Wilhelmshöher Bauchronik: »Die im vorigen Jahr gnädigst resolvirten vergröserten Anlagen der Gebäude auf der Löwenburg wurden fortgesetzt und die Umfaßungsmauer des Thiergartens mit ihren Thürmen beendigt. Auch wurde die innere Ausbauung der Fürstlⁿ Apartements vorgenommen und ein Theil davon zu Stande gebracht.«[1082]

Nachdem Wilhelm IX. für das Jahr 1797 die enorme Summe von 78.000 Rtlr. »zum Weissensteiner Bauwesen [...], hauptsächlich zum Bau des Schloß Gebäudes und der Löwenburg«[1083] festgesetzt hatte, unterbreitete ihm Jussow am 14. März seinen Vorschlag für die in diesem Jahr zu treffenden Baumaßnahmen. Er errechnete »zu Vollendung der Löwenburgs Gebäude exclusive der Kapelle und zur innern Ausbauung derer Apartemens neben dem grossen Thurm sowohl als der Wohnungen in den Nebengebäuden und zu Erbauung der Mauer um den Thiergarten die Baukosten von 34.000 rl«[1083], riet aber wegen der hohen Kosten des Weißensteiner Corps de logis, den Betrag auf 30.000 Rtlr. festzusetzen.[1084] Zu Jahresende waren 31.589 Rtlr. ausgegeben worden.[1085] Im Dezember wandten sich die an der Löwenburg tätigen Maurergesellen an den Landgrafen mit der Bitte um Gewährung eines Baudouceur, das sie, im Gegensatz zu den am Schloß tätigen Maurern, noch nie erhalten hätten. Du Ry unterstützte sie und empfahl Wilhelm am 7. Dezember, den Maurern 20 Taler zu zahlen. In erprobter Manier kürzte letzterer diesen Betrag und zahlte pro Mann 15 Taler.[1086]

Auch das Bauvorhaben erfuhr eine unerwartete Einschränkung, wie Jussow mitteilt: »An dem im vorigen Jahre zu bearbeiten angefangenen Waßerfall an dem Felsen unter der Löwenburg wurde zwar in denen ersten Monathen dieses Jahres fort gebauet; seitdem aber die Arbeit daran eingestellt, und die bereits ausgegrabene Hölung mit Tannen angepflanzt; dagegen aber die Ausgrabung des Reservoirs auf dem ›Asch‹ das ganze Jahr durch fortgesetzt«.[1087] Noch im März 1787 hatte Jussow festgestellt, daß »von obenbenahmten Reservoir auf dem Asch ehe kein Gebrauch gemacht wird, bis die Löwenburger Anlagen vollendet sind [...]«.[1088]

In einem am 29. Dezember 1797 an den Landgrafen gerichteten Schreiben umriß Jussow die im Jahr 1798 erforderlichen Arbeiten: »Daß das Aeussre und Innre der in Arbeit begriffenen sämtlichen Gebäude der Löwenburg gänzlich vollendet, die Kirche aufgeführt und der Hof gepflastert werde.« Er veranschlagte hierfür erneut 34.000 Rtlr.[1089] Auf einen Teil dieser Arbeiten anspielend, konnte er seinem Bauherrn am 14. April vermelden: »Auf der Löwenburg habe ich den Weißbindern zu Vollendung ihrer Dünch Arbeit den Termin bis Ende künftiger Woche bestimt, in welcher Zeit ich auch hoffe, daß die Schreiner mit dem Anschlagen derer noch fehlenden übrigen Boiserien fertig werden sollen, so daß, sobald die Wände hinlänglich abgetrocknet sind, welches bei der jezzigen Witterung bald zu hoffen ist, die Anheftung derer Tapeten bewürkt werden kann. Auch wird die Pflasterung des Hofes die künftige Woche ebenfalls in Arbeit genommen.«[1090]

Mit welcher Macht und welchen Mitteln auf die Vollendung hin gedrängt wurde, geht aus einem Bericht Jussows vom 26. Juli 1798 hervor: »Zu Fortsezzung derer Bau Arbeiten zu Weissenstein habe ich die Handwerker mit Strenge und unter Bedrohung nahmhafter Strafe angehalten. Die Ausbauung derer Wohngebäude auf der Löwenburg wird daher künftigen Mitwochen ohnfehlbar gänzlich vollendet und die Einräumung der Meubles, womit bereits vor einigen Tagen angefangen worden, ohne Hinderniß zu beendigen seyn.«[1091]

Vier Tage später meldete er dem Landgrafen: »[...] verfehle ich nicht, Ew: Hochfürstlichen Durchlaucht gnädigst befohlener masen weiter unterthänigst zu berichten, daß die Zimmer derer Hinter Gebäude auf der Löwenburg nunmehr völlig eingerichtet und meublirt sind; die Waßerleitung nach der Küche geführt; die Gatter Thore zum Verschließen des Burghofes angeschlagen und das Mauerwerk der Kapelle bis zur Höhe derer Fenster Stürze aufgebauet worden.

Es ist zwar zur Bewohnung der Burg diesemnach, soweit es der jezzige Gelas erlaubt, die möglichste Zubereitung gemacht und Ew: Hochfürstl^n Durchlaucht höchste Befehle werden entscheiden, wann Gebrauch davon gemacht werden soll; ich muß aber doch unterthänigst zu bemerken nicht verfehlen, daß der von der Erneuerung und Firnisirung derer Gemählde herrührende Geruch aus den Zimmern von Ew: Hochfürstl^n Durchl^t Apartement sich noch nicht völlig verlohren hat.«[1092]

Wann die Burg endlich erstmals bezogen werden konnte, erfahren wir von Jussow in der Bauchronik, die noch weitere, bisher nicht angesprochene Unternehmungen aufzählt: »Im Januar geschahe die Vollendung des Thors am Thiergarten, der Brücke am Südthore der Burg und des Thurms über der Burgvogts Wohnung. Das Dach auf dem Küchenbaue wurde aufgeschlagen und die Schreiner- und Weißbinder-Arbeit in den fürstlichen Apartemens bis gegen das Ende des May Monaths fortgesetzt, alsdann aber die völlige Meublirung der Burg vorgenommen und am 28.ten Jul. beendigt. Am 29ten Aug. geruheten des Herren Landgrafen Hochfürstl. Durchlaucht die Burg zu beziehen und am 2ten Sept. des Abends solche illuminieren zu lassen.

340 K 178

Von denen den Hof — der in diesem Sommer gepflastert worden — einschließenden Gebäuden war die Kapelle das einzige, das bisher noch gar nicht in Arbeit genommen war. Jetzt wurde die Veranstaltung dazu gemacht und der Bau vom 21ten May an bis zum 24ten Oktober soweit gebracht, daß die Gewölbe geschlossen und das Mauerwerk überhaupt vollendet war. Das alsdann noch aufgeschlagene und mit Dielen beschalte Dach konnte aber wegen der eintretenden üblen Witterung nicht ganz gedeckt werden.«[1093]

Die erstmalige Bewohnung der Burg durch den Landgrafen zeigt an, daß der Bau einen Abschluß gefunden hatte — einen Abschluß allerdings, der sich freilich bald als immer noch nicht endgültig erweisen sollte.

Als planungs- und baugeschichtliches Problem eigener Art entpuppte sich die Burgkirche. In der zuletzt zitierten Quelle behauptet Jussow, sie sei bisher, also vor 1798, »noch gar nicht in Arbeit genommen« worden. Nach den bisherigen Ausführungen wissen wir jedoch, daß »Souterrain« und »Sockel« Ende 1796 bereits vollendet gewesen sind. Wenn erst am 21. Mai 1798 der Kirchenbau wiederaufgegriffen wurde, heißt das, daß Gruft und Grundmauern des darüber Aufgehenden rund eineinhalb Jahre der Vollendung harren mußten. Waren die Gruftgewölbe schon geschlossen — und darauf deutet die überlieferte Vollendung des »Souterrains« hin — so war es erforderlich, sie gegen die Unbilden der Witterung zu schützen. Dieser Last hätte man durch rasche Aufführung der Kirche begegnen können. Daß das nicht geschah, ist kaum damit zu rechtfertigen, daß andere Teile der Burg, zum Beispiel die Appartements, bei der Fertigstellung Priorität verlangt hätten — im Gegenteil: Die ins Stocken geratene Ausführung scheint eher ein Argument dafür zu liefern, daß die Burgkirche als ganz wesentlicher Bestandteil der Anlage gerade deshalb in ihrer Gestaltungslösung besonders umstritten war. Sie ist, singulär in der gesamten Entstehungsgeschichte der Löwenburg, erst in der dritten Planungsphase verwirklicht worden.

320 K 174

Zu dieser gehört ein Aufriß der Fassade, der aus einer Überarbeitung des zweiten Entwurfs hervorgegangen ist, die bei gleichartiger Disposition aus einer Vereinheitlichung und Glättung besteht: Die Fenster erhalten ein schlichtes Maßwerk mit nur zwei rundbogig schließenden Bahnen, die im Couronnement in einen Sechspaß auslaufen; die beiden mittleren Strebepfeiler sind jetzt verbreitert und dominieren gegenüber den beiden äußeren; für die Blendgalerien wird eine gemeinsame Rundbogenform mit einer ädikulaartigen Verdachung darüber gewählt, und statt der drei gibt es nur noch den einen Dreiecksgiebel im Zentrum.

Der für die Ausführung der Kirche bestimmte Grundriß wird nach Westen leicht verschoben, behält aber die 337 K 175
Form eines Querrechtecks bei, die schon der erste dreischiffige Grundriß stärker ausgeprägt aufwies. Wie die Fassade, so wird auch der Grundriß im Vergleich zur vorangehenden Planung vereinfacht. An die Stelle der Bündelpfeiler treten glatte Rundpfeiler. Somit kann auch nicht mehr mit einer komplizierten Wölbeform gerechnet werden.

Der Querschnitt-Entwurf zeigt den Typus einer Hallenkirche, der schon dem 1795 ausgearbeiteten zweiten 336 K 176
Projekt zugrundegelegen haben dürfte. Der Schnitt verrät, daß die Gratgewölbe nicht massiv aus Stein gemauert sind, sondern daß es sich um leichte Rabitzgewölbe handelt. Die Scheitelhöhe der Seitenschiffgewölbe ist der des Mittelschiffs untergeordnet.

Zu klären bleibt die Datierung der letztlich gültigen Burgkirchenentwürfe. Die verschiedenen Alternativen weisen darauf hin, daß die Planung längere Zeit beanspruchte. Vom Ringen um die Form des Corps de logis am Wilhelmshöher Schloß kennen wir jene Haltung des Bauherrn, der jahrelang unentschlossen verschiedene Projekte hin- und herschieben konnte, um sich plötzlich zu einer Entscheidung durchzuringen und mit aller Macht auf deren Verwirklichung hinzuarbeiten. Aufgrund der Tatsache, daß für die Kirchenfassade drei Projekte erforderlich waren, ist es naheliegend, ein ähnlich langes Zögern des Bauherrn auch in dieser Situation anzunehmen. Es bietet sich eine dem Bau erst unmittelbar voraufgehende Planung, wohl im Frühjahr 1798, für das dritte und ausgeführte Projekt an. Trotz der Differenzen zu den früheren Projekten konnten die 1796 angelegten Westteile mit der Gruft beibehalten werden, nicht jedoch die weiteren Grundmauern, die dem anders proportionierten zweiten Entwurf zugehört haben dürften.[1094]

Über die zentrale Frage der Funktion des Bauwerks klärt ein Miniaturgrundriß auf, der die seit 1796 in Aus- 338, 339
führung begriffene aufgestockte Burg wiedergibt, wobei die Obergeschosse mit Hilfe von zahlreichen Deckblättern K 177
festgehalten sind. Diese Zeichnung ist deshalb von außerordentlichem Wert, weil nicht nur die Raumfunktionen von Wilhelm IX. eigenhändig eingetragen sind, sondern überhaupt die ganze Zeichnung auf den »fürstlichen Baumeister« zurückzugehen scheint. Hierfür sprechen verschiedene Kennzeichen. Die Mauerzüge sind in derselben schwarzen Tusche angelegt, mit der die Beschriftung der Zimmer vorgenommen ist, und deren Zuschreibung ist zweifelsfrei. Die Mauerkonturen nehmen einen stellenweise unsicheren Verlauf, Fenster und Türen sind wenig exakt ausgegrenzt. Zudem fallen Unstimmigkeiten und Besonderheiten auf, die der überaus pedantische Jussow, auch in diesem kleinen Maßstab, sicher vermieden hätte: In Höhe der Beletage ist der Treppenturm nicht als Achteck, wie ausgeführt, sondern als Sechseck wiedergegeben. Von den vier Ecktürmchen des Südtors sind drei massiv und nur eines als hohles Treppentürmchen wiedergegeben, wie es weder jemals geplant noch gebaut war. Gerade in der Mischung aus Wunsch und Realität gibt sich der Miniaturplan als Eigenbeitrag Wilhelms zu erkennen. Er ist spielzeughaft klein, so daß er leicht in der Brieftasche mitzuführen war, um täglich Anlaß zur Beschäftigung zu geben. Je nach Lust und Laune konnte Wilhelm über die weitere Komplettierung phantasieren.

Die Raumfunktionen hat Wilhelm wie folgt festgelegt. Das Appartement im Palas-Erdgeschoß ist bezeichnet als »Fremde Ritter = und Herrn Zimmer« (R. 2—7). Die westliche Erweiterung der »Retraite« dient dabei als Alkoven eines Schlafzimmers, wie die Bettstatt andeutet (R. 4). An den Alkoven ist ein Abtritt (R. 5) angefügt. Das fünfeckige Vorzimmer (R. 2a) dient auch als Vorzimmer des Speisesaals (R. 54). Wendet sich der zum Hauptportal Eintretende im Vestibül (R. 2) nach links, gelangt er durch einen Gang[1095], der unter der brückenartigen Galerie neu angelegt ist, zur Küche (R. 46). Dort ist die zuvor an der Nordseite befindliche Herdstelle nach der Westwand verlegt worden. An der Hoffassade ist dies in Gestalt eines außen vorspringenden Kamins ablesbar. Der 1796 nördlich an die Küche angefügte schmale Anbau (R. 45) dient als »Keller«, mithin als Speisekammer. Im gegenüberliegenden Westtrakt ist der zweiachsige Bau in der Südwestecke (R. 17) als Rüstkammer, der nördlich anschließende mit seinen beiden Zimmern (R. 22, 23) als Silberkammer ausgewiesen.

Jenseits der Kapelle ist die ehemalige Remise umgedeutet als Platz für »Wacht und Marställer«. Vor der Außenseite des Nordtrakts ist ein offener Zwinger (R. 40) angelegt, in dessen Mauer zwei Türmchen (R. 38, 39) die Zugbrücke bewehren.

Im Obergeschoß des Palas liegt das Appartement »des Burg Herrn« genau über dem der Gästewohnräume im Erdgeschoß (R. 58—63). Bei gleicher Lage des Schlafzimmers — mit Alkoven — umfaßt es eine Raumabfolge mit fünfeckigem Vorzimmer (R. 58), Salon (R. 59), Schlafzimmer (R. 60), Nachtstuhlkabinett (R. 61) und Garderobe (R. 62). Im Vergleich zum Erdgeschoß kommt aber noch eine Erweiterung hinzu. Sie besteht aus den beiden Räumen im Zwischengeschoß des Donjon, einem »Vorsaal« und der Bibliothek (R. 57), die seit der Aufstockungsmaßnahme das dortige ehemalige Schlafzimmer verdrängt hat. Eine »Retraite«, in polygonaler Form dem Vorzimmer angegliedert (R. 58), ist wohl als Kabinett zu deuten. Wesentlich bescheidener nehmen sich dagegen »der Burgfrau Zimmer« aus, zu denen als Vorzimmer die Galerie (R. 89), ein geräumiges Schlafzimmer (R. 85) und eine Garderobe daneben (R. 84) zu rechnen sind. Wie das Appartement des Burgherrn im Südostturm sein »dégagement« besitzt, so die Damenwohnung das ihrige im Treppenturm der Nordostecke des Hofs (R. 41 a), das allerdings zugleich für die Burgvogtswohnung als Aufgang dient. Als zentrale Haupttreppe dient die Wendeltreppe des Donjon, welche die Gesellschaftsräume zugänglich macht.

Im Obergeschoß des Westtrakts kann der »Burg Pfaffe« immerhin zwei Zimmer für sich beanspruchen. Sie liegen im Rüstkammergebäude (R. 70) und im südwestlichen Flankierungsturm (R. 71). Zwei Stuben über der Silberkammer stehen den Hofschreibern und der Kanzlei zur Verfügung (R. 72, 73). Das Obergeschoß dieses südwestlichen Burgbereichs erschließt eine gegenläufige Treppe (R. 24), die hinter der hofseitigen Doppelarkade angelegt ist. Das erste Stockwerk der nordwestlichen Baugruppe ist für Gäste als »Ritter Zimmer« in zwei Appartements (R. 74—79) geteilt und über eine Treppe im Winkel zwischen Marstall und Stube des Marstallknechts (R. 28) zu erreichen.

339   Der Grundriß erfaßt in einer dritten Ebene den Salon des Donjon, den Wilhelm IX. hier als »Ritter Ordens Saal« verstanden wissen will. Von den übrigen Abschnitten des Osttrakts reicht nur der Damenbau mit seinem Dachgeschoß bis in diese Höhe; er öffnet sich mit den drei Fenstern des turmartigen Aufsatzes nach Osten. Für den Torturm im Süden ist die Unterbringung einer Knappenstube vorgesehen. Sie ist durch eine Brücke mit der Kammer der Mägde (»Dirnen«), die im obersten Geschoß des Rüstkammergebäudes untergebracht ist, verbunden. Auf gleichem Niveau befinden sich im Wirtschaftstrakt neben Heuboden und Möbelkammer zwei weitere Stuben für Ritterknappen. Im höchsten bewohnbaren Geschoß, im 3. Stock des Donjon, ist eine weitere Wohnung für Gäste als »Wohnung für Ritter« ausgewiesen.

Mit der Frage, ob es sich bei dieser Zeichnung um einen die Bausubstanz betreffenden Entwurf des Landgrafen handelt, schneiden wir auch das Problem der Datierung an, für die mit der Entscheidung zur Aufstockung 1796 ein sicherer erster Anhaltspunkt gegeben ist. Einen zweiten liefert die Burgkirche. Sie ist in der erst 1798 realisierten Form mit drei Schiffen und Rundpfeilern, die Fenster mit zweibahnigem Maßwerk, wiedergegeben. Trifft die oben diskutierte Datierung der endgültigen Burgkirchenentwürfe ins Frühjahr 1798 zu, so haben wir damit einen sicheren terminus post für die Zeichnung erhalten. Denn sie stellt in ihrem winzigen Format keinen Architekturentwurf im herkömmlichen Sinne, sondern eine Miniaturkopie nach größeren Entwurfsplänen dar. »Entworfen« hat Wilhelm mit diesem Blatt allerdings eine Funktionszuweisung der Räume, und es darf als sicher gelten, aus welchem aktuellen Anlaß er dies tat: Er bereitete damit die erstmalige Inszenierung mittelalterlich-ritterlichen Lebens vor, die sich mit dem Einzug in die Burg am 29. August 1798 verband. Begriffe wie Ritterordenssaal, Burgpfaffe, Burgherr, Burgfrau, Knappen und Dirnen deuten dabei auf phantastische Rollenverteilungen nach den Vorstellungen des Erbauers hin.

Über Jussows Aufrißentwurf der Ostseite hinausgehend, können zwei weitere Ansichten eine Vorstellung vom Bestand der — vorläufig — vollendeten Burg vermitteln. In das Jahr 1798 gehört ein anonymes Ölgemälde[1096] aus dem Löwenburg-Inventar, das den Betrachterstandpunkt vor dem Eingang zur Wolfsschlucht gewählt hat. Damit ist einer der wesentlichen Punkte zum Schauen und Erleben der Löwenburg festgehalten, die, über dem Felsmassiv thronend, dem tief unten stehenden Betrachter wie überwirklich-entrückt und erhaben vorkommen muß. Damit ist die Idee des Distanzraums zwischen Mensch und Architektur-»Bild« aus den Vorprojekten wiederaufgegriffen und enorm in der Wirkung gesteigert worden. Am Baubestand, der wegen der visionären Architektur-Präsentation erst von zweitrangigem Interesse sein kann, fällt auf, daß die Verbindung zwischen Küche und Donjon wie im Obergeschoß durch eine Wand geschlossen ist. Erstmals gab dies Wilhelms Miniaturgrundriß zu erkennen. Diesem Bereich, der bald darauf völlig verändert werden sollte, ist der Zwinger mit Wichhäuschen an der Ringmauer vorgelagert.

Derselbe bauliche Zustand ist auf einer Jussow-Zeichnung fixiert, die als Präsentationsriß die ästhetische Wirkung der Löwenburg erprobt — nicht im Tageslicht, sondern bei Nacht, beleuchtet von einem Meer von Fackeln, die in den Höhlen der Fenster und auf den Kronen der Mauern stehen. Diese romantisch-bizarre Vorstellung kann nichts anderes sein als der Entwurf zur Illumination anläßlich der Einweihung am 2. September 1798.   *340* K 178

Noch im selben Monat ordnete Wilhelm IX. weitere Baumaßnahmen an: »Durch einen im September von des Herrn Landgrafen Hochfürstl. Durchlaucht gnädigst erlassenen Befehl wurde noch ein neuer Anbau an die nordöstliche Ecke der Burg verordnet, wodurch nicht nur das daselbst befindliche Fürstl^e Apartement vollständiger gemacht, sondern auch für einige Cavalier Wohnung Platz gewonnen wurde. Auch erhielt der Marstallbau eine ansehnliche Vergrößerung, ein Remisen Gebäude und einen Hof, der seinen Ausgang nach der um die Burg herum führenden Chaußée hat.«[1097]

An anderer Stelle präzisiert Jussow, was Datum und Kosten anbelangt: »Durch eine höchste Resolution vom 28^t Sept. 1798 ist eine Erweiterung derer Gebäude gnädigst befohlen und hierzu dem Überschlage gemäs verwilligt worden der Betrag von 13.190 rl.«[1098]

Vom geplanten Anbau an der Nordostecke, der in erster Linie eine Vergrößerung des Damenbaus zum Ziel hatte, existiert ein erster, nicht ausgeführter Detail-Entwurf, den Jussow im gleichen Maßstab wie seine übrigen Aufrisse der Ostseite gehalten hat. Er kann daher als zu den Präsentationsrissen gehöriges Deckblatt bestimmt werden. Für ihn ist kennzeichnend, daß die östliche und nördliche Bauflucht gewahrt geblieben wäre. In die Küche sollten Biforienfenster neu eingelassen werden, was Wanddurchbrüche erfordert hätte. Eine Vergrößerung des Wohnraums wäre durch Aufsetzen eines zweiten Obergeschosses erzielt worden.   K 179

Der Ausführung liegt ein als Präsentationsriß angelegter zweiter Entwurf zugrunde, der der Nordostecke ein weitaus größeres architektonisches Eigengewicht verleiht. Der Damenbau wird um ein weiteres Geschoß erhöht, das mit einem Walmdach gedeckt ist. Ihm werden zwei ineinander verschachtelte Baukuben vorgelegt. Dazu gehört ein quadratischer, innen runder Turm (R. 47/86), der gerade noch die südöstliche Kante des Damenbaus mit seiner ersten Fensterachse unverbaut aufragen läßt. Dieser Turm wird in seinem obersten, freistehenden 3. Stock ins Achteck übergeleitet und von einer Flachkuppel mit obeliskenförmiger Spitze bekrönt. Er wird seinerseits überschnitten durch einen im Grundriß rechteckigen, steil aufragenden Kubus mit Zeltdach, der sich in Höhe und Geschoßteilung dem Damenbau angleicht. Das sockelartig ungegliederte Erdgeschoß mit zwei Biforienfenstern wird an den Kanten strebepfeilerartig verstärkt. Das erste Obergeschoß weist eine Blendarkadengliederung mit sechs Rundbögen auf Halbsäulchen auf, ein Motiv, das auf der Hofseite am Palas vorgebildet erscheint. Leicht vorgekragt ist das zweite Stockwerk, dessen Bewehrung durch Wichhäuschen auf die   *329* Farbt. X unten K 180

Verteidigungsmöglichkeit dieses ungeschützten Wohnturms anspielt. Diese beiden neu hinzugefügten, ineinander verschränkten Türme erscheinen auf der Kopie von Jussows Grundriß gelb angelegt, können also vom älteren Bestand leicht unterschieden werden. Auf dem Grundriß fehlten zunächst die Strebepfeiler. Das runde Zimmer des kleineren Turms dient im Erdgeschoß als Vestibül (R. 47), das einem aus Vorzimmer (R. 48), Schlafzimmer (R. 49) und Garderobe (R. 50) bestehenden Gästeappartement vorgelagert ist.

306 K 151

Zum gleichzeitig in Auftrag gegebenen Erweiterungs- und Hofbau des Marstalls existieren ebenfalls nicht in die Tat umgesetzte Vorstellungen. Die frühesten gehen auf Wilhelm selbst zurück und sind als Bleistiftskizzen auf Jussows Grundriß zu entdecken. Von Jussow gibt es den Plan, einen zweigeschossigen Bau anzufügen, der sich im Erdgeschoß in zwei weit gespannten Rundbögen öffnet. Wahrscheinlich sollte damit Ersatz für die 1794/1795 im Wirtschaftstrakt hofseitig projektierten, bald aber einer anderen Nutzung zugeführten Remisen geschaffen werden. Das Obergeschoß wird von Blendbögen unterschiedlicher Höhe und Weite gegliedert, die die Fenster übergreifen. Ein Giebel mit Okulus im Zentrum schließt diesen Bauteil ab, der gegenüber einem rechts flankierenden Turm risalitartig vorgezogen ist.

305
Farbt. VIII
K 148
341 K 181

In unmittelbarer Nähe zur Ausführung sind die Ergänzungen zu setzen, mit denen Jussow seinen frühen Aufrißentwurf der Westseite bereichert hat. Die Fassade der Marstallerweiterung wird von Strebepfeilern gegliedert, von denen zwei stärkere die Außenkanten und zwei schlankere, höher aufragend, die Mittelachse mit der Tordurchfahrt im Erdgeschoß flankieren. Mit dem Bogenfries und Zinnenkranz werden Elemente der anschließenden Bauteile des Westtrakts weitergeführt. Von diesem Erweiterungsbau getrennt steht auf der rechten Seite des Vorhofs ein eingeschossiges, kubisches Gebäude mit Zeltdach. Bei der Ausführung ist es auf die gegenüberliegende Hofseite als zweitorige Remise (R. 34) gesetzt worden. »Nach der um die Burg herum führenden Chaußée« schirmt den mit einer Zinnenmauer umgebenen Hof ein Vorwerk mit zwei Tortürmchen (R. 35, 36), ab.

309 K 153

Die Vollendung der Löwenburg

Vom Jahr 1799 überliefert Jussows Chronik: »Das Bauwesen an der Löwenburg [wurde] ohnunterbrochen fortgesetzt und daselbst eine mit allen Rüstungen versehene Waffen Kammer eingerichtet [...]. In der Löwenburg wurde an dem neuen im vorigen Jahre angefangenen Anbaue und an der Vergrößerung des Marstalls fortgefahren; das Dach der Capelle völlig gedeckt; die inwendigen Gewölbe und Wände getüncht und solche zum Theil bemahlt, übrigens auch noch in Wintter eine Chaußée im philosophischen Thale angefangen und der vor dem südlichen Thore der Burg befindliche Platz, zum Turnier Platze bestim̄t.«[1099] Dafür wurden in diesem Jahr 17.208 Rtlr. ausgegeben; außerdem standen noch Rechnungen für schon ausgeführte Arbeiten in Höhe von 10.110 Rtlr. offen.[1100] Unter ihnen sind Kosten für Balustraden, (historische!) gemalte Glasfenster aus Möllenbeck und Bildhauerarbeiten Johann Christian Ruhls die wichtigsten.[1101]

Am 12. Januar 1800 bezifferte Jussow die Kosten für fast völlig beendete Arbeiten auf weitere 25.303 Rtlr. Davon waren 15.000 Rtlr. »für sämtliche 1798 angefangene und am 11. Januar 1800 beendete Maurerarbeit«, 1700 Rtlr. »für Weißbinderarbeit inkl. der Malerei in der Kirche«, 600 Rtlr. »für das Rittergrab«, sowie 1.106 Rtlr. »für Glaserarbeit inkl. der gemalten Fenster in der Kapelle« bestimmt.[1102] Damit wurde die Löwenburg mit derselben Zielstrebigkeit wie das Corps de logis jener ehrgeizigen Vollendung entgegengetrieben, in der die gesamte Wilhelmshöhe das soeben angebrochene 19. Jahrhundert begrüßen sollte.[1103]

Die 1800 unternommenen Arbeiten wurden von Jussow wie folgt resümiert: »Der neue Anbau auf der Löwenburg und das vergrößerte Marstall Gebäude wurden ebenwohl im Sommer vollendet, meublirt und noch bewohnt; auch war der Bau der Capelle zustande gebracht. Während dem Fortgange dieser Arbeiten wurde neben dem südlichen Thore der Löwenburg eine Thorwarte errichtet und die Burg-Wacht dahin verlegt. Eine in eißernen Röhren angelegte Waßerleitung vom sogenannten Silberbrunnen verschafft der Burg gutes trinkbares Wasser und half diesem bisher noch fehlenden Bedürfnis ab.«[1104]

Den Entwurf zur neu konzipierten Torwache hat Jussow, wie wiederholt zu beobachten, einem älteren Entwurf, dem Präsentationsriß mit dem Aufriß der Burg von Süden, eingefügt. Links neben dem Haupttor stößt ein von zwei Rundtürmchen flankierter, mit Zinnen waagerecht abschließender Bau in den Graben vor. Jedoch behielt die abgeänderte Ausführung nur einen, den kräftigeren linken Turm, bei. Dieser steht am jenseitigen Rand des Burggrabens an der Außenkante der als Dreieck den Graben überbrückenden Wachstube. *308 Farbt. IX unten, K 168*

Auch die gärtnerische Umgebung wurde dem Burgencharakter angepaßt: »Vor dem nördlichen Thore verschönert ein im alten Geschmack mit geschnittenen und in mancherley Gestalten geformten Hecken und Bäumen, Baßins, Springbrunnen, Statüen, Bogengängen und Vogelhäußern angelegter Garten die Gegend, und erhöhet die Täuschung vom würklichen Alter der Burg. Zu gleichem Zwecke wird vor dem südlichen Thore ein Turnier Platz angeordnet und ist mit der Abtragung des darauf befindlichen hohen Erdbodens im Monath September angefangen worden.«[1105]

Zur Anlage des Burggartens überliefert Heidelbach unter Berufung auf die — heute verlorenen — Lebenserinnerungen des Kasseler Hofrats Julius Eugen Ruhl[1106] eine Anekdote. Der Bauherr soll verfügt haben: »Jussow, hier in dem Garten bei der Löwenburg wünsche ich *nach holländischer Art geschorene Hecken,* und der Gärtner zu Wilhelmsthal kann das besorgen; er verdient ohnehin seine 200 Dukaten, die er durch Reskript von des hochseligen Landgraf [Friedrich II.] Freigebigkeit bezieht, mit Sünden.«[1107]

Nach Heidelbach bestand die ursprüngliche Bepflanzung der Hecken aus Tannen, da sie den schnellsten Wuchs garantiert hätten.[1108]

In einem Promemoria vom 31. Mai 1800 teilt Jussow mit, von den für das gesamte Wilhelmshöher Bauwesen in diesem Jahr zur Verfügung stehenden 12.000 Rtlr. habe man einen Teil zur Beschaffung der Baumaterialien zur »Thorwarte« ausgegeben, ferner sei damit die Planierung des Turnierplatzes und »die Verfertigung des Burggartens und die Unterhaltung derer dazu angestellten 20 Accordsleute« bestritten worden. Er fährt dann fort: »Der höchsten Absicht gemäs sollen nun noch ferner bewürkt und in diesem Jahr beendigt werden: »[...] 2. Der Burggarten nebst den darin angelegten berceau und treillage-Arbeiten; 3. Die Anlegung einer fontaine und eines bassins daselbst, nebst der dazu nöthigen Röhrenleitung; 4. Der Thurnier Platz und die dazu gehörigen Bühnen und Schranken; 5. Die Thorwarte, die Verlegung der Küche und der Officen und die dahin zu führende Röhrenleitung; [...]«[1109]

Der Entwurf zum Burggarten ist einem Situationsplan zu entnehmen, den Jussow mit Mitarbeitern um 1800 gefertigt hat. Im Zentrum steht die Bauaufnahme der — wenigstens in der Planung abgeschlossenen — Löwenburg, die auch mit den jüngsten der Ergänzungen, Torwache und Marstallanbau, versehen ist. Der vor dem Nordtrakt angelegte Burggarten hat einen polygonal gebrochenen, dem Gelände angepaßten Umriß. Rechtwinklig aufeinanderstoßende Wege ordnen die Anlage in Beete, die überwiegend mit Rasen bepflanzt und durch Heckenwände eingefaßt sind. Die Hauptachse orientiert sich nicht am Nordtor, sondern ist nach Osten zur Talseite hin verschoben, so daß sie auf die Seitenfront des abgeknickten Damenbaus axialen Bezug nimmt. In der Hauptachse liegen drei Wasserbecken und zwei Statuen hintereinander. Der Hang sollte, so der Plan, terrassiert und mit Weinstöcken bepflanzt werden. *K 185*

Für den südwestlich vor der Burg gelegenen Turnierplatz hat Jussow eine doppelgeschossige Tribüne für Zuschauer entworfen. Aus einem Deckblatt des 1800 genehmigten Entwurfs geht hervor, daß Wilhelm IX. nur das obere Stockwerk genehmigte. Gemäß seinem Gegenvorschlag sollte es auf einem hohen steinernen Sockel ruhen. Das Obergeschoß besteht aus sieben spitzbogigen Arkaden, die von Wappen- und Helmschmuck in Blendgiebeln überfangen werden. Die Mitte der aus Holz erbauten Tribüne gipfelt in einem Zwerchhaus mit obeliskenartiger Fiale steil auf. Wie aus einer Gesamtansicht hervorgeht, rückt Jussow die Tribüne an den Hang eines Hügels, der durch zweifache Terrassierung weitere Zuschauer aufnehmen sollte. Ob die Tribüne in der von Jussow vorgesehenen Breite ausgeführt wurde, ist zweifelhaft; der erwähnte Situationsplan weist an ihrem Standort ein lediglich dreiachsiges Gebäude auf.

Im Jahr 1800 entstanden schon die ersten Bauschäden. In der Nacht vom 9. zum 10. November richtete ein »sehr heftiger Windsturm« Schäden an, deren Aufzählung Einblick in damals vollendete Abschnitte gewährt. Es wurde »in der Kirche [...] ein Stück eines gemahlten Fensters von 1½ quadrat Fus eingedrückt«. Auch wurde »das in dem Burg Garten befindliche treillage berceau und die Figur [Venus] vor dem Bassin [...] völlig umgeworfen und sehr beschädigt«.[1110] Der Burggarten muß also damals weitgehend angelegt gewesen sein. Die Ausgaben erreichten 14.175 Rtlr.[1111]

Mehr als doppelt soviel verschlang das darauffolgende Jahr, nämlich 29.707 Rtlr. Dieser Betrag diente zur weitgehenden Fertigstellung, die nach Jussow mit folgenden Ereignissen verbunden war: »In dem Frühjahre des gegenwärtigen Jahres wurden demnach bei der Löwenburg blos die Abtragung des Turnierplatzes und die Anlegung einer Mauer neben der Felsentreppe fortgesetzt; auf dem Turnier Platze eine Schaubühne errichtet; die Capelle in der Burg mit Altären, einer Kanzel, einer Orgel und mit Bänken, auch mit einer Uhr und Glocken versehen und übrigens der Graben der Burg vollends mit einer Mauer umschloßen. In der Burg Capelle wurde am Sonntage dem 21ten Juni der erste Gottesdienst gehalten.«[1112]

Auf Einzelheiten der Außenanlagen bezieht sich Jussows Bericht an den Landgrafen vom 11. Juni 1801. »Zu Abtragung des Carrousel Platzes«, wie er jetzt hieß, sei die von Wilhelm am 6. September 1800 bewilligte Summe von 2.734 Rtlr. nicht ausreichend, da die »Chaussée« neben der Burg tiefer gelegt und der Berghang am Turnierplatz gebößt werden müsse. Die noch fehlenden 980 Taler wurden 2 Tage später bewilligt.[1113]

Notwendige Ausgaben in Höhe von 1.441 Rtlr. machte der Architekt am 9. September 1801 für Arbeiten an der Burg selbst namhaft, darunter »zur Anlage einer platteforme und einer Treppe hinter denen Zimern des rez de chaussée der Burg [...]; zur inneren Decoration der Kapelle, Verfertigung einer Orgel und einer Porlaube; zu Anschaffung derer Materialien zu der Mauer am Park unter der Löwenburg«.[1114]

Gleichzeitig veranschlagte Jussow Kosten für folgende teils vollendete, teils noch in Ausführung begriffene Arbeiten, deren Finanzierung der Landgraf noch nicht genehmigt hatte: »Zur völligen Abbezahlung der inneren Ausbauung der Capelle, derer Buffets, Consoltische, gothischer Lampen und Kronleuchter, der Materialien zur Bedeckung der Thorwarte und des Küchenbaues   2.602 Rtlr.
zur Errichtung der Schaubühne auf dem Caroussel Platze und der Einschließung dieses leztern mit Schranken   1.386 Rtlr.
Zur Verfertigung zweier Glocken und der Uhr auf der Kapelle   600 Rtlr.
Zur Instandsetzung des Gewölbes unter der Kapelle und dessen Verzierung mit Gips Marmor   690 Rtlr.
Statt derer von Hersfeld überschickten gemahlten Kirchenfenster, sind in der dortigen Kirche andere verfertigt und der Höchst mündlich ertheilten Verordnung nach soll der Betrag davon aus dem Wilhelmshöher Bauverlage vergütet werden mit   145 Rtlr.«[1115]

Die Baunachrichten des Jahres 1802 nehmen auf die Ausstattung der als Mausoleum vorgesehenen Gruft Bezug. Am 10. Juli 1802 nannte Jussow als in Angriff genommen »die Arbeit von wirkl. Marmor im Kirchen Souterrain der Löwenburg — jedoch excl. des Basrelief, welches im künftigen Jahre erst fertig wird«; sie sollte 350 Rtlr. kosten.[1116] Angesprochen ist damit der Sarkophag, den Jussow in antikisierender Form entworfen *377* und Johann Christian Ruhl ausgeführt hat. Wie aus der vorgeschlagenen Inschrift »WILHELMUS H. L.« hervorgeht, war der Sarkophag von Anfang an für den Bauherrn bestimmt. Die Mitte der einfachen glatten Wandung sollte vom Kopf eines reliefierten Löwen, des hessischen Wappentiers, eingenommen werden.

In derselben Notiz erwähnt Jussow, daß Wilhelm »noch einige Veränderungen in den Zimmern der Löwenburg, am Treppenthurm eine Bedachung und die Bemahlung der Schaubühne auf dem Caroußel Platze gnädigst verordnet«[1117] habe.

1803 finden sich in den Akten geringe Ausgaben für die »Schaubühne« und für »Terrassen am Carousselplatz bey der Loewenburg«.[1118]

Das 1803 vollendete »Basrelief« nimmt die Mitte der Querwand der Kirchengruft ein. Es handelt sich um ein *378* Marmorrelief, das die Aufnahme des Landgrafen ins Elysium zum Thema hat. Der Entwurf dazu ist nicht erhalten, wohl aber eine Nachzeichnung[1119] Ruhls, auf den die gesamte Figurenkomposition zurückgehen dürfte.

Das Dach auf dem Treppenturm des Donjon wurde 1804 fertig;[1120] es findet sich auf mehreren Entwurfszeichnungen als späterer Nachtrag, den Donjon und seine Plattform kegelförmig überragend. Im selben Jahr umpflanzte man den Turnierplatz mit Tannenbäumen.[1121]

Die Ausstattung der Löwenburg wurde seit Oktober 1797 geplant. Damals wurden Jussow und der Hoftapezierer Wenderoth damit beauftragt, in den hessischen Schlössern Wilhelmsthal, Heidau, Wabern und Schmalkalden nach geeigneten Möbeln und »Mobilien« Ausschau zu halten. Am 2. August 1798 überreichte der Kasseler Gemäldeinspektor Tischbein d. J. eine Liste mit nicht weniger als 351 Gemälden, die er in Heidau ausgewählt hatte. Es handelte sich durchweg um historische Porträts nicht nur der hessischen, sondern der gesamten europäischen Aristokratie. Der Landgraf stimmte den Vorschlägen fast ausnahmslos zu.[1122] Daß gerade aus Schmalkalden Möbel[1123] bezogen wurden, erscheint beziehungsreich. Die dortige Wilhelmsburg, seit 1585 von dem Landgrafen Wilhelm IV. von Hessen erbaut, war vorübergehend für die Löwenburg namengebend gewesen: Nach Aufgabe des Namens »Felsenburg« hatte man zunächst an den Namen »Wilhelmsburg«[1124] gedacht, der auf einprägsame Weise die von Casparson beschworenen »Zeiten [...] der Wilhelme des alten Hessens«[1125] mit der Gegenwart Wilhelms IX. verknüpft hätte.

Regen Anteil nahm der Landgraf, als es galt, die alten »Mobilien« neu zu ordnen, zu denen sich 1799 noch die bedeutende Sammlung an Waffen und Rüstungen als Ausstattung der Rüstkammer hinzugesellte, die zum großen Teil von einem Nürnberger Händler beschafft worden waren. Die Hängung der Bilder erfolgte unter Wilhelms Aufsicht, wie viele Tagebucheintragungen beweisen.[1126] Nur wenige Möbel sind damals neu angefertigt worden. Wohl zu diesem Zweck waren am 31. Januar 1798 590 Rtlr. bewilligt worden.[1127] Zu diesen Stücken gehören ein von Jussow entworfener Aktenschrank[1128], der z.T. aus alten Stücken neu zusammengesetzte Schreibtisch mit Löwenfüßen und Tintenzeug im Burgenstil und gotisierende Kronleuchter. Ein durchgängiger »Löwenburgstil« bleibt bei der Ansammlung solch heterogener Teile der Einrichtung — selbst Rokokomöbel des Schlosses Wilhelmsthal gehören dazu — nicht faßbar. Auch dieses Heterogene selbst darf nicht ohne weiteres als Stilbegriff verwandt werden, denn immerhin besitzen wir eine zeitgenössische Quelle, die besagt: »Die Löwenburg versezt ganz in die Ritterzeiten, besonders einige Zimmer, die ganz mit Möbeln aus jenen Zeiten versehen sind. Alles, was sich noch gegen das Kostüme in der Burg befindet, soll nach und nach ausgemustert werden. Vielleicht wird denn auch eine steinerne Treppe statt der hölzernen angebracht.«[1129]

Zum Inbegriff altertümelnder Kostümierung war sogar das lebende Inventar geworden, die Burgwache. Wilhelm schrieb am 14. September in sein Tagebuch: »[...] retour zur Löwenburg, wo die neue Burg Wacht in alter Kleidung installirt wurde.«[1130] Neuschöpfung in »alter« Hülle — das Programm der Löwenburg-Genese!

3. Der ausgeführte Bau

Die folgende Beschreibung der Löwenburg nimmt eine Serie von anonymen Bauzeichnungen sowie historische Fotografien zu Hilfe. Sie hat zum Ziel, den Bau in seiner bis zum Zweiten Weltkrieg weitgehend erhalten gebliebenen Form wiederzugeben. Dabei sollen die in den vorangehenden Kapiteln dargelegten Fakten zur Baugeschichte »vor Ort« überprüft werden. Wie schon bisher gehandhabt, folgt auf die Beschreibung der Burg-Außenseiten die der Hoffassaden, zuletzt die der Innenräume. Hinweise zum heutigen Zustand beschließen den Überblick, der dann knapp gehalten wird, wenn bereits im historischen Teil der Abhandlung eine Beschreibung gegeben wurde.

Bei den Aufnahmezeichnungen handelt es sich um eine Serie, die wohl im ersten Jahrzehnt des 19. Jahrhunderts entstanden ist. Die Zeichnungen sind alle im gleichen Maßstab gehalten, ohne daß dieser angegeben wäre. Die bis auf eine Ausnahme ausschließliche Verwendung rein graphischer Mittel und abstrahierte Wiedergabe des Räumlichen und Stofflichen läßt darauf schließen, daß die Blätter als Vorlagen für eine Stichepublikation gedacht waren, die möglicherweise durch die französische Okkupation vereitelt worden ist. Die Zeichnungen sind wohl aus dem Umkreis Jussows hervorgegangen. An mehreren Stellen sind Korrekturen von Jussows Hand zu erkennen.

330, 351   Die Hauptschauseite der Burg, die Ostseite des Osttrakts, stellte baugeschichtlich den Ausgangspunkt der Anlage dar. Der mit Sockel rund 130 Kasseler Fuß (ca. 37,40 m) hohe Donjon, das Zentrum der Burg, springt hier am weitesten vor die Flucht, in Richtung auf die vor ihm angelegte, steil abfallende Wolfsschlucht. Erst die Durchsicht der Restaurierungsakten[1131] fördert die völlig überraschende Erkenntnis zutage, daß der Turm Mitte des 19. Jahrhunderts ganz niedergelegt und neu aufgebaut wurde. Soweit erkennbar, ist man dabei mit größter Detailtreue unter weitgehender Wiederverwendung des originalen Baumaterials vorgegangen. Ausgenommen von der archäologischen Treue waren jedoch das Maßwerk und Gewölbe des Rittersaals. — Der Donjon ruht auf einem ungegliederten, geböschten Sockel aus etwa 18 unterschiedlich hohen Quaderlagen. Statt des Quadermauerwerks, das aus dem 19. Jahrhundert stammt, hatte man im 18. Jahrhundert an diesem statisch wichtigsten Teil unbegreiflicherweise Schichtmauerwerk[1132] verwandt. Der darauf ruhende Zylinder des Turms setzt sich aus zweischaligem Mauerwerk zusammen, dessen innere und äußere Schale aus fast gleich großen Quadern aus Basalttuff, dem am Ort anstehenden Gestein, gefügt sind; den Zwischenraum füllt Gußmauerwerk. In gleichmäßigen Abständen eingefügte, durch beide Schalen hindurchreichende Binderlagen dienen einer größeren Stabilität des Zylinders; im 18. Jahrhundert gab es vier, seit dem 19. Jahrhundert sieben solcher Lagen. Die Stürze der unprofilierten Fenstergewände in Erd-, Zwischen- und Obergeschoß werden von Keilsteinbögen entlastet. Die Okuli des Zwischengeschosses überdeckt der rundum geführte balkonartige Außenaufgang der sog. Beletage. Er ruht auf Konsolen, die im 18. Jahrhundert aus Basalttuff, seit dem 19. Jahrhundert aus Sandstein bestehen. Je vier Konsolen kragen aus der unverputzten Quaderwand der Fensterzwischenräume. Sie sind untereinander durch enge Rundbögen friesartig verbunden; die Rundfenster überbrückt je ein weit gespannter

Stichbogen. Das zweibahnige Maßwerk der Fenstertüren im Rittersaal besitzt Bogenfelder mit eingesetzten, durchbrochenen Nasen. Über dem obersten Geschoß mit Biforienfenstern schließt eine betretbare Plattform den Donjon ab. Sie wird von ruinösem Mauerwerk umschlossen, in das eine rundbogige, nach Nordosten weisende Öffnung eingelassen ist. Durch diesen Bogen erschließt sich dem Betrachter der gezielt von der übrigen Parklandschaft ausgegrenzte Blick auf Schloß Wilhelmshöhe.

Mit dem Donjon konkurriert optisch der ähnlich steil aufragende, seit 1798 entstandene Erweiterungsbau *350, 347, 348* der Damenwohnung, der über seinem etwa quadratischen Grundriß als kubischer Block aus dem übrigen Zusammenhang weitgehend losgelöst erscheint. Seine wuchtigen Eckstreben untermauern die Tendenz zur Eigenständigkeit. In den Gliederungsmotiven der beiden Obergeschosse — Rundbogenfries, Klötzchenfries, Gurtgesimsen und einer Reihe von Blendokuli — überwiegt die Waagerechte. Geht man davon aus, daß die Zinnelung, gemäß der Bauaufnahme, regelmäßig entworfen worden ist, so fällt auf, daß dieser Bau auf alles Ruinenwerk verzichtet. Gleiches gilt für den inkorporierten, oktogonal auslaufenden Turm.

Als in Vollständigkeit erhalten zeigt sich ferner der Palas oder Herrenbau in seinem endgültigen Stadium. An ihm fällt besonders die ungleichmäßige Gewichtung der beiden Geschosse auf: An dem abgeknickten Verbindungstrakt südlich des Donjon stehen den primitiven, kleinen Öffnungen im Erdgeschoß die profilierten Rahmungen zwischen den stabwerkartig gegliederten Wandstreben im Obergeschoß gegenüber. In diesem Unterschied begegnen sich die stilistisch gegensätzlichen Auffassungen der Planungs- und Bauphasen von 1793/1794 einerseits und 1796/1797 andererseits. Am Südostturm lassen sich gleichfalls zwei verschiedene Bauperioden ablesen. Deutlich erkennbar sind die diagonal verlaufenden, unregelmäßigen Baufugen, mit denen das Mauerwerk 1794 als Ruine endet. Seit 1796 erfolgte der Ausbau zum »funktionstüchtigen« Treppenturm. An Stelle *346, 349* des gestuften Steindachs, das auf den Entwürfen zu sehen ist und zunächst ausgeführt war, hat der Flankierungsturm ein kegelförmiges Dach erhalten, das das Ergebnis einer Renovierung um 1800 sein dürfte.

Der Südtrakt geht, abgesehen vom älteren Südostturm, in seinen Anfängen auf die erste Erweiterungsphase *311, 352* vom Winter 1794/1795 zurück. Vom damals vorherrschenden Ruinencharakter zeugen noch ein klaffender Riß an einem der nachlässig aufgemauerten Ecktürmchen des Südtors sowie vor allem der südwestliche Flankierungsturm, der mittels zerborstener Mauern ein Satteldach kaschiert. Die einst gleichgewichtige Komposition der Anlage des Südtrakts hat durch die Ausbaustufen von 1796/1797 und 1800 neue, nach divergierenden Richtungen hin wirkende architektonische Akzente erhalten. In der Silhouette konkurrieren die Aufbauten von Südost- und Torturm miteinander; die niedrigere westliche Hälfte springt dafür mit der Torwache einseitig vor, ohne ein Pendant im Grundriß zu besitzen. Über dem Torbogen, in dessen Scheitel das rätselvolle Relief eines *342, 343* bärtigen Männerkopfes mit Nimbus sitzt, verweist ein steinernes hessisches Wappen aus dem 17. Jahrhundert mit der nachträglich eingemeißelten Jahreszahl »1495« auf das vorgetäuschte, wenn man so will, gefälschte Alter der Burg, die demnach zum Zeitpunkt ihrer Entstehung um genau 300 Jahre »zurückdatiert« worden ist.

Wie der südliche, so bezeugt auch der westliche Trakt einen vielfältigen Wandlungsprozeß. Von der zu *310, 358* Beginn des Jahrs 1795 gültigen Erstkonzeption rührt noch die Position des symmetrischen Kapellen-Remisen-Blocks her, doch hat dieser sich im Aufriß wesentlich gewandelt. Die anfänglich vorgesehene Gesamthöhe der Wand ist an den Relikten der Bogenfriese an den Fassadenrücklagen zwischen Kirche und beiden Mauertürmen abzulesen. Diese Friese werden durch die Triforienfenster des nachträglich aufgesetzten Obergeschosses durchstoßen. An der Kirche kontrastieren eigentümlich die aufwendig gegliederten Wandabschnitte der halbrunden Apsis mit den glatten Strebepfeilern, die sie rahmen. Die Apsiswand setzt sich von unten nach oben, Feld für Feld, aus der geböschten Wand der Gruft (sie fehlt auf der Aufrißzeichnung), dem Sockelgesims, zwei nebeneinanderliegenden Rechteck-Spiegeln, dem zweibahnigen Maßwerkfenster, einem rechteckigen, vertieften Wandfeld und drei auf Kügelchen ruhenden Blendädikulen zusammen. Die aus Sandstein gearbeiteten Maßwerkformen, die in einem Sechspaß auslaufen, zeigen außer einem aufgelegten einfachen Rundstab kein Profil, wirken daher wie ausgestanzt. Die in Kämpferhöhe angebrachten doppelten Schlaufen und Ringe verklammern die flachen, metallisch-spröde wirkenden Stäbe des Maßwerks mit der Wand. Die Ornamentformen des Maßwerks sind demnach nicht, wie aus der mittelalterlichen Gotik geläufig, organisch auseinander entwickelt und in die Laibung eingesetzt, sondern stehen unelastisch, isoliert nebeneinander. Der Verzicht auf Relief legt eine Charakterisierung als typische Reißbrettarchitektur nahe.

342, 343   Am Nord- und Südende des Westtrakts sind Bauten gruppiert, die durch Tiefenstaffelung das Grundrißrelief erweitern und durch Höhenstaffelung die Silhouette bizarr zerrissen erscheinen lassen. In eine dreigeteilte Fläche ist die Front des Marstalls gegliedert. Sie selbst entwickelt keinerlei Relief, was daraus deutlich wird, daß die im schmucklosen Rundbogenstil gehaltenen Öffnungen wie in die Wand eingeschnitten wirken. Gerade hier, an der nicht repräsentativen architektonischen Peripherie, wird alles andere als »gotisch« gebaut. Zurückgestaffelt und an beiden Seiten überschnitten, erscheint rechts daneben der mehrstöckige Gesindebau, der mit seinem Treppengiebel einen Vertikalakzent setzt. Aus der Firstmitte ragt ein dritter Treppengiebel auf. An ihm bestätigt sich, daß die Erweiterung nach Westen nach der Aufstockungsmaßnahme erfolgt sein muß. Demnach ist die westliche Außenwand in einem Zug errichtet worden; dennoch übernimmt sie, wie der Marstall daneben, das sozusagen aus der Not geborene Motiv des von Fenstern durchstoßenen Bogenfrieses. Der planungsgeschichtlich erzwungene Kompromiß wird nicht ängstlich kaschiert, sondern im Gegenteil zum Stilmittel nobilitiert. Als nördliches Gegenstück des Gesindebaus kann das zuletzt die Küche (R. 17) aufnehmende Gebäude mit zwei steilen Treppengiebeln nebeneinander gelten. Tiefenräumlichkeit wird auch hier nicht durch die Fassade erzeugt — sie bleibt völlig plan —, sondern durch die Verschachtelung ganzer Baukörper: Die Küche wird durch den vorspringenden südlichen Mauerturm zur Hälfte überschnitten.

317   Die an der Ecke bastionsartig gestaltete Remise leitet zum Nordtrakt über. Vor dem unverhüllten Kubus des
364 Gebäudes steht der mit Wappensteinen des 17. Jahrhunderts verzierte sog. Bonifatiusbrunnen. Dieser Trakt enthält mit seinem Tor und dem nordöstlichen Flankierungsturm noch Bestandteile der ersten Bauperiode. Von den beiden in winzigem Maßstab gehaltenen unteren Geschossen dieses Rundturms hebt sich das 1796/1797 hinzugefügte zweite Stockwerk deutlich ab; es sucht die Angleichung an die höhere Beletage des angrenzenden
341 K 181 Damenbaus. Den ruinösen Habitus der ersten Erweiterungsphase dokumentiert anschaulich der nordwestliche Flankierungsturm, der von Anfang an als nur zur Hälfte erhaltenes Rund endigen sollte und als solches bis heute Bestand hat. Dank der Aufrißzeichnung ist der Bewuchs dieses Ruinenturms mit einem Baum als im Sinne des Erfinders gesichert. An zwei pylonenförmigen Türmen, dem Vorwerk des Nordtors, ist die Zugbrücke aufgehängt.

315, 360   Es sind nicht weniger als vier Bauphasen, die sich an der Hoffassade des Osttrakts begegnen. Zu den ältesten, noch sichtbaren Teilen zählen die Erdgeschoßwände der Damenwohnung (ehemaligen Küche) und des in die Nordostecke springenden Treppenturms sowie der Donjon und sein Treppenturm, dessen polygonales Äußeres im unteren Bereich später zugebaut wurde. Von der ersten, seit 1795 in Angriff genommenen Ausbaustufe rührt die Erdgeschoßverbreiterung des Palas her, in die das Ritterportal Zugang verschafft. In rötlichem Sandstein gearbeitet, hebt es sich von der Wand aus grünlich-grauem Basalttuff ab. Der zweiten großen Erweiterung von 1796 entstammt das von Norden bis Süden reichende Obergeschoß, das in Form einer Arkatur aus runden, z. T. leicht gespitzten Bögen aufgesetzt wurde. Gleichzeitig entstand die Erdgeschoßverbindung zwischen Damenbau und Herrenbau — zwei zwischen Strebepfeiler brückenartig gespannte Spitzbögen, die als Entlastungsbögen einer nachträglich eingefügten, kleinteiligen Fensterarchitektur dienen. Zur Schließung einer durchlaufenden Front dient eine rundbogige Fenstertür in der Donjon-Treppenturm-Achse. Zugleich mit der Aufstockung entstand ein dem Palas vorangestellter »Strebepfeiler«, in Wirklichkeit die Verkleidung eines zu zwei Kaminen gehörigen Schornsteins. Johann Christian Ruhl hat ihn mit gotisierenden Reliefs geschmückt. Horizontale und vertikale Baufugen und sekundäre Abarbeitungen sind der archäologische Beweis für die den Zeichnungen und Dokumenten entnommene Sukzession der Bauphasen.

Die 1796 neu vorgebaute risalitartige Erweiterung des Palas weist eine abweichende Fassadengestaltung auf. Im Unterschied zum Entwurf wird die Attikazone von teils vorgeblendeten, teils durchbrochenen, stehenden Ovalen gegliedert. Eine Zinnenreihe schließt die Attika ab. Durch den etwa gleich weiten Vorsprung von *359* Damenbau und Risalit vor den übrigen Osttrakt entsteht vor dem Herrenbau ein länglich-schmaler Vorplatz, den eine maßstäblich viel zu große barocke Balustrade begrenzt. Die Baluster scheinen aus derselben Serie wie *355* die der Attika des Wilhelmshöher Corps de logis — es entstand gleichzeitig! — zu stammen, doch ist an den wenigen noch erhaltenen originalen Exemplaren festzustellen, daß durch Abarbeiten des Schafts die ursprünglich korinthischen in toskanische Baluster[1133] umgewandelt worden sind. Der Rücksprung zwischen den »Risaliten« gleicht einer Cour d'honneur, die in reduzierter Form vom übrigen Burghof abgesondert erscheint. Zwei Löwen-Skulpturen, denen Schild und Rüstung als Attribute beigegeben sind, sind durch Signatur für den Bildhauer Ruhl gesichert. Sie bewachen den Zugang zum Palas-Portal.

Das oberste Geschoß des Damenbaus stellt eine verschalte Fachwerkkonstruktion dar, die zusammen mit der Aufstockung des Treppenturms in der nordöstlichen Hofecke entstanden sein muß.

Den Zwischenraum zwischen Palas-Risalit und südlichem Torturm überbrückt ein diagonal gestelltes »spätgotisches« Portal, dessen kielbogenförmige Öffnung von klotzigen Wandkonsolen mit Karnies-Profil getragen wird. Die Mitte des Treppengiebels weist einen Baldachin auf, der kurioserweise keine Figur, sondern die Kielbogenspitze bedeckt.

Über die Hofseite des Südtors gibt ein Querschnitt durch die Gesamtanlage Aufschluß, der durch die Mittel- *325* achse von Donjon und Kirche verläuft. An der Ausführung des Tors fällt die unterschiedliche Behandlung des Mauerwerks auf: Der Rundbogen ist in Keilsteintechnik sauber gefügt, während die übrige Wand aus unregel- *359* mäßigen Hausteinen aufgemauert ist. Das Geschoß über dem Tor, das Burgverlies, öffnet sich nur in einem Okulus zum Hof. Sein Zinnenkranz ruht auf einem konsolenartig vorgezogenen Spitzbogenfries. Der im Zuge der Aufstockungen ausgebaute rechteckige Aufsatz der Knappenstube ist an den Kanten abgeschrägt. Darüber steigen Wichhäuschen über Konsolen auf.

Die 1800 hinzugekommene Torwache hätte mehrere Durchbrüche durch die alte Ringmauer erfordert, die an dieser Stelle wahrscheinlich niedergelegt und neu errichtet wurde. Hofseitig führen zwei rundbogige Tore in die Torwache, zur Bauzeit »Schweizerwache« genannt.

An den Nebengebäuden des Westtrakts, die die Kirche beidseitig begleiten, erinnern die Erdgeschoßgliederungen mit dem Motiv der doppelten Rundbogenarkade an die Planungsgeschichte des Winters 1794/1795. Diese sind als offene Arkaden am Bau der Backstube und Konditorei (R. 22—24; zuvor Stuben der Schreiber und Knappen) noch erhalten. In den Zwickel der Arkade ist ein vorgeblendeter Tondo gesetzt, der gegenüber an der Rüstkammer-Fassade wiederkehrt. Die Küche (R. 17; ehemals Silberkammer) öffnet sich im Erdgeschoß in ausgerundeten Rechteckfenstern, die in die Arkaden eingesetzt sind. Je zwei einander zugeordnete asymmetrische, konsolenartig vorgezogene Spitzbögen tragen das vorgekragte Obergeschoß.

Der Marstall weist eine eigenständige, symmetrische Fassadengestaltung auf. Zu Seiten des manieristischen *356* Portals mit diamantierten Pfeilern ist je eine Doppelarkade mit Spitzbogenfenstern eingelassen, die von einem Entlastungsbogen über dem Gurtgesims übergriffen werden. Den Bogenfries, der den Marstall mit Gesindebau und Rüstkammer verbindet, sprengen schmale Rundbogenfenster über wuchtigen Sohlbänken, die zu Dreiergruppen zusammengefaßt sind. Durch die gewaltsame Unterbrechung des Frieses und ihre leichten Achsenverschiebungen können diese Fenster als nachträgliche Aufsätze, der Aufstockung 1796 zugehörig, erkannt werden.

354   Die erst 1798 in dieser Form geplante und gebaute Kirche hebt sich von ihrer Umgebung durch die sorgfältig behauenen, geglätteten Quader in Basalttuff ab. Zwei niedrigere äußere und zwei mittlere höhere Strebepfeiler zerlegen das Fassadenbild in drei Abschnitte. Das Portal im Zentrum mit halbrundem Tympanon wird von einem Wimperg übergriffen, der die Figur einer Muttergottes rahmt. In die Strebepfeiler eingelassene, balda-
366 chingeschützte Nischen mit einer männlichen (Mönch) und einer weiblichen Gewandfigur (Nonne) weisen ein merkwürdiges proportionales Mißverhältnis zwischen Skulpturen und architektonischer Rahmung auf: Der Baldachin erscheint viel zu wuchtig und zu hoch angesetzt. Die zweibahnigen Maßwerkfenster sind den seitlichen Fassadenabschnitten flächenfüllend eingepaßt. Die obere Hälfte der Fassade ist mit filigranem Blendmaßwerk überzogen. Weitere Gliederungsmotive sind vertiefte Wandfelder zu Seiten des Wimpergs und über den Fenstern. Eine Reihe von Nischen, je drei über den Seitenschiffen und sechs in der Mitte, erinnert an das Motiv einer Zwerggalerie. Diese von Dreiecksgiebeln überfangenen Nischen dienen zur Aufnahme kleiner Halbfiguren aus Ton, die Zwölf Apostel darstellend. Ein großer Dreiecksgiebel mit Uhr bekrönt die Mittelschiffassade.

Durch den Rücksprung der Kapellenfront entsteht ein Vorplatz, den wie am Palas eine Balustrade einfaßt.
362, 363 Auf den Postamenten stehen die an den Sockeln namentlich bezeichneten Heiligenfiguren Bonifatius und Elisabeth, gleichfalls Arbeiten Ruhls.

361   Die Hofseite des Nordtrakts hat mit dem Tor und den beiden unteren Geschossen der Burgvogt-Wohnung ein recht einheitliches Bild von der ersten Bauphase bewahrt. Links neben dem Tor ist eine senkrechte Baunaht zu erkennen, ein Hinweis darauf, daß die zum nordwestlichen Flankierungsturm führende Tür in einer Wand sitzt, die zusammen mit dem angrenzenden Marstall erst 1795 ausgeführt wurde. Das ursprünglich dort vorhandene ruinöse Mauerwerk über der Burgvogt-Wohnung wird seit 1796/1797 vom zweiten Stockwerk — auch hier mit größeren Fenstern versehen — ersetzt.

Die Burghof-Pflasterung weist ein Achsenkreuz auf, durch dessen Linien Donjon und Kirche einerseits und die beiden Tore andererseits miteinander verbunden werden. Im Schnittpunkt der Achsen liegt ein achtzackiger Stern, der einem Kreis und einem Quadrat einbeschrieben ist. Die vier Zwickel zwischen Kreis und Quadrat nennen je eine Ziffer des imaginären Entstehungsjahrs 1495. Ihre unübliche Anordnung »$\frac{95}{14}$« setzt die Leserichtung von unten nach oben voraus, wie sie sich für den vom Südtor Kommenden ergibt.

Die Übersicht über die Innenräume bleibt knapp gefaßt. Eine Beschreibung des heute noch vorhandenen Inventars habe ich an anderer Stelle gegeben.[1134]

Der Donjon hat die planungsgeschichtlich ältesten Wohnräume aufzuweisen. Der das Erdgeschoß einneh-
373 mende Speisesaal (R. 54) ist mit den boisierten Wänden, die von Hirschköpfen mit Geweihen[1135] geschmückt sind, und der Flachdecke im 19. Jahrhundert originalgetreu rekonstruiert worden. Jussow und Wenderoth hatten im Dezember 1797 dem Landgrafen zur Möblierung »zwölf Tafel Stühle in einem antiquen
369 Geschmack«[1136] vorgeschlagen. — Die Bibliothek im Zwischengeschoß (R. 57) war ursprünglich durch eine auf die Zwecke des Schlafzimmers abgestimmte Zwischenwand geteilt. Diese wurde schon um 1803 wieder
325 entfernt und fehlt bereits auf dem Querschnitt der Bauaufnahme-Serie. Zwei Säulen stützen dort den Balken-Unterzug ab. Der Ofen trägt einen säulenartigen klassizistischen Aufsatz, der mit Festons und einer Vase verziert ist. Die Bücherschränke waren zur Aufnahme der Ritter-, Räuber- und Gespensterromane bestimmt, die

auch von Attrappen untermischt waren. — In seiner ursprünglichen Form wurde der Rittersaal anhand der zur Ausführung bestimmten Entwürfe bereits beschrieben. Ruhls Trophäenschmuck ist in die veränderten Dekorationen des 19. Jahrhunderts übernommen worden.

Im Erdgeschoß des Herrenbaus, das die »fremde Ritter- und Herrn Zimmer« aufnimmt, beschränken sich die Wandgliederungen auf einfache teils rechteckig, teils spitzbogig gefelderte Boiserien, deren brauner Anstrich Holzmaserung imitiert. Zur originalen Ausstattung des Kabinetts (R. 3) gehören u. a. eine Rokoko-Sitzgarnitur (aus Wilhelmsthal) sowie 23 Ölgemälde, von denen 13 großformatige Illustrationen aus der Geschichte des Don Quichote deshalb besondere Erwähnung verdienen, weil sie ein größeres erkennbares ikonographisches Programm innerhalb der Ausstattung des Profanbereichs darstellen. Im angrenzenden Schlafzimmer setzt sich der Alkoven (R. 4) durch lisenenartige Vorsprünge der Zwischenwand ab. Aus der Baugeschichte wissen wir, daß diese Wandzungen die Relikte der ehemals hier verlaufenden Außenwand darstellen. 1798 zählten zur Erstausstattung nicht weniger als 39 Ölgemälde, überwiegend historische Porträts hessischer Landgrafen und ihrer Verwandten.[1136] *370* *367*

Die in der Grundrißanlage dem Erdgeschoß eng verwandte Beletage des Palas übernimmt die gedrückten Proportionen des Erdgeschosses, während die Fenster wesentlich vergrößert sind. Die Kleinheit der Zimmer ist eine Voraussetzung für deren heimeligen Charakter. »Grünes Vorzimmer« und »Erstes Cabinett«[1137] wurden um 1803 vereinigt (R. 58). Offensichtlich hatte sich hier, wie bei der Bibliothek, die gegenseitige Abkapselung der Zimmer für den praktischen Gebrauch als störend erwiesen. Das zweite Kabinett (R. 59) diente als Schreibkabinett des Landgrafen. Bei den neugotischen Möbeln handelt es sich um Neuanfertigungen, von denen Jussows Aktenschrank bereits erwähnt wurde.[1138] Architektonisch aufwendig ist der Alkoven im Schlafzimmer des Landgrafen (R. 60) gestaltet: In den Unterzug des Balkens sind zwei Bündelpfeiler eingestellt, die im Sinne der Batty-Langley-Gotik eine »gotische Ordnung« veranschaulichen wollen. Das hölzerne Geländer, das zwischen den Pfeilern des Alkovens verläuft, ist ein weiteres Indiz dafür, daß mit dieser Anordnung ein barockes Paradeschlafzimmer variiert werden sollte. Merkwürdigerweise verzeichnet das Inventar von 1798 nur drei Gemälde.[1139] Durch den seit 1798 erfolgten Anbau und die anschließende Verlegung der Küche in den Westtrakt zeigt sich die nordöstliche Ecke des Osttrakts stark verändert. Im Erdgeschoß liegen die »Cavalier Zimmer« zweier Appartements, von denen die ehemalige Küche (R. 46) mit einer bemalten Tapete versehen wurde. Sie zeigt Szenen ritterlichen Lebens, u. a. vor dem Hintergrund der Löwenburg und weiterer Wilhelmshöher Partien.[1140] Die gesuchte Grundrißverschachtelung mit dem eingeschobenen, innen runden Turm wiederholt sich im Obergeschoß, das als »Zimmer der Frau R[eichs] Graefin vom Schlotheim« bereits im Bilderinventar von 1798 ausgewiesen ist.[1141] Diese Angabe läßt keinen Zweifel daran, daß die »Burgfrau« mit Caroline von Schlotheim, Wilhelms Mätresse, identisch ist. Über die Galerie (R. 89) erreicht man den Salon der Damenwohnung (R. 85), zuvor Schlafzimmer. Die Wände schmückt eine in einzelne Bilder aufgeteilte Perlstickerei vom Anfang des 17. Jahrhunderts, eine Handarbeit einer hessischen Landgräfin. Der Ofen in einer Nische zwischen zwei Fenstern ist trotz der gliedernden doppelreihigen Spitzbogen mit seinem Vasenaufsatz klassizistisch zu nennen. Diesen Raum verbindet das mit einer chinesischen Seidentapete versehene runde Turmkabinett (R. 86) mit dem endgültigen Schlafzimmer (R. 87), das den östlichen Teil des Erweiterungsbaus in seiner ganzen Breite einnimmt. Eine Nische in der Westwand bezeichnet die Bettstelle. *344* *371* *372* *365*

Im Westtrakt liegen Rüstkammer und Kapelle nebeneinander. Die Rüstkammer wurde durch den Abbruch einer Trennwand und der Zwischendecke als zwei Achsen breiter Raum gewonnen, den ein Kreuzgrat-Rabitzgewölbe überspannt (R. 26). Eine Erweiterung erfuhren die Exponate des 1799 an dieser Stelle eingerichteten Raums im Jahre 1805, als der Landgraf einen »Überschlag über die Veränderung der Rüstkammer auf der Löwenburg nach gothischer Art«[1142] verlangte. Die Waffen, überwiegend erst aus der Zeit des Bauernkriegs *368, 374* und des Dreißigjährigen Kriegs, stammen zum Teil aus dem fürstlichen Zeughaus zu Kassel, zum Teil wurden sie 1805 aus Nürnberg beschafft.

377   Mit dem Grab des Bauherrn bildet die Gruft der Burgkirche einen für die Bedeutung zentralen, Besuchern gleichwohl nicht zugänglichen Raum. Inmitten der Apsis steht der nach römisch-antikem Vorbild geschaffene Marmor-Sarkophag. Die Inschrift auf seiner Stirnseite erläutert:

»MARMORE HOC INCLUSUS QUIESCIT
VILLAE HUIUSCE CONDITOR
GUILELMUS I. S. R. I. ELECTOR
HASS: LANDGR.
P. P.
VIXIT A. LXXVII. M. VIII. D. XXVIII.«

Während die fünf ersten Zeilen schon bei Entstehung des Sarkophags 1802 angebracht waren, wurden die im Duktus der Schrift abweichenden beiden letzten, das Alter nennenden Zeilen nach dem Tod eingemeißelt. Das in die Querschiff-Längswand eingelassene Ruhlsche Marmorrelief stellt die einzige bildliche Darstellung innerhalb dieses dem Tod geweihten Raums dar. Die mit weiß-grauem, nicht poliertem Stuckmarmor überzogenen Wände entsprechen der originalen Fassung.

Der Kapelle gebührt innerhalb der Burg in zweifacher Hinsicht Vorrangstellung, sowohl als größter, gewölbter als auch am reichsten mit Kunstwerken, vor allem Gemälden, ausgestatteter Raum. Die Innenarchitektur der dreischiffigen Halle hat man sich ausgemalt vorzustellen, wie aus den Bauakten hervorgeht. Nach Heidelbach[1143] waren die mittelalterlichen Glasfenster im 18. Jahrhundert wahllos zusammengesetzt; erst im 19. Jahrhundert sind sie motivisch geordnet worden. Dies wäre ein Beweis dafür, daß nicht die mittelalterliche Ikonographie, sondern allein der Reiz des gedämpften farbigen Lichts gefragt war.

4. Zur formengeschichtlichen Einordnung

Anregungen aus England, Frankreich und Italien

Den Fragen nach Typologie und Stil der Löwenburg ist man in der bisher erschienenen Literatur nicht ernsthaft nachgegangen. Holtmeyer, den wir eingangs zitierten, hat wenigstens einen Versuch vorgelegt. Seine Beobachtungen können, für sich genommen, als zutreffend gelten, doch muß bezweifelt werden, ob die von ihm gewählten Kriterien angemessen waren. Sicherlich wird man der Löwenburg nicht im mindesten gerecht, wenn man sie allein danach beurteilt, wie »genau« sie mittelalterliche Vorbilder imitiert. Dies konnte nur den strengen Historisten interessieren.

Die Planungsgeschichte stellte sich so kompliziert dar, weil die Vorstellungen von diesem Bau mehrfach wechselten; entsprechend verhielt es sich mit den Vorbildern. Die Leitbilder sollen im folgenden, chronologisch

IX
Heinrich Christoph Jussow.
Entwurf zum Aufriß der Felsenburg von Osten,
um 1794/1795 mit späteren Ergänzungen   K 146

Heinrich Christoph Jussow.
Entwurf zum Aufriß der Löwenburg von Osten,
um 1798   K 180

den Planungsetappen entsprechend differenziert, aufgezeigt werden. Dabei soll im Hintergrund die Frage stehen, ob nicht gerade das Veränderliche der Konzeptionen, ihre Unwägbarkeit, Ausdruck einer übergreifenden Stilhaltung sein kann.

Wie nähert sich Jussow der planerischen Lösung der gestellten Bauaufgabe? Greifen wir das sog. Erste Projekt der Felsenburg heraus. Die Bestandteile der Anlage sind isoliert nebeneinandergesetzt und werden versatzstückartig behandelt. Der Donjon setzt sich aus zwei Zylindern zusammen, die eher dem Streben der »Revolutionsarchitektur« nach Verwendung rein stereometrischer Elementarkörper als dem Studium mittelalterlicher Burgenarchitektur verpflichtet sind. Die Bauornamentik erweist heterogene Provenienz und ist von zweitrangiger Bedeutung. Der Begriff »Mittelalter« wird frei assoziert, Rundbögen wechseln zwanglos mit Spitzbögen in phantastischer Mixtur. Die Maßwerkformen des Donjon mit den Fensterbalustraden sind eher italienischen, z.B. sienesischen, als nordisch-gotischen Vorbildern verpflichtet; dagegen erinnern die durchscheinenden Entlastungsbögen an römisch-antikes Ziegelmauerwerk. Als barockes Relikt wirkt die Balustrade, unverwechselbar klassizistisch der Horizontalismus des Küchenbaus. Zur Assoziation »Ruine«, die laut Titel immerhin im Vordergrund stehen sollte, trägt lediglich die malerische Auflösung der Silhouette in den Randzonen bei. Diese kontrastiert eigentümlich mit der Orthogonalität der Grundrißanordnung, was, im Verband mit der Isolation der Bauten, dem Entwurf einen merkwürdig zwiespältigen, unausgegorenen Charakter verleiht. Er ist offensichtlich dadurch bedingt, daß Jussow an die zu unterstellende Bauaufgabe »gotische Burgruine« nicht als »Gotiker«, sondern als »Klassizist« herantritt. *290 K 136, 291 K 137*

Im sog. Zweiten Projekt ist bereits ein wesentlicher Wandel zu konstatieren: Jussow verläßt die kompositionelle Starrheit. Die neu gewonnene Lockerung und Freizügigkeit verbindet sich logisch mit der nun sehr viel weiter getriebenen Ruinierung und Verbindung mit dem Element des Natürlichen. Wasserfall und Ruinenarchitektur sind gewissermaßen gleichberechtigte Partner geworden. An dieser entscheidenden Stelle ist es Jussow gelungen, eine übergeordnete malerische Einheit zu schaffen. *292 K 139*

Die erste Baustufe von 1793/1794 geht von den typologischen Voraussetzungen der Vorprojekte insofern aus, als auch hier der Donjon eindeutig dominiert. Die an der Löwenburg zu findende Form des als Wohnturm verstandenen Hauptturms ist dem normannischen Burgenbau verpflichtet. Während in England rechteckige »hall-keeps« (z.B. der Tower in London[1144]) Verbreitung fanden, kann als Beispiel eines französischen — runden — Donjon das Château Coucy[1145] in der Normandie genannt werden. *294—296 K 140—142*

Die frei variierte Umsetzung solch mittelalterlicher Vorbilder hat bereits länger vor Entstehung der Löwenburg zur Gattung der als Staffagearchitekturen verstandenen Parkburgen des Landschaftsgartens geführt. In England hat der Amateurarchitekt Sanderson Miller (1717—1780) um die Mitte des 18. Jahrhunderts neugotische Burgruinen zu einem Hauptanziehungspunkt englischer Gärten gemacht. Die von ihm begründete Mode brachte ihm den Ruf ein, neben Horace Walpole der beste Gotikkenner des Landes zu sein.[1146] Die Miller'schen Ruinen teilen mit den Vorprojekten und der ersten Bauphase der Löwenburg, vornehmlich auf einen runden Hauptturm konzentriert zu sein.

In unmittelbarem Zusammenhang ist Millers Ruine in Hagley (bei Stourbridge, Worcestershire), erbaut 1747/1748 für Sir George Lyttleton,[1147] zu sehen. Für die Frühphase der Felsenburg hat nicht nur der Bau selbst mit dem aus ruinösen Mauern aufsteigenden, in Vollständigkeit erhaltenen Rundturm als Anregung zu gelten, sondern auch seine Lage: Ein Kupferstich des 18. Jahrhunderts[1148] illustriert, daß die Ruine über einem bewaldeten Hügel aufragt, und somit die beherrschende topographische Situation der Löwenburg vorwegnimmt. Horace Walpole fand dazu die bewundernden Worte: »It has the true rust of the Barons' wars!«[1149] Diese Burgruine wurde vor allem dadurch bekannt, daß ihre Beschreibung Eingang in die theoretischen Schrif- *386, 387*

197

ten der Gartenkunst fand, so bei Thomas Whately[1150] und Hirschfeld. Letzterer führt den Bau sogar als »ein brittisches Beyspiel [...], das den Fortgang des guten Geschmacks beweiset«[1151] in seinem Kapitel über Ruinen exemplarisch vor: »Die Ruinen in dem Park zu Hagley zeigen sich, sobald man sie erblickt, in einem ehrwürdigen, feyerlichen Ansehen zwischen Bäumen, über welche ihre gothische Spitze hervorragt. Bey dem ersten Anblick dieses Gebäudes stutzt man, und kann dem Eindruck nicht widerstehen; man verfällt in Nachdenken, und die Neubegierde wird gereizt, die Geschichte dieses Gebäudes kennen zu lernen. Ein Liebhaber der Alterthümer wird voll Ungeduld seyn, um zu wissen, in welchen Zeiten und von wem dieses Schloß aufgeführt worden; was für Belagerungen es ausgehalten, wie viel Blut dabey vergossen worden; er wird beklagen, daß die alles verzehrende Zeit es so geschwind vernichtet hat. Dieses alte Gebäude ist so meisterhaft aufgeführt, um einen solchen Eindruck zu machen. Ob es gleich erst von dem letztverstorbenen Besitzer angelegt worden, so sieht es, so nahe man auch kommt, doch aus, als wenn es vor einigen hundert Jahren ein festes Schloß gewesen. Diese gothischen Ruinen sind sehr weislich am Rande der größten Anhöhe des ganzen Landsitzes angebracht, und man hat von hier eine gränzenlose Aussicht, insonderheit aus einem Zimmer in dem Thurm, der mit Fleiß noch in einem guten Stande erhalten ist. Um die Absicht der Anlage vollkommen zu erreichen und allen Verdacht zu vermeiden, daß es keine wirkliche Ruinen sind, so liegen allenthalben große Steine und Felsklumpen in größter Unordnung umher, als wenn sie nach und nach von der Mauer herabgestürzt wären. Um den Begriff von dem Alterthum des Gebäudes noch mehr zu bestärken und feyerlicher zu machen, ist an den Mauern und Thürmen so viel Epheu angebracht, daß man es unmöglich ansehen kann, ohne es wirklich für so alt zu halten, als es scheint.«[1152]

Dieses Zitat wurde ungekürzt übernommen, weil selbst scheinbare Nebensächlichkeiten für die Löwenburg von Bedeutung geworden sind. Die Spekulation, »was für Belagerungen es ausgehalten, wie viel Blut dabey vergossen worden«, klingt in Casparsons Löwenburg-Vorlesung wieder an: »Wir sehen [...] an ihren Mauren, auf ihren Thürmen noch das Blut derer, welche sie verteidigten.«[1153] Folgende Ideen können als für die Löwenburg maßgebend angesehen werden: die Rolle der Architektur als Auslöser historischer, melancholischer Assoziationen, die Grenzenlosigkeit der Aussicht, die Lage über Felsen und das »Verwachsensein« mit der Natur, die Bewohnbarkeit trotz des ruinösen Habitus sowie die Faszination über den erreichten hohen Grad der Täuschung. Wir ersehen, daß das zeitgenössische Interesse an dieser mit dem englischen Garten untrennbar verbundenen Architekturgattung sich nicht auf das Deskriptive des formalen Bereichs beschränkt – die maßgebenden Intentionen sind auf die auszulösenden Assoziationen ausgerichtet.

Damit verbunden ist die Funktion der Architektur als Point de vue. Diese ist noch für eine weitere Miller'sche
382 Burgruine in Wimpole Hall (Cambridgeshire) durch eine zeitgenössische Quelle belegt, die besagt, daß die 1750 geschaffene Ruine »mearly the walls and semblance of an old castle to make an object from the house«[1154] bilden solle. Im Zentrum steht wie in Hagley ein wohlerhaltener, runder Turm, der, wie die zahlreichen Fenster nahelegen, als Aussichtsturm dient. Die anschließenden stark zerstörten Mauern nehmen ein Tor auf und endigen in zerborstenen Rundtürmen. Bei der Löwenburg bleibt die von den Miller-Ruinen übernommene Point-de-vue-Funktion durch alle Planungsphasen hindurch dominierend erhalten. In ihr manifestiert sich die Tatsache, daß die Burg, auch in ihrem endgültigen Stadium, keinen absoluten Eigenwert besitzt, sondern das Accessoire eines palladianischen Landsitzes bildet.[1155]

Wie unmittelbar sich der Einfluß der englischen Neugotik in Kassel damals gestaltete, belegt u.a. ein Parkplan,[1156] den der Gärtner George Wilhelm Homburg 1790 zur Neugestaltung der Kasseler Karlsaue vorgelegt hat. Er zeigt eine Anglisierung des ehemaligen französisch-geometrischen Gartens, der in zwei große Hauptstränge von Szenen zerlegt und mit zahlreichen »fabriques« bestückt wird. Unter diesen Staffagen findet man nicht nur eine Kopie von Chambers' Pagode in Kew, sondern einen über einem Wasserfall gelegenen burgenartigen Rundturm à la Miller sowie einen gotischen Ruinenbau mit kirchenartiger Fassade, links und rechts von einem Turm flankiert. Hierbei handelt es sich um eine getreue Wiederholung der Fassade des Gotischen Tempels, den James Gibbs 1740—1744 im Park von Stowe errichtete.[1157] Homburg, von Simon Louis Du Ry als »im Zeichnen ganz geschickt« beurteilt, hatte sich im Anschluß an Jussow 1788—1790 zur Ausbildung in England aufgehalten. Von seinem dortigen Aufenthalt ist z. B. eine 1789 entstandene Zeichnung des Tower von Pains Hill bey Lobham[1158] bezeugt. Mit seinen Kenntnissen hat Homburg zum Zeitpunkt der Löwenburg-Planungen den englischen Einfluß in Kassel höchstens unterstützen können, der mit Wilhelm und Jussow seine beiden wirksamsten Exponenten aufzuweisen hatte.

Auch in Frankreich läßt sich die Verbreitung runder, in der Regel burgenartiger Wohn- und Aussichtstürme in Landschaftsgärten im ausgehenden 18. Jahrhundert verfolgen. In unserem Zusammenhang sollen drei Beispiele herausgegriffen werden.

Ein runder Ruinenturm, dessen Entwurf auf Hubert Robert zurückgeht, steht als gewichtigster Bau inmitten des seit 1780 von der Prinzessin von Monaco angelegten Parks von Betz (Dép. Oise).[1159] Was ihn mit der Löwenburg vergleichbar erscheinen läßt, ist sein heute noch erhaltener, vor den gotischen Maßwerkfenstern und -türen angelegter Außenlaufgang, sowie die über Miller hinausgehende subtilere Ruinierung, die Roberts Rolle als führenden Ruinenmaler bezeugt.[1160] Eine zeitgenössische Ansicht zeigt den Turm, verbunden mit einer stark zerstörten Brücke; die Kombination von Turm und Brücke läßt an Jussows Zweites Projekt für die Felsenburg denken. Schon 1808 hat Alexandre de Laborde, als er den Bau publizierte,[1161] im gleichen Zusammenhang der Kasseler Löwenburg und der Franzensburg in Laxenburg bei Wien gedacht. Die Vermutung, daß Jussow den Bau gekannt hat, wird durch seinen Paris-Aufenthalt und seine Verehrung für Robert nahegelegt.

384

292 K 139

Die Asymmetrie einer Parkburg spiegelt sich in der »Tour de la belle Gabrielle« im Park von Ermenonville, der durch Jean-Jacques Rousseaus Grab bekannt ist. Der 1784 von Le Rouge abgebildete Bau[1162] vereinigt mit dem Rest seines Aquädukts und dem mittelalterlich wirkenden Turm heterogene Elemente. Er ist zusammen mit einem angrenzenden Rechteckbau als ehemalige Wohnung der Gabrielle, der Mätresse des Königs Heinrich IV., eingerichtet und kann als Aussichtsturm dienen.

Die Einrichtung des Felsenburg-Donjon als komfortabler Wohnturm findet in der Ruine des Parks »Le Désert« in Retz bei Marly[1163] einen ausgefallenen Vorläufer. Ausgefallen deshalb, weil er die von England inspirierte Neugotik verläßt und statt dessen eine Hinwendung zur Antike erkennen läßt: Er hat die Gestalt eines ruinösen, überdimensionierten toskanischen Säulenstumpfs von 15 m Durchmesser. 1780/1781 erbaut, vertritt er als ausschließliches Logis des Besitzers das übliche Schloß, ist also als ruinöse »fabrique« in singulärer Weise in den Park integriert. Das Innere ist in mehrere Geschosse unterteilt, die ein rundes, zentrales Treppenhaus erschließt. Die raffinierte Distribution unterscheidet traditionell nach Vorzimmern, Salons, Schlafzimmern, Kabinetts und Dégagements. Im Nachlaß Jussows findet sich eine Grundrißzeichnung, die darauf schließen läßt, daß Jussow das Säulenhaus in Retz gekannt hat.[1164]

383, 385

Damit ist die Frage nach der Distribution des Felsenburg-Donjon gestellt, wie sie spätestens 1794 in der Form als Appartement des Landgrafen festgestanden haben muß. Auf Jussows Zeichnungen gibt schon die Benennung der Etagen und Raumfunktionen genügend Hinweise darauf, daß die in Frankreich seit dem Régence gültigen wesentlichen Prinzipien der »distribution« und »commodité« bei der Grundrißeinteilung maßgebend gewesen sind. Dem entspricht, daß im Erdgeschoß dem Kabinett eine »antichambre« vorgelagert ist, der Treppenturm-Eingang sogar als Vestibül begriffen wird und im Zwischengeschoß das Schlafzimmer durch Garderobe und Kabinett gegen die Treppe abgeschirmt ist. In der Anordnung des »lit en niche« schlägt noch

297 K 143, 299 K 144

deutlich eine Vorstellung aus dem Schloßbau durch.[1165] Als Zentrum der Raumfolge hat der Salon zu gelten, während die von dem Appartement abgesonderte Lage der Küche gleichfalls den Vorstellungen von »commodité« entspricht. Wie ein Vergleich mit Cuvilliés' Amalienburg in Nymphenburg[1166] erläutert, hat Jussow versucht, im Donjon der Felsenburg die Raumsequenz einer Maison de plaisance in die Senkrechte zu bringen. Dies gelang nicht ohne Kompromisse, z. B. in Gestalt der Wendeltreppe, deren Typus als Haupttreppe einer Maison de plaisance abwegig erscheint. Aber gerade dieses altertümliche Relikt bedeutet eine Verneigung vor der gestellten Bauaufgabe »Burg«.

Die vergleichbaren pseudomittelalterlichen Parkburgen, die in Deutschland als Anregungen zur Löwenburg in Frage kommen, konzentrieren sich auf Wilhelms 1779 begonnene »Burg« in Wilhelmsbad. Ihr wird wegen der außerordentlichen Bedeutung im folgenden ein eigener Abschnitt gewidmet. Sie war damals auf dem europäischen Kontinent ohne direktes vergleichbares Gegenstück.[1167]

Die älteste Meinung zur Frage der Vorbilder der Felsenburg besagt, Jussow habe sich »die Ueberreste des alten Schlosses zu Jesberg und die alte zerstörte Burg zu Löwenstein zum Vorbild genommen«.[1168] Dies ist eine auf Jussows Neffen Laves zurückgehende Ansicht und kann wie folgt beurteilt werden. Tatsächlich existieren in Jussows Nachlaß malerische Ansichten der beiden genannten mittelalterlichen Burgen in Hessen.[1169] Aus ihnen geht hervor, daß Jussow an ihnen das Motiv eines von Trümmern umgebenen, selbst teilweise zerstörten Bergfrieds eingehend studierte. Tatsächlich gibt es keine plausiblere Erklärung zur Entstehung dieser Zeichnungen als die Felsenburg-Projektierung. Daß Laves die beiden hessischen Burgen zu den einzigen Anregungen zur Felsenburg erklärt und somit doch weit überschätzt hat, rührt daher, daß der an ihn vererbte zeichnerische Jussow-Nachlaß keine weiteren Aufnahmen gotischer Profanbauten enthält, die Aufschlüsse über die Vorbild-Frage zuließen. Von Jussows Reisen existiert kein einziges Skizzenbuch, was die Klärung des Einflusses vor allem Englands erschwert.

Eine mögliche Anregung allgemeiner Art könnte von einem nicht ausgeführten Projekt des preußischen Königs Friedrich Wilhelm II. (reg. 1786—1797) zu einem gotischen Turm auf dem Pfingstberg in Potsdam[1170] ausgegangen sein, das in zeitlicher Parallelität zu den Vorprojekten der Felsenburg von Boumann geplant wurde. Da Friedrich Wilhelm und Wilhelm IX. seit ihrer Erbprinzenzeit miteinander befreundet waren,[1171] ist es denkbar, daß beide ihre formal so gegensätzlichen Gotik-Projekte ausgetauscht oder zumindest diskutiert haben.[1172] Der erste, wohl vom Frühjahr 1793 stammende Plan Boumanns sieht einen 106 Fuß hohen Turm mit einem angebauten gotischen Saal vor. Hier ist, in Parallelität zur Felsenburg, die Faszination von wenigstens 100 Fuß hohen Türmen als Ausdruck unermeßlicher, »erhabener« Größe festzuhalten. Auch in Potsdam wurde die beliebige Veränderung gotischer Bauten für möglich gehalten. Im April desselben Jahres wünschte Friedrich Wilhelm einen neuen Plan: Der Saal sollte durch eine »Beletage« (!) überbaut und der Turm entsprechend aufgestockt werden. Am 17. Juni sandte Boumann ein schloßähnlich vergrößertes Projekt, von dem der Architekt meinte, es sei »hieraus *ein wohnbares und der erhabenen Würde des Bewohners entsprechendes Gebäude* entstanden«.[1173] Das Ergebnis hat H. Kania als »wunderliches Gemisch von Burg und Kathedrale« charakterisiert.[1174] Das 1794—1797 nach einer Idee des Königs von dem Hofzimmermeister J. G. Brendel errichtete Schlößchen auf der Pfaueninsel greift als künstliche Ruine ein anderes Charakteristikum der Felsenburg auf, scheidet aber als Vorbild für Kassel aus.[1175]

Die bisher genannten möglichen Vorbilder für die ersten Projekte und das 1793/1794 gültige Anfangsstadium der Felsenburg weisen primär nach England. Unter den zu vermutenden typologischen und stilistischen Ahnen ragen die neugotischen Ruinenbauten Sanderson Millers besonders hervor; eine Auseinandersetzung mit ihnen dürfte durch den Bau von Wilhelmsbad[1176] und Hirschfelds Theorie noch stärker motiviert worden sein. Es kann zudem als wahrscheinlich gelten, daß Jussow gemäß seinem Wunsch und Auftrag, in England seine »Kentniße in der Architektur und Garten Kunst zu vergrößern«,[1177] den einen oder anderen Miller'schen Bau selbst gesehen hat. Auf französische Einflüsse geht die Distribution des Donjon zurück. In Deutschland hat sich neben Wilhelm IX. nur König Friedrich Wilhelm II. von Preußen mit typologisch vergleichbaren Projekten beschäftigt, doch konnte Wilhelm IX. selbst mit seiner Wilhelmsbader Ruine Priorität beanspruchen.

Eine neue Kette von Vergleichsbeispielen erschließt sich durch den seit 1795 in die Tat umgesetzten großzügigen Ausbau der Felsenburg. Er wird durch die gleichmäßige Gruppierung der Einzelbauten um einen etwa rechteckigen Hof gekennzeichnet. Dabei liegt ein auf ausgewogenes, streckenweise symmetrisches Verteilen bedachtes Planen zugrunde: Nord- und Südtor einerseits, Donjon-Kapelle andererseits sind die Exponenten eines in Grund- und Aufriß ablesbaren orthogonalen Achsenkreuzes. Es wäre jedoch voreilig, allein aufgrund dieser Regelmäßigkeit zu folgern, die Löwenburg sei nichts anderes als »ein verkleidetes Wohnschloß in der Tradition des absolutistischen Schloßbaues der Barockzeit«.[1178] Der englische Burgenbau des ausgehenden 13. und 14. Jahrhunderts zeigt ein auf Regularität hin angelegtes Grundschema, das zur gleichen Zeit auf dem Kontinent weitgehend unbekannt gewesen ist.[1179] Es war in erster Linie die Regierungszeit Edwards I. (1272—1307), die die Blütezeit englischen Burgenbaus bedeutete.[1180] Es kam damals zu folgenden Errungenschaften, die im Kontext mit der Felsenburg-Erweiterung bedacht sein wollen: Es wurde eine regelmäßige Anlage um einen weiten, rechteckigen Hof geschaffen, wobei in der Regel beide Tore axial einander gegenüber liegen: der Typus des Vierturmkastells, der auf das Kastell der römischen Antike zurückgeht. Beispiele dafür sind Caerphilly Castle (Glamorgan, erb. 1267—1277),[1181] Beaumaris Castle (Anglesey, um 1295—1323)[1182] sowie Bodiam Castle (Sussex, 1386—1390).[1183]

Caerphilly gewinnt für unseren Zusammenhang dadurch besondere Bedeutung, daß das Längsrechteck des Hofs leicht zu einem Parallelogramm verzogen ist, was zu einer geringen Verschiebung der beiden »gatehouses« an den Schmalseiten führt. Beaumaris hat nicht nur ein nördliches und südliches »gatehouse« an den Schmalseiten, sondern sogar eine nach außen vorspringende (!) Kapelle und gegenüber den »middle tower« an den Längsseiten aufzuweisen, die gemeinsam ein rechtwinkliges Achsenkreuz bilden. Die südliche Außenflanke der Löwenburg in ihrem frühesten Planungsstadium dürfte von der östlichen Flanke mit dem großen »gatehouse« von Harlech Castle (Merioneth, erb. 1283—1289)[1184] beeinflußt sein.

Neben den aufgezeigten positiven Ergebnissen eines solchen Vergleichs bestehen natürlich auch wesentliche Unterschiede zwischen der Löwenburg und den genannten englischen Burgen. Diese liegen in der Ebene und können, meist als Wasserburgen, ihre Regelmäßigkeit in somit geschützter Situation entfalten. Eine gleichmäßige Bebauung der Ringmauer-Innenseite ist erst bei dem späten Beispiel Bodiam Castle anzutreffen. Das den Vierturmkastellen zugrundeliegende Prinzip der Flankierung ist an der Löwenburg nur eingeschränkt anzutreffen. Ihre Flankierungstürme der nördlichen Flanke sind aufgrund ihrer zurückgestaffelten Position nicht geeignet, die östliche und westliche Flanke zu bestreichen. Es kann somit verdeutlicht werden, daß die Löwenburg vom englisch-mittelalterlichen Burgenbau zwar wesentliche Anregungen erhalten hat, diese jedoch lediglich punktuell, ohne logischen Zusammenhang, also letztlich oberflächlich umsetzt.

Das eklektische Vorgehen bei der Suche nach geeigneten Leitbildern tritt nirgendwo an der Löwenburg so offenkundig zu Tage wie an der Stelle, wo die objektivste Auseinandersetzung mit historischer gotischer Architektur anzutreffen ist: an der Fassade der Burgkirche. War der erste Entwurf noch aus einer unkonventionellen »Sturm- und Drang«-Gotik[1185] hervorgegangen, verweist der zweite, wohl 1795 entstandene, auf das »archäologische« Studium einer ganz neuen Welt — der beiden eng verwandten trecentesken Dom-Fassaden von Siena und Orvieto![1186] Von der Fassade in Orvieto, dem »Meisterwerk italienischer Ornamentalgotik« (Grodecki), übernimmt Jussow für seinen Fassadenentwurf die Dreiteilung durch vier Strebepfeiler, von denen die zwei äußeren kräftiger gebildet sind. Von derselben Fassade stammt die Anregung, das rundbogige, flache Trichterportal mit geradem Sturz durch zwei, bei Jussow weit hinaufgeschobene spitzbogige Maßwerkfenster flankieren zu lassen. Handelt es sich dabei in Orvieto um Blendfenster über Seitenportalen, so beschränkt sich Jussow allein auf Fenster. In beiden Fällen nimmt das Zentrum des Wimpergs eine in Orvieto in Freskotechnik gemalte, bei Jussow skulptierte Pietà auf. Jussows Motive der quadratisch gerahmten Fensterrose und der Zwerggalerien lassen sich gleichfalls auf Orvieto zurückführen. Von der im oberen Teil von Orvieto abhängigen Fassade des Sieneser Doms[1187] übernimmt der zweite Fassadenentwurf die Gliederung der Strebepfeiler, die Wimpergarchitekturen vor den Seitenschiffen, das konsolenbesetzte Gewände des Rundfensters, die Apostelnischen mit Halbfiguren sowie die drei gleichschenkligen Dreiecksgiebel als Fassadenabschluß. Obwohl Jussow, bedingt durch den verkleinerten Maßstab, das Formenvokabular stark einschränken muß, bleibt die Vorbildlichkeit der beiden italienischen Fassaden selbst in der zuletzt ausgeführten, im Sinne einer klassizistischen Glättung durchgeführten nochmaligen Reduktion anschaulich.[1187]

320 K 174

354   Es stellt sich die Frage, wie sich innerhalb einer ganz auf »nordischen« Burgenstil abgestimmten Löwenburg ein solches südliches Element einnisten konnte. Dabei handelt es sich nicht um ein Kuckucksei, sondern um einen Fremdling mit noblen Anlagen. Gliederungsreichtum und handwerkliche Qualität der Ausführung inmitten einer grobschlächtig aufgeführten Profangotik lassen die Kirchenfassade als Komprimierung des Gotischen schlechthin erkennen. Wenn gerade für diese exemplarische, subtile Präsentation der Gotik auf Italien zurückgegriffen wird, so berücksichtigt man damit in Kassel eine im 18. Jahrhundert selbst von Kritikern geteilte Meinung, wonach die italienische der nordischen Gotik überlegen sei. Ausschlaggebend dafür war das Vermächtnis der Antike, das die Klassizisten in der italienischen Gotik, im Gegensatz zur »krausborstigen« Gotik (Goethe) des Nordens, erkannt hatten. Louis Avril, den ich deshalb stellvertretend hier nenne, weil sein Werk in der Wilhelmshöher Schloßbibliothek vorhanden war,[1188] vertritt in seinem 1774 erschienenen Traktat »Temples anciens et modernes« die Ansicht, die Gotik in Italien ähnele der griechischen Architektur![1189]

Problematisch ist die Klärung der Frage, wer die italienische mittelalterliche Architektur nach Kassel vermittelt hat. War es Jussow selbst gewesen, der 1785/1786 den Süden bereist hat? Kann er schon vor seiner persönlichen Bekanntschaft mit Wilhelm IX. ein »archäologisches« Interesse für mittelalterliche Kathedralen entwickelt haben, vor seiner Englandreise? Exemplarisch für die Ablehnung der Gotik gerade in den Kreisen, in denen Jussow in Rom verkehrte, ist das vernichtende Urteil des Archäologen Alois Hirt,[1190] das sich wie eine Parodie auf die Löwenburg ausnimmt. Hirt und Jussow kannten sich wahrscheinlich persönlich, wie Hirts Notizen[1191] nahelegen.

Entscheidet man sich, durch Hirt beeinflußt, negativ zu den aufgeworfenen Fragen und hält ein Studium Jussows vor Ort für nicht wahrscheinlich, so bleiben zwei Möglichkeiten, wie die Kathedralfassaden in Kassel vorbildhaft gewirkt haben können. Entweder hat Jussow nach Kupferstichen gearbeitet — von deren Existenz im 18. Jahrhundert ein Beispiel bekannt ist[1192] — oder, was näherliegend erscheint, er hat sich an Bauaufnahmen eines anderen gehalten. Tatsächlich gab es in Kassel zu dem in Frage kommenden Zeitpunkt einen exzellenten Gotikkenner: den in England geschulten Landschaftsmaler Johann Heinrich Müntz. Müntz, der sich als »Ingénieur et Architecte« bezeichnete, war mit William Chambers befreundet und hatte für diesen die gotische Kathedrale in Kew[1193] entworfen, die 1757–1760 erbaut wurde. 1760 kündigte er in London eine allerdings nie erschienene Publikation an, in der er die besten englischen und ausländischen Bauten sowie alle damals bekannten Aspekte zur Theorie der Gotik vorstellen wollte. Zu diesem Zweck hatte er schon 1748 Denkmäler in Spanien, 1759 und 1762 die Kathedrale St. Albans (Hertfordshire) aufgenommen. Mit solchen Bemühungen um die Gotik übertraf er einen Batty Langley bei weitem.[1194] Er verbrachte seine letzten sechs Lebensjahre in Kassel und Riede (Krs. Wolfhagen) auf dem Landgut seines Freundes, des Landrats von Meysebug, in dessen Park er 1798 bestattet wurde.[1195] In diesem Rieder Park hatte Jussow im selben Jahr eine Kapelle erbaut. Es wurde bereits erwähnt, daß Müntz für den Park in Wilhelmshöhe ein starkes Interesse hegte. Das dokumentiert sein Skizzenbuch, das ausschließlich der Wilhelmshöhe gewidmet ist und nach Müntz' Tod in den Besitz des Landgrafen überging.[1196] Im Mai 1793 ernannte ihn Wilhelm IX. zum Ehrenmitglied der Kasseler Kunstakademie.[1197] Es bestand also für Wilhelm und seinen Architekten die Möglichkeit, sich für die Kapellenfassade der Hilfe durch Müntz zu versichern. Allerdings ist nicht daran zu zweifeln, daß die endgültigen Entwurfsfassungen alle auf Jussow selbst zurückgehen.

Trotz des vorauszusetzenden Studiums der beiden italienischen Kathedralen liegt uns mit Jussows zweitem Fassadenentwurf keine lediglich modellhaft verkleinerte und vereinfachte Replik des mittelalterlichen Vorbilds vor. Vielmehr drückt sich der Zeitstil in unverkennbaren manieristischen Zügen aus. Diese Eigenschaften geben sich gerade im Vergleich mit den italienischen Bauten zu erkennen. Die relativ zu breiten Seitenschiffenster scheinen die Wandfelder auseinanderzusprengen zu wollen; in ihrer Höhenerstreckung erdrücken sie förmlich das Hauptportal. Die winzigen Dreiecksgiebel sind den hohen Spitzbogenfenstern keineswegs gewachsen. Manieristische Dissonanzen schwingen noch, trotz mancher Bereinigungen, in der ausgeführten Form mit. Das im Vergleich zum zweiten Entwurf mächtiger gewordene Strebewerk wird nicht mehr durch die Fenster bedrängt, sondern verweist jetzt diese selbst in ihre Schranken. Angesichts der Eigenwertigkeit der Strebepfeiler wirkt das Fassadenbild zergliedert. Die beiden das Portal flankierenden Figuren verlieren sich geradezu unter den wuchtigen Baldachinen. Die rauhe Oberfläche der angrenzenden Bauten hebt das Folienhafte der filigranen, von graphischen Werten bestimmten Fassade noch hervor.

319 K 164

366

354

Vom Manierismus als einem zeittypischen Phänomen der Kunst um 1800 spricht A. Kamphausen. Im Anschluß an R. Zürchers Untersuchung der Architektur des Cinquecento charakterisiert Kamphausen den Manierismus mit folgenden Begriffen, die er auf die Architektur der Neugotik anwendet. Beobachtet wird das »Maskenartige« der Fassaden, womit der dahinter liegende Raum verunklärt werde; der Raum selbst verzichte, im Gegensatz zum Barock, auf körperhafte Entfaltung. Mit dem Verlust an haptischen Werten gehe eine »illusionistische«, »kulissenhafte« Wirkung der Wände einher. »Attrappen«, »Dualismen« und Dissonanzen unterliefen schließlich die architektonische Logik. Kamphausen sieht den Manierismus (und die Manierismen) als Ausdruck einer pessimistischen Grundhaltung, die sich entweder in einen »exaltierten Subjektivismus« oder das andere Extrem, einen überbetonten Akademismus flüchte.[1199]

Verrät die Planung zur Kapellenfassade manieristische Züge auf historistischer Grundlage, so unterliegen die seit 1795 errichteten Erweiterungsbauten eigenen formalen Gesetzen. Am auffälligsten ist die puppenhausartige Winzigkeit des Maßstabs, der anhand des allseits umlaufenden Bogenfrieses überall noch ablesbar ist. Zu dieser an der Burgvogtswohnung ausgeprägtesten Zierlichkeit kommt der expressive Ruinencharakter, von dem in der um 1795 gültigen Planung nur die Kapelle ausgenommen wird. In dieser Auflösung des Tektonischen unterwirft sich die Architektur einer malerisch-sentimentalen Gestaltungsweise, die in ihrer Kleinheit das Große, Erhabene des Donjon um so krasser hervortreten läßt. Das Pittoreske und das Sublime betonen in ihrer Gegensätzlichkeit einander.

Demgegenüber greift die schon ein Jahr später ins Werk gesetzte Aufstockungsmaßnahme die manieristische Tendenz der Kirchenfassade wieder auf. Nur so ist erklärbar, daß das Experimentelle der Planung und die Ablesbarkeit des Wachstumsprozesses zum Stilprinzip selbst erwählt werden konnte. Die am Westtrakt nachträglich teils aufgesetzten, teils ausgebrochenen Drillingsarkadenfenster lassen die Architektur wie in Bewegung

geraten erscheinen; sie setzen sich in gezielten Kontrast zum klassizistischen Horizontalismus der Erdgeschoßgliederungen. Geradezu beängstigend labil wirkt die Verschleierung der Donjon-Sockelzone auf der Hofseite.
Man wähnt, dieses bauliche Ungetüm gründe in ungewissen Tiefen. Deshalb wird das Aufragen des Donjon als
unmotiviert und nicht kontrollierbar erfahren. Jussow hat alles daran gesetzt, eine logisch entwickelte Tektonik
zu kaschieren.

 Mit Hilfe der Bauornamentik, die verschiedenen Stilen entlehnt ist, soll die Löwenburg als etwas in Jahrhunderten Gewachsenes erscheinen.

 Bereits herausgestellt wurde die stilistische Sonderstellung des nicht-repräsentativen Außenbezirks am
Marstallhof. Gerade an dieser von historisierenden Auflagen befreiten Nutzarchitektur scheint man den unmittelbaren Zugang zu Jussows »ureigenem« abstrakt-geometrischen Stil zu finden, wie ihn das große Schloßideal-
projekt in Reinkultur spiegelt.

 Auch der Grundriß ist stilgeschichtlich zu beurteilen. Sein am Ausgangspunkt stehendes orthogonales
Achsengerüst muß dem Symmetriedenken des Bauherrn und des Architekten, die vom Spätbarock und Klassizismus geprägt waren, in besonderem Maße entsprochen haben. Tatsächlich herrscht der klassizistische Einfluß
in einer Vielzahl von symmetrisch gefaßten Baugruppen vor. Daneben entdecken wir eine diesem Ausgangs-
prinzip diametral entgegenwirkende Kraft. Sie äußert sich darin, daß sie einen Zustand der gesuchten Unordnung und Disharmonie hervorruft. Die gerade geführten Hoffronten knicken ab, so daß die zu einem regelmäßigen Rechteck gehörende Homogenität geradezu ängstlich vermieden wird. Alle weiteren Anbauten,
welche die Asymmetrie der äußeren Erscheinung verstärken, sind auf diesen Antipoden rückführbar. Mit dem
ihm innewohnenden dialektischen Spannungsverhältnis verweist der Grundriß auf dasselbe manieristische Stilprinzip wie der Aufriß.

 Es bietet sich an, das auf Disharmonie fixierte Gegenprinzip mit dem Gotikbild des Klassizismus in Verbindung zu bringen. Und dieses ist fraglos, auch in Kassel, zunächst ein rein negatives gewesen. Konnte doch selbst
Casparson in seiner Löwenburg-Vorlesung von einem rein negativen Gotik-Begriff ausgehen![1200] Mit der
Behauptung, »man nennt nun einmahl jedes plumbe, abentheuerliche und mit Zierrathen überladene Gebäude
gothisch [...]« spricht er der Gotik eine vernunftgemäße Eigengesetzlichkeit von vornherein ab. In der Praxis
des Löwenburg-Baues macht man sich das Positive dieses »Fehlers« zunutze. Aufgrund der den »barbarischen«
Goten unterstellten Willkür hindert kein Regelzwang daran, den Bau nach Belieben zu ändern und zu erweitern, vor allem als dilettierender Bauherr selbst schöpferisch tätig werden zu können.

 Im Vergleich zur Architektur hat das negative Gotik-Urteil für die Gartenkunst gegenteilige Konsequenzen.
Der Burggarten entspricht mit der Regularität der Wege, Hecken und Beete dem zur Zeit des Landschaftsgartens verachteten, ja verhaßten Prinzip des geometrischen Gartens. Bei Johann Georg Sulzer heißt es zum Stichwort »Gothisch«: »Gothisch ist der in Form eines Thieres geschnittene Baum [...]«.[1201] Demnach bedeutete der
Zeit um 1800 das Gotische in der Gartenkunst Hinderung am freien Wuchs, während umgekehrt der Baukunst
eine freie Entfaltung zugebilligt wurde.

 Der Löwenburg-Grundriß bietet eine entscheidende Voraussetzung, um die Ungezwungenheit des Planens
und Bauens zu gewährleisten — die Absage an das den Schloßbau des Barock festlegende Prinzip des appartement double. Statt der hintereinander gestaffelten, durch doppelte Enfiladen starr aneinander gebundenen
Raumfolgen finden wir an der Löwenburg isolierte, additiv gereihte Raumeinheiten. Bezeichnenderweise sind
im Osttrakt Enfiladen nur in Reliktform vorhanden, ohne Herren- und Damenbau in einer Flucht konsequent
miteinander zu verbinden.[1202] Diese Absage an eine Norm höfischer Baukunst war zwangsläufig mit dem Verzicht auf wesentliche Merkmale der höfischen Etikette verbunden. Es war z.B. unmöglich, daß die Domestiken

in einem unsichtbaren Hintergrund den reibungslosen Ablauf des »offiziellen« fürstlichen Lebens vorbereiten und gewährleisten konnten.[1203] Die hier vor Augen geführte Zwanglosigkeit setzt eher eine »bürgerliche« Befreiung von aristokratischer Konvention voraus.

Die stilistische Beurteilung der Löwenburg gehorcht einem Prinzip, für das die gültigen Betrachterstandpunkte zu klären sind. Den ersten und wichtigsten haben wir bereits besprochen. Der Aufblick vom Ende der Wolfsschlucht auf die Burg vermittelt den Eindruck des sublimen Charakters der schwindelerregend steil aufragenden Turmarchitekturen. Den zweiten Standort erhält der Betrachter unmißverständlich angewiesen — im Südwesten, als »Zuschauer« über dem Turnierplatz stehend. Die »Rechtmäßigkeit« dieses Blickwinkels wird durch einen Kupferstich aus dem Jahr 1808[1204] bestärkt. Von diesem erhöhten Punkt aus überblicken wir die Burg aus einer Diagonalen. Die im Vordergrund, zu den Seiten und im Hintergrund liegenden Abschnitte der Burg schließen sich zu einer räumlich dicht ineinander verwobenen Einheit zusammen, die durch das Vor und Zurück der Außenwände, das damit verbundene Spiel von Licht und Schatten, sowie die Vertikalakzente der Türme charakterisiert wird. Die unruhige Bewegung der Oberflächen und die zahllosen »Staccati« der Silhouette machen es unmöglich, den geometrischen Ort einzelner Bauten exakt zu definieren. Der poröse, zwischen Grau-, Grün-, Braun-, Ocker- und Beige-Tönen schillernde Basalttuff läßt optische gegenüber haptischen Werten eindeutig dominieren. Eingeflochtene künstliche Ruinenteile begünstigen den Eindruck des Fließenden und Unbeständigen der Gestalt. Eine zwar nicht fortifikatorisch-praktische, doch um so höhere ästhetische Bedeutung kommt der den Graben umziehenden Außenmauer zu: Sie kaschiert die durchgängig auf einem einzigen Niveau gehaltenen Gebäudesockel, läßt die Bauten also gleichsam aus dem Unbestimmbaren aufwachsend erscheinen und bringt mit ihren groben, unregelmäßigen Zinnen ein Element unruhiger Bewegung. Mit diesem Kunstgriff erhält die Architektur einen Zug zum Entgrenzten, Schwebenden. Ja, die Architektur scheint sich selbst zu bewegen, wenn der Betrachter nur wenige Schritte weit hin- und hergeht: Vorder- und Hintergrund verschieben sich, bedingt durch die räumliche Distanz des Burghofs, unregelmäßig gegeneinander. Es stellt sich demnach der Parallaxeneffekt ein, der im ausgehenden 18. Jahrhundert auch die Vorliebe für künstliche Ruinen mitbegründet hat.[1205] Wölfflins Grundbegriffe zur Definition der »offenen« — im Gegensatz zur »geschlossenen« — Form lassen sich hier anwenden: Wölfflin beobachtet in der »entbundenen Komposition« den »Reiz des Zufälligen« und »Eindruck von Freiheit«. Woher diese Vorstellung von Befreiung und Entgrenzung übernommen wird, umschreibt er bildhaft: »Es geschieht hier etwas Ähnliches wie in der Natur, wenn sie von den kristallinischen Gestaltungen zu den Formen der organischen Welt aufsteigt.«[1206] »Kristallinisch« — so könnten auch die einzelnen Baukörper in ihrer der »Revolutionsarchitektur« verpflichteten Stereometrie genannt werden. Der Übergang zum Organischen artikuliert sich dagegen in der Addition, die im Aufriß die Konturen zu überspielen sucht. Daß damit eine schon im 18. Jahrhundert intendierte Sicht getroffen ist, soll im folgenden noch dargelegt werden.[1207]

Die Anwendung eines weiteren Wölfflin'schen Grundbegriffs erweist sich als fruchtbar, der Begriff des Malerischen. »Die Architektur kann ihrer Natur nach nicht im selben Grade wie die Malerei zur Kunst des Scheins werden [...].«[1208] Daß die Architektur der Löwenburg immerhin in einen Grenzbereich zwischen Sein und Schein vorgedrungen ist, beweist die Ansicht von Westen aus größerer Distanz. Hier schließt sich das Bauwerk zur zweidimensionalen Kulisse[1209] zusammen, die mit der umgebenden Natur eine untrennbare Verbindung eingeht. Das Malerische tauchte als terminus auf Wilhelmshöhe schon im Jahr 1795 auf, als Du Ry dem Landgrafen die »malerische« Einheit des im Entstehen begriffenen Donjon mit den davor freigelegten Felsen schilderte.[1210] Unter demselben begrifflichen Aspekt muß die erste Erweiterung betrachtet werden: Es galt, durch den weitgehenden Grad der Zerstörung eine malerische Auflösung zu gewinnen. Da seit 1796 durch Ausbau und Aufstockung der ruinöse Zustand zum Teil verloren ging, mußte das Malerische durch gezielte kompositionelle Eingriffe zurückgewonnen werden — durch extreme Grundrißverschachtelung und die extrem variierenden Aufrisse der Erweiterungsbauten. Es bietet sich also an, im Malerischen den zentralen Gestaltungsbegriff zu erkennen, der als roter Faden alle Bauphasen, so »chaotisch« sie sich dem ungeübten Blick darbieten, durchzieht. Aus der Planungsgeschichte geht hervor, daß der auf Zergliederung gründende malerische Effekt nicht auf Anhieb gefunden werden konnte, sondern sich erst in der Summe der Planungsetappen einstellte! Der zunächst noch dominierende klassizistische Horizontalismus und die Regularität des Grundrisses konnten erst in wiederholten Anläufen bezwungen werden.

Die Erkenntnis, daß das Malerische das formengeschichtliche Leitthema der Löwenburg bedeutet, erklärt zahlreiche phänomenologische Eigenheiten, so die Tatsache, daß die Löwenburg eine primär nach außen gekehrte Architektur ist und demnach die Innenarchitektur, bis auf Rittersaal und Kirche, zurücktritt, oder daß um der Gesamtwirkung der Erscheinung willen die Bauornamentik über rudimentäre Ansätze nicht hinauskommt.

Dem heterogenen Charakter von Typus und Stil ist bis heute niemand so gerecht geworden wie Johann Daniel Engelhard. Sein 1842 zur Löwenburg geäußertes Urteil sei deshalb hier zitiert:

»Die Löwenburg.

Sie ist einer der interessantesten Gegenstände der Wilhelmshöher Anlagen. Es war die Lieblings-Idee des verstorbenen Kurfürsten Wilhelm I., durch diese Burg und ihre nächste dazu passende Umgebung sich in die Ritterzeit hineinzuzaubern. In der Burgcapelle hatte er sich ein Grab bereiten lassen, in welchem auch seine irdische Hülle beigesetzt worden ist. Die Burg ist von Jussow projectirt und aus eben der grauen Wacke, aus welcher das Octogon besteht und die sich zur Ruine, welche die Burg in ihren meisten Theilen darstellen soll und wirklich darstellt, sehr gut eignet, täuschend und, da hier die Steine besser ausgewählt wurden, auch dauerhaft erbaut. Eben auch zu dieser Burgruine hatte Jussow besondere Studien machen müssen; er hat dabei zwar *malerischen Effect zur Hauptsache* gemacht, aber doch auch Correctheit, wenigstens in der Anordnung des Ganzen, nicht unbeachtet gelassen.«

Nach einer ausführlichen Beschreibung mittelalterlicher deutscher Burgen fährt er fort:

»Freilich muß man von dem Gesichtspuncte ausgehen, daß hier nicht eine noch im alten Vertheidigungszustande befindliche Burg, sondern eine Burgruine, die dazu dienen sollte, einen Fürsten mit seinem Hofstaate aufzunehmen, aufzustellen war. Deshalb war es denn auch wohl ganz passend, daß man den großen Wartthurm mittelst darin angebrachter reichlicher Fensteröffnungen zu Sälen einrichtete und daß die Räume zwischen demselben und dem eigentlichen Wohnhause, jetzt der Burggrafen-Wohnung, so wie die nächsten kleineren Thürme mit Wohnzimmern ausgefüllt wurden. Ein Haupttheil fehlt freilich: nemlich der Vorhof; auch hat man die Zugehörigkeit desselben eingesehen, indem man späterhin einen Turnierplatz außerhalb der Burg errichtete. Dann möchte auch noch etwas anderes auszusetzen sein, nämlich *die bunte, nicht gehörig motivirte Vermengung von byzantinischem, gothischem und selbst altrömischem Style.* Es ist wahr: alle drei kommen bei den Burgen vor; denn der Styl der ältesten Burgen ist wirklich altrömisch, während spätere Zusätze recht wohl byzantinisch und selbst gothisch sein können; aber alsdann müssen sie sich auch als Zusätze oder Veränderungen aus späterer Zeit characterisiren. Indessen muß man billig sein. Als die Löwenburg erbaut wurde, vor 40 Jahren, war das Studium der Architektur des Mittelalters kaum erst wieder begonnen, und Unterscheidungen des Styls der verschiedenen Perioden desselben, die jetzt, bei so vielen dazu vorhandenen litterarischen Hülfsmitteln, dennoch manchen Architekten noch schwer werden, waren damals noch nicht mit gleicher Leichtigkeit möglich.

Der Garten bei der Burg hat regelmäßige, mit Tannen bepflanzte Gänge (einigermaaßen im holländischen Style) und einen Laubengang von Hainbuchen. Burggärten waren wohl selten [...]. Höchst reizend sind die äußern Ansichten der Burg. [...] Am meisten romantisch ist [...] die Seite nach dem Thale hin, in welches sich eine steinerne Treppe an einer sehr schönen Felsenschlucht hinunterwindet. Wenn es wahr ist, daß man die Absicht gehabt habe, in dieser Schlucht einen Wasserfall anzubringen [...], so muß man es beklagen, daß diese schöne Idée nicht zur Ausführung kam [...].

Die Asche des kunstsinnigen Fürsten, die in der Capelle ruht, giebt jetzt der ganzen Burg *ein gewisses mysteriöses Wesen,* durch die Stille des Orts vermehrt, welche durch seine Bewohner, den Burggrafen und die Besatzung, eine Abtheilung einer Invalidencompagnie, nicht gestört wird [...].«[1211]

Damit hat Engelhard ein einfühlsames, wenngleich zeittypisches Urteil gefällt. Er war imstande, die von ihm kritisierte Stilvermischung mit der noch kaum entwickelten historistischen Schulung zu entschuldigen, erkannte aber den »malerischen Effect« als »Hauptsache«! Heute, nach den Forschungen Nikolaus Pevsners,[1212] können wir so weit gehen, das Malerische als eigenständiges »Kunstprinzip« gelten zu lassen.

Zu den Voraussetzungen der pittoresken Löwenburg-Gotik

Das Malerische steht so sehr im Vordergrund des Phänomens Löwenburg, daß ihm ein eigener Abschnitt gewidmet werden soll. Dieser kann freilich knapp gehalten werden, da über die Entstehung und Geschichte des Pittoresken, auch im Zusammenhang mit gotischer Architektur, mehrere ausführliche Untersuchungen vorliegen.[1213] Ich beschränke mich auf wenige Bauten, die vor allem mit den letzten Bauphasen der Löwenburg in Verbindung zu bringen sind. Da die formale Erscheinung dieser Gattung Ausdruck bestimmter Bedeutungen ist, soll auf diese kurz eingegangen werden.

Der früheste programmatische Versuch, den Profanbau aus den Fesseln determinierter, im Symmetrie- und Proportionsdenken kulminierender Ordnungen zu befreien, begegnet in England zu Anfang des 18. Jahrhunderts mit dem Architekten John Vanbrugh (1664—1726). Dieser, bekannt vor allem durch seine Barockschlösser Blenheim Palace und Castle Howard, baute sich seit 1717 sein privates Wohnhaus, Vanbrugh Castle bei London, dem er das von ihm bevorzugte Aussehen einer Burg mit Zinnen und Rundtürmen gab. Wenig später fügte er dem symmetrischen Kernbau einseitig einen langen Flügel an, so daß im endgültigen Stadium der Eindruck des Asymmetrischen überwiegt. Seine Burgenbegeisterung zeigte sich auch auf denkmalpflegerischem Gebiet; 1709 wollte er die mittelalterliche Palastruine von Woodstock im Park von Blenheim erhalten wissen wegen der »lebhaften und angenehmen Gedanken«, die sie erwecke. Mit dieser Äußerung gibt Vanbrugh eines der ersten Zeugnisse für das mit positiven Assoziationen verbundene Verständnis der Gotik im 18. Jahrhundert. Seine Vorliebe für den Burgenstil korrespondierte übrigens mit seiner Bevorzugung »natürlicher« Gärten.[1214]

Eine Revolution des Geschmacks bedeutete der seit 1750 unternommene neugotische Um- und Ausbau von Strawberry Hill durch Horace Walpole, der mit diesen baulichen Aktivitäten in der englischen Aristokratie für Furore sorgte. Die sukzessive Erweiterung der Villa nahm über drei Jahrzehnte in Anspruch; Walpole selbst unterschied vier Hauptbauphasen zwischen 1753 und 1776,[1215] zu denen spätere Ergänzungen noch hinzukamen. Nach und nach wurden an einen alten Kernbau (aus dem Jahr 1698) ein sog. Kreuzgang, eine Galerie,

389

eine »Hall«, ein Rundturm und mehr angefügt.[1216] Die Hinwendung zur Gotik bedeutete für Walpole das Ergebnis einer grundsätzlichen, mit Humor gewürzten Stilbewertung: »The Grecian is only proper for magnificent and public buildings. Columns and all their beautiful ornament look ridiculous when crowded into a closet or a cheesecakehouse. The variety is little, and admits no charming irregularities [...]«.[1217] Wir fassen damit bei Walpole eine Relativierung des Antikischen zum Gattungsstil,[1218] und somit eine Einschränkung der normativen Ästhetik des Klassizismus. Im direkten Vergleich, stellte Walpole fest, setze griechische Architektur im Betrachter Geschmack, gotische dagegen Leidenschaft voraus.[1219] Daß Walpoles Gotik-Begeisterung aufs engste mit der malerischen Landschaftsgarten-Bewegung zusammenhängt, beweist sein Ausspruch: »I am almost as fond of Sharawaggi or Chinese want of symmetrie, in buildings, as in grounds or gardens.«[1220] Er äußert damit den Wunsch, beim Bauen so ungezwungen wie bei der Anlage eines auf chinesische Vorbilder zurückgreifenden englischen Gartens verfahren zu können und machte deshalb der griechischen Architektur die Starrheit ihrer Regeln zum Vorwurf.[1221] Im gotischen Stil zu bauen, bedeutete für Walpole, seiner persönlichen Freiheit Ausdruck verleihen[1222] und Phantasie walten lassen zu können. Bezogen auf die Innenräume seines Landhauses, gestand er einmal: »Jeder echte Gote wird ohne weiteres wahrnehmen, daß sie mehr ein Werk der Phantasie als ein Werk der Nachahmung sind.«[1223] Anregungen formaler Art verdankte Walpole Sanderson Miller, dessen oben bereits erwähnte Ruine in Hagley er bewunderte.[1224] Die schottische Neugotik mit dem seit 1745 erbauten Inverary Castle[1225] kann hingegen nur von eingeschränktem Einfluß gewesen sein, da ihr eine malerische Auffassung völlig abgeht. Aus diesem Grund ist auch, im Gegensatz zu H. Vogels Meinung,[1226] kein direkter Einfluß Schottlands auf die Löwenburg zu erwarten.

Wie die 1784 in seiner »Description« publizierten Grundrisse[1227] verraten, entstand Strawberry Hill aus einer zwanglosen Addition von Räumen, die ein bandwurmartiges Gebilde ergeben und kaum miteinander kommunizieren. Je nach Einfall des Bauherrn wurden heterogene historische Anregungen der englischen Gotik entnommen. Mit dem »Kreuzgang« und dem »Kabinett« adaptierte man Vorbilder aus dem Sakralbereich, ohne daß dies der neuen Sinngebung entsprochen hätte. Ein Besucher lüftete gar den Hut beim Betreten des Kabinetts, weil er glaubte, sich in einer Kapelle aufzuhalten,[1228] und Walpole selbst bestätigt die intendierte Ähnlichkeit dieses Raums mit einem Sakralraum.[1229] Zur Ausstattung gehörten vor allem die umfangreichen Sammlungen Walpoles, der mit einem Spleen für alles Antiquarische Einrichtungsgegenstände nicht nur des Mittelalters, sondern auch der frühen Neuzeit zusammengetragen hatte. Sein Landsitz wurde zum Privatmuseum, das auch von Fremden besucht werden konnte. Die phantastisch anmutende, im Stil der »Rokoko-Gotik« gehaltene Kulisse[1230] — die dekorativen »spätgotischen« Fächergewölbe bestehen aus Papiermaché — inspirierte Walpole dazu, sich auch literarisch in die Zeiten der Ritter zu versetzen: In diesem Ambiente entstand sein »Castle of Otranto«,[1231] der erste »gotische« Roman der Neuzeit.

Jede dieser stichwortartigen Informationen reizt zum direkten Vergleich mit der Löwenburg. Da J. Klein, wie erwähnt, das »Bauen Jussows/Walpoles«[1232] als identisch behandelte, ist nach den Gemeinsamkeiten, aber auch nach den Unterschieden des englischen und des deutschen Bauwerks zu fragen. Strawberry Hill kann in folgenden Punkten als Vorbild für die Löwenburg angesehen werden: Die Villa gibt vor, eine *Burg* zu sein; die merkwürdige Interpretation des Gotik-Begriffs als Stil individueller Freiheit gestattete den Bauherren immer wieder eigenmächtige Eingriffe in den Planungsablauf[1233] in Gestalt unbegrenzt neuer Ergänzungen. Erst die malerische Sicht der Gotik weckte die Vorliebe für Asymmetrien.[1234] Eine dichte Umpflanzung und die halbhohe Umfassungsmauer verunklären und verschleiern die Baugestalt. Die auf Enfiladen verzichtenden Distributionen bereichern die Wohnappartements um die Ingredienzien, die für eine Burg als unerläßlich gehalten wurden: Kapelle, Rüstkammer und Bibliothek. Das gotisierende Interieur gab den adäquaten Rahmen ab für ein den Ahnen denkmalartig gewidmetes Hausmuseum.[1235] Historische farbige Glasgemälde ermöglichten ein emotionales Architekturerlebnis.

Die Unterschiede sind wie folgt zu umreißen. Die Löwenburg ist aus einer *künstlichen Ruine* erwachsen und konserviert in den bis zuletzt erhalten gebliebenen Ruinenspuren einen vergänglichkeitsorientierten, melancholisch-sentimentalen Wesenszug, der Strawberry Hill in dieser Form abgeht. Durch die Wahl des Kastelltyps blieb die Löwenburg durch alle Planungsphasen hindurch, wenigstens in den Hauptachsen, übersichtlich organisiert und zeigt damit die ordnende Hand des einzigen, von Baubeginn an verantwortlichen Architekten. Walpole dagegen beschäftigte nacheinander drei Architekten mit unterschiedlichen Vorstellungen.[1236] Innerhalb der Löwenburg steht der rauhen Burgengotik die subtile Kirchengotik gegenüber, womit erstaunlich konsequent und, wohl erstmalig in der Geschichte der Neugotik überhaupt, nach gotischen Gattungsstilen differenziert wird. Darin ist deutlich eine Weiterentwicklung in Richtung auf eine objektivere Sicht des Mittelalters und der neu eingeschlagene Weg zum Historismus zu erkennen. Der Löwenburg fehlt die dekorative Innenarchitektur, die in Strawberry Hill, trotz gotischer Formen, in der Tradition des Rokoko steht. Die Kasseler Burg zeigt hier eine viel nüchternere Haltung, die, wie der Rittersaal, vom Klassizismus geprägt ist.

Auf welchem Wege konnte dieses englische Vorbild in Kassel bekannt werden? Wenn es erklärtes Ziel von Jussows Englandreise war, sich nicht nur mit der Gartenkunst, sondern auch mit dem architektonischen Stilpluralismus auseinanderzusetzen, so ist damit das Studium nicht nur des Palladianismus, sondern auch der Neugotik anvisiert, mithin das Studium der beiden wesentlichen Beiträge Englands zur abendländischen Architekturgeschichte des 18. Jahrhunderts, während das Interesse für exotische Stile, allen voran den chinesischen, zu dieser Zeit bereits im Abklingen begriffen war.[1237] Man kann davon ausgehen, daß Jussow sich mit dem wichtigsten Zeugnis der Neugotik Englands, eben Strawberry Hill, befaßt und es besucht hat, zumal der an der Themse gelegene Ort von London, Jussows mutmaßlichem Ausgangspunkt, mühelos zu erreichen ist.

Auch in diesem Zusammenhang ist wieder auf Johann Heinrich Müntz hinzuweisen. Es wäre verwunderlich, wenn Wilhelm IX. sich nicht Müntz' Strawberry-Hill-Kenntnisse beim Bau der Löwenburg zunutze gemacht hätte, denn Müntz war persönlich mit Walpole befreundet[1238] und hatte mit einem Deckengemälde, zahlreichen Ölbildern (Landschaften, Architekturdarstellungen, Porträts) und Zeichnungen einen entscheidenden Anteil an der Ausstattung der Walpole-Villa,[1239] die er auch zeichnete.[1240]

Walpole selbst war dem Landgrafen ein Begriff. Horace Walpole war ein Sohn von Robert Walpole, dem einflußreichen Premierminister von Wilhelms Großvater, König Georg II. von England. Der Name Walpole taucht in den achtziger Jahren mehrfach in Wilhelms Korrespondenzen mit seinem Gesandten in London, Baron Kutzleben, auf;[1241] allerdings ist in den erhaltenen Briefen nicht von Strawberry Hill die Rede. Daß Wilhelm Horace Walpoles »gotischen« Roman besaß und gelesen hat, soll uns im folgenden noch beschäftigen. Insgesamt gibt es also ausreichende Indizien historischer und kunsthistorischer Art, die für die unmittelbare Beeinflussung der Löwenburg durch Strawberry Hill sprechen.

Diese beiden Bauten werden durch das Gotische Haus in Wörlitz[1242] zu einer Trias pittoresk-gotischer Adelssitze ergänzt. Seit 1773 entstand dort anstelle eines 1766 erbauten kleinen Gärtnerhauses der quadratische Kernbau, der zunächst als Gärtnerwohnung diente, daneben aber schon die umfangreichen Sammlungen des Bauherrn, des Fürsten Leopold Friedrich Franz von Anhalt-Dessau (1740—1817), aufnahm. Der Bau wurde also im selben Jahr begonnen, in dem das von Friedrich Wilhelm von Erdmannsdorff erbaute klassizistische Schloß Wörlitz eingeweiht wurde. Auf den Hofprediger und Biographen des Fürsten, Reil, geht die Überlieferung zurück, Fürst Franz habe sich anstelle des klassizistischen gleich ein gotisches Schloß erbauen lassen wollen.[1243] Es bedurfte erst der Überredungskünste Erdmannsdorffs und Winckelmanns, den Franz auf einer

394

392

209

Italienreise 1765/1766 kennengelernt hatte, um den Fürsten zu einem klassizistischen Schloßbau zu überreden.[1244] Im Widerspruch zur älteren Forschung, die das Gotische Haus allein dem Baudirektor Georg Christoph Hesekiel (1732—1818) zuschrieb, konnte inzwischen mit Hilfe mehrerer neu gefundener Entwurfszeichnungen ein bedeutender Anteil Erdmannsdorffs nachgewiesen werden.[1245] Für die kanalseitige Fassade des 1773/1774 entstandenen Kernbaus ist als mögliches Vorbild die Fassade der um 1460 in Venedig erbauten Kirche S. Maria dell'Orto ermittelt worden,[1246] die Erdmannsdorff wohl von seiner 1761—1763 unternommenen Italienreise her kannte. Von einer malerischen Stiltendenz des Gotischen Hauses muß dann im Zusammenhang mit der zweiten Bauphase gesprochen werden: Der 1785/1786 angefügte, langgezogene Erweiterungstrakt wurde schiefwinklig, also bewußt asymmetrisch zum Kernbau, errichtet. Zwei weitere Bauphasen verstärkten noch die Asymmetrie des Hauses. Selbst seine Farbgebung ist im Sinne des Malerischen zu beurteilen: Die rotweiß im Stil der englischen Tudorgotik[1247] gefaßte Backsteinfassade des Erweiterungsflügels sucht geradezu den Kontrast zum hellgelb verputzten, italianisierenden Gründungsbau.

Zum Zeitpunkt dieser ersten Erweiterung hatte Fürst Franz sich das Gotische Haus bereits zum privaten Refugium erwählt, dessen Hauptschmuck im Inneren die Gemäldesammlung mit zahlreichen Porträts sowie die aus der Schweiz stammenden farbigen Glasfenster des 15. und 16. Jahrhunderts bildeten. Im Raumprogramm begegnen sich Anspielungen auf einen weltlichen und einen religiösen Bereich, beide Ausdruck ritterlicher Gesinnung: Rittersaal und kriegerisches Kabinett einerseits, geistliches Kabinett und ein Vorsaal andererseits, den Ansichten mittelalterlicher Dome und Kathedralen[1248] und die Bildnisse der Kirchenväter schmücken. Nach Auskunft des von August Rode verfaßten zeitgenössischen Führers wurde »[...] der Bau nach und nach vergrößert und gleichsam in einen *Rittersitz* umgewandelt«.[1249] Rode ist es schließlich auch, der darüber aufklärt, welche Ziele der Fürst mit dem Bau des Gotischen Hauses verfolgt hat: »Das Schloss zu Wörlitz stand da im Schmucke griechischer Baukunst. Garten und darin angebrachte Gebäude sprachen aus, wie sehr der Urheber sich die Kenntnisse seiner Zeit zu eigen zu machen gewusst, und seine Talente dadurch zu schönen Schöpfungen ausgebildet. Zufrieden, in seinem Werke *sich selbst der Mitwelt gezeigt zu haben,* fasste er jetzt den Entschluss, sich aus derselben gleichsam *zurückzuziehen,* und in der Mitte seiner ruhmvollen Vorfahren *sich selbst zu leben:* Er erbauete das Gothische Haus und versammelte darin um sich alles, was dazu dienen konnte, seinen Geist in die Vorwelt zu versetzen. Daher nicht allein die Bilder seiner Ahnen in der weitesten Ausdehnung, sondern auch solcher Personen, die sich zu ihrer Zeit durch Thaten, Kunst oder Wissenschaften auszeichneten: Daher die Rückblicke in wichtige Zeitbegebenheiten, Erinnerung an alte Sitten, Gebräuche, Alleinrechte: Daher vorzüglich die lebendigen Darstellungen des Ritterwesens und die Seitenblicke auf damalige religiöse Verhältnisse: Daher endlich so viele schätzbare Kunsterzeugnisse jener Zeit.«[1250]

Diese Deutung grenzt auf einprägsame Weise den repräsentativen Charakter des klassizistischen Schlosses von der Abgeschiedenheit des in den Park eingebundenen Gotischen Hauses ab. Für die Ideengeschichte der Löwenburg ist dem Wörlitzer Gotischen Haus außerordentliche Bedeutung beizumessen: Es ist das einzige neugotische Parkgebäude mit Residenzcharakter, das Wihelm IX., der selbst nie in England gewesen ist, gesehen hat! Auf der Reise von Kassel nach Berlin und Potsdam im Mai 1788 besuchte er den Wörlitzer Park und notierte in seinen Memoiren: »Je vis à cette occasion Wörlitz. Le seul jardin anglois d'alors où je remarquai plusieurs fautes, mais qui m'interessa pourtant beaucoup.«[1251] Zum Studium der Gartenkunst hatte Wilhelm eigens seinen Hofgärtner Schwarzkopf mitgenommen. Dessen Äußerungen verraten, daß der Wörlitzer Park am heimischen Weißenstein gemessen wurde.[1252] Den beim Hofgärtner auf Topographie und Bepflanzung beschränkten Vergleich dürfte Wilhelm auf die Architektur ausgedehnt haben, doch bleibt ungewiß, was Wilhelm an Wörlitz konkret auszusetzen hatte.

Außer dieser Reise können zahlreiche Verbindungen zwischen Kassel und Wörlitz nachgewiesen werden, die den künstlerischen Wettstreit nur gefördert haben können. Der 1788 erschienene Wörlitz-Führer Rodes existierte in Wilhelms Schloßbibliothek,[1253] wo Wilhelm auch Ansichten des Wörlitzer Parks gesammelt hatte.[1254] Den Anhalt-Dessauer Fürsten Franz bezeichnete er als seinen »alten Freund«[1255], dessen Sohn 1791 darauf reflektierte, sein Schwiegersohn zu werden.[1256] Der an der Ausstattung des Gotischen Hauses maßgeblich beteiligte Züricher Theologe Johann Caspar Lavater, bekannt durch seine »Physiognomischen Fragmente«, weilte ebenso in Kassel wie der Architekt Erdmannsdorff.[1257] Der schon mehrfach erwähnte August Rode zählte zu den Mitgliedern der Kasseler Altertümergesellschaft.[1258] Das Gotische Haus, selbst eine künstlerische Filiation Strawberry Hills,[1259] kann die Wirkung dieses englischen Vorbilds in Kassel noch erheblich verstärkt haben.

Ein Vergleich zwischen dem Gotischen Haus und der Löwenburg fördert ähnliche Gemeinsamkeiten und Differenzen zu Tage, wie wir sie im Zusammenhang mit Strawberry Hill aufgezählt haben. Das Gotische Haus kann darin als Muster gedient haben, einen gotischen Rittersitz vorzustellen, der als »Nebenresidenz« neben ein zuerst erbautes klassizistisches Schloß trat — worin zugleich der bedeutendste Gegensatz zum englischen Urbild zu erkennen ist. Der unter malerischen Gesichtspunkten rezipierte gotische Stil erlaubte freizügige, sukzessive Planungs- und Bauverfahren mit Eingriffen seitens des dilettierenden Bauherrn. Es entstand ein von der Etikette befreites privates, Kunst, Historie (Ahnenkult) und Religion geweihtes Ambiente.

Innerhalb der Trias pittoresk-gotischer Residenzen ist an der Löwenburg das sukzessive Planungs- und Bauverfahren, Wesensmerkmal dieser Gattung, am überzeugendsten in die Tat umgesetzt worden. Begünstigend wirkten die Anlage um einen Hof, die Auflösung in kleine »autonome« Bauten, besonders Türme, die ornamentfeindliche Grundhaltung, der Ruinencharakter sowie das unverputzte Quader- und Schichtmauerwerk, das die Löwenburg als eine der ersten Natursteinarchitekturen ihrer Zeit auf dem Kontinent[1260] erscheinen läßt. Als spätester dieser drei Bauten konnte die Löwenburg von der Theorie des Pittoresken, die gerade gegen Ende des 18. Jahrhunderts grundgelegt und binnen kurzem verfeinert wurde, den größten Nutzen ziehen.

Sir Joshua Reynolds (1723—1792), einer der bekanntesten englischen Maler seiner Zeit, hielt am 11. Dezember 1786, also zu einem Zeitpunkt, als Jussow wohl schon in England war, vor Studenten der Royal Academy einen Vortrag, der die Prozedur des Löwenburg-Bauens rechtfertigt, ja als Ideal preist: »Es könnte nicht schaden, wenn der Architekt manchmal aus dem seinen Vorteil zöge, wofür nach meiner Überzeugung der *Maler* immer einen Blick haben sollte, nämlich den Gebrauch von *Zufälligkeiten,* ihnen sollte man folgen, wohin sie führen, sie sollte man verbessern statt immer nur auf regelmäßiges Planen zu vertrauen. Es geschieht häufig, daß zu verschiedenen Zeiten, aus einer Notwendigkeit heraus oder aus Freude an der Sache, Anbauten an Häuser angefügt werden. Indem solche Gebäude dann von der Regelmäßigkeit abweichen, nehmen sie durch diese Zufälligkeiten bisweilen etwas von einer *gemalten Szenerie* an. Nach meinem Dafürhalten könnte dieser Charakter erfolgreich von einem Architekten in seinen ursprünglichen Plan aufgenommen werden, wenn die Bequemlichkeit nicht zu sehr darunter leidet. In jeder der anderen Künste, die sich an die Vorstellungskraft wenden, gilt Vielfältigkeit und Kompliziertheit als schön und exzellent; warum also nicht in der Architektur?«[1261] Der Maler als Ratgeber des Architekten — damit ist schon das Wesentliche dieser neuen Sehweise erfaßt. Als beispielhaften Architekten, der in seinem Sinne gedacht habe, nennt Reynolds bezeichnenderweise John Vanbrugh.[1262]

Als »father of the picturesque« gilt William Gilpin (1724—1804), der die Theorie des Malerischen in mehreren, seit 1782 erschienenen Bänden mit Landschaftsbeschreibungen begründet hat. Die Überprüfung ergab, daß er mit verschiedenen Titeln in Wilhelms Schloßbibliothek vertreten war. Gilpin führte »the picturesque« als dritte neben die von Edmund Burke unterschiedenen ästhetischen Kategorien »the sublime and beautiful«[1263]

neu ein. Als pittoresk verstand er die Qualität, die einen Gegenstand auszeichnet, um gemalt zu werden. Das Pittoreske, so Gilpin, zeichne sich durch Rauheit aus; dieses Rauhe äußere sich in Ausführung, Komposition, Varietät, Kontrast, Licht-Schatten-Effekten und Kolorierung.[1264] Schon Addison hatte das Rauhe als dem Naturhaften gleichend bevorzugt.[1265]

J. Dobai hat darauf aufmerksam gemacht, daß Gilpins ästhetische Sehweise »sensible Passivität« voraussetze.[1266] Für die englische Aristokratie, so Dobai, »bedeutete [...] die malerische Betrachtungsweise eine Art Ausklammerung bestimmter praktischer Lebensbereiche«.[1266] Könnte diese Erkenntnis erklären, wieso die Löwenburg-Distribution so auffällig auf die Errungenschaften der »commodité«[1267] verzichtet?

Ähnlich wie Gilpin definiert Uvedale Price (1747–1829) im Jahre 1794 das Malerische: »Die sich widersprechenden Eigenschaften der Rauheit und der unerwarteten Abwechslung, vereint mit jener der Unregelmäßigkeit, sind die wirkungsvollsten Grundlagen für das Malerische.«[1268] Diese Eigenschaften sieht Price in der Natur selbst vorgegeben: »[...] Wer immer beabsichtigt, die Natur zu studieren, muß zuvörderst auf die Auswirkungen von Vernachlässigung und Zufälligkeit achten.«[1269] Das damit umschriebene Rauhe und seine Wirkung beschreibt er so: »Ein hauptsächlicher Reiz der Glattheit, und Glattheit im wörtlichen wie im übertragenen Sinne, ist die Tatsache, daß sie eine Vorstellung von Ausruhen vermittelt; Rauheit hingegen vermittelt die Vorstellung einer Irritation.«[1270]

Farbt. XI Dieses belebende Element der »Irritation« kann an der Löwenburg sowohl im Grundriß wie in der Wandstruktur des Aufrisses abgelesen werden. Um die unruhige Wirkung eines Bauwerks zu erhöhen, forderte Price eine dichte Umpflanzung mit Bäumen.[1271] Auch dieser Vorstellung wird die Löwenburg gerecht.

Im Unterschied zu Gilpin ging Price so weit, die Kategorien »beautiful« und »picturesque« bestimmten Stilepochen zuzuordnen: Antike Architektur sei schön, gotische hingegen malerisch. Was ein Gebäude auf den ersten Blick festlege, sei seine Silhouette. Griechische Bauwerke seien symmetrisch, also regelmäßig, und hätten einen geschlossenen Umriß. Im Gegensatz dazu definiert er Gotik wie folgt: »In Gothic buildings, the outline of the summit presents such a variety of forms, of turrets and pinnacles, some open, some fretted and variously enriched, that even where there is an exact correspondence of parts, it is often disguised by an appearance of splendid confusion and irregularity [...].«[1272]

Wollte man sich beim Löwenburg-Bau von der Theorie leiten lassen, so konnte auch auf französische Untersuchungen zurückgegriffen werden. Ihr Einfluß ist um so wahrscheinlicher, als ihr Erscheinungsdatum zum Teil vor dem der zitierten englischen Schriften liegt. Die von Price bewunderte »variety of forms« wurde von Marc-Antoine Laugier schon 1765 mit ähnlichen Vokabeln umschrieben: »Nos anciens dessinoient de petit goût & avaient une architecture bizarre. Mais quant au fracas produit par la diversité des masses dans l'extérieur des palais, ils l'entendoient beaucoup mieux que nous. Je suis presque tenté de regreter ces tours gothiques de diverse forme & de différentes hauteurs, qui flanquoient & distinguoient nos vieux châteaux. Croit-on avoir bien fait de s'astreindre à terminer uniment toutes les façades de nos édifices modernes? Pourquoi les vues des Villes où l'on apperçoit une multitude de dômes & de tours dans une confusion de bâtimens hauts & bas, présentent-elles une perspective si frappante? C'est que nous aimons en tout la diversité des masses [...].«[1273]

Laugier unterscheidet sich aber auch von den englischen Theoretikern in manchen Punkten. Es fällt noch nicht der terminus »pittoresque«, der 1771 in der französischen Übersetzung von Thomas Whatelys »L'art de former les jardins modernes, ou l'art des jardins anglais« in einer Kapitelüberschrift auftaucht.[1274] Während die Briten davon ausgingen, daß das Pittoreske an mittelalterliche Formen gebunden sei, glaubte Laugier, die »diversité des masses« vom Gotischen abziehen und auf die klassizistische Architektur übertragen zu können. Seine Vorstellung gipfelte in dem Satz: »Nous ne varions point assez les formes de nos édifices, nous qui sommes variables en tout le reste.«[1275]

X
Heinrich Christoph Jussow.
Entwurf zum Aufriß der Felsenburg von Süden,
1794/1795   K 152

Heinrich Christoph Jussow.
Entwurf zum Aufriß der Löwenburg von Süden,
1796—1800   K 168

Mit den hier vorgestellten Vertretern der Theorie des Pittoresken ist nachzuweisen, daß die Löwenburg, ebenso wie die Projekte eines ruinösen Weißensteiner Schlosses, der zeitgleichen Kunsttheorie auf diesem Gebiet entspricht, zum Teil deren Veröffentlichung sogar vorausgeht. Es ist kein englisches oder kontinentaleuropäisches Beispiel der Neugotik bekannt, das die Forderungen nach der das Malerische verkörpernden »roughness« so getreu erfüllt wie die Löwenburg.

Zum Einfluß der »Revolutionsarchitektur«

Wie angedeutet, ist die Löwenburg noch einer weiteren Stilströmung ihrer Zeit, der »Revolutionsarchitektur«, verpflichtet, die ihrem Wesen nach der malerischen Entgrenzung zuwiderläuft. Das soll an Hand eines Vergleichs untermauert werden.

Dem Aufriß der Löwenburg-Ostseite sei ein Entwurf des mit Jussow generationsgleichen, in Paris tätig gewesenen Jean-Jacques Lequeu (1757— nach 1825) an die Seite gestellt, »Le Rendez-vous de Bellevue«.[1276] Mit diesem Blatt, das Kaufmann als das bedeutendste des französischen Utopisten ansieht,[1277] hat Jussows Architekturauffassung erstaunlich viel gemeinsam: die Aufgliederung in kubische, autonome Einheiten, das kompositionelle Gleichgewicht des Ganzen trotz der Asymmetrien im Partiellen, das Zurücktreten der heterogenen Stilzitate hinter die erstaunlich homogene Gesamterscheinung, die kulissenhafte Wirkung sowie die aus den Licht-Schatten-Kontrasten sprechende »architecture des ombres«, deren theoretische Grundlegung auf Étienne-Louis Boullée zurückgeht.[1278] Frei vom Zwang der Umsetzung in gebaute Architektur, konnte Lequeu den imaginären Charakter dieses Phantasiegebildes natürlich weiter treiben als Jussow mit dem Löwenburg-Projekt. Lequeu eröffnete sich damit die Möglichkeit, die Konfrontation des Gegensätzlichen, seinen Ausgleich, sowie die emotionale Befrachtung des Architektonischen als geistreiches ästhetisches Spiel zu gestalten. Mit der Ästhetisierung des gesuchten Kontrasts, ja sogar des Häßlichen[1279] hat Lequeu einen Weg eröffnet, dem Jussow bei der künstlerischen Gestaltung der Löwenburg immerhin ansatzweise gefolgt ist: Nur in diesem Sinne sind die absichtlichen Fehlgriffe in den architektonischen Proportionen (Balustrade), die Disharmonien der Fassadengestaltung oder die Plumpheit der Skulpturen zu deuten.[1280]

329
Farbt. X unten
401

5. Zum ideengeschichtlichen Standort der Löwenburg

a) Ideengeschichtliche Voraussetzungen beim Bauherrn und in Kassel

Wilhelms »Burg« in Wilhelmsbad

Aus dem Vergleich der Löwenburg mit der Entwicklung des Pittoresken erhellt, daß jede der hier als Trias verstandenen gotisch-pittoresken Parkburgen[1281] formengeschichtlich ein Individuum darstellt, das über die subjektive Gotik-Sicht des jeweiligen Bauherrn Aufschluß gibt. Dennoch begegnen sich die Bauten im übergeordneten Begriff des Pittoresken. Sie kommen sich noch wesentlich näher, wenn nach der Bedeutung zu fragen ist, der im folgenden nachgegangen werden soll. Ich beschränke mich dabei auf die Löwenburg und ihre durch den Bauherrn gegebenen unmittelbaren Voraussetzungen.

395—399 Den wichtigsten Hinweis auf Herkunft und Bedeutung der Löwenburg erhalten wir durch Wilhelms »Burg« in Wilhelmsbad. Diese wurde 1779—1781 durch den in Hanau als Erbprinzen regierenden Wilhelm erbaut als Wohnturm im Kurbad Wilhelmsbad auf einer künstlichen Insel, von den gleichfalls auf Wilhelm zurückgehen-
397 den barock-klassizistischen Kurbauten abgesondert. Das Turm-Erdgeschoß bildet ein Quadrat, an dessen Ecken vier diagonal ausgerichtete Rechtecktürme herangeschoben sind, von denen drei als Kabinette das ebenerdige Appartement erweitern.[1282] Die im vierten Eckturm untergebrachte Wendeltreppe macht im ersten Obergeschoß, einem Zwischengeschoß, das unter einem Kuppelgewölbe liegende Verlies zugänglich. In Höhe des zweiten Obergeschosses ist der Turm als reiner Zylinder gestaltet, der außen als Ruine abschließt. Das Bruchsteinmauerwerk des Außenbaus ist unverputzt. Fenster und Türen sind rechteckig, rundbogig oder stichbogig geschlossen; Gotizismen fehlen völlig.

Der Turm zielt auf Überraschung des Besuchers ab, denn dem scheinbar im Verfall begriffenen Äußeren antwortet das Innere mit eleganten Dekorationsformen des Louis-Seize. Mittelpunkt der Wohnung ist der Festsaal, der das gesamte Rund des zweiten Stockwerks einnimmt. Den Saal schmücken korinthische Pilaster vor der Wand sowie eine klassizistische Kuppel mit scheinarchitektonischen Kassetten und Stuck-Festons.

Eine Schlüsselfunktion zum Verständnis des »Burg« genannten Turmes besitzt das ikonographische Programm der Medaillons, die an Decke und Wand angebracht sind. Wir erkennen die im Profil gezeigten Porträts der Ahnen und Verwandten Wilhelms, beginnend mit Landgraf Philipp dem Großmütigen (gest. 1567) und endend mit Wilhelm selbst, seiner Gemahlin und seinen Kindern.[1283] Damit hat die Ahnengalerie, bekannt aus dem barocken Schloßbau als Bestandteil höfischer Repräsentation und Legitimation, Aufnahme in einer Parkruine gefunden.

Nichts verrät die gesuchte Privatheit und Abgeschiedenheit des Bauwerks besser als die Grundsteininschrift, deren Abschrift sich erhalten hat:

»SIBI.
SUISQUE. USIBUS
HOC
CASTELLI, QUICQUID. EST

INTER
AESTIVAS. BALNEORUM. CELEBRITATES
DICAVIT. DEDICAVIT.
GUILIELMUS
HASSIAE. LANDGRAVIUS
A.I.S.
MDCCLXXX.«[1284]

[»Sich und seinem Gebrauch, wenn er sommers zum Baden hier weilt, hat Wilhelm, Landgraf von Hessen, diese Burg im Jahre 1780 geweiht.«]

Einige neuentdeckte Entwurfszeichnungen geben darüber Aufschluß, daß weder die Dekoration des Festsaals[1285] noch sein ikonographisches Programm von vornherein feststanden. Der ausführende Architekt, Franz Ludwig von Cancrin, hatte für die Boiserien des Saals zunächst einen umlaufenden Sockel vorgesehen, auf dem die korinthischen Pilaster aufruhen sollten. Die dazwischen liegenden rechteckigen Wandfelder sollten urnenförmige Vasen und zweiarmige Leuchter zieren.[1286] Eine zweite Variante führt die halbrund schließende Form der Wandfelder ein. Als Medaillon ist auf einem Blatt die Außenansicht der Burg eingefügt.[1287] Der vom Erbprinzen genehmigte Kuppelentwurf scheint dagegen von Anfang an zur Aufnahme von Porträt-Medaillons bestimmt gewesen zu sein.[1288]

Glücklicherweise sind wir in der Lage, Wilhelms eigene Vorstellungen von diesem Bau in seinen Memoiren nachweisen zu können. Sie stehen um so mehr im Zentrum der ideengeschichtlichen Untersuchungen, als vergleichbares Quellenmaterial zur Löwenburg fehlt. »Ich beschloß auch, eine alte Ruine in Wilhelmsbad in der Form eines alten Schlosses oder einer Burg zu bauen. Der Platz wurde ganz nahe bei dem Bad im Walde auf einem Hügel am Rande des Braubachs gewählt, den ich schiffbar gemacht hatte. Die Grundmauern meiner neuen Wohnung, der ich den Namen Burg gab, wurden im Monat September gelegt [...].«[1289]

Im übernächsten Jahr, 1781, heißt es an derselben Stelle: »Meine Burg wurde auch um diese Zeit vollendet, und ich verbrachte dort am 21. Juli die erste Nacht. Es war damals, daß ich zum ersten Mal die Annehmlichkeiten des Lebens genoß, jenes Glück, das so selten ist für die Fürsten, und das man an den Höfen nicht findet, wo man von Günstlingen und Höflingen beobachtet und belauscht wird. Es sind eben nicht die Schlösser der Herrscher, wo der unterdrückte Mann vom Land oder der bedrängte Untertan Asyl findet — ich jedoch befand mich inmitten eines Waldes, ganz allein, ohne Minister, ohne Günstlinge, um die Klagen eines jeden selbst zu hören, um selbst mit eigenen Augen zu sehen. Diese Einsamkeit und die Art, abgesondert zu leben, mißfiel all denen, die nur wollten, daß ich durch ihre Augen sähe. Vielleicht glaubten sie, mich noch mit ihren albernen Einwänden zu überzeugen; besonders Gall[1290] und seine Frau waren keine Bewunderer meiner neuen Philosophie. Doch es war alles umsonst: Ich hatte meine Vorsätze und war unerschütterlich [...].«[1291]

Die Suche nach Ursprünglichkeit an diesem Ort selbstgewählter Einsamkeit führte Wilhelm zum Erlebnis zweier neu entdeckter Werte: Dem Rousseau'schen »Retour à la nature« ist die Besinnung auf das Historische, und damit auf die eigene Vergänglichkeit, untrennbar verbunden. Wie nirgends sonst, kann sich gerade in der Ruine eine solche Lebensform verwirklichen lassen. Dem Faktor Zeit scheinbar schon lange ausgesetzt, ist das Menschenwerk Architektur im Begriff, als Ruine unter Aufgabe des Tektonischen gleichsam einen Naturzustand zu erreichen. Von Bedeutung für die Ikonologie ist die Tatsache, daß Wilhelm seine Burg aus der Sicht des notleidenden, hilfesuchenden Untertans verteidigt und damit den aristokratischen mit einem aufgeklärten, bürgerlichen Standpunkt vertauscht. Er versteht die äußere Erscheinung des Ruinenturms als sichtbare Befreiung aus den Zwängen höfischer Etikette, als Gegenpol zum absolutistischen Schloßbau: Wilhelms »neue Philosophie«. Wenn G. Hartmann meinte, den Bau des Turms auf freimaurerische Ideen zurückführen zu können, und dafür noch Wilhelms eigene Worte zum Beweis nehmen zu können,[1292] so sprechen die historischen Nachrichten für das Gegenteil: Wilhelm war ein erklärter Gegner der Freimaurerei.[1293]

Natürlich handelte es sich bei Wilhelms Philosophie zum Teil um Selbsttäuschung. Es dürfte kaum einen der angesprochenen Untertanen gegeben haben, der den Erbprinzen tatsächlich so ungehindert in seiner Ruine hat sprechen dürfen. Dafür sorgte schon die Leibwache, die in einem als alte Eiche getarnten Schilderhäuschen vor der Burg aufgepflanzt war. Mithin tragen die von Wilhelm vorgebrachten Motive Züge utopischen Charakters, die jedoch zur Erkenntnis des geistesgeschichtlichen Hintergrundes unbedingt beachtet werden müssen.

Zusammenfassend kann das dem einsamen, kontemplativen Leben gewidmete Bauwerk als säkularisierte höfische Eremitage gedeutet werden: Die Beschäftigung mit religiösen Themen wurde im Ruinenturm durch die pseudoreligiöse Hinwendung zur Natur, die im Pantheismus des Sturm und Drang wurzelt, ersetzt.

Die schon von G. Bott behandelte Frage der künstlerischen Vorbilder darf hier hintangestellt werden. Erwähnt sei, daß schon ein zeitgenössischer Besucher, der spätere amerikanische Präsident Thomas Jefferson, die Abhängigkeit von Sanderson Millers Ruine in Hagley konstatierte.[1294] Hirschfelds Urteil[1295] ist ein Beweis dafür, daß der Turm als »gothisch« begriffen worden ist. Als »Spitzbogenstil« ist die Gotik jedoch nur in einem nicht ausgeführten Entwurf zu einer Kirche in Wilhelmsbad greifbar,[1296] die aufgrund der dilettantischen Zeichenweise (Maßwerk!) möglicherweise auf den Landgrafen selbst zurückgeht. Im Hinblick auf die Löwenburg ist es jedenfalls aufschlußreich, daß sich die Gotik schon in Wilhelmsbad im sakralen Bereich am entschiedensten ausprägt.

Von Bedeutung für den Kasseler Bau ist ferner, daß Wilhelm auch nach seinem Regierungsantritt die Wilhelmsbader Burg so oft wie möglich aufgesucht hat. In seinem Journal vom Juni 1786 steht zu lesen: »Serenissimus hoechst selbsten bezogen aber ihre Burg zu Wilhelmsbad, ein seltenes herrliches Gebäude, einzig in seiner Arth, treflich angelegt und unverbeßerlich gebauet.«[1297] Wilhelm selbst notierte am 10. März 1792, als er sich wiederum dort aufhielt: »[...] Je me retirai fort content chez moi pour me rendre à Wilhelmsbad, souvenir si heureux de tant de momens agréables passés dans ma vieille bourg.«[1298]

Voraussetzungen zur Gotik-Rezeption unter Landgraf Friedrich II.

Bei seinem Ringen um Idee und Gestaltung der Löwenburg konnte Wilhelm IX. in mancher Hinsicht von Voraussetzungen ausgehen, die bereits unter der Regierung seines Vaters geschaffen wurden. In Rudolf Erich Raspe (1737—1794, Verfasser der Lügengeschichten des Barons von Münchhausen) besaß Kassel einen Wegbereiter zum Verständnis der Gotik, der mit seinen Vorstellungen in Deutschland seiner Zeit zu weit voraus war, um auf spontane Gegenliebe zu stoßen. Aus Hannover stammend, wurde er 1767 als Leiter der fürstlichen Sammlungen, zweiter Bibliothekar und Professor der Altertumskunde an das Kasseler Collegium Carolinum, den Vorgänger der Kunstakademie, berufen. Bereits ein Jahr später unterbreitete er dem Landgrafen Friedrich II. den Vorschlag, in den Kunstsammlungen ein Kabinett für gotische Altertümer von der Zeit Karls des Großen bis zu Albrecht Dürer einzurichten. Zur Begründung führte er aus: »Ich weis wol, daß, nachdem man in Italien den alten griechischen und römischen Geschmack [...] wieder hervorgesucht und hiernach [...] einen gemischten neueren Geschmack [sic!] in der Gelehrsamkeit und denen Künsten gebildet, unverständige Geschichtsschreiber und verwöhnte Kunstsammler jene Teutschen Zeiten und ihre Überbleibsel als barbarisch verächtlich angesehen haben [...]«,[1299] doch habe man dabei, so Raspe weiter, ganz die nationale, die patriotische Bedeutung der Kunstwerke vernachlässigt. Er schlug deshalb vor, zur Ausstattung dieses »gothischen oder alt-deutschen Antiquitaeten-Cabinettes« Gemälde Dürers, aber auch Raffaels (!) — beide schien er als stilistisch zusammengehörig erkannt zu haben —, gemalte und geschnitzte Altarblätter, Statuen, Waffen, Pokale und die erhalten gebliebenen Kleidungsstücke der verstorbenen hessischen Landgrafen zu verwenden,[1300] und wünschte, daß »inskünftige das Gothique von denen antiquen und neueren Kunstwerke ganz separiret werden«[1301] solle. »Das Arrangement kann ohne große Kosten in die Augen fallend eingerichtet werden, wenn alles zusammengehörende in Schränken zusammengelegt oder an den Wänden geschickt grouppirt, diese aber mit gothischer Architectur en detrempe bemahlt würden, damit man alles, was den Gusto jener Zeiten betrifft, so viel möglich, beisammen haben möge.«[1302] Am erstaunlichsten an dieser Idee war, das Gotische mit dem Altdeutschen gleichzusetzen, ein Gedanke, dem in der Kunsttheorie erst vier Jahre später Goethe mit seinem Hymnus auf Erwin von Steinbach[1303] Ausdruck verliehen hatte. Mit seinem Interesse für die Gotik und ihrer nationalen Deutung zeigt sich Raspe von England beeinflußt. Er war es auch, der Macphersons Ossian-Dichtungen, jene Inspirationsquelle der Romantik, ins Deutsche übersetzt hat. Johann Christian Ruhl, der an der Löwenburg tätige Bildhauer, hat den Ossian später illustriert.[1304] Raspes Vorschlag zu dem »Gothischen Kabinett« wurde am 20. Januar 1768 negativ beschieden. Erst mit der Löwenburg wurde er, fast eine Generation später, modifiziert in die Tat umgesetzt.[1305]

Obwohl er der Welt der klassischen Antike den Vorzug gab, wie er mit dem Bau des Museum Fridericianum und seiner Einrichtung[1306] unter Beweis gestellt hatte, ließ Friedrich II. die Zeugnisse der bodenständigen hessischen Geschichte nicht unbeachtet. Er erließ 1780 für sein Land ein Denkmalschutzgesetz,[1307] eines der ersten Deutschlands. Die darin enthaltene Aufforderung, daß »kein Monument, es sei von Metall, Stein oder Holz und bestehe in Grab- und anderen Steinen oder hölzernen Tafeln, worauf Wappen oder Inschriften gegraben, gehauen oder gemalt sind, durch Zerschlagung, Abhauung [...] oder sonst auf irgendeine Art Schaden leide«,[1308] und die Pflicht, beim Abbruch von historischen Gebäuden solche Stücke abzuliefern, bildeten die Voraussetzung dafür, daß an der Löwenburg mittelalterliche Spolien Verwendung finden konnten.

Als Frucht der Bemühungen um die Erforschung heimischer Denkmäler publizierte der Marburger Professor Engelschall 1782 einen Aufsatz über den Schrein der heiligen Elisabeth in Marburg, den er als Zeugnis vaterländischer Geschichte hinstellte. Mit dem Aufruf, »dies würde für den Geist und die Geschichte unserer Nation lehrreicher sein, als wenn wir mit abergläubischer Verehrung vor einigen ausgegrabenen Ziegeln und verrosteten Waffen eines römischen Grabmals niederknien«,[1309] versuchte er, zur weiteren Beschäftigung mit mittelalterlicher Kunst zu ermuntern. Wie weit man gleichwohl in Niederhessen davon entfernt war, die Gotik im ästhetischen Sinne anzuerkennen, verrät eine Untersuchung über Kunstgeschichtsschreibung, veröffentlicht in den »Hessischen Beiträgen zur Gelehrsamkeit und Kunst«, deren Herausgeber die Professoren des Kasseler Collegium Carolinum waren: »Nachrichten von Künstlern und ihren Werken sind wenigstens Beiträge zur Geschichte der werdenden, fortschreitenden oder auch stillstehenden und abnehmenden Kunst; in dieser Betrachtung würde es angenehm seyn, selbst diejenigen jezt noch zu kennen, über die man oft unbedachtsam hinsieht, weil sie *nur Arbeiten gothischen Geschmaks* hinterliessen. Denn wenigstens gab es gothische Baumeister und Bildhauer, welchen man das Verdienst des Genies nicht absprechen kann. Es fehlte ihnen nichts als Kultur; ganz ist auch dieser Geschmack nicht ausgestorben. Sollten nicht viele abentheuerliche und unnütze Zierrathen unseres weiblichen Kopfputzes wirklich eine Art von gothischer Architektur seyn?«[1310]

An neugotischer Architektur besaß Friedrich nur einen »Gothischen Tempel« im Weißensteiner Park. Er lag, vom Schloß aus gesehen, linker Hand im Tal des »Styx« unweit des Blumengartens, wo er erstmals in einem

8

Verzeichnis des Jahres 1777[1311] nachweisbar ist. Sein Aussehen ist unbekannt. Es dürfte sich um eine Holzarchitektur im Stil englischer Vorlagenbücher (Langley, Halfpenny, Decker[1312]) gehandelt haben. Es ist bezeichnend, daß Wilhelm IX. diese spielerisch verstandene, mit dem Exotischen auf einer Stufe stehende Gartenlaubengotik später kommentarlos abräumen ließ.

Das Verhältnis Wilhelms IX. zu Deutschtum und Mittelalter

Zur Erhellung des ideengeschichtlichen Hintergrundes der Löwenburg ist zu fragen, welches Verhältnis ihr Bauherr zur vaterländischen Geschichte besessen hat. Schon seit seiner Jugend wurde Wilhelm durch die Erziehung seiner Mutter, der englischen Prinzessin Mary, auf das Studium der Geschichte hingelenkt. Sie empfahl ihrem Sohn als vorbildlichen Ahnen Landgraf Wilhelm IV. (gest. 1592), den in Kassel regierenden ältesten Sohn Philipps des Großmütigen, der nach der Erbteilung den größten Teil Hessens unter seiner Herrschaft vereinigen konnte.[1313] Wilhelm selbst war Verfasser einer hessischen Chronik.[1314]

Den Zugang zur mittelalterlichen Baukunst erhielt Wilhelm auf Reisen in den Jahren 1762—1766, die ihn auch ins Ausland führten. Damals besichtigte er das Bremer Rathaus, die St. Janskirche im holländischen Gouda, deren Glasmalereien ihn beeindruckten, den Dom in Köln sowie die Städte Straßburg, Toul, Speyer und Worms. Einen Eindruck von ruinösen Burgen und Schlössern konnte er anhand der Rheinburgen und des Heidelberger Schlosses gewinnen.[1315] Er selbst bewohnte zur Hanauer Erbprinzenzeit die ins 13. Jahrhundert zurückreichende ehemalige Wasserburg Babenhausen[1316] und Schloß Steinau (a.d.Straße),[1317] einen Bau, der durch die asymmetrisch verteilten Neubauten des 16. Jahrhunderts ein »malerisches« Gepräge erhalten hatte.

Wie eng Wilhelms historische und deutsch-patriotische Gesinnungen zusammenhingen, erhellt sein Regierungsantritt Anfang November 1785 in Kassel und das damit verbundene Kulturprogramm. Schon zwei Wochen später wurden die französische Komödie und das Ballett abgeschafft, wozu ein zeitgenössischer Kommentar bemerkt: »Der deutsche Fürst wollte seinem deutschen Volke deutsche Schauspiele und deutsche Gesänge geben, Schauspiele, die wichtige Begebenheiten aus der vaterländischen Geschichte, grose vaterländische Charactere zur Nachahmung und Anfeurung des Patriotismus behandelten [...].«[1318]

Die 1777 durch Friedrich II. gegründete »Société des Antiquités«, deren Sinn es ursprünglich war, die antiken Kunstwerke des Museum Fridericianum zu interpretieren,[1319] erhielt durch Wilhelm IX. als »Gesellschaft der Altertümer, des Ackerbaues und der Künste«[1320] eine neue Zielsetzung: »[...] Die Academie der Alterthümer ist nicht nur vom itzigen Fürsten bestättigt worden, sondern sie hat auch durch denselben eine mehr vaterländische Einrichtung erhalten, indem sie sich vorzüglich mit dem Genius der Vorzeit und des Mittelalters Deutschlands im Ganzen und Hessens insbesondere beschäftigt [...].«[1321] Daß diese Gesellschaft auch mit künstlerischen Aufträgen betraut wurde, geht aus der Fortsetzung des Berichts hervor: »[...] ihr auch zugleich von dem Fürsten aufgegeben worden ist, sich mit dem Entwurf und der Ausführung einer Reihe von Denkmünzen zu bemühen, durch welche die wichtigste Begebenheiten und Thaten der verstorbenen Landgrafen durch edle passende Symbole und Inscriptionen im lapidarischen Stiel bezeichnet werden, um dereinstens als Belege der Hessischen Geschichte zu dienen.«[1322] Man ist verführt, hinter dem »lapidarischen Stiel« die Gotik zu wittern, doch muß dies, auch im Vergleich mit einer zweiten Quelle ähnlichen Inhalts,[1323] Hypothese bleiben.

Die Tatsache, daß der beständige Sekretär Casparson seinen Löwenburg-Vortrag[1324] vor der Altertümergesellschaft gehalten hat, legt nahe, daß man damals in Kassel die Löwenburg auch als patriotisches Denkmal verstanden hat.

b) Die Löwenburg im Licht der zeitgenössischen Kunsttheorie

Am 2. Dezember des Jahres 1799 hielt der Rat, Hofpoet und Professor Wilhelm Johann Christian Gustav Casparson vor der Kasseler Altertümer-Gesellschaft eine schon mehrfach angesprochene Vorlesung mit dem Titel: »*Über die Frage, soll mann Ruinen nach der gothischen oder griechischen Baukunst anlegen? oder die Löwenburg*«, die im Quellenanhang vollständig wiedergegeben ist. Das jüngst wiederaufgefundene Manuskript,[1325] bisher nur in Auszügen bekannt geworden, gibt eine Vielzahl von Anhaltspunkten zur ideengeschichtlichen Deutung des Bauwerks. Vor allem kann unter Zugrundelegung dieses Vorlesungstextes den kunsttheoretischen Grundlagen der Löwenburg nachgespürt werden. Die Existenz dieses Textes wiegt das Manko auf, von der Löwenburg nicht vergleichbare Äußerungen des Bauherrn wie zur Wilhelmsbader Burg zu besitzen. Der Befürchtung, daß Casparson mit seinem Text erst im Nachhinein eine Rechtfertigung für die Löwenburg erfunden habe, ist mit der Feststellung zu begegnen, daß Casparson in seiner Funktion als Hofpoet stets eine getreue Stimme seines Herrn und ein ausschließlich rezeptiver Geist war, dem selbständige, schöpferische Gedankenausflüge fern lagen.[1326]

Johann Georg Sulzer und das Negativbild der Gotik

Casparson definiert Gotik oder, um genau zu sein, das entstehungsgeschichtlich ältere Adjektiv »gothisch«, wie folgt: »Mann nennt nun einmahl jedes plumbe, abentheuerliche und mit Zierrathen überladene Gebäude gothisch [...].«[1327] Er übernimmt damit die Definition aus Johann Georg Sulzers Kunsttheorie, die zum Stichwort »gothisch« erklärt: »[...] nennt man nicht nur die von den Gothen aufgeführten plumpen, sondern auch abentheuerlichen und mit tausend unnützen Zierrathen überladenen Gebäude [...] gothisch.«[1328] Sulzer, Ästhetiker und Professor in Berlin,[1329] war als erklärter Klassizist Gegner des Gotischen. Wie konnte Casparson seine Ablehnung einerseits übernehmen, andererseits aber den Stil der Löwenburg verteidigen?

William Chambers' »terrible scene« und »autumnal scene«

Casparson erinnert daran, daß die Löwenburg primär eine »fabrique« innerhalb eines Landschaftsgartens darstellt und insofern den Prinzipien der englischen Gartenkunst unterworfen ist:
»Der Britte Chambers lehrte uns von China aus eine Gartenkunst, die gleichsam eine grosse, durch Schönheit und Mannigfaltigkeit der Natur reiche Landschaft ins Reine bringt. Wir nennen sie vielleicht besser einen englischen Park, weil das Wort Garten zu klein seyn möchte. Ihre Schönheit macht sie zum Schauplatz lachender,

fürchterlicher und bezaubernder Scenen, so wie sie die Natur hat oder wie sie die Kunst schaft; diess erfordert Bau und Gartenkunst [...]. Die fürchterlichen schuf zum Theil die Natur durch Felsen und Klippen, durch den von ihrem Abhang unvermuthet herabstürzenden Waldstrom, durch den Abgrund, in welchem er sich brausend verlieret.

Wo die Natur der gleichen nicht schuf, ahmt sie die Kunst nach, wie man beides auf Wilhelm des IXten Höhe findet. Hier tritt unsere Frage ein: welches Werk der Kunst sollte in der Reihe dieser fürchterlichen Scenen eine grösere Wirkung thun als die gothische Ruine? Diese [...] erinnert durch die Vergänglichkeit aller Dinge den Menschen an seine eigene. Mich düngt der Todt auf eine Ruine gedacht, die das traurige Überbleibsel von dem Geist grosser Menschen und den tausenden, die hier wirkten, ist. Der Anblick der Ruine muss hier mehr Todt für uns seyn als der Anblick von einem Kirchhof [...].«[1330]

Casparson berührt damit eine Frage, die bis heute noch nicht geklärt wurde — die Frage, in welchem Verhältnis der Wilhelmshöher Park zur Theorie des englischen Gartens steht. Ausgehend von der Parkszene der Löwenburg, bezieht Casparson sich auf William Chambers' gartentheoretische Schriften, die 1757 erschienenen »Designs of Chinese Buildings« und die ausführlichere »Dissertation on Oriental Gardening« aus dem Jahre 1772, deren deutsche Übersetzung (1775) in der Wilhelmshöher Schloßbibliothek greifbar war.[1331] In seiner »Dissertation« stellt Chambers die chinesischen Gärten als mustergültig vor. Ihre Aufteilung nach unterschiedlichen Szenen erfolgt nach den drei von Casparson aufgegriffenen Gattungen »the pleasing, the terrible, the surprizing«.[1332] Die zur Aufnahme von Ruinen geeigneten Szenen werden wie folgt charakterisiert: »Their scenes of terror are composed of gloomy woods, deep vallies inaccessible to the sun, impending barren rocks, dark caverns, and impetuous cataracts rushing down the mountains from all parts [...]. The buildings are in ruins; or half consumed by fire [...].«[1333]

Nach Chambers' Darstellung sind chinesische Gärten deshalb in verschiedene Szenen geteilt, weil im Betrachter möglichst extreme Gefühlsregungen erzeugt werden sollen, die den Besuch eines Parks zum abwechslungsreichen Erlebnis steigern. Hirschfeld umschreibt dies in Anlehnung an Chambers wie folgt: »Die chinesischen Künstler wissen, welchen Eindruck der Contrast auf die menschliche Seele macht, und sie unterlassen nicht, plötzliche Uebergänge und auffallende Gegenstellungen in den Formen, in den Farben, und in dem Hellen und Dunkeln anzubringen.«[1334] Ergänzend sei bemerkt, daß die englische Kunsttheorie zwischen dem als Kontrast gesuchten ästhetischen »Terriblen«, dem Angenehm-Schrecklichen, und dem »Horriden«, dem Bedrohlich-Schrecklichen, zu unterscheiden weiß.[1335]

Doch werden Gartenszenen gemäß Chambers nicht nur nach emotionellen Gesichtspunkten, sondern auch nach den Jahreszeiten unterschieden. Die in der »Dissertation« beschriebenen »autumnal scenes« erweisen sich den vorgenannten »terrible scenes« als wesensverwandt, da auch sie mittels des Ruinenmotivs die allgemeine Vergänglichkeit anzeigen: »The buildings with which these scenes are decorated, are generally such as indicate decay, being intended as mementos to the passenger. Some are hermitages and almshouses, where the faithful old servants of the family spend the remains of life in peace, amidst the tombs of their predecessors, who lie buried around them: others are ruins of castles, palaces [...] or half buried triumphal arches and mausoleums, with mutilated inscriptions, that once commemorated the heroes of antient times; or they are sepulcres of their ancestors [...] or whatever else may serve to indicate the debility, the disappointments, and the dissolution of humanity; which [...] fill the mind with melancholy, and incline it to serious reflections.«[1336]

Die Löwenburg, mit den Augen Casparsons gesehen, verdankt Chambers' »autumnal scenes« die Deutung der Ruine als ein dem Tod geweihter Ort, die Anspielung auf ein Mausoleum und auf Gräber von Ahnen. Aus dem Entwurf der »terrible scenes« erklärt sich dagegen die schon in den Vorprojekten der Löwenburg intendierte Zusammengehörigkeit von Ruinenarchitektur, Felsen und reißendem Wasserfall.

Wenn Casparson ausdrücklich von einem »englischen« Park spricht, den Chambers geschildert habe, so schließt er sich den Kritikern an, die in Chambers' Beschreibungen phantasievolle Erfindungen des Engländers erkennen wollten, der sich der China-Mode bedient habe, um seinen Ideen Verbreitung zu verschaffen. Allen voran Hirschfeld beargwöhnte Chambers' Schriften und meinte, dieser habe »brittische Ideen auf chinesischen Boden«[1337] verpflanzt; trotz des Mangels an »historischer Wahrheit« stelle die »Dissertation« jedoch ein »schönes Ideal«[1338] vor.

Lord Kames und die Stilfrage von Ruinen

Die von Chambers noch ausgeklammerte Frage, in welchem Stil Ruinen zu errichten seien, ist bei Casparson Gegenstand weiterer Überlegungen: »Hier tritt unsere Frage ein: welches Werk der Kunst sollte in der Reihe dieser fürchterlichen Scenen eine gröserer Wirkung thun als die gothische Ruine?

Allein ich fand auf diese Frage von dem über Kunst und Geschmack in den Grundsätzen der Critik philosophirenden Britten Heinrich Home folgende Antwort. Er sagt: ich behaupte, dass man Ruinen nach gothischem Geschmack anlegen soll, weil man da den Triumph der Zeit über die Stärke sieht, ein melancholischer zwar aber nicht unangenehmer Gedanke; griechische Ruinen sind freylich schöner, aber sie erinnern uns an den Triumph der Barbarey, ein finsterer und niederschlagender Gedanke. Home entscheidet also zwischen beiden Fragen nicht nach dem Werth beyder Arten von Ruinen noch dem Geschmak, sondern nach der *Wirkung,* welche sie auf ihrer Stelle auf den Anschauenden thun: er antwortete für England, ich natürlicherweise für Deutschland. Diese Antwort scheint mir einer Erläuterung werth zu seyn und diess mag mich rechtfertigen, wenn ich jene Frage und Antwort gleichsam zum Text meiner Vorlesung mache.«

Casparson gibt damit fast wörtlich den schottischen Ästhetiker Henry Home, Lord Kames, wieder, der im 3. Band seiner »Elements of Criticism« 1762 erläutert: »Whether should a ruin be in the Gothic or Grecian form? In the former, I say; because it exhibits the triumph of time over strength, a melancholy but not unpleasant thougt. A Grecian ruin suggests rather the triumph of barbarity over taste, a gloomy and discouraging thought.«[1339] Kames' Argumentation — sein Werk war in Kassel im 18. Jahrhundert greifbar[1340] — fußt auf einem Standpunkt, der bei Anlegung eines ausschließlich ästhetischen Maßstabs dem »griechischen« Bauwerk, also auch der griechischen Ruine, unbedingten Vorrang einräumt — er ist Klassizist. Doch der Betrachter, so Kames, kann es nicht beim ästhetischen Genuß der Ruine bewenden lassen — zwangsläufig schiebt sich die Frage in den Vordergrund, welche Umstände zur Zerstörung geführt haben. Die Beantwortung fällt bei der griechischen und gotischen Ruine unterschiedlich aus: Nach Kenntnis des Lords waren es Barbaren, die die antiken Meisterwerke der Architektur zugrunde gerichtet haben — ein für den Kunstfreund »finsterer und niederschlagender Gedanke«. Möglicherweise spielt Lord Kames damit auf die erst 1687 erfolgte Zerstörung des Parthenon an, der seit der Renaissance als Inbegriff klassischer griechischer Baukunst gerühmt wurde.

Gegenüber der Klassik zeichnet sich die Gotik nach Kames durch einen Vorzug aus: die Stärke und Festigkeit (»strength«). Kommt es dennoch zur Zerstörung eines gotischen Bauwerks, geht dem Betrachter auf, daß selbst der größte physische Widerstand durch den »Triumph der Zeit« endlich gebrochen wird. Die Erkenntnis, daß alles Irdische dem Zeitlichen unterworfen sei, wird gerade vom Zeitalter der Empfindsamkeit als der »melancholische zwar aber nicht unangenehme Gedanke« bevorzugt aufgegriffen. Lord Kames spricht an anderer Stelle von »a ruin, affording a sort of melancholy pleasure«,[1341] womit nach dem oben Gesagten nur eine gotische Ruine gemeint sein kann. Erwin Panofsky hat darauf hingewiesen, daß Kames mit diesem Diskurs in erster Linie auf den Gegensatz Zeit-Barbarei abziele, wohingegen die Antithese Griechisch-Gotisch zurücktrete. Diese Auffassung wird durch Casparsons Interpretation untermauert: »Home entscheidet also zwischen beiden Fragen nicht nach dem Werth beyder Arten von Ruinen noch dem Geschmak, sondern nach der Wirkung [...]«! Panofsky beobachtet in Homes Problemlösung die »Wendung (des ästhetischen Bewußtseins) von der (konkreten) Form zum Stimmungshaften«.[1342] Daneben zeigt sie aber auch, wie ich meine, daß sensualistische Wahrnehmung und rationalistische Kritik durchaus gekoppelt sein können.

Das Problem der historischen Wahrscheinlichkeit von Ruinen

An anderer Stelle rechtfertigt Casparson die Gotik der Löwenburg mit der Überlegung: »[...] so läge darinn schon eine Entscheidung für gothische Ruinen, da man in Deutschland alte griechische nicht findet, also auch nicht erwartet.« Damit ist in einem Satz zusammengerafft, was Hirschfeld in seiner Theorie in ausführlicherer Form darlegt: »Allein ein noch mehr wichtiger Grund für gothische Ruinen, der dem Lord nicht einfiel, ist der, daß diese in unsern Ländern alleine eine Wahrscheinlichkeit haben, die den griechischen entgeht. Wir wissen, daß Gothen unter unserm Himmel gebauet, oder doch ihre Bauart ausgebreitet haben. Allein die Baukunst der Griechen ist noch nicht so allgemein in dem nördlichen Europa geworden, daß deren Ueberbleibsel wahrscheinlich seyn könnten. Ruinen müssen alle Täuschung verlieren, sobald sich der Gedanke erhebt, daß die Gebäude selbst, wovon sie Reste vorstellen sollen, hier nie vorhanden waren, noch vorhanden seyn konnten [...].

In einem engländischen Park die erkünstelten Ueberbleibsel eines Gebäudes, das in Griechenland stand, und dessen Reste nur da gesucht werden können, welcher Widerspruch des Gegenstandes und des Orts! Der Betrug entdeckt sich bald, und Widerwille verfolgt den verunglückten Versuch.«[1343]

Hirschfeld übernimmt diese Gedanken im wesentlichen von William Mason, der 1772—1781 das mit Prosakommentaren versehene Gedicht »The English Garden« publizierte. In dieser Schrift, die in der Wilhelmshöher Schloßbibliothek nachzuweisen ist, heißt es: »The fragment, however, of a Gothic structure is not to be considered an inconsistency in England; it may be of an age that actually existed [...] While the Greek buildings that are raised to suit the mansion must be made to appear its modern contemporaries, the idea of a Greek ruin in England being a contradiction in history and experience.«[1344]

Daß Hirschfeld bei seinen oben zitierten Überlegungen von einer englischen Schrift ausging, geht schon daraus hervor, daß er die Existenz griechischer Ruinen in einem »engländischen Park« bemängelt, ohne, wie bei ihm sonst üblich, die englischen Verhältnisse von vornherein auf Deutschland zu übertragen. Dies hat erst Casparson geleistet, und zwar mit Hilfe des patriotischen Aspekts, auf den im folgenden noch einzugehen sein wird.[1345]

Die von Mason aufgeworfene Frage nach der historischen Wahrscheinlichkeit erklärt sich aus verschiedenen Umständen. Dazu gehört, daß man sich in der Frühphase des englischen Gartens zuweilen mit zweidimensionalen Scheinruinen begnügen wollte, wie z.B. Batty Langley (1696—1751).[1346] Die geforderte Einhaltung einer historischen Wahrscheinlichkeit untermauert die im vorangehenden Kapitel getroffene Feststellung, daß in der — auch in der Theorie ausgereiften[1347] — klassischen Phase des Landschaftsgartens nur diejenige Architektur wahren Stimmungswert erzeugt, die auch rationalistischen Kriterien standzuhalten vermag, worin zweifellos ein Vermächtnis der Aufklärung zu sehen ist. Zu den kunsthistorischen Voraussetzungen von Masons Vorstellungen gehört weiter, daß zwei Parks im Yorkshire, Rievaulx-Abbey und Fountains-Abbey, nach 1745 bzw. im Jahre 1768 auf die echten Ruinen mittelalterlicher Zisterzienserklöster ausgerichtet wurden.[1348] Damit war eine Grundlage zu wahrer Mittelalter-Begeisterung und nationaler Deutung der Gotik gelegt worden. Bei Mason ist die theoretische Grundlage zu suchen, die am Kasseler Hof eine Entscheidung gegen die klassizistische Ruine wenn nicht ausgelöst, so doch wenigstens unterstützt hat.

Die Entdeckung des Schauerlichen, Erhabenen und der Vanitas-Symbolik

Wesentlicher für das ihrer Entstehungszeit gemäße Verständnis der Löwenburg sind die der Ratio entgegengesetzten Kriterien des Gefühls, die mit William Chambers bereits angesprochen wurden. Befragen wir Casparson, mit welchen Gefühlen man im 18. Jahrhundert die Löwenburg betrachtet hat: »Wer aber kann [...] das Wunderbare verkennen, das im Anblick dieser Gebäude so schauerlich auf uns wirkt?« (S. 15); — »Der Anblick der Ruine muss hier mehr Todt für uns seyn als der Anblick von einem Kirchhof. Daher der auf die Ruine starr sinkende Blick, daher das tiefe Stillschweigen dabey, daher die Schauer in und über uns, daher das Grauen, besonders wenn wir allein sind [...]« (S. 22); — »Wir sehen in den Hallen und Gewölben, welche ihre Andacht erbaute, noch schaudernd die Gruft eines Ahnherrn [...]« (S. 24); — »Der anschauende Wanderer gantz staunen, ganz schauern, ganz in die Ritterzeit gezaubert [...]« (S. 28); — »Das Auge des Anschauenden steht gleichsam angewurzelt wie sein Fuß. Furchtsam scheint er's zu wagen, von der Höhe zu dieser, von dieser hinauf zu schauen; ein unbekanntes Gefühl treibt seine Brust so auf, daß er seine Gestalt gleichsam zu erhöhen und zu erweitern sucht, um das grosse Gantze auf einmahl zu fassen. Er verliehrt sich in die Kühnheit des sie einst bauenden Ritters [...]« (S. 27).

Diese Zitate beschreiben ein merkwürdiges, im 20. Jahrhundert nicht ohne weiteres nachzuvollziehendes Verhältnis zwischen Architektur und Mensch: Der Betrachter, bezeichnenderweise mit diesem Erlebnis völlig allein gelassen, fühlt sich der Burg, die von übernatürlicher Größe zu sein scheint, zunächst hilflos ausgeliefert (offensichtlich wird der Bau von der Tiefe der Wolfsschlucht aus gesehen!). Zur Passivität verurteilt, steht er in ihrem Bann. Der Anblick der Ruine und die rundherum herrschende Grabesstille erzeugen Schauer und Furcht, die sich freilich nach und nach in — erhabene — Selbstbehauptung wandeln: Der Betrachter verliert den Bezug zur Realität und macht sich, kraft seiner Imagination, die »Kühnheit des sie [die Burg] einst bauenden Ritters« selbst zueigen. Eine individuelle, singuläre Vision eines Phantasten oder zeittypisches Erlebnis?

Seit Beginn des 18. Jahrhunderts, einsetzend mit Joseph Addisons »Pleasures of the Imagination« (1712),[1349] kennt die englische ästhetische Literatur Naturbeschreibungen, die dem Erlebnis grenzenloser Größe, Weite, Tiefe oder Höhe, etwa in Gebirgslandschaften oder am Meer, gelten und den Betrachter zu ohnmächtiger Bedeutungslosigkeit degradiert erscheinen lassen. Den so erzeugten Eindruck des Erhabenen (The Sublime) führte Edmund Burke (1729—1797) als ästhetische Kategorie neu ein. Da das Sublime Angst, Furcht und Schrecken im Betrachter voraussetzt, erkannte Burke in ihm eine nachhaltigere Wirkung auf das menschliche Gemüt als durch das entgegengesetzte Schöne: »Was immer dazu neigt, die Vorstellung von Schmerz oder Gefahr zu erwecken, was an Schreck und Entsetzen erinnert, wird zum Ursprung des Gefühls des Erhabenen, und dies ist das stärkste Gefühl, welches der menschliche Geist zu empfinden vermag.«[1350] Den Bereich, in dem jene Eindrücke empfunden werden können, erweiterte Burke auf die Baukunst, die wie die Natur imstande war, unter bestimmten Umständen Unendlichkeit zu suggerieren. »Eine andere Quelle des Erhabenen ist die Unendlichkeit. [...] Unendlichkeit hat die Tendenz, das Gemüt mit derjenigen Art von lustvollem Schauer zu erfüllen, welche die ursprünglichste Wirkung des Erhabenen und sein bester Prüfstein ist. [...] Da die Lichtführung für die Architektur von Wichtigkeit ist, lohnt es sich zu fragen, inwiefern sich diese Bemerkung auf Bauwerke anwenden läßt. Ich würde antworten, daß alle Gebäude, die darauf berechnet sind, die Idee des Erhabenen hervorzurufen, dunkel und düster sein müssen.«[1351]

Mit dem Löwenburg-Erlebnis, das Casparson als sich kontinuierlich entfaltenden wahrnehmungspsychologischen Vorgang empfand, ist die nachfolgende Stelle aus der »Enquiry« zu vergleichen: »Die Gemütsbewegung, welche durch das Große und Erhabene in der Natur in ihren mächtigsten Erscheinungen ausgelöst wird, ist ein Seelenzustand, welcher alle Regungen des Geistes mit einer Art von Entsetzen zum Stillstand bringt. Der Geist ist in diesem Falle von dem Wahrgenommenen so sehr gefesselt, daß nichts anderes darin Raum hat [...]. Daraus ergibt sich die große Macht des Erhabenen, daß sie, fern davon, durch unser begriffliches Denken erzeugt zu werden, dieses vielmehr vorwegnimmt und uns mit einer unwiderstehlichen Kraft antreibt. Staunen, sagte ich, ist die erste Wirkung des Erhabenen. Dann folgen Bewunderung, Ehrfurcht, und Verehrung.«[1352] Wie bei Casparson folgt einer ersten regelrechten psychischen Lähmung,[1353] ausgelöst durch Erschrecken und Erstaunen, eine allmählich einsetzende geistige Aktivität, die bei Burke wie bei Casparson ungeahnte Kräfte freisetzt und die endlich zu einem positiven Verhältnis gegenüber dem zunächst Bedrohlichen führen.

Die Theorie des Sublimen mit der Gotik zusammenzubringen, war noch nicht Burkes Idee. Erst John Carter (1748—1817) spricht in »The Builders Magazine«, das er 1774—1778 publiziert hat, von der Gotik als »ehrfurchtgebietendem Baustil«, der im Vergleich zu anderen Stilen »das Gemüt mehr bewegt«.[1354] Carter hielt deshalb die Gotik für Sakralbauten als besonders geeignet.

In der deutschsprachigen Kunsttheorie sind die Begriffe Gotik und Sublimes noch vor 1800 miteinander gepaart zu finden. Nach Aufzählung der Fehler, »deren sich die gothische Bauart schuldig gemacht hat«, gesteht Racknitz in seiner 1796 erschienenen »Darstellung und Geschichte des Geschmacks«: »Aber die gothische Bauart hat auch ihre eigenen Schönheiten und Verdienste. Um nicht ungerecht zu seyn, werde auch ihrer hier gedacht. Wenn ein Gegenstand in der Natur oder in den bildenden Künsten uns durch seine Originalität ergreift, und Ehrfurcht einflösst, so wird dieser Gegenstand erhaben.

Der unermessliche Raum und Reichthum eines gestirnten Himmels, der ungeheure Umfang des Meeres, selbst Vulkane und andere ungewöhnliche Naturerscheinungen, prägen uns sehr lebhafte Empfindungen ein. Indem wir diese Kräfte der Natur mit unserer Schwäche vergleichen, muss uns Bewunderung und Ehrfurcht ergreifen. So wenig nun auch dergleichen erhabene Gegenstände der Natur mit den Unternehmungen der Menschen in Vergleichung gesetzt werden können, so hat doch vorzüglich die Architektur ihr Erhabenes, und Gegenstände, welche uns in Bewunderung und Ehrfurcht versetzen. Die gothischen Kirchen liefern uns hierzu den grössten Beweis. Mitten unter den überhäuften Verzierungen, welche man an ihnen antrifft, wird man dennoch einen Charakter von Grösse, majestätischer Kühnheit und unbegrenzter Beharrlichkeit im Ganzen gewahr, für welche wir Ehrfurcht empfinden müssen. Ist man auch durch sorgfältige Betrachtung und Zergliederung ihrer einzelnen Theile in etwas von der beym ersten Anblick empfundenen Ehrfurcht zurück gekommen, so kann man es dennoch nicht unterlassen, sich zu sagen: Es ist wahr, ein gothisches Gebäude besitzt alle Fehler seines Zeitalters, aber auch einen Charakter von Grösse, welchen die meisten von unsern dermaligen Unternehmungen nicht an sich tragen.«[1355]

Im Bereich der Architektur ist das Sublime, unabhängig vom Stil, auch mit dem Ruinösen verbunden, wie Edmund Burke schon selbst gesehen hat: »Wir sind froh beim Anblick von begangenen Handlungen, die wir sowenig selbst begehen würden, daß vielmehr unsre herzlichsten Wünsche darauf gehen, sie wiedergutgemacht zu sehen. London, diese prächtige Stadt, den Stolz Englands und Europas, durch Feuerbrunst oder Erdbeben zerstört zu sehen, dies ist, glaube ich, niemand verrucht genug zu wünschen, selbst wenn er für seine Person der Gefahr auch noch so weit entrückt wäre. Aber gesetzt, das unglückliche Ereignis wäre geschehen: was für eine Menge von Menschen würde sich von allen Seiten herzudrängen, die Ruinen zu sehen; und darunter wie viele, die sich leicht damit abgefunden haben würden, London in seiner Herrlichkeit niemals zu sehen.«[1356] In diesem von Burke konstruierten Fall resultiert das »erhabene« Gefühl aus dem Kontrast zwischen der Sicherheit des vom Unglück nicht betroffenen Betrachters und seiner äußersten Erschütterung angesichts der Katastrophe. Im Gefolge von Burke wurde, zunächst in der Malerei, Kunst auch um des Sensationellen willen geschaffen. Auch die Löwenburg verdankt dieser Zielsetzung einen Gutteil ihrer Existenz.

Der Anblick von Ruinen kann dem Menschen seine Einsamkeit und Verlorenheit deutlich machen. Diese subjektiven Eindrücke münden gleichfalls im Erhabenen. Angesichts eines im Salon 1767 ausgestellten Ruinenbildes von Hubert Robert empfand Diderot: »L'effet de ces compositions [...] c'est de vous laisser dans une douce mélancolie. Nous attachons nos regards sur les débris d'un arc de triomphe, d'un portique, d'une pyramide, d'un palais, et nous revenons sur nousmêmes; nous anticipons sur les ravages du temps, et notre imagination disperse sur la terre les édifices mêmes que nous habitons; à l'instant la solitude et le silence règnent autour de nous, nous restons seuls de toute une nation qui n'est plus, et voilà la première ligne de la poétique des ruines.«[1357]

Einsamkeit und Stille stellen zwei Schlüsselbegriffe dar, die den melancholischen, an die eigene Vergänglichkeit des Betrachters gemahnenden Charakter von Ruinen bezeichnen, nicht zuletzt bei Casparson: »[...] Die gothische Ruine [...] erinnert durch die Vergänglichkeit aller Dinge den Menschen an seine eigene. Mich dünkt der Todt auf eine Ruine gedacht, die das traurige Überbleibsel von dem Geist grosser Menschen und den Tausenden, die hier wirkten, ist. Der Anblick der Ruine muss hier mehr Todt für uns seyn als der Anblick von einem Kirchhof. Daher der auf die Ruine starr sinkende Blick, daher das tiefe Stillschweigen dabey, daher die Schauer in und über uns, daher das Grauen, besonders wenn wir allein sind, daher das, was Home einen melancholischen Gedanken nennt, der aber endlich den denkenden Menschen beschäftigen und so angenehm werden muss. In Deutschland die gothische Ruine erinnert ihn an die vergangene Zeit und Menschheit. Ich berufe mich auf das Gefühl eines Edlen, der Ritter von seinen Vätern her ist, sollte es in der Gruft seiner Väter, wenn er dasteht, so gothisch [sic!] auch ihre Denkmahle seyn mögen, nicht mehr auf ihn würken als die zerstükelte Ruine eines griechischen Tempels trotz ihrem besseren Geschmack?«[1358] Dieser Abschnitt seines Vortrags stellt Casparsons Versuch dar, in die Rolle des Bauherrn zu schlüpfen und seine Gefühle beim Anblick der Löwenburg nachzuvollziehen. Wenn er sich auf diese Gefühle gar berufen kann, legt dies nahe, daß der Landgraf ihm seine Empfindungen mitgeteilt hat. Die ruinöse Löwenburg wird als Vanitassymbol begriffen, und löst als solches erhabene Gefühle aus. Kein anderer als der Landgraf selbst hat die Sinngebung der Löwenburg als sentimentalisches Memento mori bestätigt, wenn er in seinem Testament verfügte: »Nach Unserm in Gottes Händen stehenden [...] Ableben soll Unser verblichener Leichnam in der auf der Löwenburg zu diesem Ende von Uns in der dortigen Kapelle angelegten Gruft beigesetzt werden, wobey Wir jedoch alles unnötige große Gepränge vermieden wissen wollen, indem, wenn Wir auch dereinst nicht mehr sind, die stille Thräne des Redlichen Unser Andenken mehr ehren kann als alles dieses [...].«[1359]

Gotik und Ruinencharakter bildeten demnach zwei voneinander unabhängige Voraussetzungen, um sublime Gefühle hervorzurufen. Daß sie beide vereint an der Löwenburg auftreten, unterstreicht, welch hohen Rang man dem Sublimen für die Interpretation dieses Bauwerks einräumen muß.

Löwenburg und Landschaftsgarten. Theorien über die Wesensverwandtschaft von Gotik und Natur

Die Geschichte der Kunsttheorie hat noch weitere Gemeinsamkeiten zwischen Phänomenen der Natur und Werken gotischer Baukunst erkannt. Ein Gesichtspunkt ist die Frage nach der Struktur. Casparson erklärt: »Wer findet aber nicht an den spitzbogigen gothischen Gebäuden die Nachahmung der gebogenen Aeste und Zweige eines Baumes; wer in ihren oben geschlungenen Fenster Rahmen, auch selbst an ihren Thüren nicht die ineinander geflochtenen Zweige einer Hütte? wer nicht in ihren schlank gekehlten Pfeilern mit ihren Reihungen an den Gewölben Baumgänge? man nehme die Menge von Blättern, Blüthen, grossen und kleinen Zweigen dazu, sollte nicht aus diessen freilich jene geschmacklos ohnverhältnissmässige Zierrathen durch Überladung grosser Gebäude damit entstanden seyn?«[1360]

Die Vorstellung, gotische Architektur aus der Nachahmung der Natur herleiten zu können, hat ihren Ursprung in der Renaissance. In einer 1510 an Papst Leo X. gerichteten Denkschrift zum Schutz antiker Denkmäler führte Raffael aus: »Die Deutschen aber, deren Manier an vielen Orten noch in Kraft ist, setzen als Ornament nur kauernde, schlecht gemalte Figürchen als Kragsteine unter Balken, und seltsame Tiere, Figuren, plumpes Laubwerk ohne jede natürliche Vernunft. Übrigens soll ihre Architektur folgenden Ursprung haben: Sie entstand aus ungefällten Bäumen, deren Äste, zusammengebogen und -gebunden, ihre Spitzbögen ergaben.«[1361] Die Gleichsetzung von gotischer und deutscher Architektur hat expressis verbis Giorgio Vasari in seinen 1550 publizierten »Vite« erstmals vollzogen.[1362]

Die Mimesistheorie wurde im 17. Jahrhundert von der französischen Kunsttheorie aufgegriffen, zuerst 1648 in Philibert De l'Ormes »Architecture«.[1363] Casparsons Zitat geht zurück auf eine Rezension, mit der Friedrich August Krubsacius im Jahr 1773 Goethes »Von deutscher Baukunst« kritisch beleuchtet hat;[1364] es findet sich außerdem wörtlich in den von Friedrich von Blankenburg herausgegebenen »Litterarische[n] Zusätze[n] zu Johann George Sulzers allgemeiner Theorie der schönen Künste«[1365] sowie in der zweiten vermehrten Auflage von Sulzers Theorie.[1366]

Ein weiteres Argument der Mimesistheorie zur Begründung der Gotik hat Casparson als Hofdichter in poetischer Form im Jahre 1794 vorgetragen. Das Gedicht lautet:

»*Des Durchlauchtigsten Landgrafen Wilhelms des Neunten*
Größe, empfunden auf der Burg zum Weisenstein.
Hoch von der alten deutschen Ritterwache,
Steh ich auf Felsen, schaue hin und her —
Mir schwindelt — Höhen, Tiefen vor dem Blicke
Kehrt mein Erstaunen in sich selbst zurücke;
Hier eine Burg? Ruinen alter Zeit,
In Mauren, Thürmen unsrer noch geweiht!
Vielleicht, daß mir des Ritters Geist erscheinet,
Der hier mit der Natur! die Kunst vereinet.
Der gros und kühn zu ihr der Schöpfrin sprach:
Du schufst — und ich — ich schaffe dir hier nach.
Der hier den alten Wald durch Haine schmückte
Von Felß zu Felß den Strohm bebrückte,
Die Quelle hielt in ihrer Tiefe auf,
Und änderte des Waldstrohms alten Lauf [...]«[1367]

Diese Zeilen geben nicht nur über das Erlebnis des Sublimen angesichts der Löwenburg erneut Rechenschaft, sondern beweisen, daß Burg und Park den gleichen Kompositionsgesetzen gehorchen: den Gesetzen der Natur! Hinter der Auffassung, daß naturhafter Landschaftsgarten und gotisches Bauwerk dem Wesen nach verwandt seien, verbirgt sich die Ästhetik des Pittoresken, die, wie ausgeführt, für die formengeschichtliche Einordnung der Löwenburg von erstrangiger Bedeutung ist. Da Casparsons Gedicht öffentlich im Park, vor der Hofgesellschaft, vorgetragen wurde, kann man davon ausgehen, daß der Dichter mit seinen Ausführungen der am Kasseler Hof gängigen Interpretation durchaus entsprochen hat.

Farbt. XI

C. C. L. Hirschfeld als geistiger Urheber der Löwenburg

Merkwürdigerweise verschweigt Casparson den Namen desjenigen Kunsttheoretikers, dem der Bau der Löwenburg und er selbst mit seinen theoretischen Ausführungen am meisten verpflichtet sind: Christian Cay Lorenz Hirschfeld (1742—1792) und dessen 1779—1785 erschienener fünfbändiger »Theorie der Gartenkunst«. Denn Hirschfeld hat nicht nur die wichtigsten englischsprachigen Theoretiker wie Whately, Chambers und Lord Kames verarbeitet,[1368] sondern er hat sogar ganz gezielt das Motiv einer ruinösen gotischen Burg als Gegenstück zum Herkules-Oktogon theoretisch entwickelt! Ausführlich sei aus dem vierten Band der Theorie (1782) zitiert:

»Wir haben in Deutschland ein heroisches Werk der Architectur [...], nämlich auf dem Carlsberg bey Cassel [...]. Das ganze Gebäude, das mit allen seinen Nebenwerken aus sehr großen und rohen Tuffsteinen ausgeführt ist, stellt sich dem Auge als eine ungeheure Masse natürlich ausgehauener Felsen dar. Der Eintritt erfüllt die Seele mit einem ehrerbietigen Erstaunen. Sie empfindet ganz den Eindruck der feyerlichen Stille, die zwischen den ungeheuren, aufgethürmten Felsmassen und unter den hohen Gewölben herrscht, wohin das mühsam eindringende Licht der Sonne nur einen zwischen Tag und Dämmerung schwebenden Schein verbreitet [...]. Die Aussicht, die über so viele kleinere, meist rauhe oder steinigte Berge und waldigte Anhöhen hinstreicht, weit in der Ferne der Landschaften sich verliert oder in die Tiefe hinabstürzt, ist ganz in erhabenem Charakter und angemessen der großen Wirkung dieser Anlage selbst. — Das ganze Werk ist voll Majestät und im kühnsten Styl der Architectur; es ist das einzige seiner Art, vielleicht auf immer, weil es ganz ohne Nutzen ist, und zu ungeheure Kosten erforderte, um noch eine Nachahmung erwarten zu dürfen; ein Wunder der neuern Baukunst, voll stolzer Größe und voll Verschwendung. Die ganze Gegend, mit ihren wilden Waldungen, steinigten Bergen und rauhen Aussichten, war ungemein geschickt für die Anlage eines solchen heroischen Werks. Nur stimmen zu der Würde dieses Charakters weder die kleinen Springwasser und die Cascade selbst, noch die zierlichen Pflanzungen und Ausschmückungen am Fuß des Carlsbergs. Welch eine ganz andre Wirkung, wenn ein gewaltiger Strom, wild und von keiner Verzierung begleitet, die rohen Felsstufen hinunter brauste, und sich ganz unten auf einmal in finstern Dickigten verlöre!

So sehr auch dies Werk durch seine außerordentliche Kühnheit und Größe in Erstaunen setzt, so sind seine Wirkungen doch von den Rührungen entblößt, die *alte Bergschlösser oder ihre Ruinen auf Felsen* erregen. Der Carlsberg stellt ein Wunder dar, das von der Hand einer übernatürlichen Macht entsprungen zu seyn scheint; seine ungewöhnliche Größe drückt den Anschauer bald zum Gefühl der Kleinheit und Schwäche andrer menschlicher Werke nieder. *Bejahrte oder halb zerstörte gothische Schlösser* von kühnen Lagen und Massen haben zwar zur Erregung der Verwunderung und des Erstaunens eine weit mindere Kraft; allein, sie interessieren doch durch die Erinnerung der vormaligen Bewohnung und des wirklichen Gebrauchs, den die Helden der Vorwelt von diesen aufgethürmten Felsklumpen machten; eine Art des Interesse[s], das dem Gebäude auf dem Carlsberg ganz abgeht. Und diese Erinnerung ist zugleich von so manchen rührenden Nebenideen begleitet, welche die Geschichte der Zeit und ihrer Sitten erwecken. *Die Trümmer eines alten Schlosses,* woraus sich ein kleiner Wasserfall herabwälzt, auf einem Felsen, an den die untergehende Sonne einen vergänglichen Schimmer hinstreut, stellen in dieser Zufälligkeit eine Scene voll stiller Feyerlichkeit dar, die einen Eindruck macht, den für einen andern nicht leicht das zu sanftern Gefühlen gestimmte Herz vertauscht.«[1369] Unmittelbar an diesen Text schließt, zur Illustration des Gesagten, ein Kupferstich mit der Darstellung einer Burgruine auf einem Hügel an.[1370]

Versuchen wir, Hirschfelds Gedankengang, der exemplarisch eine rein sensualistische Betrachtungsweise von Architektur vorführt, in großen Zügen nachzuskizzieren. Gerade weil das Oktogon keine niederen praktischen Funktionen zu erfüllen hat, wird es ausschließlich mit dem Gefühl aufgenommen. Die beispiellose Größe, Kühnheit von Stil und Ausführung und die Grenzenlosigkeit des Ausblicks führen einmal mehr zum Erlebnis des Erhabenen: Hirschfeld ist sich bewußt, vor einem Wunderwerk der Baukunst zu stehen, dessen heroischer, erhabener Charakter mit der Wildheit der umgebenden Natur korrespondiert. Doch als Mensch des Zeitalters der Empfindsamkeit sucht er sich selbst in diesem Gegenüber — und findet sich nicht. Der gewählte Maßstab ist zu kolossal, zu absolut — der Betrachter fühlt sich geschlagen, vernichtet. Was Hirschfeld abstößt, ist die Unnahbarkeit des absolutistischen Denkmals. Er dagegen wünscht Empfindungen, die nicht zerstören, sondern durch Rührung zur Erbauung des Betrachters beitragen. Sein Entwurf eines gotischen Ruinenschlosses als Alternative zum Oktogon erscheint auf den ersten Blick willkürlich gewählt. Doch zeigt die sprachliche Analyse seines Architektur-Erlebnisses, daß das Oktogon in ihm ähnliche Assoziationen hervorruft wie eine gotische Kathedrale. Ausschlaggebend dafür sind die Steilheit und Unermeßlichkeit des Bauwerks und die Wirkung des Lichts im dämmrigen Inneren unter den hohen Gewölben. Damit ist die Gotik-Assoziation erklärbar. Das Bild eines auf Felsen ruhenden Ruinenschlosses mag durch das Bossenmauerwerk der »großen und rohen Tuffsteine« inspiriert worden sein.

Gerade wirkungsästhetisch ermöglicht das Ruinenschloß die erwünschte Wendung des Ausdrucks: die sentimentale Stimmung, die durch das scheinbar hohe Alter, die grobschlächtige Bauart und die Spuren der Zerstörung erreicht wird. Dabei fällt auf, daß Hirschfeld sich der historischen Distanz zum phantastisch verklärten Mittelalter voll bewußt ist: Die Vorstellung, daß die »Helden der Vorwelt« in diesen »Felsklumpen« hausten, rührt — nicht zuletzt deshalb, weil der Betrachter selbst einem besseren, weil aufgeklärten Zeitalter angehört! Hier kommt die zum Erlebnis des Erhabenen unabdingbar zugehörige sichere Distanz zum Tragen. Dies wird noch deutlicher in einem längeren Abschnitt, in dem Hirschfeld die Verwendung von Ruinen in Landschaftsgärten allgemein rechtfertigt:

»Ruinen als Werke der Nachahmung in Gärten betrachtet, haben bey dem ersten Anblick so viel Auffallendes, daß man sich mit Recht darüber verwundern zu dürfen scheint, wie man sie mit Bedacht anlegen kann. Es scheint ein Eingriff in die Vorrechte der Zeit zu seyn, deren Wirkung sich ohne unsere Beyhülfe in der Verschlimmerung und Auflösung der Dinge zeigt; eine übel verstandene Anwendung der Kunst zu bauen, die durch die Schöpfung und nicht durch Zerstörung sich anzukündigen pflegt; eine Verletzung der Annehmlichkeiten der Natur, die sich wundern muß, mitten in ihrem Schooße klägliche Steinhaufen von der Hand des Menschen, die sie sonst wegzuschaffen beschäftigt war, hingeworfen zu sehen.

In der That, so lange man noch nicht angefangen hatte, von allen Gegenständen der Landschaft die *Wirkungen* zu berechnen, die sich zur Erweiterung und Verstärkung der Gartenempfindungen vortheilhaft anwenden

XI
Die Löwenburg von Südwesten. Zustand 1982

lassen, so lange konnte man nicht auf eine künstliche Nachahmung der Ruinen fallen. Sie sind daher erst in den neuen Gärten der Engländer in Gebrauch gekommen [...]

Vornehmlich aber sind es die Wirkungen der Ruinen, die ihre Nachahmung nicht allein rechtfertigen, sondern selbst empfehlen. Zurückerinnerung an die vergangenen Zeiten und ein gewisses mit Melancholie vermischtes Gefühl des Bedauerns sind die allgemeinen Wirkungen der Ruinen [...] So erwecken die Ruinen eines Bergschlosses, eines Klosters, eines alten Landsitzes sehr abgeänderte Bewegungen, besonders abgeändert durch die Betrachtung der Zeit und anderer Umstände, die an sich so vielfältig unterschieden seyn können. Man kehrt in Zeiten zurück, die nicht mehr sind. Man lebt auf einige Augenblicke wieder in den Jahrhunderten der Barbarey und der Fehde, aber auch der Stärke und der Tapferkeit, in den Jahrhunderten des Aberglaubens, aber auch der eingezogenen Andacht, in den Jahrhunderten der Wildheit und der Jagdbegierde, aber auch der Gastfreundschaft [...]

Bey allen Ruinen aber stellt der Geist unvermerkt eine Vergleichung zwischen ihrem vormaligen und ihrem jetzigen Zustande an. Die Erinnerung an Begebenheiten oder Sitten der Vorwelt wird erneuert, und die Einbildungskraft nimmt aus den vorliegenden Denkmälern Veranlassung, weiter zu gehen, als der Blick reicht, sich in Vorstellungen zu verlieren, die eine geheime, aber reiche Quelle des Vergnügens und der süßesten Melancholie enthalten.

Dies sind die Wirkungen der wahren Ruinen, und wenn die nachgeahmten mit einer glücklichen Täuschung angelegt sind, so können sie fast eben diese Wirkungen haben. Und durch diese Wirkungen werden die Ruinen eine schätzbare Gattung, Werke von einem eigenthümlichen Charakter. Sie erregen Vorstellungen und Empfindungen, welche die Gebäude selbst, wenn sie noch vollständig vorhanden wären, nicht hervorbringen würden [...]«[1371]

Der höchste Grad von Täuschung werde erzielt, wenn die Ruine einen unentschiedenen Zwischenzustand widerspiegle, der teils noch zur Architektur, teils schon zur zurückerobernden Natur zu rechnen sei: »Die Natur scheint die Plätze, die ihr die Baukunst geraubt hatte, mit einer Art von Triumph sich wieder anzueignen, sobald sie, verlassen von dem Bewohner, veröden. Nichts giebt einen sichtbarern Beweis von der Länge der Zeit, als wenn der Ort, den ein Gebäude zierte, mit Moos, mit Gras und grünem Gesträuch überzogen ist.«[1372]

Ruinen gehören demnach zu den zentralen Bedeutungsträgern des Landschaftsparks. Hirschfeld sieht sie als Stein gewordene Poesie, die zu historischen und allgemein philosophischen Betrachtungen veranlassen. Das durch sie eröffnete Erlebnis der Vergangenheit wird als Beitrag zur Bildung und sittlichen Vervollkommnung des Betrachters verstanden. Die historische Rückschau, die durchaus von Phantasie begleitet sein soll, zeigt ein Mittelalter, das nicht nur barbarisch und finster war, sondern auch positive Seiten aufzuweisen hatte, die in die Gegenwart hineinwirken konnten: Gastfreundschaft, Frömmigkeit, Stärke und Tapferkeit sind Tugenden, die gerade in einer Zeit des sozialen und politischen Umbruchs nicht anders als verklärt gesehen werden konnten.

Wie eng man sich in Kassel an Hirschfeld hielt, geht aus Jussows Bericht des Jahres 1795 in der Wilhelmshöher Chronik hervor. Der Architekt wiederholt den Theoretiker fast wörtlich, wenn er darlegt, daß die Felsenburg »der ersten Idee nach [...] *die Erinnerung der verflossenen Zeiten* zurückrufen sollte [...]«.[1373]

Die von Home und Mason bereits diskutierte Stilfrage wird von Hirschfeld dort aufgegriffen, wo er auf die landschaftsgärtnerische Einbindung von Ruinen eingeht. Abweichend von Chambers, doch einzelne Elemente von diesem übernehmend, ordnet Hirschfeld die Ruine einmal dem Garten »im erhabenen und feyerlichen Stil«, ein andermal dem nach topographischen Gesichtspunkten definierten »Berggarten« zu.

Die erstgenannte feierliche und erhabene Szene schildert er so: »Erscheint in diesem Gemälde [...] ein altes gothisches Schloß, das halb von der Zeit zertrümmert auf einer felsigten Spitze sich zwischen unförmlichen 381

Massen von Waldbäumen erhebt, so scheint die Wirkung des Feyerlichen ihre Vollendung zu erreichen. Der Charakter des Erhabenen bildet sich demnach vornehmlich in Gebirgen und hohen felsigten Landschaften [...] Die Kunst der Pflanzung weicht hier ohnmächtig zurück. Alles muß groß, ausgedehnt, stark, kühn, ein Werk der allmächtigen Natur seyn. Eine gewisse rohe Wildniß, eine gewisse kühne Unordnung, eine gewisse nachlässige Häufung von starken regellosen Massen sind von dem Charakter des Erhabenen fast unzertrennlich. Keine feine und zierliche Gebäude gehören ihm zu, sondern bejahrte Bergschlösser und Thürme, die von Felsen hangen, und selbst Ruinen von majestätischen Gebäuden, welche Zeit und Wetterstrahl nur allmälig mit Mühe zerstörten [...].«[1374] Mit diesen Ausführungen beweist Hirschfeld, daß er sich Homes Argumente für die gotische Ruine zueigen gemacht hat.

Der gesondert abgehandelte »Berggarten« läßt keinen Zweifel darüber, wie die architektonischen Prioritäten im Landschaftspark zu verteilen sind. Während das Landhaus auf »sanften Abhängen«[1375] zu stehen kommen soll, fordert der Berggarten »auf kühnen Spitzen, wo kahle Felswände sich mit steilem Absturz senken, [...] ein altes Bergschloß oder seine Trümmer. Auf rauhen felsigten Vorgebirgen [...] sind Schlösser oder Festungen oder Thürme im gothischen Styl fast die schicklichsten Gebäude; ihre Rohigkeit, ihre Stärke und die Erinnerung ihres vormaligen Gebrauchs, alles dieses stimmt sehr wohl mit der Wildniß des Orts überein. Ueberhaupt dürfen wir bey keiner Anlage vergessen, daß *die wahre Kunst der Verzierung darinn besteht, jedem Ort und jeder Scene zu geben, was ihr zukommt* [...].«[1376]

Die gotische Burgruine ist demnach als Staffagenarchitektur Accessoire des »erhabenen«, »feierlichen« Berggartens, nicht umgekehrt! Habitus und Stil der Architektur werden vom Charakter des Gartens abhängig gemacht. Die Erläuterungen zum »Berggarten« mögen die auf der Wilhelmshöhe getroffene grundsätzliche Unterscheidung nach dem »Landhaus« (hier: Schloß) am »sanften Abhang« einerseits und der wild-zerklüfteten, die Imagination beflügelnden Burg am steilen Felsabhang andererseits festgelegt haben.

Hirschfeld kann nicht nur als Anstoß zum frühen Planungsstadium der Löwenburg gelten, als es darum ging, eine ruinöse Gartenarchitektur zu erstellen, sondern kann auch für die Ausbaustufen herangezogen werden — insofern nämlich, als er Horace Walpoles Strawberry Hill als gelungenes Beispiel für ein gotisches, wie er es nennt, »klostermäßig gebaute[s]« Landhaus gepriesen hat: »Aus der Bauart, den Meublen, den gemalten Fenstern und allen Verzierungen sollte man schließen, es wäre ein Werk aus dem dreyzehnten Jahrhundert. In der Bibliothek herrscht ebenfalls dieser gothische Geschmack [...]. Die Tische, die Stühle, das ganze Hausgeräth, die alten bemalten Glasscheiben scheinen wirklich aus den vorigen Jahrhunderten zu seyn; alles ist mit einer sehr klugen Wahl und mit einer genauen Beobachtung des Kostums ausgeführt, ohne bey unserm veränderten Geschmack [sic!] anstößig zu seyn. Einzelne Werke in diesem Styl fallen als glückliche Nachahmungen auf, und überraschen durch den seltsamen oder auch ungewöhnlichen Geschmack [sic!], der darin erscheint. Allein es ist eben nicht zu wünschen, daß Landhäuser in Klostergestalt durch die Mode allgemein werden. Sie geben indessen zur Wiederanwendung der gothischen Architektur eine seltene Veranlassung [...].«[1377]

Hirschfelds Bedeutung für die Löwenburg im speziellen und die Wilhelmshöhe im allgemeinen gewinnt noch schärfere Konturen, wenn wir weitere Quellen außerhalb der »Theorie« heranziehen, die der Einfachheit halber in chronologischer Folge zitiert werden. Nachdem Hirschfeld sich, wie oben dargelegt, 1785 im 5. Band seiner »Theorie« lobend über Wilhelm als Bauherrn in Wilhelmsbad geäußert hatte, wiederholte er solches Lob im »Taschenbuch für Gartenfreunde auf das Jahr 1786«: »In den schönen Anlagen bey dem Wilhelmsbad ist eine Einsiedeley nach einer Idee in der Theorie der Gartenkunst angefangen, und wird ihrer völligen Ausführung entgegen eilen. — Was aber am meisten für die Gartenfreunde wichtig ist, das sind die grossen Verschönerungen der hessischen Gärten, die sie von dem edlen Geschmack und der weisen Thätigkeit des jeztregierenden

Herrn Landgrafen zu Cassel zu erwarten haben. Wer das kennt, was bey dem Wilhelmsbad bisher für die schöne Architectur und die Gartenkunst gethan ist, der kann sich leicht vorstellen, wie sehr sich nun die Veredlungen dieser Künste von hier ausbreiten werden.«[1378] Hirschfeld bestätigt damit, daß die Wilhelmsbader Eremitage[1379] seinen theoretischen Vorstellungen[1380] entspricht. Vor allem aber bringt er zum Ausdruck, welch große Hoffnungen er in die weiteren bau- und gartenkünstlerischen Programme Wilhelms setzte, nachdem er von dem Regierungswechsel in Kassel Kunde erhalten hatte.

Hirschfeld tat dies nicht uneigennützig. Durch jüngst von W. Schepers entdeckte Archivalien ergibt sich, daß Hirschfeld, damals Professor in Kiel, von Wilhelm als Gartendirektor in Kassel vorgesehen war! In einem an den dänischen König Christian gerichteten Gesuch vom 8. September 1786 heißt es: »Der Justizrath und Professor Hirschfeld in Kiel, welcher *einen sehr vortheilhaften Ruf nach Kaßel erhalten hat,* bittet um die allerhöchste Genehmigung, diesem Ruf folgen zu dürfen.«[1381] Fünf Monate später, am 25. Februar 1787, mußte Hirschfeld in einem Brief an den Stuttgarter Professor Weisser allerdings zugeben: »Das Gerücht wegen meiner Versetzung nach Cassel war noch zu voreilig und wider meine Absicht zu früh ausgebrochen. Ich habe einen Antrag gehabt, und es sind Verhandlungen dagewesen, die sich aber vor der Hand zerschlagen haben, zumal da mir hier die Königl. große Fruchtbaumschulanstalt aufgetragen ist, die ich noch nicht in ihrer Kindheit verlassen kan. [...] Indessen mögte ich nach einiger Zeit wohl an einem Hofe die Stelle eines Gartendirectors annehmen.«[1382]

Trotz des negativen Ausgangs dieser Verhandlungen wurde der Kontakt zwischen dem Kasseler Hof und Hirschfeld durch Korrespondenz aufrecht erhalten. Der Landgraf ließ ihm durch Strieder Weises große Kupferstichserie mit den Ansichten des Weißenstein übersenden. In seinem Dankschreiben rühmte der Kieler Professor am 8. März 1791: »Diese Abbildungen sind ein unvergeßliches Denkmal so wohl von dem feinen Geschmack und dem erhabenen Geiste des Durchl. Eigenthümers, als auch von der Höhe, die nunmehr die Gartenkunst in Deutschland erstiegen. Denn diese Blätter können sich den schönsten englischen Vorstellungen dieser Art an die Seite stellen.« Zum Schloß, wiedergegeben in antizipierter Vollendung gemäß Du Rys Dreiflügelanlage, wie sie um 1787/1788 aktuell war, meinte er: »*Das Gebäude aber macht einen eigenen hervorstechenden Gegenstand und ist ein Meisterstück der neuern Architectur.*«[1383]

195

186

Die gewissenhafte Orientierung an seinem Werk wurde Hirschfeld durch den auf dem Weißenstein tätigen Hofgärtner Daniel August Schwarzkopf unmittelbar darauf bestätigt. Es sei »[...] vieles so geworden, *wie es dieselben in Ihro Critic über den Weißenstein und darüber gemachte Anmerkungen in der Garten Theorie gewünscht haben.*«[1384] Was damals zwar schon geplant, doch noch unausgeführt war, war eine gotische Ruinenburg. Zeuge ihrer Genese zu werden, war Hirschfeld durch seinen frühen Tod verwehrt worden. Die Frage, wieso Hirschfeld zuletzt doch nicht als Gartendirektor nach Kassel berufen wurde, kann nur hypothetisch beantwortet werden. Sicher hat eine wesentliche Rolle gespielt, daß Wilhelm ehrgeizig darauf aus war, seine Programme der Bau- und Gartenkunst ausschließlich einheimischen Künstlern anzuvertrauen. Nicht zuletzt zum Studium der Gartenkunst war Jussow nach England geschickt worden, und hat diese seine gartenkünstlerischen Kenntnisse durch zahlreiche Gartenentwürfe für Wilhelmshöhe unter Beweis gestellt. Er war seit 1791 Mitglied der Gartendirektion. In Daniel August Schwarzkopf stand ein ebenfalls lange in England geschulter, erfahrener Praktiker zur Verfügung, der sich Hirschfelds Wertschätzung erfreuen durfte.[1385]

184 K 67
Farbt. V

Die Löwenburg als »romantische« Architektur im Sinne der Kunsttheorie

Die Anlage von romantischen Parkszenen hat in der Theorie der Gartenkunst der Franzose Claude-Henri Watelet angeregt. In seinem 1774 erschienenen »Essai« unterscheidet er in den »parcs modernes« die drei Charaktere »le pittoresque«, »le poétique« und »le romanesque«,[1386] von denen der letztere, wörtlich übersetzt »das Romanhafte«, dem Romantischen gleichgesetzt werden darf.

Hirschfeld übernimmt das Romantische für Gartenszenen, die er wie folgt definiert: »Zur Bildung dieses Charakters tragen Felsen [...], nicht weniger Wasserfälle, vorzüglich bey [...] Die Wirkungen des Romantischen sind Verwunderung, Ueberraschung, angenehmes Staunen und Versinken in sich selbst.«[1387] Wie für den »im erhabenen und feyerlichen Styl« gehaltenen Garten und den Berggarten sieht Hirschfeld eine Ausstattung mit »gothischen Ruinen«[1388] vor. Dabei geht das Ruinenmotiv als solches ebenso wie die Bestückung mit Felsen und Wasserfällen offensichtlich auf Chambers' »terrible scenes« zurück, die bei Hirschfeld, übersetzt als »wilde[ ] und furchtbare[ ] Gegend«, wieder aufscheinen.[1389] Die im ersten Band seiner Theorie nur schlagwortartig angesprochene Architektur romantischer Gegenden wird im vierten näher charakterisiert: »Alles aber sey sorglos, wild und kühn hingeworfen; nichts verrathe ängstliches Bestreben nach Kunst und Zierlichkeit. *Die Bauart muß seltsam, regellos, abweichend von dem gewöhnlichen Gepräge und den angenehmen Verhältnissen der griechischen Architectur seyn;* etwa wie in diesem Gebäude, das der Architect, da er es vielleicht im hohen Gefühl seiner erfinderischen Kunst zeichnete, wohl eben nicht für uns als ein Beyspiel des Sonderbaren bestimmte.«[1390]

Diese Definition kommt in ihrer Negation alles »Künstlichen« einer kulturellen Revolution gleich. Worum es bei der Schaffung des Romantischen geht, ist der tiefgreifende Kontrast zur kanonischen Schönheitsformel der »griechischen«, d.h. klassizistischen Architektur. Als Illustration dient ein »Romantisches Gebäude von Halfpenny«[1391] mit kapellenartigem Mitteltrakt und skulpturengeschmücktem Eckpavillon auf der linken Seite, den man sich auf der rechten symmetrisch ergänzt zu denken hat. Das Gotische, von Hirschfeld merkwürdigerweise in diesem Abschnitt begrifflich gemieden, artikuliert sich in den spitzbogigen Arkaden — das spezifisch Romantische dagegen in der Verwendung baumstammartiger Rundpfeiler und bröckeligen, tuffartigen Werksteins, der die Konturen zerfließen läßt. Das Baumaterial läßt also, wie von Hirschfeld gefordert, »natürliche« Nachlässigkeit assoziieren. Von dieser bewußt romantischen Lösung des Materialproblems sind unmittelbare Einflüsse auf die Löwenburg zu erwarten.

Eine detaillierte Definition des romantischen Charakters in der Baukunst blieb den anonym publizierten »Untersuchungen über den Character der Gebäude« (1785) vorbehalten. Ihre Anwendbarkeit auf die Löwenburg erfordert ein längeres Zitat:

»Die romantischen Gebäude schicken sich am besten für Herbstscenen, und überhaupt für Gegenden, bey deren Bildung die Natur sich gleichsam ihrem Eigensinn überließ. Herr Hirschfeld bemerkt sehr richtig, daß der romantische Character durch das Seltsame, Unregelmäßige, und durch die Abweichung von den gewöhnlichen und schönen Verhältnissen der griechischen Baukunst hervorgebracht wird [...]. Die Natur ist auch hier unsere Lehrerin. Sie scheint nur durch eine Art von Unachtsamkeit allerhand seltsame, zuweilen ganz heterogene Gegenstände mit einander zu verbinden, und in dieser Verbindung liegt eigentlich das, was ich vorhin Eigensinn genannt habe. Aber die Nachläßigkeit, womit sie ihre Gegenstände bearbeitet, macht uns dieses Spiel angenehm, weil es Mannigfaltigkeit und Reichthum der Ideen verräth, und, so wie alles Unvollendete, unsre Einbildungskraft erhitzt.

So frey und regellos die Natur bey dieser Gattung ihrer Werke zu handeln scheint, so leicht kann der Baukünstler in Ausschweifung fallen, wenn er sich eines gleichen Rechts ohne alle Behutsamkeit anmaßen will. Das Romantische hat ebenfalls seine Wahrheit, und also auch seine Regeln, die in einem Kunstwerke auf irgend eine Art merklich und erklärbar seyn müssen [...]. So wäre ein Gebäude mit Säulenordnungen aus der griechischen Kunst und gothischen Fenstern eine lächerliche Seltenheit.

Indessen ist auch gewiß, daß das Regelmäßige des Romantischen in Vergleichung mit andern Characteren nur Unordnung und Nachläßigkeit seyn muß. Wenn daher der Mangel an Symmetrie im romantischen Character nicht immer nothwendig ist, so wird er doch in vielen Fällen sehr zuträglich seyn [...]. Ein romantisches Gebäude muß eine Bestimmung anzeigen, die, wo nicht ausserordentlich und problematisch, doch wenigstens selten ist, und deren Ursprung in ein Zeitalter fällt, welches geschickt ist, unsre Einbildungskraft mit traurigen, vielleicht gar mit schauderhaften Bildern zu erfüllen [...] Wie kann man aber die ungewöhnliche Bestimmung eines Gebäudes anders als durch eine seltsame Combination seiner Theile ausdrücken? Ich gestehe [...], daß die Baukunst in Ansehung dieses Characters sehr eingeschränkt würde, wenn sie nicht glücklicherweise noch aus einer andern Quelle schöpfen könnte. Diese entspringt in der mittlern Zeit der Barbarey, oder, welches gleichviel ist, in der Epoche des Aberglaubens, der Zauberey, der Gespenster und irrenden Ritterschaft. Aus eben dieser Periode liefert uns aber die *gothische* Kunst mancherley Formen, die wir unverändert beybehalten können, wenn wir nur den Character eines Gebäudes jedesmal durch die Art der Composition genau bestimmen. Die Wirkung solcher Gebäude wird unfehlbar und allgemein seyn, da der Glaube an Zauberey, Rittergeschichten u.s.w. volksmäßig ist [...]

Die bekanntesten Gebäude, die sich im romantischen Styl ausführen lassen, sind die Einsiedeley, die Capelle, die Ritterburg, die Grotte und das Feenschloß [...] *Die Ritterburg muß von ächter gothischer Bauart seyn, und sich auf die traurigen Revolutionen dieses Zeitalters beziehen. Hin und wider können einige Züge von Härte und Gefangenschaft ihren Character verstärken, der übrigens einen Anstrich von düsterer Schwermuth haben muß. Zu dem Ende gebe man ihr eine winklichte Form, die viele Vertiefungen zeigt; endlich muß sie, als ein heroisches Gebäude betrachtet, hoch, und allenfalls zur Vertheidigung geschickt seyn.*«[1392]

Mit diesen Ausführungen stehen wir vor der vollständigsten, in einem Zusammenhang entwickelten architekturtheoretischen Voraussetzung der Löwenburg, deren Text die wesentlichen Forderungen der englischen Theorie voraussetzt. Ausgehend von der Assoziationsästhetik nach Burke, Chambers, Home und Hirschfeld, wird weniger der Stil als vielmehr der Charakter gesucht, der das Ungebundene, »Eigensinnige« der Natur und das die Phantasie beflügelnde Fragmenthafte miteinander verbindet und es gestattet, »Unordnung und Nachlässigkeit«, Asymmetrie und »seltsame Composition« walten zu lassen. Zugleich soll dieser Charakter das »Absonderliche«, die Welt der Geister und Gespenster, das Schauerliche gemäß Burke, aber auch das historisch Wahrscheinliche gemäß Mason verkörpern. Wenn unter diesen einschränkenden Prämissen das Gotische entdeckt wird, so erkennt man damit den Klassizismus als ästhetische Norm an. Er wird in dieser Rolle durch die Absurditäten des Romantischen sogar noch gefestigt, wie der anonyme Verfasser an anderer Stelle versichert: »Ungleich mehr Wahrheit [als die Zeit des klassischen Altertums] hat die Zeit [...] des Verfalls der Künste; kurz, die mittlere Zeit der Barbarey und des Faustrechts. Wir mögen sehr gern daran erinnert seyn. Sie lehrt uns das Glück eines aufgeklärten Verstandes und der Wiederherstellung der Künste desto höher schätzen; wir fühlen aufs neue das Glück der Ruhe und Sicherheit. Hieraus begreift man die große Wirkung gothischer Gebäude und der Raubschlösser. Auch die Zeit der irrenden Ritterschaft ist ein angenehmes Spiel für die Phantasie [...].«[1393]

Mit wieviel Vorbehalten der romantische Charakter und die erst über ihn entdeckte Gotik gesehen wird, beweist der ironische Satz: »Sogar der romantische Character hat sein Edles, ungeachtet er viel Karikatur verträgt

[...].«[1394] Von einer objektiven Einstellung zur Gotik kann bei dieser Haltung, die primär den Kontrast sucht,[1395] jedenfalls noch keine Rede sein. Hirschfeld erkannte übrigens die Weiterführung seiner Gedanken durch dieses Buch und äußerte sich anerkennend darüber.[1396]

c) Die Romantik der Löwenburg als Ergebnis literarischer Einflüsse

Einen unmittelbaren Zugang zu der von der Löwenburg veranschaulichten Welt erhalten wir durch die folgende Nachricht von der Enkelin Du Rys, den Kasseler Oberbaudirektor betreffend: Es »wußten seine Töchter, daß er allwöchentlich mehrmals zur Besichtigung des Baues der Löwenburg hinauf fuhr, auch kannten seine Enkel noch den dazu verwandten Kutscher; er habe auch viele Ritterromane der Zeit gelesen, um darin Stoff zum Bau zu finden [...]«[1397] Diese Ritterromane wurden in der Löwenburg-Bibliothek gesammelt, die als die vollständigste Ritterbibliothek ihrer Zeit galt. Von ihrer Anlage erfahren wir in Wilhelms Journal am 6. Juni 1798: »[...] auf die Löwenburg gegangen und bis $\frac{1}{2}$ 1 Uhr dort geblieben. Die dahin bestimmte kleine Ritter-Bibliothec ist heute dahin gebracht.«[1398] Aufschluß gibt auch eine kritische Bemerkung Carl Julius Webers aus dem Jahre 1828: »Jussow hat sich im Bau der Burg selbst übertroffen, alles ist vollkommen täuschend, die Bücherey ausgenommen, die aus modernen Ritter-Romanen besteht, statt Handschriften, Niebelung, Heldenbuch, Minnesänger, Chroniken und Erbauungsbüchern.«[1399]

Buchattrappen, die bis zum Zweiten Weltkrieg erhalten waren, enthielten mit ihren Titeln ironische Anspielungen auf die Ritterzeiten.[1400] Welcher Art die Ritterromane selbst waren, die als Quelle der Löwenburg-Inspiration gedient haben mögen, soll ein kleiner Auszug aus dem Katalog der Wilhelmshöher Schloßbibliothek erhellen. Dort bildeten die »Romans de Chevalerie« eine eigene Rubrik und füllten mit nicht weniger als 178 Titeln zwei ganze Schränke:[1401]

»[Anonym], Hinke von Waldstein mit der eisernen Tasche. Geistergeschichten aus dem fünfzehnten Jahrhundert, 1.2. Theil, Wolfenbüttel 1794, 1797; — [Anonym], Die Geweihten des furchtbaren Bundes. Geistergeschichte des XIII. Jahrhunderts, Thorn u. Danzig 1795; — [Anonym], Das Schloß des Grafen Roderich, eine Geschichte aus den Gothischen Zeiten, nach dem Englischen, Leipzig 1796; — [Anonym], Hulda und Viticher oder die Liebe in heiligen Mauern. Eine Geschichte aus dem zwölften Jahrhunderte, Riga u. Leipzig 1798; — Cramer, C. G., Adolf der Kühne. Raugraf von Dassel. Dramatisirt vom Verfasser des deutschen Alcibiades, 1.—3. Theil, Weissenfels u. Prag 1792; — Frauenlob, Fritz, Geist und Sitten der Vorzeit in komischen Erzählungen, Berlin 1798; — Heinse, G. H., Otto von Schwarzburg, eine Geistergeschichte aus dem zwölften Jahrhundert, Prag u. Wien 1793; — Müller, C., Prinzessin Sirta, ein abentheuerliches Märchen der grausten Vorzeit, Leipzig 1793; — Pfinzing, Melchior (alias Theur-Danck), Der Aller-Durchlauchtigste Ritter, oder die Rittermässige Groß-Thaten, Abentheuer, Glücks-Wechslungen und Sieges-Zeichen des Heldens Maximiliani I. Rom. Imp., Augsburg o. J.; — Schumann, Aug., Ritterscenen und Mönchsmährchen, 1.2. Bd., Weißenfels u. Leipzig 1794, 1795; — Spiess, C. H., Die Reisen und Abentheuer des Ritters Benno von Elsenburg im Jahr 1225. Eine höchst wunderbare und doch keine Geistergeschichte, 1.—3. Theil Leipzig 1795, 1796; — Vulpius, C. A., Romantische Geschichten der Vorzeit, 1.—10. Band, Leipzig 1794—1798; — Vulpius, C. A., Auswahl Romantischer Gemälde, von dem Verfasser der romant. Geschichten der Vorzeit, 1.2. Theil Zittau u. Leipzig 1793, 1795.«

Mit diesen aus der Fülle willkürlich ausgewählten Romanen erschließt sich schon vom Titel her ein ausgesprochen subjektivistischer Zugang zur romanhaft-romantisch verklärten Welt des Mittelalters. Historische Begebenheiten dienen allenfalls dazu, romantisch drapiert und dramatisiert zu werden — das Mittelalter fungiert als Fundus und Folie von Abenteuer, Liebe, Irrfahrten und Geistergeschichten. Die Phantasie kennt keine Grenzen, begünstigt durch die geringe wissenschaftliche Mittelalter-Forschung. Qualitativ bewegt sich diese Literatur auf dem Niveau des Trivialromans, was die allgemeine Popularität nur begünstigt haben kann.

Von direkten Einflüssen, die die Literatur auf die Löwenburg ausgeübt hat, zeugen zunächst die beiden nacheinander gültigen Namen. Die Bezeichnung »Felsenburg« geht zurück auf Johann Gottfried Schnabel (alias Gysander) und seinen Roman »Die Insel Felsenburg, oder Wunderliche Fata einiger Seefahrer«, der in vier Bänden 1731—1743[1402] erschienen ist. Dieses Werk, das »Lieblingsbuch des achtzehnten Jahrhunderts«,[1403] wird in der deutschen Literaturgeschichte wie folgt beurteilt: »Ein utopischer Inselstaat wird als das Dorado gepriesen, in dem bürgerliche Menschen in einer Mustergemeinschaft zufrieden und in familiärer Geborgenheit leben können. Inmitten einer harmonischen Natur herrschen Duldsamkeit, Einfachheit und Natürlichkeit, Vernunft und Sittlichkeit. Schnabel folgt damit Daniel Defoes (1659—1731) berühmtem Robinson Crusoe, der ungezählte Nachahmer fand, wobei freilich das Abenteuerliche immer mehr überwog.«[1404]

Der Name »Löwenburg« überträgt ein solches Utopia, dessen Beschwörung das »Ende eines Kulturzeitalters«[1405] ankündigt, ins Mittelalter. Dabei ist weniger an die historische Löwenburg im Siebengebirge zu denken, deren Name Wilhelm seit seiner Rheinreise ein Begriff gewesen sein kann,[1406] als vielmehr an den von Christoph Heinrich Spieß verfaßten Roman »Die Löwenritter«, der im Jahre der Umbenennung, 1796, erschien[1407] und in der Schloßbibliothek vorhanden war![1408] Der Roman handelt vom Bund der »Löwenritter«, der im Hochmittelalter für Tugend, Recht und Sitte in Deutschland kämpfte und in der »Löwenburg« — mit Rittersaal, Burgkapelle und Burgpfaffe — seinen Stammsitz aufzuweisen hatte.

Die Möglichkeit, auch die gebaute Form der Löwenburg, wie von den Du Ry angedeutet, als Ergebnis literarischer Einflüsse zu werten, eröffnete besonders ein Roman, der sogar in zwei Exemplaren, darunter im englischen Original, in der Wilhelmshöher Bibliothek vorhanden war: Horace Walpole, Die Burg von Otranto. Eine Gothische Geschichte, Berlin 1794.[1409] »The Castle of Otranto« gilt als der erste gotische Roman der Neuzeit.[1410] Er spielt in einer als Kulisse des Geschehens dienenden Burg, deren Gestalt stets nur punktuell beleuchtet wird. Versucht man, ein kontinuierliches Bild zu gewinnen, so steht man vor einer Burg mit Innenhof, an dessen einer Seite die für das Geschehen bedeutungsvolle Kapelle, gegenüber die Wohnappartements, und an den Schmalseiten die beiden Tore liegen. In einer zweiten Kirche neben der Burg ist das Grabmal eines Ahnen zu finden, der mit einem großen Helm mit Federbusch (!) ausgezeichnet ist. Die Burg ist teilweise ruinös und hat einen Hauptturm, der die Wohngemächer überragt. Eine über eine Treppe zugängliche Galerie führt zur Wohnung der Burgfrau. Von der so skizzierten, im Roman in Italien lokalisierten Burg mag das eine oder andere Motiv der Löwenburg inspiriert worden sein. Daneben sind bei Walpole auch ausgesprochene literarische Topoi, wie das Labyrinth unterirdischer Gänge, zu finden, von denen kein architektonischer Niederschlag zu erwarten ist.

Wie wenig ernst — im ausschließlichen Sinne — die Hinwendung Wilhelms zur Ritterzeit genommen werden kann, beweist das einzige durchgängige Bildprogramm des Herrenbaues, die Illustrationen zum Don Quijote, jener Rittergestalt, der das Schicksal so übel mitspielt, die der Lächerlichkeit preisgegeben und durch ihren Begleiter Sancho Pansa in Frage gestellt wird. Man hat in diesen beiden Figuren den modernen Menschen schlechthin mit zwei Seelen in einer Brust erkennen wollen. Bezogen auf das Rittertum, hat der zwischen 1605 und 1615 erschienene Roman des Spaniers Miguel de Cervantes Saavedra als Parodie zu gelten.[1411] — Die ursprünglich 14 großformatigen Ölgemälde mit Don-Quijote-Szenen wurden 1798 aus dem Kasseler Bellevueschloß zur Löwenburg überführt,[1412] wo 13 Stück die Wände des Vorzimmers zum Erdgeschoß-Gästeappartement zierten.[1413] Die naive und lebendige Art der Darstellung unterstreicht noch die Komik der Situationen.

Auf literarische Einflüsse lassen die wichtigsten phänomenologischen Charakteristika der Löwenburg schließen: Sie ist Ruine im gotischen Stil. Wie R. Haferkorn[1414] gezeigt hat, sind Gotik und Ruine ein Hauptgegenstand der englischen Literatur des 18. Jahrhunderts, vornehmlich der Dichtung. Unter den englischen Schriftstellern war es vor allem Thomas Warton (1728—1790), der um 1760 anstelle des antiken das heimische gotische Ideal, verkörpert durch das verklärt gesehene Rittertum, entdeckt hat.[1415]

In zeitgenössischen Berichten über das individuelle Erlebnis der Löwenburg glaubt man Reflexe aus der Literatur der Romantik wahrnehmen zu können. Casparson gibt den Kulminationspunkt seiner Löwenburg-Schau wie folgt wieder: »Der anschauende Wanderer gantz staunen, ganz schauern, ganz in die Ritterzeit gezaubert — und doch alles, alles Täuschung! Denn Wilhelm der IX. gründete die Burg, er führt sie auf. Nicht ist sie aus den Zeiten der Heinriche, der Hermanne, der Ludewige, der Wilhelme des alten Hessens, sie ist das Schöpferwerk seines unternehmenden Geistes, seiner altdeutschen Größe und Stärke, das Denkmal, welches er denen widmete, die solche auf ihn vererbten.« (S. 28f.) In demselben Augenblick, in dem der »Zauber« der Vision seinen Höhepunkt erreicht hat, wird der Betrachter unvermittelt mit der Realität konfrontiert. Damit wird vordergründig auf die Leistung des tatsächlichen Erbauers hingewiesen, vor allem aber eine kritische Distanz zum romantischen Objekt geschaffen. Wir kennen jenes Spiel mit der Illusion aus der Literaturgeschichte, in die es der frühe Friedrich Schlegel (1772—1829) unter dem Begriff der »romantischen Ironie« eingeführt hat.[1416]

Wie Walpoles »Castle of Otranto« bereits gezeigt hat, konnte eine romantische Burg nicht nur ein Spiegel literarischer Einflüsse sein, sondern das Bauwerk konnte auch umgekehrt die Phantasie zum Erlebnis romantischer Rittergeschichten anregen. Aus der deutschen Gartenkunsttheorie ist dafür C. L. Stieglitz als Beispiel anzuführen, der 1798 den Entwurf zu einer Ritterburg folgendermaßen kommentiert hat: »Mitten in zerstörten Mauern, wo halbe Gewölbebogen, den Einsturz drohend, über uns hängen, und Haufen von Trümmern um uns her über einander liegen, hat ein geräumliches Zimmer sich erhalten, das zu einem Gartensaale eingerichtet ist. Die Wände des Saales sind mit Tafelwerk belegt, mit einer hellgrauen Farbe überstrichen. Die Verzierungen dieser Wände bestehen aus Rüstungen, Helmen, Fahnen, und mitten unter diesen Reliquien der tapfern und biedern Vorzeit, ist in der einen Wand eine Tafel mit einer Inschrift befestigt. Diese belehrt uns, daß der Besitzer der Villa die Ritterburg einem seiner Ahnherrn zu Ehren und zu einem Denkmale errichtet, welcher schon als Jüngling als tapferer und muthiger Ritter sich zeigte, und seinen Vater aus der Gefangenschaft rettete, in die er auf einem Heereszuge gerathen war.«[1417] Es sollte dem Besucher überlassen bleiben, die scheinruinöse Burg verklärt als Schauplatz eines historischen Romans zu erleben.

d) Die Löwenburg — ein politisches Denkmal?

Im amtlichen Löwenburg-Führer (1976) wird zur vermeintlichen politischen Bedeutung der Löwenburg ausgeführt: »Wie für alle Standesgenossen galt auch für Landgraf Wilhelm IX. umfangreiche Bautätigkeit als ein wesentliches, weil für alle sichtbares Mittel, um tatsächliche oder vermeintliche Macht des von ihm verkörperten Staates zu verdeutlichen. Als seine Lieblingsschöpfung gilt die Löwenburg (Paetow). Sie zeigt deshalb beispielhaft [sic!], welche Anschauungen dieser Fürst mit den Mitteln der Baukunst demonstrieren wollte.«[1418]

Gerade in diesem Satz offenbaren sich Mißverständnis und Naivität. Weil der Landgraf die Löwenburg als seine Lieblingsschöpfung ansah, soll sie auch mit den politischen Überzeugungen des angeblichen Reaktionärs übereinstimmen. Der Nachweis für das reaktionäre Verhalten Wilhelms wird mit folgenden Zitaten geführt: Die Residenz Wilhelms IX. erschien als »neuerbaute Bastille«.[1419] Das Bauwerk rechnete zu den »zwingherrischen Monumenten oder Schlachthäusern«,[1420] die — so die Ausführungen weiter — »sichere Merkzeichen einer bevorstehenden Revolution« waren: »Pfeifengequick, Pauken- und Trommelgeroll, der Ketten und Peitschen Getös und das Brüllen der Gepeitschten ist diesem Landesvater allein Musik.«[1421] Diese Zitate stammen aus dem »Obscuranten-Almanach« für das Jahr 1798, dessen Aussagewert als historische Quelle in dem Löwenburg-Führer bezeichnenderweise nirgends in Frage gestellt wird. Wie der reißerische Inhalt schon vermuten läßt, handelt es sich um ganz im Sinne der Französischen Revolution gefärbte tendenziöse Schriften, die gegen Wilhelm hetzten, weil dieser in der Tat wie kaum ein anderer deutscher Fürst die Revolution, auch militärisch, bekämpft hat. Französische Aufrufe, hier als seriöse Quellen vorgeführt, die Wilhelm als »Tiger« und »Tyrannen« anprangern, verlangen eine kritische und distanzierte Beurteilung. Es muß gefragt werden, was haben diese Zitate mit der Löwenburg zu tun? Der Vergleich mit der »neuerbauten Bastille« meint nicht etwa die Löwenburg, wie man verführt ist anzunehmen, sondern bezieht sich auf einen Gefängnisbau, das ehemalige Jägerhaus in Kassel, nahe der Fuldabrücke. Die Beteuerung: »Selbstverständlich fließen in der Idee einer Anlage wie der Löwenburg die mannigfaltigsten geistesgeschichtlichen Strömungen zusammen — sonst wäre sie nicht ein derartig beispielhaft programmatischer Bau«[1422] wird von den Autoren nicht ernsthaft zum Anlaß genommen, nach weiteren Motivationen zum Löwenburg-Bau zu fragen. Daß die Gotik im späten 18. Jahrhundert als »Nachahmung der Natur« und »Träger von Gefühlswerten« begriffen wurde, gibt zwar Anlaß zu der Feststellung, »die geistesgeschichtlichen Beziehungen, die sich in der Idee einer Anlage wie der Löwenburg sammeln, sind mannigfaltig, kompliziert und nicht selten widersprüchlich [...]«,[1422] doch bleibt diese Einsicht wirkungslos, weil sie die Autoren nicht davon abhält, ihre voreingenommene Interpretation der Löwenburg als Instrument der politischen Reaktion aufrechtzuerhalten. Gleichwohl mußten die Autoren eingestehen, daß eine »gründliche Quellenuntersuchung« noch fehle.[1423]

Es ist ebensowenig von vornherein auszuschließen, daß die besondere historische Situation zur Bauzeit, die Französische Revolution und ihre Folgen, einen Niederschlag in der Löwenburg gefunden haben kann. Bevor ich darauf eingehe, soll zunächst geklärt werden, welchen Einfluß die politische Lage auf Wilhelms Kulturpolitik ausgeübt hat. Der Komplex Löwenburg wird dabei vorerst verlassen.

Am 2. Dezember 1792 leistete Wilhelm IX. einen zu dieser Zeit singulären Beitrag zur militärischen Niederschlagung der Revolution. Seine Truppen stürmten das Friedberger Tor der damals von Franzosen besetzten Stadt Frankfurt und ermöglichten damit die Befreiung der Reichsstadt. Diese Tat, rein militärisch gesehen von bescheidenem Umfang, wurde erst durch die Kommentare zu ihrer Bedeutung emporgehoben. Der deutsche Kaiser, der König von Preußen und mehrere deutsche Fürsten würdigten sie als vorbildlich für das ganze Reich. König Friedrich Wilhelm II., selbst Augenzeuge der hessischen Eroberung, und Stifter des von Jussow gebauten Hessendenkmals,[1424] schrieb am 4. Dezember 1792 an Graf Görz, seinen Reichstagsabgeordneten: »Wenn auf der einen Seite das von den Herzögen von Braunschweig und Sachsen beobachtete Benehmen auffallend befremdend und unerklärbar ist, so sticht dagegen die reichspatriotische Denkungsart des Landgrafen von Hessen-Cassel auf eine für diesen Fürsten ewig rühmliche Weise ab. [...] Ueberhaupt habt Ihr aber diese Verdienste überall zu rühmen und dabei die vorzügliche Würdigkeit des Landgrafen in Ansehung der neunten Chur anzupreisen. [...] Und doch würde dieses öffentliche Anerkenntniß der Verdienste des Landgrafen um den deutschen Staatskörper und deren Belohnung vielleicht noch ein Mittel sein, den verlöschenden Patriotismus und den Eifer für das gemeinschaftliche Beste wieder zu beleben, Tugenden, die allein im Stande sind, seine Constitution in einem Zeitpunkte zu erhalten, wo er, von innen und von außen bedroht, noch überdies aller auswärtigen Hülfe entbehren muß.«[1425]

Kaiser Franz II. würdigte in einem Brief vom 25. 12. 1792 den Landgrafen folgendermaßen: »Aus der Quelle dieser edeln Leidenschaft leite ich E. L. weitere ruhmwürdige Gesinnung her, welche Dieselben [...] zu meiner größten Beruhigung und Zufriedenheit dahin zu erkennen geben, daß nämlich E.L. fernerhin alle ihre Kräfte anwenden würden, um ihr treustes Attachement sowohl für meine Person, als ihren Patriotismus für das Wohl des gesammten Reichs möglichst zu bethätigen. Eben dergleichen großmüthige Beispiele bei der noch fortwährenden sehr großen Gefahr — denn gewißlich ist diese noch nicht überstanden — sind vielleicht nur allein vermögend, den sehr gesunkenen teutschen Gemeingeist herzustellen, wobei dem Reiche und dessen einzelnen Ständen die nöthige Ruhe und Sicherheit gegen einen Feind wieder zu verschaffen ist, dessen ansteckende Grundsätze noch gefährlicher als seine Waffen sind [...]

Wenn übrigens noch am Schlusse der erlassenen Zuschrift E. L. das Ihrige durch altfürstliche Ahnen und berühmte Thaten ausgezeichnete Haus zu Meiner allerhöchsten Protection empfehlen, so kam diesem Wunsche meine eigene Gemüthsstimmung für unverkennbare Verdienste schon zuvor, die ich auch bei jeder nur thunlichen Gelegenheit [...] durch Handlungen mit jener besonderen Hochachtung und aufrichtigen Zuneigung bestätigen werden [...].«[1426]

Damit wurde die patriotische Gesinnung des Landgrafen von höchster Seite als vorbildlich und dazu geeignet gesehen, den »sehr gesunkenen teutschen Gemeingeist [— wieder —] herzustellen«. Zielt dieser Begriff bereits auf eine umfassende kulturelle Bedeutung, so verdichten sich die Bestrebungen, an die Tradition deutscher Kultur gerade zum Zeitpunkt ihrer äußersten Bedrohung zu appellieren, in der Gründung des Fürstenvereins im Sommer 1794. Dessen Ziele umriß der Geheime Rat von Edelsheim aus Karlsruhe am 12. August 1794 Wilhelm gegenüber wie folgt: »Auf Befehl des Herrn Markgrafen zu Baden finde ich mich aufgefordert, E. H. D. [...] gewisse desfallige patriotische Wünsche näher vorzutragen, da einestheils die Gefahren, womit Deutschland seit dem Ausbruch der Französischen Revolution bedroht ist, sich täglich vergrößern, anderntheils aber E. H. D. zur unvergeßlichen Dankverpflichtung aller biedern Fürsten-Stände und einzelner Individuen des deutschen Reichs schon einmal der Erretter desselben gewesen sind und solches auch fernerhin zu beschützen um so geneigter sein werden, als die Ihnen von der göttlichen Vorsehung verliehene Macht und Eigenschaften Dieselben ganz vorzüglich hierzu auszuzeichnen scheinen [...].

Es ist daher, wenn nicht Deutschland und seine Verfassung dem Feinde Preiß gegeben werden will, dringend nöthig, bei den bisherigen, offenbar unzureichenden Mitteln nicht stehen zu bleiben, sondern alle Kräfte aufzubieten, die Gott verliehen, um seine politische Existenz, seine Religion, sein Eigenthum und sein Leben zu retten. Der deutschen Nation wäre es Hohn gesprochen, wenn man ihr nicht Muth, Kraft und genugsame physische Stärke zutrauen wollte, um ihrem Feind [...] hinreichenden Widerstand zu leisten. [...] Zuverlässig würde sie [die Fürstenvereinigung] den Gemeingeist wieder erwecken, manche verborgenen oder schlafenden Kräfte in Bewegung setzen, das Vertrauen der Deutschen auf sich selbst wieder beleben, den Muth erhöhen [...]. Dies sind, gnädiger Herr, nur noch allgemeine Begriffe, die mancher bestimmteren Ausbildung fähig wären, wenn der würdige Nachfolger Philipps des Großmüthigen, oder vielmehr Landgraf Wilhelm IX., der selbst schon so Vieles zur Rettung und Beschützung des deutschen Reiches beigetragen hat, irgend einer näheren Anleitung zu einem lediglich dahin abzielenden Plan bedürfte [...].«[1427]

Im September meldete der kaiserliche Geheime Rat von Botzheim dem Kaiser: »[...] säume ich nicht, E.K.M. die sicher zum allerhöchsten Wohlgefallen gereichende Eröffnung zu machen, daß einige der mächtigsten und wohldenkendsten teutschen Fürsten den rühmlichen und für ganz Europa den altteutsch fürstlichen Biedersinn bewahrenden Entschluß gefaßt haben, über die wahren Rettungsmittel gemeinsame Berathschlagungen in eigener Person zu pflegen [...].«[1428]

Ende September und Anfang Oktober 1794 tagte die Fürstenvereinigung in Wilhelmsbad — unter dem Vorsitz Wilhelms IX. Diese Vereinigung verstand sich als Notgemeinschaft zur »Rettung des deutschen Vaterlandes«,[1429] zumal sich der schwerfällige deutsche Reichstag zu keinen Entschlüssen mit vergleichbaren Zielsetzungen hatte durchringen können. Daß gezielt Maßnahmen auch kultureller Art ins Auge gefaßt wurden, geht daraus hervor, daß ein »Teutscher Gelehrten-Bund, zur Aufrechterhaltung der christlichen Religion und der teutschen Reichsverfassung« ins Leben gerufen werden sollte. Man plante das Verbot »anarchistischer« Literatur; deutsche Dichter, darunter Goethe und Wieland, sollten »unentwegt für die gute Sache schreiben«, was die »Aufwiegler« bald zum Schweigen bringen werde.[1430] Damit kann immerhin für die Literatur das Projekt einer direkten Beeinflussung der Kunst durch die aktuelle politische Lage nachgewiesen werden. Es schlug in der Praxis jedoch fehl. Fand im »Programm« der Löwenburg die historische Situation einen Niederschlag? Sicher nicht im Sinne jenes platt-mechanistischen Kausaldenkens, das die Löwenburg als reaktionäres Bollwerk mißversteht. Wäre die Löwenburg als politische Zwingburg gemeint, warum trägt sie dann als Teil-Ruine alle Züge einer melancholisch-sentimentalen Architektur, die sich so weit in den sicheren Schoß der Natur zurückzieht? *381*

e) Die Löwenburg als patriotisches und familiengeschichtliches Denkmal

Ausgehend von der kulturpolitischen Lage, ist an eine allenfalls mittelbare Beeinflussung der Löwenburg durch die Französische Revolution zu denken. Diese war geeignet, patriotische und »teutsche« Gesinnung sowie den Rückblick auf das Historische in Wilhelm zu bestärken, Gesinnungen also, die in ihm schon wesentlich früher, nämlich durch die Erziehung seiner Mutter, angelegt waren. Für die Deutung der Löwenburg als patriotisches Denkmal gibt der Bau selbst genügend Hinweise: die hessischen Wappen am Südtor und am Bonifatiusbrunnen, *364* die steinernen Löwen als Sinnbilder Hessens vor dem Herrenbau und die beiden hessischen »Nationalheiligen« *355* Elisabeth und Bonifatius vor der Kapelle gehören dazu. In demselben Zusammenhang ist im wesentlichen das *362, 363* Burgeninventar zu sehen, die Möbel, Gemälde, Teppiche, Gläser und weitere kunstgewerbliche Gegenstände, die den alten hessischen Schlössern in Kassel, Wilhelmsthal, Wabern, Heidau, Schmalkalden und Sababurg ent- *365—373* stammten. All dies dient dazu, die Löwenburg als unverwechselbar hessisches und zugleich altdeutsches Monument auszuweisen. Besondere Bedeutung gewinnt hierbei die Tatsache, daß Kassel keinen von den Jahrhunderten ausreichend gezeichneten Stammsitz des Hauses Hessen aufzuweisen hatte. Das landgräfliche Renaissanceschloß in Kassel zählte zum Zeitpunkt des Löwenburgbaus noch nicht einmal 200 Jahre und war nicht in der Lage, mittelalterliche Ursprünge zu veranschaulichen. Erst mit der Löwenburg sollte dies möglich werden. Casparson jedenfalls erkannte in ihr »ein bewundernswürdiges Denkmahl altdeutscher Grösse und Stärke« (S. 8), ja sogar »*das alte Deutschland*« (S. 2) schlechthin.

Zu Wesen und Bedingtheit des Gotischen äußerte Casparson: »Was aber ihre grössten Denkmahle in Deutschland besonders betrifft, so scheinen christliche Gottes Verehrung die Kirchen, das Clima die Wohnungen und die Zeit Verfassung die übrigen gothischen Gebäude veranlasst und selbst nothwendig gemacht zu haben.« (S. 10) »Die gothische Baukunst arbeitete auch aldmotisch, das ist nach der Natur der teutschen Himmelsstriche.« (S. 12f.) Die Gotik wurde in Kassel also als typisch deutscher Stil verstanden. Diese nationale Deutung klang bereits 1773 in Goethes »Von deutscher Baukunst«[1431] an. Gottfried Huth, der diese Schrift im »Allgemeinen Magazin für die bürgerliche Baukunst« 1789 erneut abdruckte und sie erst damit allgemein bekannt machte, forderte in seinem beigefügten Kommentar dazu auf, sich mit der Geschichte der deutschen Baukunst zu beschäftigen. Sie biete, so Huth, erbauliche Unterhaltung für den, der »Sinn hat für das, was eigenthümlich, selbstgedacht und selbstberathen ist«, sei aber enttäuschend für den, »der, undeutschen Herzens, nur in den blendenden Werken des Ausländers Spuren von Genie und Thatkraft ihrer Urheber finden kann«.[1432] Aus dem Zusammenhang mit Goethes Schrift ist zu erschließen, daß diese Sätze sich nur auf die Gotik beziehen können.

Die Forderung nach einem deutsch-nationalen Charakter ist auch in der Gartenkunsttheorie bereits in der vorrevolutionären Ära vertreten. Hirschfeld dachte in erster Linie an die Aufstellung von »Statuen, die der Patriotismus dem nationalen Verdienst errichtet«, sowie an »deutsche Inschriften«.[1433] Die Schaffung eines patriotischen Bauwerks in Gestalt der Löwenburg setzt seine Vorstellungen logisch fort; als Gartenarchitektur entspricht die Löwenburg Hirschfelds Wunsch nach einem unverwechselbar »deutschen« Garten.

In der Löwenburg sind der patriotische und der familiengeschichtliche Aspekt eng miteinander verknüpft. Die
362 Statue der heiligen Elisabeth am Kapelleneingang verkörpert nicht nur die Nationalheilige, sondern auch die Ahnfrau des Bauherrn, »seine heylig Stamm Mutter«.[1434] Als Titelheilige figurierte sie bereits unter Friedrich II. an der katholischen Kirche am Friedrichsplatz in Kassel, wofür sie von Simon Louis Du Ry vorgeschlagen worden war.[1435] In größerem Zusammenhang wird die Welt von Wilhelms Ahnen durch das Löwenburg-Inventar gewissermaßen repräsentiert. Dieses Erlebnis steigert sich bis hin zur Vision: »Wir sehen in den Hallen und Gewölben [...] noch schaudernd die Gruft eines Ahnherrn, der als Held hier auf dem Schild ruht, der einst seine Heldenbrust deckte; noch ruhet das Schwerdt an seiner Seite, das einst seine Feinde schlug.«[1436] Wohlgemerkt, das Grabmal zeigt einen imaginären Ahnen,[1437] der gerade weil er anonym bleibt, als pars pro toto die Ahnenwelt vertritt.

Wozu diese Beschwörung vergangener Zeiten? Zeitgenossen sprachen von »der romantisch gelegenen Löwenburg, die das ritterliche Andenken aufs neue erhebt«,[1438] und Casparson konstatierte: »Das Auge des Anschauenden [...] verliehrt sich in der Kühnheit des sie einst bauenden Ritters, sie ist Größe des Geistes und Stärke des Herzens.« (S. 27f.) Hier ergibt sich vielleicht ein Bezug zur politischen Situation, denn gerade an derartige Tugenden hatte 1794 der Geheime Rat von Edelsheim appelliert: »Muth, Kraft und genugsame physische Stärke«[1439] waren der »deutschen Nation« angesichts der französischen Bedrohung zu wünschen. Demnach bedeutet die Löwenburg ein Denkmal auf die Anciennität und Tugend des hessischen Fürstenhauses und legitimiert somit ihren Erbauer, besonders angesichts dessen politischer Bedrohung. Das historisierende Element der Löwenburg als Gegenwartsflucht und »rückwärtsgewandte Utopie«[1440] zu deuten, hieße freilich, den politischen Aspekt dieses Bauwerks überstrapazieren.

f) Religiöse Aspekte der Löwenburg

374 Der Stellenwert der Kapelle innerhalb der Burg, ihre Größe, der Reichtum an Gemälden und skulpturaler Ausstattung sowie die Auseinandersetzung mit mittelalterlichen Kathedralfassaden lassen nach der Bedeutung dieses Gebäudes und allgemein des religiösen Bereichs fragen. Das imaginäre Entstehungsdatum der Burg »1495« wird in der Anlage insofern respektiert, als ein vorreformatorischer Zustand mit Seitenaltären, Weihwasserbecken und Ewigem Licht, vorwiegend im »gotischen Geschmack«, veranschaulicht wird. In einem protestantischen Land, noch dazu in einem calvinistischen, wie Niederhessen es gewesen ist, muß dieser Rückgriff auf das katholische Mittelalter erstaunen, und zwar um so mehr, wenn man weiß, daß der Bauherr, protestantischem Brauch gemäß, als Landesherr zugleich oberster Bischof seiner Landeskirche gewesen ist. Dieser Rückgriff wird, in Analogie zur Kunstgeschichte Englands, primär ästhetisch motiviert gewesen sein. Horace Walpole, Angehöriger der anglikanischen Kirche, kommentierte einmal den Besuch einer mittelalterlichen Kapelle: »We had most Catholic enjoyment of the chapel.«[1441] Während die klassizistische Kapelle des Schlosses ganz der Nüchternheit entspricht, wie man sie vom Calvinismus erwarten kann, ermöglicht der mittelalterliche Habitus der Burgkirche, vor allem mittels der farbigen gotischen Glasfenster, eine emotionelle Einstimmung, deren Reiz schon Walpole in Strawberry Hill oder Fürst Franz im Gotischen Haus in Wörlitz gesucht hatten.

Entsprechend einer Auffassung der Romantik, schließen sich ästhetischer Genuß und religiöse Andacht nicht aus, sondern gehen fließend ineinander über. Im Jahre 1797 bekannte etwa Heinrich Wackenroder: »Ich vergleiche den Genuß der edlen Kunstwerke dem Gebet.«[1442] Anspielend auf die Funktion der Löwenburg-Kirche, war diese nach Casparson »[...] vor allem die heilige Wohnung, welche er [Wilhelm] seiner Andacht, seiner heylig Stamm Mutter und ihm widmete, der die alte Heiden Eiche mit einem Hirte betend niederwarf.« (S. 28). Die private Andacht wird also an erster Stelle genannt. Von dieser legen drei Bibelsprüche in der Apsis Zeugnis ab: »Opfre Gott Dank und bezahle dem Höchsten deine Gelübde — rufe mich an in der Noth, so will ich dich retten u: du sollst mich preisen« (Psalm L, V. 14,15); »Fürchte dich nicht, ich bin mit dir; weiche nicht, denn ich bin dein Gott; ich stärcke dich; ich helfe dir auch; ich erhalte dich durch die rechte Hand meiner Gerechtigkeit« (Jesaia XLI, V. 10); »Sende die Weisheit herab von Deinem heiligen Himmel, u: aus dem Thron Deiner Herrlichkeit; sende sie, dass sie bey mir sey u. mit mir arbeite, dass ich erkenne, was Dir wohlgefalle« (Buch der Weisheit IX, V. 10). Geht die Auswahl auf Wilhelm selbst zurück, was zu unterstellen ist, so spricht daraus keineswegs die Überzeugung eines selbstverständlichen Gottesgnadentums, sondern die demütige Haltung eines Kraft und Erbauung Suchenden, wie sie auch aus verschiedenen Äußerungen in Wilhelms Memoiren[1443] hervorgeht.

Ist es gerechtfertigt, die Kapellen-Gotik als typisch christlichen Stil zu identifizieren? Die Verbindung der Kapelle mit der Gruft als Mausoleum des Landgrafen legt es nahe, hier den Ort zu erkennen, an dem Wilhelm sich auf sein Sterben vorbereiten konnte. Die Verbindung von einer diesem Zweck dienenden Kapelle mit einer ruinösen, gotisierenden Parkarchitektur kennt in Deutschland mit der Magdalenenklause im Nymphenburger Schloßpark, 1725—1728 für Kurfürst Max Emanuel erbaut, einen frühen Vorläufer.[1444] Im Vergleich zu Wilhelmsbad fällt auf, daß Wilhelm mit der Kapelle die Eremitage wieder in den sakralen Bereich zurückordnet, dem sie in der dortigen »Burg« enthoben war.[1445] Damit tritt auf der Löwenburg neben die vom Bauherrn erträumte und erstrebte Rolle als Ritter gleichberechtigt die des Eremiten oder Mönchs, wie von anderen höfischen Eremitagen her geläufig.[1446]

Aufschlußreich für das Verhältnis von Klassizismus und Neugotik ist die — Besuchern unzugängliche — Gruft. Der fürstliche Leichnam ruht, wie erwähnt, in einem römisch-antikisierenden Sarkophag, dessen Inschrift die Löwenburg als »Villa« bezeichnet.[1447] Wesentlich für die Stilfrage ist Ruhls Marmorrelief, das in den Guiden des frühen 19. Jahrhunderts übereinstimmend als »Wilhelms Aufnahme ins Elysium«[1448] gedeutet wird. Rechts außen sitzt die trauernde Hassia als weibliche Verkörperung Hessens, umgeben von Rüstung, Waffen und einem Löwen. Von ihr wendet sich die stehende Hauptfigur, Wilhelm IX. — noch als Landgraf, ohne kurfürstliche Insignien — ab, in voller Rüstung mit Zopffrisur, Lorbeerkranz und Fürstenmantel. Der Todesengel weist ihm den Weg. Ein nackter Knabe, sein früh verstorbener ältester Sohn, und eine verschleierte Frau, seine Mutter, treten ihm entgegen. Im »Elysium« thront, auf Wolken sitzend, von geflügelten Genien in einem Strahlenkranz umgeben, Wilhelms Urgroßvater, Landgraf Karl, der einen Prunkharnisch trägt und den

Blick auf den Ankommenden richtet. Das Relief vereinigt also mit dem Abschied Wilhelms von der Hassia und seinem Eintritt ins »Elysium« zwei Szenen, wobei die erste verkürzt wiedergegeben ist. Auf die Vereinigung mit dem Ahnen spielt sogar der flache Reliefhintergrund an, der die Wilhelmshöhe mit Karls Oktogon einerseits und Wilhelms Schloß und Löwenburg andererseits zeigt: Die Architektur gewinnt attributiven Charakter. Der Gründer und der Vollender der Wilhelmshöhe sind einander zugeführt worden. — Stil- und ideengeschichtlich ist das etwas hausbacken wirkende Relief insofern aufschlußreich, als sein Stoff der antiken Vorstellungswelt entnommen ist — innerhalb der »gotischen« Kapelle! In der griechischen Mythologie bedeutet das Elysion ein »gesegnetes Gefilde am Westrand der Erde, nahe am Okeanos, wohin die Söhne der Götter [...], ohne den Tod zu erleiden, versetzt werden, um dort ein kummerfreies Leben zu führen, von Hesiod die Inseln der Seligen genannt.«[1449] Während bei Homer Leib und Seele ungetrennt im diesseitigen Elysion weiterleben,[1450] entwickelt Platon im »Phaidros« die Idee einer Transzendenz. Man erkennt die göttlichen Wesen an ihren Flügeln.[1451] Die römische Jenseitsvorstellung basiert auf der griechischen. Cicero bekennt sich im Kommentar zu seinen »Gesetzen« zur Unsterblichkeit und Möglichkeit der Deifikation von Heroen.[1452] Sinngemäß ist auf dem Relief Karls Apotheose aufgefaßt. Der Todesengel stellt ein typisch klassizistisches Motiv dar, hervorgegangen aus dem antiken Todes-Genius.[1453] Der Abschied eines Toten von den Hinterbliebenen ist Gegenstand zahlreicher griechischer Stelen, auf denen Hermes Psychopompos als Todes-Genius erscheint.

Die Frage, wieso diese antikische Vorstellung in die Löwenburg hat eindringen können, stellt sich um so dringlicher, als eine Überlieferung besagt, daß sich der Landgraf für sein Grabmal alle Anspielungen auf die griechische und römische Mythologie verboten habe.[1454] Die Antwort liegt auf der Hand. Es war eben die griechisch-römische Vorstellungswelt, die das Thema der Unsterblichkeit und Wiedervereinigung mit den Ahnen ikonographisch gelöst hat — im Gegensatz zur christlichen Ikonographie, die sich einer konkreten Jenseits-Idee enthält. So werden ausgerechnet im sakralen Bedeutungsschwerpunkt der Löwenburg Gotik durch Klassizismus, Christliches durch Heidnisches gleichsam unterwandert. Die Deutung der Löwenburg-Gotik als typisch christlicher Stil muß Fragment bleiben.

Es will scheinen, als hätten bereits Zeitgenossen diesen Widerspruch zu lösen versucht. Eine Passage aus der in der Löwenburg-Kirche gehaltenen Trauerpredigt, gehalten von dem Generalsuperintendenten Rommel anläßlich Wilhelms Beisetzung am 14. März 1821, mutet an wie die Übersetzung des heidnischen Vokabulars ins christliche: »Gleich einem Engel des Friedens, vom Himmel gesandt, erschien der Tod unserm nun vollendeten Landesvater, und führte ihn auf sanfter Hand hin, in die lichten Wohnungen, in welchen des Sieges Palme den hier Kämpfenden winkt und wo die Vergeltung thronet. Vereinigt hat ihn schon das Land, das die Edlen aller Zeiten sammelt, mit seinen vor ihm heimgegangenen Theuern, mit seinen großen Ahnherrn, mit einem Philipp dem Großmüthigen, mit einem Karl dem Glorwürdigen — jenem durch seine Schicksale, diesem durch seinen hohen Sinn für das Erhabene und Große näher verwandt. Nur die schlummernden Gebeine des verewigten Landesfürsten soll diese Gruft so lange aufbewahren, bis der Hauch des Allmächtigen sie wieder belebt am Morgen der Auferstehung — er selbst ist dem übersinnlichen Theile seines Wesens nach zu dem Orte erhoben, wo die Urbilder aller Vollkommenheit und Schönheit verklärten Augen in himmlischen Gestaltungen erscheinen — er, der so gern Schönes auf Gottes Boden pflanzte, wovon die Umgebungen der großen Natur, in der wir jetzt trauernd verweilen, und die mit uns um ihn trauert, Denkmäler in sich faßt, welche die Nachwelt staunend bewundern wird, während dem die Gegenwart sich ihrer bewundernd freuet. Nun ruhet sein unsterblicher Geist in den Armen der ewigen Liebe, die ihn trösten wird in des Himmels Herrlichkeit. [...].«[1455]

Die »Kasselsche Allgemeine Zeitung«, die die Predigt im Wortlaut abdruckte, umschreibt die Funktion der Löwenburg als Monument und Mausoleum Wilhelms in einprägsamer Weise: »Er ruht hier in Mitten der großartigen Denkmäler, die sein hoher Genius ins Leben gerufen, in jener alterthümlichen Burg, die er selbst an diesem Waldrande hat aufgerichtet, [und die] ihm fortan eine Burg des Friedens, und ein Bau dauernden Gedächtnisses für alle Zeiten [sein wird]. [...] Ein treues Volk blickt fortan [...] mit ernsten Empfindungen kindlicher Trauer hinauf nach dem Grabe des Fürsten [...].«[1455a]

Wilhelm IX. hat mit der Gruft wohlgemerkt kein Erbbegräbnis begründet, sondern hat diese ewige Ruhestätte von Anfang an nur für sich selbst vorgesehen — als Mausoleum, das in dieser ausschließlich individuellen Bezogenheit als typisch romantisch angesprochen werden darf. Mehr noch: In dieser Fixierung auf die Person des Bauherrn teilt sich ein Zug zum Sentimentalen und zur Resignation mit. Die Löwenburg eröffnet zwar über die Historie den Zugang zu den Begriffen von Herrscher, Herrschaft, Staat, Vaterland und Religion. Doch mußte es Wunschdenken bleiben, aus dem romantisch verklärten Blick zurück Lösungsansätze zur Bewältigung einer ungewissen Zukunft zu gewinnen. Als letzter Vertreter des Absolutismus in Deutschland (Losch) hat Wilhelm die von ihm wiederentdeckte Historie gleichsam wieder mit ins Grab nehmen müssen. Deshalb kann wohl mit Wolfgang Herrmann[1456] von einer »Fin-de-siècle-Stimmung« gesprochen werden, die durch die Französische Revolution wenn auch nicht ausgelöst, so doch wesentlich verstärkt wurde.

g) Die Löwenburg im Alltag. Zum Verhältnis zwischen Fiktion und realer Funktion

Wie wurde die Löwenburg praktisch benutzt? Was für eine Art von Leben spielte sich in ihr ab? Wohnte der Landgraf dort oben tatsächlich lieber als im Wilhelmshöher Schloß? Diente dieses Bauwerk gar als »Hort der Reaktion«?[1457] Die im folgenden mitgeteilten Ergebnisse beruhen auf dem Studium der Journale und Kalendertagebücher Wilhelms IX., wobei die Zeitspanne von der ersten Bewohnung bis zur französischen Okkupation 1806 berücksichtigt wurde.

Zunächst muß der irrigen Vorstellung begegnet werden, daß die Löwenburg als langfristiger, dem Schloß gegenüber bevorzugter Wohnsitz gedient habe. Vielmehr war es so, daß eine mehrtägige Bewohnung der Löwenburg in den Jahren 1798—1806 die große Ausnahme dargestellt hat! Eine solche war mit dem Erstbezug 1798 gegeben. Am 29. August hielt Strieder im Journal fest: »[...] Den Aufenthalt auf der Loewenburg angetreten. Die Frau R[eichs] Graefin, der Hof Marschall v. Jasmund, Cammer Herr Gr. v. Bohlen, Major v. Schlotheim — ueberhaupt einige 30 Personen machen das Gefolge aus [...]. Abends wurde die Burg illuminirt.«[1458] Wilhelm selbst äußerte sich über diesen Aufenthalt mit seiner Mätresse zufrieden: »Le 29e j'allai demeurer avec la Comtesse à la Löwenburg et quelques aides de camp, j'y passai avec elle un tems fort agréable.«[1459] Mit Unterbrechungen dauerte dieser Aufenthalt auf der Burg gerade eine Woche.[1460] Für die zweite und gleichzeitig letzte mehrtägige Bewohnung im genannten Zeitraum bot der Besuch des preußischen Königspaares im Juni 1799 Anlaß. Im Gegensatz zum königlichen Paar, dem das Schloß als Logis angewiesen wurde, wich der Landgraf am 8. Juni auf die Löwenburg aus,[1461] nahm also gewissermaßen respektvollen Abstand. Am nächsten Tag gab es, auch für den König, »morgens Dejeuner auf der Löwenburg«.[1462] Nach seiner Abreise notierte Strieder am 12. Juni: »Serenissimus zogen von der Burg in das Corps de logis; abends fingen sie den gewöhnlichen Lebens Train wieder an.«[1463] Und dies bedeutete faktisch, Schloß Wilhelmshöhe, und nicht die Löwenburg zu bewohnen!

Eine Ausnahme von dieser Regel bildete, eigenartig genug, der Neujahrstag. Zum 1. Januar 1799 steht in Wilhelms Journal: »Frühe um ½ 8 uhr fuhren Serenissimus, *um den gewöhnlichen Gratulationen auszuweichen, auf die Löwenburg,* woselbst mittags auch die Frau Gräfin ankamen.«[1464] Am selben Tag notierte sich der Landgraf: »Le 1er janvier fut passé tout seul avec la Comtesse à la Löwenburg.«[1465] Jahr für Jahr wiederholte sich ausgerechnet an diesem Tag die Flucht vor der Öffentlichkeit und den damit verbundenen Repräsentationspflichten in die Abgeschiedenheit, die allein die Löwenburg zu garantieren vermochte.[1466] So ist dieses Bauwerk auch ein Resultat der Öffentlichkeitsscheu seines Bauherrn. Eintragungen wie »früh nach Weißenstein geritten; auch allda seit geraumer Zeit mahl wieder auf der Löwenburg gewesen«,[1467] »auf der Loewenburg den Vormittag zugebracht, auf der Bibliothek gearbeitet«,[1468] oder »[...] auf der Löwenburg einige Stunden zugebracht«,[1469] sind das Normale. Bei gutem Wetter wurde die Burg im Sommer etwa alle zwei bis drei Tage aufgesucht.[1470] Kamen fürstliche Gäste, so bildete die Löwenburg einen bevorzugten Zielpunkt des Wilhelmshöher Parkbesuchs. Beispielhaft die Tagebuchnotiz vom 26. Juni 1798: »Morgens ½ 9 Uhr kamen S.D. der Herzog von Sachsen-Weimar in Begleitung seines Ministers v. Bechtoldsheim und des Geh. Raths Vogt. Nach genommener Chocolade fuhren Smus mit denselben in einem Wagen durch Moulang nach der Löwenburg, von da zum Octogon und wiederum beym laufenden Aqueduc herunter, die springende Fontaine vorbey, auf dem Fürstenweg hinunter und bey den Treibhäusern, welche auch besehen wurden, vorbey, wiederum herauf; sodann, es war jetzt 12 Uhr, auf die Bibliothec und Kupferstich-Zimmer.«[1471] Der Ablauf dieser Rundfahrt wiederholte sich — mit Variationen — ständig und kann als typisch gelten. Selten hielt man sich mit Besuchen länger als eine Stunde auf der Löwenburg auf, die man besichtigte und dabei eine Tasse Tee trank.[1472]

Nur der außergewöhnliche Besuch des preußischen Königspaars 1799 gab Anlaß zu Abweichungen. Der längere Aufenthalt eröffnete die Möglichkeit zu einem ausgiebigen Besuch. Angesichts der zahlreichen historischen Zitate, die die Löwenburg in sich begreift, versicherte man sich des ruhmwürdigen Alters der Häuser Hessen und Hohenzollern, wie ein fahrender Sänger — bezeichnenderweise Casparson — in Gedichtform kundtat.[1473] Damals scheint auch das einzige Turnier auf dem Turnierplatz abgehalten worden zu sein, solange Wilhelm regierte, während ausgerechnet Jérôme, Bruder Napoleons und »Kind« der Revolution, von dieser Möglichkeit wesentlich häufiger Gebrauch machte.

Für den zeitgenössischen Besucher bildete die Löwenburg in ihrer Kontrastwirkung zur gewohnten klassizistischen Architektur eine höchst ungewöhnliche, überraschende Erscheinung. Dem hat der — kritisch dazu eingestellte — Heinrich von Kleist mit folgenden Worten Ausdruck verliehen: »Der Landgraf von Hessen-Kassel hat sich auf der Wilhelmshöhe eine gotische Ritterburg, und der Kurfürst von der Pfalz in Schwetzingen eine türkische Moschee erbaut. Sie besuchen zuweilen diese Orte, beobachten die fremden Gebräuche und *versetzen sich so in Verhältnisse, von welchen sie durch Zeit und Raum getrennt sind [...].*«[1474] Kleist galt die Gotik der Löwenburg ähnlich absonderlich wie die Exotik einer »türkischen« Moschee. Die Löwenburg im Alltag — das war gerade das Nicht-Alltägliche!

Wilhelm IX. konnte demnach an diesem Ort die Zwänge höfischen Lebens abstreifen, um sich in Privatheit zu erholen, um seine Phantasie in die Welt der Ahnen oder in die Natur der Parklandschaft ungehindert schweifen zu lassen; er konnte sich, als Ritter verkleidet, die Freiheiten eines Horace Walpole[1475] oder eines Fürsten Franz nehmen, konnte von uneingeschränkter, konfliktloser Herrschaft träumen,[1476] während draußen in der Welt die Revolution tobte.[1477] Er konnte mit der Idee kokettieren, einen Ritterroman zu leben, konnte mit seiner Mätresse, der »Burgfrau«, das Glück einer eheähnlichen Verbindung genießen, das ihm mit seiner standesgemäßen Frau versagt blieb,[1478] konnte ungestört geistig arbeiten, sich selbst erforschen, religiös betätigen und auf den eigenen Tod vorbereiten, weshalb der durch das Ruinenwerk bewirkte sentimentale Eindruck konkret als auch auf die eigene Vergänglichkeit bezogen verstanden werden darf. Das »Programm« der Burg in Wilhelmsbad, das von einer aufgeklärten Lebensphilosophie des Bauherrn ausgegangen war, wiederholt sich also in konsequent erweiterter Gestalt.

XII
Johann Erdmann Hummel.
Park und Schloß Wilhelmshöhe.
Idealansicht um 1800 (Staatl. Kunstslg. Kassel)

Diese Überlegungen legen es nahe, und die Chronik beweist es: In der Löwenburg lebte Wilhelm IX. mehr in der Phantasie als in der Praxis. Sie vergegenwärtigt eine romantische Welt, die für den Bauherrn weitgehend utopischen Charakter besaß: Vom Schloß aus war sie nahe genug, um an diese Traumwelt stets zu erinnern. Ihre visionäre Entrückung bewies sich dann am deutlichsten, wenn sie nachts in Szene gesetzt wurde, wenn sie, von einem Meer von Fackeln illuminiert, scheinbar selbst lodernd gegen das Schwarz des Himmels bizarr abstach. Einer Funktion auf Dauer wurde der Bau erst durch die Beisetzung des Bauherrn[1478] zugeführt. Erst mit dem Tod, nach Casparson die erste Assoziation beim Anblick dieser Ruine, trafen sich Vorstellung und Wirklichkeit sinnfällig in einem Punkt.

340

h) Das Gotikbild der Löwenburg

Um das Problem der Einordnung der Löwenburg mit Hilfe adäquater Kriterien möglichst umfassend anzusprechen, erweist sich zunächst eine zusammenfassende Unterscheidung nach »emblematischem« und »expressivem« Charakter als nützlich, wie sie bislang von der Forschung zur Beurteilung des Phänomens englischer Garten angewandt wurde.[1479] Sie hat den Vorteil, Formales und Inhaltliches gleichermaßen zu berücksichtigen und zueinander in Beziehung zu setzen. Es werden dazu die meisten der bisher konstatierten Eigenschaften stichwortartig wiederholt.

Zum emblematischen Charakter der Löwenburg rechne ich alles, was ikonographisch und historisch a priori festgelegt erscheint: Am Außenbau die Wappensteine, die Löwen-Skulpturen und Heiligenfiguren, im Inneren die Einrichtung, die auf Schritt und Tritt die Anciennität des Hauses Hessen und, weiter gefaßt, die Legitimation des Feudalabsolutismus kraft der Geschichtlichkeit, bekunden; ferner als Ort der Selbstbesinnung und als Mausoleum, damit als Ort künftiger Geschichtlichkeit, die Kapelle, sowie zuletzt den Namen »Löwenburg« selbst. Dank des emblematischen Charakters ist der Bau als fiktive Stammburg des ritterlich-tugendhaften, traditionsreichen Hauses Hessen ausgewiesen, und damit als Vorstufe eines deutschen Nationaldenkmals, wie es im ausgehenden 18. Jahrhundert, lange vor den napoleonischen Befreiungskriegen, ausschließlich aus fürstlich-aristokratischen Kreisen hat hervorgehen können: Historie dient als Folie herrscherlichen Selbstverständnisses und Anspruchs.

Die Interpretation der Löwenburg als materielles oder geistiges Bollwerk wider die Französische Revolution ist dagegen überzogen. Wie die eng verwandten, älteren Beispiele Strawberry Hill, Wörlitz und Wilhelmsbad demonstrieren, bedurfte es nicht notwendigerweise dieses Auslösers. Das Bauwerk reagiert eher auf irrationale, sensible Weise auf das Zeitgeschehen — mittels des emblematischen Charakters, der in einer gewissen Trotzhaltung vorgetragen wird, der jedoch durch sein Gegenteil, Resignation und Endzeiterwartung, und der daraus resultierenden sentimentalen Grundstimmung überlagert wird. Die Wurzeln der Löwenburg sind im wesentlichen ideengeschichtlicher Art. Die ideengeschichtlichen Bezüge setzen im Bauherrn eine alles andere als reaktionäre, nämlich liberale Grundhaltung voraus, und diese Einstellung konnte für Wilhelm IX. bei der Wahl des Burgen- und Ruinenmotivs auch nachgewiesen werden.

Mit Hilfe des emblematischen Charakters artikuliert sich die Löwenburg als notwendiger Gegenpol zum Wilhelmshöher Schloß, dessen klassizistisch-abstrakte Stilhaltung, gipfelnd in Jussows Mittelbau, jede emblematische Identifikation mit dem Herrscherhaus, wie sie dem Barockschloß selbstverständlich eignete, von sich weist.

Der expressive Charakter spricht vor allem aus der formalästhetischen Erscheinung der Löwenburg, aus dem sentimentalen Vergänglichkeitscharakter der künstlichen Ruine, aus der pittoresken Auflösung und romantischen Entgrenzung, aus dem Rauhen und Rohen der zerklüfteten Mauern, das naturbelassen wirkt oder im Begriff steht, von der Natur wieder eingeholt zu werden, aus der Steilheit der Anlage über der Tiefe der Wolfsschlucht, aus der Höhe und Erhabenheit des allbeherrschenden Hauptturms, aus der schier unendlichen Weite des Ausblicks, aus dem damals wie heute scheinbar hohen Alter, aus der Rolle als Hauptakteur beim urromantischen Illusionsspiel nächtlicher Illuminationen, aus dem Überraschungseffekt, angesichts eines barbarischen »gothischen« Äußeren von gemütlicher Geborgenheit und Intimität puppenhausartig verspielter, mit Kuriositäten vollgestopfter Zimmer empfangen zu werden, sowie endlich aus der irrationalen Wirkung farbiger gotischer Glasfenster,[1480] deren gedämpftes Licht zur Kontemplation einlädt. Expressiv ist die ganze Auflösung und »Verkleidung« einer Maison de plaisance in Gestalt der scheinruinösen Burg; eine Idee, die als Überraschungseffekt schon im Manierismus wesensverwandte Vorläufer aufzuweisen hat.[1481]

Wägt man beide Charaktere gegeneinander ab, so sticht der expressive Charakter dominierend hervor. Er spricht nicht nur im Sinne der »architecture parlante« aus der weitaus größeren Zahl der anschaulichen Phänomene, sondern hat ohne alle Konkurrenz bereits zur Entstehung der Löwenburg geführt. Es ist ausschließlich der expressive Charakter, der die Löwenburg dazu befähigt, ihren Part im Landschaftsensemble des Wilhelmshöher Parks zu spielen. Es kennzeichnet die klassische Stufe des unter Wilhelm IX. geschaffenen Parks, daß hier generell der expressive Charakter herrscht. Die Ikonologie des Parks, wie er um 1800 vollendet war, kreist um die beiden Werte Natur und Zeit, die mit heroischer Macht vergegenwärtigt werden. Innerhalb dieses Programms[1482] dient die Löwenburg, auch nach ihrem vollständigen Ausbau, in erster Linie als das, was sie von allem Anfang an gewesen ist: als nach außen gekehrte Staffagenarchitektur, (noch) an den Park gebundene Kulisse. Ihr Erscheinungsbild wird beiden Leitbegriffen Natur und Zeit gerecht. Erst in zweiter Linie ist sie bereichert um den Keim zur historistischen Neugotik, der sich im emblematischen Charakter spiegelt.

Ausgehend von der Situation vor Ort, bedeutet die Löwenburg die denkbar nachdrücklichste Reaktion auf den Prinzipienstreit akademisch- und romantisch-klassizistischer Anschauungen, wie er am Wilhelmshöher Schloß, paradigmatisch für die abendländische Baukunst am Ende des Ancien Régime, ausgetragen wurde. Dem durch Symmetrie, Ebenmaß und Proportion garantierten Schönheitsbegriff des Schlosses erwächst im Charakteristischen der asymmetrisch-malerisch komponierten Löwenburg sein Äquivalent.[1483] Der Deutung J. Dobais folgend, darf das Malerische als »Evokation« eines »idealisierten Naturzustandes«[1484] gewertet werden.

Als ostentative Befreiung vom akademischen Regelzwang der in antikisch-humanistischer Tradition stehenden Säulenarchitektur stellt die Löwenburg einen Meilenstein innerhalb einer weitreichenden Entwicklung dar: Die Neugotik, auf Umwegen entdeckt als Stil des gesuchten Kontrasts und sentimentalen Ruinenzaubers, entpuppt sich im Zuge der einsetzenden Romantik als Stil des privaten, freiheitlichen Bereichs und damit als eigenständige Alternative zum »öffentlichen«, repräsentativen Klassizismus — die Staffagenarchitektur des englischen Gartens befindet sich im Aufbruch zur Monumentalarchitektur des Historismus.[1485] Insofern ist das Gotikbild der Löwenburg weder statisch noch normativ, sondern einem kontinuierlichen Wandlungsprozeß unterworfen. Es entspricht damit ganz dem quasi organischen Charakter, den man der Gotik im Landschaftsgarten beimißt.

Die Art und Weise, wie freie Improvisation und Konsolidierung, verbunden mit entsprechend unterschiedlich orientierten Bedeutungsebenen, ineinanderfließen, schuf singuläre Bedingungen, welche die Löwenburg als kunsthistorisches Denkmal ersten Ranges auszeichnen. Qualitätsmaßstab ist dabei die Kongruenz von Form und Gehalt in der beschriebenen Fluktuation. Die Löwenburg muß deshalb, trotz der zahlreichen Einflüsse aus

Theorie und Praxis der englischen Neugotik, als autochthone Leistung gelten. In den vielen Unwägbarkeiten des Planungsprozesses spiegelt sich nicht zuletzt die labile Persönlichkeit des heftig engagierten Bauherrn. Es sind gerade die dilettantischen Merkmale, durch die sich die Ruinengotik der Löwenburg von der mit akademischer Akribie betriebenen Neugotik des 19. Jahrhunderts abhebt. Andererseits eröffnen die Fassadenprojekte der Kapelle und die damit verbundene Differenzierung nach gotischen Gattungsstilen ein solches akademisches Gotik-Studium und seine zunehmende Bedeutung für die Architekturgeschichte.

Vielgestaltig, düster-geheimnisvoll, doch ganz als Schöpfung der romantischen Ironie steht die Löwenburg vor uns — ein zwischen Sein und Schein, Spiel und Ernst, Utopie und Vergänglichkeit schillerndes Architekturgebilde, das nicht nur in der Eigengesetzlichkeit seiner Planungs- und Baugeschichte, sondern auch seiner Ikonologie »mysteriös« (Engelhard) ist und bleibt. Das Problem, das sich uns hier stellt, lautet nicht, wird das Bauwerk unserem durch Vorurteile, Ideologien und Nüchternheit verengten, modernen Blickwinkel gerecht, sondern gerade umgekehrt: Sind wir imstande, uns dem romantischen, irrationalen Wesen einer Architektur zu stellen, die sich in ihrer ikonographischen wie ikonologischen Entgrenzung jedem eindimensionalen Zugriff und jeder »konkreten« Interpretation letztlich versperrt.

VII.

Das Schloß zwischen Idealtypus und malerischer Auflösung

Wilhelmshöhe, bis 1798 Weißenstein genannt, war der ideale Standort für einen Schloßbau, wie er nicht nur in Deutschland seinesgleichen suchte. Das nach Süden, Osten und Norden dominierende Hochplateau war mit der östlich gelegenen Residenzstadt axial verknüpft, während der Park an den westlichen Hängen des Habichtswaldes seit Beginn des 18. Jahrhunderts in Guernieros Oktogon seine einzigartige, den Horizont überragende Bekrönung gefunden hatte. Mit dieser Situation hatten sich ein Jahrhundert hindurch die Planungen für ein Schloß auseinanderzusetzen. Die mit dieser Studie untersuchten Vorschläge der Jahre 1785—1800, die endlich auch zur Realisation führten, zeigen in der Unterschiedlichkeit der Ansätze den folgerichtigen Weg vom spätabsolutistischen Fürstenschloß in eine zunächst ausweglose Situation, in der die geforderte Bauaufgabe auf verschiedene Weise negiert wurde. Als härtester Rivale der architektonischen Idee erwies sich der Landschaftsgarten, dessen Gestaltungsprinzipien antitektonisch ausgerichtet sind. Die beiden kulturell unterschiedlich orientierten Auftraggeber, der francophile Landgraf Friedrich II. von Hessen-Kassel und sein anglophiler Sohn, Landgraf Wilhelm IX., sorgten zusammen mit den drei von ihnen beauftragten Architekten für eine Palette von Möglichkeiten, deren Breite als beispielhaft für jene historische und künstlerische Umbruchszeit gelten darf.

Charles De Wailly aus Paris legte im Jahr 1785 die Alternativen zu drei verschiedenen Idealtypen von Schlössern vor, deren Auswahl dem Bauherrn, Friedrich II., überlassen bleiben sollte. Friedrich starb jedoch im selben Jahr.

9—22 Das Erste Projekt zielt auf die Idee eines »Château de campagne«, in dem sich der Typus des französischen château und das decorum der palladianischen Villa treffen. In den beiden anderen Projekten verfolgt De Wailly ein für ihn sich als charakteristisch erweisendes Leitmotiv, das sich bis zum Vorprojekt von Schloß Montmusard
37—49 bei Dijon (1764) zurückverfolgen läßt: die Verbindung von Schloß und Rundtempel. Das zweite Weißensteiner Projekt ist durch die der Fassade vorgeblendete Halbrotunde aus Kolossalsäulen als »Palais à l'Antique« ausgewiesen, das als Musensitz im Parnaß kulminiert. Ein Thema der barocken Skulptur erhält damit seine klassizistisch-architektonische Fassung. Dabei bewirkt die Superposition des Apoll-Monopteros über dem tempelartig instrumentierten Rundsaal eine gesprengte Struktur der Schloßmitte, die zwischen den Extremen Übersteigerung und Identitätsverlust osziliert.

61—68 Mit der Bescheidenheit der Ausmaße des dritten Weißensteiner Entwurfs könnte De Wailly auf die historische Situation der Aristokratie am Vorabend der Revolution in Frankreich reagiert haben, die den Rückzug in die Sphäre des Intimen suchte. Wäre dieses Projekt für den geplanten Standort entschieden zu klein gewesen, so ist doch sein idealer Anspruch nicht gering zu veranschlagen: Als selbstgestellte architektonisch-ikonographische Aufgabe kann eine »Maison de plaisance à la Villa Laurentinum« vermutet werden, wobei De Wailly freilich Plinius' Rundhof zum Dianatempel nobilitiert hätte. Hier stehen sich nicht nur, wie beim vorbildgebenden
70—78 Schloß Montmusard und einer für die Zarin Katharina II. gezeichneten Variante, der Monopteros des Rundhofs und der Peripteros des Salons in der Horizontalen, sondern auch der Salon und ein tempelähnliches rundes Theater in der Vertikalen gegenüber, so daß die Struktur des Schloßzentrums von einer zweifachen Polarität bestimmt wird.

De Wailly versteht das Schloß als »Château des lumières« und weihevollen Ort, an dem sich Aufklärung vollzieht, eine Aufklärung, wohlgemerkt, »von oben«: De Waillys Planen entspricht einem architektonischen Bekenntnis zum aufgeklärten Absolutismus. Diese Idee propagierte der Franzose bevorzugt an auswärtigen Fürstenhöfen, wo man sich nach französischem Muster »aufgeklärt« gab, wie in St. Petersburg oder Kassel. Er verschmilzt in diesen Werken seiner künstlerischen Reife Stilzitate aus den Blütezeiten des Villen- und Schloßbaus, des Cinquecento und der französischen Klassik des 17. Jahrhunderts, und hält sogar am traditionellen Allegorismus fest. Eine Verbindung zum zeittypischen Klassizismus erreicht er durch die Verfügbarkeit der historischen Zitate, die zu Capricci im Sinne Piranesis vereint werden. Ein Einfluß der »Revolutionsarchitektur« meldet sich in der Tendenz zur denkmalhaften Übersteigerung, die sich jedoch gegenüber dem retrospektiven Gesamtbild nicht durchzusetzen vermag. Mit seinem eher manierierten als akademischen Stil schafft De Wailly die Alternative zur abstrakten architecture parlante seiner Kollegen Ledoux und Boullée. Ohne sich der zeitüblichen Megalomanie zu verschreiben, erreicht er in der Planung eine monumentale Wirkung durch geschickte Berücksichtigung der Hanglage. Die aufwendige Rampenauffahrt soll das bloße Sehen des Schlosses zum Architektur-Spektakel steigern.

De Waillys Projekte markieren in ihrem artifiziellen Charakter eine letztmalige Steigerung der Schloß-Idee des Ancien Régime. Die graphische Perfektion, in der sie, Vedute und Rißzeichnung vereinend, vorliegen, und die Ansätze zur kapriziösen Überfrachtung lassen fragen, ob sich diese Projekte nicht bereits in ihrer zeichnerischen Durcharbeitung selbst genügen und von der Konsequenz der baulichen Realisierung emanzipiert haben. Als autonome Architekturzeichnungen teilen sie den utopischen Charakter der Grand-Prix-Entwürfe der Académie Royale d'Architecture, zu deren bekanntesten Repräsentanten De Wailly ja selbst rechnete.

Das in seinem Atelier in direkter Konkurrenz konzipierte Idealprojekt Jussows, das diesem immerhin ein England-Stipendium 1786/1787 einbrachte, führt als erstarrte Denkmäler-Agglomeration den Schloßbau gänzlich ad absurdum. Der stilistische Einfluß der »Revolutionsarchitektur« hatte auch programmatisch den Tod der höchsten profanen Bauaufgabe des Ancien Régime zur Folge, drei Jahre vor dem Sturm auf die Bastille. Bei Jussow gerät der Schloßbau zur megaloman expandierenden Formel, die von vornherein nur noch für das Papier bestimmt gewesen sein kann. In der streng analytischen Verfahrensweise, in der Durchbildung der auf reine Stereometrie hin reduzierten Baukörper und in der Huldigung an das architektonische Denkmal erweist sich Jussow als einer der ersten und kompromißlosesten Nachfolger Ledoux' in Deutschland. 97—116

Von ähnlich krisenhafter Natur waren die Schloßbauvorstellungen des Ende 1785 an die Regierung gelangten Wilhelm IX., wenn sie auch im Bann eines anderen Kulturkreises standen — des englischen, der im Landschaftsgarten das neue »Übergesamtkunstwerk« (Sedlmayr) hervorbrachte. Auf Wunsch des Bauherrn sollte sich das Schloß den heroisch verklärten, ihm völlig wesensfremden Begriffen »Natur« und »Zeit« unter dem sentimentalen Aspekt der Vergänglichkeit unterordnen — als künstliche klassizistische Ruine. Doch bedeutete das Planen von Ruinen in Wilhelmshöhe nicht nur das zeittypische kritische Phänomen, das den »Verfall des Menschenwerks«[1486] ankündigt. Vielmehr wurde die Ruine als Vehikel experimentellen Planens und Bauens in Kassel neu entdeckt, was gerade einem dilettierenden Bauherrn besonders entgegenkommen mußte.

Die Ausführung begann nach Du Rys Planung 1786 mit dem völlig auf sich allein gestellten »Neuen Weißensteiner Schloß« (dem heutigen Weißensteinflügel), das die barocke Achse demonstrativ ignorierte. Während Du Ry dem Idealtypus des englisch-palladianischen Palazzo verpflichtet war, dessen auf drei Geschosse verteiltes decorum mit Kolossalordnung dem »Schönbrunner System« des deutschen Barockschlosses entspricht, beharrte Wilhelm zunächst auf der künstlichen Ruine. Dem französischen klassizistischen Geschmack entsprechend, übertrug Du Ry das decorum auf Vollsäulen, die den Gebäudekern auch an dessen Schmalseiten- 154 apsiden, räumlich höchst wirkungsvoll, rhythmisch umschließen. Als es 1787 galt, dieses ganz auf Isolierung angelegte Gebäude plötzlich zur Dreiflügelanlage zu erweitern, bezog Du Ry nunmehr die barocke Achse als Symmetrieachse ein. Seinem Plan entsprechend, wurde als zweiter Flügel der nördliche Kirchflügel seit 1788 ausgeführt. Mit dieser Erweiterung verband sich ein Wandel der Bestimmung vom Sommer-Lustschloß zum sommerlichen Residenzschloß, wobei die Gattungsgrenzen allerdings ineinanderfließen. Auch für den Mittelbau und die Gesamtanlage konnte Du Ry noch wichtige Vorentscheidungen treffen. Er bestimmte den endgültigen Standort sowie den Typus der separierten Anlage, innerhalb derer die Flügel stumpfwinklig zueinander stehen und sich mit den Apsiden an den Schmalseiten gegeneinander abschließen. Ausgehend von der Stellung des ersten südlichen Flügels, öffnet sich das Schloß wie schon sein bescheidener Vorgängerbau des Landgrafen Moritz (1606) nicht zur Stadt, sondern zur Bergseite, wo statt eines Ehrenhofs der Garten mit dem Bowlinggreen bis an die Flügel heranreicht,[1487] das Kennzeichen für die extreme Öffnung des Wilhelmshöher Schlosses in die freie Landschaft.

178—195

Du Rys Vorschlag, für den Mittelbau das decorum der Flügel zu übernehmen, stieß bei Wilhelm allerdings auf Kritik. Die Gestaltung der Schloßmitte wurde über fünf Jahre hinweg einem Entwurfsprozeß zur Aufgabe gemacht. Während dieser Zeit wandelten sich die ästhetischen Maßstäbe grundlegend, nicht zuletzt durch Jussow, der den Wettbewerb gegen seinen Lehrer Du Ry zu seinen Gunsten zu entscheiden vermochte. Nachdem allein Jussow elf Varianten vorgelegt hatte, die vom Corps de logis bis zum reinen Denkmal reichen, galt zuletzt Wilhelms Forderung, daß der architektonische Charakter dem herrschenden Charakter des Wilhelmshöher Parks angemessen sein müsse, und dieser wurde, ausgehend vom barocken Herkules-Oktogon, als heroischerhaben definiert. Gleichzeitig hatte sich das Anspruchsniveau des Bauherrn bis zum Übermaß gesteigert: Wilhelmshöhe sollte ein programmatisches Jahrhundertwerk auf das Jahr 1800 werden! Jussow hatte für sein Corps de logis die palladianische Villa zum Paradigma erkoren, deren vom römisch-antiken Tempel stammendes decorum eine pathetisch monumentalisierte Steigerung im Sinne der »Revolutionsarchitektur« erfuhr. Die beidseitigen hexastylen Giebelportiken über Freitreppen und die Mittelkuppel gestatteten die auf die Ferne wirksame Maßstabssteigerung, die sich gegenüber dem Park behauptete, der Wilhelmshöher Allee den auch städtebaulich wirksamen Point de vue gab, die Flügel aber degradierte.

204—227

236, 237
Farbt. VI
unten

Mit Jussow vollzog sich der Einbruch der Assoziationsästhetik in das von Du Ry vertretene humanistische Architektursystem. Die traditionellen Werte der Einheit (unité), Schönheit (beauté) und Angemessenheit (convenance) wurden dem Erlebnis des Erhabenen geopfert, dessen Anspruch mit dem genius loci empirisch begründet wurde. Zugleich erforderte der auf Assoziation zielende Architektur-Charakter eine Auseinandersetzung mit der Historie. Mit dem 1791 begonnenen Bau des Corps de logis setzten die Planungen für dessen »mittelalterliches« Pendant, die Löwenburg, ein. »Klassik« und »Gotik« dieser so extrem unterschiedlichen Bauten sind der Ausdruck dafür, daß jeder der beiden aus dem formalen und funktionalen Gegensatz zu seinem Pendant hervorgegangen ist. Schloß-Mittelbau und die Löwenburg verkörpern, je für sich getrennt, Symmetrie und Asymmetrie, Begrenztheit und Offenheit, Monumental-Abstraktes und Pittoresk-Verspieltes, »Künstlichkeit« und »Natürlichkeit«, Ratio und Gefühl, Repräsentation und Privatheit, Universalität und Individualität, Ewig-Dauerhaftes und Vergänglichkeit aktive und kontemplative Lebensphilosophie. Die Bauten sind als stilistische und modale Antithesen angelegt, die wiederum zur komplementären Zweiheit zusammenfinden: Im gegenseitigen Kontrast, ausgehend von den unterschiedlichen Standorten innerhalb des Parks, steigern sie noch die Expressivität ihrer Wirkungen.

Gerade weil er alles andere als selbstverständlich zu lösen war, wurde der Schloßbau unter Wilhelm IX. zum Gegenstand historisch-kritischer Reflexion. Was Schloßbau war und was er leisten sollte, wurde eingehender

Prüfung unterzogen. Wilhelm und Jussow fanden zur Allegorie auf die Bauaufgabe des Schlosses, in der die Löwenburg als Präfiguration, das Schloß als Erfüllung erscheinen. Als pseudomittelalterlicher Archetypus bedient sich die Löwenburg der Mittel der — überwundenen, teils schon verfallenen — architectura militaris. Als Ruine eröffnet sie sentimentale Blicke in eine Vergangenheit, die als Stein gewordenes »Es war einmal...« poetisch zu lesen ist. Andererseits sind ihre verschiedenen Ausbaustufen Ausdruck eines an Objektivität gewinnenden Geschichtsbildes, das ein Schloß in seiner Vorform als »Burg« möglichst vollständig repräsentieren will. Die Burg sieht sich Vergänglichkeit und Natur preisgegeben. Ihr Gegenstück, das im Mittelbau kulminierende Schloß Wilhelmshöhe, führt den »klassischen« Idealtypus der Villa vor, der sich mit dem Säulenschmuck als Krönung der architectura civilis zu erkennen gibt. Die Säule verweist auf die Rolle des Schlosses als Kulturträger, der die mittelalterliche »Natürlichkeit« überwunden hat. Die intendierte All-Bezogenheit zeigt das Schloß als Abbild nicht realer, etwa politischer Verhältnisse, sondern gleichsam futuristischer Utopien in seiner Funktion als potentieller Weltort. (Angesichts des erst 1803 erfüllten Anspruchs Wilhelms auf die Kurwürde wäre dem Wilhelmshöher Schloß und seinen Anlagen allenfalls eine Alibi-Funktion zuzuerkennen.) Nun erst wird verständlich, warum die Löwenburg nicht »plump« und »barbarisch« genug ausfallen konnte: Vor dieser Folie wiegt der elitäre Anspruch des klassizistischen Schlosses, vorbildhaft vor Stadt und Land Hüter einer aufgeklärten humanistischen Kultur zu sein, um so schwerer. Umgekehrt entschädigt die Irrationalität der Löwenburg für den Mangel des Schlosses an persönlich stimulierender Geborgenheit: Dieser Fluchtburg vertraute sich der Bauherr sogar noch jenseits seiner Lebensgrenze an.

236, 237
Farbt. VI
unten

Farbt. XI

Der Allegorie bedarf es, wenn ein Begriff unanschaulich ist, und genau das, ohne Inhalt und festumrissene Vorstellung, war der Schloßbau am Ende des Ancien Régime geworden. Mit der Wahl der Allegorie begab sich die Wilhelmshöher Schloßarchitektur unter das Diktat der Bildkünste. Das oberste Gebot hieß, den Park wie ein Gemälde zu komponieren. Unter praktischer Anwendung der von Chambers und Hirschfeld vertretenen Assoziationstheorie bedingten sich Standort und äußere Erscheinungsform der Parkbauten wechselseitig.[1488] Das Bemühen, den Schloßbau mit Hilfe historischer Zitate zu vergegenwärtigen, ist Ausdruck eines Revival. Es war das unter Wilhelm leitmotivisch präsente Ruinenphänomen, das der Wilhelmshöher Schloßbaukunst von vornherein die historische Dimension verlieh. Die klassisch-gotische Alternative umfaßte also zwei Neo-Stile, die dem Kriterium historischer Wahrscheinlichkeit standhalten mußten. Dies ist der Grund dafür, daß kein exotischer Stilpluralismus (wie unter Friedrich II.) Einkehr hielt und daß sich das Klassische, auf dem Umweg über die Renaissance, am römischen Vorbild orientierte.

Dem übergeordneten architektonischen Programm, in Wilhelmshöhe den Schloßbau exemplarisch darzustellen, lassen sich sogar die weiteren großen Parkbauten zuordnen: das von Guerniero vorgegebene Herkules-Oktogon als die gleichsam entrückte Götterburg der mythologisch repräsentierten Antike, Jussows »römischer« Aquädukt[1489] als das ausschließlich dem Naturelement des Wassers gewidmete »château d'eau«. Die allbezogene Öffentlichkeit und das introvertierte Ich, die mythologische Götterwelt und die erhabene Natur — jeder dieser Erlebnisräume verlangte nach seiner spezifischen Gestalt des Schlosses, dessen Stellenwert damit, im Unterschied zum Schloßbau des Barock,[1490] ein relativer geworden ist.

Zielte bei Wilhelms Regierungsantritt das gestalterische Programm für die Wilhelmshöhe auf den »natürlichen« Landschaftsgarten im Sinne des »Capability« Brown, so forderte mit dem um 1800 erreichten Abschluß der Arbeiten die universale Darstellung der führenden architektonischen Aufgabe des Absolutismus ihr Recht. War das Schloß anfangs buchstäblich zur Randerscheinung degradiert, versuchte es im endgültigen Stadium den Park als Schloßpark in seine Grenzen zu verweisen. Allerdings verraten die Struktur und bildähnliche Auffassung von Schloß-Mittelbau und Löwenburg, daß beide aus der wirkungsästhetisch angelegten Staffagen-

1

architektur des Landschaftsgartens erwachsen sind. Die Gegensätze »englischer« Landschaftsgarten und absolutistisches Fürstenschloß fanden in Kassel — an »neutralem« Ort — zur Synthese. Die unterschiedliche Rollenverteilung der Schlösser innerhalb des Wilhelmshöher Parks hat niemand so einprägsam wie Johann Erdmann Hummel (1769—1852) im Sinne der Erfindung festgehalten — als ein Bild stimmungsvoller Harmonie zwischen Natur- und Architekturlandschaft.[1491] In der Auflösung des Schlosses zu zitatartigen Schlösser-Szenarien mit verselbständigten Symbolfunktionen aber teilt sich ein Ende fürstlich-absolutistischer Selbstdarstellung mit. Nicht nur der Schloßbau, sondern das Architektonische schlechthin ist damit in einen ästhetischen Grenzbereich vorgedrungen, in dem der malerische »Bildraum« gegenüber dem — von Du Ry noch verteidigten — »Realraum« (Drerup) triumphiert.

Farbt. XII

Anmerkungen

1 Vgl. in der 2. Auflage Sulzer 1778/1779, Teil III, S. 390. — Als Motto herangezogen v. Hella u. Karl Arndt, Ein »Château Triangulaire« des Maurizio Pedetti, in: Beiträge zur Kunstgeschichte. Eine Festgabe für Heinz Rudolf Rosemann, hrsg. v. Ernst Guldan, München-Berlin 1960, S. 249.
2 Eugène Emmanuel Viollet-le-Duc, Dictionnaire raisonné de l'architecture française du XIe au XVIe siècle, Paris s.d. (1858—1868), Bd. 3, S. 192. — Mit Übersetzung zit. bei Bringmann 1975, S. 37, Anm. 79.
3 Eine Sonderrolle nahmen das ganze 18. Jahrhundert hindurch die Britischen Inseln ein, vgl. Buttlar 1983
4 Sie führten 1806—1813 zur napoleonischen Fremdherrschaft, während der Schloß Wilhelmshöhe Residenzschloß des Königreichs Westfalen war; näheres vgl. Heidelbach 1909.
5 Vgl. Heidelbach 1909; — Holtmeyer 1910. — Auf diese beiden stützen sich die Dissertationen von Paetow 1929 und Bangert 1969, ohne selbst auf baugeschichtliche Fragen einzugehen.
6 Dieser für mich zentralen Frage kann man nur dann ernsthaft nachgehen, wenn man die beiden Bauten möglichst vorurteilsfrei als gleichrangig behandelt.
7 Vgl. Löwenburg 1976. Dazu unten Kap. VI, passim.
8 Vgl. Vogel 1958, S. 12; — Bangert 1969, passim; — Braham 1972, S. 684; — Both/Vogel 1973, S. 266, Anm. 645.
9 In der Zeit vor dem Zweiten Weltkrieg stand nur die ehem. Schloßbibliothek zur Verfügung, während der Nachlaß Jussows lediglich von F. Bätjer für seine Forschungen eingesehen werden konnte.
10 Vgl. zum Erwerb durch die Staatl. Kunstsammlungen Kassel Vogel 1958, Vorwort.
11 Hierfür danke ich besonders Prof. Margarete Kühn, Dr. Jutta Schuchard und Dr. Wolfgang Einsingbach (+).
12 Potsdam, Verwaltung der Staatlichen Schlösser und Gärten, ehem. preuß. Plankammer im Neuen Palais. — Die Pläne der Wilhelmshöher Schloßbibliothek waren Anfang der dreißiger Jahre zum Zweck der Inventarisation von Kassel, das damals der preußischen Schlösserverwaltung unterstand, nach Berlin geschickt worden, wo sie zunächst im Keller des im Krieg und 1950 zerstörten Schlosses zusammen mit der Plankammer gelagert waren. Nach Kriegsende verblieben die Pläne im Ostsektor Berlins und gelangten über die dortige Bauakademie nach Potsdam. Nachdem die Zeit vor, während und nach dem Krieg diesen Planbestand ihrem Entstehungsort entfremdet hat, bleibt es ein vordringliches Desiderat, die heutigen Kasseler und Potsdamer Planbestände im Rahmen einer Ausstellung über die Wilhelmshöher Schloß- und Parkpläne zusammenzuführen. Bei dieser Gelegenheit sind mit Sicherheit neue Forschungsergebnisse zu erwarten.
13 Wie es zu dieser Aufteilung kam, ist schwer zu erklären. Zweifellos wäre es falsch, aus ihr zu folgern, daß Landgraf Wilhelm an den Löwenburg-Entwürfen kein Interesse gehabt hätte — im Gegenteil! Wahrscheinlicher ist als Grund der, daß das sukzessive Planungs- und Bauverfahren der Löwenburg ein ständiges Zurückgreifen des Architekten auf frühere Projekte erforderlich machte, während die verworfenen Schloßprojekte zum großen Teil eher »zu den Akten« gelegt werden konnten. Möglicherweise hat dann die französische Okkupation die Übergabe der Löwenburg-Pläne an Wilhelm vereitelt. Allerdings wäre in der Zeit der Restauration genügend Gelegenheit gegeben gewesen, das Versäumte nachzuholen.
14 Wagner-Rieger 1981, S. 57.
15 Oechslin 1980, S. 1 f.
16 Hautecœur Bd. IV 1952, S. 232—242.
17 Kaufmann 1955, S. 145—148.
18 Zum Begriff vgl. Oechslin 1971.
19 Gallet 1964, S. 181 f.
20 Ekhart Berckenhagen, Die Französischen Zeichnungen der Kunstbibliothek Berlin, Berlin 1970, S. 315 f.
21 Voronikhina 1971.
22 Braham 1972.
23 Daniel Rabreau, Charles De Wailly dessinateur, in: L'Information d'histoire de l'art 17. 1972, S. 219—228.
24 Steinhauser/Rabreau 1973.
25 Svend Eriksen, Early Neo-Classicism in France, London 1974, S. 128, 141 f., 172, 316, 380.
26 Pirenèse et les Français 1976, S. 132—140.
27 De Wailly 1979.
27a Braham 1980, S. 83—105.
28 Macmillan 1982, Bd. I, S. 568 f. (Verf. D. Rabreau).
29 Während die ältere Literatur 1729 als Geburtsjahr angibt, korrigiert dies Hautecœur Bd. IV 1952, S. 232, Anm. 5. Es wird die Schreibweise des Namens beibehalten, die De Wailly selbst verwendet hat, und die in die neuere französische Fachliteratur eingegangen ist.
30 Lavallée 1798, S. 7; Andrieux 1799, S. 36.
31 Der Kasseler Hofarchitekt Simon Louis Du Ry berief sich in einem Schreiben an die Académie Royale d'Architecture vom 4.1.1783 darauf, daß er zusammen mit De Wailly bei Jacques François Blondel studiert habe. Diese Studienzeit ist bei Du Ry für die Jahre 1748—1752 gesichert (vgl. unten!). Man kann diesem Schreiben nicht unbedingt entnehmen, daß auch De Wailly bis 1752 bei Blondel studiert habe, wie dies im Katalog De Wailly 1979 S. 17, getan wird (dort fälschlich von »Clément Du Ry« die Rede!).
32 Lavallée 1798, S. 7.
33 Vgl. Harris 1967, S. 190; — Pérouse de Montclos 1969, S. 45; — Erouart 1982.
34 Lavallée 1798, S. 7; — Andrieux 1799, S. 37; — Lance 1872, S. 221; — Bauchal 1887, S. 574 f.
35 Vgl. Harris 1967, S. 191; — Braham 1972, S. 674; — Erouart 1982, S. 52 ff.
36 Harris 1967, S. 191.

37 Lavallée 1798, S. 7; — Andrieux 1799, S. 37 f.; — Lance 1872, S. 221. — Als vierten Lehrer De Waillys nennen die Akademieakten Le Camus, den Professor der Mathematik und Sekretär an der Académie Royale d'Architecture, vgl. Correspondance Bd. XI 1901, S. 8.
38 Braham 1972, S. 674, Fig. 19.
39 Braham 1972, S. 674, Fig. 20; — Piranèse et les Français 1976, S. 133 f., Kat. Nr. 65; — Middleton/Watkin 1977, S. 121, Abb. 151; — De Wailly 1979, S. 26 f. Kat. Nr. 16.
40 Correspondance Bd. X 1900, S. 469 f.
41 Correspondance Bd. XI 1901, S. 8 f., 32, 142, 145, 149, 164. — Louis Hautecœur, Rome et la Renaissance de l'Antiquité, Paris 1912, S. 123, 125. Auf die Studien französischer Architekten in Rom in dieser Zeit gehe ich im Zusammenhang mit Du Ry nochmals ein.
42 Beauvalot 1978.
43 Braham 1972, S. 677; — Steinhauser/Rabreau 1973, S. 43, Anm. 8.
44 Procès-verbaux Bd. VII 1922, S. XXIV-XXIX; — Hautecœur Bd. IV 1952, S. 72, 234; — Christopher Tadgell, Ange-Jacques Gabriel (= Studies in Architecture, 19), London 1978, S. 5 f.
45 Steinhauser/Rabreau 1973.
46 Rabreau 1977, S. 38 unten (Abb.); — De Wailly 1979, S. 58, Kat. Nr. 227.
47 Braham 1972, S. 673.
48 Encyclopédie Suppl. Bd. V 1777, Stichwort »Architecture, Sallon« (4 Tafeln); »Architecture Théâtre« (9 Tafeln).
49 Es findet sich in Piranesis Prima parte di Architettura, 1743, als »Vestibolo d'antico Tempio«, vgl. Piranèse et les Français 1976, S. 135.
50 Steinhauser/Rabreau 1973, S. 42.
51 Duquenne 1978, S. 226, 232—238.
52 Hautecœur Bd. IV 1952, S. 241; — Rabreau 1977; — De Wailly 1979, S. 49—51.
53 Lavallée 1798, S. 21.
54 Diese Berufung erfolgte um 1790, vgl. Lavallée 1798, S. 19; — Bauchal 1887, S. 575.
55 Rabreau 1977.
56 Andrieux 1799, S. 40.
57 Ders. ebenda, S. 39: »Autrefois, et jusqu'au temps de l'école de Lejay (sic!), les architectes se contentaient de tirer des lignes, et tout au plus de tracer des plans; mais, ne dessinant ni les contours, ni les corps avancés, ni les ornements, ils ne savoient, pour ainsi dire, pas leur langue toute entière; ils ne la parloient point; ils ne communiquoient pas toutes leurs pensées, et l'on ne pouvoit juger de l'effet de leurs compositions«.
58 De Wailly 1979, Titelbild, Kat. Nr. 37.
59 Kaufmann 1955, S. 106 ff. — Middleton/Watkin 1977, S. 75; — Wilton-Ely 1978, S. 21.
60 Blondel, Cours Bd III 1772, S. XXXIV.
61 Braham 1972, S. 673.
62 Vgl. zum Aufenthalt Ledoux' in Kassel: Pierre du Colombier, L'Architecture Française en Allemagne au XVIII siècle, Paris 1956, Bd. I, S. 236—238; — Both/Vogel 1973, S. 177—184; — Schuchard/Dittscheid 1979 S. 78, 80 f., 205—207, 209, Kat. Nr. 253, 263. Zu diesem Thema bereite ich einen eigenen Aufsatz vor.
63 In diesem Zusammenhang entstand das oben zit. Schreiben; — vgl. auch Procès-verbaux Bd. IX 1926, S. 93.
64 Schuchard/Dittscheid 1979, S. 77 f.
65 Staatl. Kunstslg. Kassel, Bibliothek Schloß Wilhelmshöhe.
66 Both/Vogel 1973, S. 146. — Die verwitwete Marquise de Spinola war wahrscheinlich die Mutter des Bauherrn Cristoforo Spinola, der 1773—1792 Botschafter der Republik Genua am französischen Hof war, vgl. Enciclopedia Italiana di Scienze, Lettere ed Arti XXXII, Rom 1950, S. 379.
67 Die Korrespondenz befindet sich in: StAM 4 f. Frankreich, 1703. Bodens erster Brief, in dem er die Comédie schildert, stammt vom 30. Juni 1779 (fol. 349—350). Am 5.9.1781 schreibt er von der »belle Salle que bâti M. Dewailly« (fol. 432 verso), womit er erstmals den Namen des Architekten nennt und diesen offensichtlich beim Landgrafen als bekannt voraussetzt. Kurz nach der Einweihung, am 21.4.1782, schreibt Boden: »[...] Les maisons qui viennent de naître du côté du Luxembourg par spéculation pécuniaire sur la proximité de ce spectacle sont pour la plupart fort belles. La salle même l'est aussi, aux yeux des gens qui ne montrent pas une partialité marquée [...]. Le plus grand nombre ne pardonne point le choix du lieu à cause de la distance [...]. Au reste la Salle offre un coup d'oeil imposant par ses proportions et la simplicité recherchée de ses ornements [...]. Sa forme d'un ovale presque rond qui enchâsse le parterre assis, semble d'autant plus agréable qu'elle se dessine tout autour par une galerie que fait l'amphithéâtre. Il n'y a pas la moindre dorure. Les décorations de sculpture sont sages et du meilleure goût. Le plafond est une espèce de rotonde remplie de basreliefs à l'arabesque en deux couleurs seulement, du gris et du blanc [...]« (fol. 451—452). Zwar sind die Briefe Friedrichs an Boden nicht erhalten, aber es darf als sicher gelten, daß der Gesandte mit solchen Detailschilderungen den Wünschen des Landgrafen entsprach. Es ist bemerkenswert, daß der Bau der Comédie als alleiniges Werk De Waillys ausgegeben wird.
68 Both/Vogel 1973, S. 142.
69 Norry gewann mehrmals den Prix d'émulation an der Académie Royale d'Architecture, und zwar im Juli, November und Dezember 1776. 1782 beteiligte er sich am Grand Prix. Vgl. Procès-verbaux Bd. VIII 1924, S. 274, 282 f., Bd. IX 1926, S. 74.
70 Im HHCSAC 1782, S. 103 wird er erstmals als solches geführt, De Wailly noch nicht.
71 StAM R II Kassel/96, fol. 10; — StAM R II Kassel/97, fol. 49. — Falsche Lesung bei Both/Vogel 1973, S. 184: »Nolly«.
72 Vogel, Besucherbücher 1956, S. 11.
73 Der Band wurde in der Landesbibliothek Kassel aufbewahrt und trug den Titel: »Descriptions des nouveaux projets de restauration du palais de S.A.S. Monseigneur le Landgrave regnant de Hesse Frédéric II à Cassel. Composé & présenté par de Wailly [...] 1782«. Zit. nach Holtmeyer 1923, S. 313, Anm. 8, Abb. ebd. Atlas Taf. 189. — Der von Both/Vogel 1973, S. 184 noch angeführte Katalogzettel der Landesbibliothek ist inzwischen verloren.
74 HHCSAC 1783, S. 118; — Knackfuß 1908, S. 67.
75 StAM 16, Rep. VI, Kl. 29, Nr. 2, fol. 25. Mit dem neuen französischen Theater ist die Comédie Française gemeint. — Den Hinweis auf diese Akte verdanke ich Dr. Jutta Schuchard.
76 Vgl. Holtmeyer 1923, S. 284 f., der allerdings ebd. S. 293 darauf hinweist, daß De Wailly die Raumbezeichnungen des alten Schlosses verschiedentlich geändert oder vertauscht habe.
77 Dieser hieß Letrosne und führte den Titel eines »appareilleur des Bâtiments du Roi«. Er stellte Wolff am 30. Mai 1783 ein Gutachten aus: StAM 16, Rep. VI, Kl. 29, Nr. 2, fol. 27.

78 StAM R II/Kassel/97, Jg. 1783, fol. 20, 25, 29, 35, 41, 46, 52, 57, 62, 66, 71, 77. — In der Chatoullrechnung, StAM RII/Kassel/96, Jg. 1783, fol. 52, ist vermerkt: »Dem französischen Baumeister Mr. de Wailly die demselben gnädigst geschenkte, von der Kriegs Casse einstweilen gegen beyliegende Bescheinigung vorgesetzte, und dahin successive erstattete 500. Carol., incl. 616 1/2 Ld'or«, (entspr. 3083 Rtlr.). — Datum der Eintragung: 30.12.1783.

79 Dies gilt sowohl für das StAM, die Archives Nationales und die Archives Diplomatiques in Paris als auch für das Archiv der Kurhessischen Hausstiftung in Schloß Fasanerie bei Fulda.

80 Friedrich II. brach am 7. Juni 1784 nach Paris auf und war am 22. August desselben Jahres wieder in Kassel zurück: Archives Diplomatiques, Paris, Band Hesse-Cassel, Supplément 1784—1811, fol. 30—33.

81 Lavallée 1798, S. 40, Anm. 12.

82 StAM RII/Kassel/96, Jg. 1785, fol. 15, Datum: 29. März 1785.

83 Vgl. StAM R II/Kassel/96, 97, Jg. 1784.

84 Casparson 1800.

85 Zu Casparson vgl. unten, Kap. VI.

86 Gerland 1895. — Zusammenfassend vgl. ders., Geschichte Hugenottischer Familen III. Die Familie Du Ry, in: Die Französische Colonie, Jg. 1892/1893, Berlin 1893, S. 16—18.

87 Phleps 1908.

88 Bleibaum 1926.

89 Hallo 1930.

90 Vgl. Friedrich Bleibaum, Schloß Wilhelmsthal und François De Cuvilliés d. Ä. (= Jb. d. Denkmalpflege im Reg.-Bez. Kassel, Sonderheft 2), Melsungen 1932, S. 5 f., 50 ff. — Rudolf Hallo, Schloß Wilhelmsthal und François De Cuvilliés d. Ae. von Fr. Bleibaum [...]. Eine Anzeige und eine Abwehr, in: Hessenland 44. 1933. S. 17—22; — F. Bleibaum, Schloß Wilhelmstal und François De Cuvilliés d. Ä., eine Entgegnung auf die »Abwehr« von Dr. Rudolf Hallo, in: Hessenland 44. 1933, S. 55 f.; — vgl. dazu H.-C. Dittscheid, Kommentare zu den architekturgeschichtlichen Aufsätzen R. Hallos, in: Rudolf Hallo, Schriften zur Kunstgeschichte in Kassel, neu hrsg. v. Gunter Schweikhart, Kassel 1983, hier S. 685—691.

91 Fr. Voigt, Ry, Simon Louis (Ludwig) Du, in: Thieme-Becker Bd. XXIX, Leipzig 1935, S. 247—249.

92 Bätjer 1942.

93 Boehlke 1953.

94 Vgl. H.-K. Boehlke, Die städtebauliche Entwicklung Kassels, in: Aufklärung und Klassizismus 1979, S. 60—75, Kat. Nr. 222—244; — Schuchard/Dittscheid 1979.

95 Boehlke 1980.

96 H.-C. Dittscheid, Simon Louis Du Ry, Baumeister Landgraf Friedrichs II., in: Informationen (Kassel) 12. 1981, Heft 10, S. 16 f.

97 Eckard Wörner, Simon Louis Du Ry. Ein Wegbereiter klassizistischer Architektur in Deutschland (Kat. d. Ausst. d. Stadtsparkasse), Kassel 1980 (mit. Lit.-verz.).

98 Für Verwirrung sorgt der Aufsatz von Cornelius Steckner, Die »Verschönerung« von Kassel unter Friedrich II., in: Schweikhart 1983, S. 33—51, in dem »spätere Lobhudelei« [sic!] dafür verantwortlich gemacht wird, daß man heute Du Rys Anteil an der Stadtbaukunst in Kassel angeblich überschätzt. Steckners Gegenargument: »In den bis 1784 erschienenen Schriften ist indes nichts über sein [Du Rys] Bauen zu erfahren [...]« (ebd., S. 33). Der Autor negiert den Quellenwert der zahlreichen Entwürfe Du Rys als auch der ungedruckten Archivalien und unternimmt den spektakulären, historisch jedoch kaum haltbaren Versuch, die Anteile, die er Du Ry abspricht, dem Obristen von Gohr und Claude-Nicolas Ledoux zuzuweisen.

99 Pierre du Colombier, L'Architecture française en Allemagne au XVIIIe siècle, Paris 1956, Textbd. S. 226—243.

100 Keller 1971, S. 81, 120, 215 f., 218 f., 246.

101 Macmillan 1982, Bd. I, S. 614—617 (Du Ry Family, verf. v. Fritz-Eugen Keller).

102 Vgl. Rosalys Coope, Salomon de Brosse (= Studies in Architecture, XI), London 1972, S. 9, Anm. 25, S. 93 ff. (zu Coulommiers-en-Brie, für das Charles Du Ry auch Zeichnungen angefertigt haben soll).

103 Wilhelm VIII. ernannte Charles Du Ry am 24.6.1756 zum Oberbaumeister. StAM 53 f, Rubr. 11, Nr. 2. — Über Charles Du Ry informieren Both/Vogel 1964, S. 178.

104 Dies ist die Angabe seines Vaters. Die Kirchenbücher nennen den 14.1. als Geburtstag, vgl. Boehlke 1953, S. 155, Anm. 62.

105 Zitiert nach Gerland 1895, S. 40 (die originalen Quellen im StAM nicht auffindbar!).

106 Ebd., S. 40.

107 Das Inventar stammt aus dem Jahr 1760. Unter »Lit. Ll, Aa« sind aufgeführt: »Projets pour le Batiment d'Amelienthal faits par l'architecte Leveilly à Bonn 1731 et par le Sre Horleman à Stockholm 1732«. Darüber hinaus erwähnt dieses für die Kasseler Kunstgeschichte aufschlußreiche Inventar zahlreiche Pläne und Stiche, die neue Aufschlüsse über die Verbindungen des Kasseler Hofes zu internationalen Kunstzentren vermitteln. Aufgezählt sind z. B. ferner:
— Louis Rémy De la Fosse, 6 Risse für ein Jagdhaus, datiert 1713, sowie 5 Risse, für das Residenzschloß Kassel;
— François De Cuvilliés, Pläne für Schloß Wilhelmsthal, datiert 1745 und 1746(!);
— Georg Wenzeslaus von Knobelsdorff, Entwürfe zur Grotte von Schloß Wilhelmsthal und seine Pläne zur Berliner Oper;
— Pläne des englischen, Robert Walpole gehörenden Landschlosses Houghton Hall in Norfolk, datiert 1735;
— Nicodemus Tessin d. J., Pläne des Stockholmer Schlosses;
— 8 Pläne von königlichen Gebäuden in Dresden;
— Plan des Parks von Kensington;
— mehrere Pläne von London und Paris;
— Pläne von Sanssouci, datiert 1751;
— Ansichten von Häuserfassaden und der Französischen Kirche in Potsdam;
— Zeichnungen Halfpennys zu chinesischen Häusern;
— von Simon Louis Du Ry sind Blätter aufgezählt, die zu seinen frühesten Arbeiten gehören: 4 Zeichnungen für Schloß Neuhaus (bei Paderborn), datiert 1743; 2 Risse der Cascade von Saint Cloud, datiert 1749; 7 Zeichnungen für eine Galerie (entstanden im Zusammenhang mit der Kasseler Gemäldegalerie), datiert 1751
(die vorliegende Auswahl berücksichtigt nur Werke der Baukunst!): StAM 4a 80, Nr. 15.

108 Staatl. Kunstslg. Kassel, o. Inv. Nr. Den Hinw. auf das erst jüngst entdeckte Blatt verdanke ich Herrn Hans Hilsenbeck.

109 Staatl. Kunstslg. Kassel, Depos. Landeskonservator Hessen, o. Inv. Nr. — Abb. bei Bätjer 1941, Taf. I.

110 Zit. nach Gerland 1895, S. 43.

111 In diesem Sinne schrieb Du Ry am 17.3.1747 an seinen Vater. Vgl. ebd. S. 43 f.
112 Zitiert nach ebd., S. 46.
113 W. J. C. G. Casparson, Zum Andenken des fürstl. Hessischen Ober-Bau-Director u. O. K. Rath Du Ry in der Sitzung der Alterth. Gesellschaft vom 17ten April 1800 durch ihren beständigen Secretair. Vorlesungsmanuskript in: Murhard-Bibliothek, Kassel, Handschriftenabteilung, 2° Ms. Hass. 241, fol 7 (es handelt sich um die im Druck überarbeitete Vorlage zu Casp. 1800).
114 Im Wortlaut bei Gerland 1895, S. 52.
115 Brief Du Rys vom 23.9.1748, zitiert ebd. S. 54 f.
116 Zitiert nach der Übers. ebd., S. 59 (Original verloren).
117 Brief Du Rys an seinen Vater vom 8.5.1749 ebd., S. 57. Du Ry wurde durch Blondel mit Germain Boffrand persönlich bekannt gemacht (ebd. S. 56); auf diesen gehen die Innenausstattungen des Hotel Soubise zurück.
118 Die dem hessischen Geschichtsverein gehörenden Blätter waren zuletzt in der Landesbibliothek Kassel aufbewahrt, wo sie im Zweiten Weltkrieg verbrannten. — Du Ry schickte den Entwurf im März 1750 ab, vgl. Gerland ebd., S. 60. — Abbildungen bei Bätjer 1941, Taf. II.
119 Blondel 1737/1738. Vgl. den Aufriß der Gartenseite des Du Ry-Projekts mit Blondels Entwurf in Bd. I 1737, Taf. 35.
120 Gerland 1895, S. 61.
121 Der große kolorierte Plan zeigt ein Schloß inmitten eines Parks und ist bezeichnet: »Disposition Generale d'un Grand Jardin dont la pente est en face du Bâtiment du dessein de S. L. du Ry«. StAM Karten P II 3461. Du Ry schickte diese Schloßpläne am 7.2.1752 nach Kassel. Gerland 1895, S. 66 f.
122 Gemeint ist: Blondel 1737/1738.
123 Brief Du Rys an seinen Vater vom 5.5.1750, Zitat nach der Übers. von Gerland 1895, S. 61 f.
124 Auszug aus demselben Brief, zit. nach Gerland 1895, S. 61.
125 Zit. nach Gerland 1895, S. 66.
126 Das an den Direktor der Akademie gerichtete Schreiben lautet: »Monsieur, La mort de Mr. Marquet, Architecte du Roi d'Espagne, ayant laissé vacante une place d'associé correspondant de l'Académie Royale d'Architecture de Paris. Je me trouverois très honoré, Monsieur, si je pouvois avoir le bonheur de le remplacer en cette qualité. Je n'ai point l'honneur d'être connu de vous, Monsieur, mais Messrs. Peyre, De Wailly, Moreau et Drouart [sic!] avec lesquels j'ai étudié à Paris sous feu Mr. Blondel depuis 1748 jusqu'en 1752 doivent se ressouvenir de moi. Je suis attaché depuis plus de 20 ans en qualité de Premier Architecte à Monseigneur le Landgrave de Hesse et j'ai fait dans Cassel plusieurs bâtiments considérables que Mr. De Wailly, ancien contrôleur des bâtiments du Roi, a vu pendant le séjour qu'il a fait dans cette ville, et au témoignage duquel je me trouve obligé d'en appeler ne pouvant dans ce moment en présenter les desseins. Je vous supplie, Monsieur, de m'accorder votre suffrage pour la place en question et d'être persuadé que j'en aurais toute ma vie la plus vive reconnaissance, étant avec la plus parfaite considération, Monsieur, à Cassell ce 21 Janvier 1783 votre très humble et très obéissant serviteur S. L. Du Ry [...]« Archives de l'Académie Royale d'Architecture (Académie des Beaux-Arts), Institut de France, Paris, Karton B 21. Ebenda befindet sich noch eine zweite, kürzere Fassung dieses Schreibens. — Den Hinweis auf diese Quellen verdanke ich Mme Monique Mosser (Groupe Histoire Architecture Mentalité Urbaine, Paris).
127 Harris 1970, S. 5 f., 18—21.
128 Zu Fünck vgl. Bleibaum 1926, passim.
129 Zitiert nach Gerland 1895, S. 66.
130 Vgl. hierzu Anm. 107!
131 Aus dem 15 Punkte umfassenden Vertrag folgender Auszug: »Von Gottes Gnaden Wir Wilhelm Landgraf zu Heßen p. p. thun kund und bekennen hiermit, daß Wir Unsern lieben Getreuen Siemon Ludwig Du Ry, nachdem Wir denselben, um sich in Bausachen desto mehr zu qualificiren, auf Unsere Kosten, etlich Jahre reißen laßen, zu Unserm Baumeister und Diener gnädigst bestellet haben; bestellen und nehmen ihn auch dazu auf = und an, also derogestalt:
1. Daß Er Unser Baumeister und Diener seye, allen Schaden und Gefahr abwende und nicht zugeben solle, daß von anderen etwas verwahrloset oder zu Unserm und Unserer Gebäude Nachtheil unternommen werde. [...]
3. [...] Wann Riße und Zeichnungen, von alten oder neu aufzurichtenden Gebäuden erfordert werden, soll er solche mit Fleiß nach richtigem Maaß Stabe auftragen und reinlich aufzeichnen, damit man darinnen alle Umstände, worauf es im Grunde, der Façade oder im Profil ankommt, deutlich einsehen, das Maaß richtig abnehmen, die Überschläge darnach probiren, und sonsten die Dauerhaftigkeit eines auszubeßernden oder neu anzulegenden Gebäudes beurtheilen könne.
4. [...]Nach vollführtem Bau aber hat er die in Händen habende Zeichnungen zur Bauamts Repositur oder zu denen jenigen Acten, wohin jedes gehöret, nebst Überschlägen abzuliefern und in Verwahrung zu geben, damit er selbst und diejenigen, welche es zu thun haben, darin das nöthige aufsuchen können, und solche Nachrichten stets bey der Hand seyn möge.
5. Wann ein gewißes Gebäude unter seiner alleinigen Aufsicht aufgeführet oder repariret wird, soll er dahin sehen, daß alles dauerhaft und nach denen Regeln der Bau Kunst gemacht, folglich ein sicherer Grund gesuchet, die Mauer nicht ins Auge alleine, sondern inwendig wohl verbunden, keine Höhlungen darinnen gelaßen, oder sonst auf betrügliche Weise gearbeitet [...] werde. [...]
15. und was er von Unsern Bau Sachen oder auch von Heimlichkeiten erfähret, oder ihm sonsten anvertrauet werden wird, davon die Tage seines Lebens, er bleibe gleich in Unsern Diensten oder nicht, keinem Menschen das geringste zu entdecken, sondern biß in seine Grube geheim halten [...].
Darentgegen und von solchen seines Dienstes wegen wollen Wir ihm nach vollendeter seiner dermahlen auf Unsere Kosten hinwiederum vornehmende Reise nach Italien den ihm gnädigst zugedachten Gehalt demnächst auswerffen laßen: treulich und ohne Gefährde. [...]
Cassel den 14ten Mai 1753. Wilhelm«
StAM 5, 11387, fol. 4—9.
132 »Nachdem Wir Unsern Baumeister Simon Ludwig Du Ry, um sich in seiner erlernten Baukunst völlig zu perfectioniren und zu Unsern hiernächstigen Diensten geschickt zu machen, auf zwey Jahr ohngefehr eine Reyße nach Italien thun zu laßen, gnd. resolviret, demselben auch zu seiner Subsistenz vierhunder Rthlr. jährl. wie auch einhundertfünffzig Rthlr. zu seinen Reyße Kosten und also überhaupt

fünfhundertfünffzig Rthlr. jährl. gndst. hiermit verwilliget haben: Als befehlen Unserm Cammer = Praesident und Renth = Cammer, ihme sothane 550 Rt. vom 2ten Qtal dieses Jahres an und fürters biß auf anderweite Verordnung und zwar jedes Jahr zum Voraus gegen Quittung bezahlen [...]. Cassell d. 14. May 1753. Wilhelm«. StAM 5, 11387, fol. 13.

133 »Ich Simon Ludwig DuRy uhrkunde und bekenne hiermit: Nachdem des regierenden Herrn Land graffen zu Hessen Cassel Hochfstl. Durchl., Mein gnädigster Fürst und Herr, um Mich in der Bau Kunst zu perfectioniren und zu Höchst deroselben Diensten geschickt zu machen, nicht nur auff dero Kosten verschiedene Jahre in Schweden und Frankreich reysen laßen, sondern nunmehro auch gdgst. endschloßen, in eben solcher Absicht auff einige Jahre nach Italien zu schicken: daß Ich aus schuldigster Obliegenheit und unterthänigster Erkentlichkeit vor sothane Mir dadurch erwiesene und noch weiter erweisenden Gnaden mich krafft dieses zu höchstderoselben alleinigen Diensten auff meine geleisteten Eydespflichten dergestalt zum bündigsten verpflichte, daß ich deren keine andere noch sonsten ein auswärtiges Etablissement, unter welcherlei praetext es seye, auch noch annehmen solle und wolle. [...] So geschehen Cassell d. 15 t May 1753 S L DuRy« StAM 5, 11387, fol. 3.

134 Brief Du Rys an den hessischen Kammerrat J. F. Plümque, dat. Venedig 4. Juli 1753, in: MS. Familiennachrichten Du Ry, Italien, fol. 9 v.

135 Aus demselben Brief, fol 9 v.: »[...] j'ai été remettre à M. le Comte Algarotti la lettre que M. le Président De Borck m'avoit donné pour lui, M. Algarotti m'a prié de le venir voir à Venise [...]«.
Für eine direkte Beeinflussung Du Rys durch Algarotti spricht die Tatsache, daß die deutsche Übersetzung von Algarottis Traktat »Saggio sopra l'architettura« ihm selbst gewidmet war, vgl. Schuchard/Dittscheid 1979.

136 Pierre Gaxotte, Friedrich der Große, Frankfurt a. M./Berlin/Wien 1973, S. 285, 303.

137 Du Ry blieb bis zum 21. März 1756 in Rom: Brief an seinen Vater, dat. Rom 20.3.1756, in: MS. Familiennachrichten Du Ry, Italien, fol 73.

138 »Lettre sur l'état présent de la ville d'Herculanum et sur les antiquités qui en sont tirées«, dat. Neapel 6.10.1753; »Seconde lettre sur les antiquités d'Herculée«, undatiert, in: Murhardbibliothek Kassel, Handschriftenabteilung, 2° Ms. Hass. 464, fol. 1–34. — Im ersten Brief spricht Du Ry von den Arabesken-Ornamenten, die sich an den Wänden des Herkulestempels befunden hätten. Der zweite Brief schildert genauer die Malereien, die abgenommen und in der Nähe des Schlosses Portici ausgestellt waren: »Plusieurs tableaux d'architecture, mais sans proportions, ce sont des perspectives de temples, de palais et autres édifices, ornées de colonnes ruinées et fort hautes [...]«. Einige Malereien seien »à peu prés dans le goût des chinois« (!) ebd. fol. 18, 19.

139 Du Ry widmete diesem Tempel am 12.2.1777 einen Vortrag bei der Kasseler Altertümergesellschaft (Société des antiquités) mit dem Titel: »Extrait du Journal d'un voyage en Italie en 1776 et 77 [...] contenant la description du Temple de Serapis près de Pouzzol et quelques réflexions sur les bâtiments anciens comparés aux édifices modernes«, in: Murhardbibliothek Kassel, Handschriftenabteilung, 2° Ms. Hass. 464, 10, fol. 1–13. Ebd., fol. 2, vermerkt Du Ry, daß er 1753 und 1755 den Tempel besichtigt und exakt gezeichnet habe. Diese Zeichnung hat sich in Jussows Nachlaß wiedergefunden: Staatl. Kunstslg. Kassel, Inv. Nr. K II 6086, bezeichnet oben von Du Ry: »Plan d'un temple antique de Serapis découvert à Pouzzol près de Naples en 1752« (Von Klein 1975, S. 143, Anm. 30, fälschlich Jussow zugeschrieben und 1782 datiert).

140 »Je me promène souvent dans les ruines de ces palais autrefois si fameux, en me rappelant les grands personnages qui les ont habités, tu ne scaurais t'imaginer le plaisir que j'ai dans ces promenades que je fais souvent seul [...]«.
Brief Du Rys an seine Schwester, dat. Rom 12.1.1754, MS. Familiennachrichten Du Ry, Italien, fol. 20 v. Dieser Ausspruch Du Rys mutet an wie ein Vorgriff auf das Zeitalter der Empfindsamkeit.

141 »[...] mes occupations [...] ont étées jusqu'ici de rassembler et de prendre des dessins et mesurer des morceaux d'architecture que j'ai cru me pouvoir être les plus utiles par la suite«. Brief an seinen Vater, dat. Rom 17.10.1754, in: MS. Familiennachrichten Du Ry, Italien, fol. 33.

142 »Je fais emballer quantité d'ornements de platre que j'ai faits mouler sur des antiques et que je conte qui seront d'un grand secour à nos ouvriers si jamais j'ai occasion de leur faire exécuter [...] J'ai fait mouler, modeler, ou faire en bois les 3 chapiteaux les plus difficiles à exécuter. J'ai plusieurs tritons, lions, sphinx, d'après ce qu'il y a de mieux à Rome, et je suis persuadé que vous ne serez pas faché de voir cette collection architectonique [...]«. Brief an seinen Vater, dat. Rom 14.2.1756, ebd., fol. 67.

143 »[...] je passe la plus grande partie de mon temps dedans et autour des plus beaux monuments de l'ancienne et nouvelle Rome et j'y fais des études qui m'instruisent en m'amusent beaucoup en même temps«. Brief an seinen Vater, dat. Rom 15.12.1753, ebd., fol. 18f.

144 Grundriß-Reinzeichnung, bezeichnet von Du Ry: »Plan de l'Eglise de St Ignace à Rome/ de l'architecture du Père Grassi Jésuite« (Staatl. Kunstslg. Kassel, o. Inv. Nr., Depos. Hess. Geschichtsverein).
Die Kirche S. Ignazio wurde um 1628 nach dem Entwurf Orazio Grassis, den Du Ry als Architekten richtig angibt, begonnen. Für die Architekturstudenten des 18. Jahrhunderts muß vor allem das Motiv der eingestellten Arkaden-Vollsäulen einer besonderen Beachtung wert gewesen sein, wie es z. B. an der Fassade der Villa Albani von Carlo Marchionni wiederaufgegriffen wurde.

145 Aufriß-Reinzeichnung in schwarzer Feder, farbig aquarelliert (Staatl. Kunstslg. Kassel, o. Inv. Nr., Depos. Landeskonservator Hessen).
Den 1732 von Papst Clemens XII. ausgeschriebenen Wettbewerb zur Gestaltung der Fontana di Trevi hatte Nicola Salvi für sich entschieden. Im Todesjahr des Papstes 1740 war der Bau noch nicht vollendet. Du Rys Zeichnung ist deshalb wichtig, weil sie ein Zwischenstadium vor der gänzlichen Vollendung festhält, mit einer vom heutigen Bestand abweichenden Gestaltung der mittleren Felspartie und einer anderen »Oceanus«-Statue in der Mittelnische, vgl. Anthony Blunt, Guide to Baroque Rome, London-Toronto-Sydney-New York 1982, S. 238—240 (für freundliche Hinweis danke ich Dr. Elisabeth Kieven, Rom, und Prof. John Pinto, Washington, der z. Zt. eine Monographie über die Fontana di Trevi vorbereitet).

146 »[...] malheureusement ici comme en France et chez nous en Allemagne le goût moderne [d.h. wohl das Rokoko, Anm. d. Verf.] domine et l'on risque même de passer pour un esprit lourd et rempli de préjugés pour les anciens, lorsque l'on se hazarde de blâmer la manière de décorer qu' à présent, mais n'importe cela ne m'empêche point de m'attacher plutôt à imiter les bons ouvrages des anciens que les caprices des modernes, étant sur d'avoir l'approbation des vrais connoisseurs«. Aus dem Brief an seinen Vater, dat. Rom 17.10.1754, in: MS. Familiennachrichten Du Ry, Italien, fol. 34.

147 Vgl. zur französischen Schule in Rom: Harris 1967; — Harris 1970, S. 21—31 (dort der Stilbegriff »Franco-Roman neoclassicism« verwandt); — Piranèse et les Français 1976; — Actes Piranèse 1978.

148 »LIVRE D'ETUDES FAITES A ROME en 1753, 1754, 1755, 1756. par S. L. Du Ry, architecte«, Staatl. Kunstslg. Kassel, Inv. Nr. K I 1625.

149 Es handelt sich um fol. 5 und 8 des genannten Skizzenbuchs, vgl. Boehlke 1980, S. 23. Die Zusammenhänge zwischen Du Ry und Clérisseau wurden in der Literatur bisher übersehen. Es bleibt das Desiderat, die Vorlagen Clérisseaus im Detail nachzuweisen, wofür ein Studium seines Nachlasses in der Leningrader Ermitage Voraussetzung ist.

150 Vgl. zum Verhältnis Clérisseau-Piranesi: Piranèse et les Français 1976, S. 88—100; — Actes Piranèse 1978, S 303 f.

151 Vgl. Harris 1967; — Piranése et les Français 1976.

152 Harris 1970, S. 23 f.

153 Fleming 1962, S. 135 f.

154 Harksen 1973, S. 10.

155 Staatl. Kunstslg. Kassel, Depos. Verein f. hess. Geschichte und Landeskunde, vgl. Boehlke 1953, Abb. 24; — Boehlke 1980, S. 22.

156 Boehlke 1953, S. 44.

157 Peyre 1765, Pl. 3.

158 Hautecœur Bd. IV 1952, S. 226.

159 Vgl. dagegen Boehlke 1953, S. 44, der eine Entstehung der Zeichnung Du Rys bereits in Paris vorschlug. Ihm war die Datierung des Peyre'schen Originals offensichtlich nicht geläufig.

160 Seine Zeichnungen aus der Mitte der sechziger Jahre (und danach) sind, soweit bekannt, ausschließlich an reale Projekte gebunden und im Stil der Architektur weit konservativer. Bislang ist auch kein Beweis dafür zu erbringen, daß sich Du Ry als Professor der Zivilbaukunst mit utopischen Projekten beschäftigt hat. — Daß Peyres »Œuvres« schon bald nach Erscheinen in Kassel bekannt waren, beweisen Zeichnungen des Kasseler Stadtbaumeisters Johann Henrich Wolff (1753 od. 1754—1801), der u.a. 1773 den Aufriß der Peyre'schen Akademie zeichnete: Zeichnung in Feder in Grau und Schwarz, grau laviert, violett aquarelliert, 248 x 720 mm, Maßst. in Pariser Fuß, bez. u. r.: »Dessein d'une Academie, selon invention de Mr Peyre archit. Franc./ J. H. Wolff fecit 1773 — augmenté l'an 1799«. Staatl. Kunstslg. Kassel, Nachlaß Wolff, Bl. 286. Vgl. Hallo 1930, S. 292.

161 Hautecœur, Bd. IV 1952, S. 228.

162 Peyre 1765, S. 27, Pl. 18 f.

163 »J'ai reçu par la dernière lettre de M. Du Rosey le plan de l'emplacement d'un boulingrin de l'île où S.A.S. a envie de faire élever un pavillon ou colonnade et je suis présentement occupé à en faire un projet suivant ses ordres«.

Brief an seinen Vater, dat. Rom 7.6.1755: MS. Familiennachrichten Du Ry, Italien, fol. 56 v.
»J'ai envoyé aujourd'hui à Mr. Du Rosey les desseins qu'il me demanda il y a quelque temps par ordre de S.A.S. pour un pavillon à bâtir dans l'île, ils ont au nombre de 4 un plan général, plan du salon, élévation et coupe. Je serai charmé de scavoir, s'ils auront eu l'approbation de S.A.S.«.
Brief an seinen Vater, dat. Rom 26.7.1755, ebd., fol. 58. — Aus der knappen Schilderung geht hervor, daß der Pavillon nur einen einzigen Raum, den Salon, besessen hat. Nach den beiden hier zitierten Briefen erweist es sich eindeutig als falsch, diesen Pavillon mit dem Küchenpavillon der Orangerie in der Karlsaue zu identifizieren, wie dies Gerland 1895, S. 100, und Holtmeyer 1923, S. 351, tun.

164 StAM, Karten P II 11. 643/3.

165 Vgl. Chambers' Entwürfe zum Mausoleum von Frederick, Prince of Wales, und Peyres Entwurf einer Grabkapelle: alle abgebildet in: Harris 1967, Taf. 33—37. Ebenda wird auch auf die Zusammenhänge mit Palladio und Scamozzi (Taf. 19) verwiesen.

166 Staatl. Kunstslg. Kassel, Depos. Verein f. hess. Geschichte und Landeskunde, vgl. Boehlke 1953, Abb. 26.

167 Piranèse et les Français 1976, S. 207—210 (Kat. Nr. 107).

168 StAM Karten P II 11.643.

169 Vgl. Harris 1970, Taf. 15; — Piranèse et les Français 1976, S. 204, 206 f. (Kat. Nr. 105).

170 Am Rand neben dem Grundriß StAM Karten P II 8863/3.

171 Vgl. Harris 1970, Taf. 17; — Piranèse et les Français 1976, S. 155 f. (Kat. Nr. 77).

172 Gerland 1895, S. 71, 74.

173 Ebd. S. 71.

174 Ebd. S. 72.

175 Harris 1970, S. 22.

176 Das von Du Ry eigenhändig geschriebene Manuskript trägt den Titel: »Journal d'un voyage d' Italie à la suite de S.A.S. Monseigneur le Landgrave de Hesse Frédéric II en 1776 et 1777«, in: Murhardbibliothek Kassel, Handschriftenabteilung, 2° Ms. Hass. 464, Nr. 4—10.

177 Ebd. Nr. 4, fol. 4.

178 Ebd. Nr. 4, fol. 13 f.: »Le palais de l'évêque a été bâti par le Sr Neumann en partie d'après les projets de Mr de Boffrand; l'architecte allemand s'est beaucoup écarté des idées de Mr de Boffrand relativement à la décoration extérieure, et n'en a pas fait mieux, il a donné de mauvaises formes au fenêtres et les a surchargées d'ornements encore plus mauvais; il aurait été à souhaiter qu'il eut exécuté tout le bâtiment comme l'avoit projeté Mr de Boffrand et tel qu'il est gravé dans les oeuvres d'architecture de ce dernier, mais peut-être n'est ce pas lui qui est cause de ces changements, peut-être y-a-t'il été forcé par ses supérieurs à faire mal [...]«.
Ebd. bemerkt er zur Schloßkapelle und zum Treppenhaus: »Cette chapelle ne ressemble [...] en rien à cette que Mr de Boffrand avoit projetté, mais l'escalier principale a été exécuté comme il se trouve dans le plan avec cette différence que dans le projet de Mr de Boffrand il y avoit deux escaliers pareils l'un à droite et l'autre à gauche du vestibule dont il n'y a d'exécuter que celui à gauche [...]«.
Du Rys Bevorzugung von Boffrand hängt natürlich damit zusammen, daß er den Franzosen in Paris kennengelernt und seine Bauten studiert hatte.

179 Ebd. Nr. 4, fol. 14.
180 Am 18.12.1776 notiert Du Ry eine »quantité de jolies maisons de campagne [...] dont plusieurs ont étées bâties par Palladio. Nous arrivames avant midi à Vicenza. S.A.S. se fit traduire tout de suite au Théatre de Palladio; dans plusieurs églises et dans quelques palais bâtis par Palladio«. Ebd. Nr. 4, fol. 39 f.
181 Ebd. Nr. 6, fol. 6.
182 Ebd. Nr. 5, fol. 31.
183 Ebd. Nr. 10, fol. 13. Diese Stelle ist durch mehrfache Durchstreichungen und Korrekturen schwer zu entziffern; leider bricht der Gedankengang ab.
184 Brief an seinen Sohn vom 2.7.1796, zit. nach Gerland 1895, S. 172.
185 Brief vom 1.9.1795, zit. nach ebd., S. 172.
186 Brief vom 28.1.1797, zit. nach ebd.
187 In dieser Ansicht fußt er einmal mehr auf Blondel, der die Dekorationen der Alten übernehmen will, ihre Architektur aber »unseren« (d.h. den französischen) Sitten anpaßt: Blondel, Cours Bd. II 1771, S. 5; — Hautecœur Bd. III 1950, S. 471.
188 »On a imité dans ces nouveaux bâtiments le péristyle du Louvre [...]«. Brief seiner Schwester Jeannette Philippine Le Clerc, geb. Du Ry, dat. Paris 4.9.1773, in: MS. Familiennachrichten Du Ry, Südfrankreich.
189 Brief Du Rys an seine Schwester, dat. Kassel 23.4.1776, und ihre Antwort, dat. Paris 11.6.1776, ebd. — Vgl. zum Colisée: Piranèse et les Français 1976, Kat. Nr. 84.
190 Du Ry wußte bereits in Rom von dieser Aufgabe: »J'espère d'être rendu à Cassel dans le moi de Mai, et prendre tout de suite possession de l'emploi que S.A.S. me destine à Wilhelmsthal«. Brief Du Rys an den Kasseler Hof, dat. Rom 6.3.1756, in: MS. Familiennachrichten Du Ry, Italien, fol. 71.
191 Blondel 1774, Bd. I, S. 103. In einer gesonderten Studie wäre zu untersuchen, an welchen Stellen Du Ry Cuvilliés' Wilhelmsthal-Planung abgeändert hat. Dazu gehören m.E. mehrere Vereinfachungen im Erscheinungsbild der Fassaden sowie vor allem die Innenarchitektur des Treppenhauses, die mehr dem Geist Blondels als dem Cuvilliés' entspricht!
192 Er erhielt am 4.2.1757 eine jährliche Zulage von 100 Talern zu seinem bisherigen Gehalt von 300 Reichstalern. StAM 5, 11387, fol. 19.
193 Vgl. Boehlke 1953; — Boehlke, Stadtbaukunst, in: Aufklärung und Klassizismus 1979.
194 Vgl. zu diesen Bauten zusammenfassend Schuchard/Dittscheid 1979.
195 Vgl. Both/Vogel 1973, S. 177—184; — Schuchard/Dittscheid 1979 sowie unten, Kap. IV.
196 Bätjer 1941, S. 30—36, Abb. 1—6.
197 Ebd., S. 22—28, Abb. 8—12.
198 Ebd., S. 35; Taf. 1.
199 Vgl. Paetow 1929, S. 82, Abb. 32.
200 Potsdam, Kassel XV, Nr. II/4. Das Blatt (137/418 mm) ist von Du Ry bezeichnet: »Elevation Géometrale du côté de la Ville de Cassel«.
201 Vgl. z.B. Ange-Jacques Gabriels 1751 begonnenes Schloß Compiègne, das — bei größerer Eleganz — ein vergleichbares decorum aufzuweisen hat.
202 Verfügung Friedrichs II. vom 6.2.1766. StAM 5, 9550, fol. 4; gleichlautend StAM 53 f., Rubr. 11, Nr. 2; — Knackfuß 1908, S. 10.
203 Brief Du Rys an seine Schwester, dat. Kassel 23.4.1776, in dem er um Kauf der Bände 3 und 4 bittet; die beiden ersten besitze er schon. MS. Familiennachrichten Du Ry, Südfrankreich.
204 Knackfuß 1908, S. 22; — Both/Vogel 1973, S. 194.
205 Knackfuß 1908, S. 57.
206 Wiedergabe im Auszug: »Von Gottes Gnaden Wir Wilhelm [...] thun kund und bekennen hiermit: daß Wir Unsern lieben Getreuen, Rath Simon Ludwig Du Ry die Direction bey Unserem hiesigen Bau Wesen cum Voto & Sessione in denen Cammer Bau Sessionen gnädigst anvertrauet haben; [...] Zu welchem Ende er [...]
2.
insbesondere auf das zu Unserem Hof Staat gehörige Bauwesen, sowohl inn= als außerhalb Unserer Residenz Stadt Cassel, es betreffe gleich die Errichtung neuer oder die Unterhalt- und Ausbeßerung derer schon vorhandenen Gebäude, zu sehen hat. Also soll er auch von allen diesen unter der bisherigen Bau Direction gestandenen als auch von denen nachhero darzugekommenen hiesigen Gebäuden, in gleichem Lust-, Jagd- und Land Schlößern und Häusern, darzu gehörigen Garten, Teichen, Waßerleitungen, Brücken und dergleichen, sowie besonders auch von dem seiner Aufsicht mit anvertrauten Schloß W e i ß e n s t e i n, und allen Zubehörungen, insoweit es noch nicht geschehen, eine neue Designation verfertigen, und in ein besonderes Buch eintragen laßen [...]
4.
[...] sollen diese Gebrechen, sonderlich wo es auf Kunst ankommt, von ihm in der Bau Session referiret, nach vorgängiger deliberation die Reparationen veranstaltet, wo aber die Sache von großer Wichtigkeit ist, und beträchtliche neue Gebäude vorgenommen werden müßen, bey Uns angefragt werden.
Weswegen
5.
über alldergleichen vorseyendes Bauwesen HauptRiße und Überschläge verfertiget, und Uns resp. zur Approbation und Unterschrift vorgelegt, was Wir dabey wegen der inneren Verzierung und sonst verordnen, in Neben Riße gebracht, und so authorisiret werden solle, damit die, welche die Ausführung zu thun haben, solche genau befolgen mögen. Damit man aber
6.
von allen Bau Gebrechen desto beßer urtheilen könne, so sollen alle und jede bereits verfertigte Riße sowohl von denen in der Residenz Stadt Cassel, als auf dem Lande befindlichen Herrschaftlichen — und zwar nicht allein von obgedachten Hof=, sondern auch von allen übrigen Amts= und Oeconomischen Gebäuden als Amt Häusern, Meyereyen, Mühlen, Schleusen, Brüken, ja selbst von denen neu erbauten Kirchen zusammen gebracht, zur Bau Registratur geliefert, ein Inventarium darüber formiret, und nach gewißer Ordnung reponiret werden. In solcher Absicht soll er
7.
von denen Baumeistern eine accurate Specification von allen bey sich im Hause habenden alten und neuern Rißen und Zeichnungen abfordern [...]
Wo aber noch

9.

gar keine Riße vorhanden, die sollen nach und nach verfertigt, und zu Ergänzung der Bau Departements Repositur daselbst aufbehalten werden.

Zu sothaner Arbeit sollen

10.

nicht nur die jetzt bestelten Baumeister, sondern auch die etwa ferner von Uns an das Bau Departement beyzugebende, oder sonst hierzu von Uns bestelten Ingenieurs und Dessinateurs, vornehmlich die Bau Accessisten, mit gebraucht werden.

[...]

Bey Schliessung der Bau Accorde soll

12.

zwar hauptsächlich auf gute tüchtige Arbeit gesehen, dabey aber jedoch denen Bau Leuten kein übermäsiger Gewinn und Vortheil zu gewendet, sondern die Erspaarung so gut thunlich gesucht, hierbey auch die Bau Taxe zum Grund gelegt werden. Was im Tage Lohn gearbeitet wird, soll

13.

unter guter Aufsicht veranstaltet, die Bau Leute fleißig visitiret, die Materialien wohl zu rathe gehalten, die Bau Listen auch wöchentlich aufgestellet, von den Baumeistern wohl nachgerechnet, von ihm dem Baumeister attestiret, nach Befinden rectificiret, hiernächst aber von der Cammer zur Zahlung decretiret werden.

[...]

Bey gedingter Arbeit hat er

17.

dahin zu sehen, daß die Bauleute nicht zu viel voraus wegnehmen, hernachmals aber den Bau kaltsinnig treiben, und schlechte Arbeit machen oder gar schuldig bleiben.

[...]

24.

[...]

So soll er dahin sehen, daß mit den Bauleuten und Lieferanten frühzeitig abgerechnet, ihre Rechnungen fleißig examiniret, nach Befinden moderirt, und nach beschehener Autorisation bezahlet, folglich die Belege zur Jahrs Rechnung zeitig beygebracht, und daraus die HauptRechnung aufgestellet, übergeben, und abgetan werde. Zu deßen Beförderung wird

25.

von ihm, und denen Baumeistern dahin zu sehen seyn, daß vor Ende Novembris jeden Jahrs, weil in denen Winter Monaten doch nicht mehr gearbeitet werden kann, die Abrechnungen in Ordnung gebracht, zur Behörde eingegeben, und von der Cammer zur Zahlung decretiret werden können, damit die Jahrs Rechnung dadurch nicht aufgehalten werde.

[...]

So geschehen Cassel d. 2 t Dec: 1785
Wilhelm L.
Actum Cassel d. 30ten December 1785
    Simon Ludwig Du Ry«: StAM 5, 11387, fol. 50—59v.

207 Verfügung Wilhelms, dat. Nenndorf 16.6.1790. Du Ry erhielt eine jährliche Zulage von 200 Reichstalern: StAM 53 f, Acc. 1904/45, 86, Kassel Nr. 5.

208 »Gnädigstes Rescript, wodurch der bisherige Bau Director Ober Cammer Rat Dury zum Ober Bau Director gnädigst ernannt wird«, dat. Weißenstein 21.5.1794: StAM 5, 11387, fol. 60; — mit gleichem Inhalt: StAM 53 f, Acc. 1904/45, 86, Kassel Nr. 5.

209 StAM 5, 11387, fol. 62.
210 Zit. nach Justi 1831, S. 313.
211 Vgl. Dittmer 1827.
212 Vgl. Justi 1831.
213 G. K. Nagler, Neues allgemeines Künstler-Lexikon, Bd. 6, München 1838, S. 510 f. Der Artikel nennt ihn »Eine[n] der ausgezeichnetsten seines Faches« (S. 510).
214 Vgl. Engelhard 1842; — Engelhard 1852.
215 Vgl. Kap. VI.
216 Johann Heinrich Wolff schreibt zum Verhältnis zwischen seinem Vater Henrich Abraham Wolff und Jussow: »Mein Vater war, wenn auch in der untergeordneten Stelle eines Bauentrepreneurs, d i e e i g e n t l i c h e S e e l e der Unternehmungen des baulustigen Landgrafen Wilhelm IX., denn der damalige Hofbauinspektor Jussow war ein plötzlich, ohne genügende Vorstudien, von der Jurisprudenz zur Baukunst übergetretener Architekt und war höchstens im Stande, die Zeichnung zu einem Prachtbau nach Vignola'schen und Palladioschen Rezepten zusammenzusetzen, nicht aber das Technische bei der Ausführung solcher Bauten zu leiten [...]«. Zit. nach Wolff 1899, S. 229 f.
217 Hoffmeister und Prior, Lexikon der hessischen Künstler und Kunsthandwerker, Hannover 1885, Artikel: Jussow.
218 Vgl. Knackfuß 1908, S. 65 ff., 79, 88, 93, 100 ff., 152 ff., 159 ff., 241.
219 Paul Heidelbach, Heinrich Christoph Jussow, in: Hessenland 37. 1925, S. 197—199.
220 Friedrich Bleibaum, Jussow, in: Thieme-Becker Bd. XIX, Leipzig 1926, S. 348 f.
221 Kramm 1940 charakterisiert zwar in manchem treffend Jussows Stil, fragt aber nicht nach dessen Quellen. Problematisch daher das Fazit: Jussow »rückt in große Nähe von Friedrich Gilly« (vgl. ebd., S. 230).
222 Vgl. Vogel 1958, S. 45 f., der zu dem Ergebnis kommt: »Auf das Ganze gesehen aber nahm der junge Jussow doch eine Entwicklung ohne wesentliche fremde Einflüsse«.
223 Vgl. Reuther 1959, S. 51 f.
224 Hoeltje 1964, S. 21.
225 Ebd., S. 22.
226 Georg Hoeltje, Pläne zum Umbau des hannoverschen Leineschlosses aus d. Jahre 1816 von H. Chr. Jussow und G. L. Fr. Laves, in: Niederdeutsche Beitr. z. Kunstgeschichte 3. 1964, S. 163—194.
227 Vgl. Dorn 1969; — Reinhard Dorn, Peter Joseph Krahe, Bd. II, Braunschweig 1971. — Der 3. Band steht bis heute noch aus.
228 Bangert 1969, Vorwort.
229 Ebd., S. 5.
230 Ebd., S. 19.
231 Ebd., S. 83.
232 Ebd., Vorwort, sowie S. 18, wo Jussows Architektur eine »ideologische Wirkungsabsicht« unterstellt wird.
233 Ebd., S. 90. — Ebd. wird als Vorbild für die Kasseler Baukunst unter Wilhelm IX. nur vage der »Stil der Großmächte« (??) angegeben. — Das Problem, daß die Kurwürde erst nach Vollendung der Wilhelmshöhe erreicht wurde, wird nicht erkannt!

234 Zit. nach ebd., S. 93. — Andererseits ist ebd., S. 91, die problematische Formulierung zu lesen, man habe sich in Hessen unter Wilhelm IX. »stilistisch wie politisch gegen jede Neuerung, die äußerlich etwas mit der Französischen Revolution zu tun hatte«, aufgelehnt.
Wie wenig sich eine ausschließlich ideologische Interpretation mit Jussows Baukunst verträgt, zeige ich am Beispiel der Löwenburg, vgl. unten, Kap. VI.
235 Zit. nach Bangert 1969, S. 105.
236 Macmillan 1982, Bd. 2, S. 518 f. (»Jussow, Heinrich Christoph,« verf. v. Barry Bergdoll).
237 H.-C. Dittscheid, Stadtbaukunst in Kassel unter Landgraf Wilhelm IX./Kurfürst Wilhelm I., in: Schweikhart 1983, S. 53—67.
238 Vorgesehen ist ein Katalog der Bauzeichnungen aus dem Besitz der Staatl. Kunstsammlungen Kassel von den Anfängen bis zum Jahr 1825 in der Bearbeitung von Dr. Jutta Schuchard und dem Verfasser.
239 Zum Stammbaum Jussows, der die Verwandtschaft zwischen den Baumeisterfamilien Jussow und Laves erhellt, vgl. Hoeltje 1964, S. 10.
240 Abgedruckt bei Dittmer 1827, S. 841—846. Von dort die folgenden Zitate.
241 Gemeint ist Johann Daniel Preissler, Die durch Theorie erfundene Practic, oder gründlichverfaßte Reguln, deren man sich als einer Anleitung zu berühmter Künstler Zeichen-Wercke bestens bedienen kann, 3 Bde., Nürnberg 1722—1728.
242 StAM 5, 11392, fol. 5 v., 6.
243 »Unterthänigster Bericht von der Kriegs und Domainen Cammer — die vom Oberbaumeister Jussow unterthgst überreichte Vorstellung, worinnen derselbe seinen Sohn zur Hülfe in seinen Geschäften sich erbittet betr.«: StAM 5, 11392, fol. 4.
244 »Gdgsts Rescript für den bey das Bau-Departement gdigst bestellten Candidatum Matheseos Heinrich Chrisoph Jussow zu Cassel«: StAM 5, 11392, fol. 2.
245 Dittmer 1827, S. 846.
246 StAM 5, 11393, fol. 15—16. Jussow hatte »bey der Expedition und Repositur« Bauakten zu schreiben und zu verwahren, vgl. HHCSAC 1780, S. 64.
247 Justi 1831, S. 316.
248 Schreiben Du Rys an Friedrich II. vom 18.10.1781: StAM 16, Rep. VI, Kl. 29, Nr. 1, Vol. Ia. — In den von ihm aufgestellten »Règlements de l'Académie d'Architecture de Cassel«, dat. 21.9.1781, umreißt Du Ry die dann von Jussow wahrgenommene Tätigkeit folgendermaßen: »IV. La seconde classe sera composé d'académiciens qui sans être proprement architectes ont cependant des connoissances relatives à cet art. L'on choisirera parmi eux un sujet pour enseigner aux élèves les premiers éléments de l'architecture, et les préparer aux leçons du professeur. Les artistes de la seconde classe de l'académie de Peinture et de Sculpture feront partie de cette classe [...]. X. L'académicien chargé d'enseigner les éléments de l'architecture aux élèves, donnera ses leçons deux jours de chaque semaine pendant deux heures chaque jour«: StAM 16, Rep. VI. K. 29, Nr. 1, vol. Ia.
249 Resolution Friedrichs vom 26.10.1781, ebd.
250 Vogel 1958, S. 5, Kat. Nr. 3.
251 Ebd., Kat. Nr. 2.
252 Ebd., Kat. Nr. 1; — Schuchard/Dittscheid 1979, S. 214, Kat. Nr. 284. — Zur Kenntnis der Französischen Kirche in Potsdam vgl. Anm. 107!
253 Bericht der Akademie an Friedrich II. vom 28.2.1783, daß Jussow um die Erlaubnis bitte, nach Frankreich und Italien reisen zu dürfen: StAM 16, Rep. VI, Kl. 29, Nr. 2, Vol. I.
254 Ebd., Nr. 2, Vol. I, fol. 35.
255 Knackfuß 1908, S. 65.
256 Ebd., S. 66.
257 Verfügung Friedrichs II., dat. Geismar 25. Juli 1783: StAM 53 f. Acc. 1904/45, 86, Nr. 6, fol. 23.
258 Jussow ist am 20.9.1783 in Kassel zuletzt nachweisbar. An diesem Tag wandte er sich an Friedrich II. und bat ihn darum, daß ihm keine Unkosten entstehen sollten, wenn er sein Stipendium im Ausland durch Wechsel erhalte: StAM 53 f., Acc. 1904/45, 86, Nr. 6, fol. 33.
259 Dittmer 1827, S. 847.
260 Justi 1831, S. 316.
261 Staatl. Kunstslg. Kassel, Inv. Nr. K II 6355—6357. Diese Blätter sind wohl Kopien nach Jacques François Blondel, Architecture Françoise Bd. I, Paris 1752, Taf. 9—12.
262 Staatl. Kunstslg. Kassel, Inv. Nr. K II 6077. Die Identifizierung dieses Blattes verdanke ich M. Michel Gallet, Paris.
263 Meine Nachforschungen in den Archives Nationales (Bestände F 13, F 21, 01 sowie Minutier Central) blieben ergebnislos. Auch das Studium der diplomatischen Korrrespondenzen zwischen Kassel und dem französischen Hof in den Archives Diplomatiques, Paris, erbrachten ebensowenig Quellenmaterial über Jussows Aufenthalt. Studien im städtischen Archiv (Archives de Paris), in den Archiven der Académie Royale d'Architecture sowie die Durchsicht der Korrespondenzen zwischen Friedrich II. und seinem Botschafter in Paris, Baron von Boden: StAM 4 f. 1703 und 1725, brachten keine Erkenntnis über Jussow. — Für Hinweise danke ich Mme. M. Mosser, Paris, und Prof. J. Schlobach, Saarbrücken.
264 Lavallée 1798. S. 48, Anm. 172.
265 Wolff erhielt am 20.4.1781 durch Friedrich II. ein dreijähriges Stipendium bewilligt: StAM 16, Rep. VI, Kl. 29, Nr. 2 Vol. I., fol. 22.
266 Wolff 1899, S. 229.
267 Wie Anm. 265, fol. 29. Friedrichs Bewilligung stammt vom 18.7.1783.
268 Vgl. oben, Kap. II, 1.
269 Wie Anm. 265, fol. 31.
270 Ebd., fol. 32 v.
271 Dittmer 1827, S. 847.
272 Am 30.12.1785 schrieb Du Ry an Wilhelm IX., Jussow sei »présentement à Rome«, desgleichen Wolff: StAM 16, Rep. VI, Kl. 29, Nr. 2., Vol. I. fol. 47, 48.
273 Staatl. Kunstslg. Kassel, K II 6082—6085.
274 Wie kaum anders zu erwarten, hat Jussow allerdings die Mühe umgangen, die Tempel selbst aufzumessen, was viel zu zeitraubend gewesen wäre. Vielmehr läßt sich nachweisen, daß er die Stiche aus einem gerade neu erschienenen opulenten Werk über Paestum als Vorlagen für seine Zeichnungen verwandt hat: Paolo Antonio Paoli, Paesti quod Posidoniam etiam dixere Rudera. Rovine della Citta di Pesto detta ancora Posidonia, Roma 1784. — Vgl. allgemein Susanne Lang, The Early Publications of the Temples at Paestum, in: Journal of the Warburg and Courtauld Institute 13. 1950, S. 48—64.

275 Zit. nach Jericke/Dolgner 1975, S. 94.
276 Vgl. Vogel 1958, S 9, Kat. Nr. 9. Näheres dazu unten mit Anm. 316.
277 Vogel 1958, S. 9, Kat. Nr. 14, 15.
278 Erwähnt bei Jericke/Dolgner 1975, S. 95 f.
279 Dorn 1969, S. 28, 84, 264, Anm. 93.
280 Dorn 1969, S 24 ff.
281 Ebd., Kat. Nr. 50—137.
282 Ebd., S. 28, 265, Anm. 96.
283 Gleichzeitig mit Jussow waren u. a. folgende französische Architekten in Italien: Jean-Baptiste Rondelet (1743—1829), in Italien 1783—1785; Thomas de Thomon (1754—1813), bis 1785 in Italien; Laurent Vaudoyer (1756—1813), in Rom 1783—1788.
284 Dorn 1969, S. 29 f.
285 Schreiben Du Rys an Wilhelm IX., wie Anm. 272.
286 StAM 16, Rep. VI, Kl. 29, Nr. 2, Vol. I, fol. 62 f.
287 Dittmer 1827, S. 847.
288 Zit. nach Holtmeyer 1913, S. XLIV.
289 Vgl. VIII Dokumentation, 4. Verzeichnisse ungedruckter Quellen, a) Manuskripte: MS. Strieder/Jussow.
290 »Nachdem die Arbeit an der im Jahr 1786 angefangene Cascade am grossen Basin bis dahin beruhet hatte, so wurde selbige nun mehr wieder vorgenommen [...]«: StAM 6a 59, fol. 44.
291 Die bei Wolff 1899, S. 292 f. angegebenen Stationen von H. A. Wolffs Rückreise aus Italien können mit den für Jussow überlieferten in Einklang gebracht werden.
292 StAM 16, Rep. VI, Kl. 29, Nr. 2, Vol. I, fol. 65. Gleichen Inhalts das Protokoll des Geheimen Rats: StAM 53 f. Acc. 1904/45, 86, Nr. 6, fol. 36 v.
293 Jussows in Rom am 24. März 1786 geschriebener Brief benötigte eine Laufzeit von über einem Monat, um am 28. April in Kassel einzutreffen.
294 Benachrichtigung Wilhelms IX. an die Kriegs- und Domänenkammer vom 2.5.1786: StAM 16, Rep. VI, Kl. 29, Nr. 2, Vol. I.
295 Schreiben des Baudepartements vom 15.5.1786 an den Kammerzahlmeister, Jussow solle sein Stipendium nach London überwiesen bekommen: StAM 53 f. Acc. 1904/45, 86, Nr. 6, fol. 37.
296 Weitere Quellen zur Reise Jussows nach England konnten noch nicht gefunden werden. Merkwürdigerweise schweigen sich dazu auch die ausführlichen Korrespondenzen zwischen Wilhelm IX. und seinem Gesandten in London, Kutzleben, aus, vgl. StAM 300 E 11, Nr. 6, Jahre 1780—1788. Auch die Memoiren und Tagebücher Wilhelms weisen keine entsprechenden Eintragungen auf.
297 Dittmer 1827, S. 847.
298 Vgl. Wolfgang Schepers, Zur Entstehung des Stilpluralismus im Landschaftsgarten, in: Historismus in Deutschland, hrsg. v. Michael Brix/Monika Steinhauser, Gießen 1980.
299 »Es hat der von seinen Reißen zurückgekommene Bau Scribent Jussow bey uns hiervon die Anzeige gethan, und zugleich gebethen, den Antrag an Euer Hochfürstliche Durchlaucht zu thun, daß der bey dem Bauwesen, um die sich erworbene Kenntnüße in Ausübung bringen zu können, placirt werden möge. Wir verfehlen also nicht, in Gemäßheit der von Euer Hochfürstlichen Durchlaucht uns durch den mit unterzeichneten Rath Du Ry bekant gemachten gnädigsten Willens-Meynung dahin unterthänigst anzufragen, ob demselben der Carakter als Bau Inspector und zu seinem bisher genoßenen Gehalt von 200 Rthlr. annoch 100 Rthlr., mithin überhaupt jährlich 300 Rthlr. zuzustehen gnädigst gefällig seyn möchte? [...]«: StAM 5, 11394, fol. 8.
300 Schreiben des Baudepartements an Wilhelm IX., vom 24.11.1785 wegen des Gesuchs des General-Majors von Gohr um »Dispensation von denen neben Departements«: StAM 53 f. Acc. 1904/45, 86, Kassel Nr. 5.
301 StAM 5, 11394, fol. 10.
302 Ebd. fol. 12 f.
303 Ebd. fol. 14.
304 Vgl. Holtmeyer 1913, S. LII.
305 StAM 5, 11394, fol. 20.
306 Ebd. fol. 21.
307 Jussows Dienst-»Instruction« ist datiert Wilhelmshöhe 5. September 1799, die Unterschrift Jussows stammt vom 10.9.1799. Die Anweisung selbst ist in allen wesentlichen Punkten mit der für Du Ry 1785 ausgearbeiteten, Anm. 206 zitierten, identisch: StAM 5, 11394, fol. 28—34.
308 Knackfuß 1908, S. 100.
309 StAM, Bauakten des Kasseler Bellevue-Schlosses. Frdl. Mitteilung von Dr. Adrian v. Buttlar, der in einer Monographie über Leo von Klenze darauf näher eingehen wird.
310 Dittmer 1827, S. 849 f.; — Knackfuß 1908, S. 124.
311 Wilhelm I. ordnete am 18.2.1814 für Jussow eine Gehaltserhöhung auf 950 Rtlr. pro Jahr an: StAM 53 f. Acc. 1904/45, 86, Kassel Nr. 5.
312 Dittmer 1827, S. 850.
313 Auf dem Lutherfriedhof in Kassel, heute noch erhalten.
314 Vgl. Vogel 1958, S. 8: »Mit Sicherheit läßt sich auch nicht einmal die Zeit angeben, die er auf der Insel zugebracht hat«. — Klein 1975, S. 142: »[...] es konnte noch nicht einmal genau festgestellt werden, zu welcher Zeit Jussow in England gewesen ist, ja es steht sogar der Beweis aus, daß er in England war [...]«. Ohne Angabe von Quellen dagegen Einsingbach in: Löwenburg 1976, S. 26: »Von 1784 bis 1787 war Jussow vom Landgrafen nach England geschickt worden«.
315 Dorn 1969, S. 279 f., Anm. 226; — Klein 1975, S. 143, Anm. 30.
316 Staatl. Kunstslg. Kassel, Inv. Nr. K II 6147—6149, K II 9564. Vogel 1958, S. 9, Kat. Nr. 9 überliefert diese Signaturen, kommt aber andererseits zu dem Ergebnis, Jussow sei 1784 zunächst nach Paris gereist, um dort zwei Jahre zu bleiben und dann erst nach Rom (S. 6—8). Der Widerspruch beider Aussagen ist Vogel offensichtlich entgangen.
317 Vgl. Kaufmann 1955, S. 141—180.
318 Zu den damaligen Reisen nach Italien allgemein vgl. Ludwig Schudt, Italienreisen im 17. und 18. Jahrhundert, (= Röm. Forschungen d. Bibliotheca Hertziana, XV), Wien-München 1959.
319 Vgl. Antoine Desgodetz, Les édifices antiques de Rome, Paris 1682.
320 Vgl. grundlegend Losch 1923.
321 Vgl. unten, Kap. VI.
322 Zit. nach Philipp Losch, Geschichte des Kurfürstentums Hessen 1803 bis 1866, Marburg 1922, S. 17 f.
323 Arkadenentwurf Wilhelms, bez.: »Grund und Auff Riß einer projectirten arcade auf dem Parade Platz zu Hanau nebst dazu gehöriger Hauptwacht«, bez. u. r.: »gezeichnet von Weilhelm EPZ Hessen. 1772«, 567 × 910 mm; bez. Maßstab: 50 Fuß (10 F = 40 mm). Feder in Schwarz, hellrosa (Grundrisse) u. hellgelb quarelliert. Potsdam, Mappe 277/I. Nr. 21/25.

324 Aufriß, bez.: »Facade und Durchschnitt zu einer projectirten Caserne in Der Vestung Hanau 1773«, 694 x 450 mm, Feder in Schwarz, rosa (Mauern) angelegt, grau laviert. Potsdam, Mappe 277/I, Nr. 24/28. Grundrisse, bez.: »Project zu einer Caserne für ein Regiment in der Vestung Hanau 1773«, sign. u. r.: »Wilhelm EPZ Hessen delin.«, 687×450 mm, Feder in Schwarz, rosa (Mauern) angelegt. Potsdam, Mappe 277/I, Nr. 25/29.
325 Zit. nach MS. Memoiren Wilhelms Bd. I, S. 172.
326 Zit. nach ebd., S. 218.
327 Zit. nach ebd., Bd. II, S. 21.
328 Zit. nach ebd., Bd. I, S. 217.
329 Vgl. Beck 1792; — Losch 1923.
330 Vgl. Ponten 1925.
331 Holtmeyer 1913. — Vgl. Kat. Nr. 1, 2, 14, 15.
332 Vogel 1958, S. 12; — Braham 1972, S. 684; — Both/Vogel 1973, S. 266, Anm. 645.
333 Dittscheid 1980.
334 Heidelbach 1909, S. 14—20; — Holtmeyer 1913, S. XIX—XXII, XXV—XXXIII.
335 Giovanni Francesco Guerniero, De lineatio montis, parum distantis a Cassela urbe Hassiae ..., Roma 1705; 2. Aufl. Cassel 1706; — Heidelbach 1909, S. 48—145; — Alois Holtmeyer, Giovanni Francesco Guerniero, in: Zeitschrift für Geschichte der Architektur 3. 1909/1910, S. 249—257; — Berckenhagen 1966, S. 116—121, Kat. Nr. 175—180; — Hans Reuther: Der Carlsberg bei Kassel — Ein Idealprojekt barocker Gartenarchitektur, in: Architectura 6. 1976, S. 47—65 (mit ausf. Literaturangaben).
Die kunstgeschichtliche Bedeutung des Karlsberg-Oktogons ist bis heute noch nicht ausreichend erhellt worden. Die frühe Entwurfsfassung mit den beiden begleitenden Pyramiden (Staatl. Kunstslg. Kassel) kann m. E. mit Illustrationen der Weltwunder (vgl. Abb. b. Oechslin 1971, Fig. 16) in Zusammenhang gebracht werden. Die Pyramide hängt wohl mit ephemeren Festarchitekturen für König Ludwig XIV. zusammen (vgl. Karl Möseneder, Zeremoniell und monumentale Poesie, Berlin 1983), die hier in Kassel in Stein umgesetzt erscheinen. Guernieros Schloßprojekt sollte dem Anspruch des Oktogons nicht nachstehen; es basiert auf Berninis drittem Louvre-Entwurf, der hier im Mittelteil mit der Loggia villenartig abgewandelt wurde.
336 Vgl. Holtmeyer 1910, S. 243—246, Taf. 133 f., 180 f; — Holtmeyer 1913, S. XLIX—LIII, Abb. 31, 32, 34, 36, 38; — Ponten 1925, S. 70 f., Taf. 167 f.; — Paetow 1929, S. 81 f., Abb. 31; — Kramm 1939; — Berckenhagen 1966, S. 116, 118—120, Kat. Nr. 175, 177; — Walter Hentschel, Die Zentralbauprojekte Augusts des Starken (= Abh. d. Sächs. Akademie d. Wiss. Leipzig), Berlin 1969, S. 25—30; — Reinhard Schneider/Jürgen R. Wolf, Louis Rémy De la Fosse (= Kat. d. Ausst. Darmstadt in der Zeit des Barock und Rokoko, Bd. 2), Darmstadt 1980, S. 50 f., 62—64, 93—96, Kat. Nr. 51—53.
337 Heidelbach 1909, S. 166—208; — Paetow 1929 S. 16—18, 23—25, 33—49; — Hoffmann 1963, S. 55, 58—60; — Schuchard/Dittscheid 1979, S. 83—85, 217—220, Kat. Nr. 295—302.
338 Staatl. Kunstslg. Kassel, o. Inv. Nr., vgl. Schuchard/Dittscheid 1979, S. 217 f. Kat. Nr. 295.
339 Hessische Landes- und Hochschulbibliothek Darmstadt, Plansammlung, Mappe 236/19, Feder in Schwarz, farbig aquarelliert, 973 x 461 mm, bez. u. r.: »General Plan des Fürstl. lustgartens / auf Weissenstein bey Cassel / Gezeigent von J.P. Müller. / 1780 d. 18. Nov:« Dieser Plan gibt einen terminus ante quem für die Moschee und einen terminus post quem für das chinesische Dorf, das noch nicht eingetragen ist. Die Angaben bei Schuchard/Dittscheid 1979, S. 219, Kat. Nr. 301, sind in diesem Punkt zu korrigieren.
340 Auf die unterschiedlichen Fassungen der Planungen komme ich am Ende dieses Kapitels zu sprechen.
341 Vgl. Michel Gallet, Un projet de Charles De Wailly pour la Comédie Française, in: Bulletin du Musée Carnavalet 18. 1965, S. 3—13, Abb. S. 4, 6.
342 Encylopédie, Recueil de Planches sur les Sciences, les Arts Libéraux et les Arts Méchaniques, Vol. II Paris 1762, Stichw.: »Architecture«, Taf. XXIII.
343 Blondel, Cours, Tafelbd. IV 1773, Taf. XXXVI; — Middleton 1959, S. 144, Abb. 1.
344 Campbell Bd. I 1715, Taf. 63.
345 Ebd., Taf. 56, 62.
346 Palladio 1570, Libr. II S. 52 f.
347 Ebd., S. 19.
348 Ebd., S. 60.
349 Vgl. Eugenio Battisti, Filippo Brunelleschi, Stuttgart-Zürich-Mailand 1979, S. 222—229.
350 Jakob Rosenberg/S. Slive/E. H. Ter Kuile, Dutch Art and Architecture 1600 to 1800 (= The Pelican History of Art), Harmondsworth 1966, S. 239, Taf. 195 f. — Hubala 1970, S. 327, Taf. 382.
351 Pierre Bourget/Georges Cattaui, Jules Hardouin Mansart, Paris 1956, S. 60, Taf. CVIII f.
352 Campbell Bd. I 1715, Taf. 71; — Summerson 1958, Taf. 104; — Downes 1966, S. 76, 78, Taf. 126; — Hubala 1970, S. 276 f., Taf. 319.
353 Vgl. Salvatore Boscarino, Juvarra architetto, Roma 1973, Abb. LXI—LXV, Taf. 353, 356, 359.
354 Als Beispiel eines vermeintlichen römischen Circus zu nennen ist die Piazza Navona in Rom, die, um 92—96 als Stadium Domitiani erbaut, bis ins 19. Jahrhundert als Circus des Alexander Severus angesehen wurde. Vgl. Ernest Nash, Bildlexikon zur Topographie des antiken Rom Bd. II, Tübingen 1962, S. 387 f.
355 Vgl. Jörg Gamer, Jean Marot in den Diensten des Kurfürsten Karl Ludwig von der Pfalz, in: Heidelberger Jahrbücher 6. 1962, S. 73—94, hier S. 77, Abb. 3.
356 Vgl. Holtmeyer 1923, Atlas Taf. 230 f.; — Berckenhagen 1966, S. 120 f., Kat. Nr. 181.
357 Vgl. Kdm. Stadt Koblenz (= Die Kunstdenkmäler Rheinland-Pfalz Bd. 1, bearb. v. Fritz Michel), München-Berlin 1954, S. 99, 109, Abb. 62, 70; — Keller 1971, S. 219, Abb. 109.
358 Er wurde 1790 von d'Ixnard für die Kupferstichpublikation (Michel d'Ixnard, Recueil d'Architecture, Straßburg-Paris 1791) einer Redaktion unterzogen und erhielt dabei die im Sinne der »Revolutionsarchitektur« modernere, vom Boden an aufsteigende Kolossalordnung vor dem Mittelpavillon, in Anlehnung an Peyres inzwischen ausgeführte Lösung, vgl. Hans Klaiber, Der Stuttgarter Architektursammelband von Pierre-Michel Dixnard, in: Jahrb. d. Staatl. Kunstslg. in Baden-Württemberg 6. 1969, S. 161—188, hier 182 f.

359 »Rapport de MM les commissaires conçernant les projets de Mr Peire Le Jeune pour la construction du Palais de SAE De Trèves«, datiert Paris, 28.2.1780 und unterschrieben von (in dieser Reihenfolge!) De Wailly, Desmaisons, Bellicard, Trouard, Antoine, Gondoin, in: Archives de l'Académie Royale d'Architecture (Académie des Beaux-Arts), Institut de France, Paris, Karton B 5; — vgl. auch Procès-verbaux Bd. IX 1926, S. 6—8. — De Wailly scheint sogar selbst in Koblenz gewesen zu sein; überliefert ist der Titel einer von ihm angefertigten Zeichnung »la Forteresse de Coblentz«, vgl. De Wailly 1979, S. 86.

360 Holtmeyer 1923, S. 313, Taf. 189. — Both/Vogel 1973, S. 184 f., Abb. 54 (seitenverkehrt!); — Aufklärung und Klassizismus 1979, S. 63 f., 202, Kat. Nr. 232 (Beitrag H.-K. Boehlke). Als Aufbewahrungsort dort fälschlich Potsdam angegeben.

361 Vgl. außer dem nachfolgend genannten Beispiel: Palladio 1570 Libr. II, S. 48 (Villa Badoer), 62 (Villa Thiene), 66 (Villa Mocenigo).

362 Ebd., S. 60. Gerade aus dieser Idealisierung der Verhältnisse wird deutlich, wie wichtig eine erhöhte Lage für den Villenbau der Renaissance gewesen ist.
Zum Palladianismus in Frankreich vgl. Hautecœur Bd. IV 1952, S. 26—36; — Daniel Rabreau, L'architecture néoclassique en France et la caution de Palladio, in: Bolletino del Centro internazionale di studi di Architettura Andrea Palladio 12. 1970, S. 206—217; — Michel Gallet, Palladio et l'architecture française dans la seconde moitié de XVIIIe siècle, in: Les Monuments historiques de la France 1975, S. 43—55; — Michel Gallet u. a., Il Palladianesimo in Francia, in: Palladio 1980, S. 193—221.

363 Campbell Bd. 1, Taf. 57 f.; — Summerson 1958, S. 160, 162 f., Taf. 101, 103; — Downes 1966, S. 77, 79—81, Taf. 228.

364 Beide abgebildet bei Blondel, Cours, Tafelbd. III 1773, Taf. XII f.

365 Das bei Blondel, Cours, Bd. III 1772, S. 85 beginnende Kapitel trägt die Überschrift: »De la Décoration des avant-corps du Château de Maisons, de celui de Blois, du Château d'Issi, et du Château de Montmorenci«. Nachfolgend einige Auszüge: Blondel nennt Maisons »une merveille de notre Architecture Françoise« (S. 85); [...] un autre chef d'oeuvre de François Mansard c'est l avant-corps du Château de Blois« (S. 91);
»Il arrive que nos jeunes Architectes, passant de France en Italie, & remarquant le module de Saint Pierre à Rome, reviennent, étonnés de cette production, apporter dans nos demeures les idées colossales qu'ils ont puisées dans ce monument sacré, sans songer que chaque édifice doit avoir un genre particulier; & qu'il est sur-tout essenciel dans les bâtiments d'habitation, de combiner la grandeur que l'ordre doit avoir avec les parties qui se trouvent assujéties à la grandeur humaine, telles que les portes, les croisées, leurs appuis, les escaliers & c. puisqu'autrement on risque d'allier ensemble une grandeur d'Architecture idéale, avec celle qui doit avoir une proportion déterminée dans certaines parties, peu égard au motif qui les fait élever.
Pour éviter de pareils inconvéniens, nous l'avons déja dit, nous le répétons, malgré l'autorité des célèbres Architectes François que nous venons de citer, qu'on ait soin d'éviter la multiplicité des ordres dans les différents étages d'un bâtiment, qu'on n'en place qu'un au premier étage, & un soubassement au rez-de chaussée [...]
Au reste, dans tous les cas, nous préférions toujours l'imitation des petits ordres employés par nos grands Maîtres, aux prétendus grands ordres que la plupart de nos jeunes Architectes se plaisent aujourd'hui à employer dans des Bâtimens d'une médiocre étendue; productions qui souvent ne montrent que de vains efforts [...], car la grandeur de l'ordre anéantit la relation qui devroit se rencontrer entre les entrecolonnements & les principaux membres qui en doivent occuper l'espace [...]« (S. 92—94).

366 Vgl. Piranèse et les Français 1976.

367 Peyre 1765, S. 27; — Peyre 1773, S. 163.

368 Peyre 1765, Taf. 16. — Dieser Entwurf mit seinen in den Raum ausgreifenden Viertelkreisbogen macht zugleich die starke Abhängigkeit von Berninis St. Peter-Kolonnaden deutlich, in denen innerhalb der neuzeitlichen abendländischen Architekturgeschichte wohl zum ersten Mal eine solche Massierung von Säulen bei einem derart gesteigerten Maßstab in realisierter Form greifbar wird. Falls Blondel mit seinen in Anm. 365 wiedergegebenen Ausführungen, St. Peter betreffend, Recht haben sollte, so ist gleichermaßen an die Kolonnaden wie an den Kirchenbau selbst zu denken!

369 Peyre 1765, S. 13, Taf. 7 f. — Vgl. Middleton/Watkin 1977, S. 120, Abb. 148.

370 Hautecœur Bd. IV 1952, S. 244 f., Fig. 119—121.

371 Middleton/Watkin 1977, S. 118, 120, Abb. 149.

372 Es handelt sich um den Grundriß einer von Legeay entworfenen Kirche, vgl. Harris 1967, Abb. 15; — Piranèse et les Français 1976, S. 197—200, Kat. Nr. 102; — Erouart 1982, Abb. 204.

373 Viel De Saint-Maux, Lettres sur l'architecture des anciens et celle des modernes, Paris 1787, zit. nach Pérouse de Montclos 1969, S. 45.

374 De Neufforge Supplementbd. 1772—1780, Taf. XX.

375 Cordey 1924, Taf. V—VII; — Blunt 1957, Taf. 103; — Hubala 1970, S. 245, Abb. 263. — Daß De Wailly diesen Bau tatsächlich studiert hat, beweist eine von ihm erhaltene Zeichnung, vgl. De Wailly 1979, Kat. Nr. 13.

376 Blunt 1957, Taf. 153 A.

377 Ebd. Taf. 91; — Hubala 1970, S. 247, Abb. 268.

378 Vgl. oben, Anm. 365, sowie Langner 1959, S. 46; — Middleton 1959, S. 141 f., 148.

379 »Nous avons remarqué [...], que les toitures nous paroissent devoir caractériser les châteaux, nous persistons à être de cet avis«. Zit. nach Blondel, Cours Bd. III 1772, S. 95.

380 Der Entwurf befindet sich heute in der E.N.S.B.A.— Michel Gallet nennt ihn »une caricature de Maisons-Lafitte«, vgl. De Wailly 1979, S. 12; — Pérouse de Montclos 1984, S. 148—152.

381 Monique Mosser, Louis-Jean Desprez, in: Piranèse et les Français 1976, S. 121—131.

382 Zit. nach Andrieux 1799, S. 37.

383 Die Fronten dieser Querriegel sind zu vergleichen mit einem 1786 entstandenen Änderungsentwurf De Waillys für die Comédie Française, vgl. Kaufmann 1955, Abb. 102; — De Wailly 1979, S. 79, Kat. Nr. 238.

384 De Wailly 1979, S. XI, Kat. Nr. 319.

385 Palladio übernimmt Peristyl und Atrium der villa suburbana für die villa rustica, die er im zweiten Buch der Quattro Libri beschreibt. Vgl. Forssman 1965, S. 58.

386 Erik Forssman, Dorisch, Jonisch, Korinthisch. Studien über den Gebrauch der Säulenordnungen in der Architektur des 16.—18. Jahrhunderts (= Stockholm Studies in History of Art, 5), Stockholm–Göteborg–Uppsala 1961. Dort heißt es zur »ordine toscano rustico«: »Zu Beginn des Cinquecento vermischen sich auf eine noch nicht geklärte Art die Begriffe, man identifiziert die Architektur der Landschaft Toskana [...] mit der ordine toscano, die aus dem Vitruv destilliert war und deutet gleichzeitig das formale Charakteristikum rustica als rustikal, d.h. ländlicher Architektur angemessen« (S. 52).

387 Vgl. dazu ausführlich Rupprecht 1966, von dem die wichtigsten Schlagworte übernommen werden.

388 In einem Brief an Lorenzo il Magnifico, den Bauherrn der Villa Medici in Poggio a Cajano, vgl. Rupprecht 1966, S. 234.

389 Soweit nachprüfbar, hat De Wailly die auf seinen beiden Lageplänen im Nordosten gelegenen Felder im Vergleich zu der von ihm angetroffenen Situation sogar noch vergrößert!

390 Vgl. z.B. De Wailly 1979, S. 119, Kat. Nr. 296.

391 Erst nachträglich wurde mir bekannt, daß De Wailly selbst schon das Motto »MUSIS ET OTIO« verwandt hat, und zwar am Theater in Seneffe, vgl. Duquenne 1978, S. 236.

392 Es ist zu fragen, ob De Wailly zu diesen Rückgriffen auf die cinquecenteske Villenkultur selbständig oder in Abhängigkeit von einem zeitgenössischen Beispiel gefunden hat. Als solches bietet sich in singulärer Weise die Villa Albani an: Vor den Toren Roms gelegen, entstand sie seit Mitte des 18. Jahrhunderts nach dem Entwurf Carlo Marchionnis, beeinflußt von Winckelmann und Piranesi, für den Kardinal Alessandro Albani, dessen berühmte Antikensammlung hier ihre Aufstellung finden sollte. Zu De Waillys Stipendiatenzeit waren die erst 1762 abgeschlossenen Arbeiten noch in vollem Gange, doch wäre denkbar, daß der Franzose den Bau während eines späteren Italien-Besuchs im Jahre 1777 studiert hat. Es ist vor allem die Idee der villa suburbana, die mit der Villa Albani wiedererstanden ist. Was außerdem an einen Einfluß auf De Waillys erstes Projekt denken läßt, ist die Eigentümlichkeit, daß die stilistische Haltung der Villa Albani an die Formensprache einer großen nationalen Vergangenheit wieder anknüpft. Dem Römisch-Cinquecentesken der Villa Albani würde das Französisch-Klassische des De Wailly-Entwurfs entsprechen. Vgl. zur Villa Albani Joachim Gaus, Carlo Marchionni. Ein Beitrag zur römischen Architektur des Settecento (= Studi italiani, 9), Köln-Graz 1967, S. 19 ff.; — Forschungen zur Villa Albani. Antike Kunst und die Epoche der Aufklärung, hrsg. v. Herbert Beck/Peter C. Bol (= Frankfurter Forschungen zur Kunst, 10), Berlin 1982, hier bes. S. 59 ff. (Beitr. Steffi Röttgen).

393 De Wailly 1979, S. 96 (Abb. unten rechts), Kat. Nr. 322. Bei den S. 97 gegebenen Bildunterschriften sind die Kat. Nr. 306 und 322 irrtümlich vertauscht worden.

394 Vitruv IV, 1, 5.

395 De Wailly und Peyre kombinierten toskanische Säulen mit einem Triglyphengebälk. Entscheidend ist, daß sie selbst die Ordnung als dorisch verstanden haben, vgl. Steinhauser/Rabreau 1973, S. 41, 48, Anm. 224. — Nach Braham 1976/1977, S. 51, kommentierten De Wailly und Peyre die Wahl der Säulenordnung an der Comédie Française wie folgt: »La face de l'édifice du côté de la place sera décorée d'un avant corps de huit colonnes d'ordre dorique en peristyle, cet ordre a toujours été consacré à Apollon et a paru convenable au sujet«. Daß De Wailly sich auch mit der griechisch-dorischen Ordnung befaßt hatte, beweist sein 1768 oder 1769 entstandenes Projekt für einen Gartentempel in Ménars, in dem er die dorischen Säulen des Apolltempels in Delos imitierte. Vgl. Middleton/Watkin 1977, S. 119, die in diesem Fall von der »einzigen direkten Imitation des griechisch-dorischen Stils in Frankreich« sprechen.

396 Cordey 1924, Taf. XI, S. 65 f.

397 Heinz Kähler, Das Fortunaheiligtum von Palestrina Praeneste, in: Annales Universitatis Saraviensis 7. 1958, S. 189—240, hier S. 198, 206, Abb. 3, 7. Kähler nimmt, S. 207, als Bekrönung einen Monopteros an!

398 Fritz Burger, Neue Rekonstruktionsentwürfe des Tempels in Praeneste aus der Renaissance, in: Zeitschrift für Geschichte der Architektur 2. 1908/1909, S. 203—210; — Spielmann 1966, S. 53—56, Kat. Nr. 97—102; — Palladio 1973, S. 137, 142 f.

399 Rudolf Wittkower, Pietro da Cortonas Ergänzungsprojekt des Tempels in Palestrina, in: Das siebente Jahrzehnt. Festschrift z. 70. Geburtstag von Adolph Goldschmidt, Berlin 1935, S. 137—143 (zuletzt abgedruckt als: Pietro da Cortonas Projekt for Reconstructing the Temple of Palestrina, in: R. W., Studies in the Italian Baroque, London 1975, S. 115—124). Dort zur Wirkungsgeschichte der Rekonstruktionsversuche. — Im 18. Jahrhundert blieb das Interesse an diesem römischen Bergheiligtum ungebrochen, vgl. Hautecoeur Bd. IV 1952, S. 42; — Kaufmann 1978, S. 249, 265, Fig. 207.

400 Ebd. (R. W. 1935), Taf. XXX, Abb. 1.

401 Heinrich Brauer/Rudolf Wittkower, Die Zeichnungen des Gianlorenzo Bernini, Berlin 1931, S. 148, Anm. 3; — Karl Noehles, La chiesa dei SS. Luca e Martina nell'opera di Pietro da Cortona, Roma 1970, S. 31, Fig. 23. — Im römisch-antiken Palast- und Villenbau kann die Konkavfassade auf eine lange Tradition zurückblicken. Dessen war man sich schon im Barock bewußt, wie etwa frühe Rekonstruktionen des Kaiserpalasts auf dem Palatin beweisen. Vgl. Alessandro Donati, Roma vetus ac recens utriusque aedificiis ad eruditam cognitionem expositis, Roma ³1665, S. 225; — Roberto Vighi, Architettura curvilinea romana. La Villa ad Esedra dell'Aqua Claudia, in: Palladio 5. 1941, S. 145—160.

402 Armando Schiavo, Il viaggio del Bernini in Francia nei documenti dell' Archivio Segreto Vaticano, in: Bolletino del centro di studi per la storia dell' architettura 10. 1956, S. 50 f., 55 f., Fig. 3—7; — Wittkower 1958, S. 162. — Daniela Del Pesco, Il Louvre di Bernini nella Francia di Luigi XIV, Napoli 1984.

403 Sedlmayr 1976, S. 52—54, 114 f., 128, 245 f., 272, Abb. 36, 39, 126 f. — Der Entwurf des »Königlichen Lustgebäudes« für den preußischen König verdient in unserem Zusammenhang besondere Erwähnung: Der Halbkreisfassade des Schlosses ist eine kreisrunde, ein Wasserbecken mit Fontäne umschließende Wegesrampe einbeschrieben.

404 Hautecœur Bd. III 1950, S. 62 f., Fig. 42.

405 Peyre 1765, Taf. 4; — Kaufmann 1955, Abb. 98; — Middleton/Watkin 1977, S. 116, Abb. 142.

406 Laurent Pelpel (Hrsg.), La formation architecturale au XVIIIe siècle en France, Paris 1977, S. 531. — Den Hinweis auf diese Arbeit verdanke ich Werner Szambien, Paris.

407 Paris, E.N.S.B.A. — Mit diesem Entwurf erreichte Durand damals den 2. Preis beim Grand Prix der Académie Royale d'Architecture, vgl. Pérouse de Montclos 1984, S. 165 f.
408 Jericke/Dolgner 1975, S. 111, Abb. 94 f.
409 George Heard Hamilton, The Art and Architecture of Russia (= The Pelican History of Art), Harmondsworth 1954, Taf. 132; — Ekhart Berckenhagen, St. Petersburg um 1800. Architekturzeichnungen Thomas de Thomons (Ausst.-Kat. d. Kunstbibliothek), Berlin 1975.
410 De Wailly 1979, S. 105.
411 Hautecœur Bd. II 1948, S. 81, 91, 112, Fig. 66, 78, 101.
412 De Neufforge Bd. II 1758, Taf. 74—77.
413 Harris 1970, S. 78, Taf. 111. — Chambers' Entwurf geht offensichtlich zurück auf John Webbs 1663—1669 errichteten King Charles Block in Greenwich: Campbell Bd. I 1715, Taf. 88 f.; — Downes 1966, Abb. 86.
414 Harris 1963, S. 55; — Mosser 1973, S. 282; — De Wailly 1979, S. 7.
415 Weibezahn 1975 behandelt fast ausschließlich den Normaltypus als Gartenmonopteros.
416 Theodor Kraus, Das Römische Weltreich (Propyläen Kunstgeschichte, 2), Berlin 1967, Abb. 108a; — Bernard Andreae, Römische Kunst (= Ars Antiqua, 5), Freiburg—Basel—Wien 1973, S. 555.
417 Catalogue des Peintures exposées dans les Galeries du Musée du Louvre, Bd. I: École Française, bearb. v. Gaston Brière, Paris 1924, S. 225 f., Kat. Nr. 797: »L'arc de triomphe et l'amphithéatre de la ville d'Orange; on voit sur le second plan le monument et le petit arc de Saint-Rémy«, signiert und datiert 1787, in Auftrag gegeben 1786 für Schloß Fontainebleau.
418 »Als siebente und letzte Stufe setzt man einen runden Säulenbau mit bloßen und freien Säulen auf, der überall offen ist [...]. Als Dach erhält dieser Rundtempel eine Halbkugel«: Leon Battista Alberti, Zehn Bücher über die Baukunst, deutsche Ausgabe v. Max Theuer, Wien—Leipzig 1912, S. 433, Abb. S. 423, Taf. X, Fig. 2.
419 Allan Braham/Peter Smith, François Mansart, London 1973, Taf. 496, 537.
420 Johann Bernhard Fischer von Erlach, Entwurff einer Historischen Architectur, Wien 1721, Buch IV, Taf. 3; — Sedlmayr 1976, S. 96 f., Abb. 92.
421 Fischer von Erlach 1721, Buch IV, Taf. 1; — Sedlmayr 1976, Abb. 103.
422 Fritz-Eugen Keller, Triumphbogen in der Berliner Architektur des 17. und 18. Jahrhunderts, in: Berlin und die Antike (Ausst.-Kat.), Berlin 1979, S. 106, Kat. Nr. 157.
423 Harris 1967, S. 193, Taf. 17.
424 Sabine Jacob, Italienische Zeichnungen der Kunstbibliothek Berlin, Berlin 1975, S. 146 f., Taf. 167, Kat. Nr. 754 f.
425 Francesco Bianchini, Del Palazzo de' Cesari, Verona 1738, Taf. XVI; — Wilton-Ely 1978, S. 65, Abb. 102.
426 Harris 1970, S. 80, Taf. 179.
427 Harris 1967, Taf. 13; — Piranèse et les Français 1976, S. 201—203, 205, Kat. Nr. 103.
428 Pierre Patte, Monumens Erigés en France à la gloire de Louis XV, Paris 1765, Taf. LIV; — Kaufmann 1955, S. 138.
429 Piranèse et les Français 1976, S. 79 f., Kat. Nr. 28.
430 Wien, Albertina, Inv. Nr. 12.428. Vgl. Pierre De Nolhac, Hubert Robert, Paris 1910, Taf. bei S. 118; — De Wailly 1979, S. 119, Kat. Nr. 278 (o. Abb). Roberts Zeichnung läßt sich als Capriccio bestimmen, das aus heterogenen Baumotiven zusammengestellt ist: Pate standen das Casino Ludovisi für die Zentralbauten sowie, für die Arkaden, das Erdgeschoß der Villa Albani, beide in Rom.
431 De Neufforge Supplementbd. 1772—1780, Taf. CLVIII.
432 Ledoux schreibt zum Haus des Direktors seiner Idealstadt Chaux: »Le couronnement produit une masse qui contribue à le faire p y r a m i d e r. [...] Toute puissance est foible si elle n'est pas couronnée; qu'est-ce qu'un corps sans la tête?« in: Ledoux 1962, S. 135.
433 Kaufmann 1952, S. 476, 490, Fig. 86; — Ledoux 1962, Taf. 178; — Kaufmann 1978, S. 145 f., 201, Fig. 86. — Datierung der Planung: 1785.
434 Kaufmann 1952, S. 490 f., Fig. 89; — Ledoux 1962, Taf. 192 f.; — Revolutionsarchitektur 1970, S. 101, Kat. Nr. 50; — Kaufmann 1978, S. 146, 202, Fig. 89. In diesem Zusammenhang zu nennen ist nicht zuletzt Ledoux' Änderungsvorschlag für das Museum Fridericianum in Kassel, den er 1775/1776 entworfen hat. Dieser Entwurf variiert die Beispiele von Aix und Sisteron insofern, als eine peripterale Tholos den überragenden Monopteros ersetzt. De Wailly hat dieses Projekt seines Pariser Konkurrenten in Diensten des hessischen Landgrafen mit Sicherheit gekannt. Vgl. Schuchard/Dittscheid 1979, S. 80, 205—207, Kat. Nr. 253.
435 Max Baur/Friedrich Mielke, Potsdam wie es war, Berlin 1963, S. 64.
436 Für Ledoux und sein für Chaux geplantes Haus der Erziehung (vgl. Revolutionsarchitektur 1970, S. 139, Kat. Nr. 76) hat Emil Kaufmann diese Feststellung bereits getroffen: »Im Werke des Ledoux ist der Schrumpfungsprozeß der Zentralbekrönung überaus deutlich sichtbar«, vgl. Emil Kaufmann, Die Stadt des Architekten Ledoux. Zur Erkenntnis der Autonomen Architektur, in: Kunstwissenschaftliche Forschungen 2. 1934, S. 146.
437 Paul Decker; Fürstlicher Baumeister, Teil II, Augsburg 1716, Taf. 32 (Hinw. Reinhard Schneider).
438 Serlio 1619, Buch III, S. 66 v.
439 Michael Petzet, Soufflots Sainte-Geneviève und der französische Kirchenbau des 18. Jahrhunderts, Berlin 1961, S. 112.
440 Charles De Wailly, Vues sur le Panthéon Français, in: La Décade philosophique, littéraire et politique, Paris an VI, S. 537—540.
441 Ebd., Erläuterungstext des beigefügten Kupferstichs.
442 Hartt 1958, Bd. 1, S. 154 f., Bd. II, Taf. 347.
443 Weibezahn 1975.
444 Vgl. Braham 1972, S. 680, Fig. 44; — Mosser 1973; — De Wailly 1979, S. 42 f., 96, 104, Kat. Nr. 145, 146, 306, 322.
445 De Neufforge Supplementbd. 1772—1780, Taf. CCLXXIII.
446 Vgl. Braham 1972, S. 679, Abb. 36; — Rabreau 1977, S. 40 (unten); — De Wailly 1979, Taf. XII, Kat. Nr. 226.
447 Downes 1966, Abb. 37; — Summerson 1970, S. 213—215.
448 Vgl. oben, Anm. 48.
449 Wilhelm Mrazek, Zwischen Herkules und Apollo. Zur Symbolik des fürstlichen Palastbaues in der Barockzeit, in: Alte und moderne Kunst 2. 1957, S. 19—22.
450 Paul Heidelbach, Der große Stein bei Martinhagen, in: Hessenland 21. 1907, S. 263—266; — Schuchard/Dittscheid 1979, S. 77.
451 Hirschfeld Bd. V 1785, S. 234 f.

452 Ebd., S. 238. Der erst im Nov. 1785 an die Regierung gelangte Wilhelm IX. kann, unter Berücksichtigung des Erscheinungsdatums des Bandes, nicht angesprochen sein.
453 Vogel, Besucherbücher 1956, S. 11.
454 Marc-Antoine Laugier, Observations sur l'Architecture, Paris 1765, S. 231 (frdl. Hinweis Prof. Johannes Langner).
455 De Wailly 1979, S. 12, 118, Kat. Nr. 224. — Vgl. zur Ikonographie des Parnaß-Themas in der zweiten Hälfte des 18. Jahrhunderts Judith Colton, The »Parnass françois«. Titon du Tillet and the origins of the monument to genius (= Yale Publications in the History of Art, 27), New Haven/London 1979. Ebd., S. 225, Anm. 2 Hinweis auf De Waillys und Peyres Comédie française in Paris.
456 Er schreibt in Bd. V 1785: »Bey allen aus der Mythologie entlehnten Vorstellungen entstehen zwey Fragen: ob sie für unser Zeitalter noch interessant genugt sind, und sodann, ob sie sich in Gartenanlagen schicken? Gewiß ist es, daß die wenigsten Menschen Kenntniß und Einbildungskraft genug haben, um noch durch die Bilder der alten Mythologie erwärmt zu werden« (S. 233). Hirschfeld bemerkt dies im Zusammenhang mit dem Kasseler Karlsberg!
457 Vgl. Gaus 1967 (zit. Anm. 392), S. 63 f.; — Forschungen zur Villa Albani 1982 (zit. ebd.), S. 228 ff. (Beitr. Elisabeth Schröter).
458 Giulio Ferrari, Bellezze architettoniche per le feste della Chinea nei secoli XVII e XVII, Torino s.d., Taf. 6 (Anonym, Chinea 1733, bez.: »Il Monte Parnasso, su di cui si vede Apollo con le nove Muse«), Taf. 13 (Paolo Posi, Chinea 1751, ein Parnaß für Papst Benedikt XIV: »[...] intende di rappresentare in idea il sontuoso edificio della sapienza de studii, e delle scienze [...]«).
459 Beispiel des 18. Jh.: der Apoll-Tempel in Schwetzingen, vgl. Jörg Gamer, Schloß und Park der Kurpfälzischen Sommer-Residenz Schwetzingen im 18. Jahrhundert, in: Sitzungsberichte d. Kunstgeschichtl. Gesellschaft zu Berlin N. F. 19.1970/1971, S. 14.
460 Die Rauten sind das Ergebnis eines geometrischen Musters, an dessen Ausgangspunkt ein Hilfskreis steht. Dieser ist lediglich an den Einstichpunkten des Zirkels — insgesamt 48 — zu erkennen. Er verläuft etwa in der Mitte des Hofpflasters zwischen dessen äußerer und innerer Grenze. Beschreibt man auf der Linie des Hilfskreises in regelmäßigem Abstand 48 Kreise mit dem Hilfskreis-Radius, erhält man nicht nur den Verlauf des Pflasters, das aus der Gesamtkonstruktion nur einen Ausschnitt darstellt, sondern durch Überschneidungen auch die Standpunkte aller 24 Voll- bzw. Halbsäulen.
Grundlage dieser Konstruktion sind die geometrischen Elementarfiguren Kreis sowie — in Gestalt der in ihn einzubeschreibenden Polygone — Dreieck, Quadrat, Sechseck, Zwölfeck usw. Die Geschichte dieser Konstruktion läßt sich bis in die Antike (röm. Fußboden, heute Rom, Thermenmuseum) zurückverfolgen, während sie in der Neuzeit von Michelangelo für das Kapitol vorgesehen wurde, modifiziert in Form sich durchdringender Ovale.
Damit gibt sich der gesamte Kern des dritten Weißensteiner Entwurfs als geometrische Elementarfiguration zu erkennen. Es wäre zu untersuchen, inwieweit die Kreismuster des Grundrisses auch den Aufriß bestimmen.
461 Vgl. Beauvalot 1978. Dort vor allem zur Baugeschichte, die in manchen Punkten erstmals geklärt werden kann.
462 Vincenzo Scamozzi, Dell' Idea dell' Architettura Universale, Venezia 1615, Parte Prima, Libr. III, Cap. XII, 266–269. Zum Problem zusammenfassend vgl. Helen H. Tanzer, The villas of Pliny the Younger, New York 1924; — Marianne Fischer, Die frühen Rekonstruktionen der Landhäuser Plinius' des Jüngeren, Berlin (phil. Diss.) 1962.
463 Jean François Félibien des Avaux, Les plans et les descriptions de deux des plus belles maisons de campagne de Pline le Consul, Amsterdam 1706. — Vgl. Tanzer ebd., S. 50–53, Taf. 6, 7.
464 Robert Castell, The Villas of the Ancients, London 1728. — Vgl. Tanzer ebd., S. 54, Taf. 8, 9.
465 Friedrich August Krubsacius, Wahrscheinlicher Entwurf von des jüngeren Plinius' Landhause, Laurens genannt, in: Das Neueste aus der anmuthigen Gelehrsamkeit, Leipzig 1760, 1762; als Separatum 1760 ersch. — Vgl. Tanzer ebd., S. 58–60, Taf. 10, 11.
466 Hirschfeld 1773. — Vgl. Tanzer ebd., S. 58.
467 Der Rundhof wird erstmals mit dem sog. Briefprojekt der Villa Madama greifbar, mit dem eine zunehmende Antiken-Orientierung verbunden ist. Vgl. Christoph Luitpold Frommel, Die architektonische Planung der Villa Madama, in: Röm. Jahrb. f. Kunstgeschichte 15. 1975, S. 81; — ders., Villa Madama, in: Raffaello architetto (Katalog d. Aust. in Rom), Milano 1984, S. 312.
468 Vgl. z. B. die Villa Farnese in Caprarola b. Viterbo oder, unter italienischem Einfluß in Spanien entstanden, den Palast Karls V. in Granada (mit freistehendem Ringportikus!).
469 Hubala 1970, Taf. XLVI. — Eine teilweise abweichende typologische Genealogie gibt Dorn 1969, S. 73, 275 f. (Anm. 209). Dorn stellt dort eine »Entwicklungsreihe« auf, in der er Halbzylinder und Semimonopteroi, die vor einen rechteckigen Baukörper springen, gleichberechtigt nebeneinander aufzählt. Meiner Ansicht nach müssen aber beide Formen typologisch voneinander getrennt werden, da sie nicht unbedingt gleichen Wurzeln entstammen.
470 Hubala 1970, Abb. 230.
471 Hans Ost, Studien zu Pietro da Cortonas Umbau von S. Maria della Pace, in: Röm. Jahrb. f. Kunstgeschichte, 13. 1971, S. 266.
472 Peyre 1765, S. 27, Taf. 18.
473 Braham 1972, S. 676, Abb. 31; — De Wailly 1979, S. 62, Kat. Nr. 174.
474 Jacques François Blondel, Architecture Françoise, Bd. II, Paris 1752, Taf. 235; — Robert W. Berger, Antoine Le Pautre, New York 1969, S. 37–46, Taf. 57 f.
475 William Chambers, A Treatise on Civil Architecture, London 1759, Taf. 5 f; — Weibezahn 1975, S. 19, Abb. 13. — Es handelt sich um »Henry Willoughby's Temple«; er blieb unausgeführt.
476 Harris 1963, S. 76, Fig. 19 (Abb. oben rechts). Diese von Chambers gefertigte Zeichnung als Konkurrenzentwurf De Waillys bestimmt durch Gallet 1979, S. 87.
477 Kaufmann 1952, S. 491 f., Fig. 91 f.; — Langner 1959, S. 62–68; — Kaufmann 1978, S. 146 f., 203, Fig. 91 f.
478 De Neufforge Bd. III 1760, Taf. 203.
479 Christoph Luitpold Frommel, Bramantes »Ninfeo« in Genazzano, in: Röm. Jahrb. f. Kunstgeschichte 12, 1969, S. 137–160, hier 146. — Zum römischen Ursprung dieses Typus vgl. Karl M. Swoboda, Römische und romanische Paläste, Wien 1919, S. 77–132. Aus Palladios Œuvre ragt in unserem Zusammenhang die Reihe der Vorentwürfe für die Villa Pisani heraus, die um 1542 entstanden ist. Palladio hat dabei auf zwei Zeichnungen (RIBA XVI, 7 und XVII, 17) eine Villa vorgesehen, deren Fassade in der Mitte in

Form einer Exedra einschwingt. Eingestellt in diese Exedra, die von Türmen flankiert wird, ist eine halbrunde Kolonnade aus 6 Säulen, die ihrerseits eine teils konkave, teils konvexe kreisrunde Treppe aufnimmt, deren Vorbild in Bramantes Treppe im Belvedere des Vatikan zu suchen ist. Damit wäre für De Waillys Typus Montmusard eine Anregung bei Palladio selbst gefunden, die die Ergänzung zum vollrunden Hof durch die Treppenanlage immerhin nahelegt. Dieses Vorbild muß jedoch hypothetisch bleiben, denn Palladios Entwurf wurde ohne die Exedra ausgeführt. De Wailly müßte also von der Zeichnung, die zur Sammlung Lord Burlingtons gehörte, gelegentlich seines England-Besuchs oder durch eine Kopie Kenntnis erhalten haben.
Vgl. zu Palladios Projektierung der Villa Pisani neuerdings Ursel Berger, Palladios Frühwerk, Köln–Wien 1978, S. 93–109, Abb. 14; — The drawings of Andrea Palladio (Kat. d. Ausst.), bearb. v. Douglas Lewis, Washington 1981, Kat. Nr. 48.

480 Vgl. Richard Krautheimer, Corpus Basilicarum Christianarum Romae, Vol. I, Città del Vaticano 1937, S. 137–143; — Ernest Nash, Pictorial Dictionary of Ancient Rome, New York ²1981, Vol. II, S. 268 f.

481 Pirro Ligorio, Il Libro delle Antichità, MS., Paris, Bibliothèque Nationale, cod. ital. 1129, fol. 341 (Microfilm Biblioteca Hertziana).

482 Der Bau wurde im 17. Jh. unter Urban VIII, und nach 1750 umgebaut. De Wailly könnten ältere Aufnahmen vorgelegen haben.

483 Er fand bekanntlich in den Traktaten Serlios und Palladios Aufnahme in die Abhandlungen über antike (!) Bauten. Vgl. Palladio 1570, Libr., IV, Cap. XVII; — Serlio 1619, Libr. III, S. 67 f. — Vgl. Hubertus Günther, Bramantes Tempietto, München (phil. Diss.) 1973, S. 2 f. (dort zur Rezeptionsgeschichte), 70.

484 James Paine, Plans, Elevations and Sections of Noblemen and Gentleman's Houses, Bd. II, London 1783, Taf. 46 f., 50 f. — De Wailly könnte diesen so spät publizierten Entwurf durch Chambers kennengelernt haben. Trifft dies zu, so könnte der Entwurf schon dem Schloß Montmusard zugrunde gelegen haben; in jedem Fall bietet es sich an, einen Einfluß von Paines Entwurf auf das 3. Weißensteiner Projekt anzunehmen.

485 Jacques François Blondel, De la Distribution des Maisons de Plaisance, Bd. I, Paris 1737, S. 169–186. Das Kapitel behandelt »la distribution & la décoration extérieure d'un bâtiment à l'italienne de quinze toises de face« (S. 169). Blondel erläutert: »ce bâtiment n'étant pour ainsi dire qu'un Pavillon« (S. 180).

486 Jacques François Blondel, Architecture Françoise, Bd. I, Paris 1752, Taf. 61, 63; — Hautecœur Bd. III 1950, S. 127 f., Fig. 96 f.

487 De Neufforge Bd. III 1760, Taf. 176.

488 Ich beziehe mich dabei auf den qualitätvollsten, von De Wailly eigenhändig gezeichneten, zur Präsentation gedachten Grundriß mit Situationsplan vom 1.9.1764, vgl. Beauvalot 1978, S. 18, Fig. 21; — De Wailly 1979, S. 57, Kat. Nr. 129. — Für Nachmessungen an dem in der Stadtbibliothek Dijon aufbewahrten Originalplan, die meine Behauptung bestätigten, danke ich Aleth Binet.

489 Beauvalot 1978, S. 18, führte diese Deutung auf den Bauherrn Jean Philippe Fyot, Marquis de la Marche, Premierminister des burgundischen Parlaments in Dijon, zurück, da der lateinische Begriff bereits in der Grundsteininschrift auftaucht.

490 So die Beschriftung des in Anm. 488 genannten Plans.

491 Dieser Interpretation kommt die Definition einer dôme percée entgegen: »Die Wölbung wird durch einen horizontalen Schnitt so fragmentiert, daß man von unten durch die entstandene Öffnung hinauf in einen zweiten »Oberraum« blickt. Auf den stehengebliebenen Restflächen des Gewölbes wird in der Regel auch ein Umgang angelegt, von dem aus man in den Saal hinabschauen kann und den man zur direkten Kommunikation benutzt, als »Degagement« wertet [...]. Räumlichkeiten dieser Art werden, bildlich gesprochen, zu Orten »unter freiem Himmel«, zu Hypäthralräumen [...]«.
Zit. nach Hubala 1970. S. 91 (Hinw. Reinhard Schneider).

492 Jean Charles Krafft, Recueil d'architecture civile [...], châteaux, maisons de campagne et habitations rurales aux environs de Paris, Paris 1812, Taf. 27 f.; — Hautecœur Bd. IV 1952, S. 238, Fig. 114f.; — Kaufmann 1955, Abb. 104; — Braham 1972, S. 675, Abb. 29; — Middleton/Watkin 1977, S. 124, Abb. 160. Daß es sich bei diesem Projekt um eine später vom Bauherrn verworfene erste Planung handelt, hat Beauvalot 1978, S. 23, erstmals ausgesprochen. Ihm widerspricht Braham 1980, der ebd. S. 96 in Krafffs Kupferstichen ein später angefertigtes, durch Geldmangel notwendig gewordenes Alternativprojekt sieht. Er vermutet, De Waillys großes Projekt sei nie ganz vollendet worden. Offensichtlich hat Braham die Ausführungen Beauvalots, obwohl er sie zitiert, nicht zur Kenntnis genommen, denn Beauvalot weist (S. 10) die Vollendung sowie die Teilzerstörung des Schlosses um 1795 nach. Gegen Brahams These spricht auch, daß der Aufriß des heute noch stehenden linken Flügels mit dem des von Krafft gestochenen Projekts keine Gemeinsamkeiten hat. Letzte Sicherheit kann freilich nur eine Grabung in Montmusard erbringen.

493 Vgl. die Analyse bei Wend Graf Kalnein/Michael Levey, Art and Architecture of the Eighteenth Century in France (= The Pelican History of Art), Harmondsworth 1972, S. 342 f., Teil II, Fig. 35.

494 Vgl. Anm. 48.

495 Er selbst schreibt einmal zur Kugel: »Ce qui produit un bel ensemble, c'est principalement l'harmonie qui règne entre les parties et le tout; un objet qui réunit de belles proportions plaît généralement. L'exemple de la Rotonde, ou Panthéon de Rome, en est une preuve frappante. Il n'est personne qui ne conviennent qu'en y entrant, on êprouve un sentiment d'étonnement, d' admiration et de respect, qui est produit nonseulement par la grandeur de l'édifice, mais par l'harmonie qui règne dans ses proportions; sa calotte étant exactement demisphérique, et ayant de hauteur son diamètre, une sphère entière, la plus belle, la plus régulière de toutes les formes, peut être inscrite dans sa capacité intérieure«.
Zit. nach: La Décade philosphique (Anm. 440), S. 539. — Vgl. ferner Braham 1976/1977, S. 52; — De Wailly 1979, S. 51.

496 Wittkower 1969, S. 15, 17, 20–22, passim; — Ewa Chojecka, Die Kunsttheorie der Renaissance und das wissenschaftliche Werk des Kopernikus, in: Zeitschrift f. Kunstgeschichte 35, 1972, S. 257–281.

497 Palladio 1570, Libr., IV, Cap. II.

498 Vgl. Anm. 483.

499 Voronikhina 1971, S. 33–38; — Proekty i risunki franzuskich architektorov i ornamentalistov (Ausstellungskat., bearb. v. Anna N. Voronikhina), Lenina Ermitasch, Leningrad 1971, Kat. Nr. 14; — Braham 1972, S. 675, 678, Abb. 30; — De Wailly 1979, S. 84 f., 98 f., 119, Kat. Nr. 296.

500 Rabreau 1977, S. 41 (Abb. u. l.), 48. Es handelt sich um einen Vorschlag, Louvre und Tuilerien zu verbinden. Datierung: 1789.
501 Wend Graf Kalnein, Das kurfürstliche Schloß Clemensruhe in Poppelsdorf, Düsseldorf 1956. Dort, S. 107—116 ausführlich zum Thema Rundhof im Quadrat mit weiteren Beispielen.
502 De Neufforge Supplementbd. 1772—1780, Taf. CCLXXVII.
503 Palladio 1570 Libr. II, S. 52.
504 Campbell Bd. II 1717, Taf. 83 f. (Entwurf Campbells für eine Villa im Auftrag Robert Walpoles); — Campbell Bd. III 1725, Taf. 98 f. (»New Design« Cambells).
505 Herbert A. Frenzel, Geschichte des Theaters, München 1979, S. 173, 196.
506 Ledoux 1962, Taf 251; — Langner 1959, S. 68—73, — Pierre Pougnaud, Les Théatres dans les Châteaux et Résidences privées, in: Les Monuments Historiques de la France 1978, H. 4, S. 21 f. (dort weitere Beispiele aufgeführt).
507 De Wailly 1979, S. 76 f., Kat. Nr. 210 f.
508 Pérouse de Montclos 1969, S. 149—151, Fig. 72—74.
509 Ebd. S. 151.
510 Hautecœur Bd. IV 1952, S. 437, 444.
511 Vgl. Duquenne 1978.
512 Vgl. Wittkower 1958, S. 127, Taf. 66. — Die Bühnenwände des Theaters suggerieren allerdings eine größere Tiefe, während Bernini der vorgegebenen Länge seiner Treppe gerade entgegenzuwirken suchte. Insofern steht Borrominis Perspektive im Hof des römischen Palazzo Spada De Waillys Lösung näher. Vgl. die unübertroffene Darstellung des Problems bei Erwin Panofsky, Die Scala Regia im Vatikan und die Kunstanschauungen Berninis, in: Jahrb. d. preuß. Kunstslg. 40. 1919, S. 241—278.
513 Procès-verbaux Bd. VIII 1924, S. 280. Der Entwurf befindet sich in Paris, E.N.S.B.A. — Vgl. Pérouse de Montclos 1984, S. 152f. — Wie aus einer unlängst aufgefundenen Planserie hervorgeht, besaß das Residenzschloß Würzburg in der Beletage des Nordflügel-Mittelrisalits einen 1770/1771 eingerichteten, elliptischen Theater- und Opernsaal, der innerhalb dieses Flügels auf eine dem Bénard-Projekt vergleichbare Weise die Mitte artikuliert, jedoch in Längsrichtung zum Flügel angeordnet ist, vgl. Gabriele Dischinger, Die Würzburger Residenz im ausgehenden 18. Jahrhundert, Wiesbaden 1978, S. 9, 13 f., 24, 39, Abb. 4.
514 Vgl. zum »Abbau des Vitruvianismus« Forssman 1961 S. 112—125.
515 Dieser Göttin hätte, gemäß Vitruv (I, 2, 6) die ionische Ordnung entsprechen müssen. Diana kann demnach ohne weiteres gegen die sich inhaltlich anbietenden Apoll oder Minerva ausgetauscht werden, die jedoch bereits vergeben waren. — Unabhängig davon ist zu erwähnen, daß im Bereich der zum Weißensteiner Schloß gehörigen Wirtschaftsgebäude 1778 ein Parforce-Hundezwinger und 1780 ein Parforce-Jagdgebäude errichtet wurden, vgl. Heidelbach 1909, S. 197. Damit besitzen wir also immerhin zwei Hinweise auf die Jagd im Bereich des Weißenstein.
516 Middleton/Watkin 1977, S. 119.
517 Vgl. dazu die Definition des Historismus bei Götz 1970; — Géza Hajós, Klassizismus und Historismus-Epochen oder Gesinnungen?, in: Österreichische Zeitschrift für Kunst und Denkmalpflege 32. 1978, S. 98—109.
518 Hautecœur Bd. IV, S. 4, 198 f.
519 Jean Charles Krafft/N. Ransonette, Plans, Coupes, Elévations des plus belles Maisons [...], Paris 1801/1802, Taf. 43; — Kaufmann 1955, Abb. 105; — Braham 1972, S. 679, Abb. 38—40; — Middleton/Watkin 1977, S. 123, 125, Abb. 163 f.
520 Kaufmann 1955, S. 147.
521 Vgl. die Definition des Stils von Palladio und seiner manieristischen Züge bei Forssman 1965, S. 177—201.
522 Zu vergleichen ist das Kings House in Greenwich, erbaut 1661—1666 und nach 1694 (Umbau) von John Webb (nach Inigo Jones) und Christopher Wren, vgl. Campbell Bd. I 1715, Taf. 86 f.; — Dagobert Frey, Englisches Wesen im Spiegel seiner Kunst, Stuttgart – Berlin 1942, S. 202 f., Abb. 160. Die von Webb entworfenen beiden unteren Geschosse betonen durch Vollsäulen die beiden Seitenrisalite; dagegen postiert Wren seinen bekrönenden Dachaufsatz über der »leeren« Mitte. Ähnliche Achsenverschiebungen in dem »New Design for a person of Quality in Dorsetshire«, nach dem Entwurf von John Vanbrugh, in: Campbell Bd. II 1717, Taf. 53 f.
523 Procès-verbaux Bd. VIII 1924, S. 270 f. (Sitzung vom 3. Juni 1776).
524 Ebd., S. 268 f.
525 Schon das alte Weißensteiner Schloß besaß ein Theater; es lag im südlichen Seitenflügel und war 1768 bereits vorhanden, vgl. Heidelbach 1909, S. 163, 204.
526 »Das Villenparadies erhebt sich [...] in einem humanistisch-literarischen Sinne als Ort der Musen und der Litterae über die »Niederungen« der gemeinen Existenz« (Bentmann/Müller 1971, S. 101).
527 Zitate dazu aus der Renaissance-Literatur bei: Reinhard Bentmann/ Michael Müller, Materialien zur italienischen Villa der Renaissance, in: Architectura 1972, S. 173—175; — vgl. auch Bentmann/Müller 1971, S. 95—105.
528 Heydenreich/Lotz 1974, Taf. 278.
529 Klaus Schwager, Kardinal Pietro Aldobrandinis Villa di Belvedere in Frascati, in: Röm. Jahrb. f. Kunstgeschichte 9/10.1961/1962, S. 289—382.
530 Wolfgang Lotz, Die Spanische Treppe. Architektur als Mittel der Diplomatie, in: Röm. Jahrb. f. Kunstgeschichte 12. 1969, S. 64, Abb. 30.
531 Steinhauser/Rabreau 1973, S. 41.
532 Kaufmann 1952, S. 447; — Germann 1974, S. 21 f.; — Kaufmann 1978, S. 74 f.
533 Piranèse et les Français 1976, S. 137, 139 f., Kat. Nr. 69; — Rabreau 1977, S. 41—43, — De Wailly 1979, S. 32, Kat. Nr. 85.
534 HHCSAC 1776, S. 51. — Von Gohr wurde am 20.11.1764 zum »Condirector« beim Baudepartement ernannt und am 2.12.1785 »dispendiert«, vgl. StAM 53 f. Acc. 1904/45, Nr. 86, Kassel Nr. 5.
535 Zit. nach StAM 16, Rep. VI, Kl. 29, Nr. 2, fol. 61.
536 Vgl. oben, Anm. 286.
537 Heute aufbewahrt in Potsdam (Band Kassel XV).
538 Vgl. ebd., Inhaltsverzeichnis, angelegt wohl von F. W. Strieder in den neunziger Jahren des 18. Jahrhunderts.
539 Das Nebeneinander von Aufriß und perspektivischer Ansicht, von J. F. Blondel im »Cours d'Architecture« gerügt, ist an den in die Tiefe fluchtenden Baumreihen an beiden Rändern abzulesen, die sich — im Gegensatz etwa zu den Kolonnaden — verjüngen. Die Kombination von Aufriß und perspektivischer Ansicht findet sich schon beim zweiten Weißensteiner Entwurf De Waillys (Kat. Nr. 14).

540 Vgl. Wagner-Rieger 1981, S. 60 f.
541 Jacques Androuet Du Cerceau, Les Trois Livres d'Architecture, Bd. I, Paris 1559, Taf. XLVI.
542 Antoine Lepautre (Le Pautre), Œuvres d'Architecture, Paris 1652, Discours quatrième.
543 Johann David Steingruber, Architectonisches Alphabet, Schwabach 1773, hier zit. nach Bringmann 1975, S. 30.
544 Vgl. Hans Junecke, Die »Maison de plaisance«, in: Sitzungsberichte d. Kunstgeschichtlichen Gesellschaft zu Berlin, Febr. 1952 — Mai 1953, S. 26.
545 Vgl. Hautecœur Bd. II 1948, S. 574.
546 Vgl. Braham 1972, S. 672, Abb. 21.
547 De Neufforge, Supplementbd. 1772—1780, Taf. CCLXXVIII. Der Entwurf ist bezeichnet als »Plan pour un Château Royal«.
548 Vgl. Hans Klaiber, Der Stuttgarter Architektur-Sammelband von Pierre Michel-Dixnard, in: Jahrb. d. Staatl. Kunstslg. in Baden-Württemberg 6. 1969, S. 177 f., Abb. 13. In unserem Zusammenhang ist die Bezeichnung des Blattes aufschlußreich: »Elévation des façades qui figurent **deux châteaux** [...]« (Hervorhebungen v. Verf.).
549 Vgl. Middleton/Watkin 1977, S. 125, 130 f., Abb. 176; — Braham 1980. S. 154, Abb. 197.
Bei diesem Schloß sollte nach Louis' Vorstellung ein in Arkaden geöffneter, überkuppelter Rundtempel zwischen zwei sich in die Tiefe erstreckenden Längsflügeln stehen.
550 Vgl. Louis Hautecœur, L'auteur de la colonnade du Louvre, in: Gazette des Beaux-Arts 66. 1924, S. 159 f.
551 Peyre 1765, Taf. 14.
Als Entwurf, der sowohl eine traditionelle Dreiflügelanlage als auch die H-förmige Anlage mit Kolonnade und Triumphbogen vereint, ist das »Palais pour un Prince« anzusehen, mit dem Nicolas Claude Girardin (um 1749—1786) im Jahr 1772 den 3. Preis beim Prix de Rome an der Académie Royale d'Architecture errang (ENSBA, vgl. Pérouse de Montclos 1984, S. 120 f.). Girardin, ein Schüler Etienne-Louis Boullées (vgl. Pérouse de Montclos 1969, S. 213), hat in seinem Projekt zwei untereinander durch das Motiv des römischen Circus verbundene H-förmige Anlagen — im Zentrum jeweils Kolonnaden mit Triumphbogen, axial hintereinander — mit einer triklinen Schloßanlage verknüpft. An diesem Entwurf läßt sich zeigen, wie im Klassizismus solche einstigen »Nebenanlagen« so stark aufgewertet werden, daß sie den Hauptbau des Schlosses seiner Wirkung zu berauben drohen. Daß dies eine Tendenz ist, belegt die Art der Darstellung z. B. von De Waillys Grand Prix oder von Peyres Hôtel de Condé.
552 Zit. nach Peyre 1765, S. 23.
553 Palladio 1570, Libr. II, S. 5.
554 Staatl. Kunstslg. Kassel, Nachlaß Jussow, Inv. Nr. K II 6265.
In Anlehnung an einen Entwurf Vincenzo Scamozzis zu einer »Fabbrica Suburbana« (vgl. V. Scamozzi, L'Idea dell' Architettura universale, Venedig 1615, S. 277) ist ein weiterer Entwurf Jussows zu einer palladianischen Villa entstanden (Staatl. Kunstslg. Kassel, Nachlaß Jussow, Inv. Nr. K II 6262a).
555 Vgl. Prieur, Collection des Prix que la ci-devant Académie d'Architecture proposoit tous les ans, Paris 1787 ff., H. XIX, Taf. 2, bez.: »CHATEAU DE CAMPAGNE, médaille décernée par l'académie à mr Trouard fils«.

556 Vgl. Procès-verbaux Bd. VIII 1924, S 391; dort bez. als »château de plaisance pour un grand seigneur«. Der 1759 geborene L. A. Trouard war Schüler des P. A. Paris und seines Vaters Louis-François Trouard (1729—1794) und erhielt nach dem Gewinn des Grand Prix 1780 (vgl. Hautecœur Bd. IV 1952, S. 220, 311) das Rom-Stipendium. Da sein Vater mit Claude-Nicolas Ledoux zusammenarbeitete (vgl. Langner 1959, S. 6), ist ein Einfluß des letzteren auf Trouard jun. naheliegend.
557 Vgl. Kaufmann 1978, S. 212—219, Abb. 113—129; — Gallet 1979, S. 40—43, 110—128; — Gallet 1980, S. 151—186.
558 Vgl. Revolutionsarchitektur 1970, Kat. Nr. 50; — Kaufmann 1978, S. 202, Abb. 89; — Gallet 1980, S. 217 f.
559 Vgl. Revolutionsarchitektur 1970, Kat. Nr. 51; — Kaufmann 1978, S. 202, Abb. 90; — Gallet 1980, S. 217.
Außerdem ist der Entwurf Ledoux' für die Landwirtschaftsschule Meilliand (Meilhan) als aus der Rotonda entwickelte Variante zu nennen, vgl. Revolutionsarchitektur 1970, Kat. Nr. 61; — Gallet 1980, S. 216.
560 Vgl. Revolutionsarchitektur 1970, Kat. Nr. 52. — Nach Gallet 1980, S. 208, waren es jedoch nicht Ledoux' Pläne, die der Marquis hat ausführen lassen. Immerhin gibt das Ausführungsdatum einen terminus ante quem für Ledoux' Projekt.
561 Vgl. Langner 1959, S. 40—44; — Langner 1960, S. 137—143; — Revolutionsarchitektur 1970, Kat. Nr. 39; — Gallet 1980, S. 74—81.
562 Vgl. Langner 1960, S. 160—162.
563 Vgl. Langner 1960.
564 Vgl. Langner ebd., S. 158, Abb. 26. Datierung des ersten Stichs um 1775/1780 (ebd., S. 159). — Das lange Festhalten am Mansarddach ist ein Kennzeichen für das Œuvre Ledoux', vgl. Hautecoeur Bd. IV 1952, S. 287.
565 Wolfgang Herrmann, The Problem of Chronology in Claude-Nicolas Ledoux's Engraved Work, in: Art Bulletin 42. 1960, S. 191—210.
566 Vgl. Langner 1960, S. 163. — Aus den Briefen Du Rys an seine Schwester wissen wir indessen, daß Ledoux während seines Kasseler Aufenthaltes 1775 Pläne von seiner Idealstadt Chaux mit sich führte (vgl. Gerland 1895), wobei es sich sicher nicht um originale Zeichnungen, sondern um Stiche gehandelt haben wird. Es war mir trotz intensiver Suche nicht möglich, im Bestand der ehemaligen Wilhelmshöher Schloßbibliothek und ihrem reichen Planmaterial Zeichnungen oder Stiche Ledoux' nachzuweisen (vgl. die Bestände und Inventare in Kassel und Potsdam). Es ist zu vermuten, daß Ledoux' Planmaterial bereits während der französischen Okkupation aus Kassel entwendet wurde.
567 Vgl. Procès-verbaux Bd. VIII 1924, S. 168.
568 Vgl. Schuchard/Dittscheid 1979, S. 78, 205—207, 209, Kat. Nr. 253, 263.
569 Zit. nach Gerland 1895, S. 118.
570 Allerdings gilt festgehalten zu werden, daß Jussow zum Zeitpunkt von Ledoux' Kassel-Aufenthalt noch nicht die Architektenlaufbahn eingeschlagen hatte.
571 Zit. nach HHCSAC 1776, S. 51; letztmalig so genannt in HHCSAC 1785, S. 88.
572 Vgl. StAM 5, 11384, fol. 2; — gleichlautend StAM 53 f. Rubr. 11, Nr. 3. — Vgl. auch Schuchard/Dittscheid 1979, S. 78.

573 Zit. nach StAM 4 f Frankreich, 1703, fol. 140. — Nach meinen Angaben zit. bei Gallet 1980.

574 Zit. nach Burda 1967, S. 91 (dazu Abb. 112).

575 Staatl. Kunstslg. Kassel, Nachlaß Jussow. Inv. Nr. K II. 6361. Es stellt sich heraus, daß es sich dabei um eine exakte Kopie nach einem Kupferstichwerk handelt: Jean Claude Richard De Saint-Non, Recueil de Griffons, de Vues, Paysages, Fragments antiques et Sujets historiques, o. O., o. J. (ersch. in Paris in mehreren Lieferungen, um 1766), Taf. 144. Diese ist bez.: »Il primo pensiere del quadro sopra il quale il Signor Roberti e stato gradito e ricevuto a l'Academia reale diè pittura in Parigi 1766«. bez. u. r.: »Saint Non Sc.«. Vgl. zur Tradition des Motivs bei Robert: Diderot & l'Art de Boucher à David. Les Salons 1759—1781, Kat. d. Ausst., Paris 1984, Kat. Nr. 101.

576 Vgl. Burda 1967, S. 92.

577 Staatl. Kunstslg. Kassel, Nachlaß Jussow, Inv. Nr. K II 9562. — Vgl. dazu Hoeltje 1964, S. 55.

578 Vgl. Fritz V. Arens, Das Werkmaß in der Baukunst des Mittelalters, 8.—11. Jahrhundert (phil. Diss. Bonn 1936), Würzburg 1938.

579 Précis des leçons d'architecture données à l'école polytechnique, Paris 1802—1805. Vgl. Werner Szambien, J.N.L. Durand (1760—1831) Paris 1984.

580 Zit. nach Blondel, Cours Bd. II 1771, S. 94—96. — Diese Bemerkungen schließen an die Besprechung des von Blondel entworfenen, für die Abteikirche Saint-Louis in Metz bestimmten viersäuligen Portikus an, auf den sich einige Bemerkungen beziehen. — Zur Vorbildlichkeit der Architektur des 17. Jahrhunderts für J. F. Blondel vgl. auch Kap. III. Anm. 100, 116.

581 Vgl. dazu folgende Definition: »Für die anciens steht die Vollendung, das von der Antike verwirklichte Vorbild, am Anfang der Geschichte; sie kann nur durch Nachahmung wieder erreicht [...] werden [...] Für die modernes steht die Vollendung, die im Zeitalter Ludwigs XIV. erreichte Blüte der Künste und Wissenschaften, am Ende einer welthistorischen Entwicklung [...] Für die anciens wie für die modernes ragen aus dem Gang der Weltgeschichte nur zwei erleuchtete Gipfel, das Augusteische und das eigene Zeitalter, hervor.« Zit. nach Hans Robert Jauß, Ästhetische Normen und geschichtliche Reflexion in der »Querelle des anciens et des modernes«, in: Charles Perrault, Parallèle des anciens et des modernes (Paris 1688—1697), neu hrsg. v. Max Imdahl, H. R. Jauß u.a., München 1964, S. 27.
Im ausgehenden 17. Jh. war die Position des »Modernisten« Perrault eine »fortschrittliche«. Wenn dagegen J. F. Blondel ein Jahrhundert später an dieser Position festhält und sie gegen die Antiken-Imitatoren verteidigt, äußert sich darin ein ästhetischer Konservatismus. Du Ry hatte sich schon während seines Rom-Aufenthaltes eindeutig für die anciens und gegen die modernes ausgesprochen, vgl. Anm. 146.

582 Es ist in diesem Zusammenhang aufschlußreich, daß Johann Georg Sulzer in seiner Kunsttheorie römisch-antike Architektur unter dem Stichwort »Einfalt« charakterisiert: »Die feinesten Gebäude der Alten machen nur eine, und sehr einfache Masse, einen Würfel, oder einen oben abgerundeten Cylinder aus, den man auf einmal mit der größten Leichtigkeit in das Auge faßt. Sie suchten das große nicht in einer überflüssigen Menge der Theile, sondern in der innerlichen Größe, in der Vollkommenheit, in der vollkommensten Figur des Ganzen«, und weiter: »In einem Gebäude bemerkt man die edle Einfalt, wenn die ganze Masse desselben eine einzige, untheilbare, wol in die Augen fallende Figur vorstellt, an welcher außer den wesentlichen Theilen keine zufällige Zierrathen angebracht sind. Von dieser Art ist das Pantheum oder die sogenannte Rotonda in Rom«.
Vgl. Sulzer 1778, Teil II, S. 14—19. — Vgl. auch Arndt Schreiber, Frühklassizistische Kritik an der Gotik 1759—1789, phil. Diss. Berlin 1937, S. 58 f.

583 Es geht hier um die Vorbildlichkeit der dorischen Ordnung **griechischer** Provenienz, die vereinzelt schon im antiken Rom Eingang gefunden hatte. Glattschäftige dorische Säulen — ohne Basis — sind z.B. am Marcellustheater sowie am südlichen (Janus-?)Tempel des Forum Holitorium anzutreffen. Selbst der Normaltyp der kannelierten dorischen Säule ohne Basis ist nachzuweisen: im Langhaus von S. Pietro in Vincoli! — Vgl. zum Problem allgemein einführend: Nikolaus Pevsner, Doric Revival. Die Wiederentdeckung der dorischen Ordnung im frühen Klassizismus, in: Pevsner 1971, S. 154—173.

584 Vgl. Jutta von Simson, Das Berliner Denkmal für Friedrich den Großen, Frankfurt/M. — Berlin — Wien 1976, S. 11, 136 f.

585 Vgl. Pevsner 1971, S. 172 (Doric Revival).

586 Vgl. Simson 1976 (wie Anm. 584), S. 32—37, 152—157, Abb. 26—37 d.

587 Vgl. Forssman 1961, S. 112—125; — Georg Germann, Einführung in die Geschichte der Architekturtheorie, Darmstadt 1980, S. 189 ff.

588 Zit. bei Holtmeyer 1910, S. 329, Anm. 4.

589 Zit. nach Hirschfeld Bd. III 1780, S. 22—24.

590 Vgl. Sylvain Stym-Popper, La place de l'obélisque à Port-Vendres, in: Congrès Archéologique de France, 112. 1954, S. 194—198; — S. Pressouyre, Un ensemble néo-classique à Port-Vendres, in: Les Monuments historiques de la France, 1963, S. 199—222; — De Wailly 1979, S. 72 f., 80 f., Kat. Nr. 281—288.

591 Ich folge hier der eingehenden Kritik des Phänomens »Revolutionsarchitektur« durch Hans Sedlmayr, Eine soziale Idealstadt am Vorabend der Französischen Revolution, in: ders., Epochen und Werke Bd. III, Mittenwald 1982, S. 223—243 (zuerst 1964 ersch.).

592 Zit. nach ebd., S. 238.

593 Der Wettbewerb zum Um- und Ausbau der Versailler Residenz erfolgte um 1780. Boullée wollte in seinem großen Projekt die Gartenfront in ihrer Länge verdreifachen (!). Als Verbindung zwischen den weitläufigen Trakten hatte er, Jussow darin vergleichbar, das Kolonnadenmotiv vorgesehen. Die Aufarbeitung des Versailler Planmaterials — sie könnte die Situation der Bauaufgabe Schloß am Vorabend der Revolution veranschaulichen — steht noch aus. Vgl. dazu Henry Lemonnier, La mégalomanie dans l'architecture à la fin du XVIIIe siècle, in: L'Architecte 5. 1910, S. 92—97; — Hautecœur Bd. IV 1952, S. 82; — Pérouse de Montclos 1969, S. 143—146; — Revolutionsarchitektur 1970, S. 72 f.

594 Weimar, Nationale Forschungs- und Gedenkstätten d. klass. deutschen Literatur, Nachlaß Meyer, Nr. 111 (MS.). — Erster Hinw. auf diese Quelle bei Jericke/Dolgner 1975, S. 95 f.

595 Zit. nach ebd. wie auch die folgenden Zitate. Die Angabe der Dauer von Jussows Rom-Aufenthalt ist um rund ein Jahr zu hoch gegriffen; sie erklärt sich wohl daraus, daß er je einen Teil des Jahres 1785/1786 in Rom verbracht hat.

596 »Wolf aus Caßel in zwanzig[ern]. Zwey J. in Rom, nun schon ein J. entfernt. Er ist mehr Mauermeister und Steinmetz als Architekt«.
597 »Arens aus Hamburg, ungefähr dreißig. Kömt von Paris, im 1ten Jahr hier. Sein Plan für ein Stadthaus in Hamburg zeiget eine reiche Erfindung, und reinen, simplen Geschmack. Die Idee eines Landhauses hat gleichfalls viel großes, nur zu reich und verschwenderisch mit Säulenordnung«.
598 Wie Anm. 594. — Einen Überblick über das damalige Künsterleben in Rom verschafft Dorn 1969, S. 27—32.
599 Zu Genelli (geb. 1763) vgl. Hermann Schmitz, Berliner Baumeister vom Ausgang des 18. Jahrhunderts, Berlin ² 1925, S. 43 f.
600 C. Gurlitt, Geschichte..., Stuttgart 1899, S. 444 f.
601 Phleps 1908, S. 211.
602 Heidelbach 1909.
603 Holtmeyer 1910.
604 Holtmeyer 1913.
605 Vgl. Sigfried Giedion, Spätbarocker und romantischer Klassizismus, München 1922, S. 37, 69, 72.
606 Ponten 1925, S. 70.
607 Paetow 1929, S. 81—93.
608 Vgl. Franz Landsberger, Die Kunst der Goethezeit, Leipzig 1931, S. 75, 170.
609 Wolfgang Herrmann, Deutsche Baukunst des 19. und 20. Jahrhunderts, Berlin 1932 (Reprint Basel-Stuttgart 1977), S. 20.
610 Kramm 1940, S. 225.
611 Georg Dehio, Handbuch d. Deutschen Kunstdenkmäler, Bd. III, bearb. v. Ernst Gall, Berlin 1942, S. 17 f.
612 Beenken 1952, S. 65 f.
613 Pierre du Colombier, L'architecture française en Allemagne au XVIIIe siècle, 2 Bde., Paris 1956, Textb. S. 240.
614 Vogel, Einflüsse 1956, S. 229 f.
615 Vogel 1958, S. 10—18.
616 Zit. nach dem Gutachten von Prof. Dr. Margarete Kühn, S. 2—4 (Archiv HNA Kassel), Dat. 19.2.1962.
617 Zit. nach der Stellungnahme von Prof. Dr. Friedrich Bleibaum, S. 1, 4 (Archiv HNA Kassel), Dat. 16. 3. 1963.
618 Vgl. Bangert 1969.
619 Vgl. oben, Kap. II, 3.
620 Pauli 1925, S. 30.
621 Keller 1971, S. 130.
622 Dehio 1966, S. 459 f.
623 Reclams Kunstführer Deutschland Bd. IV, Hessen, bearb. v. E. Herzog, D. Großmann, G. Bott, Stuttgart 4. Aufl. 1972, S. 233 f.
624 Palladio 1980, S. 21, Kat. Nr. 14 (bearb. v. E. Forssman).
625 Bedingt durch das gespannte Verhältnis zu seinem Vater, kam Wilhelm nur höchst selten nach dem Weißenstein. Zuletzt war er als Erbprinz dort am 17. Juli 1775 und betrachtete dort, wie er schreibt, »[...] les différentes choses que mon père y a fait faire«, zit. nach MS. Memoiren Wilhelms Bd. I, S. 158.
626 Zit. nach MS. Memoiren Wilhelms Bd. II, S. 6.
627 Zit. nach MS. Memoiren Wilhelms Bd. II, S. 82. — Übersetzung bei Losch 1923, S. 169 f.
628 Zu nennen sind vor allem die englischen Philosophen und Kunsttheoretiker Sir William Temple (1628—1699), Earl of Shaftesbury (1671—1713), Joseph Addison (1672—1719) sowie Alexander Pope (1688—1744).

Vgl. dazu zusammenfassend Pevsner, Malerisches 1971; — Horst Meyer, The wildness pleases: Shaftesbury und die Folgen, in: Park und Garten 1978, S. 16—21.
629 Vgl. Georges Louis Le Rouge, Jardins anglo-chinois, neuvième cahier, Paris 1781, Taf. 7 (Situationsplan nach einer Aufnahme aus dem Jahre 1761 von Delisle); — Both/Vogel 1973, S. 173 f., Abb. 47; — Schuchard/Dittscheid 1979, Kat. Nr. 289 (mit Abb.).
630 Dieser Garten, von Le Rouge bezeichnet als »Jardin chinois ou Labyrinthe du Prince de Hesse-Cassel«, muß noch vor dem Regierungsantritt Friedrichs (1760), ja sogar noch vor dem Ausbruch des Siebenjährigen Kriegs (1756) angelegt worden sein, wie Bleibaum 1926, S. 33 f., Anm. 7 ausführt.
631 Vgl. grundlegend Schepers 1980.
632 Zit. nach Hirschfeld Bd. V 1785, S. 237.
633 Vgl. Hirschfeld 1786; — Näheres dazu unten, Kap. VI Anm. 1378.
634 Zit. nach Beck 1792, S. 104 f. — In Auszügen bei Losch 1923, S. 168.
635 Zit. nach MS. Familiennachrichten Du Ry, Bd. »Die Familie Du Ry«, fol. 4v./5. — Auszugsweise bei Gerland 1895, S. 163.
636 In den Familiennachrichten ist ebd., fol. 6 zu lesen: »Die in allen Reisewerken vorkommende Annahme, Jussow habe das Wilhelmshöher Schloß gebaut, findet vielleicht darin eine Erklärung, daß, nachdem der Landgraf sich zu dem Bau eines Schlosses verstanden hatte, Du Ry wie schon erwähnt den Flügel links von Kassel aus baute. Nachdem **dies ursprünglich selbständig sein sollen des Gebäude fertig war, verlangte der Landgraf ein größeres Schloß daneben** [...]«. (Hervorhebungen Verf.) Fortsetzung in Anm. 866.
637 Vgl. unten, S. 214.
638 Vgl. unten, S. 227.
639 Vgl. Holtmeyer 1910, S. 244 f., Taf. 134, 3 (Aufr. d. Corps de logis), 134,4 (Aufr. d. Flügel).
640 Bei Hirschfeld Bd. V 1785, S. 238 f. heißt es: »Neue Anlagen auf dem Carlsberg bey Cassel [...]: Weißenstein, am Fuß des Carlsbergs, der Aufenthalt des Hofes, ist ein altes Schloß, das aus einem ehemaligen Kloster entstand; indessen hat es durch einige Veränderungen und **den weißen Anstrich** ein lebhaftes Aussehen in der Ferne gewonnen«.
641 Vgl. Harksen 1975 II, S. 10.
642 Vgl. unten, S. 159 ff.
643 Zit. nach dem MS. Katalog der Wilhelmshöher Schloßbibliothek, Bd. IV, Rubr. »Plans differens«. — Vgl. Holtmeyer 1910, S. 307, Anm. 1.
644 Campbell Bd. III 1725, Taf. 89: Entwurf von William Wakefield, erbaut 1723—1743.
645 Wie bei der franz. Maison de plaisance ist am englischen country house das Erdgeschoß als Hauptgeschoß gestaltet.
646 Vgl. MS. Katalog der Wilhelmshöher Schloßbibliothek, Bd. II, S. 287 (vgl. Quellenanhang).
647 Hirschfeld Bd. III 1780, S. 31.
648 Vgl. Schuchard/Dittscheid 1979, S. 207 f., Kat. Nr. 257.
649 Ebd., Kat. Nr. 255 f.
650 Ebd., S. 212, Kat. Nr. 272.
651 Ebd., S. 205, Kat. Nr. 252 B.
652 Abraham Swan, A Collection of Designs in Architecture, Bd. II, London 1757, Taf. 17. Swans apsidenartige Anbauten der Gebäudeschmalseiten können wohl aus der Tradition des polygonal, meist dreiseitig gebrochenen bay-window hergeleitet werden.

653 Das in Paris, E.N.S.B.A. verwahrte Blatt ist beschriftet als »Pavillon d'agrément avec chapelle par A.L.T. Vaudoyer avril 1781«. — Vgl. zur Ausschreibung des Wettbewerbs Procès-verbaux Bd. IX 1926, S. 47 f. — Pérouse de Montclos 1984, S. 170.
654 Es handelt sich um die Maison Beaugeon im Faubourg du Roule, die allerdings nur im Grundriß zu vergleichen ist. Abb. b. Jean Charles Krafft/Nicolas Ransonette, Plans des plus belles maisons à Paris, Paris 1801, Taf. 46.
655 Vgl. Oswald Sirén, China and the gardens of Europe, New York 1950, S. 190 f.
656 Vgl. Summerson 1970, Abb. 226 f.
657 Campbell Bd. II 1717, Taf. 32.
658 Vgl. Piranèse et les Français 1976, Kat. Nr. 157, 159; — Allessandro Bettagno (Hrsg.), Piranesi. Incisioni–rami–legature–architetture (= Grafica veneta, 2), Venezia 1978, S. 16—24 (Beitr. Jörg Garms), Abb. 37, 40.
Zu den für Piranesi namhaft zu machenden Voraussetzungen sowie zu seiner Nachfolge vgl. Werner Oechslin, L'intérêt archéologique et l'expérience architecturale avant et après Piranèse, in: Actes Piranèse 1978, S. 395—410.
659 Vgl. De Neufforge Bd. VI 1765, Taf. 417; — Pérouse de Montclos 1969, S. 155, Abb. 61.
660 Vgl. Geschichte der russischen Kunst Bd. VI, Dresden 1976, S. 77 f., Abb. 48.
661 Vgl. unten, S. 227, Anm. Es ist nicht auszuschließen, daß es konkrete Auslöser für die Orientierung an der Vergänglichkeit gab: In unmittelbarer Umgebung des Weißensteinflügels fanden sich noch 1829 Gräber und Gerippe, die dem im 12. Jh. gegründeten Kloster Weißenstein zugehörten. Vgl. Holtmeyer 1910, S. 233.
662 Vgl. Jutta Schuchard, Schlößchen Schönburg bei Hofgeismar und zwei unbekannte Zeichnungen von Wilhelm Böttner, in: Hess. Heimat 28. 1978, S. 62—68.
663 Piranèse et les Français 1976, Kat. Nr. 35, 36.
664 Louis Hautecoeur, L'Architecture Classique à Saint-Pétersbourg à la fin du XVIIIe siècle, Paris 1912, S. 41 f. — Clérisseaus Pläne waren viel zu weitläufig, um ausgeführt zu werden. Daraufhin entwarf Charles De Wailly als Alternative das hier in Kap. III angesprochene »russische« Projekt, eine Variante des Typus Montmusard.
665 Vgl. dazu unten, S. 223.
666 Zit. nach Burda 1967, S. 87.
667 Vgl. Harris 1967, S. 189, 195 f., Abb. 34. — 1759 zeichnete Chambers den Schnitt seines Entwurfs zu York House in Pall Mall als Ruine (!), während die übrigen Entwurfsblätter einen vollständigen englisch-palladianischen Wohnbau vorsehen. Die Alternativen als Ruine entstanden wohl im Sinne einer kapriziösen Übung, ohne daß ein besonderer Auftrag vorlag oder mit einer Ausführung in dieser Form gerechnet worden wäre.
668 Vgl. Fleming 1962, Abb. 72, 73, 80, Textfig. 14.
669 Batty Langley, New Principles of Gardening, London 1728. — Vgl. dazu Pevsner, Malerisches 1971, S. 35—38.
670 Vgl. dazu unten, Kap. VI. Anm. 1163.
671 Zit. nach Dobai Bd. II 1975, S. 316.
672 Auszugsweise zit. nach Hirschfeld Bd. III 1780, S. 110—118.
673 Vgl. Holtmeyer 1910, S. 307.
674 VSSGH, Weißensteinflügel, z. Zt. Depot Bad Homburg, Inv. Nr. GK I 10.947.
675 Holtmeyer 1913, Abb. 46; — Paul Heidelbach, Kassel. Ein Jahrtausend hessischer Stadtkultur, Kassel-Basel ²1973, S. 223.
676 VSSGH, Weißensteinflügel, z. Zt. Depot Bad Homburg, Inv. Nr. 10.946. — Abb. des Stichs bei Holtmeyer 1913, 44.
677 Zit. nach Paul Heidelbach, Die Weißensteiner Prospekte des Hofkupferstechers G. W. Weise und deren Absatz, in: Hessenland 21. 1907, S. 338. Du Rys Äußerungen, dem Jahre 1798 entstammend, klären eindeutig, wer in Kassel der Verfechter der ausgefallenen Ruinenidee gewesen ist!
678 Vgl. unten, Anm. 1193—1197.
679 Zit. nach MS. J. H. Müntz, Band Wilhelmshöhe, fol. 20.
680 Vgl. oben, Anm. 636.
681 Lobe 1837, S. 179. — Zit. b. Holtmeyer 1910, S. 304, Anm. 4.
682 Holtmeyer ebd.
683 Simon Louis Du Ry, Entwurf zum Grundriß des »Neuen Weißensteiner Schlosses«, Kellergeschoß, Feder in Schwarz auf dünnem Karton, dunkel- und hellrosa angelegt, 267 x 344 m (nur zu 2/3 erhalten), bezifferter Maßstab: 60 Fuß (10 F ≙ 22 mm), Bez. o.: »Seite nach dem Chinesischen Dorffe«, u.: »grundriß des Keller grundes des Neuen Weißensteiner Schloßes« (von Du Ry), Potsdam, Kassel VI, Nr. 35.
Der fehlende Teil betrifft die westliche Apsis. Axial vor dieser ist ein Ofen eingezeichnet, der erschließen läßt, daß die im Osten fehlende Badewanne in der westlichen Apsis vorgesehen war, was durch die erhaltenen Plankopien bestätigt wird. Mit gestrichelten Linien sind die Wölbformen (Tonnen- und Gratgewölbe) markiert. Das Mauerwerk ist dunkel-, die notwendigen Fundamentgräben hellrosa angelegt. Als Originalentwurf 1786 entstanden.
In Jussows Nachlaß haben sich zwei Plankopien erhalten: Staatl. Kunstslg. Kassel, Inv. Nr. K II 5744, 5745, Maßstab: 1:132. Unpubliziert.
684 Anonym, Grundriß des »Neuen Weißensteiner Schlosses«, Erdgeschoß. Plankopie nach Du Ry und Jussow, Bleistift, Feder in Grau, rosa u. grau angelegt, Einskizzierungen in Bleistift. Maßangaben in dunkelbrauner u. roter Tinte, Beschr. in brauner Tinte, 335 × 513 mm. Bezifferter Maßstab ohne Maßeinheit, Rücks. beschr.: »underster grund/Riß zu W:stein«, Staatl. Kunstslg. Kassel, Depos. Verein f. hess. Gesch. u. Landeskunde.
Die zahlreichen, auf den Schreiner Johannes Ruhl zurückgehenden Eintragungen geben Auskunft über die im Winter 1788/1789 vollendeten Schreinerarbeiten an den Parkettböden, Fenstern und Fenstertüren. Entstanden ca. 1787—1788. Unpubliziert.
685 Das Datum von Du Rys Vorlage war der 27. April 1787.
686 StAM 6a, 152 (unpaginiert; in der chronolog. Reihenfolge falsch unter d. Jahr 1789 eingeordnet!).
687 Vgl. unten, Anm. 94.
688 Vgl. Hallo 1930, S. 292—294. — Johann Henrich Wolff, 1753 oder 1754 geboren, war ein Bruder des Kasseler Hofsteinmetzmeisters Heinrich Abraham Wolff.
689 Staatl. Kunstslg. Kassel, Inv. Nr. K II 5781—5789.
690 Zit. nach MS. J. H. Müntz, Band Wilhelmshöhe, fol. 20.
691 Ang. Jussows in: StAM 6a, 59, fol. 43 r. — Danach Strieder, vgl. Holtmeyer 1913, S. XXXIII f.
692 Zit. nach MS. Journal Kunckell, Eintr. v. 8.12.1787.
693 StAM 5, 11850 a, fol. 38 r.
694 Ang. Jussows in: StAM 6a, 59, fol. 43. — Danach Strieder, vgl. Holtmeyer 1913, S. XXXIV.

695 Zit. nach MS. Journal Kunckell, 4.11.1789.
696 Ebd., Eintr. v. 3.5.1790.
697 Ebd., Eintr. v. 3.6.1790 (= S. 1324).
698 Ebd. Eintr. v. 18.8.1790.
699 Angabe Jussows in StAM 7 b 1, 321, fol. 30 v., — gleichlautend: StAM 300 E 12/10, fol. 80 v.
700 Der auf Konsolen ruhende Laufgang vor dem Erdgeschoß gehört einer Veränderung des 19. Jahrhunderts an.
701 Folgende Steinmetzzeichen sind zu finden: auf Tuffstein: F, E, M; auf den Werksteinen aus Sandstein: A, W, AW, M, B.
702 Übereinstimmende Angabe in den Wilhelmshöher Guiden um 1800, so bei Martin 1799, S. 60. — Die Brüder Ludwig Daniel und Johann Wolfgang Heyd waren Schüler von Johann August Nahl. Von Ludwig Daniel Heyd existiert ein Skizzenbuch (Staatl. Kunstslg. Kassel, Inv. Nr. K II 2393), das Zeugnis von einer Reise nach Italien (Rom, Florenz, Padua usw.) sowie von einer 1788 unternommenen Rheinreise ablegt.
Von den Brüdern Heyd stammen auch einige der Vasen auf der Attika des Weißensteinflügels, vgl. StAM 300 E 12/10, fol. 40 v.
703 Döring 1804, S. 12, hat die Namen der Bildhauer Heyd und Nahl miteinander verwechselt.
704 Größere zusammenhängende Spuren der ehemaligen, wohl weißen Fassung haben sich auf der Nordseite der Ostapsis des Weissensteinflügels unmittelbar unterhalb des schützenden Gebälks erhalten. Ein zweiter Anstrich in Oxydrot (?) muß dem 19. Jh. angehören. Eine naturwissenschaftliche Analyse der Farben steht noch aus.
Die heutige Naturlasierung der Holzteile (Türen!) entspricht ebensowenig dem originalen Zustand, der nicht anders als in weißer Fassung vorzustellen ist.
705 Vgl. die zeitgenössischen Beschreibungen bei David Philipp von Apell, Kurze Beschreibung Weissensteins bey Cassel, Kassel ²1797, S. 4—6; — Martin 1799, S. 60—70; — Döring 1804, S. 12.
706 Staatl. Kunstslg. Kassel, Inv. Nr. K II 5781.
707 Vgl. Bleibaum 1926.
708 Jussows Deckenentwurf: Staatl. Kunstslg. Kassel, Inv. Nr. K II 5783 (in der Ausführung leicht abgeändert).
709 Ebd., Inv. Nr. K II 5782.
710 Hirschfeld Bd. V 1785, S. 46. Ebd., S. 366 erläutert als »Landhaus im edlen Styl [...]« Der erste Hinweis auf Swans Entwurf findet sich im Zusammenhang mit Wilhelmshöhe bei Jörg Gamer, Das Stengelschloß Dornburg an der Elbe, in: Saarheimat 11. 1967, S. 73, Anm. 11.
711 Vgl. Forssman 1961, S. 39.
712 Vgl. Frommel 1973, Bd. I S. 94—96, Bd. II S. 85—87, Bd. III Taf. 32.
713 Ebd. Bd. I S. 119 f., Bd. II S. 53—61, Bd. III Taf. 25—27. Datierung nach Frommel 1524. In der Wilhelmshöher Schloßbibliothek war eine Abb. des Palazzo Caffarelli-Vidoni in Gestalt von Piranesis Vedute di Roma greifbar!
714 Vgl. Heydenreich/Lotz 1974, S. 218, Taf. 225.
Als davon abhängig erweist sich ein isoliert stehendes, extrem frühes Beispiel in Deutschland, das von Bauleuten aus Oberitalien errichtet wurde: der Italienische Trakt der Residenz in Landshut (1537 ff.). Vgl. Hans-Peter Rasp, Die Landshuter Stadtresidenz, Stilcharakter und Baugeschichte der Italienischen Trakte, in: Verhandlungen d. Historischen Vereins f. Niederbayern 100. 1974, S. 108—183.
715 Heydenreich/Lotz 1974, S. 249—253, Taf. 250. — Zur Datierung von Michelangelos Entwurf vgl. Harmen Thies, Michelangelo. Das Kapitol, München 1982. Dort S. 84 ff. zur Front des Senatorenpalasts.
716 Palladio 1570, Libr. II, S. 8f. — Forssman 1961, S. 41; — Erik Forssman, Il Palazzo da Porto Festa di Vicenza (= Corpus Palladianum, Bd. VIII), Vicenza 1973; — Palladio 1973, S. 102—106.
717 RIBA, Palladio XVII/9r. — Vgl. dazu zuletzt The drawings of Andrea Palladio (Kat. d. Ausst., bearb. v. Douglas Lewis), Washington 1981, Kat. Nr. 66 (dort die weitere Literatur verzeichnet).
718 Entwurf 1664. — Vgl. Wittkower 1958, S. 122 f., 348, Anm. 81, Taf. 67 B; — Forssman 1961, S. 44. — Der ursprüngliche Zustand mit dem nur 7 Achsen breiten Mittelrisalit, der bis zum Umbau 1745 durch Nicola Salvi und Luigi Vanvitelli erhalten geblieben war, abgebildet bei Blondel, Cours Tafelbd. III 1773, Taf. LXV.
719 Vgl. Jacques François Blondel, Architecture Françoise, Bd. IV, Paris 1756, Taf. 456; — Armando Schiavo, Il viaggio del Bernini in Francia nei documenti dell' Archivio Segreto Vaticano, in: Bollettino del Centro di Studi per la storia dell' Architettura 10. 1956, S. 68, Abb. 15. — Mit Pilastern wurde die Kolossalordnung an der Flußfront seit 1668 ausgeführt; den Entwurf schreibt J. F. Blondel Claude Perrault zu, vgl. Blondel 1756 ebd., Taf. 452; — Hautecœur Bd. II 1948, S. 449 f., Abb. 368. — Zu weiteren Beispielen für die Verbreitung des Sockelhauses mit Kolossalordnung in Frankreich in der 2. Hälfte des 17. Jahrhunderts vgl. Hautecœur 1948 ebd., S. 281.
720 Wie Anm. 401.
721 Vgl. Braham 1980, S. 23, Abb. 21. — Baubeginn war 1735.
722 Vgl. Patte 1765, Taf. II—V; — Hautecœur Bd. III 1950, S. 569—572; — Hautecœur Bd. IV 1952, S. 93; — Kaufmann 1955, S. 135; — Solange Granet, La Place de la Concorde, Paris 1963; — Keller 1971, S. 176, Abb. 36; — Kalnein/Levey 1972, S. 280, 306, Taf. 265; — Eriksen 1974, S. 54, 205, 293, Taf. 19; — Middleton/Watkin 1977, S. 108, 113 f., Abb. 134—136; — Braham 1980, S. 40 f.
Entwurf des Platzes 1753, Ausführung der beiden Gebäude 1755—1775.
723 Vgl. Patte 1765, Taf. XXVII; — Hautecœur Bd. III 1950, S. 488—490; — Julia Raugräfin v. d. Schulenburg, Emmanuel Héré (= Frankf. Forsch. z. Architekturgeschichte), Berlin 1973, S. 191 ff., 268, Abb. 88.
Die Place Royale in Nancy wurde 1752—1755 ausgeführt.
724 Vgl. Patte 1765, S. 178 f., Taf. XXXVIII; — Hautecœur Bd. III 1950, S. 496—499.
Der Plan wurde von le Carpentier 1757 vorgelegt, nach ihm ein Jahr später die Arbeit begonnen, diese jedoch 1763 eingestellt.
725 Vgl. Hautecœur Bd. IV 1952, S. 249—254; — Kaufmann 1955, S. 144, 257, Anm. 224; — Keller 1971, S. 184 f., Abb. 56; — Kalnein/Levey 1972, S. 309 f., 393, Anm. 63, Taf. 270; — Middleton/Watkin 1977, S. 141, 143, Abb. 214; — Braham 1980, S. 117—120.
Baubeginn war 1768. — Du Ry hatte sich von diesem Bau Stiche schicken lassen (vgl. Anm. 189), was seinen Einfluß nur wahrscheinlicher macht!

726 Versailles und Berlin im Zusammenhang nennt Hubala 1965, S. 328, die Säulenordnungen wie folgt charakterisierend: Es handele sich um »kein Reliefgebilde im Sinne des römischen Hochbarock, sondern [um] Stücke von Kolonnaden, die der Front auf vorgerückten Sockeln des Erdgeschosses vorgeblendet sind [...]«. — Mit diesen Worten könnte auch Du Rys Säulenstellung umschrieben werden (Hinweise von Reinhard Schneider).

727 Zu Schönbrunn II vgl. Fischer von Erlach 1721, Buch IV, Taf. 3; — Kunoth 1956, Abb. 107; — Sedlmayr 1976, S. 95—97, Abb. 92—95.
Hubala 1957, S. 352 definiert das »Schönbrunner System« als »regelmäßige, taktmäßige Folge der großen Ordnung, die sich an der Fassade nicht über zwei volle Geschosse, sondern nur über ein volles und ein halbes Geschoß spannt [...]«. — Da hierbei das Gestaltungsproblem des Sockels ausgespart bleibt, trifft diese Definition auch für Schönbrunn I zu, wo der Sockel, von der eigentlichen Schloßarchitektur losgelöst, als von Arkaden gegliederte, weit vorgezogene Terrassen-Futtermauer aufscheint. Hubalas Herleitung des »Schönbrunner Systems« als »Neu-Formulierung einer cinquecentesken Lösung« (ebd., S. 350) trifft in erster Linie für Schönbrunn II zu. — Der Palazzo des 16. Jh. liegt zweifellos Fischers Palais des Prinzen Eugen in Wien (beg. 1695) zugrunde.

728 Vgl. Summerson 1970, 163 f., 384, Abb. 119.

729 Die Ausführung erfolgte unter der Leitung von Jones' Schüler John Webb.

730 Campbell Bd. I 1715, Taf. 16; — Summerson 1970, S. 193, Abb. 145.

731 Campbell Bd. II 1717, Taf. 99/100. — Diesen Entwurf hat als erster Hans Vogel (Einflüsse, 1956, S. 229, Abb. 13) mit dem Weißensteinflügel in Verbindung gebracht. Im Gegensatz zu Vogels Ausführungen handelt es sich bei Campbells Entwurf jedoch nicht um »eingestellte ionische Vollsäulen«, sondern um eine Halbsäulengliederung.

732 Vgl. Summerson 1970, S. 384, Abb. 318.

733 Vgl. Summerson 1970, S. 368; — Nikolaus Pevsner, Suffolk (The Buildings of England), Harmondsworth 1974, S. 269—271; — Joseph Burke, English Art 1714—1800 (The Oxford History of Art, IX), Oxford 1976, S. 320, Taf. 96 B.

734 Vgl. Summerson 1970, S. 420 f.

735 Vgl. Harris 1970, S. 96—106, Taf. 156.

736 Vgl. Chambers 1772, Vorwort.

737 Staatl. Kunstslg. Kassel, Nachlaß Wolff.

738 Zit. nach Johann Wolfgang von Goethe, Cotta-Gesamtausgabe Bd. IX, Stuttgart 1960, S. 241 (Tagebucheintr. v. 19. Sept. 1786).

739 Vgl. Forssman 1965, S. 185 f. — Erik Forssman, Andrea Palladio, Leben und Werk, in: Palladio 1508—1580. Architektur der Renaissance. Kat. d. Ausst. Karlsruhe 1981/1982, S. 19, Abb. 2.

740 Vgl. dazu grundlegend Johannes Erichsen, Antique und Grec. Studien zur Funktion der Antike in Architektur und Kunsttheorie des Frühklassizismus. Phil. Diss. Köln (1975) 1980.

741 Blondel, Cours Bd. III 1772, S. 432—434.

742 Zur Geschmacksbildung bei Blondel und seinen Zeitgenossen vgl. Braham 1980, S. 37 ff.

742a Zur Geschichte der Palladio-Zeichnungen in England und ihren Erwerb durch Inigo Jones vgl. John Harris, Catalogue of the Drawings Collection of the Royal Institute of British Architects: Inigo Jones & John Webb, Farnborough 1972, S. 7; — ders., The Palladians, London 1981, S. 12: »The reverberations of this acquisition were to echo though British, Irish and American architecture across the next two centuries.«

743 Für die Anfertigung geometrischer Konstruktionsskizzen danke ich Dr. Siegfried Lohr.

744 Vgl. die Räume der Königin Sophie Charlotte im Nering'schen Bau (1695 ff.) im Erdgeschoß, dessen Fassade rustiziert (!) ist: Margarete Kühn, Schloß Charlottenburg, Berlin 1955, S. 29.

745 Vgl. zusammenfassend Reclams Kunstführer Deutschland Bd. IV, Hessen, 4. Aufl. Stuttgart 1972, S. 234.

746 François De Cuvilliés, École d'Architecture Bavaroise, Expl. der Bayerischen Staatsbibliothek, Rara 555, Stich 78, bez.: »Suitte des vases projettés pour Nimphenbourg [...] de Mr De Lafosse, gravé par Josephe Kaltner 1770«.

747 Vgl. Phleps 1908, S. 19 f.

748 Vgl. Jombert 1766, Taf. 16, S. 50 f.

749 Dies gilt für die Baupraxis Palladios. Ionische Säulen werden bei ihm mit ionischen und attischen Basen abgebildet, vgl. Palladio 1570, Libr. I, S. 28—36.

750 Vgl. Jombert 1766, Taf. 21, S. 58.

751 Ionische Kapitelle mit schräggestellten Voluten sind allerdings schon seit der Spätantike bekannt. In Rom begegnen sie z. B. an den Säulen des Saturntempels auf dem Forum Romanum, vgl. Palladio 1570, Libr. IV, Cap. XXX (»Concordiatempel«).
In der neuzeitlichen Architekturtheorie wird als Erfinder des »chapiteau ionique moderne« zuweilen Scamozzi namhaft gemacht.

752 Zit. nach Ausführliche Anleitung zu der gantzen Civil-Bau-Kunst [...] Erstlich in Frantzösischer Sprache zusammen getragen und heraus gegeben von Sr. A. C. Daviler [...] übersetzet [...] von Leonh. Christ. Sturm, neue Aufl. Augsburg 1747, S. 64.

753 Vgl. Blondel, Cours Bd. II 1771, S. 56.

754 P. Collins kommt das Verdienst zu, ausgehend von klassizistischer Innenarchitektur auf diese Phänomene aufmerksam gemacht zu haben. Vgl. Peter Collins, Changing Ideals in Modern Architecture 1750—1950, London 1965, S. 26—28.

755 Vgl. Etienne-Louis Boullée, Architecture. Essai zur l'art, hrsg. v. J.-M. Pérouse de Montclos, Paris 1968, S. 135 ff. (zur architecture des ombres).

755a Villa und Stadtpalast (ital.: »palazzina di villa« und »palazzo«) werden im Cinquecento, wie hier angenommen, in Oberitalien bei Palladio ikonographisch geschieden. Abweichend dagegen die Situation in Rom, wo die Villa Giulia (1550—1555) an der auf Vignola zurückgehenden Fassade im Erdgeschoß eine florentinisch-bolognesisch inspirierte, expressive Rustika aufweist. Damit entsteht ein »Mischtypus« zwischen Villa und Palast, mit dem Vignola offensichtlich auf die Sonderstellung der Villa Giulia als villa suburbana anspielt. Vgl. La vita e le opere di Jacopo Barozzi da Vignola 1507—1573, Bologna 1974, S. 26 f., Taf. 8—22 (Beitrr. W. Lotz/C. Thoenes).

756 Serlio (Erstausgabe) Buch IV 1537, zit. nach Forssman 1961, S. 38.

757 Forssman 1961, S. 38.

758 Leonhard Christoph Sturm, Kurtze Vorstellung der gantzen Civil-Baukunst, Augsburg 1718, S. 25; — hier zit. nach Forssman 1961, S. 47.

759 In Bath zu nennen sind die Straßenzüge Queen Square, 1729 ff., Royal Crescent, 1767—1775. Vgl. Summerson 1970, S. 386—392.

760 Vgl. in der nachfolgend zitierten Ausgabe S. 43 (fabrica del Sig. Caval. Fino in Bergamo) sowie den Palast S. 70 f.

761 Œuvres d'Architecture de Vincent Scamozzi, [...] traduites en François par Nr. Augustin Charles D'Aviler [...] & [...] par Mr. Samuel Du Ry, Ingénieur ordinaire de Leurs Hautes Puissances Les Seigneurs Etats Généraux des Provinces Unies. Avec les planches originales [...], Leiden 1713.

762 Zitate nach Hirschfeld Bd. III 1780, S. 21, 17.

763 Ebd., S. 17.

764 Ebd., S. 22 f.

765 Vgl. Quellenanhang.

766 Vgl. Hans Sedlmayr, Verlust der Mitte, ^{8}1965, S. 137 ff.

767 Vgl. z. B. Von Apell, Kurze Beschreibung Weissensteins bey Cassel, 2. Aufl. Kassel 1797, S. 2: »Alle drey Gebäude, in alt = Römischer Bauart, fallen vortreflich ins Auge [...]«.

768 Palladio 1570, Libr. II, letzte Seite (falsch paginiert: »66« statt 78).

769 Vgl. Revolutionsarchitektur 1970, Abb. S. 73.

770 StAM 6a, 152 (dort falsch als »1789« gelesen und entsprechend eingeordnet, unpaginiert).

771 Zit. nach MS. Journal Kunkell v. 12.11.1787.

772 Ebd., 8.12.1787. Hervorhebungen vom Verf.

773 Zit. nach Losch 1923, S. 180.

774 Zit. nach MS. Memoiren Wilhelms Bd. II, S. 102 f.

775 Das Rechnungsbuch der Schatull-Kasse (Privatkasse) des Landgrafen verzeichnet im Mai 1787 Ausgaben »zum Modèle des Weissensteiner Schlosses«; im Dezember desselben Jahres heißt es ebd.: »Denen Bildhauer Gebrüdern Hayd für 2. Modèles vom Weissensteiner Schloß: 80 Rtlr«. StAM, Rechnungen Kassel II, 96, Jg. 1787, fol. 24, 77.

776 Vgl. Anm. 866.

777 Den Hinweis darauf gibt schon Boehlke 1953, S. 141, Anm. 339. — Vgl. Erik Lundberg, Arkitekturens Formspråk 1715—1850, Stockholm 1960, S. 187.

778 Die Separierung geht schon auf Palladio selbst — vgl. sein 2. Buch! — zurück. — Zu diesem Typus vgl. Jörg Gamer, Entwürfe von François Cuvilliés d. Ä. für den Kurfürsten August von Köln und den Kardinal Fürstbischof Clemens Johann Theodor von Lüttich, in: Aachener Kunstblätter 32. 1966, S. 159, Anm. 24; — ders., Das Stengelschloß Dornburg an der Elbe. Ein Schwesterbau des Saarbrücker Schlosses, in: Saarheimat 11. 1967, S. 68.

779 Vgl. John Wood, An essay towards a description of Bath, London 1749; — Summerson 1970, S. 323—325.

780 Campbell Bd. I 1715, Taf. 21, 22. — Zur Nachfolge in England vgl. Summerson 1970, S. 319 ff.

781 MS. Katalog der Wilhelmshöher Schloßbibliothek, Bd. I, S. 287, Nr. 13. — Vorhanden waren die Bände I—III, vgl. Kap. VIII, 1d).

782 Holtmeyer 1910, S. 306.

783 Vgl. dazu H.-C. Dittscheid/Reinhard Schneider, François Ignace Mangin und die Baukunst des französischen Klassizismus, in: Mainzer Zeitschrift 76. 1981, S. 140 f., Anm. 101.

784 Staatl. Kunstslg. Kassel, Depositum Landeskonservator Hessen. Vgl. Bätjer 1939, Taf I, 1/2. — Du Rys erster Wilhelmsthal-Entwurf kann auch auf ein um 1700 erschienenes Musterbuch zurückgeführt werden, auf die »Nouveaux livres de Batiments de Différentes penseez fait par Daniel Marot [...]«, vgl. Peter Jessen (Hrsg.), Das Ornamentwerk des Daniel Marot, Berlin 1892, Taf. 13.

Dieses typologische Vorbild ist insofern besonders aufschlußreich, als Daniel Marot einer Hugenottenfamilie angehört, die ein ähnliches Schicksal wie die Du Ry erlebt hat: Sie wurde aus Frankreich vertrieben und ließ sich in den Niederlanden nieder. Daniel Marot (ca. 1660—1752) wurde Architekt König Wilhelms III. von Oranien, dem späteren englischen König. Die Bezugnahme Du Rys auf Marot ließe an eine spezifisch hugenottische Bautradition denken.
Der Stil der Fassade und die Feinheiten der Distribution von Du Rys Wilhelmsthal-Projekt stehen dagegen unter dem Eindruck von Blondels »Maisons de plaisance«.

785 Auf Sanssouci verweist im Zusmmenhang mit Wilhelmshöhe der Dehio Hessen, vgl. Anm. 622. Jedoch wird dort Sanssouci zur Herleitung der Schmalseitenapsiden am Außenbau der Wilhelmshöher Seitenflügel herangezogen, während ich eine Vorbildlichkeit für die Disposition der beiden Rundräume des Corps de logis im Stadium der Planung (!) sehe.

786 Vgl. Anm. 301 f.

787 Abb. bei Holtmeyer 1913, S. LXI, Nr. 47.

788 Vgl. Quellenanhang III.

789 Vgl. Holtmeyer 1923, Taf. 339.

790 Zit. nach Blondel Bd. I 1737, S. 113.

791 Vgl. Hautecœur Bd. III 1950, S. 580—582, Abb. 490. — An Gabriels »Grand projet« wurde seit 1742 gearbeitet.

792 Vgl. Pérouse de Montclos 1969, S. 143, Abb. 57; — Revolutionsarchitektur 1970, S. 72, Kat. Nr. 35.

793 Vgl. Gallet 1980, S. 97 f.

794 StAM 5, 11850a, fol. 26.

795 Ebd., fol. 36.

796 MS. Journal Kunckell, S. 766.

797 Resümierender Bericht Jussows in: StAM 6a, 59, fol. 43 v., vgl. Holtmeyer 1913, S. XL.

798 Ebd.

799 StAM 5, 11850a, fol. 137, 142.

800 Wie Anm. 797.

801 Ebd.

802 StAM 300 E 12/10, fol. 48.

803 Vgl. die Rapporte Du Rys vom Juli und Oktober 1791 in: StAM 6a, 153, fol. 16, 20.

804 Ebd., fol. 22.

805 Ebd., fol. 31: Baurapport Du Rys vom 26. Mai 1792.

806 Ebd., fol. 45: Baurapport Du Rys vom 2. Oktober 1792.

807 Nach dem »summarischen Extrakt« Jussows vom 27. 1. 1798 in: StAM 300 E 12/10, fol. 80 v.

808 Im MS. Journal Strieder heißt es am 23.6.1798: «Die Strackischen Gemälde zusammen in das Rondellzimmer der Fr. Gräfin vereinigt«. Dabei muß es sich um die heute im Weißensteinflügel (Beletage) befindliche Serie mit Wilhelmshöher Ansichten handeln.
Strack war am 8.7.1796 zum Kasseler Hoflandschaftsmaler ernannt worden, bat aber schon zwei Jahre später um seine Entlassung mit der Begründung, mit 200 Rtlr. jährlich seine Familie nicht ernähren zu können. Strack ließ sich dann in Eutin nieder: StAM 5, 9563. — Vgl. auch Ludwig Philipp Strack, Kat. d. Ausstellung Kiel-Kassel 1961/1962, bearb. v. D. Rudloff.

809 Vgl. den von Jussow gezeichneten Grundriß der Beletage: Potsdam Kassel VI, Nr. 47. — Ebd. zwei weitere Grundrisse: Nr. 49 zum Keller, von Du Ry, sowie Nr. 48 zur 2. Etage von Jussow.

810 Vgl. Braham 1980, S. 123 ff. — Aus Jussows Œuvre vergleichbar ist der nicht ausgeführte Entwurf zur Kapelle von Schloß Soeder bei Hildesheim: Staatl. Kunstslg. Kassel, Inv. Nr. K II 6049, vgl. Vogel 1958, Kat. Nr. 111, 112.

811 Vgl. H.-C. Dittscheid/Reinhard Schneider, (zit. Anm. 783) S. 140—143, Anm. 117—120. — Die Verwendung pantheon-artig instrumentierter Profansäle hat in England in James Wyatt (1747—1813) einen wichtigen Vertreter, vgl. Summerson 1970, S. 457—459.

812 Vgl. Bangert 1969, S. 119—122.

813 Vgl. z. B. die Projekte Germain Boffrands für Schloß Lunéville aus dem Jahre 1709 (Hautecœur Bd. III 1950, S. 60, Abb. 39) oder das Neue Palais in Potsdam; in beiden Beispielen handelt es sich bei den Kuppeln um ausschließlich ästhetische Motive, die mit keinem adäquaten Innenraum verbunden sind.

814 Zit. nach Laugier 1765, S. 26 f.

815 Der Kupferstich, publiziert in: James Paine, Plans, Elevations and Sections of Noblemen and Gentleman's Houses, 2 Bde., London 1767—1783, fand in Deutschland Verbreitung durch: Hirschfeld Bd. V 1785, S. 40.

816 Vgl. Gothein 1926, Bd. I, S. 292 f.

817 Jacques François Blondel, Architecture Françoise, Bd. IV 1756, Taf. 448.

818 Abb.: Encyclopédie, Recueil de Planches Bd. I 1762, Stichwort »Architecture«, Taf. XV. — Zit. nach Encyclopédie Bd. IX 1765, S. 707.

819 Blondel, Cours Tafelbd. III 1773, Taf. VI (Perraults Original); VII (Blondels Alternative).

820 Vgl. Fiske Kimball, William Kent's Designs for the Houses of Parliament, 1730—1740, in: Journal of the Royal Institute of British Architects (August) 1932, S. 733—755, 800—807; — Margaret Jourdain, The work of William Kent, London 1948, S. 47., Abb. 25.

821 Kimball ebd., S. 742, Abb. 12; — Jourdain ebd., Abb. 23.

822 Vgl. Harris 1970, S. 108 ff. (Verf.: J. M. Crook).

823 Ebd., S. 209.

824 Mündl. Mitt. am 26. 5. 1981 gelegentlich eines Studienaufenthalts im Sir John Soane Museum, London. Für seine Hilfe bei der Suche nach den Kent-Entwürfen zu den Houses of Parliament und Auskünfte habe ich Sir John Summerson zu danken. — Die ergänzende Planserie im Victoria & Albert-Museum war im Sommer 1981, wie der gesamte Bestand an Graphik, nicht zugänglich.

825 Vgl. Schuchard/Dittscheid 1979, S. 206.

826 Ebd., S. 207.

827 Vgl. Tonio Hölscher, Victoria Romana, Mainz 1967, S. 46.

828 Vgl. Hautecœur Bd. II 1948, S. 223—225, Abb. 209.

829 Vgl. Gerhard Hallmann, Leningrad, Leipzig 1967, S. 84—90.

830 Vgl. Schuchard/Dittscheid 1979, S. 209, Kat. Nr. 263.

831 Vgl. Theodor Kraus, Das römische Weltreich (Propyläen Kunstgeschichte, Bd. II), Berlin 1967, Abb. 49.

832 StAM 300 E 12/10, fol. 36.

833 Ebd., fol. 48 v.

834 Vgl. Gerland 1895, S. 121.

835 Vgl. Langner 1963.

836 Vgl. Johannes Langner, La vue par dessous le pont. Fonctions d'un motif piranésien dans l'art français de la seconde moitié du XVIIIe siècle, in: Piranèse et les Français. Colloque 1976 (= Académie de France à Rome, Vol. II), Rome 1978, S. 293—302.

837 Vgl. Hirschfeld Bd. III 1780, S. 124 f.

838 Vogel 1958, S. 35, Kat. Nr. 91; — Hans-Christoph Dittscheid, Stadtbaukunst in Kassel unter Landgraf Wilhelm IX./ Kurfürst Wilhelm I. (1785—1821), in: Schweikhart 1983, S. 60—64.

839 Vgl. Rudolf Zeitler, Die Kunst des 19. Jahrhunderts (Propyläen Kunstgeschichte, Bd. XI), Berlin 1966, Abb. 361b.

840 Friedrich Ludwig von Sckell, Beitraege zur bildenden Gartenkunst, 2. Aufl. München 1825, S. 36 f.

841 Ebd., S. 38.

842 Ebd., S. 39.

843 Vgl. Summerson 1970, S. 290 f., Abb. 234.

844 Vgl. Hans-Christoph Dittscheid/Reinhard Schneider, Ein Pantheon am Rhein, in: Kunst und Kultur am Mittelrhein. Festschr. für Fritz Arens, Worms 1982, S. 85—121.

845 Vgl. Nikolaus Pevsner, Suffolk (The Buildings of England), neu bearb. v. Enid Radcliffe, 2. Aufl. Harmondsworth 1974, S. 285 f., Abb. 60.

846 Vgl. unten, Kap. VI.

847 Zit. nach Hirschfeld Bd. III 1780, S. 25.

848 Zit. nach »Acta in Betreff einer Lehr-Anstalt für Zimmerleute, desgleichen für Bauhandwerker überhaupt«, 1799—1816. MS. von Jussow, dat. 1. Juli 1801, in: StAM 53f, Acc. 1904/45, Verz. V, Nr. 7. — Es handelt sich um eine der wenigen Äußerungen Jussows zur Theorie.

849 Zit. nach MS. Journal Strieder, Eintr. v. 10. 12. 1794.

850 StAM 6a, 153, fol. 44 v.

851 Vgl. MS. Familiennachrichten Du Ry, Band: Die Familie Du Ry, S. 5 v.

852 Zit. nach Laugier 1755, S. 107.

853 Ebd., S. 110.

854 Ebd., S. 111.

855 Ebd., S. 229.

856 Ebd., S. 231.

857 Zit. nach Home 1790, Bd. I, S. 406.

858 Vgl. Laugier 1755, S. 43:
»La grande façade du Château de Versailles sur les jardins est à impatienter, à cause de ce misérable attique qui la termine d'un bout à l'autre.«

859 Ebd., S. 164:
»La Place de Louis le Grand est admirée du commun pour l'exacte symmétrie & la riche Architecture qui y règne. Si l'on veut bien faire attention aux principes que j'ai établis [...], on trouvera bien des taches à reprocher à l'Architecture des bâtimens qui enveloppent cette place. De plus la décoration de ces bâtimens n'a aucune espèce de variété [...]«.

860 Zit. nach MS. Journal Wilhelms, S. 1456.

861 Wilhelm Böttner
Perspektivische Ansicht des Schlosses Weißenstein von Südosten über den Lac
Feder in Graubraun, braun und grau laviert
351 × 526 mm
Sign. u.r.: »W. Böttner. Fec. 1791.«
Potsdam, Kassel XI, Nr. XVIII/38

Lit.: Holtmeyer 1910, Taf. 168/1 (Teilausschnitt mit lediglich der rechten Blatthälfte: Kirchflügel)

Wilhelm Böttner (?)
Axiale Ansicht des Schlosses Weißenstein von Osten, Perspektive
Bleistift, Feder in Grau, gelb und grün aquarelliert, unvollendet
333 × 990 mm
Potsdam, Kassel XI, Nr. 25
Unpubliziert

Beide Zeichnungen erfassen das gleiche Stadium des Schlosses, dessen Mitte unverbaut und von einem diagonal geführten Weg durchzogen ist, der zum Weißensteinflügel führt. Die vollständige gärtnerische Ausgestaltung dieses Parkabschnitts zwischen den Flügeln legt nahe, daß es sich hierbei um kein Provisorium, sondern um eine abgeschlossene Planung handelt.

862 Vgl. Schuchard/Dittscheid 1979, Kat. Nr. 276—278. Es handelt sich um das Projekt für den Weißensteiner Platz in Kassel.
863 Vgl. ebd., Kat. Nr. 261.
864 Zit. nach StAM 6a, 59, fol. 46 v.; — vgl. danach Holtmeyer 1913, S. LIV f.
865 Zit. nach MS. Journal Kunkell, Nov. 1791, S. 1476 f. — Damit spielte, was im weiteren Verlauf der Untersuchung nicht mehr verfolgt wird, der volkswirtschaftliche Aspekt für den Landgrafen eine wesentliche Rolle.
866 Vgl. Holtmeyer 1913, S. LIV. — Mit einer bislang unbekannten Information warten die Du Ry-Familiennachrichten auf. Es heißt dort in einer etwas wunderlichen Mischung aus Dichtung und Wahrheit, ausgehend vom Weißensteinflügel:
»Nachdem dies ursprünglich selbständig sein sollende[ ] Gebäude fertig war, verlangte der Landgraf ein größeres Schloß daneben, das gab nun eine schwierige Aufgabe, um den schon vorhandenen Flügel mit dem Hauptgebäude in Einklang zu bringen, was nun durch die ursprünglich offenen Galerien mit den schönen Durchgangsbogen erreicht wurde. [...]
Nun wollte Du Ry das Hauptgebäude in demselben Styl wie den Flügel mit halben Säulen [...] errichten; das mißbilligte jedoch der Landgraf, und da gab Jussow die jetzige, freilich passendere Facade mit Kuppel an, die dann auch angenommen wurde, während der innere Bau ganz Du Rys Werk ist.
Der etwas ruhmsüchtige und eitle Jussow, welcher Du Rys Pläne unter ihm auszuführen hatte, nahm nach Lezterm Tod dessen Werke, so auch die Löwenburg (sic!), als von ihm herrührend an, und so tragen auch die Risse Jussows Namen. Du Rys Enkel glaubten, den Irrthum auf sich beruhen lassen zu können, da ja der Name ausgestorben ist.«
Zit. nach MS. Familiennachrichten Du Ry, Bd: Die Familie Du Ry, S. 6.
Es könnte durchaus zutreffen, daß auf Du Ry die Distribution des ausgeführten Baus zurückgeht.
867 Zit. nach StAM 300 E 12/10, fol. 50.
868 Vitruv III. 3,3.
869 Vgl. Blondel, Cours Bd. III 1772, S. 45.
870 Ebd., S. 47 f.
871 Vgl. Anm. 324.
872 Zit. nach Engelhard 1842, S. 168—171.

873 Zit. nach Wolff 1899, S. 230.
874 Vgl. Friedrich Mielke, Die Geschichte der deutschen Treppen, Berlin–München 1966, S. 256 f., Abb. 322.
875 Wie Anm. 872.
876 Vgl. Jussows Manuskript, das zur Vorlage von F. W. Strieders »Historischen Nachrichten« diente: StAM 6a, 59, fol. 47. — Vgl. MS. Strieder/Jussow, S. 25; — Holtmeyer 1913, S. LV.
877 Übereinstimmende Angaben Jussows und des Bausekretärs Arend, in: StAM 7b 1/321, fol. 33, 57, 75; — StAM 300 E 12/10, fol. 53 verso, 59, 83; — Archiv VSSGH Bad Homburg, Nr. 6. 1. 38, fol. 1.
878 StAM 300 E 12/9 (unpaginiert).
879 Als Dokument abgedruckt, ohne es jedoch datieren und einem bestimmten Bau zuweisen zu können, in: Hessenland 1896, S. 122. Die Quelle ist nicht genannt.
880 StAM 6a, 153, fol. 28.
881 Befehl Wilhelms an die Oberrentkammer: StAM 5, 11850 b, fol. 4.
882 Baurapport vom 26. 5. 1792: StAM 6a, 153, fol. 30 v. Am selben Tag berichtet ergänzend der Hofgärtner Daniel August Schwarzkopf:
»Mit dem Bau des Corps de logis gehet es auch guth fort. Nunmehro wird auch auf der Seite nach Caßell, allwo das Fundament so tief hat müßen gesucht werden, gemauert, so daß nun mehro bald das Fundament rund herum wird aus der Erde kommen.«
StAM 6a, 10, (unpaginiert).
883 Baurapport Du Rys vom 23. 6. 1792: StAM 6a, 153, fol. 34 v., 35.
884 Ebd., fol. 35. Du Ry berichtet, als Baupferde würden die Pferde der Artillerie benutzt. Pro Tag brächten vier, fünf oder mehr Gespanne von Kassel Steine und andere Materialien.
885 Baurapport Du Rys vom 31. 7. 1792: StAM 6a, 153, fol. 39.
886 Ebd., fol. 41 v.
887 Ebd. fol. 43.
888 Nachricht des Hofgärtners Schwarzkopf vom 25. 8. 1792: StAM 6a, 10 (unpaginiert).
889 Sie wurden aufgestellt von den Maurermeistern D. A. Feist und Johann Friedrich Strippelmann: StAM 7b 1/321, fol. 120.
890 Vgl. die diversen Kostenaufstellungen Jussows in: StAM 7b 1/321, fol. 33, 57, 75; StAM 300 E 12/10, fol. 83; — Archiv VSSGH Bad Homburg, Nr. 6. 1. 38, fol. 1.
891 Befehl des Landgrafen an die Oberrentkammer vom 12. 1. 1793:
»Nachdem Wir zum Behuff des Bau Wesens an dem Corps de logis des Schloßes zu Weissenstein, von Anfang dieses Jahrs an bis zu Ende desselben wöchentlich drey hundert Rthlr. bestimmet haben; So befehlen Unserer OberRenthCammer gnädigst, das nötige wegen der jedesmahligen Auszahlung dieser Summe an die Behörde zu verfügen.«
StAM 5, 11850 b, fol. 18.
892 StAM 6a, 59, fol. 47. — Vgl. MS. Strieder/Jussow, S. 39; — Holtmeyer 1913, S. LXVII.
893 StAM 6a, 153, fol. 50 v.
894 StAM 5, 11850 b, fol. 24—27.
895 Rechnung des Maurermeisters Strippelmann vom 27. 8. 1793: StAM 7b 1/321, fol. 115—118 v.
896 Vgl. die diversen Kostenaufstellungen Jussows in: StAM 7b 1/321, fol. 33, 57, 75; — StAM 300 E 12/10, fol. 83; — Archiv VSSGH Bad Homburg, Nr. 6. 1. 38, fol. 1.

897 MS. Strieder/Jussow, S. 39; vgl. Holtmeyer 1913, S. LXVII.
898 StAM 7b 1/321, fol. 160—162.
899 MS. Journal Strieder, Nachricht vom 14. 6. 1794: »Um 1 Uhr dem Ober-Kämmerer wegen Meublirung des Corps de logis das Nötige aufgegeben.«
900 Jussow in MS. Strieder/Jussow, S. 40; — Holtmeyer 1913, S. LXVIII f.
901 StAM 7b 1/321, fol. 157—159.
902 StAM 300 E 12/10, fol. 68.
903 Vgl. die diversen Kostenaufstellungen Jussows in: StAM 7b 1/321, fol. 33, 57, 75 v.; — StAM 300 E 12/10, fol. 83; — Archiv VSSGH Bad Homburg, Nr. 6. 1. 38, fol. 1.
904 Jussow in MS. Strieder Jussow, S. 45. — Abdruck in Holtmeyer 1913, S. LXXII f. z. T. fehlerhaft.
905 Jussow in MS. Strieder/Jussow, S. 46 f. — Auch hier Holtmeyer 1913, S. LXXIII f. z. T. abweichend.
906 Vgl. Petzet 1961.
907 Rechnungen von Strippelmann und Feist: StAM 7b 1/321, fol. 144 f., 149.
908 StAM 5, 11850 b, fol. 55—57 v.
909 Wie Anm. 903.
910 Archiv VSSGH Bad Homburg, Nr. 6. 1. 33, fol. 1.

»1. Für Zimmer Arbeit an Gerüsten und Britschen inclusive des Holtzes   2.828 Rtlr.
 2. Für Maurer Arbeit: Die Fundamente der Treppen zu machen, die Seulen, Frontons und Treppen zu versezzen und leztere mit Platten zu belegen, inclusive aller Materialien als Steine, Kalk pp.   15.179 Rtlr.
 3. Für Steinmetzen Arbeit: die Seulen, Frontons und Treppen zu hauen   15.255 Rtlr.
 4. Für die zur Steinmetzen Arbeit erforderlichen Quader Steine   6.580 Rtlr.
 5. Für Unterhaltung des Bau Fuhrwerks, des Transports der Steine vom Steinmetzen Platze nach dem Gebäude, der erforderlichen Hebezeuge, der Seiler und des Geschirrs überhaupt   5.458 Rtlr.
 6. Für Eisen zu den Ankern, zu Klammern und zu dem Geschirr überhaupt   3.000 Rtlr.

Summa   48.300 Rtlr.«

912 Ebd., Nr. 6. 1. 34, fol. 2. Aufgelistet sind im einzelnen:
»1. Das Dach mit Kupfer zu belegen, sind 340 Zentner Kupfer nöthig, thun inclus. des Arbeitslohns   14.662 Rtlr.
 2. 12 Zentner Eisenblech   180 Rtlr.
 3. Die Kuppel nebst dem noch fehlenden Stück Dach zu zimmern und aufzuschlagen incl. der Materl.   5.678 Rtlr.
 4. die Kuppel mit 47 Zentner Kupfer zu decken   2.027 Rtlr.
 5. die Seiten der Kuppel mit weissen Blech zu bekleiden   1.000 Rtlr.
 6. die Fenster und Hausthüren ins Gebäude und in die Kuppel zu verfertigen inclusive der Schreiner-, Schlosser- und Glaser Arbeit und sowohl der grossen Spiegelscheiben als des andern Glases, desgl. mit Inbegriff der Jalousie Laden   17.194 Rtlr.

Summa   40.742 Rtlr.«

913 Ebd., Nr. 6. 1. 34, fol. 3. Aufgelistet sind im einzelnen:
»1. Für Maurer Arbeit, inclusive Mauersteine und Kalk   9.340 Rtlr.
 2. Für Steinmetzen Arbeit   15.000 Rtlr.
 3. Für die noch erforderlichen Quader Steine   4.755 Rtlr.
 4. Für Eisen, Seiler, Gerüste und Lehrbogen   1.000 Rtlr.

Summa   30.095 Rtlr.«

914 Ebd., Nr. 6. 1. 34, fol. 3.
915 Ebd., Nr. 6. 1. 35, fol. 1, 2. Es gehören dazu:
»1. Für Maurer Arbeit: die Treppen sowohl aus dem Souterrain ins rez de chaussée als von hier in die Bel Etage zu versezzen, die Platten auf die vestibule zu legen, für die Schreiner Pfropflöcher zu hauen und überhaupt alle erforderliche Maurer Arbeiten zu verfertigen;
 2. Steinmetzen Arbeit: die Treppen aus dem Souterrain; die Haupttreppe in die Bel Etage; die Seulen auf der Vestibule und die Platten im Souterrain und auf der Vestibule zu hauen.   8.240 Rtlr.
 3. Zimmermanns Arbeit: die inwendigen beyden Nebentreppen zu verfertigen, die Balken in der Mitte des Gebäudes mit Klötzen aus zu schlagen und andere kleine Arbeiten zu verrichten   2.200 Rtlr.
 4. Weissbinder Arbeit: sämtliche Plafonds zu benageln, mit Draht zu bewikeln, mit Kalk und Gips auszuwerfen und zu dünchen, die Gesimse zu ziehen, die Stukatur Arbeiten zu verfertigen, auch wo es nöthig mit Mahlerey zu versehen, die Wände wo es nöthig ist, mit Dünche zu überziehen, die Boiserien, Lambris und Thüren mit Ölfarbe anzustreichen und überhaupt alle Arbeiten zu verfertigen inclusive der Materl.   50.000 Rtlr.
 5. Schreiner Arbeit: die sämtlichen Fusboden, Thüren, Boiserien und Lambris zu verfertigen incl. des Holzes und der Nägel.   36.000 Rtlr.
 6. Bildhauer Arbeit: die Thüren, Boiserien und Lambris, so weit es nöthig ist, mit Schnitzwerk zu verzieren, die Marmor Camine zu verfertigen, die Spiegelrahmen und trumeaux Tische zu schnitzen und zu vergolden pp   10.500 Rtlr.
 7. Schlosser Arbeit: sämtliche Thüren anzuschlagen, das Treppen Geländer zu verfertigen und für die Schreiner die nöthigen Schrauben und anderes Eisenwerk zu machen   19.000 Rtlr.
 8. Für Ofen und Gröger Arbeiten, incl. der eisern Ofen und der Aufsätze   1.500 Rtlr.

9. Für Eisen, für Fuhrwerk, für Holtz und Steintransport im Gebäude und für andere kleine Handarbeiten, an Rüstungen und so weiter	5.000 Rtlr.
Summa des Kosten Betrages von der innern Ausbauung des Schloss Gebäudes.	132.440 Rtlr.

Weissenstein am 31ᵗ Dec. 1796   Jussow«

916 »Summarische Berechnung des Kosten Betrags, der zu der Erbauung des Haupt Gebäudes des Weissensteiner Schlosses und der Löwenburg bereits verwendet worden ist, und bis zu ihrer völligen Beendigung noch erforderlich seyn wird.«: Ebd., Nr. 6. 1. 38, fol. 1.

917 Vgl. unten, Anm. 1073, 1080.

918 Archiv VSSGH Bad Homburg, Nr. 6. 1. 31, fol. 1—5.

919 Jussow in MS. Strieder/Jussow, S. 46. — Vgl. Holtmeyer 1913, S. LXXIII.

920 StAM 5, 11850 b, fol. 65 f.

921 Jussow in MS. Strieder/Jussow, S. 52 f. — Vgl. Holtmeyer 1913, S. LXXVII f.

922 »Summarischer Extract« Jussows vom 27. 1. 1798, in: StAM 300 E 12/10, fol. 83.

923 StAM 7b 1/321, fol. 150 f.

924 StAM 300 E 12/10, fol. 78 f.

925 Notiz Strieders in Wilhelms Journal v. 14. 3. 1798: »Heute ist das Ameublement zum Corps de Logis fest bestimmt worden.«

926 StAM 300 E 12/10, fol. 85—90 v.

927 Jussow in MS. Strieder/Jussow, S. 57—60. —Vgl. Holtmeyer 1913, S. LXXXI—LXXXIII.

928 Nach Angaben Jussows, übereinstimmend in: StAM 7b 1/321, fol. 33, 57.

929 Ebd., fol. 60 v.

930 StAM 300 E 12/10, fol. 94.

931 Jussow in MS. Strieder/Jussow, S. 65—67. — Vgl. Holtmeyer 1913, S. LXXXVI f.

932 Rechnung des Maurermeisters Feist v. 24. 6. 1800, in: StAM 7b 1/321, fol. 97—100.

933 StAM 5, 11850 b, fol. 103, 109.

934 Nach Angaben Strieders in Wilhelms Journal v. 14. u. 21. Sept. sowie 16. Nov. 1799.

935 Übereinstimmende Angaben Jussows in: StAM 7b 1/321, fol. 33, 57.

936 Notiz Strieders in Wilhelms Journal an diesem Tag.

937 Memoiren Wilhelms MS. Bd. II, S. 178.

938 Ausf. zit. bei Heidelbach 1909, S. 274.

939 Strieder in Wilhelms Journal an diesem Tag.

940 Jussow in MS. Strieder/Jussow, S. 69, 72. — Vgl. Holtmeyer 1913, S. LXXXVIII, XCI.

941 StAM 7b 1/321, fol. 101.

942 StAM 5, 11850 b, fol. 42—45 v. — Vgl. Heidelbach 1909, S. 230.

943 Angaben Jussows in: StAM 7b 1/321, fol. 33.

944 StAM 5, 11850b, fol. 116 v.

945 Vgl. z.B. folgende Angaben in Wilhelms Kalendertagebuch, die sich auf das Corps de logis beziehen. Am 21. 11. 1800: »[...] Heute dahin die Römische Tische aus dem Schloße zu Cassel transportiren laßen.«, am 24. 11. 1800: »Nach der Schloßtafel im Museo Sachen zum Whshoeher Ameublement ausgesucht.«

946 StAM 5, 11850b, fol. 143—146 v., hier 144 f.

947 Nach Angaben Jussows, in: StAM 7b 1/321, fol. 33.

948 Ebd., fol. 33 v., 60 v.

949 Am 4. Mai berichtete die Oberrentkammer dem Landgrafen, das Geländer sei fertig, im Juli wurde es lackiert. StAM 5, 11850b, fol. 156, 165—167.

950 Vgl. Heidelbach 1909, S. 258.

951 Zugrunde lag ein Entwurf von Prof. Paul Posenenske. Der Wiederaufbau behält von Jussows Konzeption lediglich die Stockwerkshöhen bei.

952 Vgl. dazu folgende Beschreibungen des 19. Jh.: David Philipp von Apell, Geschichte und Beschreibung des kurfürstlich-hessischen Lustschlosses Wilhelmshöhe und seiner Anlagen, Kassel ³1824, S. 12—17; — Cassel & Wilhelmshoehe, enthaltend Nützliche Nachweisungen für Einwohner und Fremde, Kassel 1828, S. 109—111; — Engelhard 1842, S. 163 ff.

953 Zit. nach Harald Keller, Das Treppenhaus im deutschen Schloß- und Klosterbau des Barock, München 1936, S. 88 f.: »Der Würzburg-Typ«.

954 Vgl. Engelhard 1842, S. 163 f.

955 Zit. nach ebd., S. 167 f.

956 Das reiche Planmaterial mit Entwürfen zur Neuausstattung des Corps de logis (Plankammer Potsdam), unter dem die Zeichnungen von Johann Conrad Bromeis (1788—1854) quantitativ wie qualitativ besonders hervorragen, harrt noch der wissenschaftlichen Aufarbeitung.

957 In der anonymen Schrift »Cassel & Wilhelmshoehe« (Anm. 952) heißt es dazu (S. 106): »Er [Wilhelm] ließ [...] durch den berühmten Oberbaudirector Jussow [...] das Hauptschloß errichten, wodurch dasselbe mit seinen zwei Flügeln ein majestätisches Ansehn erhielt, und Wilhelmshöhe **zu der Würde eines Residenzortes eines großen Regenten erhoben wurde**. Von dieser Zeit an erhielt es diesen Namen. [...] Zu gleicher Zeit ließ der Regent auch alle zu einer großen Hofhaltung erforderlichen Nebengebäude errichten, nämlich einen Marstall, ein Wagenhaus, Geschirrhaus und alle Wohnungen für die bei Hofe angestellten Personen.« (Hervorhebungen Verf.)

958 Vgl. Buttlar 1982, S. 28 ff.

959 Zit. nach Summerson 1970, S. 322.

960 Woods Kommentar zu Prior Park: »[...] Mr. Colen Campbell having boasted of the Justness of the Hexastyle Porticoe Designed by him before Wansted House in Essex, it was determined that a juster Hexastyle Porticoe should be executed before this House, and with Columns of a larger Size: and for this End I Disigned it with Columns of three Feet one Inch and a half Diameter, which exceeds those at Wansted by an Inch and a half; made the Intercolumnations of that Kind which Vitruvius calls Systylos; and gave two compleat Intercolumnations to the Flank of our Porticoe, instead of the compleat Interval and small Portion of another at Wansted.« Zit. nach John Wood, A Description of Bath, London 1765, S. 432.

961 Vgl. Christof Thoenes, Bemerkungen zur St. Peter-Fassade Michelangelos, in: Munuscula Discipulorum. Kunsthist. Studien Hans Kauffmann zum 70. Geburtstag, hrsg. v. T. Buddensieg/M. Winner, Berlin 1968, S. 331—341.

962 Vgl. Petzet 1961, S. 125, 127.

963 De Neufforge Bd. I 1757, Taf. 48.
964 Ebd., Bd. III 1760, Taf. 181.
965 Ebd., Bd. VII 1767, Taf. 468.
966 Ebd., Supplementbd. 1772—1780, Taf. CLXV.
967 Vgl. Langner 1959, S. 22ff; — Gallet 1980, S. 55ff.
968 Vgl. Jacques Gondoin, Description des Ecoles de Chirurgie, Paris 1780; — Hautecœur Bd. IV 1952, S. 243—247; — Braham 1980, S. 137—144.
969 Vgl. Gallet 1980, S. 34—36.
970 Vgl. Pérouse de Montclos 1969, Abb. 99.
971 Vgl. Dorn 1969, Kat. Nr. 243, S. 203 (zum Zusammenhang mit Jussow).
972 Claude Perrault, Les Dix Livres d'Architecture de Vitruve, Paris 1684, Taf. XX.
973 Vgl. Quellenanhang.
974 Zu den Begriffen und ihrer Geschichte im 16. Jahrhundert vgl. Gerda Soergel, Untersuchungen über den theoretischen Architekturentwurf von 1450—1550 in Italien, phil. Diss. Köln 1958, S. 6f.
975 Zum Begriff vgl. Martin Warnke, Bau und Überbau. Soziologie der mittelalterlichen Architektur nach den Schriftquellen, Frankfurt/M. 1976, S. 13ff.
976 Für das Phänomen der »Selbstdarstellung der Künste innerhalb einer bildhaften, bildgegenständlichen Erscheinungsweise« wurde der Begriff Meta-Stil geprägt, vgl. Hermann Bauer, Rocaille. Zur Herkunft und zum Wesen eines Ornament-Motivs (= Neue Münchner Beiträge zur Kunstgeschichte, Bd. 4), Berlin 1962, S. 71ff.
977 »Die im 16. Jahrhundert sich formierende Gesellschaft der Höfe akzeptierte die Ordnungen als Bestandteil eines neuen Verhaltenskodex [...] Wie schon einmal zur Zeit der Römer wurden die griechischen Tragformen, noch in ihrer banalsten, äußerlichsten Repetition, zu Signalen humanen Fortschritts wie auch, und damit untrennbar verbunden, zum Modell sozialer Disziplinierung.« Zit. nach Christof Thoenes, Vignolas »Regola delli cinque ordini«, in: Römisches Jahrbuch für Kunstgeschichte 20. 1983, S. 357f.
978 Bei diesem heißt es: »[...] questi tali Frontespici accusano l'entrata della casa, & seruono molto alla grandezza, e magnificenza dell'opera; facendosi in questo modo la parte dinanti più eminente dell'altre parti: oltra che riescono commodissimi per le Insegne, ouero Armi de gli Edificatori, le quali si sogliono collocare nel mezo delle facciate. Gli usarono ancho gli Antichi nelle loro fabriche, come si uede nelle reliquie dei Tempij, & di altri publici Edificij [...]«. Zit. nach Palladio 1570, libr. II, Cap. XVI.
Jussow setzt am Mittelbau das Frontispiz in seine so definierten Rechte ein und ersetzt, kennzeichnend für seinen abstrahierenden Stil, das Wappen des Erbauers durch dessen Namen in Antiquaschrift.
979 Alberti vertritt die Meinung, man müsse der Nachwelt den Ruf der Weisheit und Macht hinterlassen. Um der Nachwelt groß zu erscheinen, müsse man große Bauten errichtet haben. Vgl. Leon Battista Alberti, Zehn Bücher über die Baukunst, übers. v. Max Theuer, Leipzig 1912, S. 473.
980 Diesen Gedanken hat Wilhelms Vater, Landgraf Friedrich II., in seinem Regierungsprogramm aufgegriffen. In seinen der Aufklärung verpflichteten »Pensées diverses sur les Princes« heißt es zum Thema fürstliches Bauen:

»Die Neigung zum Bauen gewährt den Fürsten eine angenehme Erholung, die auch nützlich für ihre Untertanen ist. Die Armen finden darin Unterhalt, die Künstler eine Gelegenheit, ihre Talente zu entwickeln, Belohnung genug für wahres Verdienst.

In den Denkmalen, welche er hinterläßt, wird die Nachwelt ebenso viele Zeugnisse von der Größe seines Geistes finden. Nichts ist Fürsten schwer, wenig ihnen unmöglich; und dieß macht es ihnen zu einem Gesetze, alles im Großen zu betrachten, **und nur große, wol durchdachte Entwürfe anzunehmen. Alles was sie machen, muß sich gegen den Wechsel der Moden schützen und den Stempel des Einfachen und Großen an sich tragen, ohne welchen es keine Schönheit gibt.«**

Zit. nach Simon Louis Du Ry. Kat. d. Ausst. d. Stadtsparkasse Kassel 1980, bearb. v. Eckard Wörner, S. 11 (Hervorhebungen vom Verf.).

981 Vgl. Encyclopédie Bd. VII 1757, Stichw.: »Globe (Art numismat.)«: »Sur les médailles, le globe à la main d'un prince est le symbole de sa puissance; & lorsqu'il paroît offrir le globe à ceux qui sont autour de lui, c'est pour désigner que comme maître du monde, il est en même tems le distributeur des graces. La basse flatterie a imaginé ces sortes d'emblèmes pour les empereurs romains.« (S. 715)
982 Formal wie ikonographisch werden im Rundsaal Beziehungen zu Boullées Newton-Denkmal, einem architektonisch gedachten Abbild des Universums in Kugelgestalt, spürbar. Vgl. dazu ausführlich Adolf Max Vogt, Boullées Newton-Denkmal. Sakralbau und Kugelidee, Basel–Stuttgart 1969, S. 316—324 (»Denkmäler mit Kugelmotiven und Sternmotiven«). Jussows Rundsaal geht jedoch nicht so weit, mit der äußeren oder inneren Schale der Kuppel auf dem — im Pantheon vorgebildeten — Querschnitt mit einzubeschreibender Kugel aufzubauen. Dennoch kann der Saal als »Pantheonide« gelten.
983 Vgl. Architekt und Ingenieur. Baumeister in Krieg und Frieden, Kat. d. Ausst., hrsg. v. U. Schütte/H. Neumann, Wolfenbüttel 1984.
984 Vgl. Kat. Nr. 97.
985 Vgl. Monika Steinhauser, Etienne-Louis Boullées Architecture. Essai sur l'art. Zur theoretischen Begründung einer autonomen Architektur, in: Idea 2. 1983, S. 7ff. Ebd. S. 13 wird ausgeführt, daß sich Monumentalarchitektur nach Boullées Vorstellung nicht mehr »vor dem Volk, sondern für das Volk entfalten« muß als »Teil der den Menschen formenden Umwelt«.
986 Christian Wolff, Mathematisches Lexicon, Leipzig 1716, zit. nach Walter Kambartel, Symmetrie und Schönheit. Über mögliche Voraussetzungen des neueren Kunstbewußtseins in der Architekturtheorie Claude Perraults (= Theorie und Geschichte der Literatur und der Schönen Künste, Bd. 20), München 1972, S. 55.
987 Vgl. Kambartel ebd., S. 54.
988 Zit. nach Home 1790, Bd. II, S. 7.
989 Ebd., Bd. III, S. 358f.
990 Whately 1771, S. 154.
991 Ebd., S. 155.
992 Zit. nach Hirschfeld 1773, S. 46.
993 Zit. nach Morel 1776, S. 218f. — Ähnlich ebd., S. 205.
994 Ebd., S. 192.
995 Zit. nach Holtmeyer 1913, S. XXX.
996 Zit. nach StAM 6a, 59, fol. 39.

997 Zit. nach StAM 5, 9562, fol. 23 v. — 25 v.
998 Engelhard 1842. — Selbstverständlich handelte es sich nicht um den originalen Liber Veritatis, der im Besitz des Herzogs von Devonshire in Schloß Chatsworth war und heute im Britischen Museum in London verwahrt wird, sondern um die 1777 durch Richard Earlom herausgegebene englische Ausgabe mit Kupferstichen in 2 Bänden zu je 100 Tafeln: Liber Veritatis, or a Collection of Prints after the Original Designs of Claude Le Lorrain, Executed by Richard Earlom, 2 Bde., London 1777. — Vgl. dazu Michael Kitson, Claude Lorrain: Liber Veritatis, London 1978, S. 16, 30—32.

In Anlehnung an Claudes Zeichnung des Sibyllen-Tempels in Tivoli könnte Jussows Tempel über dem großen Fontänenbecken angelegt worden sein. Nach weiteren Claude-Inspirationen in Wilhelmshöhe wäre noch zu forschen.

999 Journal von und für Deutschland 1789, S. 188.
1000 Zit. nach Martin 1799, S. 39.
1001 Ebd., S. 57.
1002 Zit. nach StAM 5, 9562, fol. 23 v. — 24.
1003 Vgl. Dobai Bd. I, S. 272.
1004 Zit. nach Home 1762, Bd. III, S. 342.
1005 Vgl. Laugier 1765, S. 25: »Dans les dehors des bâtimens, rien ne fait un effet plus majestueux que les grandes élévations, lesquelles étant bien proportionnées d'ailleurs, présentent des masses qui étonnent le spectateur, & dans les édifices de conséquence, on ne peut trop viser à produire cet étonnement.«
1006 Vgl. Laugier 1765, S. 96: »Les péristiles de colonnes n'ont dans les dehors leur véritable effet, que lorsqu'ils sont plantés sur un rés-de-chaussée, élevé de plusieurs marches au-dessus du pavé de la rue: C'est pour cette raison qu'ils réussissent si parfaitement à l'entrée des Eglises. Ils pourront réussir de même à toutes les façades des grands Palais [...].«
1007 Vgl. Laugier 1755, S. 13 f.: »La Colonne doit être isolée, pour exprimer plus naturellement son origine & sa destination. [...] On doit éviter de se mettre dans la nécessité facheuse d'employer des Colonnes engagées. Le mieux seroit de réserver les Colonnes pour les portiques où elles peuvent être parfaitement isolées, & de les supprimer par tout où la nécessité contraint de les adosser contre un mur.«

Mit diesem Satz ist die entschiedene Freisetzung der Säule bei Jussow, im Vergleich zum engen Bezug der Säule zur Wand bei Du Ry, theoretisch begründet.

1008 Vgl. Laugier 1765, S. 97: »Des colonnes [...], sur-tout si elles sont un peu serrées, font l'effet le plus grand [...].«
1009 Ebd., S. 24: »Les élévations des façades extérieures doivent être proportionnés à la grandeur de l'espace d'où on peut les voir. [...] Il est très-facheux que plusieurs de nos plus grandes façades se trouvent sans proportion avec l'espace d'où on peut les voir. Tels sont les portails de Saint sulpice & celui de Saint Gervais. [...] On nous fait espérer que le beau portail de la nouvelle église de Sainte Geneviève sera mis à découvert par une grande place & une rue en face. Il seroit à désirer que nos principaux édifices eussent le même avantage. Celui qui mériteroit le plus d'en jouir, c'est le Louvre du côté de S. Germain l'Auxerrois [...]. Quand aura-t'on le courage de percer une large rue en face de la grande porte, & de la prolonger assez pour qu'elle forme une avenue digne d'un édifice de cette conséquence?«
1010 Zum Begriff vgl. Antonio Hernandez, Grundzüge einer Ideengeschichte der französischen Architekturtheorie von 1560—1800, phil. Diss. Basel (1965) 1972, S. 86 f.
1011 Zit. nach Engelhard 1852, S. 213.
1012 Vgl. Langner 1963.
1013 Engelhard 1842, S. 64—68.
1014 Heinrich von Dehn-Rotfelser/Wilhelm Lotz, Die Baudenkmäler im Regierungsbezirk Cassel, Kassel 1870, S. 313 f.
1015 Vgl. die von Heinrich von Dehn-Rotfelser als Hofbauinspektor verfaßten Akten StAM 7 b 1, Nr. 466, 467: »Akte betr. die Ablotungen bzw. Revisionen, Verankerung, Abbruch und Wiederaufbau des Hauptthurms der Loewenburg zu Wilhelmshöhe«, 1. Faszikel 1854—1857, 2. Fasz. 1857—1860.

Zum Aspekt der Denkmalpflege der Löwenburg im 19. Jahrhundert bereite ich eine gesonderte Aufsatz-Publikation vor.

1016 Vgl. Cornelius Gurlitt, Geschichte des Barockstils und des Rococo und des Klassicismus in Deutschland, Stuttgart 1889, S. 445.
1017 Georg Dehio, Handbuch der deutschen Kunstdenkmäler, Berlin 1905, S. 319, zit. nach Holtmeyer 1910, S. 355.
1018 Heidelbach 1909, S. 241—252.
1019 Holtmeyer 1910, S. 341—357.
1020 Vgl. Neumeyer 1928, S. 80, 82, 100, 110.
1021 Paetow 1929, S. 64—80
1022 Franz Landsberger, Die Kunst der Goethezeit, Leipzig 1931, S. 170.
1023 Wolfgang Herrmann, Deutsche Baukunst des 19. und 20. Jahrhunderts, Berlin 1932, Reprint Basel–Stuttgart 1977, S. 22 f.
1024 Gustav Pauli, Das neunzehnte Jahrhundert (= Georg Dehio, Geschichte der deutschen Kunst, Bd. IV), Berlin-Leipzig 1934, S. 101.
1025 Kramm 1940, S. 226.
1026 Curt Gravenkamp, Der Geist der Tradition in Deutschland um 1800. Eine Deutung des Klassizismus aus der Idee der Romantik, in: Geistige Welt 2. 1947, S. 25—35, 62—81, hier S. 65.
1027 Beenken 1952, S. 65 f.
1028 Alfred Kamphausen, Gotik ohne Gott. Ein Beitrag zur Deutung der Neugotik und des 19. Jahrhunderts, Tübingen 1952, S. 37.
1029 Vgl. Quellenanhang VIII. 1 a).
1030 Vogel, Einflüsse 1956, S. 225 f.
1031 Vogel 1958, S. 18—23.
1032 Reuther 1959.
1033 Löwenburg 1965, S. 1, 6, 8.
1034 Klaus Lankheit, Revolution und Restauration (= Kunst der Welt), Baden-Baden 1965, S. 65.
1035 Bangert 1969, S. 24.
1035a W. D. Robson-Scott, The Literary Background of the Gothic Revival in Germany, Oxford 1965, S. 33.
1036 Biehn 1970, S. 57—63.
1037 NDB Bd. 10, Berlin 1974, S. 702.
1038 Klein 1975, S. 142, 154, 160 f, 164, 169.
1039 Löwenburg 1976, S. 10.
1040 Adrian von Buttlar, Der Landschaftsgarten (Heyne Stilkunde, Bd. 22), München 1980, S. 170, 173.
1041 Christian Baur, Neugotik (Heyne Stilkunde, Bd. 26), München 1981, S. 42 f.
1042 Hartmann 1981, S. 271, 292 f, 294, 304—306, 310.

1043 Ebd., S. 213, 310.
1044 Vgl. Bentmann/Müller 1971. — Einzelne der von Einsingbach/ Fink im Löwenburg-Führer (Löwenburg 1976) verfaßten Passagen gehen wörtlich (!) auf Bentmann/Müller zurück, ohne daß dieses Buch im ansonsten ausführlichen Literaturverzeichnis überhaupt genannt wird!
1045 Die zeitgenössischen Entwürfe und Bauaufnahmen der Löwenburg sind fast vollständig in Jussows Nachlaß verblieben und mit diesem 1957 in den Besitz der Staatl. Kunstsammlungen Kassel gelangt (vgl. Vogel 1958). Aus dem Bestand der ehem. Wilhelmshöher Schloßbibliothek (heute Staatl. Schlösser und Gärten Potsdam, Neues Palais, ehem. Preuß. Plankammer) kenne ich nur zwei Entwürfe Jussows zur Löwenburg. Im Gegensatz dazu sind alle wichtigen Entwürfe zum Wilhelmshöher Schloß mit allen Alternativen in den Besitz des Landgrafen Wilhelm IX. und damit in die Wilhelmshöher Schloßbibliothek gelangt.
1046 Heute verwahrt im Staatsarchiv Marburg sowie im Archiv der hessischen Schlösserverwaltung Bad Homburg.
1047 Das Originalmanuskript ist heute wie einst in der Wilhelmshöher Schloßbibliothek aufbewahrt. Zur Edition vgl. Holtmeyer 1913.
1048 Heute Bestand des Archivs der kurhessischen Hausstiftung in Schloß Fasanerie b. Fulda. Es handelt sich in erster Linie um die dreibändigen, frz. geschriebenen Memoiren Wilhelms IX. (I.) »Mémoires de ma vie«, die bis heute unpubliziert sind. Philipp Losch hat sie zur Grundlage seiner biographischen Studien gemacht (vgl. Losch 1923). Hinzu kommen die Kalendertagebücher und Journale des Landgrafen und späteren Kurfürsten. Leider weisen die am ausführlichsten gehaltenen Kalendertagebücher für die am meisten interessierenden Jahre 1785—1800 eine Lücke auf; sie sind möglicherweise während Wilhelms Exil in Schleswig-Holstein und Prag zur Zeit der französischen Okkupation verlorengegangen.

Für freundlich gewährte Hilfe danke ich S.K.H. Landgraf Philipp v. Hessen (†), S. H. Prinz Wolfgang v. Hessen, der kurhessischen Hausstiftung in Kronberg/Ts. sowie Frau N. Luthmer, der Leiterin des Archivs, die mir diese Quellen zugänglich gemacht haben.
1049 MS. Strieder/Jussow, S. 20f., vgl. Holtmeyer 1913, S. XLVIIf.
1050 Vgl. Quellenanhang VIII. 1 b).
1051 Vgl. unten.
1052 Dieser Steinbruch ist auf den 1788 entstandenen Situationsplänen Jussows deutlich erkennbar. Er ist außerdem zu sehen auf einem Ölgemälde des Kasseler Hofmalers Johann Heinrich Tischbein mit einer Schrägansicht des alten Weißensteiner Schlosses von Südwesten, wo er unmittelbar im Vordergrund liegt. Das im Schloß Fasanerie b. Fulda (kurhess. Hausstiftung) befindliche Bild ist abgebildet in: Aufklärung und Klassizismus 1979 (Beitrag E. Herzog), Kat. Nr. 351.
1052a Zur Definition vgl. Viollet-le-Duc, Dictionnaire (Anm. 2), Bd. 5, S. 34—96: »Donjon«.
1053 MS. Strieder/Jussow, S. 35, vgl. Holtmeyer 1913, S. LXIV.
1054 Vgl. die verschiedenen Kostenaufstellungen Jussows: »Summarischer Extract von denen vom Jahr 1786 an bis Ende des Jahrs 1797 zum Weissensteiner Bauwesen verwendeten Kosten«, aufgestellt am 27. 1. 1798, in: StAM 300 E 12/10, fol. 84. — »Allgemeine Übersicht derer zum Bau der Löwenburg in Anschlag gebrachten und bis Ende des Jahrs 1799 würklich verwendeten Kosten [...]«, in: StAM 7 b 1/321, fol. 57 v.

Die angeg. Summen sind jeweils auf den vollen Betrag in Reichstaler abgerundet.
1055 MS. Strieder/Jussow, S. 39, vgl. Holtmeyer 1913, S. LXVIII.
1056 Abb. bei Holtmeyer 1910, Taf. 158,2. Dort falsche Datierung »um 1792«. Eine Kopie dieser Zeichnung befindet sich heute in den Staatl. Kunstslg. Kassel, Inv.-Nr. K I 1008, und ist signiert »C. Th. Göbel fec. 1819«.
1057 Der erste Abzug dieses Stichs gehört zum Bestand der ehem. Wilhelmshöher Schloßbibliothek und liegt heute in Potsdam, Verw. d. Schlösser u. Gärten, Neues Palais (Mappe Kassel XIV, Nr. 64). Er ist bezeichnet »Erster Probedruck der unvollendeten Platte. Nach der Natur gezeichnet von Nahl/gestochen von Friedrich Schroeder aus Cassel 1795«.

Ein Exemplar des endgültigen Stichs in: Staatl. Kunstslg. Kassel, Inv.-Nr. K I 1133.
1058 Vgl. Baurapporte des Simon Louis Du Ry, u. a. Weißenstein enthaltend, in: StAM 6a 153, fol. 52.
1059 Vgl. z. B. Gerland 1895, S. 163. — Boehlke 1953, S. 142.
1060 Die Beteiligung zweier verschiedener Verfasser am endgültigen MS. ist Holtmeyer bei seiner 1913 unternommenen Textedition entgangen und bislang nur von Hübner 1927 (S. 44, 55) beiläufig registriert worden.

Meine Einschätzung bezügl. des Quellenwerts erfährt im folgenden noch eine Einschränkung.
1061 MS. Strieder/Jussow, S. 40—42, vgl. Holtmeyer 1913, S. LXIX—LXXI.
1062 Friedrich Wilhelm Strieders Niederschrift über die 1785—1793 in Weißenstein (Wilhelmshöhe) unternommenen Arbeiten erfolgte im Sept. u. Oktober 1793 unter Zuhilfenahme von zwei Manuskripten, deren Verfasser Jussow als Bauinspektor und D. A. Schwarzkopf als Garteninspektor, später Gartendirektor, waren. Ihre Manuskripte haben sich erhalten (StAM 6a 59). In welchen Zeitabständen Jussow als Nachfolger Strieders die Chronik weitergeführt hat, ist deshalb nicht genau feststellbar, weil die von ihm benutzten Manuskripte nicht mehr erhalten sind. Nach Holtmeyer 1913, S. XXV, soll Jussow ein MS. des Hofgärtners Wilhelm Mohr, des Nachfolgers von Schwarzkopf in Wilhelmshöhe, vorgelegen haben.
1063 Meine Interpretation der Baugeschichte der folgenden Jahre wird darlegen, daß mit dieser Schilderung ein erst 1798 gültiges Projekt wiedergegeben ist. Die Verlegung der Rüstkammer neben den Marstall erfolgte sogar erst 1799! Es gibt kein einziges Argument, das dafür spräche, daß der vollständige Ausbau der Burg schon 1795 ins Auge gefaßt worden wäre. Daraus folgt, daß Jussow die Planungen und Unternehmungen des Jahres 1795 erst 1798/1799 niedergeschrieben haben kann.
1064 Über den Bau in diesem Winter notierte Jussow zur Felsenburg: »Auch die Fortsetzung dieser Arbeit erlaubte der strenge Winter nicht eher als gegen das Ende des Märzmonaths.« Zit. nach MS. Strieder/Jussow, S. 39f., vgl. Holtmeyer 1913, S. LXVIIf.
1065 Abbildung bei Hübner 1927, S. 43. — Ein Exemplar dieses Stichs befindet sich in den Staatl. Kunstslg. Kassel (Depositum Landeskonservator Hessen).
1066 Auf der Zeichnung sind zwei große und zwei kleine Bogen, in Feder gezeichnet und bei der späteren Überarbeitung wegradiert, erkennbar, am deutlichsten bei Einsatz einer UV-Lampe.

1067 Die Entwürfe dieser Ovale mit Trophäenschmuck haben sich in den Staatl. Kunstslg. Kassel, Mappe J. C. Ruhl, Format je ca. 230 × 190 mm, o. Inv.-Nr., erhalten. Eine davon ist bezeichnet: »Trophen welche von Sereniss d 12. 8br. 92 aprobirt sind«, späterer Zusatz von anderer Hand: »in die Loewenburg gemacht worden.« Aus dem Datum geht hervor, daß der Trophäenschmuck zuerst für einen anderen Zusammenhang bestimmt war; auch existieren Entwürfe für zehn Ovale, während im Rittersaal nur acht angebracht werden konnten.

1068 Das heute in Potsdam, Mappe Kassel XX/A-c, o. Inv.-Nr., aufbewahrte Blatt ist bezeichnet: »Der Hauptthurm der Loewenburg« und signiert: »H. v. Dehn«. Es zeigt den Aufriß von Osten, Schnitt in Ost-West-Richtung und die vier Geschosse des Donjon. Die um Mitte des 19. Jahrhunderts entstandene Zeichnung stellt das genaueste bekannte Aufmaß des Turms dar und bildet somit eine wesentliche Voraussetzung für den z. Zt. geplanten Wiederaufbau.

1069 Sie sind der Rekonstruktion im 19. Jahrhundert zum Opfer gefallen und durch Dekorationen aus dreidimensionalen Stuckrippen, den Vorstellungen der historistischen Neugotik der Jahrhundertmitte eher entsprechend, ersetzt worden.

1070 Das Gemäldeinventar von 1798 erläutert die Wände als »auf gothische Art gemahlt«. StAM 7i, 77.

1071 Die für 1796 gesicherten Arbeiten am »Souterrain« der Kirche können nur die Gruft betreffen. Diese wiederholt den Grundriß der westlichen Teile der Kirche, nämlich Querhaus des einschiffigen Projekts und Apsis. Das genaue Datum des Baubeginns an der Gruft ist unbekannt; es könnte durchaus schon 1795 gelegen haben, zu einem Zeitpunkt, als das einschiffige Kapellenprojekt noch Gültigkeit besaß. Für diese Annahme spricht, daß auf Jussows Grundrißentwurf des zweiten Kirchenprojekts das erste Projekt im Bereich des Chors so auffällig berücksichtigt wird. Für Hinweise danke ich Prof. Fritz Arens.

1072 MS. Strieder/Jussow, S. 47f., vgl. Holtmeyer 1913, S. LXXIV.

1073 Archiv VSSGH Bad Homburg, Nr. 6.1.36, fol. 1f.
Dieser Betrag setzt sich wie folgt zusammen:
»Summa des zu den Gebäuden der Burg vom Grundgraben an bis zu ihrer Vollendung erforderlichen Kosten Betrags« . . . . 111.229 Rtlr.
davon »Summa des bereits verwendeten Betrags«: 58.874 Rtlr.);
»zu Bearbeitung des Flusses und Anlegung derer Wasserfälle, Felsen und Brücken, desgl. der Mauer um den Parc«. . . . . 56.780 Rtlr.
»Für Geschirr und insgemein« . . . . . 3.500 Rtlr.
»Summa totalis des ganzen Bau Kosten Betrags der Löwenburg von ihrer ersten Grundlegung an bis zu ihrer Vollendung« . . . . . . 171.509 Rtlr.
»Weißenstein am 31ᵗ Dec. 1796 Jussow«
zit. nach: Archiv VSSGH Bad Homburg, Nr. 6.1.38, fol. 2. — Falscher Betrag bei Heidelbach 1909, S. 242, der sich auf dieselbe, aus dem privaten Nachlaß des Kasseler Architekten Regenbogen stammende Quelle beruft.

1074 Vgl. Kap. II, 6.

1075 Diese nur von einer Mauer geschlossene Lücke war im ursprünglichen Zustand von Jussows Grundrißentwurf und seiner Kopie zu sehen, wo sie der späteren Galerie gewichen ist. Ein Kupferstich in der ehem. Wilhelmshöher Schloßbibliothek (Potsdam, Mappe Kassel XIV, Nr. 13/21) hält diese Lücke fest. Er ist bezeichnet »Plan von Weissenstein, nebst allen neuen Anlagen. Aufgenommen im Jahr 1795 [...] von A. F. Duncker«. Der Duncker'sche Stich liefert mit dieser festen Datierung einen terminus ante quem für Jussows Grundrißentwurf in seiner Erstfassung.

1076 Bei genauer Überprüfung kommt der Verdacht, daß Schaeffers Parkplan in diesem Bereich nicht vollendet ist, und daß der Fluß doch in ganzer Länge sichtbar geplant war, wie ihn ein gestochener Plan festhält, der 1796 von C. C. Schaeffer gezeichnet und von J. C. Susemihl in Darmstadt gestochen wurde. Abb. Holtmeyer 1910, Taf. 128.

1077 Freundlicher Hinweis von Dr. Jutta Schuchard.

1078 Vgl. die diversen Kostenaufstellungen Jussows: »Summarische Berechnung des Kosten Betrags, der zu der Erbauung [...] der Löwenburg bereits verwendet worden ist [...]«, aufgestellt am 31. 12. 1796, in: Archiv VSSGH Bad Homburg, Nr. 6.1.38, fol. 2; — StAM 7b 1/321, fol. 57v. — StAM 300 E 12/10, fol. 84r.

1079 Vgl. die diversen Kostenaufstellungen Jussows in: StAM 7b 1/321, fol. 33r., 57r., 75v. — StAM 300 E 12/10, fol. 83r. — Archiv VSSGH Bad Homburg, Nr. 6.1.38, fol. 1.

1080 Jussow zählt u. a. auf:
»Feist für Maurer und Steinhauer Arb. [...], Wagner für Zimmer Arbeit [...], Mordt für Schreiner Arbeit [...], Rohrbach für Schreiner Arbeit [...], Christoph Schwarz für Schlosser Arbeit [...], Joh. Casp. Schwarz für Schlosser Arbeit [...], Imhof für Schmiede Arbeit [...], Ruhl für Bildhauer Arbeit [...], Koch für einen Cordon an den Kronleuchter [...], Wagner für Schiefersteine [...], Franke für Kupferschmieds Arbeit [...], Lingelbach für Weißbinder Arbeit.« Archiv VSSGH Bad Homburg, Nr. 6.1.33, fol. 1f. — Damit sind dieselben Künstler und Handwerker an der Löwenburg nachzuweisen, die auch am Bau des Wilhelmshöher Schlosses gleichzeitig mitgewirkt haben.

1081 StAM 5.

1082 MS. Strieder/Jussow, S. 53. — Holtmeyer 1913, S. LXXIX.

1083 Schreiben Jussows an Wilhelm IX. v. 14. 3. 97: »Ew. HochFürstlᵉ Durchlaucht haben mündlich gnädigst zu verordnen geruhet, daß der zum Weissensteiner Bauwesen für dieses Jahr gnädigst verwilligte Geld Verlag von 78.000 Rthlr. hauptsächlich zum Bau des Schloß Gebäudes und der Löwenburg angewendet [...] werden solle [...]« StAM 5, 11850b, fol. 65.

1084 Ebd., fol. 66r.

1085 Dieser Betrag setzt sich zusammen aus 19.948 Rtlr. für die in diesem Jahr neu ausgeführten Arbeiten, und 11.648 Rtlr. zur Begleichung offener Rechnungen des Vorjahrs. Vgl. dazu »Summarische Berechnung, wie der in diesem 1797ten Jahre zum Weissensteiner Bauwesen gnädigst verwilligt gewesene Verlag verwendet worden ist«, aufgest. v. Jussow am 29. 12. 1797. StAM 300 E 12/10, fol. 77f.

1086 Vgl. StAM 5, 11850b, fol. 87r.—89r.

1087 MS. Strieder/Jussow, S. 53, vgl. Holtmeyer 1913, S. LXXIXf.

1088 Zit. nach StAM 5, 11850b, fol. 66.

1089 StAM 300 E 12/10, fol. 78f.

1090 Ebd., fol. 85.

1091 Zit. nach einem Schreiben Jussows an Wilhelm IX., dat. Hofgeismar, 26. 7. 1798. StAM 6a, fol. 10.

1092 Zit. nach einem Schreiben Jussows an Wilhelm IX., dat. Weißenstein, 30. 7. 1798. StAM 300 E 12/10, fol. 90f.
1093 MS. Strieder/Jussow, S. 60f., vgl. Holtmeyer 1913, S. LXXXIIIf.
1094 Unerwartete Planwechsel, ein Charakteristikum des Bauherrn, machten bei der Löwenburg wiederholt den Abbruch bereits bestehender Bauteile notwendig. Beispiel: die ursprüngliche westliche Außenwand der »Retraite« (R. 4) im Palas-Erdgeschoß, die 1796 der Verbreiterung weichen mußte.
1095 Er wird in den zur Möblierung der Löwenburg erhaltenen Akten einmal als »Vorgang vor die Bedienten« bezeichnet, vgl. die Möbelliste des Hoftapezierers G. Wenderoth, erstellt am 2. 12. 1797. StAM 5, 11869, fol. 48v.
1096 Im Besitz der VSSGH, Löwenburg, Damenbau, Inv.-Nr. GK I 10906. Abb. Hartmann 1981, S. 134.
1097 MS. Strieder/Jussow, S. 61f., vgl. Holtmeyer 1913, S. LXXXIV.
1098 Durch diesen zusätzlich bewilligten Betrag erhöhte sich Jussows Kostenanschlag von 1796 auf 184.699 Rtlr., vgl. StAM 7b 1/321, fol. 57v.
1099 Vgl. Holtmeyer 1913, S. LXXXVIf.
1100 Angaben Jussows in: StAM 7b 1/321, fol. 34v., 57v.
1101 Vgl. dazu Heidelbach 1909, S. 243, nach einer heute nicht mehr greifbaren Quelle aus dem Marburger Staatsarchiv.
1102 Vgl. dazu ein Schreiben der Oberrentkammer Kassel an Wilhelm IX. v. 10. Februar 1800. — Dazu auch ausf. Heidelbach 1909, S. 243f. nach heute nicht mehr greifbaren Archivalien aus Marburg.
1103 Vgl. oben, Kap. V, Anm. 918.
1104 Vgl. Holtmeyer 1913, S. LXXXVIII.
1105 Vgl. Holtmeyer 1913, S. LXXXIX.
1106 J. E. Ruhl war ein Sohn des auf der Löwenburg tätigen Bildhauers Johann Christian Ruhl, vgl. Siegfried Lohr, Planungen und Bauten des Kasseler Baumeisters Julius Eugen Ruhl (1796—1871), Kunst in Hessen und am Mittelrhein 22. 1984 (Beiheft).
1107 Zit. nach Heidelbach 1909, S. 248.
1108 Ebd. — Geplant war zunächst eine Bepflanzung mit Taxus.
1109 StAM 5, 11850b, fol. 128.
1110 StAM 300 E 12/10, fol. 95.
1111 Nach Angaben Jussows in: StAM 7b 1/321, fol. 34v.
1112 Vgl. Holtmeyer 1913, S. XCI.
1113 StAM 5, 11850b, fol. 139—141.
1114 Ebd., fol. 143—146v.
1115 Ebd., fol. 145.
1116 Ebd., fol. 165f. — Zur Zuschreibung an J. C. Ruhl vgl. Karl Wilhelm Justi, der in: Hess. Denkwürdigkeiten, Bd. III. 1802, S. 499 notiert, alle Bildhauerarbeiten in der Kapelle stammten der Idee nach von Jussow, ausgeführt seien sie von »Prof. Dr. Ruhl«.
1117 StAM 5, 11850b, fol. 167r.
1118 StAM 6a, 21 (unpag.).
1119 Zum Inventar der Löwenburg-Kirche (R. 25) gehörig.
1120 StAM 5, 11851, fol. 62r.
1121 »Unterthänigster Bericht vom Oberbaudirector Jussow, die Gärtnerey zu Wilhelmshoehe betr.« vom 17. Mai 1804. StAM 6a, 60 (unpag.).
1122 StAM 5, 11869, fol. 33ff.
1123 Ebd., fol. 54v.: Erwähnung eines Betts aus Schmalkalden, womit nur die dortige Wilhelmsburg gemeint sein kann.

1124 In den Bauakten ist der Begriff »Wilhelmsburg« nicht greifbar, doch taucht er in Beschriftungen von Kupferstichen mit Ansichten der Burg auf. Er wird außerdem verwendet bei Karl Wilhelm Justi, Darstellungen einiger der interessantesten Parthieen der Wilhelms-Höhe bei Kassel, in: Hess. Denkwürdigkeiten, Bd. I. 1799, S. 282, wo er den bereits erwähnten Stich Schröders nach J. A. Nahl bespricht: »Die schon im Jahre 1796 erschienene erste Parthie stellt die Wilhelmsburg, oder, wie sie dort noch genannt wird, die Felsenburg vor [...]« Zur Wilhelmsburg in Schmalkalden vgl. Fritz Löffler, Stadtkirche und Schloßkapelle zu Schmalkalden (= Das christl. Denkmal, H. 83), Berlin 1972; — Georg Piltz, Kunstführer durch die DDR, Leipzig–Jena–Berlin 1973 (4. Aufl.), S. 363.
1125 MS. Casparson, vgl. Quellenanhang VIII. 1a).
1126 Die von mir gefundenen diesbezüglichen Notizen entstammen alle dem von Strieder geführten »Journal« des Landgrafen und lauten in chronologischer Reihenfolge:
am 25. 11. 97: »nachher auf die Löwenburg gefahren, um die dahin aus dem Cassel. Schloße genommenen Tapeten und die von Sababurg und Heydau gekommenen Meubles zu sehen [...]«;
am 15. 6. 98: »Auf der Löwenburg sind heute 50 Stück alte Malereyen in die Zimmer placirt, welche der Galerie-Inspektor Tischbein auf gnädigsten Befehl aus dem Schloße Heydau holen müssen.«;
am 24. 6. 98: »die von Cassel aus Bellevue anher transportirte Gemälde von **Don Quixotte**, in 13 Stücken, placirt.«;
am 28. 6. 98: »Um 7 Uhr auf die Löwenburg geritten und allda gefrühstückt. Heute vormittag sind allhier abermals 58 Stück Bilder, die von Heydau anher gekommen, in die Zimmer umher placirt worden.«;
am 19. 8. 99: »[...] auf der Löwenburg viele Einrichtungen gemacht«.
1127 StAM 5, 11869, fol. 45.
1128 Löwenburg 1965, Abb. 12.
1129 Zit. nach: Die Wilhelmshöhe bei Kassel. Schreiben an eine Freundin, in: Der Genius der Zeit, Altona 1799, S. 407.
1130 MS. Wilhelm IX., Kalendertagebuch 1799 (unpag.).
1131 StAM 7b 1, 466, 467.
1132 Nach den Angaben Heinrich von Dehn-Rotfelsers. StAM 7b 1, 466.
1133 Eine Unterscheidung von Balustern nach Ordnungen in Analogie zu den Säulenordnungen ist heute nicht mehr üblich, doch im 18. Jahrhundert noch geläufig, vgl. Encyclopédie, Stichw. »Architecture« (Tafelband).
1134 Vgl. Löwenburg 1976.
1135 Es handelt sich um Jugendarbeiten des aus Arolsen stammenden Ruhl-Schülers Christian Rauch.
1136 StAM 5, 11869.
1137 StAM 7i, 77.
1138 Wie oben, Anm. 1128.
1139 StAM 7i, 77.
1140 In der älteren lokalgeschichtlichen Literatur zuweilen als Szenen der Rolandssage gedeutet. Zu den Dargestellten gehört auch der Landgraf selbst.
1141 StAM 7i, 77.
1142 StAM 7b 1, 459.

1143 Heidelbach 1909, S. 246.
1144 Vgl. Glossarium Artis Bd. 1: Burgen und Feste Plätze, Tübingen ²1977, S. 136f., Abb. 127. Ebd., S. 134ff. zur Unterscheidung zwischen Bergfried und Donjon.
1145 Vgl. Viollet-le-Duc, Dictionnaire (Anm. 2), Bd. 3, Art.: »Château«, S. 58ff., Fig. 16—19.
1146 Vgl. zu Sanderson Miller: Hussey 1927, S. 196f.; — Colvin 1954, S. 388f.; — Lang 1966, S. 251; — Dobai Bd. I 1974, S. 586f., 595 (dort weitere Literatur).
1147 Vgl. Davis 1974, S. 55, Abb. 28.
1148 Der aus dem Jahre 1749 stammende Kupferstich abgebildet bei Friedrich Georg Jünger, Gärten im Abend- und Morgenland, München–Eßlingen 1960, S. 141.
1149 Zit. nach Clark 1928, S. 49.
1150 In der französischen Übersetzung Thomas Whatelys heißt es: »Il est difficile d'imaginer une tour dans une situation plus heureuse. Le lieu où elle est placée est élevé & solitaire: elle domine l'une des plus vastes perspectives, & sous tous les points de vue, c'est un objet intéressant.«, zit. nach Whately 1771, S. 265. Diese Standort-Charakterisierung läßt sich auf die Löwenburg übertragen!
1151 Hirschfeld Bd. III 1780, S. 115.
1152 Ebd., S. 116. Aus der Anmerkung geht hervor, daß Hirschfeld die englische Beschreibung von Joseph Heely, Letters on the beauties of Hagley, 2 Bde., 1777, übernommen hat. Vgl. Schepers 1980, S. 243, 245.
1153 MS. Casparson, S. 24, vgl. Quellenanhang VIII. 1a).
1154 Zit. nach Hussey 1927; — Lang 1966, S. 251.
1155 Vgl. Buttlar 1982, S. 150—153.
1156 Staatl. Kunstslg. Kassel, o. Inv.-Nr. — Vgl. Heinz Biehn, Die Karlsaue in Kassel, München–Berlin 1963, S. 21, Abb. 5; — Hartmann 1981, S. 33, 35 (Abb. 13).
1157 Vgl. Hartmann 1981, S. 207f. (Abb. 105). — Zum Tempel in Stowe: »Gothick«, Kat. d. Ausst. Brighton 1975, S. 29, Kat. Nr. C 34, Taf. 23; — Christopher Hussey, English Gardens and Landscapes 1700—1750, London 1967, S. 104f.
1158 Vgl. Bleibaum 1926, S. 36, Anm. 1.
1159 Vgl. Ernest de Ganay, Jardins de France, Paris 1949, S. 232; — Hautecœur Bd. V 1953, S. 26; — Roland Mortier, La poétique des ruines en France, Genève 1974, S. 112—116; — Jardins en France 1977, S. 139.
1160 Germann 1974, S. 197, Abb. 44.
1161 Alexandre De Laborde gibt uns folgende, für das Zeitverständnis solcher Burgen aufschlußreiche Beschreibung:
»Die Ruinen im Park von Betz.
Es giebt keine interessantere Rückerinnerung, keinen edlern Anblick, als die Ruinen dieser alten Schlösser, von welchen man gleichsam die umliegende Gegend bestreitet, und die den Stolz ihrer ehemaligen Bewohner noch erhalten zu haben scheinen. Die finstern Wohnungen stechen reizend mit der sie umgebenden freundlichen Landschaft ab; und wenn ihre Nachahmung nach einem grossen Maasstabe in einem Garten angebracht ist, so bringt sie jedesmal eine ausserordentliche Wirkung hervor.
Man kennt die alte Burg in den Gärten von Hessen-Cassel und Laxenburg; diese hier, obgleich nicht ganz so gross, ist bedeutend genug, um die Neugier und das Interesse zu erwecken.«
Zit. nach A. De Laborde, Description des Nouveaux Jardins de la France, Paris 1808, S. 171.
1162 Le Rouge, Heft XII 1784, Taf. 13. — Vgl. Wiebenson 1978, S. 85.
1163 Le Rouge Heft XIII 1785, Taf. 6—9; — De Laborde 1808 (Anm. 1161), S. 148f., Taf. 83; — Hautecœur Bd. V 1953, S. 45f.; — Neoclassicism 1972, S. 490f., Kat. Nr. 996, 997; — Jardins en France 1977, S. 89—93.
1164 Staatl. Kunstslg. Kassel, Nachlaß Jussow, Inv. Nr. K II 6280. Jussow wählt auf der Zeichnung einen zylindrischen Bau, gibt ihm jedoch, wie der vorgesetzte sechssäulige Portikus anzeigt, die Gestalt einer Pantheon-Replik. Das eröffnet die Möglichkeit, die Treppe aus dem Inneren des Hauses in den rechteckigen Vorbau zu verlegen. Im Gegensatz zum Säulenhaus in Retz kann damit das Zentrum einen runden Salon aufnehmen, auf den sich die untergeordneten Räume an der Peripherie konzentrisch beziehen. Der Einfall, ein »Pantheon« dergestalt als Villa einzurichten, ist englischen Ursprungs. John Plaw hat ihn 1774 mit der Villa Belle Isle auf einer Insel im Lake Windermere im nordwestenglischen Westmorland erstmals verwirklicht, vgl. John Plaw, Rural architecture or Designs from the simple cottage to the decorated villa, London 1785; — Erik Forssman, Ein Pantheon am Genfer See — Die Villa La Gordanne in Perroy, in: Kunst als Bedeutungsträger. Gedenkschr. f. Günter Bandmann, Berlin 1978, S. 345—363.
1165 Vgl. Blondel Bd. II 1738, S. 117—121. Aus Blondels Kommentar erhellt, daß die »chambre en niche« der »chambre de parade« untergeordnet ist; die erstgenannte kann tagsüber auch anderen Zwecken dienen.
1166 Vgl. Luisa Hager, Nymphenburg, München 1955, Abb. S. 55.
1167 Vgl. dazu unten, Kap. 5.1.
1168 Zit. nach Dittmer 1827, S. 848; — danach Justi 1831, S. 317.
1169 Vogel 1958, S. 19, Kat. Nr. 44. — Zu Jussows Hinwendung zu diesen beiden Burgen dürfte die zeitgenössische Publikation beigetragen haben: J. F. Engelschall, Der Löwenstein, in: Journal von und für Deutschland 7. 1790 (H. 1), S. 3—12 mit einer Abb. der Burg als Titelkupfer. Ebd., S. 5, wird der Stil wie folgt charakterisiert: »Die ganze Bauart jener erfahrungslosen Epoche ist eine sonderbare Vermischung des Ungeheuern mit dem Kleinlichen.« Zur Baugeschichte der Burgen vgl. Dehio 1966, S. 440, 658.
1170 Hans-Joachim Giersberg, Zur neogotischen Architektur in Berlin und Potsdam um 1800, in: Studien zur deutschen Kunst und Architektur um 1800, hrsg. v. Peter Betthausen, Dresden 1981, S. 210ff., hier S. 221, Abb. 82.
1171 Losch 1923, S. 123.
1172 Für den kulturellen Austausch zwischen Hessen-Kassel und Preußen unter den Regierungen Wilhelms IX. und Friedrich Wilhelms II. können folgende Ereignisse die Voraussetzung geboten haben. 1788 war Wilhelm in Potsdam, 1792 in Berlin, Friedrich Wilhelm hielt sich im August 1796 in Kassel auf und besuchte den Weißenstein und die Löwenburg. Im Februar 1797 feierte man die Hochzeit des Erbprinzen Wilhelm von Hessen Kassel mit Prinzessin Auguste von Preußen. Vgl. Losch 1923, S. 180, 223.
1173 Zit. nach Hans Kania, Der Pfingstberg, in: Mitteilungen des Vereins f. d. Geschichte Potsdams N. F. 5, H. 10, S. 18—25, hier S. 20—22.
1174 Ebd., S. 22.

1175 Vgl. Helmut Börsch-Supan, Die Pfaueninsel (amtl. Führer), Berlin 1976; — Hartmann 1981, S. 227 ff., Abb. 118. — Die gleichzeitig entstandene Meierei (vgl. ebd.), ein neugotischer Ruinenbau, schwankt in ihrer Typologie wie das Pfingstbergprojekt zwischen Burg und Kirche.
1176 Wie Anm. 1167.
1177 Vgl. oben, Kap. III, 3.
1178 Löwenburg 1976, S. 10 (Verf.: W. Einsingbach).
1179 Vgl. zum Vierturmkastell in Deutschland Karl Heinz Clasen, Stichw. Burg, in: RDK Bd. III, Stuttgart 1954, Sp. 155—157.
1180 Toy 1954, S. 164.
1181 Ebd., S. 164 f. — Johnson 1978, S. 102—105.
1182 R. Allen Brown, English Medieval castles, London 1954, S. 76—78; — Johnson 1978, S. 109—120.
1183 Toy 1954, S. 213 f. (dort auch die Nachfolgebauten dieses Typus im 15. Jh. genannt); — Johnson 1978, S. 122 f., 132—134.
1184 L. Russell Muirhead, Wales, London 1953, S. 133 f.; — Johnson 1978, S. 109 ff.
1185 Immerhin enthält auch er schon italianisierende Elemente. Für die Einfügung »klassischer« (Seiten-)Portale in eine gotische Fassade könnte der Mailänder Dom Pate gestanden haben.
1186 Der von Klein 1975, S. 160 gemachte Vorschlag, die Kapellenfassade Jussows mit dem Frontispiz zu Horace Walpoles »Description of Strawberry Hill (Abb. ebd., S. 156) in genetische Abhängigkeit zu bringen, vermag nicht zu überzeugen. — W. Einsingbach schreibt (in: Löwenburg 1976, S. 48) zur Fassade, sie sei »angeregt von England [...] Man kann sehr genau beobachten, wie bestimmte bauliche und dekorative Einzelheiten mit fast wissenschaftlicher Nüchternheit gotisch kopiert werden[...]«. Ohne Klärung der Frage, welches das oder die Vorbilder gewesen sind, bleiben solche Beobachtungen sinnlos.
1187 An dieser Stelle sei angemerkt, daß noch weitere Motive der Löwenburg mit der italienischen Baukunst in Verbindung gebracht werden können. Die langgezogenen Konsolen, die am Südostturm den Zinnenkranz tragen, sind dem quattrocentesken Wehrbau verpflichtet, vgl. z. B. das Castel Nuovo in Neapel.
1188 Vgl. Quellenanhang!
1189 M.L.M. (Monsieur L'Abbé May, id. mit Louis Avril), Temples anciens et modernes, ou oberservations historiques et critiques sur les plus célèbres Monuments d'Architecture Grecque et Gothique, 2 Bde., London–Paris 1774. Zu den »Temples Gothiques« Bd. I, S. 133—160, hier S. 153. — Bei der Identifizierung des Werks war mir die Bibliothèque Nationale, Paris, behilflich, wo die Bände vorhanden sind.
1190 Alois Hirt schreibt:
»Allerdings hätte man keine winklichtere, spitzigere, eklichere, und verhältnisslosere Bauart erfinden können [...] Was noch unbegreiflicher scheinet, ist, wie es noch Menschen geben kann, die diese Baukunst gegen die griechische und römische in Schutz nehmen.
Die Winklichte und Abentheuerliche, wo die Sinnen weder Verhältniss noch Ebenmass wahrnehmen, erwecket in demselben das Schauerliche, das den Menschen beym Anblick und Eintritt in den Tempel Gottes ergreifen, und ihn zur Anbetung stimmen soll. Sonderbarer Begriff! gewiss sehr von der Sinnesart der ersten Christen verschieden. Mit solchen Menschen, die sich dergleichen Ideen von Gott und seinem Tempel machen, muss man allerdings auch Nachsicht haben, wenn sie das hohe Schöne und Majestätische der alten Schlösser in diesem Geschmacke erheben, von denen zwar die meisten zur Ehre unserer freundlichen Bauart zerstört liegen, oder nur noch von nächtlichen Gespenstern, und Räuberbanden bewohnt werden, für welche sie auch anfänglich erbaut zu seyn verdienten.«
Zit. nach: Alois Hirt, Historisch-Architektonische Beobachtungen über die Christlichen Kirchen an H.v.G. in W., in: Italien und Deutschland (hrsg. v. K. P. Moritz, A Hirt), Berlin 1789, S. 33—74, hier S. 53 f. — Vermutlich ist das Schreiben an Goethe gerichtet.
1191 Vgl. unten, S. 78.
1192 Zumindest für Orvieto kann eine exakte Fassadenaufnahme im Stich von Hier. Frezza aus dem Jahre 1714 nachgewiesen werden, die unmittelbar vor der Löwenburger Planung publiziert wurde in dem Werk Stampe del Duomo di Orvieto, Rom 1791, Taf. II (Expl. Rom, Villa Medici).
1193 Vgl. William Chambers, Plans, Sections, Elevations and Perspective Views of the Gardens and Buildings at Kew, London 1763. — Germann 1974, S. 177, Abb. 6.
1194 Zu J. H. Müntz (in England Muntz; 1727—1798) vgl. oben, Kap. V sowie John Harris, A Catalogue of british drawings for architecture, decoration, sculpture and landscape gardening 1550—1900 in american collections, New Jersey 1971, S. 143—148. — Müntz' geplante Gotik-Publikation wäre bei Erscheinen zu ihrer Zeit ohne Parallele gewesen: Bauaufnahmen mittelalterlicher Kirchen erschienen erst Ende des 18. Jahrhunderts. Vgl. Germann 1974, S. 31.
1195 Vgl. Müntzens Denkmahl, im Walde bei Riede, in: Hess. Denkwürdigkeiten, hrsg. v. K. W. Justi, M. Hartmann, Bd. II 1800, S. 349—353. — Zu Jussows Kapellenentwurf für Riede vgl. Vogel 1958, S. 43, Kat. Nr. 113, 114.
1196 Das Skizzenbuch ist heute Bestandteil der Wilhelmshöher Schloßbibliothek, Weißensteinflügel (z. Zt. in Bad Homburg, VSSGH). Zu seiner Geschichte fand sich folgendes Schreiben, gerichtet an Wilhelm IX., verfaßt von der Frau des Hofgärtners Stumpfeld, nachtr. datiert November 1778:
»Durchlauchtigster Landgraf, Gnädigster Fürst und Herr!
Meine Neigung zur Kunst und die Pflege, welche ich dem verstorbenen Major Müntz in seinen lezten kränklichen Jahren verschaffen konte, haben ihn bewogen, mir vorzüglich seine Zeichnungen zu vermachen, weil er sonst nicht viel hinterließ. Diese Erbschaft selbst aber und einige Schulden von ihm sezen mich in die Nothwendigkeit, jene nach Möglichkeit zu verkaufen. Es finden sich aber unter den selben vorzüglich Zeichnungen von dem ehemaligen Weissenstein. Da sie ein Beytrag zu seiner Geschichte sind, so glaube, daß es meine unterthänigste Schuldigkeit sey, solche Ew. Hochfürstliche[n] Durchlaucht, höchst dero Geist und Geschmack auf der Wilhelms Höhe er immer so sehr bewunderte, demüthigst vorzulegen. Ew. Hochfürstlichen Durchlaucht höchster Gnade für mich in obiger Lage überlaße ehrerbietigst höchstdero huldreichster Entschließung und ersterbe ehrfurchtsvoll und unterthänigst
Euer hochfürstl. Durchlaucht
demüthigste des Hofgärtner Stumpfeld Ehefrau«.
StAM 6a, 10 (unpag.). Die Existenz des Skizzenbuchs in der Schloßbibliothek beweist, daß Wilhelm IX. wenigstens einen Teil

der Zeichnungen angekauft hat und in der heute noch erhaltenen Form binden ließ.

1197 Knackfuß 1908, S. 91. — Vgl. auch HHCSAC 1794, S. 89, wo unter den Ehrenmitgliedern der Kunstakademie erstmals »Major Münz, in Cassel« genannt ist.

Eine Italienreise von Müntz ist für Juni—August 1785 bezeugt. Aus dieser Zeit datiert sind Zeichnungen eines Bandes, betitelt »Vues de la Grece, d'Italie etc. par Müntz« im Staatl. Historischen Museum, Moskau. Es handelt sich um Ansichten oberitalienischer Städte und Landschaften; Siena und Orvieto fehlen allerdings (frdl. Mitt. von Miss Teresa Badenoch, University of Toronto).

1198 Kamphausen 1952, S. 101. — Ähnlich auch Wolfgang Götz, Beiträge zur Vorgeschichte der Denkmalpflege (Die Entwicklung der Denkmalpflege in Deutschland vor 1800), phil. Diss. Leipzig 1956, S. 196.
1199 Kamphausen 1952, S. 97—107.
1200 Vgl. dazu unten, S. 219.
1201 Zit. nach Sulzer 1778/1779, Bd. II, S. 434.
1202 Für Hinweise danke ich Dr. habil. Jörg Gamer.
1203 Vgl. Elias 1979, S. 68—101 (»Wohnstrukturen als Anzeiger gesellschaftlicher Strukturen«).
1204 Der Kupferstich stammt von C. Schule und trägt den Titel: »Ansicht der Ritterburg auf Napoleons = Höhe, bei Cassel.« (Expl. in: Mittelrhein. Landesmuseum Mainz, Graph. Slg., Inv.-Nr. 10.456. Freundl. Hinweis von Dr. Norbert Suhr).
1205 Vgl. Collins, zit. Anm. 754.
1206 Wölfflin 1929, S. 161—163 (Zit. S. 162).
1207 Vgl. unten, S. 226.
1208 Wölfflin 1929, S. 68.
1209 Neumeyer 1928, S. 117, spricht von der »Illusionsgotik« der Löwenburg. — Ähnlich auch Holtmeyer 1910, S. 355—357, der der malerischen Gotik nichts Positives abgewinnen kann.
1210 Vgl. oben, Anm. 1058.
1211 Zit. nach Engelhard 1842, S. 64—68.
1212 Vgl. Pevsner, Malerisches 1971.
1213 Vgl. außer Pevsner, Malerisches 1971: Hussey 1927, bes. S. 186ff. — Clark 1928, S. 67, 110, 120; — Frankl 1960, S. 428—441; — Germann 1974, S. 56ff.; — Dobai Bd. I 1974, Kap. II, 3, 5; Bd. II 1975, Kap. I, 6; — Macaulay 1975, S. 167—180.
1214 Vgl. Pevsner, Knight 1971, S. 50—52; — Dobai Bd. I 1974, S. 425 (mit Zitaten).
1215 Walpole 1784, S. 2.
1216 Detailliert zur Baugeschichte vgl. Lewis 1934. Ebd., S. 91, tabellarischer Überblick über die Bauphasen.
1217 Zit. nach Germann 1974, S. 52.
1218 So bereits Germann 1974, ebd.
1219 Walpole in seinen 1762—1780 erschienenen »Anecdotes of Painting«: »One must have **taste** to be sensible of the beauties of Grecian architecture; one only wants **passion** to feel Gothic.« Zit. nach Lang 1966, S. 252.
1220 Walpole in einem Brief an Horace Mann aus dem Jahr 1750. Zit. nach Lang 1966, S. 253.
1221 Der erwähnte Brief fährt dann fort, bezogen auf die griechische Architektur: »The variety is little, and admits no charming irregularities [...].« Zit. nach Lang 1966, S. 251.
1222 Ein Ausspruch Walpoles in diesem Zusammenhang: »Strawberry Castle, where you know how I love to enjoy my liberty. I give myself the airs, in my nutshell, of an old baron.« Zit. nach Smith 1934, S. 8.
1223 Walpole in einem Brief an M. Berry im Jahre 1794, zit. nach der Übers. bei Germann 1974, S. 53.
1224 Walpole 1753 in einem Brief an seinen Architekten Richard Bentley über Hagley: »There is a ruined castle here, built by Miller which would get him his freedom even of Strawberry. It has the true rust of the Barons' wars'.« Zit. nach Clark 1928, S. 49.
1225 Architekt war Roger Morris, vgl. Macaulay 1975, Kap. IV.
1226 Vogel, Einflüsse 1956, S. 226. — Diese Feststellung gilt wenigstens für die gebaute Architektur. Hypothetisch kann dagegen ein Einfluß von Entwürfen Robert Adams angenommen werden, der besonders in den achtziger Jahren einen pittoresken gotischen Burgenstil entwickelte, vgl. A. A. Tait, Robert Adam's picturesque architecture, in: The Burlington Magazine 123. 1981, S. 421—424 (bes. Abb. 42!). — Nicht zugänglich war mir: A. A. Tait, Robert Adam — the Picturesque Drawings (= Kat. d. Ausst.), Edinburgh 1970.
1227 Walpole 1784, Tafeln am Ende des Bandes.
1228 Vgl. Germann 1974, S. 52.
1229 Walpole nennt ihn »a cabinet, in the manner of a little chapel«. Zit. nach Dobai Bd. II 1975, S. 260.
1230 Vgl. Nikolaus Pevsner, Act 1: Rococo Gothic. Walpole, Bentley and Strawberry Hill, in: Architectural Review 98. 1945, S. 151—154 (betr. die erste Bauphase mit Entwürfen Richard Bentleys).
1231 Vgl. dazu unten, S. 234.
1232 Klein 1975, S. 165.
1233 Walpole fertigte eigene, ungelenke Skizzen an, vgl. Lewis 1934, S. 58, Fig. 1.
1234 Walpole griff der Geschichte der Kunsttheorie vor, wenn er bereits 1762 die Gotik als »picturesque« bezeichnete, vgl. Frankl 1960, S. 435. — Dobai Bd. II 1975, S. 260, bemerkt, die Silhouette Strawberry Hills gleiche Bauten aus Bildern Claudes, womit das Malerische an dieser Architektur sich sogar im Wortsinn als zutreffend erweisen würde.
1235 Walpole selbst interpretierte: »[...] the castle (I am building) of my ancestors.« Zit. nach Smith 1934, S. 8. Smith stellt ebd. fest, daß Walpoles Interesse für die Gotik auf das Studium von Genealogie (anhand von Familienporträts), Heraldik und Grabdenkmälern gegründet gewesen sei.
1236 Vgl. Lewis 1934 (grundlegend); — Germann 1974, S. 52f.
1237 Regelrecht aufgelehnt gegen die Chinamode und ihre Propagierung durch William Chambers hat sich C. C. L. Hirschfeld, z.B. in Bd. I 1779, S. 82. Vgl. dazu Schepers 1980, S. 62ff.

Aus den beiden von Jussow selbst nach 1800 erbauten chinoisierenden Gebäuden, dem Verbindungsbau zwischen dem Wilhelmshöher Schloß und L. Klenzes Theater (erb. um 1810, vgl. Vogel 1958, S. 16f., Kat. Nr. 41) und dem heute noch stehenden »chinesischen Haus« in Altenhaßlau bei Gelnhausen aus dem Jahre 1806 (vgl. Dehio 1966, S. 13) spricht eine streng klassizistische Grundhaltung. Die Stilwahl dürfte auf die jeweiligen Bauherren zurückzuführen sein.
1238 Vgl. Harris 1971, S. 143.
1239 Vgl. Walpole 1784, S. 6, 24, 27, 30, 41, 44, 49, 70f.

1240 Harris 1971, S. 147.
1241 Vgl. StAM 300 E 11, 6, Jahre 1780—1788.
1242 Vgl. Adolph Hartmann, Der Wörlitzer Park und seine Kunstschätze, Berlin 1913, S. 70—91; — Neumeyer 1928, S. 101; — 110; — Rode 1928, S. 74f.; — Harksen 1939, S. 115—165; — Clemen 1943; — Harksen 1965; — Der Dessau-Wörlitzer Kulturkreis. Wörlitzer Beiträge zur Geschichte (hrsg. v. Erhard Hirsch), Wörlitz 1965, bes. S. 103—106, 161; — Biehn 1970, S. 31—38; — Harksen 1973, S. 36—40; — Harksen 1975 II.
1243 Vgl. Neumeyer 1928, S. 102.
1244 Ebd.
1245 Harksen 1973, S. 36.
1246 Harksen 1939, S. 116.
1247 Vgl. Harksen 1975 II, S. 11.
1248 Vgl. dazu Peter H. Feist, Klassizismus und Neugotik in Wörlitz. Das Gotische Haus und sein »Gotisches Zimmer«, in: P. H. Feist, Künstler, Kunstwerk und Gesellschaft, Dresden 1978, S. 64—77.
1249 Zit. nach Clemen 1943, S. 51.
1250 Zit. nach Rode 1928, S. 74f.
1251 MS. Memoiren Wilhelms Bd. II, S. 103.
1252 Im Journal Wilhelms notierte Kunckell am 12. Mai 1788: »[...] Da der Hof Gärtner Schwarzkopf die Reiße bis dahin mitgethan auf höchsten Befehl, um die fürstliche Garthen Anlage zu Werlitz zu sehen, so bemerke aus einer mit demselben gehabten Unterredung, wasmaßen diese Garthen Anlage ungemein viel schönes und angenehmes habe, das Vorzüglichste stecke aber in einem See [...]; wann man den sich weg dächte, so würde das Vorzügliche auch gleich wegfallen, und übrigens wären von Pflanzen und Holz Arthen nichts mehr da, was sich nicht auch hier zu Weißenstein fände.«
1253 Vgl. Quellenanhang VIII. 1 d) D).
1254 Kat. d. Wilhelmshöher Schloßbibliothek, Bd. IV, S. 1115, Nr. 3.
1255 Notiz in Wilhelms Kalendertagebuch, Jg. 1803. Frdl. Mitteilung von Dr. Jutta Schuchard.
1256 Im Journal Wilhelms (MS.) notierte Kunckell im November 1791, S. 1481f.: »In diesem Monat am Ende haben Serenissimus unvermuthet einen Besuch von dem Herrn Erb-Prinzen von Anhalt Dessau gehabt, welcher [...] den [...] Herrn von Erdmannsdorff bey sich hatten. Sie sind in dem Gasthof am Königs Plaz abgetretten, und acht Tage hier verweilet. — Des regierenden Herrn Land Grafen Hochfstl. Durchlauchten haben dem jungen Fürsten alle nur mögliche Achtung bezeugen lassen. Das Wesen und der Anstand desselben wird äußerst gerühmt. — Und allgemein wird gesprochen, dieser Fürst habe die Absicht, um Ihro Hochfstl. Durchlt. die Prinzessin Friderique anzuhalten [...].«
1257 Zu Lavater vgl. Vogel, Besucherbücher 1956, S. 8 (nachgew. Besuche in den Jahren 1786, 1793, 1800). — Zu Erdmannsdorff vgl. Anm. 1256 sowie Vogel aaO., S. 12.
1258 Vgl. das Nachwort L. Grotes in: Rode 1928, S. 140.
1259 Vgl. Clemen 1943.
1260 In diesem Punkt wird die Vorbildlichkeit des Oktogons auf dem Herkules, für das gleiches gilt, besonders anschaulich.
1261 Zit. nach Pevsner, Price 1971, S. 72f.
1262 Ebd., S. 73.
1263 Vgl. zu Gilpin: Frankl 1960, S. 435—440; — Pevsner, Price 1971, S. 71f.; — Dobai Bd. II 1975, S. 296—336; — Macaulay 1975, S. 175—178.
1264 Dies die übersetzten Begriffe nach Frankl 1960, S. 440.
1265 Der englische Philosoph, Schriftsteller und Politiker Joseph Addison (1672—1719) schrieb im Spectator 414 v. 25. Juni 1712: »There is something more bold and masterly in the rough careless Strokes of Nature than in the nice Touches and Embellishments of Art«. Zit. nach Dobai Bd. I 1974, S. 554. — Addison gehörte mit Shaftesbury (1671—1713) zu den Theoretikern, die dem englischen Garten zum Durchbruch verhalfen, vgl. Dobai Bd. I 1974, S. 529—598.
1266 Dobai Bd. II 1975, S. 303f.
1267 Dazu gehört u. a. der Verzicht auf das »appartement double«, auf Enfiladen, bequemere Treppen u. ä.
1268 Uvedale Price, An Essay on the Picturesque as compared with the Sublime and the Beautiful and on the use of studying Pictures, for the purpose of improving real Landscape, London 1794, hier zit. nach der Übersetzung bei Pevsner, Price 1971, S. 73, der seinerseits von der überarbeiteten Fassung Price' aus dem Jahre 1810 (Three Essays on the Picturesque) ausgeht.
1269 Zit. nach Pevsner, Price 1971, S. 75.
1270 Ebd.
1271 Ebd., S. 80.
1272 Price 1810 (wie Anm. 1268), S. 63ff., hier zit. nach Frankl 1960, S. 441.
1273 Laugier 1765, S. 27f.
1274 Whately 1771, S. 194ff.; — Trotz der Verwendung des Begriffs gehört Whately generell noch der »vorpicturesquen Phase« an (Schepers 1980, S. 67).
1275 Laugier 1765, S. 179.
1276 Metken 1968/1969, Abb. S. 31; — Revolutionsarchitektur 1970, S. 198f., Kat. Nr. 108.
1277 Kaufmann 1952, S. 557f.; — Kaufmann 1978, S. 262.
1278 Vgl. Boullée 1968, S. 135—137. — Aus Boullées Worten geht hervor, daß er die »architecture des ombres« als neue, eigene Architekturgattung versteht, die er in erster Linie, bedingt durch die melancholische Wirkung, für Grabmonumente entwickelt habe. — Vgl. dazu Germann 1980, S. 224—226.
1279 Vgl. Jacques Guillerme, Lequeu et l'invention du mauvais goût, in: Gazette des Beaux-Arts 107. 1965, Bd. 66, S. 153—166.
Zum pejorativen Bild der Löwenburg-Gotik vgl. S. 219.
1280 Lequeus Entwurf ist nicht als Vorbild, sondern als artverwandtes, zeitparalleles Phänomen zu verstehen. Die meisten seiner Entwürfe sind nach der Revolution, von der Öffentlichkeit unbeachtet, entstanden.
1281 Biehn 1970 zählt das Gotische Haus in Wörlitz und die Löwenburg zu den »Parkburgen der sentimentalischen Neugotik« und Strawberry Hill zu deren »Vorläufern«.
1282 Vgl. grundlegend Bott 1966, hier S. 325 (Grundrisse und Schnitte); — Hartmann 1981, S. 210ff.
1283 Bott 1966, S. 327—329, Taf. 42—45.
1284 StAM 4.
1285 Bott 1966, S. 319f. führt aus, daß Wilhelm für den Festsaal zunächst eine Instrumentierung der Wände mit Termen gefordert habe. Erst sein Architekt F. L. v. Cancrin habe die Verwendung von »kannelierten Säulen« vorgeschlagen, die als Pilaster auch ausgeführt wurden.

1286 Franz Ludwig von Cancrin
1. Entwurf zur Wanddekoration des Saals in der Wilhelmsbader Burg
Vorzeichnung in Bleistift, Feder in Schwarz, farbig aquarelliert
359 × 517 mm
bez. Maßstab o. Maßeinheit
Potsdam, Bd. 277/I, Nr. 93.

1287 F. L. v. Cancrin
2. Entwurf zur Wanddekoration des Saals in der Wilhelmsbader Burg
Vorzeichnung in Bleistift, Feder in Schwarz, farbig aquarelliert
334 × 314 mm
Potsdam, Bd. 277/I, Nr. 95.

1288 F. L. v. Cancrin
Entwurf zur Dekoration der Kuppel im Saal der Wilhelmsbader Burg
Vorzeichnung in Bleistift, Feder in Schwarz
493 × 522
Approbationsvermerk u. r., von Wilhelm:
»wird genehmigt in den Saal / zur kleinen Kuppel / des kleinsten Cabinets. / Wilhelm EPZHessen«
Potsdam, Bd. 277/I, Nr. 130.

1289 »Je résolus aussi de bâtir une vieille ruine à Wilhelmsbad sous la forme d'un ancien château ou bourg. La place fut choisie tout près du bain dans la bois sur une colline au bord du ruisseau la Braubach que j'avois rendu navigable. Les fondemens de ma nouvelle demeure à laquelle je donnai le nom de Burg furent jettés au mois de septbr. [...]«
Zit. nach MS. Memoiren Wilhelms Bd. 1, S. 217. — Übersetzung bei Bott 1966, S. 318.

1290 Hofmarschall Ludwig von Gall, um den es zu dieser Zeit am Hanauer Hof eine Affäre gab, vgl. Losch 1923, S. 130 ff.; — Bott 1966, S. 318, Anm. 3.

1291 »Ma bourg fut aussi finie vers ce tems et j'y couchai la première nuit le 21e juillet. Ce fut là que je jouis pour la première fois de l'agrément de la vie, bonheur si rare pour les princes et que l'on ne trouve pas aux cours. Ce n'est pas dans les châteaux des souverains que le paysan opprimé et le sujet foulé trouve un azyle. Mais au milieu d'un bois tout seul et sans ministres, sans favoris, je me trouvai à même d'écouter les plaintes d'un chacun et de voir par moi même. Cette solitude et manière de vivre séparé déplut à tous ceux qui ne vouloient que je vis que par leurs organes. Ils crurent peutêtre me surmonter encore par leurs raisonnemens fades; surtout Gall et sa femme n'étoient pas les admiratrices de ma nouvelle philosophie, mais tout fut en vain: J'avois formé mon plan et j'étois inébranlable.«
Zit. nach MS. Memoiren Wilhelms Bd. 1, S. 229. — Vgl. die nur in Auszügen gegebene Übersetzung bei Bott 1966, S. 318, die den wichtigen dritten Satz ausläßt.

1292 Vgl. oben, Anm. 1043.

1293 Der Wilhelmsbader Freimaurerkongreß fand 1782 (und nicht 1784, wie Hartmann 1981, S. 210 angibt) statt. Wie Wilhelm in seinen Memoiren mitteilt, gehörten seine beiden Brüder den Freimaurern an. Sein Lieblingsbruder Karl gab sich seit 1777 alle Mühe, Wilhelm für die Freimaurer zu gewinnen, doch war dieser keineswegs dafür zu haben. Seine Ablehnung formulierte er so: »La familiarité extrême & l'égalité qui règne dans cette confraternité pouvoit gêner dans trop de choses, et c'est ce qui m'a décidé à m'en dédire pour toujours.« Zit. nach MS. Memoiren Wilhelms Bd. 1, S. 242.

Wilhelm tolerierte den Kongreß in Wilhelmsbad lediglich seinen Brüdern zuliebe; an seiner Einstellung zu den Freimaurern hatte sich nichts geändert; während der Revolution ließ er Geheimbünde in Kassel sogar abschaffen!

1294 Vgl. Bott 1966, S. 338. — Bott nennt als weitere Vorbilder zwei von Batty und Thomas Langley 1747 publizierte »Gothick Pavillions« (ebd., Taf. 46) sowie den davon abhängigen Turm von Shrubs Hill (ebd., Taf. 47,2). Als Anregung für das Ruinengenre möchte Bott neben Hagley den Ruinenturm von Retz gelten lassen und datiert ihn ein Jahrzehnt zu früh. Aufgrund seiner Entstehung 1780/1781 kommt dieser Säulenstumpf jedoch nicht als Vorbild für Wilhelmsbad in Frage.

Möglicherweise hatte Hanau selbst eine bisher noch nicht untersuchte ganz unmittelbare Vorstufe für die »Burg« zu bieten in Gestalt eines runden Turms, der in dem seit 1766 angelegten »englischen« Boskett hinter dem Hanauer Schloß lag. Die Anlage dieses Bosketts wurde von Wilhelms Mutter, der Landgräfin Mary, iniziiert und von Wilhelm selbst 1773 weitergeführt und vergrößert (vgl. Bott aaO., S. 337 u. Anm. 30). Dieses Gebäude ist auf einem Situationsplan des Hanauer Stadtschlosses von 1774 nachweisbar (StAM 300 Karten P II 342/18/2, gez. v. I. F. Heerwagen, bez. »PLAN VON DEM REZ DE CHAUSSE DES HANAUER SCHLOSSES.«). — Nach Auskunft eines zweiten, anonymen Grundrisses (Potsdam, Bd. 277/I, Nr. 14b, bez. »Project zur Decoration der Anhöhe vor dem Thurm in dem bosquet am Schlosse zu Hanau«) muß es sich um einen runden Turm von 28 Fuß (ca. 8 m) Durchmesser gehandelt haben, der grottenartig und stark ruinös gestaltet war.

1295 Bei Hirschfeld Bd. V 1785, S. 105, heißt es: »Man geht von hier nach der Burg. Dies ist ein alter halbverfallener gothischer Turm, in einem wahren täuschenden Styl, nach der Zeichnung des Prinzen vortrefflich gebauet. [...]«

1296 Erbprinz Wilhelm (?)
Entwurf zu einer neugotischen Kapelle für Wilhelmsbad
Vorzeichnung in Bleistift, Feder in Schwarz, farbig aquarelliert
375 × 264 mm
Bez. Maßstab in Fuß
Angabe des Inhaltsverzeichnisses des Klebebandes:
»Projectirte Kirche zu Wilhelmsbad«
Potsdam Bd. 277/I, Nr. 111/143.

1297 Zit. nach MS. Journal Wilhelms 1786, verf. v. Kunckell, S. 24.

1298 Zit. nach MS. Journal Wilhelms vom 10. 3. 1792.

1299 Zit. nach Hallo 1934, S. 201. — Vgl. zu Raspe ferner Both/Vogel 1973, bes. S. 75—77.

1300 Vgl. Hallo 1934, S. 187—196.

1301 Zit. nach ebd., S. 314.

1302 Zit. nach ebd., S. 315 f.

1303 Hallo 1934, S. 306, weist darauf hin, daß Herder dem ihm befreundeten Raspe im Jahre 1773 ein Exemplar von Goethes Schrift zugesandt hat.

1304 Holtmeyer 1910, S. 342.

1305 Hallo 1934, S. 311, hat als erster die Löwenburg in Zusammenhang mit Raspes Bemühungen gestellt. Raspe mußte, nachdem er

1774 Stücke des Münzkabinetts veruntreut hatte, nach England fliehen.
1306 Vgl. dazu grundlegend Karl-Hermann Wegner, Gründung und Einrichtung des Museum Fridericianum in Kassel — seine Bedeutung für die Kulturgeschichte der Aufklärung, in: Hess. Heimat N. F. 27, 1977, S. 154—164.
1307 Vgl. dazu Aufklärung und Klassizismus 1979, Kat. Nr. 576 (Beitrag Gerhard Seib) m. weiterer Literatur.
1308 Zit. nach Both/Vogel 1973, S. 230.
1309 Der Aufsatz, erschienen in Meusels Miscellaneen artistischen Inhalts, 1782, zit. bei Both/Vogel 1973, S. 230.
1310 Zit. nach HBGK 2. 1787, S. 554.
1311 Vgl. »Erklärung der vornehmsten Sehenswürdigkeiten zu Weissenstein 1777«, in: StAM 300 E 12/3, fol. 19v., Nr. 62: »Der Gothische Tempel«. Er ist dort aufgeführt unter der Rubrik: »Bey der Zurückkunft von der Octogone siehet man rechter Hand«.
1312 Vgl. Langley 1747; — William u. John Halfpenny, Chinese and Gothic Architecture, London 1752; — Paul Decker, Gothic Architecture Decorated, London 1759.
1313 Vgl. Losch 1923, S. 36.
1314 Das ehemals im StAM befindl. Manuskript (Handschriftenabteilung) ist heute nicht mehr auffindbar.
1315 Vgl. Losch 1923, S. 59f., 87f., 91.
1316 Ebd., S. 102; — Dehio 1966, S. 34f.
1317 Losch 1923, S. 102; — Vgl. Dehio 1966, S. 776f.
1318 Zit. nach Beck 1792, S. 17.
1319 Vgl. Karl Bernhardi, Kurzer Abriß einer Geschichte der Gesellschaft der Altertümer zu Kassel, in: ZHG 1. 1837, S. 1—6; — Otto Berge, Beiträge zur Geschichte des Bildungswesens und der Akademien unter Landgraf Friedrich II. von Hessen-Kassel, in: Hess. Jb. f. Landesgeschichte 4. 1954, S. 250f.; — Aufklärung und Klassizismus 1979, S. 123f. (Beitrag Gunter Schweikhart).
1320 Vgl. Hess. Denkwürdigkeiten 2. 1800, S. 361.
1321 Zit. nach Beck 1792, S. 103. — Das Journal Kunckells, S. 187, verzeichnet für den 1. Dezember 1786 die erste Sitzung der Gesellschaft für Altertümer im Museum Fridericianum, bei der der Landgraf persönlich anwesend war: »Rath Casparson [...] truge eine Abhandlung über die vatterländischen, also deutschen und hessischen Alterthümer vor und legte ihre Wichtigkeit dar [...]«. — Vgl. ferner: Neueste Veränderungen in Cassels Litteratur- und Kunstgeschichte, in: HBGK 2. 1787, S. 565f.
1322 Zit. nach Beck 1792, S. 103f.
1323 Kunckell schreibt im Journal 1786 (S. 188) von Wilhelms Befehl an die Kasseler Altertümergesellschaft, Gedenkmünzen zu entwerfen, »durch welche die wichtigste Vorfaelle, unter den Regierungen ihrer glorwürdigsten Vorfahren, so wie ihrer Thaten, nach aller Möglichkeit im reinen und ächten Geschmack der Alten, bezeichnet werden sollten.«
1324 Vgl. VIII. 1. a).
1325 Murhardsche, Landes- und Hochschulbibliothek Kassel, Handschriftenabteilung, 2° MS. Hass. 241. — Die Suche gestaltete sich schwierig und schien schon hoffnungslos, nachdem sich ein Katalogzettel mit dem Vermerk fand, wonach das MS. im Krieg verbrannt sei. Für unermüdliche Hilfe danke ich Frau Helga Grimm. — Zu Casparsons MS. vgl. Heidelbach 1909, S. 255; — Holtmeyer 1910, S. 342, 355; — Holtmeyer 1913, S. XII; — Paetow 1929, S. 72f.; — Kamphausen 1952, S. 36f.; — Löwenburg 1965, S. 4f. — Nicht zugänglich war mir: Karl Paetow, Eine Rechtfertigung der Löwenburg durch Prof. Casparson, in: Kasseler Post v. 20. 11. 1927, zit. b. Paetow 1929, S. 72, Anm. 55.
1326 Johann Wilhelm Christian Gustav Casparson (1729—1802), zu s. Charakterisierung vgl. Both/Vogel 1973, S. 75. — Zu einigen s. Schriften vgl. Aufklärung und Klassizismus 1979, Kat. Nr. 607 (Beitr. H.-J. Kahlfuß).
1327 MS. Casparson, S. 6.
1328 Sulzer 1778/1779, Bd. II, S. 434.
1329 Vgl. Johannes Dobai, Die bildenden Künste in Johann Georg Sulzers Ästhetik. Seine »Allgemeine Theorie der Schönen Künste«, Winterthur 1978.
1330 MS. Casparson, S. 18—22.
1331 Vgl. VIII. 1. d) C).
1332 Chambers 1772, S. 35.
1333 Ebd., S. 36.
1334 Zit. nach Hirschfeld Bd. I 1777, S. 84.
1335 Dazu heißt es in der frz. Übersetzung Whatelys in Kap. XXXVII mit der Überschrift: »Des rochers caractérisés par la terreur [...]«: »On peut comparer la terreur qu'inspire une scene de la nature, à celle qui naît d'une scene dramatique. L'ame est fortement ébranlée: Mais ses sensations ne sont agréables que lorsqu'elles tiennet à la seule terreur, sans avoir rien d'horrible ni de choquant.« Zit. nach Whately 1771, S. 139.
 Zum Problem vgl. Herbert Dieckmann, Das Abscheuliche und Schreckliche in der Kunsttheorie des 18. Jh., in: Die nicht mehr schönen Künste, hrsg. v. Hans Robert Jauß, München 1968, S. 271ff.
1336 Zit. nach Chambers 1772, S. 34f.
1337 Hirschfeld Bd. I 1777, S. 99.
1338 Ebd., S. 100. — Vgl. dazu Schepers 1980, S. 62—67.
1339 Zit. nach Home 1762, Bd. III, S. 313.
1340 Laut Zettelkatalog der ehem. Landesbibliothek Kassel (Museum Fridericianum).
1341 Home 1762, Bd. III, S. 303.
1342 Erwin Panofsky, Das erste Blatt aus dem »Libro« Giorgio Vasaris. Eine Studie über die Beurteilung der Gotik in der italienischen Renaissance, in: ders., Sinn und Deutung in der bildenden Kunst, Köln 1975, S. 253, Anm. 37 (zuerst ersch. in: Städel-Jb. 1930).
1343 Zit. nach Hirschfeld Bd. III 1780, S. 114.
1344 Zit. nach Dobai Bd. II 1975, S. 1072.
1345 Vgl. unten, Kap. VI. 5e).
1346 Vgl. Dobai Bd. II 1975, S. 1074.
1347 Ein Werk dieser Phase ist Whately 1770 (1771). Auch dieser Band existierte in der Wilhelmshöher Schloßbibliothek, vgl. VIII. 1 d).
1348 Vgl. Keller 1974, S. 46f.
1349 Vgl. Walter John Hipple, The Beautiful, The Sublime & The Picturesque in Eighteenth-Century British Aesthetic Theory, Carbondale 1957, S. 13ff.; — Willibald Sauerländer, Erhabene Motive in der vorromantischen Vedute, in: Sitzungsberichte der Kunstgeschichtlichen Gesellschaft zu Berlin N. F. 11. 1962/1963, S. 7f.
1350 Edmund Burke, A Philosophical Enquiry into the Origin of our Ideas of the Sublime and Beautiful (1757), hier zit. nach der Übersetzung von Wyss 1966, S. 33.

1351 Burke (1757), hier zit. nach der Übersetzung von Germann 1974, S. 55.
1352 Zit. nach Wyss 1966, S. 33. — Bereits Chambers hatte sich die Lehre des Sublimen zueigen gemacht; im Zusammenhang mit den »scenes of terror« spricht er von der »sublimity of these scenes«, vgl. Chambers 1772, S. 37.
1353 Vgl. in diesem Sinne den englischen Theoretiker Alexander Gerards (1728—1795) in seinem »Essay on Taste«, ersch. 1759: »Gegenstände, die Schrecken erregen, sind [...] im allgemeinen erhaben; denn Schrecken enthält Erstaunen, nimmt die ganze Seele gefangen und bringt alle ihre Regungen zum Stillstand.« Zit. nach Germann 1974, S. 55.
1354 Zit. nach Germann 1974, S. 24f.
1355 Racknitz aaO., S. 14—16.
1356 Zit. nach Burda 1967, S. 88, Anm. 394.
1357 Ebd., S. 57.
1358 MS. Casparson, S. 21—23.
1359 Zit. nach StAM 4a, 19. — Vgl. auch Heidelbach 1909, S. 303.
1360 MS. Casparson, S. 11f.
1361 Zit. nach Germann 1974, S. 27.
1362 Ebd., S. 36.
1363 Ebd., S. 27.
1364 Ersch. in: Neue Bibliothek der schönen Wissenschaften und der freyen Künste 14. 1773, S. 287ff., hier 291.
1365 F. v. Blankenburg, aaO., Leipzig 1796, S. 647.
1366 Sulzer 1778/1779, Bd. II, S. 435.
1367 Zit. nach StAM 300 E 12/10, fol. 104. Das Gedicht wurde verlesen »auf dem Aquaeduct den 26ten April 1794«.
1368 Dazu ausf. Schepers 1980.
1369 Zit. nach Hirschfeld Bd. IV 1782, S. 125—127.
1370 Ebd., S. 127.
1371 Hirschfeld Bd. III 1780, S. 110f.
1372 Ebd., S. 112f.
1373 Vgl. oben, Anm. 1061.
1374 Zit. nach Hirschfeld Bd. IV 1782, S. 116f.
1375 Ebd., S. 33.
1376 Ebd., S. 35.
1377 Hirschfeld Bd. V 1785, S. 83f. — In diesem Punkt nicht zutreffend die Beurteilung von Schepers 1980, S. 212, wonach Hirschfeld den gotischen Stil für Landhäuser rundweg abgelehnt habe.
1378 Hirschfeld 1786.
1379 Vgl. Gerhard Bott, Wilhelmsbad (amtl. Führer) München–Berlin 1970; — Hartmann 1981, S. 132, 366, Anm. 44, Abb. 148.
1380 Vgl. Hirschfeld Bd. III 1780, S. 96ff.
1381 Zit. nach Schepers 1980, S. 325, Anm. 51.
1382 Ebd.
1383 Vgl. VIII. 1c).
1384 Vgl. VIII. 1b).
1385 Vgl. Hirschfeld Bd. V 1785, S. 98, Fußnote: »Herr [] Schwarzkopf, ein [] Mann, der durch Kenntniß, Beobachtungsgeist und Geschmack sich vorzüglich auszeichnet.« Vielleicht verbirgt sich hinter diesem bei Hirschfeld ungewöhnlichen Lob ein Hinweis auf die Kasseler Ambitionen des Autors. Zur Vita Schwarzkopfs vgl. ausf. Bleibaum 1926, S. 32f., Anm. 2.
1386 Claude-Henri Watelet, Essai sur les Jardins, Paris 1774, S. 55—89.
1387 Zit. nach Hirschfeld Bd. I 1777, S. 209—230.
1388 Ebd., S. 227.
1389 Vgl. oben S. 219.
1390 Zit. nach Hirschfeld Bd. IV 1782, S. 112f.
1391 Ebd., S. 113.
1392 Untersuchungen ..., Berlin 1785, S. 156—162.
1393 Ebd., S. 21.
1394 Ebd., S. 175.
1395 Als weiterer Beleg für die mit dem neugotischen Burgenbau am Ende des 18. Jahrhunderts gesuchte Kontrastwirkung sei aus der Beschreibung der »Burg« in Machern b. Leipzig (1799) zitiert: Der Turm sollte ein Denkmal sein, das »die Erinnerung der Vorzeit so lebendig in uns hervorbringt, und unsere Phantasie mit den reizenden Bildern des rauhen, aber biederen Ritteralters anfüllt, mit welchen unser Jahrhundert einen so gewaltigen Contrast macht. Die großen Kraftäußerungen jener Menschen, die Energie ihres Charakters, die Resignation, mit welchen sie oft handeln, ist leicht fähig und zu ihrem Vorteil zu bestechen, aber doch gewinnt die sanftere Cultur unseres Jahrhunderts bei dem Vergleich. Zwar hat sie mit der Rauhigkeit des Menschen einen Theil ihrer Kraft hinweggenommen, aber sie hat uns schadlos gehalten, indem sie Talente geweckt und Fähigkeiten entwickelte, die man damals nicht ahndete. Die schönen Künste und die Philosophie haben uns die Sonne des Humanismus heraufgeführt, bei deren wohltätigem Licht jene rohen Zeiten in den Schatten zurücktreten [...]«. Zit. nach Biehn 1970, S. 46.

Auch Kenneth Clark räumt in seiner grundlegenden Neugotik-Studie der Kontrastwirkung der gotischen Ruinen zur alltäglichen, spannungslosen Welt Priorität ein: »Every Romantic style reflects the daydream of its creators, some Utopia in which they live the life of the imagination. Now this ideal world must be, in some measure, complementary to the real world. When life is fierce and uncertain the imagination craves for classical repose. But as society becomes tranquil, the imagination is starved of action, and the immensely secure society of the eighteenth century indulged in daydreams of incredible violence [...]. The mediaeval ballads, popularised by Addison, provided a new world of heroes, reckless, bloodthirsty and obscure. [...] Only a Gothic ruin could inspire the chivalry of a crusader or the pious enthusiasm of a monk.« Zit. nach Clark 1928, S. 48.

Diese von Clark auf die englische Gesellschaft bezogenen Feststellungen sind sicher nicht in vollem Umfang auf die Kasseler Verhältnisse zur Zeit der Französischen Revolution zu übertragen; vielmehr stellen wir fest, daß selbst zu Zeiten extremer gesellschaftlicher Umwälzungen die Ideale dieselben wie in England um die Mitte des 18. Jahrhunderts geblieben sind!
1396 Vgl. Hirschfeld 1786, S. 166f.
1397 Vgl. MS. Familiennachrichten Du Ry, Band »Die Familie Du Ry«, fol. 4v. — Vgl. Gerland 1895, S. 163.
1398 MS. Journal Strieder, Notiz vom 6. 6. 1798.
1399 Carl Julius Weber, Deutschland oder Briefe eines in Deutschland reisenden Deutschen, Bd. IV, Stuttgart 1828, S. 329.
1400 Vgl. Hübner 1927, S. 47; — Park Wilhelmshöhe 1939, S. 29.
1401 Vgl. MS. Katalog der Wilhelmshöher Schloßbibliothek, Bd. 3, S. 961—1003.
1402 Ersch. in Nordhausen; Reprint Frankfurt/M. 1973 (freundlicher Hinweis von Dr. Jutta Schuchard).

1403 Fritz Brüggemann, Utopie und Robinsonade. Untersuchungen zu Schnabels Insel Felsenburg (1731—1743), Weimar 1914, S. 1.
1404 Glaser/Lehmann/Lubos 1967, S. 101.
1405 Brüggemann 1914 (wie Anm. 1403), S. 13 f.
1406 Den Hinweis auf die historische Löwenburg im Siebengebirge verdanke ich Friedl Küppers, Bonn.
1407 1. Aufl. 1796; von mir benutzt die 2. unveränderte Aufl. Stuttgart 1844. — Erster Hinweis auf diesen Roman in: Löwenburg 1976, S. 29.
1408 Vgl. MS. Katalog der Wilhelmshöher Schloßbibliothek, Bd. 3, S. 965.
1409 Ebd., S. 975, 999. — Das englische Original ist 1764 erschienen. Es ist bemerkenswert, daß die deutsche Übersetzung den wahren Autor nennt, der sich im englischen Original hinter dem Pseudonym O. Muralto verbirgt.
1410 Vgl. Smith 1934, S. 8.
1411 Der Roman ist in einer 1774 in Amsterdam erschienenen Ausgabe in Wilhelmshöhe nachweisbar, vgl. MS. Katalog der Wilhelmshöher Schloßbibliothek, Bd. 3, S. 1001.
1412 »Verzeichniß derer aus dem Fürstl. Schloß Belle Vue abgelieferten Meubles, auch fehlenden Stücke. Als: [...] Zwölf Stück [Gemälde] mit und zwey St. ohne Rahmen, die Geschichte Donquixots 1798, zur Löwenburg.« StAM 5, 11.869, fol. 92. — In der Ritterbibliothek des Schlosses befand sich eine Serie mit 31 Stichen nach demselben Roman, vgl. MS. Katalog der Wilhelmshöher Schloßbibliothek, Bd. 3, S. 999.
1413 Vgl. das Inventar der Ölgemälde der Löwenburg: StAM 7i, 77, S. 19—21.
1414 Reinhard Haferkorn, Gotik und Ruine in der englischen Dichtung des achtzehnten Jahrhunderts, Leipzig 1924.
1415 Ebd., S. 99—112.
1416 Vgl. Käte Friedemann, Die Romantische Ironie, in: Zeitschr. f. Ästhetik u. allg. Kunstwissenschaft 13. 1918, S. 270—282; — Gerhard Fricke, Geschichte der deutschen Dichtung, Tübingen 1953, S. 220; — Glaser/Lehmann/Lubos 1967, S. 161 f.
1417 C. L. Stieglitz, Gemählde von Gärten im neuern Geschmack, Leipzig 1798, S. 93 (freundl. Hinweis von Dr. Jutta Schuchard).
1418 Zit. nach Löwenburg 1976, S. 10.
1419 Ebd., S. 12. — Dieses und die beiden folgenden Zitate entstammen dem Vorwort aus dem Obscuranten-Almanach auf das Jahr 1798, Paris (Reprint Nendeln/Liechtenstein 1976).
1420 Ebd.
1421 Ebd. — Das Negativ-Bild Wilhelms wurde durch die preußische Geschichtsschreibung im Anschluß an die preußische Annexion Hessens i. J. 1866 begründet. Es fand seinen Niederschlag u. a. in: Allgemeine Deutsche Biographie Bd. 43, Leipzig 1898, S. 64—75 (H. v. Petersdorff).
1422 Löwenburg 1976, S. 16.
1423 Ebd., S. 79.
1424 Vgl. Vogel 1958, S. 40.
1425 Zit. nach F. G. L. Strippelmann, Beiträge zur Geschichte Hessen-Cassels, Heft 1 (Hessen—Frankreich, Jahr 1791 bis 1814), Marburg 1877, S. 56 f.
1426 Ebd., S. 56.
1427 Ebd., S. 59—64.
1428 Ebd., S. 67.
1429 Ebd., S. 78 (die Formulierung stammt von Wilhelm IX.).
1430 Ebd., S. 146.
1431 Zuerst anonym ersch. in: Fliegende Blätter deutscher Art und Kunst, Hamburg 1772. — Vgl. dazu Germann 1974, S. 84 f.; — Keller 1974 (dort weitere ausf. Literaturangaben).
1432 Allgemeines Magazin für die bürgerliche Baukunst (Hrsg.: G. Huth), Weimar 1789, S. 92. Ebd., S. 84—91 findet sich Goethes Schrift wiederabgedruckt.
1433 Vgl. Germann 1974, S. 77—79; — Wolfgang Schepers, C. C. L. Hirschfelds Theorie der Gartenkunst und die Frage des »deutschen Gartens«, in: Park und Garten 1978, S. 83—92 (Zit. S. 91).
1434 MS. Casparson, S. 28.
1435 Vgl. MS. Familiennachrichten Du Ry, Band »Die Familie Du Ry«, S. 5.
1436 MS. Casparson, S. 24 f.
1437 Vgl. dagegen Hartmanns Deutung, zit. Anm. 1043. — Ich halte es für möglich, daß mit der Figur ein Kreuzritter dargestellt ist, wie die Kreuze auf Brustpanzer und Schild nahelegen.
1438 Zit. nach Eggers 1799, S. 373.
1439 Wie oben, Anm. 1427.
1440 Vgl. Löwenburg 1976, S. 16—18.
1441 Zit. nach Smith 1934, S. 22.
1442 H. Wackenroder, Herzensergießungen eines kunstliebenden Klosterbruders, 1797, zit. nach Hederer 1976, S. 42.
1443 So seine Eintragungen bei seinem Regierungsantritt 1785 in Kassel, als er sich in s. Memoiren als »pauvre créature« bezeichnet, die auf die Hilfe Gottes angewiesen sei.
1444 Vgl. Luisa Hager, Schloß Nymphenburg, München 1955, S. 40—43; — dies., Art. »Eremitage«, in: RDK Bd. V, Stuttgart 1965, Sp. 1219, 1223.
1445 Vgl. oben, S. 214.
1446 Vgl. Hans Ost, Einsiedler und Mönche in der deutschen Malerei des 19. Jahrhunderts (= Bonner Beitrr. z. Kunstwissenschaft, Bd. 11), Düsseldorf 1971.
1447 Vgl. oben, Kap. VI. 3.
1448 So in dem Führer Cassel & Wilhelmshöhe, Kassel 1828, S. 113. Die Maße des Reliefs betragen: Höhe = 89 cm; Breite = 219,9 cm. Signiert im Sockelstreifen u. r.: »RUHL FEC.«
    Die ikonographischen und stilistischen Voraussetzungen für Ruhls Relief, das auf ihn selbst und nicht auf Jussow zurückgeht, sind in Ruhls Skizzenbuch zu suchen, das er während seines Rom-Aufenthalts 1787—1790 angelegt hat (Staatl. Kunstslg. Kassel, Inv. Nr. K II 5451, Aufschr. »ROMA«, vgl. fol. 2—8).
    Zusammenfassend: Gottfried Ganßauge, Johann Christian Ruhl (1764—1842), in: Lebensbilder aus Kurhessen u. Waldeck, Bd. IV, Marburg 1950, S. 285—299. Ebd., S. 296 zum Gruft-Relief, teilw. zu korrigieren.
1449 Der Große Brockhaus, Bd. 5, Leipzig 1930, S. 475.
1450 Vgl. Paulys Real-Encyclopädie der Classischen Altertumswissenschaften, hrsg. v. G. Wissowa, Bd. 5, Stuttgart 1905, S. 2470—2476.
1451 Zusammenfassend Jörgen Birkedal Hartmann, Die Genien des Lebens und des Todes. Zur Sepulkralikonographie des Klassizismus, in: Röm. Jahrbuch f. Kunstgeschichte 12. 1969, S. 11—37.
1452 Vgl. S. Perowne, Römische Mythologie, Wiesbaden 1969, S. 83.
1453 Vgl. Hartmann (wie Anm. 1451), S. 36.
1454 Vgl. Holtmeyer 1910, S. 342 unter Berufung auf Lobe 1837.

1455 StAM 4a, 94, Nr. 20.
1455a Zit. nach Kasselsche Allgemeine Zeitung v. 15. 3. 1821, S. 299f.
1456 Vgl. Anm. 1023.
1457 Fernsehfilm über die Löwenburg »Geist der Ahnen«, Hess. Rundfunk, 3. Programm, 22. 11. 1978.
1458 Zit. nach MS. Journal Strieder, 29. 8. 1798.
Wie Zeitgenossen eine Löwenburg-Illumination erlebten, sei nach einem Bericht über den Besuch des preußischen Königspaars auf der Wilhelmshöhe 1799 zitiert: »[...] Vom Herkules bis zum Fusse der kolossalischen Piramide [...] strahlte alles in hellem Feuer, auf linker Hand **erhoben sich die bezauberten Zinnen der Löwenburg. Aus dem Walde trat man vor die ofne beleuchtete Burg, alle Zimmer standen offen und illuminirt, die Kapelle war vortreflich, ein mattes überirdisches Licht vermehrte der Einbildung Spiel.«** Zit. nach Eggers 1799, S. 385.
1459 MS. Memoiren Wilhelms, Bd. II, S. 174f.
1460 MS. Journal Strieder, Eintragungen v. 30. 8. (»die erste Nacht hier geschlafen«), 31. 8., 1. 9., 3. 9., 6. 9. 1798.
1461 Ebd. zum 8. 6. 1799: »Serenissimus logirten auf der Löwenburg mit den H. von Weimar, von Meinungen, Erbprinz von Mecklenburg Strelitz, welche nebst vielen anderen angekommen waren.«
1462 Ebd. zum 9. 6. 1799: »Morgens Déjeuner auf der Löwenburg. Nachher wurden die Wasserfälle, Cascaden pp besehen.«
1463 Ebd., Eintr. v. 12. 6. 1799.
1464 Ebd., Eintr. v. 1. 1. 1799.
1465 MS. Memoiren Wilhelms Bd. II, S. 176.
1466 Zum Beispiel heißt es ebd., S. 207, zum 1. Januar 1803: »**L'année devoit être commencée à la Löwenburg comme de coutume [...]**!«
1467 MS. Journal Strieder, 18. 1. 1797.
1468 Ebd., 14. 11. 1798.
1469 Ebd., 3. 9. 1799. — Danach hielt sich Wilhelm z. B. erst wieder am 14. 9. auf der Burg auf!
1470 Vgl. MS. Journal Strieder zum Jahre 1798.
1471 Ebd., 26. 6. 1798.
1472 Ebd., 5. 6. 1798. Berichtet wird vom Besuch des preußischen Gesandten, der Prinzessin Caroline (Tochter Wilhelms), des Staatsministers Waitz von Eschen und des preußischen Grafen von Schwerin: »Kamen heute auf Weißenstein zur Mittagstafel; nach derselben eine Fahrt auf die Löwenburg, wo Thee getrunken wurde.«
1473 J. W. C. G. Casparson, Der Geist der Ritterzeit und der siebenzigjährige Sänger des Hochfürstlichen Hauses Hessen auf der Löwenburg, bey der Anwesenheit I. Königlichen Majestäten von Preußen auf Wilhelmshöhe vom 9ten Junius an, o. O. 1799 (Expl. in der Bibliothek der Löwenburg). — Wiederabgedruckt bei Paetow 1929.
1474 Brief H. v. Kleists an Luise von Zenge, dat. Paris 16. 8. 1801, in: H. v. Kleist, Sämtliche Werke und Briefe, Hrsg. v. H. Sembdner, Bd. II, München 1961, S. 689f.
1475 Vgl. Anm. 1222.
1476 Vgl. dazu Elias 1979, S. 320ff. — Löwenburg 1976, S. 16.
1477 Die teils noch zeitgenössische Kasseler Guiden-Literatur stimmt in der Löwenburg-Beurteilung darin überein, daß der romantische Zauber und die Täuschung der Löwenburg so überzeugend und so weit getrieben seien, daß darüber die Realität der Gegenwart völlig vergessen werde. Vgl. z. B. Martin 1799, S. 71; — Krieger 1805, S. 42 (»man vergißt der Gegenwart [...]«); — Lobe 1837, S. 190; — Piderit 1844.
1478 Vgl. Losch 1923, S. 71ff.
1479 Vgl. dazu Paetow 1929, der S. 77—79 den Trauerkonduct nach dem Bericht Friedrich Müllers wiederabgedruckt hat. Er kommentiert ebd., S. 77, treffend: Die Beerdigung sei der »Höhepunkt alle[n] romantischen Treibens« gewesen. »[...] Damit war eigentlich erst der Schlußstein gelegt und der Bau vollendet.«
1480 So z. B. Schepers 1980, der darin der englischen Forschung (John Dixon Hunt) folgt.
1481 Vgl. z. B. die Idee Sebastiano Serlios, ein Lusthaus in Form einer Mühle einzurichten.
1482 Es galt bereits für den Wilhelmsbader Turm!
1483 In Übernahme der Schlagworte nach Günter Bandmann, Bemerkungen zu einer Ikonologie des Materials, in: Städel-Jahrbuch NF. 2. 1969, S. 75—100.
1484 Dobai Bd. II 1975, S. 1058.
1485 Vgl. Hartmann 1981, S. 304f., der als Beweggrund für die Bauherrn, den ruinösen Charakter von Parkburgen gegen Ende des 18. Jahrhunderts zu verlassen, deren restaurativen Einschlag der Politik anführt. M. E. läßt sich ein solcher Einschlag bei Wilhelm IX. erst mit der Chattenburg nachweisen, vgl. H. C. Dittscheid, Stadtbaukunst in Kassel unter Landgraf Wilhelm IX./Kurfürst Wilhelm I (1785—1821), in: Schweikhart 1983, S. 65f.
1486 Sedlmayr 1948, S. 94.
1487 Der augenblicklich anzutreffende Weg vor der Westfront des Corps de logis entspricht in seiner platzartigen Verbreiterung, die das Bowlinggreen beschneidet, ebensowenig der ursprünglichen Anlage wie die direkte Umgebung des Mittelbaus vor der Ostfassade, wo Parkplätze den einstigen Rasen verdrängt haben. Vgl. Schaeffers Situationsplan Kat. Nr. 171.
1488 Vgl. auch J. W. Loudon, Encyclopaedia of Cottage, Farm and Villa Architecture and Furniture, London–New York 1846, S. 773f.
1489 Nach dem Vorbild der Aqua Claudia in Rom.
1490 Zur Zeit des barocken Absolutismus wurde normalerweise zwischen dem Hauptschloß und seinen Dependancen stilistisch nicht unterschieden, vgl. Versailles: Residenz und Grand Trianon. Ein frühes deutsches Gegenbeispiel bietet Nymphenburg mit seinen Parkburgen, in denen bereits vor 1730 das Ruinengenre vertreten ist (Magdalenenklause).
1491 Vgl. Erich Herzog, Johann Erdmann Hummels verschollene Ansicht von Schloß Wilhelmshöhe, in: Gießener Beiträge zur Kunstgeschichte 1. 1970 (= Festschrift G. Fiensch), S. 125—135. — Das Bild befindet sich heute in den Staatl. Kunstslg. Kassel, Neue Galerie.
Als Ersatz für die hier nicht eingehend behandelte Geschichte des Wilhelmshöher Parks in den fraglichen Jahren ist im Quellenanhang VIII. 1 b) ein Brief des Kasseler Hofgärtners Schwarzkopf an Hirschfeld wiedergegeben, der den Stand der Arbeiten im Frühjahr 1791 minutiös referiert. Dort wird Hirschfeld ausdrücklich als — für Wilhelmshöhe höchst einflußreiche — Autorität gewürdigt. Damals waren über das Corps de logis und die Löwenburg noch keine Entscheidungen gefallen, um so deutlicher sind die Prinzipien der Parkanlage herausgestellt mit Nennung der Pflanzenarten und dem Arbeiten mit »clumps«, gezielten, heute z. T. zugewachsenen Blickachsen und der Betonung der Varietät von Pflanzen und Wasser. Der Brief liest sich wie der Bericht über die Schöpfung einer freien und befreienden, paradiesähnlichen Welt.

Verzeichnis der abgekürzt zitierten Literatur

Ackerman 1967
  James S. Ackerman, Palladios Villas, New York 1967
Actes Piranèse 1978
  Piranèse et les Français. Actes de colloque tenu à la Villa Médicis 1976. Études réunis par Georges Brunel, Roma 1978
Andrieux 1799
  Andrieux, Notice sur la vie et les travaux de Charles Dewailly, in: Les Mémoires de l'Institut Nationale des Sciences et Arts — Littérature et Beaux-Arts, Bd. III, Paris an IX (1799), S. 36—42
Aufklärung und Klassizismus 1979
  Aufklärung und Klassizismus in Hessen-Kassel unter Landgraf Friedrich II. 1760—1785 (Kat. d. Ausst.), Kassel 1979
Bätjer 1941
  Friedrich Wilhelm Bätjer, Das Landschloß Hüffe und Simon Louis Du Ry (= TH Diss. Hannover 1939), in: Westfalen, Sonderh. 8, Münster 1941
Bangert 1969
  Albrecht Bangert, Architektur von H. C. Jussow in Kassel um 1800, Phil. Diss. München 1969
Bauchal 1887
  Ch. Bauchal, Nouveau Dictionnaire biographique et critique des Architectes Français, Paris 1887
Beauvalot 1978
  Yves Beauvalot, Un château extraordinaire à Dijon: Le château de Montmusard (1765—1769), in: Les Cahiers du Vieux-Dijon 6. 1978 (Sonderbd.)
Beck 1792
  Georg Wilhelm Beck, Ueber Wilhelm des Neunten, Landgraf zu Hessen ec. und dessen sechs erste Regierungsjahre, Schweiz 1792
Beenken 1952
  Hermann Beenken, Schöpferische Bauideen der deutschen Romantik, Mainz 1952
Bentmann/Müller 1971
  Reinhard Bentmann/Michael Müller, Die Villa als Herrschaftsarchitektur, Frankfurt ²1971
Berckenhagen 1966
  Ekhart Berckenhagen, Barock in Deutschland. Residenzen (Kat. d. Ausst.), Berlin 1966
Biehn 1970
  Heinz Biehn, Residenzen der Romantik, München 1970

Bleibaum 1926
  Friedrich Bleibaum, Die Bau- und Kunstdenkmäler im Regierungsbezirk Kassel, Bd. VII, Krs. Hofgeismar, 1. Teil: Schloß Wilhelmsthal, Kassel 1926
Blondel 1737/1738
  Jacques François Blondel, De la Distribution des Maisons de Plaisance, Paris Bd. I 1737, II 1738
Blondel, Cours Bd. II—V 1771—1774
  Jacques François Blondel, Cours d'Architecture, Paris, Text Bd. II 1771, III 1772, IV 1773, V 1774, Tafelbd. III 1773
Blondel 1774
  Jacques François Blondel, L' Homme du monde éclairé par les arts, Paris 1774
Blunt 1957
  Anthony Blunt, Art and Architecture in France 1500 to 1700 (= The Pelican History of Art), Harmondsworth 1957 (Paperback Ed. 1977)
Boehlke 1953
  Hans-Kurt Boehlke, Simon-Louis Du Ry als Stadtbaumeister Landgraf Friedrichs II. von Hessen-Kassel, Phil. Diss. Göttingen 1953
Boehlke 1980
  Hans-Kurt Boehlke, Simon-Louis Du Ry, ein Wegbereiter klassizistischer Architektur in Deutschland, Kassel 1980
Both/Vogel 1964
  Wolf v. Both/Hans Vogel, Landgraf Wilhelm VIII. von Hessen-Kassel. Ein Fürst der Rokokozeit (= Veröff. d. Hist. Komm. f. Hessen 27,1), München–Berlin 1964
Both/Vogel 1973
  Wolf v. Both/Hans Vogel, Landgraf Friedrich II. von Hessen-Kassel. Ein Fürst der Zopfzeit (= Veröff. d. Hist. Komm. f. Hessen 27,2), München–Berlin 1973
Bott 1966
  Gerhard Bott, Die Burg auf der Insel in Wilhelmsbad, ein frühes Zeugnis romantischer Baukunst in Deutschland, in: Hanauer Geschichtsblätter 21. 1966, S. 317—340
Boullée 1968
  Étienne-Louis Boullée, Essai sur l'art, hrsg. v. J.-M. Pérouse de Montclos, Paris 1968

Braham 1972
: Allan Braham, Charles De Wailly and Early Neo-Classicism, in: The Burlington Magazine 114. 1972, S. 670—685

Braham 1976/1977
: Allan Braham, The Comédie Française (Théâtre de l'Odéon): An illustrated Discourse by De Wailly and Peyre at Waddesdon, in: The National Trust Year Book 2. 1976/1977, S. 38—53

Braham 1980
: Allan Braham, The Architecture of the French Enlightenment, London 1980

Bringmann 1975
: Michael Bringmann, Was heißt und zu welchem Ende studiert man den Schloßbau des Historismus?, in: Historismus und Schloßbau, hrsg. v. Renate Wagner-Rieger u. Walter Krause, München 1975, S. 27—48

Burda 1976
: Hubert Burda, Die Ruine in den Bildern Hubert Roberts, München 1967

Buttlar 1982
: Adrian von Buttlar, Der englische Landsitz 1715—1760. Symbol eines liberalen Weltentwurfs (= Studia Iconologica, 4), München 1982

Campbell Bd. I—III 1715—1725
: Colen Campbell, Vitruvius Britannicus, London Bd. I 1715, II 1717, III 1725 (Reprint in 1 Band New York 1967)

Casparson 1800
: J.W.C.G. Casparson, Die Baumeisterfamilie Du Ry zu Kassel, in: Hessische Denkwürdigkeiten 2. 1800, S. 255—287

Chambers 1772
: William Chambers, A Dissertation on Oriental Gardening, London 1772

Clark 1928
: Kenneth Clark, The Gothik Revival, London 1928

Clemen 1943
: Paul Clemen, Strawberry Hill und Wörlitz. Von den Anfängen der Neugotik, in: Neue Beiträge deutscher Forschung. Festschrift f. Wilhelm Worringer, hrsg. v. Erich Fidder, Königsberg 1943, S. 37—60

Colvin 1954
: H. M. Colvin, Biographical Dictionary of English Architects 1660—1840, London 1954

Cordey 1924
: Jean Cordey, Vaux-le-Vicomte, Paris 1924

Correspondance Bd. X, XI, 1900, 1901
: Correspondance des directeurs de l'Académie de France à Rome avec les surintendants des Bâtiments. Hrsg. v. A. de Montaiglon u. J. Guiffrey, Paris, Bd. X 1900, XI 1901

Davis 1974
: Terence Davis, The Gothick Taste, Newton Abbot–London–Vancouver 1974

Dehio 1905
: Georg Dehio, Handbuch der Deutschen Kunstdenkmäler, Berlin 1905

Dehio 1966
: G. Dehio, Handbuch der Deutschen Kunstdenkmäler, Hessen, bearb. v. Magnus Backes, München–Berlin 1966

De Neufforge Bd. II—VII 1758—1767, Supplementbd. 1772—1780
: Jean François De Neufforge, Recueil élémentaire d'Architecture, Paris Bd. II 1758, III 1760, V 1763, VII 1767, Supplementbd. 1772—1780

De Wailly 1979
: Charles De Wailly, Peintre architecte dans l'Europe des Lumières (Kat. d. Ausst.), Paris 1979

Dittmer 1827
: Dittmer nach G.F.L. Laves, Heinrich Christoph Jussow, in: Neuer Nekrolog der Deutschen 3. 1825, H. 2, Ilmenau 1827, S. 841—851

Dittscheid 1980
: Hans-Christoph Dittscheid, Charles De Wailly in den Diensten des Landgrafen Friedrich II. von Hessen-Kassel. Drei wieder- und neuentdeckte Schloß-Idealprojekte für Weißenstein (Wilhelmshöhe) aus dem Jahr 1785, in: Kunst in Hessen und am Mittelrhein 20. 1980, S. 21—77

Dobai Bd. I, II, 1974, 1975
: Johannes Dobai, Die Kunstliteratur des Klassizismus und der Romantik in England, Bern Bd. I 1974, II 1975

Döring 1804
: Wilhelm Döring, Beschreibung des Kurfürstlichen Landsitzes Wilhelmshöhe bey Cassel, Cassel 1804. Hier zit. nach dem Neuabdruck in: Friedrich Lometsch (Hrsg.), Wilhelmshöhe. Natur und Formergeist in dem schönsten Bergpark Europas, Kassel 1961

Dorn 1969
: Reinhard Dorn, Peter Joseph Krahe. Leben und Werk, Bd. I Braunschweig 1969

Downes 1966
: Kerry Downes, English Baroque Architecture, London 1966

Duquenne 1978
: Xavier Duquenne, Le château de Seneffe, Brüssel 1978

Eggers 1799
: Von Eggers, Übersicht der während des Königs und der Königin von Preußen Anwesenheit zu Kassel vorgegan-

genen Festivitäten, in: Deutsches Magazin 1799, S. 370—389

Elias 1979
Norbert Elias, Die höfische Gesellschaft (= Soziologische Texte, 54), Darmstadt–Neuwied 1979

Encyclopédie
Encyclopédie ou dictionnaire raisonné des sciences, des arts et des métiers, hrsg. v. Denis Diderot u. Jean le Rond D'Alembert, 1762ff.

Engelhard 1842
Johann Daniel Engelhard, Versuch einer artistischen Beschreibung des kurf.-hess. Lustschlosses Wilhelmshöhe bei Cassel, in: Crelles Journal für die Baukunst 16. 1842, S. 49—68, 149—172

Engelhard 1852
Johann Daniel Engelhard, Architektonische Zustände und Bestrebungen in Kurhessen, in: Zeitschrift f. Bauwesen 2. 1852, Sp. 213—220, 411—418

Eriksen 1974
Svend Eriksen, Early Neo-Classicism in France, London 1974

Erouart 1982
Gilbert Erouart, L'architecture au pinceau. Jean Laurent Legeay, Paris 1982

Fischer von Erlach 1721
Johann Bernhard Fischer von Erlach, Entwurff einer Historischen Architektur, Wien 1721

Fleming 1962
John Fleming, Robert Adam and his Circle, Cambridge Mass. 1962

Forssman 1961
Erik Forssman, Dorisch, Jonisch, Korinthisch. Studien über den Gebrauch der Säulenordnungen in der Architektur des 16.—18. Jahrhunderts (= Stockholm Studies in History of Art), Stockholm–Göteborg–Uppsala 1961

Forssman 1965
Erik Forssman, Palladios Lehrgebäude (= Stockholm Studies in History of Art), Stockholm–Göteborg–Uppsala 1965

Frankl 1960
Paul Frankl, The Gothik. Literary Sources and Interpretations through Eight Centuries, Princeton N.J. 1960

Frommel 1973
Christoph Luitpold Frommel, Der römische Palastbau der Hochrenaissance (= Römische Forschungen der Bibliotheca Hertziana, XXI). 3 Bde., Tübingen 1973

Gallet 1964
Michel Gallet, Demeures parisiennes. L'époque de Louis XVI, Paris 1964

Gallet 1979
Michel Gallet, Ledoux et Paris (Kat. d. Ausst.; = Cahiers de la Rotonde, 3), Paris 1979

Gallet 1980
Michel Gallet, Claude-Nicolas Ledoux, Paris 1980

Gerland 1895
Otto Gerland, Paul, Charles und Simon Louis Du Ry. Eine Künstlerfamilie der Barockzeit, Stuttgart 1895

Germann 1974
Georg Germann, Neugotik. Geschichte ihrer Architekturtheorie, Stuttgart 1974

Germann 1980
Georg Germann, Einführung in die Geschichte der Architekturtheorie, Darmstadt 1980

Glaser/Lehmann/Lubos 1967
Hermann Glaser/Jakob Lehmann/Arno Lubos, Wege der Deutschen Literatur. Eine geschichtliche Darstellung, Frankf./M.–Berlin 1967

Götz 1970
Wolfgang Götz, Historismus. Ein Versuch zur Definition des Begriffs, in: Zeitschr. d. deutschen Ver. f. Kunstwiss. 24. 1970, S. 196—212

Gothein 1926
Marie-Luise Gothein, Geschichte der Gartenkunst, 2 Bde., Jena 1926 (Reprint Hildesheim–New York 1977)

Gurlitt 1889
Cornelius Gurlitt, Geschichte des Barockstils u. des Rococo u. des Klassizismus in Deutschland, Stuttgart 1889

Hallo 1930
Rudolf Hallo, Wolff, eine Kasseler Steinmetzen- und Baumeisterfamilie, in: Hessenland 41. 1930, S. 289—300

Hallo 1934
Rudolf Hallo, Rudolf Erich Raspe, Stuttgart 1934

Harksen 1939
Marie-Luise Harksen, Die Kunstdenkmale des Landes Anhalt, Landkreis Dessau-Köthen, 2. Teil, Stadt, Schloß und Park Wörlitz, Burg b. Magdebg. 1939

Harksen 1965
Marie-Luise Harksen, Erdmannsdorff und Wörlitz, in: Der Dessau-Wörlitzer Kulturkreis, hrsg. v. E. Hirsch u. a., Wörlitz 1965, S. 158—164

Harksen 1973
Marie-Luise Harksen, Erdmannsdorff und seine Bauten in Wörlitz, Wörlitz-Oranienbaum-Luisium 1973

Harksen 1975 I
Marie-Luise Harksen, Führer durch das Schloßmuseum in Wörlitz, Wörlitz-Oranienbaum-Luisium 1975

Harksen 1975 II
: Marie-Luise Harksen, Führer durch das Museum Gotisches Haus in Wörlitz, Wörlitz-Oranienbaum-Luisium 1975

Harris 1963
: John Harris, Sir William Chambers and his Parisian Album, in: Architectural History (London) 1963, S. 54—90

Harris 1967
: John Harris, Le Geay, Piranesi and International Neoclassicism in Rome 1740—1750, in: Essays [...] presented to Rudolf Wittkower, London 1967, S. 189—196

Harris 1970
: John Harris, Sir William Chambers (= Studies in Architecture, 9), London 1970

Harris 1971
: John Harris, A Catalogue of British Drawings for Architecture, Decoration, Sculpture and Landscape Gardening 1500—1900 in American Collections, Upper Saddle River N.J. 1971

Hartmann 1981
: Günter Hartmann, Die Ruine im Landschaftsgarten (= Grüne Reihe, 3), Worms 1981

Hartt 1958
: Frederick Hartt, Giulio Romano, 2 Bde., New Haven 1958

Hautecœur Bd. II—IV 1948—1952
: Louis Hautecœur, Histoire de l'Architecture Classique en France, Paris Bd. II (Le règne de Louis XIV, 2 Tle.) 1948, III (Première moitié du XVIIIe siècle, le style Louis XV) 1950, IV (Seconde moitié du XVIIIe siècle, le style Louis XVI) 1952

HBGK
: Hessische Beiträge zur Gelehrsamkeit und Kunst

Hederer 1976
: Oswald Hederer, Klassizismus (= Heyne Stilkunde, 1), München 1976

Heidelbach 1909
: Paul Heidelbach, Die Geschichte der Wilhelmshöhe, Leipzig 1909

Heydenreich/Lotz 1974
: Ludwig H. Heydenreich/Wolfgang Lotz, Architecture in Italy 1400 to 1600 (= The Pelican History of Art), Harmondsworth 1974

HHCSAC
: Hochfürstlich-Hessen-Casselischer Staats- und Adreß-Calender auf das Jahr Christi ...

Hirschfeld 1773
: Christian Cay Lorenz Hirschfeld, Anmerkungen über die Landhäuser und die Gartenkunst, Leipzig 1773

Hirschfeld Bd. I—V 1777—1785
: Christian Cay Lorenz Hirschfeld, Theorie der Gartenkunst, Leipzig Bd. I 1777, II 1779, III 1780, IV 1782, V 1785

Hirschfeld 1786
: C.C.L. Hirschfeld, Taschenbuch für Gartenfreunde auf das Jahr (5. Jg.) (Kiel) 1786

Hoeltje 1964
: Georg Hoeltje, Georg Ludwig Friedrich Laves. Mit e. Beitr. über [...] Laves als Bauingenieur von Helmut Weber, Hannover 1964

Hoffmann 1963
: Alfred Hoffmann, Der Landschaftsgarten (= Dieter Hennebo/Alfred Hoffmann, Geschichte der deutschen Gartenkunst, Bd. 3), Hamburg 1963

Holtmeyer 1910
: Alois Holtmeyer, Die Bau- und Kunstdenkmäler im Regierungsbezirk Cassel, Bd. IV: Cassel-Land, 2 Bde., Marburg 1910

Holtmeyer 1913
: Alois Holtmeyer (Hrsg.), W. Strieder's Wilhelmshöhe (= Alt-Hessen, 3), Marburg 1913

Holtmeyer 1923
: Alois Holtmeyer, Die Bau- und Kunstdenkmäler im Regierungsbezirk Cassel, Bd. VI: Cassel-Stadt, Text (2 Bde.) und Atlas (3 Bde.), Kassel 1923

Home 1762
: Henry Home, Elements of Criticism, 3 Bde., Edinburgh 1762

Home 1790
: Heinrich Home, Grundsätze der Kritik, 3 Bde., Leipzig 1790

Hubala 1957
: Erich Hubala, Schleißheim und Schönbrunn, in: Kunstchronik 10. 1957, S. 349—351

Hubala 1965
: Erich Hubala, Das Berliner Schloß und Andreas Schlüter, in: Gedenkschrift Ernst Gall, hrsg. v. Margarete Kühn u. Louis Grodecki, München–Berlin 1965, S. 311—344

Hubala 1970
: Erich Hubala, Die Kunst des 17. Jahrhunderts (= Propyläen-Kunstgeschichte, 9), Berlin 1970

Hübner 1927
: Paul Gustav Hübner, Wilhelmshöhe (= Amtl. Führer), Berlin 1927

Hussey 1927
: Christopher Hussey, The Picturesque. Studies in a Point of View, London 1927

Jardins en France 1977
: Jardins en France (Kat. d. Ausst.), Paris 1977

Jericke/Dolgner 1975
: Alfred Jericke/Dieter Dolgner, Der Klassizismus in der Baugeschichte Weimars, Weimar 1975

Johnson 1978
: Paul Johnson, The National Trust Book of British Castles, London 1978

Jombert 1766
: Charles-Antoine Jombert, Parallèle de l'Architecture Antique avec la Moderne. Nouv. Ed., Paris 1766

Justi 1831
: Karl Wilhelm Justi, Grundlage zu einer Hessischen Gelehrten-, Schriftsteller- und Künstler-Geschichte vom Jahre 1806 bis zum Jahre 1831, Marburg 1831

Kalnein/Levey 1972
: Wend Graf Kalnein/Michael Levey, Art and architecture of the eighteenth century in France (= The Pelican History of Art), Harmondsworth 1972

Kamphausen 1952
: Alfred Kamphausen, Gotik ohne Gott. Ein Beitrag zur Deutung der Neugotik und des 19. Jahrhunderts, Tübingen 1952

Kauffmann 1970
: Georg Kauffmann, Die Kunst des 16. Jahrhunderts (= Propyläen Kunstgeschichte, 8), Berlin 1970

Kaufmann 1952
: Emil Kaufmann, Three revolutionary architects. Boullée, Ledoux and Lequeu, in: Transactions of the American Philosophical Society 42. 1952, S. 431—564

Kaufmann 1955
: Emil Kaufmann, Architecture in the Age of Reason, Cambridge Mass. 1955

Kaufmann 1978
: Emil Kaufmann, Trois architectes révolutionnaires. Boullée, Ledoux, Lequeu (hrsg. v. G. Erouart/G. Teyssot), Paris 1978

Keller 1971
: Harald Keller, Die Kunst des 18. Jahrhunderts (= Propyläen Kunstgeschichte, 10), Berlin 1971

Keller 1974
: Harald Keller, Goethes Hymnus auf das Straßburger Münster und die Wiedererweckung der Gotik im 18. Jahrhundert 1772/1972 (= Sitzber. d. Bayer. Akad. d. Wiss., H. 4) München 1974

Klein 1975
: Jürgen Klein, Heinrich Christoph Jussow, Erbauer der »Löwenburg« zu Kassel und die englische Neogotik, in: Architectura 5. 1975, S. 138—169

Knackfuß 1908
: Hermann Knackfuß, Geschichte der Königlichen Kunstakademie zu Cassel, Kassel 1908

Kramm 1939
: Helmut Kramm, Barocke Bauprojekte des hessischen Hofes, in: Festschrift Richard Hamann zum 60. Geburtstag, Burg b. Magdeburg 1939, S. 46—65

Kramm 1940
: Helmut Kramm, Heinrich Christoph Jussow, in: Lebensbilder aus Kurhessen u. Waldeck 1830—1930, Hrsg.: Ingeborg Schnack, Bd. 2, Marburg 1940, S. 219—235

Krieger 1805
: Johann Chr. Krieger, Cassel in historisch-topographischer Hinsicht. Nebst einer Geschichte und Beschreibung von Wilhelmshöhe und seinen Anlagen, Marburg 1805

Kunoth 1956
: George Kunoth, Die Historische Architektur Fischers von Erlach (= Bonner Beiträge zur Kunstwissenschaft, 5), Düsseldorf 1956

Kunst 1979
: Hans-Joachim Kunst, Die Vollendung der romantischen Gotik im Expressionismus — die Vollendung des Klassizismus im Funktionalismus, in: Kritische Berichte 7. 1979, S. 20—36

Lance 1872
: A. Lance, Dictionnaire des architectes français, Paris 1872

Lang 1966
: Susanne Lang, The Principles of the Gothik Revival in England, in: Journal of the Society of Architectural Historians 25. 1966, S. 240—267

Langley 1747
: Batty Langley, Gothic architecture impruved by rules and proportions, London 1747

Langner 1959
: Johannes Langner, Claude-Nicolas Ledoux. Die erste Schaffenszeit, phil. Diss. Freiburg i. Br. 1959

Langner 1960
: Johannes Langner, Ledoux's Redaktion der eigenen Werke für die Veröffentlichung, in: Zeitschr. f. Kunstgeschichte 23. 1960, S. 136—166

Langner 1963
: Johannes Langner, Ledoux und die »fabriques«. Voraussetzungen der Revolutionsarchitektur im Landschaftsgarten, in: Zeitschrift für Kunstgeschichte 26. 1963, S. 1—36

Laugier 1755
: Marc-Antoine Laugier, Essai sur l'Architecture, Paris ²1755 (Reprint Brüssel 1979)

Laugier 1765
: Marc-Antoine Laugier, Observations sur l'Architecture, Den Haag 1765 (Reprint Brüssel 1979)

Lavallée 1798
Joseph Lavallée, Notice historique sur Charles De Wailly, Paris an VII

Ledoux 1962
L'Architecture de Claude-Nicolas Ledoux (= Neudruck von: C. N. Ledoux, L'Architecture considérée sous le rapport de l'art, des mœurs et de la législation, Paris 1804, sowie von Architecture de C.N. Ledoux, Paris 1847, sowie von weiteren einzelnen Kupferstichen, hrsg. v. F. de Nobèle), Text- und Tafelbd., Paris 1962

Lewis 1934
W. S. Lewis, The Genesis of Strawberry Hill, in: Metropolitan Museum Studies 5. 1934, S. 57—92

Lobe 1837
G. A. Lobe, Wanderungen durch Cassel und die Umgegend, Cassel 1837

Löwenburg 1965
Die Löwenburg im Schloßpark Wilhelmshöhe, amtl. Führer, bearb. v. Heinz Biehn, München-Berlin 1965

Löwenburg 1976
Kassel. Löwenburg im Bergpark Wilhelmshöhe. Amtl. Führer, bearb. v. Christoph Dittscheid/Wolfgang Einsingbach/Adolf Fink, Bad Homburg 1976 (Reprint 1981)

Losch 1923
Philipp Losch, Kurfürst Wilhelm I., Landgraf von Hessen, Marburg 1923

Macaulay 1975
James Macaulay, The Gothic Revival 1745—1845, Glasgow–London 1975

Macmillan 1982
Macmillan Encyclopedia of Architects, Hrsg. Adolf K. Placzek, 4 Bde., New York–London 1982

Martin 1799
Johann Christian Martin, Topographisch-statistische Nachrichten v. Niederhessen, Bd. III, Kassel 1799

Metken 1968/1969
Günther Metken, Prophet des 19. Jahrhunderts. Die Architekturphantasien Jean-Jacques Lequeus, in: Das Kunstwerk 22. 1968/1969, H. 3/4, S. 26—36

Middleton 1959
Robin Middleton, Jacques François Blondel and the »Cours d'Architecture«, in: Journal of the Society of Architectural Historians 18. 1959, S. 140—148

Middleton/Watkin 1977
Robin Middleton/David Watkin, Architektur der Neuzeit (= Weltgeschichte der Architektur), Stuttgart–Mailand 1977

Morel 1776
Jean-Marie Morel, Théorie des Jardins, Paris 1776

Mosser 1973
Monique Mosser, Monsieur de Marigny et les jardins: projets inédits de fabriques pour Ménars, in: Bulletin de la Société d'Histoire de l'Art Français 1973, S. 269—293

Neoclassicism 1972
The age of neo-classicism (Kat. d. Ausst.), London 1972

Neumeyer 1928
Alfred Neumeyer, Die Erweckung der Gotik in der deutschen Kunst des späten 18. Jahrhunderts, in: Repertorium f. Kunstwissenschaft 49. 1928, S. 75—123, 159—185

Oechslin 1971
Werner Oechslin, Pyramide et sphère: Notes sur l'architecture révolutionnaire du XVIIIe siècle et ses sources italiennes, in: Gazette des Beaux-Arts 77. 1971, S. 201—238

Oechslin 1980
Werner Oechslin, Zur Architektur des Klassizismus in Deutschland, in: Klassizismus in Bayern, Schwaben und Franken. Architekturzeichnungen 1775—1825 (Kat. d. Ausst.), München 1980, S. 1—13

Paetow 1929
Karl Paetow, Klassizismus und Romantik auf Wilhelmshöhe, Kassel 1929

Palladio 1570
Andrea Palladio, I Quattro Libri dell' Architettura, Venedig 1570 (Reprint Mailand 1976)

Palladio 1973
Mostra del Palladio (Kat. d. Ausst. in Vicenza), Venedig 1973

Palladio 1980
Palladio. La sua eredità nel mondo (Kat. d. Ausst.), Vicenza 1980

Park Wilhelmshöhe 1939
Park Wilhelmshöhe. Amtl. Führer, Berlin 1939

Patte 1765
Pierre Patte, Monumens Érigés en France à la gloire de Louis XV., Paris 1765

Pauli 1925
Gustav Pauli, Die Kunst des Klassizismus und der Romantik (= Propyläen Kunstgeschichte), Berlin 1925

Pérouse de Montclos 1969
Jean-Marie Pérouse de Montclos, Étienne-Louis Boullée, Paris 1969

Pérouse de Montclos 1984
Jean-Marie Pérouse de Montclos, Les Prix de Rome. Concours de l'Académie royale d'architecture du XVIIIe siècle, Paris 1984

Petzet 1961
Michael Petzet, Soufflots Sainte-Geneviève und der französische Kirchenbau des 18. Jahrhunderts, Berlin 1961

Pevsner 1971
  Nikolaus Pevsner, Architektur und Design, München 1971
Pevsner, Knight 1971
  Nikolaus Pevsner, Richard Payne Knight, in: Pevsner 1971, S. 49—70
Pevsner, Malerisches 1971
  Nikolaus Pevsner, Von der Entstehung des Malerischen als Kunstprinzip, in: Pevsner 1971, S. 11—39
Pevsner, Price 1971
  Nikolaus Pevsner, Uvedale Price, in: Pevsner 1971, S. 71—83
Peyre 1765
  Marie-Joseph Peyre, Œuvres d'Architecture, Paris 1765 (Reprint Farnborough 1967)
Peyre 1773
  Marie-Joseph Peyre, Dissertation sur les distributions des Anciens, comparées avec celles des Modernes, & sur leur manière d'employer les colonnes, in: Mercure de France 1773, S. 161—180
Phleps 1908
  Hermann Phleps, Zwei Schöpfungen des Simon Louis Du Ry. Schloß Wilhelmsthal und Schloß Wilhelmshöhe bei Kassel, in: Zeitschr. f. Bauwesen, 58. 1908
Piderit 1844
  F.C.T. Piderit, Geschichte der Haupt- und Residenz-Stadt Cassel, Cassel 1844
Piranèse et les Français 1976
  Piranèse et les Français 1740—1790 (Kat. d. Ausst. Rom–Dijon–Paris), Roma 1976
Ponten 1925
  Josef Ponten unter Mitarb. v. H. Rosemann u. H. Schmelz, Architektur die nicht gebaut wurde, Stuttgart–Berlin 1925
Procès-verbaux Bd. VII—IX 1922—1926
  Procès-verbaux de l'Académie Royale d'Architecture, hrsg. v. Henry Lemonnier, Paris Bd. VII 1922, VIII 1924, IX 1926
Rabreau 1977
  Daniel Rabreau, Un forum au cœur du Paris révolutionnaire. Le projet de Théâtre des Arts de Charles De Wailly, in: L'ivre de Pierres 1. 1977, S. 35—48
Reuther 1959
  Hans Reuther, Heinrich Christoph Jussow (1754—1825). Ausstellung des Nachlasses des Künstlers im Hessischen Landesmuseum zu Kassel, in: Kunstchronik 12. 1959, S. 49—52
Revolutionsarchitektur 1970
  Revolutionsarchitektur. Boullée, Ledoux, Lequeu (Kat. d. Ausst.), Baden-Baden 1970
Rode 1928
  August Rode, Beschreibung des Fürstlichen Anhalt-Dessauischen Landhauses und Englischen Gartens zu Wörlitz, Dessau 1788. Neu bearbeitet u. hrsg. v. Ludwig Grote, Dessau 1928
Rupprecht 1966
  Bernhard Rupprecht, Villa. Zur Geschichte eines Ideals, In: Probleme der Kunstwissenschaft II, Berlin 1966, S. 210—250
Schepers 1980
  Wolfgang Schepers, Hirschfelds Theorie der Gartenkunst, Worms 1980
Schuchard/Dittscheid 1979
  Jutta Schuchard/H.-C. Dittscheid, Architektur und Gartenkunst, in: Aufklärung und Klassizismus 1979, S. 76—85, 204—220, Kat. Nr. 245—304
Schweikhart 1983
  Gunter Schweikhart (Hrsg.), Stadtplanung und Stadtentwicklung in Kassel im 18. Jahrhundert (= Kasseler Hefte für Kunstwissenschaft und Kunstpädagogik, 5), Kassel 1983
Sedlmayr 1948
  Hans Sedlmayr, Verlust der Mitte, Salzburg 1948
Sedlmayr 1976
  Hans Sedlmayr, Johann Bernhard Fischer von Erlach (zweite erw. Aufl.), Wien 1976
Serlio 1619
  Sebastiano Serlio, Tutte l'opere d'architettura e prospettiva, Venedig 1619 (Reprint Ridgewood N.J. 1964)
Smith 1934
  Warren Hunting Smith, Architecture in English Fiction, New Haven 1934
Spielmann 1966
  Heinz Spielmann, Palladio und die Antike, München–Berlin 1966
Steinhauser/Rabreau 1973
  Monika Steinhauser/Daniel Rabreau, Le Théâtre de l'Odéon de Charles De Wailly et Marie-Joseph Peyre 1767—1782, in: Revue de l'Art 19. 1973, S. 8—49
Sulzer 1778/1779
  Johann Georg Sulzer, Allgemeine Theorie der Schönen Künste, 4 Bde., Leipzig ¹1778/1779
Summerson 1958
  John Summerson, Architecture in Britain 1530 to 1830 (= The Pelican History of Art), Harmondsworth 1958
Summerson 1970
  John Summerson, Architecture in Britain 1530 to 1830, Paperback-Ausgabe, Harmondsworth 1970
Toy 1954
  Sydney Toy, The Castles of Great Britain, London 1954

Vitruv
: Vitruv, Zehn Bücher über Architektur, lat.-deutsche Ausgabe, hrsg. v. Curt Fensterbusch, Darmstadt 1964, hier zit. nach der Einteilung des lateinischen Textes

Vogel, Besucherbücher 1956
: Hans Vogel, Die Besucherbücher der Kasseler Museen aus der Goethezeit, in: Zeitschr. d. Vereins f. hess. Geschichte u. Landeskunde 67. 1956, S. 1—17

Vogel, Einflüsse 1956
: Hans Vogel, Englische Einflüsse am Kasseler Hof des späteren 18. Jahrhunderts, in: Hess. Jahrbuch f. Landesgeschichte 6. 1956, S. 218—231

Vogel 1958
: Hans Vogel, Heinrich Christoph Jussow (1754—1825), Baumeister in Kassel und Wilhelmshöhe (Kat. d. Ausst.), Kassel 1958

Voronikhina 1971
: Anna N. Voronikhina, Grafitscheskie Raboty Archtektora Scharlja De Waji w Ermitasch, in: Soobscenija Gosudarstvennogo Ermitaza 33. 1971, S. 33—38

Wagner-Rieger 1981
: Renate Wagner-Rieger, Zur Typologie des Barockschlosses, in: Europäische Hofkultur im 16. und 17. Jahrhundert (= Wolfenbütteler Arbeiten zur Barockforschung, 8), Hamburg 1981, Bd. I, S. 57—67

Walpole 1784
: Horace Walpole, A Description of the Villa of Mr. Horace Walpole [...] at Strawberry Hill, Strawberry Hill 1784

Weibezahn 1975
: Ingrid Weibezahn, Geschichte und Funktion des Monopteros. Untersuchungen zu einem Gebäudetyp des Spätbarock und des Klassizismus, Hildesheim 1975

Whately 1771
: Thomas Whately, L'art de former les jardins modernes ou l'art des jardins anglais, Paris 1771 (Reprint Genf 1973)

Wiebenson 1978
: Dora Wiebenson, The picturesque garden in France, Princeton/N.J. 1978

Wilton-Ely 1978
: John Wilton-Ely, Giovanni-Battista Piranesi, München 1978

Wittkower 1958
: Rudolf Wittkower, Art und Architecture in Italy 1600 to 1750 (= The Pelican History of Art), Harmondsworth 1958

Wittkower 1969
: Rudolf Wittkower, Grundlagen der Architektur im Zeitalter des Humanismus, München 1969

Wölfflin 1929
: Heinrich Wölfflin, Kunstgeschichtliche Grundbegriffe, München ⁷1929

Wolff 1899
: Aus der Selbstbiographie Johann Heinrich Wolffs, in: Hessenland 1899, S. 228—230, 244—246, 261—263, 274f.

Wyss 1966
: Walter Wyss, Edmund Burke, München 1966

Verzeichnis der Abkürzungen

ENSBA	École normale supérieure des Beaux-Arts, Paris
HBGK	Hessische Beiträge zur Gelehrsamkeit und Kunst
HHCSAC	Hochfürstlich-Hessen-Casselischer Staats- und Adreß-Kalender
HNA	Hessen-nassauische Allgemeine
MS.	Manuskript
r.	recto
Rl., Rthlr.	Reichstaler
StAM	Staatsarchiv Marburg, Bestand Nr.
v.	verso
VSSGH	Verwaltung der Staatlichen Schlösser und Gärten in Hessen
ZHG	Zeitschrift für hessische Geschichte und Landeskunde

Anhang I

Quellen

Verzeichnisse der ungedruckten Quellen

Manuskripte (MS.)

MS. Casparson: Vgl. Quellenanhang I, S. 304

MS. Familiennachrichten Du Ry: Briefe und Memoiren der Familie Du Ry, gesammelt in 3 Bänden von O. Gerland, Landeskonservator Hessen, Archiv Außenstelle Marburg

MS. Journal Kunckell (Kunkell): Journal des Landgrafen Wilhelm IX., geführt von dem Rat und Kabinettssekretär Kunckell, Kurhess. Hausstiftung, Archiv Schloß Fasanerie b. Fulda

MS. J. H. Müntz, Band Wilhelmshöhe: Band mit Federzeichnungen u. Kommentaren zum Wilhelmshöher Park. VSSGH, z. Bestand der Wilhelmshöher Schloßbibliothek gehörig, heute aufbewahrt bei der Hauptverwaltung in Bad Homburg

MS. Journal Strieder: Journal des Landgrafen Wilhelm IX., geführt von dem Rat und Hofhistoriographen Friedrich Wilhelm Strieder. Kurhess. Hausstiftung, Archiv Schloß Fasanerie b. Fulda

MS. Katalog der Wilhelmshöher Schloßbibliothek: »Catalogue de la bibliothèque du château de Wilhelmshöhe«, zuletzt 1814 zusammengestellt, 7 Bde., Murhardsche, Landes- u. Hochschulbibliothek Kassel, Handschriftenabteilung

MS. Memoiren Wilhelms: »Mémoires de ma vie« von Landgraf Wilhelm IX., Kurfürst Wilhelm I. von Hessen-Kassel, frz. abgefaßt, 3 Bde. Kurhess. Hausstiftung, Schloß Fasanerie b. Fulda

MS. Strieder/Jussow: Bauchronik der Wilhelmshöhe, unter Verwendung von Manuskripten der Hofgärtner D. A. Schwarzkopf und W. Mohr sowie des Hofarchitekten H. Ch. Jussow, geführt von dem Rat und Hofhistoriographen Friedrich Wilhelm Strieder, fortgeführt Jussow. Als Quelle publiziert: Holtmeyer 1913

Archivalien des Staatsarchivs Marburg
(in numerischer Reihenfolge, Auswahl)

StAM 4a, 94, Nr. 19 Testament des Kurfürsten Wilhelm I, aus dem Jahre 1819

StAM 4a, 94, Nr. 20 Trauerpredigt beim Begräbnis des Kurfürsten aus dem Jahre 1821

StAM 4f Frankreich, Nr. 1703, 1725 Korrespondenz des hess. Hofes mit dem hessischen Gesandten in Paris

StAM 5, Nr. 11384, 11385 Personalakte des frz. Architekten Claude-Nicolas Ledoux

StAM 5, Nr. 11387 Personalakte des Kasseler Hofarchitekten Simon Louis Du Ry, 1753—1799

StAM 5, Nr. 11392—11394 Personalakte des Kasseler Hofarchitekten Heinrich Christoph Jussow

StAM 5, Nr. 11399 Personalakte des Wilhelmshöher Baukondukteurs Caspar Christoph Schaeffer

StAM 5, Nr. 11850a »Weißensteiner Bau-Acten von 1786—1791« aus dem Bestand des Geheimen Rats. Umf. ca. 200 S.

StAM 5, Nr. 11850b »Weißensteiner Bau Acten von 1792—1797« u. »Wilhelmshöher Bau Acten 1798—1806«. Umf. ca. 250 S. 11850a/b geführt u.a. von Du Ry, Jussow u. Wilhelm IX.

StAM 5, Nr. 11851 Schloß Weißenstein/Wilhelmshöhe, Bausachen, Nachträge, 1767—1820

StAM 5, Nr. 11869 Ausstattung von Schloß Wilhelmshöhe und der Löwenburg, Ende 18. Jh.

StAM 5, Nr. 15126 Brief C. C. L. Hirschfelds v. 8. 3. 1791 an den Hofrat F. W. Strieder, vgl. Quellenanhang 310

StAM 6a, Nr. 10 Berichte des Hofgärtners D. A. Schwarzkopf zum Garten- und Schloßbauwesen 1791, 1792; Bericht Jussows zum Bau der Löwenburg 1798. Nachrichten zu Johann Heinrich Müntz

StAM 6a, Nr. 21 Baukosten der Wilhelmshöhe, 1802—1804

StAM 6a, Nr. 59 Manuskript Jussows und Schwarzkopfs als Vorlage zu der von Strieder begonnenen Wilhelmshöher Bauchronik, umfaßt die Jahre 1786—1793, Umfang 12 Seiten

StAM 6a, Nr. 152 »Rechnungsbauextrakte« 1779, 1784—1792, geführt u. a. von Du Ry und Wilhelm IX., u. a. Wilhelmshöhe betreffend

StAM 6a, Nr. 153 Baurapporte Du Rys, an Wilhelm IX. gerichtet, Jahre 1788—1794, lückenhaft erhalten, Wilhelmshöhe betreffend

StAM 7b 1, Nr. 321 Hofbaudirektion, »das Bau- und Gartenwesen zu Kassel und Wilhelmshöhe« 1768—1812

StAM 16, Rep. VI, Kl. 29, Nr. 1 Akten, die Kasseler Kunstakademie betreffend, 1762—1804, enth. Nachrichten u. a. zu Du Ry, Jussow, De Wailly, H. A. Wolff, J. C. Ruhl, C. C. Schaeffer, F. Schwarzkopf jun.

StAM 53f, Acc. 1904/45, 86, Nr. 5 Enth. eine Personalakte zu Simon Louis Du Ry

StAM 53f, Acc. 1904/45, 86, Nr. 6 Akten der Bauakademie, enth. u. a. Unterlagen zur Einstellung Jussows als Architekturlehrer, 1782—1786

StAM 53f, Rubr. 1, Nr. 7 Baurechnungen ab 1786, u. a. Wilhelmshöhe betr.

StAM 53f, Rubr. 11, Nr. 3 Personalakte von Claude-Nicolas Ledoux

StAM 53f, Rubr. 11, Nr. 81, 92 Personalakten der Hofgärtner D. A. Schwarzkopf, F. Schwarzkopf, Wilh. Mohr

StAM 300 E 11, Nr. 1—6 Korrespondenz des Kasseler Hofes mit dem Gesandten am englischen Hof, 1780 ff

StAM 300 E 12, Nr. 5 Wilhelmshöher Baukosten, 3 Bde., Jahre 1786 ff.

StAM 300 E 12, Nr. 7 Korrespondenz mit C. C. L. Hirschfeld über die Anlagen auf dem Weißenstein, 1791. Vgl. Quellenanhang S. 307

StAM 300 E 12, Nr. 10 Das Bauwesen auf dem Weißenstein, auf dem Karlsberg u. am Oktogon 1706—1816

StAM 300 E 12, Nr. 11 Monatliche Extrakte zum Bauwesen der Jahre 1797—1820, 3 Bde.

StAM 300 E 12, Nr. 12 Extrakte zum Wilhemshöher Bauwesen, 1799

StAM 300 E 12, Nr. 14 Wilhelmshöher Baurechnungen 1803—1820, 5 Bde.

StAM 300 E 12, Nr. 15 Summarisches Verzeichnis aller Wilhelmshöher Bauten u. ihrer Kosten 1786—1801

StAM R II, 96 Rechnungen der landgräflichen Privatschatulle

Archivalien der hessischen Schlösserverwaltung

Verwaltung d. Staatl. Schlösser u. Gärten in Hessen, Hauptverwaltung Bad Homburg, Inv.Nr. 6.1.32—38. Bericht Jussows vom 31. 12. 1796, in dem er über den Stand der Wilhelmshöher Bauarbeiten referiert.

Quellentexte

1. Manuskript der Vorlesung Casparsons (Abschrift?) über die Löwenburg aus dem Jahr 1799

(Editorische Vorbemerkung: Am Rand erscheint die Paginierung des handschriftlichen Manuskripts; Hervorhebungen vom Verfasser.)

»*Über die Frage, soll man Ruinen nach der gothischen oder griechischen Baukunst anlegen? oder die Löwenburg.* Vorgelesen den 2ten Decbr. 1799.   1

Klopstock, Deutschlands Homer, war einst mit mir auf dem Octogon des Carlsberges. Von seiner Höhe sahe er hinauf und herab und rief staunend aus: welches große Werk der Kunst warf hier Hessens Carl in unsers Herr Gott Schöpfung herein? Was würde der Sänger Herrmanns jetzt sagen, wenn er von Wilhelm des Neunten Höhe im Aquadukt ein Meister Stück des alten Roms, *in der Löwenburg das alte Deutschland* und im ganzen Vollendung des grossen Werks durch seinen Geist und seinen Geschmack sähe? Zuverlässig hat das ganze Deutschland nicht leicht einen Gesichts Punkt, der wie hier den Blick auf zwey durch Geist und Geschmack so grosse Werke der alten und mittel Zeit führt; natürlich aber wär's, wenn sein nun kälteres Nachdenken auf die Frage fiel: soll mann Ruinen nach gothischer oder griechischer Baukunst anlegen?   2

  3

Alles Altschöne der Kunst kam durch griechischen Geschmack nach Rom, und wenn von diesem Geschmack die Rede ist, so gesteht man solchen dem Deutschland alter und mitler Zeit nicht zu; und so läge darinn schon eine Entscheidung für gothische Ruinen, da man in Deutschland alte griechische nicht findet, also auch nicht erwartet. Allein ich fand auf diese Frage von dem über Kunst und Geschmack in den Grundsätzen der Kritik philosophirenden Britten Heinrich Home folgende Antwort. Er sagt: Ich behaupte, dass man *Ruinen nach gothischem Geschmack* anlegen soll, weil man da den Triumph der Zeit über die Stärke sieht, ein melancholischer zwar, aber nicht unangenehmer Gedanke. Griechische Ruinen sind freylich schöner, aber sie erinnern uns an den Triumph der Barbarey, ein finsterer und niederschlagender Gedanke. Home entscheidet also zwischen beyden Fragen nicht nach dem Werth beyder Arten von Ruinen noch dem Geschmack, sondern nach der *Wirkung*, welche sie auf ihrer Stelle auf den Anschauenden thun. Er antwortete für England, ich natürlicherweise für Deutschland. Diese Antwort scheint mir einer Erläuterung werth zu seyn, und diess mag mich   4

  5

rechtfertigen, wenn ich jene Frage und Antwort gleichsam zum Text meiner Vorlesung mache.

6   Mann nennt nun einmahl jedes plumbe, abentheuerliche und mit Zierrathen überladene Gebäude gothisch; allein das Ganze in dem grossen Gebäude dieser Baukunst hat sein Grosses und selbst Wunderbares so sehr, dass man einer gewissen Bewunderung nicht wiederstehen kann: Sie hat ihren eigenen Character. Mann könnte wohl sagen, dass die Schöpferin der Künste, die Nachahmung der Natur, auch hin und wieder ihr Gothisches hat; allein der
7   durch seinen Himmelsstrich, durch die Natur seiner Gegenden, durch seine Religion, durch seine bürgerliche Verfaßung, Sitten und Gebräuche herrschende Geist des ganzen Mittelalters und des darin lebenden Deutschen rechtfertigt manches, was bey dieser Kunst, bey der Griechischen Geschmack heist.

Vollkommenheit ist vielmahls der Maasstaab, nach welchem man ein Volk in seinen Unternehmungen und Werken durchaus beurtheilen muss, es kömmt darauf an, was
8   sie würkten. Die Natur der Länder ist nicht überall eine und eben dieselbige, die Pyramide des Nils mag mehr ein Kunstwerk für Aegypten, der Circus mochte es mehr für Italien seyn. Auf der Wilhelmshöhe aber ist das Aquaduct ein gewaltiger Wasserfall, die Löwenburg ein bewundernswürdiges Denkmahl altdeutscher Grösse und Stärke. Ehe ich von dem Charackter der gothischen Baukunst nach ihrem Ursprung und Fortgang etwas sage, muss ich folgen-
9   des von ihr überhaupt bemerken. Bey den Gothen, einem eigentlich nordischen Volke, finde ich ihren Ursprung nicht. Schon in denen abentheuerlichen Zierathen, welche Griechenlands alte Baukunst in diesem Lande und in Italien verhunzten, finde ich den Verfall dieser, wenn von gutem Geschmack die Rede ist. Schon im 6ten Jahrhundert findet man diess an den Gebäuden der Lombarden, z. E. an der Kirche St Giovanni in Florenz, an der Kirche des Vitalis zu Ravenna, so um diese Zeit an mehreren Gebäu-
10 den. In Constantinopel finden sich noch frühere Spuren gothischer Baukunst, und selbst ein Grieche Buchetto[1] zeigt sie an dem sechswinkligten Bogen zu Pisa. Was aber ihre grössten Denkmahle in Deutschland besonders betrifft, so scheinen christliche Gottes Verehrung die Kirchen, das Clima die Wohnungen, und die Zeit Verfassung die übrigen gothischen Gebäude veranlasst und selbst nothwendig gemacht zu haben. Der teutsche Heyde verehrte seine Gott-
11 heit unter der Eiche, der erste Christ aus Furcht in den Wäldern, der Jude, durch welchen vorzüglich die christliche Religion zu den Heyden kam, in der Lauberhütte.[2]

Wer findet aber nicht an den spitzbogigen gothischen Gebäuden die Nachahmung der gebogenen Aeste und Zweige eines Baumes; wer in ihren oben geschlungenen Fenster Rahmen, auch selbst an ihren Thüren nicht die ineinander geflochtenen Zweige einer Hütte? Wer nicht in ihren schlank gekehlten Pfeilern mit ihren Reihungen an den Gewölben Baumgänge? Man nehme die Menge von 12 Blättern, Blüthen, grossen und kleinen Zweigen dazu, sollte nicht aus diessen freilich jene geschmacklose, ohnverhältnissmässige Zierrathen durch Überladung grosser Gebäude damit entstanden seyn? Das schauerlich Grosse der Kirchen und ihrer Thürme, auch der Klöster besonders, erhielten sie gewiss durch die von ihrer ursprünglichen Einfalt zum Aberglauben übergegangene christliche Religion. Die gothische Baukunst arbeitete auch aldmotisch, daß ist nach der Natur der teutschen Himmelsstriche. Mann nehme ihre hohen, spitzigen Daecher, welche 13 freylich die Last des Schnees besser tragen konnten als die glatten des schöneren Geschmacks in den wärmeren Gegenden Griechenlands und Italiens. Ebenso ihre kleinen Thüren und Fenster, ihre gewundenen Treppen gegen die Kälte und Witterung, der sie ausgesetzt waren. So nöthigte sie die ewige Fehde und durch Räuberey unsichere Mittelzeit, selbst ihre Art zu kriegen, Bergfestungen mit ihren dicken Mauern und Türmen auf Höhen und Felsen zu 14 gründen. So baute man auf Höhen, die eine weite Aussicht gewährten, Wart Thürme, den kommenden Feind zu entdeken, und so steht der alt gothische Thurm zu Wilhelmsthal[3] als einer tiefen Waldgegend eher auf seiner Stelle als der ehemalige Tempel. Wenn es noch eine Regel der Baukunst ist, dass ein Gebäude mit dem Platz in Verhältnis stehen soll, auf welchem es steht, so beobachtete die gothische Baukunst solche. Kurtz, der herrschende Geist und Volks Geist schuf sie.

Wer aber kann im Verhältniß der dünnen Säulen oder 15 Pfeiler, auf welchen ihre schweren Gewölbe gemeiniglich ruhen, das Wunderbare verkennen, das im Anblik dieser Gebäude so schauerlich auf uns wirkt? In der Ruine Griechenlands gefällt uns freilich der Geschmak, es betäubt uns, wenn wir nur die Trümmer eines Meister Stücks sehen, und dies das Ruinöse durch Barbarey. Den Anschauenden füllt dies mit Unmuth und Wiederwillen an. 16 Da die Kunst das Grotesque nach den Grotesquen aegyptischer Ruinen und denen, welche man in den Bädern des Titus fand, wieder aufgenommen hat, so möchte ich das Gothische lieber das Grotesque nennen, es setzt uns das Grosse und Starke seines Ganzen in Erstaunen. In seinen Trümmern lesen wir gleichsam, dass es der alles verzehrenden Zeit schwehr geworden, eben deswegen sie zu vernichten; mit dem stillen Gefühl der über alles gebietenden Vergänglichkeit sehen wir sie, verweilen uns aber doch gerne bey den Gedanken, hier wandelten, hier würkten, hier fochten unsere brafen Väter. 17

Das griechische Kunstwerk des schönen Geschmaks ist auch an und vor sich so sehr ein unum et idem, es hat so viel Einheit in seinem Ganzen und seinen Theilen, dass es in Ruinen nicht so leicht die Wirkung thun kann als die gothische, welche es durch Mangel der Verhältnisse nicht ist; die Wirkung jener gotischen ist also eine melancholische aber angenehme des Menschen, diese eine betrübte auf den Kenner.

18 So sind freilich die gothischen bessere Anlagen in unserem Deutschland als die griechischen. Ich denke dies, ohne mich gegen die Kunst und den Geschmak der griechischen zu empören, bestimmter auf das anzuwenden, was jetzt diese Anlagen vorzüglich erfordern mag.

Der Britte *Chambers* lehrte uns von China aus eine Gartenkunst, die gleichsam eine grosse, durch Schönheit und
19 Mannigfaltigkeit der Natur reiche Landschaft ins Reine bringt. Wir nennen sie vielleicht besser einen englischen Park, weil das Wort Garten zu klein seyn möchte. Ihre Schönheit macht sie zum Schauplatz lachender, fürchterlicher und bezaubernder Scenen, so wie sie die Natur hat oder wie sie die Kunst schaft; diess erfordert Bau und Gartenkunst; die lachenden Scenen gewährt sie in einem solchen Park, die Wiesse und der dadurch sich hinschlängelnde Bach, Pflantzungen des Heins um eine Quelle herum,
19 blühende Stauden und Büsche auf Erdklumpen mit ihrer Mahlerey in den verschiedenen Jahreszeiten, überraschende angenehme Aussichten. Die fürchterlichen schuf zum Theil die Natur durch Felsen und Klippen, durch den von ihrem Abhang unvermuthet herabstürzenden Waldstrom, durch den Abgrund, in welchem er sich brausend verliert.
21 Wo die Natur der gleichen nicht schuf, ahmt sie die Kunst nach, wie man beides auf Wilhelm des IXten Höhe findet. Hier tritt unsere Frage ein: welches Werk der Kunst sollte in der Reihe dieser fürchterlichen Scenen eine grösere Wirkung thun als die gothische Ruine? Diese, wie ich schon sagte, erinnert durch die Vergänglichkeit aller Dinge den Menschen an seine eigene. Mich düngt der Todt auf eine Ruine gedacht, die das traurige Überbleibsel von dem
22 Geist grosser Menschen und den Tausenden, die hier wirkten, ist. Der Anblick der Ruine muss hier mehr Todt für uns seyn als der Anblik von einem Kirchhof. Daher der auf die Ruine starr sinkende Blik, daher das tiefe Stillschweigen dabey, daher die Schauer in und über uns, daher das Grauen, besonders wenn wir allein sind, daher das, was Home einen melancholischen Gedanken nennt, der aber
23 endlich den denkenden Menschen beschäftigen und so angenehm werden muß. In Deutschland die gothische Ruine erinnert ihn an die vergangene Zeit und Menschheit. Ich berufe mich auf das Gefühl eines Edlen, der Ritter von seinen Vätern her ist, sollte es in der Gruft seiner Väter, wenn er dasteht, so gothisch auch ihre Denkmahle seyn mögen, nicht mehr auf ihn würken als die zerstükelte Ruine eines griechischen Tempels trotz ihrem besseren Geschmak?

24 Ist diese Ruine eine *Löwenburg*, so sehen wir im Geist an ihren ungeheuren Massen noch den Geist ihres Schöpfers, wir sehen noch die starken Arme, welche sie in Bewegung sezten; an ihren Mauern, auf ihren Thürmen noch das Blut derer, welche sie verteidigten. Wir sehen in den Hallen und Gewölben, welche ihre Andacht erbaute, noch schauernd die Gruft eines Ahnherrn, der als Held hier auf dem Schild ruht, der einst seine Heldenbrust dekte; noch 25 ruhet das Schwerdt an seiner Seite, das einst seine Feinde schlug. Daß dies alles Ruine ist, ist der Triumph der Zeit über die Stärke, jener melancholische Gedanke, dessen Würkung angenehmer ist als der, welchen die griechische Ruine erzeugt. Bey ihr muß sich der Fluch des Kenners in sein Gefühl mischen, wenn er sie, durch Barbaren zerstört, als ein Meisterwerk der Kunst dastehen sieht. Das ist unangenehm.

Und nun der stärkste Beweiß, den ich durch ihre Würkung für die gothische Ruine anführen kann, Wilhelm des 26 Neunten *Löwenburg*. Da steht sie, eine Ruine der Größe, die so viel andere auf Deutschlands Gebürgen in seinen Wäldern übertrifft; zu Felsen hinauf windet sich der Fuß des Wanderers, durch das Dunkel des sie umschattenden Waldes. Schwehr bleibts der Kunst, Felsen im Geschmack der Natur zu bilden, hier bewahrte sie solche für Wilhelm den IXten auf, aber er thürmte durch Felsenstücke auf Felsenstücke hier die Burg auf. Die über unterirdische Gänge 27 eingestürzte Mauer, zwischen ihren Spalten die altbemoste Buche, hier die zerschmetterte Veste, da der zertrümmerte Thurm. Das Auge des Anschauenden steht gleichsam angewurtzelt wie sein Fuß. Furchtsam scheint er's zu wagen, von der Höhe zu dieser, von dieser hinauf zu schauen, ein unbekanntes Gefühl treibt seine Brust so auf, daß er seine Gestalt gleichsam zu erhöhen und zu erweitern sucht, um das grosse Gantze auf einmahl zu fassen. Er verliehrt sich in der Kühnheit des sie einst bauenden Ritters, sie ist Größe des Geistes und Stärke des Herzens. Das Innere hier 28 in dem obenzertrümmerten Thurme ist die altreiche Wohnung des Ritters für ihn, für seine Minne, für seinen Gastfreund, für Ritter Ernst und Spiel. Dort die finstere Wehrkammer seiner Riesen Rüstung gegen den Feind und vor allem die heilige Wohnung, welche er seiner Andacht, seiner heylig Stamm Mutter und ihm widmete, der die alte Heiden Eiche mit einem Hirte betend niederwarf.

Der anschauende Wanderer gantz staunen, gantz schauern, gantz in die Ritterzeit gezaubert — und doch alles, alles *Täuschung*! Denn Wilhelm IX. gründete die Burg, er führt' sie auf. Nicht ist sie aus den Zeiten der Heinriche, der Hermanne, der Ludewige, der Wilhelme des alten Heßens, sie ist das Schöpferwerk seines unternehmenden 29 Geistes, seiner altdeutschen Größe und Stärke, das *Denkmal*, welches er denen widmete, die solche auf ihn vererbten. Ruinen werden also in unserm Deutschland unwidersprechlich am schicklichsten Anlagen nach gothischem Geschmack. Das bewies ihm Wilhelm der IX., er thats, er lebe!

C[asparson]

(Murhard'sche, Landes- und Hochschulbibliothek Kassel, Handschriftenabteilung, 2° MS. Hass. 241)

1 Gemeint ist Buschetto, ein Architekt des 11. Jh., dessen Grabmal im Dom von Pisa (mit Inschrift) denselben als den ingeniösen Baumeister des Doms rühmt.
2 Anspielung auf das israelitische Laubhüttenfest (Erntedankfest), bei dem Lauben bewohnt werden.
3 Gemeint ist Du Rys »Warte« in Wilhelmsthal, die offensichtlich einen klassizistischen (?) Tempel am gleichen Standort auf dem Weinberg abgelöst hat. Sie wurde 1796 entworfen und 1799—1801 erbaut, vgl. Dehio 1966, S. 120.

2. Brief des Kasseler Hofgärtners Daniel August Schwarzkopf an den Kieler Gartentheoretiker Christian Cay Lorenz Hirschfeld aus dem Jahr 1791: Die Neuanlage des Weißensteiner Parks unter Wilhelm IX.

»Hochedelgebohrener, Hochgeehrter Herr Justiz-Rath,

Da ich erfahre, daß Ew: Hochedelgeb: die drei Stück Aussichten von Weißenstein durch den Herrn Hofrath und Hof Bibliothecar Strieder zugeschickt bekommen, so glaube ich denenselben nicht beschwerlich zu sein, wenn [ich] eine kleine Nachricht nachfolgen lasse, wie weit die iezige Anlage gekommen und fortgerückt; besonders da vieles so geworden, wie es Dieselben in Ihro Critic über den Weißenstein und darüber gemachte Anmerkungen in der Garten Theorie gewünscht haben. Zu Dero Beruhigung kann [ich] Ihnen vermelden, daß die erste Arbeit, bei Antritt der Regierung des iezigen Herrn LandGraafen HochFürstl: Durchl., welche befohlen wurde, darin bestand, alles Hölzer und Lattenwerk über die Seite zu schaffen. Die ganze hölzerne Götter-Zunft wurde in einem Tage zur Ruhe und in dem Parforce Jagd Hunde Stall unter Obdach gebracht. Dieser Hunde Stall ist nun zum Pferde Stall vor Bau und Garten Pferde bisher gebraucht worden. Nach diesem kahm die Reihe an das Gitter Werk, welches sämtlich abgebrochen, und um das hiesige Publicum, welches an dergleichen Zierrath Gefallen und sich gleichsahm daran gewöhnt hatte, nicht ganz zu betrüben, so wurde das noch brauchbahre daran vorsichtig abgebrochen, und in der Carls Aue zu Caßell an schicklichem Orte wiederum auf-

gebauet, auch der Tempel der Calypso ist abgebrochen, und in der Carls Aue auf der daselbst befindlichen Insul wiederum aufgebauet. Überhaupt auch sind *die mythologischen Benennungen ganz abgeschaft,* und ist vorerst nichts beibehalten als was solide gebauet und einiger Maasen zu Ruhe Pläzen kan gebraucht werden, vieles wird mit der Zeit noch abgebrochen und in einem andern und beßern Geschmack gebauet werden, als die Häuser der Philosophen, so bald nur die Haupt Gebäude als das Schloß und Aqueduc fertig sein werden. Alle Einfaßung von Mauern, Latten und Heckenwerk sind verschwunden, *der ganze Ort ist offen und frei.* Alle Terrassen sind in sanfte Abhänge verwandelt, und wo es schicklich, mit Baum und Blumen-Gruppen bepflanzt. Durch die ganze Gegend ist eine Haupt Chaussée angelegt, eine herrliche Fürstl: Idee. Man kann überall reiten und fahren und kann beinahe, wenn man die ganze Chausée passirt, an die 1½ Stunden darauf zubringen, kann die verschiedenen Gegenden aus verschiedenen Gesichts-Punkten übersehen, und bleibt doch immer auf dem Weißenstein. Ohngeachtet der Nähe der Steine kostet diese Chaussée doch 15.000 Rthlr.

Der Schloßhof ist mit zu dem großen Boulingrin genommen, vor iedem Gebäude ist ein Plaz zum Wenden mit einer Chaise mit 6 Pferden gelaßen, und das Boulingrin stost bis dicht an das große Bassin, worin die große Fontaine springt. Dieses große Bassin ist beinahe noch einmahl so groß geworden, besonders macht es linker Hand eine schöne Einbucht, und wo an der Seite schöne 20jährige Roth Tannen, Edel Tannen und Lord Weymouths Fichten gleichsahm in das Bassin hinein hängen. Die Einfaßung von Steinen ist hinweg genommen und an Statt dessen eine natürliche Einfaßung von Raasen darum gebracht, welche bis an das Waßer stost. Rechter Hand dieses Bassins zwischen zwei gemachten Hügeln ist eine schöne natürliche Cascade gebauet, von den großen hiesigen weißen Felsen Stücken, welche so groß genommen, wie sie nur durch Menschen, Pferde und Maschinen haben können fortgebracht werden. Über diese Cascade fällt nun der Fluß, welcher von dem Aqueduc herkomt, *sehr mahlerisch* in das Bassin, oder nun mehro besser gesagt, in den kleinen Lac herunter. Das Bassin verwandelt sich linker Hand in ein Arm von ganz ruhigem Fluße, über welchen gleich am Ende des Bassins und Anfang des Flußes eine steinerne Brücke gebauet, weil die Chaussée darüber gehet. Der Sprung der großen Fontaine ist etwas aus der Mitte und näher rechter Hand an die eben beschriebene Cascade gerückt; so daß es scheint, Fontaine und Cascade wäre eine Arbeit der Natur. Auch ist in Zukunft nur ein Haupt Fluß hier zu sehen; alles Waßer und alle vorhandene Quellen werden zusammen gezogen, über den Aqueduc geleitet, und bilden nach dem nur einen Haupt-Fluß, welcher an manchen Stellen sanft und ruhig, an manchen aber auch reißend läuft, welches der Lage des Orts nach nicht anders sein konnte. Die Pflanzungen von voriger Zeit sind so viel wie möglich geschonet worden, und da die meisten aus immergrünenden und Nadell Hölzern bestanden, so sind dieselben an den meisten Örtern mit Laub Hölzern umpflanzt, und [haben] dabei einiger Maasen, in so weit ich es verstehe und verstanden habe, Rücksicht auf die Farbe des Laubes genommen. Alles Theatermäßige und Terrassen sind umgearbeitet.

Rechter Hand des großen Boulingrins ist der Schnecken-Berg oder Berg des Apollo gleichsahm herunter gezogen, und verliehret sich sanft auf das Boulingrin. Die Schnecken Form des Berges ist ausgefüllt und verschwunden, man gehet auf der einen Seite auf den Berg, siehet sich in dem Tempel des Apollo um, und gehet auf der andern Seite ohne Schnecken Linie herunter. Wenn man in dem Tempel des Apollo stehet, so siehet man gegen Süd-Ost auf den sanften Abhang herunter, über das große Boulingrin hinweg den Südlichen Flügel des neuen Schloßes zwischen hübschen Baum-Gruppen durch scheinen. Gegen Süd-West siehet man das große Bassin und die Felsen, aus welchen die große Fontaine springt. Gegen Westen siehet man den Aqueduc und zwar den ganzen Haupt Fall in seiner ganzen Höhe, welcher hier in eine Hölung 104 Fuß herunter stürzt, und zwar siehet man von diesem Plaze bis auf den Grund des Falles, welches durch sein Schäumen eine schöne Wirkung thut. Gegen Norden siehet man ein hübsches Hauß und neben Gebäude, zu einer [...?] vor Pferde bestimt, auf einer hübschen Anhöhe stehen, welches hinter sich Wald und vor sich lauter Wiesen-Grund hat. Überhaupt ist der Berg des Apollo gegenwärtig ein sehr interessanter Plaz vor den Spazier-Gänger.

Ich habe vorhin von der gewiß recht schönen Chaussée gesagt, welche durch die ganze bereits fertige und noch künftig zu machende Anlage führt. Jezt muß ich diese Chaussée mehr verfolgen und beschreiben. In dem Südlichen Flügel des neuen Schloßes wohnen gegenwärtig Sr. HochFürstl: Durchl: der Herr LandGraaf. Gegen Osten und Süden sind alle Terrassen in einen sanften Abhang verwandelt. Die Teiche, welche vorhero unten in dieser Gegend wahren, sind zugefült, und ist nichts mehr als der Haupt-Fluß zu sehen, welcher sich hier über verschiedene Cascaden stürzt und zulezt gegen Osten in den neuen Lac fällt. Hier *stehet der neue Flügel ganz kühn auf diesem Berge. Gegen Westen stehet dieser Flügel gleichsam auf dem großen Felsen, welchen die Natur gleichsahm zu diesem Endzweck scheint hingesezt zu haben.* Wenn man nun von diesem Flügel auf der Chaussée abfährt oder abgehet, so läßt man das große Boulingrin rechts liegen, linker Hand aber siehet man in das Thal, wo vor Zeiten das Rasen Bousquet wahr, und fernerhin die ehemaligen Eliseischen Felder und den durch selbige Gegend geführten Haupt Fluß nebst einigen hübschen hölzernen Brücken über denselben.

Diese Gegend, welche ehemals ganz zugepflanzt wahr, ist auf verschiedenen Pläzen geöfnet, und sind diese Pflanzungen in Gruppen und auf Hügeln stehende Haine verwandelt. Ohngefähr in der Mitte des großen Boulingrins theilt sich die Chaussée in zwei Theile. Rechter Hand läuft sie mitten durch das Boulingrin, und theilt dasselbe in zwei Theile. Rechter Hand läuft dieselbe am Fuße des Apollo-Berges fort, und hat linker Hand ein Stück Weges das große Bassin und den ehemaligen Wald der Armythe zur Seite. Man siehet auf diesem Wege auf einem Plaze den Aqueduc und den Tempel des Mercurius vor sich; diese verlieren sich aber wiederum durch die Pflanzung aus dem Gesicht. Es dauert aber nicht lange, so bekomme ich den Aqueduc vor mir und rechter Hand den Tempel des Apollo auf dem Berge zu Gesicht. Ich nähere mich dem Aqueduc, sehe links in das Thal, in welches das Wasser fällt, und oben wende ich mich links und fahre unter dem einen Bogen des Aqueduc hindurch. Hier fahre ich eine kleine Weile zwischen einem geschloßenen Wald auf beiden Seiten fort, komme auf die große Hauptallee, sehe rechter Hand die Grotte des Pluto und das Monument oder den Carls Berg und linker Hand sehe ich in der Tiefe das große Bassin, Boulingrin und die beiden neuen Flügel. Weiterhin verschließt sich die Gegend abermahls, sehe aber rechter Hand die Egyptische Pyramide auf der Anhöhe und weiter hin bei dem Anfange des Philosophischen Thals die Grotte der Sybille. Ein wenig weiter hin ist die Gegend linker Hand geöfnet, und zwar eben auf dem Plaze, wo ehemals das Cabinet von Medé et Jason angelegt wahr. Hier sehe ich linker Hand wiederum das große Bassin, aber niemahls ganz, ein Stück vom Boulingrin, und durch Gruppen und Bäume sehe ich den Sallon der vier Jahres Zeiten durchscheinen. Weiter fort sehe ich linker Hand noch zwei Mahl, aber durch engere Aussicht, aber auch allemahl in einer andern Form das große Bassin erscheinen.

Rechter Hand aber bleibt alles durch einen dichten Wald von Lord Weymouths Fichten und Edel-Tannen verschlossen. An selbigen gränzt nunmehro ein Wald von Lyriodendron Tulipifera, welcher auf dem Plaze dieses Frühjahr, iedoch mit Durchsichten, wo ehedem die Insul der Calypso wahr, ist gepflanzt worden, und welche Insul ist zugefült worden. Etwas weiter hin komme ich an den Ort, allwo sich das große Bassin in einen Fluß verwandelt, und wo eine neue steinerne Brücke, wie oben gesagt, über diesen Fluß gebauet ist. Hier stehet es frei, über diese Brücke und linker Hand dem großen Boulingrin zurück zu gehen. Allein man würde sehr viel verliehren, wenn man diese

Chaussée nicht ferner verfolgte, weil sich auf diesem Wege noch sehr schöne Aussichten darbiethen. Nun fahre ich ein wenig weiter längs dem ruhigen Fluß linker Hand fort, so komme ich an eine Durchsicht, allwo ich durch die ehemaligen Eliseischen Felder unten im Thal den Lac, einen Theil von einem Dorfe und auch einen Theil von Caßel sehe. Rechter Hand auf demselbigen Plaze sehe ich oben auf dem Berge den Tempel des Socrates durch den Wald von Lyriodendron Tulipifera, *ingleichen soll oben auf dem Berge mehr Süd-West noch eine Ruine gebauet werden, welches denn hier die zweite Aussicht und Gelegenheit gibt, das alte Labyrinth in einen mehr natürlichen Wald verwandeln zu können.*

Ein wenig weiter hin komme ich linker Hand an das Ende dieses Flußes, und stoße rechter Hand auf die Anhöhe, an welcher der Thier-Garten liegt und welcher gegenwärtig mit schönen bengalischen Hirschen besezt ist. Linker Hand am Ende des ruhigen Flußes ist eine hübsche hölzerne weiße Brücke über denselben gebauet, um der Communication der Promenade willen, welche von daher führt. Unter dieser Brücke fält der Fluß über eine Cascade, verfolgt seinen Lauf durch die ehemaligen Elisäischen Felder, bis an das Ende derselben, allwo er sich über einen prächtigen, von großen weißen Kiesel-Steinen, wie oben bei dem großen Bassin, gebauete natürliche Cascade stürzt. Von obiger Brücke bis an diese Cascade läuft der Fluß mehr reißend, dann sanft, welches die Lage des Terrains so mit sich bringt. Hier fährt oder geht man eine Weile ganz eingeschloßen und in einer gewißen Ruhe fort. Rechter Hand hat man nichts weiter als den Thier Garten mit dem Wildprett und linker Hand dann und wann den rauschenden Fluß und noch ein paar über denselben gebauete hölzerne Brücken im Gesicht.

Es dauert aber nicht lange, so öffnet sich eine überraschende Gegend. Ich komme an das Thal unter dem neuen Südlichen Flügel. Hier sehe ich den Fluß mit mehrerer Ruhe über verschiedene Cascaden fallen, hier ist auch abermahls eine hübsche hölzerne Brücke über den Fluß gebauet. Auf der andern Seite des Flußes stehet ein Uberrest von der vorherigen Castanien (Aesculus) Allee, welcher in eine dunkle schattigte Gruppe verwandelt, woran sich links eine Gruppe von Nadel Hölzern, welche bis dicht an den großen Felsen stost, anschließt. Unter dieser Gruppe stehet der große steinerne Tisch mit den gleichen Bänken, welcher ehedem in dem Rosen Bousquet unter dem Zelte stand. Über dieser Gruppe erscheint eine andere zwar nicht große aber doch sehr herrliche Gruppe. Sie besteht aus einer 200-jährigen Eiche und zwei großen wilden Castanien Bäumen, welche sich gleichsahm mit der Eiche in einen Gipfel vereinigt haben. Einige Schritt weiter zeigt sich linker Hand *der ganze neue Südliche Flügel auf seiner nunmehrigen Anhöhe ohne Terrassen — ganz kühn;* die Anhöhe oder Abhang ist mit einzelnen Gruppen bepflanzt, und einige Bäume von der vorigten Anlage haben auch können erhalten werden. Hier auf diesem Plaze sehe ich einen Theil des Lacs, denn ich muß bemerken, daß man den Lac nur auf einem einzigen Plaze ganz übersehen kann, auf allen übrigen Pläzen siehet man niemals den ganzen Lac.

Gerade aus über den Lac weg sehe ich ein hübsches Dorf, welches noch dadurch gewonnen hat, daß S^{imus} dasselbe durch eine neue, aus ihrer Casse hergegebene Summe, erbauete Kirche gezieret haben. Die Kirche stehet außer dem Dorfe auf einer Anhöhe ganz abgesondert, und kann mit der Zeit durch die Anlage eines mit schicklichen Pflanzungen umgebenen Begräbniß Plazes im Hinter Grunde vor die ganze Gegend noch merkwürdiger gemacht werden. Diese Kirche ist ohne Zweifel eine der schönsten Dorf Kirchen in Heßen [Kirchditmold].

Gehe ich nun etwas weiter, so habe ich nun rechter Hand auf einer Anhöhe *die Moschée* im Gesicht, *welche aber verändert und umgeschaffen werden soll,* und so wie ich fort fahre oder gehe, habe ich den Lac und die äußeren Gegenden und Dörfer in verschiedenen Formen im Gesicht. Gleich hier linker Hand im Thale ist eine Insul sehr künstlich, aber doch sehr natürlich gemacht. Auf selbiger stehet eine schöne ehrwürdige Eiche und eine ziemlich starke Weide; die übrigen leeren Pläze auf dieser Insul sollen ganz mit Rosen bepflanzt werden, welches denn das in dasiger Gegend verlohren gegangene Rosen Bousquet ersezen wird. Vor dieser Insul theilt sich der Fluß in zwei Theile, und die Insul wird bloß durch die künstliche, aber doch immer natürliche Leitung des Flußes und durch Hülfe der Cascaden formiret.

Etwas weiter fahre ich fort und komme rechter und linker Hand durch Gruppen von Eichen und Linden vor das *Chinesische Dorf,* welches *verändert,* verbeßert und vermehret wird. Fahre ich am Fuße des Chinesischen Dorfes fort, denn hier liegt das Dorf weit höher denn der Weg, so behalte [ich] zwar linker Hand noch immer den Lac im Gesichte. Allein die Gegend wird auf eine kleine Zeit etwas unbedeutend, ich verliehre den Lac beinahe aus dem Gesichte.

Hier wäre der Ort, daß ich mich mit meiner Beschreibung rechter Hand wendete, denn hier gehet die Chaussée rechter Hand durch und über dem Chinesischen Dorfe, über dem Thier-Garten und über der Paulus-Eremitage durch einen jungen Buchen Wald über der Grotte des Pluto weg. Von hier gehet sie wieder Berg unter, und vereiniget sich wiederum mit dem Punkte, allwo ich oben durch den Bogen des Aqueduc gefahren bin. Über der Grotte des Pluto und unter derselben theilt sich die Chaussée wie-

309

derum in zwei verschiedene Wege, welche oben vor dem Carlsberge zusammen treffen. Da aber diese Gegend noch nicht so wie die untere bearbeitet, so will [ich] meinen vorigten Weg verfolgen. Wo ich den Lac beinahe aus dem Gesichte verliehre, bekomme ich vor mir eine offene Gegend über Wiesen, Korn Felder, einen Teil der Carls Aue und die ienseits der Fulda liegende schöne Dörfer zu Gesichte. Bevor ich auf diesen Plaz komme, habe ich rechter Hand einen Wald mit Lerchen Bäumen neben mir, unter welchen und neben welchen große Felsen Maßen zerstreut liegen. Linker Hand, gleichsahm an der Spize dieses Lerchen Waldes, ist ein dergleichen Wald, welcher das Ende des Lacs verbirgt und hier gleichsahm eine Halb Insul formirt.

Hier verliere ich nun den Lac ganz aus dem Gesicht und fahre linker Hand am Fuße des Dammes fort, und komme wiederum auf den gewöhnlichen Caßelschen geraden Weg, sehe [...?] linker Hand wiederum *beide Flügel des Schloßes auf ihrer Anhöhe ganz kühn stehen,* und am Fuße dieser Anhöhe den Fluß aus dem Lac über Cascaden hinweg rauschen. Hier kann ich nun rechter Hand wiederum nach Caßel fahren, linker Hand aber gehet der gewöhnliche Weg Berg an nach dem Weißenstein. Ohngefähr in der Mitte drehet sich der Weg links, und etwas weiter hin wiederum rechts in den alten Weg; der linker Hand läuft unter der Quinconce der Vier Jahres Zeiten fort, vor dem zweiten oder Nördlichen Flügel vorbei, und vereiniget sich als dann wiederum mit der vorhin beschriebenen Chaussée vom Südlichen Flügel aus. An dieser Gegend wird gegenwärtig gearbeitet, und wird diesen Sommer fertig, bis auf den Punkt, wo diese Chaussée auf der anderen Seite sich rechts nach Caßel wendet.

Noch habe [ich] vergeßen zu sagen, daß der ehemalige Gemüß und Obst Garten verlegt, und an einen ganz schicklichen Ort gebracht, wo er in der Zukunft ganz und gar nicht hindert. An Statt deßen ist eine Quinconce von 300 Stück Platanus gepflanzt, welche in dem besten Wachsthum stehen, und mit der Quinconce, allwo der Sallon der vier Jahres-Zeiten stehet, verbunden ist.

Soweit soll dieses Mahl meine Beschreibung gehen, denn so weit ist eigentlich der Ort fertig, und Ew: Hochedelgeb. werden daraus ersehen, was in den wenigen Jahren geschehen, und was der Weißenstein noch werden wird, wenn so rasch, wie bis dahin noch geschiehet, fortgearbeitet wird. Man siehet aber auch, daß alles dieses Sr. HochFürstl: Durchl: dem gegenwärtigen Herrn LandGraafen zur Ausführung aufgehoben wahr, *denn hier sind Ideen ausgeführt und Arbeiten verrichtet, vor welchen mancher Herr erschrecken würde,* und welche sich niemand zu proponiren würde haben einfallen laßen und unterstanden haben. Allein alles wird ohne große Umstände ausgeführt, und man kann sagen, fast ohne Geräusche: *Und es ward Garten!*

Noch eines muß [ich] bemerken: Über der Grotte des Pluto wird ein großes Bassin angelegt, welches zum Vorraths-Waßer Teiche vor den Aqueduc dienen soll, und welches diesen Herbst nebst dem Aqueduc fertig wird. Ich kann nicht umhin, den sehnlichen Wunsch zu äußern, Ew: Hochedelgeb. hier ein mahl wiederum zu sehen, und *Dero endscheidentes Urtheil* zu hören.

Ich habe auch noch kein Wort von der Verbeßerung und Verschönerung von dem HofGeißmarschen Brunnen und der Carls Aue gesagt, welches ich auf eine andere Zeit verspahren will. Besonders von dem Hof Geißmarschen Brunnen, welcher sich gar nicht mehr ähnlich siehet, gegen vorhero. Ich glaube immer, ich hätte noch nicht alles gesagt, und doch erschrecke ich, daß ich schon an dem dritten Bogen schreibe. Zugleich bitte [ich] auch als ein treuer Schüler gehorsamst um güthige Nachsicht, wenn ich hier nicht als Schriftsteller, sondern nur als natürlicher Gärtner in meiner Beschreibung erscheinen kann. Ich wahr ganz aus der Übung gekommen und gleichsahm verrostet, und ich hätte mir den gegenwärtigen Zeit Punkt vor 20 Jahren gewünscht. Indeßen versichere, daß ich Dieselben Zeitlebens mit kindlicher und zärtlicher Hochachtung als den *Deutschen Vater der schönen Garten-Kunst* schäze und verehren werde, und verharre mit selbiger Gesinnung

Ew: Hochedelgeb:
D. A. Schwarzkopf.«

Dieser Brief trägt den Vermerk des Hofbibliothekars Strieder: »Zu Anfang des Jahres 1791 an den Justizrath Hirschfeld nach Kiel von dem Garten-Inspector Schwarzkopf überschrieben.« (Hervorhebungen Verf.)

(StAM 300 E 12/7, fol. 1—6v.)

3. Brief Hirschfelds an den Kasseler Hofbibliothekar Friedrich Wilhelm Strieder vom 8. 3. 1791

»Wohlgebohrner, Hochgelehrter,
Hochzuverehrender Herr Hofrath und Hofbibliothecar,

Es war eine recht feierliche Überraschung, als ich, von Ew: Wohlgebohren verfaßten Zuschrift begleitet, das mir höchst schäzbare Geschenk des Herrn Landgrafen HochFürstl. Durchl. mit den Abbildungen der neuen Verschönerungen des Weißensteins erhielt. Ich bitte Ew: Wohlgebohren, mit allem, was die Dankbarkeit Fühlendes und die Sprache Edles hat, für dies Denkmal der fortdauernden gnädigsten Gesinnungen Sr: Durchl. Höchstdenselben meinen unterthänigsten Dank abzustatten. *Diese Abbildungen sind ein unvergeßliches Denkmal so wohl von dem feinen Geschmack und dem erhabenen Geiste des Durchl. Eigenthümers, als auch von der Höhe, die nunmehr die Gartenkunst in Deutschland erstiegen. Denn diese Blätter können sich den schönsten englischen Vorstellungen dieser Art an die Seite stellen.*

Reisende Gartenkenner, die mich so häufig auf dem Landhause bey der königl. unter meiner Direction stehenden großen Baumschule besuchen, haben bisher immer mit Enthusiasmus von den neuen Schöpfungen auf dem Weissenstein gesprochen, und sie werden sie künftig in meiner ausgesuchten Samlung von Gartenprospecten hier wieder mit Vergnügen vorfinden. Auch der H. Graf von Bentheim-Steinfurt schrieb mir mit Begeisterung von den Abbildungen des Weissensteins an eben dem Tage, da ich das Glück hatte, sie von höchster Hand zu erhalten. Wie glücklich würde ich mich fühlen, wenn ich einmal das Vergnügen wieder genießen könte, *diese neuen Wunder der Baukunst und des Gartengeschmacks* in der Nähe zu sehen!

Der gütigst versprochenen Beschreibung des H. Inspector Schwarzkopf vom Weissenstein sehe ich mit vieler Sehnsucht, je eher, je lieber, entgegen. Ich wünsche das Vergnügen zu haben, davon in dem zweyten Bande der kleinen Gartenbibliothek Gebrauch zu machen.

Mit den Kupfern im ersten Bande bin ich zu meinem Verdrusse sehr angeführt. Sie wurden an einem andern Orte gestochen und abgedruckt, und ich bekam sie nicht eher zu sehen, als wie die Exemplare weggeschickt werden solten. Da die mir huldreichst überschickten Blätter zu groß für das Format der Gartenbibliothek sind, und bey der Verkleinerung unter fremden Händen gewis verliehren würden, so wünschte ich, daß der dortige Kupferstecher, Herr Weisse, dahin zu bewegen wäre, daß er von dem Gebäude wenigstens einen kleinen zweckmäßigen Kupferstich auf meine Kosten verfertigen und bald liefern mögte. Hätte er Zeit und Lust, noch eine oder die andere Scene verkleinert zu stechen, so würde er deswegen wohl mit H. Schwarzkopf Abrede nehmen und dabey seiner Anleitung sich bedienen. *Das Gebäude aber macht einen eigenen hervorstechenden Gegenstand und ist ein Meisterstück der neuern Architektur.* Ew: Wohlgebohren haben, wenn ich darum freymüthig bitten darf, wohl die Gewogenheit, zur Erfüllung dieser meiner Wünsche gefälligst beyzutragen.

Meine vorerstesten Beschäftigungen bestehen iezt darin, für das Vaterland und die Nachkommenschaft alle Arten von edlen Fruchtbäumen zu erziehen. Diese Bäume werden nach einem bestimten Plan an die königl. Unterthanen in den Ämtern ganz unentgeldlich ausgetheilt. Mancher Bauer erhält 50 bis 100 Stück. Ich habe die besten und edelsten Sorten ins Land gezogen, und vermähre sie jährlich. Es sind bereits in zwey Auspflanzungen 11 000 wohl gezogene, gesunde, zum Theil schon tragbare Bäume ins Land gebracht. Die ausgebreitete Baumschule enthält iezt über 100 000 Zöglinge. Ein Erfolg dieser Beschäftigung ist das beygefügte Handbuch der Fruchtbaumzucht, das die Grundsätze enthält, nach welchen ich verfahre. Da es vermuthlich nicht in dortiger Gegend bekandt ist, so ersuche ich Ew: Wohlgebohren um die Güte, dies Exemplar Sr: Durchl. dem H. Landgrafen ehrerbietigst zu überreichen.

Mit der lebhaftesten Verehrung habe ich die Ehre zu seyn
                      Ew: Wohlgebohren
                      gehorsamster Diener
Kiel, den 8ten März 1791.   C C L Hirschfeld«

(StAM 5/15 126, fol. 2—3 v.-Hervorhebungen Verf.)

4. Auszüge aus dem Katalog der Wilhelmshöher Schloßbibliothek: Werke zur Architektur, Topographie und Gartenkunst, nach Ländern geordnet

Hinweis: Die Ordnung erfolgt alphabetisch nach den Namen der Verfasser. Zur näheren Bestimmung wird, soweit greifbar, die Signatur der Berliner Ornamentstichsammlung (OS) beigefügt. Unter Benutzung des Katalogs der Ornamentstichsammlung der Staatlichen Kunstbibliothek Berlin, Berlin 1939 (Reprint New York 1958) sowie des Katalogs der Architektur- und Ornamentstichsammlung, Teil 1: Baukunst England, bearb. v. Marianne Fischer, Berlin 1977, ist es möglich, einen Überblick über den Inhalt der Bände zu gewinnen. Differiert bei einem Band die in Kassel greifbare Auflage mit der in Berlin erfaßten, wird vor die OS-Signatur ein »vgl.« gesetzt. Für die Bände der Schloßbibliothek habe ich die Abteilungen »Architecture civile«, »Voyages« und »Estampes/Vues« des Katalogs herangezogen.

Ein repräsentativer Restbestand der Bibliothek befindet sich heute im Weißensteinflügel von Schloß Wilhelmshöhe. Dazu gehören u.a. die Stichwerke von Piranesi sowie die Bände der »Voyage pittoresque«.

A) ITALIEN

(Anonym)
   Memorie istoriche della gran Cupola del Templo Vaticano, Padova 1748
Belgrado
   Dell'Architettura Egiziana Dissertazione, Parma 1786
Bertotti-Scamozzi, Ottavio (OS 2709)
   Il Forestiere Istruitto Nelle Cose Piu' Rare Di Vicenza, Vicenza 1761
Bibiena, Antonio Galli
   Disegni del nuovo Teatro di quattro Cavalieri eretto in Pavia, o. O. 1773
Canaletto, Antonio (OS 2695)
   Urbis Venetiarum Prospectus Celebriores, Pars II, Venetiis 1742
Cassini, Giovanni
   Nuova Raccolta delle megliori Vedute antiche e moderne di Roma, Roma 1775
De Rossi (OS 2681)
   Studio D'Architettura Civile Sopra gli Ornamenti di Porte e Finestre tratti da alcune Fabbriche insigni di Roma, Parte I—III 1702—1721
De Rubeis, Io. Iacobo (OS 2672)
   Insignium Romae Templorum Prospectus Exteriores Interiosresque A Celebrioribus Architectis Inventi, Roma 1684
Dupérac, Stefano (vgl. OS 1847)
   I Vestigi Dell' Antichità Di Roma, Roma 1621
Ferrerio, Pietro (OS 2665)
   Palazzi Di Roma, 2 Bde., o. O., o. J.
Fontana, Carlo (OS 2678)
   Templum Vaticanum & ipsius origo, Roma 1694
Milizia, Francesco
   Memorie degli architetti antichi e moderni, 2 Bde., Parma 1781
Piranesi, Giovanni Battista (vgl. OS 1878)
   Vedute di Roma, 2 Bde., Roma o. J. (ca. 1748)
Piranesi, Giovanni Battista (vgl. OS 1878)
   Opere Varie di Architettura, Roma 1750
Piranesi, Giovanni Battista (vgl. OS 1878)
Della Magnificenza ed Architettura de' Romani, Roma 1761
Piranesi, Giovanni Battista (vgl. OS 1878)
   Diverse Maniere D'Adornare I Cammini ed ogni altra parte degli edifizi, Roma 1769
Saedeler, Aegidio (OS 1855)
   Vestigi Delle Antichita Di Roma, Tivoli, Pozzolo Et Altri Luochi, Praga 1606
Vanvitelli, Luigi (OS 2706)
   Dichiarazione Dei Disegni Del Reale Palazzo Di Caserta, Napoli 1756

B) FRANKREICH

(Anonym)
   Vues pittoresques, Plans etc. des principaux Jardins anglois, qui sont en France: Ermenonville, Trianon, Bagatelle, o. O., o. J.
(Anonym)
   Recueil des principaux édifices élevées par le Roy de Pologne dans la ville de Nancy, o. O., 1758
(Anonym)
   Nouveau Palais de la Justice, d'après les Plans de M. Perrard de Montreuil, Paris 1776
(Anonym)
   Jardin de Monceau, près de Paris, appartenant au Duc de Chartres, Paris 1779
(Anonym)
   Lois relatives à l'organisation des Ponts et Chaussées, données à Paris 1791—1812, o. O., o. J.
Avril, Louis (OS 1899)
   Temples Anciens et Modernes, Ou Observations Historiques & Critiques Sur Les Plus Célèbres Monumens D'Architecture Grecque & Gothique, London 1774
Barbault, Jean (OS 2712)
   Les Plus Beaux Édifices de Rome Moderne, Rome 1763
Berain, Jean (OS 4037)
   Ornemens de peinture et de sculpture qui sont dans la Galerie d'Apollon au Chasteau du Louvre, et [...] au Palais des Tuilleries, o. O. 1710
Blondel, Jacques François (OS 2400)
   De La Distribution Des Maisons de Plaisance, Paris T. I 1737, T. II 1738
Choiseuil/Gouffier
   Voyage pittoresque de la Grèce, 3 Bde., Paris 1782 ff.
De Gerardin, Marquis R. C. (OS 3470)
   Von Verschönerung der Natur um Landwohnungen. Aus dem Französischen, Leipzig 1779
De Gerardin, Marquis R. C. (vgl. OS 3470)
   De la composition des paysages, ou des moyens d'embellir la nature autour des habitations en joignant l'agréable à l'utile, Genève 1777
Delaistre, J. R.
   Encyclopédie de l'Ingénieur, ou Dictionnaire des Ponts & des Chaussées, Paris 1812
Dézailler d'Argenville (vgl. OS 3463)
   La Théorie Et La Pratique Du Jardinage, Paris 1709
De Lille, Abbé (vgl. OS 3473)
   Les Jardins, Ou l'Art D'Embellir Les Paysages. Poème, Paris 1782
Durand, Jean-Nicolas Louis
   Précis des leçons d'architecture, 2 Bde., Paris 1809

Héré, Emmanuel (OS 2511)
Plans & Élevations de la Place Royale de Nancy, Paris 1753

Héré, Emmanuel (OS 2511)
Recueil Des Plans, Élevations et Coupes [...] Des Châteaux, Jardins [...] en Lorraine, 2 Bde., Paris 1753

Houel, Jean
Voyage pittoresque des Isles de Malte & de Lipari, où l'on traite des antiquités qui s'y trouvent encore, des principaux phénomènes que la nature y offre [...], 4 Bde., Paris 1782—1787

Jombert, Charles-Antoine
Bibliothèque portative d'architecture élémentaire.
P. I contenant les cinq Ordres d'architecture de J. B. de Vignole,
P. II contenant l'architecture de Palladio,
P. III [...] V. Scamozzi,
P. IV le parallèle de l'architecture antique avec la moderne par M. M. Errard & de Chambray, Paris 1764—1766

Le Rouge, Georges Louis (OS 3312)
Jardins Anglo-Chinois, cahiers 1—5, 7, 8, Paris 1770 ff

Lesage, Pierre Charles
Recueil de divers Mémoires des Ponts et Chaussées, 2 Bde., Paris 1810

Mariette, Jean (OS 2497)
L'Architecture Françoise, Ou Recueil Des Plans, Élevations, Coupes Et Profils Des Églises, Palais [...] de Paris & des Chasteaux [...] des Environs, Bd. I Paris 1727

Martyn, Thomas
Letters on the Elements of Botany by J. J. Rousseau translated into English, London 1794

Navier
Traité de la construction des Ponts, par M. Gauthey, publié par M. Navier, Paris Bd. I 1809, II 1813

Panseron, Pierre
Recueil de Jardinage, 2 Bde., Paris 1783

Perrault, Claude
Plan du Château du Louvre et du Palais de Tuilleries, o. O. 1674

Perrault, Claude (OS 1818)
Les Dix Livres D'Architecture De Vitruve, Paris ²1684

Quetant
Table analytique & raisonnée des tableaux de la Suisse, ou voyage pittoresque, Paris 1788

Roland le Virloys, M.C.F. (OS 2427)
Dictionnaire D'Architecture, Paris Bd. I, II 1770, III 1771

Rondelet, Jean-Baptiste
Traité théorique et pratique de l'art de bâtir, Paris Bd. I 1812, II 1808, III 1810, IV o. J.

Saint-Non, Jean-Claude Richard (OS 1904)
Voyage Pittoresque Ou Description Des Royaumes De Naples Et De Sicile, 5 Bde., Paris 1781—1786

Silvestre, Israel
Vues des Châteaux et Maisons Royales de France, o. O., o. J.

Silvestre, Israel (OS 2469)
Vues et Ornemens de Versailles, o. O., 1664 ff.

Zurlauben, Baron de
Tableau de la Suisse, ou voyage pittoresque, fait dans les 13 Cantons & Etats alliés du Corps helvétique, 4 Bde., Paris 1780—1786

C) ENGLAND

(Anonym)
Gothic architecture decorated, London 1759

(Anonym)
Chinese architecture civil and ornamental, London 1759

Campbell, Colen (OS 2329)
Vitruvius Britannicus, or The British Architect, London Bd. I 1715, II 1721, III 1725

Chambers, William (vgl. OS 2784)
Designs of Chinese Buildings, furniture, dresses, machines [...] London 1757

Chambers, William (OS 2337)
Plans, Elevations, Sections and Perspective Views of The Gardens And Buildings At Kew in Surry, London 1763

Chambers, William (vgl. OS 3503)
Über die orientalische Gartenkunst. Aus dem Englischen, Gotha 1775

Halfpenny, William and John (OS 2281)
Chinese and Gothic Architecture Properly Ornamented, London 1752

Halfpenny, William and John (OS 3415)
Rural Architecture in the Chinese Taste, London 1752

Halfpenny, William (vgl. OS 2282)
Useful Architecture, London 1760

Halfpenny, William
A New and Complete System of Architecture delineated in a Variety of Plans and Elevations, London 1772

Heely, Joseph (OS 3424)
Briefe über die Schönheiten von Hagley, Envil und den Leasowes. Aus dem Englischen, Leipzig 1779

King, Edward
Observations on Ancient Castles, London 1782

Laurence, John
A New System of Agriculture, London 1726

Martyn, Thomas
    Flora Rustica, 3 Bde., London 1792

Middleton, Charles (OS 2303)
    Picturesque and Architectural Views For Cottages, Farm Houses and Country Villas, London 1793

Over, Charles (OS 3417)
    Ornamental architecture In The Gotic, Chinese and Modern Taste [...] For Gardens, Parks, London 1758

Plaw, John (OS 2305)
    Ferme Ornée, Or Rural Improvements [...] London 1796

Papworth, John Buonarotti (OS 2320[r])
    Rural Residences, or designs for Cottages, small villas & other ornamental buildings, London 1818

Seeley, B. (OS 3421)
    Stowe: A Description Of the Magnificent House and Gardens of Richard Grenville Temple, London 1769

Watts, William
    The Seats of the nobility and gentry, in a collection of the most interesting & picturesque views, o.O. 1779

Whately, Thomas (vgl. OS 3422)
    Betrachtungen über das heutige Gartenwesen. Aus dem Englischen, Leipzig 1771

Whately, Thomas (vgl. OS 3422)
    L'Art de former les Jardins modernes, ou l'Art des Jardins anglois. Traduction de l'anglois, Paris 1771

(Zeitschrift)
    The Botanical Magazine, or Flower-Garden Displayed, hrsg. v. William Curtis, London 1793—1804

D) DEUTSCHLAND

Andrae, P.C.G. (OS 3367)
    Machern, für Freunde der Natur und Gartenkunst, Leipzig 1796

(Anonym)
    Collection des Châteaux Royaux de Potsdam, Sans-Souci p.p., o.O., o.J.

(Anonym)
    Einige Bemerkungen über die Gärten in der Mark Brandenburg, Berlin 1790

(Anonym)
    Einige Gedanken über die Verbesserung und Erhaltung der Boulingrins, o.O. 1794

(Anonym)
    Versuch einer Anleitung zur Anlegung eines Gartens im Englischen Geschmack, Leipzig 1794

(Anonym)
    Deutsche Naturgemählde, mit Ansichten von Landhaeusern und Garten-Parthien, Leipzig 1803

(Anonym)
    Verzeichniß derer Baeume und Straeucher, die in der Baumschule zu Wilhelmshöhe verkauft werden, o.O. 1805

Apell, D. Ph. von
    Kurze Beschreibung vom Weisenstein bey Cassel, Kassel ²1797

Becker, Wilhelm Gottlieb
    Der Plauische Grund mit Hinsicht auf Naturgeschichte und Schöne Gartenkunst, Nürnberg 1799

Becker, Wilhelm Gottlieb
    Taschenbuch für Gartenfreunde, o.O., 1796—1799

Böttger, J. G.
    Triumph der schönen Gartenkunst, 1. Theil, Leipzig 1801

Canaletto, Antonio
    Vues des Palais de Dresde, o.O., 1752

Cancrinus, Franz Ludwig von (vgl. OS 2014/2015)
    Tabellen und Anmerkungen zu Suckows ersten Gründen der Bürgerlichen Baukunst, o.O., 1770

Decker, Paul (OS 1990)
    Fürstlicher Baumeister, oder Architectura Civilis, 2 Bde., Augspurg 1711, 1716

Ekel, J. C. (OS 2151)
    Plans Et Vües Du Château. Du Jardin. Et De La Ville de Reinsberg, Berlin 1773

Fischer von Erlach, Johann Bernhard (OS 2106)
    Entwurff Einer Historischen Architektur, Leipzig ²1725

Grohmann, Johann Gottfried (OS 3366)
    Ideenmagazin für Liebhaber von Gaerten, Englischen Anlagen und für Besitzer von Landgütern, Heft 1ff., Leipzig 1796—1802

Hirschfeld, Christian Cajet. Lorenz (vgl. OS 3351)
    Anmerkungen über die Landhäuser und die Gartenkunst, Leipzig 1773

Hirschfeld, C.C.L. (OS 3353)
    Theorie der Gartenkunst, 5 Bde., Leipzig 1779—1785

Hirschfeld, C.C.L.
    Handbuch der Fruchtbaumzucht, 2 Theile, Braunschweig 1788

Kleiner, Salomon (OS 2108)
    Wahrhafte und genaue Abbildung aller Kirchen und Klöster der Residenzstadt Wien, Augspurg 1724

Löwen, Johann Christian (OS 2141)
    Abbildung der Residenz und Gartens zu Eutin, o.O., o.J.

Morino, Jean
    Sammlung Romantischer Partien in den Gärten I. M. der verwittweten Königin von Preußen zu Monbijou und Freyenwalde, Berlin o.J.

Nette, Johann Friedrich (OS 2092)
Veves Et Parties Principales de Louis-Bourg. Prospect und Theile des Fürstl. Hauses und Gartens Ludwigsburg, Augsburg o.J.

Penther, Johann Friedrich (OS 2197)
Bau-Anschlag oder richtige Anweisung [...] Wie alle Bau-Materialien, deren Kosten, in gleichen alle übrige Bau-Kosten ausfündig zu machen, Augspurg 1743

Pinhas, Salomon
Rosen-Sammlung zu Wilhelmshoehe, nach der Natur gemalt, Cassel 1815

Riepe, C.
Einige Zeichnungen, zur Civilbaukunst gehörig (Manuskript)

Rode, August (OS 3360)
Beschreibung des Fürstlichen Anhalt-Dessauischen Landhauses und Englischen Gartens zu Wörlitz, Dessau 1788

Rössig
Handbuch für Liebhaber Englischer Pflanzungen und Gärtner, 2 Theile, Leipzig 1790—1796

Ruhl, Julius Eugen
Kirchen, Paläste und Klöster in Italien, nach den Monumenten gezeichnet, Cassel 1821

Sickler, J.V.
Garten-Handlexicon, Erfurt 1801

Schildbach, Carl
Beschreibung einer Holz-Bibliothek, Caßel 1788

Schmidt, Friedrich Christian (OS 2044)
Der bürgerliche Baumeister, oder Versuch eines Unterrichts für Baulustige, 4 Theile, Gotha 1790—1799

Schramm, Carl Christian (3554)
Historischer Schauplatz der merkwürdigsten Brücken der Welt, besonders der Dresdner Elbebrücke, Leipzig 1735

Schütz, Karl / Johann Ziegler (OS 2157)
Sammlung Von 36 Aussichten der Residenzstadt Wien von ihren Vorstädten und einigen umliegenden Oertern gezeichnet, Wien 1779 ff.

Stieglitz, Christian Ludwig
Die Baukunst der Alten; ein Handbuch für Freunde der Kunst nebst einem architektonischen Wörterbuche, Leipzig 1796

Stieglitz, Christian Ludwig
Von altdeutscher Baukunst, Text- und Tafelbd., Leipzig 1820

Stieglitz, Christian Ludwig
Zeichnungen Aus der Schönen Baukunst, Leipzig ²1805

(Zeitschrift) (OS 2050)
Sammlung nützlicher Aufsaetze und Nachrichten, die Baukunst betreffend, hrsg. v. D. Gilly, Berlin 1797—1801

(Zeitschrift)
Journal für die Gartenkunst, Stuttgart 1783—1794

(Zeitschrift) (OS 2161)
Topographie pittoresque des Etats Prussiens, Berlin 1787 ff.

(Zeitschrift) (OS 3376)
Taschenbuch für Natur- und Gartenfreunde, Tübingen 1795—1806

Zeyher / G. Roemer (vgl. OS 3385)
Beschreibung der Garten Anlagen zu Schwetzingen, Mannheim 1815

E) SONSTIGE LÄNDER

(Anonym)
Den Danske Vitruvius, 2 Bde., Kiobenhave 1746, 1749

(Anonym)
Les Agremens de la Campagne ou Remarques sur la Construction des maisons de Campagne, des Jardins & des plantages, Leyde-Amsterdam 1750

(Anonym)
50 Gesighten van de voornamste Ruwienen in en ontrent Romen, o.O., o.J.

Hooghe, Romain de (vgl. OS 3395)
Le Parc d'Enghien, situé dans la Comté de Hainaut, o.O., o.J.

Post, Pierre (OS 2231)
Les Ouvrages D'Architecture, Leide 1715

Anhang II

Katalog der Architekturzeichnungen

Der folgende kritische Katalog der Architekturzeichnungen entspricht in seiner Abfolge der Gliederung des laufenden Textes. Eine Ausnahme davon bilden lediglich die Entwürfe De Waillys, für die die Folge des Klebebandes aus dem 18. Jahrhundert beibehalten wird.

Der Katalog vereint erstmals die Bestände aus Jussows Nachlaß, der heute in den Staatlichen Kunstsammlungen Kassel in Schloß Wilhelmshöhe aufbewahrt wird, mit denen der ehemaligen Wilhelmshöher Schloßbibliothek. Der Großteil des von Landgraf Wilhelm IX. systematisch gesammelten Bibliotheksbestandes gelangte nach 1930 zum Zweck der Inventarisation nach Berlin, wo er den Krieg weitgehend überstand, und befindet sich heute in der Obhut der Verwaltung der Staatlichen Schlösser und Gärten im Neuen Palais in Potsdam-Sanssouci (im Katalog »Potsdam« abgekürzt); ein kleinerer Teil verblieb in Schloß Wilhelmshöhe (Weißensteinflügel) und ist z. Zt. teilweise in Bad Homburg v.d.H. bei der Hauptverwaltung der Staatlichen Schlösser und Gärten in Hessen deponiert. Einzelne Blätter gelangten in das Stadtarchiv Kassel sowie in Privatbesitz.

Da die meisten Zeichnungen, wie im 18. Jahrhundert üblich, nicht signiert sind, bedeutet die Zuschreibungsfrage ein besonderes Problem. Ausgenommen hiervon sind nur die Entwürfe De Waillys (Kat. Nr. 1 ff), dessen eigenhändige Autorschaft ich von der zeichnerischen Qualität des jeweiligen Blattes abhängig gemacht habe. In einer Zeit, die Charles De Wailly als einen der besten Architekturzeichner des 18. Jahrhunderts entdeckt, glaube ich dies verantworten zu können, zumal die Organisation des De Wailly-Ateliers noch nicht erforscht worden ist.

Fest steht, daß Jussow an den Entwürfen De Waillys nicht mitgezeichnet hat. Vielmehr konnte Jussow sein erstes Idealprojekt für den Weißenstein (Kat. Nr. 34 ff.) unabhängig und frei in De Waillys Atelier konzipieren.

Du Rys eigenhändige Zeichnungen sind durch eine unruhig geführte, oftmals ab- und neuansetzende Feder mit zahlreichen Korrekturen, z. T. in Graphit, gekennzeichnet. Die Grundrisse sind überwiegend karminrot angelegt. Nur wenige Blätter erreichen das Endstadium einer als Präsentationsriß gedachten Reinzeichnung. Die Aufrisse gehen von einer seitlichen Lichtquelle mit kräftigem Schattenschlag aus, was zur Verräumlichung der Aufrisse beiträgt. Angesichts der nachlassenden zeichnerischen Qualität der Entwürfe Du Rys ist zu berücksichtigen, daß ihr Urheber damals bereits 60—65 Jahre zählte.

Der Zeichenstil des jungen Jussow wirkt dagegen ungleich stärker akademisch beeinflußt. Seine Grundrisse, hellrosa, schwarz oder hellgrau angelegt, sind von einer geradezu kalten Präzision. Die Feder, durch Vorzeichnung in Bleistift vorbereitet, ist regelmäßig und exakt geführt, wofür das Arbeiten am Reißbrett Voraussetzung ist. Die Aufrisse von Präsentationszeichnungen zeigen eine bis zu dreifach differenzierte Behandlung naher und fern gelegener Abschnitte des Bauwerks, zweifellos eine von De Wailly übernommene Eigenart der aquarellierten Architekturzeichnung. Die im Vordergrund gelegenen Partien zeigen den kräftigsten Kontur mit stark farbiger Aquarellierung, während die zurückliegenden Teile heller abgestuft erscheinen. Gegenüber Du Ry hat die Schwärzung der Schattenschläge noch wesentlich zugenommen. Eine fleckige Aquarellierung der Wandflächen sucht Patina zu imitieren und die Bauten »malerisch« zu beleben — nicht nur, wie die Löwenburg zeigt, auf dem Papier!

In einem aufsehenerregenden Prozeß gelang es Jussow, sich nach und nach gegenüber Du Ry durchzusetzen und den Landgrafen auf seine Seite zu ziehen. Dies deutet sich beim Corps de logis des Schlosses bereits unübersehbar an und ist bei der Felsenburg/Löwenburg eine vollendete Tatsache. Für dieses Werk hat Du Ry keine einzige Entwurfszeichnung mehr geliefert. Jussow konnte bei der Löwenburg auf einen, höchstens zwei weitere Zeichner zurückgreifen, die gelegentlich einen seiner Entwürfe, seltener einmal abgeändert, zu kopieren hatten. Es handelte sich dabei wohl entweder um den Baukonduktuer C. C. Schaeffer oder um den Hofwerkmeister H. A. Wolff.

Der Katalog enthält Angaben zu den verwendeten Maßstäben, deren Berechnung mehr als eine Zahlenspielerei darstellt. De Waillys 1. Projekt ist in den Maßstäben 1:216, 1:432 sowie 1:936 angelegt. Diese Maßstäbe verhalten sich zueinander wie $\frac{1}{3} : \frac{1}{6} : \frac{1}{13}$. Die Maßstäbe des 2. Projekts lauten 1:104, 1:156, 1:234, 1:312 sowie 1:936; sie verhalten sich zueinander wie $\frac{1}{4} : \frac{1}{9} : \frac{1}{12} : \frac{1}{36}$. Beim 3. Projekt verhalten sich die Maßstäbe wie 1:132 und 1:264 oder wie 2:1. Alle diese Maßstäbe zeichnen sich dadurch aus, daß sie bis auf die Zahlen 104 und 234 ganzzahlig durch 12 teilbar sind, damit also dem im Ancien Régime üblichen Duodezimalsystem einzufügen sind. Grundlage der Längenmaße bei De Wailly ist der französische pied du Roy; 1 toise = 6 pieds (≙ 194,903 cm), 1 pied = 12 pouces, 1 pouce = 12 lignes.

De Wailly hat deshalb drei verschiedene Maßstabsketten verwandt, weil er drei verschieden große Projekte in einem einzigen, zur Präsentation bestimmten Band unterzubringen hatte. Dabei handelt es sich um einen 65 × 100 cm großen Pappband mit Lederrücken. Der Buchdeckel trägt die vergoldeten Antiquabuchstaben »W.L.Z.H.« (d. i. Wilhelm Landgraf zu Hessen), auf dem Rücken die Aufschrift »Projets du chateau de Weissenstein par Wailly 1785«. Im Katalog der Wilhelmshöher Schloßbibliothek ist der Band in der Rubrik »Plans differens« als »1, 2 & 3e Projet du nouveau Chateau de Weissenstein, composé & dessiné par Charles de Wailly 1785« unter Nr. 9 verzeichnet. In preußischer Zeit trug der Band die Inv.-Nr. 288. Momentan trägt er die provisorische Bezeichnung «Kassel XIII«. Damit ist er von den übrigen Kasseler Bänden der ehem. preußischen Plankammer in Potsdam zu unterscheiden.

Die Maßgrundlage der Entwürfe Du Rys und Jussows ist der Kasseler Fuß (= 12 Zoll ≙ 28,77 cm). Die Maßstabsberechnung von Zeichnungen der beiden Kasseler Architekten ermöglicht es, Blätter an verschiedenen Aufbewahrungsorten ein und demselben Projekt zuzuweisen. Dabei haben sich gleichsam standardisierte Maßstäbe für bestimmte Projekte ergeben. Du Ry bevorzugte für seine Schloßprojekte den Maßstab 1:132 bei Aufrissen und den Maßstab 1:264 bei Grundrissen. Solange Jussow unmittelbar in Du Rys Auftrag zu zeichnen hatte, folgte er ihm darin. Dagegen gehen die Löwenburg-Entwürfe von dem für Grund- wie Aufrisse verbindlichen Maßstab 1:168 aus, der für Details vierfach vergrößert zu werden pflegte. In jedem Falle wurde auch hier das gängige Duodezimalsystem zur Grundlage gewählt.

Soweit sie in die Schloßbibliothek Eingang gefunden hatten, waren auch Du Rys und Jussows Entwürfe in große Bände eingeklebt, deren Zusammenstellung durch den Bibliothekar Strieder oder den Landgrafen selbst erfolgte. Von diesen Bänden ist heute nur noch der Band »Kassel XII« vollständig erhalten, der Band »Kassel XV« in Resten. Die übrigen Klebebände sind wieder aufgelöst worden.

Kat. Nr. 1—13
Erstes Projekt Charles De Wailly

Erläuterungen auf separatem Blatt des Klebebandes, original zu den Zeichnungen gehörig:
»I.r PROJET / DU NOUVEAU CHATEAU DE WEISSENSTEIN APARTENANT A S. A. S. MON SEIGNEUR / LE LANDGRAVE / DE HESSE. / Composé et dessiné par Charle de Wailly, Architecte du ROI, ancien Controleur / de ces Batimentes, des Académies Royalles d'Architecture, Peinture, Sculpture, de l'Institu des Bologne, et des Académies des Arts des CASSEL / 1785.«

Kat. Nr. 1   Abb. 17, Farbtafel I oben
Charles De Wailly: **1. Projekt Schloß Weißenstein, perspektivische Ansicht**

Feder in Schwarz, braune Tusche, farbig aquarelliert, dunkle Partien mit Tempera überzogen, weiße Höhungen, breiter blauer Rahmen durch schwarze Linie abgesetzt
507 × 979 mm
Bez. u. Mitte: »1.er Projet/Elévation perspective du Château de Weissenstein appartenant à S.A.S. Monseigneur le Landgrave des Hesse«, signiert u. r.: »De Wailly. f.«
Potsdam, Kassel XIII, Blatt Nr. 1, Inv. Nr. 5415

Gezeigt ist die stadtseitig orientierte Dreiflügelanlage mit landschaftlicher Umgebung, im Hintergrund das Herkules-Oktogon. Die Architektur ist präzise und in hellem Seitenlicht dargestellt; die Rampe im Vordergrund ist dagegen mit dicken Federstrichen und fleckiger Aquarellierung skizzenhaft hingeworfen. Diese differenzierte Darstellungsweise lenkt den Blick auf den Hauptgegenstand, das Schloß.

Lit.: Holtmeyer 1910, S. 303f; — Holtmeyer 1913, S. LI, Abb. 35; — Paetow 1929, S. 82, Abb. 33; — Bangert 1969, Fig. 8; — Braham 1972, S. 680, 684f. Abb. 46; — Both/Vogel 1973, S. 181, 184—186, Abb. 51 — De Wailly 1979, S. 86, 94, 119, Kat. Nr. 300; — Schuchard/Dittscheid 1979, S. 84, 220, Kat. Nr. 303; — Dittscheid 1980, S. 34, 67, Kat. Nr. 1, Taf. III

Kat. Nr. 2   Abb. 21
Charles De Wailly: **1. Projekt Schloß Weißenstein, Situationsplan, erste Variante**

Vorzeichnung in Bleistift, Feder in Grau und Schwarz, farbig aquarelliert, dunkelgrüne Partien (Boskettzone) mit Temperaüberzug, doppelte schwarze Randlinie
566 × 858 mm
Bezifferter Maßstab: 120 toises (10 toises ≙ 21 mm)
Bez. u. Mitte: »1.er Projet du nouveau Château de Weissenstein appartenant à S.A.S. Monseigneur le Landgrave de Hesse.«
Legende unten links:
»Table de renvoi du Plan.
Bezifferter Maßstab: 120 toises (10 toises ≙ 21 mm)
Bez. u. Mitte: »1.er Projet du nouveau Château de Weissenstein appartenant à S.A.S. Monseigneur le Landgrave de Hesse.«
Legende unten links:
»Table de renvoi du Plan.
A Chemin du château qui vient de la Ville.
B Pente douce & Escaliers pour arriver au Château.
C Amphithéatre en fer à Cheval, orné d'un Bassin.
D Avant-Cour.
E Cour du Château
F Grand Corps de logis du Château
G Colonnades qui conduisent aux pavillons des Bains.
H Cour des Cuisines
I Grand Parterre de Fleurs
K Piece d'eau qui termine la Cascade, et dont le jet s'eleve à 160 pieds.
L Allèe qui conduit à la Cascade
M Temple d'Apollon
N Bosquet d'Apollon
O Bosquet de Diane
P Jardin d'Anacréon
Q Etangs
R Chapelle Catholique
S Laiterie
T Potager
V Salon des 4 Saisons avec différents Jeux.
X Ménagerie
Y Dépendence du Château
Z Ancien chemin du Château«
Potsdam, Kassel XIII, Blatt Nr. 2, Inv. Nr. 5415

Dem Situationsplan ist im unteren Teil des Blattes ein Längsschnitt durch die gesamte Anlage, einschließlich des Profils der gestuften Landschaft, beigegeben.
Frühestes Stadium der Schloßarchitektur mit hohen Pavillons. Halbkreis-Exedren-Innenfläche durch Wasserbecken eingenommen. — Maßstab 1:936.

Lit.: Holtmeyer 1913, XXII, Abb. 7; — Paetow 1929, S. 82; — Both/Vogel 1973, S. 183—186, Abb. 53; — Schuchard/Dittscheid 1979, S. 84, 220, Kat. Nr. 303; — Dittscheid 1980, S. 32f., Kat. Nr. 2, Abb. 12

Kat. Nr. 3   Abb. 22, Farbtafel III oben
Charles De Wailly mit Atelier: **1. Projekt Schloß Weißenstein, Situationsplan, zweite Variante**

Feder in Schwarz, farbig aquarelliert, dreifache schwarze Randlinie, aus zwei Bogen mit aufgeklebtem blauem Rand montiert
578 × 879 mm
Bezifferter Maßstab: 120 toises (10 toises ≙ 21 mm)
Bez. u. Mitte: »I.er PROJET DU NOUVEAU CHATEAU DE WEISSENSTEIN APPARTENANT A S.A.S. MONSEIGNEUR LE LANDGRAVE DE HESSE.«.

Legende unten links:
»TABLE DE RENVOI DU PLAN.
A   Chemin du Chateau qui vient de la Ville.
B   Pente dousse et Escalier pour arriver au Chateau.
C   Anphitheatre en ferre a Cheval orné d'un Basein.
D   Premiere Avan-cour
E   Seconde Avan-cour
F   Cour du Chateau
G   Grand Corp de logis du Chateau
H   Colonnade qui conduit aux Pavillons des Bains
I   Bassein ou l'on a suprimé le grand jet pour le placer a l'Anphitheatre
K   Allée qui conduit a la Cascade
L   Dépendance du Chateau
M   Ancien Chemin du Chateau
N   Menagerie
O   Laiterie
P   Chapelle Chatolique
Q   Jardin d'Anacréon
R   Salle de verdure consacré a Apollon
S   Etangs
T   Sallon des 4 Saisons avec differents jeux.
V   Potager«
Potsdam, Kassel XIII, Blatt Nr. 3, Inv. Nr. 5416

Dieser Situationsplan zeigt das Schloß mit dem Erdgeschoßgrundriß, nach Westen verschoben. Ein Theater fehlt. Der dem Gesamtlängsschnitt zu entnehmende Aufriß entspricht dem von Kat. Nr. 2. Die erste avant-cour ist von 4 Obelisken umstellt. — Maßstab 1 : 936.

Lit.: Dittscheid 1980, S. 33f., Kat. Nr. 3, Abb. 13

Kat. Nr. 4   Abb. 14
Charles De Wailly mit Atelier: 1. Projekt Schloß Weißenstein, Grundriß des Kellergeschosses

Feder in Schwarz, karminrot und rosa angelegt, doppelte schwarze Randlinie
284 × 450 mm
Unbezifferter Maßstab: 40 Einheiten (= 40 toises; 10 toises ≙ 45 mm)
Bez. o. Mitte: »Plan du Soubassement 1er Projet«; einige Raumfunktionen: »Grotte, Cuisine, Commun, Chambre«
Potsdam, Kassel XIII, Blatt Nr. 4, Inv. Nr. 5417

Der Keller erhält durch den gleichmäßig durchfensterten, vor den Außenseiten verlaufenden hohen Sockel sein Licht. — Maßstab 1:432.

Lit.: Dittscheid 1980, S. 31, Kat. Nr. 4

Kat. Nr. 5   Abb. 13
Charles De Wailly: 1. Projekt Schloß Weißenstein, Grundriß des Erdgeschosses

Feder in Schwarz, rot (Mauerzüge) angelegt, blau, grau (Wasserflächen) aquarelliert, doppelte schwarze Randlinie
286 × 447 mm
Unbezifferter Maßstab: 40 Einheiten (= 40 toises; 10 toises ≙ 45 mm)
Bez. o. Mitte: »Plan du Rez-de Chaussée 1er Projet«, im Grundriß Eintragung der Raumfunktionen: »Péristille, Vestibule et grand Escalier, Salle des Gardes, Antichambre, Piece des Nobles, Théatre, Salle à Manger, Cabinet, arriere Cabinet, Chambre à Coucher, toilette, Bibliotheque, Appt. de Bain«
Potsdam, Kassel XIII, Blatt Nr. 5, Inv. Nr. 5418

Die Innenflächen der Halbkreisexedren nehmen, wie in der ersten Variante des Situationsplanes, Wasserbecken ein. — Maßstab 1:432.

Lit.: Holtmeyer 1910, Taf. 133,3 (summarische Umzeichnung); — Dittscheid 1980, S. 31, 34, Kat. Nr. 5, Abb. 9

Kat. Nr. 6   Abb. 15
Charles de Wailly: 1. Projekt Schloß Weißenstein, Grundriß des Obergeschosses

Feder in Schwarz, rosa (Mauerzüge) angelegt, grau (Dächer) laviert, doppelte schwarze Randlinie
284 × 447 mm
Unbezifferter Maßstab: 40 Einheiten (= 40 toises; 10 toises ≙ 45 mm)
Bez. o. Mitte: »Plan du premier Etage composé de 13. appartements de Maîtres. 1er Projet«, im Grundriß Eintragung der Raumfunktionen: »Salle de Billard, grand Salon, Cabinet de Physique, Cabinet d'histoire naturelle, Terrasse««
Potsdam, Kassel XIII, Blatt Nr. 6, Inv. Nr. 5419

Gezeigt ist der Grundriß des Obergeschosses mit dem großen Salon und den Gästeappartements. In den Eckpavillons liegen naturwissenschaftliche Kabinette. — Maßstab 1:432

Lit.: Dittscheid 1980, S. 31f., Kat. Nr. 6, Abb. 11

Kat. Nr. 7   Abb. 16
Charles De Wailly: 1. Projekt Schloß Weißenstein, Dachausmittlung

Vorzeichnung in Bleistift, Feder in Schwarz, blau-grau (Dächer) laviert, doppelte schwarze Randlinie
286 × 445 mm
Unbezifferter Maßstab: 40 Einheiten (= 40 toises; 10 toises ≙ 45 mm)
Bez. o. Mitte: »Plan des Combles. 1er Projet.«
Potsdam, Kassel XIII, Blatt Nr. 7, Inv. Nr. 5420

Gezeigt ist der Grundriß mit der Aufsicht auf die Dächer. Die Laterne des Mittelpavillons erscheint im Grundriß. — Maßstab 1:432

Lit.: Dittscheid 1980, S. 30, Kat. Nr. 7, Abb. 6

Kat. Nr. 8   Abb. 9, Farbtafel II oben
Charles De Wailly: 1. Projekt Schloß Weißenstein, Aufriß von Osten

Vorzeichnung in Bleistift, Feder in Schwarz, braun (Kolonnaden), hell- und dunkelgrau (Corps de logis) und blaugrau (Dächer) aquarelliert, doppelte schwarze Randlinie — 285 × 712 mm, aus drei Teilen zusammengeklebt
Bezifferter Maßstab: 30 toises (10 toises ≙ 90 mm)
Bez. o. Mitte: »Elévation du coté de l'Entrée 1er Projet.«
Potsdam Kassel XIII, Blatt Nr. 8, Inv. Nr. 5421

Gezeigt ist der Aufriß der nach der Stadt weisenden Ehrenhofseite. Auf der linken Seite ist die Kolonnade in der Querachse geschnitten, daher ist die Stirnseite des linken Seitenpavillons sichtbar. Der Entwurf ist in einer bei De Wailly wiederholt anzutreffenden Collagentechnik entstanden: Der Sockel ist auf den großen Papierbogen gezeichnet; die übrigen Teile des Schlosses sind entlang des Konturs ausgeschnitten und aufgeklebt. Eine übermalte Fassung sah eine Fontäne vor dem Mittelpavillon vor. — Maßstab 1:216

Lit.: Dittscheid 1980, S. 29—31, Kat. Nr. 8, Taf. II

Kat. Nr. 9   Abb. 10
Charles De Wailly: **1. Projekt Schloß Weißenstein, Aufriß von Westen**

Vorzeichnung in Bleistift, Feder in Schwarz, braun, hell- und dunkelgrau (Mauerflächen), blau-grau (Dächer, Fontänen) aquarelliert, doppelte schwarze Randlinie
279 × 722 mm
Bezifferter Maßstab: 30 toises (10 toises ≙ 90 mm)
Bez. o. Mitte: »Elévation du coté du Jardin 1er Projet«
Potsdam, Kassel XIII, Blatt Nr. 9, Inv. Nr. 5422

Gezeigt ist der Aufriß der Gartenfront. Die Kolonnaden setzen sich durch eine zartere Aquarellierung ab, ein Hinweis darauf, daß sie im Hintergrund liegen. — Maßstab 1:216.

Lit.: Dittscheid 1980, S. 30, Kat. Nr. 9, Abb. 8

Kat. Nr. 10   Abb. 12
Charles De Wailly: **1. Projekt Schloß Weißenstein, Aufriß von Süden**

Feder in Schwarz, dunkel- und hellbraun, dunkel- und hellgrau, blaugrau aquarelliert, weiß gehöht (Fontäne), doppelte schwarze Randlinie
279 × 720 mm, aus zwei Bogen zusammengeklebt
Bezifferter Maßstab: 30 toises (10 toises ≙ 90 mm)
Bez. o. Mitte: »Elévation Latérale 1er Projet«
Potsdam, Kassel XIII, Blatt Nr. 10, Inv. Nr. 5423

Dargestellt ist die Seitenansicht des Schlosses mit dem Aufriß eines Seitenflügels und einer Kolonnade. Von den im Vordergrund stehenden kräftig gezeichneten und aquarellierten Bauteilen heben sich die im Hintergrund liegenden durch zartere Aquarellierung ab. — Maßstab 1:216.

Lit.: Dittscheid 1980, S. 30, Kat. Nr. 10, Abb. 7

Kat. Nr. 11   Abb. 11
Charles De Wailly: **1. Projekt Schloß Weißenstein, Längsschnitt durch das Corps de logis**

Feder in Schwarz, hellrosa (Schnittflächen der Mauern) angelegt, dunkel- und hellgrau (Wandflächen) und blaugrau (Dächer) aquarelliert, doppelte schwarze Randlinie — 253 × 482 mm

Unbezifferter Maßstab: 30 Einheiten (= 30 toises; 10 toises ≙ 90 mm)
Bez. o. Mitte: »Coupe par le milieu du grand Salon, du Théatre, et de la Salle à manger. 1er Projet.«
Potsdam, Kassel XIII, Blatt Nr. 11, Inv. Nr. 5424

Der Längsschnitt durch das Corps de logis verläuft in Höhe der hofseitigen Enfilade, die mit der Mittelachse von Theater und Speisesaal zusammenfällt. — Maßstab 1:216.

Lit.: Dittscheid 1980, S. 31 f., Kat. Nr. 11, Abb. 10

Kat. Nr. 12   Abb. 20
Charles De Wailly: **1. Projekt Schloß Weißenstein, Längsschnitt durch einen Seitenflügel**

Feder in Schwarz, hellrosa (Schnittflächen der Mauern) angelegt, farbig aquarelliert, doppelte schwarze Randlinie
273 × 575 mm, aus zwei Bogen zusammengeklebt
Bezifferter Maßstab: 30 toises (10 toises ≙ 90 mm)
Bez. o. Mitte: »Coupe Latérale 1er Projet«
Potsdam, Kassel XIII, Blatt Nr. 12, Inv. Nr. 5425

Gezeigt ist der Längsschnitt durch den rechten Seitenflügel und Kolonnadenpavillon mit Blick von Süden. Die Schnittebene verläuft in Höhe der Enfilade. — Maßstab 1:216.

Lit.: Dittscheid 1980, Kat. Nr. 12

Kat. Nr. 13   Abb. 18
Charles De Wailly: **1. Projekt Schloß Weißenstein, Querschnitt durch das Corps de logis**

Vorzeichnung in Bleistift, Feder in Schwarz, rosa (Schnittflächen der Mauern) angelegt, farbig aquarelliert, doppelte schwarze Randlinie
290 × 1101 mm, aus drei Bogen montiert
Bezifferter Maßstab: 30 toises (10 toises ≙ 90 mm)
Bez. o. Mitte: »Coupe sur la Longueur 1er Projet«
Potsdam, Kassel XIII, Blatt Nr. 13, Inv. Nr. 5426

Gezeigt sind der Querschnitt durch das Corps de logis in Höhe der Sagittalachse, außerdem im Aufriß der rechte Seitenflügel mit Kolonnade sowie im Schnitt die avantcour. Der große Salon weist im Unterschied zu Kat. Nr. 11 eine flacher gewölbte Kuppelschale auf. — Maßstab 1:216.

Lit.: Dittscheid 1980, S. 34, Kat. Nr. 13, Abb. 15

Kat. Nr. 14—24 Zweites Projekt

Erläuterung auf einem separaten, den Zeichnungen vorangestellten Blatt:
»IIe. PROJET / DU NOUVEAU CHATEAU / DE WEISENSTEIN / APARTENANT A S.A.S. MONSEIGNEUR / LE LANDGRAVE DE HESSE. /

Composé et dessiné par de Wailly, Architecte du ROI, ancien Contro^r / de ces Batiments, des Académies Royales d'Architecture, Peinture, Sculpt^e, / de l'Institu de Bologne, et des Académies des Artes de CASSEL. / 1785.«

Kat. Nr. 14 Abb. 37, Farbtafel I unten
Charles De Wailly: 2. Projekt Schloß Weißenstein, Ansicht von Osten

Vorzeichnung in Bleistift, Feder in Schwarz, farbig aquarelliert, Tempera in Braun und Grün, weiß gehöht, doppelte schwarze Randlinie, blauer Rand aufgeklebt
506 × 907 mm, aus 2 Bogen montiert; Maßstab fehlt.
Bez. u. Mitte: »2e Projet. / Elévation perspective du Château de Weissenstein appartenant à S.A.S. Monseigneur le Landgrave de Hesse.«, signiert u. r.: »De Wailly 1785«
Potsdam, Kassel XIII, Blatt Nr. 14, Inv. Nr. 5427

Gezeigt ist die zur Stadt weisende Ehrenhofseite des 2. Entwurfs, die Architektur der Kreisrampen und des Schlosses im Aufriß, die begleitende Landschaft in malerischer Perspektive. Das Datum neben der Signatur lautete zuerst 1784 und wurde nachträglich nur oberflächlich korrigiert.

Lit.: Holtmeyer 1910, S. 304; — Holtmeyer 1913, S. L, Abb. 33; — Paetow 1929, S. 82, Abb. 32; — Bangert 1969, Fig. 7; — Braham 1972, S. 680, 684f. Abb. 47; — Both/Vogel 1973, S. 181, 184–186, Abb. 52; — De Wailly 1979, S. 86, 95, 119, Kat. Nr. 300; — Schuchard/Dittscheid 1979, S. 84, 220, Kat. Nr. 304; — Dittscheid 1980, S. 41, 44, Kat. Nr. 14, Taf. I

Kat. Nr. 15 Abb. 40, 49, Farbtafel III unten
Charles De Wailly: 2. Projekt Schloß Weißenstein, Situationsplan

Vorzeichnung in Bleistift, Feder in Schwarz, farbig aquarelliert, stellenweise Überzug in Tempera, doppelte schwarze Randlinie
573 × 872 mm, aus 2 Bogen montiert
Bezifferter Maßstab: 120 toises (10 toises ≙ 21 mm)
Bez. u. Mitte: »II.e Projet du nouveau Château de Weissenstein appartenant à S.A.S. Monseigneur le Landgrave de Hesse.«
Legende fehlt
Potsdam, Kassel XIII, Blatt Nr. 15, Inv. Nr. 5428

Der Zeichnung liegt der Situationsplan der alten, von De Wailly vorgefundenen Anlage zugrunde; der Vorgängerbau des Schlosses ist hellgelb angelegt. Der Grundriß des 2. Projekts ist wie der der Nebengebäude hellrosa angelegt. Darüber zeichnete De Wailly nachträglich den wesentlich kleineren Grundriß des 3. Projekts mit den zwei freistehenden Seitenflügeln; er ist dunkelrosa angelegt. An einer Längsseite des Blattes befinden sich zwei Längsschnitte durch die gesamte Anlage mit Profil der Landschaft, der obere mit Vorgängeranlage, der untere mit dem 2. Projekt.

In dem Schnitt durch das neu geplante Schloß hat sich dessen frühestes Entwurfsstadium erhalten. — Maßstab 1:936

Lit.: Holtmeyer 1913, S. XXII, Abb. 6; — Paetow 1929, S. 82f.; — Bangert 1969, S. 102; — Braham 1972, S. 680, 684f., Abb. 45; — Both/Vogel 1973, S. 184; — Schuchard/Dittscheid 1979, S. 84, 220, Kat. Nr. 304; — Dittscheid 1980, S. 43, Kat. Nr. 15, Abb. 33, 34

Kat. Nr. 16 Abb. 42
Charles De Wailly und Atelier: 2. Projekt Schloß Weißenstein, Grundriß des Kellergeschosses

Vorzeichnung in Bleistift, Feder in Schwarz, rot und hellrosa angelegt, doppelte schwarze Randlinie
436 × 564 mm
Bezifferter Maßstab: 20 toises (10 toises ≙ 63 mm)
Bez. o. Mitte: »Plan du Soubassement. 2e Projet.« Eintragungen der Raumfunktionen: »Cave, Chambre à coucher, Dessous du Théatre, petite Cour, Office, Patisserie, Commun, Cuisine, Rotisserie«
Potsdam, Kassel XIII, Blatt Nr. 16, Inv. Nr. 5429

Gezeigt ist der Grundriß des Kellergeschosses. Im rechten Seitenflügel liegt die Küche, im linken sind Schlafkammern für Bedienstete untergebracht. — Maßstab 1:312.

Lit.: Dittscheid 1980, Kat. Nr. 16

Kat. Nr. 17 Abb. 43
Charles De Wailly: 2. Projekt Schloß Weißenstein, Grundriß und Situationsplan

Vorzeichnung in Bleistift, Feder in Schwarz, farbig aquarelliert, stellenweise Überzug in Tempera, doppelte schwarze Randlinie
440 × 573 mm
Bezifferter Maßstab: 20 toises (10 toises ≙ 62,5 mm)
Bez. o. Mitte: »Plan du Rez-de Chaussée / 2.e Projet«, Eintragungen der Raumfunktionen: »péristille, Vestibule ou Salle des Gardes, Grand Salon, Antichambre, Piece des Nobles, Salon, Chambre à Coucher. Cabinet, Arrière Cabinet, Salon, Boudoir, Théatre, Salle à Manger«
Potsdam, Kassel XIII, Blatt Nr. 17, Inv. Nr. 5430

Gezeigt ist der Grundriß des Erdgeschosses mit der unmittelbaren Park-Umgebung. Zu Seiten des Schlosses künstliche Felsformationen, im Süden auf dem in situ befindlichen »Weißenstein« aufbauend. Auf der Gartenseite ein englisches Parterre. — Maßstab 1:312.

Lit.: Dittscheid 1980, S. 41f., Kat. Nr. 17, Abb. 29

Kat. Nr. 18 Abb. 44
Charles De Wailly: 2. Projekt Schloß Weißenstein, Grundriß des Obergeschosses

Vorzeichnung in Bleistift, Feder in Schwarz, hellrosa angelegt, doppelte schwarze Randlinie
435 × 563 mm

Bezifferter Maßstab: 20 toises (10 toises ≙ 62,5 mm)
Bez. o. Mitte: »Plan du premier Etage composé de vingt Appartements de Maîtres. 2.e Projet«, ferner Eintragungen der Raumfunktionen: »Salle de Billard, Petite cour, Dessus du Théatre, Magazin des Décorations«
Potsdam, Kassel XIII, Blatt Nr. 18, Inv. Nr. 5431

Gezeigt ist das Obergeschoß, dessen Gästeappartements durchnumeriert sind. — Maßstab 1:312.

Lit.: Dittscheid 1980, S. 43, Kat. Nr. 18, Abb. 32

Kat. Nr. 19 Abb. 45
Charles De Wailly: **2. Projekt Schloß Weißenstein, Dachausmittlung**

Feder in Schwarz, rosa (Mauern, Balustraden) und rot (Schnitte durch die Säulen) angelegt, blau-grau (Dächer) laviert, doppelte schwarze Randlinie
431 × 563 mm
Bezifferter Maßstab: 20 toises (10 toises ≙ 63 mm)
Bez. o. Mitte: »Plan des Combles 2e Projet«
Potsdam, Kassel XIII, Blatt Nr. 19, Inv. Nr. 5432

Gezeigt ist der Grundriß des Schlosses mit der Aufsicht auf die Dächer und verglasten Kuppeln über den Treppen. Der Monopteros ist im Grundriß wiedergegeben. Durch das für die Zeichnung angenommene Seitenlicht erhält die Dachlandschaft eine starke Plastizität; die Architekturzeichnung tritt damit in Konkurrenz zum dreidimensionalen Architekturmodell. — Maßstab 1:312.

Lit.: Dittscheid 1980, Kat. Nr. 19

Kat. Nr. 20 Abb. 38
Charles De Wailly: **2. Projekt Schloß Weißenstein, Aufrisse von Norden und Westen**

Feder in Schwarz, braun-grau (Wände) und blau-grau (Dächer) laviert, doppelte schwarze Randlinie
438 × 560 mm
Bezifferter Maßstab: 20 toises (10 toises ≙ 83,5 mm)
Bez. o.: »Elévation latérale. 2.e Projet.« Mitte: »Elévation du coté du Jardin. 2e Projet.«
Potsdam, Kassel XIII, Blatt Nr. 20, Inv. Nr. 5433

Dargestellt ist oben der Aufriß des nördlichen (rechten) Seitenflügels von Norden, darunter der Aufriß der Gartenseite des Corps de logis von Westen. Bei beiden Aufrissen sind die Attikageschosse der Seitenpavillons aus nachträglichen Hinzufügungen hervorgegangen.

Lit.: Dittscheid 1980, S. 41, 43, Kat. Nr. 20, Abb. 28

Kat. Nr. 21 Abb. 46
Charles De Wailly: **2. Projekt Schloß Weißenstein, Längsschnitte durch einen Seitenflügel und das Corps de logis**

Feder in Schwarz, rosa (Mauerschnitte) angelegt, grau (Wände) und dunkelgrau (Schattenzonen) laviert, doppelte schwarze Randlinie
437 × 560 mm
Bezifferter Maßstab: 20 toises (10 toises ≙ 83,4 mm)
Bez. o.: »Coupe latérale 2e Projet«, Mitte: »Coupe du côté du Jardin 2e Projet«
Potsdam, Kassel XIII, Blatt Nr. 21, Inv. Nr. 5434

Gezeigt ist oben der Längsschnitt durch den südlichen (linken) Seitenflügel mit Schnitt in Höhe der Enfilade und Blickrichtung nach Süden. Im Unterschied zum Grundriß des Erdgeschosses (Kat. Nr. 17) wird hier die Enfilade in der Mitte der Räume (Nebensalons und Appartement) angenommen. Die untere Hälfte des Blattes nimmt der Längsschnitt durch das Corps de logis mit Schnitt in Höhe der Enfilade und Blickrichtung nach Westen ein. Auffallend ist, daß sich die Dekoration auf die Salons konzentriert, während die übrigen Räume in der Ausstattung vernachlässigt sind. — Maßstab 1:234.

Lit.: Dittscheid 1980, S. 41, Kat. Nr. 21

Kat. Nr. 22 Abb. 47
Charles De Wailly: **2. Projekt Schloß Weißenstein, Variante zum nördlichen Seitenflügel**

Vorzeichnung in Bleistift, Feder in Schwarz, rosa (Mauerschnitte) angelegt, grau (Wände) laviert, doppelte schwarze Randlinie
443 × 560 mm
Bezifferter Maßstab: 20 toises (10 toises ≙ 125 mm)
Bez. Mitte: »Plan et coupe de la Gallerie. 2. Projet.«
Potsdam, Kassel XIII, Blatt Nr. 22, Inv. Nr. 5435

Gezeigt ist ganz oben ein Querschnitt durch die Galerie, in der Mitte ein Längsschnitt mit Blick nach Norden und unten ein Detailgrundriß mit Projektion der vorgesehenen Deckenmalereien. — Maßstab 1:156

Lit.: Dittscheid 1980, S. 43, Kat. Nr. 22, Abb. 31

Kat. Nr. 23 Abb. 41
Charles De Wailly: **2. Projekt Schloß Weißenstein, Quer- und Diagonalschnitt**

Feder in Schwarz, farbig aquarelliert, hellrosa (Mauerschnitte) angelegt, weiße Höhungen, doppelte schwarze Randlinie
423 × 566 mm
Bezifferter Maßstab: 20 toises (10 toises ≙ 83,5 mm)
Bez. o.: »Coupe par le milieu du Salon. 2e Projet«, in der Mitte: »Coupe par le milieu du Théatre, et dévelopement de la partie circulaire, 2e Projet«.
Potsdam, Kassel XIII, Blatt Nr. 23, Inv. Nr. 5436

Dargestellt ist oben der Querschnitt durch das Corps de logis in Höhe der Sagittalachse mit Blick nach Norden auf die rechte Hälfte des Schlosses, unten ein Diagonalschnitt in Höhe der Mittelachse des Theaters und Blick nach Nordwesten auf die Innenseite des Schloßhofs.

Lit.: De Wailly 1979, S. 95, Kat. Nr. 300 — Dittscheid 1980, S. 42, Kat. Nr. 23

Kat. Nr. 24 Abb. 92
Atelier Charles De Wailly: 2. Projekt Schloß Weißenstein, Schnitt und Grundriß des Theaters

Vorzeichnung in Bleistift, Feder in Schwarz, rot (Grundriß) und hellrosa (Mauerschnitte) angelegt, grau (Wände) laviert, doppelte schwarze Randlinie
567 × 438 mm
Bezifferter Maßstab: 10 toises (≙ 187 mm)
Bez. Mitte: »Plan et Coupe de la Salle de Spectacle. 2e Projet.«
Potsdam, Kassel XIII, Blatt Nr. 24, Inv. Nr. 5437

Gezeigt ist oben der Längsschnitt durch das Theater in Höhe der Mittelachse, unten der Grundriß. — Maßstab 1:104.

Lit.: Dittscheid 1980, S. 61, Kat. Nr. 24, Abb. 66

Kat. Nr. 25—33 Drittes Projekt

Erläuterung auf einem separaten, den Zeichnungen vorangestellten Blatt: »III. PROJET / DU NOUVEAU CHATEAU / DE WEISENSTEIN / APARTENANT A S.A.S. MONSEIGNEUR / LE LANDGRAVE / DE HESSE. / Composé et dessiné par Charle de Wailly Architecte du ROI ancien / Controleur de ces Batiments, des Academies Royales / d'Architecture, Peinture, Sculpture, de l'Institu de Bologne, / et des Académies des Artes de CASSEL. / 1785«.

Kat. Nr. 25 Abb. 67
Atelier Charles De Wailly: 3. Projekt Schloß Weißenstein, Grundriß des Kellergeschosses

Feder in Schwarz, karminrot (Mauerschnitte) angelegt, grau laviert, doppelte schwarze Randlinie
279 × 420 mm
Maßstabsangabe fehlt, identisch mit Kat. Nr. 26
Bez. o.: »Plan du Soûbassement 3e projet,« Eintragungen der Raumfunktionen: »Dessous du Temple de Diane, grote, Fosse ou Cour des Cuisines, Cuisine, Petite cour, Caves, Office, Chambre«
Potsdam, Kassel XIII, Blatt Nr. 25, Inv. Nr. 5438

Gezeigt ist die Aufteilung des Kellergeschosses mit Bedienstetenwohnungen in der linken Hälfte und Küche und Wirtschaftsräumen in der rechten Hälfte des Schlosses. Dank des hohen Außensockels erhalten diese Räume viel Licht durch die darin eingelassenen Fenster. — Maßstab 1:264.

Lit.: Dittscheid 1980, S. 53, Kat. Nr. 25, Abb. 48

Kat. Nr. 26 Abb. 66
Charles De Wailly: 3. Projekt Schloß Weißenstein, Grundriß des Erdgeschosses

Feder in Schwarz, rot (Mauerschnitte) und hellrosa (separierter Seitenflügel und Kolonnade) angelegt, grau laviert, doppelte schwarze Randlinie
304 × 427 mm
Bezifferter Maßstab: 30 toises (10 toises ≙ 74 mm)
Bez. o.: »Plan du Rez-de Chaussée. 3e projet«,
Eintragungen der Raumfunktionen: »Vestibule, Antichambre, Salle de Compagnie, Chambre à coucher, Cabinet, Grand Salon, Salle à manger, Salle de Jeux, Salle de Billard, Appt. de Bains«
Potsdam, Kassel XIII, Blatt Nr. 26, Inv. Nr. 5439

An das zuerst gezeichnete Erdgeschoß des Kernbaus wurden nachträglich zwei separierte Seitenflügel angefügt. Diese sind nur im Umriß wiedergegeben und haben über Kolonnaden Verbindung mit dem Kernbau.
Das Erweiterungsprojekt ist mit wenig Sorgfalt gezeichnet, im Gegensatz zum Hauptteil der Zeichnung. — Maßstab 1:264.

Lit.: Holtmeyer 1910, Taf. 133, 4 (summarische Umzeichnung); — Dittscheid 1980, S. 50, 54, Kat. Nr. 26, Abb. 46

Kat. Nr. 27 Abb. 69
Charles De Wailly und Atelier: 3. Projekt Schloß Weißenstein, zwei Grundrisse

Vorzeichnung in Blei, Feder in Schwarz, rot und rosa (Mauerschnitte) angelegt, blaugrau laviert, doppelte schwarze Randlinie
563 × 428 mm
Bezifferter Maßstab: 30 toises (10 toises ≙ 73,5 mm)
Bez. o.: »Plan du premier Etage / Composé de douze Appartements de Maîtres / 3e projet«, in der Mitte: »Plan du deuxieme Etage / ou des Combles au niveau du Théâtre / et des Chambres des Domestiques.«
Potsdam, Kassel XIII, Blatt Nr. 27, Inv. Nr. 5440

Dargestellt ist oben der Grundriß des Obergeschosses mit zwölf durchnumerierten Gästeappartements, unten der Grundriß der Kuppel, die das Theater aufnimmt, und des angrenzenden Dachbodens. — Maßstab 1:264.

Lit.: Dittscheid 1980, S. 53f., Kat. Nr. 27, Abb. 49

Kat. Nr. 28 Abb. 68
Charles De Wailly und Atelier: 3. Projekt Schloß Weißenstein, Dachausmittlung

Feder in Schwarz, blau und grau laviert, doppelte schwarze Randlinie
273 × 426 mm

Maßstabsangabe fehlt, identisch mit Kat. Nr. 25—27, ein falscher Maßstab am unteren Rand der Zeichnung wegradiert
Bez. o.: »Plan des Combles. 3ᵉ. projet.«
Potsdam, Kassel XIII, Blatt Nr. 28. Inv. Nr. 5441

Gezeigt ist der Grundriß des Schlosses mit der Aufsicht auf die Dachzone, das verglaste Opaion der Theaterkuppel und die verglasten Kuppeln über den Treppen. Für die stark räumliche Wirkung in der Art der Wiedergabe gilt das bei Kat. Nr. 19 bereits Gesagte. — Maßstab 1:264.

Lit.: Dittscheid 1980, Kat. Nr. 28

Kat. Nr. 29   Abb. 61, Farbtafel II unten
Charles De Wailly: 3. Projekt Schloß Weißenstein, Aufriß von Osten

Vorzeichnung in Bleistift, Feder in Schwarz, braun (Wände), grau (Schattenzonen), blau und blau-grau (Wasser, Dächer) aquarelliert, doppelte schwarze Randlinie
429 × 570 mm
Bezifferter Maßstab: 30 toises (10 toises ≙ 147 mm)
Bez. o.: »Elévation du côté du Temple de Diane. 3.ᵉ Projet«, in den Ecken o. l. und u. r. die Ziffer »5«
Potsdam, Kassel XIII, Blatt Nr. 29, Inv. Nr. 5442

Dargestellt ist der nach der Stadt weisende Aufriß mit der Ehrenhofseite. Die Ziffer 5 gibt einen Hinweis darauf, daß die Zeichnungen einzeln nach Kassel geschickt wurden und erst dort — unter Wilhelm IX.! — in einem Klebeband zusammengestellt wurden: Es handelt sich bei der vorliegenden Zeichnung um die 5. Zeichnung des 3. Projekts. — Maßstab 1:132.

Lit.: Dittscheid 1980, S. 50, Kat. Nr. 29, Taf. IV

Kat. Nr. 30   Abb. 62
Charles De Wailly: 3. Projekt Schloß Weißenstein, Aufriß von Westen

Feder in Schwarz, braun (Wände), grau (Schattenzonen) und blau-grau (Dächer) aquarelliert, doppelte schwarze Randlinie
426 × 566 mm
Maßstabsangabe fehlt, identisch mit Kat. Nr. 29, ein falscher Maßstab am unteren Rand wegradiert
Bez. o.: »Elévation du côté du Jardin 3.ᵉ Projet«, o. l. und u. r. die Ziffer »6«
Potsdam, Kassel XIII, Blatt Nr. 30, Inv. Nr. 5443

Gezeigt ist die nach dem Karlsberg weisende Gartenseite des Schlosses. Die angebrachte Ziffer beweist, daß die Anordnung der Zeichnungen im Klebeband nach den Anweisungen De Waillys erfolgte, vgl. Kat. Nr. 29. Im ersten Zustand der Zeichnung fehlte der Kuppel der Tambour. — Maßstab 1:132.

Lit.: Dittscheid 1980, S. 50, Kat. Nr. 30, Abb. 45

Kat. Nr. 31   Abb. 63
Charles De Wailly: 3. Projekt Schloß Weißenstein, Aufriß von Norden

Feder in Schwarz, braun, braun-grau (Wände) und blaugrau (Dächer) aquarelliert, doppelte schwarze Randlinie
427 × 571 mm
Maßstabsangabe fehlt, identisch mit Kat. Nr. 29, 30; ein falscher Maßstab am unteren Rand wegradiert
Bez. o.: »Elévation Latérale. 3.ᵉ Projet«, o. l. und u. r. die Ziffer »7«
Potsdam, Kassel XIII, Blatt 31, Inv. Nr. 5444

Gezeigt ist der Aufriß des rechten Seitenflügels von Norden; die tiefer gelegenen Teile des Schlosses, die Architektur des Dianatempels und des Salons, erscheinen durch eine lichtere, hellgraue Aquarellierung abgehoben. Die in kräftigen, bräunlichen Tönen gehaltene Wand des Seitenflügels weist als Besonderheit eine gefleckte Aquarellierung auf, die den Bau patiniert erscheinen läßt. — Maßstab 1:132.

Lit.: Dittscheid 1980, S. 50f., Kat. Nr. 31, Abb. 44 — Monique Mosser/Daniel Rabreau, Nature et architecture parlante, in: Résumés du Colloque Soufflot, Lyon 1980, Abb. 190

Kat. Nr. 32   Abb. 65
Charles De Wailly: 3. Projekt Schloß Weißenstein, Längsschnitt des Corps de logis

Feder in Schwarz, hellrosa (Mauerschnitte) angelegt, hell- und dunkelgrau (Wände) laviert, doppelte schwarze Randlinie
431 × 586 mm
Maßstabsangabe fehlt, identisch mit Kat. Nr. 29—31, ein falscher Maßstab am unteren Rand wegradiert.
Bez. o.: »Coupe sur la Longueur 3.e Projet«, u. r. die Ziffer »8«
Potsdam, Kassel XIII, Blatt Nr. 32, Inv. Nr. 5445

Dargestellt ist der Längsschnitt durch das Corps de logis in Höhe der Enfilade mit Blick nach Westen. Das helle Seitenlicht, die zahlreichen perspektivischen Durchblicke und optischen Effekte durch Spiegel, dazu die mehrfach abgestuften Schattierungen erzeugen den Eindurck eines tiefenräumlichen Gebildes. Maßstab 1:132

Lit.: Dittscheid 1980, S. 53, Kat. Nr. 32, Abb. 47

Kat. Nr. 33   Abb. 64
Charles De Wailly: 3. Projekt Schloß Weißenstein, Querschnitt des Corps de logis

Vorzeichnung in Bleistift, Feder in Schwarz, hellrosa (Mauerschnitte) angelegt, hell- und dunkelbraun-grau (Wände) und blau-grau (Dächer) aquarelliert, doppelte schwarze Randlinie
431 × 581 mm
Maßstabsangabe fehlt, identisch mit Kat. Nr. 29—32, ein falscher Maßstab am unteren Rand wegradiert

Bez. o.: »Coupe par le milieu du Temple de Diane, du grand Salon, et du Théatre. 3. Projet« u. r. die Ziffer »9«
Potsdam, Kassel XIII, Blatt Nr. 33, Inv. Nr. 5446

Dargestellt ist der Querschnitt durch das Corps de logis in Höhe der Sagittalachse mit Blick nach Süden; die übrigen Teile des Schlosses erscheinen im Aufriß; in einem in Spuren noch erkennbaren früheren Stadium der Zeichnung spannte sich eine Flachkuppel über den Salon; das Theater war in einer kreisrunden Kuppel mit Tambour ohne Anbau untergebracht, was dazu führte, daß die Bühne nur drei Stuhlreihen weit von den gradines des umlaufenden Balkons entfernt war. — Maßstab 1:132.

Lit.: Dittscheid 1980, S. 50, 52f., Kat. Nr. 33, Abb. 43

Vorbemerkung zu Katalog Nr. 34—42

Diese Zeichnungen gelten Jussows großem Idealprojekt für Schloß Weißenstein; sie dürften ausnahmslos in Paris, im Atelier De Waillys, entstanden sein.

Kat. Nr. 34   Abb. 97, 101, 103, 104
Heinrich Christoph Jussow: **Idealprojekt für Schloß Weißenstein, Ansicht**

Federzeichnung, aquarelliert, schwarze Randleiste
345 × 875 mm
Bez. Maßstab: 200 »Fus«
Signiert u. r.: »Jussow inv. & delin.«
Ehemals in Schloß Wilhelmshöhe, Inv. Nr. GK 42180: Kriegsverlust
Überliefert durch Fotografie: Landeskonservator Hessen, Bildarchiv Marburg, Neg. Nr. 8626

Gezeigt ist die Hauptansicht von Osten mit dem im endgültigen Zustand in die Landschaft gesetzten Aufriß des Schlosses. »Radikale« Fassung, die weitgehend auf Skulpturenschmuck verzichtet.

Lit.: Holtmeyer 1910, S. 304, Atlas Taf. 139,2; — Ponten 1925, Bd. I S. 71, Bd. II Taf. 86, Abb. 166; — Bangert 1969, Abb. 11

Kat. Nr. 35   Abb. 98, 100
Heinrich Christoph Jussow: **Idealprojekt für Schloß Weißenstein, Grundriß**

Feder in Schwarz, schwarz angelegt, grün aquarelliert, doppelte schwarze Randlinie, blauer Randstreifen aufgeklebt
606 × 872 mm
Bez. Maßstab: 200 »pieds« (10 pieds ≙ 7,5 mm)
Signiert u. r.: Jussow inv. & del.:« (in schwarzer Feder), Zusatz: »1786« (in Bleistift)
Potsdam, Kassel XV, Nr. VII/26

Gezeigt ist der Erdgeschoßgrundriß in Reinzeichnung. Im Gegensatz zum zugehörigen Aufriß, Kat. Nr. 34, zeigen die Seitenpavillon-Portiken eine pyknostyle Säulenstellung wie die Portiken der Eckpavillons. Das Datum 1786 entstammt einem späteren Zusatz, der wohl entstand, als die Zeichnungen in diesem Jahr aus Rom in Kassel eintrafen. Entstanden um 1784/85 im Atelier De Waillys, mit dessen 1. Projekt dieses Blatt den Maßstab 1:432 teilt!

Lit.: Holtmeyer 1910, S. 304, Taf. 133,7

Kat. Nr. 36   Abb. 105, 106, 107, 134
Heinrich Christoph Jussow: **Idealprojekt für Schloß Weißenstein, Aufriß und Schnitt**

Vorzeichnung in Bleistift, Feder in Schwarz, Schnitte hellrosa angelegt, grau laviert, farbig aquarelliert, stark geblichen, doppelte schwarze Randlinie, blauer Randstreifen aufgeklebt
590 × 868 mm
Signiert u. r.: »Jussow inv. & delin.«
Verw. d. Staatl. Schlösser und Gärten in Hessen, Schloß Wilhelmshöhe, Weißensteinflügel, Gemäldedepot, o. Inv. Nr.
Ehemals in dem heute in Potsdam befindlichen Band Kassel XV unter Nr. VII

Gezeigt ist oben der Aufriß des Nordflügels von Norden, unten der Längsschnitt durch diesen Flügel mit Blick von Norden, beide in der endgültigen Reinzeichnung. Entstanden um 1784/1785.

Unpubliziert

Kat. Nr. 37   Abb. 108
Heinrich Christoph Jussow: **Idealprojekt für Schloß Weißenstein, Schnitt durch den Salon**

Vorzeichnung in Bleistift, Feder in Grau und Schwarz, Schnittflächen hellrosa angelegt, grau laviert, schwarze Randlinie, blauer Randstreifen aufgeklebt
569 × 411 mm
Bez. Maßstab: 40 »Fus« (10 F ≙ 55 mm)
Signiert unten rechts: »Jussow del. & inv.« (in schwarzer Feder), Zusatz: »1786« (in Bleistift)
Potsdam, Kassel XV, Nr. VII/26

Dieser Querschnitt durch den großen Mittelsalon eines Flügels ist in der reingezeichneten endgültigen Fassung, die um 1784/85 entstanden ist, gezeigt. Bei Zugrundelegung des französischen Fußmaßes beträgt der Maßstab 1:60.

Unpubliziert

Kat. Nr. 38   Abb. 114, Farbtafel IV
Heinrich Christoph Jussow: **Idealprojekt für Schloß Weißenstein, Situationsplan**

Vorzeichnung in Bleistift, Feder in Schwarz, schwarz angelegt, hell- und dunkelgrün aquarelliert, doppelte schwarze Randlinie, blaue Randleiste aufgeklebt

592 × 411 mm
Bez. Maßstab: 700 »pieds« (100 pieds ≙ 18,7 mm)
Signiert unten rechts: »Jussow inv. & del.«
Verwaltung der Staatl. Schlösser und Gärten Hessen, Schloß Wilhemshöhe, Weißensteinflügel, Raum 116, Generalkat. Nr. 42178
Ehemals in dem heute in Potsdam befindlichen Band Kassel XV unter Nr. VII

Der Plan zeigt in der Reinzeichnung das projektierte Schloß und seine Umgebung. Im Gegensatz zur Vorzeichnung Kat. Nr. 39 nimmt Jussow auf die vorgegebene Situation, im besonderen den Terrainabfall im Süden des Schlosses, keine Rücksicht mehr. Maßstab 1:1728.

Lit.: Paetow 1929, S. 83 (o. Abb.)

Kat. Nr. 39   Abb. 113
Heinrich Christoph Jussow: **Idealprojekt für Schloß Weißenstein, Situationsplan**

Bleistift
518 × 401 mm
Unbez. Maßstab o. Maßeinheit: 800 Einheiten (10 E ≙ 1,5 mm)
Staatl. Kunstslg. Kassel, Inv. Nr. K II 6074

Dieser Vorentwurf zum Situationsplan zeigt zwei Gartenstile in Koexistenz, den geometrischen und anglo-chinesischen. Das Schloß ist in der frühesten Konzeption mit halbrund vortretenden Pavillons in der Mitte der Flügel und risalitartig flachen Eckpavillons wiedergegeben. Oben links skizziert im Umriß der Weißensteinflügel des Wilhelmshöher Schlosses, auf der Rückseite des Blattes verschiedene Architekturdetails, im unteren Teil Treppenstudien. — Bei Zugrundelegung des französischen Fußmaßes Maßstab 1:2160.

Lit.: Vogel 1958, S. 7, Kat. Nr. 6

Kat. Nr. 40   Abb. 110
Heinrich Christoph Jussow: **Idealprojekt für Schloß Weißenstein, Grundriß**

Beistift; Einskizzierung in braun-schwarzer Feder
336 × 520 mm
Unbez. Maßstab ohne Maßeinheit: 400 Einheiten (10 E. ≙ 4,7 mm)
Staatl. Kunstslg. Kassel, Inv. Nr. K II 6075

Diesem skizzenartigen Vorentwurf zum Erdgeschoß-Grundriß liegt die später teilweise wegradierte und korrigierte Fassung mit halbrunden Mittelpavillons und risalitartig schmalen Eckpavillons der Flügel zugrunde. Die Korrekturen bereiten die endgültige Fassung des Grundrisses (vgl. Kat. Nr. 35) vor. — Am Rand Einzelstudien zu den verschiedenen Grund- und Aufrissen des Schlosses. Bei Zugrundelegung des französischen Fußmaßes Maßstab 1:684.

Unpubliziert

Kat. Nr. 41   Abb. 99
Heinrich Christoph Jussow: **Idealprojekt für Schloß Weißenstein, Ansicht**

Bleistift
409 × 519 mm
Staatl. Kunstslg. Kassel, Inv. Nr. K II 6072

Dieser Vorentwurf zur Hauptschauseite des Schlosses von Osten dürfte wie die übrigen Vorzeichnungen um 1784 im Atelier De Waillys in Paris entstanden sein. Am oberen Rand Skizzen zu einer Tempelstudie, die wie das Schloß einen H-förmigen Grundriß besitzt, daneben der Aufriß von De Waillys 2. Weißensteiner Projekt (Ostseite).

Lit.: Vogel 1958, S. 7, Kat. Nr. 4

Kat. Nr. 42   Abb. 115, 116, 130, 132
Heinrich Christoph Jussow: **Idealprojekt für Schloß Weißenstein, Aufrißstudien**

Bleistift
513 × 395 mm
Staatl. Kunstslg. Kassel, Inv. Nr. K II 6073

Die sieben verschiedenen Studien gelten den Aufrissen der Flügellangseite, der Eckpavillons mit Triumphbogenkolonnade und der Seitenpavillons. Es liegt das Stadium mit den frühesten Fassungen zugrunde. Durch Radieren weitgehend gelöscht sind eine Studie mit Mansarddächern über den Eckpavillons sowie verschiedene Kuppellösungen.

Lit.: Vogel 1958, S. 7, Kat. Nr. 5

Vorbemerkungen zu Kat. Nr. 43—131

Die Katalog-Nummern 43—131 beinhalten die Entwurfszeichnungen zu Schloß Wilhelmshöhe (ehemals Weißenstein).

Kat. Nr. 43   Abb. 143
Simon Louis Du Ry: **Entwurf zur Verkleidung des alten Weißensteiner Schlosses, Aufriß**

Feder in Braun-Grau, braun-grau laviert
258 × 610 mm
Bez. Maßstab: 100 Fuß (10 F ≙ 22 mm)
Bez. oben, von Du Ry: »Projet/de la façade du Vieux Chateau de Weisenstein du Coté de Cassel«
Potsdam, Kassel XV, Nr. I/1

Gezeigt ist der Entwurf zum Aufriß des neuverkleideten Moritzschlosses von Osten. Zwei aufgeklebte Deckblätter

zeigen die Flügel dreigeschossig und mit einer Attika (Balustrade), dem viergeschossigen Mittelbau angeglichen, darunter ist eine Variante mit zwei Geschossen, Satteldächern und Dachgauben gezeigt.
Entstanden um 1785/1786 im Zuge der Neubaupläne Wilhelms IX. — Maßstab 1:132.

Lit.: Holtmeyer 1910, Taf. 134,3

Kat. Nr. 44   o. Abb.
Simon Louis Du Ry: **Entwurf zur Verkleidung des alten Weißensteiner Schlosses, Aufriß**

Feder in Braun-Grau, braun-grau laviert
225 × 550 mm
Bezifferter Maßstab: 100 Fuß (10 F ≙ 22 mm)
Bez. o., von Du Ry: »Projet de la facade du Vieux Chateau de Weisenstein du Coté de la Cour.«
Potsdam, Kassel XV, Nr. I/2

Zugehörig zu Kat. Nr. 43. Gezeigt ist der Aufriß des Schlosses von Westen. Das Corps de logis läßt auf der Hofseite die rundbogige Fensterarchitektur erkennen, die der Bau während der Renovierung unter Friedrich II. nach dem Siebenjährigen Krieg, durchgeführt wohl unter Du Ry, erhalten hatte. — Maßstab 1:132.

Unpubliziert

Kat. Nr. 45   Abb. 144
Simon Louis Du Ry: **Entwurf zur Verkleidung des alten Weißensteiner Schlosses, Aufriß**

Feder in Braun-Grau, braun-grau laviert
257 × 550 mm
Bezifferter Maßstab: 100 Fuß (10 F ≙ 22 mm)
Bez. oben, von Du Ry: »Projet de la façade d'une des ailes du Vieux Chateau de Weisenstein du Coté de la Cour.«
Potsdam, Kassel XV, Nr. I/3

Zugehörig zu Kat. Nr. 43, 44. Gezeigt ist der Aufriß von der Hofseite des nördlichen Seitenflügels, für die zwei Geschosse mit Satteldach vorgesehen sind. Die Deckblatt-Version sieht ein weiteres Geschoß vor sowie eine Attika-Brüstung, die das flacher geneigte Dach kaschiert. — Maßstab 1:132

Lit.: Holtmeyer 1910, Taf. 134,4.

Kat. Nr. 46   Abb. 145
Simon Louis Du Ry und Landgraf Wilhelm IX.: **Erster Entwurf zu einem Neubau von Schloß Weißenstein, Aufriß einer Längsfront**

Original verloren. Ehemals zugehörig zu dem Band: »Plans, Elévations et Coupe d'un Château en ruine à bâtir à Weisenstein sur les idées de Son Altesse Sérénissime Monseigneur le Landgrave Guillaume IX du dessein de S. L. Dury en 1786« aus der Wilhelmshöher Schloßbibliothek.
Bez. o., von Du Ry: »Premier projet pour le château […]« (Rest unleserlich)

Es handelt sich um den Aufriß des kleineren von zwei künstlichen Ruinen-Projekten, die der Bauherr und Du Ry im Frühjahr 1786 entwickelt haben. Holtmeyer, der das Projekt erstmals publiziert hat, spricht fälschlich von einer Zweiflügelanlage.

Lit.: Holtmeyer 1910, Taf. 136,2; S. 307; — Paetow 1929, S. 83f., Abb. 35; — Hoffmann 1963, S. 119f., Abb. 41; — Hartmann 1981, S. 323f.

Kat. Nr. 47   Abb. 155
Simon Louis Du Ry: **Entwurf zum Grundriß des »Neuen Weißensteiner Schlosses«, zweites Obergeschoß**

Feder in Grauschwarz, grau angelegt, Aufsicht auf die Apsiden hellrosa angelegt
211 × 599 mm
Bezifferter Maßstab ohne Maßangabe (= 10 F ≙ 22 mm)
Bez. o., von Du Ry: »Plan du second Etage«
Potsdam, Kassel VI, Nr. 43/33

Der Grundriß spart aus der Distribution die beiden Apsiden aus. Als Grund hierfür muß die anfänglich vorgesehene künstliche Ruinierung dieser Teile am »Neuen Weißensteiner Schloß« angesehen werden. Es handelt sich demnach um den ältesten erhaltenen Grundriß zum Schloß-Neubau, entstanden im Frühjahr 1786. Maßstab 1:132.

Unpubliziert

Kat. Nr. 48   Abb. 164
Heinrich Christoph Jussow für Simon Louis Du Ry: **Entwurf zum Aufriß des »Neuen Weißensteiner Schlosses«**

Feder in Grauschwarz, grau laviert, hellgelb (Obergeschoß-Wand) aquarelliert
425 × 751 mm
Bezifferter Maßstab: 80 »pieds« (Kasseler Fuß; 10 F ≙ 22 mm)
Bez. o., von Du Ry: »Façade d'une des ailes du Nouveau Chateau de Weisenstein«, u. l., von Du Ry: »S. L. Du Ry inv. 1788«
Potsdam, Kassel XII, Nr. 8

Präsentationsriß. 1788 vorgelegter, jedoch schon um 1787 gültiger Aufriß-Entwurf, der wichtige Aufschlüsse über die Wandgestaltung der Fassade (Rustizierung!) erlaubt. — Maßstab 1:132.

Unpubliziert

Kat. Nr. 49   Abb. 156
Simon Louis Du Ry: **Entwurf zum Grundriß des »Neuen Weißensteiner Schlosses«, Kellergeschoß**

Bleistift, Feder in Grauschwarz, dunkelrot (Mauerwerk), hellrot (Fundamentgräben) u. hellblau (Badewanne) angelegt
378 × 544 mm

Unbezifferter Maßstab (= 100 F; 10 F ≙ 22 mm)
Beischrift unleserlich (wegradiert)
Potsdam, Kassel VI, Nr. 37

Dieser Grundriß-Entwurf ist weitgehend identisch mit einem nur noch in Teilen erhaltenen (Potsdam, Kassel VI, Nr. 35), der von Du Ry bezeichnet ist als »grundriß des Keller grundes des Neuen Weißensteiner Schloßes.« Es handelt sich demnach um die Planung eines freistehenden, selbständigen Gebäudes. — Entstanden wohl 1786 als Reinzeichnung des Ausführungsentwurfs. — Maßstab 1:132.

Unpubliziert

Kat. Nr. 50 Abb. 157
Simon Louis Du Ry: **Entwurf zum Grundriß des »Neuen Weißensteiner Schlosses«, Erdgeschoß**

Bleistift, Feder in Grauschwarz, rot angelegt
329 × 514 mm
Bezifferter Maßstab: 160 Fuß (10 F ≙ 22 mm)
Bez. o. Mitte, von Du Ry: »Plan du rez de chaussée«,
Beischrift links, von Du Ry: »der Felsen« sowie Raumfunktionen
Potsdam, Kassel VI, Nr. 38

Präsentationsriß. Frühester erhaltener Grundriß-Entwurf zum »Neuen Weißensteiner Schloß«, der vor allem für die Naturbezogenheit der beiden Schmalseitenapsiden aufschlußreich ist. Entstanden 1786. — Maßstab 1:132.

Unpubliziert

Kat. Nr. 51 Abb. 158
Simon Louis Du Ry: **Entwurf zum Grundriß des »Neuen Weißensteiner Schlosses«, Erdgeschoß**

Bleistift, Feder in Grauschwarz, hellrosa u. hellgelb (Zwischenwände der Garderobe) angelegt
364 × 508 mm
Unbezifferter Maßstab (= 100 Fuß; 10 F ≙ 22 mm)
Potsdam, Kassel VI, Nr. 39

Überarbeitete Fassung von Kat. Nr. 50. Von Anfang an sind nun für die Apsiden Halbrundnischen vorgesehen. Die westliche Apsis wird der sog. Salle en galerie zugeschlagen. Vor dem Salon ist eine breite Freitreppe nach Süden hin projektiert. Entstanden um 1786/1787. — Maßstab 1:132.

Unpubliziert

Kat. Nr. 52 Abb. 159
Simon Louis Du Ry: **Entwurf zum Grundriß des »Neuen Weißensteiner Schlosses«, Erdgeschoß**

Bleistift, Feder in Grauschwarz, grau angelegt
410 × 628 mm
Unbezifferter Maßstab (= 140 Fuß; 10 F ≙ 34,5 mm)

Bez. oben, von Du Ry: »grund riß der untersten Etage des Neuen Weisensteiner Schloßes«
Potsdam, Kassel VI, Nr. 40

Präsentationsriß. Ausführungsentwurf von 1786, mit Überarbeitungen aus dem Jahre 1787. Aus dem Plan erhellt u. a. die Disposition der Risalite im Erdgeschoß: Die Fenstertüren sitzen an den einfach profilierten Rahmen, etwa an der gleichen Stelle wie bei den Fassadenrücklagen. Zwischen den Säulensockeln liegen tiefe, unverschlossene Altane, nach vorn nur durch Balustraden abgeschlossen. Eine stilistische Eigentümlichkeit des Entwurfs, die einspringenden Kanten des Gebäudekubus, sind hier wie in den weiteren Grundrißentwürfen überbetont. — Maßstab 1:84.

Unpubliziert

Kat. Nr. 53 Abb. 160
Johann Henrich Wolff nach Simon Louis Du Ry: **Grundriß des »Neuen Weißensteiner Schlosses«, Erdgeschoß**

Feder in Schwarz, schwarz (Mauerzüge) u. hellgrau (Treppen) angelegt
286 × 448 mm
Bezifferter Maßstab: 100 Kasseler Fuß (10 F ≙ 17 mm)
Bez. u. Mitte: »Plan au Rez de Chaussée d'une des ailes du Chateau de Weisenstein«
Staatl. Kunstslg. Kassel, Inv. Nr. 164/1924

Plankopie nach den maßgeblichen Entwürfen Du Rys, wobei die Anlage der Treppen dem — wahrscheinlichen — Stand der Ausführung angepaßt worden ist. Entstanden um 1790. — Maßstab 1:168.

Lit.: Hallo 1930, S. 293

Kat. Nr. 54 Abb. 161
Simon Louis Du Ry: **Entwurf zum Grundriß des »Neuen Weißensteiner Schlosses«, Beletage**

Bleistift, Feder in Grauschwarz, grau angelegt, Korrekturen in Bleistift einskizziert
240 × 599 mm
Unbezifferter Maßstab (= 100 Fuß; 10 F ≙ 22 mm)
Bez. oben, von Du Ry: »Plan du bel Etage«
Potsdam, Kassel VI, Nr. 42

Ältester der erhaltenen Entwürfe zur Distribution der Beletage. Im Unterschied zur Ausführung weisen die Apsiden nur je 3 Fenster auf; die östliche ist als »belvedere« ausgewiesen. Wegen des Fehlens von Ruinenspuren bietet sich die Datierung ins Jahr 1787 an. — Maßstab 1:132.

Unpubliziert

Kat. Nr. 55   Abb. 162
Simon Louis Du Ry, mit Korrekturen Jussows: **Entwurf zum Grundriß des »Neuen Weißensteiner Schlosses«, Beletage**

Feder in Grauschwarz, hellgrau u. hellgelb angelegt, Korrekturen in Bleistift
236 × 608 mm
Unbezifferter Maßstab (= 100 Fuß; 10 F ≙ 22 mm)
Bez. oben, von Du Ry: »Plan du premier ou bel Etage.«
Beischrift r., von Jussow: »die Veränderungen sind mit Bleystift bemerkt, übrigens wird der Riß nach eben dem Maasstabe wie das rez de chaussée aufgetragen. Die Arbeit wünsche ich sehr zu beschleunigen, weil diese Risse sämtlich heute noch abgeliefert werden müssen.«
Staatl. Kunstslg. Kassel, Nachlaß Jussow, Inv. Nr. K II 5750

An dem Stadium, wie es der Entwurf Kat. Nr. 54 überliefert, hat Jussow durch Bleistifteinskizzierung die Wandgestaltung des Salons geändert, der statt zweier seitlicher Eingänge eine mittlere Tür erhält. Im Vestibül entfallen die Zwischenwände einer antichambre, wie Du Ry sie vorgesehen hatte. Neu hinzugekommen ist die Wendeltreppe aus der Garderobe des Landgrafen. Du Rys Plan ist um 1787 entstanden, Jussows Eingriffe stammen von etwa 1790. — Maßstab 1:132.

Unpubliziert

Kat. Nr. 56   Abb. 163
Simon Louis Du Ry: **Entwurf zum Grundriß des »Neuen Weißensteiner Schlosses«, Beletage**

Bleistift, Feder in Grauschwarz, grau (Hauptmauerzüge) u. gelb (leichtere Fachwerkeinbauten) angelegt
398 × 625 mm
Unbezifferter Maßstab (= 100 Fuß; 10 F ≙ 34,5 mm)
Bez. oben, von Du Ry: »grund riß der ersten oder bel Etage des Neuen Weisensteiner Schloßes«
Potsdam, Kassel VI, Nr. 41/44

Präsentationsriß. Ausführungsentwurf, der gegenüber Kat. Nr. 54, 55 beide Apsiden, wie am Bau ausgeführt, mit je 5 Fenstern wiedergibt. Das westliche Appartement nimmt die Bibliothek auf. Entstanden um 1787. Maßstab 1:84.

Unpubliziert

Kat. Nr. 57   o. Abb.
Landgraf Wilhelm IX. (?) nach Simon Louis Du Ry: **Weißensteinflügel, Grundriß der zweiten Etage**

Feder in Grau, grau (Hauptmauerzüge) u. gelb (einige Zwischenwände) angelegt
346 × 649 mm
Unbezifferter Maßstab (= 80 Fuß; 10 F ≙ 35 mm)

Bez. oben, von Wilhelm IX. (?): »Plan der 2ten Etage des 1ten Schloß-Flügels in Wilhelmshoehe, worinnen bemerkt, wie die Bücher der Bibliothec, bey deren Transport einstweilen placirt gewesen.«
Potsdam, Kassel VI, Nr. 10

Bestandsaufnahme mit Kennzeichnung der verschiedenen Abteilungen. Die Beschriftung »Wilhelmshoehe« liefert als terminus post quem das Jahr 1798. — Maßstab 1:84.

Unpubliziert

Kat. Nr. 58   Abb. 173, 174
Heinrich Christoph Jussow: **Alternativentwurf (?) zum »Neuen Weißensteiner Schloß«, Aufriß**

Bleistift
111 × 187 mm
Staatl. Kunstslg. Kassel, Nachlaß Jussow, Inv. Nr. K II 6347

Der neunachsige, dreigeschossige Kubus mit einer Apsis an einer Schmalseite, der ein Kolonnadenstück antwortet, läßt auf eine Alternative zu Du Rys »Neuem Weißensteiner Schloß« schließen, die 1786 entstanden sein muß.

Unpubliziert

Kat. Nr. 59   Abb. 175
Heinrich Christoph Jussow: **Entwurf zu einem Corps de logis für Schloß Weißenstein (?), Aufriß**

Bleistift, farbig aquarelliert
187 × 272 mm
Staatl. Kunstslg. Kassel, Nachlaß Jussow, Inv. Nr. K II 9555

Dreigeschossiger Kubus zu 17 Achsen mit vorspringendem, achtsäuligem Portikus korinthischer Ordnung. An den Kubus schließen beidseitig ionische Kolonnaden an. Sie lassen auf eine Zugehörigkeit zu Kat. Nr. 58, mithin zum Komplex des Weißensteiner Schlosses, schließen. Wohl 1786 entstanden als erstmalige Formulierung des palladianischen Typus der separierten Anlage auf Weißenstein/Wilhelmshöhe.

Unpubliziert

Kat. Nr. 60   Abb. 176
Simon Louis Du Ry: **Vorprojekt zu einer Gesamtanlage des Weißensteiner Schlosses aus drei Gebäuden, Grundriß**

Bleistift, Feder in Grauschwarz, dunkel- u. hellrosa angelegt
225 × 383 mm
Bezifferter Maßstab ohne Maßeinheit: 400 Fuß (100 F ≙ 44 mm)
Potsdam, Kassel VI, Nr. 6

Das »Neue Weißensteiner Schloß«, der Weißensteinflügel, erscheint dunkelrosa, der Kirchflügel hellrosa angelegt.

Vom Vorgängerbau ist das Corps de logis gestrichelt einskizziert. Darüber erhebt sich ein sehr viel kleinerer, nur 5 Achsen breiter Bau, vor den auf beiden Seiten ein je viersäuliger Portikus springt. Entstanden um 1787. — Maßstab 1:66.

Lit.: Holtmeyer 1910, Taf. 141,3; S. 305

Kat. Nr. 61   Abb. 177
Simon Louis Du Ry: **Entwurf zu einem Corps de logis für Schloß Weißenstein, Grundriß des Erdgeschosses**

Bleistift, Feder in Grau, grau angelegt
230 × 658 mm
Unbezifferter Maßstab ohne Maßeinheit (= 20 Fuß; 10 F ≙ 22 mm)
Potsdam, Kassel VI, Nr. 12

Vermutlich ältester Entwurf Du Rys für einen Mittelbau des Weißensteiner Schlosses. Der 19 Achsen lange Bau soll ein nur je viersäuliges zentrales decorum erhalten. Verantwortlich ist dafür zu machen, daß der Sockel des Renaissance-Vorgängerbaus wiederverwandt werden sollte. Entstanden wohl 1787. — Maßstab 1:132.

Unpubliziert

Kat. Nr. 62   Abb. 178
Johann Georg Lange für Simon Louis Du Ry: **Entwurf zur Gesamtanlage des Weißensteiner Schlosses, Aufriß von Westen**

Bleistift, Feder in Grauschwarz, grau laviert, hellgelb (Boden) aquarelliert
318 × 885 mm
Unbezifferter Maßstab in »pieds« (10 F ≙ 12 mm)
Bez. u. Mitte, von Du Ry: »Elevation du Corps de logis et des deux ailes du Nouveau Chateau de Weisenstein du coté de la montagne ou de la Cascade.« Signiert u. l.: »S. L. Du Ry inv: 1787.«, u. r.: »Lange del.«
Potsdam, Kassel VI, Nr. II/7

Der Entwurf sieht vor, dem — nunmehr vollständig ausgebauten — »Neuen Weißensteiner Schloß« ein spiegelgleiches Pendant als zweiten Seitenflügel beizugeben. Der gleichfalls dreigeschossige Mittelbau zu 19 Achsen besitzt ein hexastyles decorum von der Risalit-Disposition der Flügel, das von einem Dreiecksgiebel übergriffen wird. Datiert 1787. — Maßstab 1:240.

Lit.: Paetow 1929, S. 85, Abb. 40

Kat. Nr. 63   Abb. 179, 180
Simon Louis Du Ry: **Entwurf zur Gesamtanlage des Weißensteiner Schlosses, Aufriß von Osten**

Bleistift, Feder in Grauschwarz, grau laviert. 2 beweglich montierte Deckblätter (Varianten)
456 × 1527 mm, aus 3 Bogen montiert

Unbezifferter Maßstab ohne Maßeinheit (= 60 Fuß; 10 F ≙ 22 mm)
Potsdam, Kassel VIII, Nr. VIII/28; ehemals Kassel XV, Nr. VIII
Im Inhaltsverzeichnis des originalen, Ende des 18. Jahrhunderts zusammengestellten Klebebandes fälschlich Jussow zugeschrieben. Die geringere zeichnerische Präzision weist eindeutig auf Simon Louis Du Ry als Autor. Zunächst war für das Corps de logis ein horizontaler Abschluß mit Attika-Balustrade und 6 Skulpturen vorgesehen. Ein Deckblatt von Du Rys Hand zeigt einen Dreiecksgiebel mit dem Vermerk: »das fronton gild«. Ein späterer Zusatz sieht ein Flachkuppel über Tambour vor. Der dilettantische Charakter der Kuppelskizze verweist auf Landgraf Wilhelm IX. als Autor, der hier, offensichtlich entgegen den Vorstellungen seines Architekten Du Ry, eine Lieblingsidee hat durchsetzen wollen. — Entstanden um 1787. — Maßstab 1:132.

Lit.: Paetow 1929, S. 85, Abb. 42

Kat. Nr. 64   Abb. 181
Johann Georg Lange für Simon Louis Du Ry: **Entwurf zur Gesamtanlage des Weißensteiner Schlosses, Grundriß der Beletage**

Bleistift, Feder in Schwarz, schwarz angelegt. Einfache Randlinie
307 × 450 mm
Bezifferter Maßstab: 200 »pieds« (10 F ≙ 5 mm)
Bez. o. Mitte, von Du Ry: »Plan du premier ou bel Etage du corps de logis et des deux ailes du Nouveau chateau / de Weisenstein près de Cassel du dessin de S. L. du Ry«, signiert u. l.: »S. L. du Ry inv. 1787«
Beischrift unten, von Du Ry:
»a aile batie et couverte en cuivre
b aile dont les fondations comencent a sortir de terre.
c Corps de logis à batir sur l'emplacement du Vieux Chateau qui subsiste encore/
d.d Comunications circulaires des deux ailes au corps de logis couvertes en terrases et ayant des portes cocheres au milieu pour descendre de Carosse a couvert.«
Potsdam, Kassel XV, Nr. II/8

Zugehörig zum Planungsstadium von Kat. Nr. 65. Der Hinweis auf die in Angriff genommenen Fundamentierungsarbeiten am Zweiten Flügel datiert den Entwurf ans Ende des Jahres 1787. — Maßstab 1:576.

Unpubliziert

Kat. Nr. 65   Abb. 182
Simon Louis Du Ry: **Entwurf zur Gesamtanlage des Weißensteiner Schlosses, Grundriß des Erdgeschosses**

Bleistift, Feder in Grauschwarz, rosa angelegt. Aus 4 Bogen montiert
492 × 845 mm
Bezifferter Maßstab: 200 Fuß (10 F ≙ 11 mm)
Bez. u. r., von F. W. Strieder: »1791. Dury.«
Potsdam, Kassel XV, Nr. IV/15 (durchgestrichen: XII)

Zusammen mit dem Plan Kat. Nr. 64 gehört der Entwurf ins Jahr 1787. Strieders Datierung »1791« kann erst erfolgen sein, als der Grundriß des Mittelbaus Kat. Nr. 101 als Deckblatt montiert worden ist (inzwischen wieder abgelöst). Der Zweite Seitenflügel dient nicht als Kirch-, sondern als (gewölbter) Küchenflügel. Im Corps de logis ist eine weitgehend symmetrische Distribution mit je einem Rundraum in den Apsiden vorgesehen. — Maßstab 1:264.

Unpubliziert

Kat. Nr. 66 Abb. 183
Simon Louis Du Ry: **Entwurf zur Gesamtanlage des Weißensteiner Schlosses, Grundriß des Erdgeschosses**

Bleistift, Feder in Grauschwarz, hellgrau angelegt
512 × 690 mm
Bezifferter Maßstab: 600 Fuß (10 F ≙ 11 mm)
Potsdam, Kassel XV, Nr. II/11

Alternativentwurf zum Grundriß Kat. Nr. 65, der für das Corps de logis Kolossalsäulen vorsieht, die bereits in Erdgeschoßhöhe ansetzen. Entstanden wohl 1787. — Maßstab 1:264.

Unpubliziert

Kat. Nr. 67 Abb. 184
Heinrich Christoph Jussow: **Entwurf zum Weißensteiner Park als »englischer« Landschaftsgarten, Situationsplan mit Schloß, Park- und Nebengebäuden**

Bleistift, Feder in Grauschwarz, farbig aquarelliert (stark ausgeblichen)
Bezifferter Maßstab: 100 rheinländ. Ruten
Signiert u. r.: »Jussow del.«
Legende rechts, von Jussow:
»Algemeiner Plan/ des/ neuen Schlosses und Garten/ zu/ Weisenstein./ 1. das neue Schloss./ 2. Pavillon./ 3. Marstalls Gebäude/ 4. Wirths hauss./ 5. Hofgärtners Wohnung./ 6. Bassin und grosse Fontaine./ 7. Tempel des Apollo./ 8. Haus der Armide / 9. — des Heraclit./ 10. Acqueduc und Wasserfall./ 11. Tempel des Mercur./ 12. Haus des Plato./ 13. Pluto's Grotte./ 14. Paul's Eremitage/ 15. Haus des Socrates./ 16. Projectirte gothische Ruine./ 18. Haus des Domocrit./ 19. Piramide/ 20. Grabmal des Virgil./ 21. Thier Garten./ 22. Strudel./ 23. Moschée./ 24. Chinesisches Dorf./ 25. Pagode./ 26. Lac./ 27. Fasanerie./ 28. Wohnung des Fasan- Wärters.«
Privatbesitz, Frankfurt/M. (ehemals Paul Heidelbach, Kassel)

Wichtigster Entwurf zur Umgestaltung des Weißensteiner Parks in einen »englischen« Landschaftsgarten, wie er Wilhelm IX. vorgeschwebt hat. Zugleich Zeugnis für Jussows Tätigkeit als Landschaftsgartenarchitekt, ein Beweis für seine Schulung auf diesem Gebiet durch seine Englandreise, die, 1787 durchgeführt, unmittelbar vorausging. Stilistisch ist eine Orientierung am Werk des »Capability« Brown anzunehmen.

Die Parkgestaltung konzentriert sich auf den unteren Teil des Weißensteiner Parks, auf die unmittelbare Umgebung des Schlosses, an das mehrere unterschiedlich charakterisierte Gartenpartien heranreichen. Die bergan verlaufende Zufahrt von der Stadt her vermeidet den unmittelbaren axialen Zugang. Die Parkabschnitte sind im Südosten der tiefgelegene »Lac«, im Südwesten das Tal des eng gewundenen, in der Mitte mit einem »Strudel« versehenen »Styx«, im Westen das tief in die Flügel hineingezogene, bis an die Fontaine reichende Bowlinggreen, im Nordwesten eine regelmäßige Baumpflanzung, welche die Wirtschaftsgebäude kaschiert, sowie im Nordosten der steile Wiesenhang mit der Fasanerie.

Die »Bellevue« ist mit der »Projectirten gothischen Ruine« als Point de vue des Schlosses vorgesehen.

Für die Datierung maßgebliche Beobachtungen: An Stelle des neuen Corps de logis hatte Jussow zunächst noch den Mittelbau des alten Moritzschlosses eingetragen. Der von Du Ry übernommene Gesamtgrundriß hat wohl erst während der Entstehung definitiv Gestalt gewonnen. Seit 1788 plante man die Verlegung der Fasanerie von dem bei Jussow noch festgehaltenen Standort nach dem Tiergarten. Der 1788 begonnene Aquädukt weicht in seiner endgültigen Grundrißgestalt von Jussows Wiedergabe ab. Damit wird eine Datierung an den Anfang des Jahres 1788 wahrscheinlich. Vgl. Kat. Nr. 132, 171.

Lit.: Heidelbach 1909, S. 240, Abb. 46; — Holtmeyer 1910, Taf. 127; S. 247 ff.; — Bangert 1969, S. 102 (skizzenartige Umzeichnung eines Detailbereichs)

Kat. Nr. 68 Abb. 185
Heinrich Christoph Jussow für Simon Louis Du Ry: **Entwurf zur Gesamtanlage des Weißensteiner Schlosses, Aufriß von Westen**

Bleistift, Feder in Grauschwarz, rosa (Boden) angelegt, grau laviert. Doppelte Randlinie, umlaufender blauer Rand aufgeklebt. Aus 3 Bogen montiert. 2 fest montierte Deckblätter
420 × 1460 mm, in der Mitte gefaltet
Bezifferter Maßstab: 100 »pds« (10 F ≙ 22 mm)
Bez. oben Mitte, von Landgraf Wilhelm IX.: Façade du Nouveau Chateau de Weissenstein du côté de la Cascade«
Signiert u. l.: »S. L. Du Ry invenit 1788«, u. r.: »Jussow del.«
Potsdam, Kassel XII, Nr. 7

Aufriß der Gesamtanlage von der Gartenseite (Eingangsseite). Dem Aufriß des Mittelbaus liegt die sechssäulige Fassung mit Dreiecksgiebel aus dem Vorjahr zugrunde; sie ist durch die Deckblätter auf 10 Säulen ergänzt worden. Den Giebel ersetzt eine Attika mit Skulpturen in den Säulenachsen. Die drei separierten Flügel sind in Erdgeschoßhöhe miteinander verbunden. Datiert 1788. — Maßstab 1:132.

Lit.: Paetow 1929, S. 85

Kat. Nr. 69   Abb. 186
Heinrich Christoph Jussow für Simon Louis Du Ry: **Entwurf zur Gesamtanlage des Weißensteiner Schlosses, Aufriß von Osten**

Bleistift, Feder in Grauschwarz, hellrosa (Boden) angelegt, grau laviert. Doppelte Randlinie, umlaufender blauer Rand aufgeklebt. Aus 3 Bogen montiert. 2 fest montierte Deckblätter, 1 weiteres beweglich
420 × 1460 mm, in der Mitte gefaltet
Bezifferter Maßstab: 100 »pds« (10 F ≙ 22 mm)
Bez. o. Mitte, von Landgraf Wilhelm IX.: »Façade du Nouveau Chateau de Weissenstein du côté de Cassel«
Signiert u. l.: »S. L. Du Ry invenit 1788.«
Potsdam, Kassel XII, Nr. 6

Das zentrale decorum des Corps de logis hat die gleiche Gestalt und Genese wie auf der Westseite. Datiert 1788. Deckblatt mit einfacher Verbindungsterrasse. — Maßstab 1:132.

Lit.: Paetow 1929, S. 85, Abb. 41; — Bangert 1969, S. 16, 106 ff., Abb. 12

Kat. Nr. 70   Abb. 188
Heinrich Christoph Jussow für Simon Louis Du Ry: **Entwurf zur Gesamtanlage des Weißensteiner Schlosses, Grundriß des Kellergeschosses**

Bleistift, Feder in Grauschwarz, schwarz angelegt. Doppelte Randlinie. 2 festgeklebte Deckblätter
420 × 750 mm
Bezifferter Maßstab: 150 »pds« (10 F ≙ 11 mm)
Bez. o. Mitte, von Simon Louis Du Ry: »Plan des Souterrains des Corps de logis et des deux aîles du Nouveau Chateau de Weisenstein«
Signiert u. l.: »S. L. Du Ry inv. 1788«
Potsdam, Kassel XII, Nr. 2

Die ursprüngliche Disposition mit vor- und rückseitig je einem fünfachsigen Risalit mit Hilfe der Deckblätter im Sinne der zugehörigen Aufrisse Kat. Nr. 68, 69 geändert, also auf je 9 Fensterachsen erweitert. Datiert 1788. — Maßstab 1:264

Unpubliziert

Kat. Nr. 71   Abb. 189
Heinrich Christoph Jussow für Simon Louis Du Ry: **Entwurf zur Gesamtanlage des Weißensteiner Schlosses, Grundriß des Erdgeschosses**

Bleistift, Feder in Grauschwarz, schwarz angelegt. Doppelte Randlinie. 2 festgeklebte Deckblätter
420 × 750 mm
Bezifferter Maßstab: 150 »pds« (10 F ≙ 11 mm)
Bez. o. Mitte, von Simon Louis Du Ry: »Plan du rez de Chaussée du Corps de logis et des deux ailes du Nouveau Chateau de Weisenstein«
Signiert u. l.: »S. L. Du Ry inv. 1788«
Potsdam, Kassel XII, Nr. 3

Der Weißensteinflügel reproduziert anschaulich das für ihn 1788 gültige Planungsstadium mit dem (noch) dreiachsigen Salon und einer hofseitigen Freitreppe ohne Podest. Die Erstfassung des Corps de logis sah fünfachsige Risalite vor, wobei der gartenseitige weiter vorsprang. Das Vestibül war durch 2 Querreihen à 4 dorische Säulen geteilt. Mittels der Deckblätter springen die jetzt je 10-säuligen Risalite auf beiden Fronten gleich weit vor. Datiert 1788. — Maßstab 1:264

Unpubliziert

Kat. Nr. 72   Abb. 190
Heinrich Christoph Jussow für Simon Louis Du Ry: **Entwurf zur Gesamtanlage des Weißensteiner Schlosses, Grundriß des ersten Obergeschosses**

Bleistift, Feder in Grauschwarz, schwarz angelegt. Doppelte Randlinie. 2 festgeklebte Deckblätter
420 × 750 mm
Bezifferter Maßstab: 200 »pieds« (10 F ≙ 11 mm)
Bez. o. Mitte, von Simon Louis Du Ry: »Plan du premier Etage du corps de logis et des deux aîles du Nouveau Chateau de Weisenstein«
Signiert u. l.: »S. L. du Ry inv. 1788«
Potsdam, Kassel XII, Nr. 4

Der Weißensteinflügel ist wie ausgeführt wiedergegeben, ebenso der Zweite Flügel (Kirchflügel). Am Mittelbau wiederholt sich das Ringen um das decorum, wie bei den zur selben Serie gehörenden Kat. Nrn. 70, 71. Datiert 1788. — Maßstab 1:264.

Unpubliziert

Kat. Nr. 73   Abb. 191
Heinrich Christoph Jussow für Simon Louis Du Ry: **Entwurf zur Gesamtanlage des Weißensteiner Schlosses, Grundriß des zweiten Obergeschosses**

Bleistift, Feder in Schwarz, schwarz angelegt. Doppelte Randlinie. 2 festgeklebte Deckblätter
420 × 750 mm
Bezifferter Maßstab: 150 »pieds« (10 F ≙ 11 mm)
Bez. o. Mitte, von Simon Louis Du Ry: »Plan du Second Etage du Corps de logis et des deux aîles du nouveau Chateau de Weisenstein«
Signiert u. l.: »S. L. Du Ry inv: 1788«
Potsdam, Kassel XII, Nr. 5

Zugehörig zu Kat. Nr. 68—72, 74. Datiert 1788. — Maßstab 1:264.

Unpubliziert

Kat. Nr. 74 Abb. 192
Heinrich Christoph Jussow für Simon Louis Du Ry: **Entwurf zum Weißensteiner Corps de logis, Längsschnitt**

Bleistift, Feder in Grauschwarz, hellrosa (Schnittflächen) angelegt, grau laviert. Doppelte Randlinie
408 × 752 mm
Bezifferter Maßstab: 100 »pds« (10 F ≙ 22 mm)
Bez. o. Mitte, von Simon Louis Du Ry: »Coupe et Profil du corps de logis du nouveau chateau de Weisenstein pris sur la longueur du Batiment.«
Potsdam, Kassel XII, Nr. 9

Zugehörig zu Kat. Nr. 68—73. Der Schnitt zeigt noch die ursprünglich in der ganzen Serie vorgesehene Gestaltung des Erdgeschoß-Vestibüls mit einer von kannelierten dorischen Säulen unterteilten Vorhalle. Das nur 2 Geschosse hohe Treppenhaus weist im Erdgeschoß Säulen dorischer, im Obergeschoß ionischer Ordnung auf. Entstanden wohl 1788 zusammen mit der ganzen Serie. — Maßstab 1:132.

Unpubliziert

Kat. Nr. 75 Abb. 193
Heinrich Christoph Jussow für Simon Louis Du Ry: **Entwurf zum Weißensteiner Corps de logis, Aufriß einer Front**

Bleistift, Feder in Graubraun, graubraun laviert. 1 bewegliches Deckblatt (= Kat. Nr. 78)
312 × 550 mm
Unbezifferter Maßstab ohne Maßeinheit (100 F ≙ 193 mm)
Verw. d. Staatl. Schlösser und Gärten in Hessen, Schloß Wilhelmshöhe, Raum 115, Inv. Nr. GK I 42184

Das Fassadenbild entspricht weitgehend dem der Aufrisse Kat. Nr. 68, 69, weist also für den Mittelbau einen zehnsäuligen Risalit auf. Im Unterschied zu den genannten Blättern sind in diesem Entwurf jedoch deutliche Achsenzäsuren zwischen Risalit und Rücklagen. Entstanden um 1788/1789. — Maßstab 1:150.

Unpubliziert (in dieser Version, vgl. Kat. Nr. 78)

Kat. Nr. 76 Abb. 196
Simon Louis Du Ry: **Entwurf zum Corps de logis des Weißensteiner Schlosses, Grundriß des Erdgeschosses. Skizze**

Feder in Grauschwarz, grau angelegt
250 × 512 mm
Bez. Maßstab: 100 Fuß (10 F ≙ 11 mm)
Beischrift u. Mitte, von Du Ry: »Coté de la Cascade«
Bez. der Raumfunktionen, von Du Ry: »antichambre« (4×), »garderobe«, »gallerie ou Salle à manger«, »Sallon« (4×), »Salle de jeue«, »billard«, »cab.«
Potsdam, Kassel XV, Nr. II/3

Grundriß eines 19-achsigen Kubus mit 2 Schmalseiten-Apsiden. Zwei der Wand unmittelbar vorgelegte Risalite auf beiden Fronten zu je 12 Säulenachsen, zunächst in der Skizze auf je 6 Achsen beschränkt. Entstanden um 1788. — Maßstab 1:264.

Unpubliziert

Kat. Nr. 77 Abb. 197
Heinrich Christoph Jussow für Simon Louis Du Ry: **Entwurf zum Corps de logis des Weißensteiner Schlosses, Grundriß des Erdgeschosses. Reinzeichnung**

Bleistift, Feder in Grauschwarz, grau angelegt
507 × 661 mm
Potsdam Kassel VI, Nr. 27

Reinzeichnung nach Kat. Nr. 76 im originalen Zustand mit zwei je sechssäuligen Risaliten. Entstanden um 1788.

Unpubliziert

Kat. Nr. 78 Abb. 204
Heinrich Christoph Jussow: **Entwurf zum Corps de logis des Weißensteiner Schlosses, Aufriß der stadtseitigen Längsfront**

Deckblatt zu Du Rys Entwurf Kat. Nr. 75. Technische Daten vgl. dort.

Nach Zählung der vorliegenden Arbeit das »Erste« Vorprojekt Jussows zum Corps de logis mit halbrund vorspringendem Salon, in Art der Schmalseitenapsiden säulenumstanden. Entstanden um 1788/1789. — Maßstab 1:150.

Lit.: Holtmeyer 1913, S. LIII, Abb. 39

Kat. Nr. 79 Abb. 205
Heinrich Christoph Jussow: **Entwurf zum Corps de logis des Weißensteiner Schlosses, Grundriß der Beletage**

Bleistift, Feder in Grau, grau angelegt
512 × 667 mm
Unbez. Maßstab ohne Maßeinheit (= 100 Kasseler Fuß; 10 F ≙ 19 mm)
Staatl. Kunstslg. Kassel, Nachlaß Jussow

Nach Zählung der vorliegenden Arbeit Grundriß zum »Ersten« Vorprojekt Jussows mit geringen Abweichungen zum Aufriß. Entstanden um 1788/1789. — Maßstab 1:150.

Unpubliziert

Kat. Nr. 80 Abb. 206
Heinrich Christoph Jussow: **Entwurf zum Corps de logis des Weißensteiner Schlosses, Aufriß einer Längsfront**

Bleistift, Feder in Grau, grau laviert
194 × 482 mm
Potsdam, Kassel XV, Nr. XIV/35

Nach Zählung der vorliegenden Arbeit das »Zweite« Vorprojekt Jussows zum Corps de logis. Die giebellose Risalit-Disposition ist von den Flügeln übernommen. Die Flachkuppel über undurchfenstertem Tambour ist isoliert aufgesetzt. Apsiden wie an den Flügeln. Ein auf die 6 mittleren Säulen bezogener Dreiecksgiebel, grob einskizziert, stammt mit Sicherheit von der Hand des Bauherrn. Entstanden um 1788/1789.

Unpubliziert

Kat. Nr. 81 Abb. 207
Heinrich Christoph Jussow: **Entwurf zum Corps de logis des Weißensteiner Schlosses, Aufriß einer Längsfront, Skizze**

Bleistift, grau, blau, rosa aquarelliert
284 × 429 mm
Staatl. Kunstslg. Kassel, Nachlaß Jussow, Inv. Nr. K II 9554

Nach Zählung der vorliegenden Arbeit das »Dritte« Vorprojekt Jussows zum Corps de logis. Zentrales decorum von 10 »colonnes engagées« zwischen zwei kubischen Risaliten. Isolierte Flachkuppel in der Art des »Zweiten« Vorprojekts aufgesetzt. Entstanden um 1788/1789.

Unpubliziert

Kat. Nr. 82 Abb. 208, 209
Heinrich Christoph Jussow: **Entwurf zur Gesamtanlage des Weißensteiner Schlosses, Aufriß von Westen**

Bleistift, Feder in Grauschwarz, grau laviert. Einfache Randlinie
421 × 1410 mm
Unbez. Maßstab ohne Maßeinheit (= 120 F; 10 F ≙ 22 mm)
Potsdam, Kassel VIII, Nr. IX/29. Ehemals Kassel XV, Nr. IX

Der Gesamtaufriß enthält das nach Zählung der vorliegenden Arbeit »Vierte« Vorprojekt Jussows für ein Weißensteiner Corps de logis. Im Zentrum eine aufgesockelte Loggia, die zwischen zwei überkuppelte Pavillons gespannt ist. Diese gesprengte Struktur des Mittelbaus wird von den beiden Schmalseitenapsiden in Art der Flügel eingefaßt. Die Verbindungsbögen sind als Kolonnaden in Erdgeschoßhöhe gestaltet. Entstanden um 1788/1789. — Maßstab 1:132.

Lit.: Paetow 1929, S. 86, Abb. 46 — Bangert 1969, S. 29, 112f., Abb. 17

Kat. Nr. 83 Abb. 212
Heinrich Christoph Jussow: **Entwurf zum Corps de logis des Weißensteiner Schlosses, Aufriß einer Längsfront**

Bleistift, Feder in Grauschwarz, grau u. schwarz laviert
319 × 681 mm
Staatl. Kunstslg. Kassel, Depositum Landeskonservator Hessen

Nach Zählung der vorliegenden Arbeit das »Fünfte« Vorprojekt Jussows. Zentrales decorum in freier Variation des Pantheon, eingespannt in das durch die Du Ry'schen Flügel vorgegebene System. Entstanden um 1788/1789. — Maßstab (fehlt, ermittelt) 1:132.

Lit.: Holtmeyer 1913, S. LII, Abb. 37; — Paetow 1929, S. 86, Abb. 51; — Bangert 1969, S. 29, Abb. 18

Kat. Nr. 84 Abb. 211, 217
Heinrich Christoph Jussow: **Entwurf zum Corps de logis des Weißensteiner Schlosses, Aufriß einer Längsfront**

Bleistift, Feder in Graubraun, graubraun laviert
294 × 622 mm
Verwaltung d. Staatl. Schlösser u. Gärten Hessen, Schloß Wilhelmshöhe, Weißensteinflügel, Raum 116, Inv. Nr. GK I 42182

Nach Zählung der vorliegenden Arbeit das »Sechste« Vorprojekt Jussows für ein Weißensteiner Corps de logis. Variante zum »Fünften« Vorprojekt mit aufgesetzter peripteraler Tholos. Entstanden um 1788/1789.

Lit.: Holtmeyer 1910, Taf. 136,1; S. 309; — Paetow 1929, S. 86, Abb. 49; — Bangert 1969, S. 29, Abb. 16

Kat. Nr. 85 Abb. 218
Heinrich Christoph Jussow: **Entwurf zum Mittelbau des Weißensteiner Schlosses, Aufriß einer Längsfront**

Bleistift, Feder in Grauschwarz, grau laviert
316 × 705 mm
Fehlender Maßstab ermittelt: 10 F ≙ 22 mm
Potsdam, Kassel XV, Nr. XIII/34

Nach Zählung der vorliegenden Arbeit das »Siebte« Vorprojekt Jussows für einen Mittelbau. Im Unterschied zum »Fünften« und »Sechsten« Vorprojekt beherrscht ein monumentaler Triumphbogen die Schloßmitte. Es handelt sich um das längste aller Projekte für einen Mittelbau von Schloß Weißenstein. Entstanden um 1790. — Maßstab 1:132

Lit.: Holtmeyer 1910, Taf. 135,1; S. 309; — Paetow 1929, S. 86, Abb. 44; — Bangert 1969, S. 30, 112—116, Abb. 20

Kat. Nr. 86 Abb. 219
Heinrich Christoph Jussow: **Entwurf zu einer Triumphbogenkolonnade, Aufriß der Front**

Bleistift, Feder in Grau, grau laviert
307 × 817 mm
Unbezifferter Maßstab ohne Maßeinheit (= 60 Fuß; 10 F ≙ 22 mm)
Potsdam, Kassel XV, Nr. XV/36

Nach Zählung der vorliegenden Arbeit das »Achte« Vorprojekt Jussows, das hiermit keine bewohnbare Architektur, sondern ein Denkmal in Form einer Kolonnade mit Triumphbogen im Zentrum vorsieht. Entstanden um 1790/1791. — Maßstab 1:132

Lit.: Holtmeyer 1910, Taf. 135,2; S. 308; — Paetow 1929, S. 85, Abb. 45; — Bangert 1969, S. 30, 114—116, Abb. 21

Kat. Nr. 87 Abb. 221
Heinrich Christoph Jussow: **Entwurf eines Triumphbogens als Zentrum von Schloß Weißenstein, Aufriß der Hauptfront**

Bleistift, Feder in Grauschwarz, grau laviert
259 × 363 mm
Unbezifferter Maßstab ohne Maßeinheit (= 110 Fuß; 10 F ≙ 11 mm)
Staatl. Kunstslg. Kassel, Nachlaß Jussow, Inv. Nr. K II 5803

Nach Zählung der vorliegenden Arbeit das »Neunte« Vorprojekt Jussows, hier in Form eines Triumphbogens als Tetrapylon mit zwei seitlich angehängten Giebelportiken. Über diesen befanden sich zwei heute verlorene Deckblätter (Klebespuren), auf denen möglicherweise nichts dargestellt war: Sie sollten wohl die Variante ohne die Portiken wiedergeben. Entstanden um 1791. — Maßstab 1:264.

Lit.: Vogel 1958, S. 10f., Kat. Nr. 17 (m. Abb.); — Bangert 1969, S. 114—116, Abb. 15

Kat. Nr. 88 Abb. 222
Heinrich Christoph Jussow: **Entwurf eines Triumphbogens als Zentrum von Schloß Weißenstein, Aufriß der Seitenfront**

Bleistift, Feder in Grauschwarz, hellrosa (Boden-Schnitt) angelegt, grau laviert
354 × 284 mm
Staatl. Kunstslg. Kassel, Nachlaß Jussow, Inv. Nr. K II 5804

Zugehörig zu Kat. Nr. 87 (gleicher absoluter Maßstab).

Lit.: Vogel 1958, S. 10f., Kat. Nr. 18; — Bangert 1969, S. 114—116, Abb. 15

Kat. Nr. 89 o. Abb.
Heinrich Christoph Jussow: **Entwurf eines Triumphbogens als Zentrum von Schloß Weißenstein, Aufriß der Seitenfront**

Bleistift, Feder in Grauschwarz, grau laviert. Doppelte Randlinie
235 × 149 mm
Staatl. Kunstslg. Kassel, Nachlaß Jussow, Inv. Nr. K II 5805

Wiederholung von Kat. Nr. 88.
Unpubliziert

Kat. Nr. 90 o. Abb.
Heinrich Christoph Jussow: **Entwurf eines Triumphbogens als Zentrum von Schloß Weißenstein, Aufriß der Hauptfront und Grundriß**

Bleistift, Feder in Grauschwarz, grau laviert
300 × 256 mm
Unbezifferter Maßstab ohne Maßeinheit (= 50 Fuß; 10 F ≙ 22 mm)
Staatl. Kunstslg. Kassel, Nachlaß Jussow, Inv. Nr. K II 5806

Einfachste Form des Triumphbogens ohne seitliche Öffnungen. Es handelt sich dabei wohl um die 1791 als Modell im Maßstab 1:1 in situ ausgeführte Variante. Entstanden um 1791, hervorgegangen aus dem Entwurf Kat. Nr. 87. — Maßstab 1:132

Unpubliziert

Kat. Nr. 91 Abb. 223
Heinrich Christoph Jussow: **Entwurf eines Triumphbogens als Zentrum von Schloß Weißenstein, Längsschnitt**

Bleistift, Feder in Grauschwarz, hellrosa (Schnittflächen) angelegt, grau laviert. Einfache Randlinie
353 × 284 mm
Staatl. Kunstslg. Kassel, Nachlaß Jussow, Inv. Nr. K II 5807

Zugehörig zu Kat. Nr. 87—89, 92. — Maßstab 1:264.

Lit.: Bangert 1969, S. 114—116, Abb. 15

Kat. Nr. 92 Abb. 224
Heinrich Christoph Jussow: **Entwurf eines Triumphbogens als Zentrum von Schloß Weißenstein, Grundriß**

Bleistift, Feder in Grauschwarz u. Dunkelbraun, rot angelegt. Einfache Randlinie
283 × 354 mm
Unbez. Maßstab ohne Maßeinheit (= 80 Fuß; 10 F ≙ 11 mm)
Staatl. Kunstslg. Kassel, Nachlaß Jussow, Inv. Nr. K II 5808

Zugehörig zu Kat. Nr. 87—89, 91. — Maßstab 1:264.

Unpubliziert

Kat. Nr. 93 Abb. 220, Farbtafel VI oben
Leonhard Müller nach Heinrich Christoph Jussow: **Nachträglicher Entwurf eines Triumphbogens als Zentrum von Schloß Weißenstein, Aufriß der Gesamtanlage**

Feder in Schwarz, grau laviert, farbig aquarelliert. Einfache Randlinie, Rand farbig abgesetzt (grau-blau)
249 × 766 mm
Signiert u. r.: »Lhd Müller 30/10 1821. Hofbau-Conducteur.«
Staatl. Kunstslg. Kassel, Nachlaß L. Müller, o. Inv. Nr.

»Rekonstruktion« des »Neunten« Jussow'schen Vorprojekts für einen Mittelbau des Weißensteiner Schlosses.
Unpubliziert

Kat. Nr. 94 Abb. 225
Heinrich Christoph Jussow: **Entwurf einer künstlichen Ruine als Zentrum von Schloß Weißenstein, perspektivische Ansicht**

Bleistift, Feder in Grau und Braun, graubraun laviert. Einfache Randlinie
217 × 627 mm
Staatl. Kunstslg. Kassel, Nachlaß Jussow, Inv. Nr. K II 5728

Nach Zählung der vorliegenden Arbeit das »Zehnte« Vorprojekt Jussows für einen Mittelbau. Zugrunde liegt die künstliche Ruinierung eines dem »Fünften« oder »Sechsten« Vorprojekts nahestehenden Entwurfs. Entstanden um 1791.
Lit.: Vogel 1958, S. 10 f., Kat. Nr. 20 (m. Abb.); — Keller 1971, S. 130

Kat. Nr. 95 Abb. 227
Heinrich Christoph Jussow: **Entwürfe einer künstlichen Ruine oder einer Tholos als Zentrum von Schloß Weißenstein, perspektivische Ansichten**

Bleistift, braun aquarelliert (oben); Bleistift und Feder in Braun, braun laviert (unten) auf hellgrauem Papier
309 × 508 mm
Staatl. Kunstslg. Kassel, Nachlaß Jussow, Inv. Nr. K II 5729

Die obere Darstellung wiederholt Jussows »Zehntes« Vorprojekt, die untere führt das »Elfte«, eine peripterale Tholos, vor Augen. Mit beiden Extremen hat der Architekt also an ein und demselben Tag experimentiert! Entstanden um 1791.
Lit.: Vogel 1958, S. 12, Kat. Nr. 21 (Teilabb.); — Bangert 1969, S. 27, Abb. 13 (Teilabb.), S. 29, Abb. 19, S. 36, Abb. 33, 34, S. 111

Kat. Nr. 96 Abb. 226
Wilhelm Böttner nach Heinrich Christoph Jussow: **Ansicht des Weißensteiner Schlosses mit künstlicher Ruine als Mittelteil**

Bleistift, Feder in Schwarz, braun u. grau aquarelliert
350 × 529 mm
Signiert u. r.: »W. Böttner fec. 1791.«
Bez. o. u. u. Mitte: »XIII« (durchgestrichen)
Potsdam, Kassel XI, Nr. XVII/37; ehemals Kassel XV, Nr. XVII

Malerische Einbindung von Jussows »Zehntem« Vorprojekt in die Weißensteiner Gesamtanlage. Durch Böttners Zeichnung erhält Jussows Projekt eine zeitliche Fixierung. Der malerische Reiz einer Ruine inmitten des Schlosses könnte durch den von Dezember 1790-März 1791 erfolgten Abbruch des alten Corps de logis »entdeckt« worden sein.
Lit.: Holtmeyer 1913, S. LVI, Abb. 42; — Paetow 1929, S. 87, Abb. 39

Kat. Nr. 97 Abb. 230
C. Friedrich Schwarzkopf: **Situationsplan des Weißensteiner Parks**

Bleistift, Feder in Schwarz, grau laviert. Doppelte Randlinie
590 × 434 mm
Bezifferter Maßstab: 800 rheinl. Fuß (100 F ≙ 12 mm)
Sign. u. r.: »C. F. Schwarzkopf jun.«
Bez. u. Mitte, von Schwarzkopf: »Plan von Weissenstein.«, darunter, von Wilhelm IX. (?): »im April 1791.«
Potsdam, Kassel XIV, Nr. 12/19

Zugehörig ein Pro Memoria, verfaßt von Daniel August Schwarzkopf sen. (Potsdam, Kassel XIV, Nr. 12/20):

»P: M:
1. Die Marque über dem Tambeau des Virgils solte der Tempel des Friedens werden, wahr auch schon angefangen, ist aber nicht vollendet worden.
2. die anter Marque bedeutet den Plaz, allwo ehedem ein chinesisches Zelt stand, und solte auch daselbst ein Tempel vor ein Philosophen gebauet werden.
3. Die zwei Marquen vis a vis über der Grotte des Pluto bedeuten zwei Häuser, welche abgebrochen wurden und waren nach [..., unleserlich] in dem Philosophischen Thale stehet, [..., unleserlich] aber abgebrochen, welches in der Nachbahrschaft des Diogenes stand, und in die Phasanerie ist gebracht worden. Sie wahren vor den Anaxagoras und Pythagoras bestimt. Weilen man aber fand, daß die Philosophen zu weit von ein annter endfernd und zerstreuet wahren, solten selbige näher zusammen gebracht werden, ein gleiches wahr auch mit dem Hauße des Plato beschloßen.«

Die Zeichnung dokumentiert das Stadium der Parkgestaltung, als der Verzicht auf ein Corps de logis die künstlerische Konzeption bestimmte. Die Zwillingsbauten der Flügel sind bewußt voneinander isoliert, was von einer Senke in der Mitte noch unterstrichen wird.
Der Erläuterungstext von Schwarzkopf sen. ist deshalb besonders aufschlußreich, weil er vom Experiment mit bislang unbekannten Projekten für Parkbauten, die begonnen, aber nicht zuende geführt wurden, berichtet. Damit gewinnen wir Anhaltspunkte für die unentschiedene Haltung des Landgrafen bei der Wahl seines Bauprogramms.

Unpubliziert

Kat. Nr. 98 Abb. 232
Simon Louis Du Ry: **Vorprojekt für einen Obelisken im Zentrum von Schloß Wilhelmshöhe, Aufriß der Gesamtanlage**

Bleistift, Feder in Graubraun, grau laviert, grün aquarelliert
217 × 643 mm

Bezifferter Maßstab ohne Maßangabe: 100 Fuß ≙ 86 mm
Bez. oben, von Strieder: »Project zu einem Obelisq zwischen den beyden neu erbauten Schloss-Flügeln.«
Verwaltung d. Staatl. Schlösser u. Gärten Hessen, Schloß Wilhelmshöhe, Weißensteinflügel, Raum 116, o. Inv. Nr.
Ehemals in dem heute in Potsdam befindl. Band Kassel XV, Nr. V

Das von Du Ry 1791 gezeichnete Blatt wurde von Paetow fälschlich Böttner zugeschrieben. — Maßstab 1:336.

Lit.: Holtmeyer 1913, S. LIV. Abb. 40; — Paetow 1929, S. 87, Abb. 50

Kat. Nr. 99   Abb. 233
Heinrich Christoph Jussow: **Projekt zur Aufstellung eines Denkmals auf dem Bowlinggreen, angeblich für Landgraf Carl, perspektivische Ansicht**

Bleistift, Feder in Grauschwarz, farbig aquarelliert. Doppelte Randlinie
484 × 953 mm
Potsdam, Kassel XI, Mappe B-g, Nr. XVI/27. Ehem. Kassel VX, Nr. XVI

Landgraf Carl als Dargestellter und Jussow als Urheber des Entwurfs sind durch entspr. Angaben im Inhaltsverzeichnis des Klebebandes, aus dem das Blatt stammt, überliefert. Der zeitliche Ansatz um 1791 wird durch die Vasen auf der Attika des »Neuen Weißensteiner Schlosses« (Weissensteinflügels) wahrscheinlich gemacht, denn sie entsprechen nicht der Ausführung. Der über einem Felsenmassiv Stehende ist mit der Tracht eines römischen Feldherrn bekleidet. Daß es sich dabei um Landgraf Carl handeln könnte, gewinnt dadurch an Wahrscheinlichkeit, daß Wilhelm bestrebt war, seinem Urgroßvater nachzueifern und in seinem Sinne Weißenstein/Wilhelmshöhe zu Ende zu führen. Die Vereinigung beider ist auch das Thema des Gruftreliefs in der Löwenburg.

Lit.: Holtmeyer 1910, Taf. 137,2 (Detail); S. 308; — Holtmeyer 1913, S. LV, Abb. 41; — Paetow 1929, S. 87, Abb. 36

Kat. Nr. 100   Abb. 234
Simon Louis Du Ry: **Letztes alternatives Vorprojekt zum Mittelbau von Schloß Weißenstein, Aufriß einer Längsfront**

Bleistift, Feder in Grau, grau laviert
330 × 555 mm (unten unregelm. beschnitten)
Potsdam, Kassel XV, Nr. III/14 (durchgestr. o. M.: »XII«)

Im Inhaltsverzeichnis des originalen Klebebandes ist das Blatt verzeichnet als »Prospect eines Corps de Logis mit 6 grossen Corinthischen Säulen«; genannt sind Du Ry als Autor und 1791 als Entstehungsjahr. Es handelt sich demnach um Du Rys Beitrag zu dem Wettbewerb, den Wilhelm im November 1791 mit der Bedingung herbeigeführt hatte, der Mittelbau müsse auf das »Soubassement« verzichten. Dem Phänomen der vergrößerten Säulen begegnet Du Ry durch die Wahl der nächsthöheren Säulenordnung. Der dreigeschossige Bau zu 19 Achsen verzichtet auf Schmalseitenapsiden; die Kanten bleiben architektonisch unakzentuiert. Das verkröpfte Gebälk trägt einen Attikastreifen, auf dem, der Einskizzierung zufolge, Figuren zu stehen kommen sollen. Der risalitartige Vorsprung mit den 6 Riesensäulen ist durch einen Dreiecksgiebel ausgezeichnet.
Offensichtlich war das Blatt konzipiert als Deckblatt zu Kat. Nr. 63 (von dort schon im 18. Jahrhundert bei Zusammenstellung des Klebebandes wieder abgelöst!). — Maßstab (ermittelt) 1:132.

Lit.: Holtmeyer 1910, S. 309; — Paetow 1929, S. 87, Abb. 47

Kat. Nr. 101   Abb. 235
Simon Louis Du Ry: **Letztes alternatives Vorprojekt zum Mittelbau von Schloß Weißenstein, Grundriß des Erdgeschosses**

Bleistift, Feder in Grau, rot-violett angelegt
197 × 294 mm
Potsdam, Kassel XV, Nr. II/5

Unter denselben Bedingungen wie der zugehörige Aufriß Kat. Nr. 100 entstanden. Ursprünglich als Deckblatt auf Kat. Nr. 65 montiert. Abgesehen von den hier fehlenden Schmalseitenapsiden handelt es sich, bei leicht variierten Raumproportionen, um eine Wiederholung der um 1787 gültigen Distribution von Kat. Nr. 66. — Maßstab (ermittelt) 1:264.

Unpubliziert

Kat. Nr. 102   Abb. 236
Heinrich Christoph Jussow: **Definitiver Wettbewerbsentwurf zum Aufriß des Weißensteiner Corps de logis, Aufriß von Westen, montiert in einen Gesamtaufriß**

Bleistift, Feder in Grau, grau laviert
251 × 705 mm. Aus drei Bogen montiert (die beiden äußeren hellblaues Papier)
Unbez. Maßstab ohne Maßeinheit (= 110 Fuß; 10 F ≙ 11 mm)
Staatl. Kunstslg. Kassel, Nachlaß Jussow, Inv. Nr. K II 5731

Dieser Aufriß, wohl gleichzeitig und unter denselben Bedingungen wie der Entwurf Du Rys Kat. Nr. 100/101 entstanden, bedeutet die erste entschiedene Hinwendung Jussows zur später auch ausgeführten Form des Mittelbaus. Das hexastyle pyknostyle Prostylon entspricht der Forderung nach Verzicht auf ein »soubassement«. Mit der Wahl von Lisenen für die Absiden hat Jussow den wohl günstigsten Kompromiß gefunden. Diese Form vermittelt zwischen den Apsiden der Flügel und dem zentralen Tempel-decorum am Mittelbau; sie erlauben darüber hinaus einen vergrößerten Radius der Außenwände, mithin eine optimale Flächennutzung. Die über niedrigem Tambour aufgesetzte Mittelkuppel erscheint hier als rein ästhetische Akzentuierung.

Der kubische Abschnitt des Mittelbaus mißt in diesem Entwurfsstadium lediglich 204 Fuß Länge (Ausführung: 220 F.). — Als Verbindung zwischen den Flügeln sind massive Terrassen in Sockelhöhe vorgesehen. Die Flügel-Aufrisse stammen aus einem älteren Gesamtaufriß. — Maßstab 1:264.

Lit.: Bangert 1969, S. 33, Fig. 28 (Teilabb.), S. 117, 120—122

Kat. Nr. 103   Abb. 237, Farbtafel VI unten
Heinrich Christoph Jussow: **Definitiver, vom Landgrafen genehmigter Entwurf zum Aufriß der Gesamtanlage des Weißensteiner Schlosses von Osten**

Bleistift, Feder in Grauschwarz, grau-braun laviert, farbig aquarelliert
220 × 668 mm
Bez. u. r. auf fest montiertem Aufkleber: »Approb:/Wilhelm L. d 1ten Jan: 1792.«
Staatl. Kunstslg. Kassel, Nachlaß Jussow, Inv. Nr. K II 5720

Der stadtseitige Aufriß ist aus einer Überarbeitung des Aufrisses der Gartenseite hervorgegangen. Der Geländeabfall nach Osten ermöglicht eine Freilegung des Sockelgeschosses, was die Erscheinung des Mittelbaus ungleich pathetischer wirken läßt. Eine breite, zweiläufige Treppe führt zum Podium des zentralen Prostylons. Die Wandbehandlung in den drei Hauptgeschossen zeigt noch die von den Flügeln übernommene Differenzierung zwischen rustiziertem Erdgeschoß und glatt verputzten Obergeschossen. Ausgenommen von der Kuppel, deren rustizierter Tambour an Höhe gewonnen hat, wird der Bau von einer Attikabalustrade mit überlebensgroßen Skulpturen bekrönt. Am Prostylon nennt die Friesinschrift den Namen des Bauherrn. Der Giebel ist skulptiert. Gemessen an der pathetisch-abstrakten Gesamthaltung des Entwurfs mutet die Attika-Gestaltung wie ein barockes Relikt an. Sie entfiel bei der Ausführung.

Die Längenmaße entsprechen denen des gartenseitigen Aufrisses. Grundrisse aus diesem frühen Stadium der Mittelbau-Planung existieren nicht; vermutlich hat es sie auch nie gegeben, da zu diesem Zeitpunkt ausschließlich um den Aufriß gerungen wurde.

Lit.: Vogel 1958, S. 12f., Kat. Nr. 23; — Bangert 1969, S. 31, 33, 121—123, Abb. 23, 29

Kat. Nr. 104   Abb. 239
Heinrich Christoph Jussow: **Entwurf mit einem Teilaufriß des Corps de logis von Schloß Weißenstein/Wilhelmshöhe, von Osten**

Bleistift, Feder in Grau auf hellgrauem Papier, einfache Randlinie
707 × 617 mm
Unbez. Maßstab o. Maßeinheit (= 60 Fuß; 10 F ≙ 45,5 mm)
Staatl. Kunstslg. Kassel, Nachlaß Jussow, Inv. Nr. K II 5752

Dieser Aufriß zu den mittleren 9 Achsen stellt eine Detailüberarbeitung des Gesamtaufrisses Kat. Nr. 103 dar, die auf die bauliche Ausführung hinarbeitet. Entsprechend zur Ausführung springt die Freitreppe vor das Prostylon, und ist im oberen Abschnitt bis unmittelbar vor die Säulenreihe geführt. Im Unterschied zur Ausführung sind nur Sockel- und Erdgeschoß mit Lagerfugen überzogen. Das Gebälk soll folgende Inschriften tragen: Im Fries »WILHELMUS. IX. CONDITOR.« in der oberen Faszie des Architravs »MDCCLXXXVI — MDCCXCVI«, womit für das Schloß eine nur zehnjährige Bauzeit angegeben wird.

Im Gegensatz zu Kat. Nr. 103 konnte die dort vorgeführte Verblockung der Formen nicht in diesem Umfang beibehalten werden. Bildeten dort Prostylon und Kuppel eine vertikale Einheit, so ist der hier nochmals gestreckte und durchfensterte Tambour deutlich schmäler, da er in seiner Breite nunmehr die Distanz der Außenwände, auf denen er aufruht, zu berücksichtigen hat, vgl. den Querschnitt Kat. Nr. 105! Damit ist ein Indiz für die Annahme gewonnen, daß der Entwurf Kat. Nr. 103 ohne gleichzeitige Anfertigung von Grundrissen oder Schnitten entstanden ist. Die Durchfensterung des Tambours läßt auf insgesamt 16 geplante Fenster schließen, während nur 12 ausgeführt wurden. Von den beiden Kuppelversionen, einer flacheren und einer steileren, wurde letztere mit einem Opaion ausgeführt. Der Vasenschmuck der als Balustrade gebildeten Attika unterblieb bei der Ausführung.
Entstanden um 1793/1796. — Maßstab 1:63.

Lit.: Vogel 1958, S. 14, Kat. Nr. 26

Kat. Nr. 105   Abb. 240
Heinrich Christoph Jussow: **Entwurf zum Querschnitt durch den Mittelbau von Schloß Weißenstein/Wilhelmshöhe**

Bleistift, Feder in Grauschwarz, grau laviert
710 × 576 mm
Staatl. Kunstslg. Kassel, Nachlaß Jussow, o. Inv. Nr.

Der Schnitt teilt den Bau genau in Höhe der sagittalen Mittelachse und zeigt die nördliche Hälfte des Gebäudes vom Kellergeschoß bis zum Kuppelsaal. Das Blatt erfaßt die für

die Ausführung endgültige Entwurfsfassung, auch hinsichtlich der Anzahl der Fenster im Kuppelsaal.
Entstanden um 1794/1797.

Lit.: Vogel 1958, S. 14, Kat. Nr. 27; — Bangert 1969, S. 119, Anm. 21

Kat. Nr. 106 Abb. 241
Heinrich Christoph Jussow: **Entwurf zum Corps de logis des Schlosses Weißenstein/Wilhelmshöhe, Grundriß des Kellergeschosses**

Bleistift, Feder in Schwarz, schwarz angelegt, Einskizzierungen in Bleistift, einfache Randlinie
464 × 614 mm
Unbez. Maßstab o. Maßeinheit (= 110 Fuß; 10 F ≙ 18 mm)
Potsdam, Kassel VI, Nr. 8/18

Präsentationszeichnung mit dem ältesten erhaltenen Zustand des Entwurfs, bei dem die Durchfensterung der Apsiden noch keine Rücksicht auf die anschließenden Verbindungsflügel nimmt. Für die südliche (rechte) Hälfte ist die Unterbringung der Küche vorgesehen.
Entstanden um 1792. — Maßstab 1:156.

Unpubliziert

Kat. Nr. 107 o. Abb.
Heinrich Christoph Jussow: **Entwurf zum Corps de logis des Schlosses Weißenstein/Wilhelmshöhe, Grundriß des Kellergeschosses**

Bleistift, Feder in Grau und Braun, zartrosa angelegt, Maßangaben in brauner u. grauer Feder
253 × 330 mm
Bez. Maßstab o. Maßeinheit (= 100 Fuß ≙ 108,5 mm)
Bez. o. Mitte, in Bleistift: »Plan du Souterrain« (v. Jussow)
Staatl. Kunstslg. Kassel, Nachlaß Jussow, Inv. Nr. K II 5741

Im Unterschied zu Kat. Nr. 106 weisen die Apsiden an den Außenseiten je zwei Nischen statt Fenstern auf, berücksichtigen also bereits den Anschluß der Verbindungsbauten zwischen den Flügeln. Um die Mauermasse zu reduzieren, sind zwischen Rund- und Recketckräumen die Wände in Wandpfeiler mit Durchgängen gestaltet, jedoch hat Jussow mit Bleistift diese Lösung wieder zurückgenommen. Den Mittelteil des Kellers sollen stadtseitig drei lukenartige Fenster belichten, die in den Säulensockel eingelassen sind. Die Zeichnung ist von Jussow mit den wichtigsten Maßen versehen worden.
Entstanden um 1792. — Maßstab 1:264

Unpubliziert

Kat. Nr. 108 o. Abb.
Simon Louis Du Ry (?): **Entwurf zum Corps de logis des Schlosses Weißenstein/Wilhelmshöhe, Grundriß des Kellergeschosses**

Bleistift, Feder in Schwarz, hellrosa angelegt, doppelte Randlinie
256 × 514 mm
Bezifferter Maßstab: 150 Fuß (10 F ≙ 16 mm)
Potsdam, Kassel VI, Nr. 13/6

Präsentationszeichnung, die in verändertem Maßstab einige an Kat. Nr. 106 erforderliche Korrekturen berücksichtigt: Die Apsiden sind mit Nischen versehen.
Entstanden um 1792. — Maßstab 1:180.

Unpubliziert

Kat. Nr. 109 o. Abb.
Simon Louis Du Ry: **Entwurf zum Corps de logis des Schlosses Weißenstein/Wilhelmshöhe, Grundriß des Erdgeschosses**

Bleistift, Feder in Schwarz, hellrosa angelegt, dreifache Randlinie
400 × 606 mm
Bezifferter Maßstab o. Maßeinheit (= 150 Fuß; 10 F ≙ 16 mm)
Potsdam, Kassel VI, Nr. 14/9

Präsentationszeichnung mit dem ältesten erhaltenen Zustand des Entwurfs, der von der Ausführung z. T. noch erheblich abweicht. Charakteristisch ist eine exakt symmetrische Behandlung der beiden Gebäudehälften, von der nur die Treppe ausgeklammert bleibt. Die Planung ist von der Vorstellung geleitet, das Corps de logis im Erdgeschoß ausschließlich als appartement de parade zu benutzen. Die erste Fassung der Treppe vor der Ostfassade zeigt noch eine mehrgliedrige Anlage, wie sie ähnlich in Jussows Gesamtentwurf Kat. Nr. 103 vorgesehen ist.
Entstanden um 1792. — Maßstab 1:180.

Unpubliziert

Kat. Nr. 110 Abb. 242
Heinrich Christoph Jussow: **Entwurf zum Corps de logis des Schlosses Weißenstein/Wilhelmshöhe, Grundriß des Erdgeschosses**

Bleistift, Feder in Schwarz, schwarz angelegt, grau laviert, einfache Randlinie. Korrekturen in Bleistift
462 × 615 mm
Unbezifferter Maßstab o. Maßeinheit (= 120 Fuß; 10 F ≙ 18 mm)
Potsdam, Kassel VI, Nr. 9/20

Präsentationsriß, dem die Fassung von Kat. Nr. 109 zugrundeliegt. Verändert sind jedoch die Freitreppen, von denen die östliche der am Bau ausgeführten entspricht.
Entstanden um 1792/1793. — Maßstab 1:156.

Unpubliziert

Kat. Nr. 111 o. Abb.
Heinrich Christoph Jussow: **Entwurf zum Corps de logis des Schlosses Weißenstein/Wilhelmshöhe, Grundriß des Erdgeschosses**

Bleistift, Feder in Grau, zartrosa angelegt, Beischrift u. Maßangaben in grauer u. brauner Feder, Einskizzierungen in Bleistift, ein Deckblatt
255 × 330 mm
Beischrift von Jussow:
o. Mitte (in Bleistift): »Plan du Rez de chaussée«;
o. l.: »Das Gebäude ist lang ohne die Rundungen / incl: des Sockels in der bel Etage 220 fus 2 zoll / die Rundungen haben im Durchmesser des / auswendigen Zirkels 44 fus 2 zoll. / Die lessinen springen 9 »vor die Mauer / Die Schaftgesimse haben 1 fus ausladung«;
u. l.: »Das Bandgesims hat über die Mauer des Rez de chaussée / 8 zoll ausladung. / Die Pilaster hinter den Säulen haben 9 zoll Vorsprung im / Rez de Chaussée, 10 zoll aber in der bel Etage und dem / obern Stockwerk. / Die Säulen stehen bis in ihren Mittelpunkt 11¼ fus im Rez de / chaussée von der Mauer entfernt, in der bel Etage aber / 11⅓ fus. / Die in den grundriß eingeschriebenen Mase sind inclusive / des Sokels in der bel Etage, der 1 zoll Vorsprung hat, zu ver / stehen, aber ohne den Sokel im Rez de chaussée der apart noch / 1½ zoll Vorsprung bekomt. / Das Zentrum der Rundung ist in der Flucht der Umfaßungs Mauer / des Rez de chaussée, und tritt der Sokel dieser Mauer über das Zentrum heraus.«;
u. r.: »Die Seulen an der treppe auf der vestibule / bekommen 1⅔ fus im durchmesser. Der Sokel / unter denselben bekomt die Höhe von 2 tritten. / Die Seulen sind also oben 16⅔ zoll dik. / Die Lessinen springen 2 zoll vor die Mauer. / Der Tritt wird 13 zoll breit, / das SchaftGesims ist unten 2 fus 4⅓ zoll ins quad. / Die Seulen in den Sälen sind jonischer Ordnung / und 19⅓ zoll unten im durchmesser, und oben 16⅑ zoll. / Das Rez de chaussée ist 16⅔ fus bis auf / die Balken hoch.«
Staatl. Kunstslg. Kassel, Nachlaß Jussow, Inv. Nr. K II 5742

Dieser Entwurf wurde von Jussow über rund 2 Jahrzehnte hinweg dem jeweils aktuellen Stadium der Planung angepaßt. Sein originaler Zustand entsprach dem von Kat. Nr. 109/110, sah also eine weitgehend symmetrische Distribution vor. Hierzu gehört auch die geplante Form der östlichen Freitreppe mit Zwischenpodest. Der erste Eingriff Jussows, der das um 1792/1793 entstandene Blatt in den Ausführungsentwurf änderte, galt dem südlichen Teil des Gebäudes, in dem das Appartement des Landgrafen mit dem halbrunden Schlafzimmer eingerichtet wurde. Die weiteren Änderungen, die als nachträgliche Einskizzierungen unschwer auszumachen sind, entstanden erst unter der Regierung Jérômes und Wilhelms II. (nach 1821); sie betrafen die Vergrößerung der nördlichen Nebentreppe und die Unterteilung des Galeriesaals, dessen südlicher Anraum um eine nach Westen orientierte halbrunde Apsis erweitert wurde.
Zugehörig zu den Entwürfen Kat. Nr. 107, 114, 122, 124 u. 126, im gleichen Maßstab 1:264 gezeichnet.

Unpubliziert

Kat. Nr. 112 Abb. 243
Heinrich Christoph Jussow: **Entwurf zum Corps de logis des Schlosses Weißenstein/Wilhelmshöhe, Grundriß des Erdgeschosses**

Bleistift, Feder in Schwarz, Einskizzierungen in Bleistift, einfache Randlinie 483 × 617 mm
Unbezifferter Maßstab o. Maßangabe (= 100 Fuß; 10 F ≙ 18 mm)
Potsdam, Kassel VI, Nr. 24/13

Präsentationsriß, ursprünglich dem Stadium von Kat. Nr. 110 exakt entsprechend, im südlichen Teil zur Unterbringung des landgräflichen Wohnappartements abgeändert. Deutsche Funktionsbezeichnungen der Räume in Bleistift eingetragen. Entstanden um 1793. — Maßstab 1:156

Unpubliziert

Kat. Nr. 113 o. Abb.
Heinrich Christoph Jussow: **Entwurf zum Corps de logis des Schlosses Weißenstein/Wilhelmshöhe, Grundriß des Erdgeschosses**

Bleistift, Feder in Grau u. Rot, dunkelgrau u. rot angelegt, einfache Randlinie, Buchstaben u. Farbangaben in brauner Feder
464 × 622 mm
Unbezifferter Maßstab ohne Maßangabe (= 80 Fuß; 10 F ≙ 18 mm)
Staatl. Kunstslg. Kasse, Nachlaß Jussow, Inv. Nr. K II 5749

Im ersten Etat war die Zeichnung mit Kat. Nr. 110 identisch. Die sekundär eingebrachten Veränderungen sind in Kat. Nr. 111 in Bleistift bereits vorgezeichnet. Die zuletzt gültige Einteilung der Räume mit dem nur noch fünfachsigen Mittelsaal »A« ist für die Regierungszeit des Kurfürsten Wilhelm II. gesichert (vgl. D. Ph. v. Apell, Geschichte u. Beschreibung des kurfürstlich-hessischen Lustschlosses Wilhelmshöhe u. seiner Anlagen, 3. Aufl., Cassel 1824, S. 12—17).

Unpubliziert

Kat. Nr. 114 o. Abb.
Heinrich Christoph Jussow: **Entwurf zum Corps de logis des Schlosses Weißenstein/Wilhelmshöhe, Grundriß der Beletage**

Bleistift, Feder in Grau, zartrosa angelegt, Einskizzierungen in Bleistift u. grauer Feder, Beischrift in Bleistift, grauer u. brauner Feder. Rücks. Bleistiftskizzen
250 × 332 mm
Unbezifferter Maßstab o. Maßeinheit (= 50 Fuß; 10 F ≙ 108 mm)
Beischrift, von Jussow:
o. Mitte: »Plan du bel Etage«;
u. l.: »Die Pilaster in dem Schlafzimmer / sind corinthischer Ordnung und 17 zoll im / Durchmesser und stehen 2 zoll vor / der Wand hervor. /

341

Die bel Etage wird bis unter / die Balken 16 fus hoch. / Das obere Stokwerk ist 12 fus bis / auf die Balken hoch / Das Stokwerk im Fries ist im Lichten / so hoch wie das ganze Entablement. / Die Fenster der bel Etage sind in der Spallette 13′—7″ hoch.«
Staatl. Kunstslg. Kassel, Nachlaß Jussow, Inv. Nr. K II 5739

Die Distribution sieht zwei appartements de société vor, die einander spiegelbildlich entsprechend an den zentralen, fünfachsigen Festsaal anschließen. Die Erweiterung der nördlichen Nebentreppe gehört der Zeit unter Jérôme (1806—1813) an und stellt eine nachträgliche Veränderung der Zeichnung dar.
Entstanden um 1792/1794, zusammen mit Kat. Nr. 107, 111, 122, 124, 126. — Maßstab 1:264.

Unpubliziert

Kat. Nr. 115 Abb. 244
Unbekannt nach Heinrich Christoph Jussow: **Entwurf zum Corps de logis des Schlosses Weißenstein/Wilhelmshöhe, Grundriß der Beletage**

Feder in Braun, hellrosa angelegt, auf Leinen aufgezogen
253 × 613 mm
Bezifferter Maßstab: 200 Fuß (10 F ≙ 21,5 mm)
Beischrift u. r.: »Die bel Etage wird bis auf die balken 17 fus hoch. das obere Stokwerk ist 13 fus bis auf die balken hoch. das Stokwerk im Frieß ist im lichten so hoch wie das gantze Entablement.«;
u. l. »Die Säule hoch 46 ²/₃ fß, der Modul 31 Zoll; / die dicke 5 ¹/₆ fß der part ²/₃ zoll, oder 1 zoll 8 linien / das Bandt Gesims 8 zoll ausgeladen.«
Potsdam, Kassel VI, Nr. 25/4

Werkzeichnung zum Einsatz auf der Baustelle, im Maßstab verdoppelte Kopie nach Kat. Nr. 114.
Entstanden um 1794. — Maßstab 1:132.

Unpubliziert

Kat. Nr. 116 o. Abb.
Unbekannt nach Simon Louis Du Ry: **Entwurf zum Corps de logis des Schlosses Weißenstein/Wilhelmshöhe, Grundriß der Beletage**

Bleistift, Feder in Schwarz, hellrosa angelegt, dreifache Randlinie
253 × 481 mm
Bezifferter Maßstab ohne Maßeinheit (= 120 Fuß; 10 F ≙ 16 mm)
Beischrift u. r.: »Die Pilaster in dem Schlafzimmer / sind Corinthischer Ordnung / und 16 Zoll im DurchMeßer und / stehen 2 zoll vor der Wand hervor«
Potsdam, Kassel VI, Nr. 15/11

Das Blatt entspricht den Fassungen der Kat. Nr. 114, 115, unterscheidet sich jedoch in einem wesentlichen Punkt, der die Zuweisung an Du Ry ermöglicht: Die Säulen der Portiken sind nur je 4 Fuß dick und die Interkolumnien 8 Fuß weit — eine offenkundige Demonstration gegen Jussows Pyknostylos!
Entstanden um 1793/1794. — Maßstab 1:180.

Unpubliziert

Kat. Nr. 117 o. Abb.
Unbekannt nach Heinrich Christoph Jussow: **Entwurf zum Corps de logis des Schlosses Weißenstein/Wilhelmshöhe, Grundriß der Beletage**

Feder in Grau, rosa angelegt, Einskizzierungen in Bleistift, Beischrift u. Maßangaben in brauner Feder, auf Leinen aufgezogen
277 × 609 mm
Bezifferter Maßstab: 130 Fuß (10 F ≙ 21,7 mm)
Beischrift, o. M.: »Plan du bel Etage, au Corps de Logis à Weissenstein.«;
u. l.: »Die Säule hoch 46 ²/₃ fs, der Modul. 31 Zoll / die Dike 5 ¹/₆ fus, der Part 1 ²/₃ Zoll oder 1 Zoll 8 linien / das Bandt Gesims 8 Zoll ausgeladen.«;
u. r.: »Die Pilaster in dem Schlafzimmer sind Corinthischer Ordnung / und 16 zoll im durchmeßer, und stehen 2 zoll vor der Wandt hervor. / Die bel Etage wird bis unter die balken 16 fus hoch. / das obere Stokwerk ist 13 fus bis auf die Balken hoch. / das Stokwerk im Frieß ist im lichten so hoch wie das / gantze Entablement.«
Staatl. Kunstslg. Kassel, Depositum Verein f. hess. Geschichte und Landeskunde

Werkzeichnung zum Einsatz auf der Baustelle, im Maßstab verdoppelte Kopie nach Kat. Nr. 114.
Entstanden um 1794. — Maßstab 1:132.

Unpubliziert

Kat. Nr. 118 o. Abb.
Unbekannt nach Heinrich Christoph Jussow **Entwurf zum Corps de logis des Schlosses Weißenstein/Wilhelmshöhe, Grundriß der Beletage**

Feder in Grau, rosa angelegt, Einskizzierungen in Bleistift, Maßangaben in Bleistift u. brauner Feder, auf Leinen aufgezogen. Rückseitig Skizzen u. Berechnungen
245 × 733 mm
Beischrift, o. M.: »Plan du bel Etage, au Corps de Logis à Weissenstein.«;
u. l.: »Die Pilasters in dem Schlafzimmer sind 14 fuß 2 zoll hoch / und stehen 2 zoll vor der Wandt vor, die basis stehet auf / den Fußboden auf ohne Sokel, die Ordnung ist Corinthisch.«;
u. M.: »in denen Zimmern ist die thüren höhe fuß 10 im Mauerwerk«;
rücks.: »Grundris von denen Maaßen / im Corps de Logis.«
Staatl. Kunstslg. Kassel, Depositum Verein f. hess. Geschichte und Landeskunde

Werkzeichnung zum Einsatz auf der Baustelle, im Maßstab vergrößerte Kopie nach Kat. Nr. 114.
Entstanden um 1794.

Unpubliziert

Kat. Nr. 119 o. Abb.
Unbekannt nach Heinrich Christoph Jussow: **Entwurfs-skizze zum Corps de logis des Schlosses Weißenstein/Wilhelmshöhe, Grundriß der Beletage**
Feder in Grau und Braun, grau angelegt
369 × 633 mm
Bez. o. M.: »Plan du bel Etage du Corps de Logis a Weissenstein«
Potsdam, Kassel VI, Nr. 30/12

Diese nachlässig gezeichnete Skizze gewinnt dadurch ihren Wert, daß die verschiedenen Räume Angaben zur Herkunft und Farbgebung der Ausstattung enthalten. Diese lauten:
»1te Antichambre [R. 69] boisirt mit ordinairen Meubles und Vorhänge;
2te Antichambre [R. 67] boisirt mit gemahlten Arabesquen auf den Panneaux, Stühle von grünem halb Atlas, Vorhänge von grünem Taft;
Audienz Saal [R. 57] chinesische Atlas gelbe Tapete aus dem Vorrath;
Cabinet [R. 58] blau uni mit reicher Bordure, hell paille von Dubschlaf [Hanauer Erzeugnis], Stühle wie ersteres; Cabinet [R. 59] jonquille mit reicher Bordure hellblau von Dubschlaf;
Schlafzimmer [R. 60] Dunkelcouleur de Rose mit reicher Bordure von Dubschlaf;
Toilette [R. 61] Garderobe boisirt, Stühle halbe Atlas, Vorhänge blauer Taft;
Garderobe [R. 63] boisirt, rohe Stühle und leinene Vorhänge;
Sallon [R. 56] boissiert, die Meubles und Vorhänge aus dem Saal Rez de Chaussée 1ten Flügel Damast grün, grau und weis;
Salle de Compagnie [R. 55] boissiert, die Meubles und Vorhänge aus dem Rondell Cabinet Rez de Chaussée [R. 180]
Damast cramoisi, grün und weiß;
Cabinet [R. 54] das ameublement aus dem Vorzimmer rez de chaussée [R. 191] Damast cramoisi, grau und weiß, die 4 Welttheile genandt;
Cabinet [R. 53] das ameublement aus dem Cabinet rez de chaussée [R. 191] Damast blau, grau und weiß;
Schlafzimmer [R. 52] wird mit dem alcove boissirt, die Meubles, Bett und Vorhänge aus dem Schlafzimmer Rez de Chaussée [R. 181] Damast grau, grün und weiß;
Toilette [R. 50] boisirt, die Stühle von halb Atlas, die Vorhänge von Taft orangefarben;
Garde Robe [R. 47] boisirt, Rohrstühle rund, leinen Vorhänge.«
Die Beschriftung, wohl nach Angaben des Landgrafen vom Juni 1794 ausgeführt, stammt vermutlich von dem für die Ausstattung mitverantwortlichen Hoftapezierer Wenderoth (vgl. StAM 5, 11869, S. 124).

Unpubliziert

Kat. Nr. 120 o. Abb.
Heinrich Christoph Jussow: **Entwurf zum Corps de logis des Schlosses Weißenstein/Wilhelmshöhe Grundriß der 2. Etage**
Feder in Schwarz, schwarz angelegt, Bezeichnungen der Räume in Bleistift, Einskizzierungen in Bleistift, einfache Randlinie
462 × 616 mm
Unbezifferter Maßstab ohne Maßeinheit (= 120 Fuß; 10 F ≙ 18 mm)
Potsdam, Kassel VI, Nr. 11/8

Präsentationsriß, der für die Ausführung zunächst Gültigkeit besaß. Die nachträglich hinzugefügte Skizze betrifft die Verbindung von Corps de logis und Weißensteinflügel.
Entstanden um 1794. — Maßstab 1:156.

Unpubliziert

Kat. Nr. 121 o. Abb.
Unbekannt nach Simon Louis Du Ry: **Entwurf zum Corps de logis des Schlosses Weißenstein/Wilhelmshöhe, Grundriß der 2. Etage**
Feder in Schwarz, grau (Salon) und rosa angelegt, dreifache Randlinie
244 × 481 mm
Bezifferter Maßstab ohne Maßeinheit (= 120 Fuß; 10 F ≙ 16 mm)
Potsdam, Kassel VI, Nr. 16/10

Präsentationsriß, in der Distribution mit Kat. Nr. 120 übereinstimmend, in der Auffassung der Säulenstellungen jedoch die gleichen Besonderheiten wie Kat. Nr. 116 aufweisend, was die Autorschaft Du Rys nahelegt.
Entstanden um 1793/1794. — Maßstab 1:180.

Unpubliziert

Kat. Nr. 122 o. Abb.
Heinrich Christoph Jussow: **Entwurf zum Corps de logis des Schlosses Weißenstein/Wilhelmshöhe, Grundriß der 2. Etage**
Bleistift, Feder in Braun, zartrosa u. rot (Salon) angelegt, Einskizzierungen u. Beschriftung in Bleistift u. grauer Feder
254 × 330 mm
Unbezifferter Maßstab ohne Maßeinheit (= 70 Fuß; 10 F ≙ 108 mm)
Beischrift von Jussow,
u. l.: »Die Seulen im bibliothec Saal / sind Jonischer Ordnung, haben / 14 2/3 zoll im durchmesser und 11 fus höhe«;
u. r.: »Die dunkelroth angelegten Mauren / werden in dieser Etage oben mit ganzen / durchbindenden grossen 2 fus dicken quadern überlegt / um die anker darin zu befestigen.«;
u. M.: »Maasstab nach welchem die Risse aufgetragen werden«
Staatl. Kunstslg. Kassel, Nachlaß Jussow, Inv. Nr. K II 5740

Der ursprüngliche Etat des Blattes zeigte die Distribution wie Kat. Nr. 120, 121. In einer Überarbeitung entfielen die kleinteiligen Kammern auf der Gartenseite zugunsten

343

des erstmals vorgesehenen Bibliothekssals, von dem hier erstmals die Rede ist.
Zusammen mit Kat. Nr. 107, 111, 114, 124, 126 in einer Serie entstanden um 1792/1794. — Maßstab 1:264.

Unpubliziert

Kat. Nr. 123   o. Abb.
Unbekannt nach Heinrich Christoph Jussow: **Entwurf zum Corps de logis des Schlosses Weißenstein/Wilhelmshöhe, Grundriß der 2. Etage**

Bleistift, Feder in Schwarz und Rot, grau angelegt
299 × 493,5 mm
Potsdam, Kassel VI, Nr. 29/5

Auf diesem Entwurf ist der Bibliothekssaal erstmals mit 126 Fuß Länge vorgesehen, der beim Bezug dieser Etage im Jahre 1799 in dieser Größe fertiggestellt worden sein dürfte.

Unpubliziert

Kat. Nr. 124   o. Abb.
Heinrich Christoph Jussow: **Entwurf zum Corps de logis des Schlosses Weißenstein/Wilhelmshöhe, Grundriß des Kniestocks**

Bleistift, Feder in Grauschwarz, zartrosa angelegt, Einskizzierungen in Bleistift, Beischrift in Bleistift u. grauer Feder
253 × 330 mm
Bezifferter Maßstab ohne Maßeinheit (= 200 Fuß; 10 F ≙ 10,8 mm)
Beischrift von Jussow,
o. r., auf dem Kopf stehend: »Die Thüren werden / zwischen den Futtern 3¾ fs weit / und 7½' hoch.«;
u. l.: »Die Treppe A hat 22 tritte«
Staatl. Kunstslg. Kassel, Nachlaß Jussow, Inv. Nr. K II 5738

Nach Genehmigung der Gesamtaufrisse gehörte zu den Detailüberarbeitungen des Entwurfs die Einfügung eines Kniestocks, dessen Fenster in den Fries des verkröpften Gebälks der ionischen Kolossalordnung eingelassen sind. Wie die eigenhändigen Eintragungen des Landgrafen beweisen, dienten die damit gewonnenen Kammern dazu, einen Teil des Hofstaates hier einzulogieren, u.a. den Küchenmeister, den Kammerdiener, den Inspektor und den Konditor.
Zusammen mit Kat. Nr. 107, 111, 114, 122, 126 um 1792/1795 entstanden. — Maßstab 1:264.

Unpubliziert

Kat. Nr. 125   Abb. 245
Heinrich Christoph Jussow: **Entwurf zum Corps de logis des Schlosses Weißenstein/Wilhelmshöhe, Grundriß des Kniestocks**

Bleistift, Feder in Schwarz, schwarz angelegt, einfache Randlinie
460 × 613 mm
Bezifferter Maßstab ohne Maßeinheit (= 120 Fuß; 10 F ≙ 18 mm)
Stadtarchiv Kassel, Inv. Nr. 7830 M

Präsentationsriß mit einer wohl im Anschluß an Kat. Nr. 124 entstandenen Reinzeichnung, bei der die Querwände des zentralen Quadrums, das die Kuppel zu tragen hat, merkwürdigerweise die gleiche schwache Fachwerkkonstruktion wie die übrigen Querwände aufweisen.
Entstanden um 1794/1795. — Maßstab 1:156.

Unpubliziert

Kat. Nr. 126   o. Abb.
Heinrich Christoph Jussow: **Entwurf zum Corps de logis des Schlosses Weißenstein/Wilhelmshöhe, Grundriß des Kuppelsaals und Dachausmittlung**

Bleistift, Feder in Grau, hellgrau laviert, zartrosa u. dunkelgrau angelegt, Einskizzierungen in Bleistift
252 × 330 mm
Unbezifferter Maßstab ohne Maßeinheit (= 100 Fuß; 10 F ≙ 11 mm)
Beischrift von Jussow,
u. r.: »Die 12 Seulen in der Kuppel sind / römischer Ordnung und haben 21 zoll / im Durchmesser«
Staatl. Kunstslg. Kassel, Nachlaß Jussow, Inv. Nr. K II 5743

Frühester erhaltener Entwurf Jussows, wie der Grundriß des Kuppelsaals erkennen läßt. Dieser sollte zunächst einen inneren Stützenkranz von nur 8 Säulen erhalten, dem die Belichtung durch 8 Fenster entspricht. Der Zugang erfolgt über eine hinter dem Dreiecksgiebel angelegte, mehrteilige Treppe von außen, in deren Achse eine der 8 Säulen zu stehen gekommen wäre. Jussow änderte deshalb den Plan, indem er in die Achse ein Interkolumnium setzte und die Säulenzahl auf 12 erhöhte, wie die Einskizzierungen verraten. Ein fest montiertes Deckblatt zeigt die Flachkuppel mit verglastem Opaion. Die »römische« meint die ranghöchste komposite Ordnung, die damit dem überragenden Kuppelsaal vorbehalten bleibt!
Der Grundriß der Attikabalustrade weist insofern ein Kuriosum auf, als je zwei der Postamente an den Apsiden als Kamine Verwendung finden.
In einer Serie zusammen mit Kat. Nr. 107, 111, 114, 122, 124 um 1792/1794 entstanden. — Maßstab 1:264.

Unpubliziert

Kat. Nr. 127 o. Abb.
Unbekannt nach Heinrich Christoph Jussow: **Entwurf zum Corps de logis des Schlosses Weißenstein/Wilhelmshöhe, Grundriß des Kuppelsaals und Dachausmittlung, Grundriß des Kniestocks (unten)**

Feder in Schwarz, rosa (Mauern) angelegt, grau (Dach) laviert, 1 fest montiertes Deckblatt
472 × 490 mm
Unbezifferter Maßstab ohne Maßeinheit (= 100 Fuß; 10 F ≙ 16 mm)
Beischrift u. r.: »Die Zwölf Säulen in der Kuppel sind römischer Ordnung und haben 21 zoll im durch Meßer«
Potsdam, Kassel VI, Nr. 17

Kombinierte Kopien nach den Entwürfen Kat. Nr. 124 u. 126 als Präsentationsriß im veränderten Maßstab 1:180. — Entstanden um 1794/1795.

Unpubliziert

Kat. Nr. 128 Abb. 246
Heinrich Christoph Jussow: **Entwurf zum Corps de logis des Schlosses Weißenstein/Wilhelmshöhe, Grundriß mit Kuppelsaal und Dachausmittlung**

Feder in Schwarz, rosa (Mauerzüge) angelegt, grau (Dach) laviert, einfache Randlinie
463 × 612 mm
Unbezifferter Maßstab ohne Maßeinheit (= 120 Fuß; 10 F ≙ 18 mm)
Potsdam, Kassel VI, Nr. 12

Präsentationsriß mit der Reinzeichnung nach der letzten Fassung von Kat. Nr. 126 mit 12-säuligem Kuppelsaal, der Ausführung entsprechend.
Entstanden um 1794. — Maßstab 1:156.

Unpubliziert

Kat. Nr. 129 o. Abb.
Heinrich Christoph Jussow: **Entwurf zum Wandaufriß des Festsaals (R. 56) im Corps de logis von Schloß Weißenstein/Wilhelmshöhe**

Bleistift, Feder in Grau, Beischrift in Bleistift, Maßangaben in brauner Feder
330 × 338 mm
Beischrift von Jussow, u. M.: »Der Vorsprung derer Pilaster ist 1 zoll.«
Staatl. Kunstslg. Kassel, Nachlaß Jussow, Inv. Nr. K II 5802

Erster, z.T. skizzenartiger Entwurf für den Aufriß der Längswand des Festsaals in der Beletage, die eine Aufteilung in 5 Achsen vorsieht: in der Mitte die Tür, flankiert von je einem breiten Wandfeld und außen je einer Achse mit Ofennische. Die Wand ist architektonisch im strengen Louis-Seize gegliedert durch je zwei gekoppelte korinthische Pilaster mit Gebälk und Attika, die in den Säulenachsen verkröpft sind. In den Ecken fehlen die Pilaster. An den Kanten der Attika-Verkröpfungen sind Hermen vorgesehen, während die Rücklagen von Reliefs mit Figuren eingenommen werden. — Zugehöriger Entwurf der Schmalseite: K II 5774.
Entstanden um 1799.

Unpubliziert

Kat. Nr. 130 Abb. 247
Heinrich Christoph Jussow: **Entwurf zum Längsschnitt durch den Festsaal (R. 56) im Corps de logis von Schloß Weißenstein/Wilhelmshöhe**

Bleistift, Feder in Grauschwarz
432 × 629 mm
Staatl. Kunstslg. Kassel, Nachlaß Jussow, Inv. Nr. K II 5772

Präsentationsriß, der den Entwurf Kat. Nr. 129 voraussetzt, das Muldengewölbe aber mitberücksichtigt. Für die Wandfelder sind zwei Gemälde vorgesehen. Die Öfen sind kaschiert als zwei (Ton-)Skulpturen auf altarartigen Sockeln. Eine Fassung des Entwurfs ohne Gemälde und Reliefs, die möglicherweise unvollendet ist oder eine Variante mit Wandspiegeln zeigt, ist Inv. Nr. K II 5773.
Entstanden um 1799/1800.

Unpubliziert

Kat. Nr. 131 Abb. 248
Heinrich Christoph Jussow: **Entwurf zum Muldengewölbe im Festsaal (R. 56) der Beletage im Corps de logis des Schlosses Weißenstein/Wilhelmshöhe**

Bleistift, Feder in Grau
481 × 664 mm
Beischrift von Jussow, u. l.: »Herbst«, u. r.: »Sommer«
Staatl. Kunstslg. Kassel, Nachlaß Jussow, Inv. Nr. K II 5780

Präsentationsriß, zu Kat. Nr. 130 gehörig (gleicher absoluter Maßstab). In den horizontalen Spiegel hat Jussow drei rechteckige Gemälde aus dem Bestand der Kasseler Galerie eingesetzt, barocke Allegorien auf die drei Jahreszeiten Frühling, Sommer und Herbst von Adriaen van der Werff (1659—1722).
Entstanden um 1799—1800.

Lit.: Vogel 1958, S. 16, Kat. Nr. 38

Vorbemerkung zu Kat. Nr. 132 ff.

Die Katalog-Nummern 132—186 stellen die wichtigsten Entwurfszeichnungen zur Löwenburg dar. Zuschreibungsfragen tauchen dann auf, wenn der Bauherr, Landgraf Wilhelm IX., selbst aktiv wurde und korrigierend oder ergänzend in die Planung Jussows eingriff.

Kat. Nr. 132 Farbtafel V
Heinrich Christoph Jussow: **Situationsplan von Schloß und Garten Weißenstein, Entwurf**

Feder in Grau und Schwarz, farbig aquarelliert. Doppelte Randlinie
630 × 387 mm
Bez. u. Mitte, von Jussow: »Plan des HochFürstlich Hessischen Schlosses und Garten / zu / Weissenstein.« Zugehörig die Legende:
»a. Pluto's Grotte./ b. Paul's Eremitage / c. Socrates Haus. / d. Plato's Haus / e. Tempel des Merkur. / f. Acqueduc. / g. projectirte Ruine / h. Democrit's Haus. / i. Sibillen Grotte. / k. Piramide. / l. Virgils Grabmal. / m. Armidens Haus. / n. Herclit's Haus. / o. Tempel des Apoll. / p. grosse fontaine. / q. Thier-Garten. / r. Strudel / s. Moschee / t. Schloss / u. Marstall und Wirthschafts Gebäude / w. Fasanerie / x. Lac. / z. Chinesisches Dorf.«
Potsdam, Kassel XII, Nr. 1

Präsentationsriß. Das Blatt, eng verwandt dem Entwurf Kat. Nr. 67, zeigt Schloß und Garten in dem Planungsstadium um 1788. Wie damals von Du Ry vorgesehen, weist der Mittelbau an beiden Fassaden Portiken mit je 6 Säulen auf. Der Entwurf zum Park geht auf Jussow zurück, unter anderem auch die »projectirte Ruine«.

Unpubliziert

Kat. Nr. 133 Abb. 287
Heinrich Christoph Jussow: **Entwurf zu einem gotischen Ruinenturm beim chinesischen Dorf »Moulang« auf dem Weißenstein, perspektivische Ansicht**

Vorzeichnung in Bleistift, Feder in Grau u. Braun, grau laviert
273 × 412 mm
Bez. u. Mitte, von Wilhelm IX.: »Approbirter Gothischer Thurm auf den Felsen / in Moulang bey Weissenstein«
Potsdam, Kassel XV, Nr. XXIII/49

Präsentationszeichnung. Das Blatt stellt wohl eine etwa gleichzeitig entstandene Alternative zu dem folgenden, 1790 datierten Projekt Kat. Nr. 108 dar.

Lit.: Holtmeyer 1910, Taf. 158,1, S. 343; — Holtmeyer 1913, S. LXVI, Abb. 52; — Paetow 1929, Abb. 25

Kat. Nr. 134 Abb. 288
Heinrich Christoph Jussow: **Entwurf zu einem gotischen Ruinenturm am großen Bassin auf dem Weißenstein, perspektivische Ansicht**

Bleistift, Feder in Schwarz, farbig aquarelliert
255 × 335 mm
Bez. o. Mitte, von Wilhelm IX.: »Ein über die Cascade des großen Bassins zu Weissenstein / projectirter Alter Thurm 1790 / von Jussow gezeichnet«
Potsdam, Kassel XV, Nr. XXII/48

Präsentationszeichnung. Das Erdgeschoß des Turms ist als offene Halle gedacht. Angefügt ist ein nicht näher definierter rückwärtiger Anbau. Der Bewuchs des Turms leistet die Einbindung der Architektur in die Natur.

Lit.: Holtmeyer 1910, S. 343; — Holtmeyer 1913, S. LXV, Abb. 51; — Paetow 1929, Abb. 24

Kat. Nr. 135 Abb. 289
Heinrich Christoph Jussow: **Entwurf zu einem gotischen Ruinenturm am großen Bassin auf dem Weißenstein, Grundriß**

Feder in Schwarz, farbig aquarelliert
257 × 335 mm
Bez. o. Mitte, von Wilhelm IX.: »Grund Riß an der Cascade des Großen Bassins.«
Potsdam, Kassel XV, Nr. XXII/47

Der Turm steht über der Mündung der Kaskade ins Fontänenbassin, etwa dort, wo der korinthische Tempel von Jussow ausgeführt worden ist. Entstanden wohl 1790 wie die zugehörige perspektivische Ansicht Kat. Nr. 134.

Lit: Holtmeyer 1910, S. 343; — Holtmeyer 1913, S. LXIV, Abb. 30

Kat. Nr. 136 Abb. 290
Heinrich Christoph Jussow: **Erstes Projekt einer Ruine, Aufriß**

Bleistift, Feder in Braun, grau laviert. Einfache Randlinie
320 × 510 mm
Bez. u. Mitte, von Jussow: »1tes Project einer zu Weissenstein über dem Steinbruch, / der sogenanten Belle vue, zu erbauenden Ruine.«
Staatl. Kunstslg. Kassel, Nachlaß Jussow, Inv. Nr. K II 5646

Präsentationsriß. Gezeigt ist die Ansicht der Ruine von Osten her, Datierung um 1791/1792 (nach Vogel »wohl 1790«).

Lit.: Vogel 1958, S. 19, Kat. Nr. 45; — Löwenburg 1976, S. 26, Abb. 16; — Monika Arndt, Das Kyffhäuser-Denkmal — Ein Beitrag zur politischen Ikonographie des Zweiten Kaiserreiches, in: Wallraf-Richartz-Jb. 40. 1978, S. 114f., Abb. 60

Kat. Nr. 137 Abb. 291
Heinrich Christoph Jussow: **Erstes Projekt einer Ruine, Grundriß**

Bleistift, Feder in Braun, grau laviert
330 × 512 mm
Bez. Maßstab: 100 Kasseler Fuß (10 F ≙ 14,5 mm)
Bez. u. Mitte, von Jussow »grundriss zum 1t Project der Ruine.«
Staatl. Kunstslg. Kassel, Nachlaß Jussow, Inv. Nr. K II 5631

Zugehörig zu Aufriß Kat. Nr. 136. In Bleistift einskizziert ist die Fassung der Burg, die Ende 1793 gültig war. Entstanden um 1791/1792, nicht ausgeführt. — Maßstab 1:198.

Unpubliziert

Kat. Nr. 138 Abb. 293
Heinrich Christoph Jussow: **Überarbeitete Fassung des Ersten Projekts einer Ruine, Grundriß**

Bleistift, Feder in Braun, grau angelegt u. laviert
321 × 510 mm
Staatl. Kunstslg. Kassel, Nachlaß Jussow, Inv. Nr. K II 5632

Dargestellt ist der Grundriß des Projekts, von dem kein entsprechender Aufriß überliefert ist. Entstanden um 1791/1792, nicht ausgeführt.

Unpubliziert

Kat. Nr. 139 Abb. 292
Heinrich Christoph Jussow: **Zweites Projekt einer Ruine, Aufriß**

Bleistift, Feder in Braun, grau-braun laviert. Einfache Randlinie
332 × 494 mm
Bez. u. Mitte, von Jussow: »2tes Project einer zu Weissenstein über dem Steinbruch, / der sogenanten bêlle vue zu erbauenden Ruine.«
Staatl. Kunstslg. Kassel, Nachlaß Jussow, Inv. Nr. K II 5647

Präsentationszeichnung. Dargestellt ist die Ansicht des Projekts von Osten. Entstanden um 1792 (nach Vogel »wohl 1790«).

Lit.: Vogel 1958, S. 19, Kat. Nr. 46

Kat. Nr. 140 Abb. 294
Heinrich Christoph Jussow: **Entwurf zum Aufriß der Felsenburg/Löwenburg**

Bleistift, Feder in Braun, braun u. grau laviert
346 × 486 mm
Approbationsvermerk von Wilhelm IX. u. r.:
»Approbirt und ist in Arbeit zu / nehmen Weisenst d 18ten Novbr 1793 / Wilhelm L«
Staatl. Kunstslg. Kassel, Nachlaß Jussow, Inv. Nr. K II 5649

Präsentationsriß, projiziert in eine perspektivisch angedeutete Landschaft, die aus der steilen Stufe des ehemaligen Steinbruchs besteht. Erstmals wendet sich der Hauptturm gezielt in Richtung auf Schloß Wilhelmshöhe: Auf der begehbaren Plattform befindet sich ein Rundbogen inmitten einer ruinösen Abschlußmauer, in dessen Visier exakt das Schloß liegt. Dieser Bogen wurde in den weiteren Projekten beibehalten und gelangte zur Ausführung.
Zugehörig zu Kat. Nr. 141, 142.

Lit.: Vogel 1958, S. 19, Kat. Nr. 47

Kat. Nr. 141 Abb. 295
Heinrich Christoph Jussow: **Entwurf zum Aufriß der Felsenburg/Löwenburg**

Bleistift, Feder in Braun, grau laviert
302 × 487 mm
Bez. u. r., von Wilhelm IX.: »Genehmigt und wird angefangen / Wilhelm L«
Gezeigt ist der Aufriß der Burg von Norden, der dem Baubeginn im November 1793 zugrunde gelegen hat. Im Laufe des Jahres 1794 hat das Projekt zahlreiche Änderungen erfahren.

Unpubliziert

Kat. Nr. 142 Abb. 296
Heinrich Christoph Jussow: **Entwurf zum Grundriß der Felsenburg/Löwenburg**

Bleistift, Feder in Grau, grau angelegt, Korrekturen in Bleistift u. brauner Feder. Beschriftungen in Bleistift u. brauner Feder.
342 × 481 mm
Bez. r. von Jussow: »Der tritt wird am Ende 18 $^{12}/_{17}$ zoll breit und 6 zoll hoch / in eine Umwindung kommen 18 tritt höhen und / jede Umwindung ist 9 fs hoch / von der treppe gehen in die thür / des Entresol 2 tritte hinunter. / Das untere Stockwerk ist 17 fus hoch / Das Entresol 10 fs hoch / 17 höhen auf 10 fus / hoch 7 $^{1}/_{17}$ zoll / in die Umwindungen bis ans entresol kommen 29 tritt höhen / ohne Pritsche / das untere Stockwerk ist 17 fs $^{12}/_{17}$ zoll«. Daneben zahlr. Berechnungen.
Approbationsvermerk u. Mitte, von Wilhelm IX.:
»Approbiert und ist in Arbeit zu nehmen. Weißenstein d. 18ten Novbr. 1793 Wilhelm L.«
Staatl. Kunstslg. Kassel, Nachlaß Jussow, Inv. Nr. K II 5633

Zugehörig zu Kat. Nr. 140, 141 als der im November 1793 gültige Grundriß der Felsenburg. Die Einskizzierungen in brauner Feder an der Südostecke neben dem Ruinenturm, die einen zweiten Raum vorsehen sowie ein zweites südliches Burgtor, verweisen auf eigenhändige Zusätze durch den Bauherrn.

Lit.: Vogel 1958, S. 19, Kat. Nr. 47; — Löwenburg 1976, S. 28, Abb. 18

Kat. Nr. 143 Abb. 297
Heinrich Christoph Jussow: **Entwurf zum Donjon der Felsenburg/Löwenburg, 2 Grundrisse**

Bleistift, Feder in Grauschwarz, grau angelegt
485 × 345 mm
Beischriften von Jussow, o.: »Plan de l'Entresol«; l. neben dem Zwischengeschoß-Grundriß: »Das Entresol ist / 10 Fus bis auf die / Balcken hoch. / Die Mauerdicke ist / 4 fus 6 zoll.«; auf gleicher Höhe, r.: »Die Höhe des treppentritts ist 6 $^{2}/_{3}$ zoll auf / eine Umwindung, die 10 fus Höhe bekomt, gehen 18 tritte. / Die Pritsche hat vier tritte / Breite. / Der innere Durchmesser des Treppenhauses ist 10 fus. / Der Durchmesser des Zirkels / in welchem das 8 Eck beschrieben wird, ist 18 fus.«; Raumfunktionen des Zwischengeschosses: »garderobe / cabinet / chambre à coucher«.
Bez. Mitte: »Plan du Rez de chaussée«; l. neben dem Erdgeschoß-Grundriß: »Das rez de chaussée / ist bis auf die Balken / 17 fus 9 $^{1}/_{3}$ zoll hoch. / Die Mauerdicke ist / 4 fus 6 zoll«; r., auf gleicher Höhe: »Die Höhe der

347

14 ersten / Tritte oder bis auf die / erste Pritsche beträgt / 7 Fus 9 ⅓ zoll. / Die vestibule liegt mit dem Fusboden der / Zimmer im Rez de / chaussée in gleicher / Höhe.«
Raumfunktionen des Erdgeschosses: »Entrée / vestibule / Escalier / antichambre / Cabinet / Speise Saal«;
Aprobationsvermerk u. r., von Wilhelm IX.: »approbirt: bloß mit Lambry Die wände / gemahlt / Wilhelm L.«
Staatl. Kunstslg. Kassel, Nachlaß Jussow, Inv. Nr. K II 5678

Präsentationsrisse. Gezeigt sind Erd- und Zwischengeschoß des Felsenburg-Donjon. Wegen des sechseckigen, so nicht ausgeführten Treppenturms ist das Blatt noch in das Jahr 1793 zu datieren.

Unpubliziert

Kat. Nr. 144 Abb. 299
Heinrich Christoph Jussow: **Entwurf zum Donjon der Felsenburg/Löwenburg, 2 Grundrisse**

Bleistift, Feder in Grauschwarz, grau angelegt
487 × 339 mm
Beischriften von Jussow, o.: »Plan du Second Etage«; l. neben dem Grundriß des zweiten Geschosses:
»die 2t Etage ist 10 Fus / bis auf die Balken hoch / Die Mauer ist 3 fus dick / Die Höhe des Raums, der / das Dach in sich begreift, beträgt 10 fus bis auf / die mit bohlen belegte / platteforme. / Die Mauer / dieses Raums ist 2½ fus dik«;
M.: »Plan du bel Etage«; l. neben dem Beletage-Grundriß: »Die ganze Höhe der bel Etage / in welcher der Sal begriffen ist, / beträgt 30 fus. / Die Mauer der bel Etage / ist bis auf eine Höhe / von 15 fus, 4 fus dick / von da an bis unter die Balcken aber / 3½ fus dick.«;
Approbationsvermerk u. r., von Wilhelm IX.: »genehmigt / WL«
Staatl. Kunstslg. Kassel, Nachlaß Jussow, Inv. Nr. K II 5680

Präsentationsrisse. Zugehörig zu Kat. Nr. 143, die damit um die Wiedergabe der beiden oberen Etagen ergänzt wird. Entstanden 1793.

Unpubliziert

Kat. Nr. 145 Abb. 298
Heinrich Christoph Jussow: **Detailgrundriß zum Erdgeschoß der Felsenburg/Löwenburg, Entwurf**

Bleistift, Feder in Braun
422 × 361 mm
Unbez. Maßstab: 60 Kasseler Fuß (10 F ≙ 34 mm)
Staatl. Kunstslg. Kassel, Nachlaß Jussow, Inv. Nr. K II 5677

Gezeigt ist der Erdgeschoß-Grundriß der nordöstlichen Ecke des Nordtrakts der Burg mit den Bauten, die an die bereits bestehende Küche angefügt werden sollen. Entstanden wohl 1794. — Maßstab 1:84.

Unpubliziert

Kat. Nr. 146 Abb. 300, Farbtafel IX oben
Heinrich Christoph Jussow: **Entwurf zum Aufriß der Felsenburg/Löwenburg, Osttrakt**

Bleistift, Feder in Braun, braun u. grau laviert
301 × 491 mm
Staatl. Kunstslg. Kassel, Nachlaß Jussow, Inv. Nr. K II 5650

Diesen Aufriß der Felsenburg von Osten hat Jussow mit Hilfe des Grundrisses Kat. Nr. 148 gezeichnet (vgl. dort die östl. punktierte Hilfslinie). Die Bestandteile der östlichen Front umfassend, muß die Zeichnung in der Planungs- und Bauphase 1794 entstanden sein. Spätere Hinzufügungen sind das Süd- und Nordtor sowie der regelmäßige Zinnenkranz links des Donjon.
Es handelt sich um die qualitätvollste Entwurfszeichnung Jussows zum Löwenburg-Komplex, deren Stil v.a. von Hubert Robert inspiriert ist. Die malerischen Effekte wie Licht-Schatten-Kontraste und die Einbeziehung des Landschaftlichen weisen das Blatt als Präsentationsriß aus.

Lit.: Vogel 1958, S. 19, Kat. Nr. 48; — Bangert 1969, S. 35, Abb. 31

Kat. Nr. 147 Abb. 302
Heinrich Christoph Jussow u. Landgraf Wilhelm IX.: **Entwurf zum Aufriß der Felsenburg/Löwenburg, Südtrakt**

Bleistift, Feder in Braun, dunkelbraun laviert
216 × 1010 mm, aus 3 Bogen montiert
Unbez. Maßstab ohne Maßeinheit
Beischrift u. r., von Jussow: »Das Zentrum des inwendigen Thorbogens / ist 1¾ fus höher als das Zentrum des auswendigen Bogens zu setzen.«
Potsdam, Kassel XX, Nr. XX A/b 1

Gezeigt ist der Aufriß des Südtrakts von Süden, mit dem Anschlußstück des Westtrakts von Westen, beides in eine Fläche projiziert. Die Umzeichnung der Bleistiftvorzeichnung Jussows mit Feder stammt wohl von der Hand des Landgrafen Wilhelm IX. Entstanden um 1794/1795, nicht ausgeführt.

Unpubliziert

Kat. Nr. 148 Abb. 305, Farbtafel VIII
Heinrich Christoph Jussow: **Entwurf zum Grundriß der Felsenburg/Löwenburg**

Bleistift, Feder in Grau, Schwarz u. Dunkelbraun, grau u. rot angelegt, rosa u. graubraun aquarelliert. Einzeichnungen in Bleistift
505 × 578 mm
Unbez. Maßstab ohne Maßeinheit (= 160 Fuß; 10 F ≙ 17 mm)
Beischrift u. l., von Jussow:
»Die Thür a muß so angelegt / werden, daß ihre eine seite, wenn / man sie verlängern wollte, gerade ins / Zentrum des Thurms zutrift, und / in dieser Linie fängt als dann der 1t / tritt der treppe an, und sie gibt / auch

die Mitte des Fensters. / Die Tritte werden 7 zoll hoch / Die Sohlbank des 1t Fensters, das die Treppe erleuchtet / (Diese Fenster werden von der grösse derer / im grossen treppen Thurm, nur daß sie einen / Sturz nach einer halben Zirkel bekommen.) / komt 5 Fus über den Fusboden des Rez de chaussée zuliegen / und die Sohlbank des 2t in die Wage der Fenster in der bel Etage.« Approbationsvermerk u. r., von Wilhelm IX.: »approbirt / WL«. Raumfunktionen, eingetr. durch Wilhelm IX., östl. Baugruppe: »Cabinet. / Retraite / Wohn Zimmer / Vestibule / VorZimmer / SpeißeSaal / Cabinet / Küche«; nördl. Baugruppe: »Thürmers / Küche / u / Wohnung«
Staatl. Kunstslg. Kassel, Depositum Landeskonservator Hessen

Dargestellt ist der Entwurf zum Grundriß der um einen Hof als Kastell gruppierten Anlage, der hiermit erstmals in der von Jussow und Wilhelm IX. gemeinsam erarbeiteten originalen Zeichnung faßbar wird. An dem Blatt, dem aufschlußreichsten Entwurf der Löwenburg überhaupt, wurde über Jahre hinweg gearbeitet. Den frühesten Zustand markieren die hellgrau angelegten Bauteile, die den Zustand der Planung vom Winter 1794/1795 wiedergeben. Etwa ein Jahr später ist die grau-braun angelegte Erweiterung der »Retraite« hinzugekommen, ferner die rot angelegten Trakte, die der Aufstockung des Herrenbaus, der Verbindungsgalerie Donjon-Küche sowie der Verbreiterung des Küchenbaus gelten. Auch die Erweiterungen an der Südwestecke können der Zeit um 1796 zugeschrieben werden. Zu den spätesten Ergänzungen des Blattes, 1798 entstanden, gehören die Einskizzierungen in Bleistift an der Nordostecke (Damenbau) und an der Nordwestecke (Remise und Konditorei; verändert ausgeführt). Der Plan ist auch an anderen Stellen verändert realisiert worden: Abweichungen ergaben sich vor allem bei der Kapelle, beim nordwestlichen Flankierungsturm und beim Nordtor.
Die rundum laufenden gestrichelten Einmeßlinien stellen die Grundlinien für die diversen Aufriß-Entwürfe dar, die durchweg von dieser Grundrißzeichnung abgegriffen worden sind. — Maßstab 1:168.
Unpubliziert

Kat. Nr. 149 Abb. 303
Heinrich Christoph Jussow: **Aufmaß der Felsenburg/ Löwenburg, Detailgrundriß**
Bleistift
208 × 335 mm
Staatl. Kunstslg. Kassel, Nachlaß Jussow, Inv. Nr. K II 5683

Das Blatt zeigt im Umriß die Grundrisse des Donjon mit Treppenturm, die abgeknickte Verbindungsmauer sowie den rechteckigen Baublock mit Kabinett und Retraite. Diese Teile der Burg sind 1794 im Rohbau entstanden. Dieses Jahr gilt als terminus post quem für das vorliegende Aufmaß.
Unpubliziert

Kat. Nr. 150 Abb. 304
Heinrich Christoph Jussow: **Entwurf zu einem Abschnitt des Felsenburg/Löwenburg-Grundrisses**
Bleistift, Feder in Braun
214 × 358 mm
Unbez. Maßstab ohne Maßangabe (= 60 Fuß; 10 F ≙ 34 mm)
Staatl. Kunstslg. Kassel, Nachlaß Jussow, Inv. Nr. K II 5684

Das Blatt zeigt im Detail den ersten Entwurf zur Anlage dreier Räume, die die Lücke zwischen Donjon und dem rechteckigen Baublock an der Südostecke der Burg füllen sollen. Da das Vestibül ohne die Halbrundnische erscheint, kann die Zeichnung als Vorbereitung zu Jussows Gesamtgrundriß Kat. Nr. 148 angesehen und eine Datierung um 1794/1795 angenommen werden. — Maßstab 1:84.
Unpubliziert

Kat. Nr. 151 Abb. 306
Unbekannt (H. A. Wolff?) nach Heinrich Christoph Jussow: **Plankopie mit dem Gesamtgrundriß-Entwurf der Felsenburg/Löwenburg**
Bleistift, Feder in Schwarz, grau, hellrot u. gelb angelegt, Einskizzierungen in Bleistift
378 × 537 mm
Bez. Maßstab ohne Maßeinheit (= 180 Kasseler Fuß; 10 F ≙ 17 mm)
Beischrift u. l., von Wolff; derjenigen von Kat. Nr. 148 entsprechend
Staatl. Kunstslg. Kassel, Inv. Nr. 1975/9 (aus dem Nachlaß der Kasseler Baumeisterfamilie Engelhard)

Das Blatt geht aus von einer exakten Kopie des Jussow'schen Grundrisses Kat. Nr. 148, der als Vorlage gedient hat. Abweichungen vom Urzustand ergeben sich bei der Kapelle, die mit dem Querhaus vor die westliche Außenfront springt; ferner beim Nordtor, wo das Fallgatter jetzt hofseitig angebracht ist. Die Abweichungen sind als Korrekturen zu verstehen, die in Jussows Sinn durchgeführt worden sind. Die späteren baulichen Ergänzungen sind andersfarbig angelegt und bilden die Voraussetzungen zur Aufstockung des Herrenbaus. Der 1798 neu geplante Damenbau ist exakt mit Raumfunktionen nachgetragen, der gleichzeitige Remisenbau am Marstall fehlt aber. — Maßstab 1:168.
Unpubliziert

Kat. Nr. 152 Abb. 307, Farbtafel X oben
Heinrich Christoph Jussow: **Entwurf zum Aufriß der Felsenburg/Löwenburg, Südtrakt**
Bleistift, Feder in Grau, hellrot (Vordergrund) u. graugrün (Hintergrund) aquarelliert. Doppelte Randlinie
275 × 450 mm
Staatl. Kunstslg. Kassel, Nachlaß Jussow, Inv. Nr. K II 5653

Präsentationsriß. Dargestellt ist der Aufriß des Südtrakts von Süden in der eingeschossig-ruinösen Fassung. Die weit nach Westen vorragende Kapelle läßt erkennen, daß diese Aufriß-Zeichnung mit Hilfe der Grundriß-Variante Kat. Nr. 151 hochgezeichnet worden ist. Entstanden wohl im Winter 1794/1795. — Maßstab 1:168.

Lit.: Vogel 1958, S. 19, Kat. Nr. 49

Kat. Nr. 153   Abb. 309, 312, 313
Heinrich Christoph Jussow: **Entwurf zum Aufriß der Felsenburg/Löwenburg, Westtrakt**

Bleistift, Feder in Grau u. Braun, teilw. farb. aquarelliert
333 × 513 mm
Staatl. Kunstslg. Kassel, Nachlaß Jussow, Inv. Nr. K II 5656

Präsentationsriß (unvollendet). Dargestellt ist der Entwurf zum Aufriß des Westtrakts von Westen. Der in grauer Feder gezeichnete Teil stellt die Ausgangssituation dar. Dazu gehören am westlichen Trakt alle stark ruinösen, eingeschossigen Gemäuer, die in einer späteren Phase (Aquarellierungen!) erhöht und mit Zinnen und Satteldächern versehen worden sind. Von den in der ersten Planung noch wenig differenzierten Mauern hebt sich die Chorseite der Kapelle ab. Ihr liegt ein Stadium zugrunde, bei dem der Bau seine Umgebung nur durch die Dachzone überragt, im Ganzen also sehr niedrig gehalten ist. Im Zuge der Erhöhung wurden die Strebepfeiler in der Zeichnung um etwa ein Drittel aufgestockt, und eine Reihe von Blendbogen neu aufgesetzt. Die Fenstergröße wurde fast verdoppelt. Die in ihrer Ausrichtung vom Donjon leicht abweichende Kapelle wird von 2 minarettartig schlanken Rundtürmen flankiert. Der nördlich anschließende Marstall-Bereich ist in der ursprünglichen Form nicht mehr erkennbar: der farbig aquarellierte Bau mit der rechts der Einfahrt liegenden Remise gehört erst zur Planungsgeschichte von 1798. — Maßstab 1:168.

Unpubliziert

Kat. Nr. 154   Abb. 316
Heinrich Christoph Jussow: **Entwurf zum Aufriß der Felsenburg/Löwenburg, Nordtrakt**

Bleistift, Feder in Graubraun (Vordergrund) u. Grau (Hintergrund). Einfache Randlinie
332 × 509 mm
Staatl. Kunstslg. Kassel, Nachlaß Jussow, Inv. Nr. K II 5655

Zur Präsentation bestimmter Aufriß des Nordtrakts von Norden, hochgezeichnet mit Hilfe des Grundrißpaars Kat. Nr. 148/151. Im Winter 1794/1795, als der Aufriß vermutlich entstand, existierten bereits wesentliche Teile der Burg: der Donjon, die Küche, der nordöstliche Flankierungsturm sowie Teile des Nordtors. — Maßstab 1:168.

Lit.: Löwenburg 1976, S. 43, Abb. 29

Kat. Nr. 155   Abb. 314
Heinrich Christoph Jussow: **Entwurf zum Längsschnitt der Felsenburg/Löwenburg**

Bleistift, Feder in Dunkelgrau, grau u. braun laviert, Einskizzierungen in Bleistift u. Feder in Braun. Einfache Randlinie
324 × 467 mm
Beischrift u., von Jussow:
»Die Sohlbänke der Fenster werden sämtlich in eine Wage gelegt / und zwar in der Höhe von 18'—9" über die Fusboden Höhe des Rez de chaussée / wo also die Tragsteine höher liegen, da werden die Fenster durch selbige eingeschnitten.«
Staatl. Kunstslg. Kassel, Nachlaß Jussow, Inv. Nr. K II 5657

Das Blatt zeigt den projektierten Längsschnitt mit dem Aufriß des Osttrakts von Westen. Die Schnittebene ist auf dem Grundrißpaar Kat. Nr. 148/151 als Linie eingezeichnet. Zugrunde liegt die eingeschossige ruinöse Fassung mit den beiden im Schnitt gezeigten Toren, der Küche, dem Donjon sowie dem eingeschossigen Herrenbau. Die Obergeschosse stammen von der 1796 geplanten Aufstockung; sie wurden damals in brauner Feder eingetragen. — Maßstab 1:168.

Unpubliziert

Kat. Nr. 156   Abb. 322
Heinrich Christoph Jussow: **Entwurf zu architektonischen Details der Herrenbau-Fassade der Felsenburg/Löwenburg**

Bleistift, Feder in Braun auf bräunl. Papier
419 × 360 mm (unregelm. beschnitten)
Unbez. Maßstab ohne Maßeinheit (= 20 Kasseler Fuß; 10 F ≙ 68 mm)
Staatl. Kunstslg. Kassel, Nachlaß Jussow, Inv. Nr. K II 5696

Gezeigt sind im Detail das Portal und ein Biforienfenster der Erweiterung des Herrenbaues, die 1795 ausgeführt worden ist. Das Blatt diente wohl als Vorlage für den Steinmetzen. — Entstanden wohl 1795. — Maßstab 1:42.

Unpubliziert

Kat. Nr. 157   Abb. 318
Heinrich Christoph Jussow: **Entwurf zum Längsschnitt der Felsenburg/Löwenburg**

Bleistift, Feder in Grau, graubraun laviert, Einskizzierungen in Bleistift u. brauner Feder. Einfache Randlinie
332 × 507 mm
Staatl. Kunstslg. Kassel, Nachlaß Jussow, Inv. Nr. K II 5659

Gezeigt ist der projektierte Längsschnitt, in Nord-Süd-Richtung verlaufend, mit Blickrichtung nach Westen. Das Blatt ist der Grundrißvariante Kat. Nr. 151 zuzuordnen. Die Einskizzierungen in Bleistift gelten der 1795/1796 geplanten Aufstockung der westlichen Baugruppe. Datierung der Zeichnung im originalen Zustand 1794/1795. — Maßstab 1:168.

Lit.: Löwenburg 1976, S. 50, Abb. 36

Kat. Nr. 158   Abb. 321
Heinrich Christoph Jussow: **Entwurf zu architektonischen Details der Marstall-Fassade der Felsenburg/Löwenburg**
Bleistift, Feder in Braun u. Schwarz
214 × 361 mm
Unbez. Maßstab ohne Maßeinheit (= 20 Kasseler Fuß; 10 F ≙ 101 mm)
Beischrift o. r., von Jussow: »Kämpfer der Remisenthore«
Staatl. Kunstslg. Kassel, Nachlaß Jussow, Inv. Nr. K II 5695

Dargestellt sind die Bauornamente des Marstalls, das Portal mit Pilastern und gesprengtem Giebel, darüber in einem Tondo zwei Pferdeköpfe als Skulpturen; links daneben ein spitzbogiges Biforienfenster. — Auf der Rückseite eine Bleistiftskizze, die als Studie zum ersten Entwurf eines Wandgrabs für die Kapelle gelten muß. Über der Liegefigur eines Ritters ist eine große Tafel mit Rollwerkrahmen angebracht. — Entstehung des Blattes 1795.

Unpubliziert

Kat. Nr. 159   Abb. 323
Heinrich Christoph Jussow: **Entwurf mit 2 Aufrissen der Felsenburg/Löwenburg, Nordtrakt**
Bleistift, Feder in Braun, braun u. braungrau laviert
430 × 357 mm
Beischrift o. r., von Jussow: »grundriß«
Staatl. Kunstslg. Kassel, Nachlaß Jussow, Inv. Nr. K II 5642

Der Entwurf gilt dem Nordtrakt, der oben von Norden, unten von Süden (Hofseite) gesehen dargestellt ist. Oben rechts der Grundriß der Maschikulis, die über beiden Seiten des Nordtors angebracht sind. Das Blatt gehört zu Jussows und Wolffs (?) Grundrißpaar und ist um 1794/1795 entstanden. — Maßstab 1:168.

Unpubliziert

Kat. Nr. 160   Abb. 324
Heinrich Christoph Jussow: **Entwurf zum Querschnitt durch die Felsenburg/Löwenburg**
Bleistift, Feder in Schwarz Einfache Rahmung
337 × 512 mm
Staatl. Kunstslg. Kassel, Nachlaß Jussow, Inv. Nr. K II 5667

Dargestellt ist der Schnitt von Osten nach Westen durch die Querachse der Gesamtanlage, wobei die Mittelachsen von Kapelle und Donjon erfaßt sind. Wegen des geringen Rücksprungs der Kapellenfassade gegenüber den angrenzenden Nebengebäuden kann dieses Blatt Jussows Grundrißentwurf K 148 zugeordnet werden. Es ist gleichzeitig im Winter 1794/1795 entstanden. — Maßstab 1:168.

Lit.: Löwenburg 1976, S. 42, Abb. 28 (Ausschnitt)

Kat. Nr. 161   Abb. 326
Heinrich Christoph Jussow: **Entwurf zum Wandaufriß des Rittersaals im Donjon der Felsenburg/Löwenburg**
Bleistift, Feder in Schwarz, farbig aquarelliert
218 × 288 mm
Unbezifferter Maßstab ohne Maßeinheit (1 Fuß ≙ 14 mm)
Staatl. Kunstslg. Kassel, Nachlaß Jussow, Inv. Nr. K II 5711

Gezeigt ist der Entwurf zur Wandgliederung des Rittersaals mit einer und zwei halben Fensterachsen. Die Fenstergewände sind archivolten-ähnlich profiliert und in Marmorimitation gefaßt. Die Wände sind mit Farbtupfern dicht überzogen. — Maßstab 1:21.

Unpubliziert

Kat. Nr. 162   Abb. 327
Heinrich Christoph Jussow: **Entwurf zur Dekoration der Rittersaalkuppel im Donjon der Felsenburg/Löwenburg**
Bleistift, Feder in Grau-Braun, farbig aquarelliert
305 × 493 mm
Unbezifferter Maßstab ohne Maßeinheit (1 Fuß ≙ 14 mm)
Staatl. Kunstslg. Kassel, Nachlaß Jussow, Inv. Nr. K II 5708

Dargestellt ist der Entwurf zur Ausgestaltung der Kuppel, die in der linken Hälfte der Zeichnung in Unteransicht, in der rechten im Schnitt in Seitenansicht gezeigt ist. Bei dem Ornament handelt es sich um gemalte Imitation von Rippen. Wie der im gleichen Maßstab gehaltene Wandaufriß wohl 1795 entstanden. — Maßstab 1:21.

Lit.: Vogel 1958, S. 21, Kat. Nr. 54; — Bangert 1969, S. 34, Abb. 30

Kat. Nr. 163   o. Abb.
Heinrich Christoph Jussow: **Entwurf zum nordwestlichen Flankierungsturm der Felsenburg/Löwenburg, Grundriß**
Bleistift, Feder in Braun, grau angelegt
208 × 256 mm, unregelm. beschnitten
Unbezifferter Maßstab ohne Maßeinheit (= 20 Kasseler Fuß; 10 F ≙ 75 mm)
Staatl. Kunstslg. Kassel, Nachlaß Jussow, Inv. Nr. K II 5676

Der grob gezeichnete Grundriß zeigt den Turm so, wie dieser 1795 ausgeführt wurde. Seine Position erscheint als Korrektur zu Jussows und Wolffs (?) Grundrißpaar Kat. Nr. 148/151. — Maßstab 1:39.

Unpubliziert

Kat. Nr. 164   Abb. 319
Heinrich Christoph Jussow: **Zweiter Entwurf zur Fassade der Kirche der Felsenburg/Löwenburg, Aufriß**

Bleistift, Feder in Braun, braun u. grau laviert, schwarz angelegt
510 × 403 mm
Unbezifferter Maßstab ohne Maßeinheit
Staatl. Kunstslg. Kassel, Nachlaß Jussow, Inv. Nr. K II 5689

Die Beurteilung dieses Präsentationsrisses ist in der Literatur umstritten. Vogel stellte das Blatt vor und schrieb es »Jussows Mitarbeiter Bauinspektor Engelhard« zu. Es ist jedoch unerklärlich, wieso gerade dieser Entwurf, dem stilgeschichtlich eine Schlüsselstellung für die Planungsgeschichte zufällt, von einem untergebenen Mitarbeiter gezeichnet sein soll, der für die Löwenburg überhaupt nicht nachzuweisen ist. — Einsingbach (in: Löwenburg 1976) datiert »kaum später als 1796« (S. 48) sowie »um 1796« (S. 51). — Aufgrund der niedrigen Nebengebäude muß der Entwurf 1795 entstanden sein. Der Zeichenstil der Ornamente und Figuren (vgl. deren abstrahierte Wiedergabe!) läßt an der Urheberschaft Jussows keinen Zweifel.

Lit.: Vogel 1958, S. 21, Kat. Nr. 55; — Klein 1975, S. 160, Abb. 7; — Löwenburg 1976, S. 48, 51, Abb. 37

Kat. Nr. 165   Abb. 331
Heinrich Christoph Jussow: **2 Entwürfe zum Grundriß der Kirche der Felsenburg/Löwenburg**

Bleistift, Feder in Braun u. Schwarz, grau u. schwarz angelegt. Einskizzierungen in Bleistift
447 × 300 mm
Unbezifferter Maßstab ohne Maßeinheit (= 40 Kasseler Fuß; 10 F ≙ 74 mm)
Staatl. Kunstslg. Kassel, Nachlaß Jussow, Inv. Nr. K II 5687

Der in brauner Feder gezeichnete Grundriß zeigt die Kapelle in ihrer 1794/1795 einschiffig geplanten Form. Da das Querhaus vor die seitlich angedeuteten Mauern der Nebengebäude springt, kann das Blatt der Variante von Jussows Grundrißentwurf, Kat. Nr. 151, zugeordnet werden.
Darüber gelegt ist eine spätere Fassung in schwarzer Feder, in der der Bau dreischiffig erweitert und mit Bündelpfeilern versehen wird. Dieser spätere Grundriß kann aufgrund der Anlage der Fassade mit den zwei mittleren schlanken Strebepfeilern und den dreiteiligen Seitenschiffsfenstern dem zweiten Fassadenentwurf Jussows, Kat. Nr. 164, zugeordnet werden. Damit ergibt sich für den Planwechsel zur Dreischiffigkeit das Datum 1795. — Die Einskizzierung in Bleistift hält den Grundriß der Krypta fest. Diese liegt unter dem Querschiff (mit nach Westen vorspringender Außenmauer) und halbrunder Apsis. Nach diesem Grundriß kann man folgern, daß die Krypta bereits nach dem älteren Grundriß-Projekt begonnen worden war. — Maßstab 1:39.

Unpubliziert

Kat. Nr. 166   Abb. 328
Heinrich Christoph Jussow: **Entwurf zum Aufriß der Löwenburg, Osttrakt**

Bleistift, Feder in Grau u. Braun, braun-grau laviert. Einskizzierungen in Bleistift. Einfache Randlinie
330 × 505 mm
Beischrift u., von Jussow: »sämtliche Fenster auf dieser Seite der Burg in der bel Etage werden 6 fus hoch und 2 2/3 fus breit. / Die Sohlbänke kommen 18′–9″« zoll über dem Fusboden des Rez de chaussée zu liegen.«
Staatl. Kunstslg. Kassel, Nachlaß Jussow, Inv. Nr. K II 5652

Diesem Aufriß des Osttrakts von Osten liegt das erste eingeschossige Stadium Kat. Nr. 146 zugrunde, das in grauer Feder wiedergegeben ist. Die Erweiterungsabsichten hat Jussow in brauner Feder darüber gezeichnet, so daß beide Planungsphasen leicht voneinander zu trennen sind. — Datierung: 1796. — Maßstab 1:168.

Lit.: Vogel 1958, S. 19, Kat. Nr. 50; — Bangert 1969, S. 110, Anm. 12; — Biehn 1970, S. 338, Abb. 11

Kat. Nr. 167   o. Abb.
Unbekannt nach Heinrich Christoph Jussow: **Detailzeichnung zum Zwinger an der Nordostecke der Löwenburg**

Bleistift, Feder in Schwarz, grau angelegt. Einskizzierungen in Bleistift
427 × 275 mm
Bezifferter Maßstab ohne Maßeinheit (= 30 Kasseler Fuß; 10 F ≙ 69 mm)
Staatl. Kunstslg. Kassel, Nachlaß Jussow, Inv. Nr. K II 5672 (Rückseite)

Dargestellt ist ein Aufrißdetail des Zwingers mit dem Schießerker sowie der rechtwinklig geführte Grundriß der gesamten Anlage. Die Zeichnung ist als Werkzeichnung anzusehen. — Auf dem Verso der Zeichnung ist ein Aufrißdetail der Löwenburg wiedergegeben, das nicht sicher zu lokalisieren ist, ein Wandstück mit 4 Blendbogen und einem Abschluß aus Zierzinnen. — Maßstab 1:42.

Unpubliziert

Kat. Nr. 168   Abb. 308, Farbtafel X unten
Heinrich Christoph Jussow und Mitarbeiter: **Entwurf zum Aufriß der Löwenburg, Südtrakt**

Bleistift, Feder in Schwarz, hellblau, hellbraun, ocker u. rot aquarelliert
314 × 507 mm

Unbezifferter Maßstab ohne Maßeinheit (= 50 Fuß; 10 f ≙ 17 mm)
Staatl. Kunstslg. Kassel, Nachlaß Jussow, Inv. Nr. K II 5654

Der Entwurf fußt auf einer Kopie des Aufriß-Entwurfs Kat. Nr. 154, die wohl von einem Mitarbeiter besorgt worden ist. Die früheren, im Hintergrund gelegenen Teile Donjon und Kapelle sind hellblau aquarelliert. In der mittleren Zone, die hellbraun aquarelliert ist, hat Jussow die Aufstockungen im Jahre 1796 vorgenommen, die am SO-Turm und am Südtor zu finden sind. Die Torwache im Vordergrund — ockerbraun u. rot aquarelliert — wurde um 1800 eingezeichnet. — Maßstab 1:168.

Unpubliziert

Kat. Nr. 169   o. Abb.
Landgraf Wilhelm IX.: **Aufrißzeichnung zum Südtor der Löwenburg**

Bleistift, Feder in Braun
211 × 346 mm
Staatl. Kunstslg. Kassel, Nachlaß Jussow, Inv. Nr. K II 5645

Das Blatt zeigt den Entwurf zur östlichen (?) Schmalseite des Südtoraufsatzes. Auf Wilhelms Autorschaft weisen die recht ungelenken Züge.
Entstanden 1796.

Unpubliziert

Kat. Nr. 170   o. Abb.
Unbekannt nach Heinrich Christoph Jussow: **Aufrißzeichnung zum Südtor der Löwenburg**

Bleistift, Feder in Schwarz, Einskizzierungen in Bleistift
256 × 250 mm
Bezifferter Maßstab ohne Maßeinheit (= 10 Kasseler Fuß; ≙ 69 mm)
Staatl. Kunstslg., Kassel, Nachlaß Jussow, Inv. Nr. K II 5670

Wiedergegeben ist die Werkzeichnung zum Aufsatz des Südtors (Längsseite). Das Bruchsteinmauerwerk entspricht in seiner Kleinteiligkeit nicht der Ausführung.
Entstanden 1796. — Maßstab 1:42.

Unpubliziert

Kat. Nr. 171   Abb. 333
Caspar Christoph Schaeffer nach Heinrich Christoph Jussow: **Situationsplan des Weißensteiner Schloßparks**

Bleistift, Feder in Schwarz, farbig aquarelliert
3136 × 2050 mm
Bezifferter Maßstab in Kasseler Fuß (100 F ≙ 34 mm)
Bez. u. l., von Schaeffer: »Plan von Weissenstein mit allen daselbst befindlichen Anlagen und Gebäuden. aufgemessen u. gezeichnet von C. Schaeffer, 1796«

Ausf. Legende mit 96 Nummern
Verw. d. Staatl. Schlösser u. Gärten Hessen, Schloß Wilhelmshöhe, Weißensteinflügel, Inv. Nr. GK I 12.028

Über die Genese dieses Plans, der teils Aufnahme des Bestandes, teils Entwurf ist, gibt Schaeffers im Staatsarchiv Marburg erhaltene Personalakte (StAM 5, 11399) Aufschluß.
Am 12. 9. 1793 wandte sich Schaeffer an Wilhelm IX. und berichtete, er habe einige Jahre in Kassel unter dem Prof. Matsko am Collegium Carolinum Geometrie studiert. Inzwischen habe er »eine Gegend des in Europa einzigen Weissenstein« aufgenommen und wünsche nun, die Geometrie »practisch anzuwenden« (fol. 4). Darauf antwortete der Landgraf am 14. 9. 1793: »Wenn Supplicant den gantzen Weissenstein so aufnehmen wird, wie er einen Anfang gemacht: so soll nach Beschaffenheit der Arbeit [...] weitere Resolution erfolgen [...]« (fol. 5 v.). Um die Aufmessung durchführen zu können, bat Schaeffer am 28. 9. 1793 den Landgrafen um eine Unterstützung, die dieser mit dem Hinweis ablehnte, daß diese Arbeit die Voraussetzung zu einer Anstellung darstelle (fol. 8). Schaeffer bedankte sich am 10. 5. 1794 bei Wilhelm für den erteilten Auftrag und für eine Aufseherstelle (fol. 9). Zugleich bat er um eine Anstellung als Akzessist. Am 2. 6. 1794 berichtete die Oberrentkammer dem Landgrafen, Schaeffer sei »Aufsichter bey dem Weissensteiner Bauwesen« und könne dort praktische Kenntnisse erwerben (fol. 12). Am 11. 6. desselben Jahres ernannte der Landgraf Schaeffer zum »Bau Conducteur« (fol. 13). Sein bisheriges Gehalt von monatlich 6 Rtlr. erhöhte Wilhelm am 30. 12. 1796 auf 8 Rtlr. Schaeffers praktische Tätigkeit an der Weißensteiner Baustelle bestand darin, die Lieferungen aus den Steinbrüchen für den Schloßbau zu kontrollieren. Jussow zeigte sich mit ihm zufrieden (fol. 17). Seit 1801 befand sich Schaeffer auf einer dreijährigen Studienreise durch Italien und Frankreich (fol. 19—23). Er starb 1819 und bekleidete zuletzt das Amt eines Bauinspektors (fol. 42).
Wahrscheinlich hat Schaeffer an dem monumentalen Situationsplan mehrere Jahre, wohl 1793—1796, gearbeitet. Seine Gehaltserhöhung im Dezember 1796 könnte mit der Fertigstellung des Plans zusammenhängen. In diesem Zeitraum mußte er seine Zeichnung wiederholt auf den neuesten Stand bringen, so z. B. im Bereich der Löwenburg, die er noch als »Die Felsenburg« (Legende Nr. 58) führt. Den 1796 neu geplanten Wasserfall und das Reservoir auf dem Asch hat er nachgetragen. Es fällt auf, daß an der Felsenburg/Löwenburg die risalitartige Vergrößerung des Herrenbaus noch nicht berücksichtigt erscheint.
Der Wert dieser Zeichnung ist nicht zuletzt darin zu erkennen, daß sie, zusammen mit den Entwürfen Kat. Nr. 67

und 132, über Jussows Leistungen als Gartenarchitekt Auskunft gibt. — Maßstab 1:840.

Lit.: Schloß Wilhelmshöhe 1974, S. 19

Kat. Nr. 172 Abb. 332
Landgraf Wilhelm IX.: **Entwurf zum Wasserfall der Felsenburg/Löwenburg, Ansicht**

Feder in Grau u. Braun, graubraun laviert
340 × 470 mm
Beischrift u. l., von Wilhelm IX.:
»A. Waßer Sturz / von der Felsenburg /
B. brücke über / welche sich *in ihrer ganzen breite* der Sturz des Waßers ergießt so daß der Wanderer so lange Er auf der Brücke geht, Das *ganze* Waßer über sich vorbey herab / stürzen sieht / Wilhelm L.«
Staatl. Kunstslg. Kassel, Inv. Nr. 3518

Gezeigt ist ein eigenhändiger Entwurf des Landgrafen für den Wasserfall vor der Löwenburg und eine ihn überquerende Brücke. Entstanden um 1795/1796.

Unpubliziert

Kat. Nr. 173 Abb. 334
Heinrich Christoph Jussow: **Entwürfe zu Türmen und zum Tor des Tiergartens**

Bleistift, Feder in Braun, bräunliches Papier
425 × 362 mm
Beischrift u., von Jussow: »thor zum Thier-Garten«
Staatl. Kunstslg. Kassel, Nachlaß Jussow, Inv. Nr. K II 5643

Gezeigt sind in der oberen Reihe drei verschiedene Entwürfe; ein quadratischer, ein kegelförmiger und ein fünfeckiger Turm, die die Mauer flankieren, und mit den Nummern 1—3 versehen sind. Unter den Aufrissen sind die zugehörigen Grundrisse in Bleistift hinzugefügt. Die untere Hälfte der Zeichnung nimmt das Tor zum Tiergarten ein, über dem drei Obelisken aufragen. Über dem Spitzbogen des Tors weist ein Hirschgeweih auf den Tiergarten hin, der als Ergänzung zur Löwenburg-Anlage verstanden wurde. Entstehung des Entwurfs um 1796.

Unpubliziert

Kat. Nr. 174 Abb. 320
Heinrich Christoph Jussow: **Entwurf zur Fassade der Kirche der Löwenburg**

Bleistift, Feder in Grauschwarz
508 × 445 mm
Staat. Kunstslg. Kassel, Nachlaß Jussow, Inv. Nr. K II 5688

Dieser Aufrißentwurf Jussows ist aus einer Überarbeitung des zweiten Entwurfs zur Fassade (Kat. Nr. 164) hervorgegangen. Er liegt der Ausführung des Aufgehenden zugrunde und ist selbst wohl 1798 entstanden.

Lit.: Klein 1975, S. 160, Abb. 8; — Löwenburg 1976, S. 48, 53, Abb. 38

Kat. Nr. 175 Abb. 337
Heinrich Christoph Jussow: **Entwurf zum Grundriß der Kirche der Löwenburg**

Bleistift, Feder in Schwarz
479 × 294 mm
Staatl. Kunstslg. Kassel, Nachlaß Jussow, Inv. Nr. K II 5686

Dieser Grundrißentwurf liegt der Ausführung zugrunde. Er ist wohl gleichzeitig mit dem letzten Fassadenentwurf Kat. Nr. 165 entstanden und mit diesem ins Frühjahr 1798 zu datieren. Einige zeichnerische Zusätze befassen sich mit der Ausstattung (Kanzel, Altäre, Balustraden).

Unpubliziert

Kat. Nr. 176 Abb. 336
Heinrich Christoph Jussow: **Entwurf zum Querschnitt durch die Kirche der Löwenburg**

Bleistift, Feder in Schwarz u. Braun, braun laviert
472 × 292 mm
Unbezifferter Maßstab ohne Maßeinheit (10 Fuß ≙ 67 mm)
Staatl. Kunstslg. Kassel, Nachlaß Jussow, Inv. Nr. K II 5692

Dargestellt ist der projektierte Querschnitt durch die Burgkirche, der auch die Gewölbezone und den Dachstuhl erfaßt. Nachträglich eingezeichnet sind Jussows Entwürfe für die Kanzel am linken Rundpfeiler und zum rechten Seitenaltar. — Maßstab 1:42.

Unpubliziert

Kat. Nr. 177 Abb. 338, 339
Landgraf Wilhelm IX.: **Grundriß der Löwenburg**

Bleistift, Feder in Schwarz, schwarz angelegt
150 × 203 mm
Bezifferter Maßstab ohne Maßeinheit (= 200 Kasseler Fuß; 10 F ≙ 6,5 mm)
Legende o. r., von Wilhelm IX.:

»A.
B. } RitterZim̄er

C.
D. } deren Knappen

E } Burg Pfaffe
G } Schreiber und Kanzlei

H } Silber Kam̄er
I. }

K } Knappen/Stuben
L }
M } Dirnen«
N }

Raumfunktionen, festgelegt von Wilhelm IX.
Erdgeschoß, von Süden nach Norden: »Fremde Ritter = und Herrn Zimmer / Speise Saal / Küche / Keller«
Erdgeschoß, Westtrakt, von Süden nach Norden:
»Hof / Rüst Cam̃er / Silber Cam̃er / Wacht und Marställer / Marstall«;
vor dem Nordtrakt, Erdgeschoß: »Zwinger«.
Beletage, Osttrakt, von Süden nach Norden:
»des Burg Herrn Zim̃er / Retraite / VorSaal / Bibliothek / der Burg-Frau Zimmer«;
Nordtrakt, Beletage: »Burgvogt«;
Beletage des Donjons »Ritter Ordens Saal«;
Westtrakt, Dachgeschoß: »Boden / Meubel-Cammer / Heuboden«.
Staatl. Kunstslg. Kassel, Nachlaß Jussow, Inv.Nr. K II 5634

Der mit zahlreichen Deckblättern versehene Grundriß erfaßt alle Geschosse der seit 1796 aufgestockten Burg. Es handelt sich nicht um einen Entwurf zur Bausubstanz, sondern um Vorschläge des Bauherrn zur Funktionsaufteilung der Räume. Der Miniaturplan dürfte im Zusammenhang mit der erstmaligen Bewohnung im Sommer 1798 entstanden sein; der bald darauf verfügte Anbau an der Damenwohnung und die Vergrösserung des Marstalls fehlen noch. — Maßstab 1:420.

Lit.: Klein 1975, S. 151, Abb. 5; — Löwenburg 1976, S. 29, Abb. 19, S. 37, Abb. 24, S. 38, 40, Abb. 26 (Ausschnitt), S. 52

Kat. Nr. 178   Abb. 340
Heinrich Christoph Jussow: **Entwurf zur Illumination der Löwenburg bei Nacht**

Bleistift, Feder in Dunkelbraun, grau laviert, gelb aquarelliert
294 × 479 mm
Potsdam, Kassel XX, Nr. XX A/b 2

Der Aufriß der Burg von Osten ist keine traditionelle Entwurfszeichnung zu einem Bauvorhaben. Ihm liegt vielmehr der seit 1796 gültige Entwurf zum Osttrakt Kat. Nr. 166 zugrunde. Die Zeichnung gilt dem Projekt, die Burg aus Anlaß der erstmaligen Bewohnung zu illuminieren, was am 2. September 1798 geschah. In die Fenster und Türen, auf Treppen, Vorsprünge und die flachen Dächer sind Fackeln aufgestellt, die die Architektur bizarr erscheinen lassen. Es wird ein Brand der Burg vorgetäuscht — für die Geschichte der Architekturzeichnung als romantische Nachtaufnahme ein Blatt von außerordentlicher Bedeutung.

Unpubliziert

Kat. Nr. 179   o. Abb.
Heinrich Christoph Jussow: **Entwurf zum Aufriß des Damenbaus**

Bleistift, Feder in Braun, grau laviert, farbig aquarelliert
127 × 155 mm
Staatl. Kunstslg. Kassel, Nachlaß Jussow, Inv. Nr. K II 5669

Gezeigt ist das Projekt im Aufriß von Osten. Die Zeichnung ist im gleichen absoluten Maßstab gehalten wie die großen Entwürfe Jussows zur Ostseite der Burg, z.B. Kat. Nr. 166 (Maßstab 1:168). Es handelt sich um ein Deckblatt, das montiert werden sollte. Die zum Damenbau gehörende Galerie ist in ihrer ganzen Länge dargestellt; die Vergrößerung sollte durch ein aufgesetztes Dachgeschoß erzielt werden. — Entstanden 1798; nicht ausgeführt.

Unpubliziert

Kat. Nr. 180   Abb. 329, Farbtafel IX unten
Heinrich Christoph Jussow: **Entwurf zum Aufriß der Löwenburg, Osttrakt**

Bleistift, Feder in Braun, braun-grau laviert, farbig aquarelliert
276 × 442 mm
Staatl. Kunstslg. Kassel, Nachlaß Jussow, Inv. Nr. K II 5651

Gezeigt ist der Aufriß der Burg von Osten, der von einer Kopie des 1796 gültigen Stadiums — Kat. Nr. 166 — ausgeht. Die neu projektierte Bautengruppe an der Nordostecke setzt sich durch ihre stark farbige Aquarellierung in Braun-, Rot- und Blau-Tönen vom übrigen Bestand ab. Die Zeichnung entspricht auch in diesem Bereich der Planung weitgehend der Ausführung, jedoch mit dem Unterschied, daß der Sockel des turmartigen Neubaus hier noch wesentlich flacher vorgesehen ist.

Lit.: Klein 1975, S. 149, Abb. 4

Kat. Nr. 181   Abb. 341
Heinrich Christoph Jussow: **Entwurf zum Aufriß des Marstallanbaus**

Bleistift, Feder in Braun, grau laviert, farbig aquarelliert
119 × 182 mm
Staatl. Kunstslg. Kassel, Nachlaß Jussow, Inv. Nr. K II 5668

Dieser Entwurf zum Aufriß des Marstallanbaus von Westen ist 1798 zu datieren, als eine Vergrößerung des Marstalls von Wilhelm gefordert worden war. Merkwürdig ist allerdings, daß der Rundturm auf der rechten Seite der Zeichnung noch »minarettartig« schmal gehalten ist, wie auf den frühen, 1795/1796 gültigen Entwürfen Kat. Nr. 153, zu der die vorliegende Zeichnung ein Deck-

blatt darzustellen scheint (gleicher Maßstab 1:168). Der nicht ausgeführte Entwurf ist ein Beleg für Jussows »Rundbogenstil«, den er vor allem an den peripheren Teilen der Burg zur Anwendung gebracht hat.
Unpubliziert

Kat. Nr. 182   Abb. 342, 343 (Umzeichnung)
Heinrich Christoph Jussow: **Entwurf zum Grundriß der Löwenburg in Höhe der Erdgeschosses**

Bleistift, Feder in Grauschwarz, anthrazitfarben angelegt
324 × 452 mm
Bezifferter Maßstab: 100 Fuß (≙ 110 mm)
Staatl. Kunstslg. Kassel, alter Bestand, Inv.Nr. K II 5638

Der Grundriß zeigt die Burg im Stadium ihrer gänzlichen Vollendung, die auch die Außenanlagen mit einschließt. Stellt der weitaus größte Teil der gezeichneten Bausubstanz nichts anderes als eine Bauaufnahme dar, so ist der Begriff Entwurf auf die Außenanlagen wie die äußere Mauer um den Graben oder die künstlich aufgeschichteten Felsformationen zu beziehen.
Entstanden um 1800. — Maßstab 1:264.
Lit.: Löwenburg 1976, S. 9, Abb. 4, S. 40, Abb. 26

Kat. Nr. 183   Abb. 344 (Umzeichnung)
Heinrich Christoph Jussow: **Grundriß der Löwenburg in Höhe der Beletage, Bauaufnahme**

Feder in Schwarzgrau, schwarz und hellblau angelegt, cremefarbenes Papier, 1 Deckblatt über der östl. Hälfte des Nordtrakts
404 × 557 mm
Unbezifferter Maßstab ohne Maßeinheit (= 100 Fuß ≙ 111 mm)
Staatl. Kunstslg. Kassel, alter Bestand, Inv. Nr. K II 5636

Als Vorbereitung zu diesem Blatt ist in Kassel der Grundriß K II 5635 erhalten, der noch zahlreiche Fehler in der Bauaufnahme aufweist, die offensichtlich von Jussow korrigiert worden sind.
Entstanden um 1800. — Maßstab 1:264.
Unpubliziert

Kat. Nr. 184   o. Abb.
Umkreis Heinrich Christoph Jussow: **Grundriß der Löwenburg in Höhe der Beletage des Donjon, Bauaufnahme**

Bleistift, Feder in Grauschwarz, schwarz, blau-grau u. rot angelegt, cremefarbiges Papier, 1 Deckblatt über der Südwestecke
379 × 544 mm
Staatl. Kunstslg. Kassel, Nachlaß Jussow, Inv. Nr. K II 5637

Der Grundriß erfaßt das Niveau des Rittersaals im Donjon, des Gästeappartements im 2. Obergeschoß des Damenbaus, des 2. Obergeschosses des Marstalls und des Küchentraktes sowie der Turmaufsätze am südlichen Torturm sowie am südöstlichen Flankierungsturm. Die übrigen, tiefer gelegenen Teile der Burg sind mit den Dachausmittlungen wiedergegeben. Da die Bauaufnahme nicht von Fehlern frei ist — der Treppenturm des Donjon ist hexagonal eingetragen —, kommt Jussow selbst als Autor kaum in Frage. Da auch die spätesten Bauteile der Burg eingetragen sind, kann es sich nicht um einen Entwurf handeln.
Entstanden wohl kurz nach 1800, nach Vollendung der Löwenburg.
Unpubliziert

Kat. Nr. 185   o. Abb.
Heinrich Christoph Jussow: **Situationsplan der Löwenburg mit Turnierplatz und Burggarten, Bauaufnahme und Entwurf (?)**

Bleistift, Feder in Grau, schwarz und grau angelegt, aus 4 Bögen montiert
689 × 967 mm
Bezifferter Maßstab ohne Maßeinheit
Beischrift o. r., auf dem Kopf stehend (von Leonhard Müller?): »Löwenburg zu Wilhelmshöhe«, im Burghof und u. l.: »Löwenburg«
Staatl. Kunstslg. Kassel, Nachlaß Leonhard Müller, Inv. Nr. 181/1924

Im Mittelpunkt dieser Zeichnung steht die vollständig ausgebaute Löwenburg als Bauaufnahme. Die auf den angesetzten Bogen dargestellten Gartenpartien sind nur zum Teil vollständig wiedergegeben. Im Burggarten fehlt noch der Treillagengang, und der anschließende terrassierte Hang ist nur skizzenartig wiedergegeben. Der Turnierplatz ist mit Rasen und Buschwerk bepflanzt und von Wegen durchzogen, stand also zum Zeitpunkt der Aufmessung nicht — und man muß wohl sagen, nicht mehr — zur Verfügung. Das Turnierhaus ist in kleiner Form mit nur drei Achsen wiedergegeben.
Die Zuweisung und Einordnung dieses Blattes ist schwierig. Es könnte zur Zeit der französischen Fremdherrschaft oder danach, um 1810/1815, entstanden sein. In der Eigenschaft als Entwurf könnte es der Anlage des Gartens gedient haben.
Unpubliziert

Kat. Nr. 186   o. Abb.
Heinrich Christoph Jussow (?): **Situationsplan der Löwenburg mit Turnierplatz und Gartenanlagen, Bauaufnahme**

Bleistift, Feder in Grau, schwarz angelegt, grau laviert
424 × 489 mm
Unbezifferter Maßstab ohne Maßeinheit
Staatl. Kunstslg. Kassel, Nachlaß Jussow, Inv. Nr. K II 5639

Das Blatt basiert offensichtlich auf der Zeichnung Kat. Nr. 185, die es verkleinert, in allen wesentlichen Partien vollendet und in Reinzeichnung wiedergibt. Daher bietet sich eine gleiche Datierung um 1810/1815 an.

Lit.: Vogel 1958, S. 22, Kat. Nr. 59 (mit Abb.); — Löwenburg 1976, S. 7, Abb. 3

Abschreibungen

Dem in der vorliegenden Arbeit behandelten Gebiet wurden von der Forschung Entwürfe zugeschrieben, deren Zuweisung nicht aufrecht erhalten werden kann.

1. Paetow 1929, S. 87, Abb. 48 bildet einen Entwurf Du Rys zu einem chinesischen Gartengebäude ab, von dem er glaubt, es handele sich um eine von insgesamt 3 chinesischen Alternativen für die Schloßmitte. Es handelt sich jedoch um Entwürfe für den chinesischen Salon im chinesischen Dorf, die bereits unter Landgraf Friedrich II. gefertigt wurden!

2. Vogel 1958, S. 11, Kat. Nr. 19 bildet einen Entwurf Jussows zu einem Brunnen mit Obelisk ab, den er als Alternative für die Schloßmitte in Anspruch nimmt. An dem Entwurf aus Jussows Nachlaß weist jedoch nichts auf einen Zusammenhang mit Wilhelmshöhe hin; das Adler-Motiv spricht für eine Datierung in napoleonische Zeit.

3. Vogel 1958, S. 12f., Kat. Nr. 22 hält einen Entwurf mit dem Aufriß der Gesamtanlage von Westen für eine unter Wilhelm IX. entstandene Alternative für die Gestaltung der Schloßanlage. Es handelt sich aber um ein unter Jérôme entstandenes Projekt zur Verbindung der drei bereits bestehenden Schloßgebäude, wie u. a. aus dem gleichfalls in Jussows Nachlaß erhaltenen Grundriß zu erschließen ist. Vogels Einordnung wurde von Bangert (1969) übernommen.

4. Gallet 1980, S. 135—138 geht in seiner Monographie über Ledoux auch auf dessen Tätigkeit in Kassel ein und publiziert erstmals den gestochenen Seitenaufriß eines Schloßprojekts (Abb. 216), dessen Front bereits durch Jean-Charles Moreux (Claude-Nicolas Ledoux, architecte du roi, Paris 1945) bekannt gemacht worden war. Gallet lokalisiert das Projekt offensichtlich auf der Wilhelmshöhe (vgl. S. 136). Es handelt sich jedoch um ein Verkleidungsprojekt für das alte Landgrafenschloß in Kassel, wie an den unregelmäßig verteilten Achsen am Sockel (Rundbogentür!) und vor allem im Giebel unschwer festzustellen ist: Er instrumentiert ein altmodisches Renaissance-Schloß als kolossalischen Hypäthraltempel. Angesichts des Verhältnisses zwischen dem architektonischen Aufwand der Fassadenverkleidung und der baulichen »Realität« mutet der Entwurf wie ein verspäteter Racheakt Ledoux' an, der hier gleichermaßen Anspruch und Geiz der hessischen Landgrafen bloßstellen zu wollen scheint.

Register

Adam, Robert 13, 88, 288
Addison, Joseph 157, 212, 223, 272, 289, 292
Agrigent 22
Aix-en-Provence 47, 266
Albani, Alessandro 265
Alberti, Leon Battista 47, 57, 154, 266, 281
Alexander VII., Papst 45
Algarotti, Francesco 12, 257
Altenhausen (b. Gelnhausen) 288
Amsterdam 12
Ancy-le-Franc 70
Andreae, Bernard 266
Andrieux 5, 40, 253f., 264
Antoine, Jacques-Denis 3, 15, 99–101, 264
Apell, David Philipp v. 274, 276, 280
Arens, Fritz V. 272
Arens, Johann August 22, 79
Arndt, Hella u. Karl 253
Athen 15, 221
Atherthon Hall 86
August v. Köln, Kurfürst 270
Avril, Louis 202, 287

Babenhausen 218
Badoer 264
Bätjer, Friedrich 9, 253, 255f., 259, 276
Bandmann, Günter 294
Bangert, Albrecht 18, 82, 119, 162, 253, 260f., 272, 277, 282
Bajenow 6
Barthold (Steinmetzmeister) 139
Bath 82, 104, 275
Battisti, Eugenio 263
Bauchal, Ch. 253f.
Bauer, Hermann 281
Baur, Christian 162, 282
Baur, Max 266
Beaumaris Castle 201
Beauvalot, Yves 254, 267f.
Beck, Georg Wilhelm 263, 272, 291
Beenken, Hermann 82, 161, 272, 282

Bellicard 264
Bénard, Charles-Joachim 59, 62, 269
Bénouville (b. Caen) 72
Bentley, Richard 288
Bentmann, Reinhard 164, 269, 283
Berckenhagen, Ekhart 3, 263, 266
Berge, Otto 291
Berger, Robert W. 267
Berger, Ursel 268
Berlin 12, 47, 210, 275, 286
– Oper 20
– Pfaueninsel 200
– Schloß Charlottenburg 101
– Stadtschloß 99f.
Bernhardi, Karl 291
Bernini, Gian-Lorenzo 5, 38, 45, 55, 59 63, 74, 99f., 263f., 269
Berry, M. 288
Bettagno, Alessandro 273
Betz 199, 286
Bianchini, Francesco 266
Biebrich 127
Biehn, Heinz 162, 282, 286, 289, 292
Blankenburg, Friedrich v. 226, 292
Bleibaum, Friedrich 8f., 18, 82, 255f., 260, 272, 274, 286, 292
Blenheim Castle 37, 39, 83, 152, 207
Bleuler, Johann Heinrich 150
Blois 39, 264
Blondel, Jacques-François 4, 6, 10f., 15, 27, 37, 39f., 46, 56, 75f., 100f. 102, 115, 121, 135, 253f., 256, 259, 261, 264, 267–269, 271, 274–278, 286
Blondel, François 9
Blunt, Anthony 257, 264
Boden, Baron v. 6, 73, 254, 261
Bodiam Castle 201
Boehlke, Hans-Kurt 9, 13, 27, 255, 258f., 264, 276, 283
Börsch-Supan, Helmut 287
Böttner, Wilhelm 97, 126, 130, 147, 277f.
Boffrand, Germain 14, 45, 56, 64, 256, 258, 277

Bologna 14
Bonifatius, Heiliger 239
Bordeaux 99
Borromini, Francesco 14, 269
Boscarino, Salvatore 263
Both, Wolf v. 254f., 259, 263f., 272, 291
Bott, Gerhard 216, 272, 289f., 292
Bouilh (b. St. André de Cubzac) 70
Boullée, Etienne-Louis 3, 6, 18, 40, 46, 55, 59, 74, 87, 103, 107, 115, 153, 213, 249, 271, 275, 281, 289
Boumann 200
Bourget, Pierre 263
Braham, Allan 3f., 226, 253f., 263, 265, 267–270, 274f., 277, 281
Bramante, Donato 45, 48, 55–57, 61, 98f., 268
Brauer, Heinrich 265
Bremen 218
Brendel, J. G. 200
Bringmann, Michael 253, 270
Brière, Gaston 266
Brix, Michael 262
Bromeis, Johann Conrad 280
Brown, Lancelot »Capability« 251
Brown, R. Allen 287
Brüggemann, Fritz 293
Brunelleschi, Filippo 38
Burda, Hubert 74, 271, 273, 292
Burger, Fritz 265
Burke, Edmund 157, 211, 223f., 225, 233, 291f.
Burke, Joseph 275
Burlington, Richard Boyle, Earl of 106, 268
Buttlar, Adrian v. 162, 253, 262, 280, 282, 286

Caerphilly Castle 201
Campbell, Colen 58, 82f., 86, 99, 101, 104, 112, 151f., 263f., 266, 269, 272f., 275f.
Campen, Jakob van 38
Cancrin, Franz Ludwig v. 28f., 215, 289f.

Caprarola 63, 120, 267
Carl Theodor, Kurfürst von der Pfalz 244
Caroline v. Dänemark, Landgräfin v. Hessen-Kassel 28
Carter, John 224
Casparson, Johann Wilhelm C. G. 8, 10, 161–163, 189, 219–222, 224–227, 236, 239–241, 244, 255f., 286, 291f., 294
Castell, Robert 54, 267
Castle Howard s. Howard Castle
Cattaui, Georges 263
Chalgrin, Jean-François-Thérèse 125
Challe, Charles Michel-Ange 47
Chambers, William 12–14, 39, 46f., 55, 88, 99f., 122, 199, 202, 219f., 223, 227, 229, 232f., 251, 258, 266–268, 273, 275, 287f., 291f.
Chaux 73, 153
Cholmondeley Hall 86
Chorin 160
Cicero 242
Clark, Kenneth 160, 286, 288, 292
Clasen, Karl Heinz 287
Claude Lorrain 156f., 282
Clemen, Paul 289
Clemens Johann Theodor v. Lüttich, Kardinal Fürstbischof 276
Clérisseau, Charles-Louis 13, 87f., 258, 273
Collins, Peter 275, 288
Colton, Judith 267
Colvin 286
Compiègne 259
Coope, Rosalys 255
Cordey, Jean 264f.
Cortona, Pietro da 45, 55, 99f.
Coucy 197
Coulommiers-en-Brie 9, 255
Cramer, C. G. 234
Culzean Castle 161

D'Alembert, Jean le Rond 5
Dance, George 160
Darmstadt 263
Daviler, Charles 102, 104
Davis, T. 286
De Borck (hess. Gesandter) 257
De Brosse, Salomon 9, 255
De Cervantes Saavedra, Miguel 235
Decker, Paulus 48, 266

Decker, Paul 218, 291
De Cotte, Robert 57
De Cuvilliés, François d. Ä. 8, 15, 102, 200, 255, 259, 275,
De Cuvilliés, François d. J. 276
Defoe, Daniel 235
Dehio, Georg 159, 272, 282, 286, 291
Dehn-Rotfelser, Heinrich v. 159, 175, 282
De La Fosse, Louis Rémy 32
Delafosse, Jean Charles 102
Della Porta, Giacomo 63
Del Pesco, Daniela 265
De Marigny, Marquis 4f., 12, 61
De Neufforge, Jean François 16, 40, 46f., 51, 55f., 58, 70, 87, 118, 152, 264, 266, 269f., 273, 281
Den Haag 12, 38
De Nolhac, Pierre 266
De Saint-Non, Jean Claude Richard 30, 271
Desgodetz, Antoine 27, 262
Desmaisons 264
Desprez, Louis Jean 40, 62
De Thomon, Thomas 262
De Wailly, Charles 3ff., 31ff., 118f, 122f., 153, 177, 248f.
Diderot, Denis 5, 88, 225
Dieckmann, Herbert 291
Dijon s. Montmusard
Dischinger, Gabriele 269
Dittmer 260–262, 286
Dittscheid, Hans-Christoph 254f., 257, 259, 261, 263, 270, 272, 276f., 278, 294
Dobai, Johannes 157, 212, 246, 273, 282, 286, 288f., 291, 294
Döring, Wilhelm 274
Donati, Alessandro 265
Dorn, Reinhard 18, 260, 262, 267, 272, 281
Downes, Kerry 263f., 266
Drerup, Heinrich 252
Dresden 23
Du Cerceau, Jacques Androuet 9, 70, 270
Du Cerceau, Jean Androuet 9
Du Colombier, Pierre 9, 82, 254f., 272
Dürer, Albrecht 216f.
Duncker, A. F. 284
Duper, George 32
Dupérac, Etienne 55, 98
Duquenne, Xavier 254, 264, 269

Durand, Jean-Nicolas-Louis 46, 74
Du Ry, Architektendynastie 8
Du Ry, Charles d. Ä. 9
Du Ry, Charles d. J. 9, 255
Du Ry, Karl 15
Du Ry, Mathurin 9
Du Ry, Paul 9
Du Ry, Samuel 104
Du Ry, Simon Louis 6, 8ff., 107ff., 150ff., 164, 169, 181, 199, 205, 231, 234f., 240, 249f., 252

Earlom, Richard 282
Edward I., König v. England 201
Eggers, v. 293
Eguière 72
Einsingbach, Wolfgang 162, 164, 253, 262, 287
Elias, Norbert 288, 294
Elisabeth v. Thüringen, Hl., Landgräfin v. Hessen 217, 239f.
Engelhard, Johann Daniel 17, 135f., 150f., 157, 159, 163, 206f., 247, 260, 278, 280, 282, 288
Engelschall, J. F. 217, 286
Enghien 41, 44
Eosander, Johann Friedrich v. 47
Erdmannsdorff, Friedrich Wilhelm v. 13, 85, 209–211, 289
Erichsen, Johannes 275
Eriksen, Svend 3, 253, 274
Ermenonville 199
Erouart, Gilbert 253, 264
Errard, Charles 102
Erwin v. Steinbach 217

Feist, Daniel August (Steinmetz) 139–141, 144, 147, 278–280, 284
Feist, Peter H. 289
Félibien des Avaux, Jean François 54, 267
Ferrari, Giulio 267
Fink, Alf 104, 162
Fischer v. Erlach, Johann Bernhard 44, 47, 266, 275
Fischer, Michael 267
Fleming, John 258, 273
Florenz 38
Fontaine, Pierre François Léonard 26
Fontainebleau 266
Forssman, Erik 41, 100, 104, 264f., 269, 271, 274f., 286

Fountains Abbey 223
Franke (Kupferschmied) 284
Frankfurt 140, 165
- Friedberger Tor 237
Frankl, Paul 288f.
Franz, Fürst v. Anhalt-Dessau 210f., 241
Franz II., Kaiser 238
Frascati 63
Frauenlob, Fritz 234
Frederick, Prince of Wales 88, 258
Frenzel, Herbert A. 269
Frey, Dagobert 269
Frezza, Hieronymus 287
Fricke, Gerhard 293
Friedemann, Käte 293
Friedrich I., König v. Preußen 45, 76
Friedrich I., König v. Schweden 10
Friedrich II., der Große, König v. Preußen 20, 76
Friedrich II., Landgraf v. Hessen-Kassel 6, 14, 20ff., 24, 28, 32, 50, 73, 154, 216–218, 240, 248, 251
Friedrich Wilhelm II., König v. Preußen 200, 237
Friedrich Wilhelm III., König v. Preußen 146
Frommel, Christoph Luitpold 267, 274
Fuchs (Hofgärtner) 32
Fünck, Johann George 12, 256
Fürstenberg (b. Paderborn) 16
Fuga, Ferdinando 14
Fulda 14

Gabriel, Ange-Jacques 4, 63, 99, 101, 119, 128, 259, 276
Gabriel, Jacques 21
Gall, Ernst 81
Gall, Ludwig v. 215, 290
Gallet, Michel 3, 253, 261, 263f., 267, 270, 276, 281
Gamer, Jörg 263, 267, 273f., 276
Ganßauge, Gottfried 293
Gaus, Joachim 265, 267
Gaxotte, Pierre 257
Genelli, Hans Christian 76, 79, 272
Genua 5f., 49
Georg II., König v. England 28, 209
Georg III., König v. England 99, 122
Gerards, Alexander 292
Gerland, Otto 8, 255f., 258f., 270, 272, 277, 283

Germann, Georg 269, 271, 286–289, 292f.
Gibbs, James 152, 199
Gibside 120
Giedion, Sigfried 81, 272
Giersberg, Hans-Joachim 286
Gilly, Friedrich 76
Gilpin, William 88, 211f., 289
Girardin, Nicolas Claude 270
Görz, Graf (Reichstagsabgeordneter) 237
Goethe 239
Götz, Wolfgang 269, 288
Goethe, Johann Wolfgang v. 22, 100, 202, 217, 226, 240, 275, 287
Göttingen 20, 96
Gohr, Johann Wilhelm v. 16, 21, 24, 65, 255, 269
Goldmann, Nikolaus 20
Gondoin, Jacques 39, 152, 264, 281
Gontard, Carl v. 47
Gotha 76
Gothein, Marie-Luise 277
Gouda 218
Granada 267
Granddidier (Leibarzt) 85
Grandjean de Montigny, Auguste-Henri-Victor 26
Granet, Solange 274
Grassi, Orazio 257
Gravenkamp, Curt 161, 282
Greenwich 266, 269
Grodecki, Louis 201
Großmann, Dieter 272
Grote, Ludwig 289
Günther, Hubertus 268
Guerniero, Giovanni Francesco 32, 51, 80, 248, 251, 263
Guillerme, Jacques 289
Gurlitt, Cornelius 80, 159, 272, 282

Haferkorn, Reinhard 236, 293
Haga Park 86
Hager, Luisa 286, 293
Hagley 197f., 208, 216, 288, 290
Hajós, Géza 269
Halfpenny, William u. John 218, 232, 255, 291
Hallmann, Gerhard 277
Hallo, Rudolf 8f., 255, 258, 273, 290
Hamburg 272
Hamilton, George Heard 266

Hanau, Kaserne 135
- Paradeplatz 28
- -Münzenberg 28
- -Wilhelmsbad 29, 87, 89, 98, 146, 151, 163, 200, 214, 216, 218f., 230f., 241, 244f., 290
Hannover 18, 140, 216
Hansen, Christian Frederik 79
Hardouin-Mansart, Jules 115
Harksen, Marie-Luise 258, 272, 289
Harlech Castle 201
Harleman, Carl 10, 111, 255
Harris, John 99, 253, 256, 258, 264, 266f., 273, 275, 277, 287–289
Hartmann, Adolph 289
Hartmann, Günter 163, 216, 282, 285–287, 292f.
Hartmann, Jörgen Birkedal 293
Hartt, Frederick 266
Hautecœur, Louis 3, 253f., 258f., 264–266, 268–270, 273, 276f., 286
Hawksmoor, Nicholas 127, 152
Hederer, Oswald 293
Heely, Joseph 286
Heidau 189, 239
Heidelbach, Paul 18, 81, 160f., 187, 196, 253, 260, 263, 266, 269, 272f., 280, 284–286, 291f.
Heidelberg 218
Heinse, G. H. 234
Hentschel, Walter 263
Herder, Johann Gottfried 290
Héré, Emmanuel 99
Herkulaneum 12, 27
Hernandez, Antonio 282
Herrmann, Wolfgang 73, 81, 161, 243, 270, 272, 282
Hersfeld 188
Herzog, Erich 272, 283, 294
Hesekiel, Georg Christoph 210
Hessen (Haus) 244f.
Heveningham Hall 99
Heyd, Ludwig Daniel u. Johann Wolfgang 96, 109, 117, 147, 274
Heydau 285
Heydenreich, Ludwig Heinrich 269, 274
Hipple, Walter John 291
Hirschfeld, Christian Cay Lorenz 49—51, 55, 77, 84–89, 93, 98, 104, 108, 113, 125, 127, 156, 160, 165, 198, 200, 216, 220–222, 227ff., 230–234, 240,

361

[Forts.: Hirschfeld, Christian Cay Lorenz]
    251, 266f., 271–274, 276f., 281, 286,
    288, 290–292
Hirt, Alois L. 22, 78f., 202, 287
Hoban, James 118
Hochapfel (Schlossermeister) 139
Hölscher, Tonio 277
Hoeltje, Georg 18, 260f., 271
Hoffmann, Alfred 263
Hoffmeister/Prior 18, 260
Hofgeismar 87, 135, 284
Hohenzollern (Haus) 244
Holtmeyer, Alois 31, 81, 89f., 112, 160f.,
    163, 196, 253f., 258, 262f., 264, 271–
    273, 276, 278–283, 285, 288, 290f., 293
Homburg, George Wilhelm 198f.
Home, Henry (Lord Kames) 130, 155,
    157, 221f., 225, 227, 229f., 233, 277,
    281f., 291
Homer 242
Houghton Hall 255
Howard Castle 37f., 86, 127, 207
Hubala, Erich 263, 268, 275
Hübner, Paul Gustav 289, 292
Hüffe 9, 16
Hummel, Johann Erdmann 97, 139, 252, 294
Hussey, Christopher 286, 288
Huth, Gottfried 240

Ickworth 127
Inverary Castle 161, 208
Ixnard, Pierre Michel d' 38, 70, 263

Jacob, Sabine 266
Jardin, Nicolas-Henri 14
Jasmund (Marschall v.) 243
Jauß, Hans Robert 271
Jefferson, Thomas 216
Jérôme Napoléon, König v. Westfalen 26,
    138, 150f., 244
Jericke, Alfred 262, 266, 271
Jesberg 161, 200
Johnson, Paul 287
Jombert, Charles-Antoine 275
Jones, Inigo 99–101, 269, 275
Jourdain, Margaret 277
Jünger, Friedrich Gerog 286
Junecke, Hans 270
Jussow, Heinrich Christoph 17ff., 106f.,
    112ff., 151, 155, 157, 161ff., 234,
    237, 249–251

Jussow, Johann Friedrich 19
Justi, Karl Wilhelm 17, 20f., 260f., 285f.
Juvarra, Filippo 32, 38, 47

Kähler, Heinz 265
Kalnein, Wend Graf 268f., 274
Kambartel, Walter 281
Kames, Lrod s. Home, Henry
Kamphausen, Alfred 161, 203, 282, 288,
    291
Kania, Hans 200, 286
Karcher, Johann Friedrich 32
Karl der Große 216
Karl, Landgraf v. Hessen-Kassel 32, 131,
    156f., 241f.
Karlsruhe 238
Kassel 20, 23, 108, 127, 131, 240, 252
– Bellevuepalais 84, 236
– Chattenburg 26, 151
– Collegium Carolinum 216f.
– Elisabethkirche 240
– Friedrichsplatz 131
– Friedrichstor 124
– Haus Brühl 16
– Haus Nahl 16
– Jägerhaus 237
– Karlsaue 13, 38, 49
– Königsplatz 15
– Königsstraße 16
– Kollegium Carolinum 17, 19
– Kunstakademie 203, 216
– Landesbibliothek 169
– Landgrafenschloß 38, 151, 239
– Museum Fridericianum 7, 16, 73, 86,
    102, 104, 115, 123, 134f., 137, 147,
    153, 217f., 266
– Palais Jungken 86
– »Palais«-Projekt Ledoux' 153
– Palais Waitz v. Eschen 16
– Rennbahn 15
– Unterneustädter Kirche 129
– Weißenstein s. Wilhelmshöhe
– *Wilhelmshöhe* passim
    Aquädukt 244, 251
    Asch 180f.
    Bellevue 165
    Chinesisches Dorf »Moulang« 165, 244
    Fontäne 244
    Gotischer Tempel 217
    Herkules-Oktogon 49f., 146, 148, 154,
        157, 206, 227, 242, 244, 248, 250f.

Karlsberg 111f., 126, 227f.
Löwenburg 127, 142f., 149, 159ff.,
    176ff.
    /»Felsenburg« 168–172, 175, 180,
        197, 199–201
    /»Wilhelmsburg« 189
Schloß Weißenstein Landgraf Moritz'
    89, 94
Schloß Weißenstein/»Neues Weißensteiner Schloß« 89–106
Schloß Weißenstein/Projekt De Waillys
    31, 64
    /Projekte Du Rys 83ff., 107
    /Projekte Jussows 65ff., 106f., 117ff.
Schloß Weißenstein/Wilhelmshöhe, Ausführung 131ff.
    Rundtempel am Fontänenteich 165
    Styx 217
    Teufelsbrücke 129
    Tiergarten 177, 180f.
    Wolfsschlucht 185, 190, 205, 223
– Zeughaus 196
Katharina II. die Große, Zarin v. Rußland
    5, 54, 57. 88, 248
Kaufmann, Emil 3, 27, 62, 213, 253f.,
    262, 264–270, 274, 289
Keddleston Hall 56
Keller, Friedrich Eugen 266
Keller, Harald 9, 82, 255, 263, 272, 274,
    280, 291, 293
Kensington 255
Kent, William 121, 277
Kew Gardens (b. London) 199, 202, 287
Kiel 231
Kimball, Fiske 277
Kirchditmold 149
Kitson, Michael 282
Klaiber, Hans A. 263, 270
Klein, Jürgen 162, 208, 282, 287
Klenze, Leo 26, 288
Knackfuß, Hermann 18, 254, 259–262,
    288
Knobelsdorff, Georg Wenzeslaus v. 12,
    20, 112, 255
Knight, Richard Payne 288
Koblenz 38, 82
Köln 218
Krafft, Jean Charles 268f., 273
Krahe, Peter Joseph 18, 22f., 79, 153
Kramm, Helmut 18, 81, 161–163, 260,
    263, 272, 282

Kraus, Theodor 266, 277
Krautheimer, Richard 268
Krieger, Johann Christian 294
Krubsacius, Friedrich August 54f., 267
Kühn, Margarete 82, 253, 272, 275
Kunckell (Kunckel, Geh. Sekretär) 94, 131, 273f., 274, 276, 278, 289
Kunoth, George 275
Kutzleben, Baron v. 209, 262

Lake Windermere 286
Lance, A. 253f.
Landsberger, Franz 81, 161, 272, 282
Landshut 274
Lang, Suzanne 261, 286, 288
Lange, Johann Georg 30, 109f.
Langley, Batty 88, 195, 203, 218, 222, 273, 290f.
Langner, Johannes 73, 264, 267, 269f., 277, 281
Lankheit, Klaus 162, 282
Laugier, Marc Antoine 50, 100, 119, 123, 130, 157, 212, 267, 277, 282, 289
Laurentinum 55, 248
Lavallée, Joseph 7, 21, 253, 255, 261
Lavater, Johann Caspar 211, 289
Laves, Georg Friedrich 17f., 21-24, 200, 260f.
Laxenburg (b. Wien) 199, 286
Le Brun, Charles 45
Le Camus 15, 254
Le Carpentier 99, 274
Ledoux, Claude-Nicolas 3, 6, 16, 18, 47, 51, 55, 58, 63, 72f., 75, 77f., 115, 123-125, 128, 152f., 249, 254f., 269f.
Legeay, Jean-Laurent 4-6, 39f., 264
Le Lorrain, Louis-Joseph 14, 47
Le Masson, 57
Lemercier, Jacques 9
Le Nôtre, André 84
Leo X., Papst 226
Leoni, Giacomo 99, 152
Leopold Friedrich Franz, Fürst v. Anhalt-Dessau 85, 209
Lepautre, Antoine 70, 270
Lequeu, Jean-Jacques 213, 289
Le Rouge, Georges-Louis 286
Letrosne (Steinmetzmeister) 254
Le Vau, Louis 115
Levey, Michael 268f., 274
Lewis, Douglas 268, 288

Ligorio, Pirro 45, 56, 268
Lingelbach (Weißbinder) 284
Lippoldsberg 142
Lobe, G. 90, 294
Löwenstein 161, 200
Löwenburg (im Siebengebirge) 293
Lohr, Siegfried 285
London 209, 225
- Chelsea Hospital 152
- Guild Hall 160
- Houses of Parliament 121
- Lindsay House 99
- Queensbury House 99
- St. George 152
- St. Martin-in-the Fields 152
- St. Stephen Walbrook 49
- Sommerset House 99
- Tower 197
Losch, Philipp 28, 243, 262f., 272, 276, 283, 286, 290f., 294
Lotz, Wolfgang 269, 274f.
Loudon, J. W. 294
Louis (Ludwig) XIV, König v. Frankreich 75
Louis XV 51
Louis XVI 78
Louis, Victor 3, 21, 70, 270
Louveciennes 55
Luise, Königin v. Preußen 146
Lundberg, Erik 276
Lunéville 277
Lyon 98, 151
Lyttleton, George 197

Maastricht 9
Macaulay, James 288f.
Machern (b. Leipzig) 76, 292
Macmillan (Ed.) 9, 253, 255, 261
Macpherson 217
Mailand 287
Maisons (-Lafitte) 39f., 264
Mangin, François Ignace 118, 276
Mann, Horace 288
Mannheim 38
Mansart, François 39f., 47, 264
Mantua 40, 48
Marburg 2, 217
Marchionni, Carlo 257, 265
Marly-le-Roy 38
Marot, Daniel 276
Marot, Jean 38

Martin, Johann Christian 157, 274, 282, 294
Mary, Prinzessin v. England, Landgräfin Maria v. Hessen-Kassel 28, 218, 290
Mason, William 222-224, 229, 233
Matsko (Mathematiker) 19f.
Maupertuis 152
Max Emanuel, Kurfürst v. Bayern 241
Medici, Lorenzo il Magnifico de 265
Meledo 38f., 41, 72
Ménars 265
Mengs, Anton Raffael 51
Metken, Günther 289
Metz 271
Meyer, Horst 272
Meysebug, Landrat v. 203
Michel, Fritz 263
Michelangelo 74, 98, 152, 274
Middleton, Robin 61, 254, 263-265, 268-270, 274
Mielke, Friedrich 266, 278
Miller, Sanderson 197, 199f., 208, 216, 286
Mocenigo 107, 264
Möseneder, Karl 263
Mohr, Wilhelm 283
Monaco, Prinzessin v. 199
Montagnana 37, 58
Montmorency 264
Montmusard (b. Dijon) 4f., 49, 54, 56f., 61, 70, 248
Montreuil 117
Moor Park 152
Mordt (Schreinermeister) 139, 284
Moreau-Desproux, Pierre-Louis 4, 12f., 256
Morel, Jean-Marie 156, 281
Moritz, Landgraf v. Hessen-Kassel 85
Morris, Roger 288
Mortier, Roland 286
Mosser, Monique 256, 261, 264, 266
Mrazek, Wilhelm 266
Müller, C. 234
Müller, Friedrich 294
Mueller, Heinrich (Steinmetz) 139
Müller, J. P. 263
Müller, Leonhard 124f.
Müller, Michael 164, 269, 283
Münchhausen, Baron v. 216
Müntz, Johann Heinrich 90, 93f., 202f., 209, 273, 287f.

Muirhead, L. Russell 287
Muralto, O. 293

Nagler, G. K. 260
Nahl, Johann August 97, 147, 169, 274, 285
Nahl, Samuel 97, 147
Nancy 45, 99, 274
Nash, Ernest 263, 268
Nash, John 103
Nassau-Weilburg, Fürst v. 95
Neapel 22f., 287
Neuhaus (b. Paderborn) 255
Neumann, Hartwig 281
Neumann, Balthasar 14
Neumeyer, Alfred 160, 163, 282, 288f.
Nickelen, Jan van 32
Noehles, Karl 265
Norry, Charles 6f., 254
Nürnberg 196
Nymphenburg 200, 241, 294

Oechslin, Werner 2, 253, 263, 273
Orvieto 201f., 287f.
Ossian 217
Ost, Hans 55, 267, 293

Padua 12
Paestum 22f., 261
Paetow, Karl 81, 160f., 163, 236, 253, 259, 263, 272, 282, 291, 294
Paine, James 56, 120, 268, 277
Pains Hill (b. Lobham) 199
Palestrina Praeneste 45f.
Palladio, Andrea 12, 14, 37f., 39, 41, 45, 55, 57–59, 72, 74, 77, 99f., 102, 106f., 137, 152, 154, 258f., 263f., 267–270, 272, 274–276, 281
Pannini, Giovanni Paolo 87
Panofsky, Erwin 222, 269, 291
Paoli, Antonio Paolo 261
Paris, Pierre Adrien 270
Paris 10, 12, 15, 18, 22f., 32, 74, 78, 146, 149, 248
– *Kirchen*
  Kathedrale Notre-Dame 11
  Ste-Geneviève (Panthéon) 15, 48, 127, 141, 152
  St-Germain-l'Auxerrois 121
  St-Gervais 102
  Ste-Madelaine 87
  St-Philippe-du-Roule 117
  St-Sulpice 4
  Val-de-Grâce 40
– *Öffentliche Profanbauten*
  Arc de Triomphe de l'Etoile 125
  Bibliothèque royale 153
  Collège des Quatre-Nations 40
  Comédie Française (Odéon) 3, 5, 41, 49, 59
  École de Chirurgie 39, 152
  Louvre 37, 45, 47, 75, 121, 152
  Monnaie 15, 99–101
  Propylées (Zollhäuser) 73, 77
  Tuilerien 119
– *Privatbauten*
  Häuser des Marquis de Saiseval 72
  Hôtel Amelot 56
  Hôtel Biron 21
  Hôtel De Condé (Proj.) 39, 46, 71, 115, 270
  Hôtel De Lionne 46
  Hôtel De Salm 39
  Hôtel De Wailly 62
  Hôtel D'Uzès 152
  Hôtel Guimard 58
  Hôtel Hesselin 46
  Hôtel Lambert 46
  Hôtel Marigny 61
  Hôtel Richelieu 21
  Hôtel Soubise 11, 256
– *Plätze*
  Place Louis-le-Grand (Vendôme) 99, 130
  Place Louis XV 15, 101
  Place des Victoires 15, 99
Patte, Pierre 266, 274
Pauli, Gustav 82, 161, 272, 282
Pelpel, Laurent 265
Penther, Johann Friedrich 20
Percier, Charles 26
Pérouse de Montclos, Jean-Marie 253, 264, 266, 269f., 271, 273, 275, 281
Perowne, S. 293
Perrault, Claude 70, 75, 99, 121, 153, 271, 274, 281
Peruzzi, Baldassare 86
Petzet, Michael 266, 272, 279f.
Peyre, Marie-Joseph 3–5, 12f., 38f., 41, 44–46, 49, 59, 63, 71f., 76, 78, 93, 115, 128, 256, 258, 264f., 267, 270
Pfinzing, Melchior (alias Theur-Danck) 234

Philipp der Großmütige, Landgraf v. Hessen 214, 218, 238, 242
Phleps, Hermann 102, 255, 272, 275, 281
Piderit, F.C.T. 294
Piranesi, Giovanni Battista 3, 5f., 13, 27, 30, 41, 87f., 103, 249, 254, 257, 265, 274
Piombino Dese 37f.
Piper, F. M. 86
Platon 242
Plinius d. J. 41, 54, 248
Pisani 267f.
Plaw, John 286
Plümque, J. F. (Kammerrat) 257
Poggio a Cajano 265
Ponten, Josef 31, 81, 263, 272
Pope, Alexander 272
Port Vendres 77
Posenenke, Paul 280
Post, Pieter 38
Potsdam 12, 161, 210, 253, 255, 286
– Französische Kirche 20, 261
– Militärwaisenhaus 47
– Pfingstberg 200
– Sanssouci 83, 112, 255, 276
– Neues Palais 277
Pougnaud, Pierre 269
Pozzuoli 27
Preissler, Johann David 19, 261
Pressouyre, S. 271
Price, Uvedale 212, 289
Prieur (Ed.) 270
Prior Park (b. Bath) 82f., 111f., 133, 151f., 260, 280
Puget, Pierre 123

Queißer (Schlossermeister) 139

Rabreau, Daniel 3, 253f., 264, 266, 269
Racknitz, Frhr. v. 224, 292
Raffael 55, 61, 98, 151, 217, 226
Range, Andreas 150
Ransonette, Nicolas 268f., 273
Raspe, Rudolf Erich 162, 216f., 290
Rasp, Hans-Peter 274
Rauch, Christian 285
Retz (b. Marly-le-Roy) 88, 199, 286, 290
Reuther, Hans 18, 161f., 260, 263, 282
Reynolds, Joshua 211
Richmond Palace 46
Riede 287

Rievaulx Abbey 223
Robert, Hubert 6, 46f., 74, 87f., 199, 225, 266, 271
Robson-Scott, W. D. 162, 282
Rode, August 210f., 289
Röttgen, Steffi 265
Rohrbach (Schreiner) 139, 284
Rom 12f., 15, 22, 24, 27, 45, 57, 65, 71, 76, 78f., 87f., 106, 153, 202
- Festa della Chinea 14, 51
- Kapitol 5, 74
- Porta di Ripetta 74
- *Antike Bauten*
  Diokletiansthermen 5, 55
  Forum Romanum 275
  Janus Quadrifrons 124
  Marcellustheater 102
  Pantheon 5, 15, 59, 118, 121, 268
  Romulustempel 56
  Saturntempel 275
  Tempel der Fortuna Virilis 15
- *Kirchen*
  Basilica S. Pietro 39, 48, 86, 152, 264
    Cathedra Petri 5
  S. Andrea al Quirinale 55
  SS. Cosma e Damiano 56
  S. Ignazio 12, 257
  S. Maria della Pace 55
  S. Pietro in Montorio, Tempietto 57
  S. Pietro in Vincoli 271
- *Paläste*
  Pal. Caprini 98
  Pal. Chigi-Odeschalchi 99, 160
  Senatorenpalast 98
  Vatikanspalast: Cortile del Belvedere 61, 268
    Loggien 151
    Sammlungen 22
    Scala Regia 59
  Pal. Vidoni-Caffarelli 274
- *Plätze*
  Fontana di Trevi 12
  Piazza Colonna 45
  Piazza Navona 263
  Piazza S. Pietro 74
  Spanische Treppe (Scalinata di Spagna) 63
- *Villen*
  Casino Ludovisi 266
  Villa Albani 51, 257, 266
  Villa Giulia 62, 275
  Villa Madama 55, 61, 267

Romano, Giulio 40
Rommel (Generalsuperintendent) 242
Rondelet, Jean-Baptiste 262
Rosenberg, Jakob 263
Rossi, Carlo 124
Rousseau, Jean-Jacques 199, 215
Rossini, Alessandro 32
Rothe geb. Du Ry, Amalie 84, 90, 129
Rouen 99
Royaumont 57
Ruhl, Johann Christian 116, 139, 147, 150, 175, 186f., 189, 193f., 196, 217, 241, 284f., 293
Ruhl, Julius Eugen 187, 285
Rupprecht, Bernhard 265
Ry s. Du Ry

Sababurg 239, 285
Sacharow, Adrian Dimitijewitsch 124
Sachsen-Weimar, Herzog v. 244
St. Albans 202
Saint-Cloud 255
Saint-Non s. De Saint-Non
Saint-Rémy (Glanum) 46
Salvi, Nicola 274
Sandy, Francis 127
St. Petersburg (Leningrad) 6, 124, 249
- Anitschkow Palast 87
- Kasan Kathedrale 46
Sanmicheli, Michele 98
Sauerländer, Willibald 291
Scamozzi, Vincenzo 54, 104, 258, 267, 270, 275
Schadow, Gottfried 76
Schaeffer, Caspar Christoph 172, 180, 284, 294
Schaub, J. 156f
Schepers, Wolfgang 231, 262, 272, 286, 289, 291–294
Schiavo, Armando 265, 274
Schinkel, Karl Friedrich 18
Schlegel, Friedrich 236
Schlotheim, Caroline v. 195
Schlotheim, Major v. 243
Schlüter, Andreas 99
Schmalkalden 189, 239
- Wilhelmsburg 285
Schmitz, Hermann 272
Schnabel, Johann Gottfried 235
Schneider, Reinhard 263, 276f.
Schönbrunn 99, 249

Schreiber, Arndt 271
Schroeder, Friedrich 169, 285
Schuchard, Jutta 253–255, 257, 259, 263, 270, 272f., 277f.
Schudt, Ludwig 262
Schumann, August 234
Schütte, Ulrich 281
Schule, C. 288
Schulenburg, Julia Raugräfin v. d. 274
Schwager, Klaus 269
Schwarz, Christoph & Johann Caspar (Schlossermeister) 97, 139, 148, 284
Schwarzkopf, Daniel August 156, 165, 210, 231, 278, 289, 292, 294
Schwarzkopf, Friedrich 130
Schwerin, Graf v. 294
Schwetzingen 244
- Merkur-Tempel 126
Sckell, Friedrich Ludwig v. 126f., 277
Sedlmayr, Hans 78, 249, 265f., 271, 275f., 294
Segesta 22
Seib, Gerhard 291
Selinunt 22
Sembdner, H. 294
Seneffe 5, 59, 265
Serlio, Sebastiano 48, 70, 104, 266, 268, 275, 294
Servandoni, Jean Jérôme Nicolas 4
Shaftesbury, Earl of 272, 289
Shrubs Hill 290
Siena 288
- Dom 201f.
Simson, Jutta v. 271
Syrakus 22
Sirén, Oswald 273
Sisteron 47, 72, 266
Slive, S. 263
Slodtz, Gebrüder 47
Smith, Peter 226
Smith, Warren Hunting 288, 293
Soane, John 103
Soeder (b. Hildesheim) 277
Soergel, Gerda 281
Sophie Charlotte, Königin v. Preußen 275
Soufflot, Jacques-Germain 12, 15, 48, 61, 63, 127, 152
Speyer 218
Spieß, Chr. Heinrich 234f.
Spinola, Cristoforo 254
Spinola, Marquise de 254

Starov, Iwan Jegorowitsch 6, 87
Steckner, Cornelius 255
Steinau a. d. Straße 218
Steingruber, Johann David 70, 270
Steinhauser, Monika 3, 253, 262, 265, 269, 281
Steitz (Inspektor) 138
Stieglitz, Christian Ludwig 236, 293
Stowe 199, 286
Strack, Ludwig Philipp 97, 116, 276
Straßburg 218
Strawberry Hill 162, 207, 209, 211, 230, 245
Strieder, Friedrich Wilhelm 24, 81, 95, 108, 110, 132f., 139–141, 146f., 155f., 164f., 168, 170, 172, 231, 243, 262, 269, 273, 276–280, 283, 292, 294
Strippelmann, F. G. L. 139–141, 144, 278f., 293
Stumpfeld (Hofgärtner) 287
Sturm, Leonhard Christoph 20, 104, 275
Stym Popper, Sylvain 271
Sulzer, Johann Georg 1, 204, 219, 226, 253, 274, 288, 291f.
Summerson, Sir John 122, 263f., 266, 273, 275–277, 280
Susemihl, J. C. 284
Svartsjö 111
Swan, Abraham 86, 98, 272, 274
Swoboda, Karl M. 267
Szambien, Werner 271

Taboeuf, W. 46
Tadgell, Christopher 254
Tait, A. A. 288
Tanzer, Helen H. 267
Taraval, Guillaume Thomas 10
Taylor, Robert 99
Temple, William 272
Ter Kuile, E. H. 263
Tessin, Nicodemus d. J. 10, 255
Thiene 264
Thies, Harmen 274
Thoenes, Christof 275, 280f.
Tischbein, Johann Heinrich d. Ä. 10, 89, 95, 97, 283
Tischbein, Johann Heinrich d. J. 189
Tivoli 22
– »Vesta«-Tempel 282
– Villa Hadriana 39

Toul 218
Triest 23
Trouard, Louis Alexandre 12, 72, 256, 264, 270
Turin 38

Udine 72
Unger, Wilhelm 173
Urban VIII., Papst 268

Vanbrugh, John 38f., 86, 152, 207, 211, 269
Vanbrugh Castle 207
Vanvitelli, Luigi 14, 274
Vasari, Giorgio 226
Vaudoyer, Antoine Louis Thomas 86, 273
Vaudoyer, Laurent 262
Vaux-le-Vicomte 40, 45, 61
Venedig 210
Verona 98
Versailles 53, 70, 78, 99f., 107, 119, 130, 271, 275, 294
Vicenza 12, 14, 83, 100, 259
– Pal. Civena 99
– Pal. Iseppo di Porto 99–101
– Teatro Olimpico 59
– Villa Rotonda 38, 72, 74, 120
Vicino, Marsilio 41
Viel de Saint Maux 264
Vighi, Roberto 265
Vignola, Giacomo Barozzi da 15, 20, 63, 102, 137, 266, 275
Viollet-le-Duc, Eugène-Emmanuel 1, 253, 283, 286
Vitruv (Vitruvius) 102, 135, 153, 265, 269, 278, 280
Vogel, Hans E. 18, 82, 161, 208, 253–255, 259–264, 267, 272, 275, 277, 281f., 286, 289, 291, 293
Vogt (Geheimer Rat) 244)
Voigt, Fr. 255
Volkhov 6
Vollmar (Hauptmann) 138
Voltaire 58
Voronikhina, Anna N. 253, 268
Vulpius, C. A. 234

Wabern 189, 239
Wackenroder, Heinrich 241, 293
Wagner-Rieger, Renate 2, 253, 270
Waitz v. Eschen (Staatsminister) 294

Wakefield, William 272
Wallerstein 118
Walpole, Horace 162, 197, 207–209, 230, 235f., 241, 244, 287f.
Walpole, Robert 209, 255, 269
Wanstead 112, 151f.
Warnke, Martin 281
Warton, Thomas 236
Washington 118
Watelet, Claude-Henri 232, 292
Watkin, David J. 61, 254, 264f., 268–270, 274
Weber, Carl Julius 234, 292
Webb, John 266, 269, 275
Wegner, Karl-Hermann 291
Weimar 22, 46, 161
Weise, G. W. 90, 113, 231
Weisser (Prof.) 231
Welsch, Maximilian v. 127
Wenderoth, G. (Hoftapezierer) 189, 194, 285
Whately, Thomas 156, 198, 212, 227, 281, 286, 289, 291
Weibezahn, Ingrid 266f.
Wiebenson, Dora 286
Wieland 239
Wien 23, 161
– Schloß Schönbrunn 45, 275
Wilhelm III., König v. Oranien 276
Wilhelm IV., Landgraf v. Hessen-Kassel 218
Wilhelm VIII., Landgraf v. Hessen-Kassel 10, 12, 139, 256
Wilhelm IX., Landgraf v. Hessen-Kassel 8, 17, 19, 23f., 28–30, 65, 77ff., 106ff., 151, 157, 218ff., 236–239, 243–245, 249–251, 260, 262, 272, 284–287, 289f.
Wilhelmsthal 10–12, 15f., 97f., 107, 112, 143, 187, 189, 195, 239, 276
Wilton-Ely, John 254, 266
Wimpole Hall 198
Winckelmann, Johann Joachim 209, 265
Wittkower, Rudolf 265, 268f., 274
Wölfflin, Heinrich 205, 288
Wörlitz 161, 245, 289
– Gotisches Haus 85f., 161f., 209–211, 241
Wörner, Eckard 9, 255, 281
Wolf, Jürgen R. 263
Wolff, Christian 155, 281

Wolff, Henrich Abraham 7, 21, 23f., 79, 139, 149, 260, 262, 273
Wolff, Johann Heinrich 18, 137, 260
Wolff, Johann Henrich 93, 96, 100, 258, 273
Wood, John d. Ä. 104, 111, 152, 276
Wood, John d. J. 104
Woodstock 207
Worms 218
Woronichin, Andrej Nikiforowitsch 46
Wren, Christopher 49, 152, 269
Würzburg 14, 137
Wyatt, James 277
Wyss, Walter 291f.

Zeitler, Rudolf 277
Zenge, Luise v. 294
Zürcher, Richard 203

Abbildungsnachweis

Archiv Verfasser 1, 24, 51, 353, 362, 363, 367, 370, 371, 372, 373, 374, 391
Verwaltung der Staatlichen Schlösser und Gärten in Hessen, Bad Homburg 262, 263, 267, 269, 270, 275, 307, 310, 315, 316, 320, 325, 328, 330, 336, 337, 350, 351, 359
Ehem. Staatl. Bildstelle Berlin 147, 278, 279, 280, 282, 285, 286, 365, 368, 369
Leihklischee Hessisches Landesmuseum Darmstadt Tf. I, II, III, V
Archiv Yves Beauvalot, Dijon 70, 71, 72, 73, 74
Dr. Siegfried Lohr, Kassel 357
Staatliche Kunstsammlungen Kassel Tf. IV, VI, VII, IX, X, XII, 98, 99, 110, 113, 153, 200, 205, 239, 240
Kurhessische Hausstiftung, Königstein i. Ts. 140
Ermitage, Leningrad 75, 76, 77, 78
Kunstgeschichtliches Institut der Johannes-Gutenberg-Universität Mainz, Fotothek 3, 32, 33, 168
Landeskonservator Hessen, Bildarchiv Marburg 6, 7, 8, 40, 48, 97, 101, 103, 143, 144, 145, 176, 178, 179, 184, 187, 204, 209, 226, 273, 276, 281, 287, 288, 289, 360, 361, 398
École des Beaux-Arts, Paris 2, 119, 122
Postkarte 380
Verwaltung der Staatlichen Schlösser und Gärten, Potsdam (DDR) 9, 10, 11, 12, 13, 14, 15, 16, 17, 18, 19, 20, 21, 22, 37, 38, 41, 42, 43, 44, 45, 46, 47, 49, 61, 62, 63, 64, 65, 66, 67, 68, 69, 92, 108, 141, 142, 155, 156, 157, 158, 159, 161, 163, 164, 177, 180, 181, 182, 183, 185, 186, 188, 189, 190, 191, 192, 196, 206, 208, 218, 219, 228, 229, 230, 233, 234, 235, 241, 242, 243, 244, 246, 260, 261, 302, 340, 399
Reproduktion nach den zitierten Vorlagen (vgl. Anm.) 4, 23, 25, 26, 27, 28, 29, 30, 31, 35, 39, 50, 52, 53, 55, 57, 58, 59, 60, 79, 80, 81, 82, 83, 84, 85, 86, 87, 88, 89, 90, 91, 94, 95, 96, 102, 109, 111, 112, 117, 118, 120, 121, 123, 125, 128, 129, 131, 133, 135, 136, 138, 146, 148, 149, 150, 166, 167, 169, 170, 171, 172, 198, 199, 201, 202, 203, 210, 213, 214, 215, 249, 250, 251, 252, 253, 254, 255, 256, 257, 259, 383, 384, 385, 386, 387, 388, 389, 390, 392, 393, 394, 397, 400, 401
Bibliotheca Hertziana, Rom 165
Luftbild Strähle, Schorndorf 277, 284
Verfasser 5, 34, 36, 54, 93, 100, 104, 105, 106, 107, 114, 115, 116, 124, 127, 130, 132, 134, 137, 139, 151, 152, 154, 160, 162, 173, 174, 175, 193, 194, 195, 197, 207, 211, 212, 216, 217, 220, 221, 222, 223, 224, 225, 227, 231, 232, 236, 237, 238, 245, 247, 248, 264, 265, 266, 268, 271, 272, 274, 283, 290, 291, 292, 293, 294, 295, 296, 297, 298, 299, 300, 301, 303, 304, 305, 306, 308, 309, 311, 312, 313, 314, 319, 321, 322, 323, 324, 326, 327, 329, 331, 332, 333, 334, 335, 338, 339, 341, 342, 345, 346, 347, 348, 349, 352, 354, 355, 356, 358, 364, 366, 375, 376, 377, 378, 379, 381, 382, 395, 396
Verfasser/Hessisches Staatsbauamt Kassel nach Jussow (Umzeichnung) 343, 344
Albertina, Wien 56

Tafeln

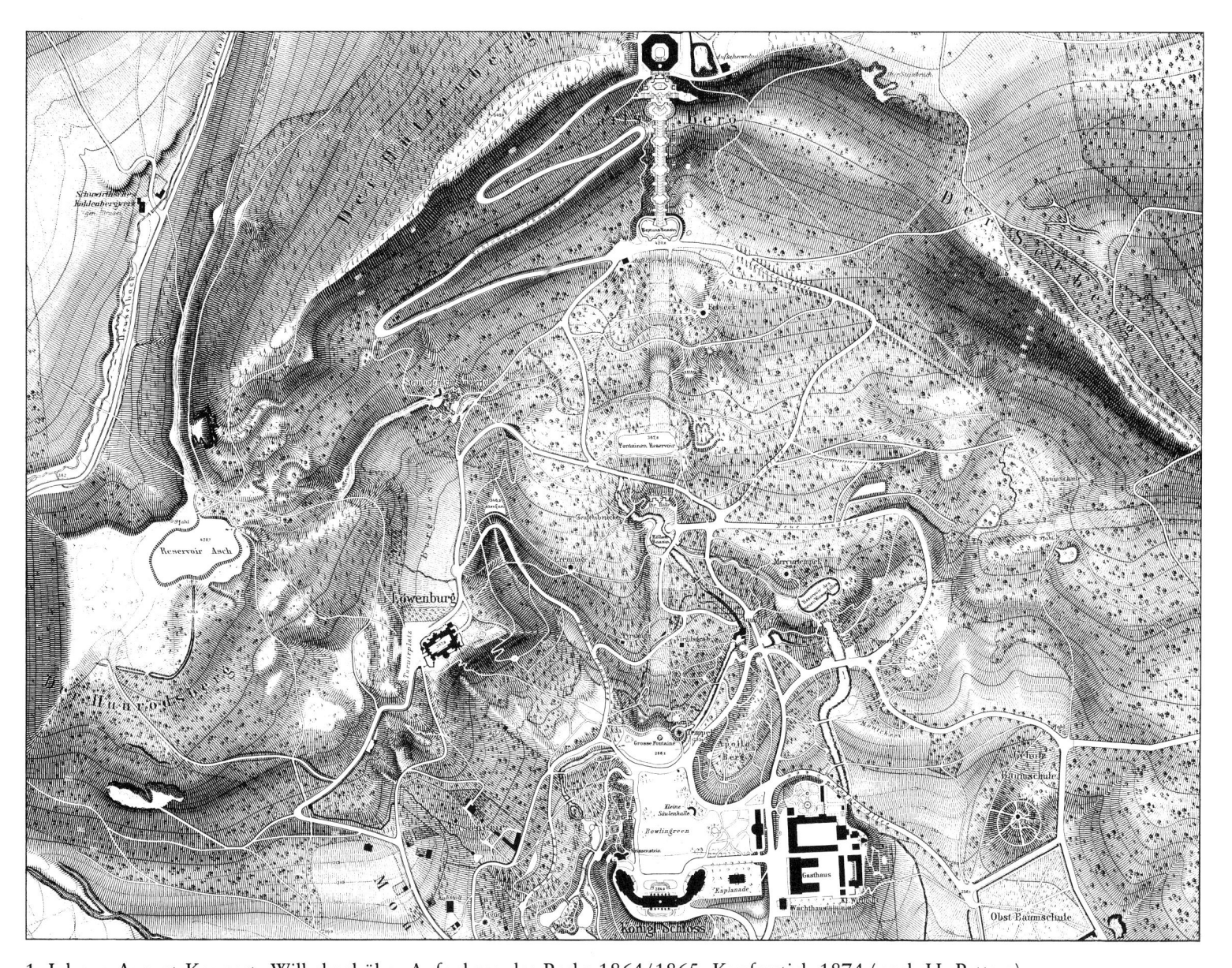

1 Johann August Kaupert. Wilhelmshöhe. Aufnahme des Parks 1864/1865. Kupferstich 1874 (nach H. Petters)

2 Charles De Wailly. »Façade d'un Palais«, Grand Prix de Rome 1752 (Paris, ENSBA)

3 Paris. Comédie Française/Odéon, Zustand um 1910

4 Charles De Wailly. Palazzo Spinola in Genua, Längsschnitt
(nach Encyclopédie)

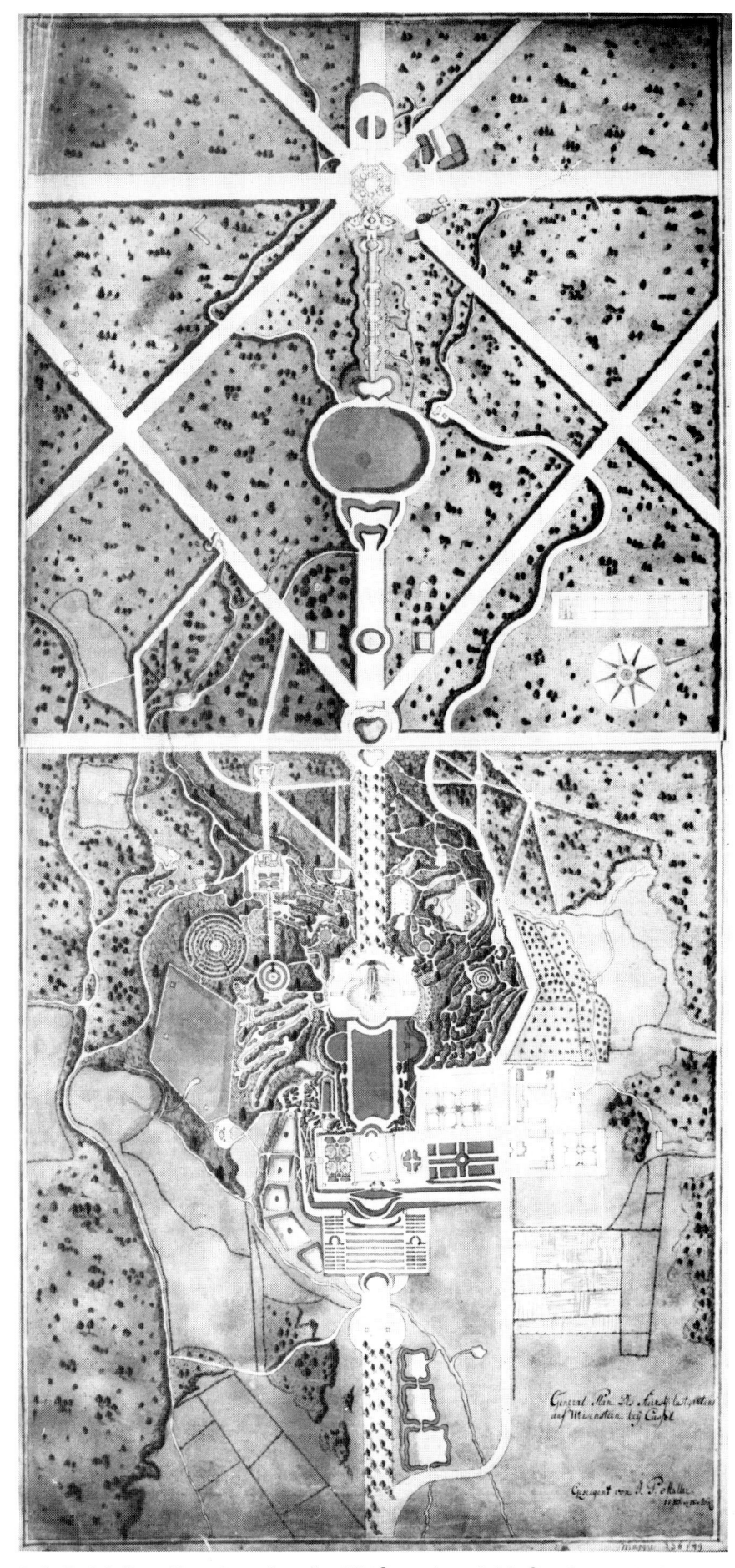

5 J. P. Muller. Situationsplan des Weißensteiner Schloßparks um 1780 (Darmstadt, Hess. Hochschul- und Landesbibliothek)

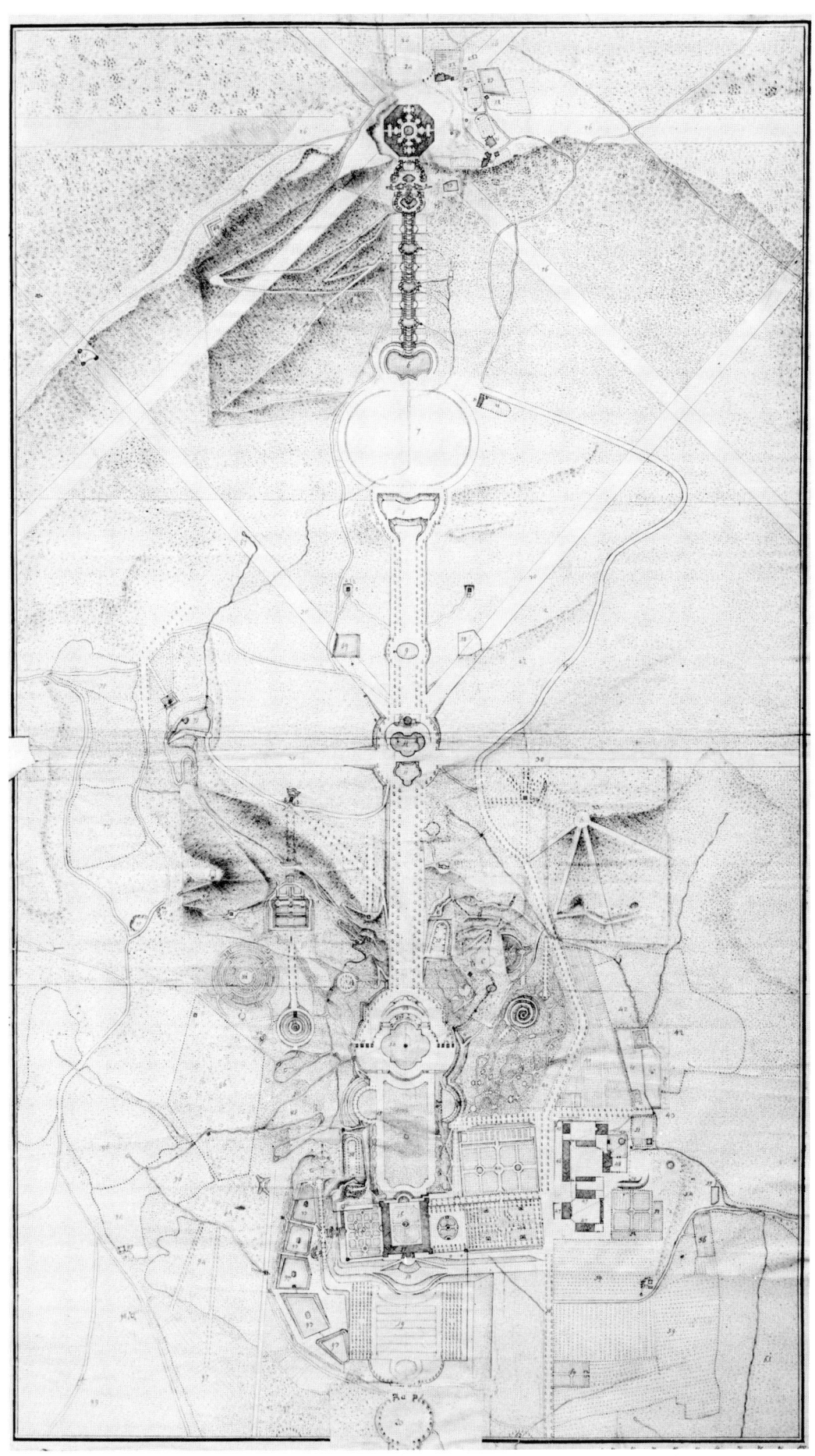

6 Hofgärtner Fuchs. Situationsplan des Weißensteiner Schloßparks um 1780
(Staatl. Kunstslg. Kassel)

7 Legende zum Situationsplan Abb. 6 und 8, verfaßt von Landgraf Wilhelm IX. (?), datiert von Jussow 1784

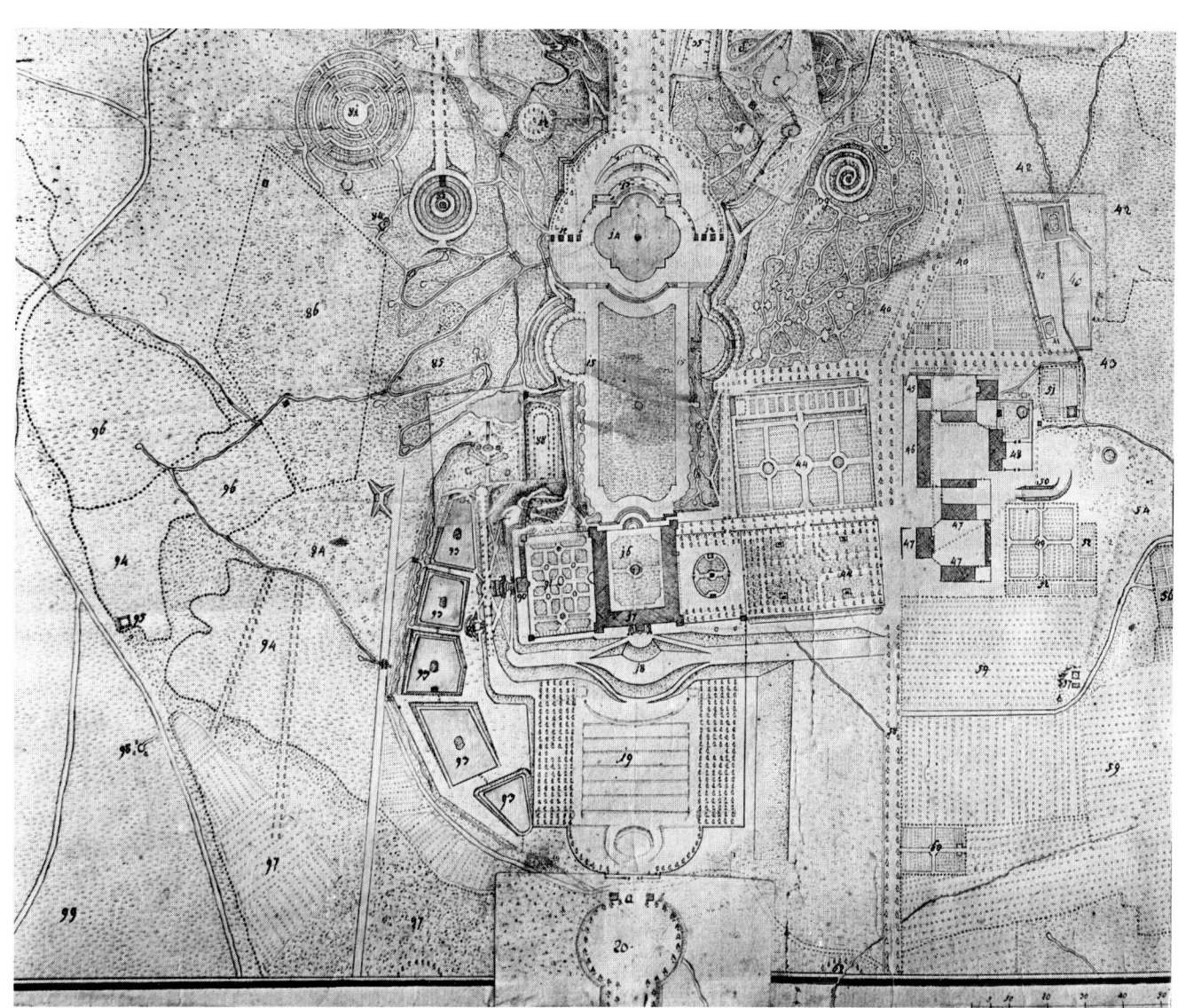

8 Situationsplan des Weißensteiner Schlosses und seiner Nebengebäude, Ausschnitt aus Abb. 6

9 Charles De Wailly. Erstes Projekt für Schloß Weißenstein, Aufriß von Osten   K 8
10 Charles De Wailly. Erstes Projekt für Schloß Weißenstein, Aufriß von Westen   K 9

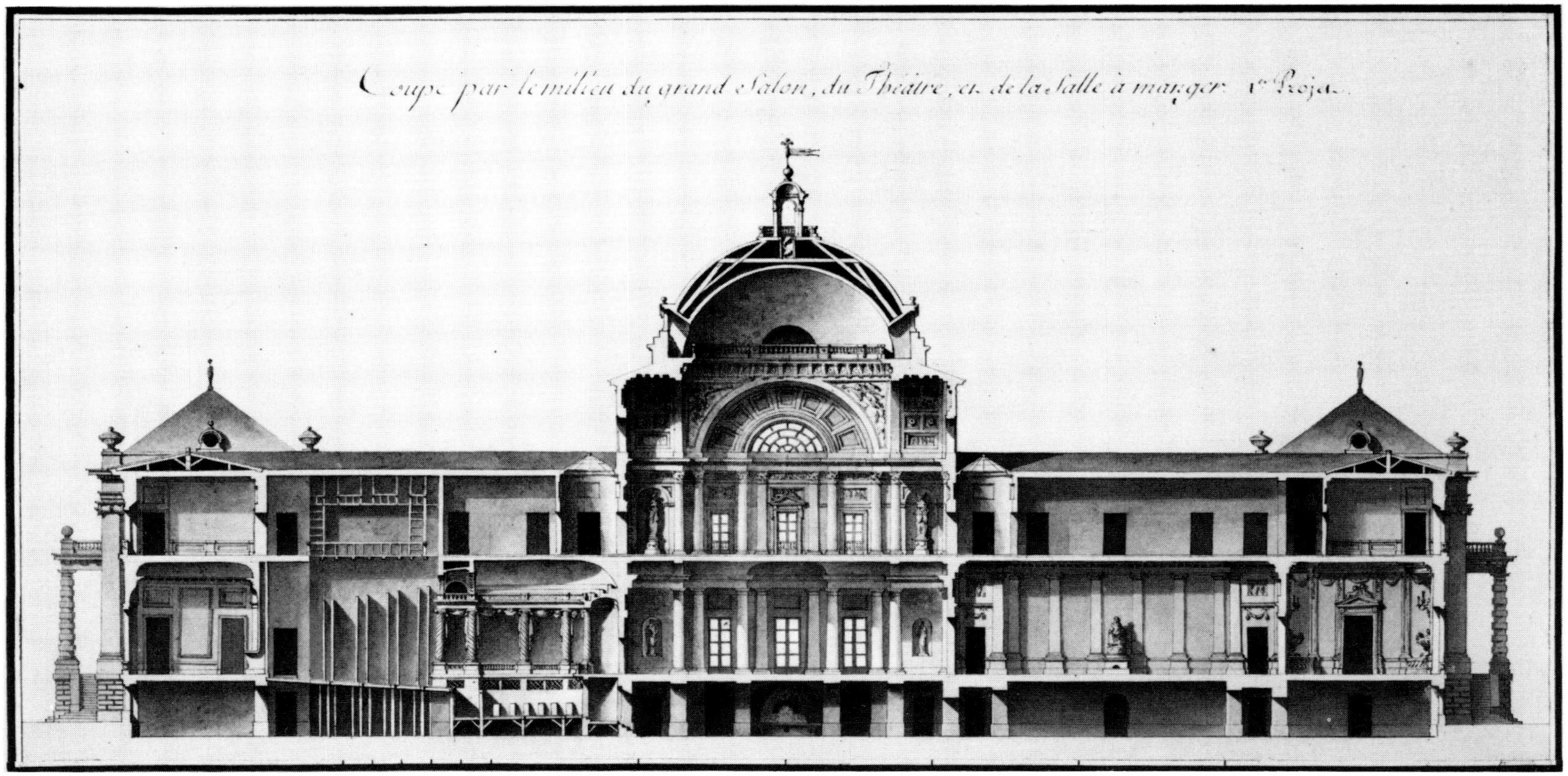

11 Charles De Wailly. Erstes Projekt für Schloß Weißenstein, Längsschnitt durch das Corps de logis   K 11
12 Charles De Wailly. Erstes Projekt für Schloß Weißenstein, Aufriß von Süden   K 10

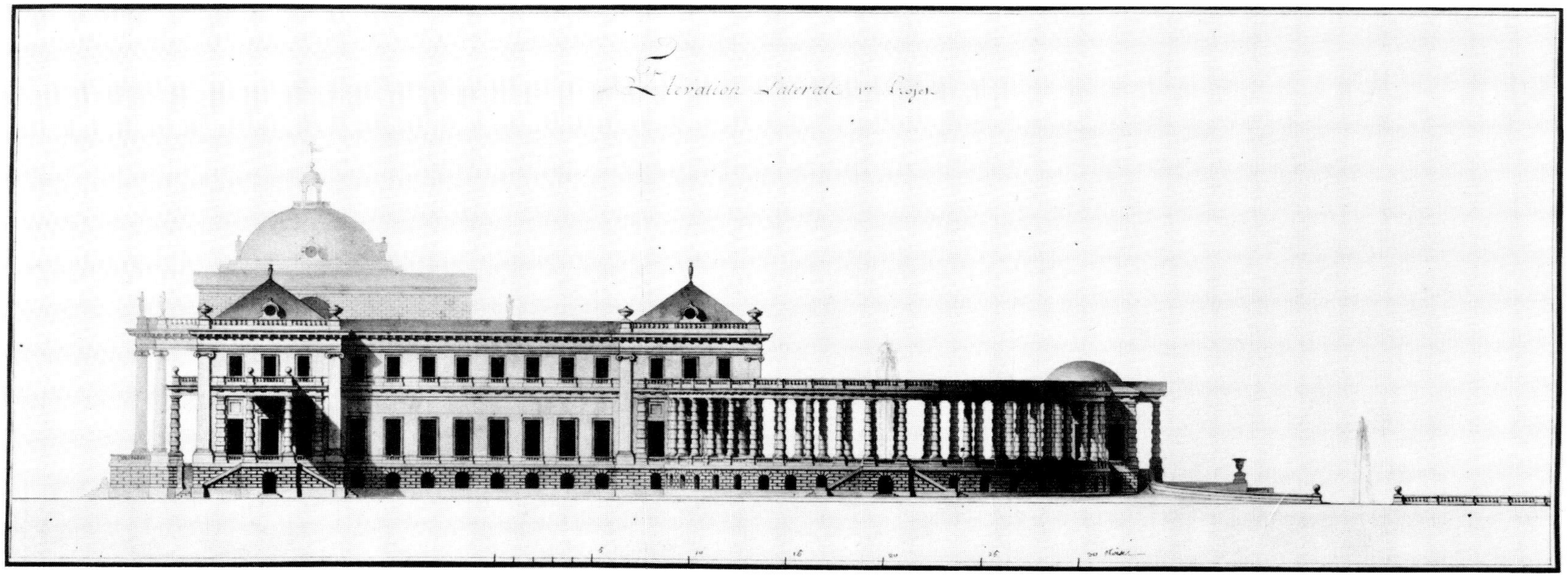

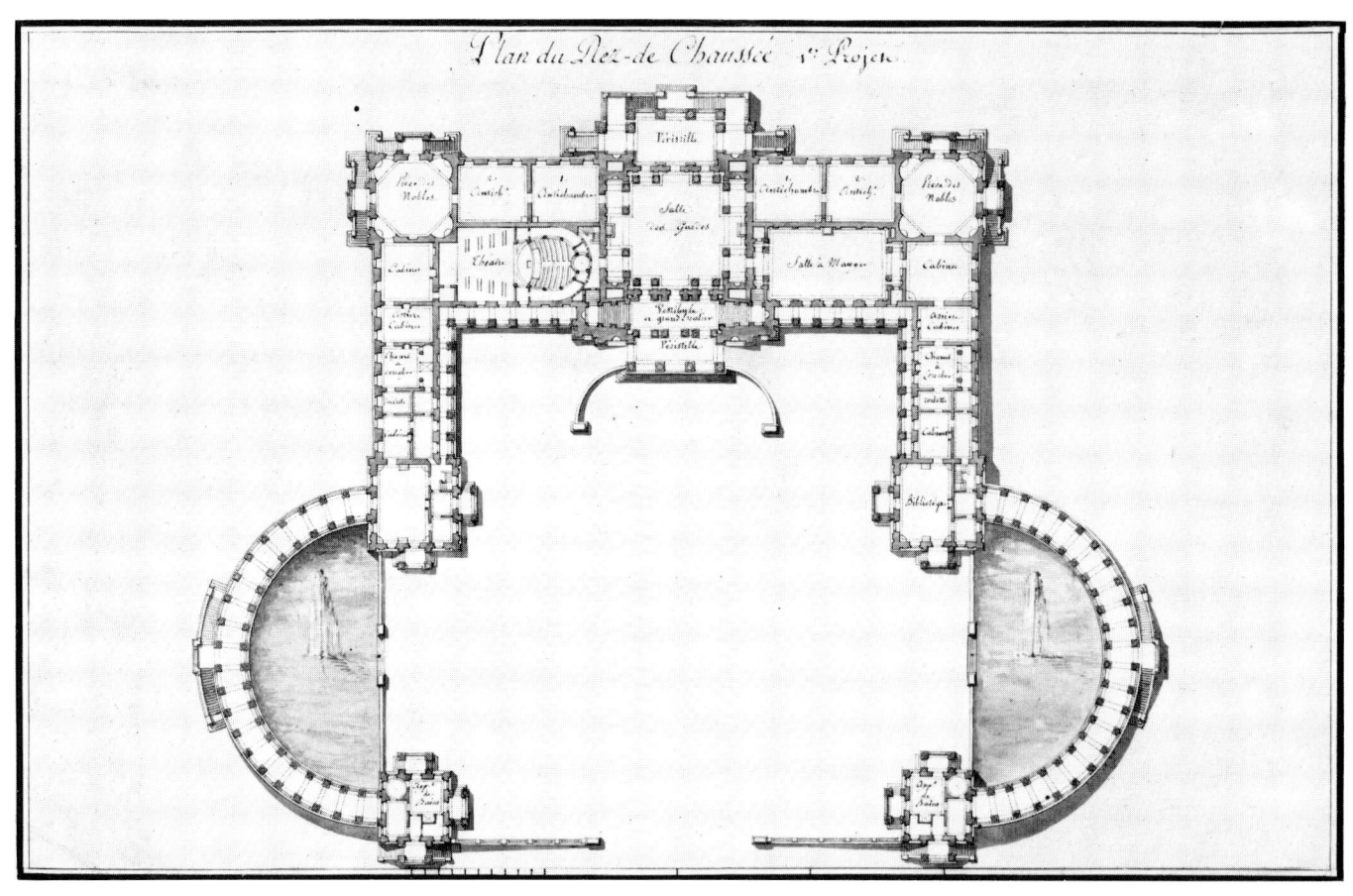

13 Charles De Wailly. Erstes Projekt für Schloß Weißenstein, Grundriß des Erdgeschosses   K 5

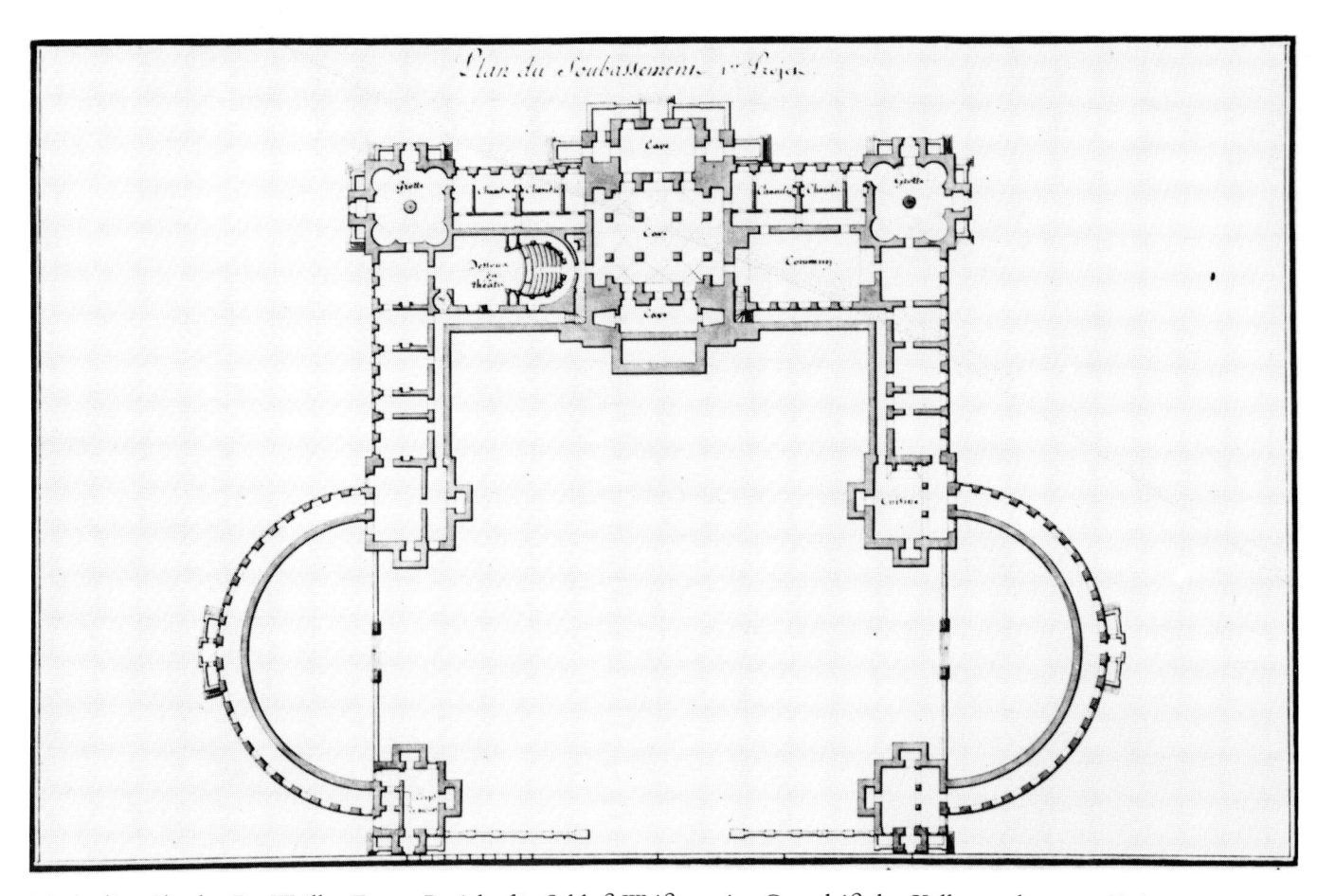

14 Atelier Charles De Wailly. Erstes Projekt für Schloß Weißenstein, Grundriß des Kellergeschosses   K 4

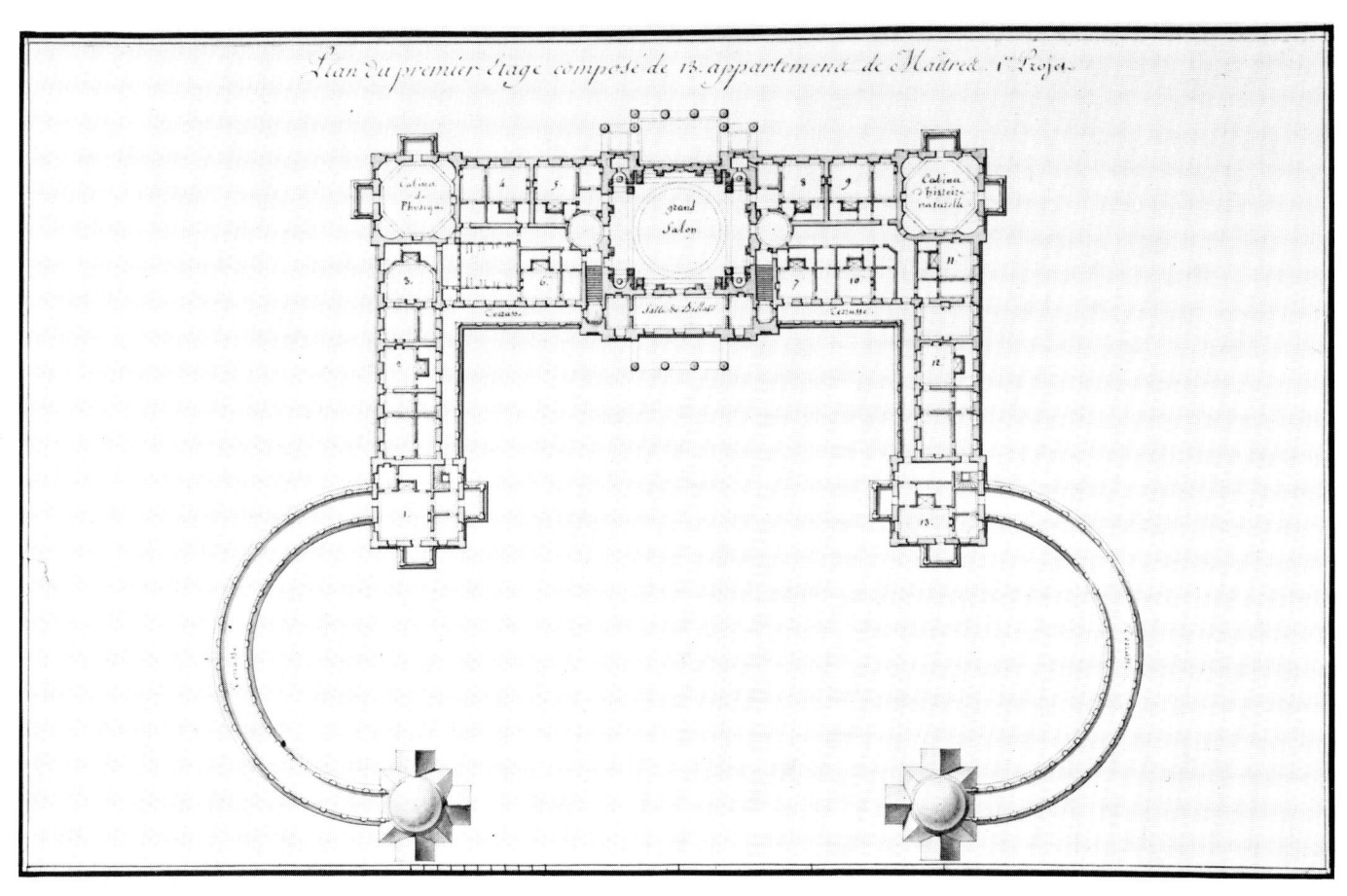

15 Charles De Wailly. Erstes Projekt für Schloß Weißenstein, Grundriß des Obergeschosses K 6

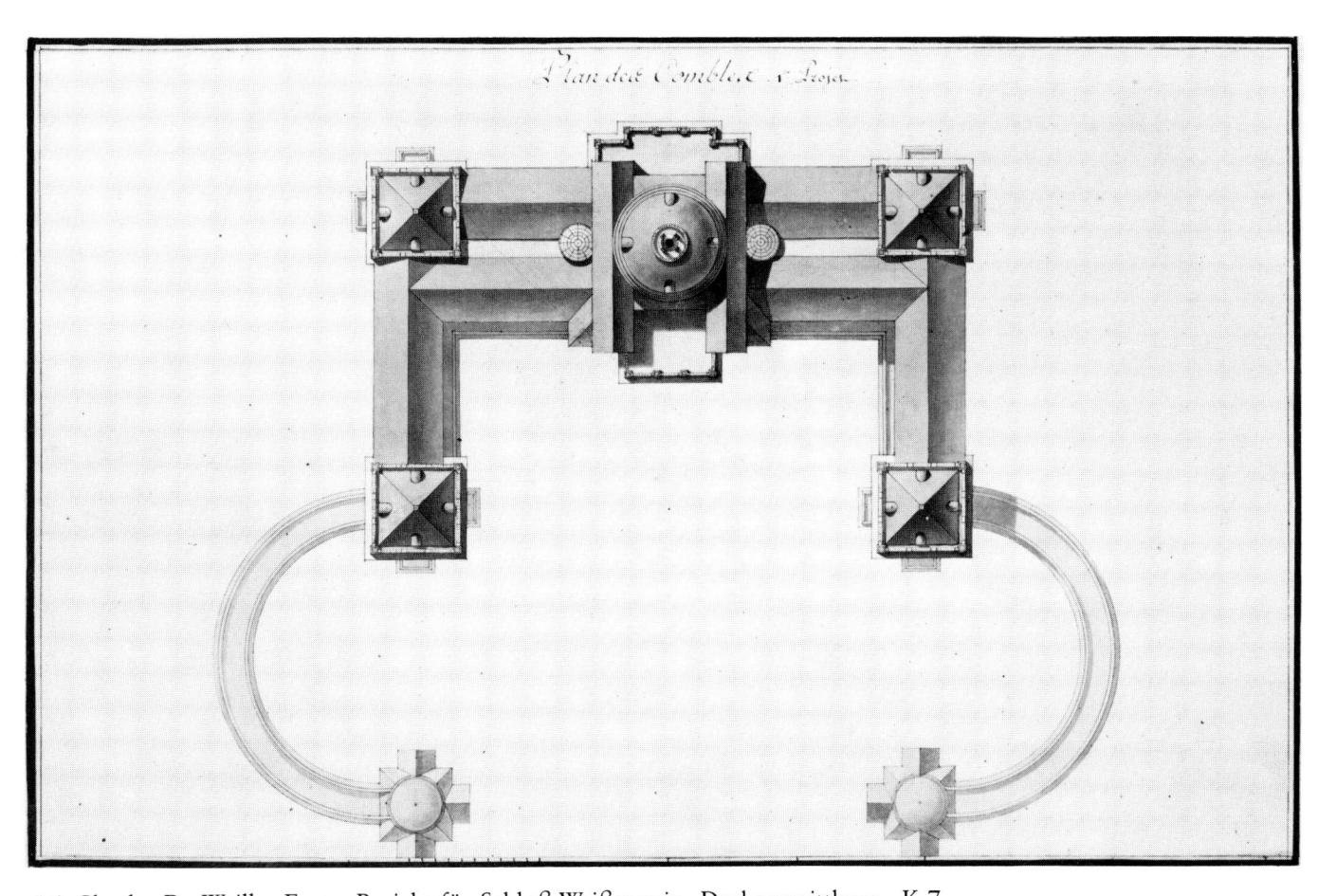

16 Charles De Wailly. Erstes Projekt für Schloß Weißenstein, Dachausmittlung K 7

17 Charles De Wailly. Erstes Projekt für Schloß Weißenstein, Idealvedute   K 1

18 Charles De Wailly. Erstes Projekt für Schloß Weißenstein, Querschnitt durch das Corps de logis   K 13

19 Charles De Wailly. Erstes Projekt für Schloß Weißenstein, Querschnitt durch das Corps de logis   K 2

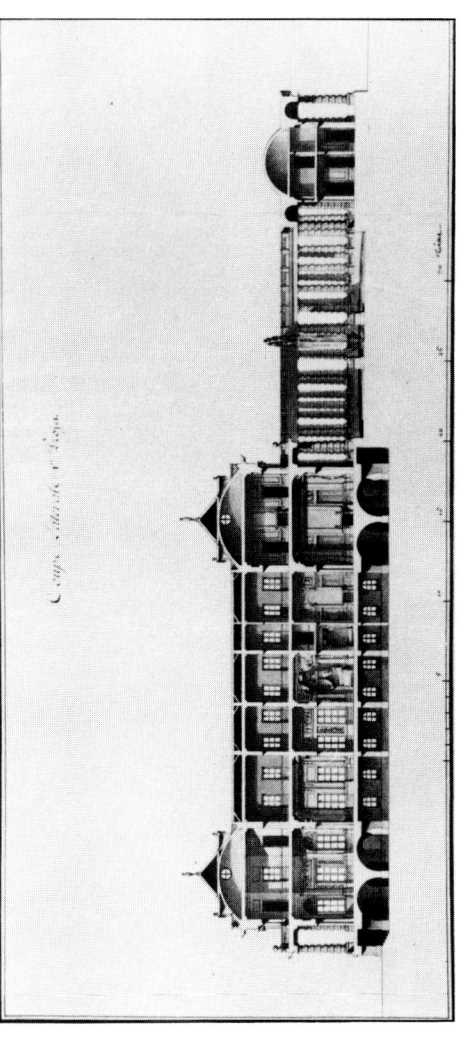

20 Charles De Wailly. Erstes Projekt für Schloß Weißenstein, Längsschnitt eines Seitenflügels   K12

21 Charles De Wailly. Erstes Projekt für Schloß Weißenstein, Situationsplan, Variante I   K 2

22 Charles De Wailly. Erstes Projekt für Schloß Weißenstein, Situationsplan, Variante II als »Château d'eau«   K 3

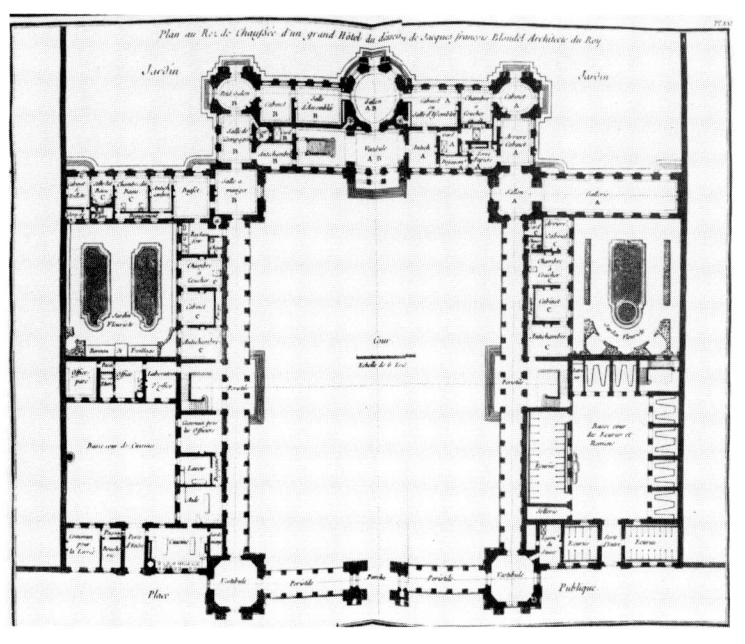

23 Jacques François Blondel. Entwurf eines »Grand Hôtel (nach Encyclopédie)

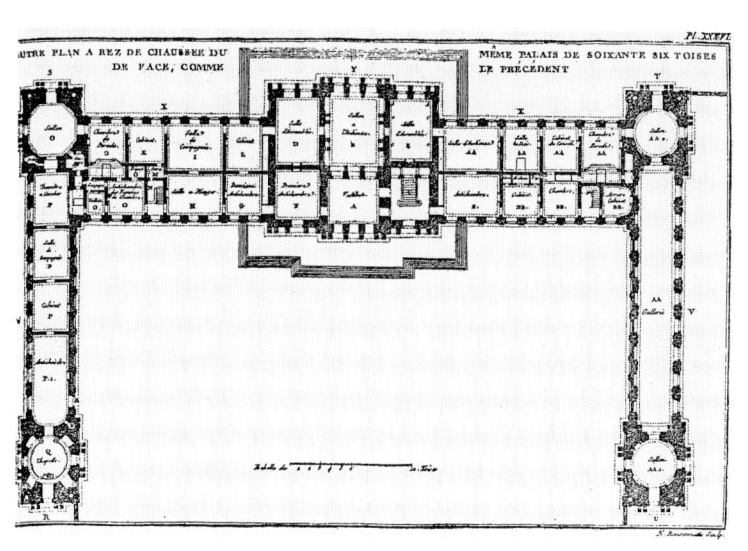

25 Jacques-François Blondel. »Palais de soixante-six toises de face« (nach Blondel, Cours)

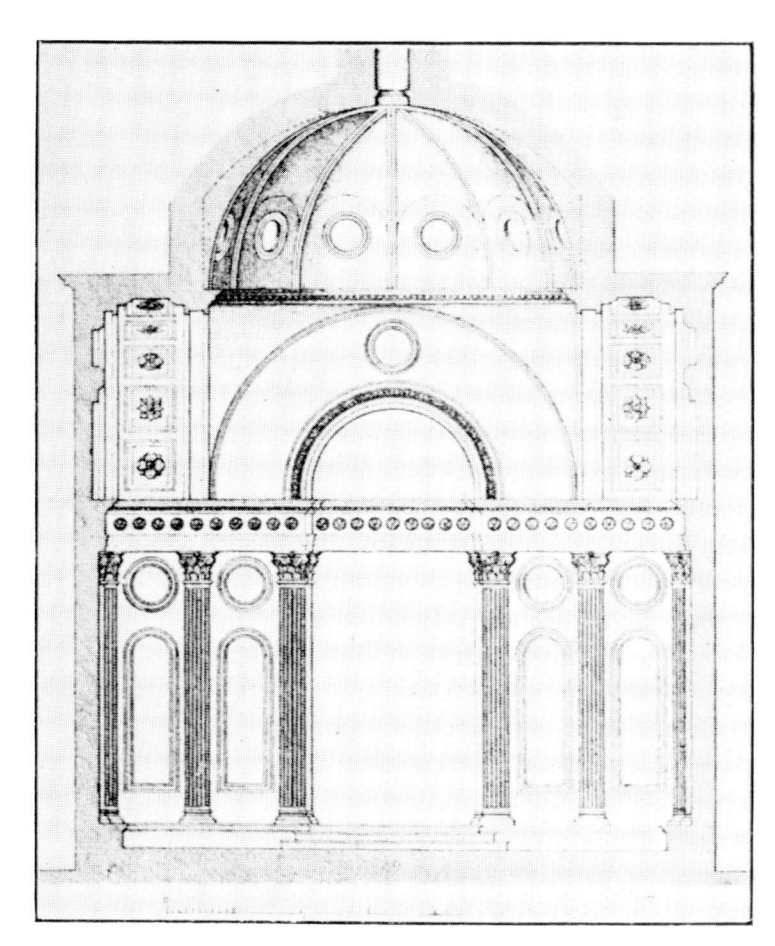

24 Florenz. Pazzi-Kapelle, Querschnitt

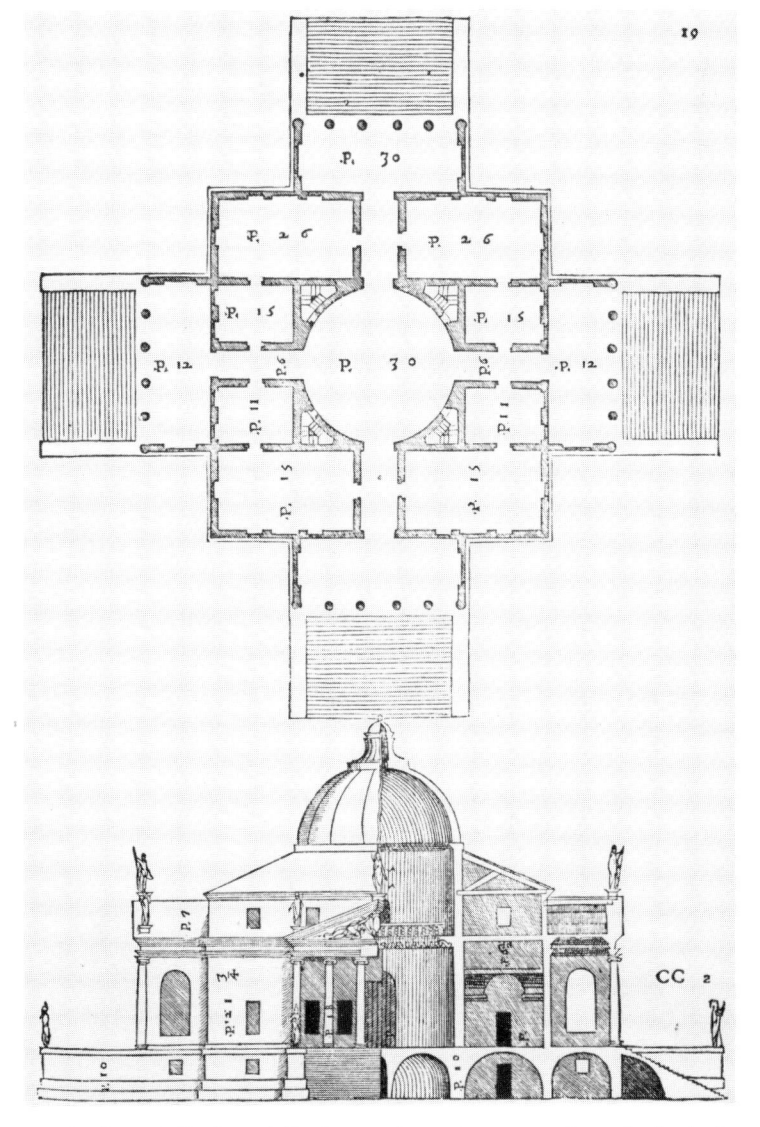

26 Andrea Palladio. Villa Rotonda in Vicenza, Grundriß, Aufriß und Schnitt (nach Palladio)

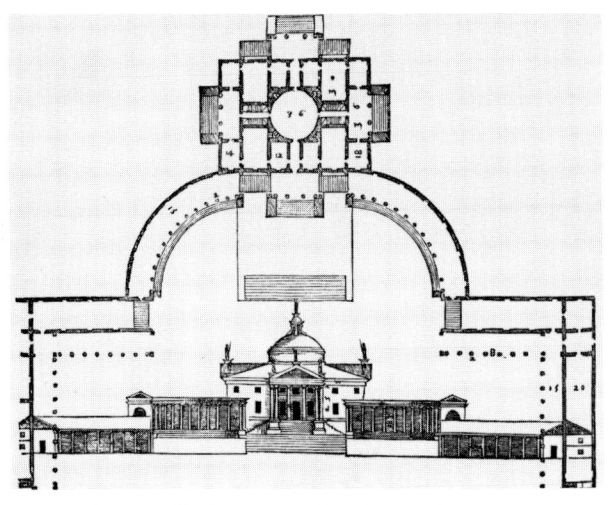

27 Andrea Palladio. Projekt der Villa Trissino in Meledo, Grund- und Aufriß (nach Palladio)

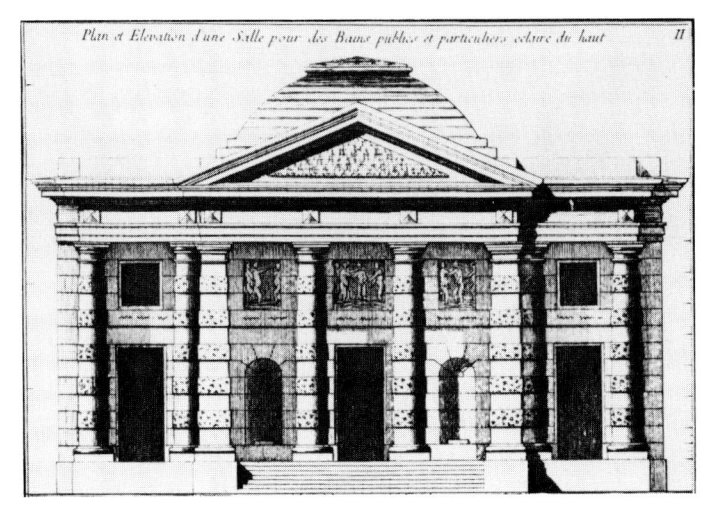

28 Jean François De Neufforge. »Salle pour les Bains« (nach De Neufforge)

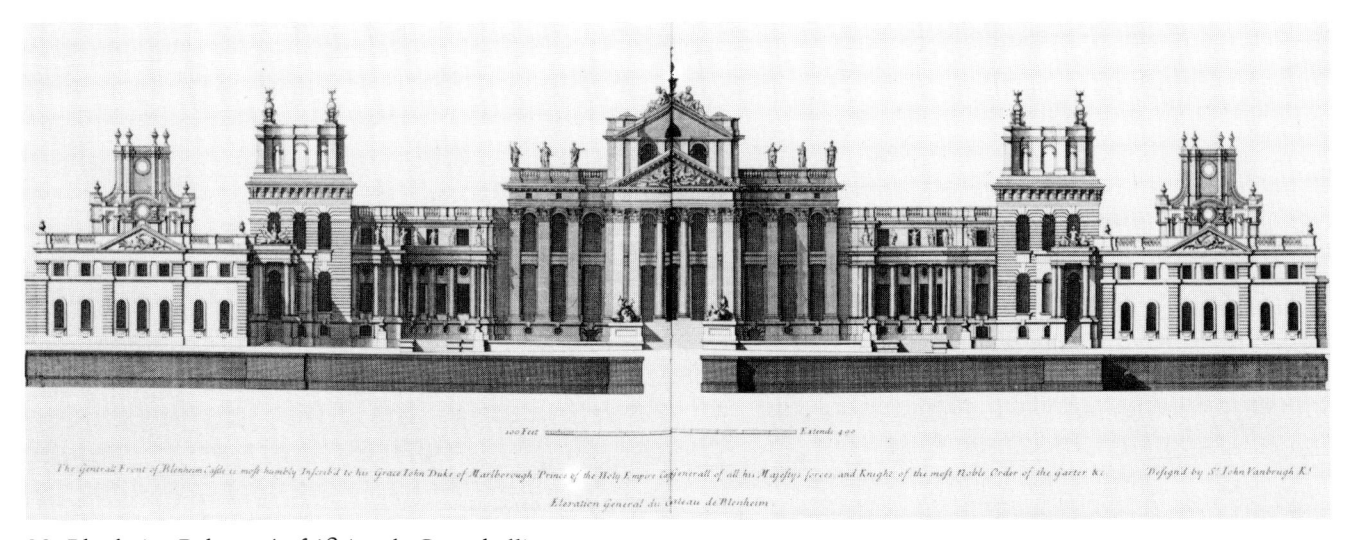

29 Blenheim Palace. Aufriß (nach Campbell)

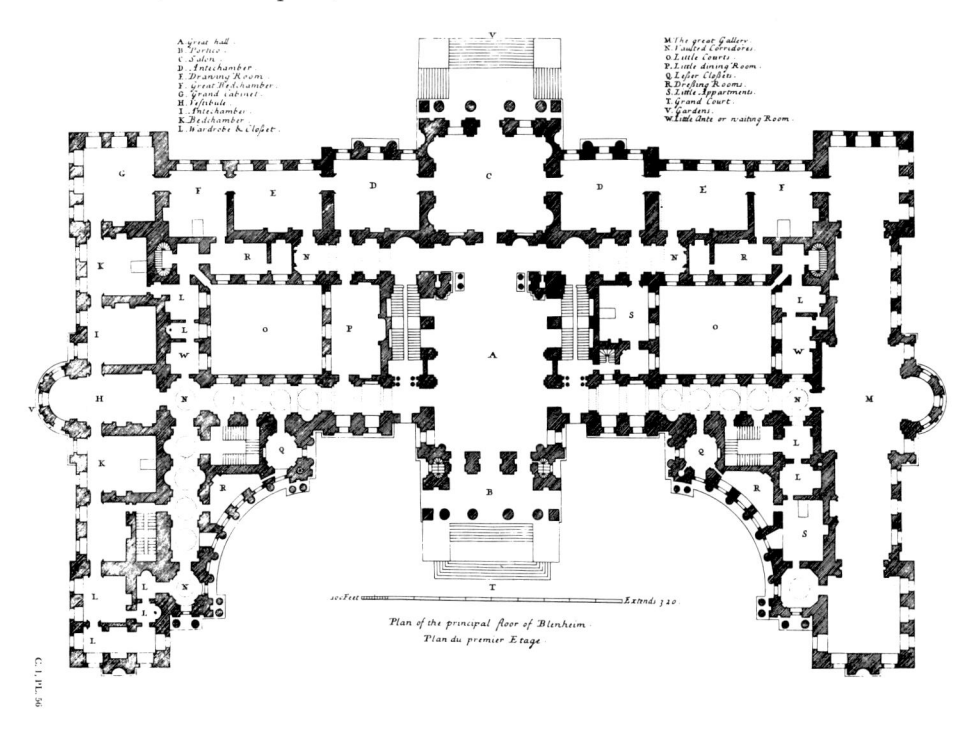

30 Blenheim Palace. Grundriß (nach Campbell)

31 Pierre Michel d'Ixnard. Entwurf für das Residenzschloß in Koblenz, Kavaliersperspektive (nach Michel d'Ixnard)

32 Schloß Vaux-le-Vicomte. Gartenseite

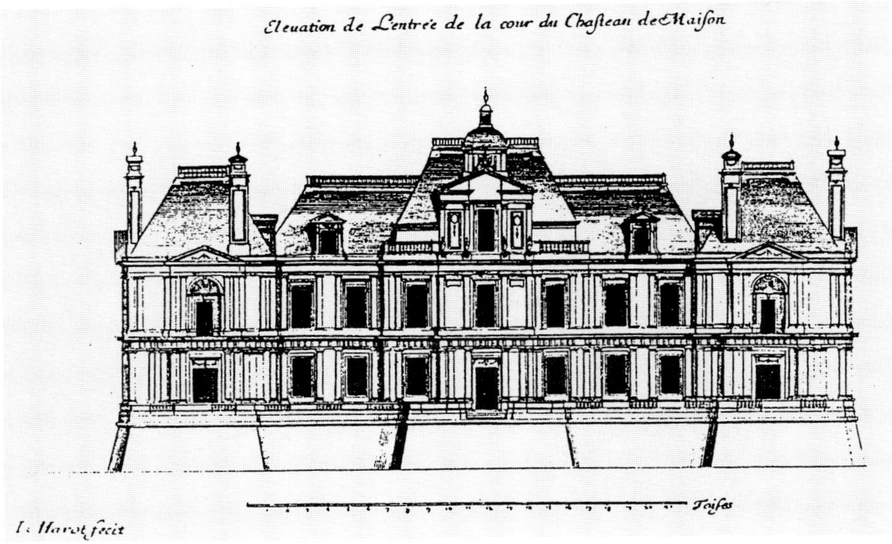

35 Schloß Maisons-Laffitte. Aufriß der Hoffront (nach Marot)

36 Louis-Jean Desprez. »Château pour un grand seigneur«, Grand Prix de Rome 1776 (Paris, ENSBA)

33 Schloß Vaux-le-Vicomte. Hofseite

34 Paris, Collège des Quatre Nations, Hauptfassade

37 Charles De Wailly. Zweites Projekt für Schloß Weißenstein, 1784/1785, Aufriß-Vedute K 14

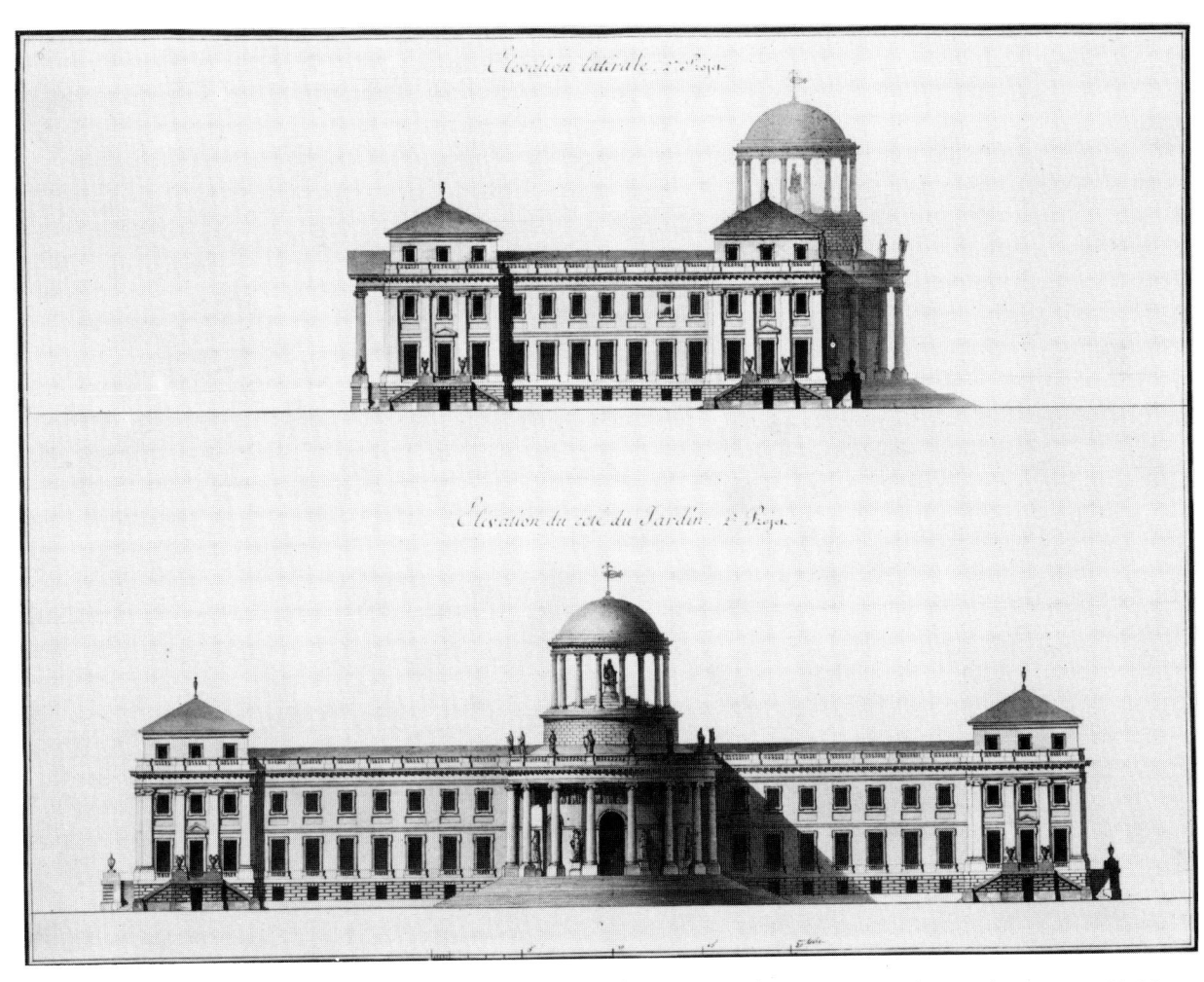

38 Charles De Wailly. Zweites Projekt für Schloß Weißenstein, Aufrisse von Norden und Westen   K 20

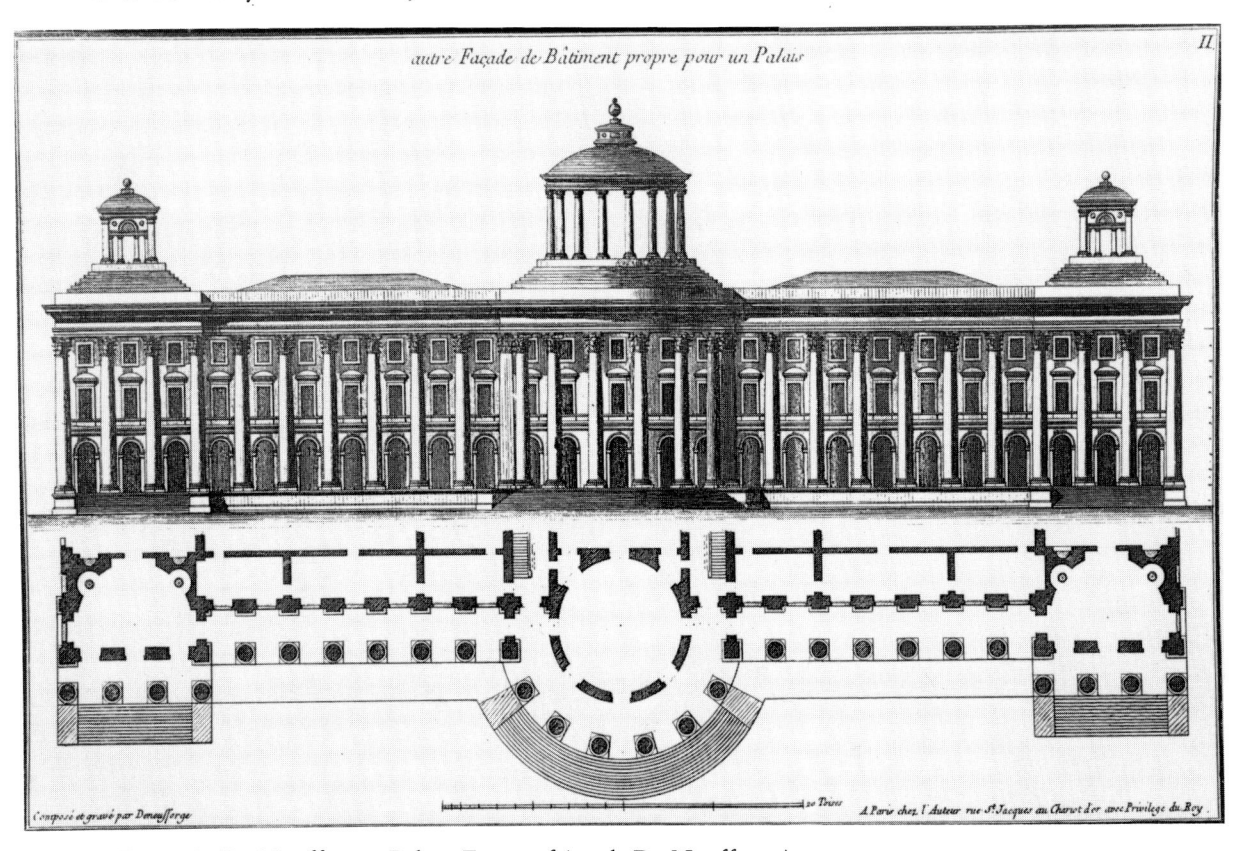

39 Jean François De Neufforge. Palast-Entwurf (nach De Neufforge)

40 Charles De Wailly. Zweites Projekt für Schloß Weißenstein, Querschnitt durch das Corps de logis   K 15

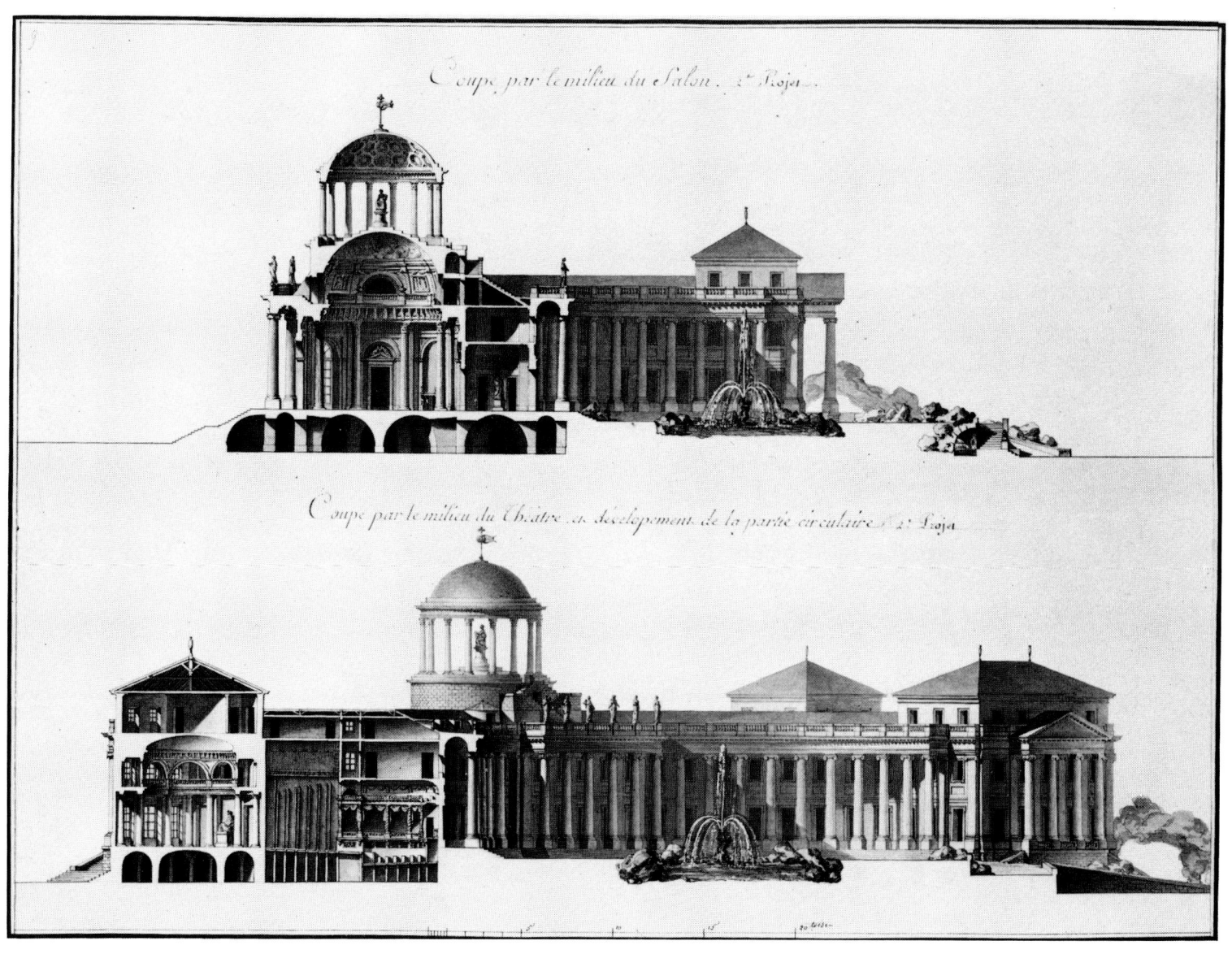

41 Charles De Wailly. Zweites Projekt für Schloß Weißenstein, Quer- und Diagonalschnitt   K 23

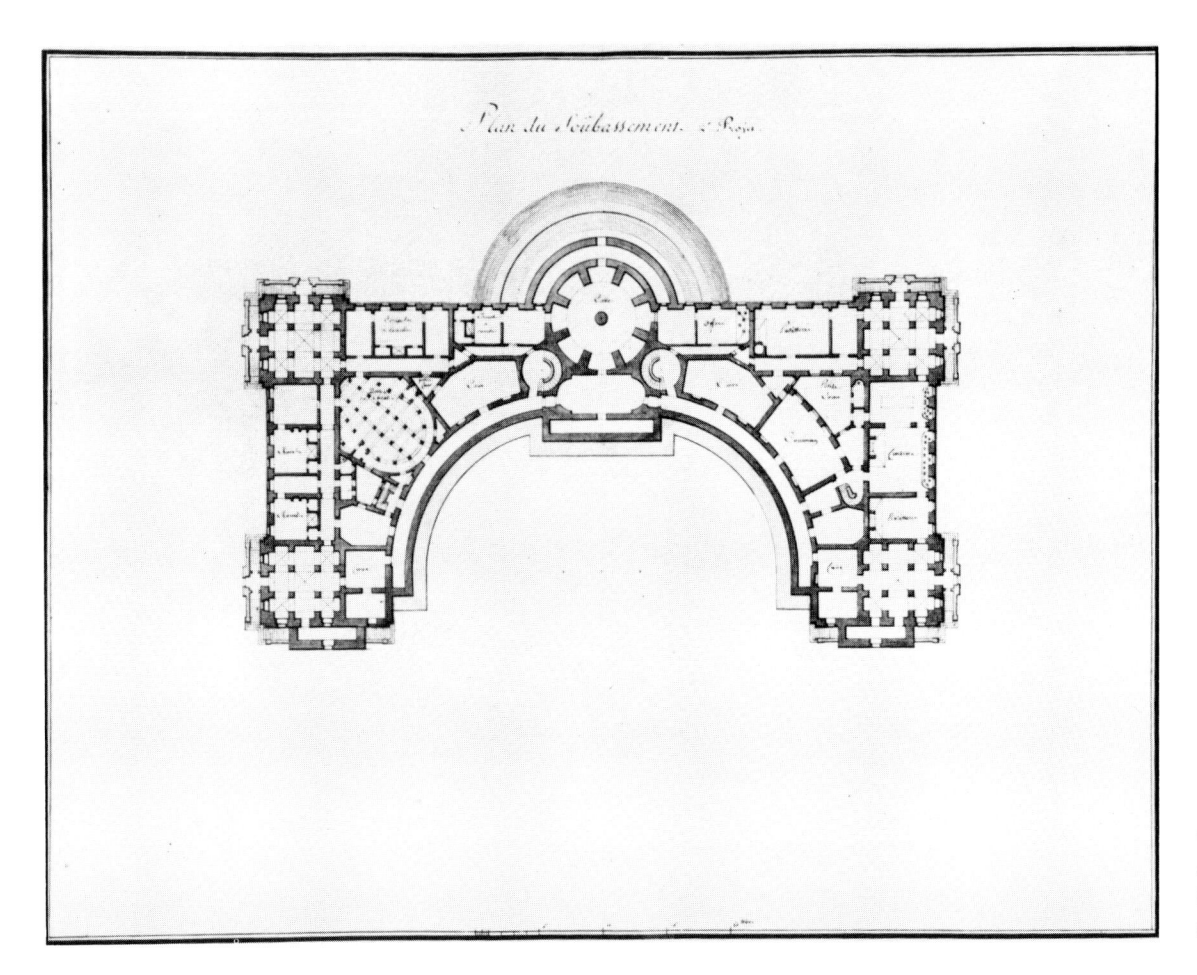

42 Charles De Wailly und Atelier. Zweites Projekt für Schloß Weißenstein, Grundriß des Kellergeschosses K16

43 Charles De Wailly. Zweites Projekt für Schloß Weißenstein, Grundriß und Situationsplan K 17

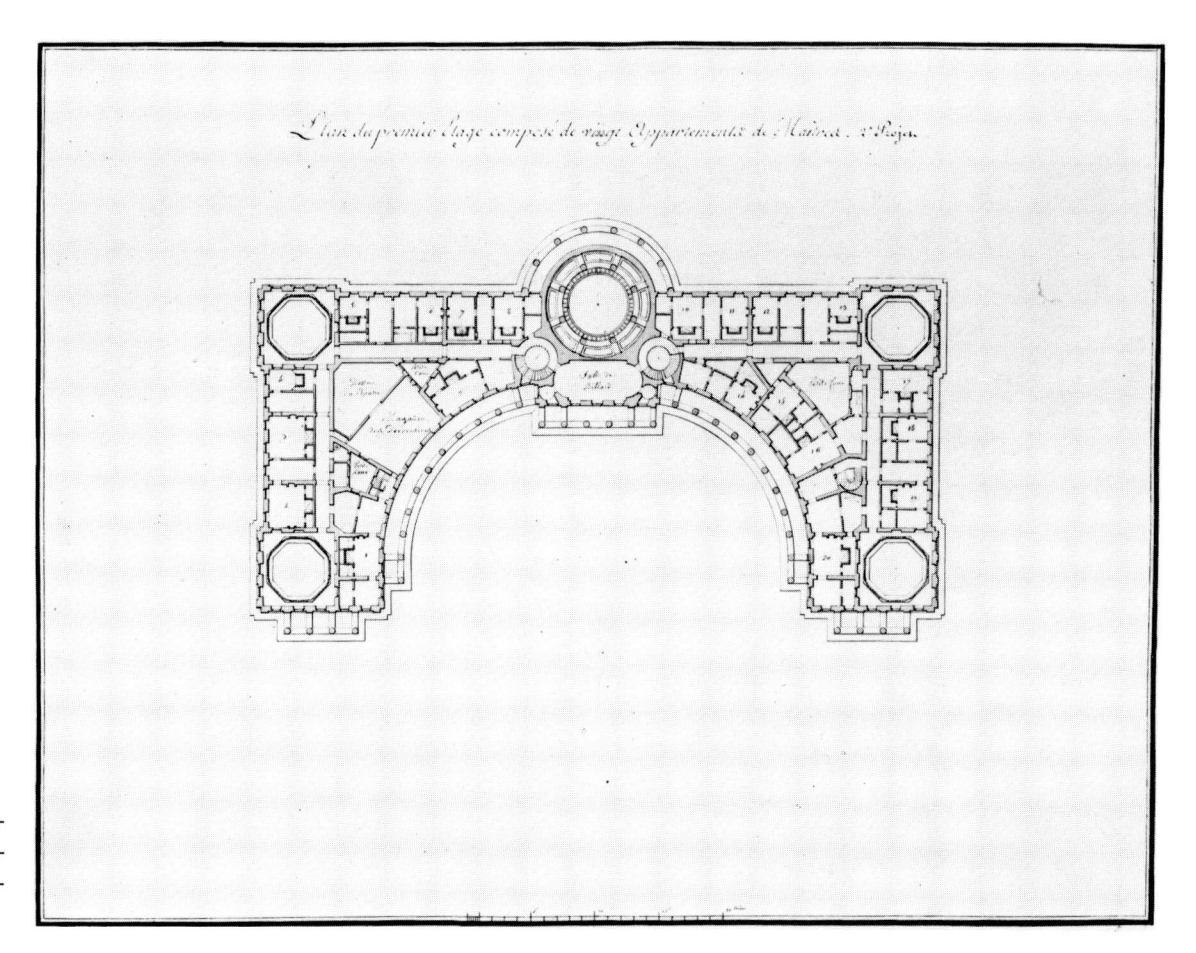

44 Charles De Wailly. Zweites Projekt für Schloß Weißenstein, Grundriß des Obergeschosses   K 18

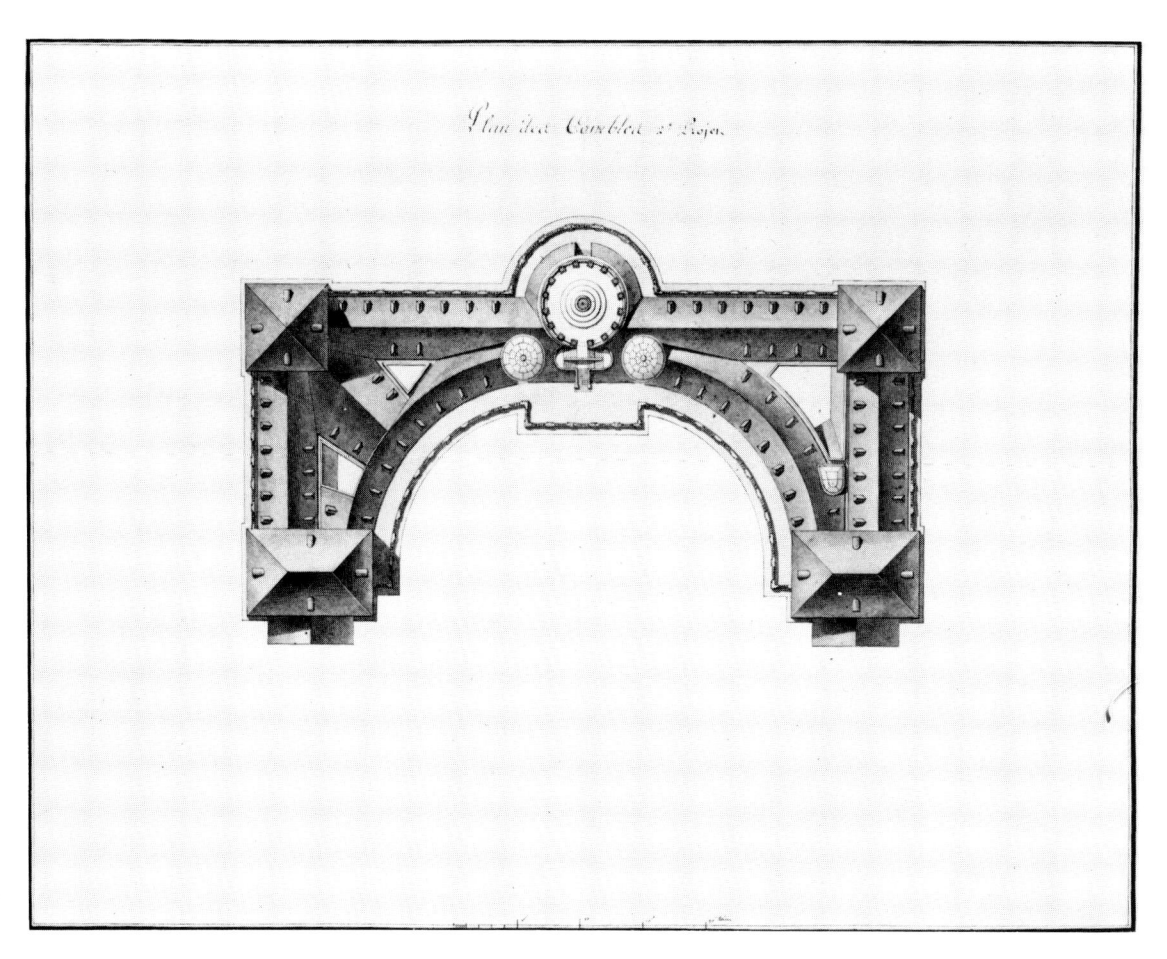

45 Charles De Wailly. Zweites Projekt für Schloß Weißenstein, Dachausmittlung   K 19

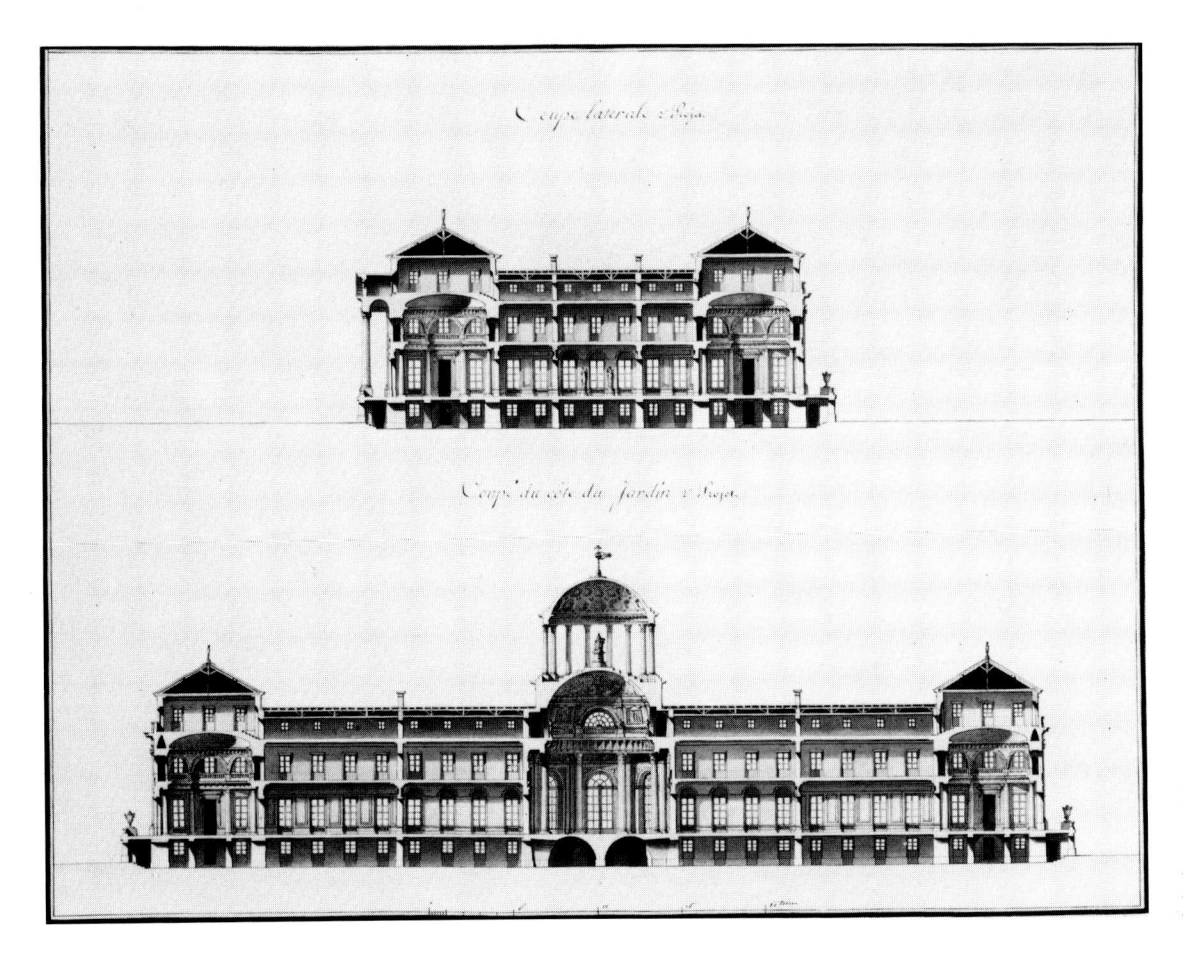

46 Charles De Wailly. Zweites Projekt für Schloß Weißenstein, Längsschnitte durch einen Seitenflügel und das Corps de logis   K 21

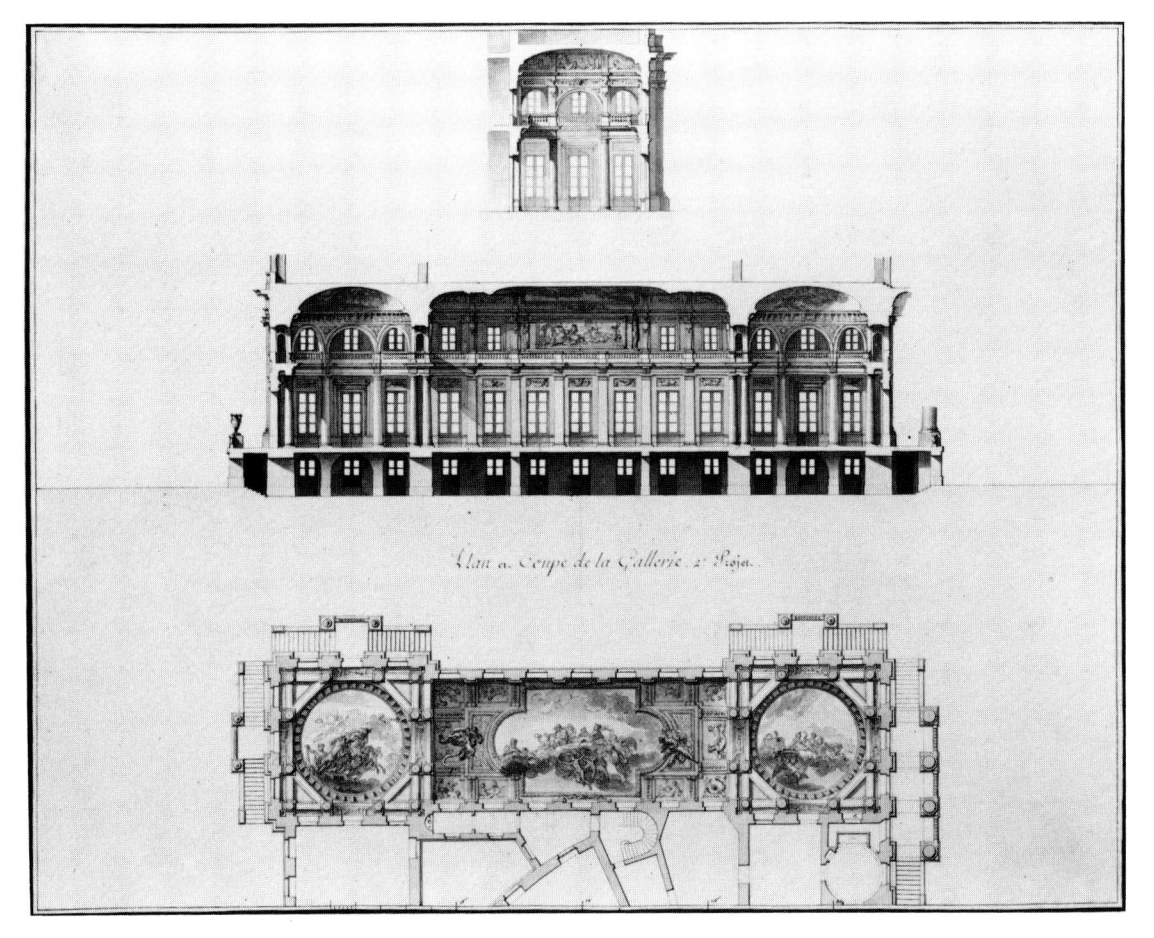

47 Charles De Wailly. Zweites Projekt für Schloß Weißenstein, Variante zum nördlichen Seitenflügel mit Galerie   K 22

Rechte Seite

48 Charles De Wailly und Atelier. Entwurf zum Landgrafenschloß in Kassel, Situationsplan, 1782 (ehem. Kassel, Landesbibliothek)

49 Charles De Wailly. Zweites Projekt für Schloß Weißenstein, Situationsplan mit Vorgängerbau und drittem Projekt   K 15

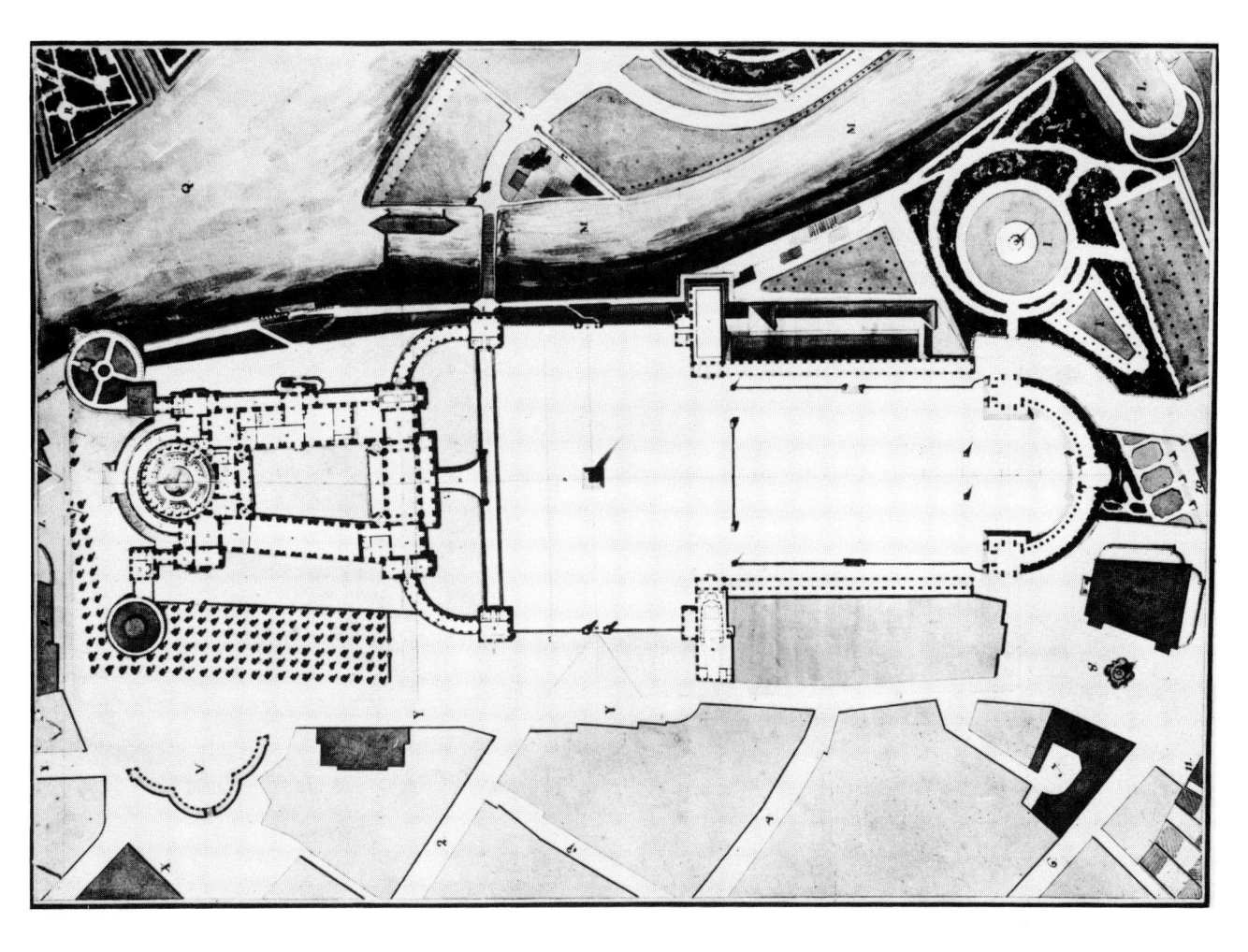

III.e Projet du nouveau Château de Wilhelmsthal appartenant à S.A.S. Monseigneur le Landgrave de Hesse.

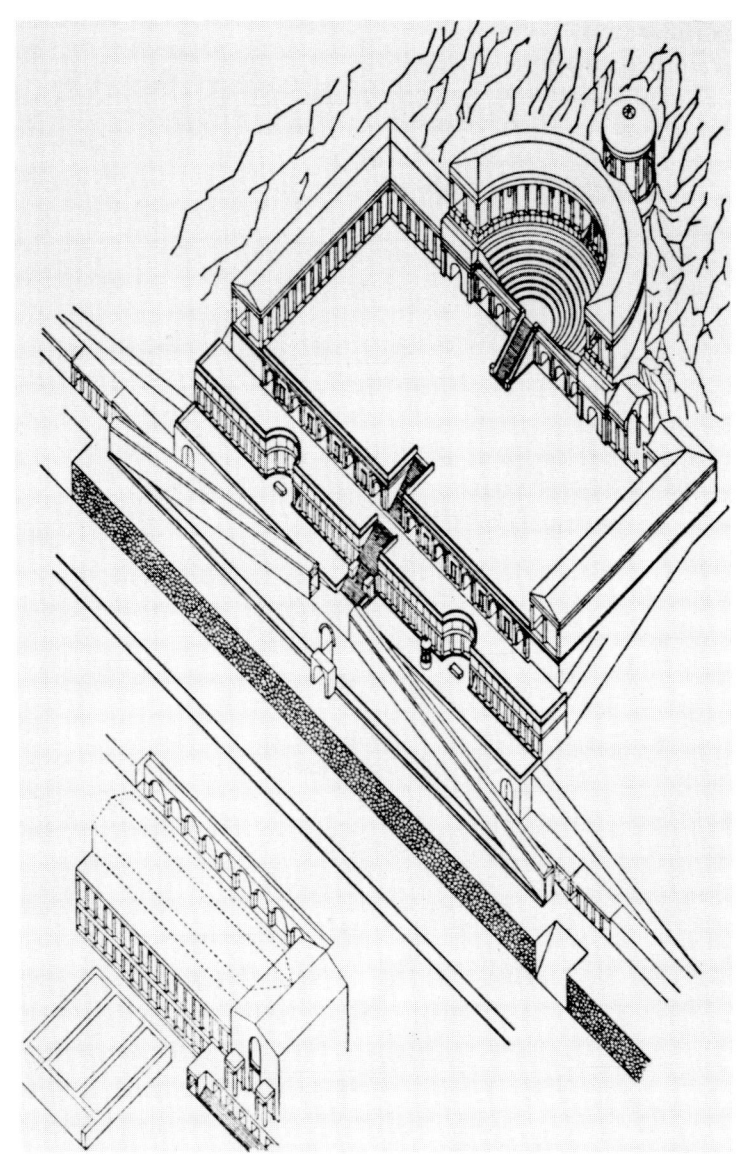

50 Palestrina Praeneste. Heiligtum der Fortuna Primigenia (Rekonstruktion nach Kähler)

51 Nancy. Herzogspalast von Germain Boffrand, Aufriß (nach Boffrand)

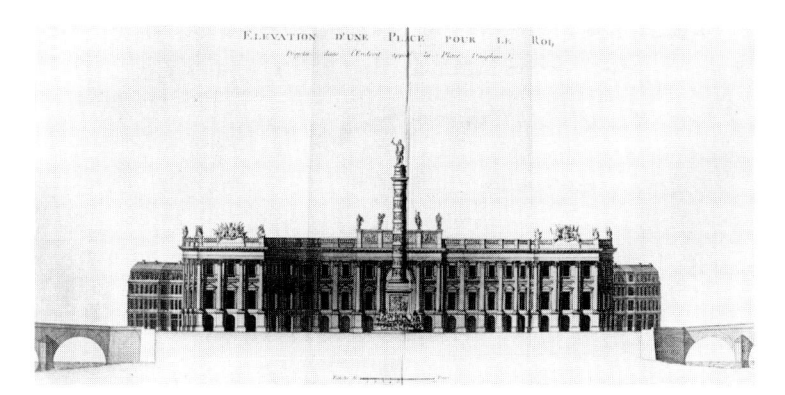

52 Germain Boffrand. Entwurf zu einem Königsplatz in Paris (nach Patte)

53 Marie-Joseph Peyre. Projekt für eine Akademie, perspektivische Ansicht (nach Peyre)

54 Jean-Nicolas-Louis Durand. Entwurf für ein Museum, 1779 (Paris, ENSBA)

55 Leningrad. Kasan-Kathedrale, beg. 1801

56 Hubert Robert. »Ruines imaginaires d'un casino avec des colonnades« (Wien, Albertina)

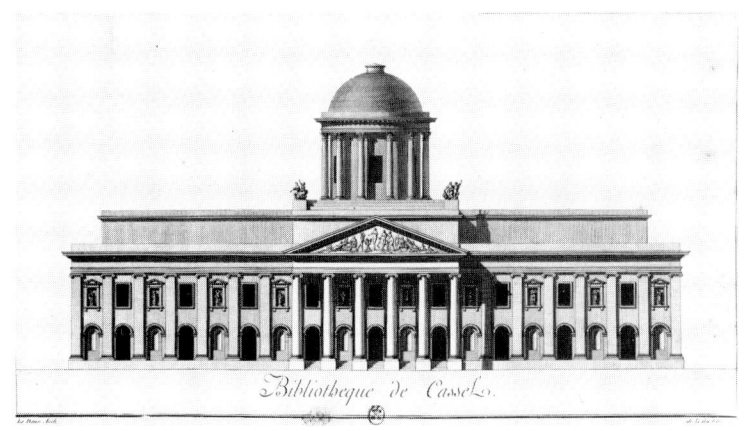

57 Claude-Nicolas Ledoux. Änderungsprojekt für das Museum Fridericianum in Kassel, 1775/1776 (nach Ledoux)

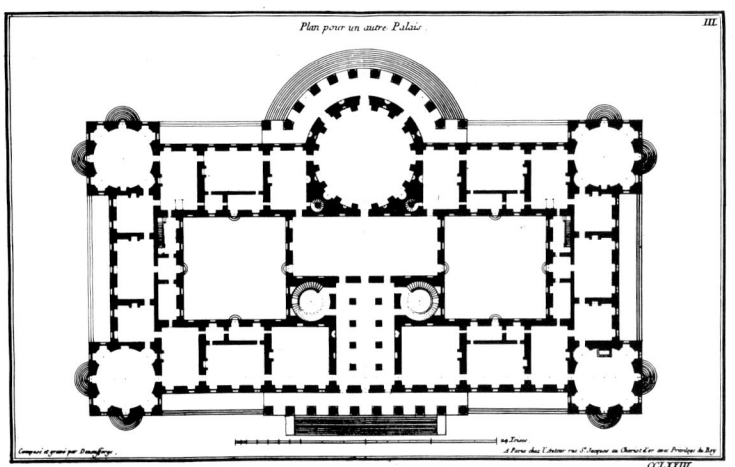

58 Jean François De Neufforge. »Plan pour un Palais« (nach De Neufforge)

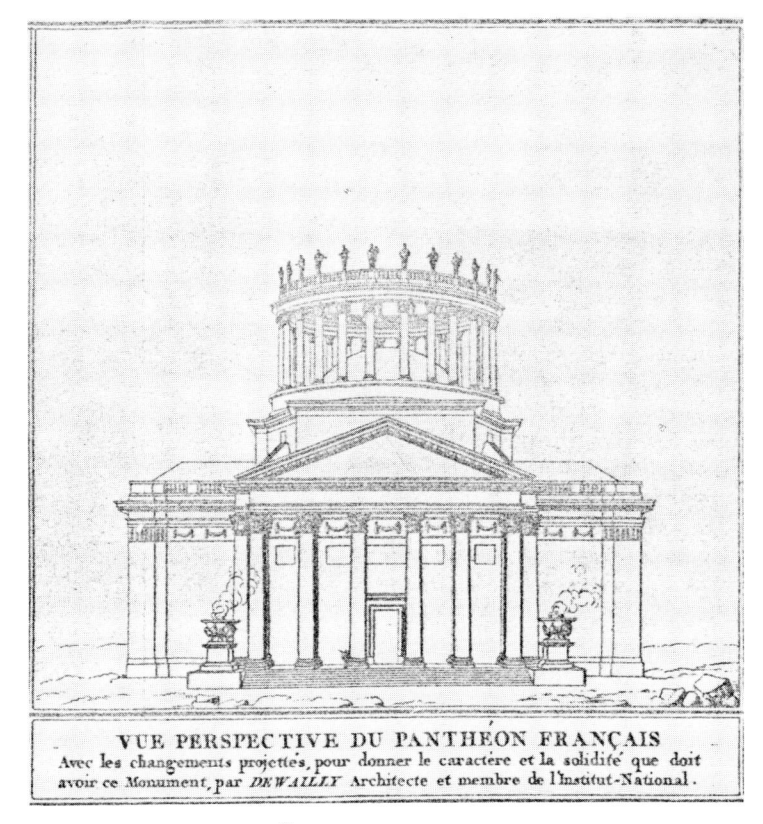

59 Charles De Wailly. Änderungsprojekt für Sainte-Geneviève als Pantheon, 1797

60 Charles De Wailly. Entwurf für das Treppenhaus der Comédie Française in Paris, perspektivischer Schnitt, 1771, Salon 1781 (Paris, Musée Carnavalet)

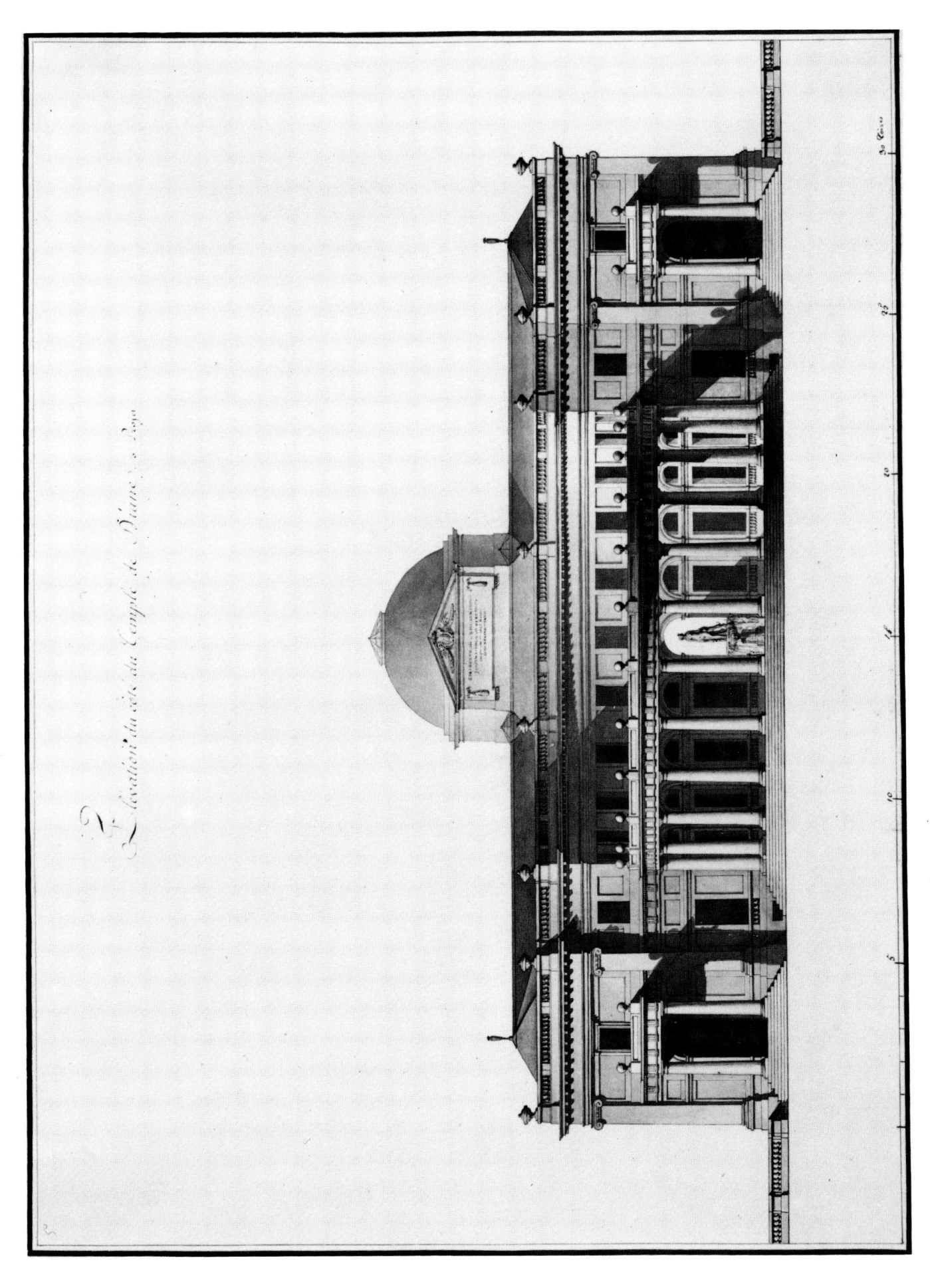

61 Charles De Wailly. Drittes Projekt für Schloß Weißenstein, Aufriß von Osten K 29

62 Charles De Wailly. Drittes Projekt für Schloß Weißenstein, Aufriß von Westen   K 30

63 Charles De Wailly. Drittes Projekt für Schloß Weißenstein, Aufriß von Norden   K 31

64 Charles De Wailly. Drittes Projekt für Schloß Weißenstein, Querschnitt des Corps de logis   K 33

65 Charles De Wailly. Drittes Projekt für Schloß Weißenstein, Längsschnitt des Corps de logis K 32

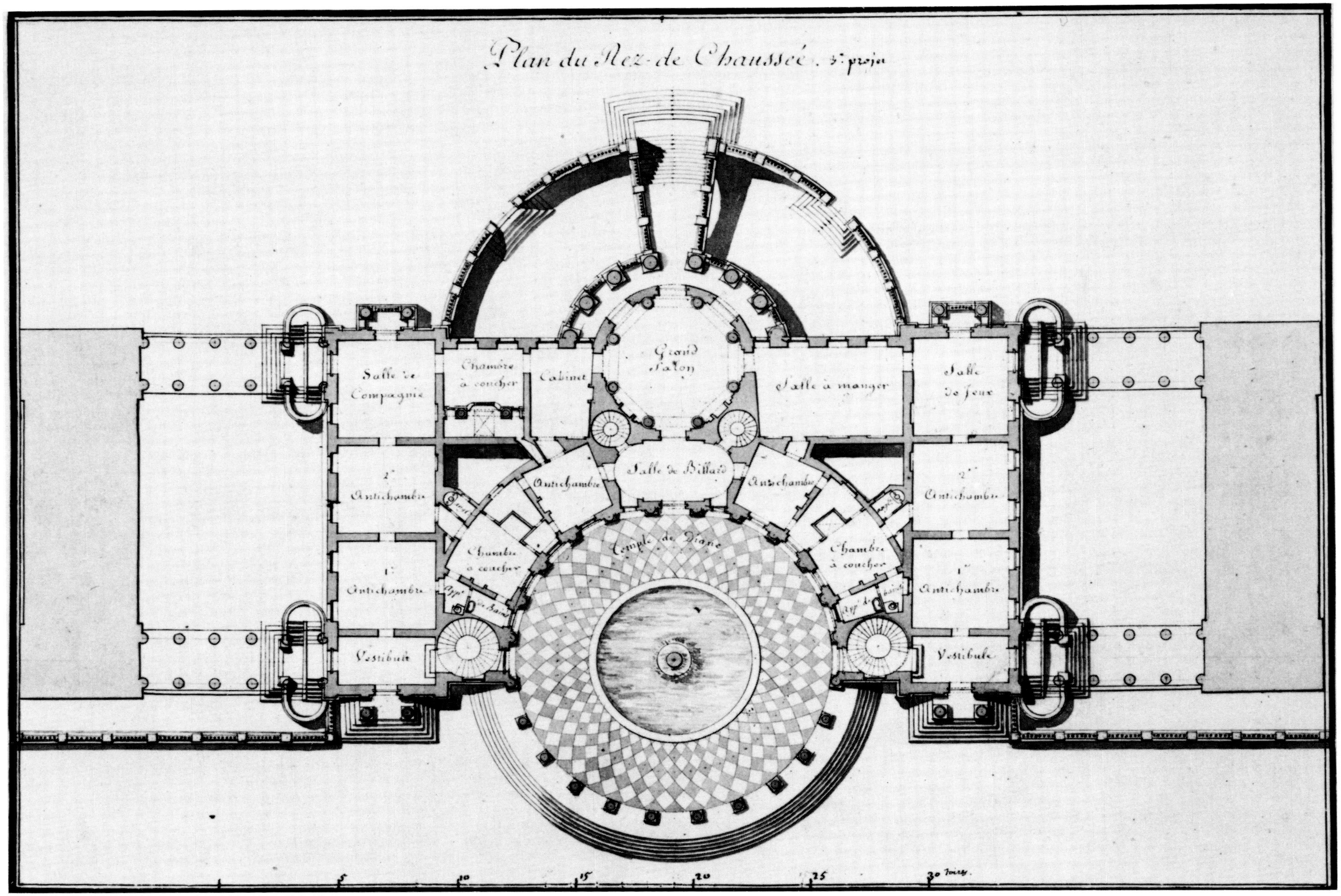

66 Charles De Wailly. Drittes Projekt für Schloß Weißenstein Grundriß des Erdgeschosses K 26

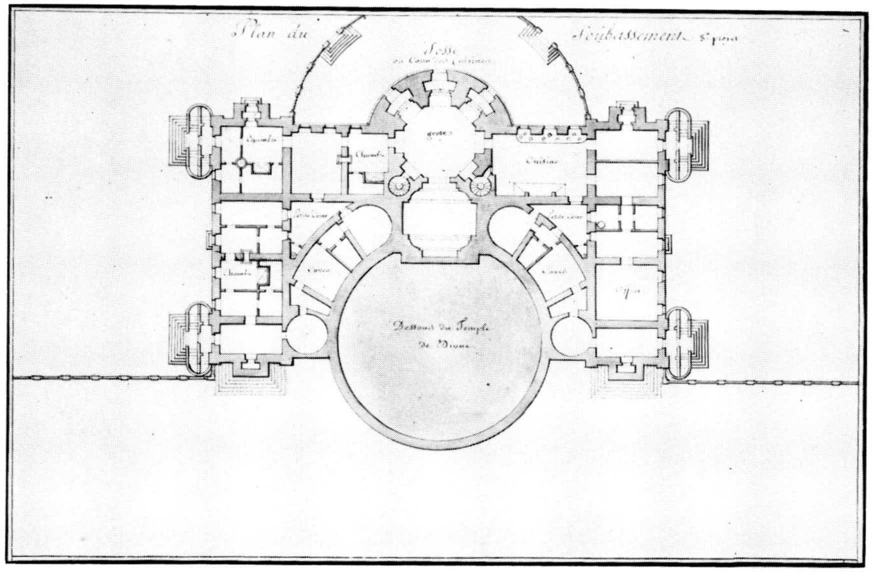

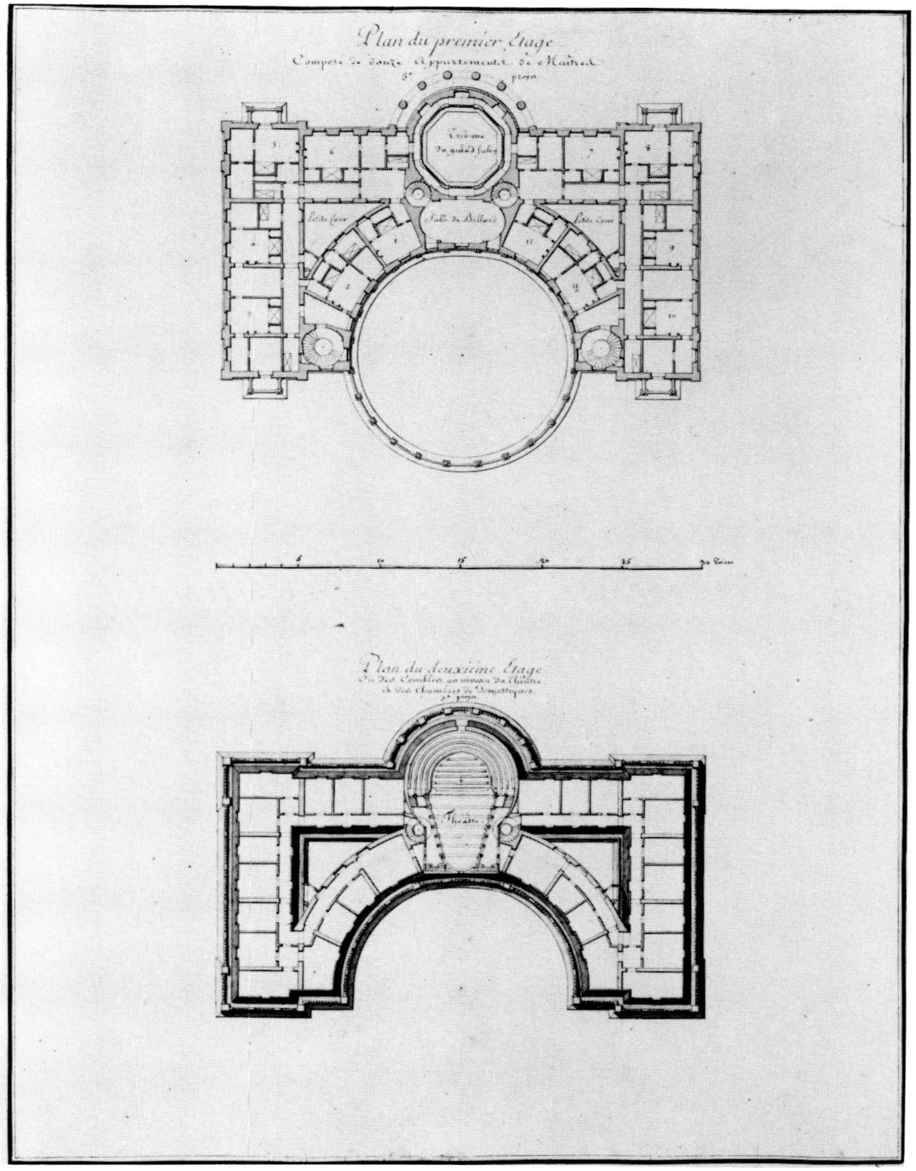

69 Atelier Charles De Wailly. Drittes Projekt für Schloß Weißenstein, Grundrisse beider Obergeschosse K 27

67 Atelier Charles De Wailly. Drittes Projekt für Schloß Weißenstein, Grundriß des Kellergeschosses K 25

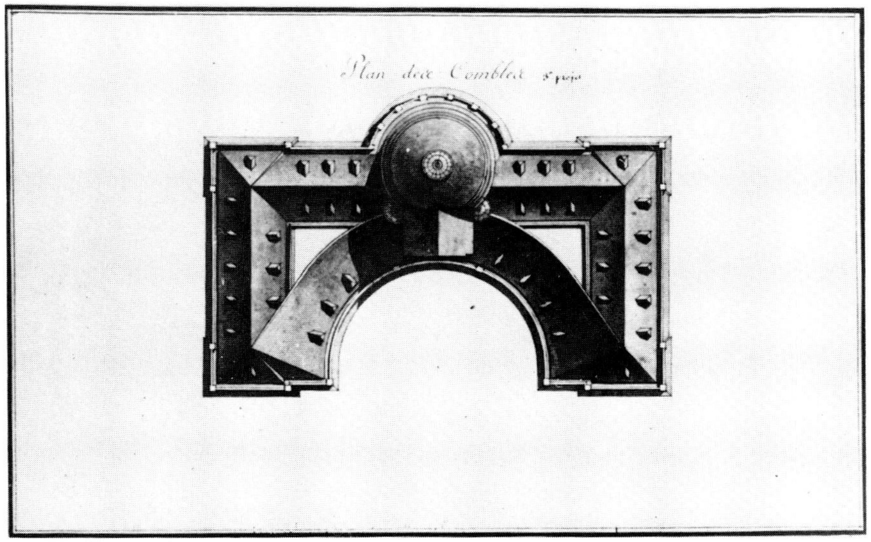

68 Atelier Charles De Wailly. Drittes Projekt für Schloß Weißenstein, Dachausmittlung K 28

70 J. B. Lallemand. Hofansicht des Schlosses Montmusard bei Dijon (Dijon, Musée des Beaux-Arts)

71 J. B. Lallemand. Gartenseitige Ansicht des Schlosses Montmusard bei Dijon (Dijon, Musée des Beaux-Arts)

72 Charles De Wailly und Mitarbeiter. Entwurf für Schloß Montmusard bei Dijon, Aufriß der Hofseite, um 1764 (Dijon, Musée des Beaux-Arts)

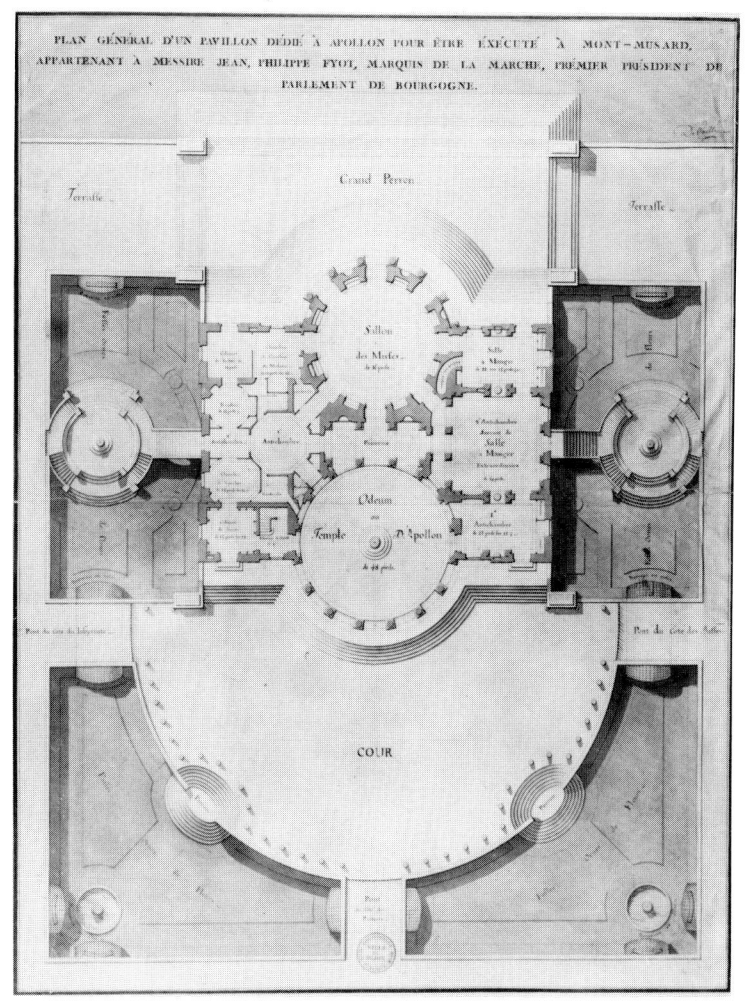

73 Charles De Wailly. Entwurf für Schloß Montmusard bei Dijon, Erdgeschoß-Grundriß und Situationsplan, um 1764 (Dijon, Musée des Beaux-Arts)

74 Charles De Wailly. Entwurf für Schloß Montmusard bei Dijon, Querschnitt, um 1764 (Dijon, Musée des Beaux-Arts)

75 Charles De Wailly. »Pavillon de Minerve«, 1772, perspektivische Hofansicht (Leningrad, Ermitage)

76 Charles De Wailly. »Pavillon de Minerve«, 1772, Aufriß der Gartenseite (Leningrad, Ermitage)

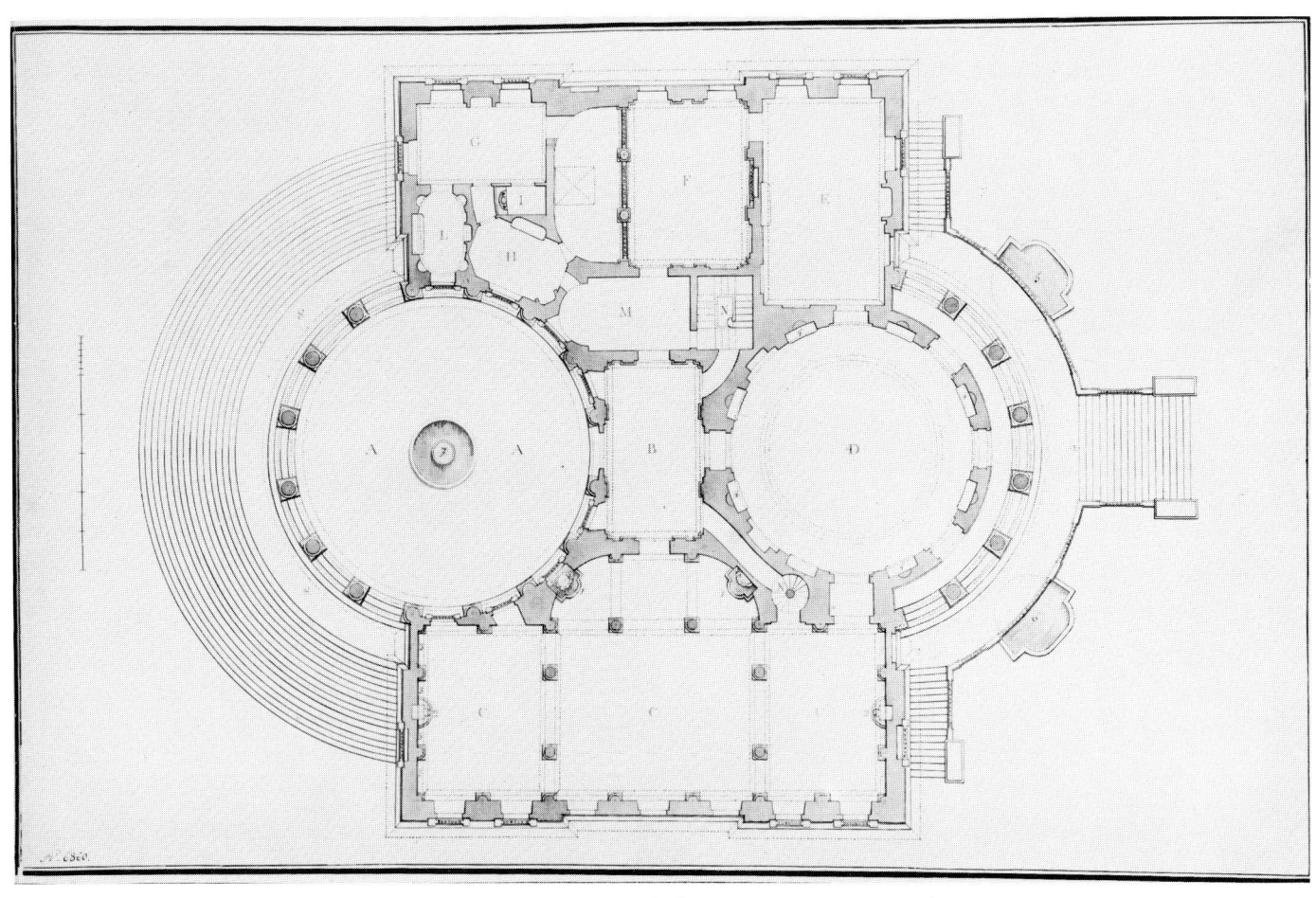

77 Charles De Wailly. »Pavillon de Minerve«, 1772, Grundriß, (Leningrad, Ermitage)

78 Charles De Wailly. »Pavillon de Minerve«, 1772, Querschnitt, (Leningrad, Ermitage)

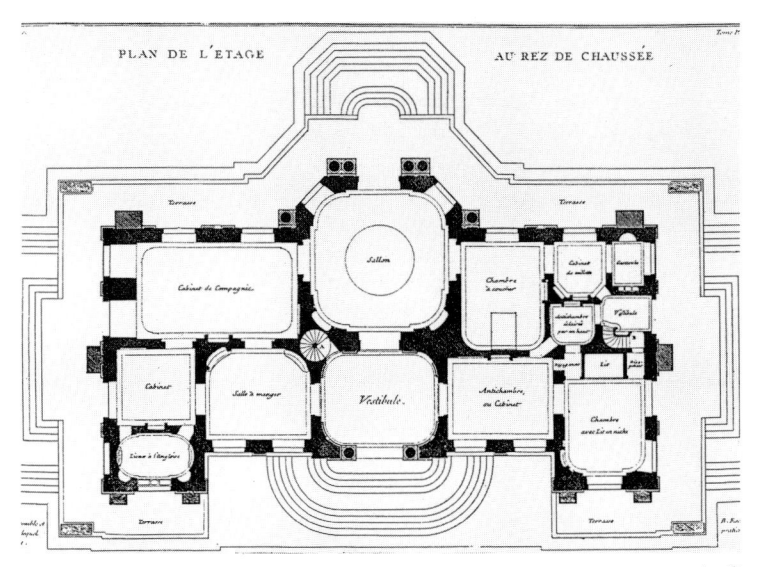

79 Jacques-François Blondel, »Pavillon à l'italienne«, Grundriß (nach Blondel)

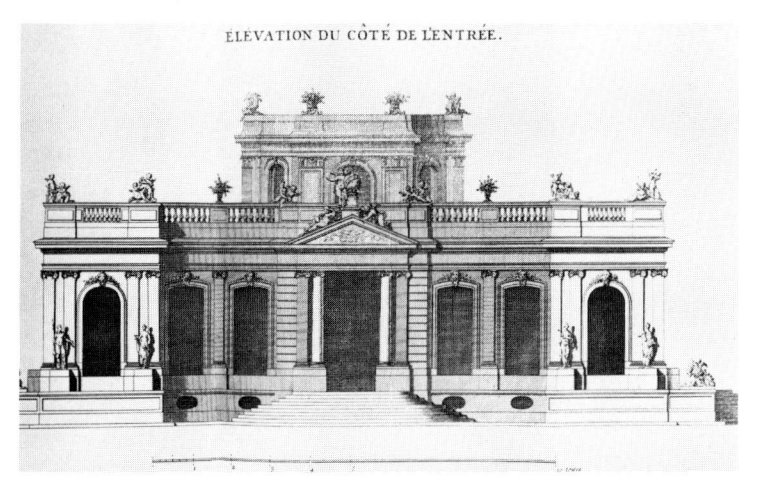

80 Jacques-François Blondel. »Pavillon à l'italienne«, Aufriß der Eingangsfront (nach Blondel)

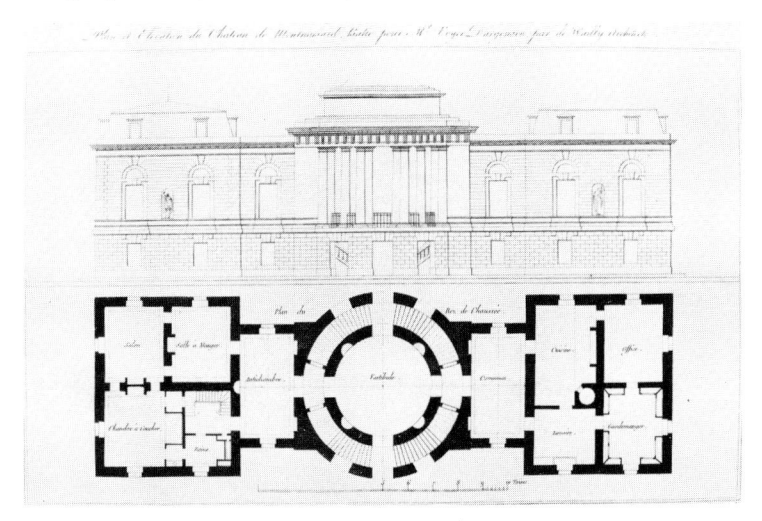

81 Charles De Wailly. Erster Entwurf für Schloß Montmusard bei Dijon, Grund- und Aufriß (nach Krafft)

82 Rom. Tempietto Bramantes bei S. Pietro in Montorio

83 J.-B. Leprince. Chapelle du Reposoir in Versailles, Kupferstich 1769

84 James Paine. Entwurf für Schloß Kedleston Hall, 1761 (nach Paine)

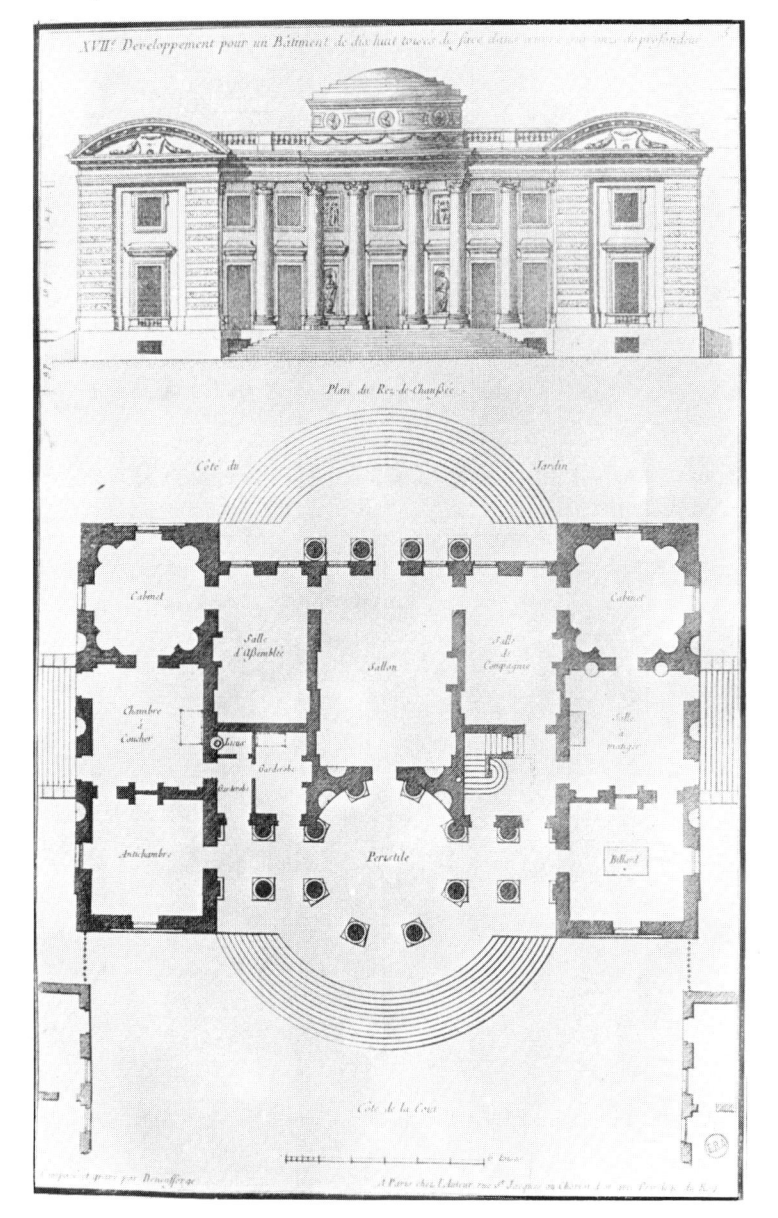

86 William Chambers. Entwurf eines Gartentempels (nach Chambers)

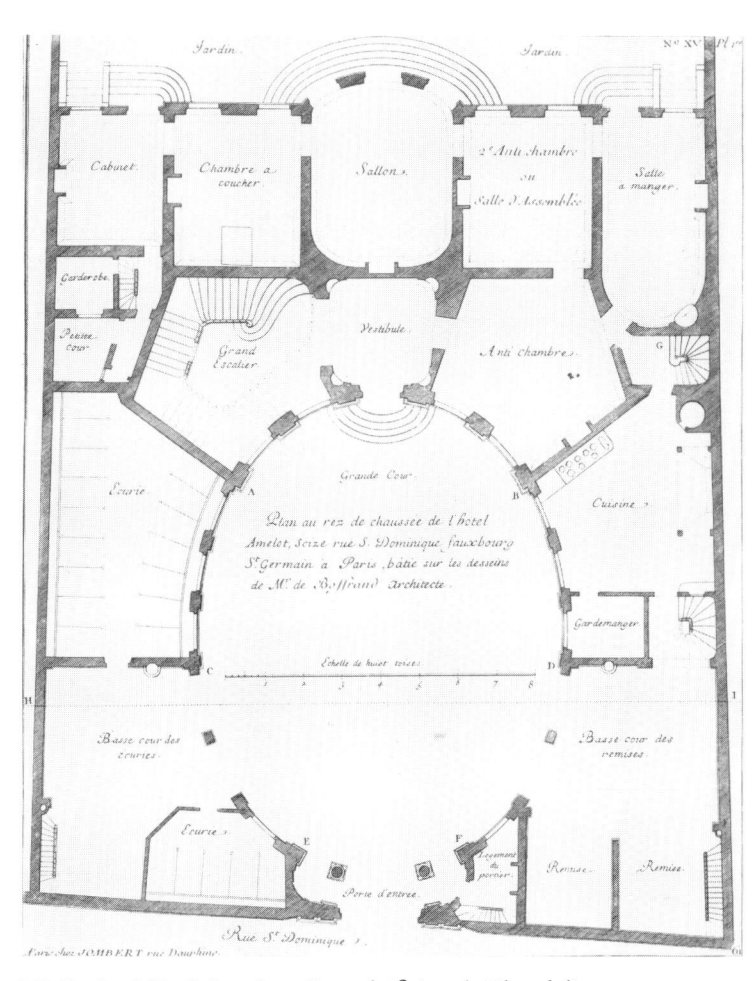

85 Jean François De Neufforge. Entwurf einer Maison de Plaisance, Grund- und Aufriß (nach De Neufforge)

87 Paris. Hôtel Amelot, Grundriß (nach Blondel)

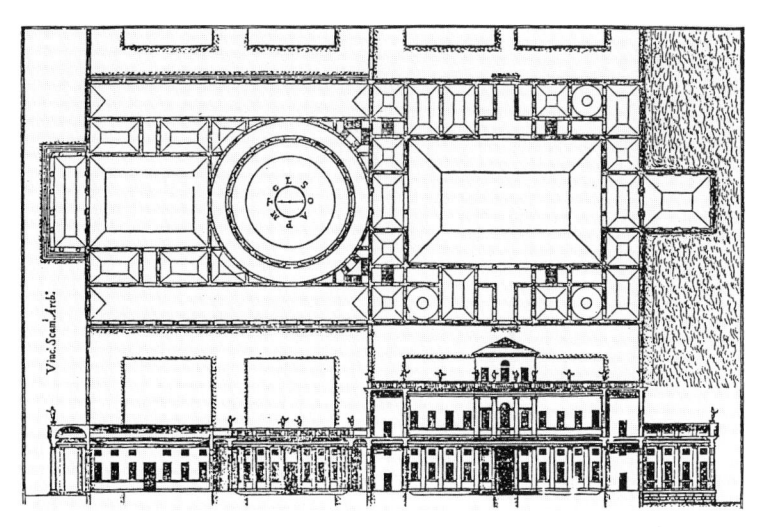

88 Vincenzo Scamozzi. Rekonstruktion der Villa Laurentinum nach Plinius d. J. (nach Scamozzi)

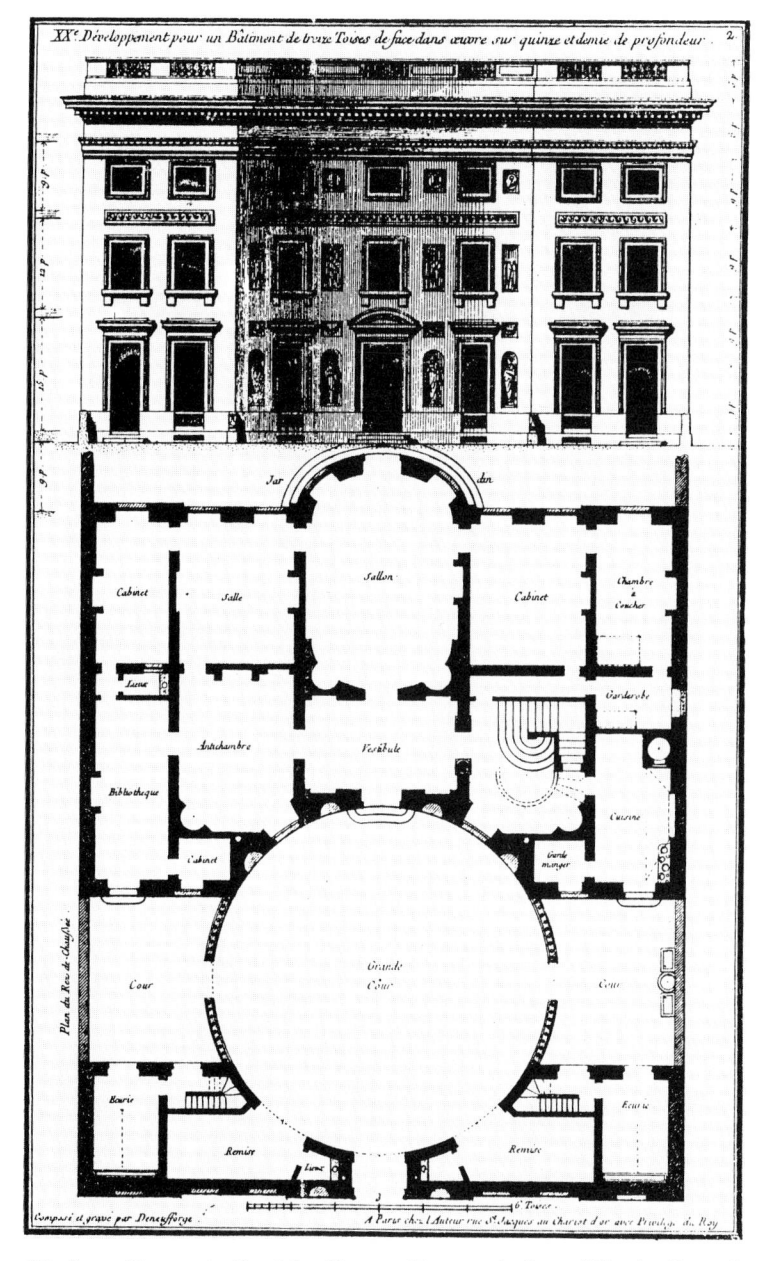

89 Jean François De Neufforge. Entwurf eines Hôtel, Grund- und Aufriß (nach De Neufforge)

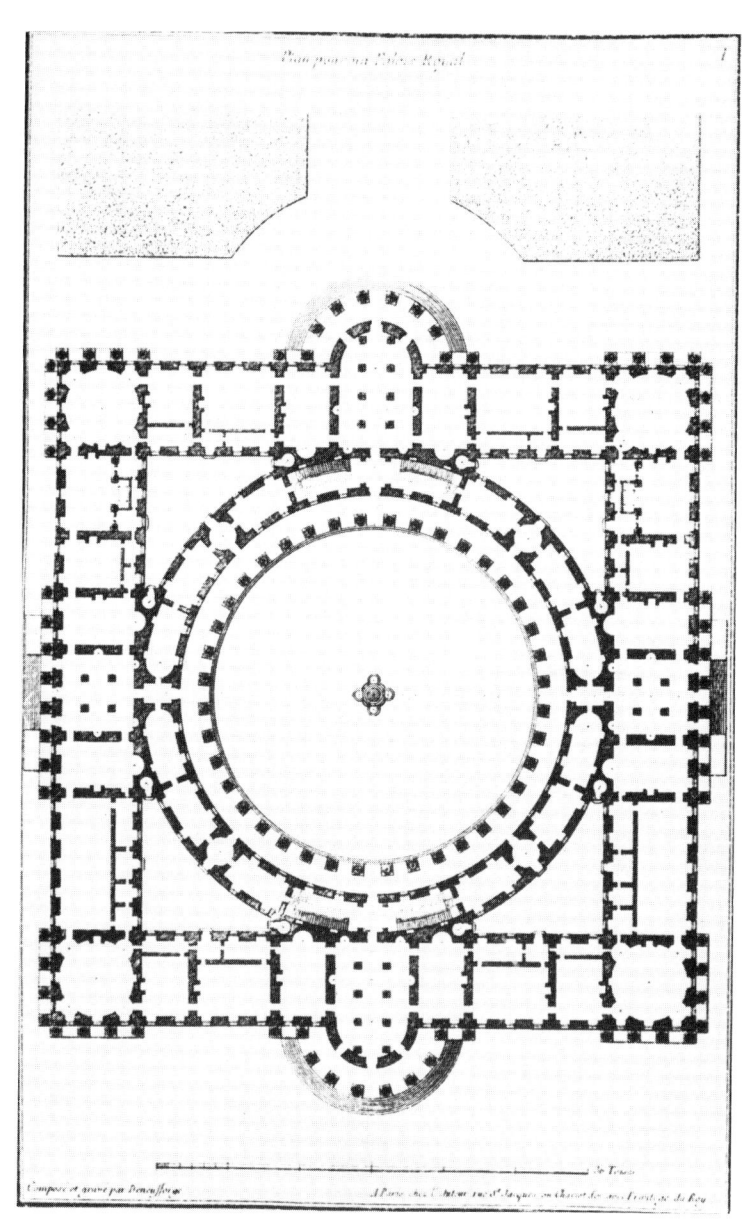

90 Jean François De Neufforge. »Palais Royal«, Grundriß (nach De Neufforge)

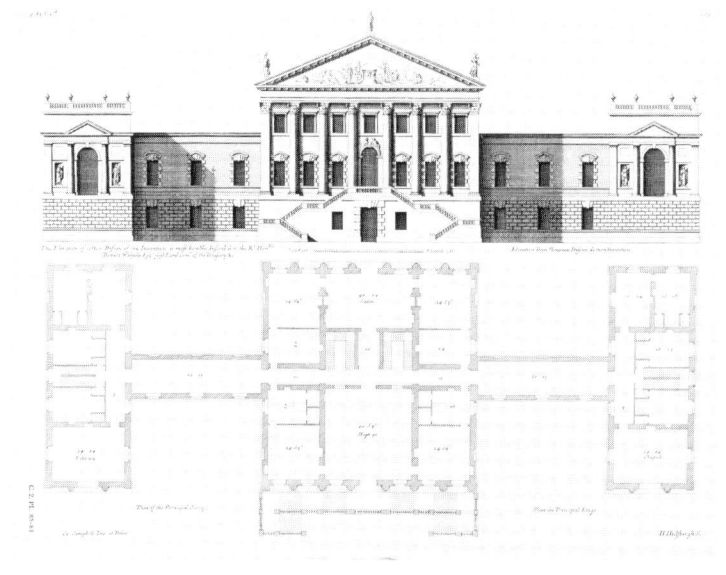

91 Colen Campbell. Entwurf einer Villa für Robert Walpole (nach Campbell)

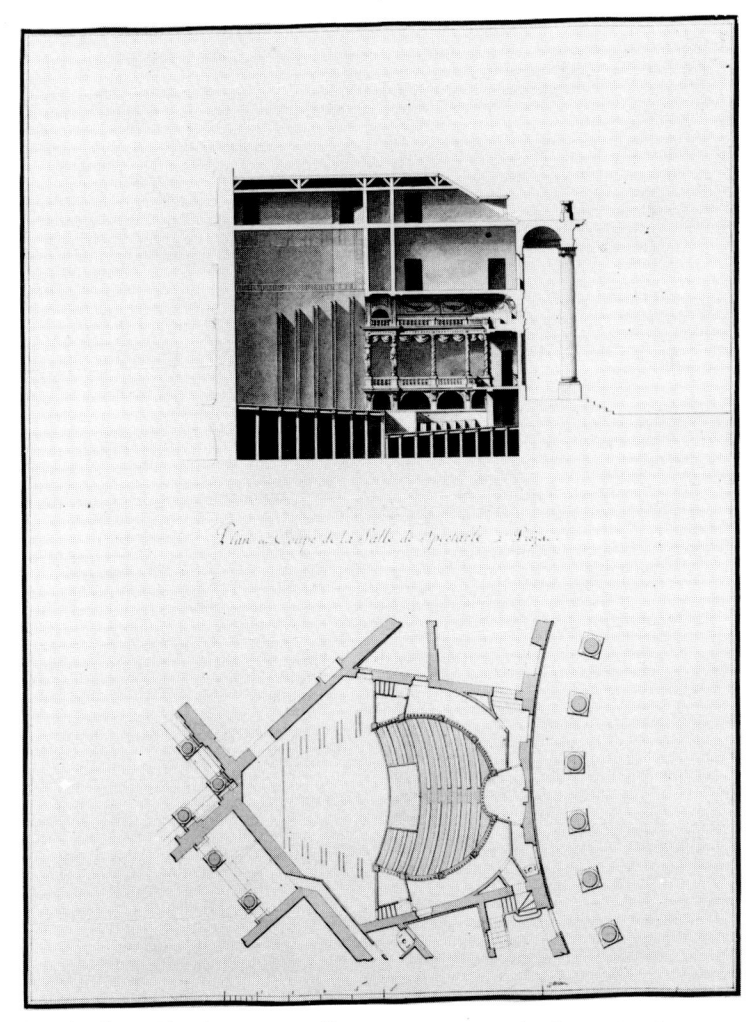

92 Atelier Charles De Wailly. Zweites Projekt für Schloß Weißenstein, Schnitt und Grundriß des Theaters   K 24

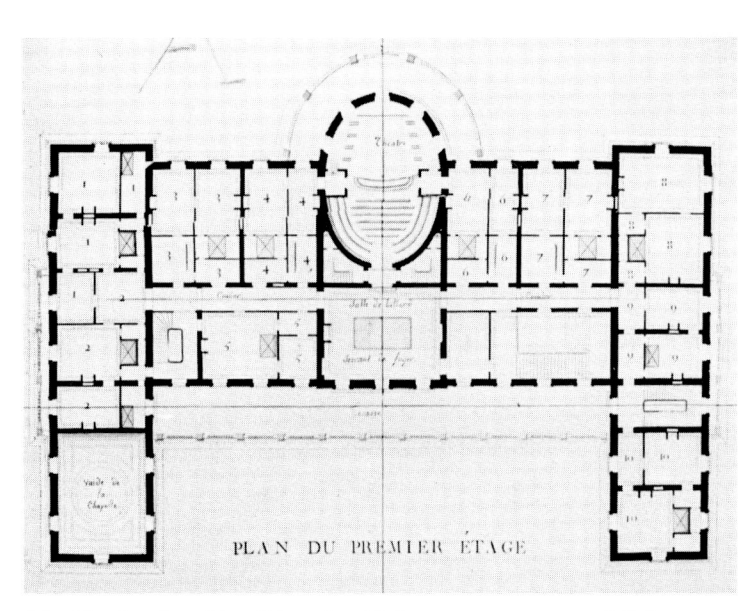

93 Charles-Joachim Bénard. »Château pour un grand Seigneur«, Prix de Rome 1776 (Paris, ENSBA)

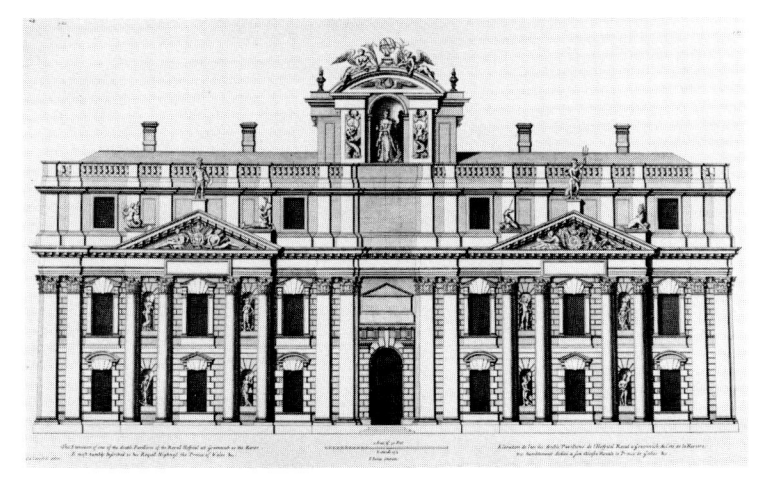

94 John Webb nach Inigo Jones und Christopher Wren, Greenwich Hospital, Kings House, Aufriß (nach Campbell)

95 Charles De Wailly. Rekonstruktion des Salomonischen Tempels, perspektivische Ansicht, Kupferstich 1766

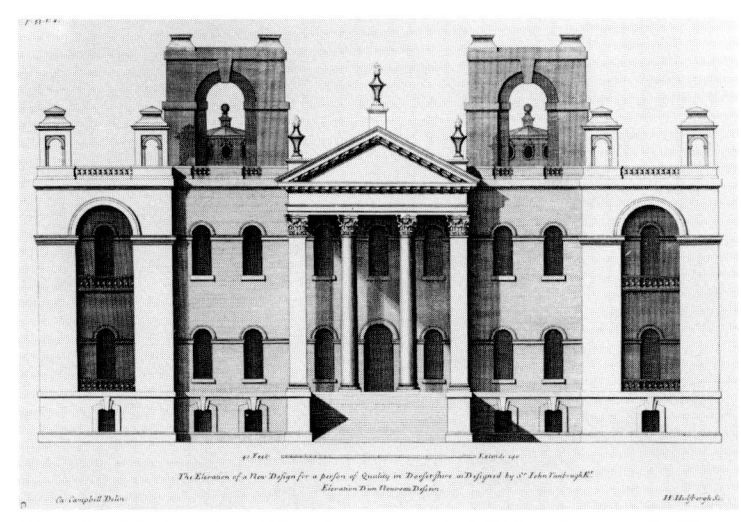

96 John Vanbrugh. »New Design«, Aufriß (nach Campbell)

97 Heinrich Christoph Jussow. Idealprojekt für Schloß Weißenstein, Aufriß-Vedute   K 34

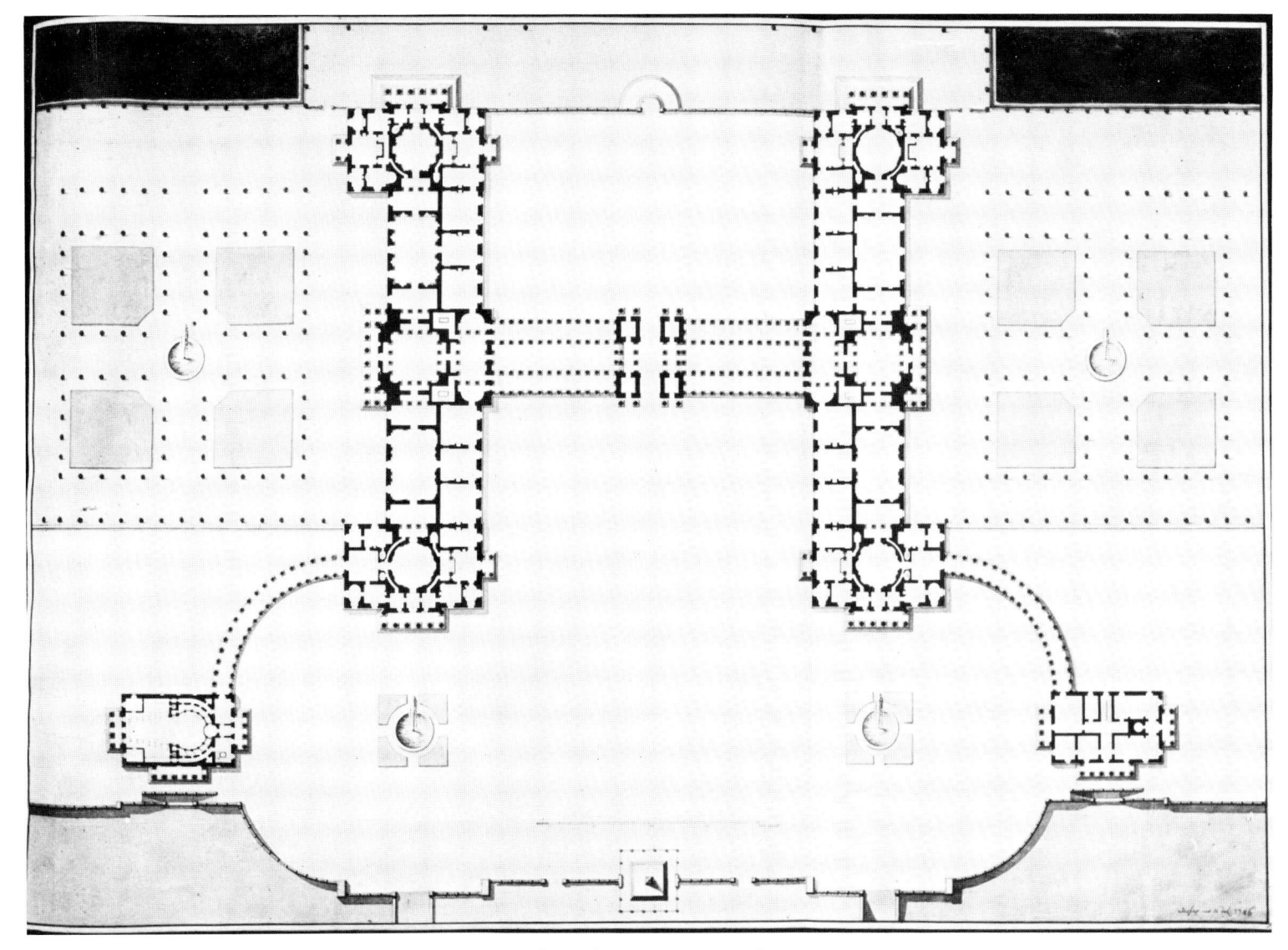

98 Heinrich Christoph Jussow. Idealprojekt für Schloß Weißenstein, Grundriß   K 35

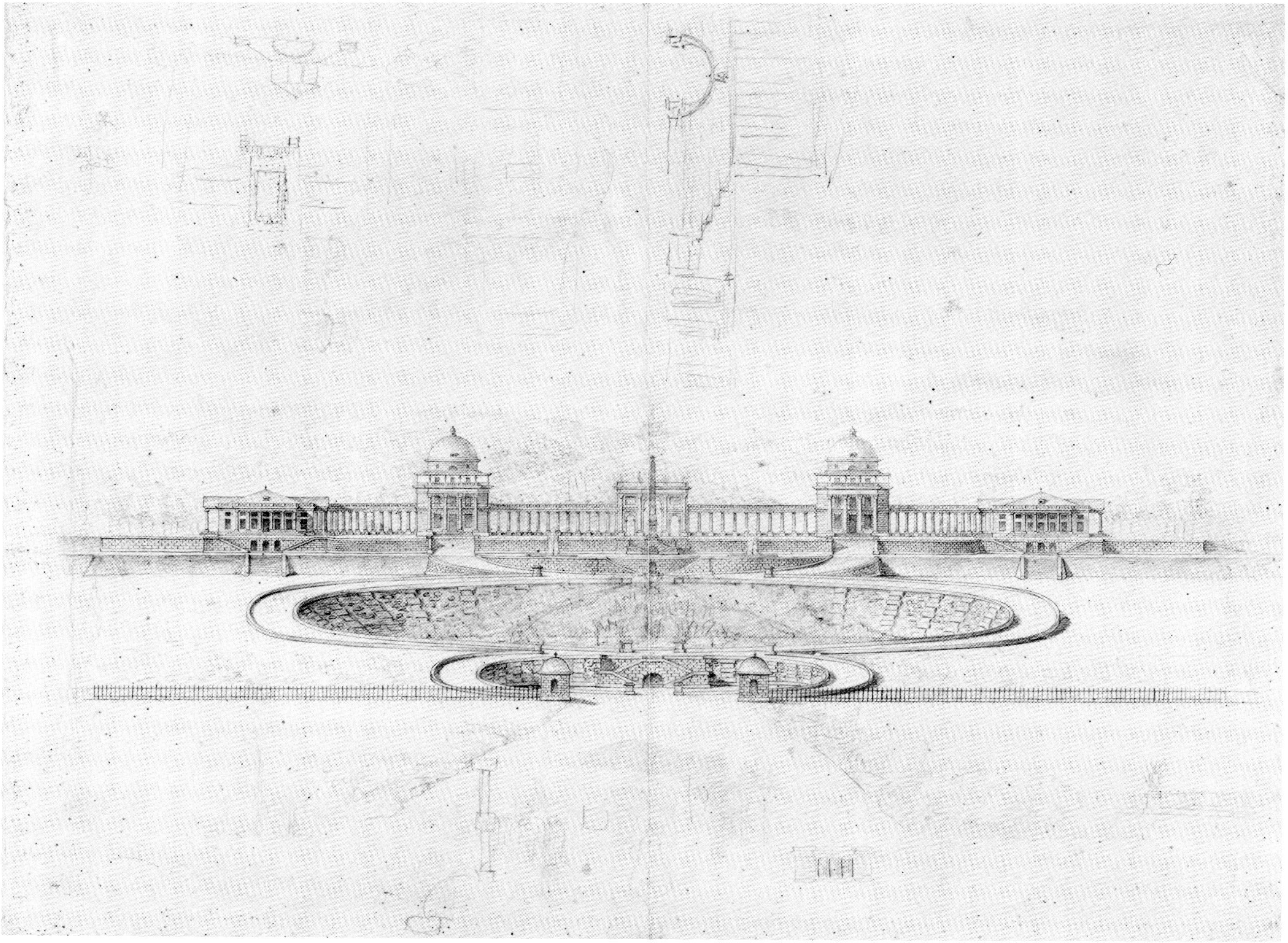

99 Heinrich Christoph Jussow. Idealprojekt für Schloß Weißenstein, Aufriß-Vorentwurf K 41

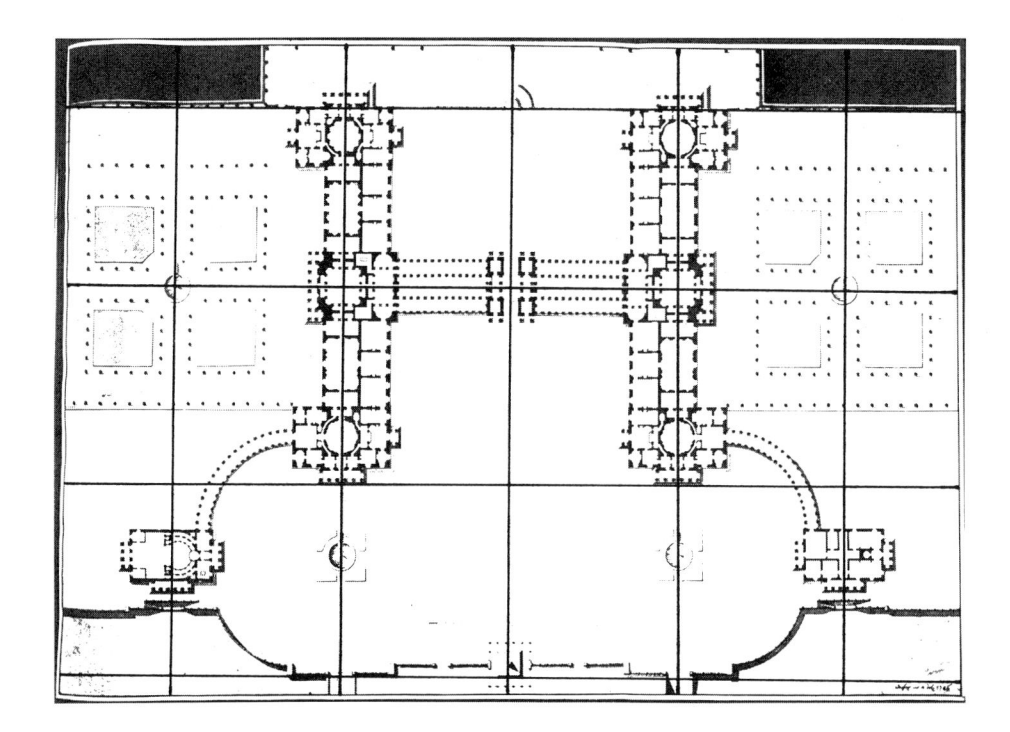

100 Entwurfsschema zu Jussows Grundriß Abb. 98 K 35

101 Seitenpavillon aus Jussows Idealprojekt. Detail aus Abb. 97 K 34

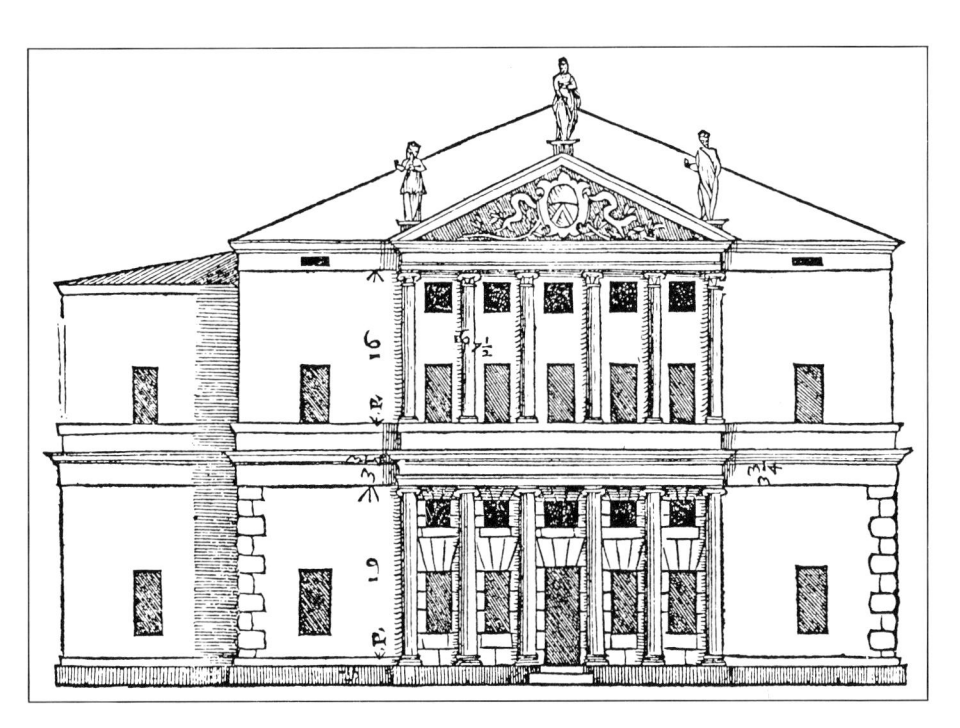

102 Udine. Palazzo Antonini, Aufriß (nach Palladio)

103 Eckpavillon aus Jussows Idealprojekt. Detail aus Abb. 97   K 34

104 Eckpavillon, Aufrißschema

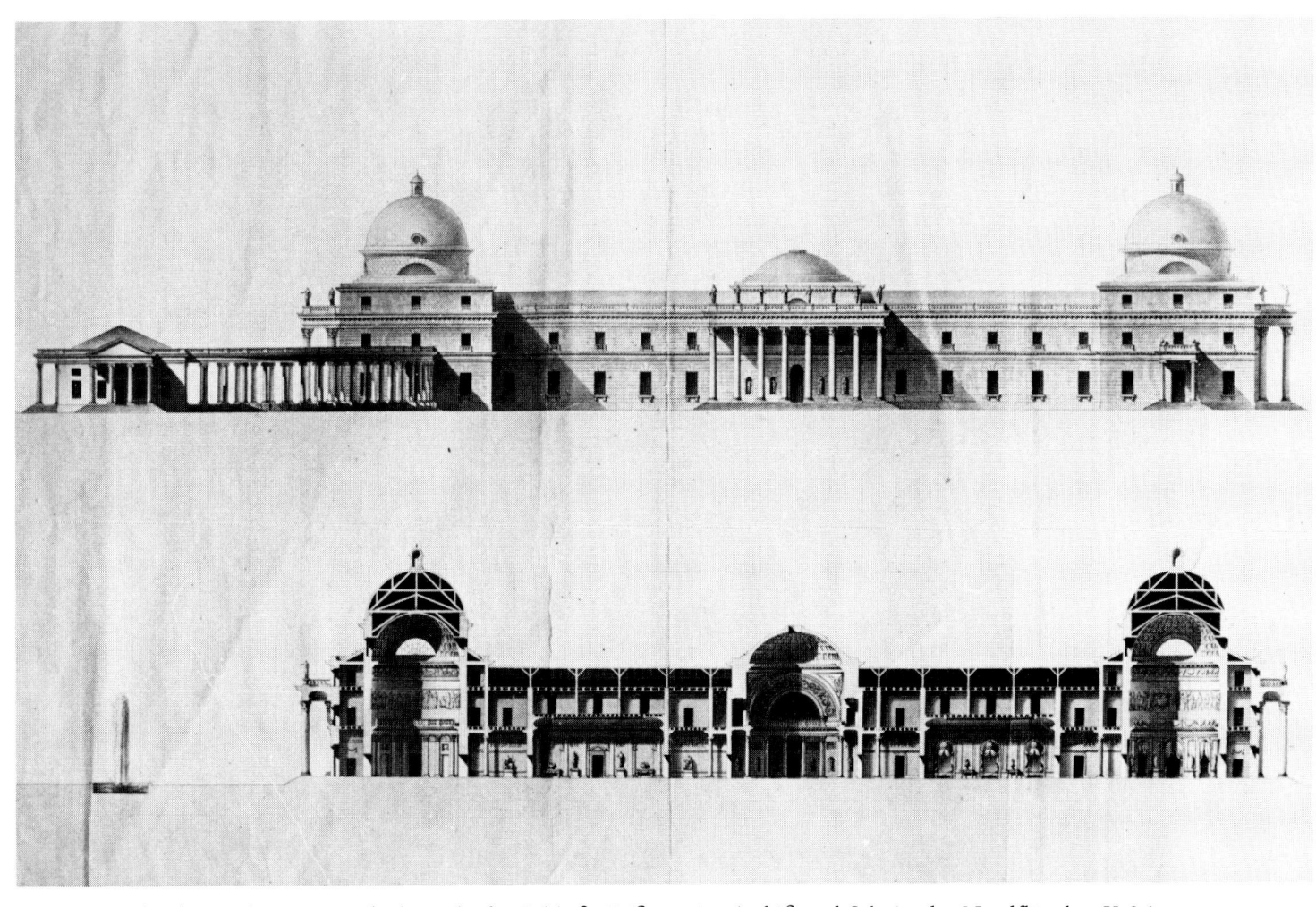

105 Heinrich Christoph Jussow. Idealprojekt für Schloß Weißenstein, Aufriß und Schnitt des Nordflügels   K 36

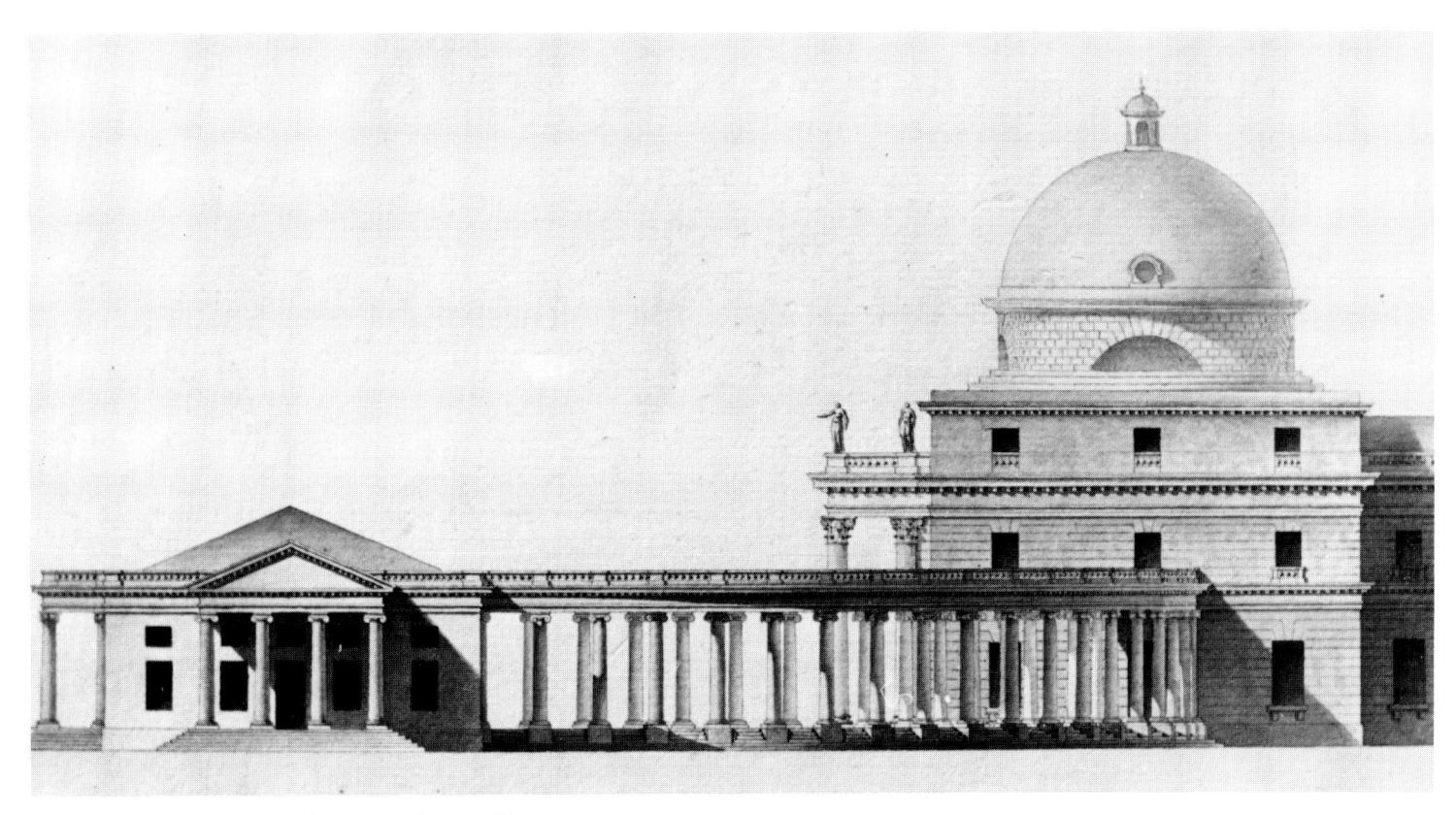

106 Seiten- und Eckpavillon. Detail aus Abb. 105   K 36

107 Schnitt durch die mittleren Säle. Detail aus Abb. 105   K 36

108 Heinrich Christoph Jussow. Idealprojekt für Schloß Weißenstein. Schnitt durch den großen Salon   K 37

109 Marie-Joseph Peyre. Projekt einer Akademie, Schnitt durch den Mittelpavillon (nach Peyre)

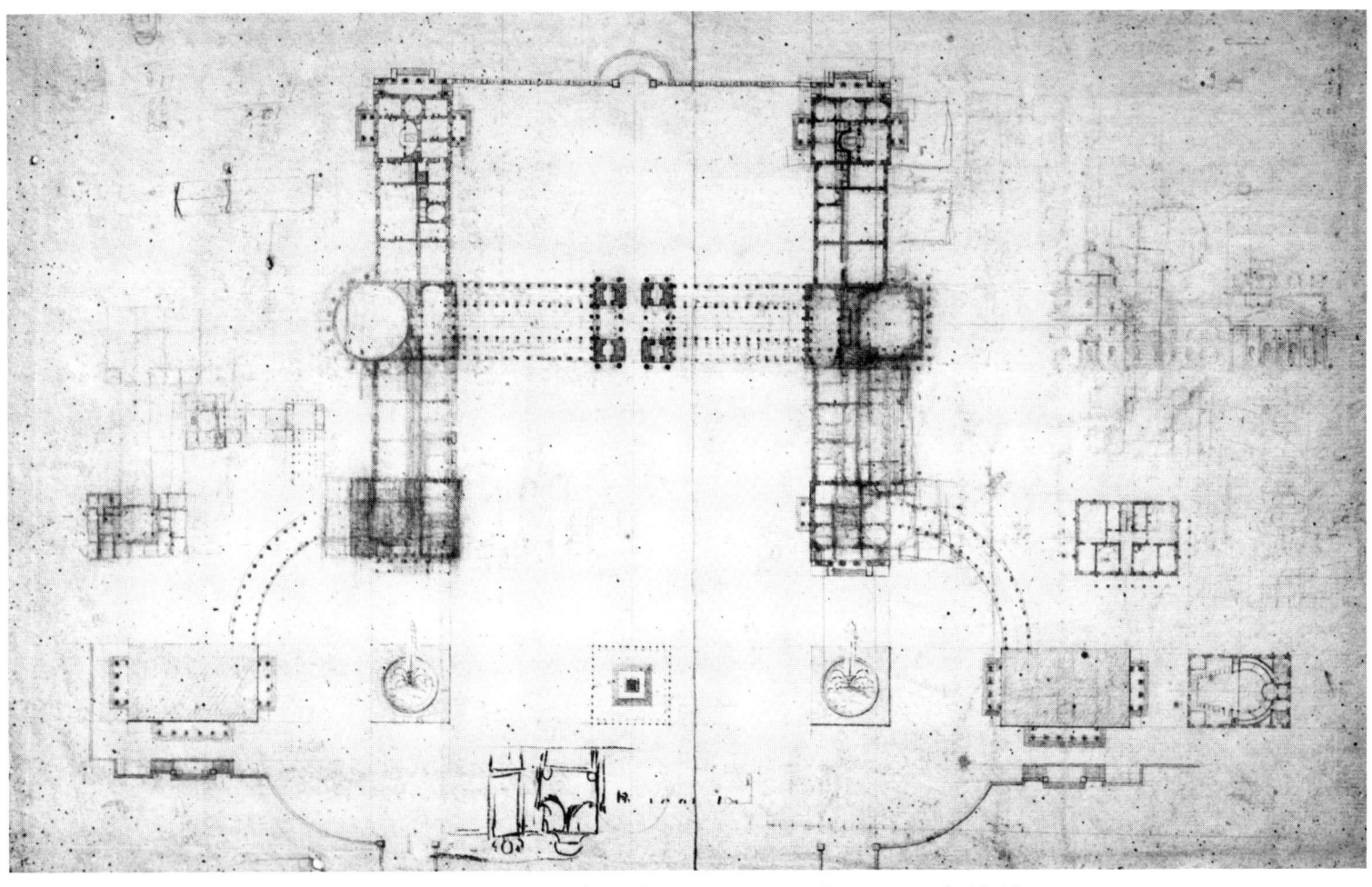

110 Heinrich Christoph Jussow. Idealprojekt für Schloß Weißenstein, Grundriß-Vorentwurf K 40

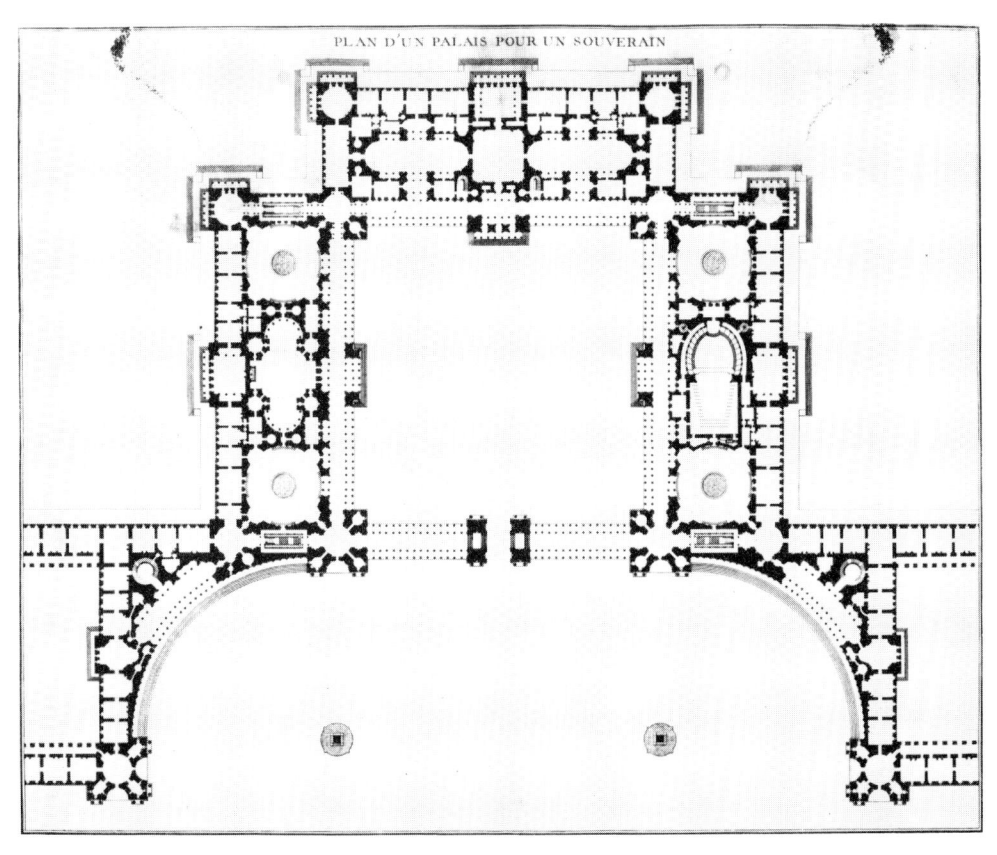

111 Marie-Joseph Peyre. »Plan d'un Palais pour un souverain« (nach Peyre)

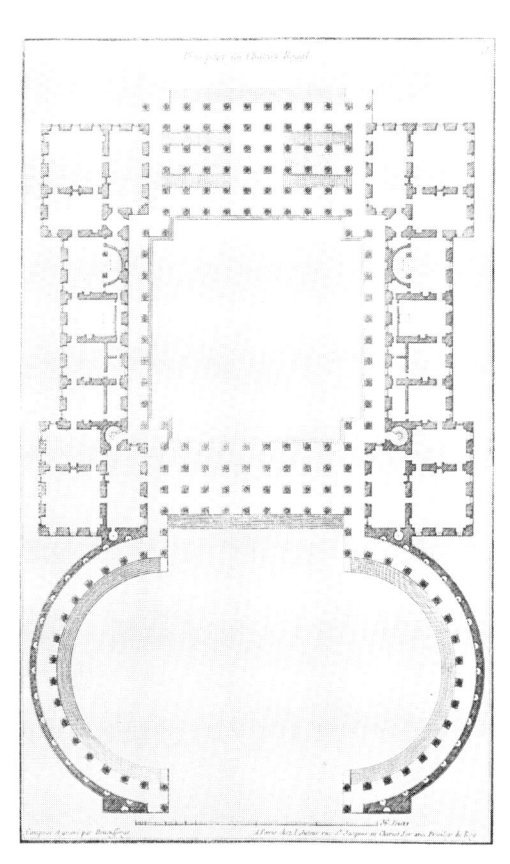

112 Jean François De Neufforge. »Plan pour un Château Royal« (nach De Neufforge)

113 Heinrich Christoph Jussow. Idealprojekt für Schloß Weißenstein, Vorentwurf zum Situationsplan   K 39

114 Heinrich Christoph Jussow. Idealprojekt für Schloß Weißenstein, Situationsplan   K 38

115 Heinrich Christoph Jussow. Idealprojekt für Schloß Weißenstein, Vorentwurf zum Aufriß der Flügellangseite K 42

116 Heinrich Christoph Jussow. Idealprojekt für Schloß Weißenstein, Vorentwürfe zum Aufriß des Triumphbogens K 42

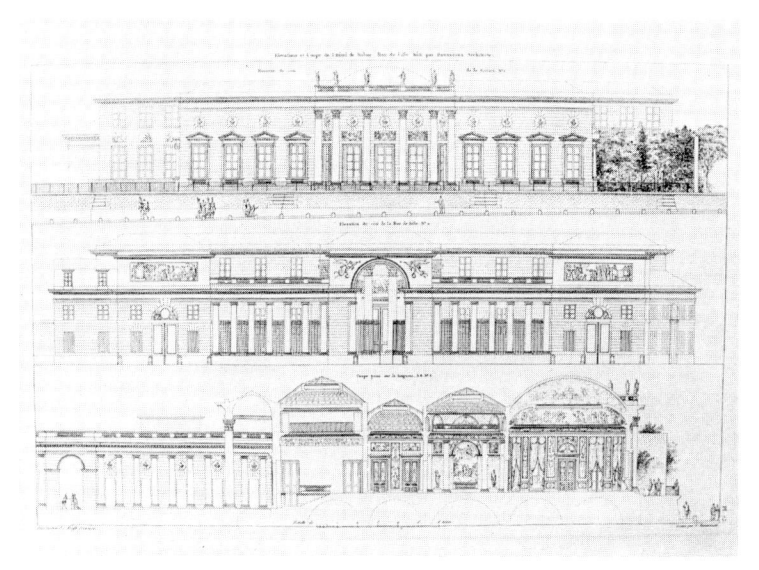

117 Paris. Hôtel de Salm (nach Krafft-Ransonette)

118 Marie-Joseph Peyre. Projekt für das Hôtel de Condé in Paris (nach Peyre)

119 Pierre-Louis Moreau-Desproux. Entwurf einer Palastfassade, Prix de Rome 1752 (Paris, ENSBA)

120 Victor Louis. Entwurf für Schloß Bouilh bei Saint-André de Cubzac, 1786 (Bordeaux, Archives Municipales)

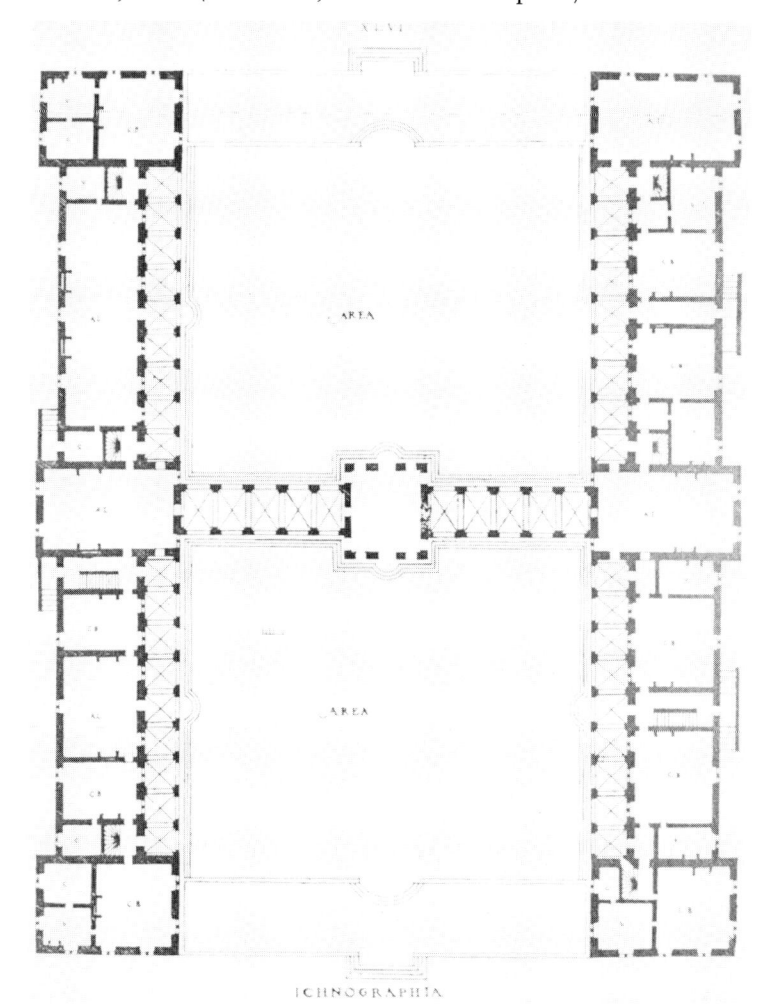

121 Jacques Androuet Du Cerceau. H-förmiger Schloßgrundriß (nach Du Cerceau)

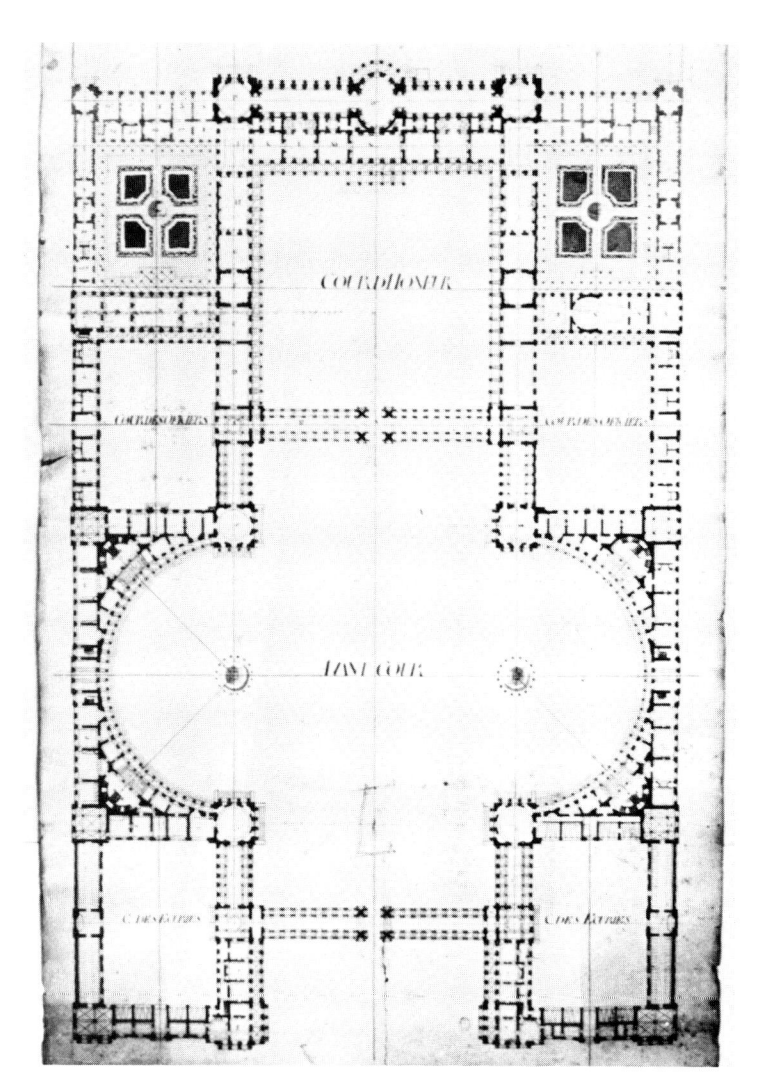

122 Nicolas C. Girardin. »Palais pour un prince«, Prix de Rome 1772 (Paris, ENSBA)

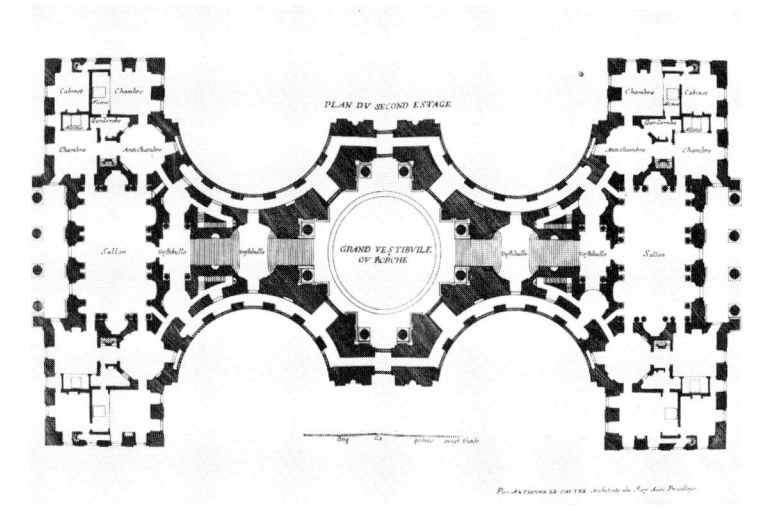

123 Antoine Lepautre. Entwurf eines H-förmigen Landschlosses (nach Lepautre)

124 Heinrich Christoph Jussow. Entwurf einer palladianischen Villa (Staatl. Kunstslg. Kassel)

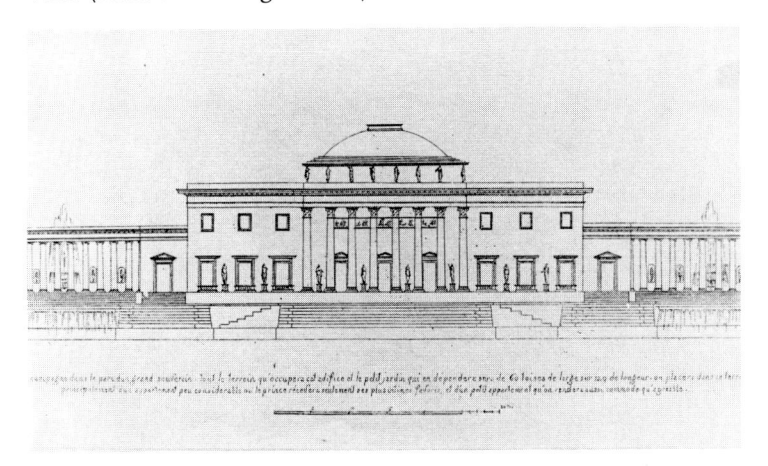

125 Louis-Alexandre Trouard. »Château de campagne«, Prix d'émulation 1779 (nach Prieur)

126 Heinrich Christoph Jussow. Eckpavillon des Idealprojekts für Schloß Weißenstein, Detail aus Abb. 105   K 36

127 Heinrich Christoph Jussow. Entwurf einer palladianischen Villa (Staatl. Kunstslg. Kassel)

128 Claude-Nicolas Ledoux. Schloß Eguière (nach Ledoux, ed. Ramée)

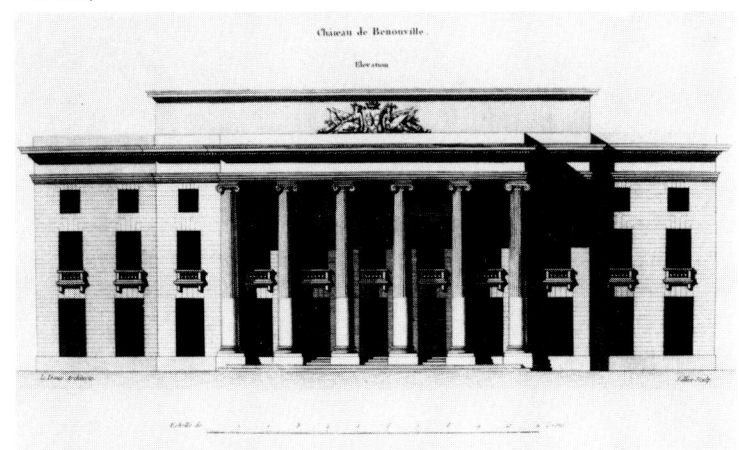

129 Claude-Nicolas Ledoux. Schloß Benouville, Kupferstich von Sellier (nach Ledoux, ed. Ramée)

130 Heinrich Christoph Jussow. Eckpavillon des Idealprojekts für Schloß Weißenstein, Vorentwurf. Detail aus Abb. 115   K 42

132 Rekonstruktion der Erstfassung von Jussows Eckpavillon Abb. 130 (Verf.)

131 Claude-Nicolas Ledoux. Saline Chaux, Haus der Aufseher, späte Fassung im Stich von Sellier (nach Ledoux)

133 Claude-Nicolas Ledoux. Saline Chaux, Steuereinnehmerei, frühe Fassung des Stichs (nach De Lagardette)

134 Heinrich Christoph Jussow. Eckpavillon des Idealprojekts für Schloß Weißenstein, Schnitt. Detail aus Abb. 105   K 36

137 Heinrich Christoph Jussow. Römische Architekturphantasie nach Hubert Robert (Staatl. Kunstslg. Kassel)

135 Marie-Joseph Peyre. Entwurf einer Akademie, Schnitt (nach Peyre)

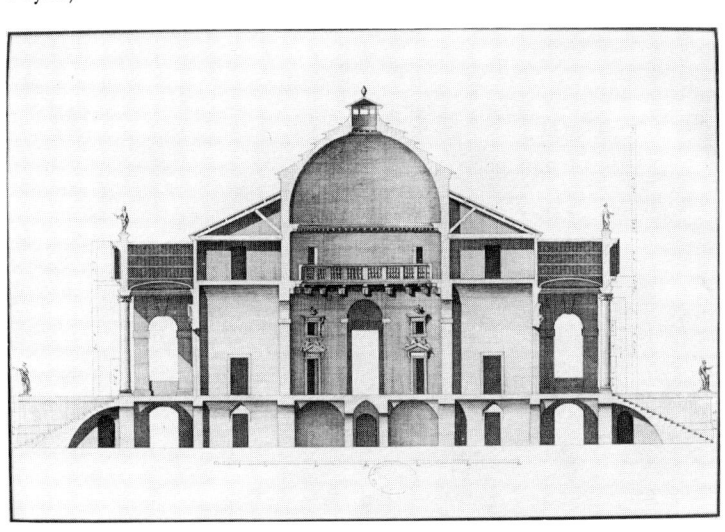

136 Andrea Palladio. Villa Rotonda in Vicenza, Schnitt (nach Bertotti-Scamozzi)

138 Hubert Robert. Der Porto di Ripetta in Roma mit dem Pantheon in der Fassung von 1782 (Rom, Palazzo Barberini)

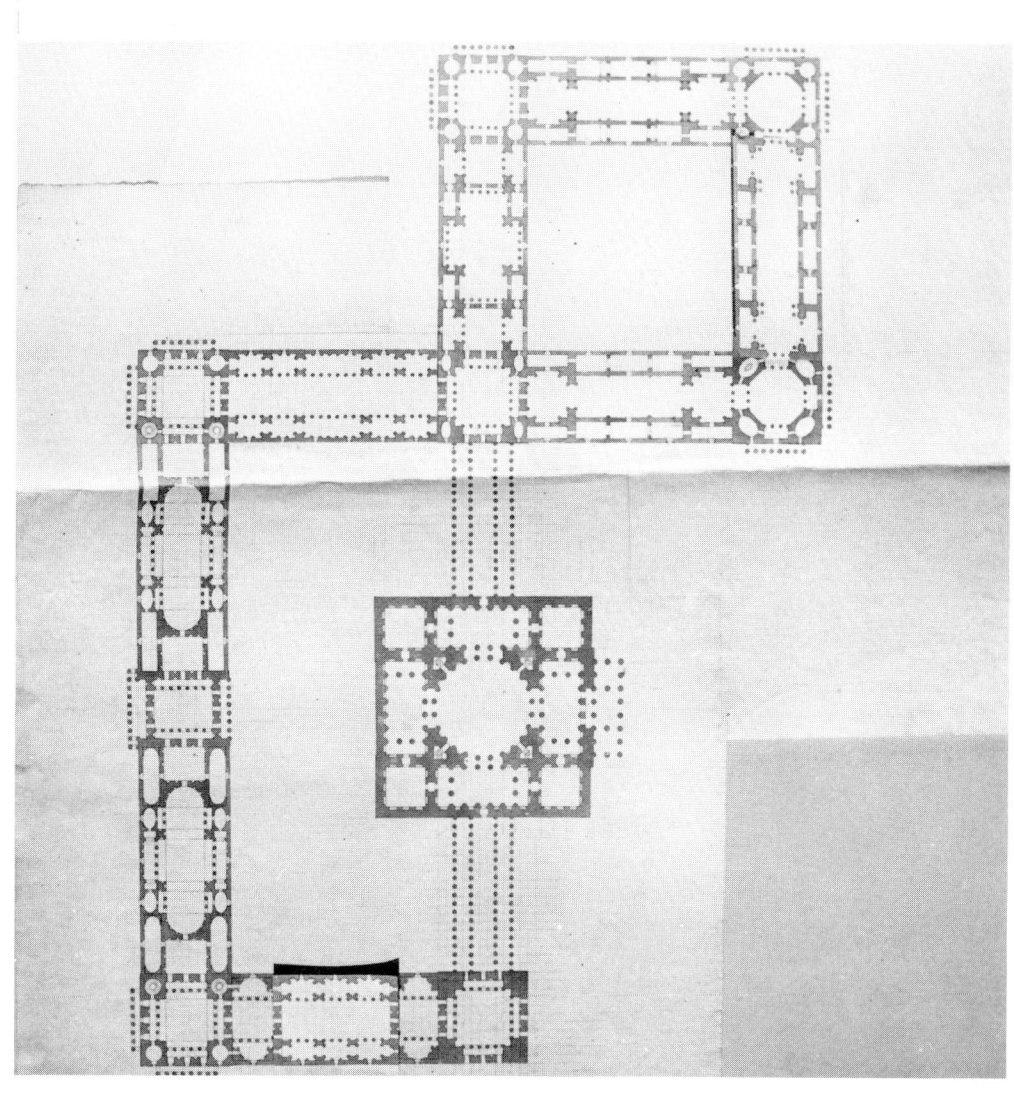

139 Heinrich Christoph Jussow. Palladianisch-römische Architekturphantasie »Allerley Ideen«, Grundriß Staatl. Kunstslg. Kassel)

140 Sebastian Weygandt. Kurfürst Wilhelm I., Landgraf Wilhelm IX. von Hessen-Kassel in seiner Rolle als fürstlicher Bauherr (Fulda, Schloß Fasanerie)

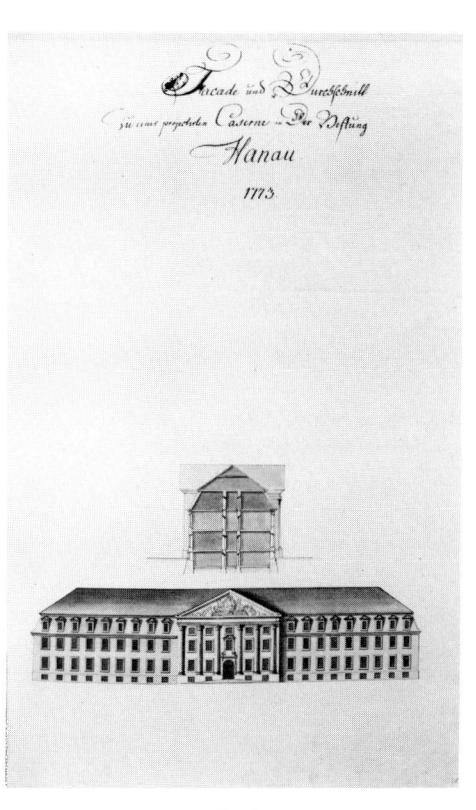

141 Erbprinz Wilhelm von Hessen-Kassel. Projekt einer Kaserne in Hanau, 1773 (Staatl. Schlösser und Gärten Potsdam)

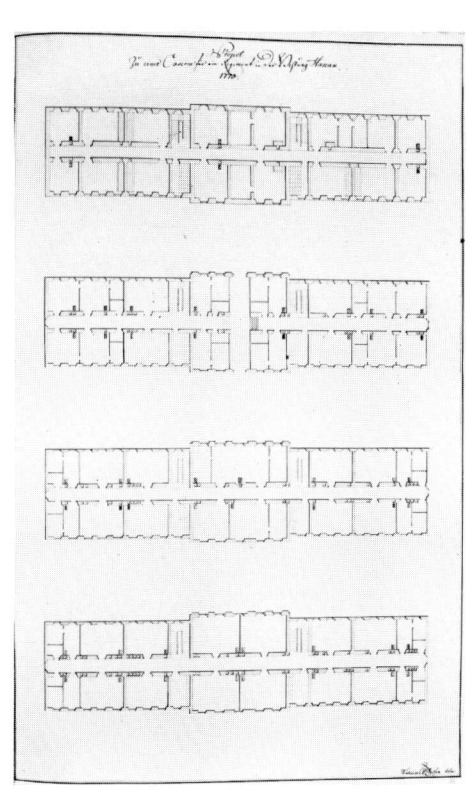

142 Erbprinz Wilhelm. Projekt einer Kaserne, 1773, Grundrisse (Staatl. Schlösser und Gärten Potsdam)

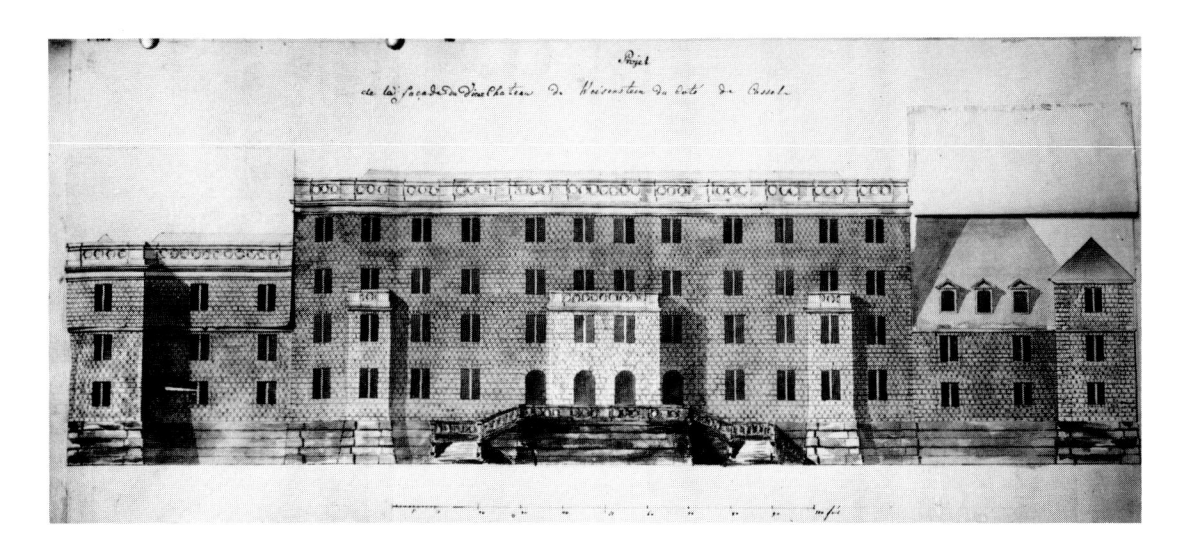

143 Simon Louis Du Ry. Entwurf zur Verkleidung des alten Weißensteiner Schlosses, Aufriß des Corps de logis von Osten K 43

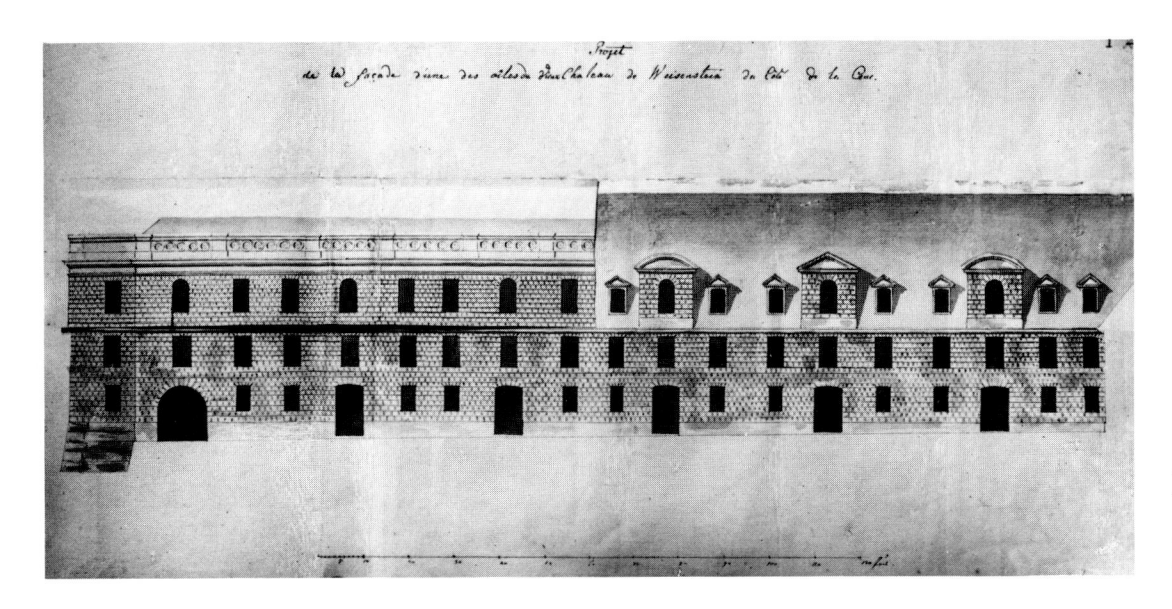

144 Simon Louis Du Ry. Entwurf zur Verkleidung des alten Weißensteiner Schlosses. Aufriß des Nordflügels mit Deckblattvariante K 45

145 Simon Louis Du Ry. Entwurf zu Schloß Hofgeismar, 1787, Aufriß (Staatl. Kunstslg. Kassel)

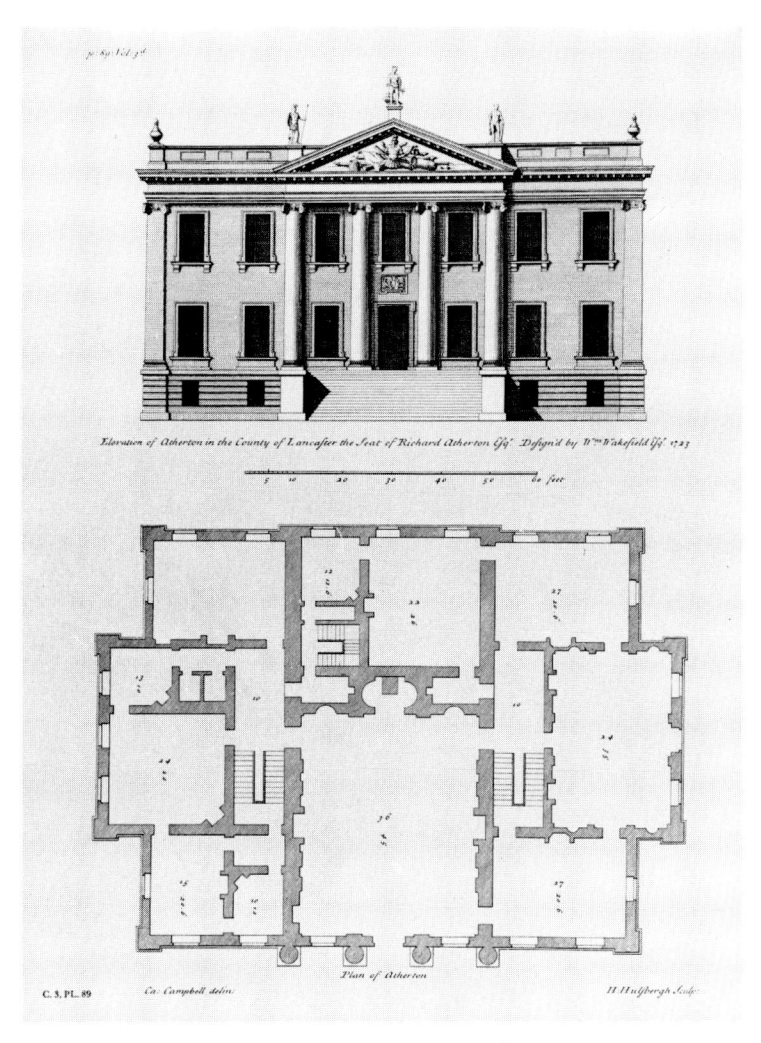

146 William Wakefield. Entwurf für Schloß Atherton Hall (nach Campbell)

147 Kassel. Elisabethkirche am Friedrichsplatz vor der Zerstörung

148 Abraham Swan. Entwurf eines Landhauses (nach Swan)

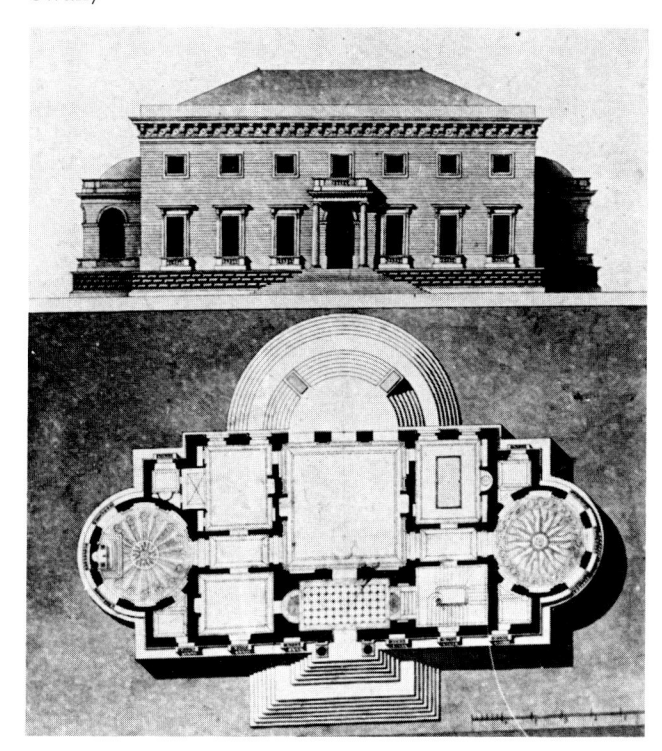

149 A.-L.-T. Vaudoyer. Entwurf eines Pavillon, Prix d'émulation 1781 (Paris, ENSBA)

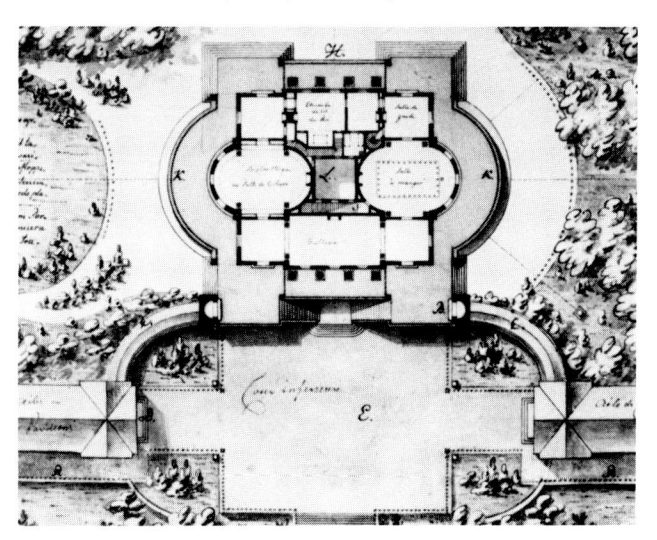

150 F. M. Piper. Entwurf für ein Casino in Haga Park, 1783 (Stockholm, Kunstakademie)

151 Simon Louis Du Ry und Landgraf Wilhelm IX. Erster Entwurf für einen Neubau von Schloß Weißenstein, Aufriß   K 46

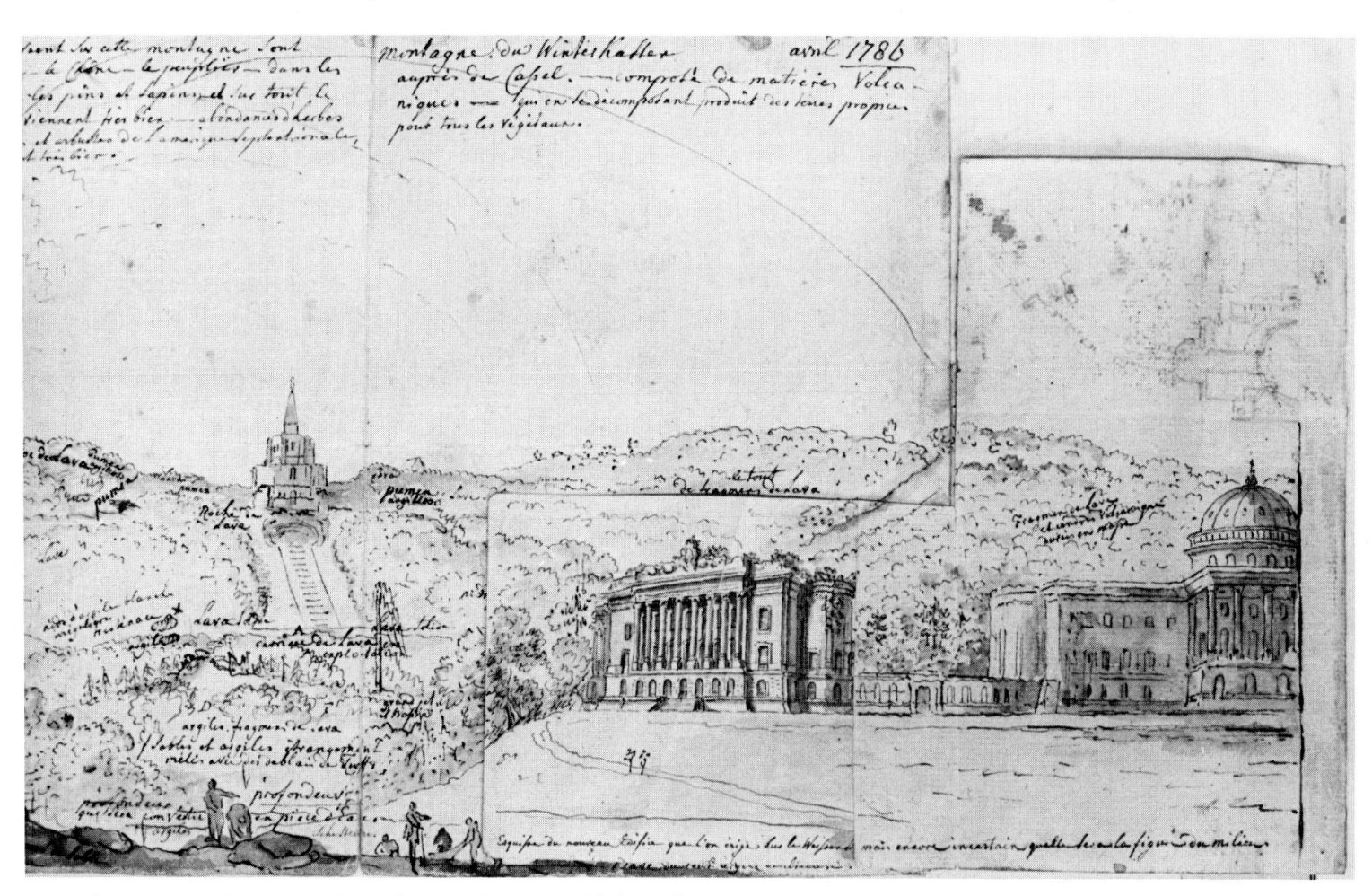

152 Johann Heinrich Müntz. Skizze des Projekts von Schloß Weißenstein, 1786 und um 1790 (Mittelbau) (Staatl. Schlösser und Gärten Schloß Wilhelmshöhe)

153 Johann Heinrich Tischbein. »Vue du noveau Château de Weisenstein du côté du Nord«, Kupferstich 1787 (nach Weise)

154 Projekt des »Neuen Weißensteiner Schlosses« um 1786, Detail aus Abb. 153.

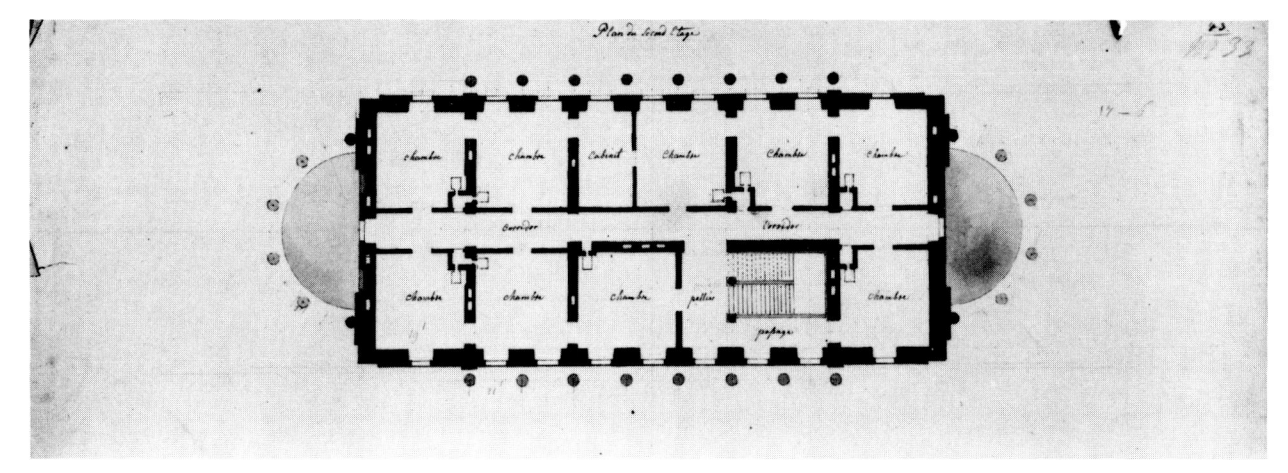

155 Simon Louis Du Ry. Entwurf zum zweiten Obergeschoß des »Neuen Weißensteiner Schlosses«   K 47

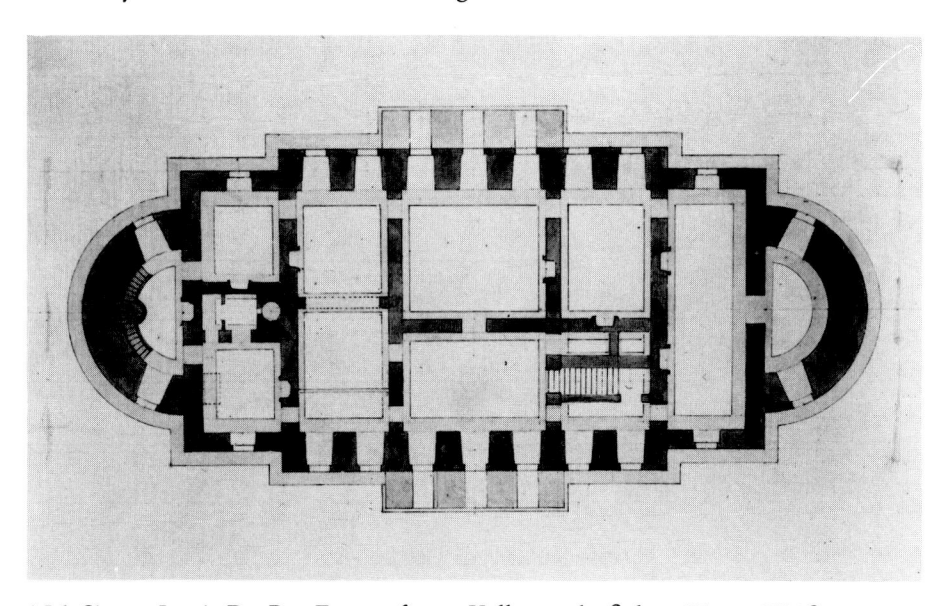

156 Simon Louis Du Ry. Entwurf zum Kellergeschoß des »Neuen Weißensteiner Schlosses«   K 49

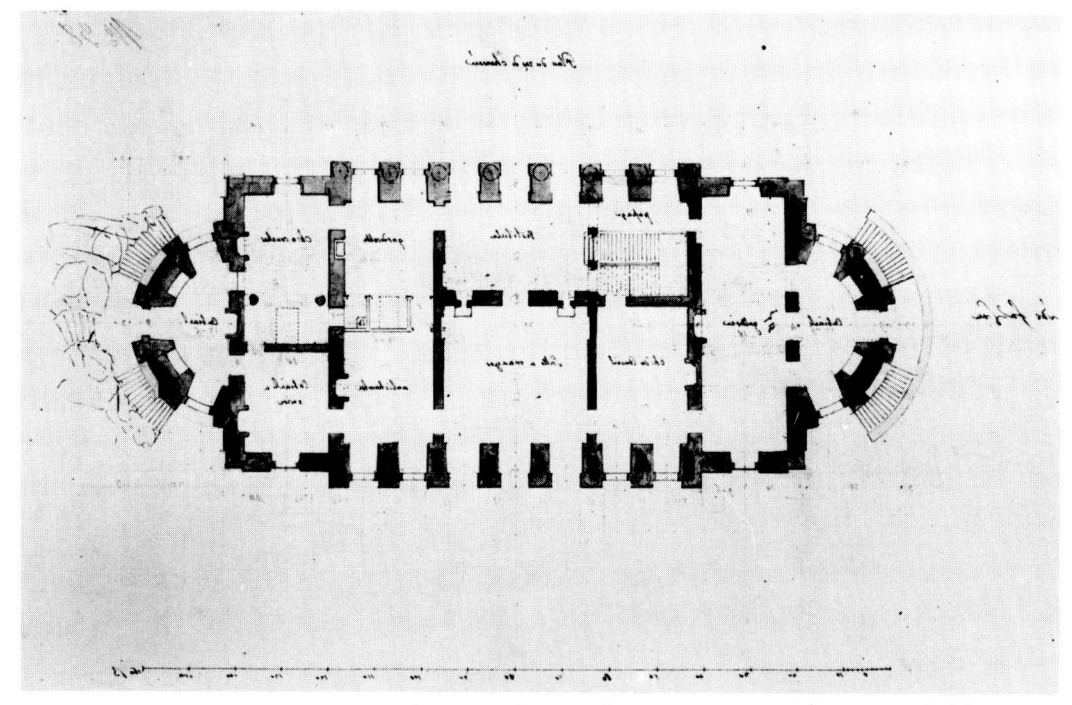

157 Simon Louis Du Ry. Entwurf zum Erdgeschoß des »Neuen Weißensteiner Schlosses« K 50

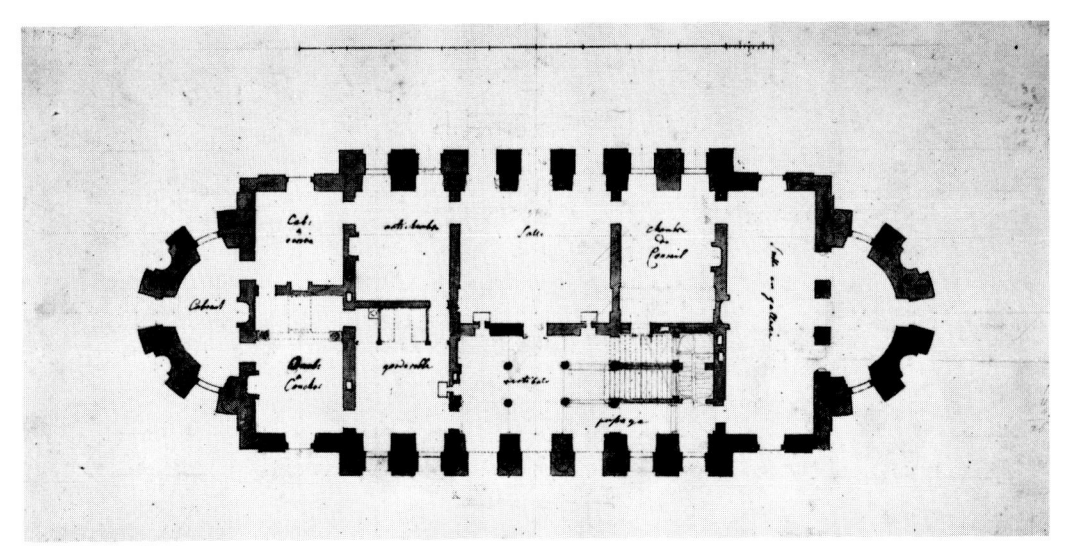

158 Simon Louis Du Ry. Entwurf zum Erdgeschoß des »Neuen Weißensteiner Schlosses« K 51

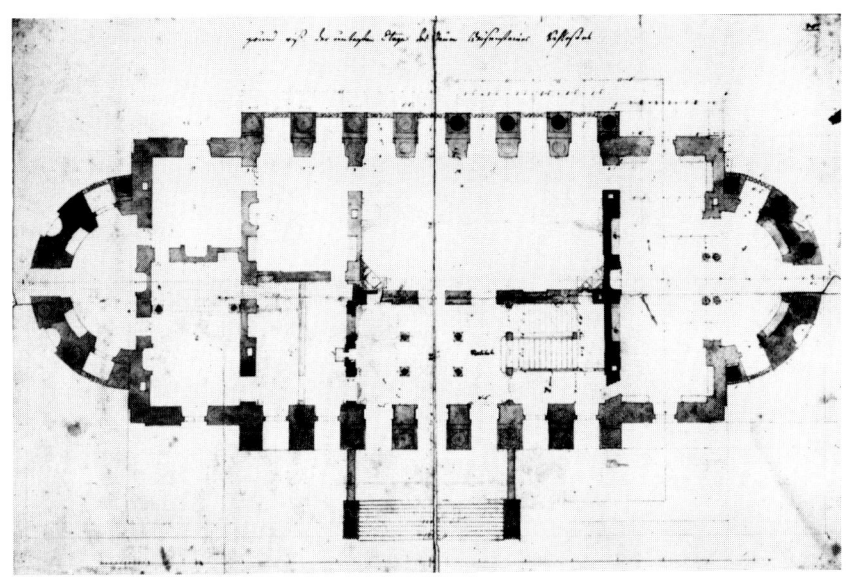

159 Simon Louis Du Ry. Entwurf zum Erdgeschoß des »Neuen Weißensteiner Schlosses«, 1786 mit späteren Ergänzungen   K 52

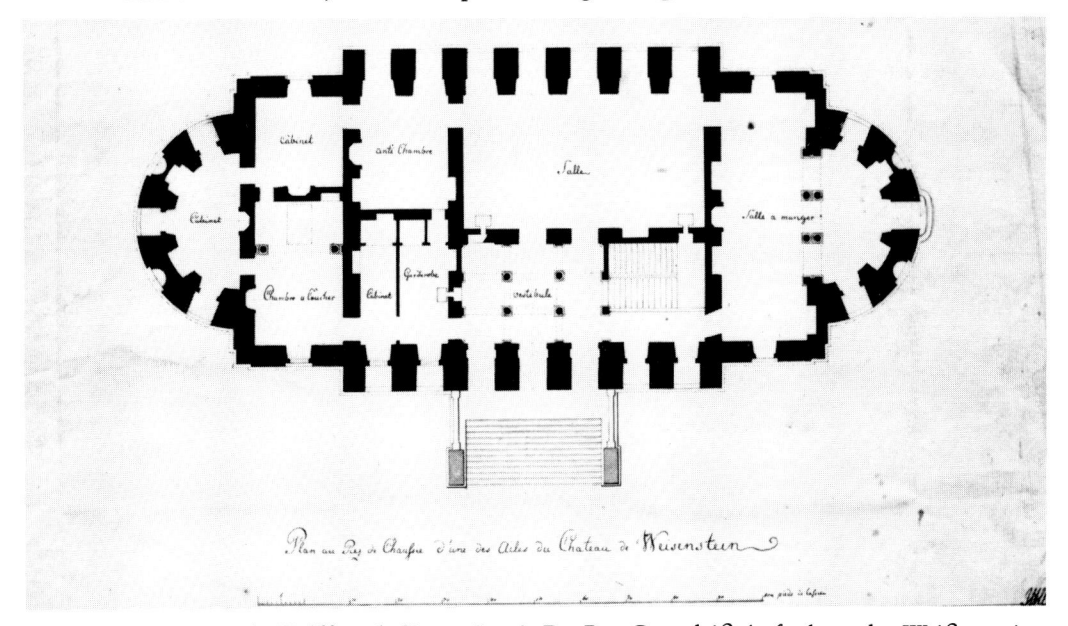

160 Johann Heinrich Wolff nach Simon Louis Du Ry. Grundriß-Aufnahme des Weißensteinflügels, Erdgeschoß, um 1790   K 53

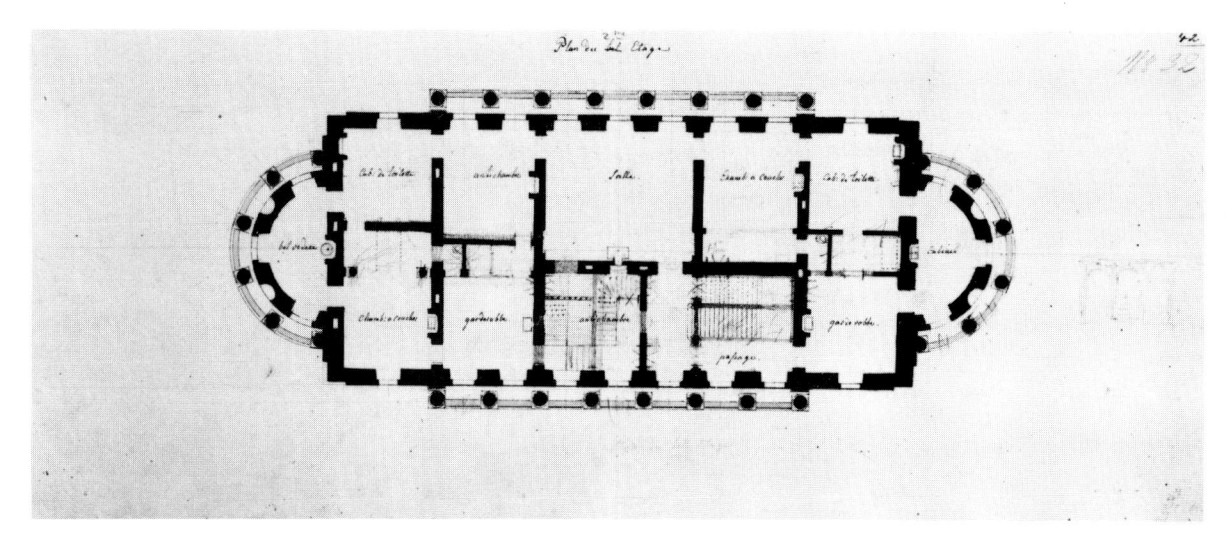

161 Simon Louis Du Ry. Entwurf zur Beletage des »Neuen Weißensteiner Schlosses«   K 54

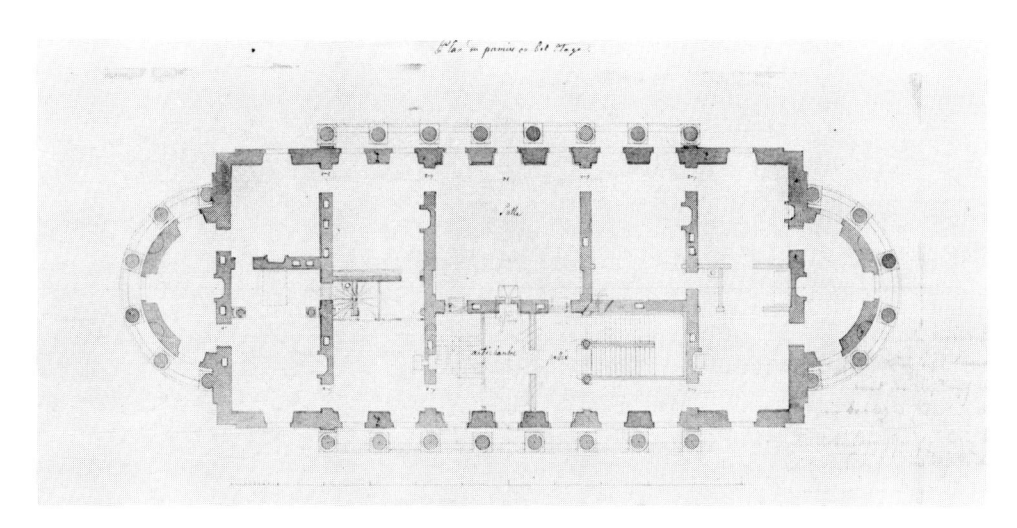

162 Simon Louis Du Ry. Entwurf zur Beletage des »Neuen Weißensteiner Schlosses« um 1787 mit Korrekturen Jussows um 1790   K 55

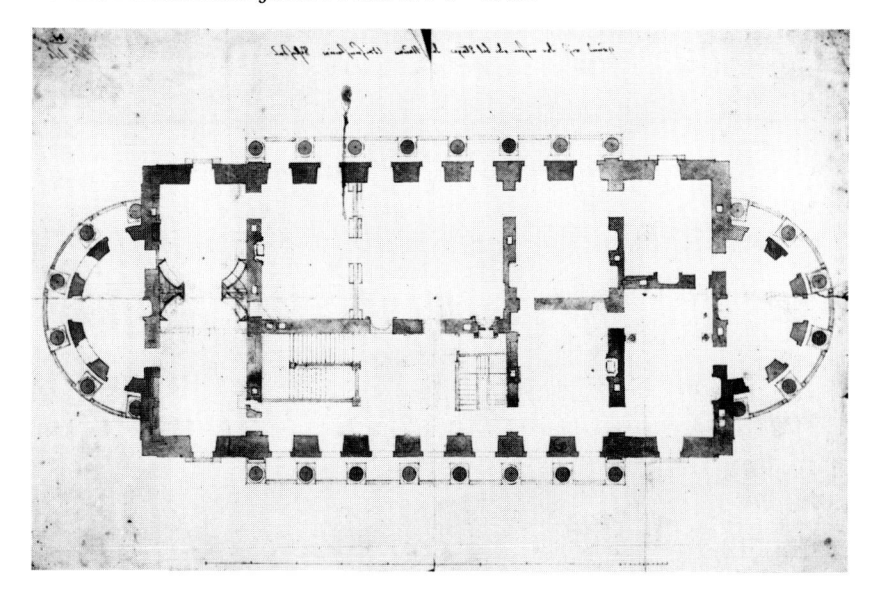

163 Simon Louis Du Ry. Entwurf zur Beletage des »Neuen Weißensteiner Schlosses«, um 1787   K 56

164 Heinrich Christoph Jussow für Simon Louis Du Ry. Aufrißentwurf des »Neuen Weißensteiner Schlosses«, Kopie 1788   K 48

165 Rom. Palazzo Caprini (nach Lafrery)

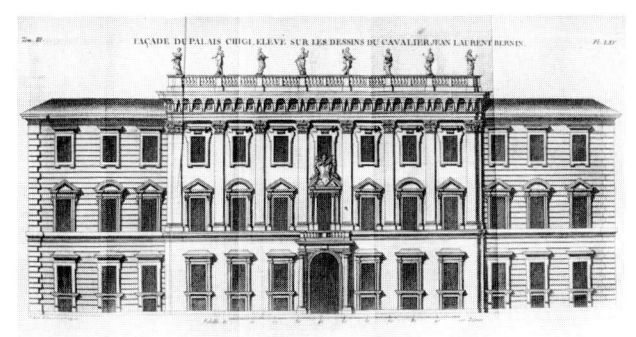

167 Rom. Palazzo Chigi-Odeschalchi nach dem Entwurf Berninis (nach Blondel)

166 Andrea Palladio. Zwei Aufriß-Alternativen für den Palazzo Iseppo Porto in Vicenza (London, RIBA)

168 Paris. Königliche Münze (»Hôtel des Monnaies«)

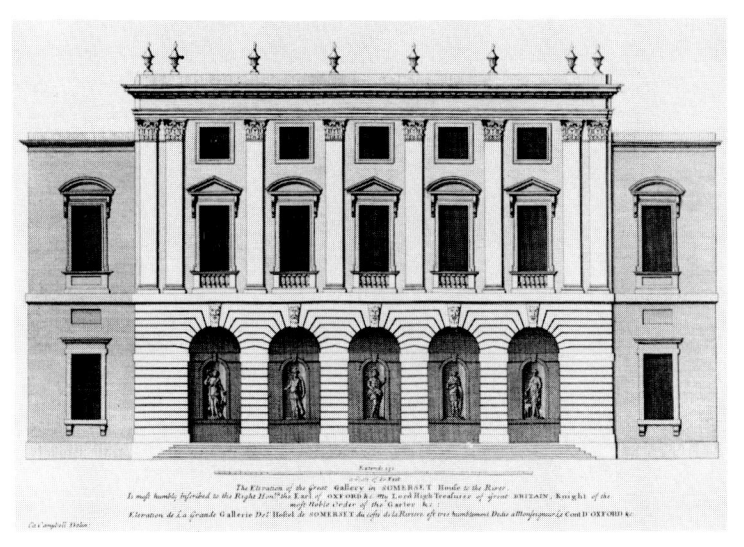

169 London. Somerset House, Great Gallery von Inigo Jones (nach Campbell)

171 London. Somerset House, Neubau von William Chambers

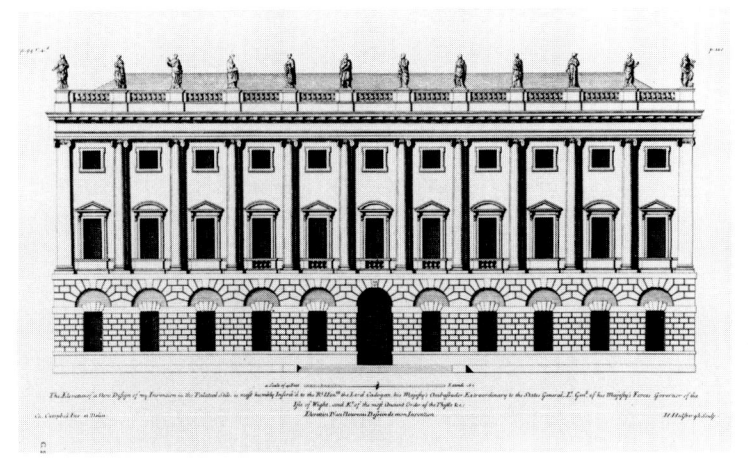

170 Colen Campbell. »Design in the Palatial style« (nach Campbell)

172 Andrea Palladio. Entwurf zur Villa Mocenigo (nach Bertotti-Scamozzi)

173 Heinrich Christoph Jussow. Hypothetisches Projekt einer separierten Anlage für Schloß Weißenstein um 1786, Fotomontage K 58, 59

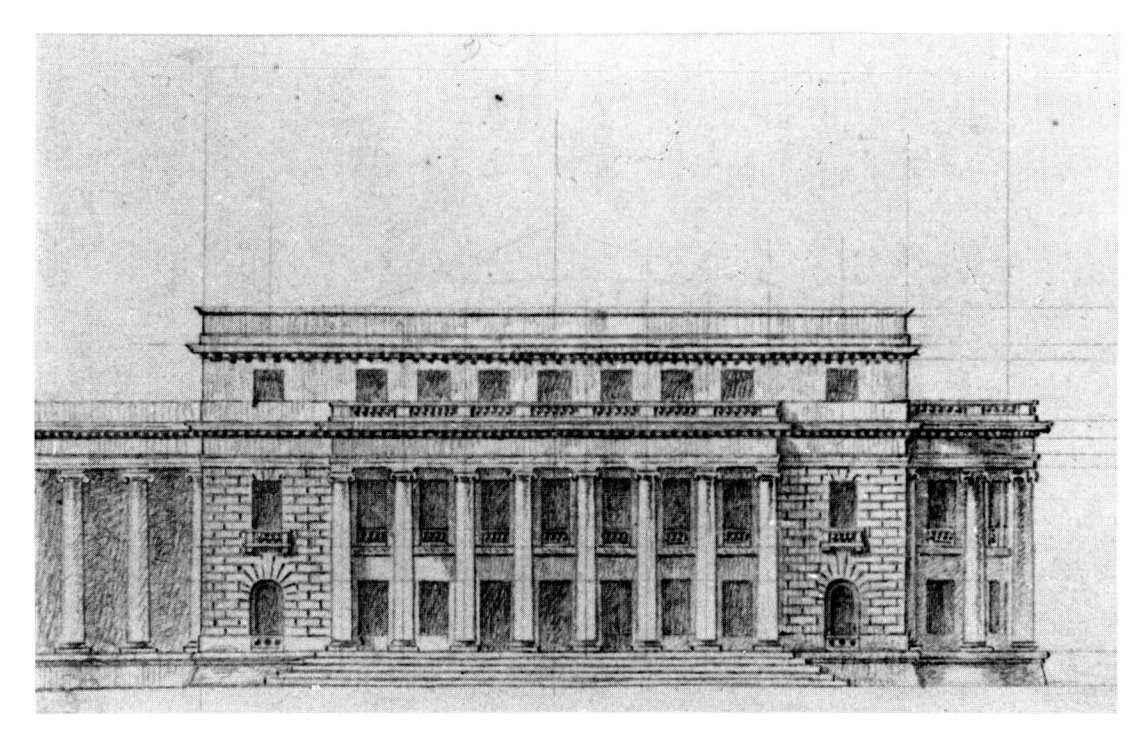

174 Heinrich Christoph Jussow. Hypothetische Alternative zum »Neuen Weißensteiner Schloß« Du Rys, um 1786   K 58

175 Heinrich Christoph Jussow. Hypothetisches Projekt eines Corps de logis für Schloß Weißenstein, um 1786   K 59

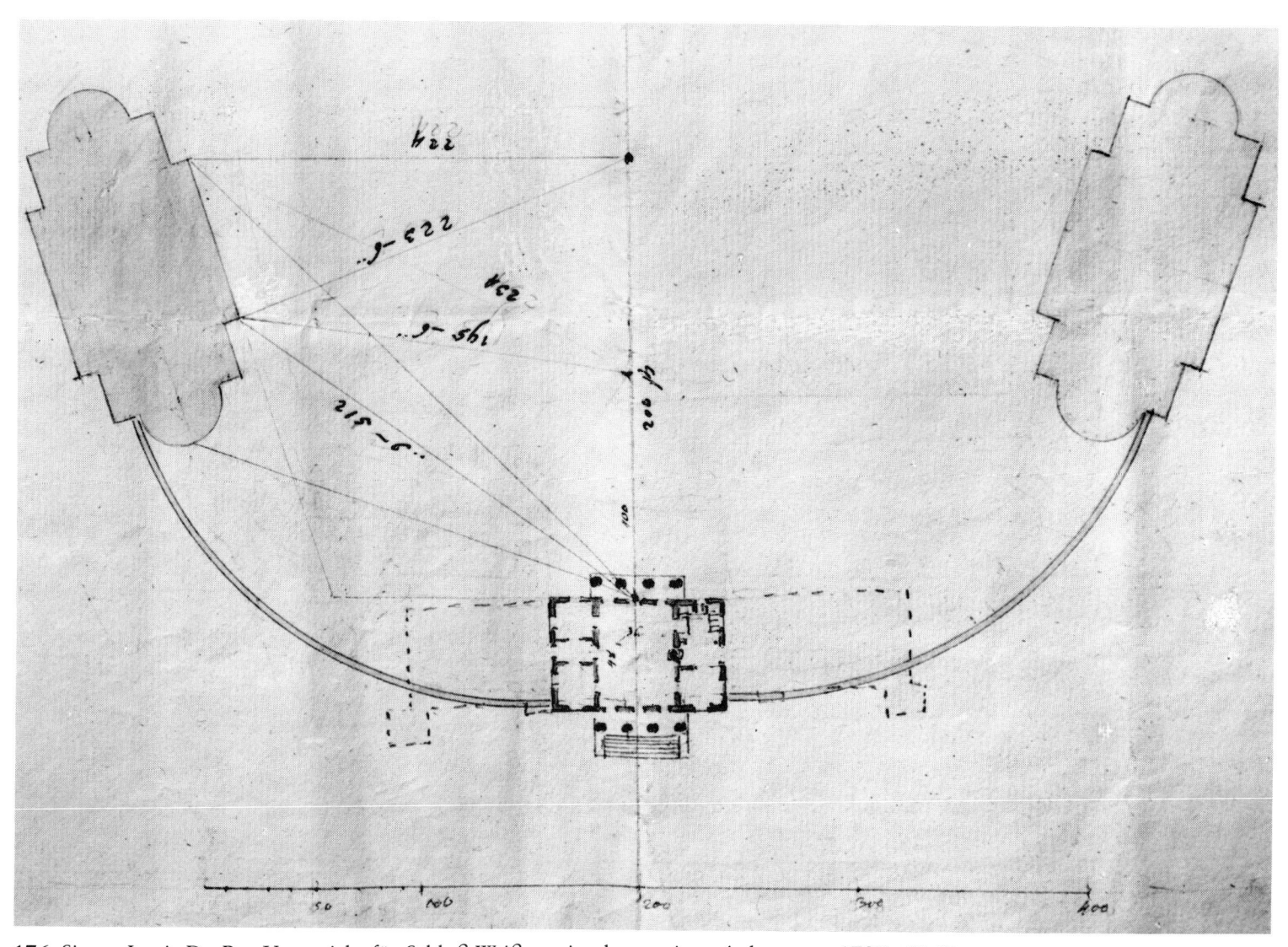

176 Simon Louis Du Ry. Vorprojekt für Schloß Weißenstein als separierte Anlage, um 1787   K 60

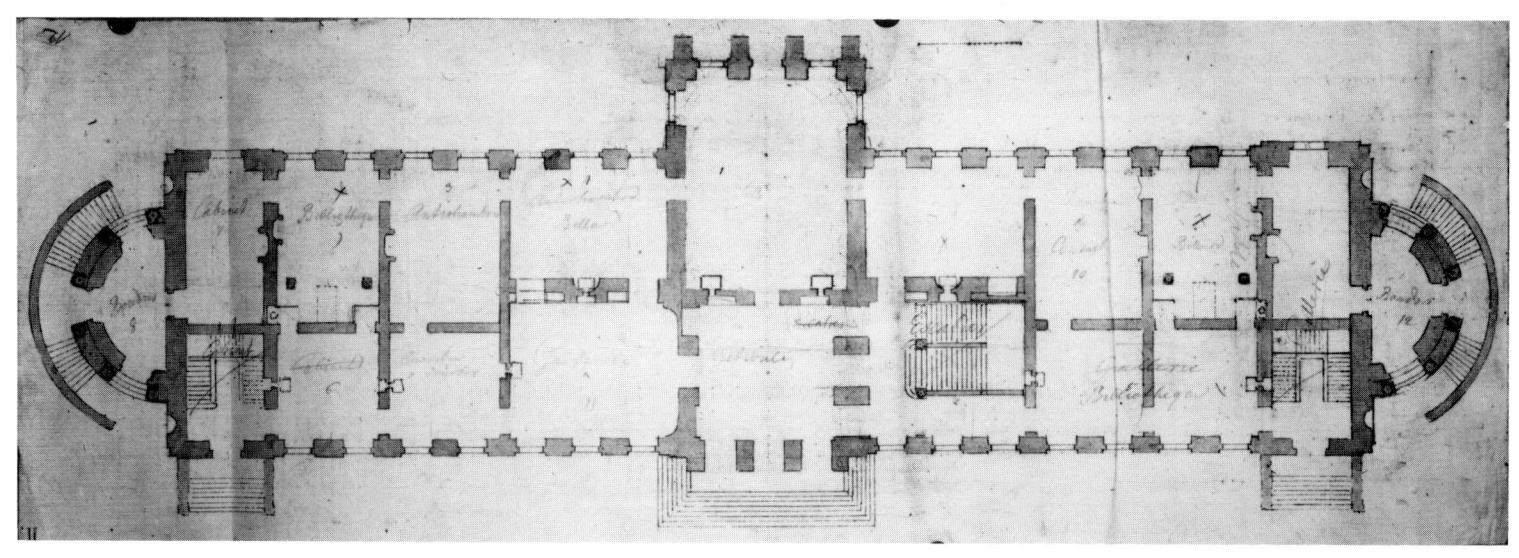

177 Simon Louis Du Ry. Entwurf zu einem Mittelbau für Schloß Weißenstein, Erdgeschoß   K 61

178 Johann Georg Lange für Simon Louis Du Ry. Entwurf für Schloß Weißenstein, Aufriß von Westen, 1787   K 62

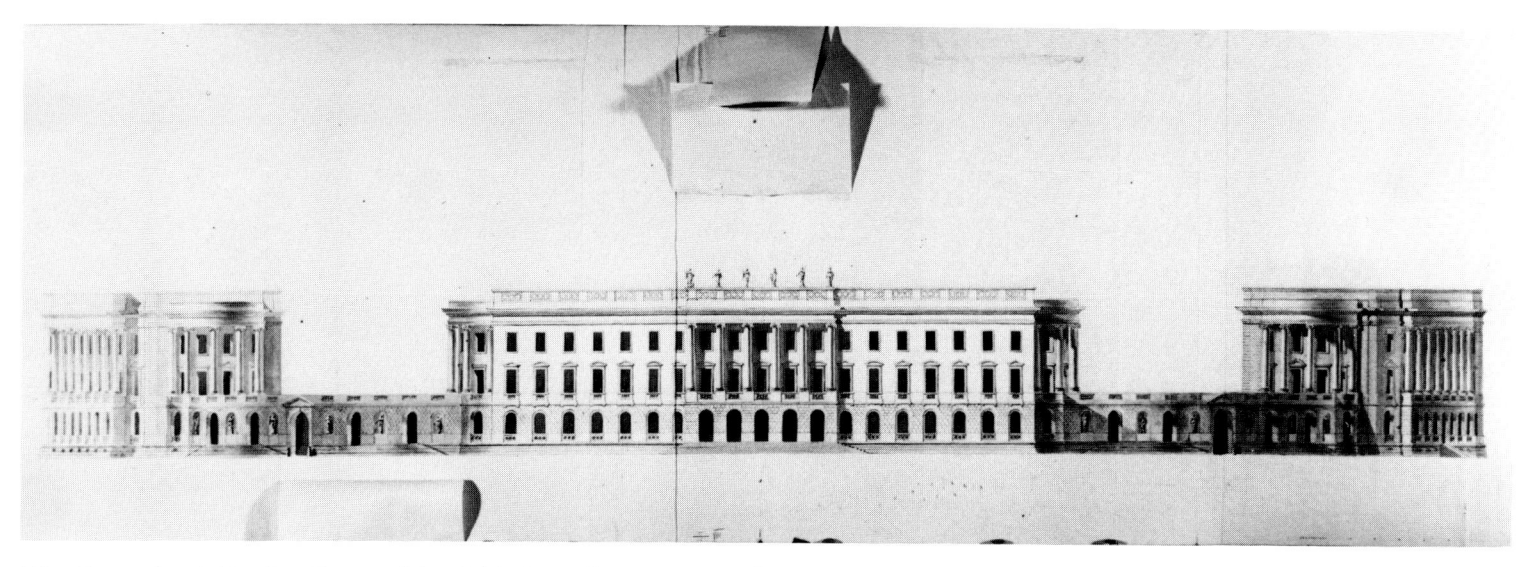

179 Simon Louis Du Ry. Entwurf für Schloß Weißenstein, Aufriß von Westen, 1787   K 62

180 Simon Louis Du Ry. Entwurf für Schloß Weißenstein um 1787, Aufriß von Osten, Deckblatt-Variante: Corps de logis mit Giebel und Kuppel   K 63

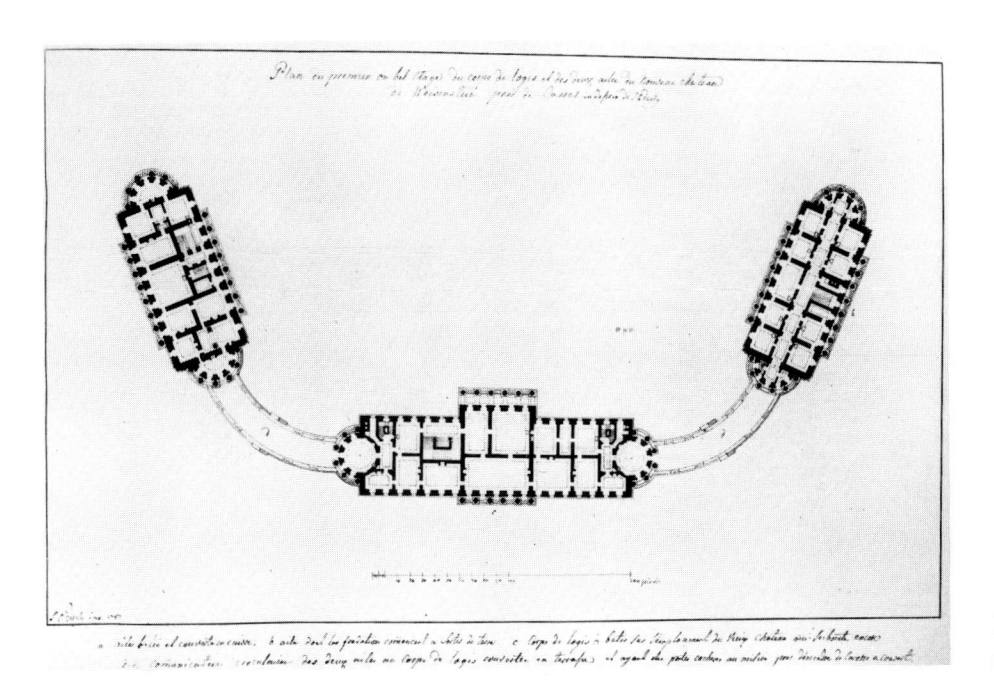

181 Johann Georg Lange für Simon Louis Du Ry. Entwurf zur Beletage von Schloß Weißenstein, 1787   K 64

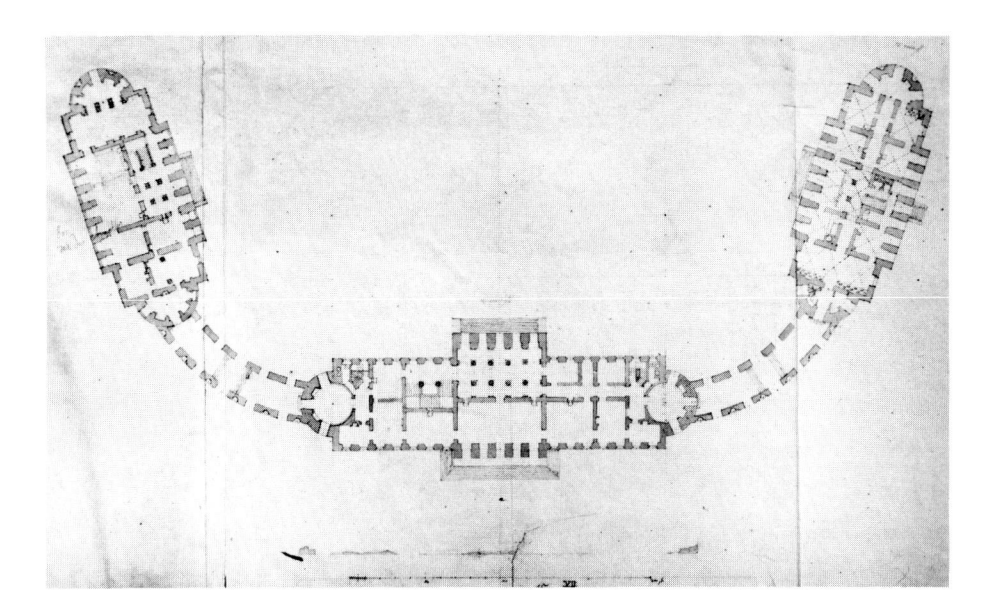

182 Simon Louis Du Ry. Entwurf zum Erdgeschoß von Schloß Weißenstein, um 1787   K 65

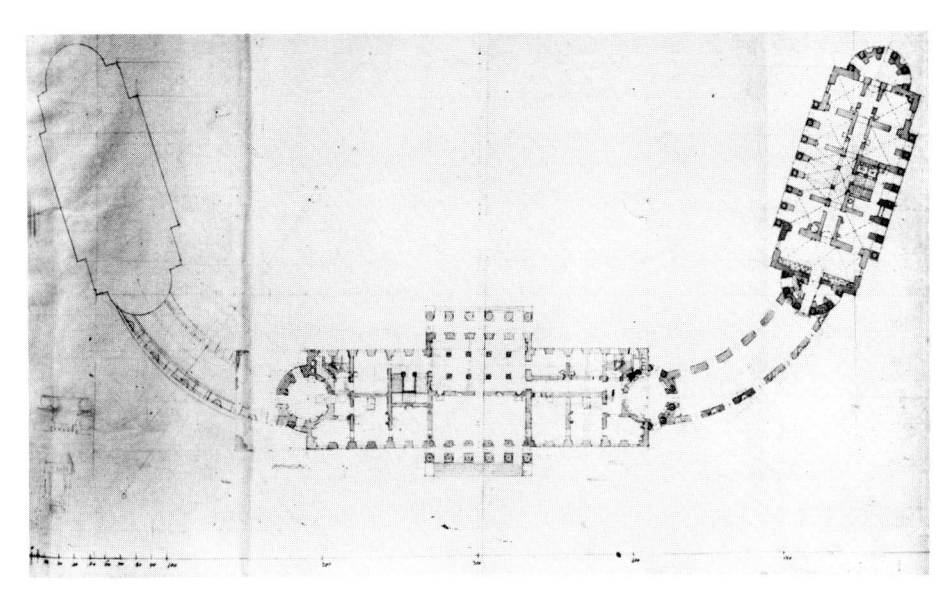

183 Simon Louis Du Ry. Entwurf zum Erdgeschoß von Schloß Weißenstein, um 1787   K 65

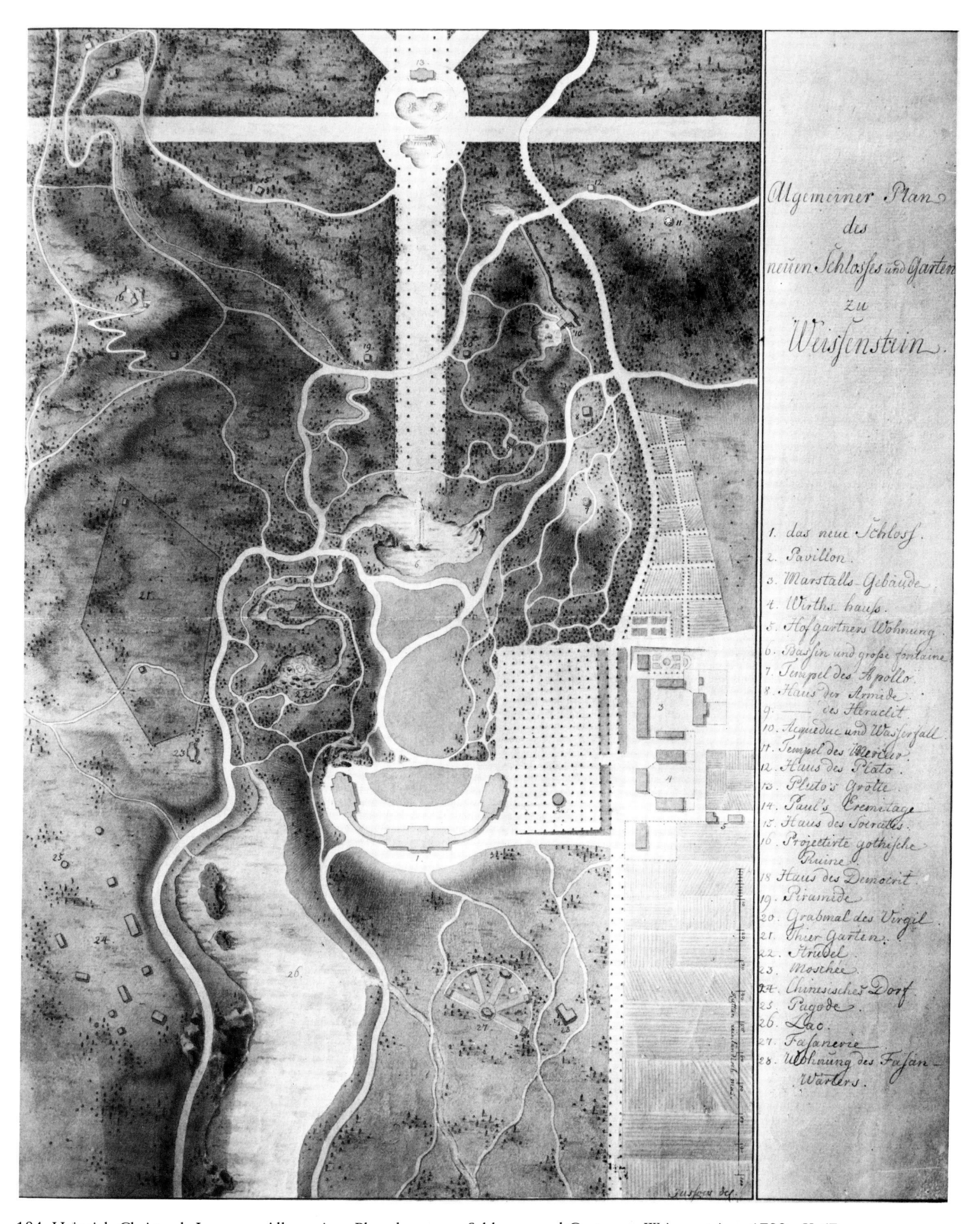

184 Heinrich Christoph Jussow. »Allgemeiner Plan des neuen Schlosses und Garten zu Weissenstein«, 1788   K 67

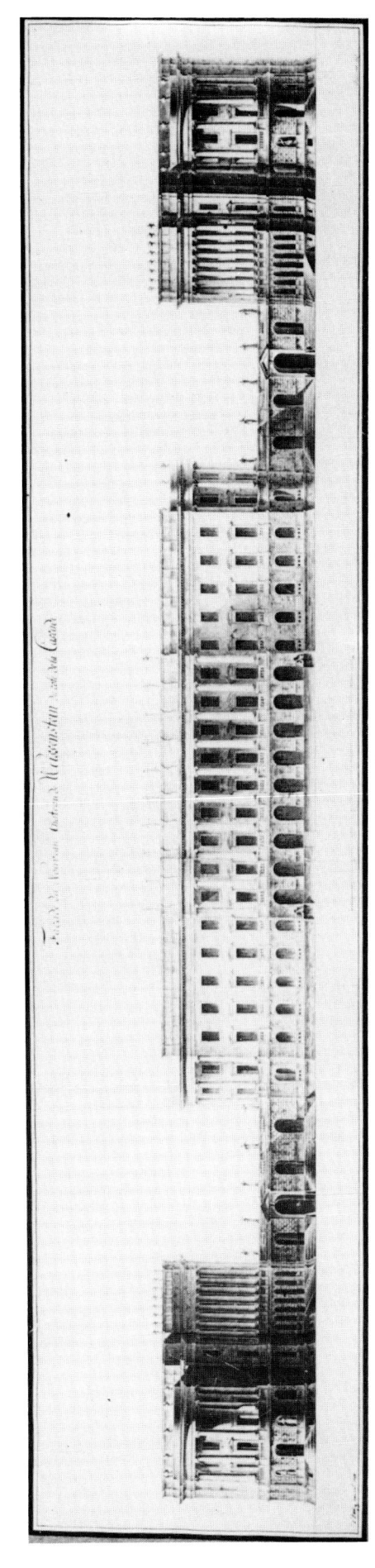

185 Heinrich Christoph Jussow für Simon Louis Du Ry. Entwurf für Schloß Weißenstein, 1788, Aufriß von Western   K 68

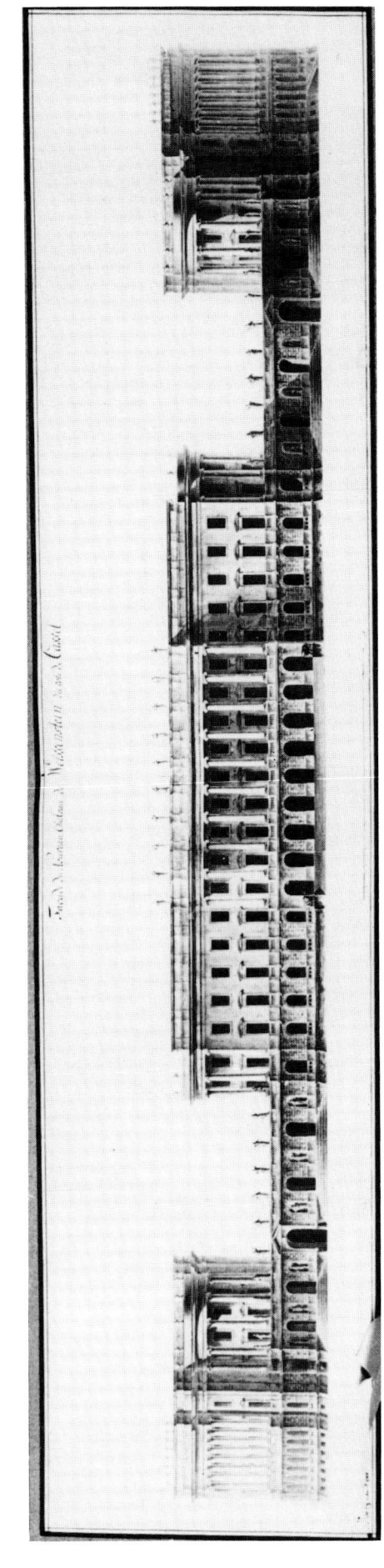

186 Heinrich Christoph Jussow für Simon Louis Du Ry. Entwurf für Schloß Weißenstein, 1788, Aufriß von Osten   K 69

187 Heinrich Christoph Jussow für Simon Louis Du Ry. Entwurf fr Schloß Weißenstein, 1788, Aufriß von Osten mit Deckblatt-Variante   K 69

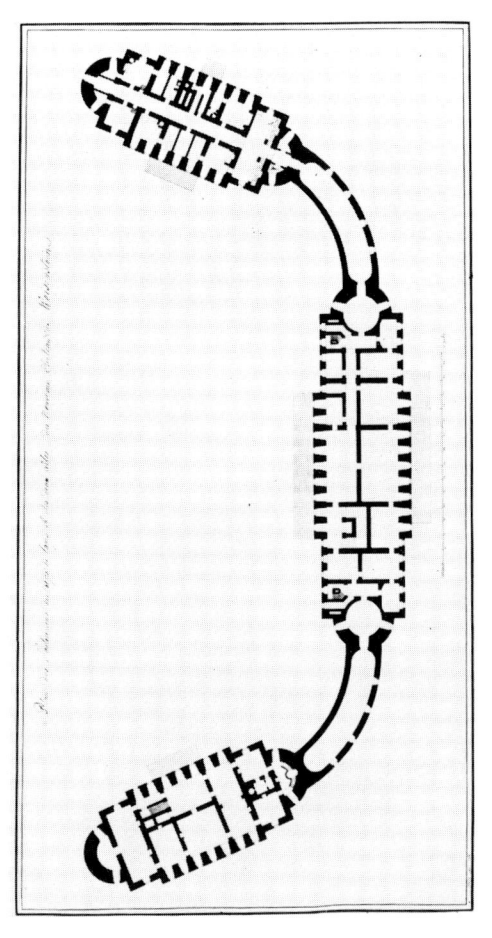

188 Heinrich Christoph Jussow für Simon Louis Du Ry. Entwurf für Schloß Weißenstein, 1788, Kellergeschoß   K 70

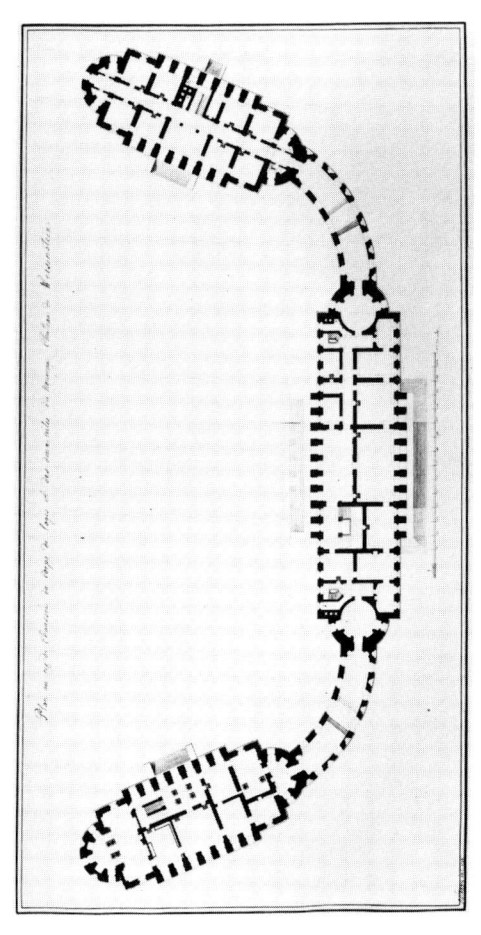

189 Heinrich Christoph Jussow für Simon Louis Du Ry. Entwurf für Schloß Weißenstein, 1788, Erdgeschoß   K 71

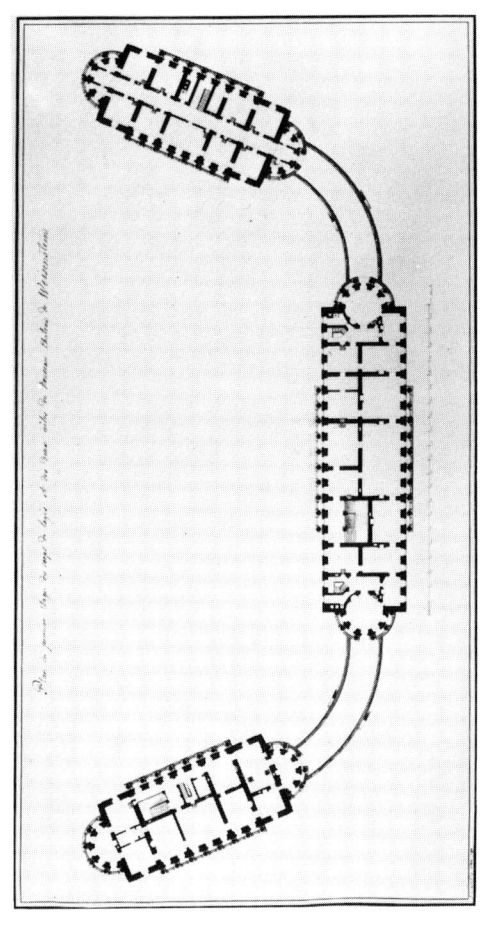

190 Heinrich Christoph Jussow für Simon Louis Du Ry. Entwurf für Schloß Weißenstein, 1788, Beletage   K 72

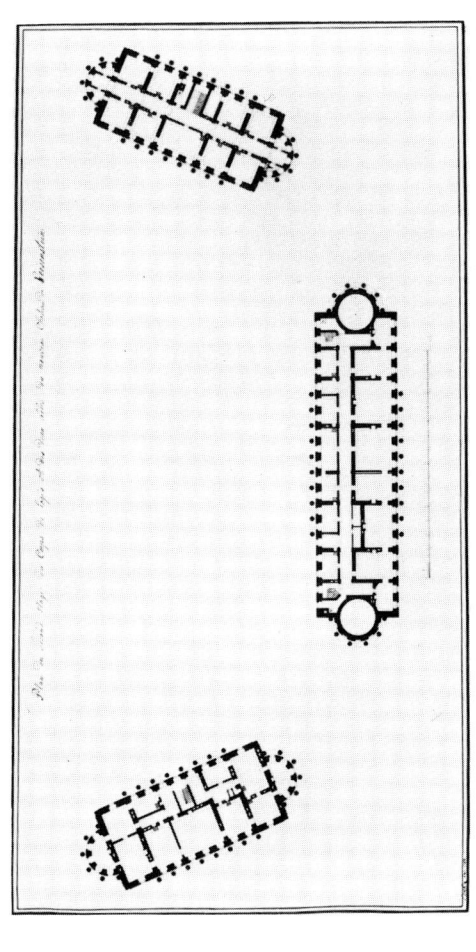

191 Heinrich Christoph Jussow für Simon Louis Du Ry. Entwurf für Schloß Weißenstein, 1788, zweites Obergeschoß   K 73

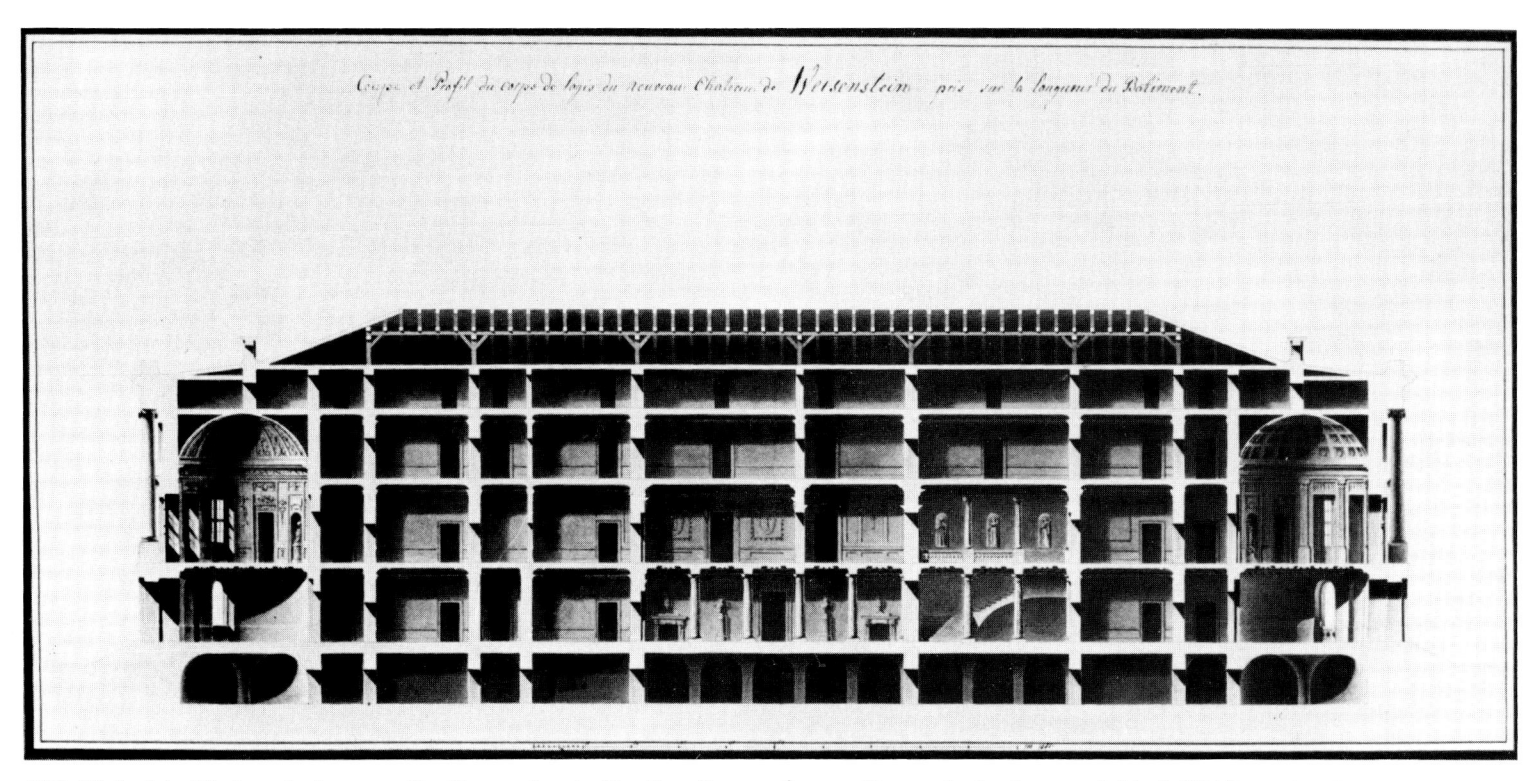

192 Heinrich Christoph Jussow für Simon Louis Du Ry. Entwurf zum Corps de logis von Schloß Weißenstein, Längsschnitt   K 74

193 Heinrich Christoph Jussow für Simon Louis Du Ry. Entwurf zum Corps de logis von Schloß Weißenstein, Aufriß   K 75

194 Johann Heinrich Tischbein. Südost-Ansicht des Schlosses Weißenstein nach dem Projekt Simon Louis Du Rys 1787 (Staatl. Schlösser und Gärten Schloß Wilhelmshöhe)

195 Johann Heinrich Tischbein. Südost-Ansicht des Schlosses Weißenstein nach dem Projekt Simon Louis Du Rys 1788, Kupferstich 1789 (nach Weise)

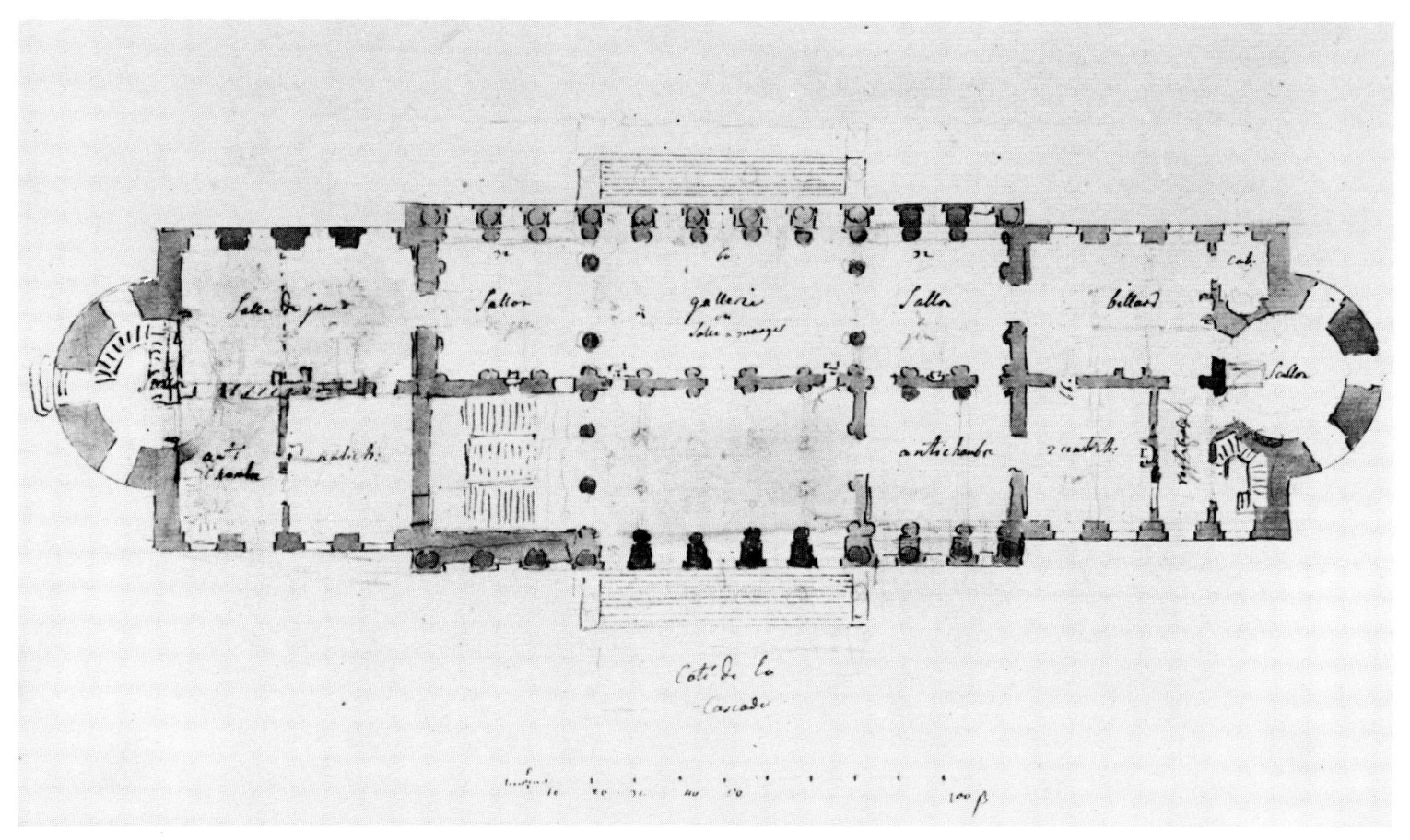

196 Simon Louis Du Ry. Entwurf zum Corps de logis von Schloß Weißenstein, Skizze des Erdgeschosses, um 1788   K 76

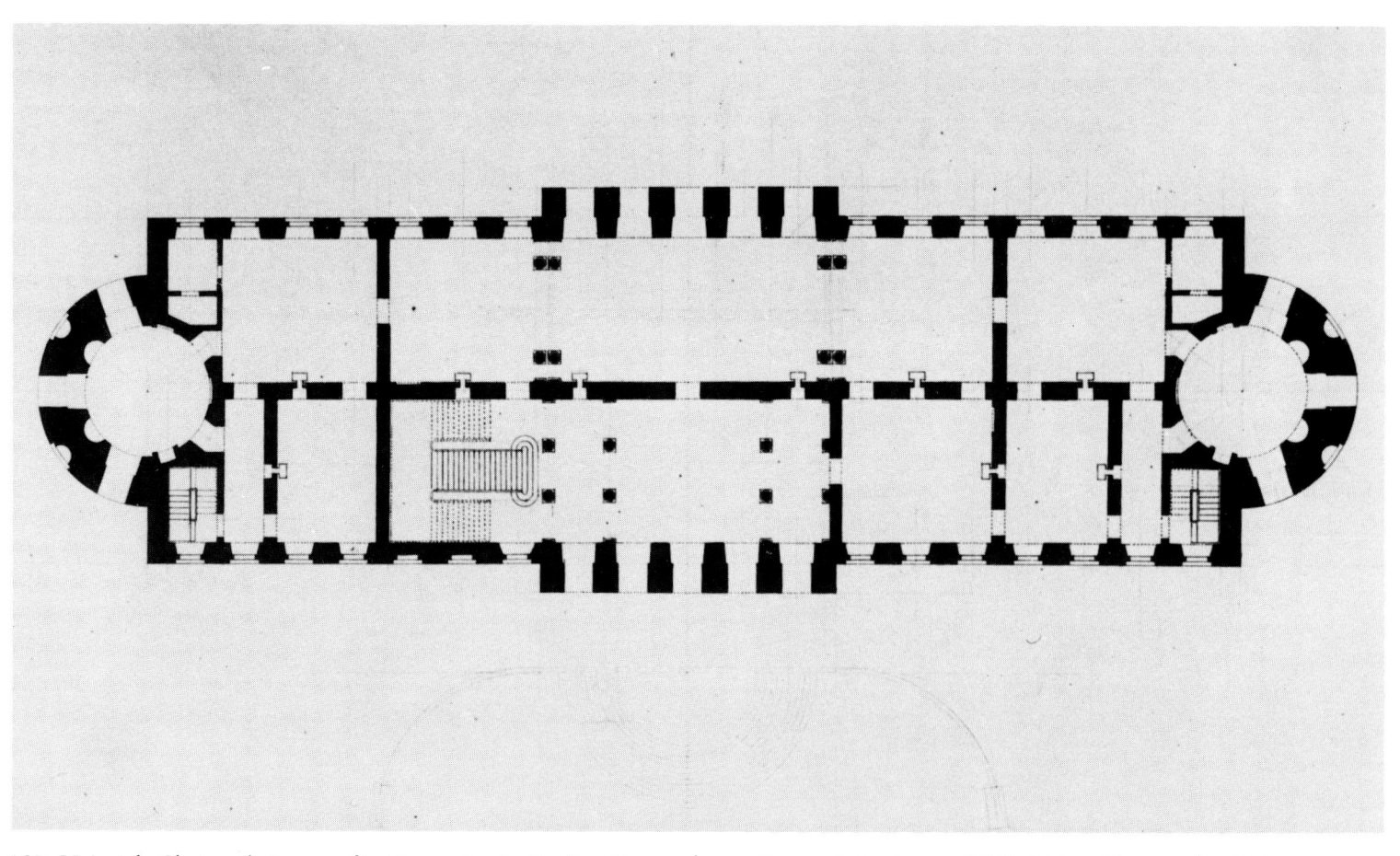

197 Heinrich Christoph Jussow für Simon Louis Du Ry. Entwurf zum Corps de logis um 1799, Reinzeichnung des Erdgeschosses   K 77

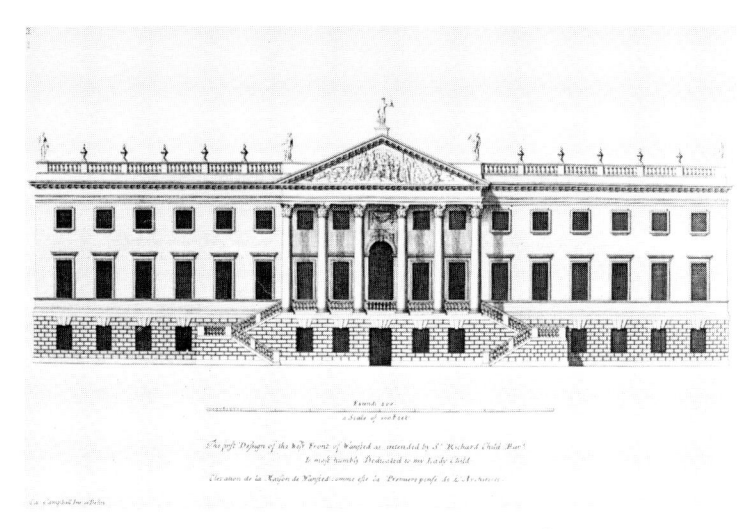

198 Colen Campbell. Erster Entwurf zu Schloß Wanstead (nach Campbell)

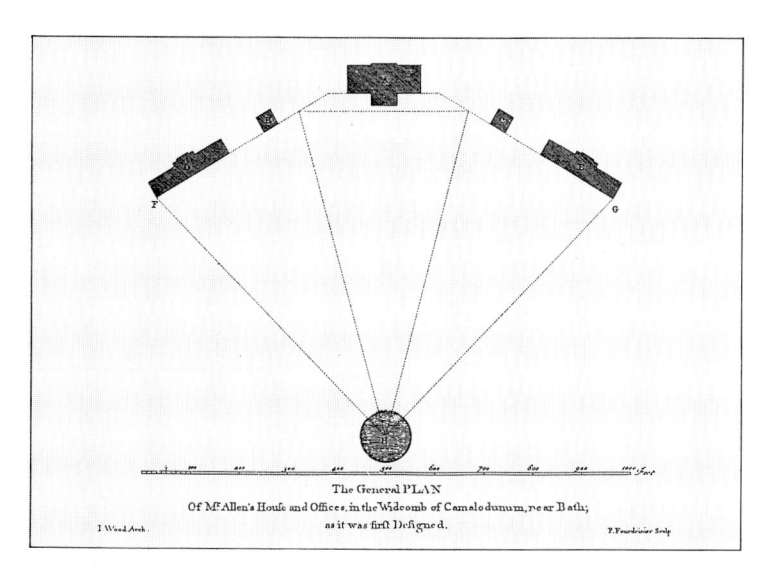

199 John Wood d. Ä. Entwurf zur Anlage von Schloß Prior Park bei Bath (nach Fourdrinier)

200 Bath. Schloß Prior Park, Mittelbau

201 Bath. Schloß Prior Park, Mittelbau und Seitenflügel

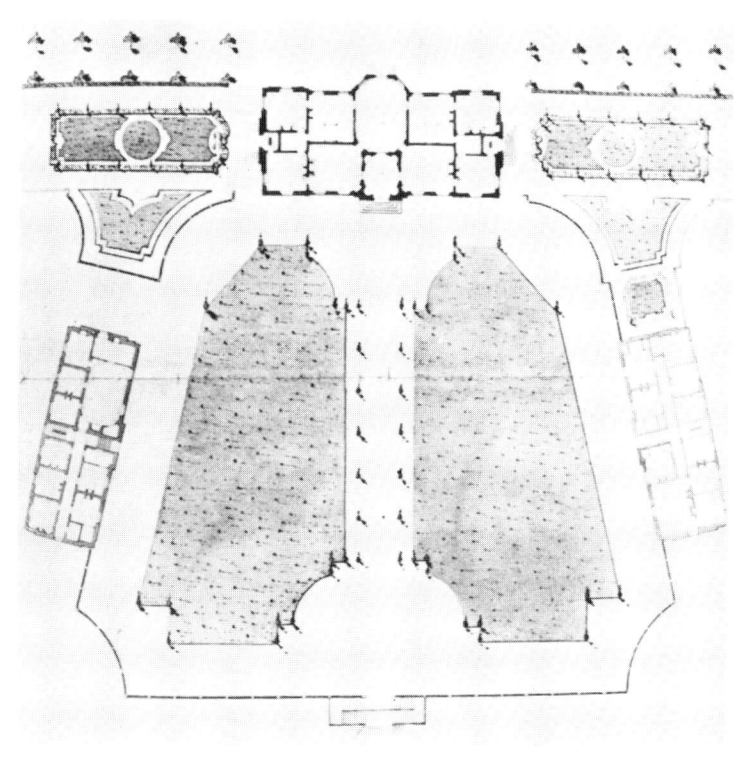

202 Carl Hårleman. Entwurf zu Schloß Svartsjö (Stockholm Nationalmuseum)

203 Ange-Jacques Gabriel. Versailles, »Grand projet« (Versailles, Agence d'architecture)

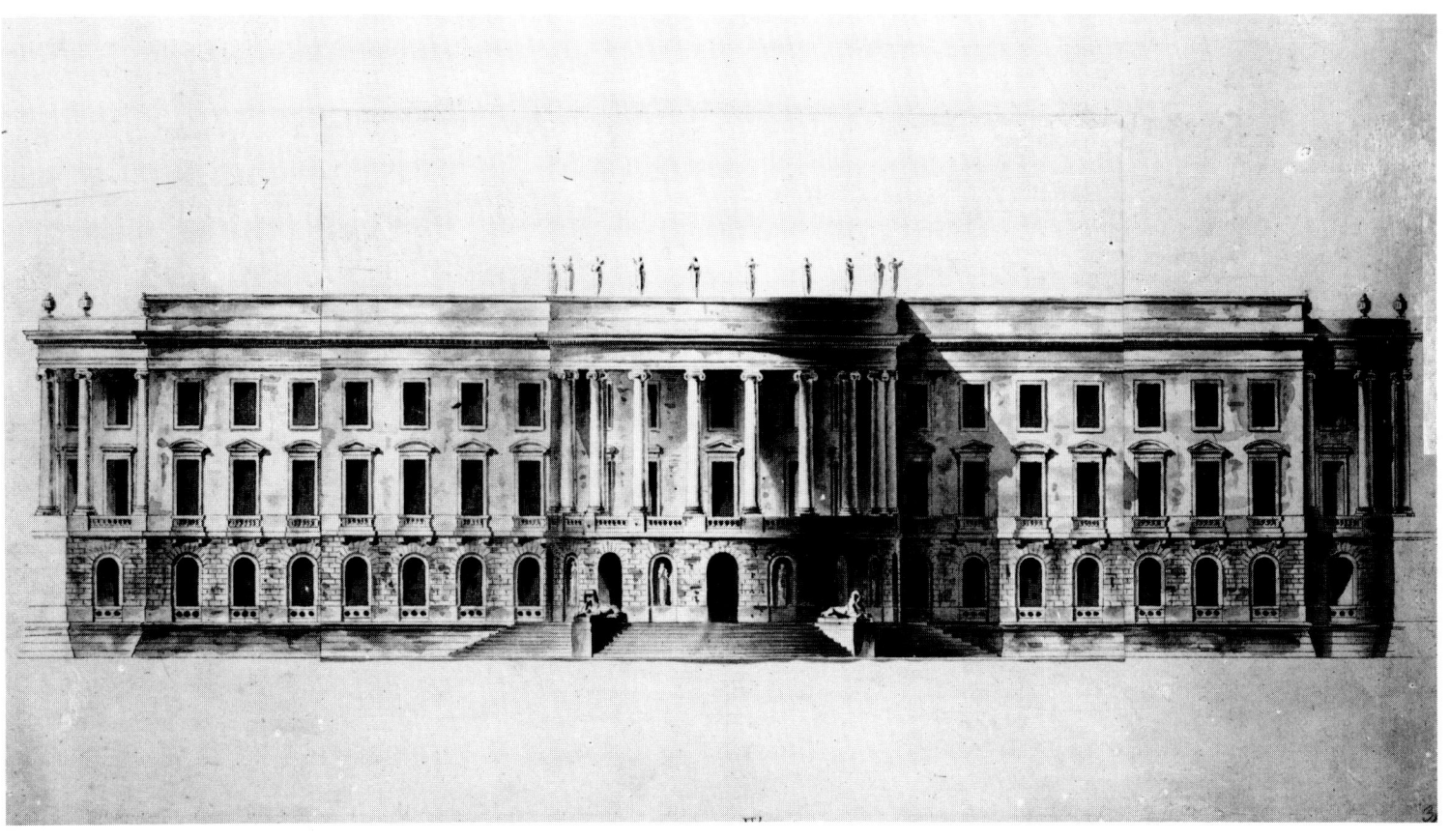

204 Heinrich Christoph Jussow. »Erstes« Vorprojekt für Schloß Weißenstein:
Ein Corps de logis, um 1788/1789, Aufriß K 78

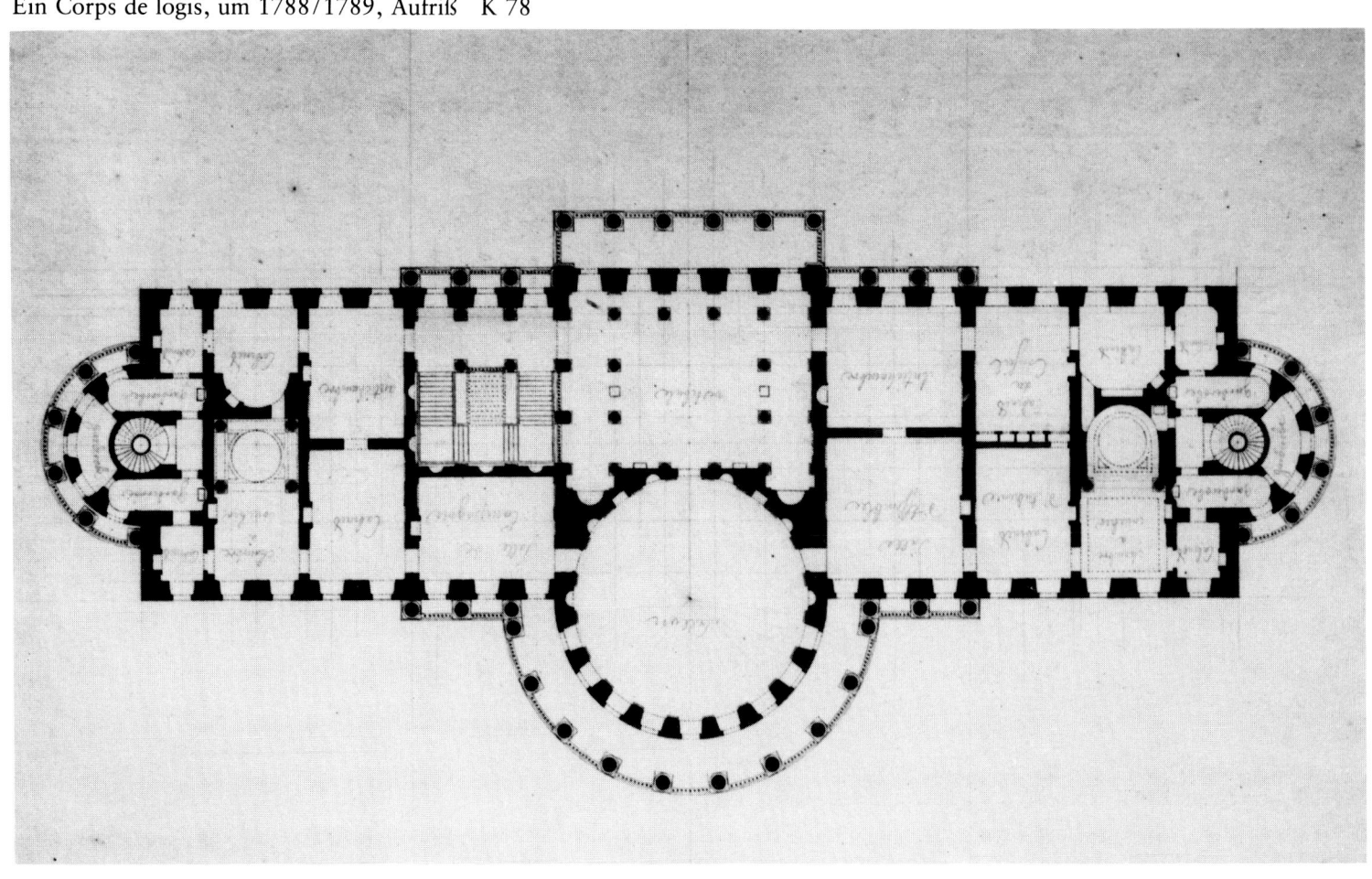

205 Heinrich Christoph Jussow. »Erstes« Vorprojekt für Schloß Weißenstein, um 1788/1789, Grundriß K 79

206 Heinrich Christoph Jussow. »Zweites« Vorprojekt für Schloß Weißenstein:
Ein Corps de logis, um 1788/1789, Aufriß   K 80

207 Heinrich Christoph Jussow. »Drittes« Vorprojekt für Schloß Weißenstein:
Ein Corps de logis, um 1788/1789, Aufrißskizze   K 81

208 Heinrich Christoph Jussow. »Viertes« Vorprojekt für Schloß Weißenstein: Ein Corps de logis, um 1788/1789, Aufriß der Gesamtanlage von Westen   K 82

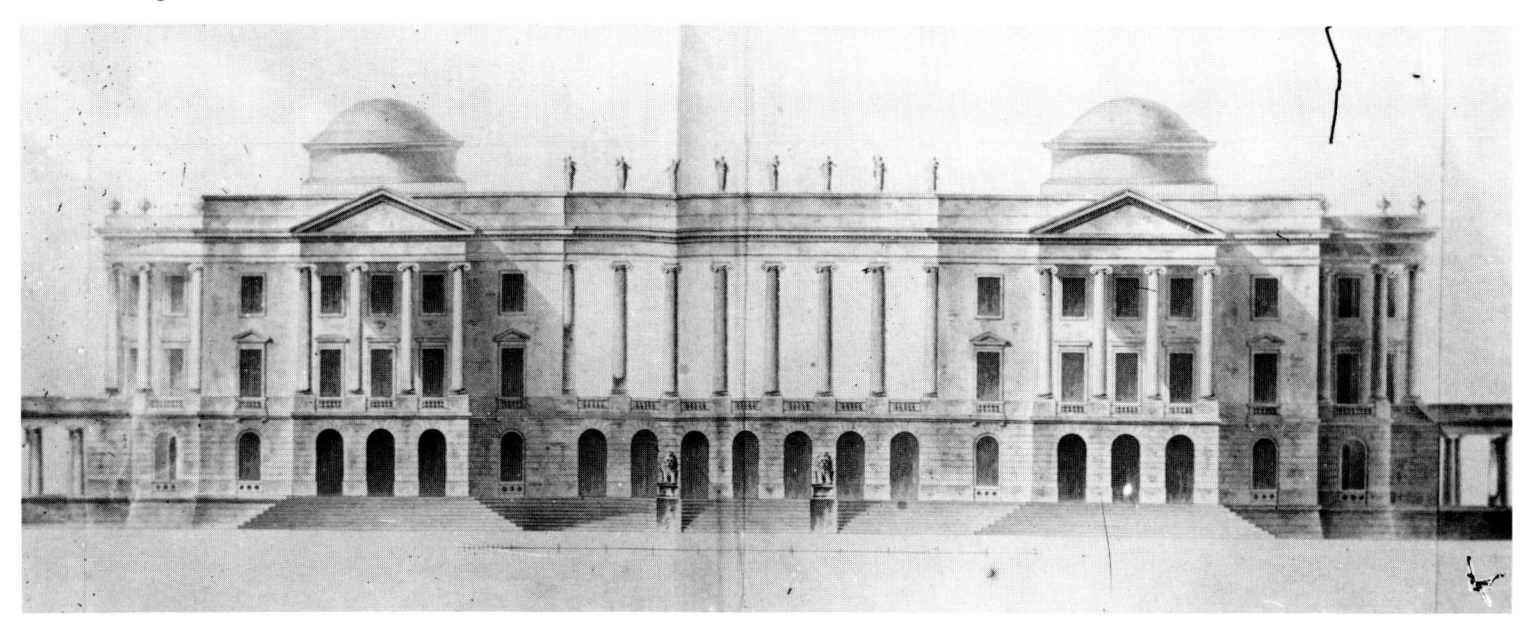

209 Heinrich Christoph Jussow. Aufriß des Corps de logis nach dem »Vierten« Vorprojekt   K 82

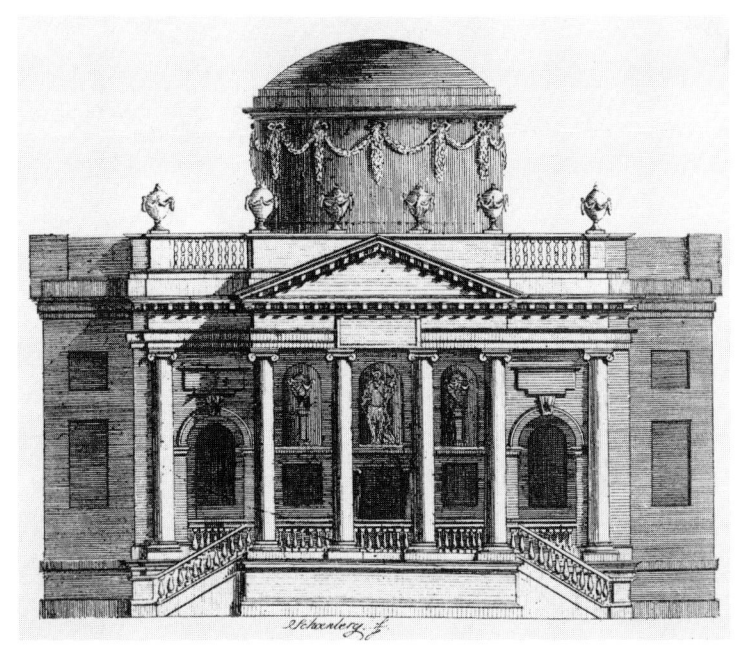

210 James Gibbs. Entwurf zur Kapelle in Gibside (nach Hirschfeld)

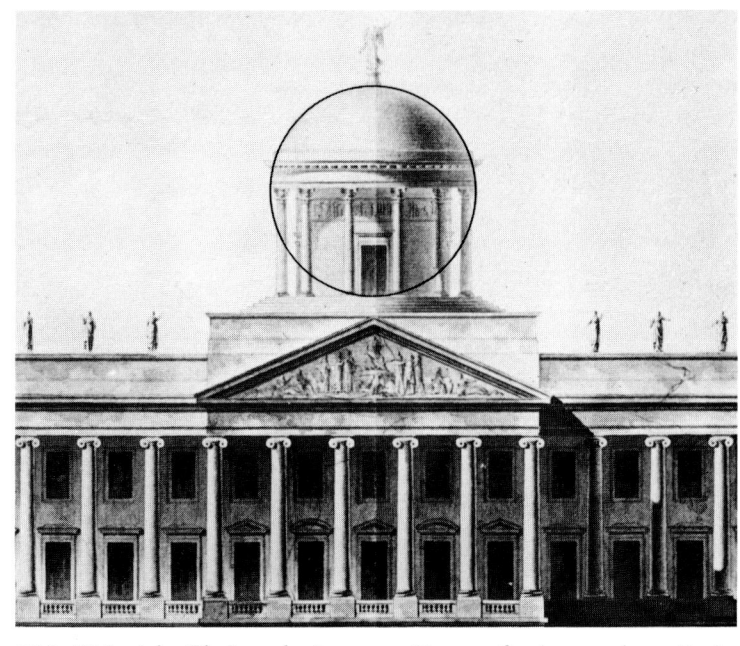

211 Heinrich Christoph Jussow. Entwurfsschema des »Sechsten« Vorprojekts, Detail aus Abb. 217   K 84

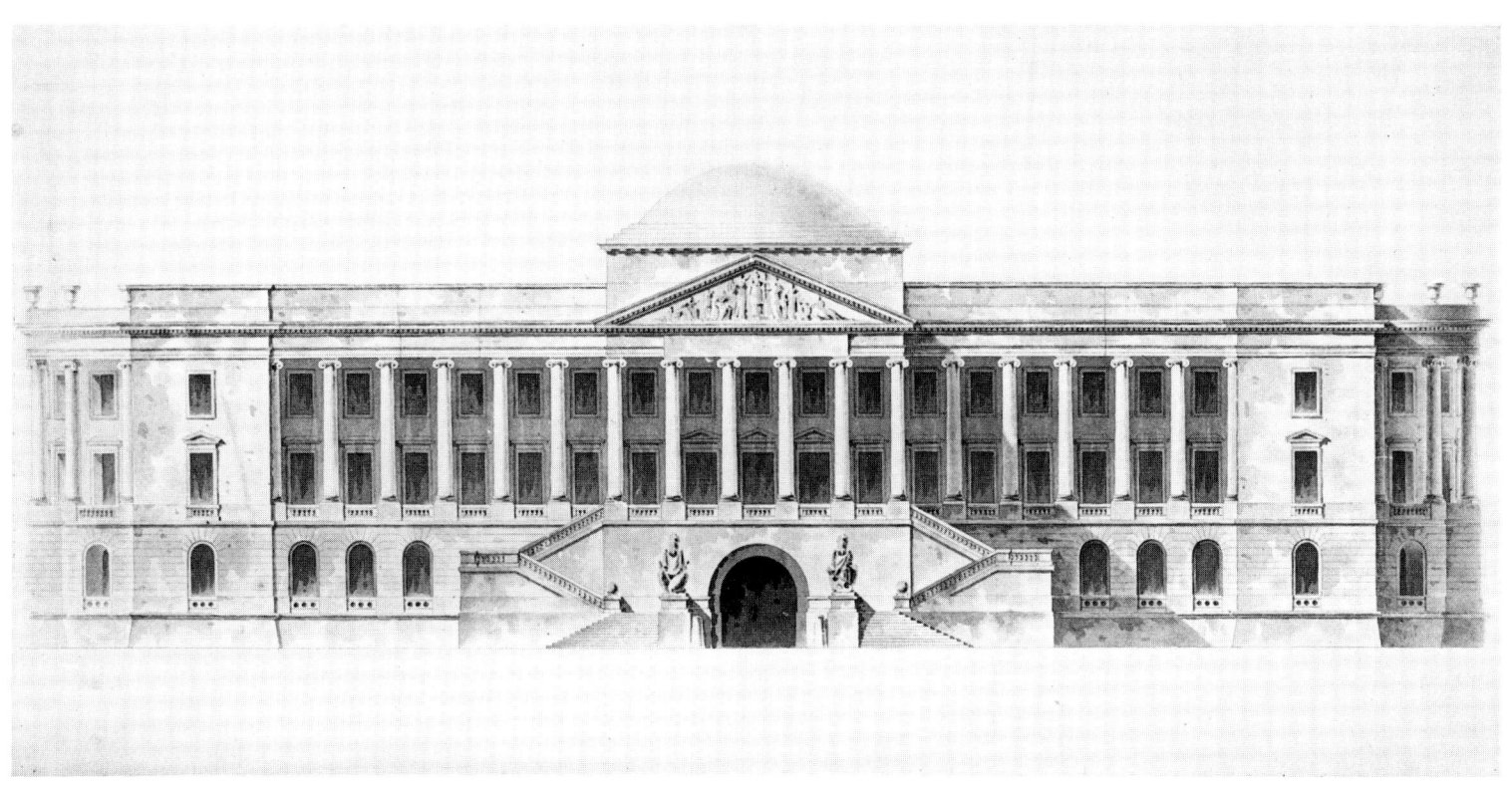

212 Heinrich Christoph Jussow. »Fünftes« Vorprojekt für Schloß Weißenstein: Ein Corps de logis, um 1789/1789, Aufriß   K 83

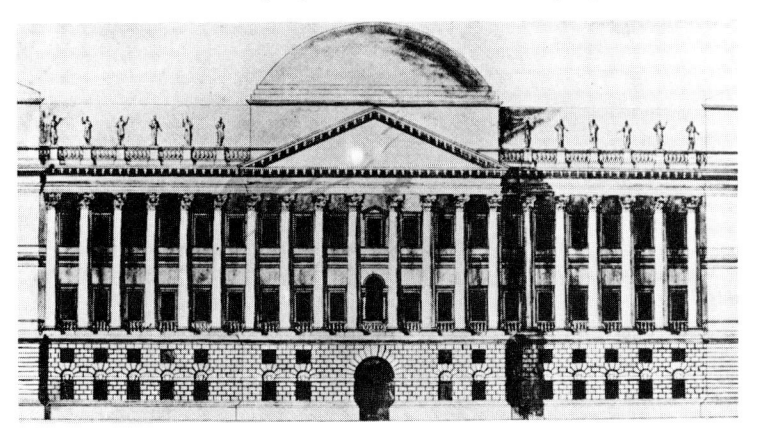

213 William Kent. Entwurf für die Houses of Parliament in London-Westminster, 1735, flußseitige Front (London, Sir John Soane-Museum)

214 Paris. Louvre, Ostfassade (nach Blondel)

215 Jacques-François Blondel. Theoretisches Änderungsprojekt für die Louvre-Ostfassade (nach Blondel, Cours)

216 Paris. Palais (Garde-meuble) an der Place Louis XV (Place de la Concorde)

217 Heinrich Christoph Jussow. »Sechstes« Vorprojekt für Schloß Weißenstein: Ein Corps de logis, um 1788/1789, Aufriß   K 84

218 Heinrich Christoph Jussow. »Siebtes« Vorprojekt für Schloß Weißenstein: Ein Corps de logis, um 1790, Aufriß   K 85

219 Heinrich Christoph Jussow. »Achtes« Vorprojekt für Schloß Weißenstein: Eine Triumphbogen-Kolonnade, um 1790/1791, Aufriß   K 86

220 Leonhard Müller nach Heinrich Christoph Jussow. Rekonstruktion des »Neunten« Vorprojekts für Schloß Weißenstein: Ein Triumphbogen, 1821, Aufriß-Vedute von Osten   K 93

221 Heinrich Christoph Jussow. »Neuntes« Vorprojekt für Schloß Weißenstein: Ein Triumphbogen, um 1791, Aufriß-Vedute von Osten   K 87

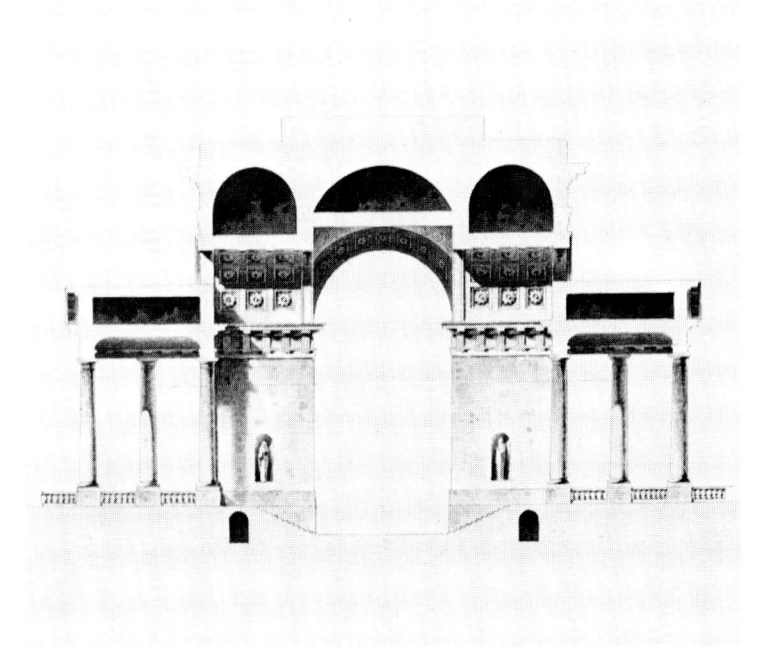

223 Heinrich Christoph Jussow. »Neuntes« Vorprojekt für Schloß Weißenstein, Längsschnitt   K 91

222 Heinrich Christoph Jussow. »Neuntes« Vorprojekt für Schloß Weißenstein, Seitenaufriß   K 88

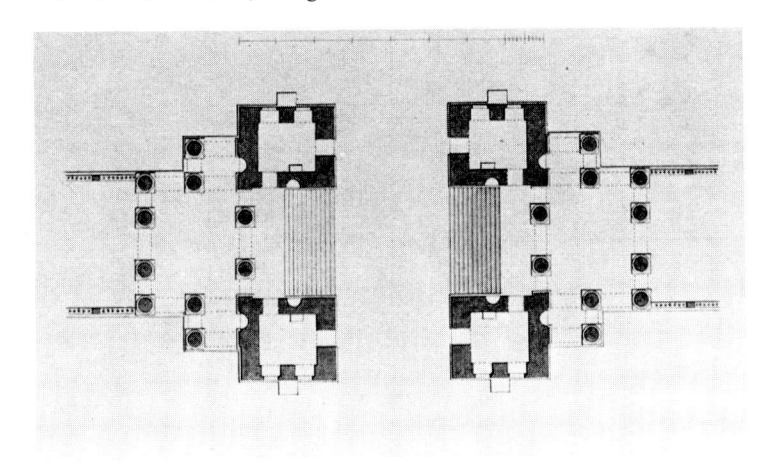

224 Heinrich Christoph Jussow. »Neuntes« Vorprojekt für Schloß Weißenstein, Grundriß   K 92

225 Heinrich Christoph Jussow. »Zehntes« Vorprojekt für Schloß Weißenstein: Eine künstliche Ruine, um 1791, Vedute   K 94

226 Wilhelm Böttner nach Heinrich Christoph Jussow. »Zehntes« Vorprojekt für Schloß Wilhelmshöhe, 1791, Vedute   K 96

227 Heinrich Christoph Jussow. »Zehntes« und »Elftes« Vorprojekt für Schloß Weißenstein: Ruine oder Tholos? Um 1791, perspektivische Ansichten   K 95

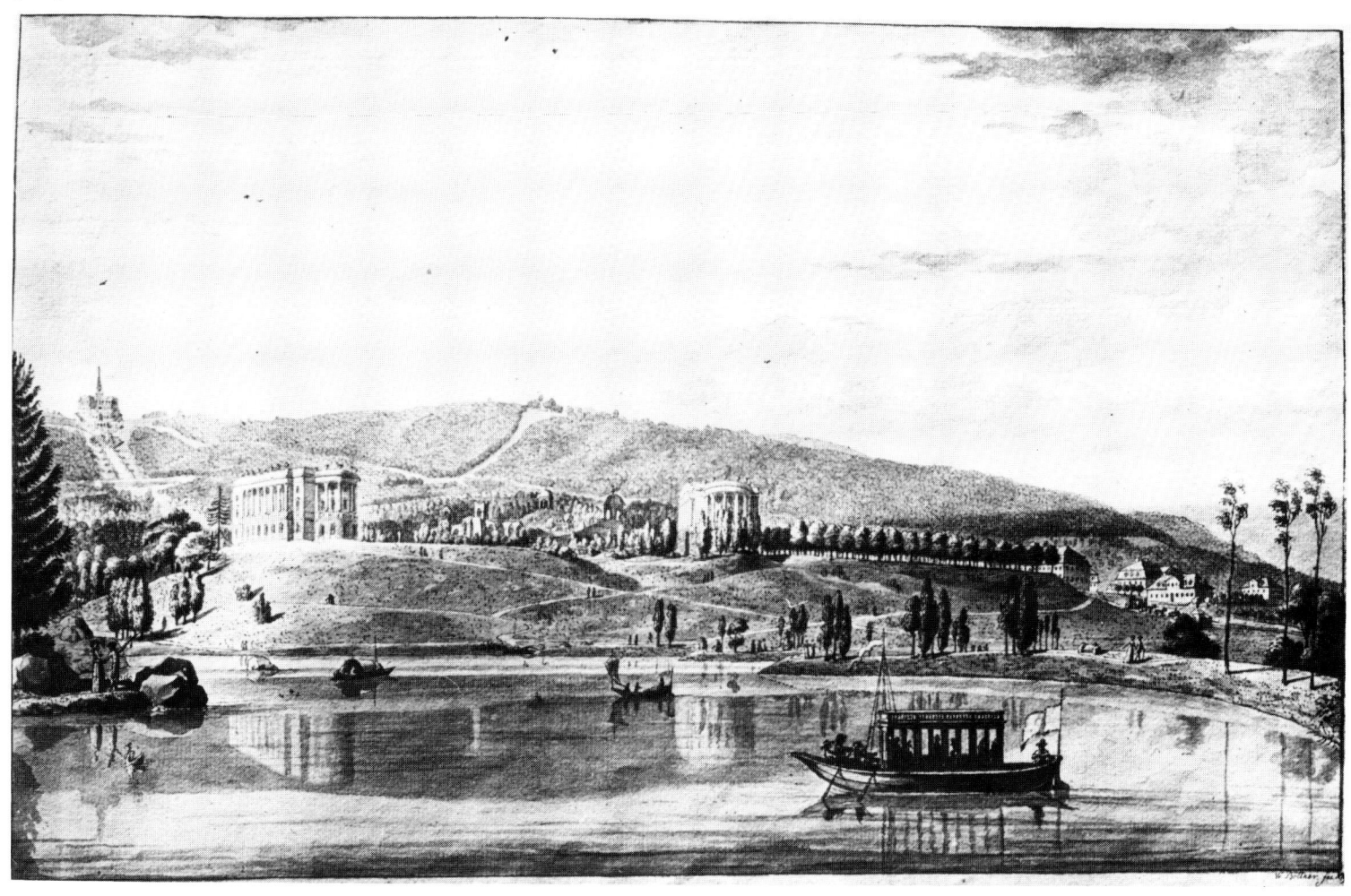

228 Wilhelm Böttner, Schloß Weißenstein von Südosten, 1791 (Staatl. Schlösser und Gärten Potsdam)

229 Wilhelm Böttner. Schloß Weißenstein von Osten, um 1791 (Staatl. Schlösser und Gärten Potsdam)

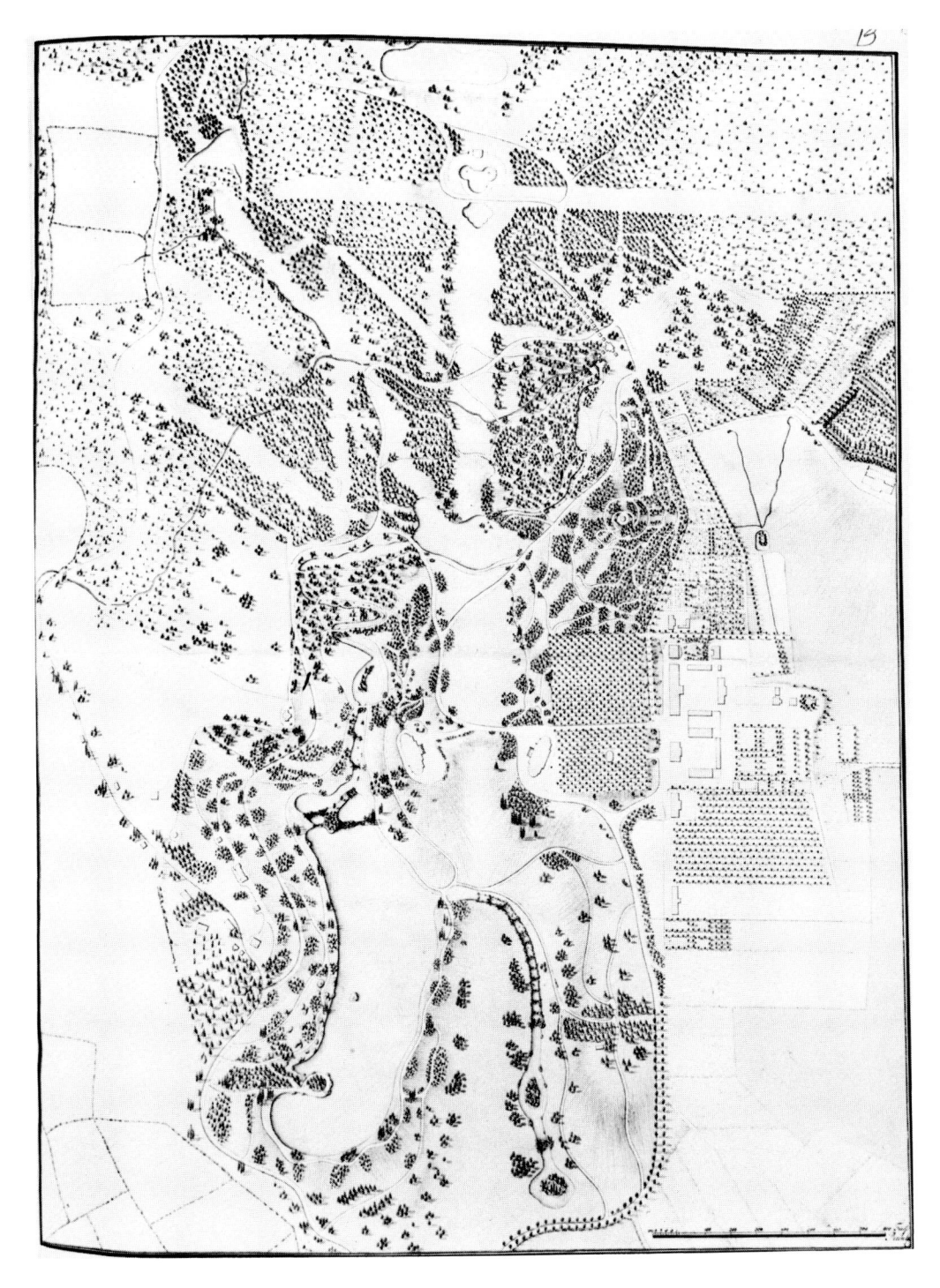

230 C. Friedrich Schwarzkopf. »Plan von Weißenstein im April 1791« K 97

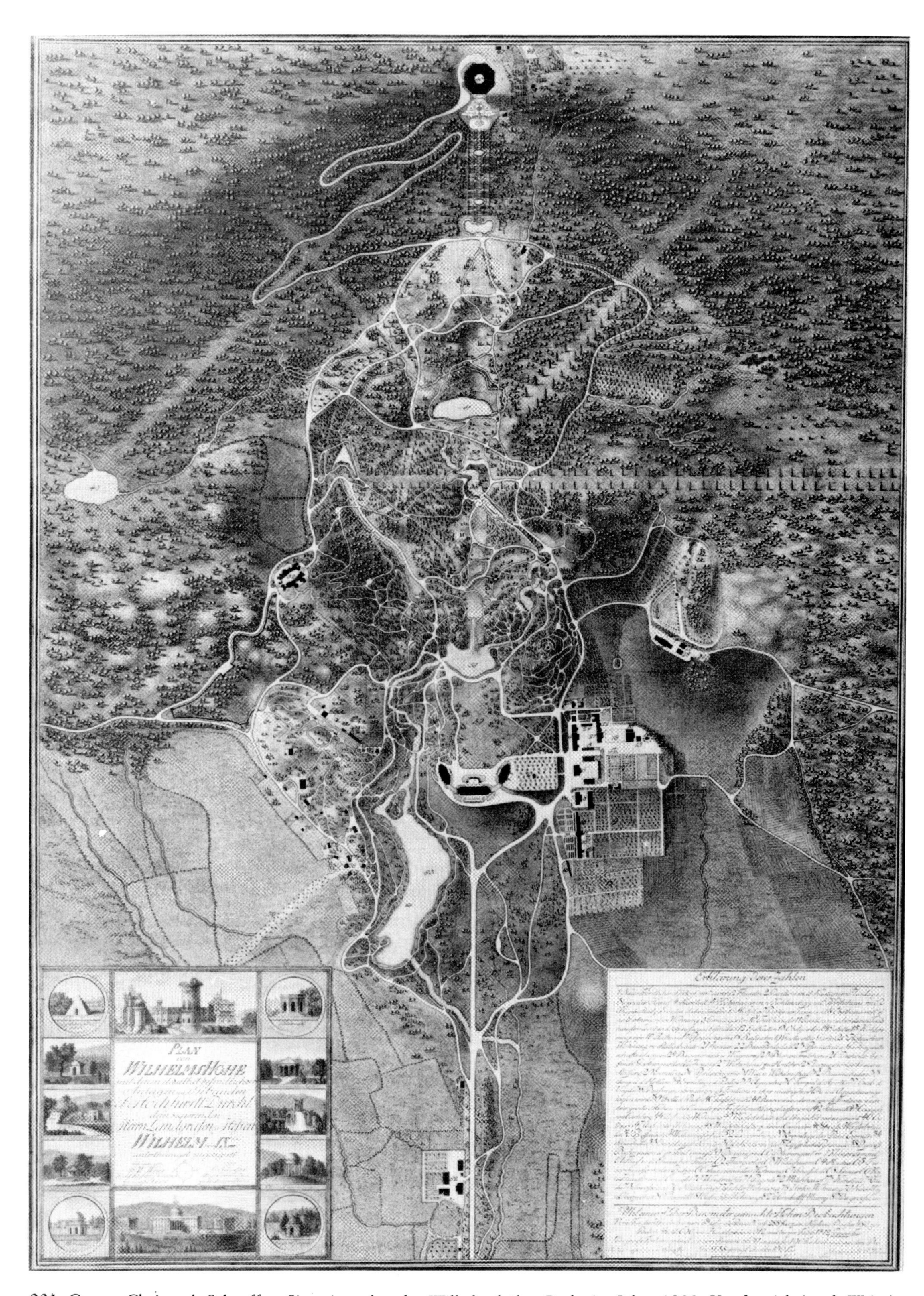

231 Caspar Christoph Schaeffer. Situationsplan des Wilhelmshöher Parks im Jahre 1800, Kupferstich (nach Weise)

232 Simon Louis Du Ry. »Project zu einem Obelisq zwischen den beyden neu erbauten Schloss=Flügeln«, um 1791, Aufriß-Vedute   K 98

233 Heinrich Christoph Jussow. Projekt zur Errichtung eines Denkmals für Landgraf Karl (?) auf dem Bowlinggreen   K 99

234 Simon Louis Du Ry. Wettbewerbsprojekt zum Corps de logis des Schlosses Weißenstein, November 1791, Aufriß   K 100

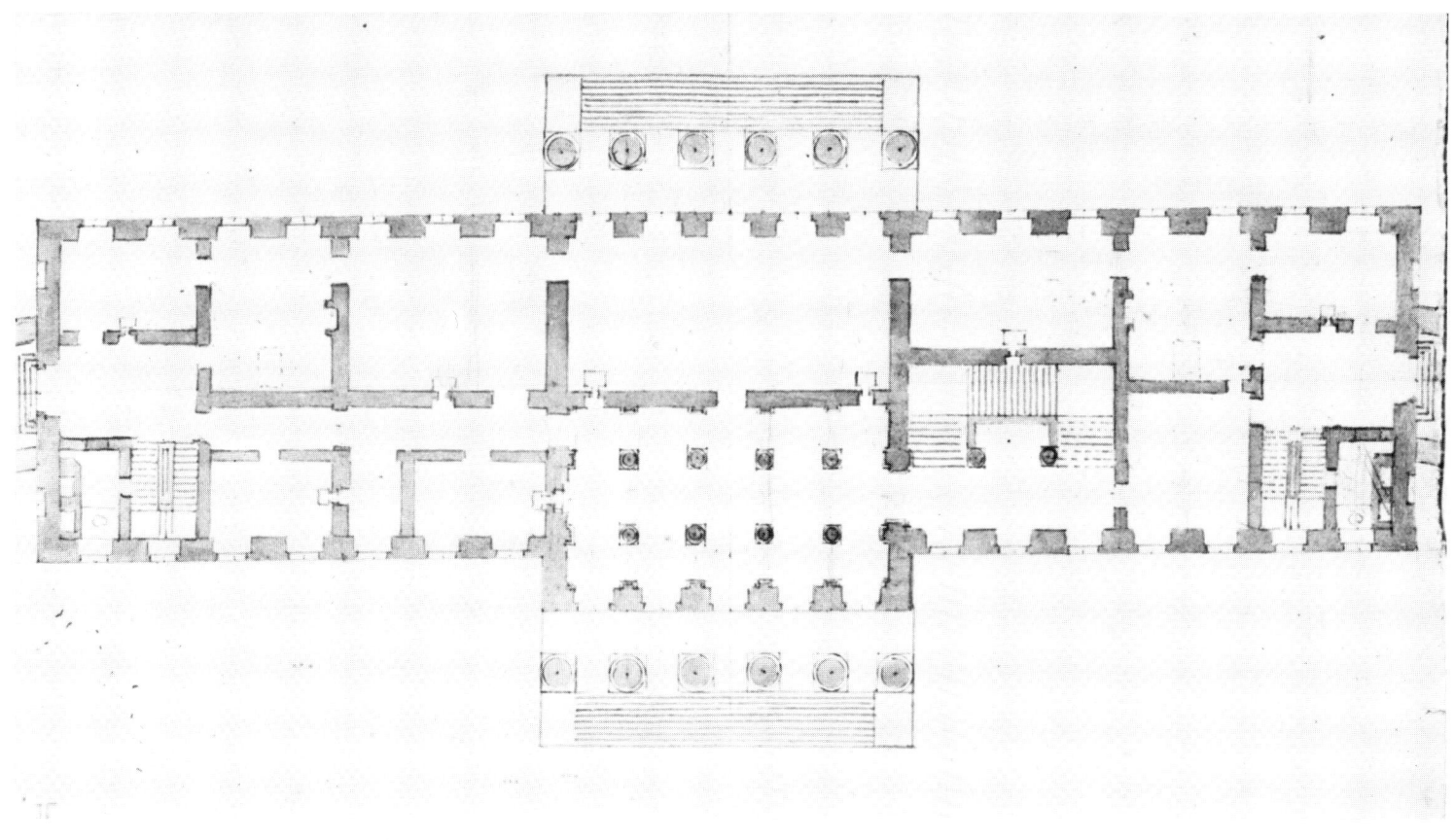

235 Simon Louis Du Ry. Wettbewerbsprojekt zum Corps de logis des Schlosses Weißenstein, November 1791, Grundriß
K 101

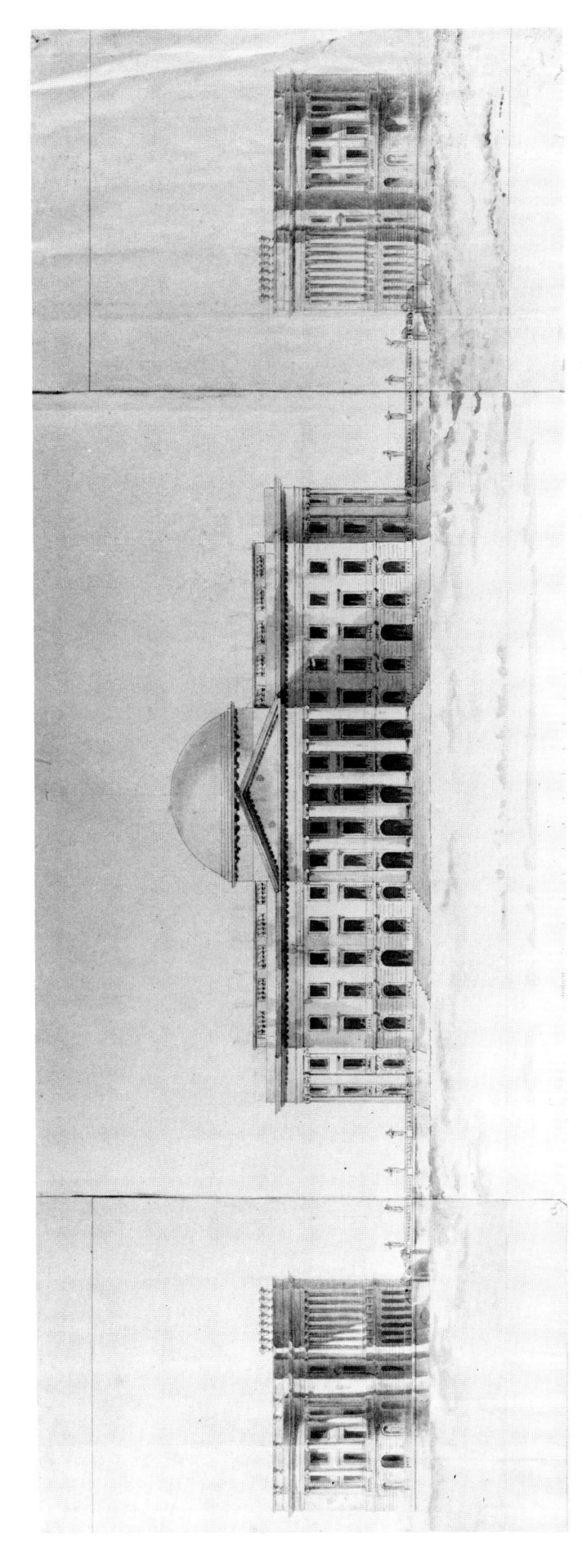

236 Heinrich Christoph Jussow. Wettbewerbsprojekt zum Corps de logis des Schlosses Weißenstein, November 1791, Aufriß der Gesamtanlage von Westen K 102

237 Heinrich Christoph Jussow. Wettbewerbsprojekt zum Corps de logis des Schlosses Weißenstein, November 1791, Aufriß der Gesamtanlage von Osten K 103

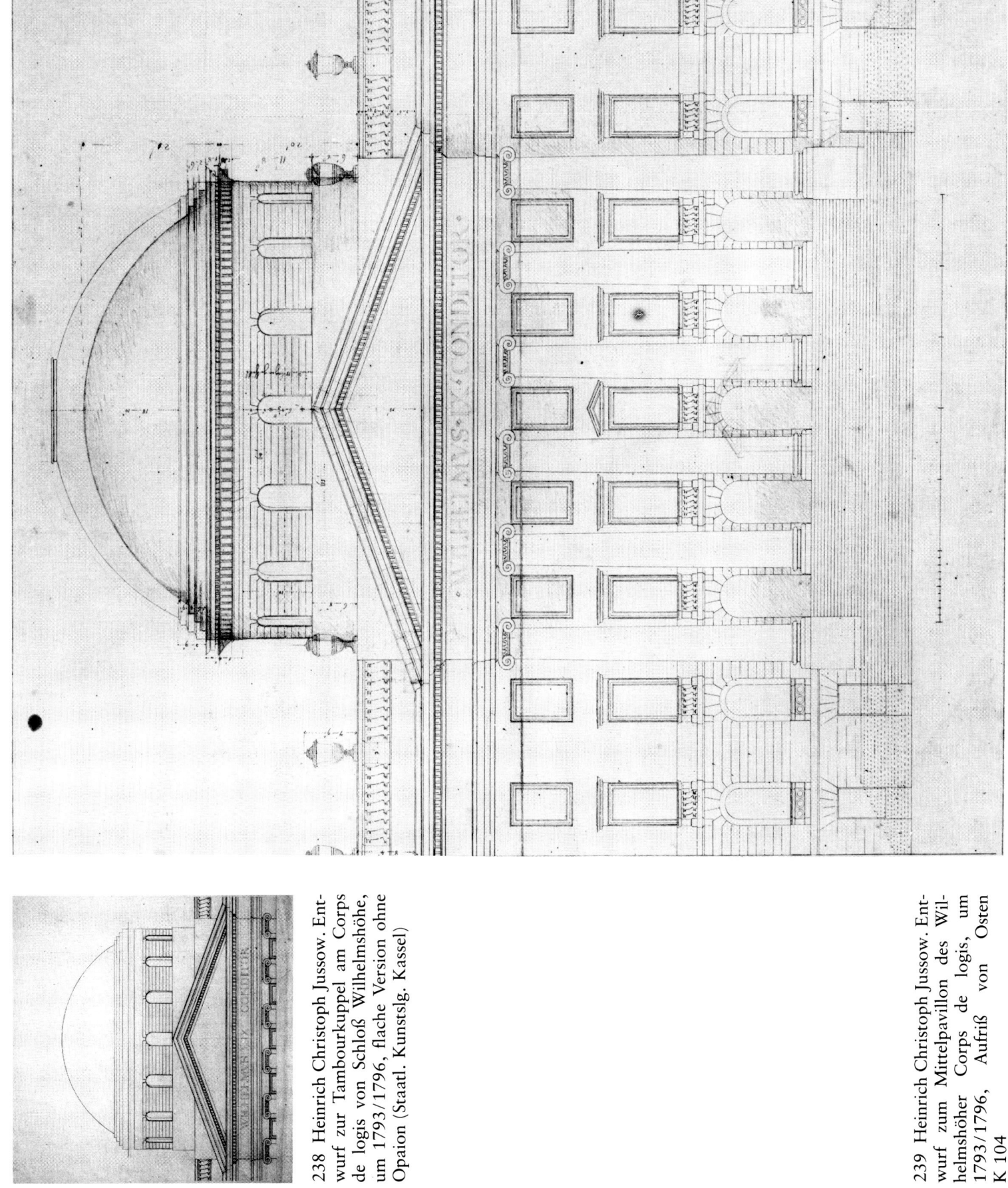

238 Heinrich Christoph Jussow. Entwurf zur Tambourkuppel am Corps de logis von Schloß Wilhelmshöhe, um 1793/1796, flache Version ohne Opaion (Staatl. Kunstslg. Kassel)

239 Heinrich Christoph Jussow. Entwurf zum Mittelpavillon des Wilhelmshöher Corps de logis, um 1793/1796, Aufriß von Osten K 104

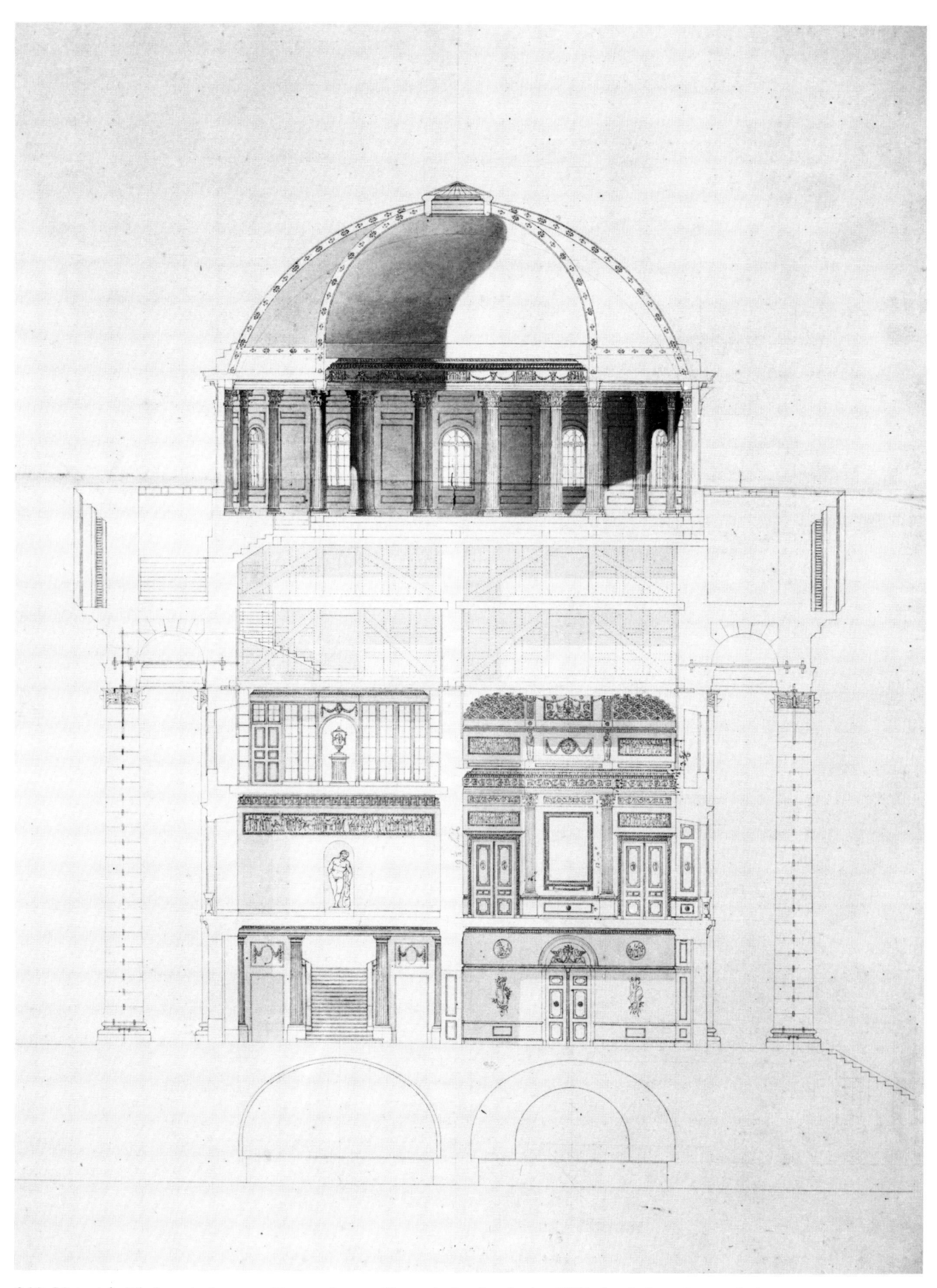

240 Heinrich Christoph Jussow. Entwurf zum Querschnitt durch das Wilhelmshöher Corps de logis, um 1794/1797
K 105

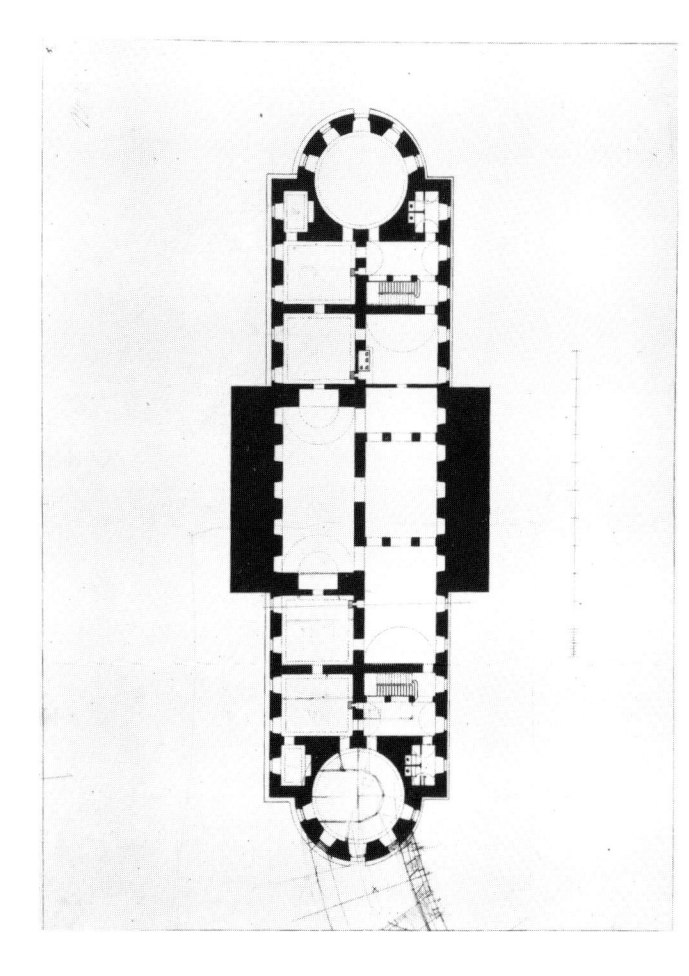

241 Heinrich Christoph Jussow. Entwurf zum Kellergeschoß des Wilhelmshöher Corps de logis, um 1792 K 106

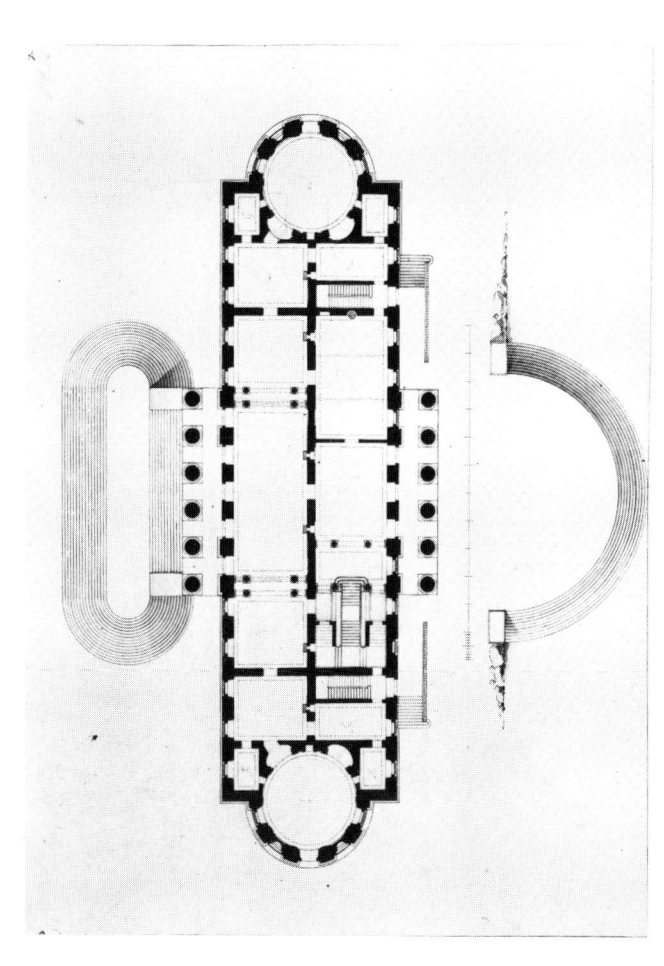

242 Heinrich Christoph Jussow. Entwurf zum Erdgeschoß des Wilhelmshöher Corps de logis, um 1792/1793 K 110

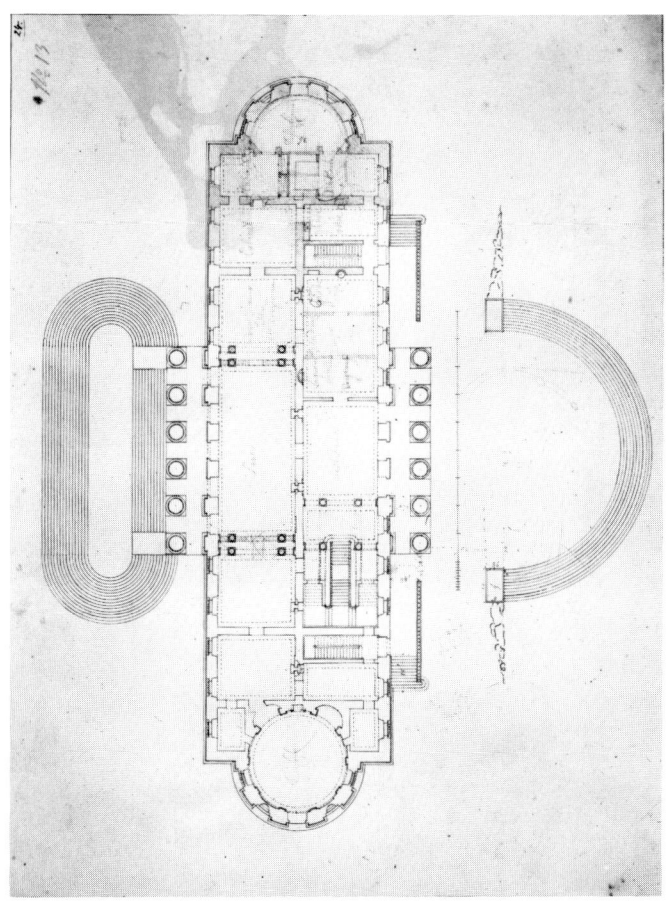

243 Heinrich Christoph Jussow. Entwurf zum Erdgeschoß des Wilhelmshöher Corps de logis mit landgräflichem Appartement, um 1793 K 112

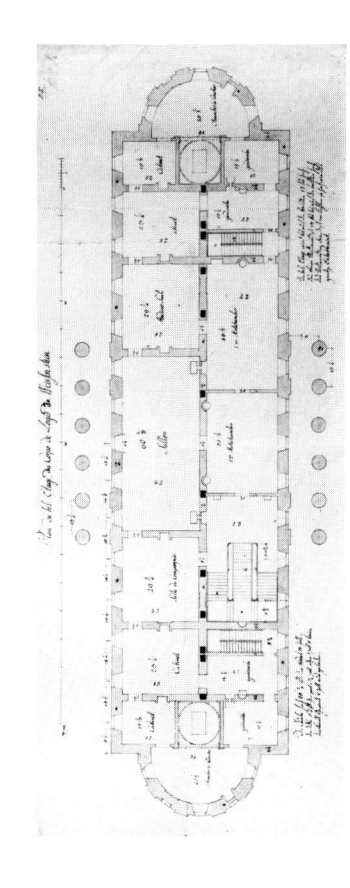

244 Unbekannt nach Heinrich Christoph Jussow. Entwurf zur Beletage des Wilhelmshöher Corps de logis, um 1794 K 115

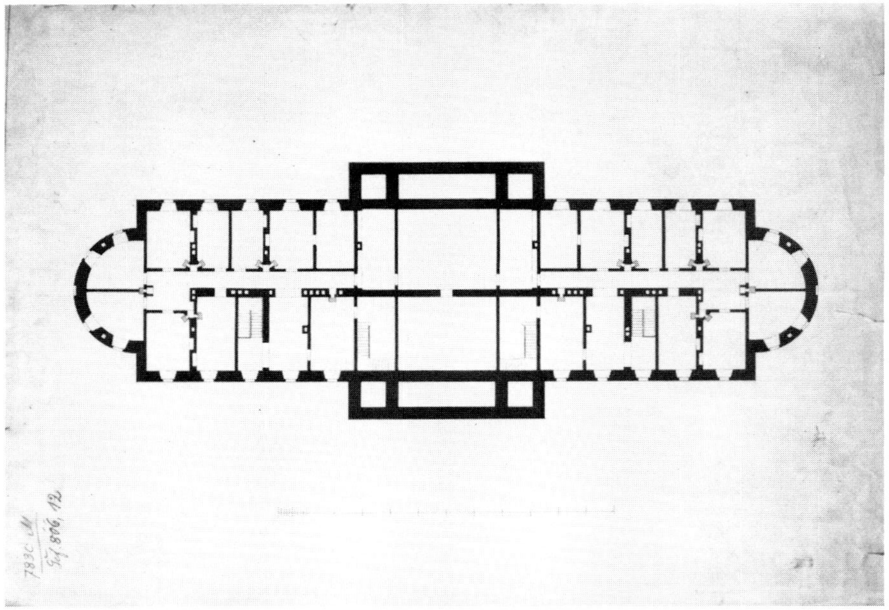

247 Heinrich Christoph Jussow. Entwurf zum Festsaal (R. 56) in der Beletage des Wilhelmshöher Corps de logis, Längsschnitt   K 130

248 Heinrich Christoph Jussow. Entwurf zum Festsaal (R. 56) in der Beletage des Wilhelmshöher Corps de logis, Muldengewölbe   K 131

245 Heinrich Christoph Jussow. Entwurf zum Kniestock des Wilhelmshöher Corps de logis   K 125

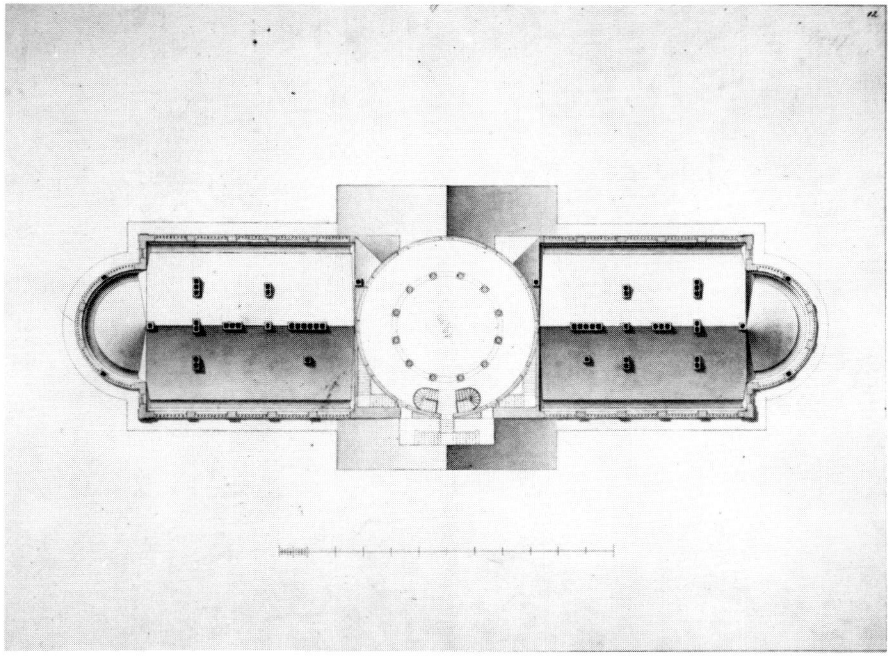

246 Heinrich Christoph Jussow. Entwurf zu Dachausmittlung und Kuppelsaal-Grundriß des Wilhelmshöher Corps de logis   K 128

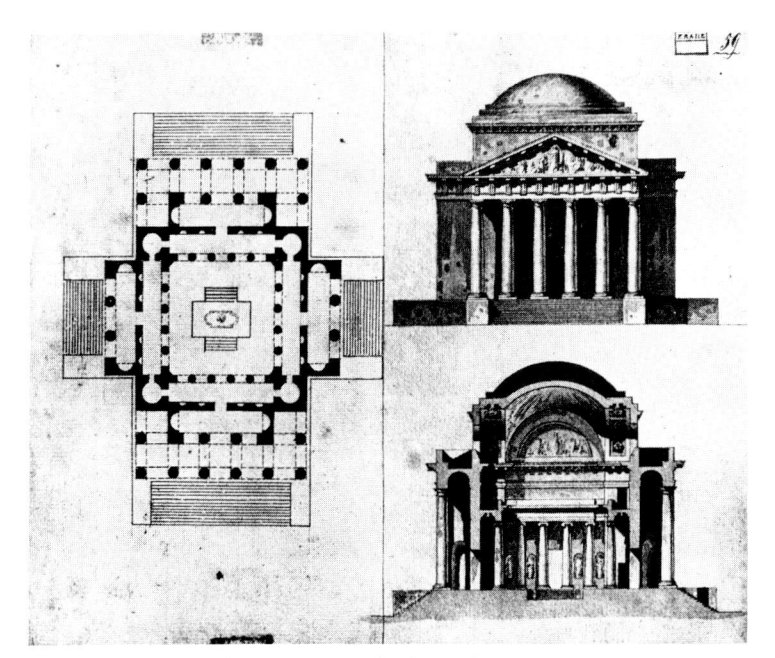

249 Peter Joseph Krahe. Idealprojekt eines Baptisteriums (Braunschweig, Städtisches Museum)

250 Jean François De Neufforge. »Bâtiment propre pour un souverain« (nach De Neufforge)

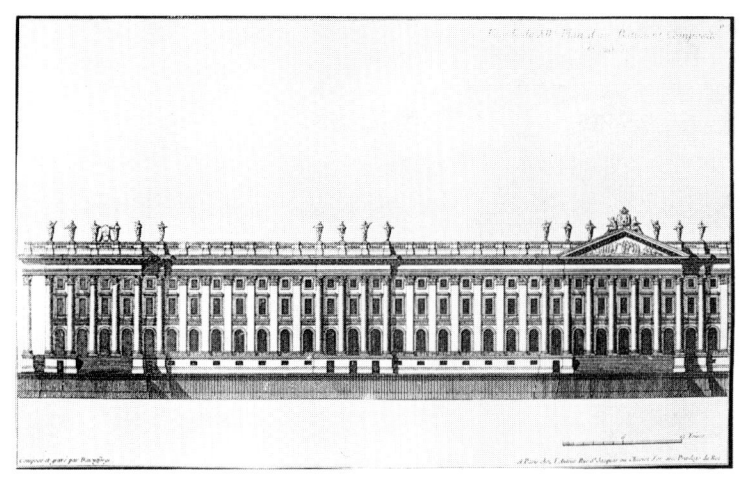

251 Jean François De Neufforge. Palastentwurf (nach De Neufforge)

252 Schloß Moor Park (Hertfordshire)

253 Paris. Ecole de Chirurgie (nach Gondoin)

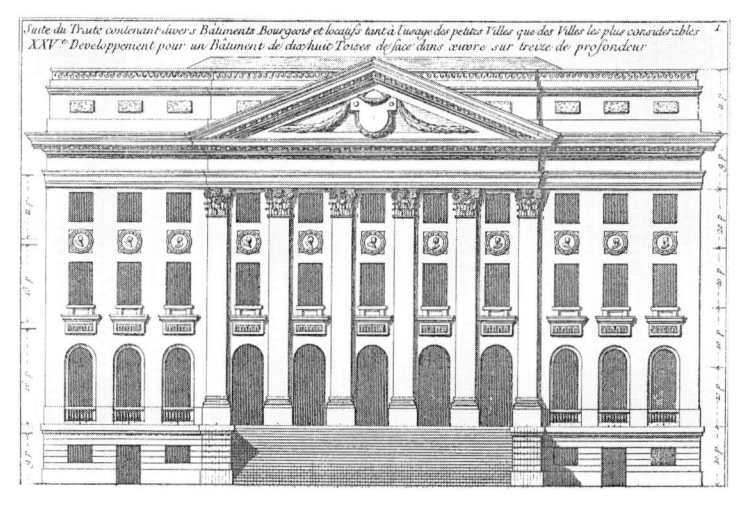

254 Jean François De Neufforge. »Bâtiment bourgeois« (nach De Neufforge)

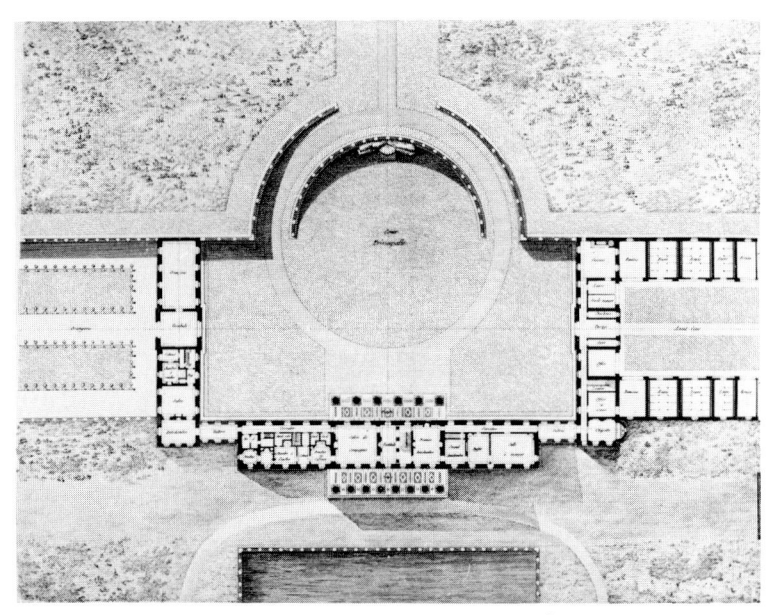

255 Claude-Nicolas Ledoux. Projekt für Schloß Maupertuis (Seine-et-Marne), Grundriß (nach Ledoux, ed. Ramée)

256 Claude Perrault. Rekonstruktion eines ionischen Hexastylos nach Vitruv (nach Perrault)

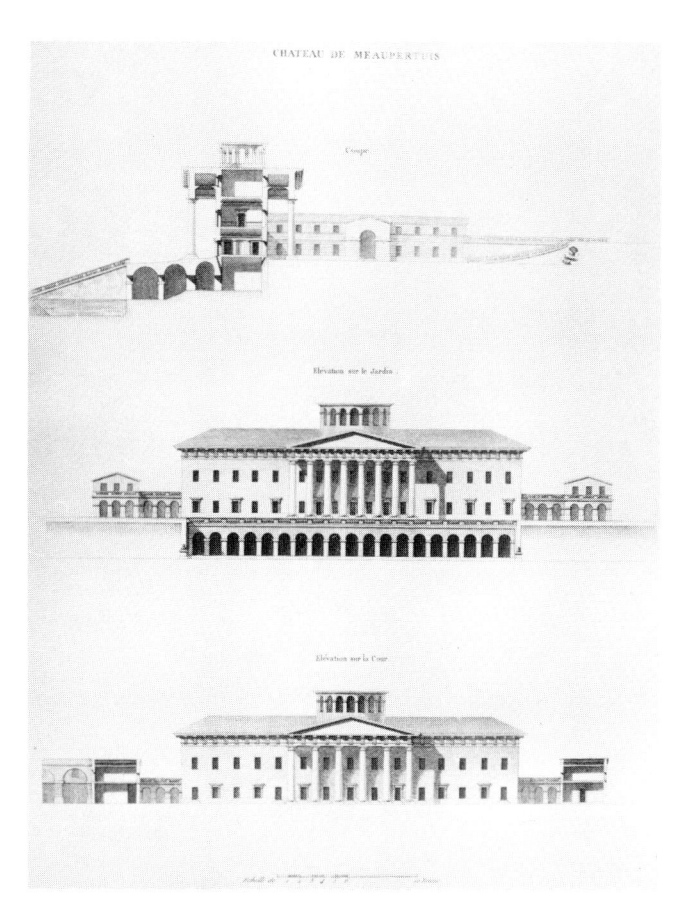

257 Claude-Nicolas Ledoux. Projekt für Schloß Maupertuis (Seine-et-Marne), Aufriß (nach Ledoux, ed. Ramée)

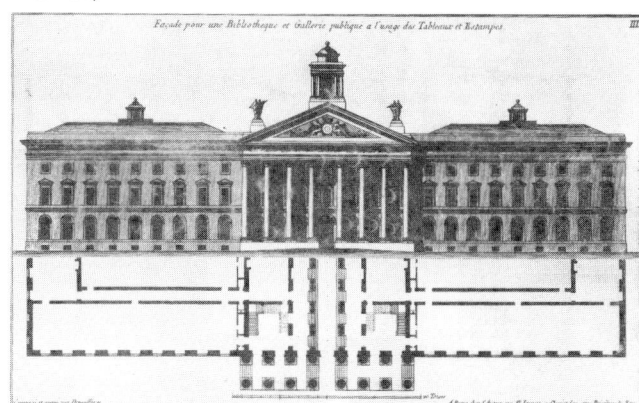

258 Jean François De Neufforge. Entwurf einer Bibliothek (nach De Neufforge)

259 Claude-Nicolas Ledoux. Entwurf zum Umbau des Kasseler Landgrafenschlosses, um 1785 (?)

260 Wilhelm Böttner. Das »Neue Weißensteiner Schloß« (Weißensteinflügel) von Westen, 1791 (Staatl. Schlösser und Gärten Potsdam)

261 Andreas Range. »Prospect des Fürstlichen Schlosses auf dem Weissenstein. Von der Abend Seite«, 1791

262 Schloß Wilhelmshöhe. Weißensteinflügel von Norden, Zustand vor dem Zweiten Weltkrieg

264 Schloß Wilhelmshöhe. Kirchflügel von Nordwesten, Zustand 1981

265 Schloß Wilhelmshöhe. Kirchflügel von Westen

263 Schloß Wilhelmshöhe. Weißensteinflügel von Südwesten, Zustand um 1950

266 Heinrich Christoph Jussow. Deckenentwurf zum Speisesaal im Erdgeschoß des Weißensteinflügels (R. 188/188a) (Staatl. Kunstslg. Kassel)

267 Schloß Wilhelmshöhe. Weißensteinflügel, Speisesaal im Erdgeschoß (R. 188)

268 Heinrich Christoph Jussow. Deckenentwurf zum Mittelsaal in der Beletage des Weißensteinflügels (Staatl. Kunstslg. Kassel)

269 Schloß Wilhelmshöhe. Weißensteinflügel, Mittelsaal in der Beletage

270 Schloß Wilhelmshöhe. Weißensteinflügel, Speisesaal im Erdgeschoß, gerundeter Annexraum (R. 188a)

271 Carl Kunz. Schloß Wilhelmshöhe mit großer Fontäne von Westen, um 1800 (Aquatintablatt nach Kunz)

274 Johann August Nahl d. J. Schloß Wilhelmshöhe von Westen, um 1800 (nach Schroeder)

272 Carl Kunz. Schloß und Park Wilhelmshöhe von Südosten, um 1800 (Aquatintablatt nach Kunz)

275 Ludwig Philipp Strack. Schloß Wilhelmshöhe, Ansicht von der im Westen gelegenen Plutogrotte, um 1798 (Staatl. Schlösser und Gärten Schloß Wilhelmshöhe)

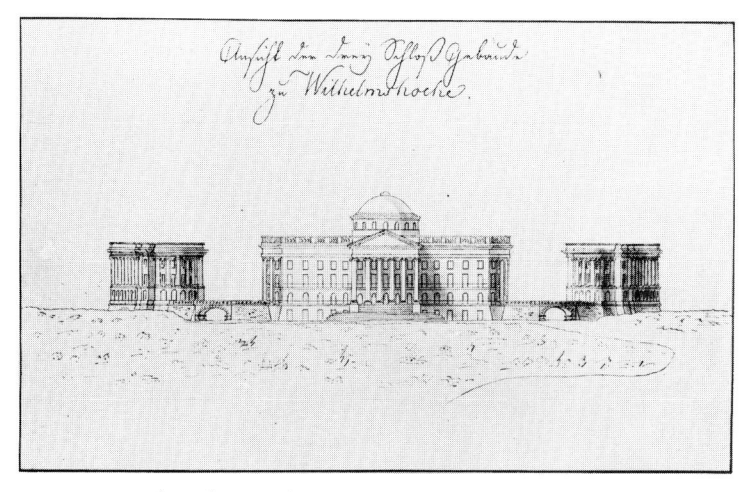

273 Heinrich Christoph Jussow. »Ansicht der drey Schloß Gebäude [sic!] zu Wilhelmshoehe«, von Osten, um 1798 (Staatl. Schlösser und Gärten Potsdam)

276 Schloß Wilhelmshöhe. Luftaufnahme axial von Osten, um 1930

277 Schloß und Park Wilhelmshöhe. Luftaufnahme von Osten, um 1930

279 Schloß Wilhelmshöhe. Mittelbau von Norden, um 1930

278 Schloß und Park Wilhelmshöhe. Axiale Aufnahme von Osten, um 1930

280 Schloß Wilhelmshöhe. Mittelbau von Nordosten, um 1930

281 Schloß Wilhelmshöhe. Schloßhof mit Mittelbau und Kirchflügel von Süden, um 1910

282 Schloß Wilhelmshöhe von Westen, um 1930

283 Schloß Wilhelmshöhe von Westen, 1980

284 Schloß Wilhelmshöhe. Luftaufnahme von Südosten, um 1930

285 Schloß Wilhelmshöhe. Mittelpavillon des Corps de logis von Westen, um 1930

286 Wilhelmshöhe. Ansicht vom Herkules-Oktogon, um 1930

287 Heinrich Christoph Jussow. »Gothischer Thurm auf den Felsen in Moulang bey Weissenstein«, Entwurf um 1790
K 133

288 Heinrich Christoph Jussow. »Ein über die Cascade des großen Bassins zu Weisenstein projectirter Alter Thurm, 1790«   K 134

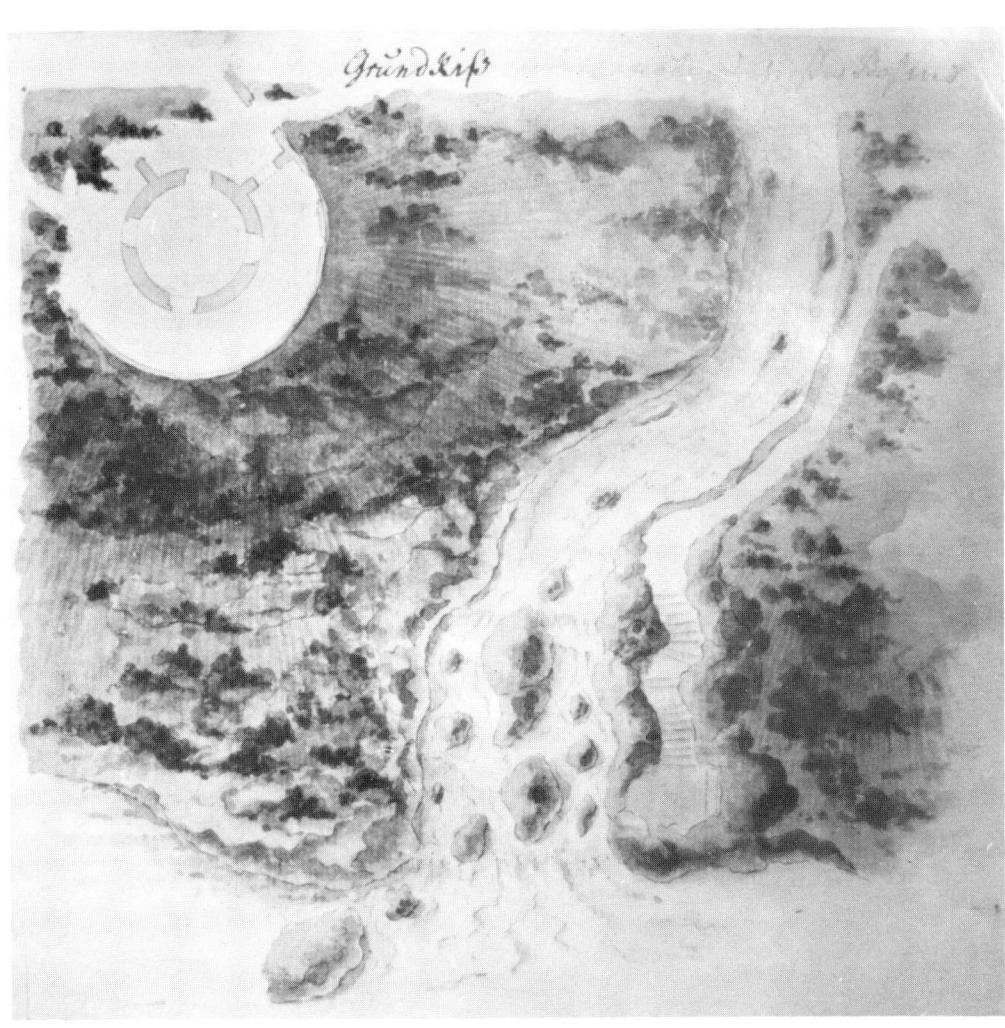

289 Heinrich Christoph Jussow. »Alter Thurm« über dem großen Bassin, Grundriß   K 135

1tes Project einer zu Weisenstein über dem Steinbruch der sogenanten Bellevue zu erbauensein Ruine.

290 Heinrich Christoph Jussow. Erstes Projekt einer künstlichen Burgruine, Aufriß-Vedute K 136

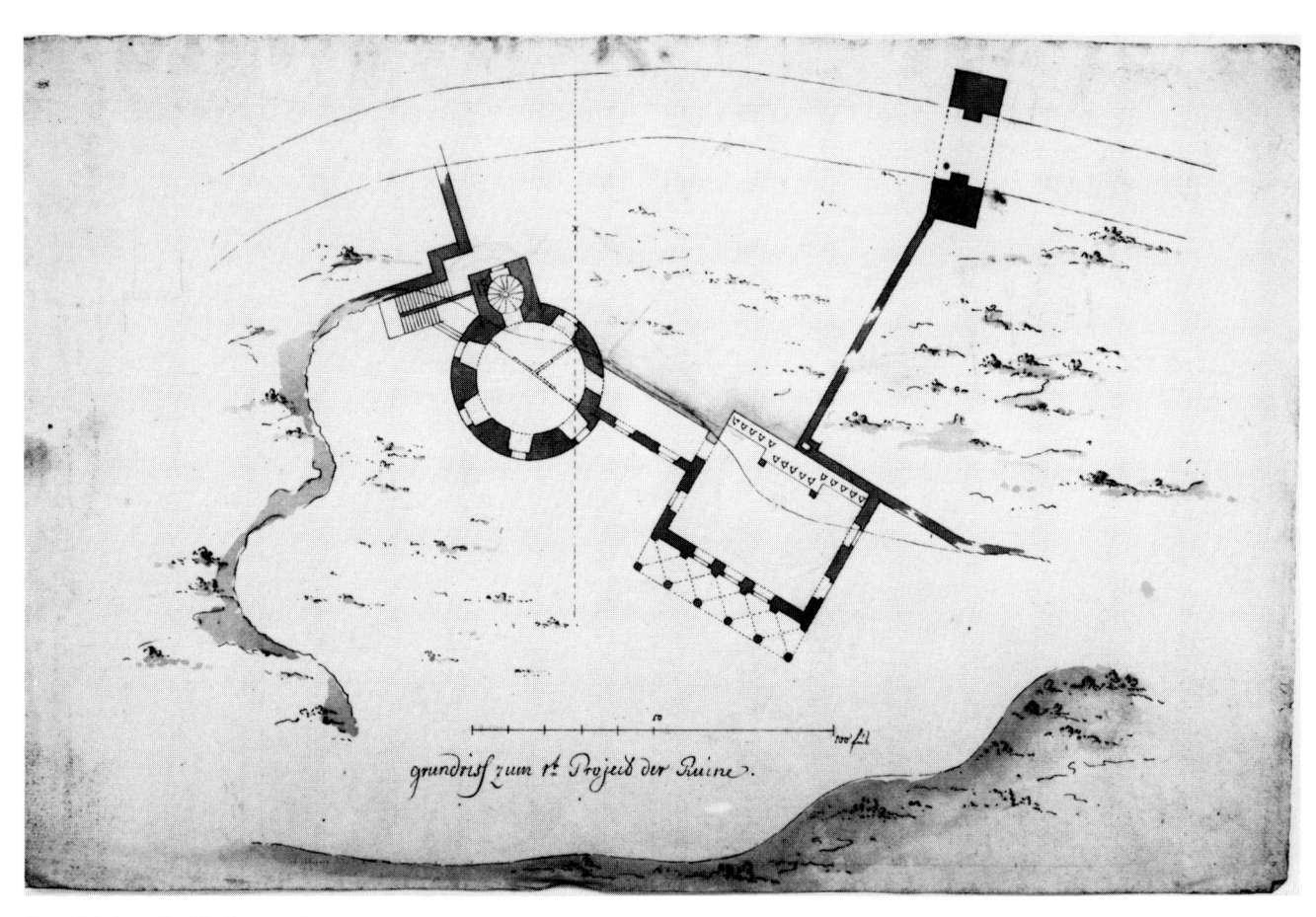

grundriß zum 1t Project der Ruine.

291 Heinrich Christoph Jussow. Erstes Projekt einer künstlichen Burgruine, Grundriß K 137

292 Heinrich Christoph Jussow. Zweites Projekt einer künstlichen Burgruine, Aufriß-Vedute   K 139

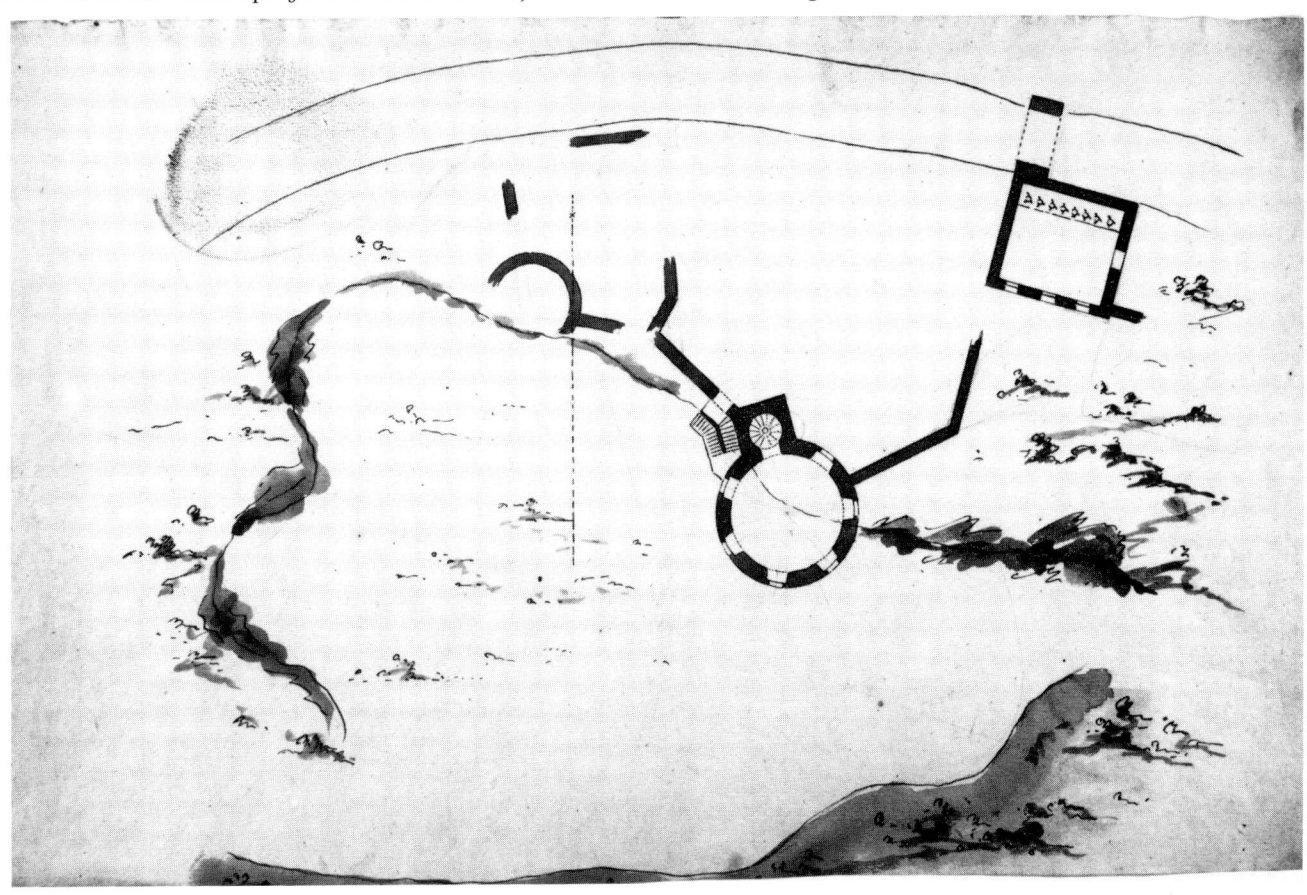

293 Heinrich Christoph Jussow. Überarbeitete Fassung des Ersten Projekts einer künstlichen Burgruine, Grundriß
K 138

294 Heinrich Christoph Jussow. »Felsenburg«-Projekt, 1793, Aufriß von Osten   K 140

295 Heinrich Christoph Jussow. »Felsenburg«-Projekt, 1793, Aufriß von Norden   K 141

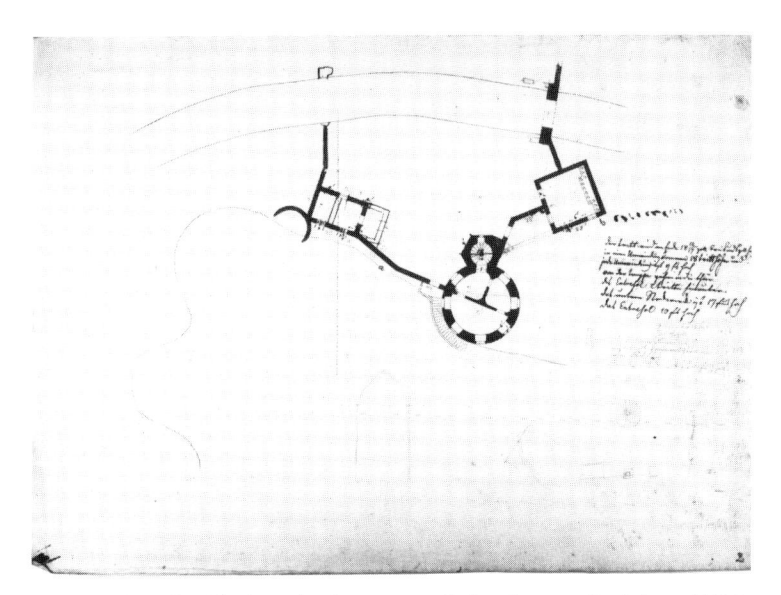

296 Heinrich Christoph Jussow. »Felsenburg«-Projekt, 1793, Grundriß   K 142

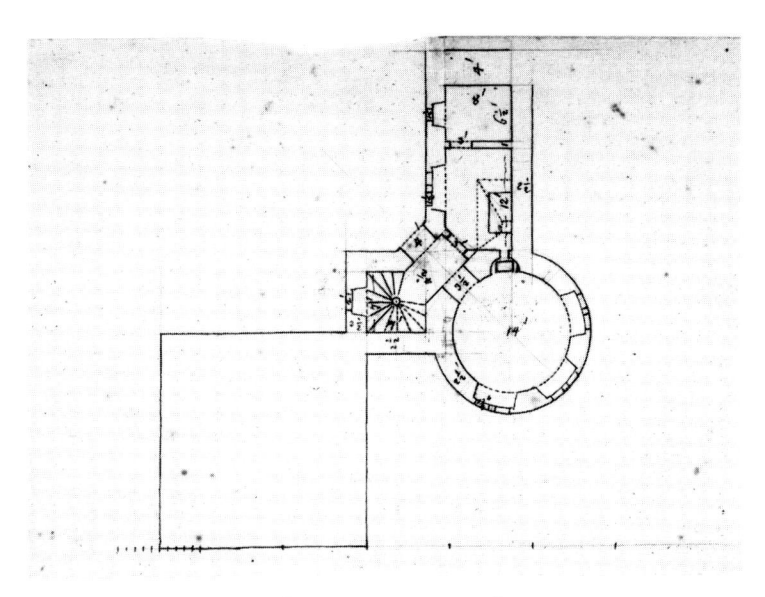

298 Heinrich Christoph Jussow. Entwurf zur Nordostecke der Felsenburg, Grundriß   K 145

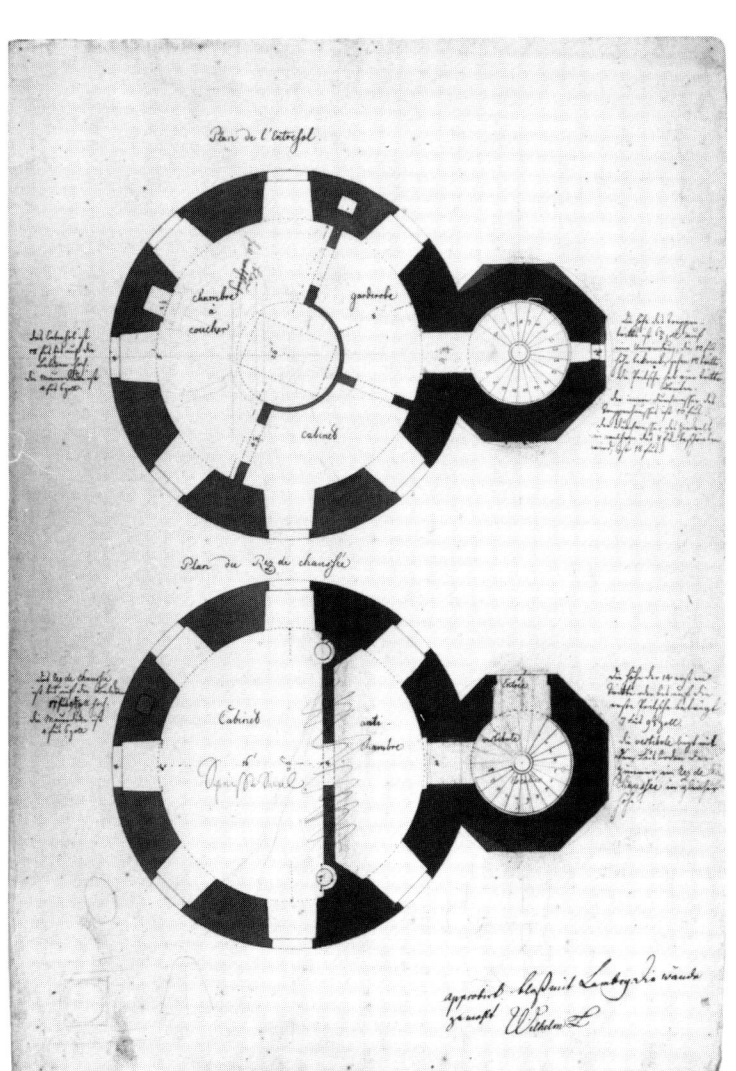

297 Heinrich Christoph Jussow. Entwurf zum Donjon der Felsenburg, Erd- und Zwischengeschoß   K 143

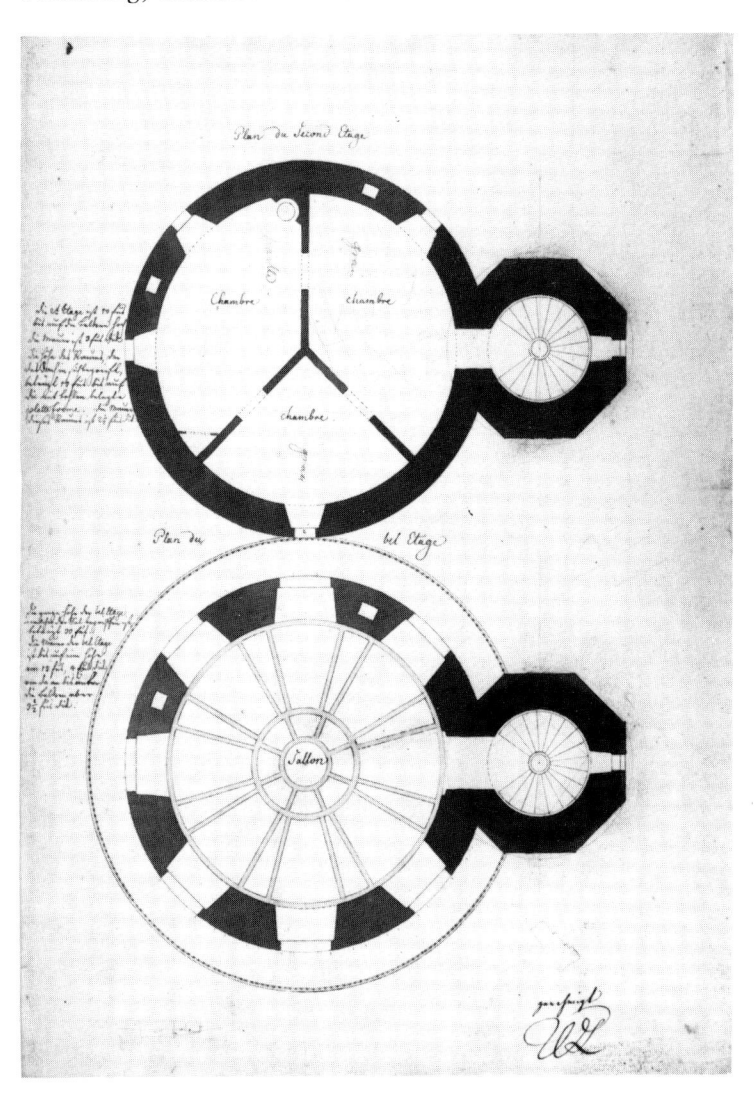

299 Heinrich Christoph Jussow. Entwurf zum Donjon der Felsenburg, »Beletage« und zweite Etage   K 144

300 Heinrich Christoph Jussow. Entwurf zum Aufriß der Felsenburg von Osten, um 1794 mit späteren Ergänzungen K 145

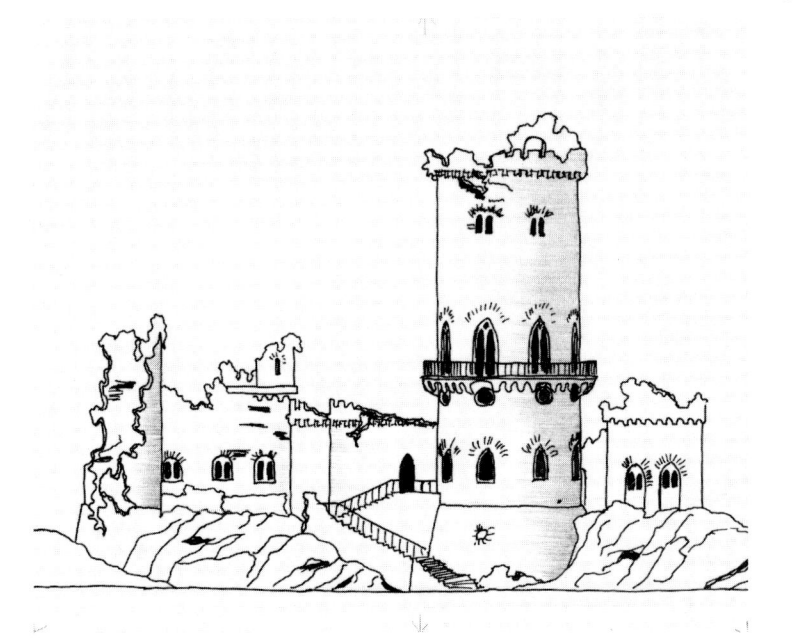

301 Rekonstruktion der ersten Fassung von Abb. 300 (K 146) um 1794 (Verf.)

302 Heinrich Christoph Jussow und Landgraf Wilhelm IX. Entwurf zum Aufriß der Felsenburg von Süden, um 1794/1795 K 147

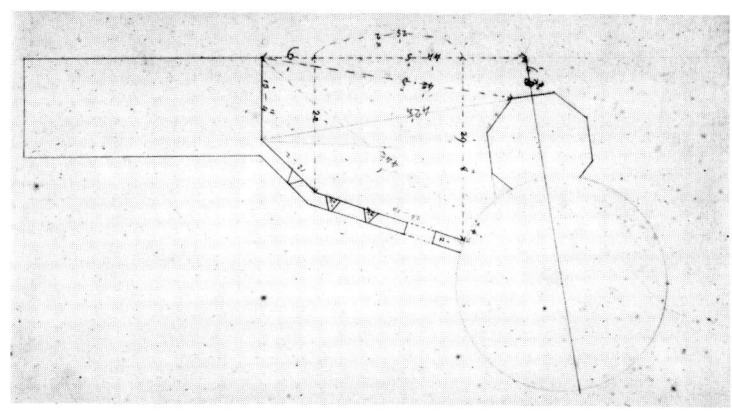

303 Heinrich Christoph Jussow. Aufmaß der Felsenburg, Detailgrundriß im Bereich des späteren Herrenbaus K 149

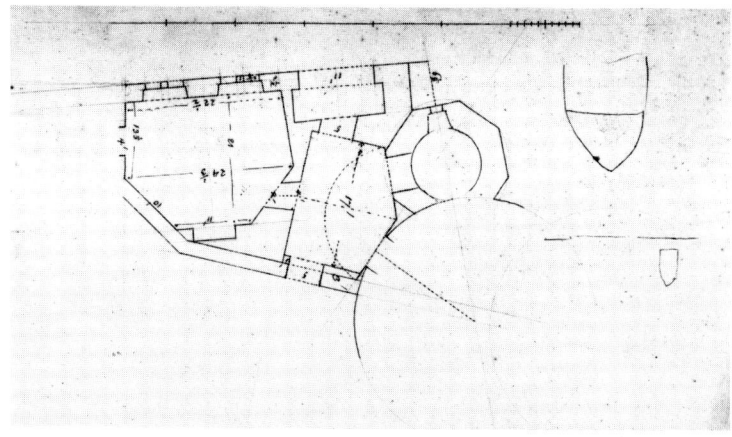

304 Heinrich Christoph Jussow. Entwurf zum Grundriß der Felsenburg südlich des Donjon K 150

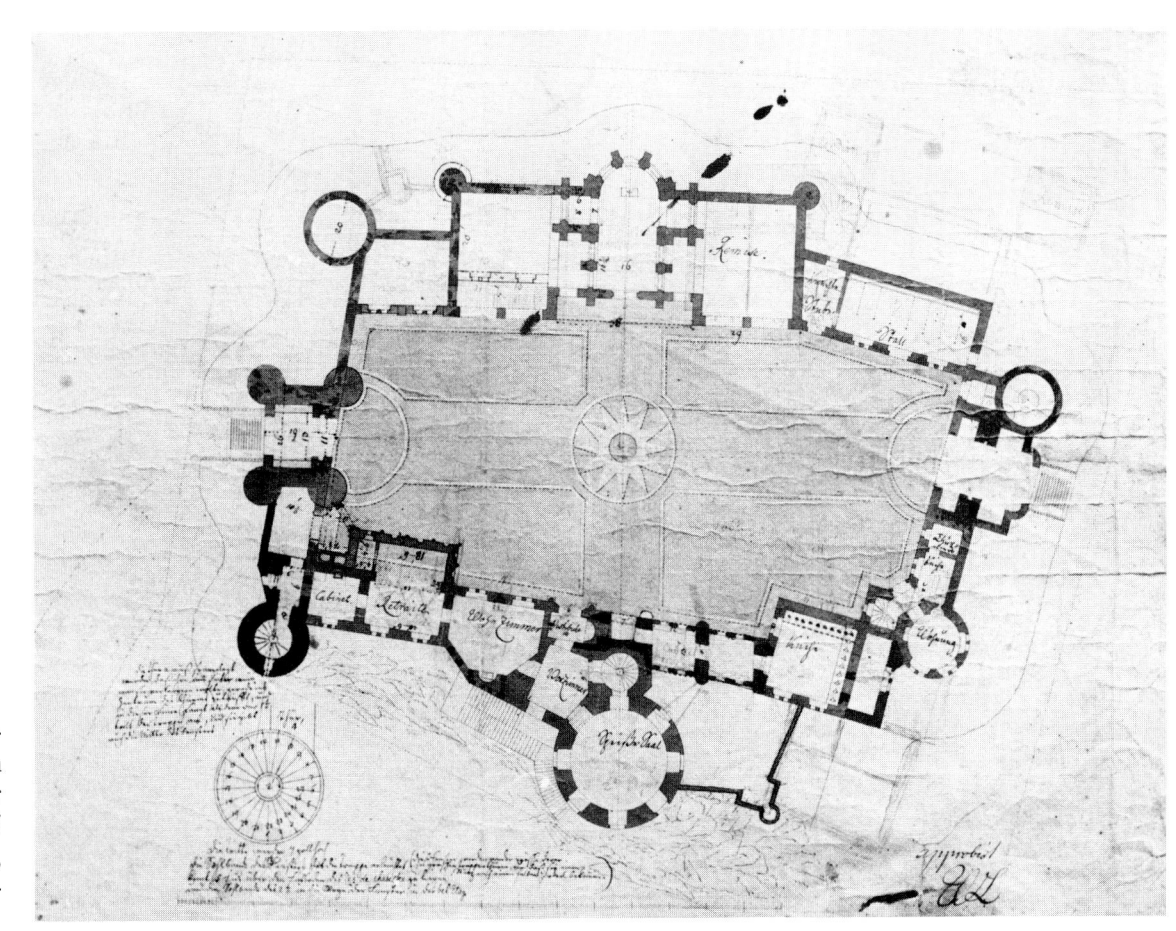

305 Heinrich Christoph Jussow. Grundriß-Entwurf zum Ausbau der Felsenburg zur Löwenburg, um 1794/1795 mit späteren Ergänzungen, z. T. von der Hand des Landgrafen   K 148

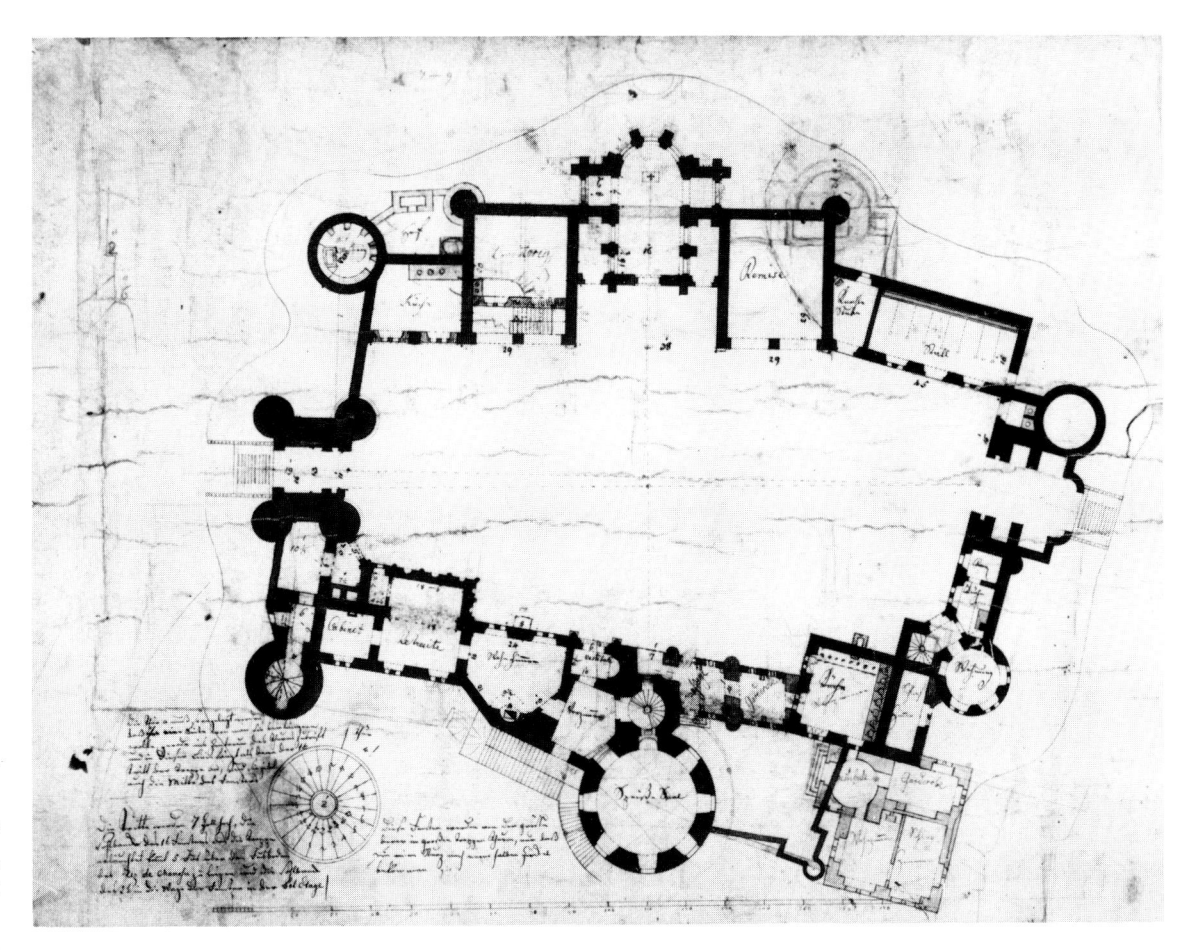

306 Unbekannt nach Heinrich Christoph Jussow. Plankopie des Grundrisses Abb. 305, teilweise (Kapelle, Damenbau) leicht abgeändert K 151

307 Heinrich Christoph Jussow. Aufriß-Entwurf der Felsenburg von Süden, um 1794/1795   K 152

308 Heinrich Christoph Jussow und Mitarbeiter. Entwurf zum Aufriß der Löwenburg von Süden, um 1796 mit späteren Ergänzungen   K 168

309 Heinrich Christoph Jussow. Entwurf zum Aufriß der Felsenburg von Westen, um 1794/1795 mit späteren Ergänzungen   K 153

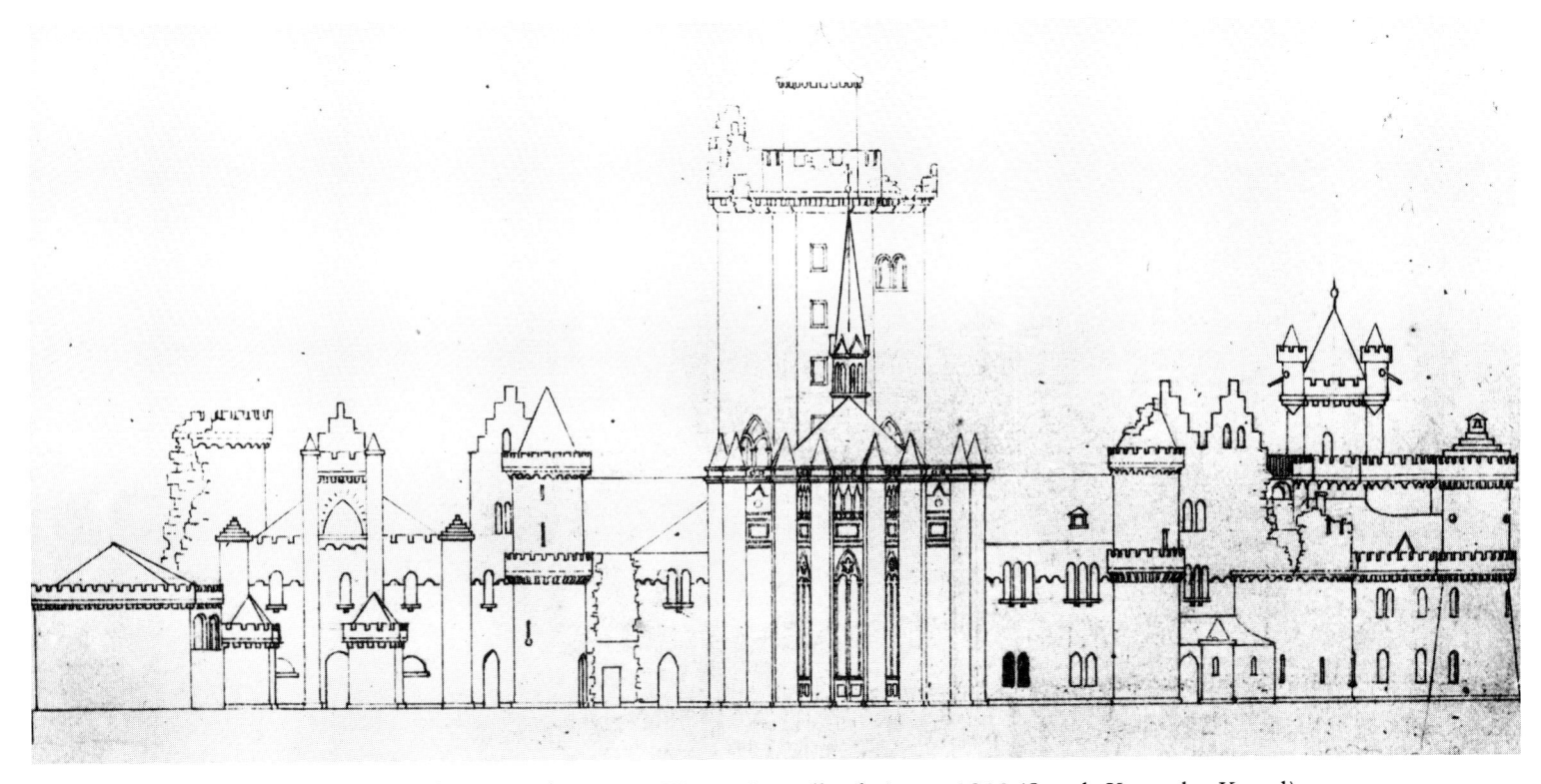

310 Atelier Jussow. Bauaufnahme der Löwenburg von Westen (unvollendet), um 1810 (Staatl. Kunstslg. Kassel)

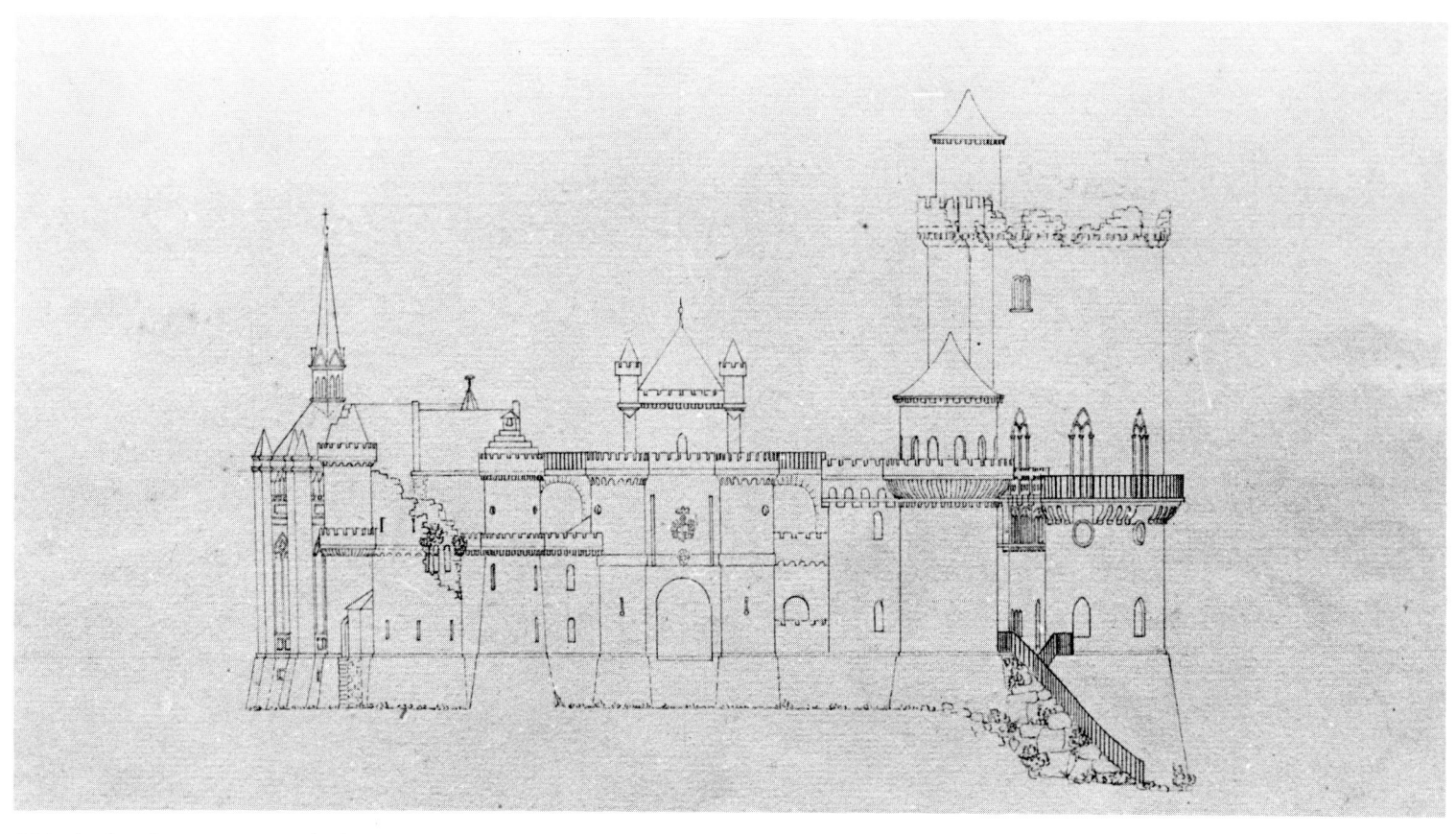

311 Atelier Jussow. Bauaufnahme der Löwenburg von Süden, um 1810 (Staatl. Kunstslg. Kassel)

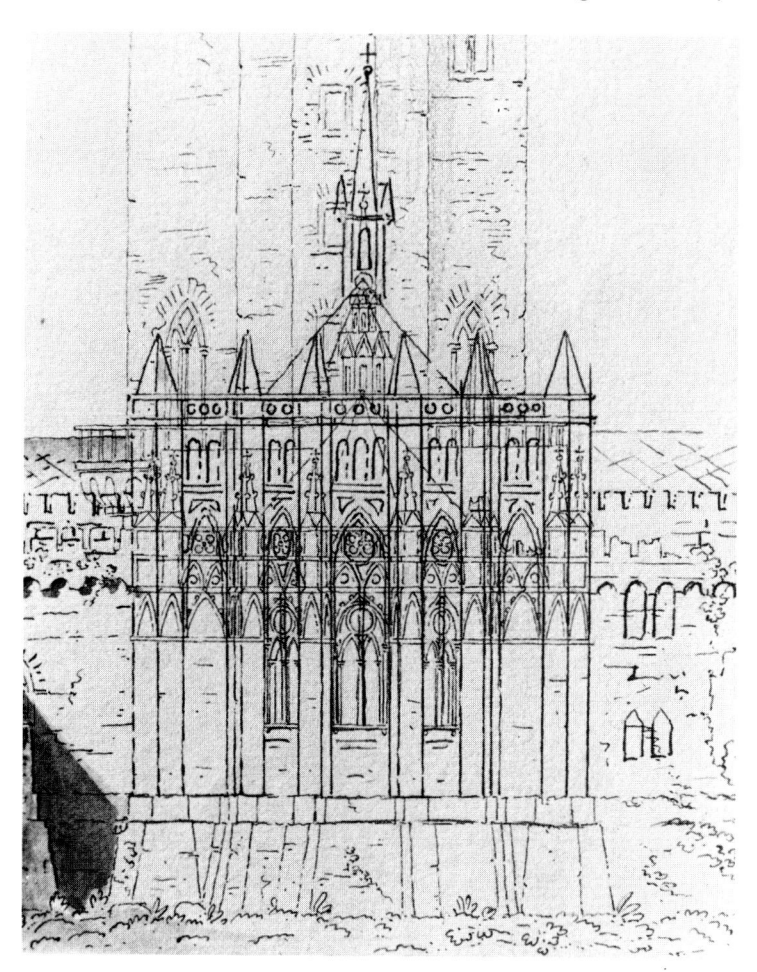

312 Heinrich Christoph Jussow. Entwurf zum Aufriß der Burgkirche von Westen, Detail aus Abb. 309   K 153

313 Rekonstruktion der Erstfassung von Jussows Entwurf Abb. 312 (K 153) um 1794/1795 (Verf.)

314 Heinrich Christoph Jussow. Entwurf zum Längsschnitt der Felsenburg mit Aufriß des Osttrakts von Westen, um 1794/1795, Aufstockungs-Ergänzungen um 1796   K 155

315 Atelier Jussow. Bauaufnahme des Längsschnitts der Löwenburg, um 1810 (Staatl. Kunstslg. Kassel)

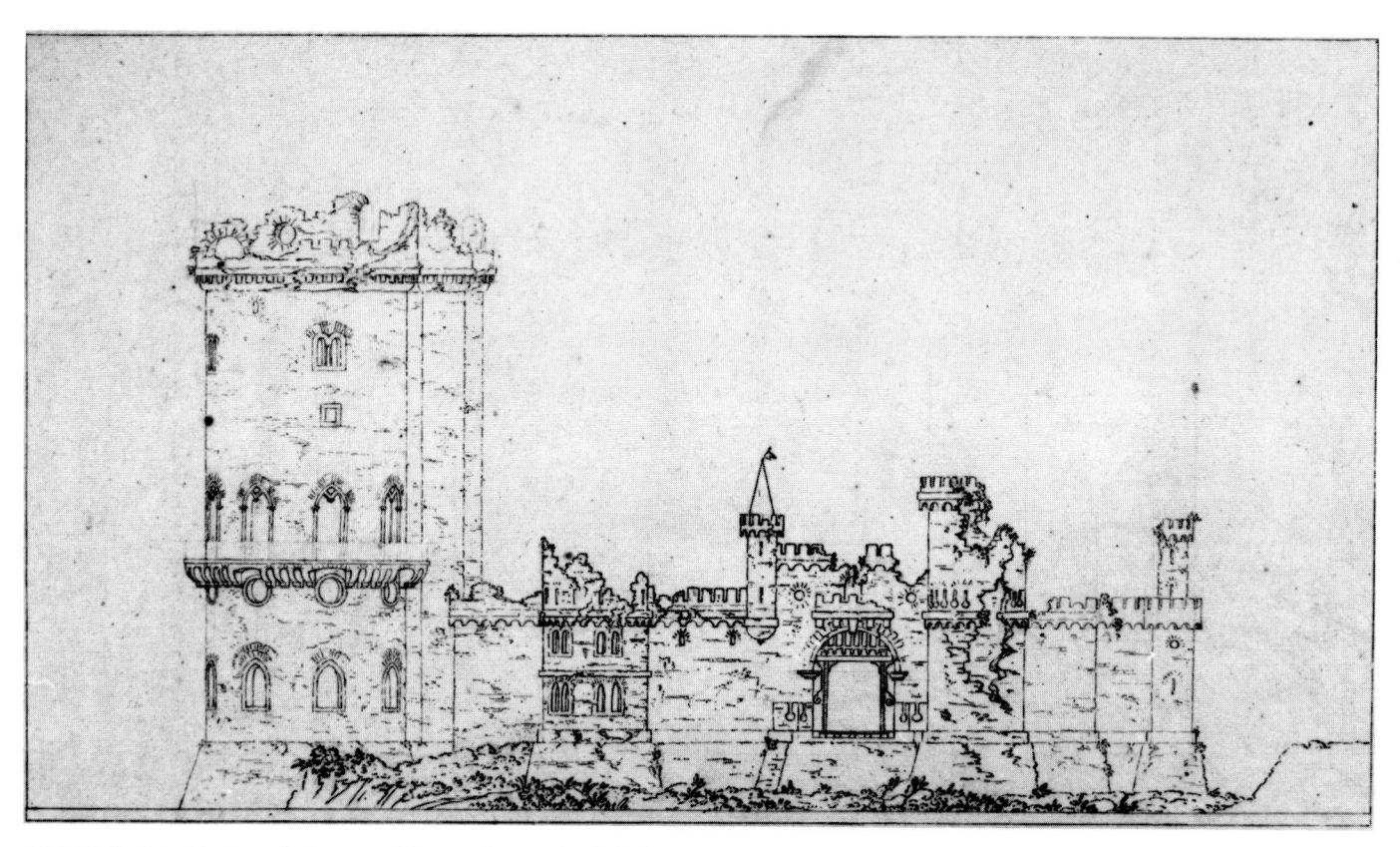

316 Heinrich Christoph Jussow. Entwurf zum Aufriß der Felsenburg von Norden, um 1794/1795   K 154

317 Atelier Jussow. Bauaufnahme der Löwenburg um 1810, Aufriß von Norden (Staatl. Kunstslg. Kassel)

318 Heinrich Christoph Jussow. Entwurf zum Längsschnitt der Felsenburg mit Aufriß des Westtrakts von Osten, um 1794/1795   K 157

319 Heinrich Christoph Jussow. Zweiter Entwurf zur Fassade der Burgkirche, 1795 Aufriß   K 164

320 Heinrich Christoph Jussow. Dritter, endgültiger Entwurf zur Fassade der Burgkirche, um 1798, Aufriß   K 174

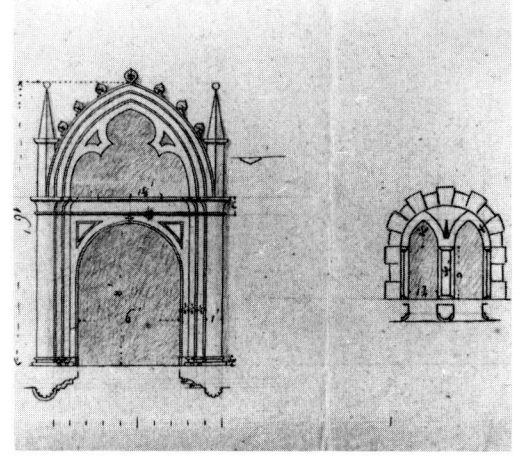

321 Heinrich Christoph Jussow. Entwurf zu Portal und Fenster des Marstalls der Felsenburg, um 1795   K 158

322 Heinrich Christoph Jussow. Entwurf zu Portal und Fenster des Herrenbaus der Felsenburg, um 1795   K 156

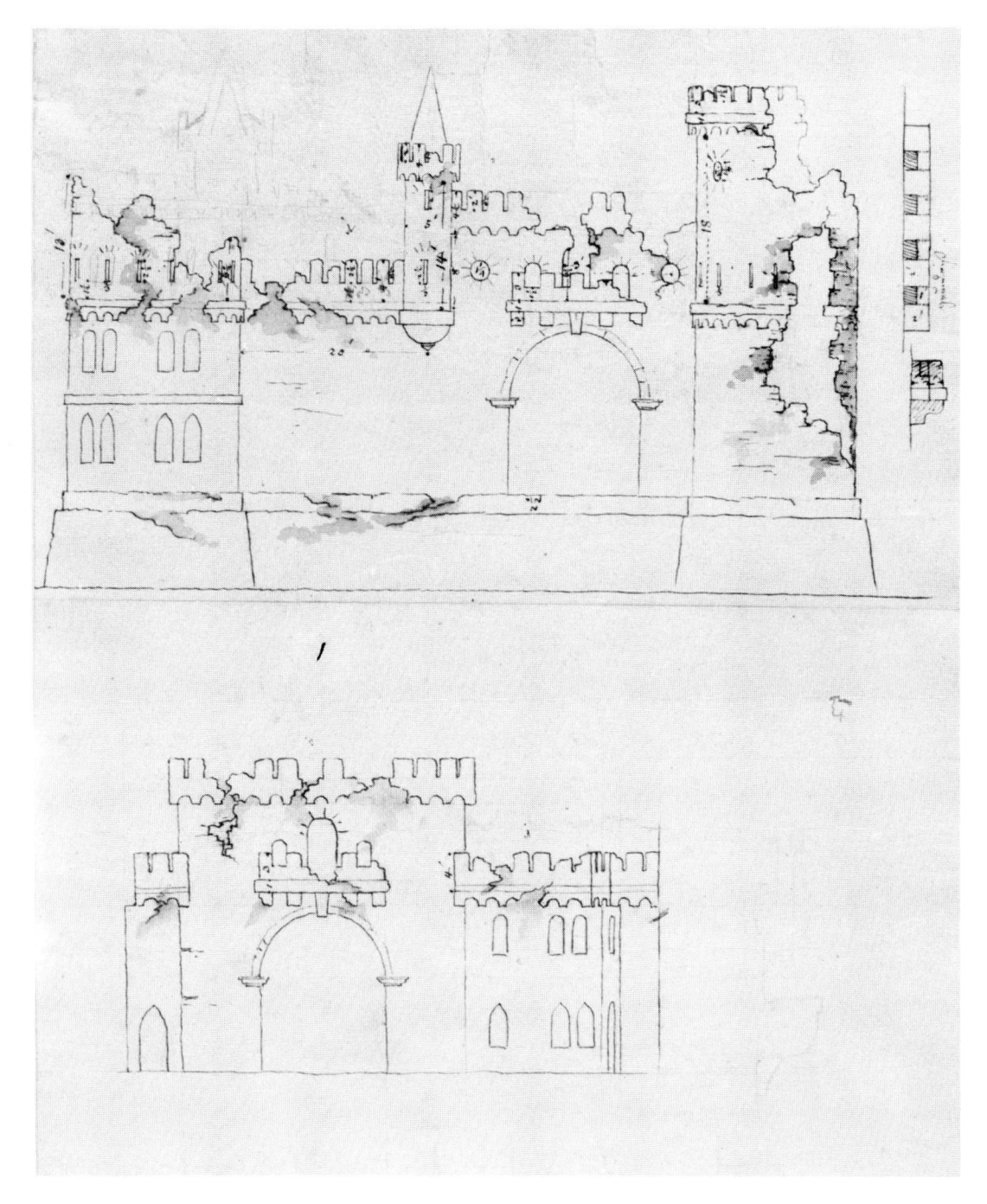

323 Heinrich Christoph Jussow. Entwurf zum Nordtrakt der Felsenburg, Aufrisse von Norden und Süden   K 159

324 Heinrich Christoph Jussow. Entwurf zum West-Ost-Querschnitt durch die Felsenburg, um 1794/1795   K 160

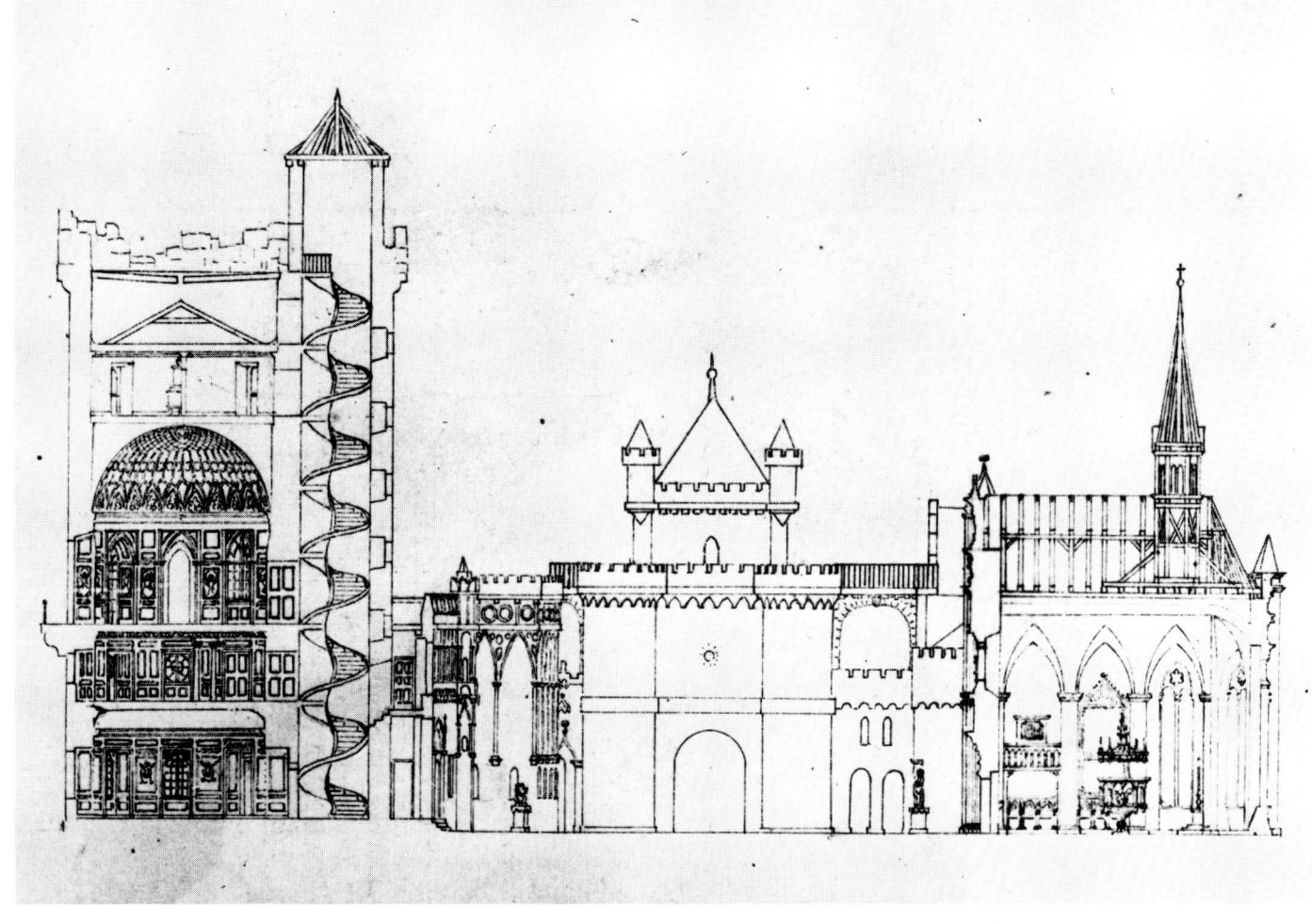

325 Atelier Jussow. Bauaufnahme der Löwenburg im Querschnitt Ost-West, um 1810 (Staatl. Kunstslg. Kassel)

326 Heinrich Christoph Jussow. Entwurf zur Wandgliederung im Rittersaal des Löwenburg-Donjon, um 1795   K 161

327 Heinrich Christoph Jussow. Entwurf zur Dekoration der Kuppel im Rittersaal des Löwenburg-Donjon, um 1795   K 162

328 Heinrich Christoph Jussow. Entwurf zum Aufriß der Löwenburg von Osten, 1796   K 166

329 Heinrich Christoph Jussow. Entwurf zum Aufriß der Löwenburg von Osten, um 1798   K 180

330 Atelier Jussow. Bauaufnahme der Löwenburg von Osten, um 1810 (Staatl. Kunstslg. Kassel)

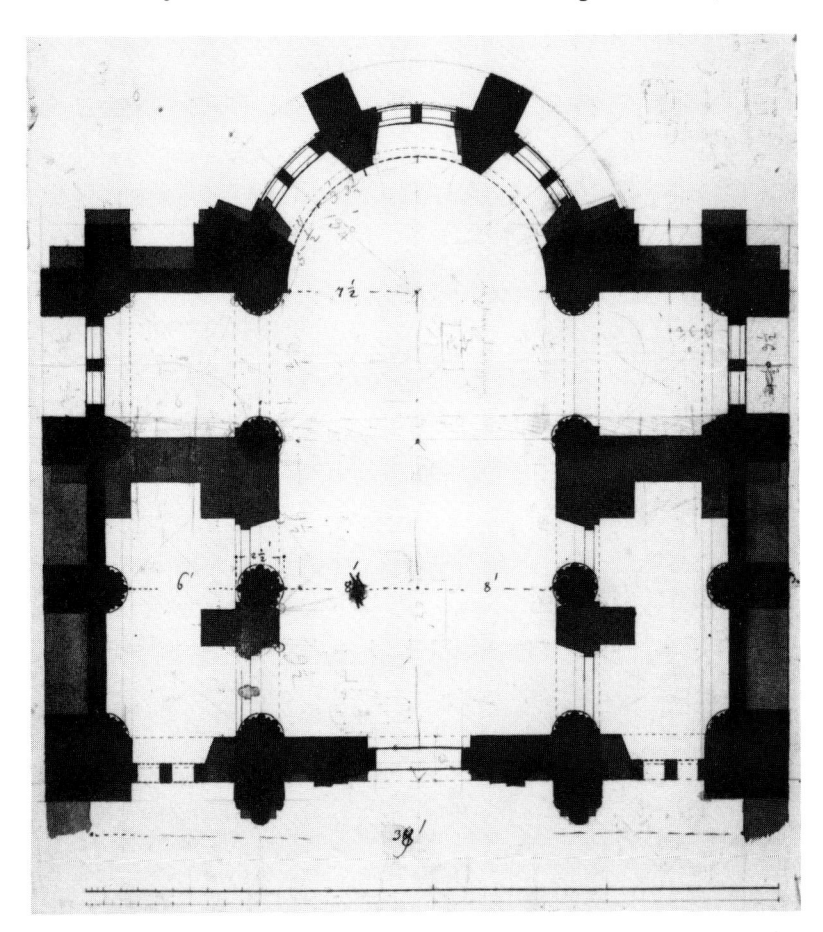

331 Heinrich Christoph Jussow. Projektion zweier Grundrißentwürfe zur Burgkirche der Felsenburg/Löwenburg (ein- und dreischiffig), 1794/1795   K 165

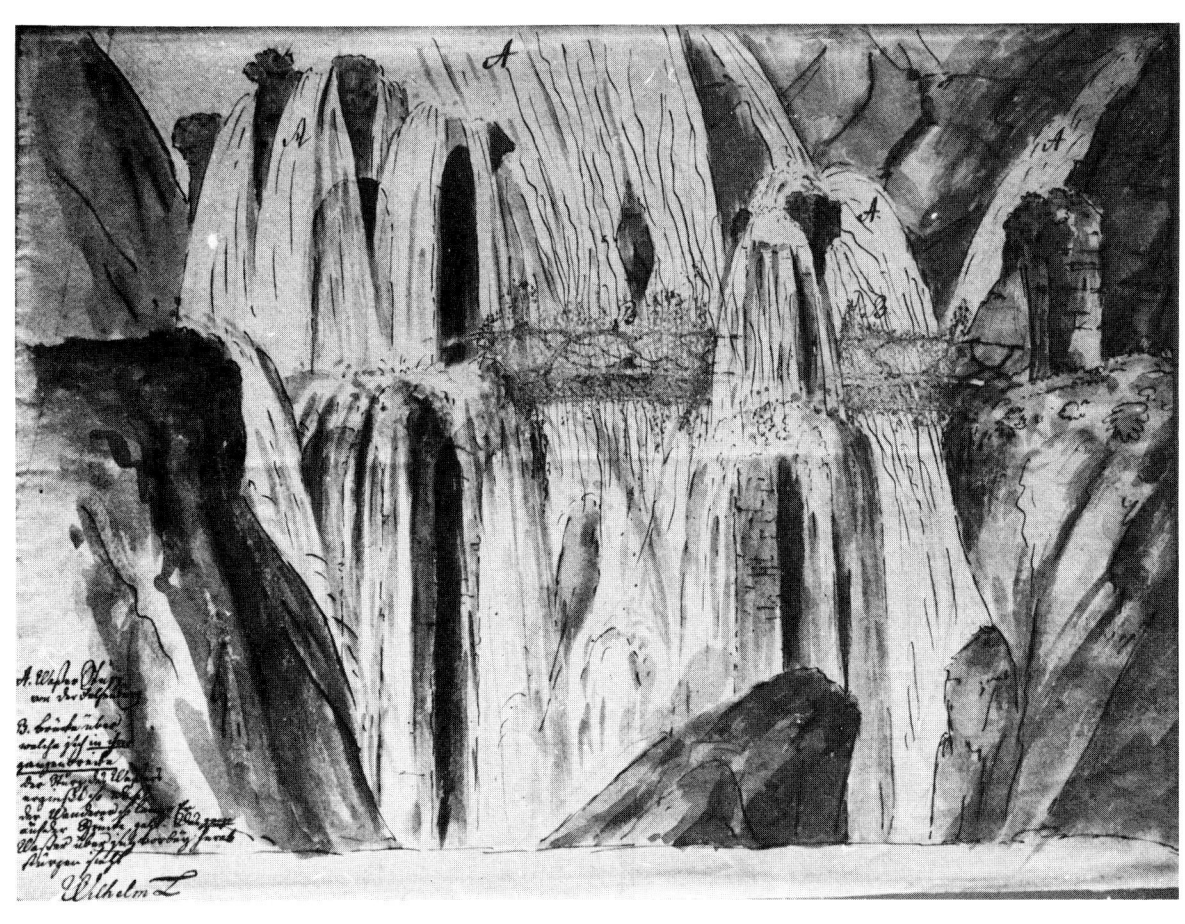

332 Landgraf Wilhelm IX. Entwurf zu einem »Wasser Sturz von der Felsenburg«, um 1795/1796   K 172

333 Caspar Christoph Schaeffer nach Heinrich Christoph Jussow. Situationsplan des Weißensteiner Schloßparks, Ausschnitt: »Die Felsenburg«, 1796   K 166

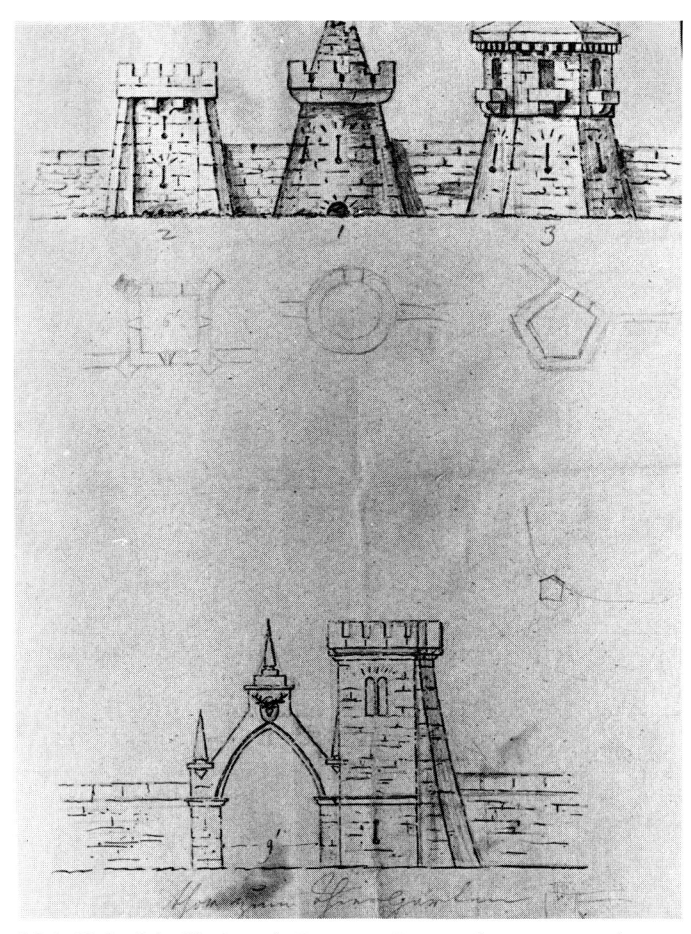

334 Heinrich Christoph Jussow. Entwürfe zu Tor und Türmen des Tiergartens bei der Löwenburg, um 1796   K 173

336 Heinrich Christoph Jussow. Entwurf zum Querschnitt der Burgkirche   K 176

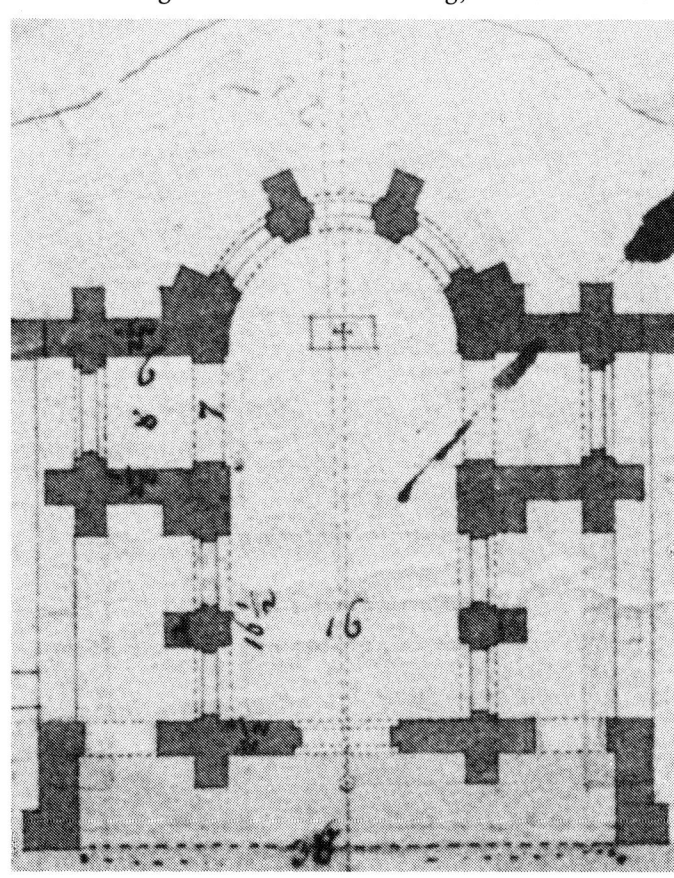

335 Heinrich Christoph Jussow. Entwurf zum Burgkirchen-Grundriß, Detail aus Abb. 305, Farbtafel VIII   K 148

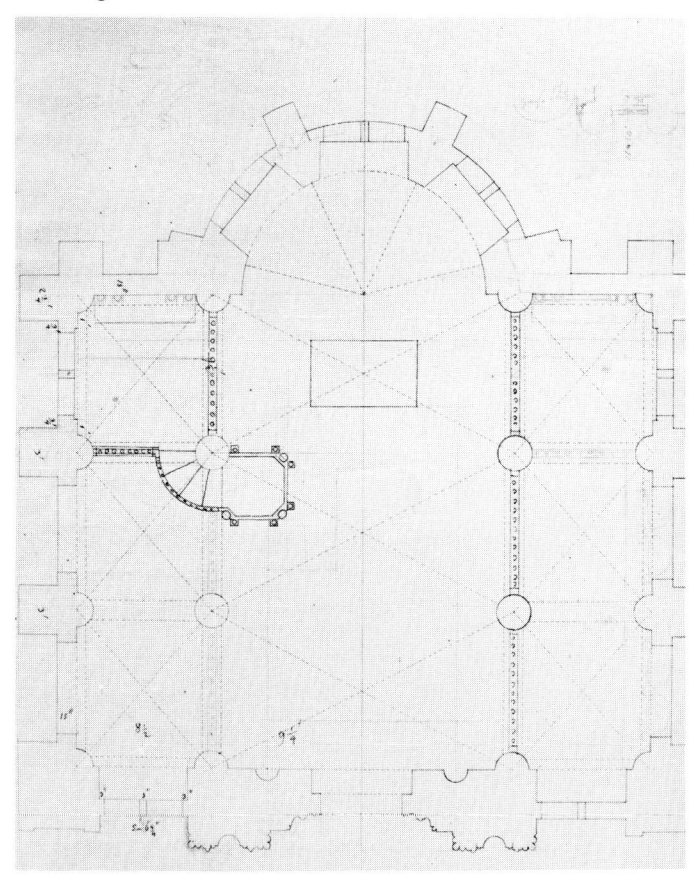

337 Heinrich Christoph Jussow. Endgültiger Entwurf zum Grundriß der Burgkirche   K 175

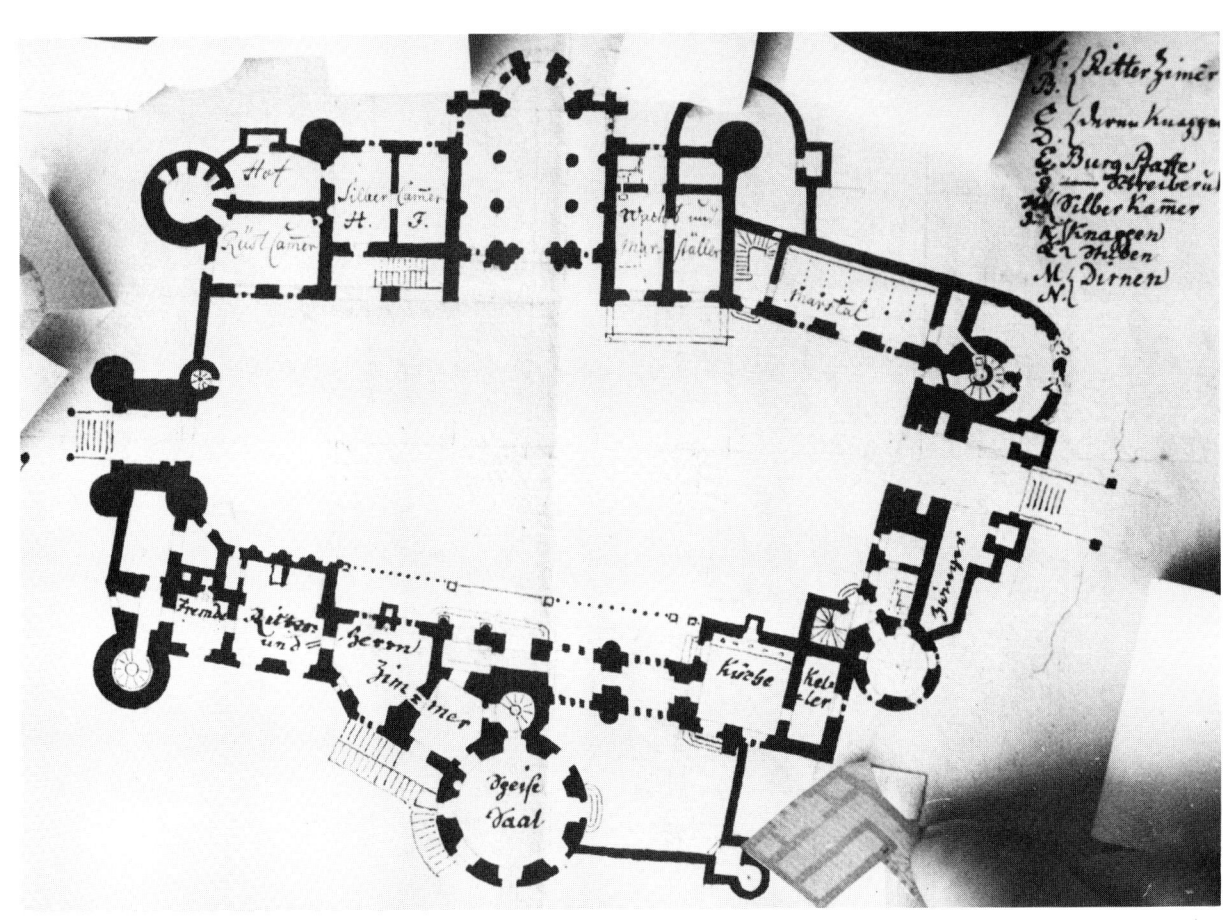

338 Landgraf Wilhelm IX. Miniaturgrundriß der Löwenburg als Nutzungsentwurf, um 1798: Erdgeschoß   K 177

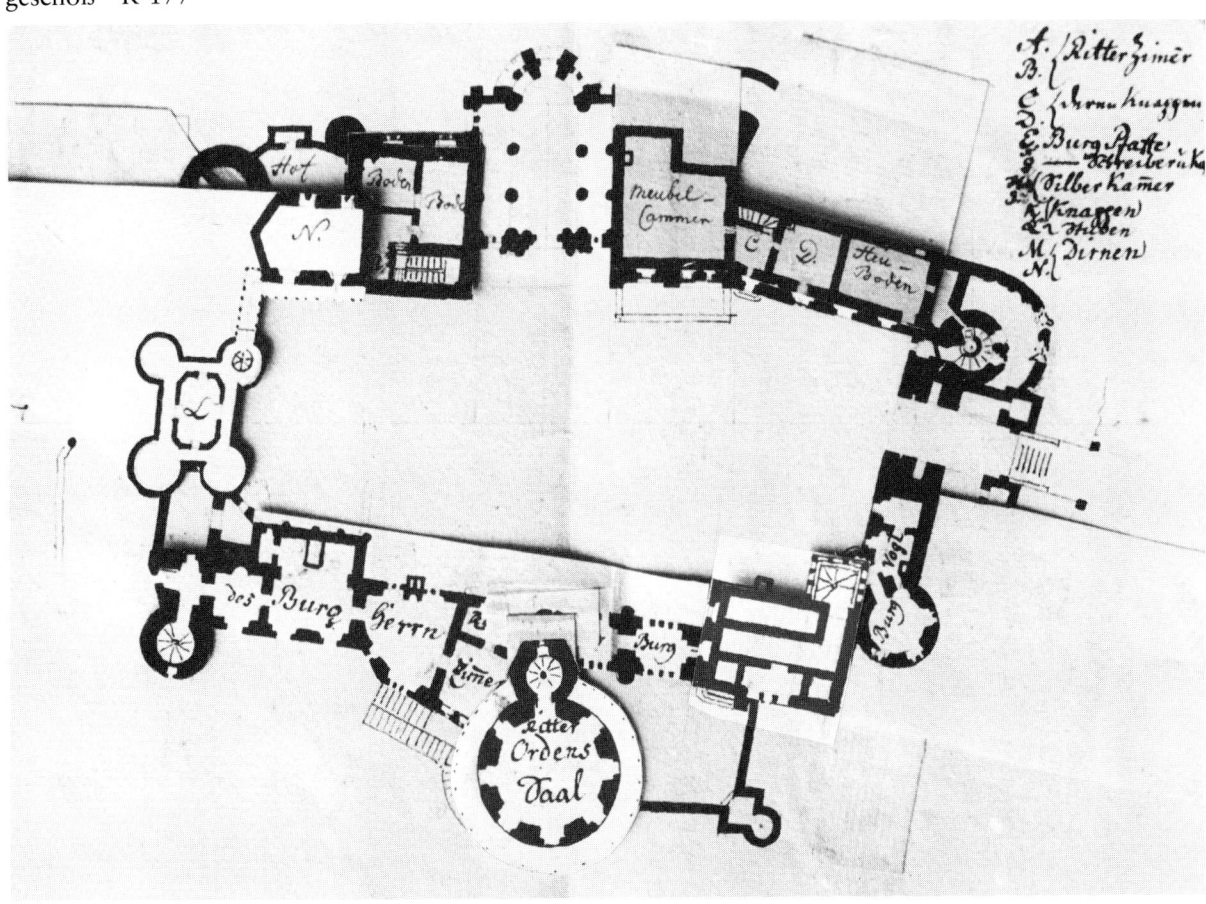

339 Landgraf Wilhelm IX. Miniaturgrundriß der Löwenburg als Nutzungsentwurf, um 1798: Obergeschoß   K 177

340 Heinrich Christoph Jussow. Entwurf zur Illumination der Löwenburg bei Nacht, 1798, Aufriß-Vedute   K 178

341 Heinrich Christoph Jussow. Entwurf zum Aufriß des Löwenburg-Marstalls, 1798   K 181

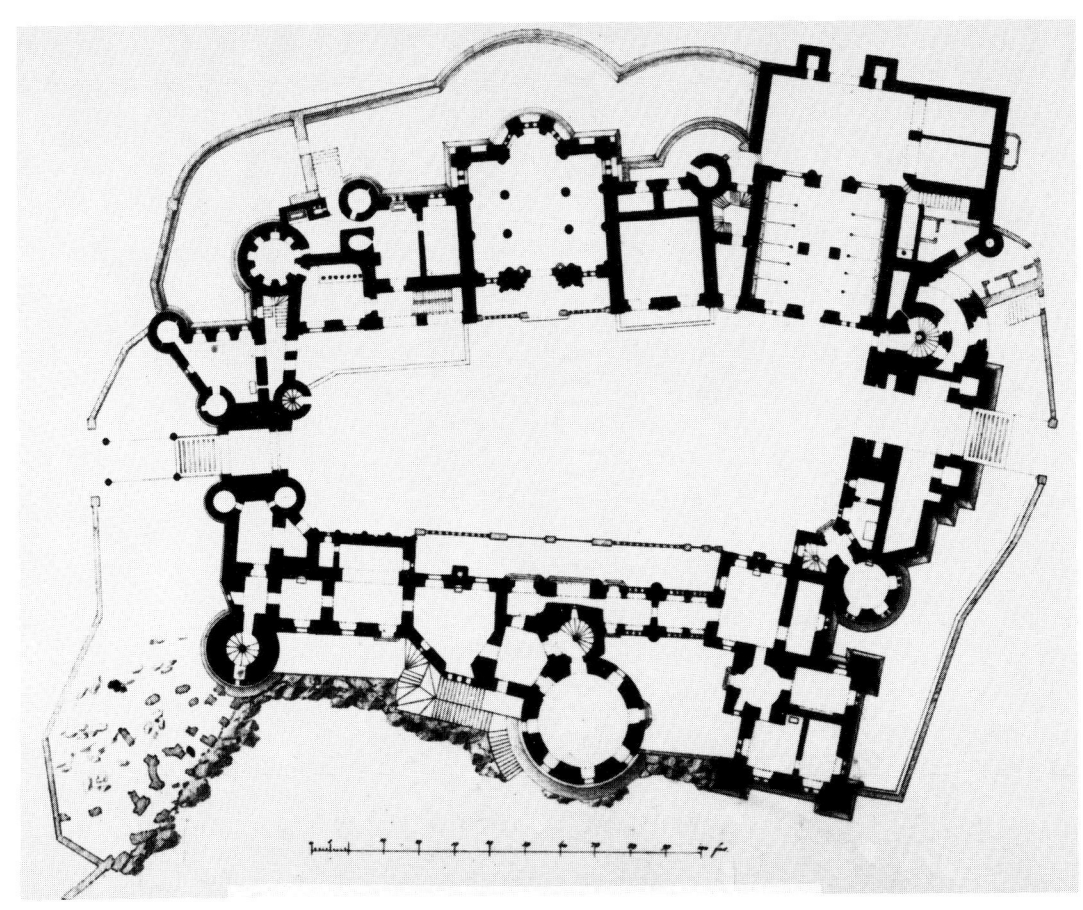

342 Heinrich Christoph Jussow. Bauaufnahme und Entwurf des Löwenburg-Erdgeschosses, um 1800   K 182

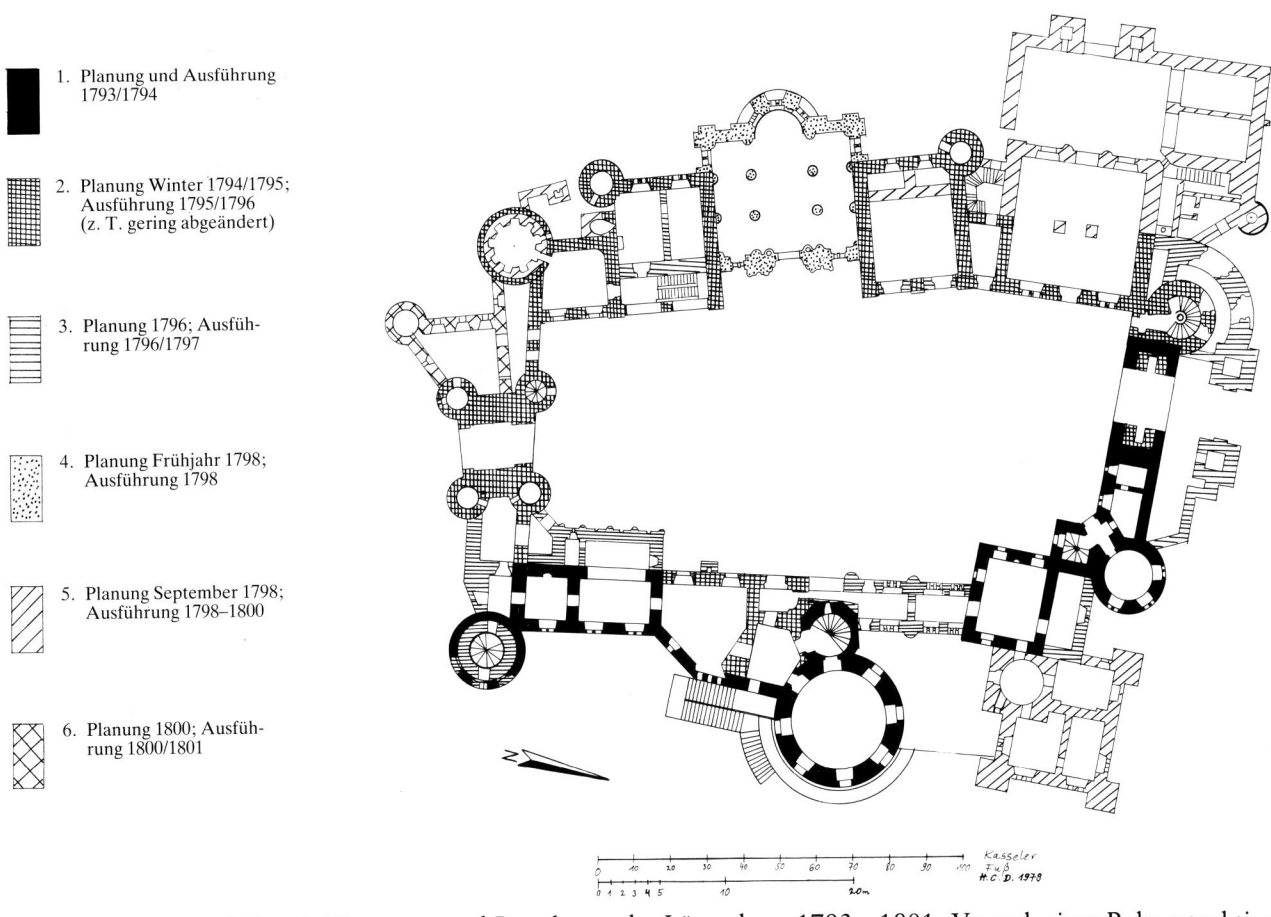

1. Planung und Ausführung 1793/1794

2. Planung Winter 1794/1795; Ausführung 1795/1796 (z. T. gering abgeändert)

3. Planung 1796; Ausführung 1796/1797

4. Planung Frühjahr 1798; Ausführung 1798

5. Planung September 1798; Ausführung 1798–1800

6. Planung 1800; Ausführung 1800/1801

343 Die Planungs- und Bauphasen der Löwenburg 1793–1801. Versuch einer Rekonstruktion (Verf.)

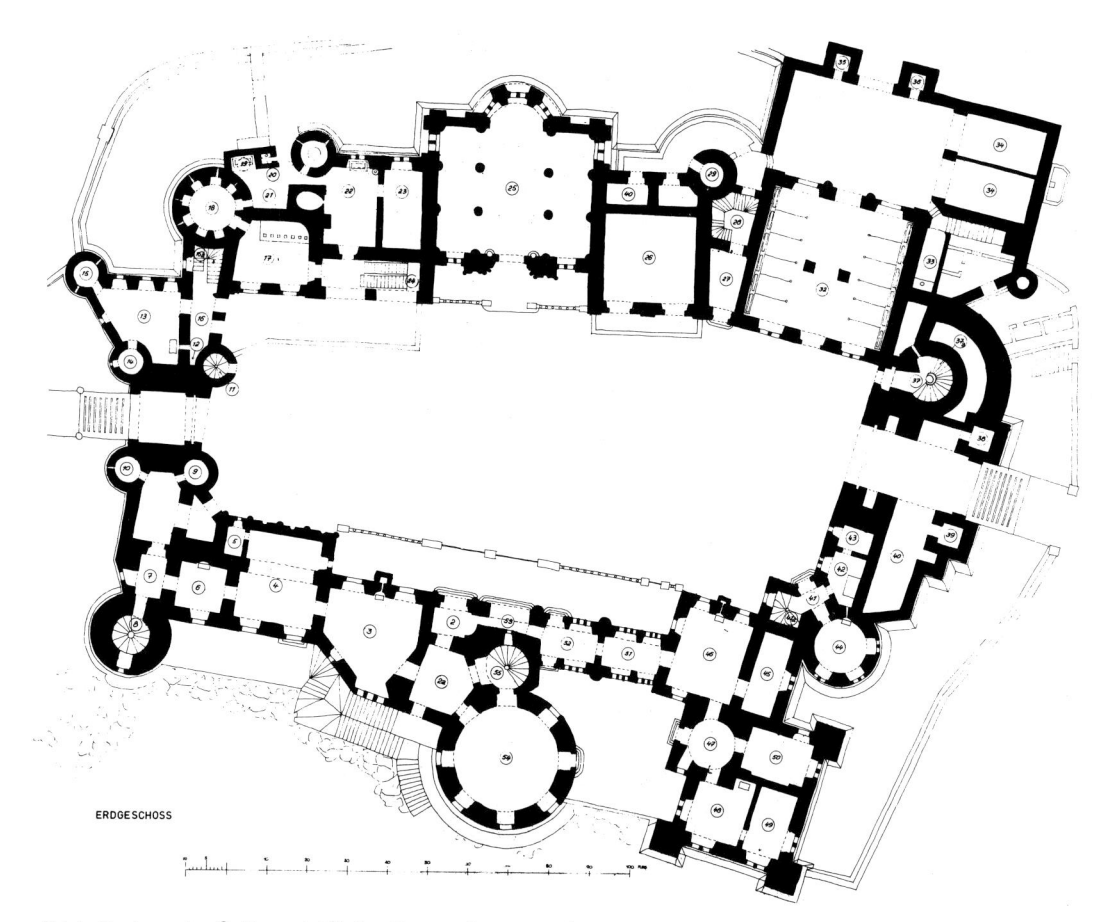

RAUMNUMMERN VON 1910	
2+2a	HAUPTEINGANG + VORRAUM ZU DEN FÜRSTL. GEMÄCHERN
3	VORZIMMER
4	SCHLAFZIMMER
5	CABINET
6	GARDEROBE
7	VORRAUM
8	HÖLZERNE WENDELTREPPE
9	HOLZRAUM
10	HOLZRAUM
11	STEINERNE WENDELTREPPE
12	HEIZRAUM ZUR WACHSTUBE
13	WACHSTUBE
14	NEBENRAUM
15	NEBENRAUM
16	TREPPE
16a	ABORT UNTER DER TREPPE
17	BURGKÜCHE
18	SPEISEKAMMER
19	ABWÄSCHE
20	ABORT FÜR KÜCHENPERSONAL
21	NEBENRAUM
22	BACKSTUBE
23	KONDITOREI
24	TREPPE
25	BURGKIRCHE
25a	GRUFT DES KURFÜRSTEN WILHELM I
26	RÜSTKAMMER
27	FLUR
28	TREPPE
29	RAUM IM WESTL. TURM
30	WASCHKÜCHE
31	HOLZSTALL
32	MARSTALL
33	ABORT
34	WAGENREMISE
35+36	VIERECKIGE TÜRME
37	STEINTREPPE
37a	ABORT
38	SANDRAUM
39	KOHLENRAUM
40	HOLZSTALL
41	HAUSFLUR
41a	HÖLZERNE WENDELTREPPE
42	ZIMMER
43	MIT ZIMMER NR. 42 VEREINIGT
44	ZIMMER (RUND)
45	KÜCHE
46	RITTERZIMMER
47	VORRAUM (OVAL)
48	CAVALIERZIMMER
49	SCHLAFZIMMER
50	BADESTUBE
51	DURCHGANG ZU ZIMMER NR. 46
52	DURCHGANG ZUM KLEINEN BURGHOF
53	FRÜHERER EINGANG
54	SPEISESAAL (RUND)
55	HÖLZERNE WENDELTREPPE

344 Erdgeschoß-Grundriß der Löwenburg nach Jussow mit den in preußischer Zeit gebräuchlichen Raumnummern

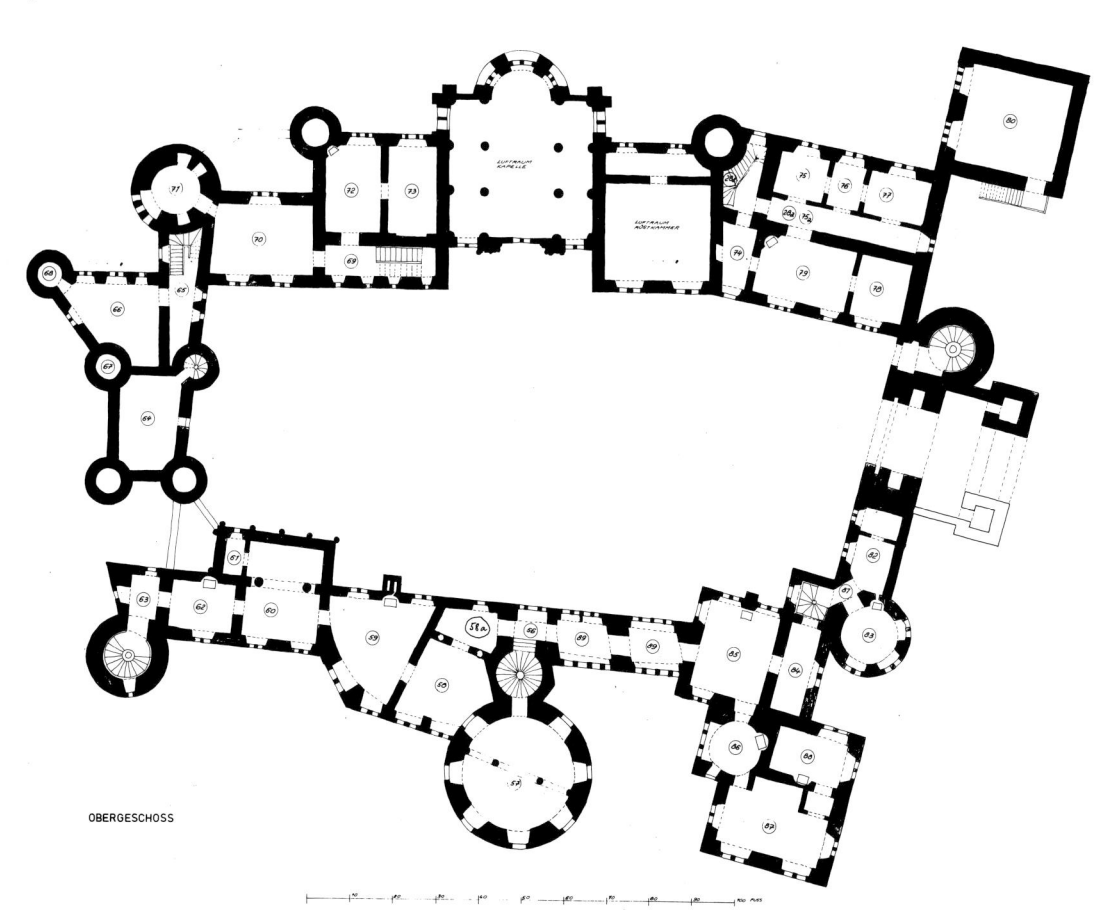

RAUMNUMMERN VON 1910	
28a	TREPPENFLUR
57	BIBLIOTHEK IM HAUPTTURM
58	VORZIMMER
59	SCHREIBCABINET
60	SCHLAFZIMMER
61	CABINET
62	GARDEROBE
63	VORZIMMER
64	ARRESTLOKAL
65	KAFFEEKÜCHE
66	ROLLKAMMER
67	NEBENRAUM
68	NEBENRAUM
69	VORRAUM
69a	OBERER TREPPENFLUR
70	KÜCHE
71	VORRATSKAMMER
72	ZIMMER
73	ZIMMER
74	ZIMMER
75	KÜCHE
75a	FLUR
76	ZIMMER
77	ZIMMER
78	ZIMMER
79	ZIMMER
80	KUTSCHERSTUBE
81	FLUR
82	ZIMMER
83	ZIMMER
84	GARDEROBE
85	VORZIMMER
86	ZIMMER
87	SCHLAFZIMMER
88	ANKLEIDEZIMMER
89	GALERIE

345 Obergeschoß-Grundriß der Löwenburg nach Jussow mit den in preußischer Zeit gebräuchlichen Raumnummern

346 G. Kobold. »Die Wilhelmsburg«, Radierung um 1794 (nach Kobold)

348 Müller. Die Löwenburg, Kupferstich Anf. 19. Jh. (nach Martens)

347 Carl Kunz. Die Löwenburg, Aquatintablatt um 1800 (nach Kunz)

349 Johann August Nahl. Die Felsenburg, Kupferstich um 1794/1795 (nach Schroeder)

350 Die Löwenburg. Ansicht vom Dach des Weißensteinflügels, Zustand 1976

351 Osttrakt der Löwenburg von Osten, Zustand 1976

352 Südtrakt der Löwenburg von Süden, Zustand 1980

354 Fassade der Löwenburg-Kirche. Ansicht vom Treppenturm des Donjon, Zustand 1980

353 Donjon der Löwenburg von Südwesten vor dem Zweiten Weltkrieg

355 Löwenburg, Löwenskulptur am Herrenbau-Eingang

356 Rüstkammer, Marstall und Gesindewohnung im Westtrakt der Löwenburg

357 Ansicht der Löwenburg von der Zuschauerbühne des Turnierplatzes im Südwesten, Zustand 1982

358 Ansicht der Löwenburg von der Burgwiese im Westen, Zustand 1983

359 Löwenburg. Südlicher Teil des Burghofs nach Süden, Zustand vor dem Zweiten Weltkrieg

360 Löwenburg. Südlicher Teil des Burghofs nach Südosten, Zustand vor dem Zweiten Weltkrieg

361 Löwenburg. Nördlicher Teil des Burghofs nach Nordwesten, Zustand vor dem Zweiten Weltkrieg

362 Heilige Elisabeth. Statue vor der Fassade der Burgkirche, Zustand vor dem Zweiten Weltkrieg

363 Heiliger Bonifatius. Statue vor der Fassade der Burgkirche, Zustand vor dem Zweiten Weltkrieg

364 Löwenburg-Nordtrakt, Bonifatiusbrunnen, Zustand 1980

365 Löwenburg-Damenbau. Rundes »Chinesisches« Zimmer im Obergeschoß (R. 86), Zustand vor dem Zweiten Weltkrieg

366 Löwenburg. Fassade der Burgkirche, Figurennische am Portal, Zustand 1980

367 Löwenburg-Herrenbau. Ehem. Schlafzimmer der Gästewohnung im Erdgeschoß (R. 4), Zustand um 1900

368 Löwenburg. Rüstkammer im Erdgeschoß des Westtrakts (R. 26), Zustand vor dem Zweiten Weltkrieg

369 Donjon der Löwenburg. Studierzimmer und Bibliothek des Landgrafen im Zwischengeschoß (R. 57), Zustand vor dem Zweiten Weltkrieg

370 Löwenburg-Herrenbau. Vorzimmer der Gästewohnung im Erdgeschoß (R.3), Zustand um 1900

371 Löwenburg-Damenbau. Vorzimmer im Obergeschoß (R. 85), Zustand um 1900

372 Löwenburg-Herrenbau. Schlafzimmer des Landgrafen im Obergeschoß (R. 60), Zustand um 1920

373 Löwenburg, Donjon. Speisesaal im Erdgeschoß (R. 54)

375 Löwenburg, Kirche. Grabmal eines Ritters, Gesamtansicht

374 Löwenburg, Kirche. Inneres nach Westen, Zustand um 1900

376 Löwenburg, Kirche. Ritterfigur des Grabmals

377 Löwenburg, Kirche. Sarkophag des Kurfürsten Wilhelm I. (Landgrafen Wilhelm IX.) in der Gruft

378 Löwenburg, Kirche. Relief in der Gruft: »Wilhelms Eingang ins Elysium«

379 Löwenburg, Kirche. Datail des Gruftreliefs: Wilhelm vor Wilhemshöhe

380 Wilhelmshöhe von Westen. Luftaufnahme, im Vordergrund das Herkules-Oktogon, im Hintergrund Schloß (Mitte) und Löwenburg (rechts)

381 Ansicht der Löwenburg vom Herkules-Oktogon im Nordwesten, Zustand 1983

382 Wimpole Hall (Cambridgeshire). Parkburg von Sanderson Miller, Kupferstich 18. Jh.

383 Le Désert bei Marly. Schnitt des Säulenhauses (nach Le Rouge)

384 Betz (Seine-et-Oise). Ruinenturm, Kupferstich 1808 (nach De Laborde)

385 Le Désert bei Marly. Park und Säulenhaus, Kupferstich 1808 (nach De Laborde)

386 Hagley (Worcestershire). Gotische Ruine von Sanderson Miller am Rand des Parks, Kupferstich 18. Jh.

387 Hagley (Worcestershire). Gotische Ruine

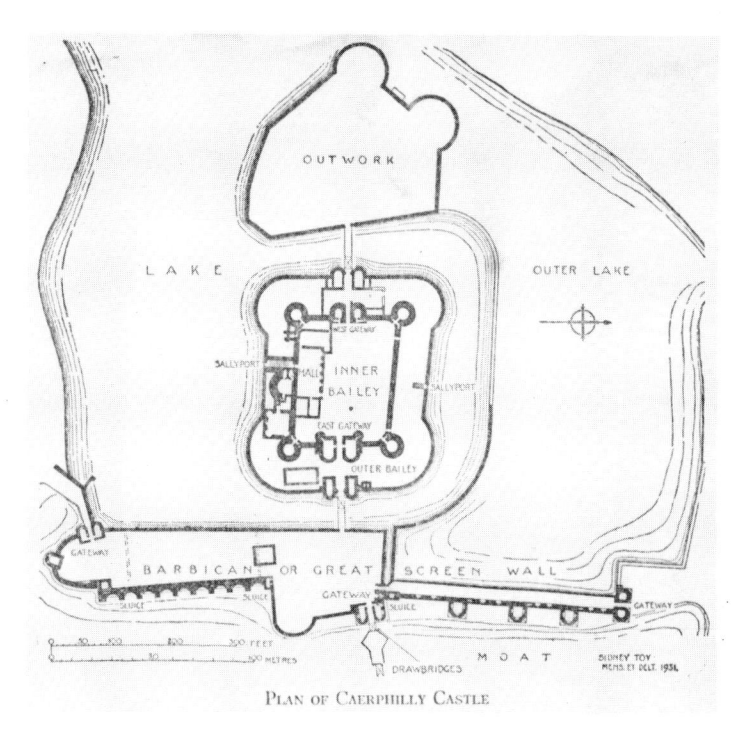

388 Caerphilly Castle (Gwent). Situationsplan der mittelalterlichen Wasserburg

389 Strawberry Hill in Twickenham bei London. Villa Horace Walpoles, Ansicht (nach Walpole)

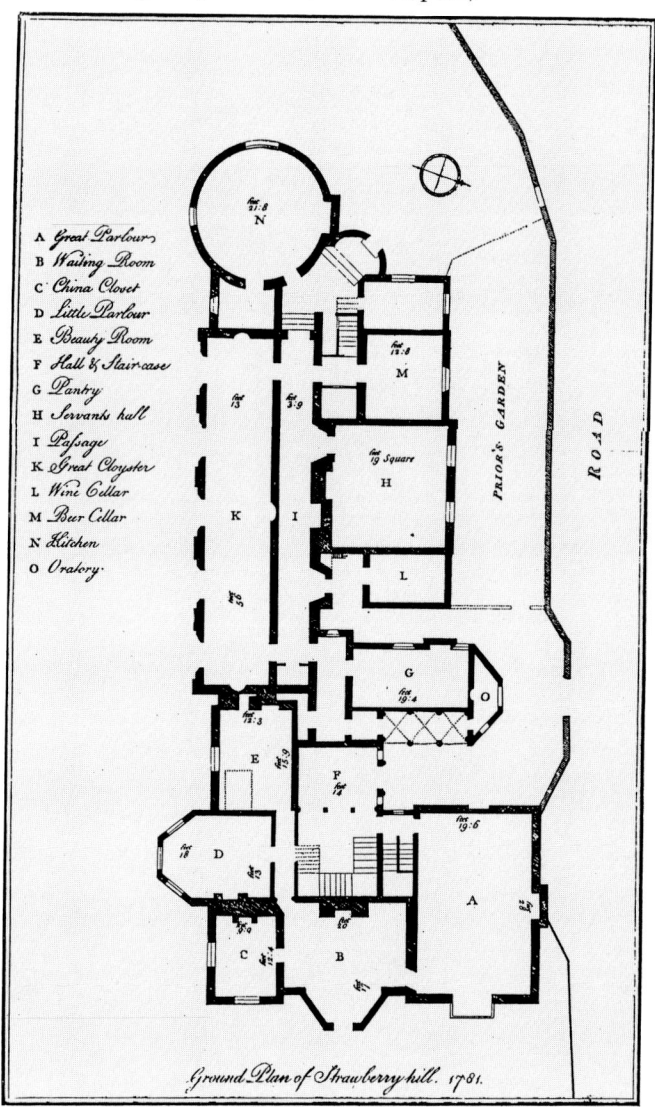

390 Strawberry Hill in Twickenham bei London. Villa Horace Walpoles, Grundriß (nach Walpole)

391 Harlech Castle (Merionetshire). Kupferstich 18. Jh. (nach »England displayd«)

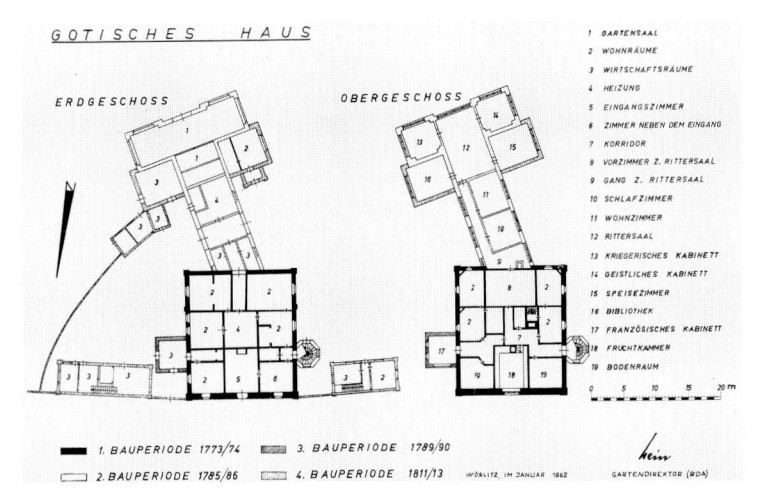

392 Wörlitz. Gotisches Haus, Grundriß mit Angabe der verschiedenen Bauphasen

393 Schloß Wörlitz

394 Wörlitz. Gotisches Haus, Kanalseite

395 Wilhelmsbad bei Hanau. »Burg« des Erbprinzen Wilhelm, 1779—1781

396 Anton Wilhelm Tischbein. »Vue de la Bourg ou Vieille Tour a Wilhelmsbad avec Ses Environs«, Kupferstich 1783 (nach Weise)

398 Wilhelmsbad bei Hanau. Festsaal im zweiten Obergeschoß der »Burg«, Zustand um 1920

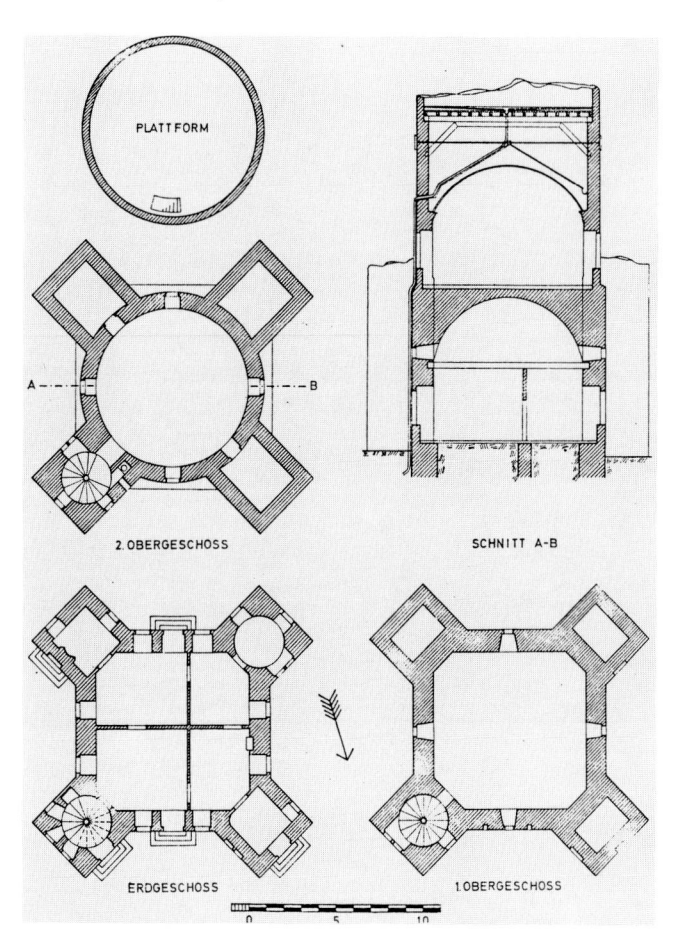

397 Wilhelmsbad bei Hanau. Grundrisse und Schnitt der »Burg«

399 Franz Ludwig von Cancrin. Entwurf zur Wandgliederung des Festsaals in der Wilhelmsbader »Burg«, um 1779 (Staatl. Schlösser und Gärten, Potsdam)

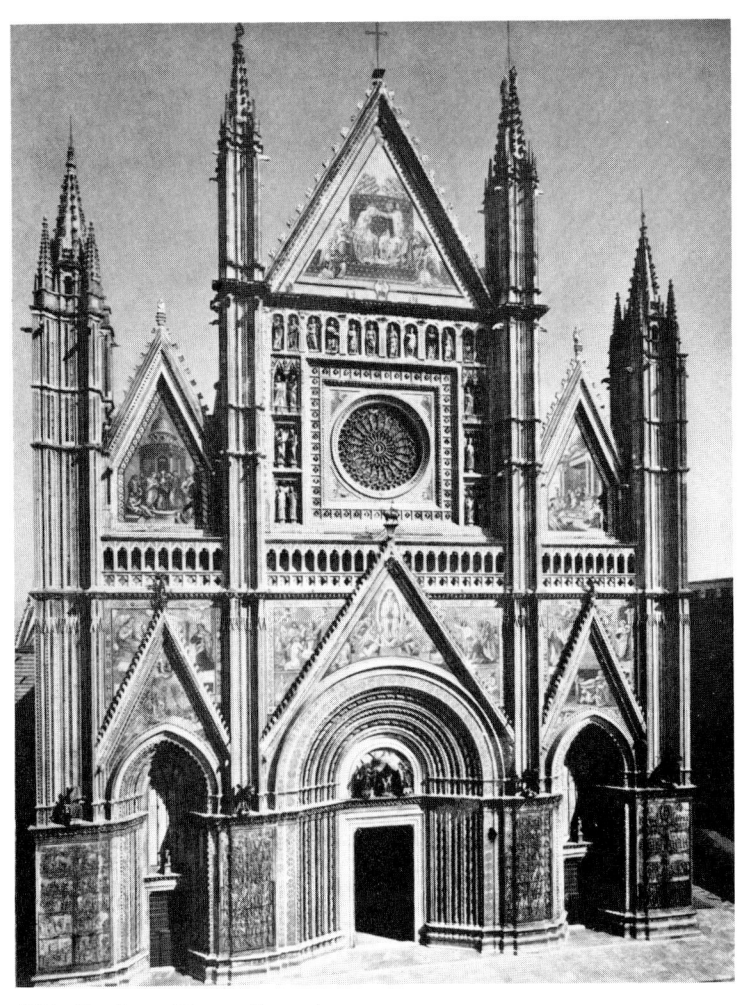

400 Orvieto. Dom, Fassade

401 Jean Jacques Lequeu. »Le Rendez-vous de Bellevue« (Paris, Bibliothèque Nationale)